LA GUIDA
MICHELIN

2017

I PRINCIPI DELLA GUIDA MICHELIN

L'ESPERIENZA AL SERVIZIO DELLA QUALITÀ

Che si trovi in Giappone, negli Stati Uniti, in Cina o in Europa, l'ispettore della guida MICHELIN rimane fedele ai criteri di valutazione della qualità di un ristorante o di un albergo, e applica le stesse regole durante le sue visite. Se la guida gode di una reputazione a livello mondiale è proprio grazie al continuo impegno nei confronti dei suoi lettori. Un impegno che noi vogliamo riaffermare, qui, con i nostri principi :

La visita anonima

Prima regola d'oro, gli ispettori verificano - regolarmente e in maniera anonima - ristoranti e alberghi, per valutare concretamente il livello delle prestazioni offerte ai loro clienti. Pagano il conto e - solo in seguito - si presentano per ottenere altre informazioni. La corrispondenza con i lettori costituisce, inoltre, un ulteriore strumento per la realizzazione dei nostri itinerari di visita.

L'indipendenza

Per mantenere un punto di vista obiettivo, nell'interesse del lettore, la selezione degli esercizi viene effettuata in assoluta indipendenza: l'inserimento in guida è totalmente gratuito. Le decisioni sono prese collegialmente dagli ispettori con il capo redattore e le distinzioni più importanti, discusse a livello europeo.

Le nostre stelle - una ✿, due ✿✿ o tre ✿✿✿ – distinguono le cucine più meritevoli, qualunque sia il loro stile: la qualità della materia prima, la tecnica di cottura, la personalità dello chef, la costanza della prestazione in tutto il pasto e in tutte le stagioni, il buon rapporto qualità-prezzo: queste sono le condizioni che definiscono - al di là dei generi e tipi di cucina – le nostre migliori tavole.

La scelta del migliore

Lungi dall'essere un semplice elenco d'indirizzi, la guida si concentra su una selezione dei migliori alberghi e ristoranti in tutte le categorie di confort e di prezzo. Una scelta che deriva dalla rigida applicazione dello stesso metodo da parte di tutti gli ispettori, indipendentemente dal paese.

✿✿✿ TRE STELLE MICHELIN

Una cucina unica. Merita il viaggio!

La cifra di un grandissimo chef! Prodotti d'eccezione, purezza e potenza dei sapori, equilibrio delle composizioni: la cucina qui assurge al rango d'arte. I piatti, perfettamente realizzati, si ergono spesso a classici.

✿✿ DUE STELLE MICHELIN

Una cucina eccellente. Merita la deviazione!

I migliori prodotti esaltati dalla competenza e dall'ispirazione di uno chef di talento che « firma » con la sua squadra piatti eterei ed evocatori, talvolta molto originali.

✿ UNA STELLA MICHELIN

Una cucina di grande qualità. Merita la tappa!

Prodotti di prima qualità, finezza nelle preparazioni, sapori distinti, costanza nella realizzazione dei piatti.

BIB GOURMAND

Il nostro migliore rapporto qualità-prezzo

Piacevole esperienza gastronomica a meno di 32 € (35 € nelle città capoluogo e turistiche importanti): buoni prodotti ben valorizzati, un conto ragionevole, una cucina con un eccellente rapporto qualità/prezzo.

Il piatto MICHELIN

Una cucina di qualità

Prodotti di qualità e abilità dello chef: semplicemente un buon pasto!

L'aggiornamento annuale

Tutte le classificazioni, distinzioni e consigli pratici sono rivisti ed aggiornati ogni anno per fornire le informazioni più affidabili.

L'omogeneità della selezione

I criteri di classificazione sono identici per tutti i paesi interessati dalla guida Michelin. Ad ogni cultura la sua cucina, ma la qualità deve restare un principio universale...

"L'aiuto alla mobilità": è la missione che si è prefissata Michelin.

CARO LETTORE,

Una classificazione rivisitata, una migliore praticità di consultazione, un look intrigante... l'avrete sicuramente notato sfogliando questa edizione 2017: la guida MICHELIN si è rinnovata! Per attuare tale cambiamento, ci siamo avvalsi - da una parte – dei risultati di un'inchiesta da noi realizzata – dall'altra – della numerosa corrispondenza che giunge tutto l'anno presso la nostra redazione.

- *Primo cambiamento, dunque: i ristoranti appaiono in cima alla lista degli esercizi della località, seguiti dagli hotel e dagli agriturismi o B&B. La qualità della cucina è ormai il criterio principale di classificazione dei ristoranti, con le distinzioni ben note (le stelle ✿, i Bib Gourmand ☺) e una piccola novità: il piatto 🍽. Questo simbolo segnala i locali che propongono anch'essi una cucina - comunque - di qualità, "una buona tavola, semplicemente". Perché come risaputo: il fatto stesso di essere selezionati dagli ispettori de la guida MICHELIN è già in sé un presupposto di qualità!*

- *Si è voluto, inoltre, facilitarne la consultazione introducendo due parole-chiave per descrivere ogni esercizio: cucina del territorio, mediterranea, tradizionale o creativa; contesto rustico, industriale, design... Queste definizioni vi permettono di avere, immediatamente, un'idea di ciò che vi attende.*

- *Nelle città dotate di un grande numero di indirizzi, la rubrica "Ci piace" ha fatto il suo ingresso. In tale spazio, i nostri ispettori segnalano gli imperdibili della località: l'hotel con suggestiva vista mare, la tavola ideale per gustare le specialità locali... in un certo senso, un consiglio da amico per non perdervi qualcosa di particolarmente piacevole. Infine, il 2017 è l'anno di un nuovo look per la guida MICHELIN: una veste grafica più semplice e luminosa, più colorata e leggibile.*

- *Possiamo, quindi, ritenere tale edizione una sorta di rivoluzione? Solamente in parte. Poiché se il contenuto e la presentazione evolvono, la nostra missione - in quanto ad essa – rimane immutata: consigliarvi dalla Val d'Aosta alla Puglia, dal Friuli-Venezia Giulia alla Calabria, senza tralasciare le isole, verso la migliore tavola, verso la camera più accogliente... In ciò, non siamo cambiati!*

INDICE

Introduzione

Consultate la guida MICHELIN su:
www.viamichelin.it
e scriveteci a:
laguidamichelin-italia@michelin.com

LA CUCINA ITALIANA, INVITO AL VIAGGIO

La guida MICHELIN vi invita alla scoperta della cucina più citata, amata e copiata, la cucina italiana! Come ogni anno abbiamo percorso lo Stivale in lungo ed in largo per selezionare i migliori ristoranti e presentarveli in questa edizione. Perché tutto è partito da qui, una sottile striscia di terra affacciata sul Mediterraneo, un mondo di diversità che dalle Alpi alla Sicilia è diventato la vetrina di un marchio gastronomico riconosciuto in tutto il mondo. Spaghetti, lasagne, risotto, pizza e tiramisù sono solo alcuni esempi di parole comprese ovunque, come accadde nel passato con la lirica o più recentemente con la moda. Il percorso è stato lungo, per anni il paese è rimasto prigioniero di cliché: si diceva che la nostra cucina era generosa e popolare, ma non paragonabile all'alta cucina, sofisticata ed infarcita di prodotti costosi ed elitari. Oggi siamo entrati nell'olimpo delle migliori tavole senza tradire la nostra identità, talvolta alleggerendo e rivisitando i nostri piatti, che sono tuttavia rimasti quelli di sempre, schietti, saporiti e sorretti da eccellenti prodotti.

Ma c'è di più: col tempo abbiamo divulgato non solo ricette, ma anche un genere, una filosofia di cucina basata sul rispetto degli ingredienti e sulla valorizzazione del territorio, sul ritorno alla stagionalità dei prodotti e ad una cucina salutare in sintonia con tempi in cui mangiare bene vuol dire anche mangiare sano. Alla

FoodCollection/Photononstop

globalizzazione abbiamo opposto le tradizioni e il chilometro zero, alle importazioni i prodotti di nicchia. Infine, con l'olio d'oliva, le verdure, i cereali, i legumi e le erbe aromatiche abbiamo creato un mito, la dieta mediterranea, diventata patrimonio mondiale dell'umanità. La cucina della mamma è passata nelle mani di cuochi professionisti ed acclamati, la tecnica ha preso il posto dell'improvvisazione, la ricerca del piacere ha sostituito le abbuffate che esorcizzavano anni di fame e privazioni. La nostra cucina ha raggiunto vette mai viste, non si è mai mangiato così bene. L'adagio della lingua italiana è diventato più vero che mai: abbiamo l'oro in bocca!

S. Scata' / AGF Foto / Photononstop

Le Specialità: territorio e tradizioni

Benché negli ultimi anni l'impronta creativa abbia avuto un certo sviluppo, la cucina italiana rimane fortemente ancorata alle tradizioni e i cuochi amano valorizzare i prodotti e le ricette del territorio, che in pochi paesi hanno un ruolo così centrale come nel nostro. Non sarà quindi difficile scoprire nei piatti odierni la variante gastronomica di un particolarismo storico e culturale che ha fatto dell'Italia il paese dei cento campanili e, per quanto ci riguarda, delle mille ricette. La cucina italiana non è quasi mai dissociata dal territorio, ne è una delle sue più significative espressioni e, se si vuole trovare il perché di un certo ingrediente o ricetta, è alla loro origine che bisogna andare a cercare.

Pensiamo alla pasta: il grano tenero cresce al freddo e si sposa bene con le uova, da qui il tripudio di ravioli, tortelli ed ogni altro tipo di pasta gialla ripiena che troviamo nelle regioni del nord Italia. Il sud, invece, è il regno del grano duro che necessita di

M. Carassale / SIME/Sime/Photononstop

temperature più elevate per crescere; impastato con l'acqua, trafilato secondo la fantasia dei mastri pastai ed in passato essiccato sotto i miti cieli meridionali (un processo impensabile tra le nebbie del nord!), si trasforma in spaghetti e mille altri formati che sono diventati insieme alla pizza uno degli ambasciatori della cucina nazionale.

Anche il burro e l'olio hanno a lungo diviso il paese a metà: laddove il clima permette la crescita degli ulivi è nato il condimento principe della dieta mediterranea, temperature più rigide hanno rappresentato il voluttuoso rifugio del burro.

Carne o pesce?

Un paese così ricco di coste offre una straordinaria cucina marinara, ma, sempre in omaggio alle tradizioni e ad un tempo in cui il trasporto del pesce non era pratica diffusa, non dovrete stupirvi se, nell'entroterra, anche a pochi chilometri dal mare, troverete una cucina di terra e le uniche presenze ittiche siano pesci conservati nel sale, come le acciughe o il baccalà, oppure d'acqua dolce. Accade ad esempio sull'Appennino Ligure e nelle campagne pugliesi, ma persino sulle isole, come in Sardegna, la cui cucina è volentieri associata ad agnelli, pecore e maialini. Pesce o carne che sia, il rispetto del prodotto è sempre la parola d'ordine: semplici cotture alla griglia, al forno, al vapore e bolliti sono diffusi e apprezzati, per non parlare dell'amore per il crudo, dal pesce alle tartare e carpacci di carne.

Esigenze storiche di conservazione della carne sono alla base della fioritura dei salumi, un altro fiore all'occhiello della gastronomia italiana. Prosciutti ed insaccati sono spesso preparati con carne di maiale, ma l'amore per il genere ne ha esteso la preparazione ad altri tipi di carne, dalla bresaola di manzo e cavallo ai salumi d'oca, nonché pros-ciutti d'agnello e selvaggina, per non parlare dell'affumicatura.

Verdure, formaggi e dolci!

Pesci e carni hanno tuttavia rappresentato per molti italiani delle occasionali parentesi di festa durante secoli di stenti e privazioni, che si è cercato di mascherare ricorrendo a verdure, legumi e cereali. Per uno strano scherzo del destino, la necessità di un tempo si è tramutata nell'odierna moda salutistica: oggi celebriamo le virtù dei piatti vegetariani e la cucina italiana – che vi arriva preparata da secoli di rodaggio – vi contribuisce con un inesauribile ventaglio di proposte.

L'amore degli italiani per i formaggi è noto a tutti, tanti sono i tentativi d'imitazione all'estero. Dalla Valle d'Aosta alla Sicilia, non c'è regione che non abbia le sue tipicità. C'è di più: il loro utilizzo non è confinato alla fine del pasto, ma rientra a pieno titolo nella preparazione di tanti piatti; il matrimonio con la pasta, per fare solo un esempio, è leggendario.

Il legame con la tradizione coinvolge anche i dolci, spesso associati a festività religiose. Pastiere e cassate sono due esempi eloquenti: nate in occasioni di specifiche ricorrenze, oggi sono tracimate dai confini che il calendario imponeva loro e vengono preparate tutto l'anno. Una parola infine per il gelato: inizialmente nato come genere "da passeggio", oggi non manca mai nelle tavole dei migliori ristoranti ed è a volte proposto persino in gusti e piatti salati.

Ora non resta che gettarsi in questo immenso e favoloso patrimonio che custodiamo come un tesoro nazionale, ma che non cessa di mutare e trasformarsi alimentando il mito della cucina italiana.

P. Carlsson/Johnér/
Photononstop

I VINI D'ITALIA : IL SAPORE DEL SOLE

L'Italia è un paese straordinariamente vocato alla produzione vinicola, se per secoli tanta ricchezza territoriale è stata poco o male sfruttata, da alcuni decenni la sapiente ricerca di qualità ha permesso ai vini nazionali di divenire Grandi Vini, perché se è vero che grande importanza hanno la qualità e le caratteristiche del vitigno, altrettanto peso hanno la giusta scelta geografica e climatica e allo stesso modo il "lavoro in vigna ed in cantina" su cui il paese si è concentrato crescendo sino ai livelli attuali.

L'eccellente potenzialità del territorio italiano, d'altra parte, è testimoniata dall'esistenza di oltre 300 varietà di vitigni coltivati nelle situazioni più disparate, vicino al mare piuttosto che ai piedi delle montagne, nelle isole del profondo sud, ma anche tra le morbide sinuosità delle colline, ognuna di queste varietà è capace di produrre uve di tipo diverso e, quindi, vini -autoctoni piuttosto che di taglio più internazionaledalle caratteristiche proprie.

LE GRANDI ANNATE DAL 1970 AL 1997:

1970 • 1971 • 1974 • 1978 • 1980 • 1982
1983 • 1985 • 1988 • 1990 • 1995 • 1997

Vitigni italiani diffusi e conosciuti in tutto il mondo sono il Sangiovese, il Trebbiano il Barbera o il Nebbiolo.

Questa grandissima varietà di tipologie è uguagliata forse soltanto dall'ampio ventaglio di prodotti alimentari e tipicità regionali che formano le importanti diversità dello stivale e che permettono abbinamenti col vino interessanti quando non addirittura emozionanti: lasciamo ai ristoratori il piacere di illustrarvene i dettagli e, soprattutto, al vostro palato la curiosità di scoprirli.

Anche perché, in fondo, cosa accompagna meglio un piatto italiano se non un grande vino italiano?

SCEGLIERE UN BUON VINO

	1999	2000	2001	2002	2003	2004	2005	2006	2007	2008	2009	2010	2011	2012	2013
Barbaresco															
Barolo															
Valtellina															
Franciacorta															
Amarone															
Trento															
Alto Adige															
Collio / Colli Orientali del Friuli															
Chianti Classico															
Brunello di Montalcino															
Montepulciano D'Abruzzo															
Verdicchio dei Castelli di Jesi															
Taurasi															
Etna															

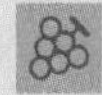

Grandi annate

Buone annate

Annate corrette

VINI E SPECIALITÀ REGIONALI

① Valle d'Aosta

Carbonada, Fonduta alla valdostana

② Piemonte

Peperone farcito, bagna càöda, Ravioli del plin, Vitello tonnato, Tajarin con tartufo bianco d'Alba, Brasato al Barolo, Bonèt

③ Liguria

Trofie al pesto, Pansotti con salsa di noci, Cappon magro, Coniglio arrosto alla ligure

④ Lombardia

Risotto allo zafferano, Tortelli di zucca, Casônsèi, Pizzoccheri alla valtellinese, Cotoletta alla milanese, Pesce in carpione, Casoeûla, panettone

⑤ Veneto

Risotto alla marinara, Bigoli in salsa, Pasta e fagioli, Baccalà alla vicentina, Sarde in saòr, Fegato alla veneziana

⑥ Trentino alto Adige

Canéderli, Capriolo con salsa ai frutti di bosco, Stinco di maiale con crauti, Strudel

⑦ Friuli Venezia Giulia

Zuppa d'orzo, Cialzóns, Frico con patate

⑧ Emilia Romagna

Pisarei e fasö, Lasagne, Tagliatelle con ragù alla bolognese, Tortellini in brodo, Fritto misto di pesce, Bollito misto, Zuppa Inglese

⑨ Toscana

Pappa al pomodoro, Pappardelle con la lepre, Ribollita, Triglie alla livornese, Caciucco, Costata alla fiorentina, Cantucci

⑩ Umbria

Stringozzi al tartufo nero di Norcia, Zuppa di lenticchie, Trota alla griglia, Piccione allo spiedo

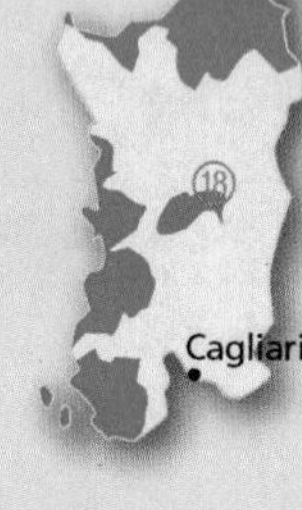

⑪ Marche

Olive all'ascolana, Stoccafisso in potacchio, Brodetto, Coniglio in porchetta

⑫ Abruzzo-Molise

Maccheroni alla chitarra, Agnello allo zafferano, Pecora bollita

⑬ Lazio

Bucatini alla amatriciana, Spaghetti alla carbonara, Carciofi alla romana, Coda alla vaccinara, Trippa alla romana

⑭ Campania

Paccheri con ragù alla napoletana, Zite con ragù alla genovese, Pizze e calzoni, Sartù di riso, Polpo affogato, Sfogliatelle, Babà, Pastiera

⑮ Puglia

Frutti di mare crudi, Orecchiette con cime di rapa, Minestra di fave e cicoria, Agnello al forno, Seppie ripiene

⑯ Basilicata

Pasta e ceci, Baccalà alla lucana, Maiale con peperonata

⑰ Calabria

Pasta con sardella, Baccalà alla calabrese, Cinghiale in umido

⑱ Sardegna

Gnocchetti sardi allo zafferano, Aragosta alla catalana, Maialino alla brace, Seadas, Fregola di mare

⑲ Sicilia

Pasta con le sarde, Pasta alla Norma, Cous-cous alla trapanese, Involtini di pesce spada, Cannoli, Cassata

PALMARES 2017

LE NUOVE STELLE ✿

✿✿

Ischia (Isola d')	**Danì Maison**
Milano	**Enrico Bartolini al Mudec**
	Seta
Sarentino	**Terra**
Trento / Ravina	**Locanda Margon**

✿

Bardolino	**La Veranda**
Bergamo	**Casual**
Cagliari	**Dal Corsaro**
Castellammare di Stabia	**Piazzetta Milù**
Castiglione della Pescaia	**La Trattoria Enrico Bartolini**
Cherasco	**Da Francesco**
Firenze	**La Leggenda dei Frati**
Fiumicino	**Il Tino**
Forte dei Marmi	**Lux Lucis**
Gaiole in Chianti	**Il Pievano**
Genazzano	**Aminta Resort**
Guarene	**La Madernassa**
Ischia (Isola d')	**Il Mosaico**
Isola di Capo Rizzuto	**Pietramare**
Latina / Lido di Latina	**Il Vistamare**
Laveno Mombello	**La Tavola**
Milano	**Felix Lo Basso**
	Lume
Modica	**Accursio**
Napoli	**Veritas**
Pesaro	**Nostrano**
Pinerolo	**Zappatori**
Piòbesi d'Alba	**21.9**
Roma	**Assaje**
	Bistrot 64
	Magnolia
	Per Me Giulio Terrinoni
	The Corner
Trani	**Quintessenza**
Viareggio	**Lunasia**
Vicenza	**El Coq**

Michelin

I NUOVI BIB GOURMAND

Abbasanta	**Su Carduleu**
Camaiore / Montemagno	**Le Meraviglie**
Castelbuono	**Nangalarruni**
Castiglione Falletto	**L'Argaj**
Cuneo	**4 Ciance**
Ivrea	**Blupum**
La Morra / Annunziata	**Osteria Veglio**
Lama Mocogno	**Vecchia Lama**
Milano	**Trippa**
Mosciano Sant'Angelo	**Borgo Spoltino**
Napoli	**Locanda N'Tretella**
Novafeltria	**Del Turista-da Marchesi**
Ossana	**Antica Osteria**
Parma	**Osteria del 36**
Rivisondoli	**Da Giocondo**
Salsomaggiore Terme	**L'Osteria del Castellazzo**
Santa Maria la Carità	**Gerani**
Sant'Agata sui Due Golfi	**Lo Stuzzichino**
Suzzara	**Mangiare Bere Uomo Donna**
Trieste	**Nuovo Savron**

Trovate tutte le stelle ed i
Bib Gourmand 2017 alla fine della
guida MICHELIN, pagina 1286

Le Tavole stellate 2017

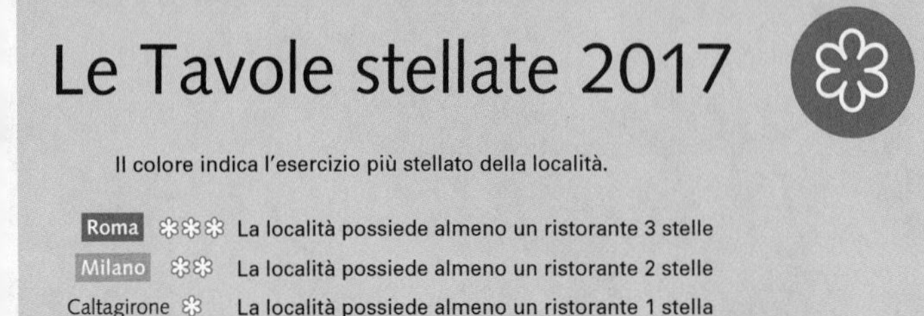

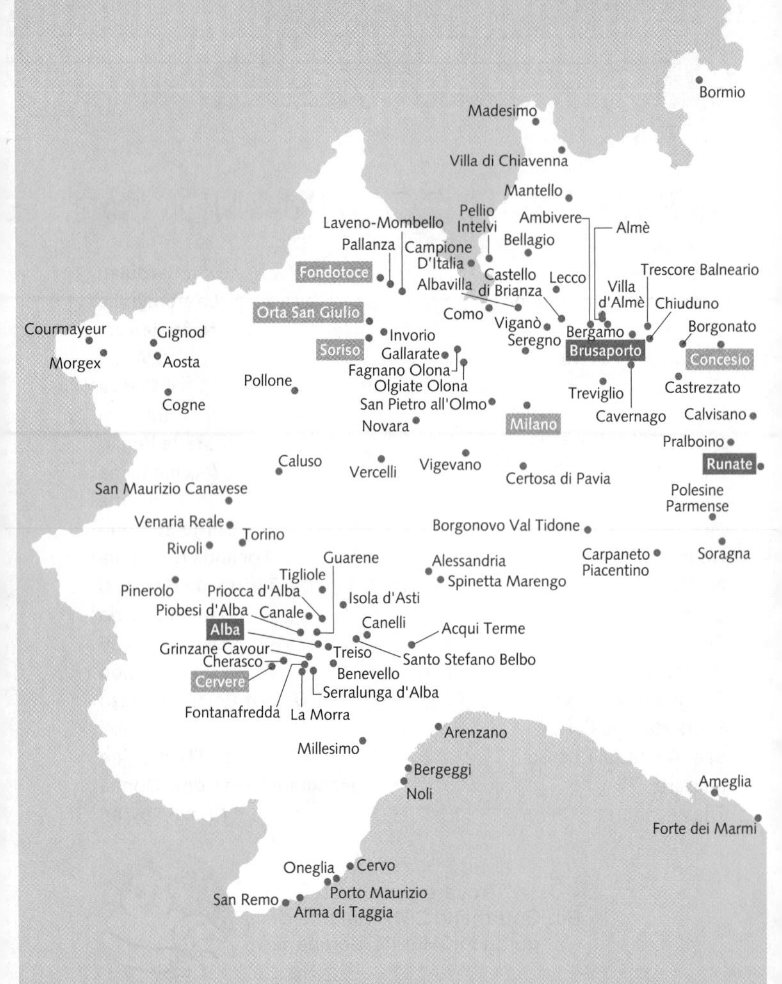

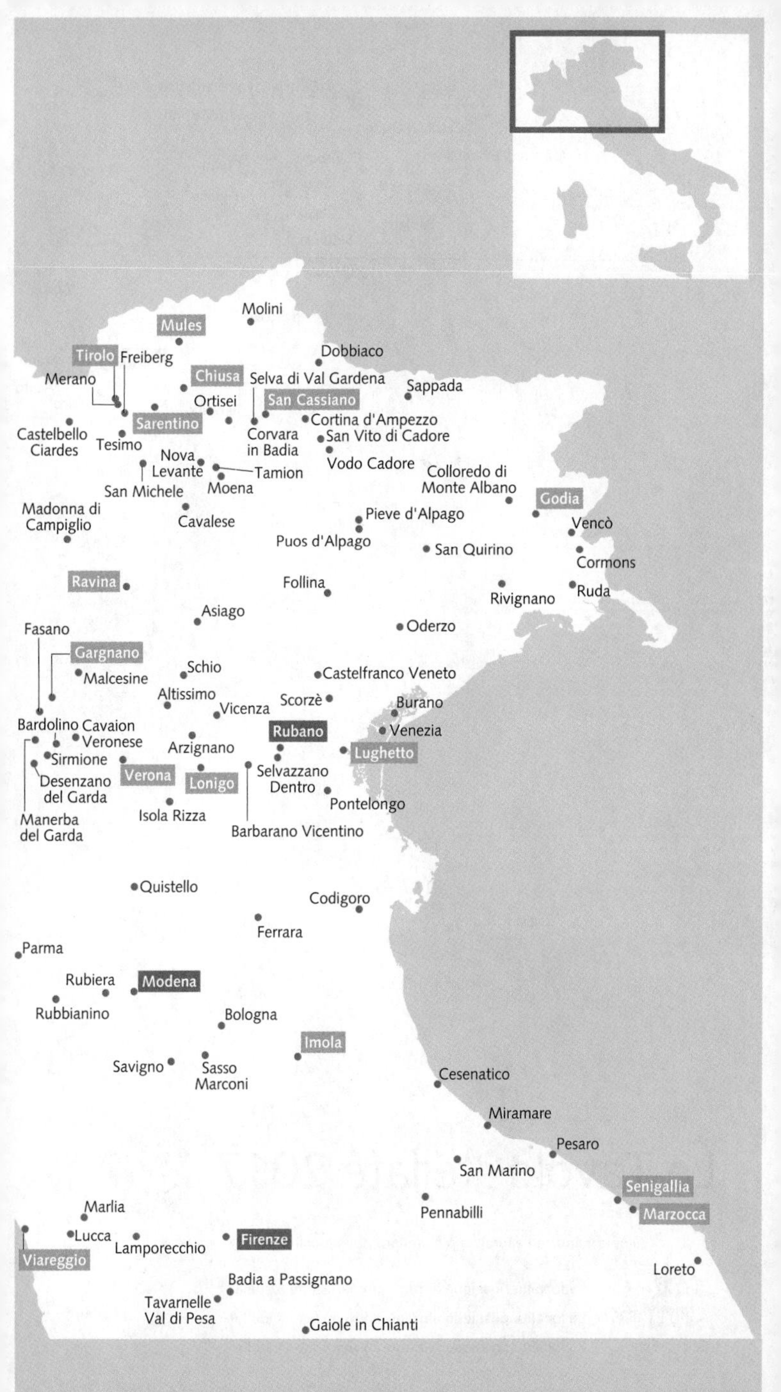
Molini
Mules
Dobbiaco
Tirolo
Freiberg
Merano
Chiusa
Selva di Val Gardena
Sappada
Ortisei
San Cassiano
Sarentino
Cortina d'Ampezzo
Castelbello Ciardes
Tesimo
Corvara in Badia
San Vito di Cadore
Nova Levante
Vodo Cadore
Tamion
Colloredo di Monte Albano
San Michele
Moena
Godia
Madonna di Campiglio
Cavalese
Pieve d'Alpago
Vencò
Puos d'Alpago
San Quirino
Cormons
Ravina
Follina
Rivignano
Ruda
Asiago
Oderzo
Fasano
Gargnano
Schio
Malcesine
Castelfranco Veneto
Altissimo
Scorzè
Vicenza
Burano
Bardolino
Cavaion Veronese
Rubano
Venezia
Sirmione
Arzignano
Lughetto
Desenzano del Garda
Verona
Lonigo
Selvazzano Dentro
Pontelongo
Isola Rizza
Manerba del Garda
Barbarano Vicentino
Quistello
Codigoro
Ferrara
Parma
Rubiera
Modena
Rubbianino
Bologna
Imola
Savigno
Sasso Marconi
Cesenatico
Miramare
Pesaro
San Marino
Senigallia
Pennabilli
Marzocca
Marlia
Lucca
Lamporecchio
Firenze
Viareggio
Loreto
Badia a Passignano
Tavarnelle Val di Pesa
Gaiole in Chianti

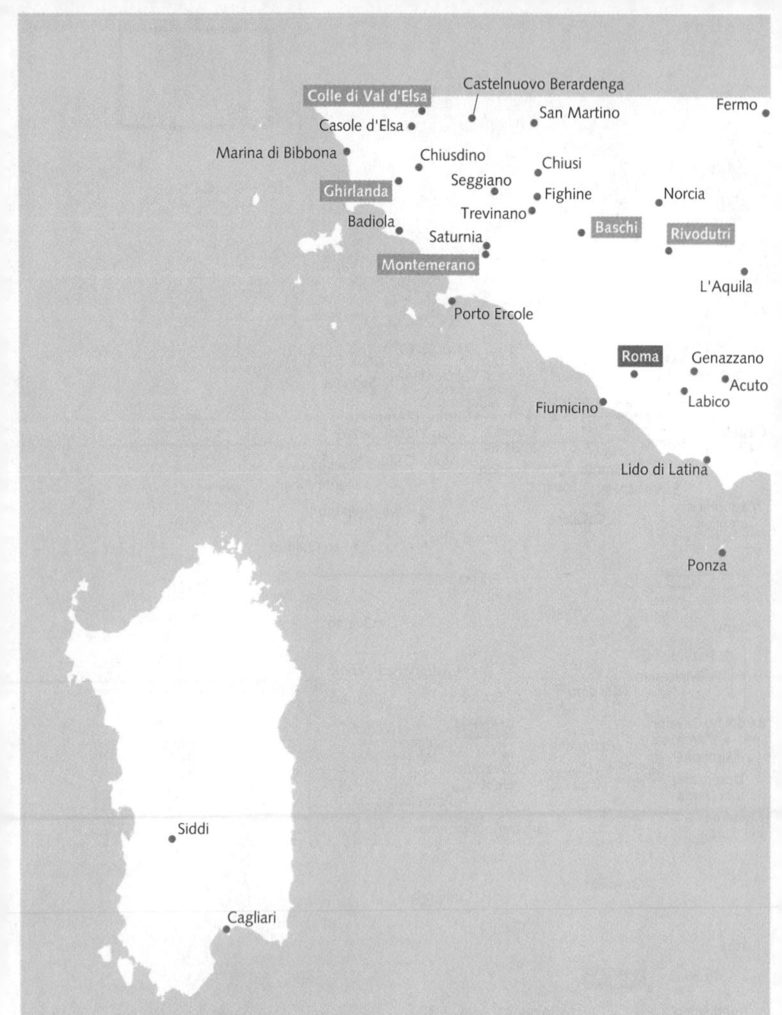

Le Tavole stellate 2017

Il colore indica l'esercizio più stellato della località.

Roma ✻✻✻ La località possiede almeno un ristorante 3 stelle

Milano ✻✻ La località possiede almeno un ristorante 2 stelle

Caltagirone ✻ La località possiede almeno un ristorante 1 stella

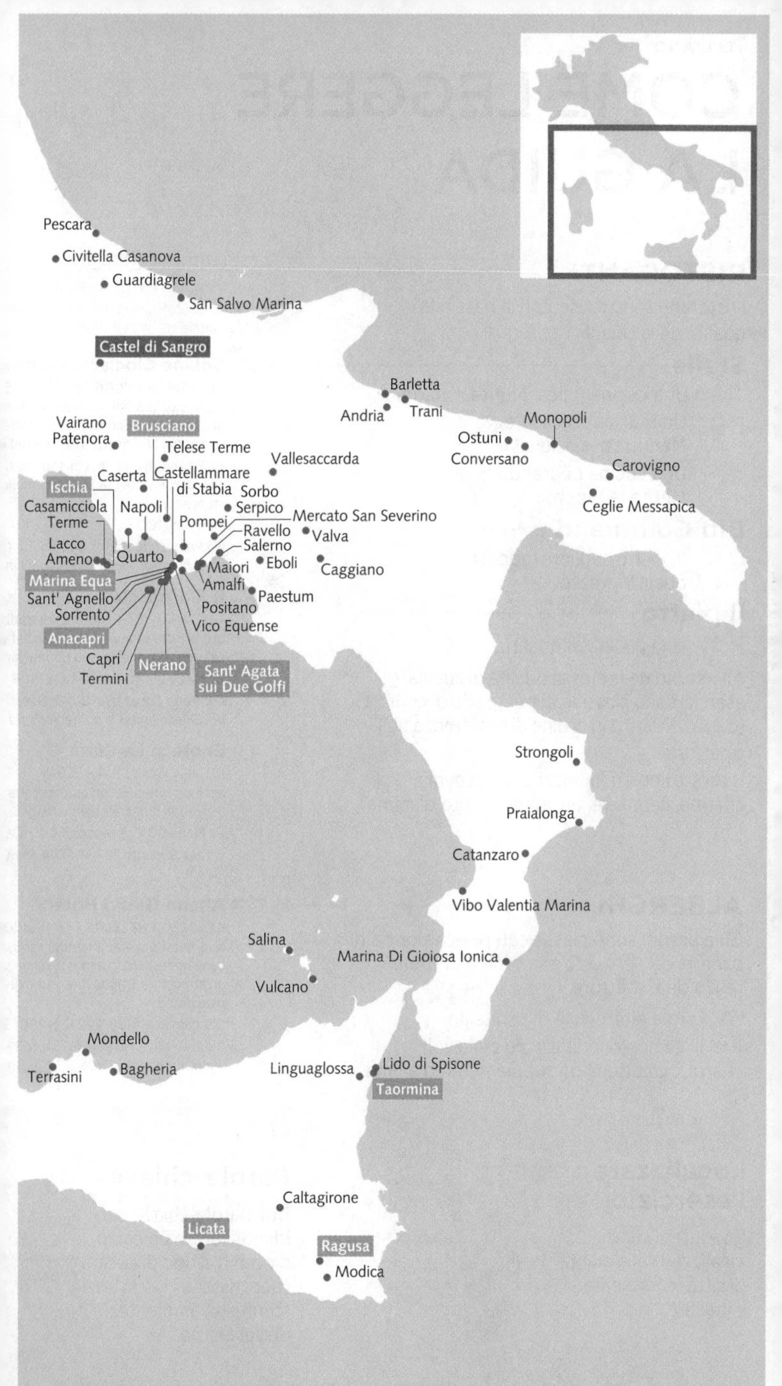
Pescara
Civitella Casanova
Guardiagrele
San Salvo Marina
Castel di Sangro
Barletta
Andria
Trani
Monopoli
Ostuni
Conversano
Carovigno
Ceglie Messapica
Vairano Patenora
Brusciano
Telese Terme
Vallesaccarda
Caserta
Castellammare di Stabia
Ischia
Casamicciola Terme
Napoli
Sorbo Serpico
Mercato San Severino
Pompei
Ravello
Valva
Lacco Ameno
Quarto
Salerno
Eboli
Maiori
Caggiano
Marina Equa
Amalfi
Sant' Agnello
Paestum
Sorrento
Positano
Vico Equense
Anacapri
Capri
Termini
Nerano
Sant' Agata sui Due Golfi
Strongoli
Praialonga
Catanzaro
Vibo Valentia Marina
Salina
Marina Di Gioiosa Ionica
Vulcano
Mondello
Terrasini
Bagheria
Linguaglossa
Lido di Spisone
Taormina
Caltagirone
Licata
Ragusa
Modica

COME LEGGERE LA GUIDA

RISTORANTI

I ristoranti sono presentati in base alla qualità della cucina.

Stelle

✿✿✿ Una cucina unica. Merita il viaggio!

✿✿ Una cucina eccellente. Merita la deviazione!

✿ Una cucina di grande qualità. Merita la tappa!

Bib Gourmand

☺ Il nostro migliore rapporto qualità-prezzo.

Il piatto

🍴 Una cucina di qualità.

All'interno della stessa qualità di cucina, gli esercizi sono classificati per grado di confort (da XXXXX a X) e in ordine di preferenza dell' ispettore.

Il rosso, i nostri indirizzi più piacevoli: charme, carattere, un supplemento d'anima

ALBERGHI

Gli alberghi sono classificati per categoria di confort da 🏨🏨🏨 a 🏠 e in ordine di preferenza dell'ispettore.

🏠 Forme alternative di ospitalità.

Il rosso, i nostri indirizzi più piacevoli: charme, carattere, un supplemento d'anima

ACQUAPENDENTE

Viterbo (VT) – ✉ 01021 – 5 544 ab. – Car
▪ Roma 145 km – Viterbo 52 km – Orviet
Carta stradale Michelin 563-N17

✿ **Colline Ciociare** (Salvatore
CREATIVA • ACCOGLIANTE XXX S
zione ciociara agli accostamenti p
quello di un cuoco-poeta. Al mode
l'omaggio alle ricette storiche dell
→ Ravioli di aglio in consommé d
alle rose. Patata confit al caramell
croccante.
Menu 75/100 €
via Prenestina 27 – ✆ 0 77 55 60 4
sera, martedì a mezzogiorno e lun

☺ **IL Carpaccio**
REGIONALE XX Ristorante di tradi
di una bella sala-veranda affacciata
su prenotazione ed una buona car
Menu 25/40€ – Carta 18/41 €
Contrada Cocozzello 197/D, Ovest:
it – Chiuso lunedì e domenica sera

🍴 **Enoteca La Curia** Ⓝ
CUCINA CLASSICA • ELGANTE X
accompagnata da un'ampia scelta
teca adiacente): ambiente rustico-
Menu 20 € (pranzo)/50€ – Ca
via alla Bollente 72 – ✆ 01 44 35 6
lunedì

🏨🏨🏨 **Abano Grand Hotel**
CENTRO BENESSERE • CLASSICO
sivo hotel dagli ambienti in raffina
zona benessere, composta da un p
un'atmosfera tranquilla e apposita
psicofisico.
179 cam ☕ – †150/222 € ††260/3
Pianta: B2h – *via Valerio Flacco 1 –*
www.abanograndhotel.it – Chiuso

Localizzare l'esercizio

Gli esercizi sono localizzati sulla pianta di città (coordinate e indice)

Parole-chiave

Due parole-chiave per identificare in un colpo d'occhio, il tipo di cucina (per i ristoranti) e lo stile (contesto, ambiente...) dell'esercizio.

ionale n° 7-A1
km - Todi 69 km

sa)
ridotta, ma fantasia infinita: dalla tradi-
daci, pochi piatti vi aprono un universo,
istrot Nù, regnano invece la tradizione e
f.
e. Involtino di manzo e lardo profumato
noa, spuma di mandorla e pelle di patata

ww.salvatoretassa.it - Chiuso domenica

familiare che il recente rinnovo ha dotato
vallata; specialità tipiche calabresi, pesce
ne fanno un valido indirizzo.

- 09 84 94 92 05 - www.ilcarpaccio.

cto volte in mattoni, cucina piemontese
i (i titolari gestiscono anche l'ottima eno-
nte er questo piacevole locale del centro.
4/59 €
www.enotecalacuria.com - Chiuso

meno parco vi introdurrà in questo esclu-
ile impero; ampie camere ed una nuova
rso di bagni termali, saune, grotta, etc. in
te studiata per il recupero dell'equilibrio

- 8 suites
98 24 81 00 -
uglio

Installazioni e servizi

- Carta dei vini particolamente interessante
- Servizio di ristorazione nell'hotel
- Ristorante con camere
- Risorsa tranquilla • Vista interessante
- Parco o giardino • Tennis
- Golf
- Ascensore
- Strutture per persone con difficoltà motorie
- A/C Aria condizionata
- Pasti serviti all'aperto
- Cani non ammessi
- Piscina: all'aperto, coperta
- Spa
- Sauna • Palestra
- Sale per conferenze
- Sale private
- P Parcheggio • Garage
- Carte di credito non accettate
- M Stazione metropolitana

- N Nuovo esercizio in guida

Prezzi

Alberghi

60/80 € 110/150 €	Prezzo minimo/massimo di una camera singola / per due persone, comprensivo della prima colazione
18 €	Prezzo della prima colazione
1/2 P	L'esercizio propone solo la mezza pensione

Ristoranti

	Pasto a meno di 25 €
Menu 15/25 €	Prezzo minimo/ massimo del menu
Carta 30/46 €	Prezzo minimo/ massimo della carta

LEGENDA DELLE PIANTE

Alberghi •
Ristoranti •

Curiosità

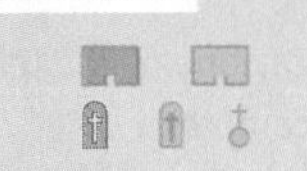

Edificio interessante
Costruzione religiosa interessante

Viabilità

Autostrada, doppia carreggiata tipo autostrada
Numero dello svincolo
Grande via di circolazione
Via regolamentata o impraticabile
Via pedonale • Tranvia
Parcheggio • Relay Parking
Galleria
Stazione e ferrovia
Funicolare
Funivia, Cabinovia
Zona a traffico limitato (Italia)

Simboli vari

Ufficio informazioni turistiche
Moschea • Sinagoga
Torre • Ruderi • Mulino a vento
Giardino, parco, bosco • Cimitero
Stadio • Golf • Ippodromo
Piscina (all'aperto o coperta)
Vista • Panorama
Monumento • Fontana • Faro
Porto turistico • Autostazione
Aeroporto • Stazione della Metropolitana
Trasporto con traghetto:
passeggeri ed autovetture • solo passeggeri
Ufficio postale centrale
Ospedale • Mercato coperto
Carabinieri • Polizia (Questura, nelle grandi città)
Municipio • Università
Edificio pubblico indicato con lettera:
Museo • Teatro • Prefettura

THE MICHELIN GUIDE'S COMMITMENTS

EXPERIENCED IN QUALITY!

Whether they are in Japan, the USA, China or Europe, our inspectors apply the same criteria to judge the quality of each and every hotel and restaurant that they visit. The Michelin guide commands a worldwide reputation thanks to the commitments we make to our readers – and we reiterate these below:

Anonymous inspections

Our inspectors make regular and anonymous visits to hotels and restaurants to gauge the quality of products and services offered to an ordinary customer. They settle their own bill and may then introduce themselves and ask for more information about the establishment. Our readers' comments are also a valuable source of information, which we can follow up with a visit of our own.

Independence

To remain totally objective for our readers, the selection is made with complete independence. Entry into the guide is free. All decisions are discussed with the Editor and our highest awards are considered at a European level.

Our famous one ✿, two ✿✿ and three ✿✿✿ stars identify establishments serving the highest quality cuisine – taking into account the quality of ingredients, the mastery of techniques and flavours, the levels of creativity and, of course, consistency.

Selection and choice

The guide offers a selection of the best hotels and restaurants in every category of comfort and price. This is only possible because all the inspectors rigorously apply the same methods.

✿✿✿ THREE MICHELIN STARS

Exceptional cuisine, worth a special journey!

Our highest award is given for the superlative cooking of chefs at the peak of their profession. The ingredients are exemplary, the cooking is elevated to an art form and their dishes are often destined to become classics.

✿✿ TWO MICHELIN STARS

Excellent cooking, worth a detour!

The personality and talent of the chef and their team is evident in the expertly crafted dishes, which are refined, inspired and sometimes original.

✿ ONE MICHELIN STAR

High quality cooking, worth a stop!

Using top quality ingredients, dishes with distinct flavours are carefully prepared to a consistently high standard.

BIB GOURMAND

Good quality, good value cooking

'Bibs' are awarded for simple yet skilful cooking for under £32 or €35.

THE PLATE MICHELIN

Good cooking

Fresh ingredients, capably prepared: simply a good meal.

Annual updates

All the practical information, classifications and awards are revised and updated every year to give the most reliable information possible.

Consistency

The criteria for the classifications are the same in every country covered by the MICHELIN guide.

The sole intention of Michelin is to make your travels safe and enjoyable.

DEAR READER

Flicking through the pages of the 2017 edition, you may have noticed that the MICHELIN Guide has a different look. The new format and improved layout make it easier to use and are the result of the many letters you sent us during the year, along with a reader survey that we conducted.

- ***The most significant change is that our restaurants – which are your favourite part – now appear at the front of each listing, with the hotels and guesthouses following after. They are now also ordered according to the quality of their food rather than the comfort of the establishment, with the awards that you already know and love (Three Stars ✿✿✿, Two Stars ✿✿, One Star ✿ and Bib Gourmand ☺) being placed at the top. The rest of our selection is then identified by a new symbol: The Plate 🍽. Being selected by the MICHELIN Guide inspectors is a guarantee of quality in itself and the plate symbol indicates restaurants where you will have a good meal.***

- ***We have also worked on making the guide easier to use. Two key words now sum up each restaurant at a quick glance: the first describes the food and the second gives an idea of the establishment's style – so the food could be 'Mediterranean', 'traditional' or 'creative' and the decor 'rustic', 'industrial' or 'designer'.***

- ***In the major cities, we have also introduced "We love". Here our inspectors highlight their favourite places – maybe a hotel with stunning sea views or a restaurant offering local specialities.***

- ***The format and presentation may have changed but our mission is still the same: to guide you to the best restaurants and hotels, from the Aosta Valley to Apulia, from Friuli-Venezia Giulia to Calabria, including the islands.***

CONTENTS

Introduction

Consult the MICHELIN Guide at:
www.viamichelin.it
and write to us at:
laguidamichelin-italia@michelin.com

Michelin

SEEK AND SELECT...
HOW TO USE THIS GUIDE

RESTAURANTS

Restaurants are classified by the quality of their cuisine:

Stars

✿✿✿ Exceptional cuisine, worth a special journey!

✿✿ Excellent cooking, worth a detour!

✿ High quality cooking, worth a stop!

Bib Gourmand

☺ Good quality, good value cooking.

The Plate Michelin

🍴 Good cooking.

Within each cuisine category, restaurants are listed by comfort, from XXXXX to X, and in order of preference by the inspectors.

Red: Our most delightful places.

HOTELS

Hotels are classified by categories of comfort, from 🏨🏨🏨🏨🏨 to 🏨 and in order of preference by the inspectors.

🏠 Guesthouses

Red: Our most delightful places.

Locating the establishment

Location and coordinates on the town plan, with main sights.

V. Marco Aurelio
Viale Battaglia
Pasteur
Loreto
Lombardia
V. Niccolò Jommelli
Vallazze
Abruzzi
d e a b n

ACQUAPENDENTE

Viterbo (VT) - ✉ 01021 - 5 544 ab. - Car
▶ Roma 145 km - Viterbo 52 km - Orviet
Carta stradale Michelin 563-N17

✿ **Colline Ciociare** (Salvatore
CREATIVA • ACCOGLIENTE XXX S
zione ciociara agli accostamenti p
quello di un cuoco-poeta. Al mode
l'omaggio alle ricette storiche dell
➜ Ravioli di aglio in consommé d
alle rose. Patata confit al caramell
croccante.
Menu 75/100 €
via Prenestina 27 - ☎ 0 77 55 60 4
sera, martedì a mezzogiorno e lun

☺ **IL Carpaccio**
REGIONALE XX Ristorante di tradi
di una bella sala-veranda affacciata
su prenotazione ed una buona car
Menu 25/40€ - Carta 18/41 €
Contrada Cocozzello 197/D, Ovest:
it - Chiuso lunedì e domenica sera

🍴 **Enoteca La Curia** Ⓝ
CUCINA CLASSICA • ELGANTE X
accompagnata da un'ampia scelta
teca adiacente): ambiente rustico-
Menu 20 € (pranzo)/50€ - Ca
via alla Bollente 72 - ☎ 01 44 35 6
lunedì

🏨🏨🏨🏨🏨 **Abano Grand Hotel**
CENTRO BENESSERE • CLASSICO
sivo hotel dagli ambienti in raffin
zona benessere, composta da un p
un'atmosfera tranquilla e apposita
psicofisico.
179 cam ☕ - †150/222 € ††260/3
Pianta: B2h - *via Valerio Flacco 1 -*
www.abanograndhotel.it - Cniuso

Key words

Each entry now comes with two key words, making it quick and easy to identify the type of establishment and/or the food that it serves.

ionale n° 7-A1
km - Todi 69 km

sa)
ridotta, ma fantasia infinita: dalla tradi-
daci, pochi piatti vi aprono un universo,
istrot Nù, regnano invece la tradizione e
f.
e. Involtino di manzo e lardo profumato
noa, spuma di mandorla e pelle di patata

ww.salvatoretassa.it - Chiuso domenica

familiare che il recente rinnovo ha dotato
vallata; specialità tipiche calabresi, pesce
ne fanno un valido indirizzo.

- 09 84 94 92 05 - www.ilcarpaccio.

tto volte in mattoni, cucina piemontese
i (i titolari gestiscono anche l'ottima eno-
nte er questo piacevole locale del centro.
4/59 €
www.enotecalacuria.com - Chiuso

meno parco vi introdurrà in questo esclu-
ile impero; ampie camere ed una nuova
rso di bagni termali, saune, grotta, etc. in
te studiata per il recupero dell'equilibrio

- 8 suites
4 98 24 81 00 -
uglio

Facilities & services

Particularly interesting wine list
Hotel with a restaurant
Restaurant or pub with bedrooms
Peaceful establishment
Great view
Garden or park • Tennis court
Golf course
Lift (elevator)
Wheelchair access
Air conditioning
Outside dining available
No dogs allowed
Swimming pool: outdoor or indoor
Wellness centre
Sauna • Exercise room
Conference room
Private dining room
Car park • Garage
Credit cards not accepted
Nearest Underground station

New establishment in the guide

Prices

Restaurants

	Establishment serving a simple meal for less than 25 €
Menu 35/60 €	Fixed price menu. Lowest/highest price
Carte 30/46 €	A la carte menu. Lowest/highest price

Hotels

60/80 € 110/150 €	Lowest/highest price for single and double room, breakfast included
18 €	Breakfast price where not included in rate.
½ P	Establishment only offering half board

TOWN PLAN KEY

Hotels •
Restaurants •

Sights

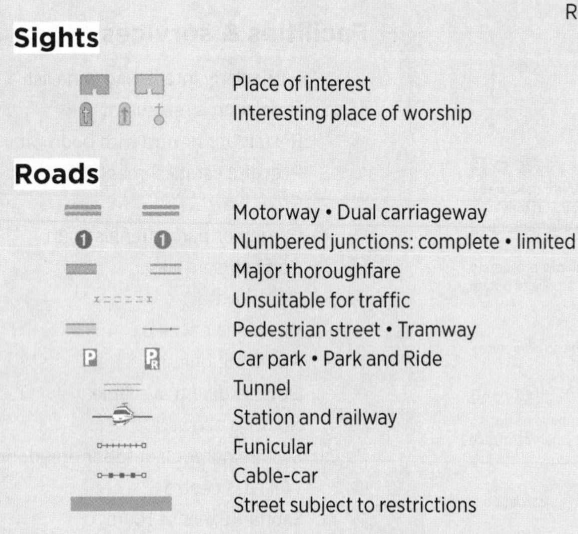

Place of interest
Interesting place of worship

Roads

Motorway • Dual carriageway
Numbered junctions: complete • limited
Major thoroughfare
Unsuitable for traffic
Pedestrian street • Tramway
Car park • Park and Ride
Tunnel
Station and railway
Funicular
Cable-car
Street subject to restrictions

Various signs

Tourist Information Centre
Mosque • Synagogue
Tower • Ruins • Windmill
Garden, park, wood • Cemetery
Stadium • Golf course • Racecourse
Outdoor or indoor swimming pool
View • Panorama
Monument • Fountain • Lighthouse
Pleasure boat harbour • Coach station
Airport • Underground station
Ferry services:
passengers and cars • passengers only
Main post office
Hospital • Covered market
Police (in large towns, police headquarters)
Town Hall • University, college
Public buildings located by letter:
Museum • Theatre • Prefecture

Carte regionali

Regional maps

La località possiede come minimo...

- ● un albergo o un ristorante
- ✿ un ristorante « stellato »
- ☺ un ristorante « Bib Gourmand »
- ⌂ una risorsa di ospitalità particolarmente piacevole

Place with at least...

- ● one hotel or a restaurant
- ✿ one starred restaurant
- ☺ one Bib Gourmand restaurant
- ⌂ one particularly pleasant hotel or guesthouse

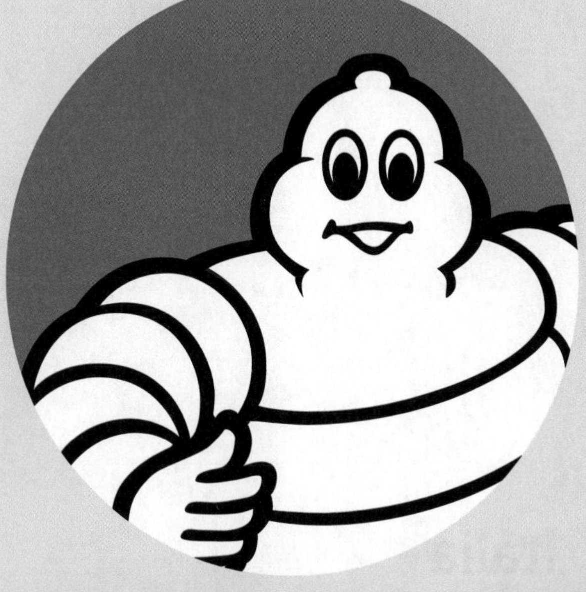

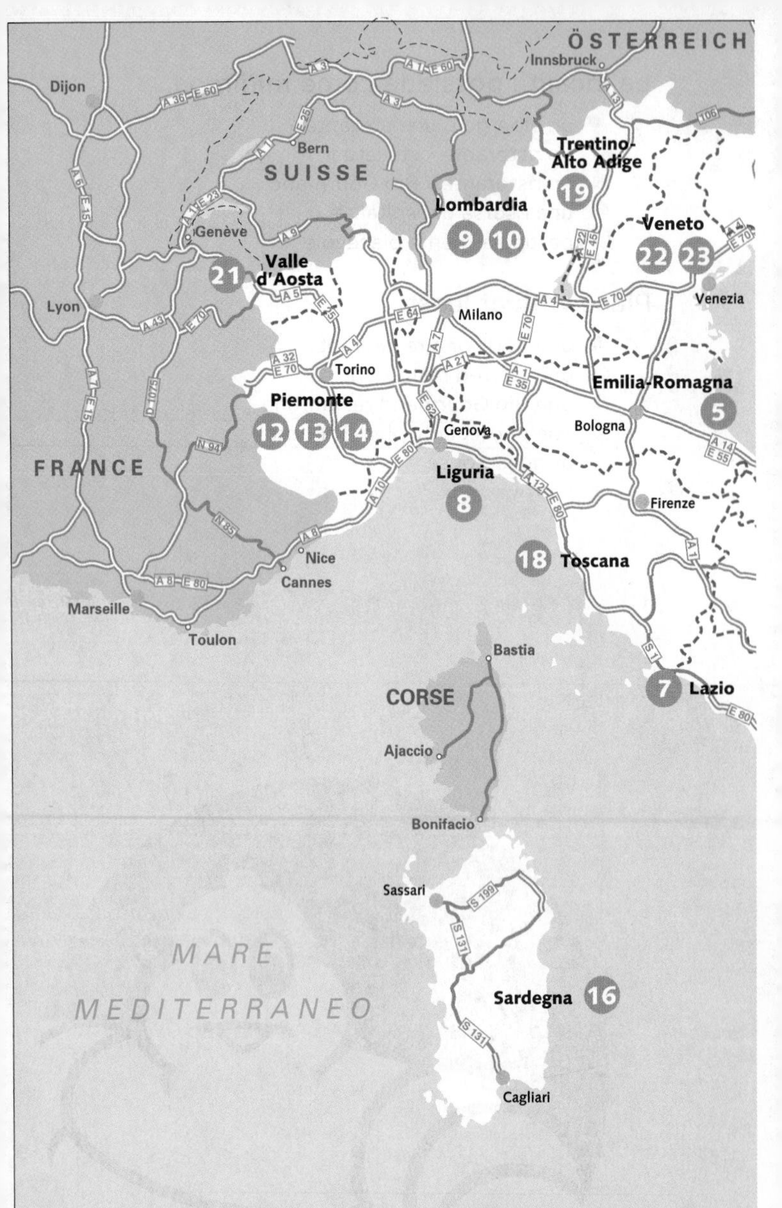
ÖSTERREICH
Innsbruck
Dijon
Bern
SUISSE
Genève
Trentino-Alto Adige
19
Lombardia
9
10
Veneto
22
23
Venezia
Valle d'Aosta
21
Lyon
Milano
Torino
Emilia-Romagna
5
Piemonte
12
13
14
Genova
Bologna
FRANCE
Liguria
8
Firenze
Nice
Cannes
18
Toscana
Marseille
Toulon
Bastia
CORSE
7
Lazio
Ajaccio
Bonifacio
Sassari
MARE
MEDITERRANEO
Sardegna
16
Cagliari

Italia

MAGYARORSZÁG
Pécs
Friuli-Venezia Giulia
6
Ljubljana
Zagreb
SLOVENIJA
HRVATSKA
Trieste
Rijeka
Beograd
BOSNA I HERCEGOVINA
Sarajevo
SRBIJA
Split
CRNA-GORA
Podgorica
Dubrovnik
Ancona
Marche
11
Umbria
20
MARE ADRIATICO
Pescara
Abruzzo
1
Puglia
15
Tiranë
Molise
ROMA
Foggia
Bari
SHQIPËRIA
Potenza
Napoli
4
Campania
Basilicata
2
Calabria
3
MARE TIRRENO
MARE IONIO
Messina
Reggio di Calabria
Palermo
Catania
17
Sicilia
A 2
A 1
E 57
A 2
E 70
E 71
68
E 661
6
E 70
1
E 661
E 761
A 1
22-1
E 763
1-E 75
E 761
E 762
E 73
17
21
E 763
E 65
E 80
8
E 65
2
8
E 65
E 762
A 24
A 14
E 55
E 35
A 24
E 80
A 1
E 45
E 842
A 16
S 16
E 55
A 14
E 843
A 3
E 45
A 3
E 45
E 90
S 106
A 20
E 90
E 90
A 29
A 19
E 932
S 115
E 45

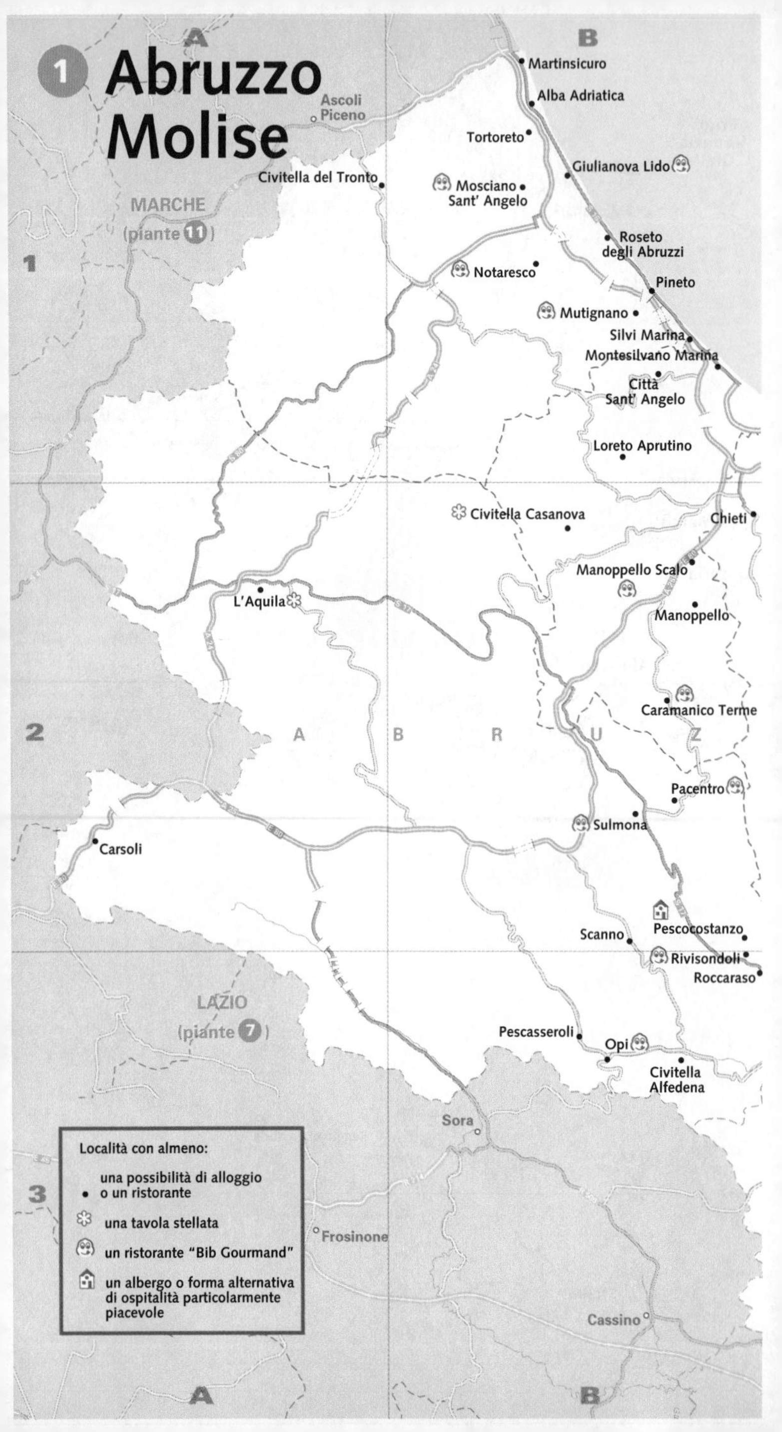
1 Abruzzo Molise
A
B
1
2
3
Ascoli Piceno
MARCHE
(piante 11)
Martinsicuro
Alba Adriatica
Tortoreto
Giulianova Lido
Civitella del Tronto
Mosciano Sant' Angelo
Roseto degli Abruzzi
Notaresco
Pineto
Mutignano
Silvi Marina
Montesilvano Marina
Città Sant' Angelo
Loreto Aprutino
Civitella Casanova
Chieti
Manoppello Scalo
L'Aquila
Manoppello
Caramanico Terme
A B R U Z
Pacentro
Sulmona
Carsoli
Pescocostanzo
Scanno
Rivisondoli
Roccaraso
LAZIO
(piante 7)
Pescasseroli
Opi
Civitella Alfedena
Sora
Frosinone
Cassino
Località con almeno:
una possibilità di alloggio o un ristorante
una tavola stellata
un ristorante "Bib Gourmand"
un albergo o forma alternativa di ospitalità particolarmente piacevole

C
D
MARE ADRIATICO
1
Pescara
Francavilla al Mare
Marina di San Vito
Rocca San Giovanni
Casacanditella
Fara Filiorum Petri
Guardiagrele
Vasto
Marina di Vasto
San Salvo Marina
San Salvo
Termoli
2
Z O
Guglionesi
Montecilfone
Guardialfiera
Pietransieri
CASTEL DI SANGRO
M O L I S E
PUGLIA
(piante 15)
Campobasso
3
Castelpetroso
Colle
d'Anchise
CAMPANIA
(piante 4)
C
D

2 Basilicata
A
B
1
2
3
Melfi
Venosa
Rionero in Vulture
Potenza
Picerno
Castelmezzano
Brienza
CAMPANIA
(piante 4)
Trecchina
Acquafredda
Maratea
Fiumicello Santa Venere
Località con almeno:
una possibilità di alloggio o un ristorante
una tavola stellata
un ristorante "Bib Gourmand"
un albergo o forma alternativa di ospitalità particolarmente piacevole

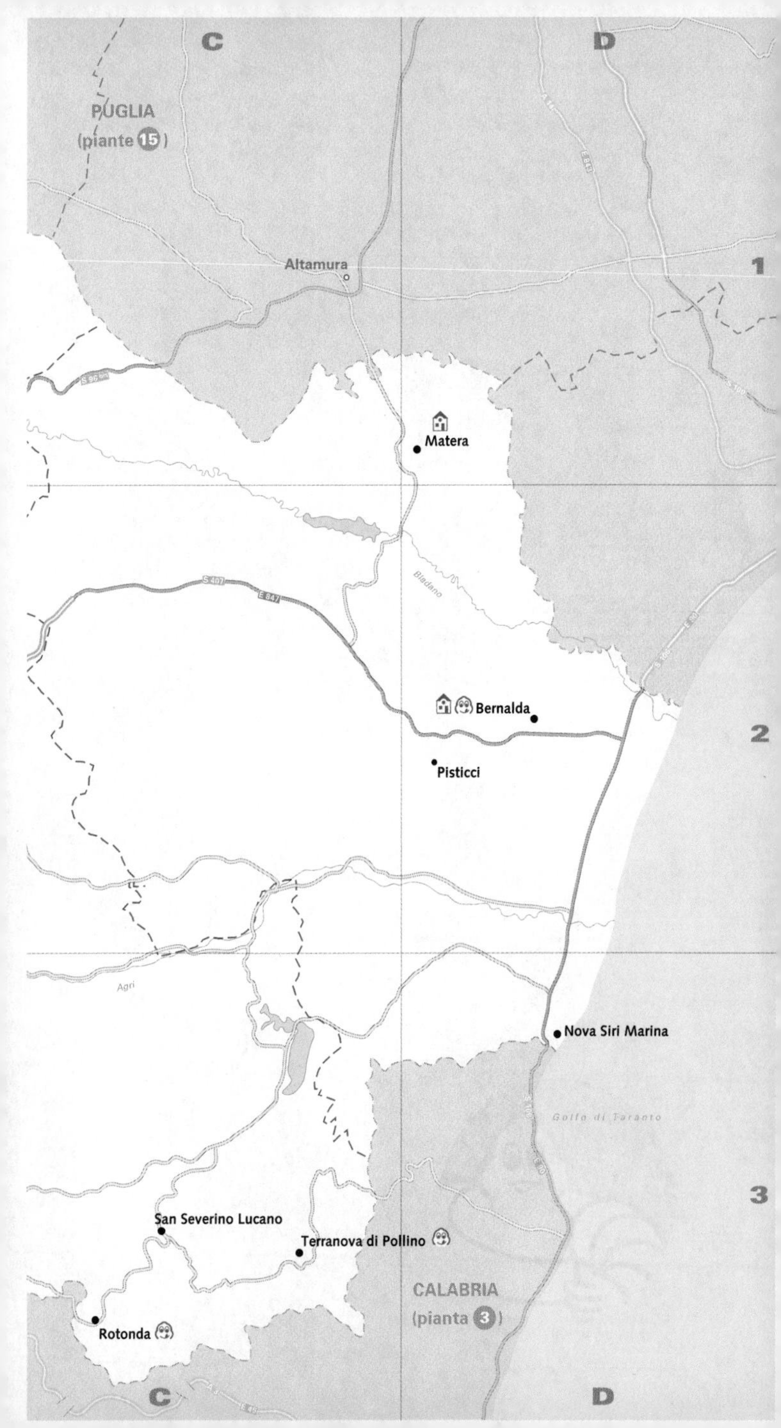
C
D
PUGLIA
(piante 15)
Altamura
1
Matera
Bradano
Bernalda
2
Pisticci
Agri
Nova Siri Marina
Golfo di Taranto
3
San Severino Lucano
Terranova di Pollino
CALABRIA
(pianta 3)
Rotonda
C
D

Calabria 3
BASILICATA
(piante 2)
Golfo di Taranto
Amendolara
Morano Calabro
Castrovillari
Saracena
Altomonte
Rossano Stazione
Cirella
Sangineto Lido
Cittadella del Capo
Acri
Cirò Marina
Camigliatello Silano
Strongoli
Cosenza
Crotone
Belmonte Calabro
Amantea
Soveria Mannelli
Isola di Capo Rizzuto
Nocera Terinese
Praialonga
Nicastro
Tiriolo
Sellia Marina
Lamezia Terme
Pianopoli
Catanzaro
Gizzeria Lido
Golfo di Squillace
Golfo de S. Eufemia
Catanzaro Lido
Pizzo
Soverato
Vibo Valentia Marina
Zambrone
Tropea
Vibo Valentia
Santa Domenica
Filandari
Ricadi
Mileto
Faro Capo Vaticano
Mesiano
MARE IONIO
Riace
Marina di Gioiosa Ionica
Roccella Ionica
Palmi
Siderno
Gerace
Bagnara Calabra
Santa Trada di Cannitello
Villa San Giovanni
Messina
Gambarie
SICILIA
(piante 17)
Reggio di Calabria
Pellaro
Località con almeno:
una possibilità di alloggio o un ristorante
una tavola stellata
un ristorante "Bib Gourmand"
un albergo o forma alternativa di ospitalità particolarmente piacevole

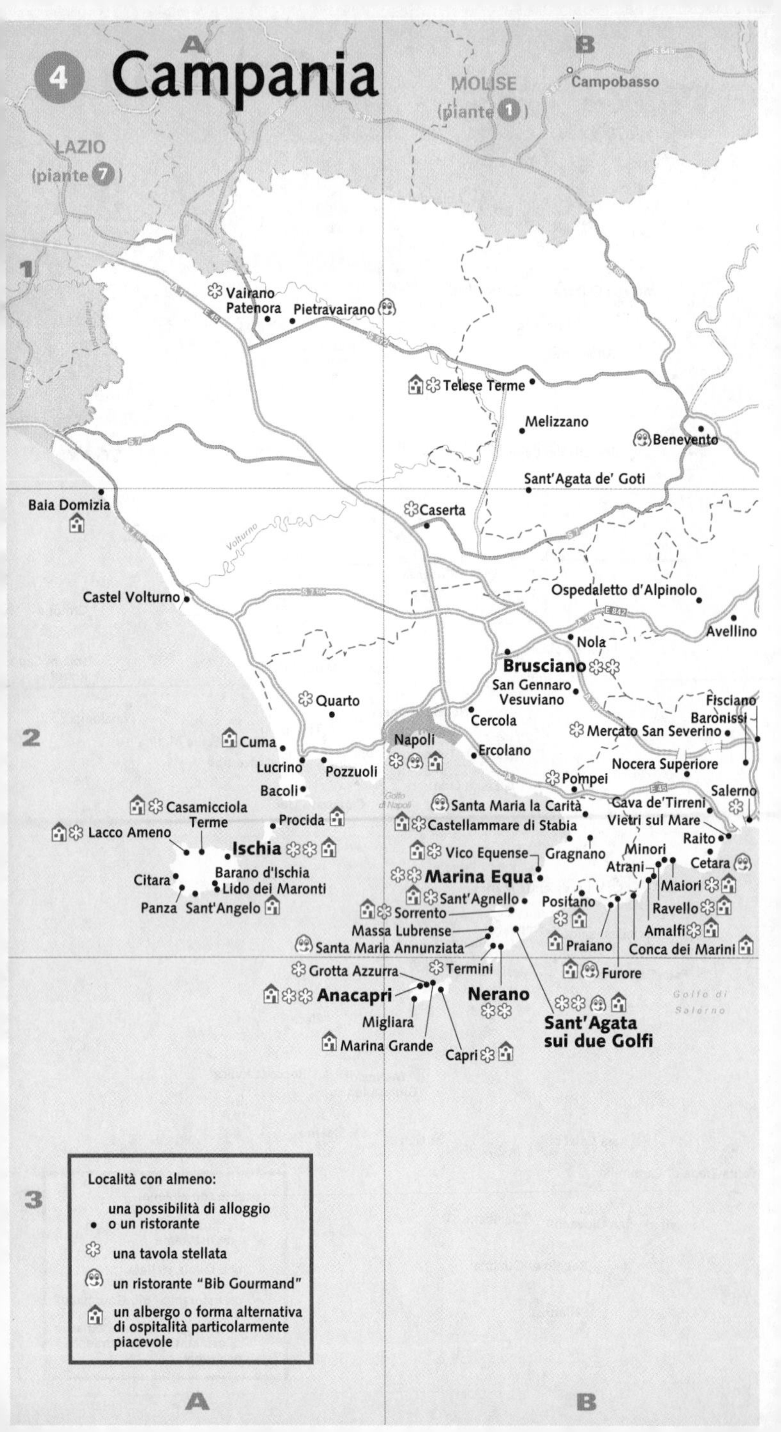
4 Campania
A
B
MOLISE
(piante 1)
Campobasso
LAZIO
(piante 7)
1
2
3
Vairano Patenora
Pietravairano
Telese Terme
Melizzano
Benevento
Sant'Agata de' Goti
Baia Domizia
Caserta
Volturno
Castel Volturno
Ospedaletto d'Alpinolo
Avellino
Nola
Brusciano
San Gennaro Vesuviano
Quarto
Cercola
Fisciano
Baronissi
Mercato San Severino
Cuma
Napoli
Ercolano
Lucrino
Pozzuoli
Nocera Superiore
Bacoli
Golfo di Napoli
Pompei
Salerno
Casamicciola Terme
Santa Maria la Carità
Cava de'Tirreni
Procida
Castellammare di Stabia
Vietri sul Mare
Lacco Ameno
Raito
Ischia
Vico Equense
Gragnano
Minori
Cetara
Atrani
Barano d'Ischia
Marina Equa
Maiori
Citara
Lido dei Maronti
Sant'Agnello
Positano
Panza
Sant'Angelo
Sorrento
Ravello
Massa Lubrense
Amalfi
Santa Maria Annunziata
Praiano
Conca dei Marini
Grotta Azzurra
Termini
Furore
Anacapri
Nerano
Golfo di Salerno
Migliara
Sant'Agata sui due Golfi
Marina Grande
Capri
Località con almeno:
una possibilità di alloggio o un ristorante
una tavola stellata
un ristorante "Bib Gourmand"
un albergo o forma alternativa di ospitalità particolarmente piacevole
A
B

C
D
FOGGIA
PUGLIA
(piante 15)
1
Ariano Irpino
Melito Irpino
Vallesaccarda
Mirabella Eclano
Melfi
Sorbo Serpico
Nusco
Serino
Solofra
BASILICATA
(piante 2)
Valva
Gaiano
Potenza
2
San Cipriano Picentino
Eboli
Caggiano
Battipaglia
Atena Lucana
Paestum
Agropoli
Santa Maria
di Castellabate
Castellabate
San Marco
Vallo della Lucania
Castelnuovo Cilento
Ceraso
Velina
Casal Velino
3
Sapri
Marina di Ascea
Pisciotta
Palinuro
Marina di Camerota
C
D

5 Emilia-Romagna

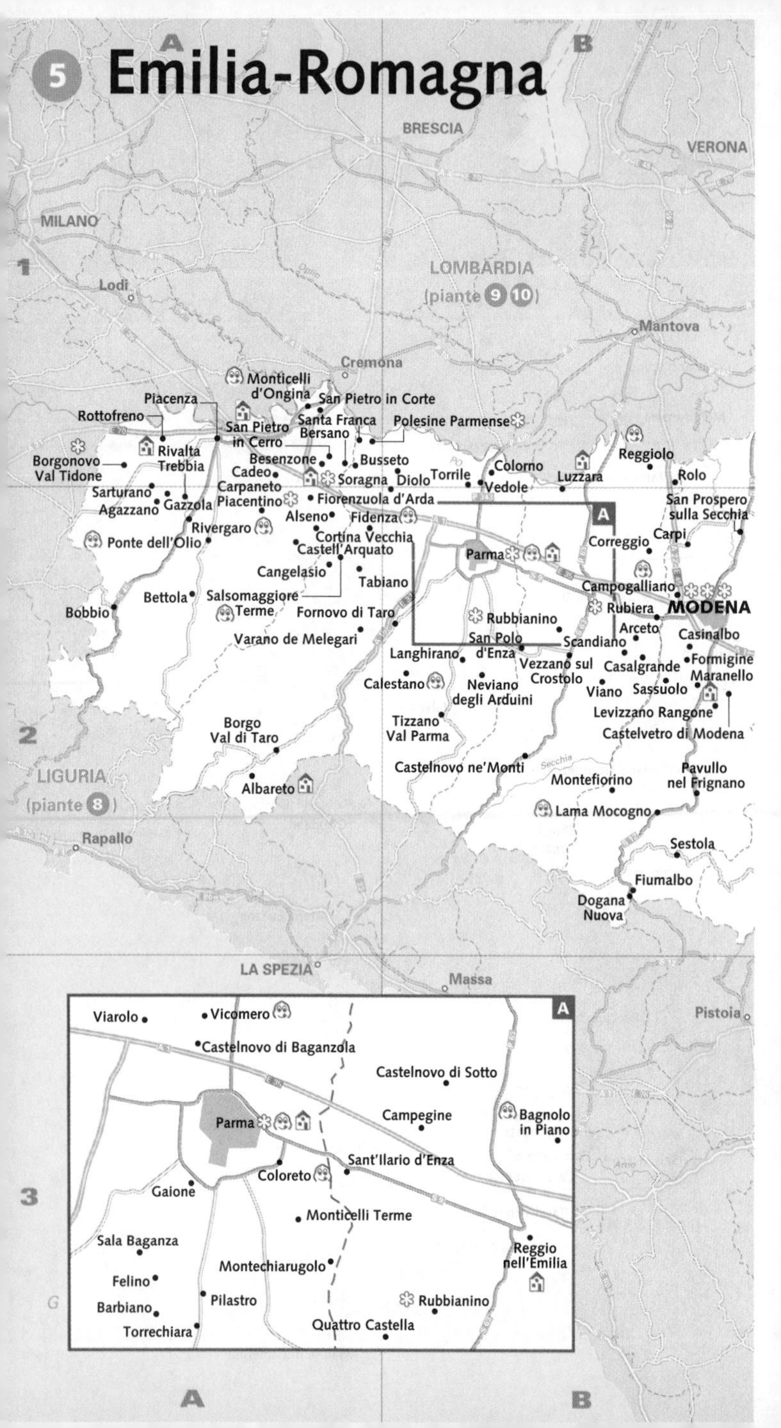

C
D
Vicenza
VENEZIA
PADOVA
GOLFO DI VENEZIA
VENETO (piante 22 23)
1
Ravalle
Bondeno
Ferrara
Codigoro
Vigarano Mainarda
Finale Emilia
Ostellato
Gaibana
Sant' Agostino
Malalbergo
Quartiere
Portomaggiore
Comacchio
Porto Garibaldi
Lido degli Estensi
Valli di Comacchio
Reno
B
Budrio
Bologna
Fusignano
Ravenna
Lido di Savio
Milano Marittima
San Michele
Cesenatico
Vignola
Rastignano
Savio
Valverde
Gatteo a Mare
Russi
Villamarina
Mongardino
Sasso Marconi
Bagnara di Romagna
Ragone
San Mauro a Mare
Pianoro
San Pancrazio
Bellaria Igea Marina
2
Dozza
Imola
Igea Marina
Savigno
Cervia
Tolè
Faenza
Zadina Pineta
Santarcangelo di Romagna
Monzuno
Casalfiumanese
Loiano
Forlì
Viserbella
Rocca di Roffeno
Brisighella
Castrocaro Terme
Bertinoro
Rivabella
Cesena
Rivazzurra
Castel d'Aiano
Monghidoro
Dovadola
Meldola
Fratta
Montiano
Miramare di Rimini
Rimini
Longiano
Predappio
Roncofreddo
Misano Adriatico
Porretta Terme
Rocca San Casciano
Riccione
Montalbano
Coriano
Cattolica
Portico di Romagna
Torriana
Morciano di Romagna
Galeata
San Marino
Novafeltria
Saludecio
San Leo
Acquapartita
Montegridolfo
Bagno di Romagna
Pennabilli
San Giovanni in Marignano
TOSCANA (piante 18)
MARCHE (piante 11)
B
San Pietro in Casale
Argelato
San Giovanni in Persiceto
Funo
Castelfranco Emilia
Castel Maggiore
Trebbo di Reno
Anzola dell'Emilia
Bologna
Bazzano
Zola Predosa
3
Località con almeno:
una possibilità di alloggio o un ristorante
una tavola stellata
un ristorante "Bib Gourmand"
un albergo o forma alternativa di ospitalità particolarmente piacevole
C
D

6 Friuli-Venezia Giulia
A
B
1
2
3
Ravascletto
Sutrio
Piano d'Arta
Arta Terme
Sauris
Cavazzo Carnico
Meduno
Cavasso Nuovo
Fanna
Maniago
Colloredo di Monte Albano
San Daniele del Friuli
Fagagna
Spilimbergo
Belluno
VENETO
(piante 22 23)
Vivaro
Flaibano
Rauscedo
San Giorgio della Richinvelda
San Quirino
Codroipo
Pordenone
Caneva
Sacile
Fiume Veneto
Rivignano
Pocenia
Sesto al Reghena
Rivarotta
Pasiano di Pordenone
Oderzo
A
B

C
D
ÖSTERREICH
SLOVENIJA
1
2
3
Località con almeno:
una possibilità di alloggio o un ristorante
una tavola stellata
un ristorante "Bib Gourmand"
un albergo o forma alternativa di ospitalità particolarmente piacevole
Tarvisio
Tarcento
Pulfero
Stregna
Tricesimo
Tavagnacco
Godia
Cividale del Friuli
Udine
Dolegna del Collio
Buttrio
Vencò
Ruttars
Pavia di Udine
Manzano
San Giovanni al Natisone
Capriva del Friuli
Cormons
Gorizia
Risano
Corona
Mortegliano
Mariano del Friuli
Savogna d'Isonzo
Farra d'Isonzo
Palmanova
Gradisca d'Isonzo
San Michele del Carso
Bagnara Arsa
Paradiso
Ruda
Monfalcone
Sistiana
Duino-Aurisina
Monrupino
Grignano
Marano Lagunare
Trieste
Lignano Sabbiadoro
Grado
Lignano Pineta
Lignano Riviera
Golfo di Trieste

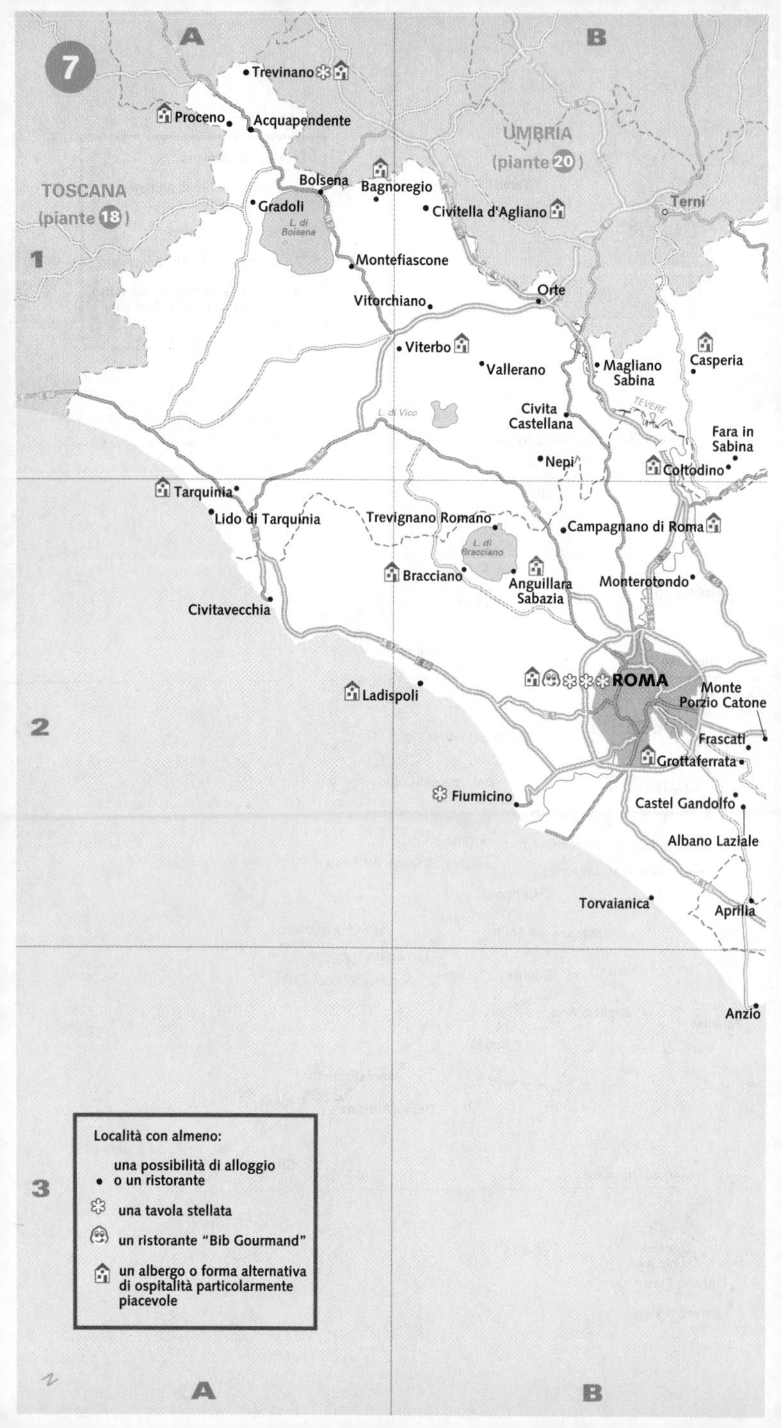
7
A
B
Trevinano
Proceno
Acquapendente
UMBRIA
(piante 20)
TOSCANA
(piante 18)
Bolsena
Bagnoregio
Gradoli
Civitella d'Agliano
Terni
L. di Bolsena
1
Montefiascone
Orte
Vitorchiano
Viterbo
Casperia
Vallerano
Magliano Sabina
L. di Vico
Civita Castellana
TEVERE
Fara in Sabina
Nepi
Coltodino
Tarquinia
Lido di Tarquinia
Trevignano Romano
Campagnano di Roma
L. di Bracciano
Bracciano
Anguillara Sabazia
Monterotondo
Civitavecchia
ROMA
Monte Porzio Catone
Ladispoli
2
Frascati
Grottaferrata
Fiumicino
Castel Gandolfo
Albano Laziale
Torvaianica
Aprilia
Anzio
Località con almeno:
una possibilità di alloggio o un ristorante
una tavola stellata
un ristorante "Bib Gourmand"
un albergo o forma alternativa di ospitalità particolarmente piacevole
3
A
B

C
D
Lazio
Pescara
Leonessa
Rivodutri
ABRUZZO
(piante 1)
1
Rieti
L'Aquila
Tivoli
Olevano
Romano
Genazzano
Acuto
Fiuggi
Fiuggi Fonte
Labico
2
(piante 1)
MOLISE
Posta Fibreno
Anagni
Carnello
Isola del Liri
Picinisco
Arpino
Velletri
Frosinone
Castrocielo
Cisterna di Latina
Cassino
Pastena
Le Ferriere
Latina
Borgo Faiti
Fondi
Pontinia
Lido di
Latina
CAMPANIA
(piante 4)
Formia
Sabaudia
Terracina
Sperlonga
Gaeta
San Felice Circeo
Quarto Caldo
Golfo di Gaeta
3
Ponza
C
D

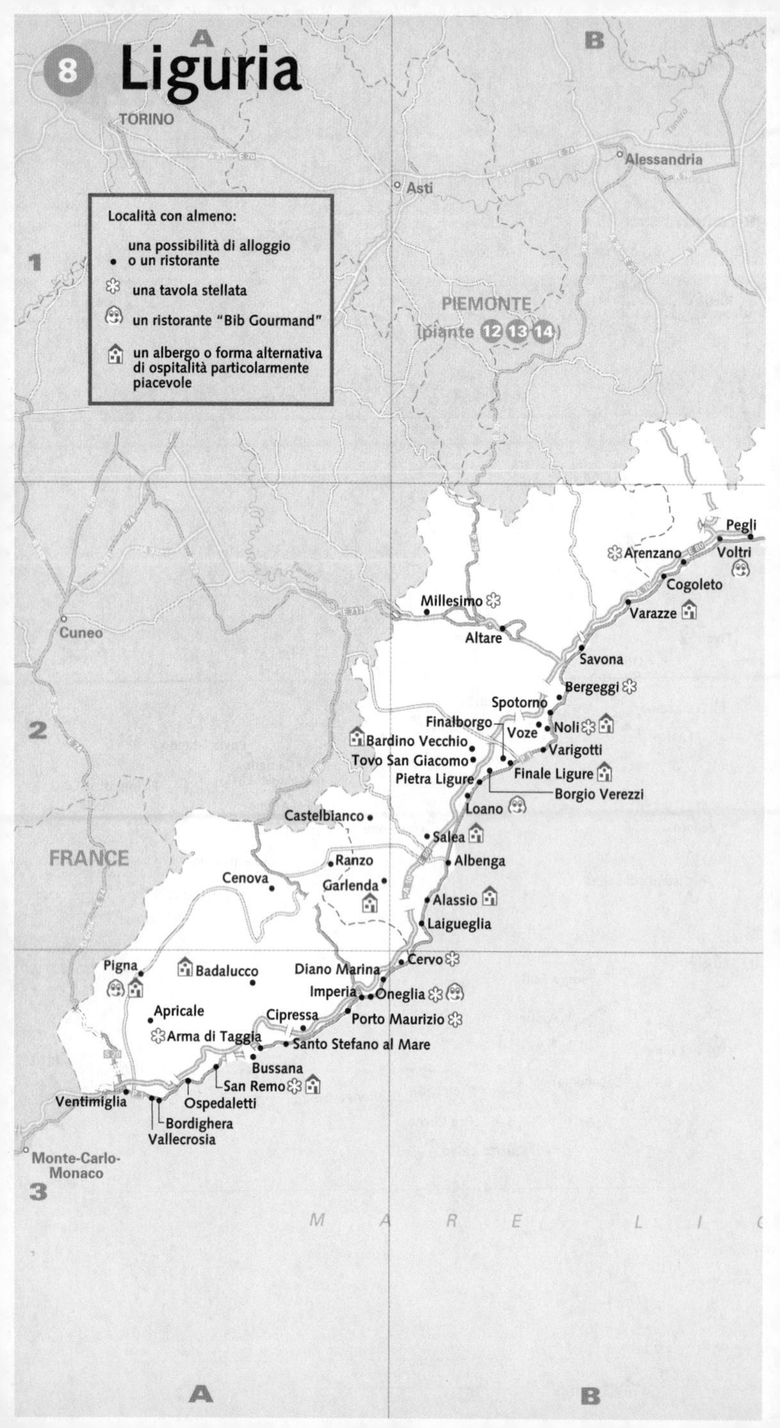
8
Liguria
A
B
TORINO
Asti
Alessandria
Località con almeno:
una possibilità di alloggio o un ristorante
una tavola stellata
un ristorante "Bib Gourmand"
un albergo o forma alternativa di ospitalità particolarmente piacevole
1
PIEMONTE
(piante 12 13 14)
Cuneo
2
FRANCE
Pegli
Arenzano
Voltri
Cogoleto
Millesimo
Varazze
Altare
Savona
Bergeggi
Spotorno
Finalborgo
Voze
Noli
Bardino Vecchio
Varigotti
Tovo San Giacomo
Pietra Ligure
Finale Ligure
Borgio Verezzi
Loano
Castelbianco
Salea
Ranzo
Albenga
Cenova
Garlenda
Alassio
Laigueglia
Cervo
Pigna
Badalucco
Diano Marina
Imperia
Oneglia
Apricale
Cipressa
Porto Maurizio
Arma di Taggia
Santo Stefano al Mare
Bussana
San Remo
Ospedaletti
Ventimiglia
Bordighera
Vallecrosia
Monte-Carlo-Monaco
3
M A R E L I G
A
B

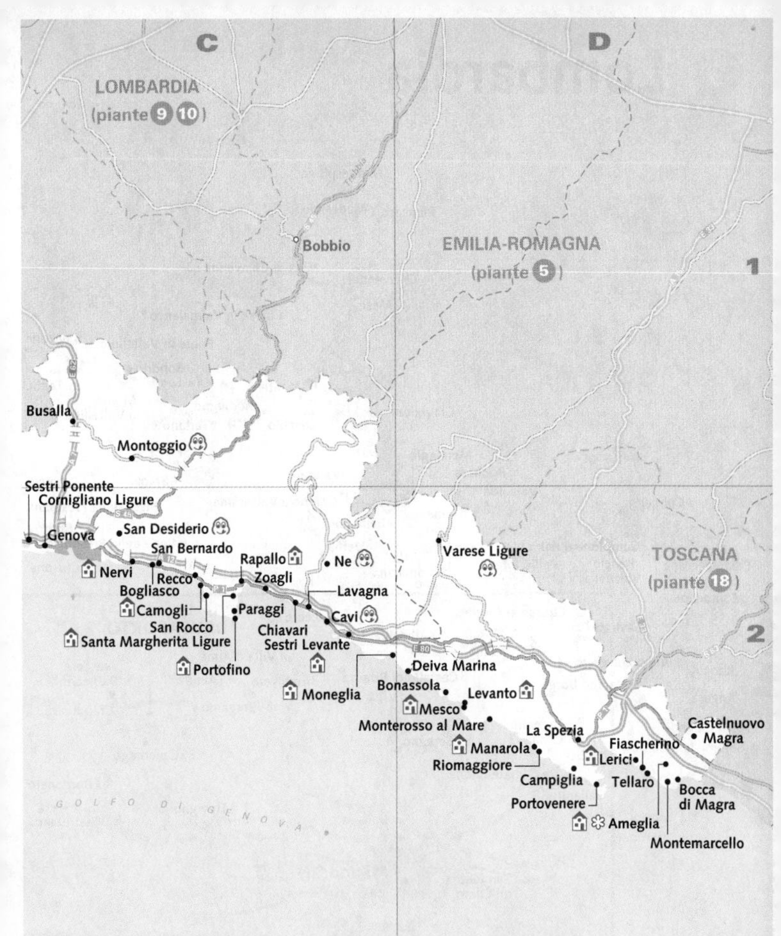
C
D
LOMBARDIA
(piante 9 10)
Bobbio
EMILIA-ROMAGNA
(piante 5)
1
Busalla
Montoggio
Sestri Ponente
Cornigliano Ligure
San Desiderio
Genova
San Bernardo
Nervi
Recco
Bogliasco
Camogli
San Rocco
Santa Margherita Ligure
Portofino
Paraggi
Rapallo
Zoagli
Ne
Lavagna
Cavi
Chiavari
Sestri Levante
Moneglia
Varese Ligure
TOSCANA
(piante 18)
2
Deiva Marina
Bonassola
Levanto
Mesco
Monterosso al Mare
Manarola
Riomaggiore
La Spezia
Lerici
Fiascherino
Castelnuovo Magra
Tellaro
Campiglia
Portovenere
Bocca di Magra
Ameglia
Montemarcello
GOLFO DI GENOVA
3
G U R E
C
D

9 Lombardia

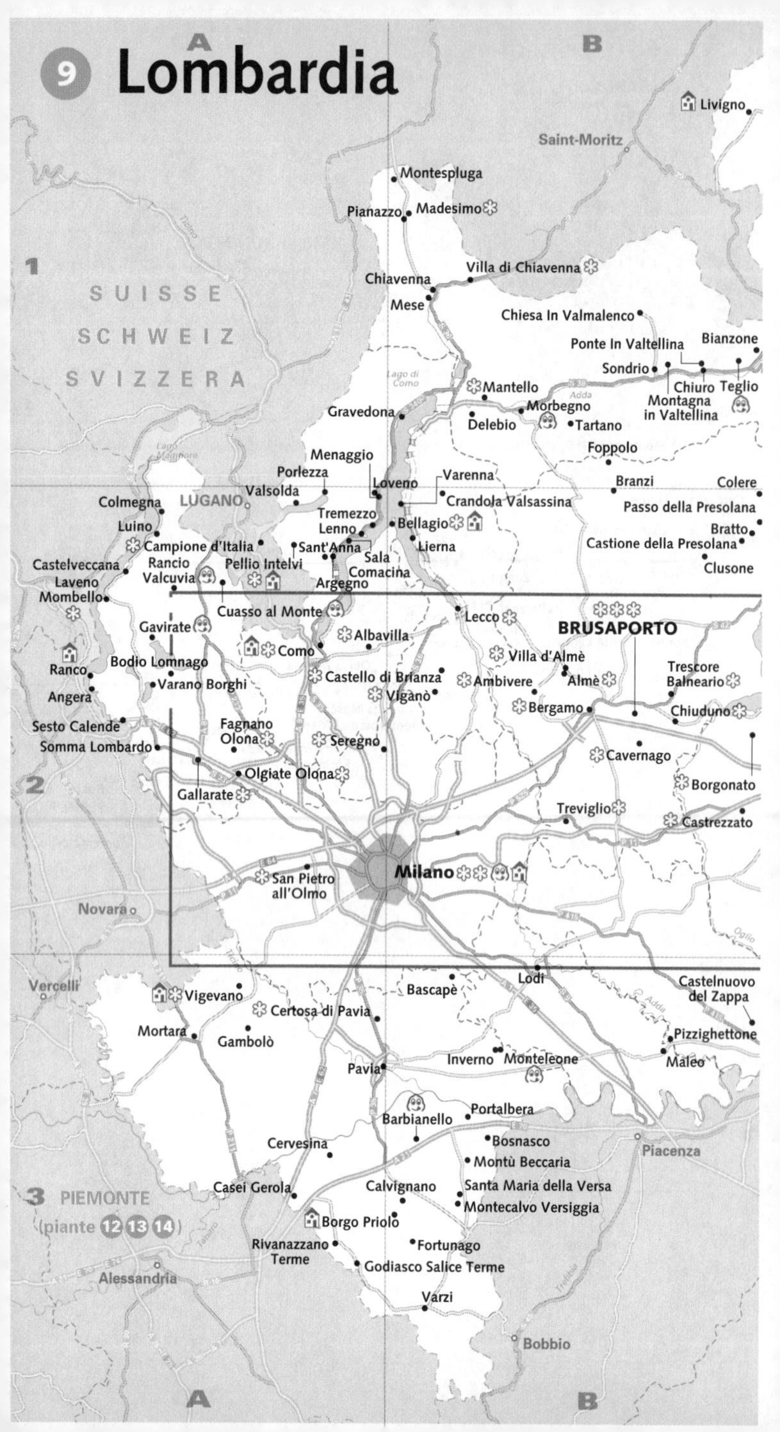

A
B
Livigno
Saint-Moritz
Montespluga
Pianazzo
Madesimo
Villa di Chiavenna
Chiavenna
Mese
SUISSE
SCHWEIZ
SVIZZERA
Chiesa In Valmalenco
Ponte In Valtellina
Bianzone
Sondrio
Mantello
Chiuro
Teglio
Montagna in Valtellina
Gravedona
Morbegno
Delebio
Tartano
Foppolo
Menaggio
Porlezza
Varenna
Branzi
Colere
Loveno
Valsolda
Colmegna
LUGANO
Crandola Valsassina
Tremezzo
Passo della Presolana
Lenno
Bellagio
Bratto
Luino
Castione della Presolana
Campione d'Italia
Sant'Anna
Lierna
Sala Comacina
Castelveccana
Rancio Valcuvia
Pellio Intelvi
Clusone
Laveno Mombello
Argegno
Cuasso al Monte
Lecco
BRUSAPORTO
Gavirate
Albavilla
Como
Villa d'Almè
Ranco
Bodio Lomnago
Trescore Balneario
Castello di Brianza
Ambivere
Almè
Varano Borghi
Angera
Viganò
Bergamo
Chiuduno
Sesto Calende
Fagnano Olona
Seregno
Somma Lombardo
Cavernago
Olgiate Olona
Borgonato
Gallarate
Treviglio
Castrezzato
Milano
San Pietro all'Olmo
Novara
Lodi
Vercelli
Vigevano
Bascapè
Castelnuovo del Zappa
Certosa di Pavia
Mortara
Pizzighettone
Gambolò
Inverno
Monteleone
Maleo
Pavia
Portalbera
Barbianello
Bosnasco
Cervesina
Piacenza
Montù Beccaria
Santa Maria della Versa
Casei Gerola
Calvignano
Montecalvo Versiggia
PIEMONTE
(piante 12 13 14)
Borgo Priolo
Rivanazzano Terme
Fortunago
Godiasco Salice Terme
Alessandria
Varzi
Bobbio
1
2
3

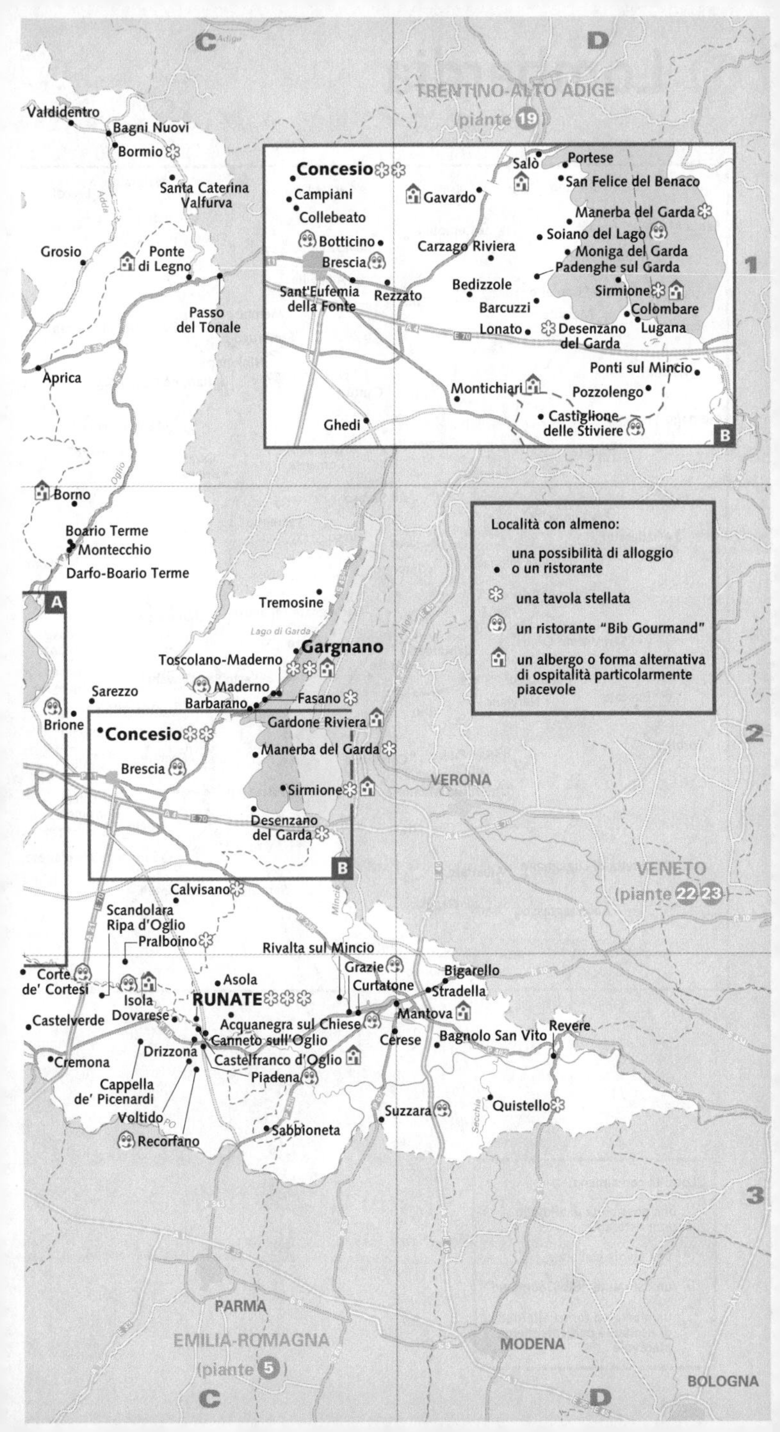
C
D
TRENTINO-ALTO ADIGE
(piante 19)
Valdidentro
Bagni Nuovi
Bormio
Santa Caterina Valfurva
Grosio
Ponte di Legno
Passo del Tonale
Aprica
Borno
Boario Terme
Montecchio
Darfo-Boario Terme
Concesio
Campiani
Collebeato
Botticino
Brescia
Sant'Eufemia della Fonte
Rezzato
Gavardo
Salò
Portese
San Felice del Benaco
Manerba del Garda
Soiano del Lago
Carzago Riviera
Moniga del Garda
Padenghe sul Garda
Bedizzole
Sirmione
Barcuzzi
Colombare
Lonato
Desenzano del Garda
Lugana
Ponti sul Mincio
Montichiari
Pozzolengo
Castiglione delle Stiviere
Ghedi
B
1
Località con almeno:
una possibilità di alloggio o un ristorante
una tavola stellata
un ristorante "Bib Gourmand"
un albergo o forma alternativa di ospitalità particolarmente piacevole
A
Tremosine
Lago di Garda
Gargnano
Toscolano-Maderno
Maderno
Sarezzo
Barbarano
Fasano
Gardone Riviera
Brione
Concesio
Manerba del Garda
Brescia
Sirmione
VERONA
Desenzano del Garda
B
2
VENETO
(piante 22 23)
Calvisano
Scandolara Ripa d'Oglio
Pralboino
Rivalta sul Mincio
Grazie
Bigarello
Corte de' Cortesi
Asola
Curtatone
Stradella
Isola Dovarese
RUNATE
Mantova
Castelverde
Acquanegra sul Chiese
Revere
Canneto sull'Oglio
Cerese
Bagnolo San Vito
Drizzona
Castelfranco d'Oglio
Cremona
Piadena
Cappella de' Picenardi
Quistello
Voltido
Suzzara
Recorfano
Sabbioneta
3
PARMA
EMILIA-ROMAGNA
(piante 5)
MODENA
BOLOGNA
C
D

10 Lombardia

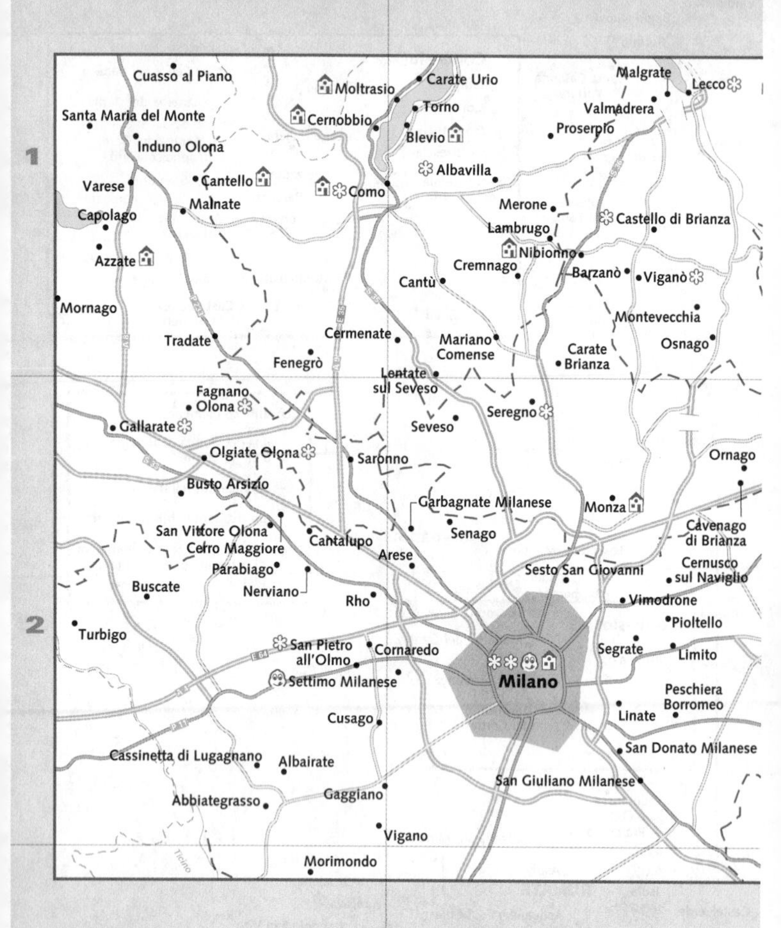

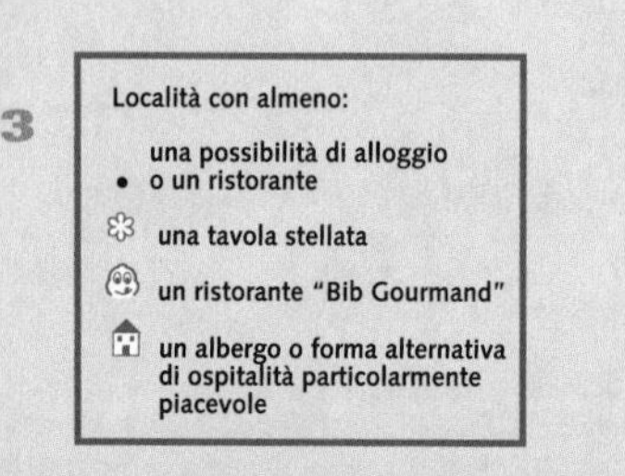

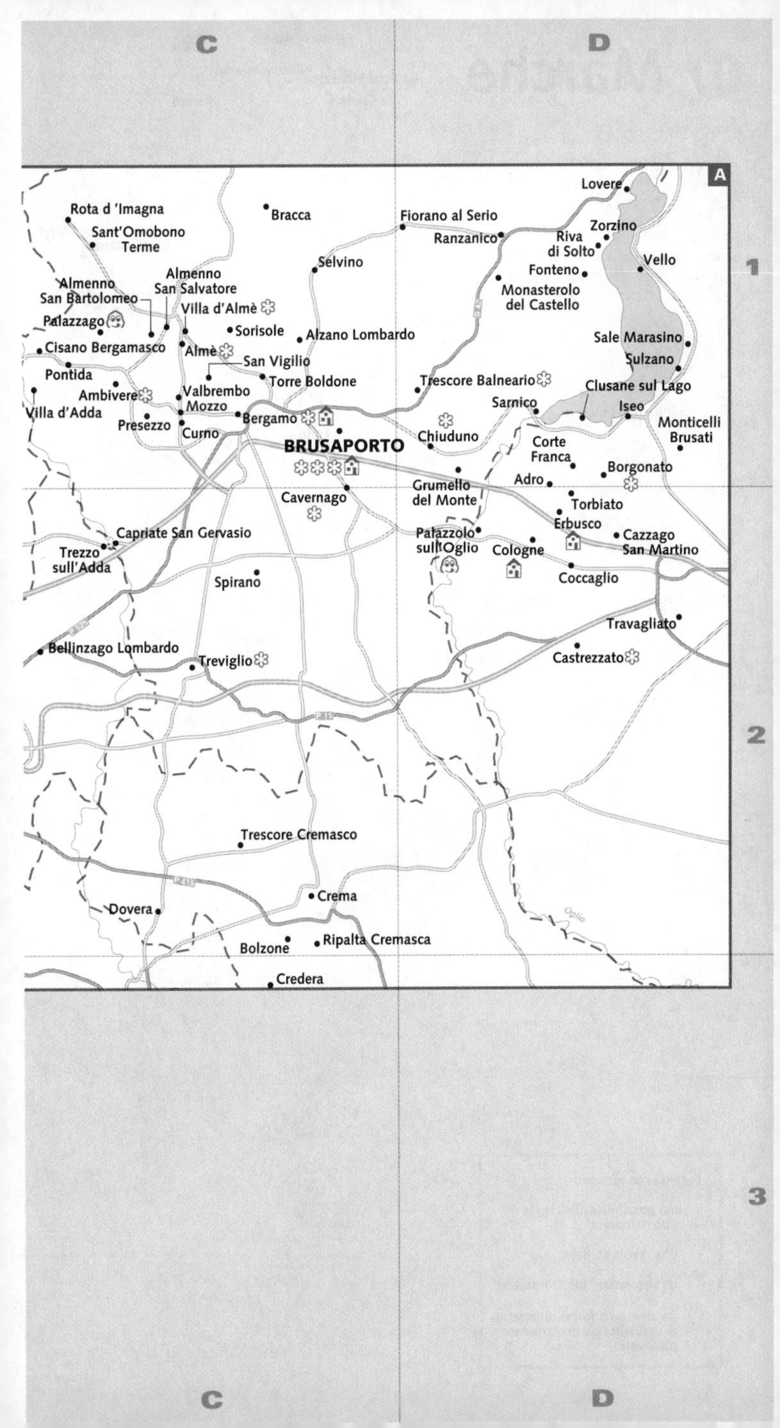

C
D
A
1
2
3
Lovere
Rota d 'Imagna
Bracca
Fiorano al Serio
Zorzino
Sant'Omobono
Terme
Ranzanico
Riva
di Solto
Vello
Selvino
Fonteno
Almenno
San Salvatore
Almenno
San Bartolomeo
Monasterolo
del Castello
Villa d'Almè
Palazzago
Sorisole
Alzano Lombardo
Sale Marasino
Cisano Bergamasco
Almè
San Vigilio
Sulzano
Pontida
Torre Boldone
Trescore Balneario
Clusane sul Lago
Ambivere
Valbrembo
Sarnico
Iseo
Villa d'Adda
Mozzo
Bergamo
Monticelli
Brusati
Presezzo
Curno
Chiuduno
BRUSAPORTO
Corte
Franca
Borgonato
Adro
Grumello
del Monte
Cavernago
Torbiato
Erbusco
Capriate San Gervasio
Palazzolo
sull'Oglio
Cologne
Cazzago
San Martino
Trezzo
sull'Adda
Spirano
Coccaglio
Travagliato
Bellinzago Lombardo
Treviglio
Castrezzato
Trescore Cremasco
Crema
Oglio
Dovera
Bolzone
Ripalta Cremasca
Credera

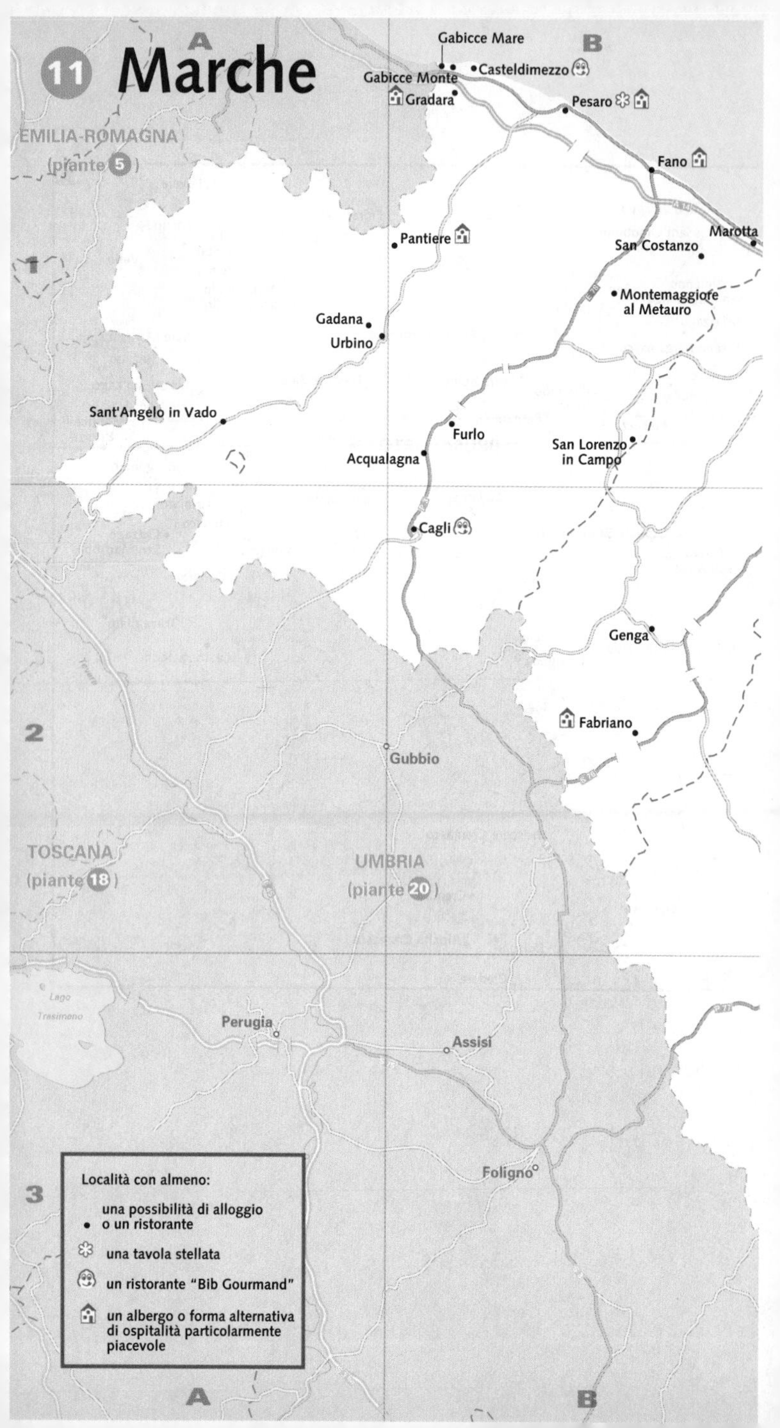
11 Marche
A
B
Gabicce Mare
Gabicce Monte
Casteldimezzo
Gradara
Pesaro
Fano
EMILIA-ROMAGNA
(piante 5)
Pantiere
Marotta
San Costanzo
Montemaggiore al Metauro
Gadana
Urbino
Sant'Angelo in Vado
Furlo
Acqualagna
San Lorenzo in Campo
Cagli
Genga
Fabriano
Gubbio
2
TOSCANA
(piante 18)
UMBRIA
(piante 20)
Lago Trasimeno
Perugia
Assisi
Foligno
3
Località con almeno:
una possibilità di alloggio o un ristorante
una tavola stellata
un ristorante "Bib Gourmand"
un albergo o forma alternativa di ospitalità particolarmente piacevole

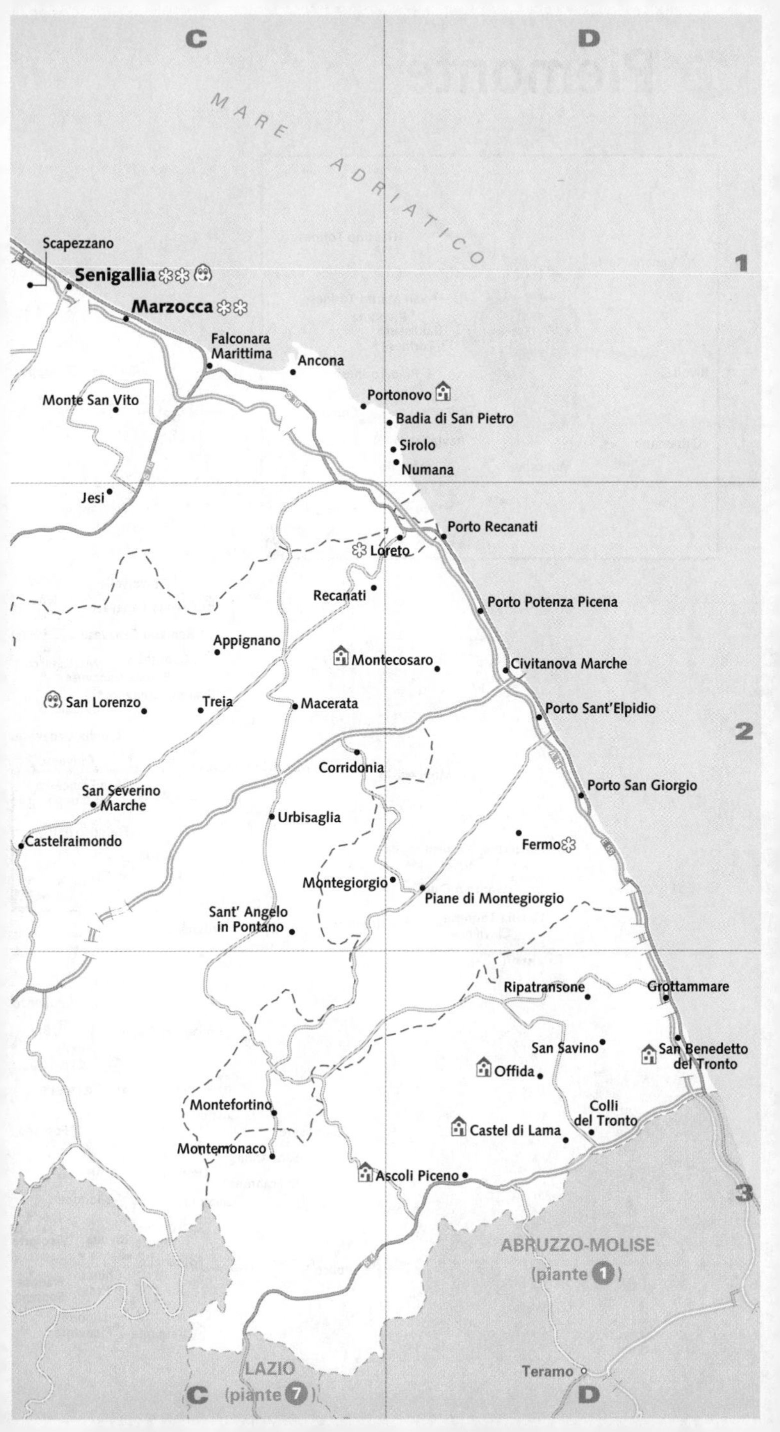
C
D
MARE ADRIATICO
Scapezzano
Senigallia
Marzocca
Falconara Marittima
Ancona
Monte San Vito
Portonovo
Badia di San Pietro
Sirolo
Numana
Jesi
Porto Recanati
Loreto
Recanati
Porto Potenza Picena
Appignano
Montecosaro
Civitanova Marche
San Lorenzo
Treia
Macerata
Porto Sant'Elpidio
Corridonia
San Severino Marche
Urbisaglia
Porto San Giorgio
Castelraimondo
Fermo
Montegiorgio
Piane di Montegiorgio
Sant' Angelo in Pontano
Ripatransone
Grottammare
San Savino
San Benedetto del Tronto
Offida
Montefortino
Colli del Tronto
Castel di Lama
Montemonaco
Ascoli Piceno
ABRUZZO-MOLISE
(piante 1)
LAZIO
(piante 7)
Teramo
1
2
3
C
D

12 Piemonte

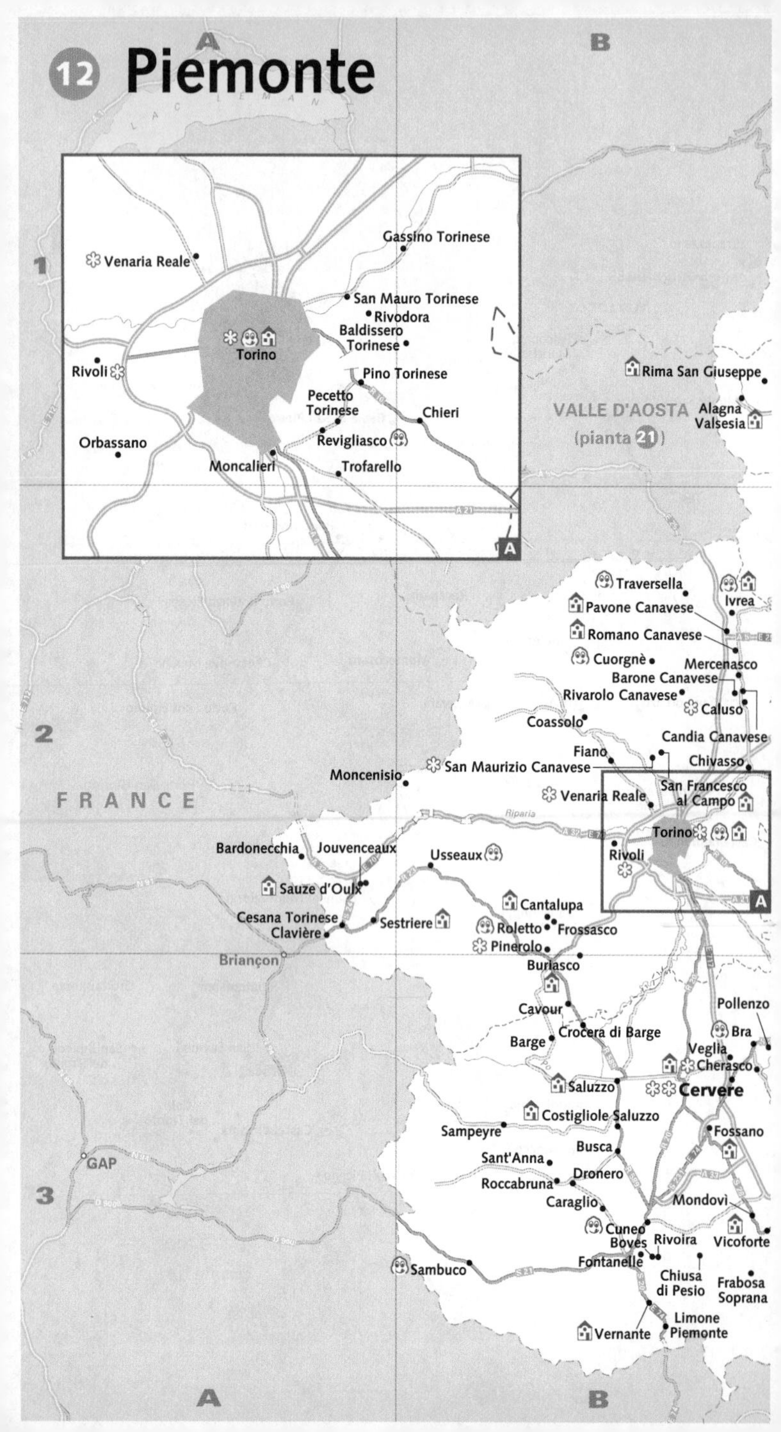

A
B
LAC LEMAN
1
2
3
Venaria Reale
Gassino Torinese
San Mauro Torinese
Rivodora
Baldissero Torinese
Torino
Rivoli
Pino Torinese
Pecetto Torinese
Chieri
Revigliasco
Orbassano
Moncalieri
Trofarello
A
Rima San Giuseppe
VALLE D'AOSTA
(pianta 21)
Alagna Valsesia
Traversella
Ivrea
Pavone Canavese
Romano Canavese
Cuorgnè
Mercenasco
Barone Canavese
Rivarolo Canavese
Caluso
Coassolo
Candia Canavese
Fiano
Chivasso
San Maurizio Canavese
Moncenisio
FRANCE
Venaria Reale
San Francesco al Campo
Torino
Rivoli
Riparia
Bardonecchia
Jouvenceaux
Usseaux
Sauze d'Oulx
Cantalupa
Cesana Torinese
Clavière
Sestriere
Roletto
Frossasco
Pinerolo
Briançon
Buriasco
Cavour
Pollenzo
Barge
Crocera di Barge
Bra
Veglia
Cherasco
Saluzzo
Cervere
Costigliole Saluzzo
Sampeyre
Fossano
Busca
Sant'Anna
Dronero
Roccabruna
GAP
Caraglio
Mondovì
Cuneo
Boves
Rivoira
Vicoforte
Sambuco
Fontanelle
Chiusa di Pesio
Frabosa Soprana
Limone Piemonte
Vernante
A
B

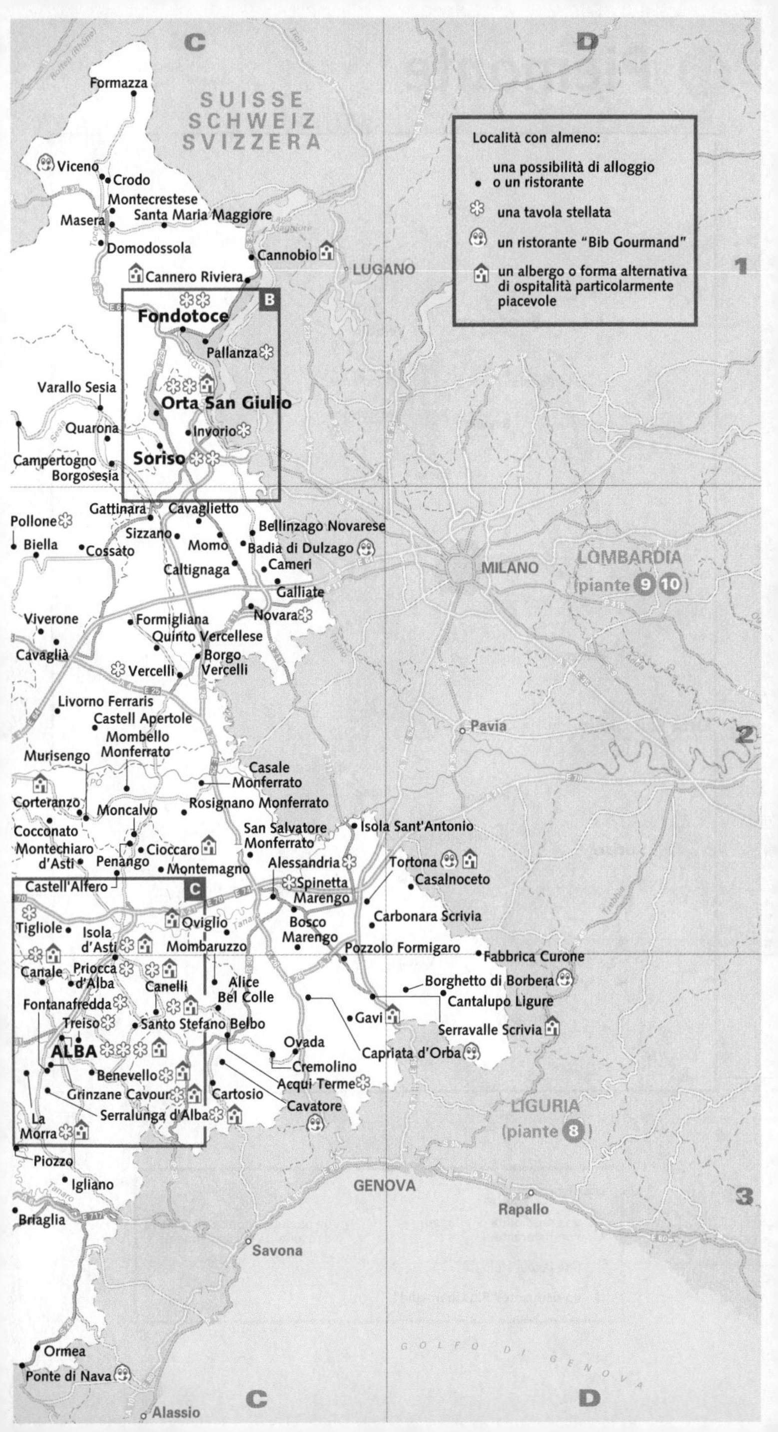
C
D
SUISSE
SCHWEIZ
SVIZZERA
Località con almeno:
una possibilità di alloggio o un ristorante
una tavola stellata
un ristorante "Bib Gourmand"
un albergo o forma alternativa di ospitalità particolarmente piacevole
1
2
3
Formazza
Viceno
Crodo
Montecrestese
Masera
Santa Maria Maggiore
Domodossola
Cannobio
Cannero Riviera
LUGANO
B
Fondotoce
Pallanza
Varallo Sesia
Orta San Giulio
Quarona
Invorio
Campertogno
Borgosesia
Soriso
Gattinara
Cavaglietto
Pollone
Biella
Sizzano
Momo
Cossato
Bellinzago Novarese
Badia di Dulzago
Caltignaga
Cameri
Galliate
MILANO
LOMBARDIA
(piante 9 10)
Viverone
Formigliana
Novara
Quinto Vercellese
Cavaglià
Borgo Vercelli
Vercelli
Livorno Ferraris
Castell Apertole
Pavia
Mombello Monferrato
Murisengo
Casale Monferrato
Corteranzo
Moncalvo
Rosignano Monferrato
Cocconato
San Salvatore Monferrato
Isola Sant'Antonio
Montechiaro d'Asti
Penango
Cioccaro
Montemagno
Alessandria
Tortona
Casalnoceto
Castell'Alfero
C
Spinetta Marengo
Tigliole
Isola d'Asti
Oviglio
Bosco Marengo
Carbonara Scrivia
Mombaruzzo
Pozzolo Formigaro
Fabbrica Curone
Canale
Priocca d'Alba
Canelli
Alice Bel Colle
Borghetto di Borbera
Cantalupo Ligure
Fontanafredda
Treiso
Santo Stefano Belbo
Gavi
Serravalle Scrivia
ALBA
Ovada
Capriata d'Orba
Cremolino
Benevello
Acqui Terme
Grinzane Cavour
Cartosio
Cavatore
Serralunga d'Alba
LIGURIA
(piante 8)
La Morra
Piozzo
Igliano
GENOVA
Rapallo
Briaglia
Savona
GOLFO DI GENOVA
Ormea
Ponte di Nava
C
D
Alassio

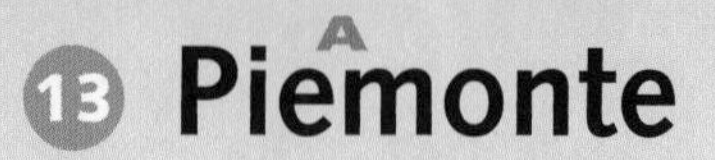

13 Piemonte

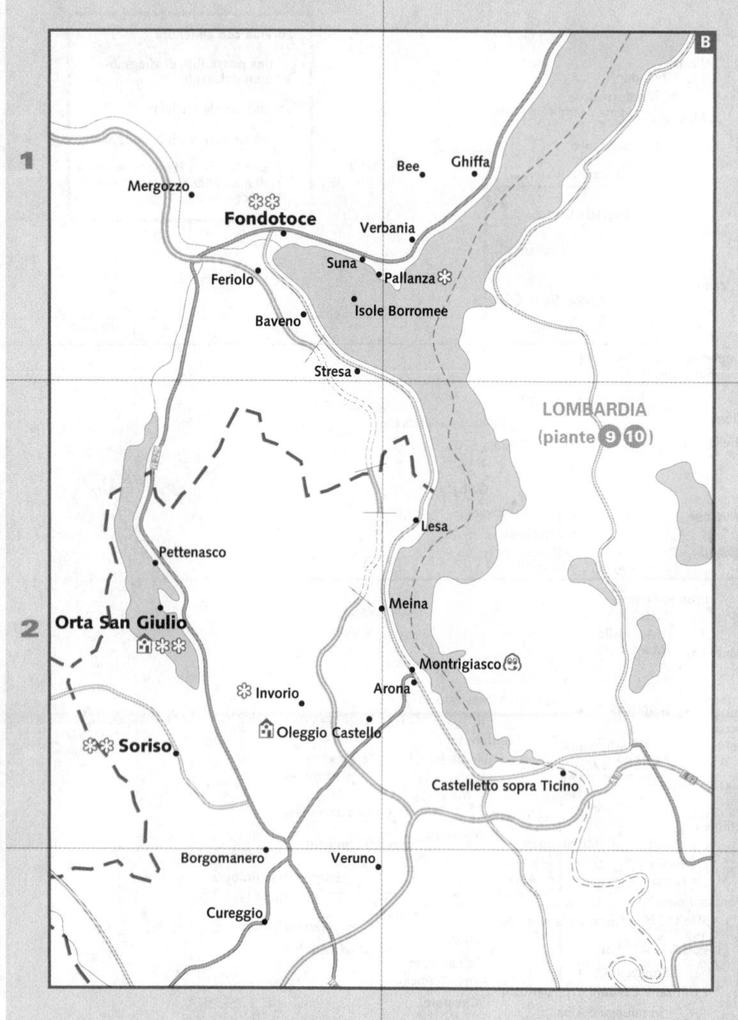

A
B
1
2
3
Mergozzo
Fondotoce
Bee
Ghiffa
Verbania
Suna
Pallanza
Feriolo
Baveno
Isole Borromee
Stresa
LOMBARDIA
(piante 9 10)
Lesa
Pettenasco
Orta San Giulio
Meina
Montrigiasco
Arona
Invorio
Oleggio Castello
Soriso
Castelletto sopra Ticino
Borgomanero
Veruno
Cureggio

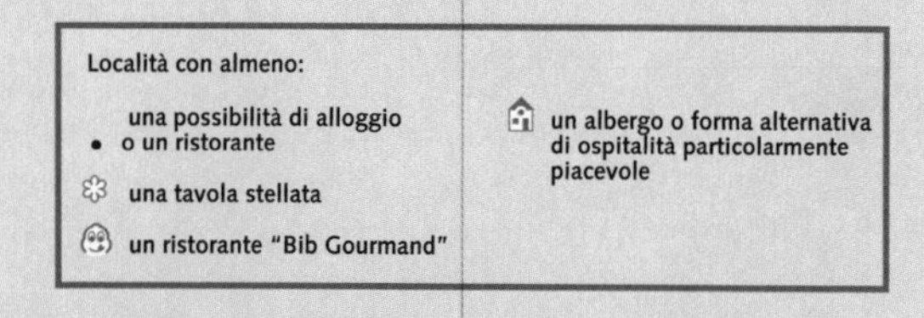

Località con almeno:
una possibilità di alloggio o un ristorante
una tavola stellata
un ristorante "Bib Gourmand"
un albergo o forma alternativa di ospitalità particolarmente piacevole

A B

C D 14

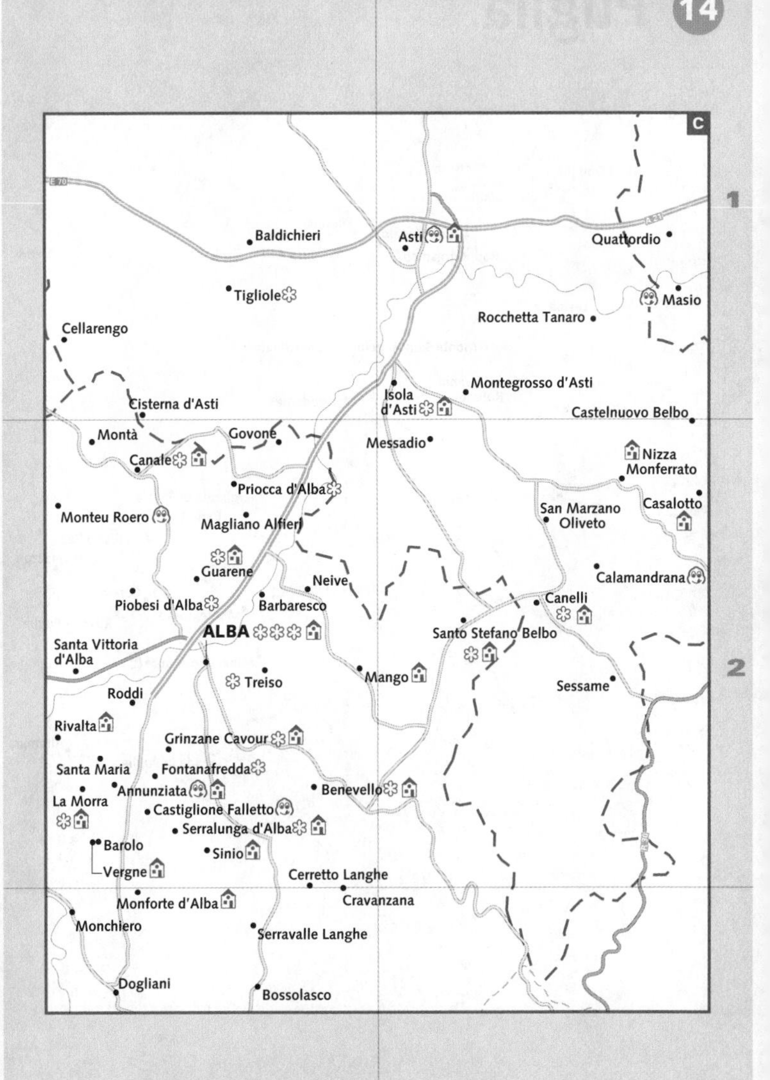

Baldichieri
Asti
Quattordio
Tigliole
Masio
Rocchetta Tanaro
Cellarengo
Montegrosso d'Asti
Isola d'Asti
Cisterna d'Asti
Castelnuovo Belbo
Montà
Govone
Messadio
Canale
Nizza Monferrato
Priocca d'Alba
Casalotto
San Marzano Oliveto
Monteu Roero
Magliano Alfieri
Guarene
Calamandrana
Neive
Canelli
Piobesi d'Alba
Barbaresco
ALBA
Santo Stefano Belbo
Santa Vittoria d'Alba
Treiso
Mango
Sessame
Roddi
Rivalta
Grinzane Cavour
Santa Maria
Fontanafredda
Annunziata
Benevello
La Morra
Castiglione Falletto
Serralunga d'Alba
Barolo
Sinio
Vergne
Cerretto Langhe
Monforte d'Alba
Cravanzana
Monchiero
Serravalle Langhe
Dogliani
Bossolasco
E 70
A 21

1 2 3

C D

15 Puglia

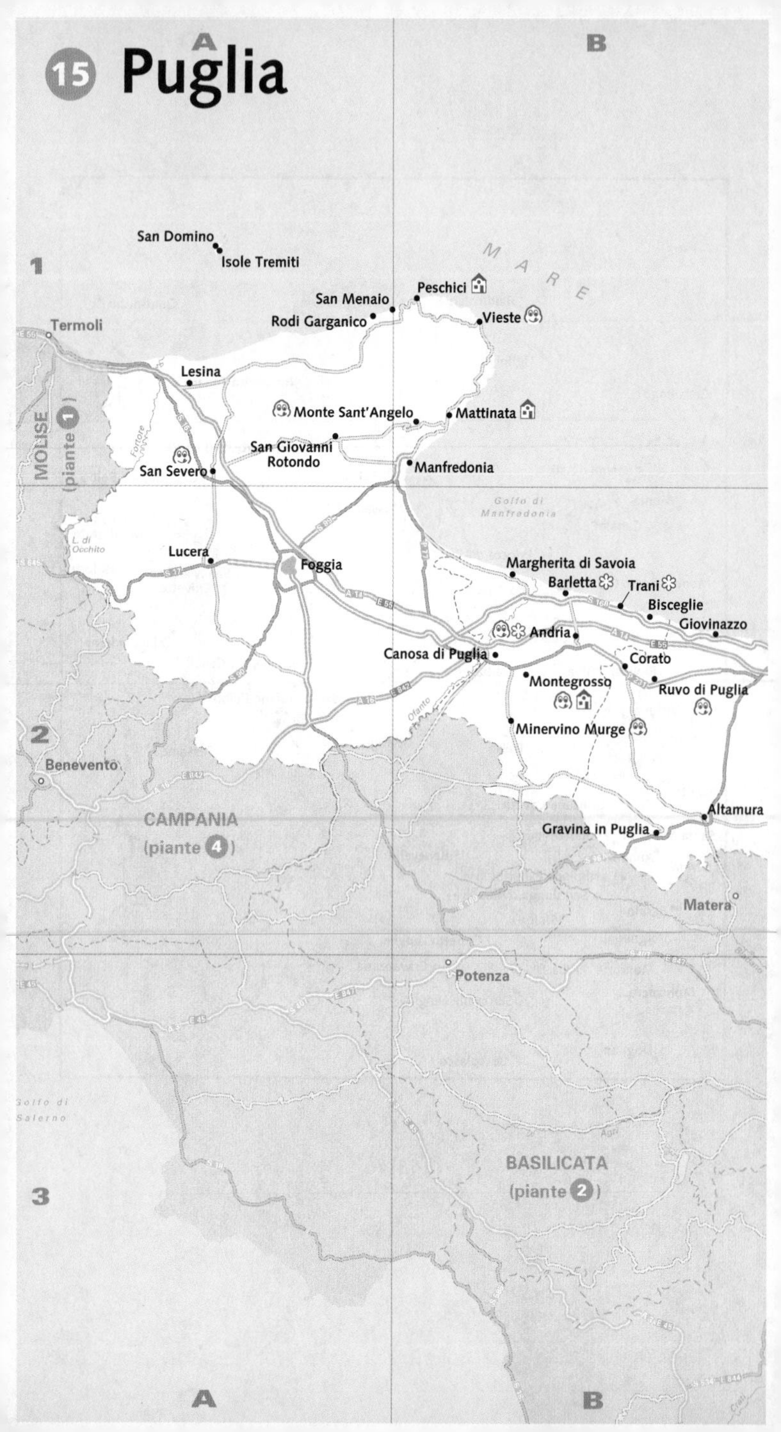

A
B
San Domino
Isole Tremiti
1
MARE
Peschici
San Menaio
Rodi Garganico
Vieste
Termoli
Lesina
Monte Sant'Angelo
Mattinata
MOLISE (piante 1)
San Giovanni Rotondo
San Severo
Manfredonia
Golfo di Manfredonia
L. di Occhito
Lucera
Foggia
Margherita di Savoia
Barletta
Trani
Bisceglie
Giovinazzo
Andria
Canosa di Puglia
Corato
Montegrosso
Ruvo di Puglia
Minervino Murge
2
Benevento
CAMPANIA (piante 4)
Altamura
Gravina in Puglia
Matera
Potenza
Golfo di Salerno
BASILICATA (piante 2)
3
A
B

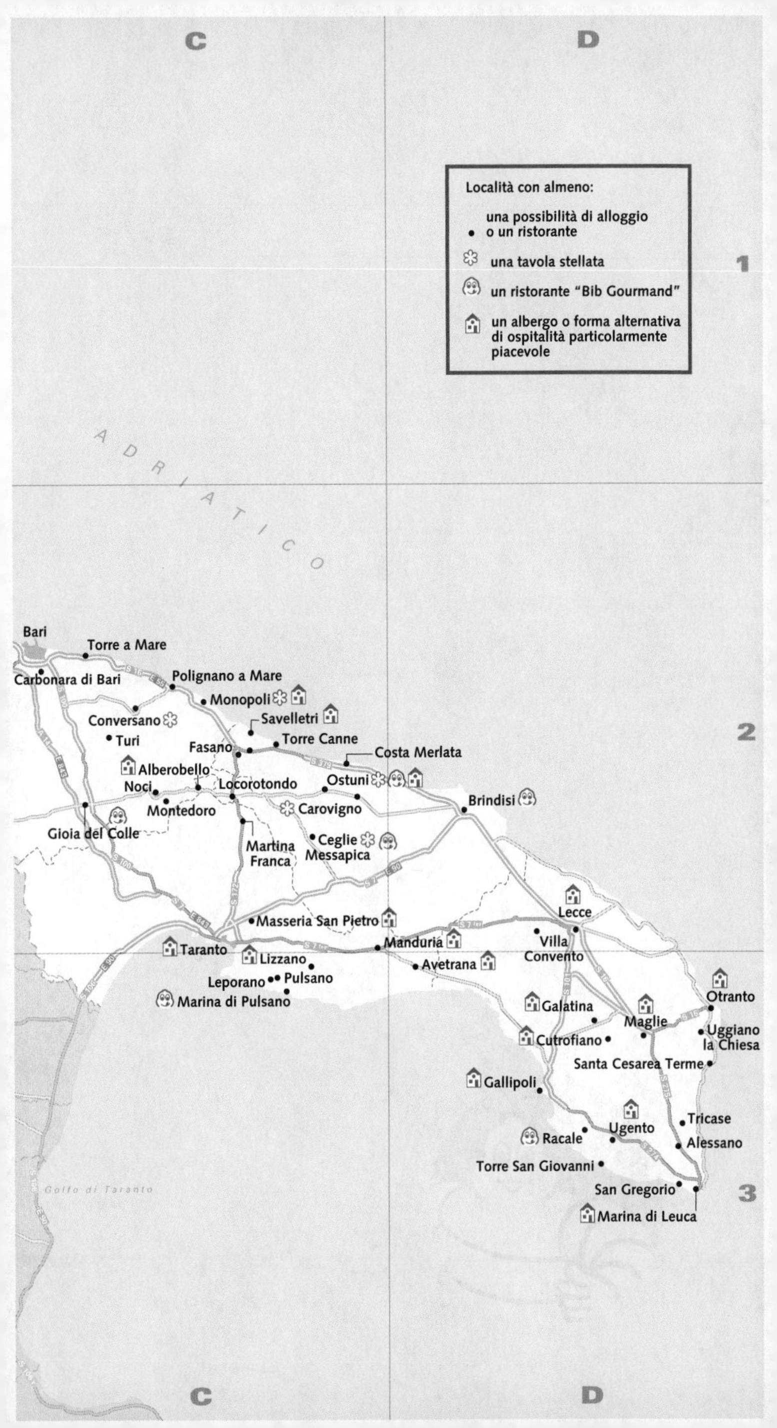
C
D
Località con almeno:
una possibilità di alloggio o un ristorante
una tavola stellata
un ristorante "Bib Gourmand"
un albergo o forma alternativa di ospitalità particolarmente piacevole
1
ADRIATICO
2
Bari
Torre a Mare
Carbonara di Bari
Polignano a Mare
Monopoli
Conversano
Savelletri
Turi
Torre Canne
Fasano
Costa Merlata
Alberobello
Noci
Locorotondo
Ostuni
Montedoro
Carovigno
Brindisi
Gioia del Colle
Martina Franca
Ceglie Messapica
Lecce
Masseria San Pietro
Taranto
Manduria
Villa Convento
Lizzano
Avetrana
Leporano
Pulsano
Marina di Pulsano
Otranto
Galatina
Maglie
Uggiano la Chiesa
Cutrofiano
Santa Cesarea Terme
Gallipoli
Tricase
Ugento
Racale
Alessano
Torre San Giovanni
Golfo di Taranto
San Gregorio
3
Marina di Leuca
C
D

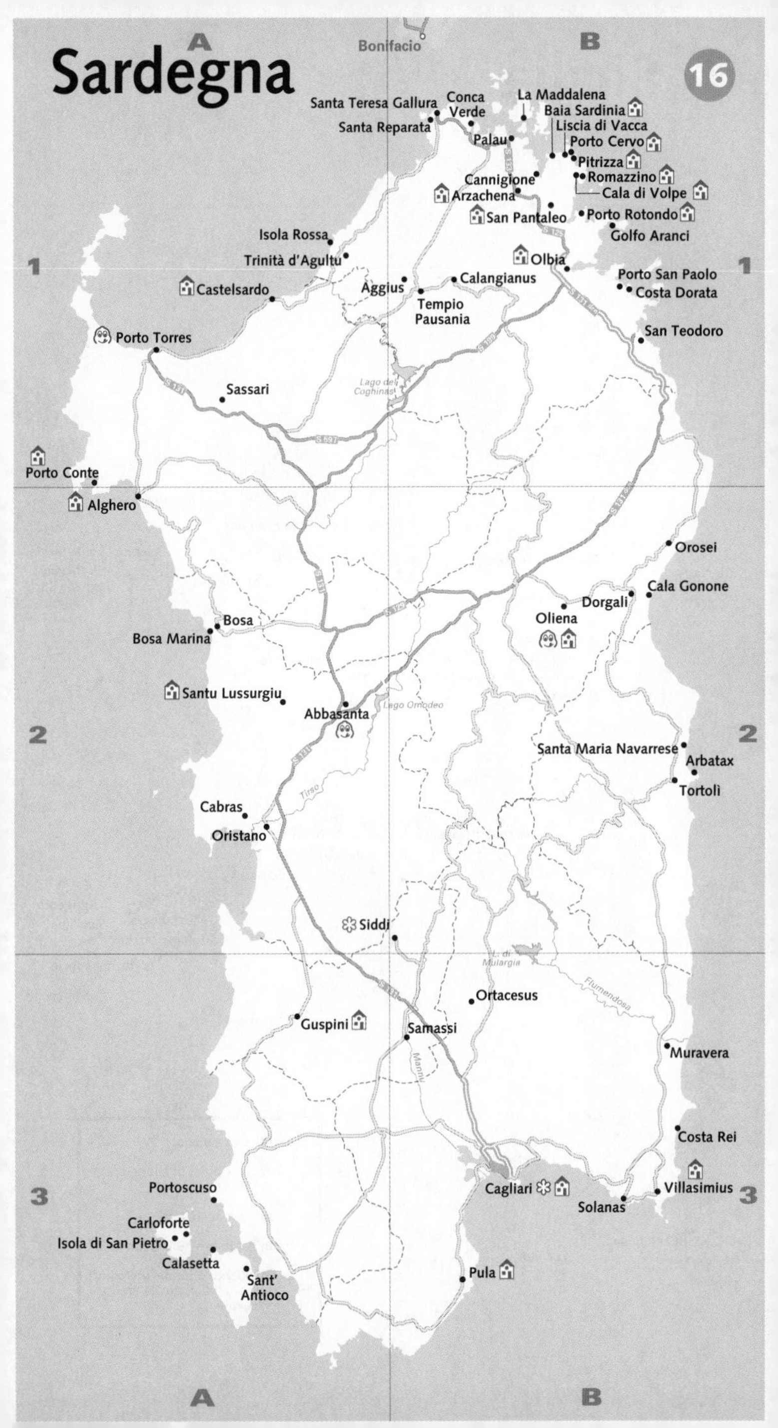

Sardegna
16
A
B
1
2
3
Bonifacio
Santa Teresa Gallura
Santa Reparata
Conca Verde
Palau
La Maddalena
Baia Sardinia
Liscia di Vacca
Porto Cervo
Pitrizza
Romazzino
Cala di Volpe
Cannigione
Arzachena
San Pantaleo
Porto Rotondo
Golfo Aranci
Isola Rossa
Trinità d'Agultu
Olbia
Porto San Paolo
Costa Dorata
Castelsardo
Aggius
Calangianus
Tempio Pausania
San Teodoro
Porto Torres
Sassari
Lago del Coghinas
Porto Conte
Alghero
Orosei
Cala Gonone
Dorgali
Oliena
Bosa
Bosa Marina
Santu Lussurgiu
Abbasanta
Lago Omodeo
Santa Maria Navarrese
Arbatax
Tortolì
Tirso
Cabras
Oristano
Siddi
L. di Mulargia
Flumendosa
Ortacesus
Guspini
Samassi
Mannu
Muravera
Costa Rei
Villasimius
Cagliari
Solanas
Portoscuso
Carloforte
Isola di San Pietro
Calasetta
Sant' Antioco
Pula

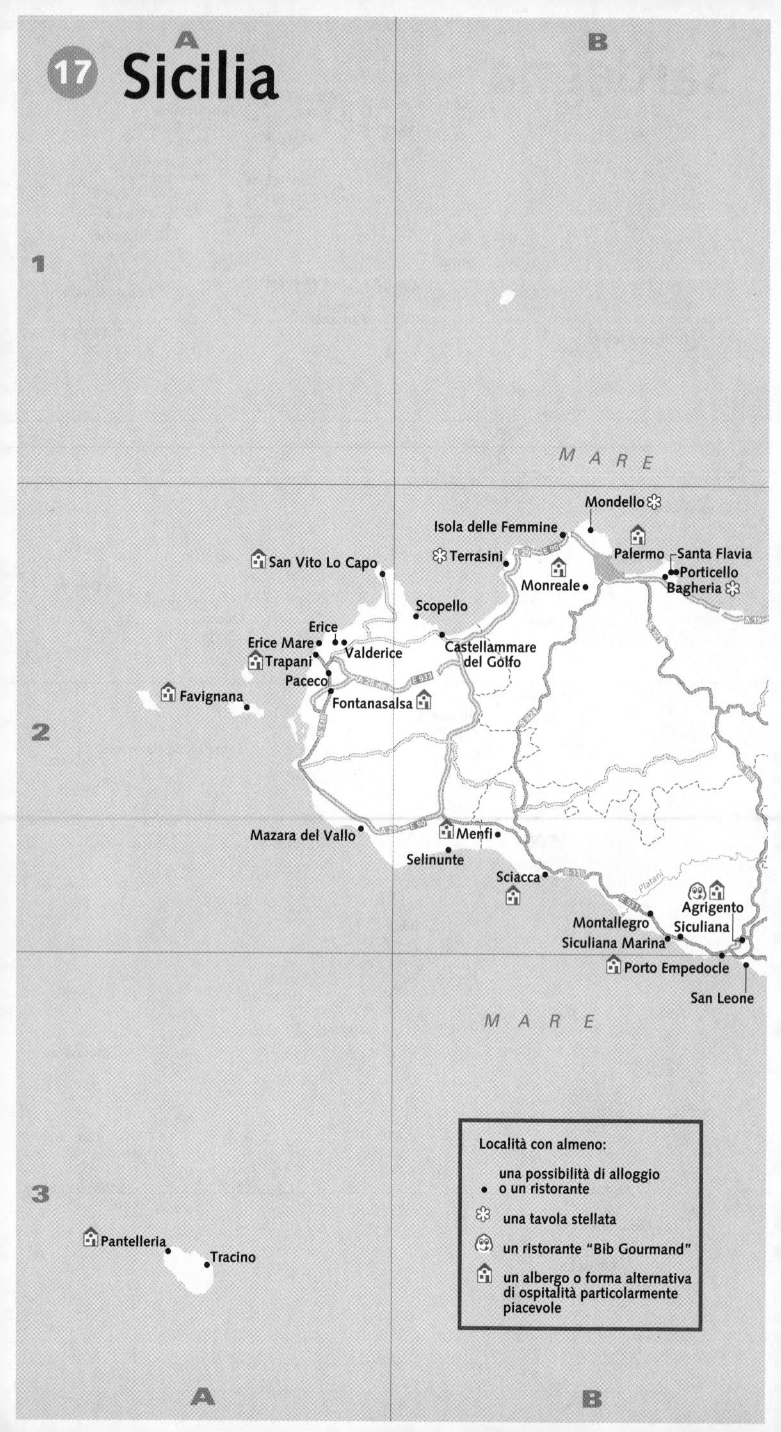
17
Sicilia
A
B
1
2
3
MARE
Mondello
Isola delle Femmine
Palermo
Santa Flavia
Porticello
Bagheria
Terrasini
Monreale
San Vito Lo Capo
Scopello
Erice
Erice Mare
Valderice
Castellammare del Golfo
Trapani
Paceco
Favignana
Fontanasalsa
Mazara del Vallo
Menfi
Selinunte
Sciacca
Agrigento
Montallegro
Siculiana
Siculiana Marina
Porto Empedocle
San Leone
MARE
Pantelleria
Tracino
Località con almeno:
una possibilità di alloggio o un ristorante
una tavola stellata
un ristorante "Bib Gourmand"
un albergo o forma alternativa di ospitalità particolarmente piacevole
A
B

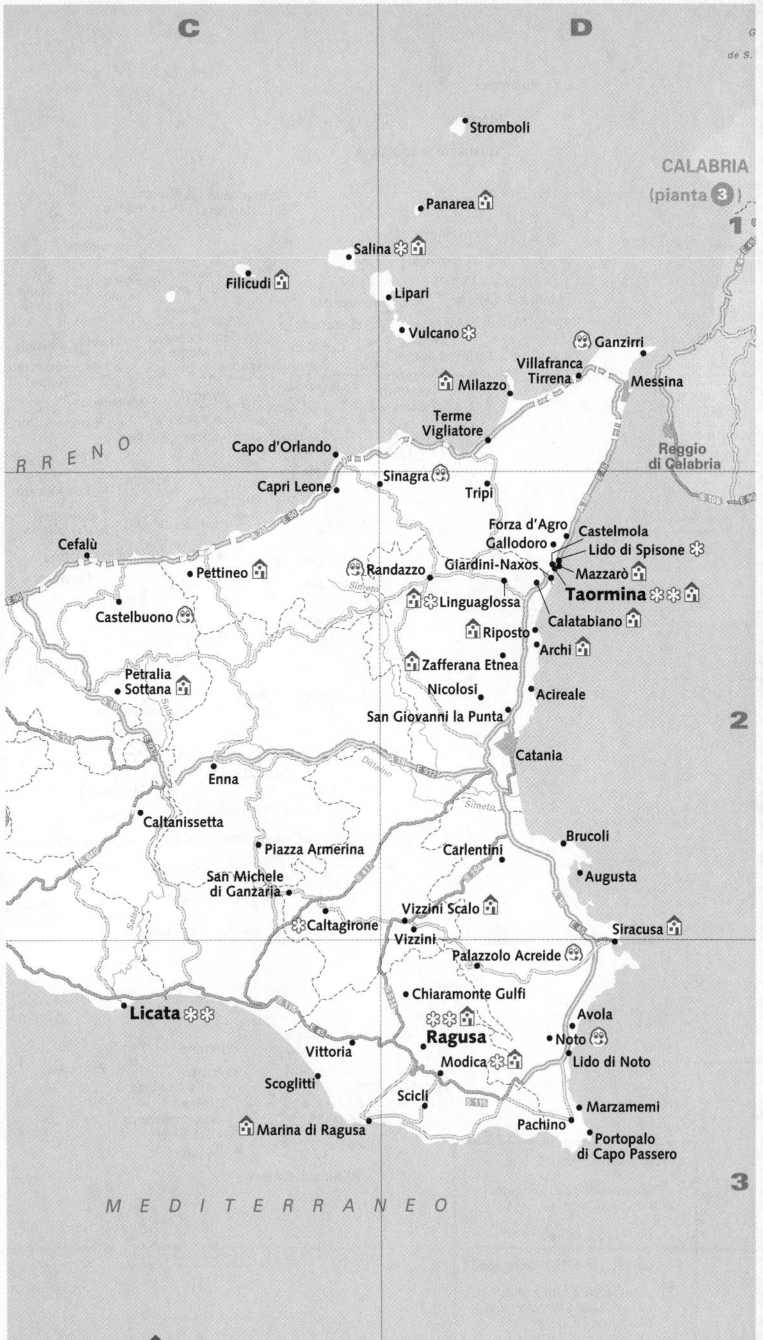
C
D
Stromboli
CALABRIA
(pianta 3)
1
Panarea
Salina
Filicudi
Lipari
Vulcano
Ganzirri
Villafranca
Tirrena
Messina
Milazzo
Terme
Vigliatore
Reggio
di Calabria
RRENO
Capo d'Orlando
Sinagra
Capri Leone
Tripi
Forza d'Agro
Castelmola
Gallodoro
Lido di Spisone
Cefalù
Giardini-Naxos
Pettineo
Randazzo
Mazzarò
Taormina
Linguaglossa
Castelbuono
Calatabiano
Riposto
Archi
Zafferana Etnea
Petralia
Sottana
Nicolosi
Acireale
San Giovanni la Punta
2
Catania
Enna
Caltanissetta
Brucoli
Piazza Armerina
Carlentini
Augusta
San Michele
di Ganzaria
Vizzini Scalo
Caltagirone
Siracusa
Vizzini
Palazzolo Acreide
Chiaramonte Gulfi
Licata
Avola
Ragusa
Noto
Vittoria
Lido di Noto
Modica
Scoglitti
Scicli
Marzamemi
Pachino
Marina di Ragusa
Portopalo
di Capo Passero
3
MEDITERRANEO
Lampedusa
C
D

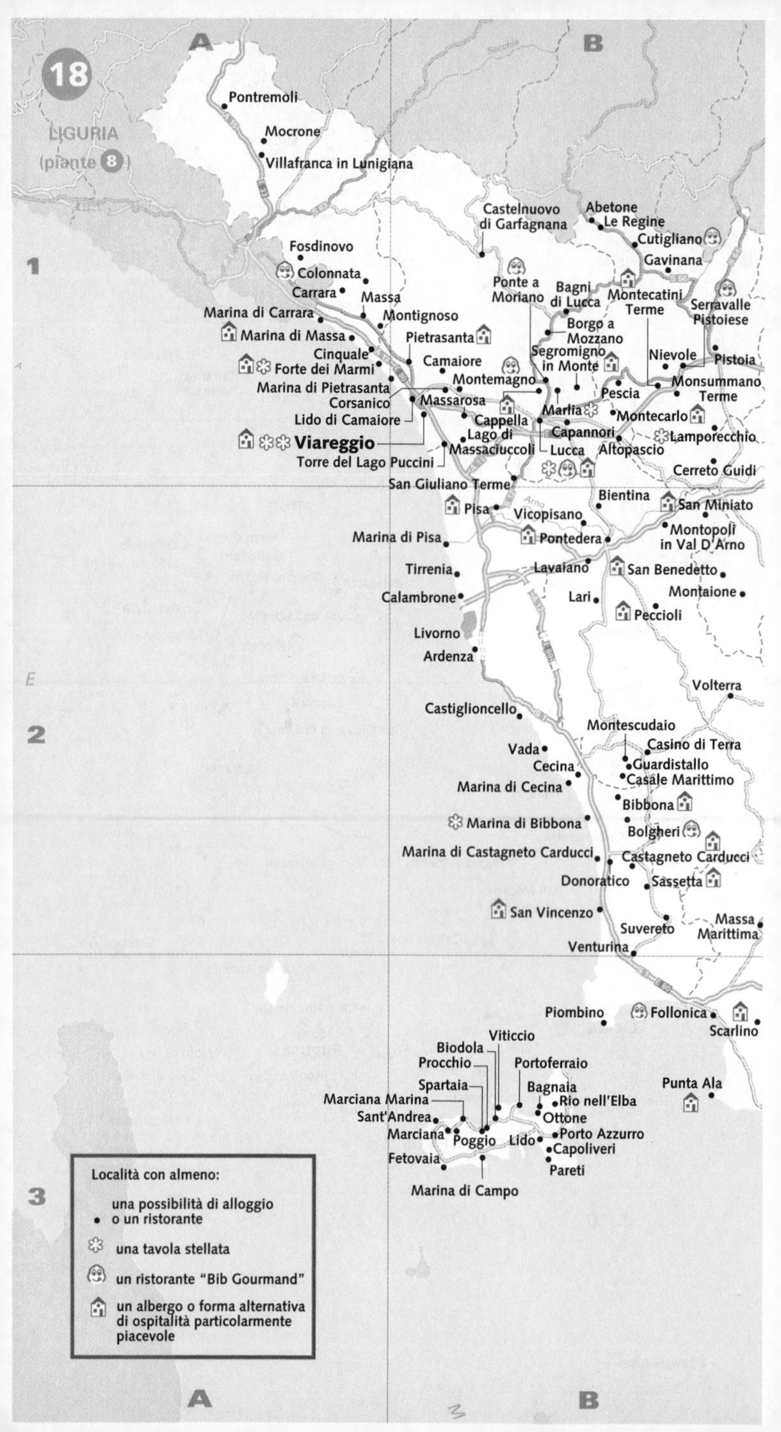
18
LIGURIA
(piante 8)
A
B
1
2
3
Pontremoli
Mocrone
Villafranca in Lunigiana
Castelnuovo di Garfagnana
Abetone
Le Regine
Cutigliano
Gavinana
Fosdinovo
Colonnata
Carrara
Massa
Marina di Carrara
Montignoso
Marina di Massa
Pietrasanta
Cinquale
Forte dei Marmi
Camaiore
Marina di Pietrasanta
Montemagno
Corsanico
Massarosa
Lido di Camaiore
Cappella
Viareggio
Lago di Massaciuccoli
Torre del Lago Puccini
San Giuliano Terme
Ponte a Moriano
Bagni di Lucca
Borgo a Mozzano
Segromigno in Monte
Marlia
Capannori
Lucca
Montecatini Terme
Nievole
Pescia
Montecarlo
Altopascio
Serravalle Pistoiese
Pistoia
Monsummano Terme
Lamporecchio
Cerreto Guidi
Pisa
Vicopisano
Bientina
San Miniato
Marina di Pisa
Pontedera
Montopoli in Val D'Arno
Tirrenia
Lavaiano
San Benedetto
Calambrone
Lari
Montaione
Peccioli
Livorno
Ardenza
Volterra
Castiglioncello
Montescudaio
Vada
Casino di Terra
Cecina
Guardistallo
Casale Marittimo
Marina di Cecina
Bibbona
Marina di Bibbona
Bolgheri
Marina di Castagneto Carducci
Castagneto Carducci
Donoratico
Sassetta
San Vincenzo
Suvereto
Massa Marittima
Venturina
Piombino
Follonica
Scarlino
Viticcio
Biodola
Procchio
Portoferraio
Spartaia
Bagnaia
Marciana Marina
Rio nell'Elba
Sant'Andrea
Ottone
Marciana
Poggio
Lido
Porto Azzurro
Capoliveri
Fetovaia
Pareti
Marina di Campo
Punta Ala
Arno
Località con almeno:
una possibilità di alloggio o un ristorante
una tavola stellata
un ristorante "Bib Gourmand"
un albergo o forma alternativa di ospitalità particolarmente piacevole

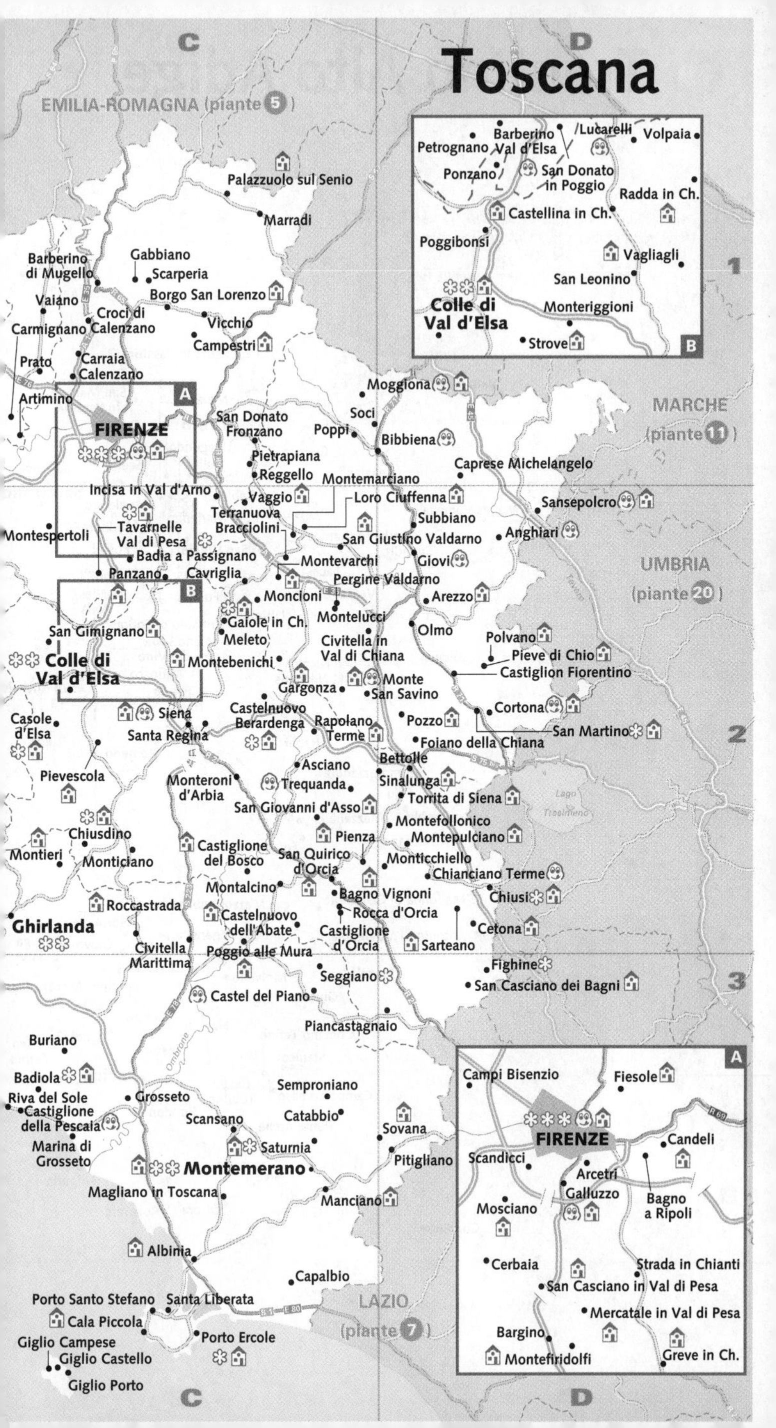
Toscana
EMILIA-ROMAGNA (piante 5)
MARCHE (piante 11)
UMBRIA (piante 20)
LAZIO (piante 7)
Palazzuolo sul Senio
Marradi
Barberino di Mugello
Gabbiano
Scarperia
Borgo San Lorenzo
Vaiano
Croci di Calenzano
Carmignano
Vicchio
Campestri
Prato
Carraia Calenzano
Artimino
FIRENZE
San Donato Fronzano
Moggiona
Soci
Poppi
Bibbiena
Pietrapiana
Reggello
Montemarciano
Caprese Michelangelo
Incisa in Val d'Arno
Vaggio
Loro Ciuffenna
Terranuova Bracciolini
Subbiano
Sansepolcro
Montespertoli
Tavarnelle Val di Pesa
San Giustino Valdarno
Anghiari
Badia a Passignano
Montevarchi
Giovi
Panzano
Cavriglia
Pergine Valdarno
Moncioni
Arezzo
Gaiole in Ch.
Montelucci
San Gimignano
Meleto
Olmo
Polvano
Civitella in Val di Chiana
Pieve di Chio
Colle di Val d'Elsa
Montebenichi
Castiglion Fiorentino
Monte San Savino
Gargonza
Siena
Castelnuovo Berardenga
Rapolano Terme
Pozzo
Cortona
Casole d'Elsa
Santa Regina
San Martino
Foiano della Chiana
Bettolle
Asciano
Pievescola
Monteroni d'Arbia
Trequanda
Sinalunga
Torrita di Siena
San Giovanni d'Asso
Lago Trasimeno
Montefollonico
Chiusdino
Pienza
Montepulciano
Montieri
Castiglione del Bosco
San Quirico d'Orcia
Monticchiello
Monticiano
Chianciano Terme
Montalcino
Bagno Vignoni
Chiusi
Roccastrada
Rocca d'Orcia
Castelnuovo dell'Abate
Castiglione d'Orcia
Cetona
Ghirlanda
Sarteano
Civitella Marittima
Poggio alle Mura
Fighine
Seggiano
San Casciano dei Bagni
Castel del Piano
Piancastagnaio
Buriano
Badiola
Semproniano
Riva del Sole
Grosseto
Castiglione della Pescaia
Scansano
Catabbio
Sovana
Marina di Grosseto
Saturnia
Pitigliano
Montemerano
Magliano in Toscana
Manciano
Albinia
Capalbio
Porto Santo Stefano
Santa Liberata
Cala Piccola
Porto Ercole
Giglio Campese
Giglio Castello
Giglio Porto
Ombrone
Tevere
Petrognano
Barberino Val d'Elsa
Lucarelli
Volpaia
Ponzano
San Donato in Poggio
Radda in Ch.
Castellina in Ch.
Poggibonsi
Vagliagli
San Leonino
Colle di Val d'Elsa
Monteriggioni
Strove
Campi Bisenzio
Fiesole
FIRENZE
Candeli
Scandicci
Arcetri
Galluzzo
Bagno a Ripoli
Mosciano
Cerbaia
Strada in Chianti
San Casciano in Val di Pesa
Mercatale in Val di Pesa
Bargino
Montefiridolfi
Greve in Ch.
A
B
C
D
1
2
3

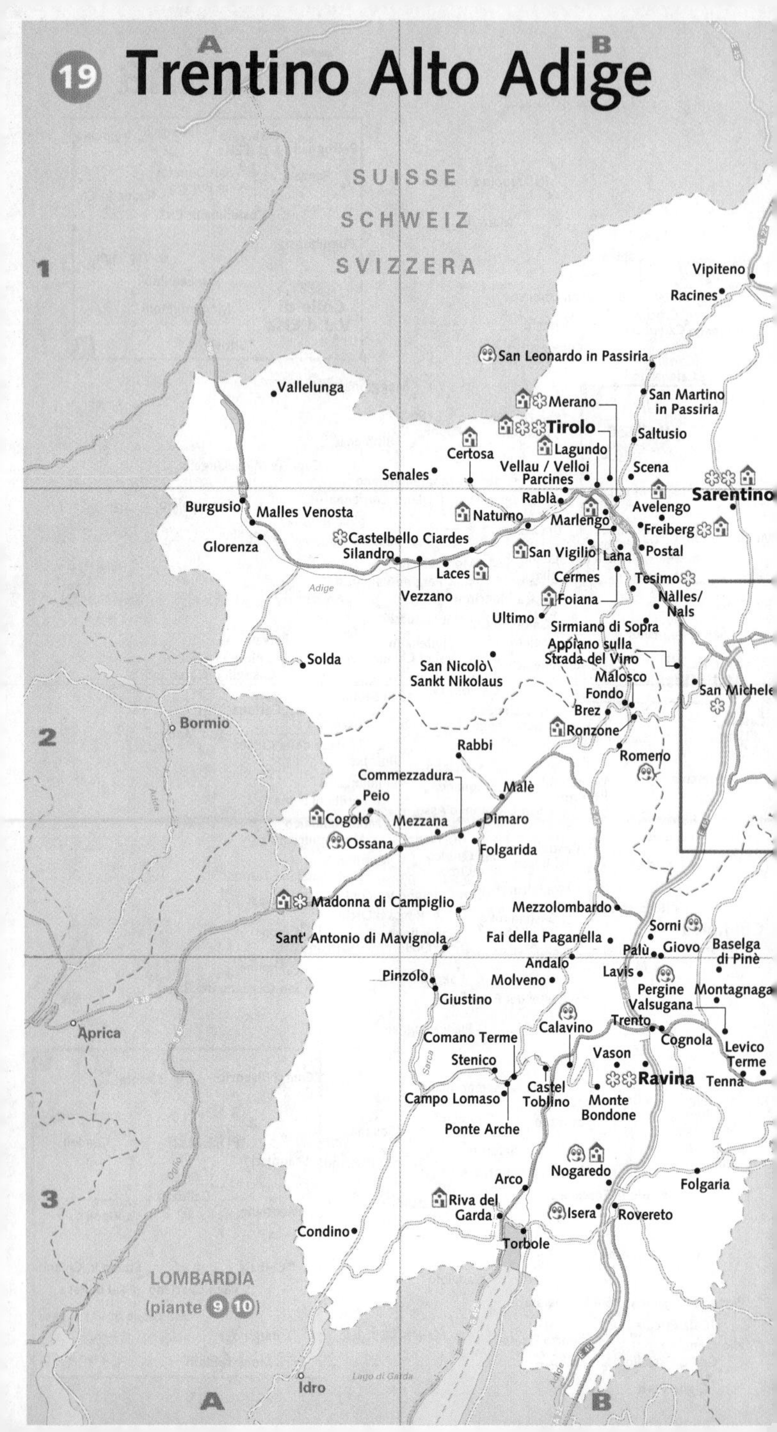

19 Trentino Alto Adige
A
B
1
2
3
SUISSE
SCHWEIZ
SVIZZERA
Vipiteno
Racines
San Leonardo in Passiria
San Martino in Passiria
Merano
Tirolo
Saltusio
Lagundo
Scena
Certosa
Vellau / Velloi
Parcines
Senales
Vallelunga
Sarentino
Rablà
Avelengo
Naturno
Marlengo
Freiberg
Burgusio
Malles Venosta
Glorenza
Castelbello Ciardes
Silandro
San Vigilio
Lana
Postal
Laces
Cermes
Tesimo
Adige
Vezzano
Foiana
Nalles/ Nals
Ultimo
Sirmiano di Sopra
Appiano sulla Strada del Vino
Solda
San Nicolò\ Sankt Nikolaus
Malosco
Fondo
San Michele
Brez
Bormio
Ronzone
Rabbi
Romeno
Commezzadura
Peio
Malè
Cogolo
Mezzana
Dimaro
Ossana
Folgarida
Madonna di Campiglio
Mezzolombardo
Sorni
Sant' Antonio di Mavignola
Fai della Paganella
Palù
Giovo
Baselga di Pinè
Andalo
Lavis
Pinzolo
Molveno
Pergine Valsugana
Montagnaga
Giustino
Aprica
Calavino
Trento
Cognola
Levico Terme
Comano Terme
Vason
Stenico
Ravina
Tenna
Castel Toblino
Campo Lomaso
Monte Bondone
Ponte Arche
Nogaredo
Arco
Folgaria
Riva del Garda
Isera
Rovereto
Condino
Torbole
LOMBARDIA (piante 9 10)
Idro
Lago di Garda

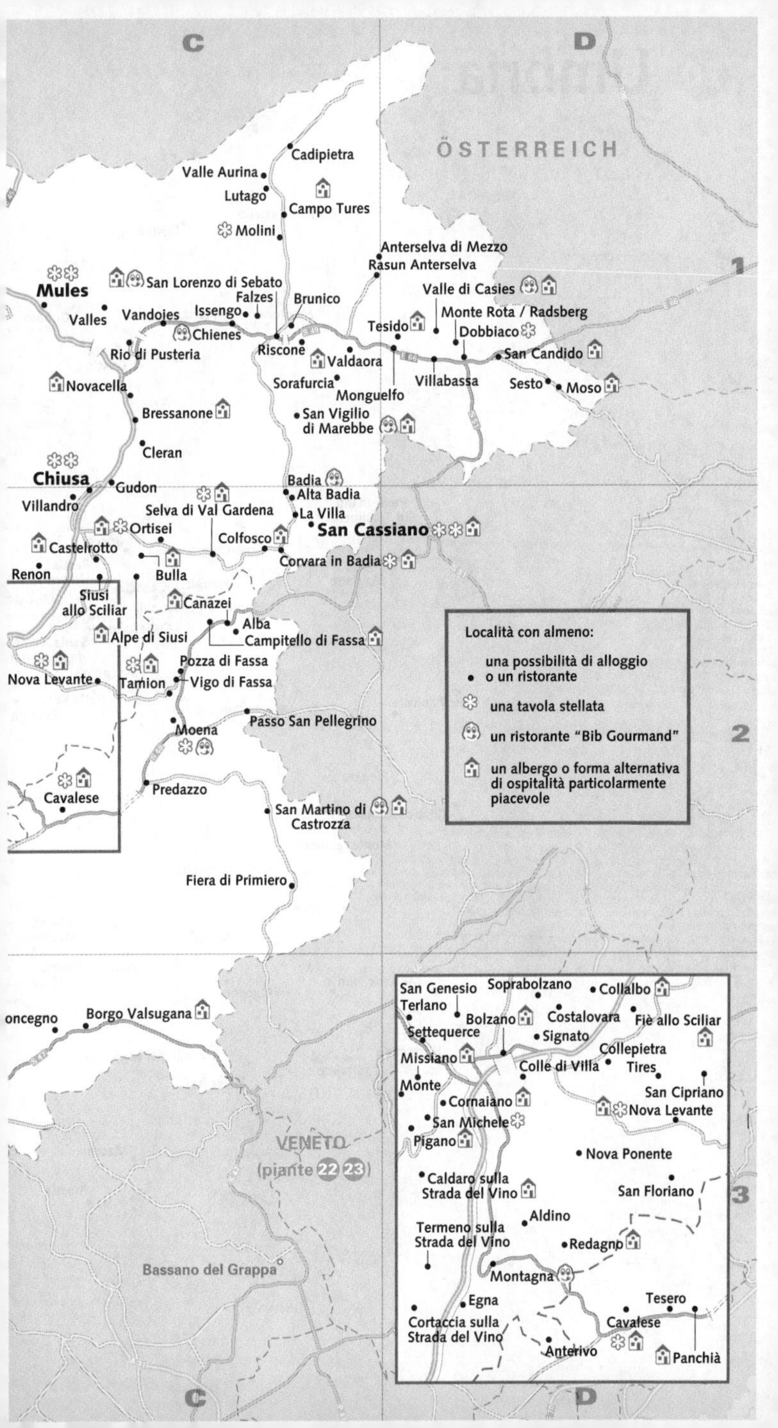
C
D
ÖSTERREICH
Cadipietra
Valle Aurina
Lutago
Campo Tures
Molini
Anterselva di Mezzo
Rasun Anterselva
Mules
San Lorenzo di Sebato
Falzes
Brunico
Valle di Casies
Valles
Vandoies
Issengo
Monte Rota / Radsberg
Tesido
Dobbiaco
Chienes
Rio di Pusteria
Riscone
Valdaora
San Candido
Novacella
Sorafurcia
Villabassa
Sesto
Moso
Monguelfo
Bressanone
San Vigilio di Marebbe
Cleran
Chiusa
Badia
Gudon
Alta Badia
Villandro
Selva di Val Gardena
La Villa
Ortisei
San Cassiano
Colfosco
Castelrotto
Renon
Bulla
Corvara in Badia
Siusi allo Sciliar
Canazei
Alba
Alpe di Siusi
Campitello di Fassa
Pozza di Fassa
Nova Levante
Tamion
Vigo di Fassa
Moena
Passo San Pellegrino
Cavalese
Predazzo
San Martino di Castrozza
Fiera di Primiero
Località con almeno:
una possibilità di alloggio o un ristorante
una tavola stellata
un ristorante "Bib Gourmand"
un albergo o forma alternativa di ospitalità particolarmente piacevole
1
2
3
oncegno
Borgo Valsugana
VENETO
(piante 22 23)
Bassano del Grappa
San Genesio
Soprabolzano
Collalbo
Terlano
Bolzano
Costalovara
Fiè allo Sciliar
Settequerce
Signato
Missiano
Collepietra
Colle di Villa
Tires
Monte
San Cipriano
Cornaiano
Nova Levante
San Michele
Pigano
Nova Ponente
Caldaro sulla Strada del Vino
San Floriano
Aldino
Termeno sulla Strada del Vino
Redagno
Montagna
Egna
Tesero
Cortaccia sulla Strada del Vino
Cavalese
Anterivo
Panchià

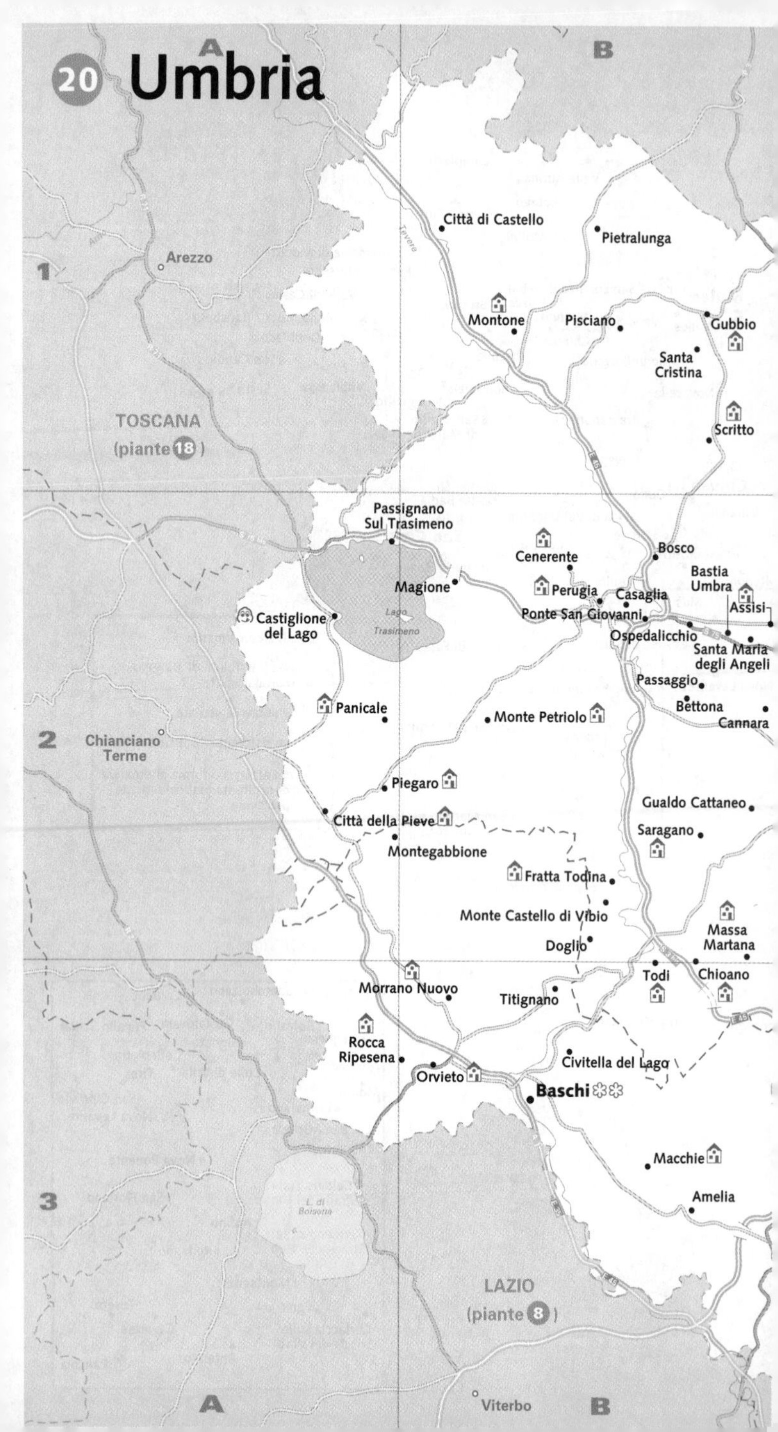

20
Umbria
A
B
1
2
3
Arezzo
TOSCANA
(piante 18)
Città di Castello
Pietralunga
Montone
Pisciano
Gubbio
Santa Cristina
Scritto
Passignano Sul Trasimeno
Cenerente
Bosco
Magione
Perugia
Casaglia
Bastia Umbra
Assisi
Castiglione del Lago
Lago Trasimeno
Ponte San Giovanni
Ospedalicchio
Santa Maria degli Angeli
Passaggio
Bettona
Cannara
Panicale
Monte Petriolo
Chianciano Terme
Piegaro
Gualdo Cattaneo
Città della Pieve
Saragano
Montegabbione
Fratta Todina
Monte Castello di Vibio
Massa Martana
Doglio
Todi
Chioano
Morrano Nuovo
Titignano
Rocca Ripesena
Orvieto
Civitella del Lago
Baschi
Macchie
Amelia
L. di Bolsena
LAZIO
(piante 8)
Viterbo

C
D
MARCHE
(piante 11)
Macerata
1
Armenzano
Colfiorito
Spello
Foligno
Bevagna
Montefalco
San Luca
2
Norcia
Silvignano
Vallo di Nera
Spoleto
Scheggino
Ferentillo
Terni
Narni Scalo
Narni
Rieti
3
Località con almeno:
una possibilità di alloggio o un ristorante
una tavola stellata
un ristorante "Bib Gourmand"
un albergo o forma alternativa di ospitalità particolarmente piacevole
C
D

21 Valle d'Aosta
Montreux
SCHWEIZ
SVIZZERA
Sion
Chamonix-Mt-Blanc
Breuil Cervinia
Valtournenche
Gressoney-La Trinité
Champoluc
Antey-St-André
Antagnod
Torgnon
Ayas
Etroubles
Valpelline
La Palud
Courmayeur
Entrèves
Grandzon
Verrayes
Brusson
Gignod
Dolonne
Palleusieux
Champagne
St-Vincent
Morgex
Châtillon
Pré-St-Didier
Aosta
Brissogne
La Salle
La Thuile
Jovençan
Pila
Issogne
St-Pierre
Bard
Cretaz
Cogne
Chanavey
Valnontey
Rhêmes-Notre Dame
Ivrea
PIEMONTE
(piante 12 13 14)
FRANCE
Susa
Sestriere
Località con almeno:
una possibilità di alloggio o un ristorante
una tavola stellata
un ristorante "Bib Gourmand"
un albergo o forma alternativa di ospitalità particolarmente piacevole

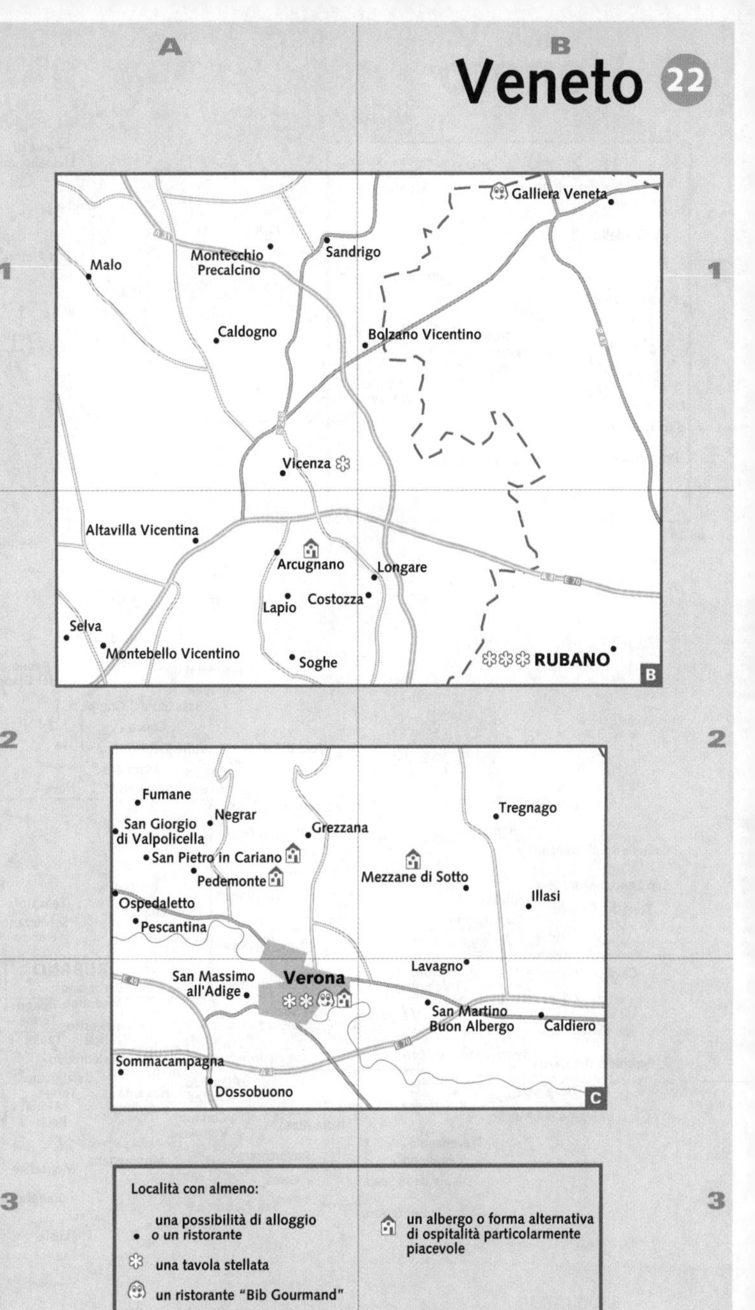
A
B
Veneto 22
1
2
3
Galliera Veneta
Montecchio
Precalcino
Sandrigo
Malo
Caldogno
Bolzano Vicentino
Vicenza
Altavilla Vicentina
Arcugnano
Longare
Lapio
Costozza
Selva
Montebello Vicentino
Soghe
RUBANO
B
Fumane
Negrar
San Giorgio
di Valpolicella
Grezzana
Tregnago
San Pietro in Cariano
Pedemonte
Mezzane di Sotto
Ospedaletto
Illasi
Pescantina
Lavagno
San Massimo
all'Adige
Verona
San Martino
Buon Albergo
Caldiero
Sommacampagna
Dossobuono
C
Località con almeno:
una possibilità di alloggio
o un ristorante
una tavola stellata
un ristorante "Bib Gourmand"
un albergo o forma alternativa
di ospitalità particolarmente
piacevole
A
B

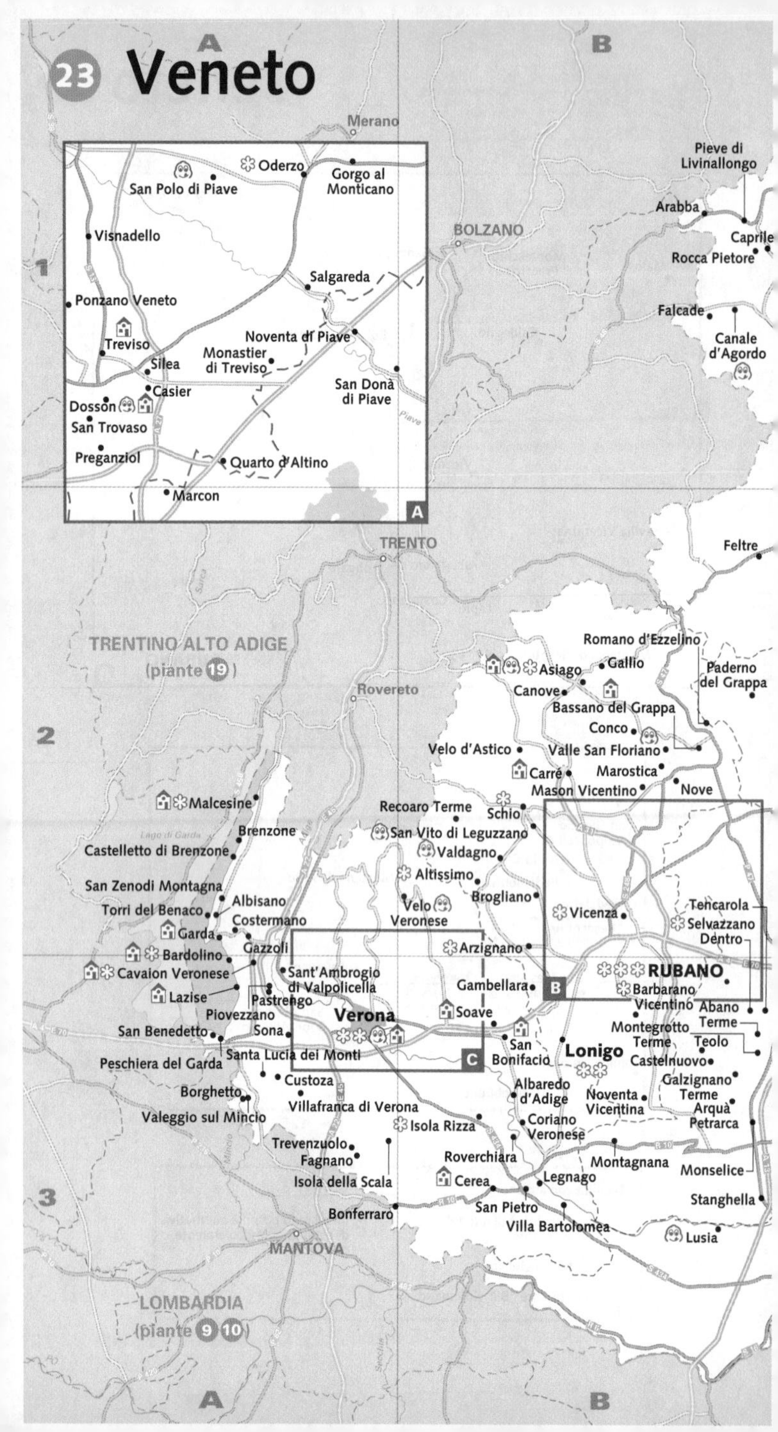
23 Veneto
A
B
1
2
3
Merano
BOLZANO
TRENTO
Rovereto
MANTOVA
TRENTINO ALTO ADIGE
(piante 19)
LOMBARDIA
(piante 9 10)
Oderzo
Gorgo al Monticano
San Polo di Piave
Visnadello
Salgareda
Ponzano Veneto
Noventa di Piave
Treviso
Monastier di Treviso
Silea
Casier
San Donà di Piave
Dosson
San Trovaso
Preganziol
Quarto d'Altino
Marcon
Piave
Pieve di Livinallongo
Arabba
Caprile
Rocca Pietore
Falcade
Canale d'Agordo
Feltre
Romano d'Ezzelino
Gallio
Asiago
Paderno del Grappa
Canove
Bassano del Grappa
Conco
Velo d'Astico
Valle San Floriano
Carrè
Marostica
Mason Vicentino
Nove
Recoaro Terme
Schio
San Vito di Leguzzano
Valdagno
Altissimo
Brogliano
Velo Veronese
Vicenza
Tencarola
Selvazzano Dentro
Arzignano
RUBANO
Gambellara
Barbarano Vicentino
Abano Terme
Soave
Verona
Montegrotto Terme
Teolo
San Bonifacio
Lonigo
Castelnuovo
Galzignano Terme
Albaredo d'Adige
Noventa Vicentina
Arquà Petrarca
Coriano Veronese
Isola Rizza
Montagnana
Roverchiara
Monselice
Cerea
Legnago
San Pietro
Stanghella
Villa Bartolomea
Lusia
Bonferraro
Trevenzuolo
Fagnano
Isola della Scala
Villafranca di Verona
Custoza
Borghetto
Valeggio sul Mincio
Santa Lucia dei Monti
Sona
Peschiera del Garda
San Benedetto
Piovezzano
Pastrengo
Lazise
Sant'Ambrogio di Valpolicella
Cavaion Veronese
Gazzoli
Bardolino
Garda
Costermano
Torri del Benaco
Albisano
San Zenodi Montagna
Castelletto di Brenzone
Brenzone
Malcesine
Lago di Garda
Adige
Mincio
C

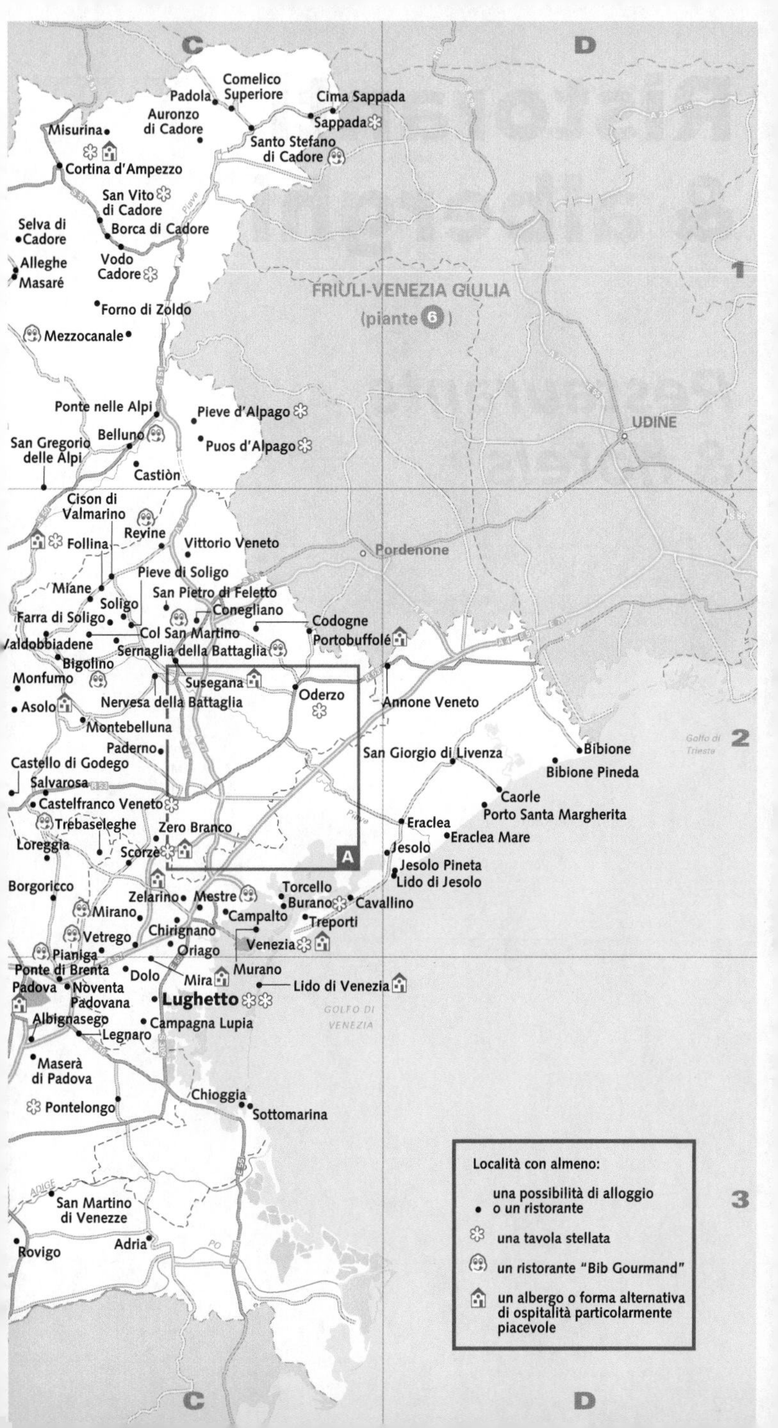
C
D
Comelico Superiore
Padola
Cima Sappada
Sappada
Auronzo di Cadore
Misurina
Santo Stefano di Cadore
Cortina d'Ampezzo
San Vito di Cadore
Selva di Cadore
Borca di Cadore
Alleghe
Masaré
Vodo Cadore
Forno di Zoldo
Mezzocanale
FRIULI-VENEZIA GIULIA
(piante 6)
1
Ponte nelle Alpi
Pieve d'Alpago
UDINE
Belluno
San Gregorio delle Alpi
Puos d'Alpago
Castiòn
Cison di Valmarino
Revine
Follina
Vittorio Veneto
Pordenone
Pieve di Soligo
Miane
San Pietro di Feletto
Soligo
Conegliano
Farra di Soligo
Codogne
Col San Martino
Valdobbiadene
Portobuffolé
Sernaglia della Battaglia
Bigolino
Monfumo
Susegana
Oderzo
Asolo
Nervesa della Battaglia
Annone Veneto
Montebelluna
Golfo di Trieste
2
Paderno
San Giorgio di Livenza
Bibione
Castello di Godego
Bibione Pineda
Salvarosa
Caorle
Castelfranco Veneto
Porto Santa Margherita
Trebaseleghe
Eraclea
Zero Branco
Eraclea Mare
Loreggia
Scorzè
Jesolo
A
Jesolo Pineta
Lido di Jesolo
Borgoricco
Torcello
Zelarino
Mestre
Burano
Cavallino
Mirano
Campalto
Treporti
Chirignano
Vetrego
Venezia
Oriago
Pianiga
Ponte di Brenta
Murano
Dolo
Mira
Padova
Noventa Padovana
Lido di Venezia
Lughetto
Golfo di Venezia
Albignasego
Campagna Lupia
Legnaro
Maserà di Padova
Chioggia
Sottomarina
Pontelongo
Località con almeno:
una possibilità di alloggio o un ristorante
una tavola stellata
un ristorante "Bib Gourmand"
un albergo o forma alternativa di ospitalità particolarmente piacevole
3
San Martino di Venezze
Adria
Rovigo
C
D

Ristoranti & alberghi

Restaurants & hotels

Città da A a Z • Towns from A to Z

ABANO TERME

Padova (PD) – ✉ 35031 – 19 950 ab. – Alt. 14 m – Carta regionale n° **23**-B3
Roma 485 km – Padova 11 km – Venezia 54 km – Vicenza 39 km
Carta stradale Michelin 562-F17

Aubergine

CUCINA CLASSICA • ACCOGLIENTE XX Piatti ispirati alla stagione e al territorio, sia di terra, sia di mare, in un ristorante-pizzeria dalla calda atmosfera. Il centro dista solo pochi passi.

Carta 27/55 €

Pianta: A3-d - *via Ghislandi 5 - ✆ 049 866 9910 - www.aubergine.it*
- Chiuso 10 giorni in febbraio e 20-31 luglio

Abano Grand Hotel

LUSSO • ELEGANTE Un ameno parco vi introdurrà in questo esclusivo hotel dagli ambienti in raffinato stile impero; ampie camere ed una nuova zona benessere, composta da un percorso di bagni termali, saune, grotta, etc. in un'atmosfera tranquilla e appositamente studiata per il recupero dell'equilibrio psicofisico.

179 cam – †150/222 € ††260/394 € - 8 suites

Pianta: B2-h - *via Valerio Flacco 1 - ✆ 049 824 8100 - www.abanograndhotel.it*
- Chiuso 2 luglio-4 agosto

Tritone Terme

SPA E WELLNESS • PERSONALIZZATO A pochi passi dal centro storico, esclusività e confort in un hotel che vanta camere spaziose ed accoglienti, nonché spettacoli serali d'intrattenimento nel nuovo salone bar. Cucina classica per un ristorante, dove sembra di poter toccare la vegetazione attraverso le finestre.

116 cam – †111/170 € ††176/200 € - 7 suites

Pianta: B3-e - *via Volta 31 - ✆ 049 866 8099 - www.termetritone.it*
- Chiuso 9 gennaio-16 febbraio

Grand Hotel Trieste & Victoria

PALACE • CENTRALE Storico complesso fin-de-siècle, ampliatosi negli anni fino a raggiungere le attuali imponenti dimensioni. In pieno centro, la struttura si caratterizza per le sale eleganti e le belle camere, in parte recentemente rinnovate.

220 cam – †110/125 € ††200/260 € - 12 suites

Pianta: B2-v - *via Pietro d'Abano 1 - ✆ 049 866 5100 - www.hoteltriestevictoria.it*
- Chiuso 15 gennaio-25 marzo

Mioni Pezzato

SPA E WELLNESS • ELEGANTE Conduzione signorile in un grande albergo all'interno di un bel parco-giardino con piscina termale, eccellente beauty center e salotto in stile inglese. Gustose specialità italiane nella sala da pranzo recentemente rinnovata.

170 cam – †74/109 € ††124/194 €

Pianta: A3-u - *via Marzia 34 - ✆ 049 866 8377 - www.hotelmionipezzato.com*
- Chiuso 11 dicembre-22 dicembre

Due Torri

SPA E WELLNESS • CLASSICO Collocato in una posizione centrale invidiabile, abbracciato dal verde del giardino-pineta, hotel storico con eleganti arredi classicheggianti e piacevoli spazi comuni. Ariosa sala ristorante, sorretta da colonne, attraverso cui ammirare il bel giardino.

124 cam – †110/125 € ††200/260 € - 12 suites

Pianta: A2-b - *via Pietro d'Abano 18 - ✆ 049 863 2100*
- www.hotelduetorriabano.it - Chiuso 9 gennaio-25 marzo e 25 giugno-5 agosto

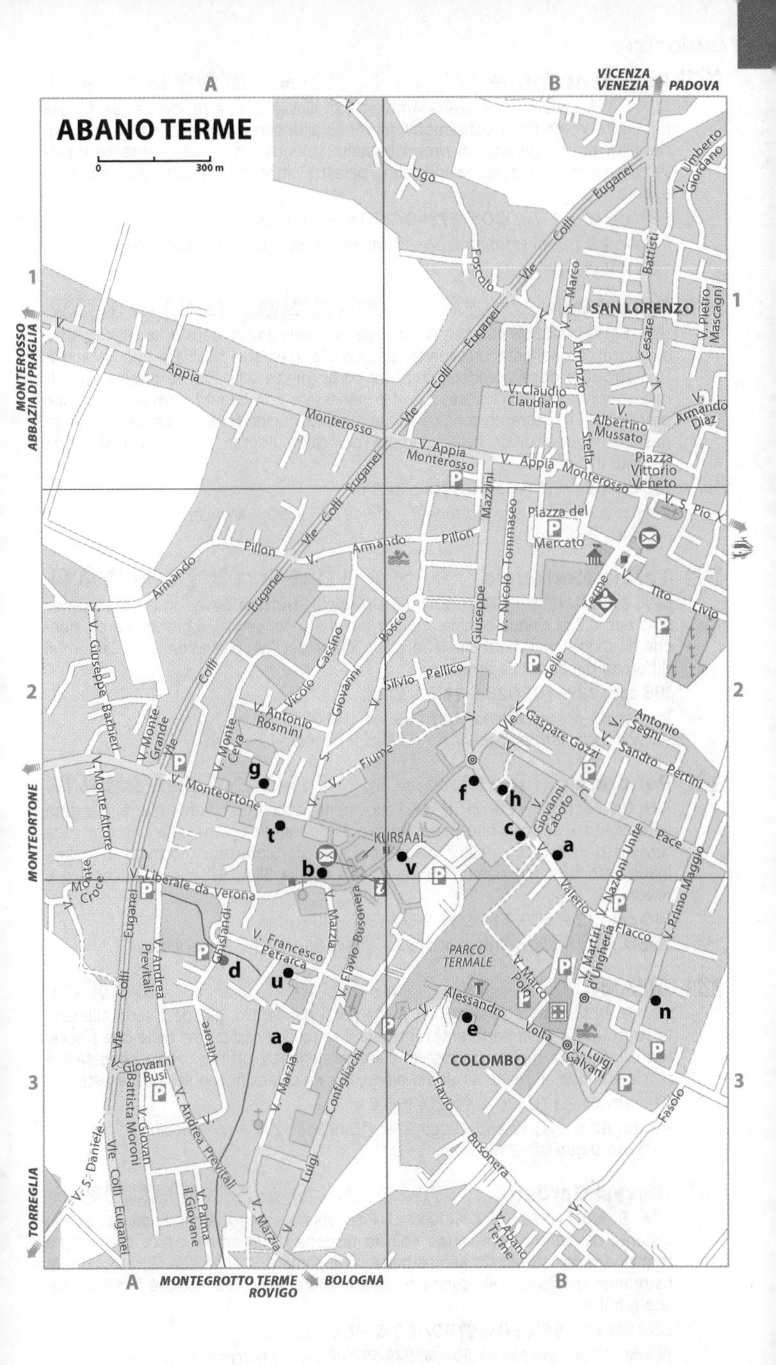

ABANO TERME
0
300 m
A
B
VICENZA
VENEZIA
PADOVA
1
2
3
MONTEROSSO
ABBAZIA DI PRAGLIA
MONTEORTONE
TORREGLIA
MONTEGROTTO TERME
ROVIGO
BOLOGNA
SAN LORENZO
COLOMBO
PARCO TERMALE
KURSAAL
Piazza del Mercato
Piazza Vittorio Veneto
Vle Colli Euganei
V. Appia Monterosso
V. Armando Pillon
V. Giuseppe Mazzini
V. Nicolò Tommaseo
V. Giuseppe Barbieri
V. Monte Grande
V. Monte Ceva
V. Antonio Rosmini
Vicolo Cassino
V. S. Giovanni Bosco
V. Silvio Pellico
V. Fiume
V. Monteortone
V. Monte Altore
V. Monte Croce
V. Liberale da Verona
V. Ghislandi
V. Francesco Petrarca
V. Marzia
V. Flavio Busonera
V. Luigi Configliachi
V. Andrea Previtali
V. Vittore
V. Giovanni Busi
V. Giovan Battista Moroni
V. Palma il Giovane
V. S. Daniele
V. Ugo Foscolo
V. S. Marco
V. Arrunzio Stella
V. Cesare Battisti
V. Umberto Giordano
V. Pietro Mascagni
V. Claudio Claudiano
V. Albertino Mussato
V. Armando Diaz
V. S. Pio X
V. Tito Livio
V. delle Terme
Vle Gaspare Gozzi
V. Antonio Segni
V. Sandro Pertini
V. Giovanni Caboto
V. Valerio Flacco
V. Nazioni Unite
V. Pace
V. Primo Maggio
V. Martiri d'Ungheria
V. Marco Polo
V. Alessandro Volta
V. Luigi Galvani
V. Fasolo
V. Abano Terme
a b c d e f g h n t u v

President Terme

SPA E WELLNESS • CLASSICO Ambiente di classe in una residenza prestigiosa nel cuore verde della città: mobili in stile, validi servizi e camere ben accessoriate. Un'ampia gamma di proposte nella splendida spa recentemente rinnovata: piscine termali, zona idrorelax, palestra attrezzata Technogym, ed altro ancora.

88 cam - 120/130 € 240/290 € - 11 suites

Pianta: A2-t - *via Montirone 31 - 049 866 8288 - www.presidentterme.it - Chiuso febbraio*

Bristol Buja

SPA E WELLNESS • ELEGANTE Albergo signorile improntato a quell'indiscussa eleganza che soltanto un'esperta, pluriennale, gestione familiare può garantire. Una struttura dove prendersi cura del corpo grazie alle sue tre piscine termali, uno spazio saune, un lussuoso centro benessere con beauty farm ed un campo pratica golf. Il ristorante coniuga sapientemente cucina tradizionale veneta e suggestioni internazionali; nelle giornate più calde il pranzo è servito all'aperto accanto alla piscina.

139 cam - 96/136 € 172/284 €

Pianta: A2-g - *via Monteortone 2 - 049 866 9390 - www.bristolbuja.it - Chiuso 2-29 luglio*

Terme Metropole

SPA E WELLNESS • TRADIZIONALE Un'ampia struttura dove "sguazzare", e non solo per le sue cinque piscine, ma per la varietà dei servizi, il grande parco, nonché gli speciali pacchetti che la rendono ideale per famiglie e comitive. Camere di differenti dimensioni e arredi.

186 cam - 83/128 € 150/212 €

Pianta: B3-n - *via Valerio Flacco 99 - 049 861 9100 - www.hotelmetropoleabano.it - Chiuso 9 gennaio-10 marzo*

Panoramic Hotel Plaza

SPA E WELLNESS • FUNZIONALE Felicemente accolta dal verde giardino, svetta verso l'alto - in posizione panoramica - l'imponente costruzione che ora vede terminato il restyling dell'11° piano con suite dal carattere moderno e lineare. Inaugurato il nuovo percorso Benessere Cristalia SPA, 90 minuti di coccole e relax!

140 cam - 119/144 € 198/248 € - 18 suites

Pianta: B2-f - *piazza Repubblica 23 - 049 866 9333 - www.plaza.it*

All'Alba

SPA E WELLNESS • CLASSICO A pochi passi dal centro, gli spazi verdi allietano la struttura sia nella parte antistante, sia il retro che ospita una delle due piscine termali. Camere molto spaziose di classica eleganza, ottimo centro benessere e dulcis in fundo, in realtà all'ultimo piano, la sala colazioni con splendida vista.

191 cam - 70/90 € 120/160 €

Pianta: B2-c - *via Valerio Flacco 32 - 049 866 9244 - www.allalba.it - Chiuso 9 gennaio-2 febbraio*

Harrys' Garden

SPA E WELLNESS • TRADIZIONALE Piacevole vista sui Colli Euganei, e non distante dal centro, il moderno edificio dispone di un ampio parco con piscine termali e di un attrezzato centro benessere; camere in linea con la categoria. Al ristorante: specialità della cucina regionale e internazionale, nonché fresche insalate a buffet.

66 cam - 65/98 € 110/160 € - 8 suites

Pianta: A3-a - *via Marzia 50 - 049 667011 - www.harrys.it - Chiuso 8 gennaio-11 marzo e 26 novembre-22 dicembre*

Europa Terme

SPA E WELLNESS • FUNZIONALE In zona centrale, hotel a conduzione diretta con ambienti di atmosfera signorile e camere accoglienti; particolarmente curato anche il centro benessere-termale.

103 cam - 72/85 € 130/146 € - 10 €

Pianta: B2-a - *via Valerio Flacco 13 - 049 866 9544 - www.europaterme.it - Chiuso 26 novembre-19 dicembre e 8 gennaio-15 febbraio*

ABBASANTA

Oristano (OR) - 09071 - 2 747 ab. - Alt. 315 m - Carta regionale n° **16**-A2
Cagliari 129 km - Oristano 38 km - Nuoro 55 km
Carta stradale Michelin 366-N43

Su Carduleu

CUCINA MODERNA • ACCOGLIENTE XX Lo chef patron, Roberto, da pochi anni è rientrato a condurre il ristorante di famiglia dandogli una marcia in più grazie alle belle esperienze maturate nel tempo. Oggi il suo locale si propone tra i migliori dell'isola, in virtù di una rivisitazione ingentilita della tradizione locale, sia di terra sia di mare. Oristano dista solo 20 minuti. Specialità: lisanzeddas fatte a mano, pecora e pecorino - controfiletto di manzetta con verdure e sale grosso - spuma di mascarpone con mostaccioli di Oristano al caffè e crumble al cacao.

Menu 25/45 € - Carta 28/50 €

via Sant'Agostino - 0785 563134 - www.sucarduleu.it - Chiuso 1°-10 ottobre, 2 settimane in febbraio e mercoledì

ABBAZIA → Vedere nome proprio dell'abbazia

ABBIATEGRASSO

Milano - 20081 - 32 585 ab. - Alt. 120 m - Carta regionale n° **10**-A2
Roma 590 km - Pavia 35 km - Milano 30 km - Novara 33 km
Carta stradale Michelin 561-F8

Il Ristorante di Agostino Campari

CUCINA LOMBARDA • ACCOGLIENTE XX Curato ambiente familiare, disponibilità e cortesia in un locale classico con servizio estivo all'ombra di un pergolato. Specialità della casa: il carrello degli arrosti e dei bolliti.

Menu 30 € (pranzo in settimana) - Carta 37/60 €

via Novara 81 - 02 942 0329 - www.agostinocampari.com - Chiuso 26 dicembre-3 gennaio, agosto e lunedì

a Cassinetta di Lugagnano Nord : 3 km 20081

Antica Osteria del Ponte

CUCINA TRADIZIONALE • AMBIENTE CLASSICO XX Riapertura di questa insegna storica con un'originale formula che trova nella birra, in degustazione ma anche nei piatti, la sua nuova personalità. Cucina tradizionale.

Carta 37/65 €

Piazza Gaetano Negri, 9 - 02 942 0034 - www.anticaosteriadelponte.it - Chiuso agosto, domenica e lunedì

ABETONE

Pistoia - 51021 - 621 ab. - Alt. 1 388 m - Carta regionale n° **18**-B1
Roma 361 km - Pistoia 54 km - Lucca 67 km - Firenze 90 km
Carta stradale Michelin 563-J14

Enoteca Osteria Valbuia

CUCINA DEL TERRITORIO • BISTRÒ In un contesto tipicamente montano e piacevolmente informale, una sorta di bistrot con una bella griglia al centro sala per piatti di carne alla brace. Ma attenzione, perché il nome del locale tradisce anche l'altro atout di questo indirizzo... il buon bere!

Carta 24/45 €

via Brennero 345 - 366 404 2926 (consigliata la prenotazione) - solo a cena - Chiuso lunedì in bassa stagione

Abetone e Piramidi

STORICO • ACCOGLIENTE Alle porte della località, in un palazzo storico che fu dogana di confine del Granducato di Toscana, ambienti signorili e camere abbastanza spaziose. Per i più sportivi, anche un'attrezzata palestra.

35 cam - †69/98 € ††98/220 €

via del Brennero 456 - 0573 60005 - www.abetonepiramidi.it - Aperto 6 dicembre-15 aprile e 15 giugno-31 agosto

Bellavista

FAMILIARE • STILE MONTANO Tipica struttura di montagna in pietra e legno in posizione panoramica, a pochi passi dal centro e adiacente agli impianti di risalita; camere confortevoli e spaziose.

40 cam - †60/90 € ††90/170 €

via Brennero 383 - 0573 60028 - www.abetonebellavista.it - Aperto 3 dicembre-2 aprile e 1° luglio-3 settembre

Un importante pranzo d'affari o una cena tra amici?
Il símbolo indica la presenza di una sala privata.

a Le Regine Sud-Est : 2,5 km ✉ 51020

Da Tosca

CUCINA REGIONALE • LOCANDA Tipica atmosfera montana e una bella cornice di boschi di faggio per una piccola risorsa dove sostare se amate specialità toscoemiliane, con piatti a base di funghi, pasta fatta in casa e dolci casalinghi. Confortevoli le camere nella loro semplicità.

Menu 20 € - Carta 18/47 € 12 cam - †40/80 € ††60/90 €

via Brennero 85 - 0573 60317 - www.albergotosca.it - Chiuso 15 giorni in novembre, 15 giorni in aprile o maggio

a Val di Luce Nord : 8 km ✉ 51021 - Abetone

Val di Luce Resort

LUSSO • STILE MONTANO Charme in stile alpino per questo resort ai piedi della pista della Val di Luce: camere ampie (alcune sono veri e propri mini-appartamenti dotati di angolo cottura) e centro benessere con piccola piscina sotto una piramide a vetri, che lascia intravedere scorci di cielo.

43 suites - ††300/600 € - 34 cam

via Val di Luce 22 - 0573 60961 - www.valdilucesparesort.it - Aperto 8 dicembre-15 aprile e 8 luglio-15 settembre

ABTEI BADIA

ACCESA (Lago di) Grosseto

→ Vedere Massa Marittima

ACIREALE Sicilia

Catania - ✉ 95024 - 52 622 ab. - Alt. 161 m - Carta regionale n° **17**-D2
Catania 21 km - Palermo 227 km - Messina 85 km - Siracusa 76 km
Carta stradale Michelin 365-BA58

Santa Caterina

TRADIZIONALE • MEDITERRANEO Piccola, quanto piacevole, struttura in posizione leggermente elevata rispetto al mare, su cui si affacciano la maggior parte delle camere. Sul retro c'è la ferrovia, ma non se ne avverte la presenza. Cucina siciliana, wine bar e pizzeria, sono gli atout del ristorante Aquadelferro.

23 cam - 59/129 € 59/189 €

via Santa Caterina 42/b - 095 763 3735 - www.santacaterinahotel.com

ACQUAFREDDA Potenza ➜ Vedere Maratea

ACQUALAGNA

Pesaro e Urbino - 61041 - 4 393 ab. - Alt. 204 m - Carta regionale n° **11**-B1

Roma 252 km - Rimini 93 km - Ancona 101 km - Pesaro 56 km

Carta stradale Michelin 563-L20

a Furlo Nord-Est : 4 km 61041

Anticofurlo

CUCINA REGIONALE • ACCOGLIENTE XX Locale dall'atmosfera informale, ma nel piatto la creatività fa "vibrare" i tradizionali sapori regionali; imperdibile il rito dell'aperitivo, che si consuma nella caratteristica grotta scavata nella roccia. Camere a disposizione per chi vuole prolungare la sosta, alcune dedicate a personaggi storici del passato.

Menu 25 € (pranzo)/75 € - Carta 34/69 € 7 cam - 50/60 € 80/98 €

via Furlo 66 61041 Acqualagna - 0721 700096 (consigliata la prenotazione) - www.anticofurlo.it - Chiuso 16 gennaio-12 febbraio, lunedì sera e martedì

ACQUANEGRA SUL CHIESE

Mantova (MN) - 46011 - 2 948 ab. - Alt. 31 m - Carta regionale n° **9**-C3

Roma 498 km - Parma 50 km - Mantova 33 km - Brescia 59 km

Carta stradale Michelin 561-G13

verso Calvatone Sud : 2 km

Trattoria al Ponte

CUCINA REGIONALE • FAMILIARE X Specialità del territorio, elaborate partendo da ottime materie prime, in un'accogliente trattoria a pochi metri dal ponte sull'Oglio e dall'interessante rapporto qualità/prezzo. Frittura di saltarei e zucchine, nonché tortelli alle prugne tra gli imperdibili del menu.

Menu 15 € (pranzo)/35 € - Carta 25/44 €

via Ponte Oglio 1312 - 0376 727182 (consigliata la prenotazione) - Chiuso gennaio, luglio, lunedì e martedì

ACQUAPARTITA Forlì-Cesena ➜ Vedere Bagno di Romagna

ACQUAPENDENTE

Viterbo (VT) - 01021 - 5 506 ab. - Carta regionale n° **7**-A1

Roma 145 km - Viterbo 52 km - Orvieto 27 km - Todi 69 km

Carta stradale Michelin 563-N17

a Trevinano Nord-Est : 15 km 01020

La Parolina (De Cesare e Gordini)

CUCINA DEL TERRITORIO • CONTESTO TRADIZIONALE XX Colline a perdi vista: la Parolina è immersa nel più romantico paesaggio campestre, mentre la sua cucina unisce influenze romane e spunti romagnoli, carni toscane e qualche proposta di mare, sempre in bilico fra tradizione e rivisitazione.

➜ Battuta di manzetta e maionese di nocciole dei monti Cimini. Spiedo di piccione e foie gras. Cannolo alla siciliana aperto.

Menu 70/110 € - Carta 60/80 € 2 cam - 90 € 110 €

via Giovanni Pascoli 1 - 0763 717130 - www.laparolina.it - Chiuso lunedì e martedì

L'Albero Bianco

CASA DI CAMPAGNA • BUCOLICO Sulla sommità di una collinetta - in posizione tranquilla e panoramica - bellissimo bed and breakfast aperto da un'intraprendente coppia di coniugi romani. Ricca prima colazione con prodotti di qualità e camere accoglienti a prezzi interessanti. Sembra un sogno, ma è realta!

5 cam - 50/60 € 70/80 €

località l'Albero Bianco 8/a, Sud-Ovest: 4 km - 339 409 6303 - www.alberobianco.com

ACQUARIA Modena (MO) → Vedere Montecreto

ACQUI TERME

Alessandria - ✉ 15011 - 19 896 ab. - Alt. 156 m - Carta regionale n° **12**-C3
Roma 574 km - Alessandria 38 km - Genova 75 km - Asti 45 km
Carta stradale Michelin 561-H7

I Caffi (Bruna Cane)

CUCINA CLASSICA • ELEGANTE XXX Al 1° piano d'un palazzo cinquecentesco del centro storico, due anime formano un solo locale. La sala gourmet è apparecchiata nell'affrescata "stanza del sindaco" dove si assaggia un'elegante versione di cucina piemontese. Più semplice La Brasserie, nella sala accanto, aperta anche a pranzo.
→ Tagliatelle al ragù d'anatra. Carré d'agnello in crosta di fiori. Tortino al fondente con gelato alla lavanda.

Menu 46/55 € - Carta 49/98 €

via Scatilazzi 15 - 0144 325206 (consigliata la prenotazione) - www.icaffi.it - solo a cena , sabato a mezzogiorno aperto su prenotazione - Chiuso 15 giorni in gennaio-febbraio, 15 giorni in agosto, domenica e lunedì

Enoteca La Curia

CUCINA PIEMONTESE • RUSTICO XX Sotto volte in mattoni, cucina piemontese accompagnata da un'ampia scelta di vini (i titolari gestiscono anche l'ottima enoteca adiacente): ambiente rustico-elegante per questo piacevole locale del centro.

Menu 20 € (pranzo)/50 € - Carta 36/66 €

via alla Bollente 26 - 0144 356049 - www.enotecalacuria.com - Chiuso lunedì

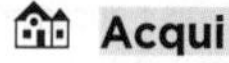

Acqui

TRADIZIONALE • CONTEMPORANEO Hotel dagli ambienti signorili e dal confort omogeneo. All'ultimo piano dell'edificio: piccolo, ma attrezzato beauty-center per trattamenti e cure estetiche. Il ristorante propone una cucina nazionale per tutti i gusti.

30 cam - 69/75 € 100/110 € - 8 suites

corso Bagni 46 - 0144 322693 - www.hotelacqui.it - Aperto 5 aprile-30 novembre

ACRI

Cosenza - ✉ 87041 - 20 858 ab. - Alt. 720 m - Carta regionale n° **3**-A1
Roma 560 km - Cosenza 44 km - Taranto 168 km
Carta stradale Michelin 564-I31

IL Carpaccio

CUCINA CALABRESE • ACCOGLIENTE XX Ristorante di tradizione familiare che il recente rinnovo ha dotato di una bella sala-veranda affacciata sulla vallata; specialità tipiche calabresi, pesce su prenotazione ed una buona cantina ne fanno un valido indirizzo.

Menu 30/50 € - Carta 20/42 €

Contrada Cocozzello 197/D, Ovest: 9 km - 0984 949205 - www.ilcarpaccio.it - Chiuso lunedì e domenica sera

ACUTO

Frosinone - ✉ 03010 - 1 920 ab. - Alt. 724 m - Carta regionale n° **7**-C2
Roma 83 km - Frosinone 36 km - Avezzano 73 km - Latina 88 km
Carta stradale Michelin 563-Q21

Colline Ciociare (Salvatore Tassa)

CUCINA CREATIVA • **ELEGANTE** Scelta ridotta, ma fantasia infinita: dalla tradizione ciociara agli accostamenti più audaci, pochi piatti vi aprono un universo, quello di un cuoco-poeta. Al moderno bistrot Nù, regnano invece la tradizione e l'omaggio alle ricette storiche dello chef.

➜ Aromatico di vongole. Pollo e animelle al pompelmo, erbe di montagna. Trota di montagna cotta in latte di ciliegio.

Menu 80/100 €

via Prenestina 27 - ✆ 0775 56049 - www.salvatoretassa.it - Chiuso 2 setttimane fine agosto-inizio settembre, 10 giorni in gennaio, domenica sera, martedì a mezzogiorno e lunedì

Un pasto con i fiocchi senza spendere una fortuna? Cercate i Bib Gourmand. Vi aiuteranno a trovare le buone tavole che coniugano una cucina di qualità al prezzo giusto!

ADRIA

Rovigo - ✉ 45011 - 19 746 ab. - Carta regionale n° **23**-C3
Roma 478 km - Padova 65 km - Rovigo 23 km - Venezia 65 km
Carta stradale Michelin 562-G18

Molteni

PESCE E FRUTTI DI MARE • **ACCOGLIENTE** Arredi e camere semplici in questo ristorante felicemente posizionato nel centro storico, in riva al Canal Bianco: si punta tutto sulla tradizione (quasi centenaria) e sul buon pesce.

Carta 28/81 € 8 cam - †50/60 € ††85/100 €

via Ruzzina 2/4 - ✆ 0426 42520 - www.albergomolteni.it - Chiuso 23 dicembre-6 gennaio, 7-20 agosto, sabato a mezzogiorno e domenica sera (anche a mezzogiorno in giugno-agosto)

ADRO

Brescia (BS) - ✉ 25030 - 7 086 ab. - Alt. 271 m - Carta regionale n° **10**-D1
Roma 577 km - Milano 74 km - Brescia 32 km - Bergamo 28 km
Carta stradale Michelin 561-F11

a Torbiato Sud-Est: 4 km ✉ 25030

Dispensa Pani e Vini Franciacorta

CUCINA CREATIVA • **CONVIVIALE** La formula è quanto mai moderna: nella sala ristorante, servizio classico e piatti locali rivisitati con intelligenza, all'osteria proposte più semplici, mentre al bancone ci si diverte a tutte le ore del giorno con simpatici assaggi della materia prima (pasta, formaggi, salumi, etc.) utilizzata dall'esperto chef. Non manca un'enoteca con vendita di bottiglie. Insomma, un locale a 360°!

Menu 47/67 € - Carta 51/99 €

via Principe Umberto 23 - ✆ 030 745 0757 - www.dispensafranciacorta.com - Chiuso lunedì sera

AGAZZANO

Piacenza - ✉ 29010 - 2 096 ab. - Alt. 187 m - Carta regionale n° **5**-A2
Roma 537 km - Piacenza 25 km - Parma 87 km - Milano 77 km
Carta stradale Michelin 562-H10

a Sarturano Nord: 4 km ✉ 29010

Antica Trattoria Giovanelli

CUCINA DEL TERRITORIO • FAMILIARE X In una piccola frazione di poche case in aperta campagna, una trattoria che esiste da sempre, dove gustare genuine specialità piacentine; grazioso cortile per servizio estivo.

Carta 23/39 €

via Centrale 5 - ✆ 0523 975155 (consigliata la prenotazione) - www.anticatrattoriagiovanelli.it - Chiuso 2 settimane in febbraio, 2 settimane in agosto, mercoledì sera, domenica sera e lunedì

AGGIUS Sardegna

Olbia-Tempio (OT) - ✉ 07020 - 1 523 ab. - Alt. 514 m - Carta regionale n° **16**-B1

Cagliari 258 km - Olbia 51 km - Sassari 74 km

Carta stradale Michelin 366-P38

Agriturismo Il Muto di Gallura

CASA DI CAMPAGNA • AGRESTE Per chi non cerca confort alberghieri, il nome di un bandito romantico per uno "stazzu" (fattoria) tra querce da sughero, dove effettuare gite a cavallo in paesaggi di rara suggestione, ma anche una piccola remise en forme grazie alla nuova zona benessere. In sala da pranzo, tanto legno ed i prodotti tipici del territorio, dal cinghiale alla zuppa gallurese.

15 cam ☕ - †52/63 € ††84/105 €

località Fraiga, Sud: 1 km - ✆ 079 620559 - www.mutodigallura.com - Chiuso 5 novembre-5 dicembre

AGRIGENTO Sicilia

(AG) - ✉ 92100 - 59 770 ab. - Alt. 230 m - Carta regionale n° **17**-B2

Caltanissetta 55 km - Palermo 127 km - Enna 88 km

Carta stradale Michelin 365-AQ60

Osteria Expanificio

CUCINA SICILIANA • CONVIVIALE X L'insegna non mente: il ristorante occupa realmente gli ambienti di un ex panificio, mentre la cucina offre specialità siciliane ottimamente interpretate. Un esempio? I cavatelli alla Pirandello. Graziosa la piazzetta su cui cenare.

Carta 23/48 €

Pianta: B1-a - *piazza Sinatra 16 - ✆ 0922 595399 - www.osteriaexpanificio.it*

La Terrazza degli Dei

CUCINA CLASSICA • ELEGANTE XXX Se la fama di Agrigento è quasi esclusivamente legata alla zona archeologica, vale invece la pena di scoprire anche la sua tavola. A La terrazza degli Dei (en plein air per quasi tutta la stagione), la vista si posa sul tempio della Concordia e sulla valle dei Templi, mentre vini isolani e piatti locali - reinterpretati in chiave fantasiosa - "intrattengono" l'ospite. In alternativa, a pranzo, c'è anche una carta light.

Carta 41/91 €

Pianta: B2-c - *Hotel Villa Athena, via Passeggiata Archeologica 33 - ✆ 0922 596288 - www.hotelvillaathena.it - solo a cena*

Trattoria dei Templi

CUCINA SICILIANA • FAMILIARE XX Nient'altro che specialità di mare, fresco e di preparazione classica. Altrettanto valida la gestione che vanta una lunga esperienza nel campo dellla ristorazione.

Carta 24/63 €

Pianta: B1-d - *via Panoramica dei Templi 15 - ✆ 0922 403110 - www.trattoriadeitempli.com - Chiuso domenica*

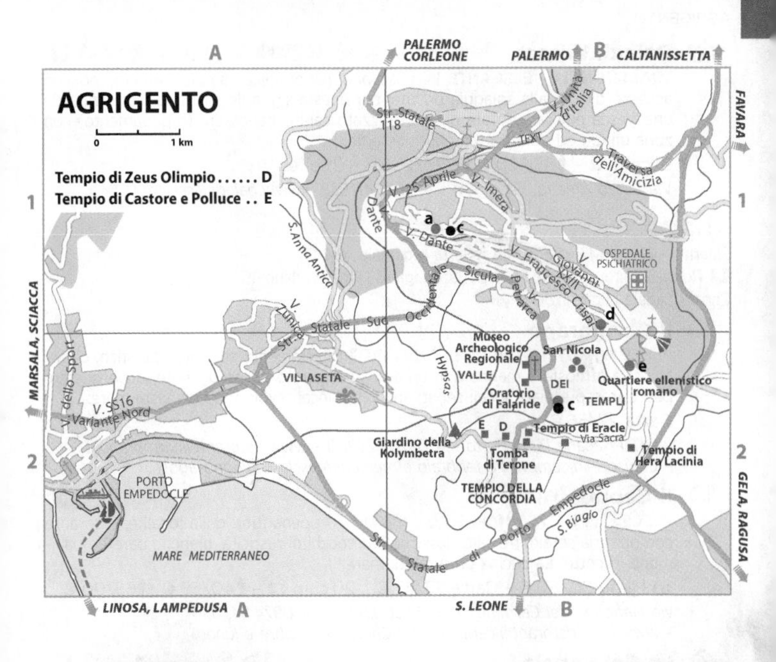

Re di Girgenti

CUCINA SICILIANA • ALLA MODA XX Solo etichette regionali nella carta dei vini, ma anche la cucina non si scosta dall'isola, in questo locale giovane e alla moda, che osa giocare con inserti arabeggianti e un look molto personale. La magia della vista sui templi ha pochi eguali.

Carta 30/65 €

Pianta: B2-e - *via Panoramica dei Templi 51 - ✆ 0922 401388 - www.ilredigirgenti.it - Chiuso 2 settimane in novembre e martedì*

Villa Athena

LUSSO • ELEGANTE Flessuose palme svettano nel giardino-agrumeto, dove sono collocate la piscina e la villa del Settecento che ospita questa risorsa dalle splendide camere e dalla proverbiale vista sui celebri templi. Nell'esclusiva, piccola, spa, vasca idromassaggio, zona umida e cromoterapia.

21 cam ☕ - †119/450 € ††490/990 € - 6 suites

Pianta: B2-c - *via passeggiata Archeologica 33 - ✆ 0922 596288 - www.hotelvillaathena.it*

La Terrazza degli Dei - Vedere selezione ristoranti

a San Leone Sud: 7 km B ✉ 92100 - Agrigento

Dioscuri Bay Palace

HOTEL DI CATENA • CLASSICO Hotel ricavato da una ex colonia estiva degli anni '50, risulta oggi una risorsa funzionale e moderna, molto comoda per chi viene ad Agrigento per lavoro e può così risparmiarsi lo stress di girare in macchina nel centro. In più si trova sul lungomare quindi - quando il tempo lo permette - si può assistere a tramonti di tipo africano. Sempre, invece, la vista panoramica sui templi.

102 cam ☕ - †70/160 € ††99/220 €

lungomare Falcone-Borsellino 1 - ✆ 0922 406111 - www.dioscurihotel.it - Aperto 20 marzo-30 ottobre

Baia di Ulisse

TRADIZIONALE • ELEGANTE In posizione panoramica, ampie camere, nonché accesso diretto alla spiaggia privata, per questa signorile struttura circondata da una fresca pineta e dotata di un attrezzato centro benessere (a pagamento) con zona umida ed area trattamenti-massaggi.

91 cam - 85/120 € 120/230 € - 2 suites

Via Lacco Ameno, Est: 3 Km - 0922 417638 - www.baiadiulisse.com

AGROPOLI

Salerno - 84043 - 21 481 ab. - Carta regionale n° **4**-C3

Roma 319 km - Salerno 58 km - Battipaglia 33 km - Avellino 89 km

Carta stradale Michelin 564-F26

Il Cormorano

PESCE E FRUTTI DI MARE • FAMILIARE Direttamente sul porto turistico, caratteristica atmosfera marinara in un ambiente curato ed accogliente, dove gustare pesce fresco e piatti locali serviti anche sull'incantevole terrazza vista mare.

Carta 27/56 €

via C. Pisacane 13, al Porto - 0974 823900 - www.ristoranteilcormorano.it - Chiuso 1° dicembre-28 febbraio e mercoledì escluso giugno-agosto

Il Ceppo

PESCE E FRUTTI DI MARE • CONVIVIALE Appena fuori dalla località, ristorante con pizzeria serale: tre sale classiche con tocchi di rusticità, bianche pareti e pavimenti in cotto. La cucina profuma di mare.

Menu 20/60 € - Carta 23/67 € 20 cam - 40/65 € 65/90 €

via Madonna del Carmine 31, Sud-Est: 1,5 km - 0974 843036 - www.hotelristoranteilceppo.com - Chiuso novembre e lunedì

La Colombaia

CASA DI CAMPAGNA • ACCOGLIENTE In quieta posizione panoramica, bella villa di campagna ristrutturata, dotata di terrazza-giardino con piscina; accoglienti e ben curate sia le camere che le zone comuni.

11 cam - 70/80 € 80/100 € - 2 suites

via Piano delle Pere, Sud: 2 km - 0974 821800 - www.lacolombaiahotel.it - Aperto 1° aprile-30 ottobre

AHRNTAL VALLE AURINA

ALAGNA VALSESIA

Vercelli - 13021 - 408 ab. - Alt. 1 191 m - Carta regionale n° **12**-B1

Roma 722 km - Novara 95 km - Varese 124 km - Vercelli 107 km

Carta stradale Michelin 561-E5

Montagna di Luce

FAMILIARE • STILE MONTANO Poco lontana dal centro, in una piccola frazione che conserva intatta l'atmosfera tipica di queste montagne, una caratteristica baita Walser ristrutturata per offrire il meglio del confort moderno. Pietra a vista e rivestimenti in legno nell'originale ristorante, dove assaporere piatti legati al territorio.

8 cam - 45/90 € 90/160 €

frazione Pedemonte 16 - 0163 922820 - www.montagnadiluce.it - Chiuso maggio e ottobre

B&B Casa Prati

FAMILIARE • PERSONALIZZATO Dalla totale ristrutturazione di una casa colonica, una piacevole risorsa in tipico stile montano dotata di piccola zona sauna e relax, camere molto graziose e di un appartamento (ideale per famiglie). L'accoglienza eccelle per cordialità.

6 cam - 67/82 € 90/116 €

frazione Casa Prati 7 - 0163 922802 - www.zimmercasaprati.com - Chiuso 2 settimane in giugno

ALASSIO

Savona – ✉ 17021 – 10 934 ab. – Carta regionale n° **8**-B2
Roma 600 km – Imperia 26 km – Savona 54 km – Genova 101 km
Carta stradale Michelin 561-J6

Sail-Inn

PESCE E FRUTTI DI MARE • ELEGANTE XX All'inizio del pittoresco "budello", i recenti lavori di rinnovo hanno dato vita ad un piacevole locale, dove lo stile elegante si fonde mirabilmente con gli antichi ambienti. La cucina predilige sempre il mare, supportata da un'apprezzabile cantina: ottima carta dei vini con grandi etichette francesi e champagne di alta qualità. Bella veranda a pochi passi dalla spiaggia.

Menu 25 € (in settimana) – Carta 28/69 €

Pianta: A2-a – *via Brennero 34 – ☎ 0182 640232 – www.sailinnalassio.it – Chiuso 7 gennaio-15 marzo e lunedì escluso 15 giugno-1° settembre*

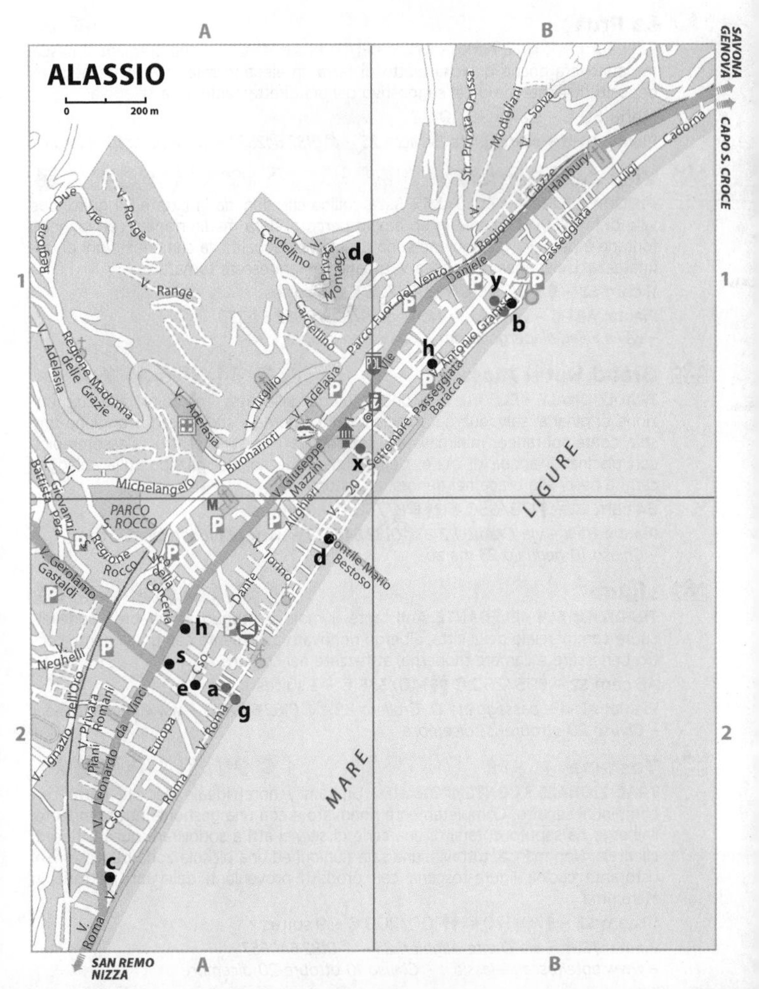

Panama

PESCE E FRUTTI DI MARE • ACCOGLIENTE XX Lo stile provenzale ha trovato dimora tra le mura di questo grazioso locale, la cui location - a due passi dal mare - consente agli ospiti di cenare direttamente sulla spiaggia. Specialità ittiche.

Menu 27 € (in settimana)/70 € - Carta 28/98 €

Pianta: A2-g - *via Brennero 35 - 0182 646052 - www.panama.playrestaurant.it - Chiuso novembre mercoledì escluso maggio-settembre*

Lamberti

PESCE E FRUTTI DI MARE • ALLA MODA XX A pochi passi dal mare, in un edificio degli anni '30, la cucina propone piatti tradizionali e regionali elaborati partendo da un'accurata selezione di materie prime. Tra i must: il pesce.

Menu 60 € - Carta 48/144 € 25 cam - 50/110 € 56/170 €

Pianta: B1-y - *via Gramsci 57 - 0182 642747 - www.ristorantelamberti.it - Chiuso 20-27 novembre e lunedì escluso luglio-agosto*

La Prua

PESCE E FRUTTI DI MARE • STILE MEDITERRANEO XX Il menu predilige il pesce, ma annovera anche qualche piatto di terra, in eleganti salette ricavate negli ex depositi delle barche o nel suggestivo dehors direttamente sulla spiaggia.

Menu 50 € - Carta 38/104 €

Pianta: B1-b - *passeggiata Baracca 25 - 0182 642557 - www.ristorantelaprua.it*

Villa della Pergola

DIMORA STORICA • ELEGANTE Sulla collina che domina la città ed il golfo, due ville di fine '800 immerse in un ampio parco di flora mediterranea, con laghetti, fontane e pergole: gli ambienti sono ricchi di personalità, la camere scrigni di raffinatezza. L'eleganza dell'epoca vittoriana sembra essere tornata!

11 cam - 315/795 € 315/795 € - 5 suites

Pianta: AB1-d - *via Privata Montagù 9/1 - 0182 646130 - www.villadellapergola.com - Chiuso novembre*

Grand Hotel Alassio

TRADIZIONALE • ELEGANTE Storico albergo della città "restituito" alla sua funzione originaria: salvaguardata l'architettura esterna, i suoi interni sfoggiano uno stile contemporaneo, minimalista e fresco. Tra i must, il centro talassoterapico con piscina di acqua di mare. Cene romantiche nel bel gazebo sulla spiaggia; carni e pesci alla brace nel dehors del ristorante.

54 cam - 178/650 € 178/750 € - 7 suites

Pianta: B1-h - *via Gramsci 2 - 0182 648778 - www.grandhotelalassio.com - Chiuso 10 gennaio-23 marzo*

Ligure

TRADIZIONALE • ELEGANTE Antistante il molo e attiguo al celebre "budello", cuore commerciale della città, albergo rinnovato totalmente con un elegante centro benessere e camere moderne, attrezzate nei confort.

46 cam - 95/260 € 140/335 € - 3 suites

Pianta: A2-d - *passeggiata D. Grollero 25 - 0182 640653 - www.ligurealassio.it - Chiuso 20 ottobre-22 dicembre*

Toscana

TRADIZIONALE • CONTEMPORANEO Un family hotel ideale per chi parte con bambini al seguito. Completamente rinnovato e con una gestione intraprendente, l'albergo ha saputo dotarsi di una serie di servizi atti a soddisfare questo tipo di clientela. Non manca, tuttavia, una sala riunioni ed una piccola zona benessere; al ristorante cucina ligure-toscana con prodotti provenienti dalla loro fattoria in Maremma.

51 cam - 70/170 € 100/200 € - 9 suites

Pianta: A2-h - *via Dante Alighieri 83 - 0182 640657 - www.hoteltoscanaalassio.it - Chiuso 10 ottobre-20 dicembre*

Savoia

TRADIZIONALE • LUNGOMARE Camere rinnovate e ben accessoriate, nonché ambienti curati e di moderna concezione, in una struttura che offre il vantaggio di trovarsi direttamente sul mare... e l'acqua sembra lambire la sala ristorante, dove gustare i classici italiani.

40 cam - 75/160 € 95/220 €

Pianta: B1-b - *via Milano 14 - 0182 640277 - www.hotelsavoia.it - Chiuso 15 gennaio-15 febbraio*

Rosa

FAMILIARE • ACCOGLIENTE In posizione centrale, questo hotel a conduzione diretta dispone di camere di differenti tipologie e moderna zona benessere. Nella sala da pranzo o sulla terrazza panoramica, piatti unici ed insalatone.

49 cam - 55/95 € 90/210 € - 3 suites

Pianta: A2-e - *via Conti 10, angolo corso Diaz - 0182 640821 - www.hotelrosa.it - Chiuso 7-31 novembre*

Corso

TRADIZIONALE • FUNZIONALE Uno degli alberghi più "cittadini" della località, sebbene a poche decine di metri dal mare, dispone di belle camere dallo stile contemporaneo e dalle moderne dotazioni.

41 cam - 65/110 € 90/160 €

Pianta: A2-s - *via Diaz 28 - 0182 642494 - www.hotelcorso.it - Chiuso 2 novembre-22 dicembre*

Beau Rivage

FAMILIARE • PERSONALIZZATO Signorile, accogliente casa ottocentesca di fronte al mare con interni molto curati: piacevoli salottini con bei soffitti affrescati e camere semplici, ma molto graziose. Gradevole sala da pranzo.

20 cam - 68/130 € 130/195 €

Pianta: A2-c - *via Roma 82 - 0182 640585 - www.hotelbeaurivage.it - Chiuso 15 ottobre-25 dicembre*

Le grandi città beneficiano di piantine sulle quali sono situati gli alberghi e i ristoranti. Seguite le coordinate (es. pianta: 9P2-a) per individuarli più facilmente.

ALBA

Cuneo - 12051 - 31 437 ab. - Alt. 172 m - Carta regionale n° **14**-C2
Roma 644 km - Cuneo 64 km - Torino 77 km - Alessandria 67 km
Carta stradale Michelin 561-H6

Piazza Duomo

CUCINA CREATIVA • ELEGANTE Il pasto debutta in maniera esplosiva con una serie di finger creativi, mentre erbe, fiori, verdura e frutta - spesso del proprio orto biodinamico - non sono mai attori non protagonisti dei piatti, ma li esaltano sia nel sapore sia nell'estetica. In questo atelier gastronomico, lo chef, Enrico Crippa, celebra le Langhe, ma secondo un'estetica ed una meticolosità tutte nipponiche.

→ Carbonara di gamberi. Agnello e camomilla. Minestra di frutta e verdura.

Menu 200/240 € - Carta 130/225 € 4 cam - 300 € 400 € - senza

vicolo dell'Arco 1, angolo piazza Risorgimento 4 - 0173 366167 (consigliata la prenotazione) - www.piazzaduomoalba.it - Chiuso 23 dicembre-23 gennaio, 2 settimane in agosto, lunedì, domenica sera in ottobre-novembre, anche domenica a mezzogiorno negli altri mesi

Locanda del Pilone

CUCINA CREATIVA • ELEGANTE XXX Quasi in bilico su una lingua di terra che si insinua tra le zone vinicole più prestigiose delle Langhe, le sale si affacciano su pittoreschi paesaggi collinari, ma è la cucina a rubare il palcoscenico. Attore un giovanissimo cuoco, ma già tra i più bravi della regione, artefice di piatti sorprendenti ed originali, ma anche equilibrati e gustosi. Eleganti camere custodi di memorie piemontesi.

→ Linguine di Gragnano, vongole e camomilla. Bavetta di fassona piemontese al barbecue di vigna. Iles flottantes: vaniglia, nocciola e lampone.

Menu 65/95 € - Carta 58/99 € 8 cam - †155/235 € ††155/235 € - 2 suites

frazione Madonna di Como 34, (strada della Cicchetta), Sud-Est: 5 km - ✆ 0173 366616 - www.locandadelpilone.com - Chiuso 3 gennaio-15 marzo, 2 settimane in agosto, i mezzogiorno di martedì e mercoledì in ottobre-novembre, tutto il giorno negli altri mesi

Enoclub

CUCINA PIEMONTESE • CONTESTO STORICO XX Sotto i portici della piazza ora intitolata al fondatore di un'importante industria dolciaria locale, e dove si svolge anche il servizio all'aperto, l'ingresso si apre sul Caffè Umberto: ambiente semplice e moderno con pareti ricoperte da bottiglie e una carta che poggia su specialità regionali con qualche piatto più semplice, come gli hamburger. Per il ristorante invece bisogna scendere nelle suggestive cantine in mattoni, dove vengono serviti piatti sempre piemontesi, ma più elaborati.

Menu 45/110 € - Carta 41/66 €

piazza Michele Ferrero 4 - ✆ 0173 33994 (consigliata la prenotazione) - www.caffeumberto.it - Chiuso lunedì

Larossa

CUCINA CREATIVA • CONTESTO CONTEMPORANEO XX L'ambientazione in un seminterrato si fa presto dimenticare da un elegante arredo moderno, tuttavia il vero appuntamento è con la cucina... A parte qualche piatto della tradizione, il cuore della proposta del giovane cuoco sono portate creative, dalle raffinate presentazioni e - talvolta - inusitati accostamenti.

Menu 50/100 € - Carta 50/105 €

via Alberione 10/D - ✆ 0173 060639 - www.ristorantelarossa.it - Chiuso agosto, mercoledì a mezzogiorno e martedì

Osteria dell'Arco

CUCINA PIEMONTESE • CONTESTO REGIONALE X La cucina rispolvera i piatti del territorio, rivisitati con fantasia, in questo locale del centro affacciato su un cortile interno. Ambiente informale ed accogliente, con il vino in bella mostra.

Menu 20 € (pranzo in settimana)/38 € - Carta 28/50 €

piazza Savona 5 - ✆ 0173 363974 - www.osteriadellarco.it - Chiuso domenica escluso ottobre-novembre

La Piola

CUCINA PIEMONTESE • CONVIVIALE X Affacciato sulla piazza principale anche con una bella veranda, l'atmosfera è informale, mentre il menu elenca su due grandi lavagne le specialità del territorio: ottimo il brasato di manzo al Barolo con polenta macinata a pietra.

Carta 35/57 €

piazza Risorgimento 4 - ✆ 0173 442800 (consigliata la prenotazione) - www.lapiola-alba.it - Chiuso 27 febbraio-29 marzo, domenica sera da ottobre a novembre, anche domenica a mezzogiorno negli altri mesi

Lalibera

CUCINA PIEMONTESE • DESIGN X Moderno e di design il locale, giovane ed efficiente il servizio. La cucina propone appetitosi piatti della tradizione piemontese: spesso rielaborati con tocchi di fantasia. Assai frequentato a pranzo.

Carta 34/63 €

via Pertinace 24/a - ✆ 0173 293155 (consigliata la prenotazione) - www.lalibera.com - Chiuso 23 dicembre-10 gennaio, 15 giorni in agosto, lunedì a mezzogiorno e domenica

Calissano

BUSINESS • ELEGANTE A pochi minuti a piedi dal centro città, Calissano è una di quelle realtà moderne, di grande respiro e dai confort impeccabili, con ampie camere ben accessoriate e piacevoli spazi comuni. Un hotel funzionale, ideale per una clientela business.

82 cam - 100/200 € 120/200 € - 3 suites

via Pola 8 - 0173 364855 - www.hotelcalissano.it

Palazzo Finati

TRADIZIONALE • ROMANTICO Crema, vermiglio, indaco, eleganza delle forme e morbidezza dei tessuti: nell'ottocentesco palazzo del centro convivono una romantica storicità e l'attenzione per il dettaglio.

9 cam - 120/210 € 150/210 €

via Vernazza 8 - 0173 366324 - www.palazzofinati.it - Chiuso 24 dicembre-11 gennaio e 2 settimane in agosto

Agriturismo Villa la Meridiana-Cascina Reine

CASA DI CAMPAGNA • TRADIZIONALE Originale complesso agrituristico composto da una villa Liberty ed un attiguo cascinale: accoglienti interni e camere in stile. Esclusiva suite, dotata di una terrazza con splendida vista sui proverbiali vigneti locali. Relax allo stato puro.

10 cam - 75/85 € 95/110 €

località Altavilla 9, Est: 1 km - 0173 440112 - www.villalameridianaalba.it

ALBA Trento → Vedere Canazei

ALBA ADRIATICA

Teramo - 64011 - 12 353 ab. - Carta regionale n° **1**-B1

Roma 207 km - Ascoli Piceno 40 km - Pescara 57 km - Teramo 39 km

Carta stradale Michelin 563-N23

Arca

CUCINA MODERNA • ACCOGLIENTE XX Splendida vetrata con cucina a vista, in un locale - moderno ed elegante - che segna una svolta nella routine gastronomica della costa abruzzese: mare o terra, ma anche piatti vegetariani, la qualità dei prodotti e la tecnica delle preparazioni sono ai vertici!

Menu 32/60 € - Carta 29/71 €

viale Mazzini 109 - 0861 714647 - www.arcaristorante.it - Chiuso 5-15 settembre, sabato a mezzogiorno e martedì

Il Palmizio

CUCINA ITALIANA • CONVIVIALE XX L'Abruzzo - terra di contadini e pescatori - offre qui il migliore connubio: il pesce di giornata e i prodotti della terra, d'estate accompagnati da un bel servizio in terrazza con vista mare. Imperdibili gli antipasti, crudi e cotti.

Menu 25/35 € - Carta 32/95 €

lungomare Marconi 160 - 0861 751339 - Chiuso 2 settimane in gennaio e lunedì a mezzogiorno, anche domenica sera in autunno-inverno

Eden

TRADIZIONALE • ACCOGLIENTE A pochi metri dalle spiagge di sabbia finissima, qui all'Eden la calda ospitalità diventa un vero dogma, a cui fanno eco camere confortevoli e per gli incondizionati del pallone, un bel campo da calcetto (ma c'è anche un minigolf).

50 cam - 70/130 € 120/210 €

lungomare Marconi 328 - 0861 714251 - www.hoteleden.it - Aperto 1° maggio-30 settembre

Doge

FAMILIARE • LUNGOMARE Sarà un'accoglienza solare e sorridente a darvi il benvenuto in questa bella risorsa - comodamente sul lungomare - dalle camere arredate in stile coloniale e un ascensore panoramico con vista mozzafiato.

60 cam - 50/100 € 60/120 € - 2 suites

lungomare Marconi 292 - 0861 712508 - www.hoteldoge.it - Aperto 15 maggio-15 settembre

Boracay

TRADIZIONALE • CLASSICO Ci guadagna in tranquillità la posizione arretrata rispetto al mare di questa accogliente struttura dalle camere semplici e moderne ed una bella piscina per chi cerca un'alternativa alla spiaggia.

51 cam - solo ½ P 45/90 € - 2 suites

via Cesare Battisti 171 - 0861 713612 - www.boracay.it - Aperto 20 maggio-24 settembre

La Pergola

FAMILIARE • ACCOGLIENTE Lasciatevi coccolare dalla calda ospitalità di Denise e della sua piccola casa, approfittando della piacevole colazione sul terrazzino esterno in un ambiente di feeling internazionale.

9 cam - 40/55 € 65/98 € - 3 suites

via Emilia 9 - 0861 711068 - www.hotelpergola.it - Aperto 1° maggio-30 settembre

Impero

TRADIZIONALE • ACCOGLIENTE Albergo tradizionale, a pochi metri dal mare, con accogliente hall dipinta e arredata nelle sfumature del rosso e del rosa e comode poltrone in stile; sala ristorante con ampia veduta.

60 cam - 60/110 € 80/130 € - 1 suite

lungomare Marconi 162 - 0861 712422 - www.hotelimpero.com - Aperto 27 maggio-23 settembre

ALBAIRATE

Milano - 20080 - 4 684 ab. - Alt. 123 m - Carta regionale n° **10**-A2
Roma 590 km - Milano 23 km - Novara 36 km - Pavia 37 km
Carta stradale Michelin 561-F8

Charlie 1983

CUCINA MODERNA • AMBIENTE CLASSICO XX In pieno centro paese, in un bel caseggiato rustico con parcheggio privato, ci si accomoda in due salette raccolte, piuttosto classiche nell'ambiente e nell'arredo, per gustare una cucina eclettica e fantasiosa che spazia tra terra e mare.

Menu 60/110 € - Carta 45/74 €

via Pisani Dossi 26 - 02 940 6635 (consigliata la prenotazione) - www.ristorantecharlie1983.com - solo a cena escluso la domenica - Chiuso 10 giorni in gennaio, 3 settimane in agosto, lunedì e martedì

ALBANO LAZIALE

Roma - 00041 - 41 715 ab. - Alt. 400 m - Carta regionale n° **7**-B2
Roma 27 km - Anzio 33 km - Frosinone 93 km - Latina 44 km
Carta stradale Michelin 563-Q19

La Galleria di Sopra

CUCINA CREATIVA • ACCOGLIENTE XX Nella parte alta del paese, la sala principale dal soffitto a botte era un tempo il fienile di un convento di suore (la dimora confina tuttora con la tenuta papale di Castel Gandolfo). Oggi, due giovani fratelli s'ingegnano per svecchiare la cucina dei castelli. Pesce e carne in fantasiose interpretazioni.

Menu 42/55 € - Carta 42/71 €

Via Leonardo Murialdo 9 - 06 932 2791 - www.lagalleriadisopra.it - solo a cena escluso i giorni festivi - Chiuso 2 settimane in agosto e lunedì

ALBAREDO D'ADIGE

Verona - ✉ 37041 - 5 254 ab. - Carta regionale n° **23**-B3

Roma 497 km - Verona 36 km - Mantova 49 km - Vicenza 47 km

Carta stradale Michelin 562-G15

a Coriano Veronese Sud : 5 km ✉ 37050

Locanda dell'Arcimboldo

CUCINA CREATIVA • CONTESTO TRADIZIONALE XX Elegante casa dell'Ottocento ristrutturata e trasformata in una signorile locanda: particolarmente curate sia la sala che la veranda, dove potrete gustare saporiti piatti locali rivisitati e tante specialità di pesce. Sontuose le camere, arredate con raffinata ricercatezza.

Menu 20 € (pranzo in settimana) - Carta 33/79 € 4 cam - †70/100 € ††100/120 €

via Gennari 5 - ✆ 045 702 5300 - www.locandadellarcimboldo.it - Chiuso agosto, domenica e lunedì

ALBARETO

Parma (PR) - ✉ 43051 - 2 156 ab. - Carta regionale n° **5**-A2

Roma 479 km - Parma 79 km - La Spezia 81 km - Reggio nell'Emilia 110 km

Carta stradale Michelin 562-I11

Casimiro e voi

CUCINA CREATIVA • ROMANTICO X L'antico borgo che nel XV secolo era una stazione di passaggio lungo la via Francigena, è diventato - ora - un raffinato relais, dove trova posto anche questo ristorante, espressione più autentica della cucina emiliana: ingredienti del territorio e buon vino.

Carta 29/45 €

Hotel Borgo Casale, località Casale, Est: 2,5 km - ✆ 0525 929032 (consigliata la prenotazione) - www.borgocasale.it - Chiuso martedì

Borgo Casale

LUSSO • PERSONALIZZATO In un quadro ambientale tranquillo e charmant, un piccolo borgo di collina trasformato in accogliente relais, completo nella gamma dei servizi offerti.

16 cam - †85/140 € ††150/260 €

località Casale, Est: 2,5 km - ✆ 0525 929032 - www.borgocasale.it - Chiuso 9-31 gennaio

Casimiro e voi - Vedere selezione ristoranti

ALBAVILLA

Como - ✉ 22031 - 5 928 ab. - Alt. 331 m - Carta regionale n° **10**-B1

Roma 620 km - Como 11 km - Bergamo 57 km - Milano 54 km

Carta stradale Michelin 561-E9

Il Cantuccio (Mauro Elli)

CUCINA CREATIVA • ELEGANTE XX Un cantuccio romantico, elegantemente rustico, nel cuore della verde Brianza, dove "perdersi" nelle fantasiose rielaborazione di una cucina moderna accompagnate da una cantina di grande interesse.

➜ Spaghetti alla chitarra di antiche farine con cipollotti e guanciale. Coniglio arrostito alla brianzola. Zuppetta di mandorle con frutti rossi e gelato al pistacchio.

Carta 51/77 €

via Dante 36 - ✆ 031 628736 (coperti limitati, prenotare) - www.mauroelli.com - solo a cena escluso da venerdì a domenica - Chiuso 2 settimane in gennaio, 1 settimana in agosto e lunedì

ALBENGA

Savona - ✉ 17031 - 24 213 ab. - Carta regionale n° **8**-B2

Roma 592 km - Imperia 34 km - Savona 46 km - Genova 93 km

Carta stradale Michelin 561-J6

Pernambucco

PESCE E FRUTTI DI MARE • ELEGANTE XXX Gestione capace e insolita collocazione all'interno di un giardino, dove trova posto anche un delizioso dehors, per un locale dall'ambiente elegante che vi farà amare la cucina di mare.

Menu 40/60 € - Carta 37/122 €

viale Italia 35 - ☎ 0182 53458 - Chiuso mercoledì

Osteria dei Leoni

PESCE E FRUTTI DI MARE • CONTESTO TRADIZIONALE XX Nel centro storico di Albenga, in un edificio quattrocentesco che fu convento alle origini e scuola elementare nel secolo scorso, due caratteristiche sale e una corte interna per la bella stagione. In menu: fragranti specialità di pesce.

Menu 38 € - Carta 34/70 €

vico Avarenna 1, centro storico - ☎ 0182 51937 - www.osteriadeileoni.it - Chiuso 20 giorni in febbraio e martedì escluso agosto

Babette

LIGURE • STILE MEDITERRANEO X Direttamente sul mare, dalla sua bella terrazza la vista offerta è quella dell'isola di Gallinara, mentre il menu propone suggestive rivisitazioni di piatti locali e sapori mediterranei.

Menu 40/48 € - Carta 42/77 €

via Michelangelo 17 - ☎ 0182 544556 - www.ristorantebabette.net - Chiuso 15 giorni in novembre, 2 settimane in marzo e martedì escluso agosto

a Salea Nord-Ovest : 5 km ✉ 17031 – Albenga

Cà di Berta

LOCANDA • ELEGANTE Impreziosito da una verde cornice di palme e ulivi, l'albergo dispone di eleganti interni ed accoglienti camere: solo suite e junior-suite. Relax allo stato puro!

5 cam - †70/110 € ††100/150 € - 5 suites

località Cà di Berta 5 - ☎ 0182 559930 - www.hoteldiberta.it

ALBEROBELLO

Bari - ✉ 70011 - 10 745 ab. - Alt. 428 m - Carta regionale n° **15**-C2

Roma 485 km - Bari 55 km - Brindisi 77 km - Taranto 45 km

Carta stradale Michelin 564-E33

Il Poeta Contadino

CUCINA MODERNA • CONTESTO TRADIZIONALE XXX La visita del paese non è completa, senza i colori tutti pugliesi della cucina della famiglia Leonardo: d'ispirazione tipicamente regionale, in essa convivono armoniosamente tradizione antica e creatività.

Menu 40/55 € - Carta 50/73 €

via Indipendenza 21 - ☎ 080 432 1917 (consigliata la prenotazione) - www.ilpoetacontadino.it - Chiuso 7-31 gennaio e lunedì escluso luglio-agosto

Osteria del Poeta - Vedere selezione ristoranti

Trullo d'Oro

CUCINA REGIONALE • CONVIVIALE XX All'interno di autentici trulli ottocenteschi, tante salette per una cucina dai piatti pugliesi e nazionali. Bella veranda luminosa.

Menu 18/55 € - Carta 26/71 €

via Cavallotti 27 - ☎ 080 432 1820 - www.trullodoro.it - Chiuso 7-28 gennaio, domenica sera e lunedì escluso agosto

Osteria del Poeta

CUCINA REGIONALE • ACCOGLIENTE XX Ricavata in una vecchia stalla utilizzata come sosta per i viandanti cha da Alberobello proseguivano il loro cammino, l'Osteria del Poeta delizia i suoi ospiti con piatti dell'antica tradizione contadina e specialità di mare.

Carta 25/45 €

via Indipendenza 21 - ☎ 080 432 1917 - www.osteriadelpoeta.it - Chiuso 7-31 gennaio e lunedì escluso luglio-agosto

L'Aratro

CUCINA REGIONALE • RUSTICO X Nel caratteristico agglomerato di trulli del centro storico, piacevole trattoria dagli arredi rustici e terrazza per il dehors. Proposte del territorio, di carne e di pesce.

Menu 16/40 € - Carta 28/58 €

via Monte San Michele 25/29 - ✆ 080 432 2789 - www.ristorantearatro.it

sulla strada statale 172 per Locorotondo Sud : 1 km

B&B Fascino Antico Trulli

FAMILIARE • TRADIZIONALE L'esperienza di alloggiare all'interno dei trulli, alcuni originali dell'Ottocento, e di concedersi un po' di riposo nella corte-giardino: un'autentica atmosfera pugliese.

5 cam - †85/100 € ††85/100 €

contrada Maranna ✉ 74015 Alberobello - ✆ 329 094 2119 - www.fascinoanticotrulli.com

ALBIGNASEGO

Padova - ✉ 35020 - 25 577 ab. - Alt. 13 m - Carta regionale n° **23**-C3

Roma 489 km - Padova 13 km - Rovigo 41 km - Venezia 47 km

Carta stradale Michelin 562-F17

Il Baretto

PESCE E FRUTTI DI MARE • ACCOGLIENTE XX Piccolo nelle dimensioni, ma grande nella cura dell'arredo e della qualità, nonché assoluta freschezza del pescato da gustare sia crudo, sia in piatti tradizionali e dallo stile classico.

Menu 50/90 € - Carta 47/87 €

via Europa 6 - ✆ 049 862 5019 (coperti limitati, prenotare) - Chiuso 15 giorni in agosto, domenica e lunedì

ALBINIA

Grosseto - ✉ 58010 - Carta regionale n° **18**-C3

Roma 148 km - Grosseto 32 km - Civitavecchia 79 km - Orbetello 13 km

Carta stradale Michelin 563-O15

Agriturismo Antica Fattoria la Parrina

CASA DI CAMPAGNA • PERSONALIZZATO Ambiente di raffinata ospitalità in una risorsa agrituristica ricavata nella casa padronale di una fattoria ottocentesca: interni ricchi di fascino e camere confortevoli. Bella veranda coperta a lato del giardino per il servizio ristorante.

12 cam - †70/190 € ††80/210 €

strada vicinale Parrina km 146, Sud-Est: 6 km - ✆ 0564 862626 - www.parrina.it

ALBISANO Verona → Vedere Torri del Benaco

ALDEIN ALDINO

ALDINO ALDEIN

Bolzano - ✉ 39040 - 1 670 ab. - Alt. 1 225 m - Carta regionale n° **19**-D3

Roma 639 km - Bolzano 39 km - Cortina d'Ampezzo 121 km - Trento 55 km

Carta stradale Michelin 562-C16

Ploner

PESCE E FRUTTI DI MARE • FAMILIARE XX Un imperdibile, se si è in zona, ma la fragranza della cucina meriterebbe la deviazione...cucina esclusivamente a base di pesce, in una graziosa saletta o nella caratteristica stube in legno.

Menu 45/87 € - Carta 37/77 €

via Dachselweg 1 - ✆ 0471 886556 (consigliata la prenotazione) - Chiuso 2 gennaio-6 febbraio, 16 giugno-5 luglio, lunedì sera e martedì

Krone

CUCINA REGIONALE • ROMANTICO X Il passato è una prerogativa di fascino che ancora non cede il passo alla modernità; in un piccolo paese di montagna, Krone è un ristorante di antica tradizione dove gustare piatti genuini e ricette sudtirolesi. Nato come punto di riferimento per l'ospitalità, conserva tutt'oggi camere semplici e discrete dall'arredo antico... ma la nuova sauna è moderna!

Carta 34/87 € 12 cam - †90/150 € ††140/200 € - 1 suite

piazza Principale 4 - 0471 886825 - www.gasthof-krone.it - Chiuso 6-30 novembre e lunedì

ALESSANDRIA

(AL) - 15121 - 93 943 ab. - Alt. 95 m - Carta regionale n° **12**-C2
Roma 588 km - Genova 89 km - Milano 90 km - Torino 90 km
Carta stradale Michelin 561-H7

I Due Buoi

CUCINA MODERNA • ELEGANTE XXX Milanese di nascita, lo chef ha comunque il Piemonte nel sangue, essendo il padre di Lu Monferrato e la madre anch'ella della regione. I sapori – dunque – non possono che giurare fedeltà al territorio in un locale dall'atmosfera elegante, completato dallo spazio bistrot per i pasti "veloci".

→ Agnolotti di manzo fassone "ricordo di un viaggio in Giappone". Maiale dei colli tortonesi. Composta di frutta e verdura.

Menu 60/70 € - Carta 57/95 €

Pianta: A2-a - *Hotel Alli Due Buoi Rossi, via Cavour 32 15121 - 0131 517171 (consigliata la prenotazione) - www.iduebuoi.it - Chiuso 1 settimana in gennaio, 10 giorni in agosto, sabato a mezzogiorno e domenica*

Duomo

CUCINA MODERNA • CONTESTO TRADIZIONALE XX Accanto al Duomo, un locale accogliente che vi sorprenderà con curati piatti del territorio, "firmati" con fantasia da una coppia di fratelli. Sempre disponibili anche alcuni piatti a base di pesce.

Menu 40 € - Carta 35/63 €

Pianta: B1-2-c - *via Parma 28 15121 - 0131 52631 - www.ristorante-duomo.com - solo a cena - Chiuso 10 giorni in gennaio, 20 giorni in settembre e domenica*

Osteria della Luna in Brodo

CUCINA REGIONALE • FAMILIARE X Piatti della tradizione regionale in un locale colorato ed accogliente, a gestione quasi totalmente femminile. Un consiglio: non andatevene senza prima aver assaggiato gli agnolotti, il brasato e il bunet.

Menu 25/35 € - Carta 28/42 €

Pianta: A2-m - *via Legnano 12 15121 - 0131 231898 - Chiuso 1 settimana in agosto e lunedì*

Alli Due Buoi Rossi

TRADIZIONALE • CLASSICO A poche decine di metri da Piazza della Libertà, un palazzo signorile di fine '800 con spazi comuni non ampissimi, ma subito "riscattati" dal loro tono raffinato e dalle ampie camere arredate in stile Belle Epoque.

48 cam - †90/210 € ††90/210 €

Pianta: A2-a - *via Cavour 32 15121 - 0131 517171 - www.iduebuoi.it*

I Due Buoi - Vedere selezione ristoranti

a Spinetta Marengo Est : 3 km per via Marengo ✉ 15047

La Fermata (Riccardo Aiachini)

CUCINA MODERNA • ELEGANTE XXX Vale la sosta, o meglio: la fermata! In un cascinale del '700, nella sala in stile minimal, la creatività va a braccetto con la tradizione in squisite proposte gastronomiche di carne e di pesce.

➜ Agnolotti alessandrini. Trancio di pesce fresco secondo reperibilità del mercato. Morbido di cioccolato con sorbetto al lampone.

Menu 55/65 € - Carta 46/81 € 12 cam ☕ - †90/100 € ††130/160 €

strada Bolla 2, Ovest: 1 km - ✆ 0131 617508 - www.ristorantelafermata.it - Chiuso 1 settimana in gennaio, 2 settimane in agosto, sabato a mezzogiorno e domenica

Le Cicale

CUCINA MODERNA • BISTRÒ XX La casa dei nonni è diventata un piacevole locale arredato con gusto moderno e leggero. In sala due coniugi ed in cucina il fratello di lei: nel piatto, sapori classici italiani e regionali. Splendido il dehors sul retro circondato dal verde.

Menu 25/50 € - Carta 36/65 €

via Pineroli 32 - ✆ 0131 216130 - www.lecicale.net - solo a cena - Chiuso 1°-20 gennaio e domenica

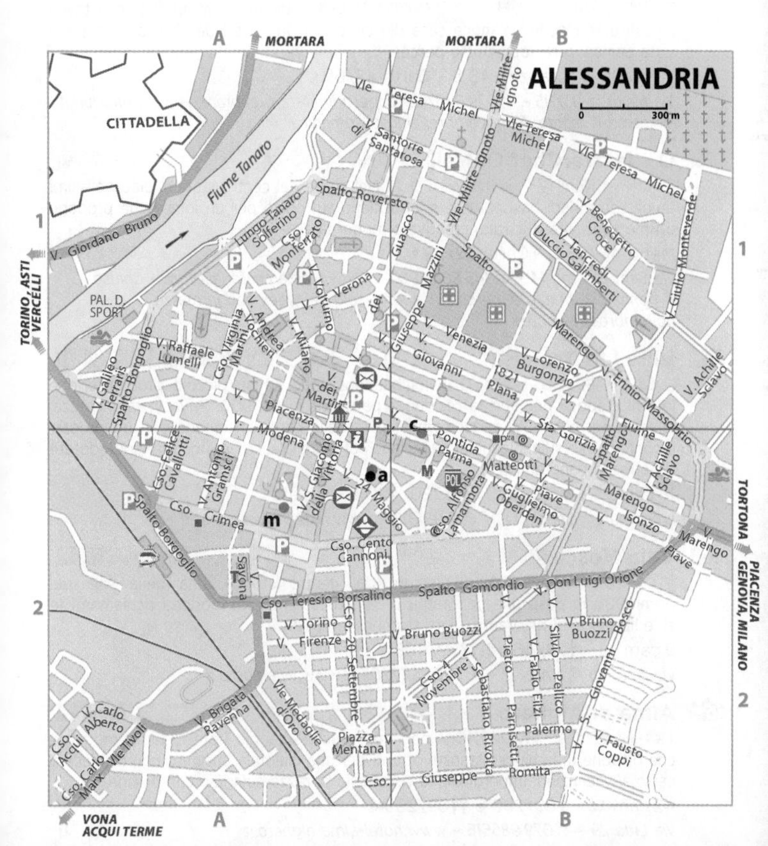

ALESSANO

Lecce – ✉ 73031 – 6 434 ab. – Alt. 140 m – Carta regionale n° **15**-D3
Roma 641 km – Brindisi 100 km – Lecce 58 km – Otranto 43 km
Carta stradale Michelin 564-H36

Agriturismo Masseria Macurano

CASA DI CAMPAGNA • BUCOLICO Ambienti spaziosi, ampie camere arredate con mobili in arte povera e qualche pezzo d'artigianato in questa masseria del '700 a gestione famliare circondata da un bel giardino. La rustica ed accogliente sala ristorante propone menu degustazione a prezzo fisso; d'estate si mangia anche all'aperto.

5 cam – 50/90 € 76/118 €

via Macurano 134, Sud-Est: 3 km – 0833 524287 – www.masseriamacurano.com – Aperto 25 aprile-31 ottobre

ALGHERO Sardegna

Sassari (SS) – ✉ 07041 – 44 019 ab. – Carta regionale n° **16**-A2
Cagliari 229 km – Sassari 41 km – Olbia 137 km – Porto Torres 35 km
Carta stradale Michelin 366-K40

Al Tuguri

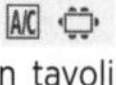

PESCE E FRUTTI DI MARE • RUSTICO XX Bell'ambiente caratteristico, con tavoli piccoli e serrati, in un'antica casa del centro, a due passi dai Bastioni; griglia a vista per cuocere soprattutto pesce.

Menu 30 € (pranzo)/48 € – Carta 45/69 €

via Maiorca 113/115 – 079 976772 (coperti limitati, prenotare) – www.altuguri.it – Aperto 1° marzo-30 novembre; chiuso domenica

O - MasterChef O' Neill

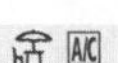

CUCINA CREATIVA • ROMANTICO XX Nel cuore del centro storico, piacevolissimi tavoli esterni sui bastioni che si affacciano sul porto per un locale che propone ottime specialità di cucina creativa e moderna.

Menu 40/65 € – Carta 32/79 €

via Sant Erasmo 14 – 345 864 6902 – www.masterchefoneill.com – Chiuso 1° gennaio-1° marzo e mercoledì; aperto solo nei week end in marzo e novembre-dicembre

Villa Las Tronas

LUSSO • PERSONALIZZATO Invidiabile posizione su un piccolo promontorio e interni d'epoca per questa residenza patrizia d'inizio '900. Privacy, raffinatezza, charme permeano gli spazi comuni e le belle camere, ognuna con un proprio inconfondibile stile: alcune si affacciano sul mare o sul giardino, altre sono dotate di terrazza panoramica.

18 cam – 160/300 € 220/420 € – 6 suites

lungomare Valencia 1 – 079 981818 – www.hotelvillalastronas.it

Villa Mosca

STORICO • ELEGANTE Non distante dal centro storico, una bella villa dei primi '900 in posizione panoramica: camere dagli arredi moderni richiamanti lo stile liberty e, al ristorante, piatti ricchi di fantasia.

9 cam – 79/468 € 79/468 €

via Antonio Gramsci 17 – 079 957 7203 – www.villamosca.it

Alma di Alghero

TRADIZIONALE • MODERNO A pochi passi dalla spiaggia, hotel di taglio moderno che dispone di luminose stanze; ottimo per una clientela business non dispiacerà certo ai vacanzieri. Imperdibile, la vista dalla terrazza-solarium con piscina.

42 cam – 89/299 € 89/299 €

via Lido 29 – 079 985616 – www.hotel-alma-alghero.it

a Porto Conte Nord-Ovest : 13 km ✉ 07041 - Alghero

El Faro

LUSSO • ACCOGLIENTE Sul mare cristallino di Capo Caccia, immerso nel parco naturale di Porto Conte, El Faro è un raffinato resort che unisce panorami mozzafiato a servizi esclusivi. Dimora di charme, opera dell'illustre architetto Simon Mossa, l'hotel è progettato sull'idea di una nave adagiata sul mare la cui vista spettacolare è godibile dalle camere, dal ristorante, dalla piscina e dalle ampie terrazze.

82 cam - †64/995 € ††105/1269 € - 7 suites

località Porto Conte - ✆ 079 942010 - www.elfarohotel.it - Aperto 1° aprile-31 ottobre

ALGUND LAGUNDO

ALICE BEL COLLE

Alessandria (AL) - ✉ 15010 - 766 ab. - Alt. 418 m - Carta regionale n° **12**-C3

Roma 577 km - Torino 95 km - Alessandria 33 km - Asti 39 km

Carta stradale Michelin 561-H7

Belvedere

TRADIZIONALE • FUNZIONALE Base ideale per visitare i dintorni, il nome è azzeccato: la bella vista si gode dalla veranda-ristorante, dalla sala colazioni all'ultimo piano e da molte camere. A 800 metri si può utilizzare la piscina di proprietà.

30 cam - †50/60 € ††70/100 €

piazza Giovanni Guacchione 9 - ✆ 0144 74300 - www.belvederealice.it - Chiuso gennaio-febbraio

ALLEGHE

Belluno - ✉ 32022 - 1 224 ab. - Alt. 979 m - Carta regionale n° **23**-C1

Roma 665 km - Cortina d'Ampezzo 40 km - Belluno 48 km - Bolzano 84 km

Carta stradale Michelin 562-C18

a Masarè Sud-Ovest : 2 km

La Maison

TRADIZIONALE • STILE MONTANO Aspettatevi un soggiorno a tutto relax: non solo in virtù della posizione un po' defilata in cui si trova la struttura, ma anche per la generosità di ampiezza della confortevoli camere. Bello il centro benessere con la piccola beauty.

13 cam - †55/150 € ††80/190 €

via Masarè 58 ✉ 32022 Alleghe - ✆ 0437 723737 - www.hotellamaison.com - Chiuso novembre

Barance

TRADIZIONALE • STILE MONTANO Interni arredati nel tipico stile alpino ed eleganti camere in questa grande casa rosa dall'ospitale gestione familiare. Tutt'intorno, sentieri per passeggiate e pareti da arrampicata; sala da pranzo ampia e accogliente, per una cucina classica e del territorio.

27 cam - †50/85 € ††80/150 €

corso Venezia 45 ✉ 32022 Masarè - ✆ 0437 723748 - www.hotelbarance.com - Aperto 1° dicembre-Pasqua e 20 giugno-20 settembre

a Caprile Nord-Ovest : 4 km ✉ 32023

Il Postin

CUCINA REGIONALE • STILE MONTANO XX Se dopo una giornata all'aria aperta, l'appetito si fa sentire, il Postin saprà saziare la vostra fame con ricette e sapori del territorio, in un'elegante sala da pranzo dal caldo stile montano: dalle finestre, a tenervi compagnia, l'incantevole scenario delle Dolomiti.

Menu 20/70 € - Carta 29/58 €

Hotel alla Posta, piazza Dogliani 19 - ✆ 0437 721171 - www.hotelposta.com - solo a cena da lunedì a venerdì in inverno - Aperto 20 dicembre-20 marzo e 20 giugno-15 settembre

Alla Posta

TRADIZIONALE • STILE MONTANO Se nella II metà dell'Ottocento era un'osteria ed una stazione per il cambio dei cavalli sul tragitto tra Impero Asburgico e Regno d'Italia, dopo quasi 150 anni la stessa casa continua ad allietare chi sosta in questa risorsa. Spazi comuni con arredi old style, centro benessere ed un'ottima pasticceria dove gustare il mitico strudel.

59 cam - †37/47 € ††79/135 € - 3 suites - ☕12 €

piazza Dogliani 19 - ✆ 0437 721171 - www.hotelposta.com - Aperto 20 dicembre-20 marzo e 20 giugno-15 settembre

Il Postin - Vedere selezione ristoranti

ALMÈ

Bergamo (BG) - ✉ 24011 - 5 652 ab. - Alt. 294 m - Carta regionale n° **10**-C1

Roma 610 km - Bergamo 9 km - Lecco 26 km - Milano 58 km

Carta stradale Michelin 561-E10

Frosio

CUCINA MODERNA • ELEGANTE XXX All'interno di un signorile palazzo seicentesco, la cucina moderna rivaleggia in eleganza con la bellezza delle sale, dominate dal bianco. Carne o pesce, la qualità non muta; lo stesso dicasi per i dolci e i vini.

→ Paccheri con astice e pesto di zucchine. Petti di quaglia con asparagi, il loro ovetto e salsa al tartufo. Crema di pesche con sottobosco e gelato all'amaretto.

Menu 60 € - Carta 50/80 €

piazza Lemine 1 - ✆ 035 541633 - www.frosioristoranti.it - solo a cena escluso domenica - Chiuso 1 settimana in gennaio, 3 settimane in agosto, giovedì a mezzogiorno e mercoledì

ALMENNO SAN BARTOLOMEO

Bergamo - ✉ 24030 - 6 209 ab. - Alt. 352 m - Carta regionale n° **10**-C1

Roma 619 km - Bergamo 15 km - Lecco 29 km - Milano 59 km

Carta stradale Michelin 561-E10

Collina

CUCINA MODERNA • CONTESTO CONTEMPORANEO XX Grazie ad un bel restyling, la storica trattoria di famiglia si presenta oggi come un elegante ristorante panoramico e dallo stile decisamente attuale. La cucina continua nel suo percorso di ricerca di pulizia dei sapori e di qualità della materia prima, quasi sempre locale, spesso lacustre.

Menu 55 € - Carta 48/72 €

via Ca' Paler 5, sulla strada per Roncola, Nord: 1,5 km - ✆ 035 642570 - www.ristorantecollina.it - Chiuso 1°-10 gennaio, lunedì e martedì

Antica Osteria Giubì dal 1884

CUCINA REGIONALE • FAMILIARE XX Autentica trattoria immersa nel verde di un parco, da sempre di famiglia e da sempre vocata alla cucina del territorio. Un altro motivo per venirci è certamente la fornitissima cantina con circa 20.000 bottiglie, 2.000 etichette diverse e molte "verticali".

Menu 25 € (pranzo in settimana)/50 € - Carta 26/49 €

via Cascinetto 2, direzione Brembate di Sopra, Sud: 1,5 km - ✆ 035 540130 (prenotazione obbligatoria la sera) - Chiuso 2 settimane in settembre e mercoledì

Camoretti

CUCINA CLASSICA • FAMILIARE XX Servizio cordiale e ambiente familiare, ma non crediate per questo che si lesini sulla cura del dettaglio o sulla cucina. Al contrario! Piatti rigorosamente casalinghi, salumi di produzione propria e pasta fresca.

Carta 24/49 €

Hotel Camoretti, via Camoretti 2, località Longa, Nord: 3,5 km - ✆ 035 550073 - www.camoretti.it - Chiuso 1°-8 gennaio, 15-30 agosto, i mezzogiorno di lunedì e martedì, anche domenica sera in inverno

Camoretti

FAMILIARE • ACCOGLIENTE In posizione collinare, tra il verde della campagna bergamasca, camere accoglienti ed eleganti, in una piacevole struttura dalla calda atmosfera familiare.

22 cam - 60/75 € 85/95 €

via Camoretti 2, località Longa, Nord: 3,5 km - 035 550468 - www.camoretti.it - Chiuso 1°-8 gennaio e 15-30 agosto

Camoretti - Vedere selezione ristoranti

ALMENNO SAN SALVATORE

Bergamo - 24031 - 5 749 ab. - Alt. 328 m - Carta regionale n° **10**-C1
Roma 616 km - Bergamo 13 km - Lecco 30 km - Milano 60 km
Carta stradale Michelin 561-E10

Cantina Lemine

CUCINA CLASSICA • ELEGANTE XX Un'elegante villa ospita questo locale dal design contemporaneo, dove gustare una cucina classica e rassicurante, con carne e molto pesce. Il giardino, la cantina-enoteca ideale per consumare un semplice aperitivo, nonché il salottino per sigari e distillati donano ulteriore fascino al locale.

Carta 35/73 €

via Buttinoni 48 - 035 642521 - www.cantinalemine.com - solo a cena escluso domenica - Chiuso 1 settimana in gennaio, 1 settimana in agosto, lunedì e martedì

ALPE DI SIUSI SEISER ALM

Bolzano - 39040 - Alt. 1 826 m - Carta regionale n° **19**-C2
Roma 674 km - Bolzano 35 km - Bressanone 28 km - Trento 92 km
Carta stradale Michelin 562-C16

Jagerstube

CUCINA CREATIVA • ACCOGLIENTE XX In una piccola e luminosa stube dalle linee semplici e contemporanee troverete una cucina creativa, più semplice a pranzo, più sofisticata la sera, che delizia gli amanti di proposte gourmet.

Menu 91/121 € - Carta 67/121 €

Hotel Seiser Alm Urthaler, via Compatsch 49 - 0471 727919 (prenotazione obbligatoria) - www.alpedisiusi.com - solo a cena - Aperto 8 dicembre-25 marzo e 25 maggio-31 ottobre; chiuso domenica, lunedì e martedì

Gostner Schwaige

CUCINA REGIONALE • STILE MONTANO X Lasciata la cabinovia si percorre una strada non impegnativa e in venti minuti eccoci in questa celebre malga-gourmet. Troverete anche proposte semplici per pause veloci, ma vi consigliamo di optare per i piatti più elaborati a base di prodotti alpini, erbe di montagna, agnello, manzo e latticini. La sera è aperto solo su prenotazione con menu fisso.

Menu 52/65 € - Carta 36/86 €

via Saltria Numero 13, sentiero Hans e Paula - 347 836 8154 (prenotazione obbligatoria la sera) - www.gostnerschwaige.com - Aperto 15 dicembre-15 aprile e 15 maggio-30 ottobre

Alpina Dolomites

LUSSO • ELEGANTE Calore ed eleganza sono cuore e anima di questo lussuoso albergo dal design montano-minimalista, dove la luce è protagonista assoluta: tutte le camere sono infatti esposte a sud, verso il sole e la meraviglia delle Dolomiti. La vacanza è presto un sogno ad occhi aperti!

43 cam - 226/718 € 348/798 € - 13 suites

via Compatsch 62/3 - 0471 796004 - www.alpinadolomites.it - Aperto 8 dicembre-2 aprile e 3 giugno-2 novembre

Seiser Alm Urthaler

LUSSO • ELEGANTE Pietra, ferro, vetro e tanto legno sono i materiali utilizzati per questo hotel di concezione "bio" ispirato ad un coinvolgente minimalismo, con ottimi servizi e spazi comuni. I sapori della tradizione vi attendono, invece, nell'ampia sala ristorante o nelle intime stube.

62 cam – solo ½ P 133/236 € – 12 suites

via Compatsch 49 – ✆ 0471 727919 – www.alpedisiusi.com – Aperto 8 dicembre-25 marzo e 25 maggio-31 ottobre

Jagerstube – Vedere selezione ristoranti

ALSENO

Piacenza – ✉ 29010 – 4 714 ab. – Alt. 81 m – Carta regionale n° **5**-A2

Roma 487 km – Parma 38 km – Piacenza 30 km – Milano 96 km

Carta stradale Michelin 562-H11

a Cortina Vecchia Sud-Ovest : 5 km ✉ 29010

Da Giovanni

CUCINA CREATIVA • AGRESTE XX La settecentesca stufa in ceramica e l'arredo d'epoca potranno far volare la fantasia dei più romantici avventori. Le certezze in ogni caso vengono dalla cucina, ispirata alla tradizione piacentina, ma con molta attenzione anche alle ricette di pesce.

Menu 60 € – Carta 41/87 €

via Cortina 1040 – ✆ 0523 948304 (consigliata la prenotazione) – www.dagiovanniacortina.com – Chiuso 2 settimane in gennaio, 2 settimane in agosto, lunedì e martedì

CI PIACE...

La ***Stüa de Michil***, tra gli antichi legni, un ristorante di straordinaria atmosfera. L'insolita successione di stuben storiche dell'albergo ***La Perla***. Il fascino retrò, ma sempre piacevole da ritrovare dell'hotel ***Ladinia***. Il gusto dei sapori antichi ladini del ***Maso Runch***.

ALTA BADIA

(BZ) – Carta regionale n° **19**-C1
Carta stradale Michelin 562-C17

Corvara in Badia – ✉ 39033 – 1 358 ab. – Alt. 1 568 m – Carta regionale n° **19**-C2

Roma 704 km – Cortina d'Ampezzo 38 km – Belluno 84 km – Bolzano 65 km
Carta stradale Michelin 562-C17

La Stüa de Michil

CUCINA MODERNA • **ROMANTICO** XXX Non è azzardato definirlo uno dei ristoranti più romantici d'Italia: avvolti nel legno di stube storiche dal fascino intimo e sussurrato, la cucina parte dai prodotti alpini, ma non si vieta escursioni in altri territori e arriva fino al mare.

➜ Spaghetti con gambero rosso, colatura di alici e pane croccante. Maialino croccante, anguilla glassata, sedano rapa, baccelli di rafano e cialda di amaranto. Mela verde, acetosa maggiore, cereali e olio d'oliva.

Menu 105/125 € – Carta 84/129 €

Hotel La Perla, strada Col Alt 105 – ✆ 0471 831000 – www.hotel-laperla.it – solo a cena – Aperto 7 dicembre-26 marzo e 15 giugno-10 settembre; chiuso domenica

Trattoria con Griglia La Tambra

CUCINA CLASSICA • **AMBIENTE CLASSICO** XX Un'ampia carta, qualche piatto creativo e, come suggerisce il nome, specialità alla griglia. In alcuni giorni - solo su prenotazione - è disponibile un menu ladino con piatti tipici (zuppa d'orzo, canederli, selvaggina o stinco di maiale).

Menu 34/49 € – Carta 26/64 €   28 cam – solo ½ P 67/138 €

via Sassonger 2 – ✆ 0471 836281 – www.latambra.com
– Aperto inizio dicembre-fine marzo e metà giugno-fine settembre

Rifugio Col Alt

CUCINA CLASSICA • **SEMPLICE** X Si raggiunge con comodità dal paese con l'ovovia, pochi minuti di salita per accedere ad una vista mozzafiato sulle Dolomiti; la sera invece è necessario accordarsi per il trasporto con il gatto delle nevi. Il nome rifugio non tragga in inganno: c'è qualche piatto rustico, ma anche proposte più ricercate.

Carta 32/82 €

strada Col Alt – ✆ 0471 836324 (prenotazione obbligatoria la sera)
– www.rifugiocolalt.it – Aperto 1° dicembre-15 aprile e 20 giugno-20 settembre

La Perla

GRAN LUSSO · PERSONALIZZATO Nella parte più alta, storica e tranquilla del paese, vicino agli impianti di risalita, qui sono di casa le tradizioni ladine, ma soprattutto un'instancabile capacità inventiva, la ricerca di soluzioni sempre nuove e il romanticismo di camere personalizzate. Un sogno alpino.

40 cam - 175/455 € 350/910 € - 12 suites

strada Col Alt 105 - 0471 831000 - www.hotel-laperla.it
- Aperto 7 dicembre-26 marzo e 15 giugno-10 settembre

La Stüa de Michil – Vedere selezione ristoranti

Sassongher

LUSSO · STILE MONTANO Dominante il paese, ai piedi dell'omonima montagna, l'albergo fu costruito nel '33 e da allora mantiene l'inossidabile fascino della tradizione, soprattutto per chi non ama un design più moderno e preferisce le rassicuranti atmosfere montane. Sala ristorante panoramica sui tetti di Corvara, ma se siete romantici prenotate un tavolo nella stube del cacciatore o delle bambole.

43 cam - 160/300 € 260/520 € - 9 suites

strada Sassongher 45 - 0471 836085 - www.sassongher.it
- Aperto 4 dicembre-31 marzo e 24 giugno-11 settembre

Posta-Zirm

TRADIZIONALE · STILE MONTANO Sorto nell'800 e da allora in continua mutazione, il risultato sono tre edifici distinti con camere altrettanto diverse: le ultime nate sono da preferire. Il nuovo ristorante Taverna Posta Zirm offre cucina tipica, specialità alla griglia, pizzeria con forno a legna, piatti mediterranei e ricette vegane.

59 cam - 98/360 € 166/466 € - 10 suites

strada Col Alto 95 - 0471 836175 - www.postazirm.com
- Aperto 2 dicembre-26 marzo e 16 giugno-24 settembre

Ladinia

STORICO · REGIONALE Un piccolo sogno alpino, dedicato a chi ama gli ambienti storici: quasi tutto qui è rimasto immutato dagli anni '30, quando aprì l'albergo. Incantevoli camere avvolte nel legno, i bagni, è vero, sono piccoli, ma potrete approfittare della spa dell'adiacente albergo La Perla.

13 cam - solo ½ P 78/176 €

strada Pedecorvara 10 - 0471 836010 - www.berghotelladinia.it
- Aperto 7 dicembre-2 aprile e 24 maggio-7 novembre

Colfosco - 39033 - Alt. 1 645 m - Carta regionale n° **19**-C2

Roma 703 km - Bolzano 62 km - Bressanone 58 km - Cortina d'Ampezzo 40 km

Stria

CUCINA MODERNA · AMBIENTE CLASSICO XX Dedicato a chi ama la sostanza senza tanti artifici e cerimonie: in due salette semplici viene servita una cucina creativa di grande qualità, a volte creativa, spesso accompagnata da eleganti presentazioni, ma sempre gustosa e convincente.

Carta 40/85 €

via Val 18 - 0471 836620 - Chiuso 5-20 novembre, domenica sera e lunedì in bassa stagione

Cappella

FAMILIARE · ELEGANTE Opere d'arte moderna sono disseminate dove il buon gusto comanda: persino nei corridoi e nei salotti dove ci si attarda incantati domandandosi se si tratti di un hotel con opere d'arte, o di una galleria d'arte con camere. Ricercatezze in cucina, soprattutto nelle due stube dove la sera vengono servite le proposte gourmet.

37 cam - 100/307 € 148/594 € - 10 suites

strada Pecei 17 - 0471 836183 - www.hotelcappella.com
- Aperto 4 dicembre-1° aprile e 16 giugno-16 settembre

Colfosco-Kolfuschgerhof

FAMILIARE • STILE MONTANO Ottimi ambienti, signorili ed eleganti con numerose salette tutte rivestite in legno, ed una dinamica famiglia - ormai da diverse generazioni - al timone di questa bella risorsa, non priva di un curato centro benessere.

51 cam – 112/345 € 220/680 € – 4 suites

via Roenn 7, verso Passo Gardena, Ovest: 2 km – 0471 836188 – www.kolfuschgerhof.com – Aperto 1° dicembre-Pasqua e 1° giugno-15 ottobre

Badia – 39036 – 3 484 ab. – Alt. 1 315 m – Carta regionale n° **19**-C2

Roma 713 km – Bolzano 71 km – Bressanone 57 km – Cortina d'Ampezzo 37 km

Maso Runch

CUCINA REGIONALE • SEMPLICE Come in una fiaba, alla fine di un bosco, un maso del '700 con cinque incantevoli stube ed un menu fisso, ideale escursione fra le specialità ladine: ravioli ripieni di ricotta e spinaci - costine di maiale con polenta e crauti - strudel di mele con gelato alla vaniglia.

Menu 30 €

via Runch 11, località Pedraces, Sud: 2 km – 0471 839796 (coperti limitati, prenotare) – www.masorunch.it – Chiuso domenica

Stüa dla Lâ

CUCINA CREATIVA • ROMANTICO Tradotto dal ladino, è la stanza ricoperta di legno e di origini ottocentesche in cui viveva la nonna: oggi, il giovane e simpatico nipote è tornato a riscaldarla, servendovi un'ottima cucina che racconta la storia della valle, della sua infanzia e delle passeggiate nei boschi, rivisitandola con un gusto attuale.

Menu 58/68 € – Carta 47/85 €

Hotel Gran Ander, via Runcac 29, località Pedraces, Sud: 2 km – 0471 839718 (consigliata la prenotazione) – www.granander.it – solo a cena – Aperto 4 dicembre-6 aprile e 15 giugno-30 settembre; chiuso lunedì e martedì

Gran Ander

FAMILIARE • REGIONALE In un contesto tranquillo e in posizione leggermente rialzata sulla valle, l'albergo sembra costruito apposta per ammirare l'austero profilo del Santa Croce. Alloggiati presso una calorosa famiglia, dormirete in camere ben tenute e dai tipici arredi montani.

19 cam – 84/125 € 138/250 € – 2 suites

via Runcac 29, località Pedraces, Sud: 2 km – 0471 839718 – www.granander.it – Aperto 4 dicembre-6 aprile e 15 giugno-30 settembre

Stüa dla Lâ – Vedere selezione ristoranti

Lech da Sompunt

FAMILIARE • TRADIZIONALE Affacciata su un laghetto, graziosa struttura con camere accoglienti, nuovo centro wellness con beauty farm e la possibilità di godersi la natura circostante grazie a pedalò, curling e pattinaggio. Al ristorante, serate gastronomiche con cucina ladina.

45 cam – 86/127 € 154/240 €

via Sompunt 36, località Pedraces, Sud-Ovest : 2 km – 0471 847015 – www.lechdasompunt.it – Aperto 16 dicembre-15 aprile e 15 giugno-20 settembre

Il simbolo segnala una carta dei vini particolarmente interessante.

San Cassiano – 39030 – Alt. 1 535 m – Carta regionale n° **19**-C2

Roma 695 km – Bressanone 63 km – Bolzano 72 km – Cortina d'Ampezzo 30 km

St. Hubertus

CUCINA MODERNA • LUSSO XXXX Signorile e maestosa, la sala sembra ispirarsi alla nobiltà del cervo che ricorre nelle decorazioni del ristorante, avvolto da legni e loden che aggiornano in chiave moderna il tradizionale gusto tirolese. Il cuoco Niederkofler, per tutti Norbert, "cucina le montagne" - per usare una sua espressione - e porta in tavola le eccellenze gastronomiche alpine, in piatti sofisticati dalle sublimi alternanze di colori e sapori.

→ Anguilla e camomilla. Gnocchi di rapa rossa. Tarte Tatin.

Menu 120/200 € - Carta 120/145 €

Hotel Rosa Alpina, strada Micura de Rue 20 - ✆ 0471 849500 - www.rosalpina.it - solo a cena - Aperto 1° dicembre-1° aprile e 15 giugno-30 settembre; chiuso martedì

La Siriola

CUCINA MODERNA • LUSSO XXX Se volete prendervi una pausa dalle tradizionali atmosfere montane, qui troverete un ambiente moderno e sfavillante e soprattutto una cucina che, pur con qualche richiamo territoriale, gioca a mano libera con ogni prodotto e ricetta, italiano e non. E lo fa alla grande!

→ Spaghetto freddo a km 4925 (somma della distanza degli ingredienti). Petto di faraona affumicato su purea di arachidi, insalata di cosce, senape, lattuga e aneto. Canederlo di riso, zenzero, latte di cocco e albicocca confit.

Menu 85/158 € - Carta 80/106 €

Hotel Ciasa Salares, via Pre de Vi 31, Sud-Est: 2 km - ✆ 0471 849445 - www.ciasasalares.it - solo a cena - Aperto 7 dicembre-26 marzo e 10 giugno-17 settembre; chiuso lunedì

Armentarola

CUCINA CLASSICA • ACCOGLIENTE XXX Tre sale per accontentare ogni gusto: classica, moderna o tipica con la piccola stube. Oggetti della tradizione locale infondono al ristorante un calore familiare, mentre la cucina offre piatti per tutti i gusti, locali e nazionali, pesce e carne. Nella bella stagione approfittate del servizio in terrazza con splendida vista.

Menu 42 € (cena) - Carta 44/90 €

Hotel Armentarola, via Pre de Vi 12, Sud-Est: 2 km - ✆ 0471 849522 - www.armentarola.com - Aperto 3 dicembre-2 aprile e 14 giugno-3 ottobre

Wine Bar

CUCINA CLASSICA • ELEGANTE XX Non lasciatevi ingannare: il nome è Wine Bar, è vero, e c'è una bella lista di vini, ma la cucina è ricercata, estrosa e stuzzicante, servita in una sala allegra ed informale, ideale per serate conviviali e in compagnia.

Menu 46/66 € - Carta 46/60 €

Hotel Ciasa Salares, via Prè de Vi 31, Sud-Est: 2 km - ✆ 0471 849445 - www.ciasasalares.it - solo a cena - Aperto 7 dicembre-2 aprile e 10 giugno-17 settembre

Wine bar & Grill

CUCINA CLASSICA • CONVIVIALE XX Qui non fanno difetto i coperti, la convivialità e l'abbondanza delle porzioni: in carta troverete piatti ladini, classici italiani, secondi piatti sia di carne che di pesce alla griglia e fondute su prenotazione. La sera anche pizza, escluso il giovedì.

Carta 47/61 €

Hotel Rosa Alpina, strada Micura de Rue 20 - ✆ 0471 849500 - www.rosalpina.it - Aperto 1° dicembre-1° aprile e 15 giugno-30 settembre

Rosa Alpina

GRAN LUSSO • ELEGANTE Emblema dell'eleganza ladina, il moltiplicarsi di spazi e arredi si traduce in un codice di raffinata sobrietà. Eccellente servizio: siamo ai vertici dell'Alto Adige!

35 cam ☕ - †340/455 € ††395/730 € - 20 suites

strada Micura de Rue 20 - ✆ 0471 849500 - www.rosalpina.it - Aperto 1° dicembre-1° aprile e 15 giugno-30 settembre

St. Hubertus • **Wine bar & Grill** - Vedere selezione ristoranti

Fanes

LUSSO • ROMANTICO Una breve salita dal centro pedonale porta ad uno degli alberghi più esclusivi della valle. Tranquillo e panoramico, l'eleganza delle camere ha pochi rivali, con straordinari accostamenti tra antico e moderno, nonché undici suite ricavate negli adiacenti chalet per un soggiorno d'incantevole romanticismo montano.

62 cam - solo ½ P 149/328 € - 14 suites

Pecei 19 - ✆ 0471 849470 - www.hotelfanes.it - Chiuso 7 aprile-12 giugno e 2 novembre-4 dicembre

Ciasa Salares

LUSSO • STILE MONTANO In posizione isolata, è un incantevole chalet-hotel dove sarete accolti da un moltiplicarsi di salotti dalle atmosfere ovattate, nonché camere rivestite in legni locali. Fra le numerose offerte gastronomiche dei ristoranti della casa, non perdetevi una serata nella suggestiva cantina con salumi, formaggi e fondute!

50 cam - †113/184 € ††166/328 € - 17 suites

via Prè de Vi 31, Sud-Est: 2 km - ✆ 0471 849445 - www.ciasasalares.it - Aperto 7 dicembre-2 aprile e 10 giugno-17 settembre

La Siriola • **Wine Bar** - Vedere selezione ristoranti

Armentarola

FAMILIARE • STILE MONTANO Pioniere del turismo in valle quando fu costruito nel '38, è il grande albergo montano per eccellenza, in un moltiplicarsi di saloni e camere classiche o più contemporanee. La posizione isolata nel verde, il maneggio e il tennis ne fanno una meta prediletta anche d'estate.

40 cam - †145/290 € ††250/620 € - 10 suites

via Pre de Vi 12, Sud-Est: 2 km - ✆ 0471 849522 - www.armentarola.com - Aperto 3 dicembre-2 aprile e 14 giugno-3 ottobre

Armentarola - Vedere selezione ristoranti

Diamant

FAMILIARE • STILE MONTANO A pochi metri dal campanile e dal centro pedonale di San Cassiano, gli ospiti del Diamant apprezzeranno l'ampiezza e la sobrietà delle camere, in particolare le ultime nate, arredate con materiali locali attenti alla salute dell'ospite.

44 cam - solo ½ P 95/205 € - 3 suites

strada Micura de Rue 29 - ✆ 0471 849499 - www.hoteldiamant.com - Aperto 1° dicembre-5 aprile e 15 giugno-15 ottobre

Gran Paradiso

TRADIZIONALE • STILE MONTANO Lungo la strada per Cortina, sotto le maestose cime del Lavarella e Conturines, i vicini impianti di risalita rendono l'albergo popolare in inverno non meno che in estate, quando apprezzerete il parco giochi per bambini, il turismo ciclistico e le passeggiate nei boschi che lo circondano. Eleganti camere, spesso molto spaziose.

40 cam - solo ½ P 80/160 € - 4 suites

strada Pre de Vi 11 - ✆ 0471 849424 - www.gran-paradiso.it - Aperto 1° dicembre-3 aprile e 4 giugno-25 settembre

Ciasa ai Pini

FAMILIARE • TRADIZIONALE Poco fuori dal paese verso Cortina, hotel ricavato da una struttura interamente rinnovata qualche anno fa. L'aspetto odierno è in linea con la tradizione locale: largo impiego di legno chiaro anche nelle ampie camere.

21 cam - †45/60 € ††90/120 €

via Glira 4, Sud-Est: 1,5 km - ✆ 0471 849541 - www.ai-pini.it - Aperto 2 dicembre-20 marzo e 1° giugno-15 ottobre

La Villa - ✉ 39030 - Alt. 1 484 m - Carta regionale n° **19D**-C2

Roma 723 km - Bolzano 99 km - Bressanone 60 km - Cortina d'Ampezzo 34 km

La Gana

CUCINA REGIONALE • ELEGANTE XXX E' l'angolo gourmet dell'albergo Cristallo, una sala moderna dove il cuoco reinterpreta piatti di cucina italiana appresi nelle sue precedenti esperienze, a cui si aggiungono ora proposte dolomitiche.

Menu 65/150 € - Carta 52/79 €

Hotel Cristallo, strada Verda 3, Sud: 1,5 km - ☎ 0471 847762 - www.hotelcristallo-altabadia.it - solo a cena - Aperto 2 dicembre-10 aprile e 15 giugno-24 settembre

Christiania

TRADIZIONALE • STILE MONTANO In centro paese, una piacevole casa che si sta rimodernando: molto bello, ad esempio, l'elegante centro benessere, gradevoli anche le ultime camere arredate con legni nuovi e vecchi. Diverse sale e stube accomunate da una certa eleganza per una cucina classica; il bar con terrazza è il crocevia della vita locale.

48 cam ☕ - †139/305 € ††198/724 € - 28 suites

via Colz 109 - ☎ 0471 847016 - www.christiania.it - Aperto 15 dicembre-2 aprile e 26 giugno-20 settembre

Ciasa Lara

LUSSO • STILE MONTANO Connubio ben riuscito tra stile montano ed impronta moderna in un albergo con ampie camere ed un gradevole centro benessere con bellissima piscina coperta.

25 cam - solo ½ P 129/185 € - 5 suites

strada Altin 9 - ☎ 0471 847257 - www.ciasalara.it - Aperto 2 dicembre-14 aprile e 10 giugno-7 ottobre

Cristallo

TRADIZIONALE • STILE MONTANO In posizione strategica tra La Villa e Corvara, stile alpino del tutto esclusivo per un hotel che dispone di un centro benessere con piscina coperta, spa e beauty, elegante lounge bar con smoking area, nonché camere adatte ad ogni esigenza.

50 cam ☕ - †80/196 € ††132/346 € - 13 suites

strada Verda 3, Sud: 1,5 km - ☎ 0471 847762 - www.hotelcristallo-altabadia.it - Aperto 2 dicembre-10 aprile e 15 giugno-24 settembre

La Gana - Vedere selezione ristoranti

La Majun

BOUTIQUE HOTEL • ROMANTICO In pieno centro e di fatto a ridosso degli impianti di risalita, accoglienza incantevole, tutta al femminile: l'atmosfera montana riceve qui un tocco di modernità nelle luci e nelle decorazioni, design e colori approdano sulle Dolomiti. Al ristorante, graziose stube ciascuna intitolata ad un colore diverso e dalla cucina piatti della tradizione italiana serviti anche al sole sulla bella terrazza.

32 cam ☕ - †85/200 € ††85/280 € - 2 suites

via Colz 59 - ☎ 0471 847030 - www.lamajun.it - Aperto 7 dicembre-1° aprile e 20 giugno-25 settembre

Miraval

FAMILIARE • DESIGN Ai piedi del Santa Croce, gli amanti della natura troveranno qui il loro albergo d'elezione: il Miraval è il primo Klimahotel della valle, tutto è ispirato ai principi dell'ambientalismo, dai materiali all'acustica. Simpatica gestione familiare, profusione di legni e gli impianti di risalita a due passi completano il quadro.

12 cam - solo ½ P 172/290 €

via Sompunt 19, Nord: 1 km - ☎ 0471 844055 - www.naturhotelmiraval.com - Aperto dicembre-Pasqua e giugno-settembre

Antines

FAMILIARE • PERSONALIZZATO In centro paese, ma in posizione leggermente rialzata e più tranquilla, struttura dagli ambienti luminosi ed accoglienti. Le camere sono differenziate, ma sempre arredate con ampio uso del legno, antico o moderno. Romanticismo nelle tre sale ristorante, ciascuna contraddistinta da un colore: blu, giallo e arancio.

25 cam - solo ½ P 98/200 € - 4 suites

via Picenin 18 - ✆ 0471 844234 - www.hotelantines.it - Aperto 1° dicembre-15 aprile e 15 giugno-15 settembre

Tamarindo

FAMILIARE • ACCOGLIENTE Nella parte alta e più tranquilla del paese, calda accoglienza, servizio attento e camere personalizzate a prezzi ragionevolissimi (molto romantiche le due mansardate, all'ultimo piano). Insomma, tanti buoni motivi per sceglierlo!

11 cam ☕ - †40/65 € ††80/130 €

via Plaon 20 - ✆ 0471 844096 - www.tamarindo-lavilla.it - Aperto 1° dicembre-20 aprile e 1° giugno-31 ottobre

Ciasa Montanara

FAMILIARE • ACCOGLIENTE In posizione panoramica sul paese, troverete semplicità e accoglienza familiare. Le camere, recentemente rinnovate, offrono un buon confort: suggeriamo la camera numero 11, che regala - nei giorni più limpidi - una bella vista fino al passo del Falzarego.

11 cam ☕ - †80/95 € ††90/100 €

via Plaon 24 - ✆ 0471 847735 - www.montanara.it

ALTAMURA

Bari - ✉ 70022 - 70 396 ab. - Alt. 467 m - Carta regionale n° **15**-B2
Roma 444 km - Bari 46 km - Potenza 83 km - Matera 21 km
Carta stradale Michelin 564-E31

Tre Torri

CUCINA REGIONALE • CONVIVIALE Anche se la zona è un po' periferica e non propriamente attraente, la sua cucina è di buona qualità e le porzioni talmente generose, che la clientela locale lo sceglie soprattutto per il pesce (ma anche la proposta di carne - a nostro giudizio - non è da meno).

Carta 26/45 €

via Ostuni 44 - ✆ 080 314 4024 - Chiuso 10-20 gennaio, 20-30 luglio e martedì

San Nicola

TRADIZIONALE • ELEGANTE In un palazzo settecentesco nel centro storico della città, raggiungerlo in auto è un po' difficile, ma il piccolo disagio è subito dimenticato dagli ambienti signorili e dalle funzionali camere di taglio moderno. La deliziosa corte interna, dove viene servita la prima colazione, darà il benvenuto alla vostra giornata.

23 cam ☕ - †60/90 € ††80/120 € - 1 suite

via Luca De Samuele Cagnazzi 29 - ✆ 080 310 5199 - www.hotelsannicola.com

ALTARE

Savona - ✉ 17041 - 2 108 ab. - Alt. 398 m - Carta regionale n° **8**-B2
Roma 570 km - Genova 70 km - Savona 14 km - Imperia 85 km
Carta stradale Michelin 561-I7

Quintilio

CUCINA REGIONALE • CONTESTO CONTEMPORANEO XX Cortesia e professionalità vi accompagneranno nella degustazione di ricette liguri e piemontesi, sebbene dopo un soggiorno in Francia da parte dello chef, il menu proponga anche specialità d'Oltralpe. Il tutto, in un ristorante le cui origini risalgono al 1889, sebbene ultimamente il locale sia stato oggetto di un importante restyling: toni neutri per un effetto più naturale e largo spazio alla tecnologia applicata all'illuminazione a led per un maggiore confort visivo.

Menu 45/120 € - Carta 35/81 € 5 cam - 50 € 70 €

via Gramsci 23 - 019 58000 - www.ristorantequintilio.it - Chiuso 2 settimane in gennaio, 2 settimane in luglio, domenica sera e lunedì

ALTAVILLA VICENTINA

Vicenza - 36077 - 12 056 ab. - Alt. 45 m - Carta regionale n° **22**-A2

Roma 535 km - Padova 42 km - Vicenza 9 km - Venezia 73 km

Carta stradale Michelin 562-F16

L'Altro Penacio

CUCINA MODERNA • ALLA MODA XX Nel contesto dell'hotel Tre Torri, un ristorante classico-elegante con proposte derivanti da una cucina che ama attingere alla tradizione, ma anche ai sapori del mare.

Menu 29 € - Carta 29/62 €

Hotel Tre Torri, via Tavernelle 71 - 0444 371391 - www.hoteltretorri.it - Chiuso 10 giorni in agosto e lunedì

Tre Torri

BUSINESS • DESIGN Legno di palissandro, lastre di ardesia e cristallo laccato: dettagli di pregio nella zona lounge di questa moderna struttura, ideale per una clientela business, ma che piacerà anche al turista in visita alla città. Ancora minimalismo come stile, e non certo per la qualità delle installazioni, nelle moderne camere.

93 cam - 69/169 € 79/249 € - 1 suite

via Tavernelle 71 - 0444 572411 - www.hoteltretorri.it

L'Altro Penacio - Vedere selezione ristoranti

ALTEDO Bologna → Vedere Malalbergo

ALTISSIMO

Vicenza - 36070 - 2 230 ab. - Alt. 672 m - Carta regionale n° **23**-B2

Roma 568 km - Verona 65 km - Vicenza 42 km - Padova 72 km

Carta stradale Michelin 562-F15

Casin del Gamba (Antonio Dal Lago)

CUCINA REGIONALE • STILE MONTANO XX Non semplice da raggiungere, vi consigliamo di partire con anticipo per affrontare i numerosi tornanti tra boschi e monti. Al ristorante vi accoglierà una deliziosa famiglia che fa dei prodotti del territorio la bandiera della propria cucina, autentica, concreta e saporita. I funghi, al pari dell'ospitalità, sono immancabili.

→ Tortelli ripieni di pollo ruspante con porcini, patata di montagna e santoreggia. Reale di vitello in panatura croccante con topinambur, crema di mandorle e tartufo nero. Bavarese alla vaniglia nel biscotto di banana, fragole al pepe, frizzantino e menta.

Menu 80/90 € - Carta 55/90 €

via Roccolo Pizzati 1, (strada per Castelvecchio), Nord-Est: 2,5 km - 0444 687709 (prenotazione obbligatoria a mezzogiorno) - www.casindelgamba.it - Chiuso 15 giorni in gennaio, 15 giorni in agosto, domenica sera, martedì a mezzogiorno e lunedì

ALTOMONTE

Cosenza - 87042 - 4 488 ab. - Alt. 455 m - Carta regionale n° **3**-A1

Roma 482 km - Cosenza 60 km - Castrovillari 38 km

Carta stradale Michelin 564-H30

Barbieri

TRADIZIONALE · CLASSICO Un'intera famiglia al timone di questa completa struttura - in continuo rinnovo - dotata ora anche di un piccolo beauty center. Prelibatezze calabresi al ristorante.

42 cam - 55/70 € 80/120 €

via Italo Barbieri 30 - 0981 948072 - www.famigliabarbieri.net

Il Castello di Altomonte

STORICO · ELEGANTE Domina la città dall'alto, questo castello del XII secolo che ripropone nei suoi ambienti eleganti l'atmosfera dell'antica residenza nobiliare. Ristorante e saloni affrescati per una cucina calabrese, ma con spunti di internazionalità.

12 cam - 100 € 120 €

piazza Castello 6 - 0981 948933 - www.altomonte.it

ALTOPASCIO

Lucca - 55011 - 15 481 ab. - Alt. 19 m - Carta regionale n° **18**-B1
Roma 333 km - Pisa 38 km - Firenze 62 km - Lucca 23 km
Carta stradale Michelin 563-K14

Il Melograno

CUCINA REGIONALE · ACCOGLIENTE XX Varcata una delle porte che interrompono le mura, una suggestiva enclave di strade e dimore storiche: una cittadella fortificata piacevolmente illuminata la sera. Al primo piano di uno di questi palazzi, rivivono ricette tradizionali di terra e di mare, non prive di vena creativa.

Menu 30 € (pranzo) - Carta 39/71 €

piazza degli Ospitalieri 9 - 0583 25016 - www.ilmelogranoristorante.net - Chiuso 16-23 agosto, sabato a mezzogiorno e lunedì

ALZANO LOMBARDO

Bergamo - 24022 - 13 636 ab. - Alt. 304 m - Carta regionale n° **10**-C1
Roma 605 km - Bergamo 9 km - Brescia 60 km - Milano 62 km
Carta stradale Michelin 561-E11

RistoFante

PESCE E FRUTTI DI MARE · ELEGANTE XXX Nel centro storico, in un antico palazzo ristrutturato, ambiente elegante e sobriamente arredato all'interno, addirittura raffinato nel bel dehors, gestito da una solida coppia di ristoratori; nonostante ne sia distante geograficamente, la cucina parla soprattutto la lingua del mare.

Menu 50/65 € - Carta 43/90 €

via Mazzini 41 - 035 511213 - www.ristofante.it - solo a cena escluso i giorni festivi - Chiuso 1 settimana in gennaio, 15 giorni in agosto, domenica sera e lunedì

AMALFI

Salerno - 84011 - 5 149 ab. - Carta regionale n° **4**-B2
Roma 287 km - Napoli 70 km - Avellino 61 km - Salerno 25 km
Carta stradale Michelin 564-F25

La Caravella dal 1959 (Antonio Dipino)

CUCINA REGIONALE · ACCOGLIENTE XX E' qui da più di mezzo secolo questo splendido locale che ha fatto la storia gastronomica della costiera amalfitana e che - ancora oggi - rimane indiscusso protagonista. Abilità e fantasia in una cucina che come poche sa esaltare i sapori del territorio.

→ Risotto al limone di Amalfi con gamberi rossi cotti e crudi e bottarga di muggine. Polpa di pesce del golfo al gratin con finocchi, pomodori essiccati al sole e menta. Il sole nel piatto... il nostro soufflé al limone di Amalfi.

Menu 50 € (pranzo)/120 € - Carta 59/122 €

via Matteo Camera 12 - 089 871029 (consigliata la prenotazione) - www.ristorantelacaravella.it - Chiuso 5 novembre-4 dicembre, 11 gennaio-12 febbraio, martedì, i mezzogiorno di lunedì e martedì in agosto

Da Gemma

CUCINA MODERNA • CONTESTO TRADIZIONALE XX Nel cuore di Amalfi - ristorante già dal 1872 - il suo dinamico staff saprà coccolarvi con sfiziosi piatti del territorio reinterpretati in chiave moderna. Bella terrazza sul corso.

Menu 55/70 € - Carta 49/156 €

via Frà Gerardo Sasso 9 - ✆ 089 871345 - www.trattoriadagemma.com - Chiuso 9-13 gennaio e mercoledì escluso 15 marzo-15 novembre

Eolo

CUCINA MEDITERRANEA • INTIMO XX Piatti tradizionali rivisitati in un piccolo ristorante dall'ambiente intimo e curato; appagante vista sul mare attraverso aperture ad arco sostenute da agili colonne.

Carta 71/140 €

via Comite 3 - ✆ 089 871241 - www.eoloamalfi.it - Aperto 13 aprile- 25 ottobre; chiuso martedì

Marina Grande

PESCE E FRUTTI DI MARE • ACCOGLIENTE XX Direttamente sulla spiaggia, un piacevole locale dai toni contemporanei con splendida vista mare. Ricette che ripercorrono la tradizione, ma in chiave moderna; presenti anche piatti classici.

Carta 40/73 €

viale delle Regioni 4 - ✆ 089 871129 - www.ristorantemarinagrande.com - Aperto 21 febbraio-14 novembre; chiuso martedì escluso luglio-agosto

Grand Hotel Convento di Amalfi

STORICO • GRAN LUSSO In un convento del XIII sec abbarbicato sulla scogliera che domina la costa, le camere sono dominate dal colore bianco, interrotto solo dal seppiato delle foto d'epoca esposte un po' ovunque. C'è un unica stanza affrescata (denominata del Priore), molte invece quelle con terrazza. Piante esotiche e limoni nel pittoresco giardino.

45 cam - 295/2515 € 335/2625 € - 8 suites

via Annunziatella 46 - ✆ 089 873 6711 - www.ghconventodiamalfi.com - Aperto 1° aprile-31 ottobre

Santa Caterina

DIMORA STORICA • GRAN LUSSO Suggestiva vista del golfo, terrazze fiorite digradanti sul mare con ascensori per la spiaggia, interni in stile di raffinata piacevolezza: qui i sogni diventano realtà! Al ristorante soffitto a crociera, colonne, eleganti tavoli rotondi: per cene di classe.

51 cam - 250/1400 € 280/1500 € - 15 suites

via Mauro Comite, 9 - ✆ 089 871012 - www.hotelsantacaterina.it - Aperto 1° marzo-inizio novembre

Marina Riviera

TRADIZIONALE • MEDITERRANEO All'ingresso della località, in posizione panoramica, struttura dei primi anni del '900 (su fondamenta tardo settecentesche): ariosi spazi comuni e camere totalmente rinnovate con gusto e sobrietà.

31 cam - 410 € 440 € - 3 suites

via P. Comite 19 - ✆ 089 871104 - www.marinariviera.it - Aperto 13 aprile-22 ottobre

La Pergola

FAMILIARE • ACCOGLIENTE In un angolo pittoresco della costa, lungo la strada per Positano, camere di buon confort in una struttura recente dotata di un grande e suggestivo limoneto - proprio sopra l'albergo - assolutamente da visitare. Cucina casalinga e piatti della tradizione locale al ristorante.

16 cam - 50/250 € 55/250 €

via Augustariccio 14, località Vettica Minore Ovest: 2 km - ✆ 089 831088 - www.lapergolaamalfi.it - Chiuso 7 gennaio-15 marzo

Antica Republica

FAMILIARE • ACCOGLIENTE Nel vicolo dove un tempo esercitavano i pastai, piccolo edificio tenuto a regola d'arte: camere elegantemente rifinite (due con baldacchino) ed incantevole terrazza per la prima colazione.

7 cam - 35/100 € 35/100 €

vico dei Pastai 2 - 089 873 6310 - www.anticarepubblica.it

Villa Lara

LOCANDA • PERSONALIZZATO Nella parte alta e più tranquilla della località, una dimora di fine '800 accuratamente ristrutturata, che presenta ai propri ospiti camere graziose, panorama e tanto charme.

6 cam - 75/195 € 90/250 €

via delle Cartiere 1 bis - 089 873 6358 - www.villalara.it - Aperto 15 marzo-31 ottobre

Relais Villa Annalara

LOCANDA • MEDITERRANEO Piacevole struttura in una bella villa: a disposizione un giardino ed un'ampia terrazza con vista incantevole. Camere nuovissime, personalizzate ed eleganti.

6 cam - 70/160 € 80/250 €

via delle Cartiere 1 - 089 871147 - www.villaannalara.it

AMANTEA

Cosenza - 87032 - 13 975 ab. - Carta regionale n° **3**-A2

Roma 519 km - Cosenza 60 km - Catanzaro 67 km - Vibo Valentia 71 km

Carta stradale Michelin 564-J30

Due Bicchieri Gourmet

PESCE E FRUTTI DI MARE • ALLA MODA XX Ambiente sfizioso dedicato al mondo del vino e piatti mediterranei in prevalenza di pesce: ecco la ricetta di un simpatico locale a pochi passi dalla strada del passeggio e dei negozi.

Menu 25 € (in settimana) - Carta 25/60 €

via Dogana 92 87032 Amantea - 0982 424409 (prenotazione obbligatoria) - www.ristoranteduebicchieri.it - solo a cena escluso i giorni festivi - Chiuso 2 settimane in novembre, domenica sera e lunedì escluso in luglio-settembre

La Tonnara

TRADIZIONALE • CLASSICO Fronte mare, albergo a gestione familiare ma dagli arredi moderni e accoglienti. Da preferire le camere affacciate sul mare piuttosto che lato monte.

57 cam - 50/100 € 70/140 € - 2 suites

via Tonnara 13, Sud: 3 km - 0982 424272 - www.latonnara.it - Chiuso vacanze di Natale

a Coreca Sud : 4 km 87032 - Amantea

Mareblu

FAMILIARE • LUNGOMARE Struttura bianca praticamente sul mare, in cui un'efficiente gestione diretta garantisce un soggiorno rilassante; camere semplici negli arredi, ma ariose e pulite. Da non perdere: l'escursione in barca e pesca sportiva con il proprietario.

18 cam - 40/90 € 40/90 €

via Coreca 25 - 0982 46296 - www.marebluhotel.com

AMBIVERE

Bergamo - 24030 - 2 398 ab. - Alt. 261 m - Carta regionale n° **10**-C1

Roma 614 km - Bergamo 18 km - Brescia 69 km - Milano 54 km

Carta stradale Michelin 561-E10

Antica Osteria dei Camelì (Loredana Vescovi)

CUCINA MODERNA • ELEGANTE XXX La proverbiale gentilezza del marito in sala, la mano della moglie in cucina, in una cascina di origini cinquecentesche che si fa inaspettatamente moderna ed elegante all'interno. Troverete qualche piatto della tradizione, ma anche diversi viaggi verso prodotti di ogni paese, mare compreso.

➜ Casoncelli alla bergamasca. Fritto di mare e verdure. Mousse leggera di cioccolato fondente.

Menu 40 € (pranzo in settimana)/90 € - Carta 76/136 €

via Marconi 13 - ✆ 035 908000 (consigliata la prenotazione) - www.anticaosteriadeicameli.it - Chiuso 1°-6 gennaio, 5-27 agosto, martedì sera e lunedì

AMEGLIA

La Spezia - ✉ 19031 - 4 365 ab. - Alt. 89 m - Carta regionale n° **8**-D2
Roma 404 km - La Spezia 18 km - Genova 107 km - Massa 19 km
Carta stradale Michelin 561-J11

Mauro Ricciardi alla Locanda dell'Angelo

CUCINA MODERNA • AMBIENTE CLASSICO XX All'interno dell'hotel Locanda dell'Angelo, un ristorante dallo stile classico che ora apre le proprie porte a corsi per chef-amatori e professionisti. Un'ottima cucina, ricca di spunti interessanti e di personalità pur nel solco di una certa tradizione, dove tecnica e un'accurata selezione di materie prime sono alla base di preparazioni che si faranno ricordare.

➜ Ravioli di scampi in brodo di zuppa di mare. Il baccalà con salsa di porri e verdure croccanti. Mousse di crema catalana con gelato al ginepro.

Menu 55/90 € - Carta 48/102 €

Hotel Locanda dell'Angelo, viale XXV Aprile 60, (strada provinciale Sarzana-Marinella), Sud-Est: 4,5 km - ✆ 0187 65336 (prenotazione obbligatoria a mezzogiorno) - www.chefmauroricciardi.it - Chiuso 23 dicembre-20 gennaio, 1 settimana in ottobre, lunedì e martedì

Locanda dell'Angelo

TRADIZIONALE • MINIMALISTA In posizione tranquilla, in fondo a un grande giardino con piscina, una costruzione d'ispirazione contemporanea con camere dagli arredi, minimalisti, ma di qualità, e camere mansardate al piano superiore.

31 cam ☕ - †60/120 € ††90/160 € - 1 suite

viale XXV Aprile 60, (strada provinciale Sarzana-Marinella), Sud-Est: 4,5 km - ✆ 0187 64391 - www.paracucchilocanda.it - Aperto 1° marzo-2 novembre

Mauro Ricciardi alla Locanda dell'Angelo - Vedere selezione ristoranti

La Maison del Magra

TRADIZIONALE • PERSONALIZZATO La recente ristrutturazione ha portato una ventata di modernità e gradevoli personalizzazioni in questa piccola risorsa familiare, praticamente priva di spazi comuni a parte il bar-ristorante, ma dalla bella location con vista sulla foce.

10 cam ☕ - †70/120 € ††80/130 € - 2 suites

via F. Paganini 3, località Fiumaretta - ✆ 0187 64155 - www.stelladelmagra.com

a Montemarcello Sud : 5,5 km ✉ 19030

Pescarino-Sapori di Terra e di Mare

CUCINA REGIONALE • RUSTICO XX Una collocazione davvero piacevole nell'oasi di pace del bosco di Montemarcello, per questo locale in stile semplice, ma di tono elegante che dà ciò che promette. Camere eleganti nella villa adiacente.

Menu 43 € - Carta 29/55 € 2 cam ☕ - †40/60 € ††70/100 €

via Borea 52, Nord-Ovest: 3 km - ✆ 0187 601388 - www.pescarino.it - solo a cena escluso sabato e i giorni festivi - Chiuso 20 giorni in gennaio, lunedì e martedì escluso agosto

AMELIA

Terni - ✉ 05022 - 11 897 ab. - Alt. 370 m - Carta regionale n° **20**-B3
Roma 92 km - Terni 27 km - Viterbo 47 km - Perugia 95 km
Carta stradale Michelin 563-O19

La Gabelletta

LOCANDA • PERSONALIZZATO Particolare country house ricavata dal restauro di un'antica locanda settecentesca con camere molto lineari e dai colori realizzati con terre e tinte naturali. L'omonimo ristorante propone menu stagionali e territoriali.

13 cam - 75/90 € 100/130 €

via Tuderte 20 - 0744 981775 - www.lagabelletta.it - Chiuso 15-31 gennaio

a Macchie Nord-Ovest : 8 km ✉ 05022 - Amelia

Tenuta del Gallo

CUCINA CLASSICA • ROMANTICO XX Negli ambienti interni della tenuta, ricchi di charme e romanticismo oppure seduti all'aperto davanti ad un bucolico panorama, la cucina prende spunto dalla tradizione locale senza dimenticare i classici nazionali.

Menu 45/55 € - Carta 34/60 €

Relais Tenuta del Gallo, via Ortacci 34 - 0744 987112 - www.tenutadelgallo.com - Chiuso novembre e 7-31 gennaio; aperto solo nei week-end da ottobre a marzo

Relais Tenuta del Gallo

CASA DI CAMPAGNA • STORICO All'interno di una grande proprietà terriera, in posizione isolata e panoramica, ambienti eleganti e raffinati con mobili di pregio e quadri del Seicento e dell'Ottocento provenienti dalla collezione privata di famiglia.

7 cam - 80/175 € 128/200 € - 2 suites

via Ortacci 34 - 0744 987112 - www.tenutadelgallo.com - Chiuso novembre e 7-31 gennaio

Tenuta del Gallo - Vedere selezione ristoranti

AMENDOLARA

Cosenza (CS) - ✉ 87071 - 2 952 ab. - Alt. 227 m - Carta regionale n° **3**-A1
Roma 504 km - Cosenza 102 km - Castrovillari 55 km - Matera 105 km
Carta stradale Michelin 564-H31

Grillo Hotel

BUSINESS • MODERNO Questa struttura moderna ed efficiente ha il pregio della poliedricità: ideale per una clientela d'affari, non deluderà il turista di passaggio. Bella piscina e buon standard di servizi.

40 cam - 45/100 € 70/140 €

viale Lagaria S.S. 106 - 0981 915256 - www.grillohotel.com

ANACAPRI Napoli → Vedere Capri (Isola di)

ANAGNI

Frosinone - ✉ 03012 - 21 464 ab. - Alt. 424 m - Carta regionale n° **7**-C2
Roma 74 km - Frosinone 25 km - Anzio 79 km - Latina 73 km
Carta stradale Michelin 563-Q21

Lo Schiaffo

CUCINA LAZIALE • RUSTICO XX Il nome evoca atmosfere medievali, il riferimento al celebre schiaffo a Bonifacio VIII; la sala invece è stata completamente rinnovata e presenta un ambiente caldo e moderno.

Menu 25 € (pranzo)/35 € - Carta 37/61 €

via Vittorio Emanuele 270 - 0775 739148 - www.ristoranteloschiaffo.com - Chiuso lunedì, anche domenica sera in novembre-febbraio

ANCONA

(AN) - ✉ 60123 - 100 861 ab. - Carta regionale n° **11**-C1
Roma 305 km - Firenze 263 km - Rimini 109 km - Pesaro 74 km
Carta stradale Michelin 563-L22

Al Mandracchio

PESCE E FRUTTI DI MARE • ALLA MODA Al porto, solo pesce fresco (ottima la selezione di crudi!) in un locale inaspettato, dal design graffiante e "metropolitano" che anno dopo anno sta diventando un riferimento gastronomico per la città.

Carta 32/59 €

Pianta: A2-a - *largo Fiera della Pesca 11 ✉ 60123 - ☎ 071 202990 - Chiuso domenica sera e lunedì*

Sot'Ajarchi

PESCE E FRUTTI DI MARE • TRATTORIA Esperienza ultra-ventennale in ambiente informale, familiare, decisamente al femminile per questa piccola trattoria sotto ai portici. Piatti di mare, a base di pescato fresco giornaliero: uno dei migliori indirizzi di tutta Ancona e dintorni!

Carta 29/68 €

Pianta: A2-b - *via Marconi 93 ✉ 60125 - ☎ 071 202441 (consigliata la prenotazione) - Chiuso vacanze di Natale, agosto e domenica*

Grand Hotel Passetto

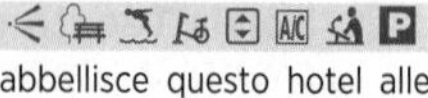

TRADIZIONALE • CLASSICO Il giardino con piscina abbellisce questo hotel alle porte della città, non lontano dal mare: eleganti e sobri interni, confortevoli camere di taglio classico.

39 cam - 90/135 € 113/203 € - 1 suite

Pianta: C2-d - *via Thaon de Revel 1 ✉ 60124 - ☎ 071 31307 - www.hotelpassetto.it*

Seeport N

TRADIZIONALE • INDUSTRIALE Splendidamente affacciato sulla città e sul porto, un bell'esempio di recupero di struttura degli anni '50, avvolta da eleganza e funzionalità in uno stile romantico-industriale. Cena al ristorante Ginevra, fra tradizione e innovazione.

48 cam - 79/399 € 89/620 €

rupi di via XX Settembre 12 ✉ 60123 Ancona - ☎ 071 971 5100 - www.seeporthotel.com

a Portonovo Sud-Est : 12 km per Numana C2 ✉ 60129

Giacchetti

PESCE E FRUTTI DI MARE • AMBIENTE CLASSICO Nella silenziosa baia di Portonovo, locale di lunga tradizione, con annesso stabilimento balneare privato; in sala o all'aperto le classiche specialità di mare dell'Adriatico.

Carta 30/69 €

via Portonovo 171 - ☎ 071 8013 8485 - www.ristorantedagiacchetti.it - Aperto 1° marzo-15 novembre; chiuso lunedì escluso in giugno-agosto

Clandestino Susci Bar

CUCINA CREATIVA • ALLA MODA Direttamente su una bellissima spiaggia selvaggia, la maggior parte dei tavoli puntano verso la baia ed il mare. Vero e proprio laboratorio dell'idee culinarie di Moreno Cedroni, la carta non è ampia, ma la linea di cucina è interessante, creativa ed a base di pesce (ottimi i crudi). A mezzogiorno solo panini ed insalate.

Menu 50/85 € - Carta 55/70 €

via Portonovo, località Poggio - ☎ 071 801422 - www.morenocedroni.it - solo a cena - Aperto 1°aprile-30 settembre

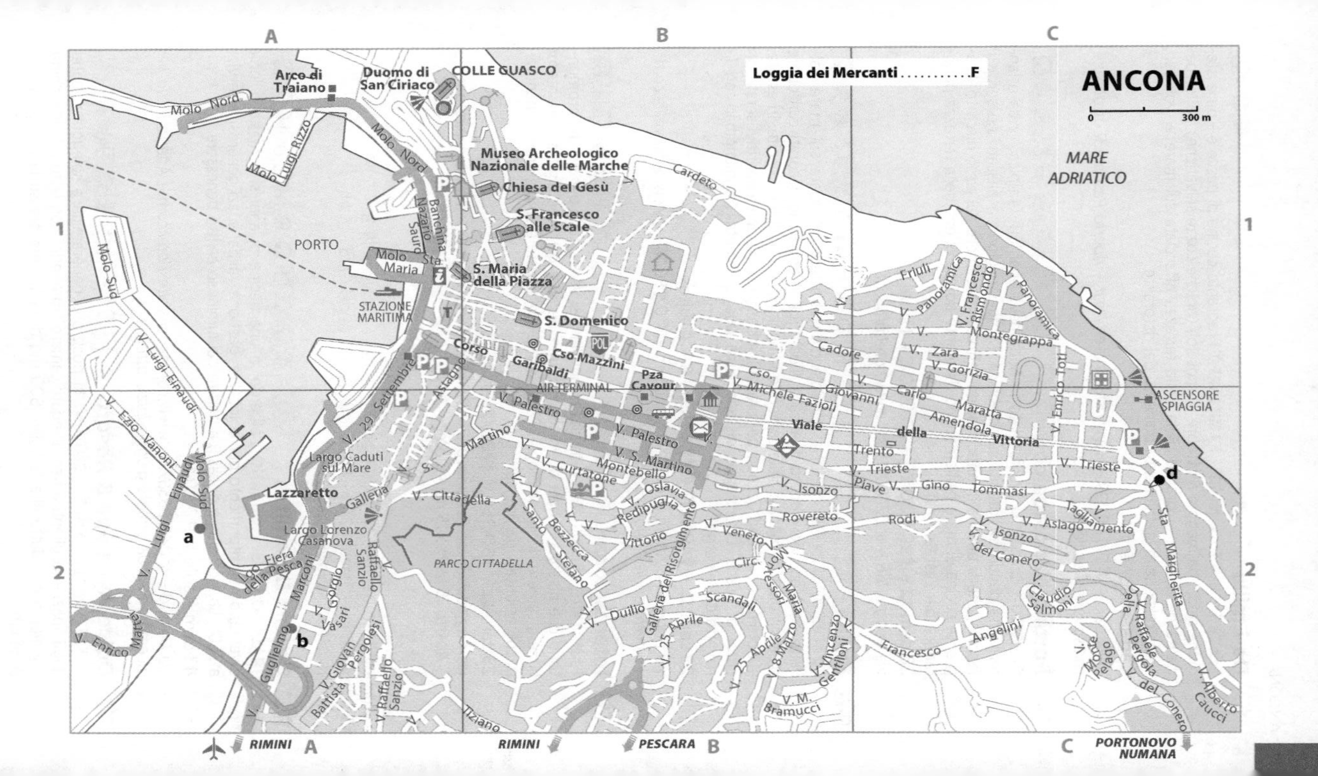
ANCONA
0
300 m
Loggia dei Mercanti .... F
MARE
ADRIATICO
Arco di Traiano
Duomo di San Ciriaco
COLLE GUASCO
Museo Archeologico Nazionale delle Marche
Chiesa del Gesù
S. Francesco alle Scale
S. Maria della Piazza
S. Domenico
Cso Mazzini
Corso Garibaldi
Pza Cavour
AIR TERMINAL
Viale della Vittoria
PORTO
STAZIONE MARITTIMA
Molo Nord
Molo Luigi Rizzo
Molo Sud
Molo Sta. Maria
Banchina Nazario Sauro
Cardeto
V. Luigi Einaudi
V. Ezio Vanoni
V. 29 Settembre
Astagno
Lazzaretto
Largo Caduti sul Mare
Largo Lorenzo Casanova
Lgo. Fiera della Pesca
Galleria
V. Guglielmo Marconi
V. Giorgio Vasari
V. Giovan Battista Pergolesi
V. Raffaello Sanzio
Raffaello Sanzio
V. Enrico Mattei
V. Cittadella
PARCO CITTADELLA
Tiziano
V. Palestro
V. S. Martino
Martino
Montebello
V. Curtatone
V. Oslavia
Redipuglia
Santo Stefano
Bezzecca
Vittorio
V. Veneto
Galleria del Risorgimento
V. Duilio
V. 25 Aprile
Scandali
Circ.
V. Maria Montessori
V. 8 Marzo
V. M. Bramucci
V. Vincenzo Gentiloni
Francesco Angelini
V. Isonzo
Rovereto
Rodi
Piave
V. Trieste
Trento
V. Gino Tommasi
V. Cso. Michele Fazioli
V. Giovanni Carlo Maratta
Amendola
Cadore
V. Zara
V. Gorizia
V. Montegrappa
V. Francesco Rismondo
V. Panoramica
Friuli
V. Enrico Toti
ASCENSORE SPIAGGIA
V. Tagliamento
V. Asiago
V. del Conero
V. Claudio Salmoni
V. Monte Pelago
V. Raffaele Della Pergola
V. Alberto Caucci
Sta Margherita
d
a
b
RIMINI
PESCARA
PORTONOVO
NUMANA
A
B
C
1
2

Da Emilia

PESCE E FRUTTI DI MARE • FAMILIARE Fragrante cucina di pesce e - nella stagione calda, da maggio a ottobre - i moscioli (tipiche cozze selvatiche) tra le specialità della casa: si pranza nella bella terrazza affacciata sul mare e, volendo, sosta relax nello stabilimento balneare del ristorante.

Carta 40/67 €

nella baia - 071 801109 - www.ristoranteemilia.it - Aperto Pasqua-31 ottobre; chiuso lunedì escluso agosto

Fortino Napoleonico

STORICO • CLASSICO Trasformato in hotel negli anni '60, la tipica forma a lanterna ne denuncia l'origine napoleonica. Di questo glorioso passato ne serba il fascino, che si declina in antichi arredi, affreschi e camere dal lusso discreto. Fragrante cucina di mare nell'omonimo ristorante dotato di una bella terrazza panoramica per l'estate.

28 cam - 90/230 € 120/260 € - 1 suite

via Poggio 166 - 071 801450 - www.hotelfortino.it

Emilia

TRADIZIONALE • MEDITERRANEO Splendida struttura affacciata sul mare dall'alto dei Monti del Conero. Bianca e illibata, gli interni sono decorati con opere d'arte moderna, mentre nelle camere è la luminosità a "colpire" l'ospite. In estate, si apre il ristorantino Gazebo per pranzi light a bordo piscina e aperitivi serali con crudi di pesce. Le spiagge distano circa due chilometri (raggiungibili con la navetta dell'albergo).

26 cam - 49/699 € 49/699 € - 4 suites

via Poggio 149/a, (in collina), Ovest: 2 km - 071 801117 - www.hotelemilia.com - Aperto aprile-1° novembre

Internazionale

FAMILIARE • FUNZIONALE In una tranquilla oasi verde, sulle pendici del promontorio che disegna la baia di Portonovo, un albergo a gestione diretta, con interni lineari; camere di due tipologie. Pareti con pietra a vista e ampie finestre panoramiche nella sala da pranzo.

25 cam - 60/150 € 80/200 €

via poggio 148, loc Portonovo - 071 801001 - www.hotel-internazionale.com - Aperto 15 marzo-15 novembre

ANDALO

Trento - 38010 - 1 076 ab. - Alt. 1 042 m - Carta regionale n° **19**-B2
Roma 625 km - Trento 40 km - Bolzano 64 km - Riva del Garda 48 km
Carta stradale Michelin 562-D15

Corona Dolomites

TRADIZIONALE • MODERNO L'albergo in una decina di anni si è rifatto il look diventando un riferimento per la località: gestione valida, spazi generosi e servizi a 360°. La luce, qui, è di casa, a partire dal luminoso centro benessere.

43 cam - solo ½ P 78/149 €

via Dossi 6 - 0461 585872 - www.coronadolomiteshotel.com - Aperto inizio dicembre-Pasqua e metà giugno-inizio ottobre

Dolce Avita Spa & Resort

TRADIZIONALE • STILE MONTANO In posizione panoramica e soleggiata, hotel dagli spazi accoglienti e ben arredati: camere "romantic" con letto a baldacchino e junior suite adatte alle famiglie. 500 mq di benessere presso la moderna Spa & Beauty.

26 cam - 90/160 € 140/240 € - 10 suites

via del Moro 1 - 0461 585912 - www.hoteldolceavita.it - Aperto 3 dicembre-31 marzo e 19 giugno-17 settembre

Cristallo

TRADIZIONALE • STILE MONTANO Dista pochi metri dagli impianti di risalita, in pratica è il più vicino, questo piacevole albergo dagli accoglienti interni in stile montano, ad eccezione della hall d'ispirazione più moderna. Il centro benessere si completa con la zona beauty (massaggi e trattamenti).

37 cam – †80/120 € ††140/240 €

via Rindole 1 – 0461 585744 – www.hotelcristalloandalo.com – Aperto 1° dicembre-1° aprile e 15 giugno-15 settembre

Ambiez Suite Hotel

SPA E WELLNESS • STILE MONTANO Risorsa a conduzione familiare dalle ampie camere in stile montano, nonché gradevole zona benessere con tanto di beauty farm. Piatti trentini, ma non solo, nel tipico ristorante dove ai fornelli si destreggia il patron dell'hotel.

22 cam – †55/97 € ††128/178 € – 3 suites

via Priori 8 – 0461 585556 – www.hotelambiez.com – Aperto 7 dicembre-19 marzo e 15 giugno-17 settembre

Piccolo Hotel Suite Resort

TRADIZIONALE • STILE MONTANO Bella casa con giardino rinnovata negli anni e situata in posizione tranquilla, da cui si ammira lo splendido gruppo del Brenta e Paganella. Per gli amanti del vino, c'è anche una saletta degustazione dove divertirsi con il patron-sommelier.

18 cam – solo ½ P 85/115 € – 8 suites

via Pegorar 2 – 0461 585710 – www.piccolo.it – Aperto 1° dicembre-31 marzo e 1° giugno-30 settembre

Serena

FAMILIARE • STILE MONTANO Non lontano dal centro, ma in posizione più tranquilla, solida gestione diretta giunta alla seconda generazione e sempre intenta ad apportare migliorie. Vista panoramica su montagne maestose e camere confortevoli: senza ombra di dubbio, un indirizzo ideale per le famiglie!

30 cam – solo ½ P 74/150 € – 3 suites

via Crosare 15 – 0461 585727 – www.hotelserena.it – Aperto 2 dicembre-31 marzo e 16 giugno-19 settembre

Budget modesto? Optate per il menu del giorno generalmentea prezzo più contenuto.

ANDRIA

Barletta-Andria-Trani (BT) – 76123 – 100 440 ab. – Alt. 151 m – Carta regionale n° **15**-B2

Roma 380 km – Bari 60 km – Barletta 11 km – Foggia 82 km

Carta stradale Michelin 564-D30

Umami (Felice Sgarra)

CUCINA MODERNA • ELEGANTE Fu grazie ad uno studio sulle alghe che agli albori del '900 i giapponesi scoprirono il quinto gusto, "umami", il saporito o sapido. Ed è, proprio, a tale filosofia che s'ispira questo locale con la sua cucina che mette in tavola i gustosi prodotti del territorio elaborati con fantasia. Ambiente raffinato, accogliente, innovativo - alle porte della città – sulla strada per Trani.

→ Calamaro e il suo nero con mandorle di Torritto e cipollotto. Risotto all'assoluto di gambero rosso di Gallipoli e neve di ricotta. Podolica, foie gras e nocciola.

Menu 55/80 € – Carta 48/64 €

via Trani 101/103 – 0883 261201 – www.umamiristorante.it – Chiuso domenica sera e martedì

Il Turacciolo

CUCINA REGIONALE • SEMPLICE Ambiente informale con tovagliette di carta e menu esibito su due lavagne, in un'enoteca wine-bar del centro, dove la specialità è sicuramente il capocollo di suino nero cotto dolcemente, insieme al semifreddo alla mandorla pralinata e salsa al moscato di Trani. Ma non si esagera nel dire che tutta la cucina è semplicemente sorprendente!

Carta 24/32 €

piazza Vittorio Emanuele II° 4 – ☎ 388 199 8889 (consigliata la prenotazione) – www.turacciolo.it – solo a cena – Chiuso 1 settimana in giugno, 1 settimana in settembre e domenica

a Montegrosso Sud-Ovest : 15 km ✉ 70031 – Alt. 224 m

Antichi Sapori

CUCINA REGIONALE • RUSTICO Orecchiette di grano arso con germogli di zucchine e ricotta salata - tiella di agnello - cassata non cassata, a cui fanno eco tante altre specialità regionali in un'originale trattoria con decorazioni di vita contadina. Dal vicino orto, le saporite verdure presenti in menu.

Menu 35 € – Carta 27/47 €

piazza Sant'Isidoro 10 – ☎ 0883 569529 (prenotazione obbligatoria) – www.pietrozito.it – Chiuso 22 dicembre-3 gennaio, 11-20 luglio, 10-20 agosto, sabato sera e domenica

Agriturismo Biomasseria Lama di Luna

CASA DI CAMPAGNA • ORIGINALE Masseria ottocentesca ristrutturata secondo i dettami della bioarchitettura e del Feng Shui: affascinante mix di tradizione pugliese e filosofia cinese di vita naturale.

8 cam – †130/160 € ††160/220 € – 3 suites

contrada Lama di Luna, Sud: 3,5 km – ☎ 0883 569505 – www.lamadiluna.com – Aperto 8 aprile-2 novembre

ANGERA

Varese – ✉ 21021 – 5 607 ab. – Alt. 205 m – Carta regionale n° **9**-A2

Roma 640 km – Stresa 34 km – Milano 63 km – Varese 31 km

Carta stradale Michelin 561-E7

Lido Angera

CUCINA ITALIANA • FAMILIARE La cucina spazia in diverse direzione con gusto contemporaneo, ma senza dimenticare il lago che viene offerto alla vista dalla bella terrazza e riproposto nel piatto grazie ad ottime specialità ittiche d'acqua dolce.

Menu 60 € – Carta 34/77 €

Hotel Lido Angera, viale Libertà 11, Nord: 1 km – ☎ 0331 930232 – www.hotellido.it – Chiuso 1°-l 7 gennaio e lunedì a mezzogiorno

Lido Angera

FAMILIARE • CONTEMPORANEO In posizione incantevole, leggermente rialzata, proprio a ridosso del lago la cui vista è assicurata dalla bella terrazza, questa calda risorsa a gestione familiare dispone di camere recentemente rinnovate con gusto moderno.

17 cam – †90/100 € ††120/140 €

viale Libertà 11, Nord: 1 km – ☎ 0331 930232 – www.hotellido.it – Chiuso 27 dicembre-5 gennaio

Lido Angera – Vedere selezione ristoranti

ANGHIARI

Arezzo – ✉ 52031 – 5 638 ab. – Alt. 429 m – Carta regionale n° **18**-D2

Roma 246 km – Perugia 75 km – Arezzo 36 km – Firenze 109 km

Carta stradale Michelin 563-L18

Da Alighiero

CUCINA REGIONALE • TRATTORIA Ospitalità schietta e familiare in una tipica trattoria all'italiana; nei piatti, i sapori tipici della regione (salumi, paste fresche, carne, formaggi e il proverbiale zuccotto). Il nostro consiglio: gnocchi ripieni di verdure, carpaccio di filetto marinato, tortino tiepido della nonna.

Menu 25/45 € - Carta 19/46 €

via Garibaldi 8 - ✆ 0575 788040 - www.daalighiero.it - Chiuso 15 febbraio-10 marzo e martedì

ANGUILLARA SABAZIA

Roma - ✉ 00061 - 19 357 ab. - Alt. 195 m - Carta regionale n° **7**-B2

Roma 34 km - Viterbo 55 km - Civitavecchia 59 km - Terni 89 km

Carta stradale Michelin 563-P18

Country Relais I Due Laghi

CASA DI CAMPAGNA • PERSONALIZZATO Nella dolcezza e nella tranquillità dei colli, per arrivare a questo relais si attraversa uno dei maggiori centri equestri d'Italia (presso il quale è anche possibile praticare una "finta" caccia alla volpe); camere confortevoli ed una bella piscina per momenti d'impagabile relax.

23 cam - 50/60 € 90/110 € - 5 suites

via della Marmotta, località Le Cerque, Nord-Est: 3 km - ✆ 06 9960 7059 - www.iduelaghi.it - Chiuso 2 settimane in gennaio

ANNONE VENETO

Venezia (VE) - ✉ 30020 - 3 954 ab. - Alt. 9 m - Carta regionale n° **23**-D2

Roma 577 km - Venezia 70 km - Trieste 108 km - Padova 93 km

Carta stradale Michelin 562-E20

Il Credenziere

PESCE E FRUTTI DI MARE • FAMILIARE In una piccola frazione di campagna, qui le proposte di pesce si fanno più estrose e creative, ma a pranzo c'è anche una carta dalle proposte più tradizionali ed economiche.

Menu 14 € (pranzo in settimana)/50 € - Carta 36/64 €

via Quattro Strade 12 - ✆ 0422 769922 - www.ilcredenziereristorante.it - Chiuso 1°-21 gennaio, domenica sera e lunedì

ANNUNZIATA Cuneo → Vedere La Morra

ANTAGNOD Aosta → Vedere Ayas

ANTERIVO

Bolzano (BZ) - ✉ 39040 - 395 ab. - Alt. 1 209 m - Carta regionale n° **19**-D3

Roma 647 km - Bolzano 47 km - Trento 64 km - Belluno 106 km

Carta stradale Michelin 562-D16

Kurbishof

CUCINA REGIONALE • ROMANTICO Alla scoperta dei prodotti locali - a partire da un lupino con cui si prepara un surrogato del caffè e tante ottime carni - serviti in due caratteristiche Stuben, di cui una con vista sulla val di Cembre. Graziose camere completano questo bel maso del Settecento.

Menu 33 € - Carta 30/55 € 3 cam - 45/60 € 45/60 €

via Guggal 23 - ✆ 0471 882140 (consigliata la prenotazione) - www.kuerbishof.it - Chiuso 17 aprile-8 maggio, 5 novembre-inizio dicembre e martedì

ANTERSELVA DI MEZZO ANTHOLZ Bolzano → Vedere Rasun Anterselva

ANTEY SAINT ANDRÈ

Aosta - ✉ 11020 - 602 ab. - Alt. 1 074 m - Carta regionale n° **21**-B2

Roma 729 km - Aosta 35 km - Breuil-Cervinia 20 km - Torino 96 km

Carta stradale Michelin 561-E4

Maison Tissiere

TRADIZIONALE • CONTEMPORANEO Nella parte alta del paese, un rascard (fienile) con stalla del '700, sobriamente ristrutturato: pavimenti in pietra e larice nonché arredi dalle forme semplici e discrete per non contrastare con l'architettura contadina dell'edificio.

13 cam ☕ - 🚹60/120 € 🚹🚹130/170 € - 1 suite

frazione Petit Antey 9 - ☎ 0166 549140 - www.hoteltissiere.it - Aperto 1° dicembre-30 aprile e 1° giugno-15ottobre

Des Roses

FAMILIARE • REGIONALE Cordialità e ambiente familiare in un albergo d'altura, ambienti in stile alpino e graziosa saletta al piano terra con camino e travi a vista; camere dignitose. Ristorante decorato con bottiglie esposte su mensole, sedie in stile valdostano.

21 cam - 🚹45/60 € 🚹🚹65/100 € - ☕ 9 €

località Poutaz - ☎ 0166 548527 - www.hoteldesroses.com - Aperto 6 dicembre-4 maggio e 21 giugno-16 settembre

ANZIO

Roma - ✉ 00042 - 54 211 ab. - Carta regionale n° **7**-B3

Roma 65 km - Frosinone 89 km - Latina 27 km - Ostia Antica 66 km

Carta stradale Michelin 563-R19

Romolo al Porto

PESCE E FRUTTI DI MARE • MINIMALISTA Un locale dalla filosofia esplicita: solo pesce fresco locale - talvolta pescato con la propria barca - e nuova zona Tender per aperitivi, nonché sushi a "miglio 0".

Carta 35/50 €

via Porto Innocenziano 19 - ☎ 06 984 4079 - www.romoloalporto.it - Chiuso 7-23 gennaio e mercoledì

Da Alceste

PESCE E FRUTTI DI MARE • STILE MEDITERRANEO La sensazione è quella di essere su una palafitta, grazie alle vetrate su tre lati che lo rendono molto luminoso e permettono all'ospite di godere del panorama. Ma anche l'interno è un omaggio alla posizione: tinte mediterranee e una cucina che strizza l'occhio al mare.

Carta 43/94 €

piazzale Sant'Antonio 6 - ☎ 06 984 6744 - www.alcestealbuongusto.it - Chiuso novembre e martedì

ANZOLA DELL'EMILIA

Bologna - ✉ 40011 - 12 267 ab. - Alt. 38 m - Carta regionale n° **5**-C3

Roma 381 km - Bologna 21 km - Ferrara 64 km - Modena 28 km

Carta stradale Michelin 562-I15

Il Ristorantino-da Dino

CUCINA REGIONALE • AMBIENTE CLASSICO Ristorantino in zona residenziale che vale la pena di provare per le interessanti preparazioni di cucina tradizionale: materie prime di qualità, prezzi convenienti e pesce secondo il mercato (giovedì e venerdì).

Carta 26/54 €

via 25 Aprile 11 - ☎ 051 732364 - www.ristorantinodadino.it - Chiuso domenica sera e lunedì

AOSTA

(AO) - ✉ 11100 - 34 390 ab. - Alt. 583 m - Carta regionale n° **21**-A2

Roma 746 km - Torino 115 km - Genève 135 km - Martigny 72 km

Carta stradale Michelin 561-E3

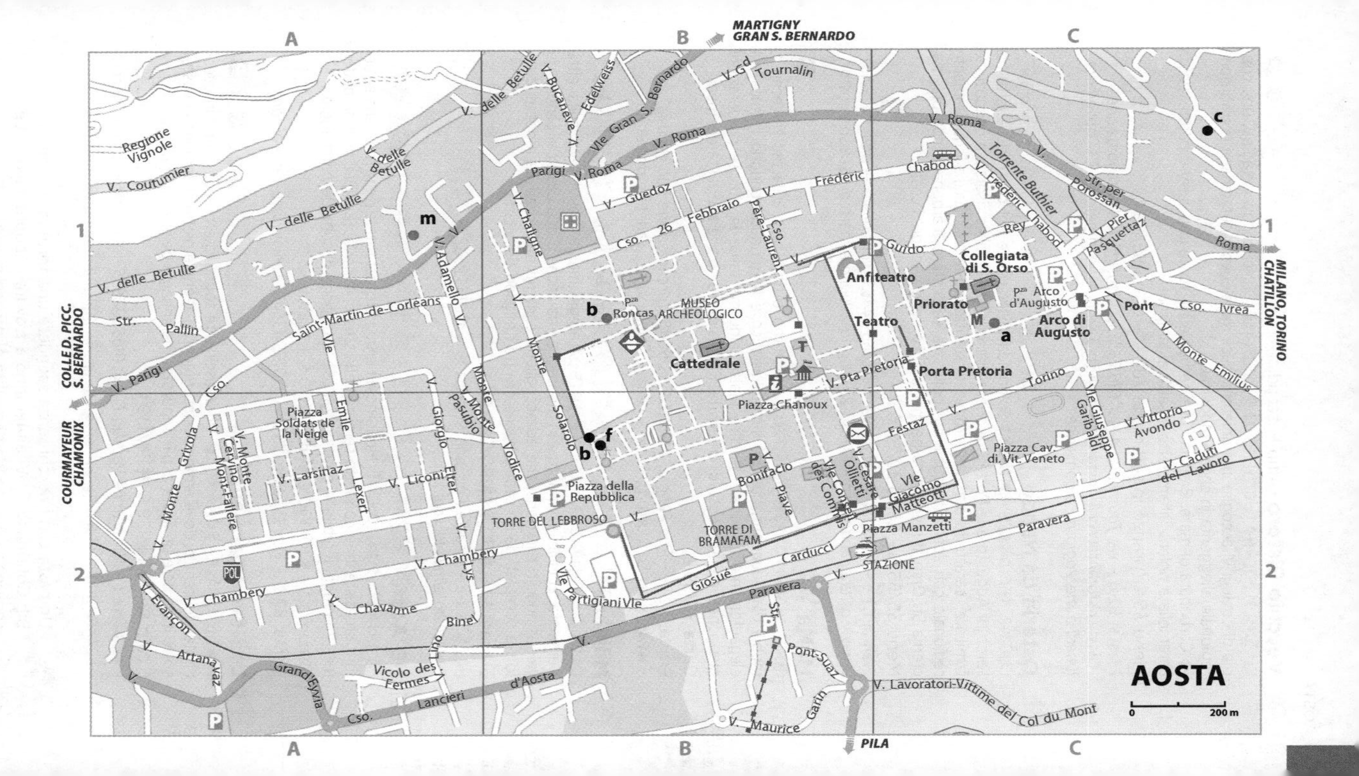
AOSTA
0
200 m
MILANO, TORINO
CHATILLON
MARTIGNY
GRAN S. BERNARDO
COLLE D. PICC. S. BERNARDO
COURMAYEUR
CHAMONIX
PILA
A
B
C
1
2
Collegiata di S. Orso
Priorato
Arco di Augusto
P.za Arco d'Augusto
Porta Pretoria
Anfiteatro
Teatro
Cattedrale
MUSEO ARCHEOLOGICO
Piazza Chanoux
Piazza della Repubblica
TORRE DEL LEBBROSO
TORRE DI BRAMAFAM
STAZIONE
Piazza Manzetti
Piazza Cav. di Vit. Veneto
Piazza Soldats de la Neige
Regione Vignole
Torrente Buthier
Pont
V. Roma
Vle Gran S. Bernardo
V. Parigi
Cso. Saint-Martin-de-Corléans
Cso. Ivrea
V. Monte Emilius
Vle Giuseppe Garibaldi
V. Caduti del Lavoro
V. Vittorio Avondo
V. Paravera
V. Lavoratori-Vittime del Col du Mont
Cso. Père-Laurent
V. Frédéric Chabod
V. Festaz
V. Cesare Ollietti
Vle Conseil des Commis
V. Bonifacio
V. Piave
V. Carducci
V. Giosuè
Vle Partigiani
V. Chambéry
Cso. 26 Febbraio
V. Guedoz
V. Challgne
V. Bucaneve
V. Edelweiss
V. delle Betulle
V. Adamello
V. Monte Solarolo
V. Monte Vodice
V. Monte Pasubio
V. Giorgio Elter
V. Liconi
V. Lys
Vle Emile Lexert
V. Larsinaz
V. Chavanne
V. Monte Cervino
V. Mont-Fallere
V. Monte Grivola
V. Evançon
V. Artanavaz
Cso. Lancieri d'Aosta
Grand'Eyvia
Vicolo des Fermes
V. Binel
V. Pallin
V. Coumunier
V. Pta Pretoria
Vle Giacomo Matteotti
Str. per Porossan
V. Pont-Suaz
V. Maurice
V. Tournalin
V. Guido Rey
V. Torino
V. Prés Fossés
a
b
c
f
m
M

Vecchio Ristoro (Alfio Fascendini)

CUCINA MODERNA • CONTESTO REGIONALE XX Nel centro cittadino, una coppia di coniugi vi accoglie in ambienti rustici, ma eleganti, per servirvi la tradizione regionale alleggerita in chiave moderna.

➜ Carbonara di mare. Branzino alle barbabietole rosse con curry e patate. Pesca caramellata ripiena all'amaretto e salsa ai lamponi.

Menu 35 € (pranzo in settimana)/80 € - Carta 55/73 €

Pianta: B1-b - *via Tourneuve 4 - ✆ 0165 33238 (consigliata la prenotazione) - www.ristorantevecchioristoro.it - Chiuso 3 settimane in giugno, 1°-7 novembre, lunedì a mezzogiorno e domenica*

Osteria da Nando

CUCINA REGIONALE • INTIMO X Splendida collocazione nel cuore della città tra l'arco di Augusto e le Porte Pretoriane per questa semplice risorsa, a conduzione familiare, caratterizzata da parquet e soffitto ad archi. Cucina squisitamente regionale con specialità quali: crespelle alla valdostana, carbonade con polenta, crema St. Orso. Il menu fisso permette di contenere un po' i costi.

Menu 35/55 € - Carta 32/67 €

Pianta: C1-a - *via Sant'Anselmo 99 - ✆ 0165 44455 (consigliata la prenotazione) - www.osterianando.com - Chiuso 23 giugno-7 luglio e martedì escluso agosto*

MaMa

CUCINA GIAPPONESE • RUSTICO X All'interno di una bella villa del Novecento, mobili d'antiquariato, qualche inserto asiatico e tavoli nudi rendono l'atmosfera elegantemente informale. Pochi i piatti caldi, ma tante le sfiziose preparazioni giapponesi con un tocco di creatività. Fantasiosi roll tra le specialità del menu.

Carta 33/59 €

Pianta: A1-m - *Rue Petigat, 4 - ✆ 0165 060481 (prenotazione obbligatoria) - www.marcoansaldo.org - solo a cena - Chiuso luglio, sabato e domenica*

Milleluci

CASA DI CAMPAGNA • ACCOGLIENTE Strategicamente posizionato sulla città illuminata, al Milleluci si dorme in montagna, ma anche a due passi dal capoluogo valdostano, in caratteristiche ed accoglienti camere: rassicurati da moderni confort e coccolati da un centro benessere tra i migliori della città.

30 cam ☕ - †150 € ††190/280 €

Pianta: C1-c - *località Porossan Roppoz 15 - ✆ 0165 235278 - www.hotelmilleluci.com*

HB Aosta

FAMILIARE • FUNZIONALE Moderno albergo nato dal totale rinnovo di una struttura preesistente e condotto sempre dalla stessa, esperta, famiglia: in zona pedonale, ma raggiungibile in auto per gli ospiti, dispone di comodo parcheggio.

32 cam ☕ - †70/100 € ††100/200 € - 1 suite

Pianta: B2-b - *via Malherbes 18/A - ✆ 0165 43645 - www.hbaostahotel.com*

Le Rêve Charmant

TRADIZIONALE • ROMANTICO Un affascinante sogno che prende forma in quest'hotel del centro, dove armoniosi inserimenti di legno e pietra culleranno le vostre notti, in camere dedicate ai più importanti personaggi della storia valdostana.

6 cam ☕ - †114/139 € ††114/139 €

Pianta: B2-f - *Via Marché Vaudan 6 - ✆ 0165 238855 - www.lerevecharmant.com*

Un pasto con i fiocchi senza spendere una fortuna? Cercate i Bib Gourmand. Vi aiuteranno a trovare le buone tavole che coniugano una cucina di qualità al prezzo giusto!

a Pila Sud : 15 km B2 ✉ 11020

Société anonyme de consommation

CUCINA MODERNA • DI TENDENZA Piatti tradizionali rielaborati in chiave moderna, in un ristorante la cui architettura esterna si rifà al classico chalet di montagna, ma i cui interni compiono una bella virata verso il minimalismo. A pranzo, il locale è raggiungibile solo con gli sci (in inverno) o a piedi (in estate); alla sera, per mezzo gatto delle nevi su prenotazione e con partenza da Pila.

Menu 40/50 € - Carta 26/49 €

- ✆ 339 535 5644 (prenotazione obbligatoria la sera) - www.ristorantesociete.it - Aperto 28 novembre-17 aprile e 1° luglio-31 agosto

Della Nouva

FAMILIARE • STILE MONTANO Un piccolo albergo che piacerà soprattutto agli sciatori, in virtù della sua posizione strategica a due passi dagli impianti di risalita e per il deposito sci dotato di armadietti scaldascarponi. Nelle confortevoli camere, piccole personalizzazioni danno al cliente l'impressione di esser ospite di una casa privata.

10 cam - †45/70 € ††70/115 €

località Pila 75 - ✆ 0165 521005 - www.hoteldellanouva.it - Aperto 26 novembre-17 aprile e 24 giugno-10 settembre

a Jovençan Ovest : 5 km per Pila B2 ✉ 11020 - Alt. 632 m

Les Plaisirs d'Antan

CASA DI CAMPAGNA • TRADIZIONALE I piaceri di un tempo, si ripropongono all'ospite di oggi arricchiti di confort moderni: ampio centro benessere - uno dei migliori della regione! - nonché sei camere dedicate ai fiori e alle loro essenze. Nell'originale ristorante ubicato in una stalla del 1600, le antiche "retse" (mangiatoie) sono ora utilizzate per le sedute. In menu, specialità tipiche valdostane, quali pierrade, raclette, fondute, affiancate da una selezione di piatti elaborati con prodotti a chilometri zero, erbe e sapori locali.

6 cam - †70/100 € ††100/140 €

Hameau Le Clou 44 - ✆ 0165 251660 - www.lesplaisirsdantan.com

APPIANO GENTILE

Como - ✉ 22070 - 7 337 ab. - Alt. 368 m - Carta regionale n° **18**-A1

Roma 617 km - Como 20 km - Milano 43 km - Saronno 18 km

Carta stradale Michelin 561-E8

Il Portico

CUCINA DEL MERCATO • CONVIVIALE Lo chef Lopriore torna nella sua terra natìa con un nuovo locale dal format originale: se a pranzo la scelta è orientata su piatti unici, la sera vanno in scena menu degustazione "scomposti", ovvero carne, pesce o verdura con complementi originali, nonché sfiziosi. Una cucina del mercato dove il prodotto locale è protagonista indiscusso.

Menu 18 € (pranzo), 50/70 € - carta semplice a pranzo

piazza Libertà, 36 ✉ 22070 Appiano Gentile - ✆ 031 931982 (prenotare) - solo a cena in agosto - Chiuso 15 giorni in gennaio, martedì sera e mercoledì

APPIANO SULLA STRADA DEL VINO EPPAN AN DER WEINSTRASSE

Bolzano - ✉ 39057 - 12 308 ab. - Alt. 418 m - Carta regionale n° **19**-B2

Roma 653 km - Bolzano 17 km - Merano 33 km - Trento 57 km

Carta stradale Michelin 562-C15

a San Michele ✉ 39057

Zur Rose (Herbert Hintner)

CUCINA CREATIVA • AMBIENTE CLASSICO XX Da decenni sulla cresta dell'onda tra gli stellati dell'Alto Adige, eppure la cucina di Hintner non risente la vecchiaia e rimane sempre una tappa gastronomica imprescindibile lungo la romantica strada del vino.

➜ Risotto con variazione di verdure, petto di quaglia, fegato grasso d'oca. Controfiletto di bue con salsa mediterrranea al pepe, pane all'aglio e rucola. Praline allo spumante e cioccolato su crema di cachi.

Menu 78/88 € - Carta 54/97 €

via Josef Innerhofer 2 - ✆ 0471 662249 - www.zur-rose.com - Chiuso 24-27 dicembre, 2 settimane in luglio, lunedì a mezzogiorno e domenica

Angerburg Blumen hotel

FAMILIARE • ACCOGLIENTE La particolarità dell'albergo consiste nel trovarsi al centro del romantico paese, ma contemporaneamente circondato da un parco con frutteto. Le camere sono semplici, alcune con suggestiva vista sui tetti di San Michele.

30 cam - 🚹53/78 € 🚹🚹96/180 € - 1 suite

via dell'Olmo 16 - ✆ 0471 662107 - www.hotel-angerburg.com - Aperto 6 aprile-18 dicembre

a Pigano Nord-Ovest : 1,5 km ✉ 39057 - San Michele Appiano

Stroblhof

FAMILIARE • ACCOGLIENTE Abbracciata dal verde dei vigneti, una grande struttura impreziosita da un bel giardino con laghetto-piscina, adatta a una vacanza con la famiglia (soprattutto per le sue camere dalle dimensioni generose!), ma c'è anche una cantina con produzione vinicola e possibilità di degustazione.

29 cam - 🚹140/160 € 🚹🚹220/295 € - 6 suites

strada Pigeno 25 - ✆ 0471 662250 - www.stroblhof.it - Aperto 8 aprile-5 novembre

a Cornaiano Nord-Est : 2 km ✉ 39057

L'Arena

CUCINA REGIONALE • ROMANTICO XX A lato della bella piscina-solarium e con una panoramica terrazza esterna, L'Arena è una tappa gourmet obbligatoria in quel di Cornaiano. Cucina della tradizione rivisitata.

Menu 49/75 € - Carta 45/97 €

Hotel Weinegg, via Lamm 22 - ✆ 0471 662511 - www.weinegg.com

Weinegg

LUSSO • PERSONALIZZATO Nella tranquillità totale della natura, imponente edificio moderno con incantevole vista su monti e frutteti: ambienti personalizzati in raffinato stile tirolese, bella e completa spa.

25 cam - 🚹120/185 € 🚹🚹250/350 € - 17 suites

via Lamm 22 - ✆ 0471 662511 - www.weinegg.com

L'Arena - Vedere selezione ristoranti

Girlanerhof

TRADIZIONALE • ELEGANTE Tra i vigneti, in un'oasi di pace, sobria ricercatezza e accoglienza familiare, il Girlanerhof invita i suoi ospiti in confortevoli camere e nel centro benessere con piscina coperta, sauna, bagno turco e trattamenti di bellezza. Delizie gastronomiche locali e cucina internazionale vi attendono, invece, sulla terrazza soleggiata e nella bella veranda ristorante.

26 cam - 🚹100/135 € 🚹🚹160/250 € - 11 suites

via Belvedere 7 - ✆ 0471 662442 - www.girlanerhof.it - Aperto Pasqua-inizio novembre

a Monte Nord-Ovest : 2 km ✉ 39057 – San Michele Appiano

Bad Turmbach

CUCINA REGIONALE • ACCOGLIENTE XX Il servizio estivo in giardino è davvero godibile, ma anche la cucina è in grado di offrire piacevoli emozioni attraverso proposte del territorio rielaborate con fantasia. La trota, preparata in vari modi, è la specialità della casa.

Menu 38/58 € - Carta 37/83 € 15 cam - †65/77 € ††110/134 €

via Rio della Torre 4 - ✆ 0471 662339 - www.turmbach.com - Chiuso 26 dicembre-20 marzo e mercoledì a mezzogiorno e martedì

Steinegger

FAMILIARE • PERSONALIZZATO Possente complesso in aperta campagna, con bella vista sulla vallata, ideale per famiglie per la sua tranquillità e per le buone attrezzature sportive. Camere decorose, ambiente e gestione squisitamente familiari, l'ospitalità qui è di casa!

30 cam - †69/79 € ††120/199 € - 1 suite

via Masaccio 9 - ✆ 0471 662248 - www.steinegger.it - Aperto 9 aprile-5 novembre

ai laghi di Monticolo Sud-Est : 6 km ✉ 39057 – San Michele Appiano

Gartenhotel Moser

TRADIZIONALE • ELEGANTE Ideale per una distensiva vacanza con tutta la famiglia, questo albergo immerso nella pace del suo giardino-frutteto; camere confortevoli e piacevole zona fitness. Linee essenziali e colori caldi nella spaziosa sala da pranzo; servizio estivo all'aperto.

32 cam - †119/147 € ††208/256 € - 10 suites

lago di Monticolo 104 - ✆ 0471 662095 - www.gartenhotelmoser.com - Aperto 1° aprile-10 novembre

a Missiano Nord : 4 km ✉ 39057 – San Paolo Appiano

Schloss Korb

DIMORA STORICA • CLASSICO Incantevole veduta panoramica sulla vallata e quiete assoluta in un castello medioevale dai raffinati e tipici interni; molte camere nell'annessa struttura più recente. Calda, raffinata atmosfera nella sala in stile rustico con pareti in pietra; cucina locale.

46 cam - †105/187 € ††150/314 € - 16 suites

via Castello d'Appiano 5 - ✆ 0471 636000 - www.schloss-hotel-korb.com - Aperto 1° aprile a 30 novembre

APPIGNANO

Macerata (MC) – ✉ 62010 – 4 213 ab. – Alt. 199 m – Carta regionale n° **11**-C2

Roma 249 km – Ancona 45 km – Macerata 15 km – Loreto 30 km

Carta stradale Michelin 563-L22

Osteria dei Segreti

CUCINA REGIONALE • RUSTICO X Piatti della tradizione a prezzi particolarmente interessanti in un ex borgo agricolo con casolare, fienile ed annessi. Per chi volesse prolungare la sosta, la struttura dispone di camere (alcune con cucinino) dall'arredamento sobrio, ma confortevoli e tranquille.

Menu 19/43 € - Carta 19/56 € 15 cam - †40/69 € ††70/120 €

via Verdefiore 29, Nord : 3 km - ✆ 0733 57685 - www.osteriadeisegreti.com - Chiuso 23 febbraio-7 marzo e mercoledì

APRICA

Sondrio – ✉ 23031 – 1 588 ab. – Alt. 1 172 m – Carta regionale n° **9**-C1

Roma 666 km – Sondrio 33 km – Brescia 121 km – Madonna di Campiglio 90 km

Carta stradale Michelin 561-D12

Gimmy's

CUCINA CREATIVA • ROMANTICO XX Proposte di cucina fantasiosa e creativa, con qualche tocco esotico, in sintonia con le stagioni e gli umori dello chef. Si cena in una bella sala/stube dai caldi toni di montagna.

Menu 37/55 € - Carta 50/83 €

Hotel Arisch, via Privata Gemelli sn - ☎ 0342 747048 (consigliata la prenotazione) - www.hotelarisch.com - solo a cena escluso in alta stagione - Chiuso maggio, ottobre e novembre

Arisch

TRADIZIONALE • ELEGANTE Una piccola bomboniera per un romantico soggiorno montano, avvolti dal legno, come in una baita, nel centro di Aprica.

23 cam - †65/130 € ††110/230 €

via Privata Gemelli sn - ☎ 0342 747048 - www.hotelarisch.com - Chiuso maggio, ottobre e novembre

Gimmy's - Vedere selezione ristoranti

APRICALE

Imperia - ✉ 18035 - 629 ab. - Alt. 273 m - Carta regionale n° **8**-A3

Roma 674 km - Imperia 61 km - Genova 169 km - San Remo 30 km

Carta stradale Michelin 561-K4

La Favorita

CUCINA REGIONALE • RUSTICO XX Tante gustose specialità in un locale a 500 m dal paese: antipasti apricalesi, coniglio al Rossese con olive taggiasche, e sul camino che troneggia in sala, carni alla griglia cucinate sulla brace di legno d'ulivo. Nella bella stagione, si pranza e si cena nella magia della terrazza. Camere accoglienti a tema floreale.

Carta 26/54 €   6 cam - †60/80 € ††80/100 €

località Richelmo - ☎ 0184 208186 - www.lafavoritaapricale.com - Chiuso martedì sera e mercoledì escluso agosto

APRILIA

Latina - ✉ 04011 - 73 446 ab. - Alt. 80 m - Carta regionale n° **7**-B2

Roma 50 km - Latina 26 km - Frosinone 86 km

Carta stradale Michelin 563-R19

Il Focarile

CUCINA MODERNA • AMBIENTE CLASSICO XXX L'ingresso sontuoso introduce degnamente in un'ampia, luminosa sala di tono elegante con tavoli spaziati; tocco toscano per una cucina ricca di tradizione e d'inventiva e quattro eleganti camere di fronte al laghetto. Per serate più leggere, c'è anche l'Osteria Mangiaitaliano.

Menu 25/65 € - Carta 23/59 €   4 cam - †80/100 € ††120/150 €

via Pontina al km 46,5 - ☎ 06 928 2549 - www.ilfocarile.it - Chiuso 9-24 agosto

ARABBA

Belluno - ✉ 32020 - Alt. 1 602 m - Carta regionale n° **23**-B1

Roma 685 km - Belluno 74 km - Cortina d'Ampezzo 39 km - Trento 126 km

Carta stradale Michelin 562-C17

Stube Ladina

CUCINA REGIONALE • STUBE XX Della cucina se ne occupa direttamente il patron dell'albergo che, in una raccolta stube, propone ai suoi ospiti la materia prima del territorio in piatti ricercati e ben fatti. A coronamento di tutto, un'interessante carta dei vini.

Menu 20/50 € - Carta 18/52 €

Hotel Alpenrose, via Precumon 24 - ☎ 0436 750076 - www.alpenrosearabba.it - Aperto 1° dicembre-8 aprile e 26 maggio-30 settembre

Miky's Grill

CUCINA REGIONALE • STILE MONTANO Specialità alla griglia ed un menu che spazia dalla montagna a piatti mediterranei; a mezzogiorno (solo in inverno) proposte più veloci e meno elaborate per chi a fretta di tornare sulle piste.

Carta 35/67 €

Hotel Mesdì, via Mesdì 75 - 0436 79119 - www.hotelmesdi.com - Aperto 4 dicembre-9 aprile e 1° giugno-23 settembre

Sporthotel Arabba

TRADIZIONALE • STILE MONTANO Nel cuore della località, questa grande casa di montagna offre il meglio di sé negli spazi comuni, caratterizzati da tipiche decorazioni in legno che creano una "calda" atmosfera da baita. Camere in stile o più lineari, nel centro benessere c'è anche una piccola beauty.

48 cam - solo ½ P 70/189 € - 4 suites

via Mesdi 76 - 0436 79321 - www.sporthotelarabba.com - Aperto 15 dicembre-1° aprile e 15 giugno-15 settembre

Evaldo

TRADIZIONALE • STILE MONTANO Interni signorili rivestiti in legno e calda atmosfera in questa grande casa con vista panoramica sulle Dolomiti: essenze naturali, musica e acque rigeneranti presso l'originale centro benessere e piatti nazionali a cui si aggiungono specialità del luogo al ristorante.

23 cam - †90/210 € ††135/370 € - 17 suites

via Mesdì 3 - 0436 79109 - www.hotelevaldo.it - Aperto 8 dicembre-2 aprile e 20 maggio-7 ottobre

Alpenrose

TRADIZIONALE • STILE MONTANO Sulla strada che conduce al passo Pordoi, l'albergo e la dépendance propongono camere in caratteristico stile montano, modernamente accessoriate; spazi comuni signorili e gradevole zona benessere con un'interessante proposta messaggi.

27 cam - †45/150 € ††70/300 €

via Precumon 24 - 0436 750076 - www.alpenrosearabba.it - Aperto 1° dicembre-8 aprile e 26 maggio-30 settembre

Stube Ladina - Vedere selezione ristoranti

Mesdì

FAMILIARE • STILE MONTANO Alle pendici del Gruppo Sella e del Passo Pordoi, nel cuore delle Dolomiti e comodamente di fronte alle seggiovie, l'hotel è perfetto per chi ama lo sport sulla neve, ma anche per chi preferisce tranquille passeggiate nel centro della località.

19 cam - solo ½ P 60/135 €

via Mesdì 75 - 0436 79119 - www.hotelmesdi.com - Aperto 3 dicembre-9 aprile e 27 maggio-23 settembre

Miky's Grill - Vedere selezione ristoranti

Chalet Barbara

TRADIZIONALE • STILE MONTANO Poco distante dal centro, una casa di quattro piani dalla facciata di gusto tirolese: è il legno antico a dominare negli spaziosi ambienti, recuperato da vecchi casolari. Se il buon giorno si vede dal mattino, la prima colazione qui è memorabile!

15 cam - †75/140 € ††100/224 €

via Precumon 23 - 0436 780155 - www.chaletbarbara.com - Aperto 15 dicembre-2 aprile e 15 giugno-15 settembre

Laura

TRADIZIONALE • REGIONALE In comoda posizione centrale, ma poco distante dagli impianti di risalita, è una piacevole struttura a conduzione familiare. Il tipico stile montano, lo si ritrova anche nelle belle camere.

12 cam - †90/140 € ††90/140 €

via Boè 6 - 0436 780055 - www.garnilaura.it - Aperto 1° dicembre-15 aprile e 15 maggio- 30 settembre

sulla strada statale 48 Est : 3 km

Festungshotel-Al Forte

TRADIZIONALE • STILE MONTANO Attenta ad ogni particolare è un'intera famiglia a gestire questo accogliente hotel in posizione panoramica. Ambienti in stile montano, piccola zona benessere e servizio navetta per gli impianti.

20 cam - 60/140 € 102/230 € - 3 suites

via Pezzei 66 - 0436 79329 - www.alforte.com - Aperto 4 dicembre-15 aprile e 25 maggio-29 settembre

ARBATAX Sardegna Ogliastra (OG) → Vedere Tortolì

ARCETO Reggio nell'Emilia → Vedere Scandiano

ARCETRI Firenze → Vedere Firenze

ARCHI Catania (CT) → Vedere Riposto

ARCO

Trento - 38062 - 17 526 ab. - Alt. 91 m - Carta regionale n° **19**-B3

Roma 576 km - Trento 33 km - Brescia 81 km - Milano 176 km

Carta stradale Michelin 562-E14

On The Rock

FAMILIARE • MODERNO Sito in pieno centro, dotato però di qualche posteggio e di alcuni pass, piccolo hotel moderno, che già nel nome richiama la passione per l'arrampicata celebrata dalla sala "boulder". Con il sole la colazione viene anche servita all'aperto.

19 cam - 48/80 € 75/155 €

- 0464 516825 - www.garniontherock.com
- Chiuso 17 gennaio-7 aprile

ARCUGNANO

Vicenza - 36057 - 7 314 ab. - Alt. 160 m - Carta regionale n° **22**-A2

Roma 530 km - Padova 37 km - Venezia 72 km - Vicenza 9 km

Carta stradale Michelin 562-F16

Villa Michelangelo

STORICO • ELEGANTE Camere arredate con mobili antichi e rese uniche da dettagli d'epoca, si differenziano per la particolarità del movimento architettonico naturale della villa: siamo infatti in una residenza nobiliare del '700 con grande parco, nel suggestivo quadro dei colli Berici.

52 cam - 95/210 € 144/437 €

via Sacco 35 - 0444 550300 - www.hotelvillamichelangelo.com - Chiuso 1°-17 gennaio e febbraio

a Lapio Sud : 5 km 36057 - Arcugnano

Trattoria da Zamboni

CUCINA CREATIVA • ACCOGLIENTE XX In un imponente palazzo d'epoca, le sobrie sale quasi si fanno da parte per dare spazio al panorama sui colli Berici e alla cucina, tradizionale e rivisitata al tempo stesso.

Menu 30/45 € - Carta 31/53 €

via Santa Croce 73
- 0444 273079 - www.trattoriazamboni.it - Chiuso 2-10 gennaio, 2 settimane in agosto, lunedì e martedì

a Soghe Sud : 9,5 km ✉ 36057 - Arcugnano

Antica Osteria da Penacio

VENEZIANA • CONTESTO TRADIZIONALE XX Ristorante a conduzione familiare in una villetta al limitare di un bosco: all'interno due raffinate salette e una piccola, ma ben fornita, enoteca; cucina tradizionale.

Menu 35 € - Carta 32/55 €

via Soghe 62 - ☎ 0444 273540 - www.penacio.it - Chiuso 10 giorni in febbraio-marzo, 10 giorni in novembre, giovedì a mezzogiorno e mercoledì

ARDENZA Livorno

➜ Vedere Livorno

AREMOGNA L'Aquila

➜ Vedere Roccaraso

ARENZANO

Genova - ✉ 16011 - 11 519 ab. - Carta regionale n° **8**-B2

Roma 527 km - Genova 24 km - Alessandria 77 km - Savona 23 km

Carta stradale Michelin 561-I8

The Cook (N) (Ivano Ricchebono)

CUCINA CREATIVA • ELEGANTE XXX Anche in questa nuova sede, all'interno del Grand Hotel Arenzano, la sua cucina prevalentemente di mare elaborata con precisione, fantasia e creatività permette a questo moderno ristorante di collocarsi sempre nella volta stellata.

➜ Il mio crudo di mare su giardino di primavera. Cappon magro. La sacripantina.

Carta 58/99 €

Grand Hotel Arenzano, lungomare Stati Uniti 2 - ☎ 010 91091 - www.thecookrestaurant.com - Chiuso 15 dicembre-15 gennaio e martedì

Grand Hotel Arenzano

LUSSO • LUNGOMARE Grande villa d'inizio secolo sul lungomare: un albergo di sobria eleganza dalle camere piacevolmente spaziose, piccola zona benessere e simpatico lounge bar serale in piscina durante la bella stagione.

104 cam - †78/325 € ††118/445 € - 5 suites

lungomare Stati Uniti 2 - ☎ 010 91091 - www.gharenzano.it - Chiuso 15 dicembre-15 gennaio

The Cook - Vedere selezione ristoranti

Poggio Hotel

BUSINESS • FUNZIONALE In prossimità dello svincolo autostradale, ideale quindi per una clientela d'affari o di passaggio, hotel d'ispirazione contemporanea con camere su due piani, quelle al secondo sono migliori e più recenti.

40 cam - †40/122 € ††40/142 €

via di Francia 24, Ovest : 2 km - ☎ 010 913 5320 - www.poggiohotel.it

ARESE

Milano - ✉ 20020 - 19 187 ab. - Alt. 160 m - Carta regionale n° **10**-B2

Roma 597 km - Milano 16 km - Como 36 km - Varese 50 km

Carta stradale Michelin 561-F9

Il Piccolo Principe

CUCINA CLASSICA • DI TENDENZA XX Ambiente moderno nello stile e nell'offerta gastronomica: oltre al tradizionale ristorante, Il Piccolo Principe contempla anche una informale Hostaria con proposte sfiziose.

Carta 33/67 €

via Caduti 35/37 - ☎ 02 9358 0144 - www.ilpiccoloprincipe-arese.it - Chiuso 10-16 agosto, domenica sera e lunedì

AREZZO

(AR) - ✉ 52100 - 99 543 ab. - Alt. 296 m - Carta regionale n° **18**-D2

Roma 217 km - Perugia 74 km - Siena 68 km - Firenze 75 km

Carta stradale Michelin 563-L17

La Lancia d'Oro

CUCINA REGIONALE · CONTESTO STORICO XX Bel locale sito nella celebre piazza delle manifestazioni storiche, sotto le splendide logge del Vasari, dove d'estate è svolto il servizio all'aperto; cucina toscana.

Menu 35/65 € – Carta 34/81 €

Pianta: B2-u – *piazza Grande 18/19 – ☎ 0575 21033 – www.ristorantelanciadoro.it – Chiuso 15-28 febbraio, 13-27 novembre, domenica sera e lunedì escluso luglio-agosto*

Le Chiavi d'Oro

CUCINA MODERNA · CONTESTO CONTEMPORANEO XX Accanto alla basilica di San Francesco, il ristorante sfoggia un look originale: pavimento in parte in legno, in parte in resina, nonché sedie girevoli anni '60 ed altre di design danese; una parete di vetro consente di sbirciare il lavoro in cucina. Sulla tavola, piatti del territorio moderatamente rivisitati.

Carta 37/58 €

Pianta: B2-f – *piazza San Francesco 7 – ☎ 0575 403313 – www.ristorantelechiavidoro.it – Chiuso 10 giorni in gennaio e lunedì, anche martedì a mezzogiorno da ottobre a marzo*

Saffron

CUCINA MODERNA • CONTESTO CONTEMPORANEO XX Ristorante dal design contemporaneo che presenta, tuttavia, elementi di rustica tipicità. Piatti moderni nel menu, che alla sera si arricchisce di specialità giapponesi.

Carta 40/87 €

Pianta: B2-b - *piazza Sant'Agostino 16 - ✆ 0575 182 4560 (consigliata la prenotazione) - solo a cena - Chiuso lunedì*

La Tagliatella

CUCINA REGIONALE • AMBIENTE CLASSICO XX In un locale leggermente periferico, colori chiari per un ambiente luminoso le cui decorazioni sono un evidente richiamo al mondo del vino. In menu: cucina di terra con specialità di carne di razza chianina.

Carta 33/52 €

viale Giotto 45/47, 1 km per Sansepolcro - ✆ 0575 21931 - www.ristorantelatagliatella.it - Chiuso 2 settimane in agosto, domenica sera e mercoledì

Graziella Patio Hotel

FAMILIARE • PERSONALIZZATO Segni d'Africa e d'Oriente in un albergo che presenta ambientazioni davvero originali, le camere s'ispirano, infatti, ai racconti di viaggio del romanziere Bruce Chatwin. Tre di esse, inoltre, sono dedicate alla spa: una con vasca jacuzzi, l'altra con sauna ed, ultima ma non ultima, una con lampada per cromoterapia.

6 cam - †120/135 € ††150/180 € - 4 suites

Pianta: B2-c - *via Cavour 23 - ✆ 0575 401962 - www.hotelpatio.it*

a Giovi : 8 km per Cesena A ✉ 52100

Antica Trattoria al Principe

CUCINA REGIONALE • FAMILIARE X Diverse salette in un locale completamente rinnovato qualche anno fa, dove gustare specialità del luogo e tradizionali: assolutamente da provare le pappardelle al ragù di carne e fungo e l'anguilla al tegamaccio. Aperta anche una rosticceria per piatti da asporto.

Menu 30/40 € - Carta 31/63 € 9 cam - †45/59 € ††65/80 €

piazza Giovi 25 - ✆ 0575 362046 - www.ristorantealprincipe.it - Chiuso 7-16 gennaio, 1°-20 agosto e lunedì

a Olmo Sud : 6 km per viale Giotto(AR) - ✉ 52040

Le Capanne

CASA DI CAMPAGNA • PERSONALIZZATO Un hotel che nasce dalla completa ristrutturazione di un vecchio casolare in aperta campagna e che quindi gode del verde e della tranquillità assoluta. Alla conduzione una dinamica coppia che ha optato per il mantenimento di camere non grandi, ma dall'originale stile tra il rustico e il moderno. Bella piscina con solarium ed ampi spazi esterni.

15 cam - †75/109 € ††85/109 € - 1 suite

Località il Matto 44/45 - ✆ 0575 959634 - www.hotellecapanne.com

ARGEGNO

Como - ✉ 22010 - 681 ab. - Alt. 210 m - Carta regionale n° **9**-A2

Roma 645 km - Como 20 km - Lugano 43 km - Menaggio 15 km

Carta stradale Michelin 561-E9

a Sant'Anna Sud-Ovest : 3 km ✉ 22010 - Argegno

La Griglia

CUCINA LOMBARDA • TRATTORIA XX Trattoria di campagna con camere: ambiente rustico nelle due sale completamente rinnovate; servizio estivo all'aperto e ampia selezione di vini e distillati.

Menu 35 € - Carta 33/60 € 11 cam - †50/80 € ††60/120 €

- ✆ 031 821147 - www.lagriglia.it - Chiuso 15-29 gennaio e martedì escluso luglio e agosto

Locanda Sant'Anna

CUCINA LOMBARDA • CONTESTO CONTEMPORANEO XX Locanda con camere in una bella casa totalmente ristrutturata; due sale da pranzo attigue, con divanetti e soffitto con travi a vista, affacciate sulla valle e sul lago.

Carta 36/57 € 8 cam - †60/105 € ††75/125 € - 1 suite

via per Schignano 152 - 031 821738 - www.locandasantanna.it - Chiuso mercoledì in novembre-aprile

ARGELATO

Bologna - 40050 - 9 844 ab. - Alt. 25 m - Carta regionale n° **5**-C3

Roma 401 km - Bologna 25 km - Ferrara 43 km - Modena 41 km

Carta stradale Michelin 562-I16

L'800

CUCINA REGIONALE • FAMILIARE XX Tante specialità regionali da gustare nell'elegante sala con grandi tavoli ornati di argenti e cristalli o nella saletta più intima. Volete che ve ne suggeriamo qualcuna? Tortellini classici in brodo di cappone - scaloppine al pignoletto con spadellata di verdure - gelato di crema con fico caramellato.

Menu 15 € (pranzo in settimana)/30 € - Carta 22/48 €

via Centese 33 - 051 893032 - www.ristorante800.it - Chiuso 1°-7 gennaio, 14-21 agosto, sabato a mezzogiorno, domenica sera e lunedì

a Funo Sud-Est : 9 km 40050

Il Gotha

CUCINA MEDITERRANEA • CONVIVIALE XX Elegante ristorante dalle tonalità chiare, con vezzose sedie zebrate ed un grande trompe-l'oeil che conferisce profondità all'ambiente. La carta contempla piatti di mare classici o ricercati, ma non mancano proposte a base di carne.

Carta 28/52 €

via Galliera 92 - 051 864070 - www.ilgotha.com - Chiuso 26 dicembre- 6 gennaio, 9-30 agosto e domenica

ARIANO IRPINO

Avellino - 83031 - 22 700 ab. - Alt. 788 m - Carta regionale n° **4**-C1

Roma 275 km - Avellino 55 km - Benevento 44 km - Napoli 108 km

Carta stradale Michelin 564-D27

La Pignata

CUCINA REGIONALE • FAMILIARE XX Nell'ampia sala dal soffitto ad archi aleggia un'atmosfera piacevolmente rustica, anticipo di ciò che arriverà dalla cucina: zuppa di fagioli e castagne - agnello alle erbe aromatiche - semifreddo al torrone con crema e cioccolato caldo. Ma la carta ha ancora tanto da raccontare...

Menu 29/39 € - Carta 23/45 €

viale Dei Tigli 7 - 0825 872571 - www.ristorantelapignata.it - Chiuso 17-27 luglio e martedì escluso agosto

ARMA DI TAGGIA

Imperia - 18011 - Carta regionale n° **8**-A3

Roma 640 km - Imperia 18 km - Savona 94 km - Ventimiglia 32 km

Carta stradale Michelin 561-K5

La Conchiglia (Anna Parisi)

CUCINA LIGURE • ELEGANTE XXX Una cucina leggera, dalle linee semplici, che aliena ogni tentativo di procurare eccessivo stupore: il successo risiede nella qualità del pescato, valorizzato in ogni piatto. Qualche proposta di carne.

→ Ravioli con ripieno vegetale conditi con le arselle. Gamberi di San Remo su vellutata di fagioli di Conio, olio profumato di rosmarino. Cannolo di pan di spezie farcito di cioccolato su gelatina di lamponi.

Menu 48 € (pranzo in settimana)/65 € - Carta 50/106 €

Lungomare 33 - 0184 43169 - www.la-conchiglia.it - Chiuso 15 giorni in giugno, 15 giorni in novembre, giovedì a mezzogiorno e mercoledì

ARMENZANO Perugia → Vedere Assisi

ARONA

Novara – ✉ 28041 – 14 152 ab. – Alt. 212 m – Carta regionale n° **13**-B2
Roma 641 km – Stresa 18 km – Milano 68 km – Novara 40 km
Carta stradale Michelin 561-E7

Taverna del Pittore

CUCINA CLASSICA • **ELEGANTE** XXX Di scorta al porto di Arona, la guarnigione spagnola contemplava - quattro secoli or sono - lo spettacolo che ancora oggi il cliente può ammirare dalla veranda di questo raffinato locale. Due le linee culinarie proposte: una gourmet per appassionati e l'offerta bistrot con piatti meno impegnativi, ma sempre di qualità.

Carta 42/88 €

piazza del Popolo 39 – ✆ 0322 243366 – www.ristorantetavernadelpittore.it – Chiuso giovedì

a Montrigiasco Nord-Ovest : 6 km ✉ 28041 – Arona

Castagneto

CUCINA REGIONALE • **FAMILIARE** XX Attivo da alcuni decenni, il locale ha visto avvicendarsi la nuova generazione della medesima famiglia, ma lo spirito genuino è immutato così come l'atmosfera, calda e rilassata. Gli spaghetti neri con calamari, gamberetti, pomodori confit e salicornia, nonché le lumache di Briona in guscio con aglio, burro e prezzemolo sono tra i piatti più gettonati del menu.

Menu 15 € (pranzo in settimana)/35 € – Carta 23/54 €

via Vignola 14 – ✆ 0322 57201 – www.ristorantecastagneto.com – Chiuso 22 dicembre-15 gennaio, 10 giorni in giugno, lunedì e martedì

ARPINO

Frosinone – ✉ 03033 – 7 262 ab. – Alt. 447 m – Carta regionale n° **7**-D2
Roma 123 km – Frosinone 36 km – Latina 87 km – Isernia 91 km
Carta stradale Michelin 563-R22

Il Cavalier d'Arpino

STORICO • **ACCOGLIENTE** Ai margini di uno dei più bei centri storici della zona, l'albergo si trova all'interno di un palazzo settecentesco. Optate per una camera con vista.

28 cam – †39/55 € ††59/75 €

via Vittoria Colonna 21 – ✆ 0776 849348 – www.cavalierdarpino.it

a Carnello Nord : 5 km ✉ 03030

Mingone

CUCINA LAZIALE • **RUSTICO** XX Da oltre un secolo intramontabile rappresentante della cucina locale, ai consueti piatti laziali si aggiungono le specialità a base di trota, baccalà e gamberi di fiume. La cantina sottostante nasconde piccole rarità; le camere sono spaziose e in piacevole stile rustico.

Carta 19/44 € 21 cam – †35/50 € ††90/130 € – 2 suites

via Pietro Nenni 96 – ✆ 0776 869140 (prenotare) – www.mingone.it – Chiuso domenica sera

ARQUÀ PETRARCA

Padova – ✉ 35032 – 1 874 ab. – Alt. 80 m – Carta regionale n° **23**-B3
Roma 478 km – Padova 29 km – Mantova 85 km – Rovigo 31 km
Carta stradale Michelin 562-G17

La Montanella

CUCINA REGIONALE • ELEGANTE XXX Dentro alla bella villa panoramica, circondata da un giardino con ulivi secolari e fiori, non c'è soltanto un ottimo ristorante, ma il cuore grande di un'intera famiglia che offre ai propri ospiti il meglio del territorio: ricercato o prodotto direttamente con vera passione.

Menu 40/50 € - Carta 37/70 €

via dei Carraresi 9 - ✆ 0429 718200 - www.montanella.it
- Chiuso 9 gennaio-10 febbraio, 10 giorni in agosto, martedì sera e mercoledì

ARTA TERME

Udine - ✉ 33022 - 2 171 ab. - Alt. 442 m - Carta regionale n° **6**-B1
Roma 696 km - Udine 61 km - Trieste 132 km - Tarvisio 71 km
Carta stradale Michelin 562-C21

a Piano d'Arta Nord : 2 km ✉ 33022 - Alt. 564 m

Gardel

TRADIZIONALE • ACCOGLIENTE Non lontano dalle terme, ideale per una vacanza salutare e rigenerante, un hotel classico della cui conduzione si occupa una famiglia dalla lunga tradizione alberghiera. Se le camere sono di due stili, noi preferiamo le moderne.

50 cam - †50/85 € ††75/95 € - 1 suite

via Marconi 6/8 - ✆ 0433 92588 - www.gardel.it
- Chiuso 3 novembre-25 dicembre

ARTIMINO Prato → Vedere Carmignano

CI PIACE...

La terrazza panoramica del ristorante ***La Mola*** che non vi farà rimpiangere il distacco dal mondano Porto Cervo. Le due "R", raffinatezza e relax, per la spiaggia privata con digradante giardino e piscina dell'***EA Bianca Luxury Resort***. La cucina brasiliana e glamour della Costa Smeralda all'***Aruanà***! L'autenticità di ambienti e piatti caratteristici alla ***Tenuta Pilastru***.

ARZACHENA Sardegna

Olbia-Tempio – ✉ 07021 – 13 562 ab. – Alt. 85 m – Carta regionale n° **16**-B1
▶ Cagliari 311 km – Olbia 26 km – Palau 14 km – Sassari 129 km
Carta stradale Michelin 366-R37

sulla strada provinciale Arzachena-Bassacutena Ovest : 5 km

Tenuta Pilastru

CUCINA SARDA • RUSTICO XX Per una volta, lasciate il mare e la mondanità della costa e godetevi la natura e la pace dell'entroterra: in un ambiente elegante, ma con spunti tipici locali, piatti sardi, buon vino e cordiale ospitalità.

Menu 38 €

Hotel Tenuta Pilastru, località Pilastru ✉ 07021 Arzachena – ✆ 0789 82936 – www.tenutapilastru.it – solo a cena escluso domenica da ottobre a giugno – Chiuso novembre e 24-26 dicembre

Tenuta Pilastru

RESORT • PERSONALIZZATO Abbracciato dal verde e dalla tranquillità della campagna gallurese, un cascinale ottocentesco ristrutturato ed ampliato offre ai turisti graziose camere in stile country. Ora, c'è anche un nuovissimo wellness center.

32 cam – solo ½ P 60/120 € – 2 suites

località Pilastru ✉ 07021 Arzachena – ✆ 0789 82936 – www.tenutapilastru.it

Tenuta Pilastru – Vedere selezione ristoranti

a Cannigione Nord Est : 8 km ✉ 07021

La Risacca

PESCE E FRUTTI DI MARE • ROMANTICO XXX Sul lungomare di Cannigione, un ristorante signorile con bella terrazza e ambienti originali, che richiamano le pietre e i colori locali. La cucina propone interessanti piatti a base di pesce, ma non solo.

Menu 50 € (pranzo)/80 € – Carta 53/124 €

via Lipari 181 – ✆ 0789 892025 – www.ristorantelarisacca.it – Chiuso 6 gennaio-6 febbraio e martedì escluso 7 aprile-ottobre

Cala di Falco

TRADIZIONALE • PERSONALIZZATO Direttamente sul mare e immerso nel verde, un complesso di notevoli dimensioni che dispone di ambienti curati nei dettagli, sale convegni, campi da gioco e teatro all'aperto. Nelle capienti ed eleganti sale ristorante, piatti dai sapori semplici e prelibati.

80 cam - solo ½ P 92/254 € - 40 suites

via Micalosu - ✆ 0789 899200 - www.delphina.it - Aperto 14 maggio-15 ottobre

Costa Smeralda Carta regionale n° **16**-B1

a Porto Cervo ✉ 07021

Madai

CUCINA CLASSICA • ELEGANTE XxX Al termine dell'elegante passeggiata tra le grandi firme di Porto Cervo, il ristorante punta sui sapori mediterranei in piatti semplici e gustosi, nonché su una terrazza (meglio prenotare) affacciata sul porto per cene romantiche ed esclusive.

Carta 66/90 €

Promenade du Port-via del Porto Vecchio 1 - ✆ 0789 91056 - www.eliosironi.it - solo a cena in luglio-agosto - Aperto 20 maggio-31 ottobre; chiuso mercoledì escluso in luglio-agosto

La Mola

CUCINA MODERNA • CONTESTO CONTEMPORANEO XxX Gusterete una cucina moderna e ben fatta, soprattutto a base di pesce, tra le migliori della zona, comodamente seduti nelle sale contemporanee, con richiami marinari e ampie finestre, da cui d'estate "spariscono" i vetri, dandovi la piacevole sensazione di essere all'aperto.

Menu 75 € - Carta 63/105 €

località Piccolo Pevero, Sud: 1,5 km - ✆ 0789 92145 - www.ristorantelamola.it - solo a cena - Aperto settimana di Pasqua e maggio-settembre

Aruanà

CUCINA BRASILIANA • ROMANTICO XX Sulla strada per Baja Sardinia, un locale da non perdere per passare una serata magica, tra ameni giardini ed atmosfera carioca, rodizio a volontà e ricco buffet.

Menu 25/42 €

località Liscia Di Vacca, Ovest: 1 Km - ✆ 0789 906085 - www.aruana.it - solo a cena - Aperto 15 aprile-15 ottobre

Colonna Pevero Hotel

LUSSO • MEDITERRANEO In questa stupenda casa mediterranea coccolata dal verde, il lusso si declina - al di là delle installazioni, degli ambienti, del giardino - nella cura e personalizzazione del servizio: le attenzioni sono rivolte alle diverse individualità della clientela più esigente. Se il pranzo si svolge al bordo delle cinque bellissime piscine, la cena à la carte viene servita nel romantico ristorante Zafferano.

93 cam ☕ - †280/900 € ††370/1480 € - 7 suites

località Golfo Pevero ✉ 07021 Arzachena - ✆ 0789 907009 - www.colonnapeverohotel.it - Aperto da fine aprile a metà ottobre

a Romazzino ✉ 07021 – Porto Cervo

Romazzino

GRAN LUSSO • PERSONALIZZATO Un'architettura bianca incorniciata dal colore e dal profumo dei fiori ospita un'accoglienza calorosa, eleganti camere dai chiari arredi e un'invitante piscina d'acqua salata. Insolito connubio tra rustico e chic nella sala ristorante con vista, dove assaporare una cucina classica in cui regna la creatività.

100 cam ☕ - †1515/2860 € ††2020/2860 €

località Romazzino - ✆ 0789 977111 - www.romazzinohotel.com - Aperto 1° maggio-30 settembre

a Cala di Volpe ✉ 07021 - Porto Cervo

Cala di Volpe

GRAN LUSSO • MEDITERRANEO Dietro la facciata policroma un'oasi di quiete nello smeraldo della costa: ambienti da sogno, dove i colori e le pietre della Sardegna si fondono in una suggestiva armonia. Cucina internazionale reinterpretata con i migliori prodotti locali negli accoglienti ristoranti.

121 cam – †1245/1425 € ††2040/2400 € - 19 suites

- *☎ 0789 976111 - www.caladivolpe.com - Aperto 1° maggio-30 settembre*

Petra Bianca

LUSSO • ELEGANTE Dalla sua location leggermente elevata e panoramica, questo elegante resort domina una delle baie più belle dell'isola, Cala di Volpe. L'originale costruzione in pietra locale, immersa nel verde della macchia mediterranea, dispone di accoglienti camere quasi tutte fronte mare.

46 cam – †153/582 € ††228/582 € - 2 suites

- *☎ 0789 96084 - www.petrabiancahotel.com - Aperto 1° aprile-31 ottobre*

a Baia Sardinia ✉ 07021

Corbezzolo

PESCE E FRUTTI DI MARE • CONVIVIALE XX Tempo permettendo, optate per la terrazza dalla splendida vista panoramica, sapendo tuttavia che il punto forte del ristorante, oltre alla cortesia, è la cucina marinara (ma ci sono anche pizze!).

Menu 34/48 € - Carta 33/89 €

Hotel Mon Repos, piazzetta della Fontana - ☎ 0789 99893
- www.ristorantecorbezzolo.it - Aperto 10 maggio-30 settembre

L'Ea Bianca Luxory Resort

LUSSO • MODERNO Ambiente esclusivo per un hotel che abbraccia il giardino con piscina, offrendo scorci di un panorama mozzafiato; eleganza di taglio moderno anche nel ristorante dove gustare sfiziosi piatti di cucina mediterranea.

31 cam – †250/900 € ††250/950 € - 1 suite

Cala dei Ginepri, Sud: 2 km - ☎ 0789 974311 - www.eabianca.it - Aperto 15 aprile-15 ottobre

La Bisaccia

LUSSO • MEDITERRANEO In una zona tranquilla, circondata da prati che declinano verso il mare, la struttura è ideale per una vacanza all'insegna del riposo ed ospita camere ampie e luminose. Nelle raffinate sale del ristorante, la vista sull'arcipelago e i sapori della cucina sarda.

102 cam – †190/366 € ††290/452 € - 7 suites

- *☎ 0789 99002 - www.hotellabisaccia.it - Aperto 30 aprile-8 ottobre*

Mon Repos

FAMILIARE • MEDITERRANEO A due passi dalla piazzetta ed in posizione dominante sulla baia, una conduzione familiare attenta che offre luminosi spazi e camere confortevoli nella loro semplicità.

59 cam – †60/110 € ††110/300 € - 1 suite

via Tre Monti - ☎ 0789 99011 - www.hotelmonrepos.it - Aperto 10 maggio-30 settembre

Corbezzolo - Vedere selezione ristoranti

Pulicinu

LUSSO • MEDITERRANEO In posizione tranquilla e panoramica, piacevole hotel a conduzione familiare circondato da curati giardini e macchia mediterranea. La struttura ospita una piscina rigenerante, camere di medio confort e suites. Dalla cucina, i saporiti piatti della tradizione regionale da gustare nell'elegante e luminosa sala.

34 cam – †210/356 € ††260/436 € - 6 suites

località Pulicinu, Sud: 3 km - ☎ 0789 933001 - www.hotelpulicinu.com - Aperto 1° giugno-30 settembre

a Liscia di Vacca ✉ 07021 - Porto Cervo

Balocco

TRADIZIONALE • MEDITERRANEO Ha superato i 40 anni questa piacevole struttura ed ancora oggi si propone all'altezza delle aspettative! La casa madre, bianca e cinta dal giardino, è il più classico degli esempi di stile mediterraneo; più lineare invece la dépendance dove però si trovano le camere più panoramiche. Il ristorante è aperto solo a pranzo a bordo piscina, mentre dalla tarda mattinata fino a sera entra in scena l'HB Lounge Bar.

38 cam - †95/450 € ††95/650 € - 3 suites

- ✆ 0789 91555 - www.hotelbalocco.it - Aperto 1° aprile-31 ottobre

a Pitrizza ✉ 07021 - Porto Cervo

Pitrizza

GRAN LUSSO • PERSONALIZZATO Circondato dai colori e dai profumi del paesaggio sardo, un hotel dall'antico splendore cela negli ambienti interni lusso e ricercatezza mentre all'esterno offre spazi curati. Ville esclusive con maggiordomo al servizio dell'ospite.

65 cam - †1700/2500 € ††1980/3160 € - 17 suites

- ✆ 0789 930111 - www.pitrizzahotel.com - Aperto 1° maggio-30 settembre

ARZIGNANO

Vicenza (VI) - ✉ 36071 - 25 844 ab. - Alt. 118 m - Carta regionale n° **23**-B2

Roma 546 km - Verona 48 km - Venezia 87 km - Vicenza 24 km

Carta stradale Michelin 562-F15

Macelleria Damini & Affini (Giorgio Damini)

CUCINA ITALIANA • ALLA MODA Gastronomia, enoteca e macelleria di lusso, dietro le scintillanti vetrine si nascondono i tavoli e una cucina di rimarchevoli prodotti e gustose elaborazioni, mentre i tantissimi vini sono suggeriti a voce dal patron: senza dubbio, un'originale esperienza gourmet!

→ Gnocco di pane e fegato con cipolline caramellate all'aceto balsamico. Anteriore e posteriore di manzo al barbecue. La mia caprese.

Menu 45/95 € - Carta 35/82 €

via Cadorna 31 - ✆ 0444 452914 - www.daminieaffini.com - Chiuso 3 settimane in agosto, domenica sera e lunedì

St.Ar Hotel

FAMILIARE • CENTRALE Vicino al centro, all'interno di un ex fabbrica tessile, piccolo albergo di recente apertura a conduzione familiare: piccoli e moderni gli ambienti comuni, più ampie le camere.

17 cam - †60/70 € ††80/95 €

via Giuriolo 5 - ✆ 0444 450951 - www.star-hotel.it

ASCIANO

Siena - ✉ 53041 - 7 118 ab. - Alt. 200 m - Carta regionale n° **18**-C2

Roma 208 km - Siena 27 km - Arezzo 46 km - Firenze 108 km

Carta stradale Michelin 563-M16

La Tinaia

CUCINA TOSCANA • RUSTICO Immerso nel verde della proverbiale campagna toscana, il ristorante è riscaldato da un piacevole caminetto e propone piatti legati al territorio, accompagnati da qualche rivisitazione. Décor rustico-elegante.

Carta 29/54 €

Hotel Borgo Casabianca, località Casa Bianca, Est: 10,5 km - ✆ 0577 704362 - www.casabianca.it - solo a cena in aprile, maggio e ottobre - Chiuso 3 gennaio-31 marzo e mercoledì

Borgo Casabianca

DIMORA STORICA • TRADIZIONALE Immersa nel silenzio di un incantevole paesaggio collinare, la casa padronale settecentesca ospita nove camere, mentre diciotto ampi e panoramici appartamenti li troverete nel circostante borgo. Arredi d'epoca e delizioso giardino completano un quadro da cartolina.

27 cam – 110/129 € 170/200 € – 2 suites

località Casa Bianca, Est: 10,5 km – 0577 704362 – www.casabianca.it – Chiuso 3 gennaio-31 marzo

La Tinaia – Vedere selezione ristoranti

ASCOLI PICENO

(AP) – 63100 – 49 407 ab. – Alt. 154 m – Carta regionale n° **11**-D3

Roma 185 km – Ancona 122 km – L'Aquila 101 km – Teramo 39 km

Carta stradale Michelin 563-N22

Caffe' Meletti

CUCINA MARCHIGIANA • ACCOGLIENTE XX Al primo piano di questo storico caffè dov'è nata l'omonima anisetta, una cucina regionale e di mare venata di sobria creatività. Non perdete l'occasione di una cena in terrazza con vista su piazza del Popolo. A pranzo formule più veloci servite al bar.

Menu 35 € (pranzo)/50 € – Carta 31/64 €

Pianta: B2-e – *via del Trivio 56 – 0736 255559 – www.caffemeletti.it – Chiuso 19-29 gennaio, domenica sera e lunedì escluso in estate*

Del Corso

PESCE E FRUTTI DI MARE • FAMILIARE X In un antico palazzo del centro storico, il ristorante dispone di una piccolissima sala dalla pareti in pietra e volte a vela. La cucina è di pesce, subordinata di giorno in giorno alla generosità del mare: i piatti sono esposti a voce.

Carta 30/52 €

Pianta: B1-d – *corso Mazzini 277 – 0736 256760 (consigliata la prenotazione) – Chiuso 24 dicembre-1° gennaio, 15-30 luglio, 15-30 ottobre, domenica sera e lunedì*

Osteria Nonna Nina

CUCINA MARCHIGIANA • RUSTICO X Paste fresche e piatti regionali nell'ambiente semplice, ma accogliente, di questa trattoria del centro storico (comunque raggiungibile in auto). In estate, i tavolini sulla piazza sono una valida alternativa alla sala interna.

Menu 25 € – Carta 19/62 €

Pianta: B2-f – *piazza della Viola 11 – 0736 251523 – www.osterianonnanina.com – Chiuso 1°-15 dicembre, 1°-15 maggio e lunedì*

Residenza 100 Torri

LUSSO • PERSONALIZZATO Hotel ricavato da un'antica filanda e dalle scuderie di un palazzo del 1700, dove fascino storico e confort aggiornati costituiscono un buon mix per un'accoglienza raffinata.

17 cam – 60/160 € 76/190 € – 2 suites

Pianta: A1-b – *via Costanzo Mazzoni 4 – 0736 255123 – www.centotorri.com*

Palazzo dei Mercanti

LUSSO • PERSONALIZZATO In pieno centro storico e a soli 20 metri dalla suggestiva piazza del Popolo, Palazzo dei Mercanti è l'eccellente risultato del recupero di una dimora medioevale del centro storico: piacevolissima area relax, camere eleganti e luminose.

22 cam – 82/129 € 82/149 €

Pianta: B1-a – *corso Trento e Trieste 35 – 0736 256044 – www.palazzodeimercanti.it*

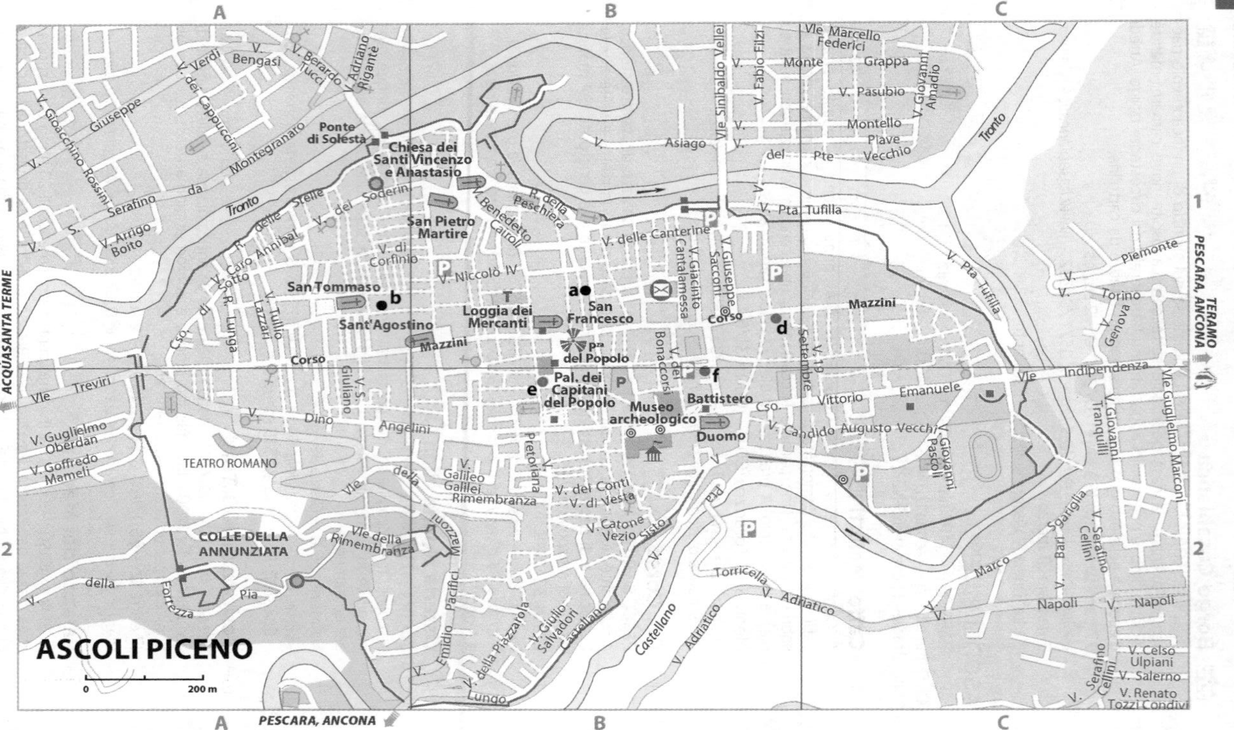
ASCOLI PICENO
TERAMO
PESCARA, ANCONA
RIETI, ROMA
ACQUASANTA TERME
Chiesa dei Santi Vincenzo e Anastasio
San Pietro Martire
Ponte di Solestà
San Tommaso
Sant'Agostino
Loggia dei Mercanti
San Francesco
P.za del Popolo
Pal. dei Capitani del Popolo
Museo archeologico
Battistero
Duomo
TEATRO ROMANO
COLLE DELLA ANNUNZIATA
Fortezza
Corso
Mazzini
Tronto
Castellano
V. Pta Tufilla
Vle Indipendenza
Vle Guglielmo Marconi
V. Giacinto Cantalamessa
V. delle Canterine
V. Giuseppe Sacconi
V. dei Bonaccorsi
V. 19 Settembre
Cso. Vittorio Emanuele
V. Candido Augusto Vecchi
V. Giovanni Pascoli
Vle Sinibaldo Vellei
V. Adriatico
Vle della Rimembranza
Dino Angelini
V. Tullio Lazzari
V. S. Giuliano
Vle Treviri
V. Gioacchino Rossini
0
200 m
A
B
C
1
2

Agriturismo Villa Cicchi

AGRITURISMO • PERSONALIZZATO Grande fascino in questa rustica dimora di fine '600, dove i proprietari hanno conservato con grande passione suppellettili artigiane e contadine. Le camere sono tutte belle, ma alcune hanno il pregio dei soffitti decorati a tempera. Se la maggior parte di ciò che viene servito in tavola è di produzione propria, vi è anche un laboratorio per la preparazione di paste fresche, conserve ed altro ancora: prelibatezze acquistabili presso la bottega "Ghiottonerie biologiche" di Villa Cicchi.

6 cam - †60/200 € ††80/300 €

via Salaria Superiore 137, Ovest : 4 km per viale Treviri - A2 - 0736 252272 - www.villacicchi.it - Chiuso 2 settimane in gennaio o febbraio

ASIAGO

Vicenza - 36012 - 6 426 ab. - Alt. 1 001 m - Carta regionale n° **23**-B2
Roma 584 km - Trento 74 km - Treviso 80 km - Vicenza 65 km
Carta stradale Michelin 562-E16

La Tana Gourmet (Alessandro Dal Degan)

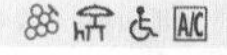

CUCINA MODERNA • ELEGANTE XXX Usciti da "La Tana" troverete - non molto distanti - le piste da sci. La sede è quindi nuova, ma la tradizione e la creatività sono sempre le cifre distintive di questa casa.

→ Spaghettoni con succo di verdure tostate, coriandolo, larice ed abrotano (pianta erbacea). Sella di capriolo alla resina di ginepro, funghi trombette, frassino, sedano rapa e geranio. La pigna: sorbetto al mùgolio (sciroppo di pino), orzo tostato e liquirizia selvatica.

Menu 45/120 € - Carta 40/115 €

località Kaberlaba 19, Sud: 3,8 Km - 0424 462017 - www.casarossaristorante.com - Chiuso 10 giorni in maggio, 10 giorni in ottobre, domenica sera e lunedì escluso dicembre e agosto; solo su prenotazione in aprile, maggio, ottobre e novembre

Locanda Aurora

CUCINA REGIONALE • FAMILIARE X Gnocchetti con fonduta di Asiago e speck croccante, filetto stracciato alle erbe, mousse di nocciolata su crema chantilly, ma di specialità ce ne sono tante altre, in una tipica locanda poco distante dagli innumerevoli sentieri dell'altopiano. Il calore della casa di montagna e l'affabilità della padrona di casa anche nelle semplici camere.

Menu 20 € (pranzo in settimana)/30 € - Carta 25/43 € 9 cam - †30/42 € ††70/80 € - 5 suites

via Ebene 71, Nord-Est: 1,5 km - 0424 462469 - www.locandaurora.it - Chiuso lunedì

Stube Gourmet

CUCINA CREATIVA • ROMANTICO XX Al primo piano dell'hotel Europa, la caratteristica sala vi accoglierà per un intrigante percorso culinario dove piatti di cucina moderna flirtano con i prodotti del territorio.

Menu 65/85 € - Carta 53/84 €

Hotel Europa, corso IV Novembre 65/67 - 0424 462659 (prenotazione obbligatoria) - www.hoteleuroparesidence.it - solo a cena - Chiuso lunedì e martedì escluso luglio-agosto

Meltar

LUSSO • ELEGANTE All'interno dei campi da golf, elegante hotel di raffinato arredo e pezzi originali dispone anche di un moderno centro benessere dove rilassarsi. Due le opzioni per soddisfare il palato: luminosa club house o, su prenotazione, cena gourmet.

16 cam - †150/210 € ††200/250 € - 2 suites

via Meltar 1, Est : 3 km - 0424 460626 - www.meltarhotel.com

Europa

TRADIZIONALE • ACCOGLIENTE Signorile ed imponente palazzo nel cuore di Asiago apparentemente d'epoca ma in realtà completamente ricostruito. Al primo piano un'elegante stufa riscalda le zone comuni.

22 cam – †105/210 € ††130/210 € – 5 suites

corso IV Novembre 65/67 – ✆ 0424 462659 – www.hoteleuroparesidence.it

Stube Gourmet – Vedere selezione ristoranti

Erica

FAMILIARE • STILE MONTANO Cordiale e cortese conduzione familiare in un albergo in centro paese che offre un confortevole e tipico ambiente di montagna; graziose camere essenziali. Gradevole sala da pranzo con soffitto a cassettoni, abbellita da vetri colorati.

31 cam – †60/90 € ††80/140 € – 1 suite

via Garibaldi 55 – ✆ 0424 462113 – www.relaxhotelasiago.it – Chiuso 20 aprile-31 maggio e ottobre

ASOLA

Mantova – ✉ 46041 – 10 151 ab. – Alt. 42 m – Carta regionale n° **9**-C3

Roma 496 km – Brescia 44 km – Mantova 40 km – Parma 55 km

La Chiusa

PESCE E FRUTTI DI MARE • CASA DI CAMPAGNA XX Location storica sulla chiusa del Chiese - nei secoli al centro di dispute tra Asola e le vicine comunità - per questa imprenscindibile tappa gastronomica per chi ama il pesce: grande varietà di golose crudité.

Carta 38/71 €

via Parma 82 – ✆ 0376 710242 (consigliata la prenotazione) – www.ristorantelachiusa.it – Chiuso sabato a mezzogiorno e martedì

La Filanda N

PESCE E FRUTTI DI MARE • ACCOGLIENTE XX Al primo piano di un ex opificio per l'allevamento dei bachi da seta, alto soffitto in legno e alle pareti esposizione di quadri di artisti locali, per una cucina che predilige piatti di mare rielaborati con fantasia. A pranzo, scelta à la carte più contenuta.

Menu 60/65 € – Carta 39/65 €

via Carducci 21/E – ✆ 0376 720418 – www.la-filanda.it – Chiuso 10 giorni in gennaio, 10 giorni a Ferragosto, sabato a mezzogiorno e lunedì in giugno-settembre

ASOLO

Treviso – ✉ 31011 – 9 128 ab. – Alt. 190 m – Carta regionale n° **23**-C2

Roma 543 km – Treviso 37 km – Belluno 63 km – Vicenza 51 km

Carta stradale Michelin 562-E17

Villa Cipriani

CUCINA CLASSICA • ELEGANTE XXX Nella terra dove artisti come Tiziano e Giorgione immortalarono i loro celebri paesaggi, le grandi vetrate ad arco di questo ristorante si aprono sulla vallata, mentre la cucina ha un respiro classico, senza voltare le spalle ai sapori della tradizione locale.

Menu 60 € – Carta 59/96 €

Hotel Villa Cipriani, via Canova 298 – ✆ 0423 523411 – www.villacipriani.it – Chiuso novembre

La Terrazza

CUCINA MODERNA • AMBIENTE CLASSICO XXX La Terrazza: un salotto en plein air affacciato sul centro storico di Asolo, dove farsi coccolare dai manicaretti dello chef e del suo staff. In un ambiente raffinato e alla moda, una cucina sicuramente innovativa, ma anche in grado di esaltare al meglio i prodotti della tradizione. Ideale per una romantica cena tête-à-tête.

Carta 39/65 €

Hotel Al Sole, via Collegio 33 – ✆ 0423 951332 – www.albergoalsole.com – Chiuso gennaio e domenica in inverno

Locanda Baggio

CUCINA MODERNA • FAMILIARE XX Posizionato in zona tranquilla alle spalle di Asolo, con piacevole giardino estivo, il ristorante propone una cucina schietta che valorizza la materia prima. Per gli amanti del succo di Bacco notevole selezione anche internazionale.

Menu 40/60 € - Carta 35/89 €

via Bassane 1, località Casonetto, Nord-Est: 1 km - 0423 529648 - www.locandabaggio.it - Chiuso martedì a mezzogiorno e lunedì

Villa Cipriani

LUSSO • PERSONALIZZATO In centro, ma in zona tranquilla, un'elegante dimora cinquecentesca con vista sulle colline dagli spazi comuni, da alcune camere e, soprattutto, dalla bella piscina. Le stanze - distribuite tra Villa e Casa Giardino - sono arredate con mobili in stile, i bagni ornati con piastrelle di Vietri dipinte a mano.

29 cam - 220/590 € 220/590 €

via Canova 298 - 0423 523411 - www.villacipriani.it

Villa Cipriani - Vedere selezione ristoranti

Al Sole

LUSSO • PERSONALIZZATO Sovrastante la piazza centrale di Asolo, signorilità e raffinatezza in un hotel di charme. Camere eleganti, ma il gioiello è la terrazza per pasti e colazioni panoramiche.

22 cam - 120/180 € 190/350 € - 1 suite

via Collegio 33 - 0423 951332 - www.albergoalsole.com - Chiuso gennaio

La Terrazza - Vedere selezione ristoranti

ASSISI

(PG) - 06081 - 28 299 ab. - Alt. 424 m - Carta regionale n° **20**-B2

Roma 175 km - Perugia 25 km - Gubbio 46 km - Spoleto 45 km

Carta stradale Michelin 563-M19

La Locanda del Cardinale

CUCINA CREATIVA • ROMANTICO XXX Sotto gli archi di una casa medioevale, le trasparenze del pavimento illustrano i mosaici di una domus romana. La carta si apre su due mondi distinti: accanto a proposte del territorio, si trovano piatti moderni. Ottimi i prezzi dei molti vini in cantina.

Menu 40 € - Carta 46/73 €

Pianta: B2-c - *piazza del Vescovado 8 - 075 815245 - www.lalocandadelcardinale.com - Chiuso 15 giorni in gennaio-febbraio, 15 giorni in luglio-agosto e martedì*

Buca di San Francesco

CUCINA UMBRA • CONTESTO TRADIZIONALE XX Dagli anni Settanta uno dei capisaldi della ristorazione cittadina, la bandiera della ristorazione umbra è da allora una costante e, a giudicare dal successo, anche una garanzia.

Carta 22/56 €

Pianta: B1-v - *via Brizi 1 - 075 812204 - Chiuso 10 gennaio-15 febbraio, 1°-15 luglio e lunedì*

Eat Out Osteria Gourmet

CUCINA CREATIVA • CONTESTO CONTEMPORANEO XX Per il giovane cuoco lavorare prodotti quasi esclusivamente umbri è un punto d'orgoglio, ma i clienti rimarranno piacevolmente sorpresi da una raffinata creatività che trasforma e valorizza i "giacimenti" gastronomici regionali.

Carta 39/64 €

Pianta: C1-r - *Hotel Nun Assisi Relais, via Eremo delle Carceri 1a - 075 813163 - www.eatoutosteriagourmet.it - solo a cena escluso venerdì, sabato e domenica*

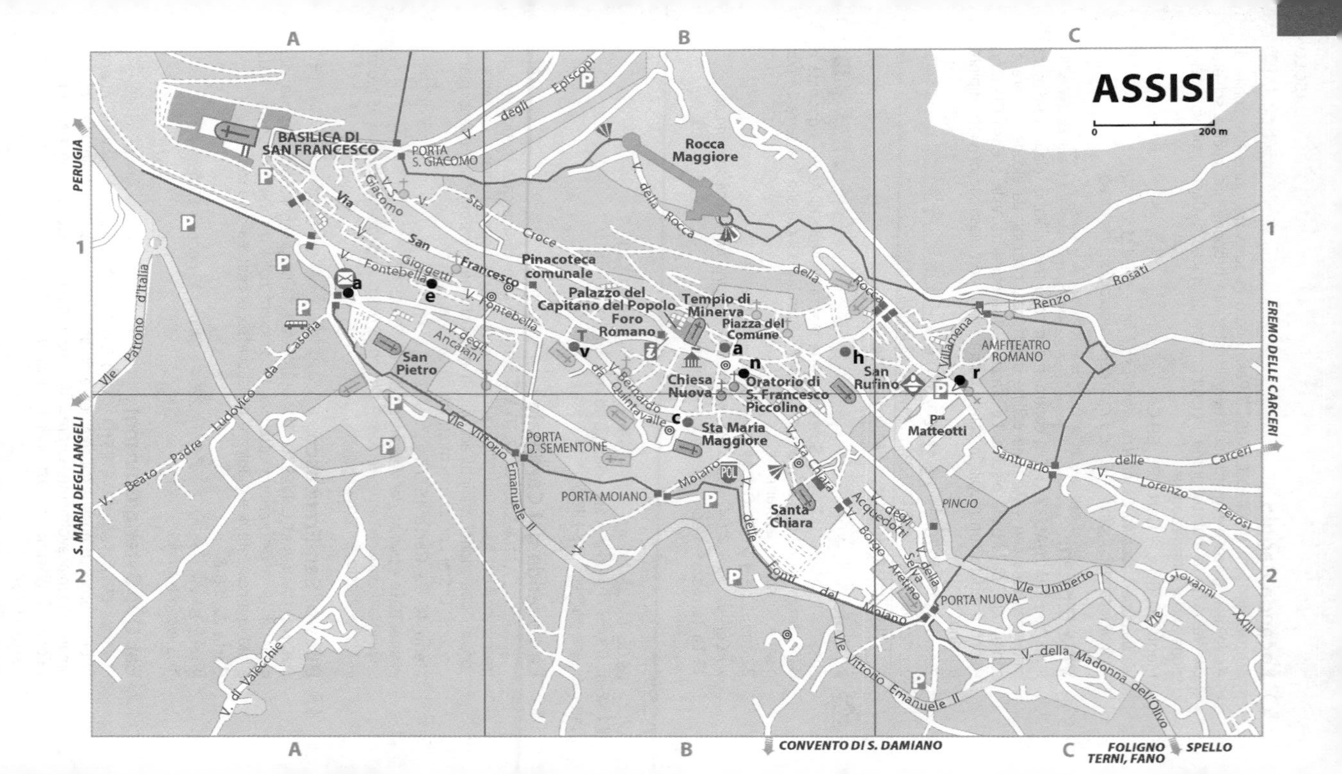

ASSISI
0
200 m
A
B
C
1
2
PERUGIA
S. MARIA DEGLI ANGELI
EREMO DELLE CARCERI
CONVENTO DI S. DAMIANO
FOLIGNO TERNI, FANO
SPELLO
BASILICA DI SAN FRANCESCO
PORTA S. GIACOMO
Rocca Maggiore
V. della Rocca
V. degli Episcopi
Via San Francesco
V. S. Giacomo
V. Sta Croce
V. Giorgetti
V. Fontebella
Pinacoteca comunale
Palazzo del Capitano del Popolo
Foro Romano
Tempio di Minerva
Piazza del Comune
Chiesa Nuova
Oratorio di S. Francesco Piccolino
Sta Maria Maggiore
San Rufino
San Pietro
V. degli Ancaiani
V. Bernardo da Quintavalle
AMFITEATRO ROMANO
V. Villamena
Renzo Rosati
Pza Matteotti
Santuario
V. delle Carceri
V. Lorenzo Perosi
PINCIO
PORTA D. SEMENTONE
PORTA MOIANO
Moiano
Santa Chiara
V. Sta Chiara
V. degli Acquedotti
V. Borgo Aretino
V. della Selva
V. delle Fonti del Moiano
PORTA NUOVA
Vle Umberto
Vle Giovanni XXIII
V. della Madonna dell'Olivo
Vle Vittorio Emanuele II
Vle Patrono d'Italia
V. Beato Padre Ludovico da Casoria
V. di Valecchie

La Fortezza

CUCINA UMBRA • FAMILIARE A pochi passi dalla piazza del Comune, servizio familiare ed una cucina regionale dedicata ai prodotti umbri, in un locale che si presenta con due sobrie sale al 1° piano.

Menu 18 € (pranzo in settimana)/46 € - Carta 24/47 €

Pianta: B1-a - *vicolo della Fortezza 2/b - 075 812993 - www.lafortezzaristorante.it - Chiuso febbraio e giovedì*

Da Erminio

CUCINA REGIONALE • FAMILIARE Trattoria poco lontano dalla Basilica di S. Rufino, in una zona tranquilla e poco turistica: ambiente schietto e camino acceso nella sala; cucina locale.

Carta 19/42 €

Pianta: B1-h - *via Montecavallo 19 - 075 812506 - www.trattoriadaerminio.it - Chiuso febbraio, 1° -15 luglio e giovedì*

Nun Assisi Relais

STORICO • MODERNO All'interno di un ex monastero del 1275, le forme sobrie ed essenziali degli arredi ne rispettano ancor oggi l'antica destinazione religiosa. Spettacolare "Museum Spa" ricavata tra i pilastri di un anfiteatro romano.

10 suites - ††380/1350 € - 8 cam

Pianta: C1-r - *via Eremo delle Carceri 1a - 075 815 5150 - www.nunassisi.com*

Eat Out Osteria Gourmet - Vedere selezione ristoranti

Fontebella

FAMILIARE • ELEGANTE Camere su vari piani - sopra e sotto la reception - ma dagli arredi simili, le migliori (con sovrapprezzo) si affacciano sulla valle; come il ristorante Frantoio, panoramico nella veranda chiusa e dalla saporita cucina umbra. Proverbiali i porcini e i tartufi!

43 cam - †36/160 € ††69/360 € - 3 suites

Pianta: A1-e - *via Fontebella 25 - 075 812883 - www.fontebella.com - Chiuso gennaio-febbraio*

La Terrazza

FAMILIARE • CLASSICO Gli spazi all'aperto, tra prati e piscina, sono il punto di forza dell'albergo, come la vista di molte camere sulla vallata, l'ospitalità e il piccolo centro benessere; le otto camere della dépendance sono le migliori.

40 cam - †70/100 € ††90/130 €

via F.lli Canonichetti, 2 km per Spello - C2 - 075 812368 - www.laterrazzahotel.it

Dei Priori

TRADIZIONALE • STORICO Vicino alla piazza centrale, albergo ben inserito nel complesso storico; le camere sono tutte confortevoli, ma se volete un'atmosfera più romantica optate per le due sole con affreschi al soffitto. Piccola osteria per ritrovare i sapori e i vini della regione.

34 cam - †69/190 € ††89/399 €

Pianta: B1-n - *corso Mazzini 15 - 075 812237 - www.hoteldeipriori.it*

Berti

FAMILIARE • CLASSICO Cordiale gestione familiare in una struttura con graziosi spazi comuni non ampi, ma accoglienti, e camere arredate in modo essenziale. A 40 metri dall'hotel, il ristorante Da Cecco allieta i suoi ospiti con piatti tipici in un ambiente rustico.

10 cam - †40/80 € ††65/140 €

Pianta: A1-a - *piazza San Pietro 24 - 075 813466 - www.hotelberti.it - Chiuso 10 gennaio-1° marzo*

a Viole Sud-Est : 4 km per Foligno C2 ✉ 06081 – Assisi

Agriturismo Malvarina

AGRITURISMO • TRADIZIONALE Un'oasi di tranquillità a poca distanza da Assisi: una sorta di albergo "diffuso" con accoglienti camere e cottage forniti di angolo cottura. Ambiente piacevolmente rustico al ristorante con camino: in menu - spesso - arrosti e paste fresche.

15 cam ☕ - †60/65 € ††95/110 €

via Pieve di Sant'Apollinare 32 – ✆ 075 806 4280 – www.malvarina.it

ad Armenzano Est : 12 km per via Renzo Rosati A1 ✉ 06081 – Assisi – Alt. 759 m

Armentum

CUCINA MODERNA • ROMANTICO XX Armenzano era un zona di transumanza e la sala con camino del ristorante, un tempo, fu un ovile: oggi - inaspettatamente - vi trovate una cucina sofisticata, ma dalle forte radici umbre.

Carta 43/56 €

Hotel Le Silve – ✆ 075 801 9000 – www.lesilve.it – Aperto 1° aprile-30 ottobre

Le Silve

TRADIZIONALE • BUCOLICO Ideale per chi ama il silenzio e la solitudine, ci vuole tempo per raggiungerlo, ma il contesto naturalistico ai piedi del monte Subasio è da cartolina. Arredi d'arte povera nelle camere.

19 cam ☕ - †80/120 € ††180/250 €

– ✆ 075 801 9000 – www.lesilve.it – Aperto 1° aprile-30 ottobre

Armentum – Vedere selezione ristoranti

a Santa Maria degli Angeli Sud-Ovest : 5 km per via Patrono d'Italia A1 ✉ 06081

Cenacolo

BUSINESS • MODERNO Tutto sembra ispirarsi alla sacralità del luogo: si inizia dal nome, per proseguire nell'architettura dell'edificio che si dipana attorno ad un chiostro (in origine, un convento), e terminare in una piccola cappella ancora consacrata. Il tutto in un'atmosfera non più di sobrietà francescana, ma di moderno minimalismo.

111 cam ☕ - †75/220 € ††90/480 €

via Patrono d'Italia 70 – ✆ 075 804 1083 – www.hotelcenacolo.com

ASTI

(AT) – ✉ 14100 – 76 202 ab. – Alt. 123 m – Carta regionale n° **14**-D1

Roma 615 km – Alessandria 40 km – Torino 58 km – Cuneo 88 km

Carta stradale Michelin 561-H6

Osteria Casamar

PESCE E FRUTTI DI MARE • CONVIVIALE X Il re del menu è sua maestà, il pesce, ma non mancano proposte di carne tipiche della regione, in un locale articolato su più piani, ognuno con una propria peculiarità. Interrato, zona lounge per degustazioni, aperitivi e cocktail di fine serata. Piano terra, piccolo bistrot con tovagliette per un quick lunch. Una sala più classica con spunti moderni alle pareti al primo piano. Specialità: linguine alle vongole e lime - tataki di tonno con caponata scomposta - mousse al cioccolato fondente e lamponi.

Menu 38 € – Carta 31/56 €

Pianta: B2-c – *vicolo G.B Giuliani, 3 – ✆ 0141 351100 – www.casamar.it – Chiuso 14-18 agosto, i mezzogiorno di sabato, domenica (escluso settembre) e lunedì*

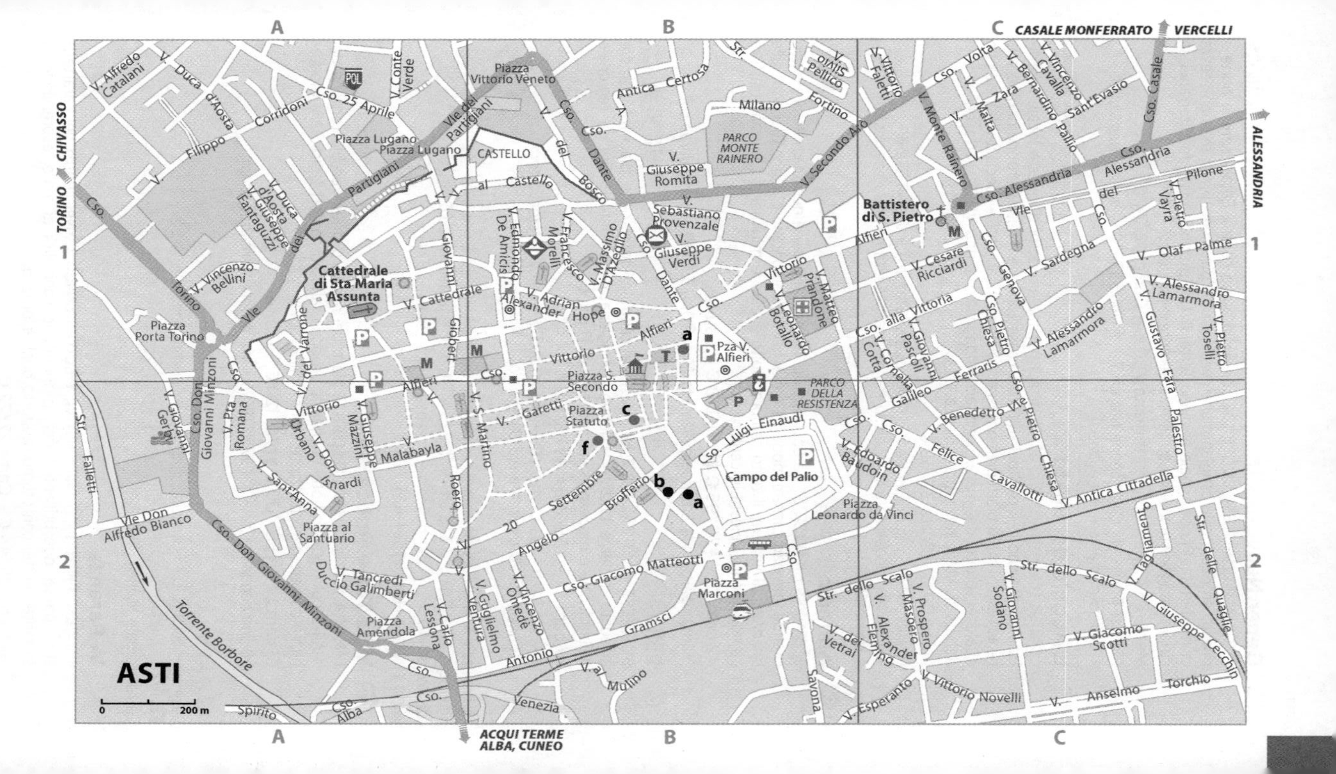

ASTI
200 m
ALESSANDRIA
CASALE MONFERRATO
VERCELLI
TORINO
CHIVASSO
ACQUI TERME
ALBA, CUNEO
Battistero di S. Pietro
Cattedrale di Sta Maria Assunta
Campo del Palio
PARCO MONTE RAINERO
PARCO DELLA RESISTENZA
CASTELLO
Piazza Vittorio Veneto
Piazza Lugano
Piazza Porta Torino
Pza V. Alfieri
Piazza S. Secondo
Piazza Statuto
Piazza Marconi
Piazza Leonardo da Vinci
Piazza al Santuario
Piazza Amendola
Torrente Borbore
Cso. Alessandria
Cso. Casale
V. Monte Rainero
V. Secondo Arò
Cso. Dante
Cso. Alfieri
Cso. Vittorio Alfieri
Cso. alla Vittoria
Cso. Felice Cavallotti
Cso. Luigi Einaudi
Cso. Giacomo Matteotti
Cso. Savona
Cso. Torino
Cso. Don Giovanni Minzoni
Cso. Pietro Chiesa
Cso. Genova
Cso. Galileo Ferraris
V. Giovanni Giobert
V. Giuseppe Mazzini
V. Garetti
V. S. Martino
V. Roero
V. Brofferio
V. 20 Settembre
V. Malabayla
V. Gustavo Fara
Palestro
Str. dello Scalo
Str. delle Quaglie
V. Antica Cittadella
V. Francesco Morelli
V. Massimo D'Azeglio
V. Adrian Hope
V. Alexander
V. Edmondo De Amicis
V. Giuseppe Verdi
V. Sebastiano Provenzale
V. Giuseppe Romita
V. Matteo Prandone
V. Leonardo Botallo
V. Giovanni Pascoli
V. Cornelia Cotta
V. Cesare Ricciardi
V. Vittorio Faletti
V. Duca d'Aosta
V. Giuseppe Fantaguzzi
Cso. 25 Aprile
Cso. Filippo Corridoni
V. Giovanni Gerbi
Vle Don Alfredo Bianco
Str. Falletti
V. Carlo Lessona
V. Guglielmo Ventura
V. Vincenzo Omedè
V. Giovanni Sodano
V. Prospero Masoero
V. Alexander Fleming
V. Vittorio Novelli
V. Giacomo Scotti
V. Giuseppe Cecchin
Vle dei Partigiani
V. del Varrone
V. Pta Romana
V. Sant'Anna
V. Don Isnardi
Urbano
V. Tancredi Duccio Galimberti
V. Pietro Vayra
V. Pietro Toselli
V. Alessandro Lamarmora
V. Olaf Palme
V. Vincenzo Bellini
V. Sardegna
V. Bernardino Pallio
V. Vincenzo Cavalla
V. Malta
V. Zara
Cso. Volta
V. Silvio Pellico
Antica Certosa
Milano
Fortino
V. Alfredo Catalani
V. Conte Verde
V. al Castello
V. del Bosco
V. dei Vetrai
V. Esperanto
V. Anselmo
Torchio
V. al Mulino
Venezia
Cso. Alba
Spirito
Gramsci
Antonio
V. Tagliamento
Pilone

Gener Neuv

CUCINA PIEMONTESE • DI TENDENZA XX In pieno centro, Eataly apre le porte a questo storico locale astigiano: una cucina con i "piedi per terra", ma non scevra di modernità. Più informale al piano terra, il Tuit propone piatti mediterranei, in cui il protagonista indiscusso rimane sempre il prodotto.

Menu 35 € (pranzo in settimana)/80 € - Carta 42/74 €

Pianta: B1-a - *via Carlo Leone Grandi 3 - ✆ 0141 557270 - www.generneuv.it - Chiuso domenica sera e lunedì*

L'Angolo del Beato

CUCINA ITALIANA • CHIC XX Gli arredi minimal-moderni di questo locale centralissimo mettono in luce il bel soffitto a cassettoni che rivela la propria origine settecentesca. I molti piatti piemontesi e - più genericamente - specialità italiane con qualche spunto dal mare, sono accompagnati da una valida carta dei vini. Il dehors si svolge nell'attigua piazza.

Menu 37 € - Carta 33/68 €

Pianta: B2-f - *vicolo Cavalleri 2, (ang. piazza Statuto) - ✆ 0141 531668 - www.angolodelbeato.it - Chiuso 1°-7 gennaio, 1 settimana a Ferragosto e domenica*

Aleramo

BUSINESS • MODERNO La passione del proprietario per il design contemporaneo prende forma in camere moderne e mai banali, dal lontano e mitico Giappone alle decorazioni in cera. Il tutto sempre molto lineare e minimalista, in una struttura comodamente ubicata in centro città.

42 cam - †70/95 € ††110/150 € - 3 suites

Pianta: B2-a - *via Emanuele Filiberto 13 - ✆ 0141 595661 - www.aleramo.it*

Palio

BUSINESS • ACCOGLIENTE In posizione centrale, hotel dalle piacevoli camere arredate in ferro battuto e legno d'artigianato piemontese. Cucina regionale nella piccola e moderna sala ristorante al 1° piano.

37 cam - †85/105 € ††115/155 €

Pianta: B2-b - *via Cavour 106 - ✆ 0141 34371 - www.hotelpalio.com - Chiuso 23-28 dicembre e 3-8 gennaio*

ATENA LUCANA

Salerno - ✉ 84030 - 2 336 ab. - Alt. 625 m - Carta regionale n° **4**-D2
Roma 346 km - Potenza 43 km - Potenza 43 km - Salerno 87 km
Carta stradale Michelin 564-F28

Villa Torre Antica

DIMORA STORICA • ACCOGLIENTE Nato dal restauro di un vecchio torrione del XVIII secolo, questo hotel di *charme* propone raffinati confort ispirati alla modernità e camere personalizzate con mobili in stile.

13 cam - †50/100 € ††70/120 € - 1 suite

via Indipendenza 32 - ✆ 0975 779016 - www.hoteltorreantica.com

ATRANI

Salerno - ✉ 84010 - 1 008 ab. - Alt. 12 m - Carta regionale n° **4**-B2
Roma 270 km - Napoli 69 km - Amalfi 2 km - Salerno 23 km
Carta stradale Michelin 564-F25

'A Paranza

PESCE E FRUTTI DI MARE • STILE MEDITERRANEO XX Nel centro del caratteristico paese, due brillanti fratelli propongono specialità di mare: espressione di saporite ricette, con ottimo rapporto qualità/prezzo.

Menu 25/44 € - Carta 27/72 €

via Traversa Dragone 1 - ✆ 089 871840 - www.ristoranteparanza.com - Chiuso 7-25 gennaio e martedì

AUGUSTA Sicilia

Siracusa – ✉ 96011 – 36 305 ab. – Carta regionale n° **17**-D2
Catania 42 km – Siracusa 37 km – Palermo 240 km – Ragusa 103 km
Carta stradale Michelin 365-BA60

a Brucoli Nord-Ovest : 7,5 km ✉ 96010

Venus Sea Garden Resort

RESORT • MEDITERRANEO Seducente complesso articolato in tipici edifici di arenaria gialla, i cui ambienti interni si caratterizzano per vivacità cromatica e mediterranea semplicità. Ma non c'è tempo per chiudersi tra quattro mura: la vita si svolge all'aperto, intorno alla splendida piscina o sulle piattaforme sugli scogli.

56 cam – †95/115 € ††130/250 € – 3 suites

via Pantelleria 22, contrada Monte Amara, Est: 3,5 km – ✆ 0931 998946 – www.hotel-venus.it – Aperto 24 aprile-31 ottobre

AURONZO DI CADORE

Belluno – ✉ 32041 – 3 350 ab. – Alt. 866 m – Carta regionale n° **23**-C1
Roma 663 km – Cortina d'Ampezzo 34 km – Belluno 62 km – Tarvisio 135 km
Carta stradale Michelin 562-C19

La Nuova Montanina

TRADIZIONALE • FUNZIONALE Nel centro della località, hotel a conduzione familiare che offre camere confortevoli e spazi comuni caratteristici. Il ristorante propone le classiche ricette nazionali e specialità cadorine.

17 cam – †45/65 € ††70/110 €

via Monti 3 – ✆ 0435 400005 – www.lanuovamontanina.it – Chiuso 2-31 maggio e 3-30 novembre

AVELENGO HAFLING

Bolzano – ✉ 39010 – 764 ab. – Alt. 1 290 m – Carta regionale n° **19**-B2
Roma 676 km – Bolzano 40 km – Merano 12 km – Trento 92 km
Carta stradale Michelin 562-C15

Panorama Fine Dining

CUCINA CREATIVA • ELEGANTE XX La promessa contenuta nel nome si dischiuderà in una parete vetrata con spettacolare vista sulla vallata. La carta invece delizierà con proposte creative ed elaborate, non necessariamente legate al territorio.

Menu 43/59 € – Carta 54/71 €

Hotel Miramonti, via St. Kathrein 14 – ✆ 0473 279335 – www.hotel-miramonti.com – Aperto 6 dicembre-20 marzo e 7 aprile-12 novembre

San Luis (N)

LUSSO • ORIGINALE A pochi km da Merano, una sorta di piccolo paese nel paese... Attorno a un lago che in certi periodi dell'anno pare incantato, una radura inviolata immersa in un parco alpino dove trovano posto chalet e casette (tipo palafitte) sugli alberi: suggestioni green, ma confort e servizi degni di una struttura ricettiva di alta gamma.

39 suites – ††420/1090 €

via Verano 5, Sud : 3,4 Km ✉ 39010 – ✆ 0473 279570 – www.sanluis-hotel.com

Mirabell

LUSSO • STILE MONTANO Una struttura che incarna appieno quello che i turisti cercano in Alto Adige: tipicità, calda atmosfera, ma anche modernità e confort. Degno di nota, il nuovissimo centro benessere, ma anche il laghetto balneabile con acqua riscaldata.

70 cam – †124/157 € ††143/184 € – 12 suites

via Falzeben 112 – ✆ 0473 279300 – www.residence-mirabell.com – Chiuso 10 novembre-17 dicembre

Miramonti

TRADIZIONALE • DESIGN In posizione deliziosamente panoramica, appoggiato sulla roccia sopra Merano, questo moderno hotel è un'oasi verde dove rilassarsi grazie ad un'eccellente e calorosa gestione. Più che varia la ristorazione con il plus di una piccolissima stube serale per gustare i genuini sapori della regione.

30 cam – 120/180 € 182/294 € – 6 suites

via St. Kathrein 14 – 0473 279335 – www.hotel-miramonti.com – Aperto 6 dicembre-20 marzo e 7 aprile-12 novembre

Panorama Fine Dining – Vedere selezione ristoranti

Viertlerhof

TRADIZIONALE • STILE MONTANO Immerso nella tranquillità d'un bel giardino, un tradizionale hotel ben accessoriato, dagli spazi interni rinnovati con molto legno in stile moderno; pregevole settore relax.

33 cam – 80/95 € 142/200 € – 8 suites

via Falzeben 126 – 0473 279428 – www.viertlerhof.it – Chiuso 3-24 aprile e 6 novembre-20 dicembre

Mesnerwirt

FAMILIARE • STILE MONTANO Moderno centro benessere, grande giardino solarium sapientemente organizzato, camere confortevoli e belle suite: insomma, vale sempre la pena di fermarsi in questa piacevole struttura... anche perché, al ristorante, i prodotti locali si sposano con la creatività.

39 cam – 100/139 € 160/229 € – 6 suites

via alla Chiesa 2 – 0473 279493 – www.mesnerwirt.it – Chiuso 10 novembre- 4 dicembre

AVELLINO

(AV) – 83100 – 54 857 ab. – Alt. 348 m – Carta regionale n° **4**-B2

Roma 245 km – Napoli 57 km – Benevento 39 km – Caserta 58 km

Carta stradale Michelin 564-E26

Il Cavallino

CUCINA REGIONALE • AMBIENTE CLASSICO XXX Mozzarella di bufala di Battipaglia, orecchiette irpine con broccoli, paccheri... Cucina campana, allegra e solare come la regione in cui nasce: piatti semplici e ricchi di fantasia in un ambiente piacevolmente sofisticato.

Menu 23/40 € – Carta 37/70 €

Hotel De la Ville, via Palatucci 20 – 0825 780911 – www.hoteldelavilleavellino.it

Antica Trattoria Martella

CUCINA REGIONALE • CONVIVIALE XX Un'accogliente trattoria arredata in modo classico con tavoli quadrati, propone un buffet d'antipasti accanto ad una cucina e ad una cantina che riflettono i sapori regionali.

Carta 17/54 €

via Chiesa Conservatorio 10 – 0825 31117 (prenotare) – www.ristorantemartella.it – Chiuso 2 settimane in agosto, domenica sera e lunedì

De la Ville

BUSINESS • PERSONALIZZATO Da sempre attivi nella realtà edile, i proprietari stessi hanno ideato e costruito quest'enorme struttura con camere signorili ed ampi spazi personalizzati con molto verde.

61 cam – 90/230 € 99/260 € – 6 suites

via Palatucci 20 – 0825 780911 – www.hoteldelavilleavellino.it

Il Cavallino – Vedere selezione ristoranti

AVENZA Massa-Carrara → Vedere Carrara

AVETRANA

Taranto – ✉ 74020 – 6 793 ab. – Alt. 62 m – Carta regionale n° **15**-D3
Roma 566 km – Taranto 48 km – Brindisi 45 km – Lecce 44 km
Carta stradale Michelin 564-F35

Masseria Bosco

CUCINA REGIONALE • CONTESTO TRADIZIONALE La tradizione si esprime anche in cucina: tra piatti a base di legumi, pasta fatta in casa e carne locale, l'olio che troverete sulla tavola proviene dagli ulivi secolari che circondano il relais. Bello e suggestivo, il ristorante presenta un'apertura di quattro metri nel pavimento: un'antica via di fuga.

Carta 23/61 €

Hotel Relais Terre di Terre, via per Erchie, Nord: 2 km – ☎ 099 970 4099 (prenotare) – www.masseriabosco.it – Aperto 1° aprile-31 ottobre

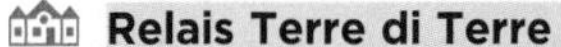

Relais Terre di Terre

DIMORA STORICA • AGRESTE Tra il verde odoroso degli ulivi e l'azzurro del mar Mediterraneo, la struttura è composta da due masserie: caratteristiche camere con soffitto in tufo e bagni policromi in una, stanze più moderne nell'altra.

29 cam – †77/126 € ††110/200 € – 5 suites

via per Erchie, Nord: 2 km – ☎ 099 970 4099 – www.masseriabosco.it – Aperto 1° aprile-31 ottobre

Masseria Bosco – Vedere selezione ristoranti

Il simbolo segnala una carta dei vini particolarmente interessante.

AVOLA Sicilia

Siracusa – ✉ 96012 – 31 708 ab. – Alt. 40 m – Carta regionale n° **17**-D3
Palermo 275 km – Siracusa 28 km – Ragusa 63 km – Catania 82 km
Carta stradale Michelin 365-AZ62

Agriturismo Masseria sul Mare

CASA DI CAMPAGNA • TRADIZIONALE 50 ettari di coltivazioni, frumento e ortaggi, circondano la masseria dagli ambienti curati e accoglienti; poco distante l'incantevole spiaggia ad accesso privato, con sabbia fine e scogli. La cucina propone il meglio della tradizione isolana.

20 cam – †50/130 € ††60/200 €

contrada Gallina, (S.S. 115 km 392,60), Nord-Est: 5 km – ☎ 0931 560101 – www.masseriasulmare.it – Aperto da inizio marzo a fine ottobre

Agriturismo Avola Antica

AGRITURISMO • MEDITERRANEO Armatevi di pazienza e partite in salita fino ad uno spettacolare panorama di scenografiche rocce, muretti a secco e riserve naturali: la piacevolezza della struttura vi ricompenserà! Al ristorante, prodotti dell'azienda agricola in piatti siciliani.

9 cam – †50/65 € ††90/110 €

contrada Avola Antica, Nord : 9 Km – ☎ 0931 811008 – www.avolaantica.it – Aperto 1° aprile-30 settembre

AYAS

Aosta (AO) – ✉ 11020 – 1 281 ab. – Alt. 1 453 m – Carta regionale n° **21**-B2
Roma 736 km – Aosta 63 km – Ivrea 63 km – Torino 103 km
Carta stradale Michelin 561-E5

ad Antagnod Nord : 3,5 km ⊠ 11020 - Alt. 1 699 m

Petit Prince

FAMILIARE • ACCOGLIENTE In splendida posizione tranquilla e panoramica, vicino agli impianti da sci, una struttura di recente costruzione; spazi comuni confortevoli e camere con arredi in legno.

28 cam - 44/138 € 69/240 €

route Tchavagnod 1 - 0125 306662 - www.hotelpetitprince.com - Aperto 1° dicembre-Pasqua e 26 giugno-4 settembre

AZZATE

Varese - ⊠ 21022 - 4 648 ab. - Alt. 332 m - Carta regionale n° **10**-A1

Roma 632 km - Milano 55 km - Varese 8 km - Como 42 km

Carta stradale Michelin 561-E8

Hosteria da Bruno

CUCINA MEDITERRANEA • FAMILIARE Bruno, che dal nonno ha ereditato nome e passione, ripropone quest'insegna con oltre mezzo secolo di storia. Il ristorante è rustico, ma piacevole proprio per quest'aura di autenticità, nelle sedie impagliate, nelle panche disposte intorno ad un caminetto, nelle foto di famiglia appese alle pareti. In menu, cucina regionale con piatti del giorno secondo la disponibilità del mercato.

Menu 21 € (pranzo in settimana) - Carta 28/59 €

via Piave 43/a - 0332 454093 - Chiuso 1°-7 gennaio, 2 settimane in agosto, lunedì sera e martedì

Locanda dei Mai Intees

STORICO • ACCOGLIENTE Un antico sonetto narra di un gruppo di amici che solevano riunirsi qui per discutere e far musica... sebbene non fossero mai d'accordo. Incantevole fusione di due edifici del '400, la struttura propone un'atmosfera ricca di charme con mobili in stile ed un salotto nella veranda: Mai Intees, ma concordi sull'amenità!

11 cam - 100/124 € 130/195 € - 1 suite

via Monte Grappa 22 - 0332 457223 - www.mai-intees.it

BACOLI

Napoli - ⊠ 80070 - 26 560 ab. - Carta regionale n° **4**-A2

Roma 248 km - Napoli 30 km - Avellino 79 km - Pozzuoli 9 km

Carta stradale Michelin 564-E24

A Ridosso

CUCINA CLASSICA • ACCOGLIENTE A ridosso di una collina, un locale piccolo ed elegante, che con il bel tempo si trasferisce in terrazza al piano superiore. Nei piatti solo i prodotti del mare. (Su prenotazione, anche menu di terra).

Menu 40/60 € - Carta 30/90 €

via Mercato di Sabato 320 - 081 868 9233 - www.ristoranteaeridosso.com - solo a cena - Chiuso 23 dicembre-4 gennaio, 13-28 agosto e lunedì

Cala Moresca

FAMILIARE • MEDITERRANEO Investe su sé stessa - migliorando di anno in anno - questa bella casa dall'anima mediterranea che parte avvantaggiata grazie ad una posizione tranquilla e scenografica vista sul golfo, nonché discesa a mare con area attrezzata sugli scogli. Buona propensione alla ristorazione, dove non mancano ambiziosi progetti in divenire!

25 cam - 89/350 € 99/350 €

via del Faro 44, località Capo Miseno - 081 523 5595 - www.calamoresca.it

Villa Oteri

FAMILIARE • PERSONALIZZATO Villa di inizio Novecento, dall'esterno colorata ed appariscente, conserva all'interno le caratteristiche della struttura originale ed offre camere confortevoli e una speciale accoglienza. Proposte culinarie dell'area flegrea.

9 cam - 65/95 € 72/120 €

via Miliscola 18 - 081 523 4985 - www.villaoteri.it

BADALUCCO

Imperia - 18010 - 1 136 ab. - Alt. 179 m - Carta regionale n° **8**-A3
Roma 643 km - Imperia 31 km - Savona 103 km - San Remo 24 km
Carta stradale Michelin 561-K5

Macine del Confluente

CUCINA LIGURE • ROMANTICO Circondato da orti da cui provengono molte delle verdure che ritroverete al ristorante, a cominciare dai celebri fagioli, c'è anche una ruota, un torchio e una macina di un mulino ottocentesco. La sala è un romantico tripudio di legni e pietra, la cucina, in prevalenza di carne, s'ispira alla regione.

Carta 34/44 €

Macine del Confluente, località Oxentina, Sud: 2,5 km - 0184 407018 (consigliata la prenotazione) - solo a cena escluso i giorni festivi - Chiuso 15-28 febbraio, 2 settimane in novembre, lunedì e martedì

Macine del Confluente

CASA DI CAMPAGNA • ROMANTICO Dedicato a chi vuole partire alla scoperta dell'entroterra, le Macine è stato costruito nello stile di un tipico borgo ligure, con pietre e legni che si sommano al verde e agli orti della vallata. Le camere propongono un confortevole stile rustico, tutte con camino e letti in legno o ferro battuto.

6 cam - 75/85 € 90/100 €

località Oxentina, Sud: 2,5 km - 0184 407018 - www.lemacinedelconfluente.com - Chiuso 2 settimane in novembre

Macine del Confluente - Vedere selezione ristoranti

BADIA ABTEI Bolzano → Vedere Alta Badia

BADIA A PASSIGNANO Firenze → Vedere Tavarnelle Val di Pesa

BADIA DI DULZAGO Novara → Vedere Bellinzago Novarese

BADIOLA Grosseto → Vedere Castiglione della Pescaia

BAGHERIA Sicilia

Palermo (PA) - 90011 - 55 387 ab. - Alt. 78 m - Carta regionale n° **17**-B2
Palermo 18 km - Trapani 126 km - Caltanissetta 115 km - Agrigento 127 km
Carta stradale Michelin 565-M22

I Pupi (Antonio Lo Coco)

CUCINA MODERNA • ELEGANTE I tavoli in cristallo risaltano su un originale pavimento in pietra lavica in questo piccolo ristorante di eleganza moderna e minimalista, dove lo chef rielabora con ottima tecnica e fantasia numerose ricette della tradizione isolana. Il tutto nel massimo rispetto per la purezza dei sapori!

→ La pasta di parmigiana. La stigghiola di pesce. Cassata rivisitata.

Menu 35/35 € - Carta 46/81 €

via del Cavaliere 59 - 091 902579 (consigliata la prenotazione) - www.ipupiristorante.it - Chiuso lunedì a mezzogiorno e domenica dal 15 giugno al 15 settembre, domenica sera e lunedì negli altri mesi

BAGNAIA Livorno → Vedere Elba (Isola d') : Rio nell'Elba

BAGNARA CALABRA

Reggio di Calabria - ✉ 89011 - 10 255 ab. - Alt. 50 m - Carta regionale n° **3**-A3
Roma 678 km - Reggio Calabria 35 km - Catanzaro 130 km - Vibo Valentia 39 km
Carta stradale Michelin 564-M29

Taverna Kerkira

PESCE E FRUTTI DI MARE • FAMILIARE Cannolicchi alla "ghiotta" di pesce-spada o tortino di pesce spatola? Lasciatevi tentare da una delle tante specialità di mare, ma anche da qualche sapore ellenico, che vi trasporterà idealmente nell'Egeo, senza muoversi dallo Ionio.

Carta 31/58 €

corso Vittorio Emanuele 217 - 0966 372260 (consigliata la prenotazione) - Chiuso 20 dicembre-15 gennaio, 1° agosto-15 settembre, lunedì e martedì

Grand Hotel Victoria

BUSINESS • LUNGOMARE Sulla piazza centrale, ma affacciato anche sul lungomare, ambienti comuni e camere di gusto classico. Al ristorante è il pesce, il gran signore del menu!

41 cam - †50/70 € ††75/130 €

piazza Marconi 4 - 0966 376126 - www.victoriagrandhotel.it

BAGNARA DI ROMAGNA

Ravenna - 2 429 ab. - Alt. 22 m - Carta regionale n° **5**-C2
Roma 369 km - Bologna 47 km - Imola 14 km - Ravenna 35 km
Carta stradale Michelin 562-I17

Rocca

CUCINA MODERNA • ROMANTICO Dopo molteplici esperienze in giro per il mondo (Londra, New York, Kuala Lumpur, Capri), lo chef-patron, Mirko, gestisce questa piacevole locanda tra Emilia e Romagna, preparando gustosi piatti di terra e di mare, moderni, ma non dimentichi della tradizione.

Carta 34/56 €

Agriturismo La Locanda di Bagnara, piazza Marconi 10 - 0545 76951 - www.locandabagnara.it - Chiuso 10-20 agosto e lunedì

La Locanda di Bagnara

LOCANDA • PERSONALIZZATO Nel cuore di questa piccola frazione, edificio del 1870 restaurato su modello di una raffinata e moderna locanda: arredi eleganti e confort al passo con i tempi odierni.

8 cam - †60/190 € ††90/190 €

piazza Marconi 10 - 0545 76951 - www.locandabagnara.it - Chiuso 10-20 agosto

Rocca - Vedere selezione ristoranti

BAGNARIA ARSA

Udine - ✉ 33050 - 3 491 ab. - Alt. 18 m - Carta regionale n° **6**-C3
Roma 624 km - Udine 26 km - Grado 31 km - Trieste 55 km
Carta stradale Michelin 562-E21

Agriturismo Mulino delle Tolle

FAMILIARE • TRADIZIONALE Lazzaretto secentesco o dogana di confine all'epoca degli Asburgo? Una testina votiva in cotto - oggi marchio dell'azienda - ammicca invece alla sua lunga tradizione vitivinicola. Al ristorante: proposte giornaliere di cucina regionale e piatti di terra (carni di produzione propria).

10 cam - †61 € ††88 €

località Sevegliano, statale Palmanova-Grado, Sud-Ovest: 2 km - 0432 924723 - www.mulinodelletolle.it - Chiuso 31 dicembre-15 gennaio

BAGNI DI LUCCA

Lucca – ✉ 55022 – 6 161 ab. – Alt. 150 m – Carta regionale n° **18**-B1
▶ Roma 370 km – Pisa 49 km – Firenze 100 km – Lucca 29 km
Carta stradale Michelin 563-J13

Regina Park Hotel

FAMILIARE • PERSONALIZZATO In un palazzo della fine del XVIII secolo, comodo indirizzo tanto per chi sceglie una vacanza culturale, quanto per chi opta per un soggiorno di relax; giardino con piscina sul retro e café-bistrot.

11 cam – †35/115 € ††39/185 € – 1 suite

viale Umberto I° 157 – ☎ 0583 805508 – www.coronaregina.it

BAGNI NUOVI Sondrio

→ Vedere Valdidentro

BAGNO A RIPOLI

Firenze – ✉ 50012 – 25 611 ab. – Alt. 75 m – Carta regionale n° **18**-D3
▶ Roma 270 km – Firenze 9 km – Arezzo 74 km – Montecatini Terme 63 km
Carta stradale Michelin 563-K15

a Candeli Nord : 1 km ✉ 50012

Il Verrocchio

CUCINA MODERNA • ROMANTICO XXX Soffitto a volte e camino, vasta selezione enologica di vini italiani e regionali, nonché cucina del territorio rivisitata, ma non solo, in un bel locale che mutua il nome dall'artista fiorentino alla cui bottega si formò Leonardo da Vinci. Le imponenti vetrate permettono di approfittare della vista sull'Arno e sul Chianti; d'estate i pasti sono serviti sulla terrazza a filo d'acqua.

Menu 70/100 € – Carta 73/118 €

Hotel Villa La Massa, via della Massa 24 – ☎ 055 6261 1533 – www.villalamassa.com – solo a cena – Aperto da inizio aprile a fine ottobre

Villa La Massa

GRAN LUSSO • STORICO Più che un hotel, è un gioiello architettonico dell'epoca medicea, un'oasi bucolica affacciata sul fiume Arno, a un quarto d'ora da Firenze (quest'ultima facilmente raggiungibile grazie ad un servizio di navetta messo a disposizione degli ospiti). Letti a baldacchino, boiserie, soffitti affrescati, tappezzerie, bagni in marmo: sobria e insieme calorosa, Villa La Massa invita a riscoprire l'arte di vivere della nobiltà fiorentina, sottilmente rivisitata dal confort più raffinato.

23 cam – †460/740 € ††460/740 € – 14 suites

via della Massa 24 – ☎ 055 62611 – www.villalamassa.com – Aperto da inizio aprile a fine ottobre

Il Verrocchio – Vedere selezione ristoranti

BAGNO DI ROMAGNA

Forlì-Cesena (FC) – ✉ 47021 – 6 154 ab. – Alt. 491 m – Carta regionale n° **5**-D3
▶ Roma 275 km – Rimini 94 km – Forlì 68 km – Firenze 88 km
Carta stradale Michelin 562-K17

Paolo Teverini

CUCINA CLASSICA • ELEGANTE XXX In ambienti di grande raffinatezza, la cucina reinterpreta in chiave moderna e personale le tradizioni romagnole e toscane. Attenzione particolare per i formaggi, funghi e tartufi ma, soprattutto, per i vini: molti al bicchiere, tanti dalla Francia.

Menu 44/88 € – Carta 64/105 €

Hotel Tosco Romagnolo, via del Popolo 2 – ☎ 0543 911260 (consigliata la prenotazione) – www.paoloteverini.it – solo a cena escluso sabato e domenica – Chiuso lunedì e martedì escluso agosto

Prêt-à-Porter

CUCINA REGIONALE • ELEGANTE XX E' la versione più easy di casa Teverini: sempre elegante e curato dal celebre chef, il ristorante offre piatti del territorio - ottima, l'intercostata di manza chianina grigliata al formaggio di fossa con verdure marinate all'aceto balsamico - e qualche sorpresa di cucina moderna. Nella sala ampia, invece, si può scegliere di servirsi al ricco buffet, a prezzo fisso e assai vantaggioso!

Menu 23/29 € - Carta 30/64 €

Hotel Tosco Romagnolo, via del Popolo 2 - 0543 911260 - www.paoloteverini.it

Ròseo Euroterme

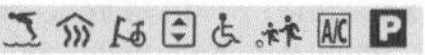

RESORT • PERSONALIZZATO Albergo moderno ed accogliente con numerose aree relax dove ognuno può trovare il proprio angolo preferito, a cui si aggiungono tanti servizi, nonché un centro benessere e termale molto ben organizzato.

254 cam - 150/320 € 180/380 € - 4 suites

via Lungosavio 2 - 0543 911414 - www.euroterme.com

Tosco Romagnolo

TRADIZIONALE • ELEGANTE Al timone di questa elegante struttura vi è un'appassionata gestione familiare coadiuvata da personale altrettanto cordiale e competente. I punti forti dell'hotel sono sicuramente le spaziose camere - eccellenti quelle più moderne - la piscina panoramica e la beauty spa.

44 cam - 49/161 € 78/288 € - 4 suites

via del Popolo 2 - 0543 911260 - www.hoteltoscoromagnolo.it

Prêt-à-Porter • **Paolo Teverini** - Vedere selezione ristoranti

Balneum

TRADIZIONALE • PERSONALIZZATO Tranquilla struttura all'ingresso del paese e dall'ottima gestione familiare dispone di graziose camere personalizzate, alcune dotate di bagno turco. Al ristorante, cucina regionale curata dai titolari stessi.

39 cam - 46/79 € 74/110 €

via Lungosavio 15/17 - 0543 911085 - www.hotelbalneum.it - Chiuso 10 gennaio-10 febbraio

ad Acquapartita Nord-Est : 8 km ✉ 47021 - San Piero In Bagno - Alt. 806 m

Del Lago

CUCINA REGIONALE • AMBIENTE CLASSICO XX Che bella sorpresa in quel di Acquapartita! Un giovane chef, anche sommelier, affiancato dai genitori che eseguono un servizio in sala accurato e professionale, convince i suoi ospiti con una cucina creativa e molto attenta alla selezione delle materie prime.

Menu 35/50 € - Carta 33/54 €

via Acquapartita 147 - 0543 903406 (consigliata la prenotazione) - www.albergoristorantedellago.it - Chiuso gennaio, lunedì e martedì escluso giugno-settembre

Miramonti

SPA E WELLNESS • CLASSICO Ubicata tra i boschi appenninici, la struttura dispone di buoni servizi, arredi e camere confortevoli, circa la metà con vista sul lago. Al ristorante: la regionale cucina tosco-romagnola.

46 cam - 50/85 € 80/120 €

via Acquapartita 103 - 0543 903640 - www.selecthotels.it - Aperto 28 dicembre-6 gennaio e 1° aprile-31 ottobre

BAGNOLO IN PIANO

Reggio nell'Emilia - ✉ 42011 - 9 712 ab. - Alt. 32 m - Carta regionale n° **5**-B3

Roma 433 km - Parma 39 km - Modena 39 km - Reggio nell'Emilia 10 km

Carta stradale Michelin 562-H14

Trattoria da Probo

CUCINA REGIONALE • FAMILIARE Vecchia trattoria di campagna dalla squisita gestione familiare, che si esprime nella cordiale accoglienza e nella cucina fedele alla tradizione: bolliti e paste fresche, le specialità.

Menu 15 € (pranzo in settimana)/40 € - Carta 28/52 €

via Provinciale Nord 13 - 0522 951300 - www.trattoriadaprobo.it - Chiuso 16-22 agosto e le sere di domenica, lunedì e martedì

BAGNOLO SAN VITO

Mantova - 46031 - 5 971 ab. - Alt. 19 m - Carta regionale n° **9**-D3
Roma 460 km - Verona 48 km - Mantova 17 km - Modena 62 km
Carta stradale Michelin 561-G14

Villa Eden

CUCINA MANTOVANA • FAMILIARE Gestita da una famiglia assai cordiale, questa villa tra i campi si presenta come un'ospitale abitazione privata. La cucina sa valorizzare le materie prime con piatti mantovani, stagionalità italiane ed alcune sorprese dal mare. Tra i migliori ristoranti della provincia!

Menu 40 € - Carta 38/66 €

via Gazzo 6 - 0376 415684 (consigliata la prenotazione) - www.ristorantevillaeden.it - Chiuso 1°-7 gennaio, 4-20 agosto, lunedì, martedì e le sere di domenica e mercoledì

BAGNOREGIO

Viterbo - 01022 - 3 650 ab. - Alt. 484 m - Carta regionale n° **7**-A1
Roma 125 km - Viterbo 28 km - Orvieto 19 km - Terni 77 km
Carta stradale Michelin 563-O18

Romantica Pucci

FAMILIARE • ACCOGLIENTE In un palazzo del XIV sec., piacevole risorsa caratterizzata da camere arredate con gusto e attenzioni particolari, ma tutte diverse tra loro. Si respira un'atmosfera d'intima familiarità. La cucina propone pochi piatti fatti al momento, una cucina semplice e casalinga.

5 cam - 80 € 80 €

piazza Cavour 1 - 0761 792121 - www.hotelromanticapucci.it

BAGNO VIGNONI Siena → Vedere San Quirico d'Orcia

BAIA DOMIZIA

Caserta (CE) - 81030 - Carta regionale n° **4**-A2
Roma 183 km - Frosinone 104 km - Caserta 59 km - Gaeta 35 km
Carta stradale Michelin 563-S23

Della Baia

TRADIZIONALE • PERSONALIZZATO Un roseto e ampio giardino con piscina separano la calda elegante struttura dal mare. Se uno dei punti di forza è l'avvolgente ospitalità, non si può tuttavia non sottolineare i suoi ambienti raffinati che coniugano mobili ottocenteschi e pezzi di modernariato, pavimenti in cotto lavorato a mano e comodi divani. Sulle bianche terrazze si affacciano le preziosi camere dai letti a cassettoni. Difficile stabilire se siano più belli gli interni e o gli esterni.

50 cam - 110/115 € 130/190 € - 10 €

via dell'Erica 410 - 0823 721344 - www.hoteldellabaia.it - Aperto 13 maggio-23 settembre

BAIA SARDINIA Sardegna Olbia-Tempio (OT) → Vedere Arzachena: Costa Smeralda

BALDICHIERI D'ASTI

Asti - 14011 - 1 110 ab. - Alt. 173 m - Carta regionale n° **14**-C1
Roma 626 km - Torino 50 km - Alessandria 47 km - Asti 12 km
Carta stradale Michelin 561-H6

Madama Vigna

CUCINA PIEMONTESE • ACCOGLIENTE X Una bella carta dei vini, con particolare attenzione al territorio, fa da "spalla" ad una cucina che propone tante specialità regionali: agnolotti al plin con fonduta, fassone piemontese, gallina bionda di Villanova, l'immancabile bunet, ed altro ancora.

Menu 20/40 € - Carta 22/40 € 16 cam ☕ - †50/55 € ††70/80 €

via Nazionale 41 - ✆ 0141 66471 - www.madamavigna.it - Chiuso 27 dicembre-9 gennaio, 7-21 agosto e lunedì a mezzogiorno

BALDISSERO TORINESE

Torino - ✉ 10020 - 3 750 ab. - Alt. 421 m - Carta regionale n° **12**-B1
▶ Roma 656 km - Torino 13 km - Asti 42 km - Biella 77 km
Carta stradale Michelin 561-G5

Osteria del Paluch

CUCINA REGIONALE • FAMILIARE XX Elegante e ben curato, a classica conduzione diretta, propone una cucina piemontese con predilezione verso percorsi moderni e creativi. Servizio estivo all'aperto.

Menu 35/70 € - Carta 31/58 €

via Superga 44, Ovest : 3 km - ✆ 011 940 8750 - Chiuso 2 settimane in novembre, 3 settimane in gennaio, domenica sera e lunedì da settembre a marzo

a Rivodora Nord-Ovest : 5 km ✉ 10020

Torinese

CUCINA REGIONALE • SEMPLICE X Semplici piatti piemontesi fatti in casa e, solo in estate, qualche cottura alla griglia, delizieranno gli ospiti nelle due sale di questa tipica trattoria vecchio stile situata sulla collina di Superga, a pochi chilometri da Torino.

Menu 25/38 € - Carta 32/47 €

via Torino 42 - ✆ 011 946 0025 - www.ristorantetorinese.it - solo a cena escluso sabato e domenica - Chiuso 7-20 gennaio, 2-14 agosto, martedì e mercoledì

BANCHETTE D'IVREA Torino (TO) ➜ Vedere Ivrea

BARANO D'ISCHIA Napoli ➜ Vedere Ischia (Isola d')

BARBARANO Brescia ➜ Vedere Salò

BARBARANO VICENTINO

Vicenza (VI) - ✉ 36021 - 4 594 ab. - Alt. 72 m - Carta regionale n° **23**-B3
▶ Roma 517 km - Vicenza 22 km - Padova 33 km - Venezia 86 km
Carta stradale Michelin 562-F16

Aqua Crua (Giuliano Baldessari)

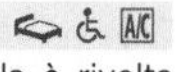

CUCINA MODERNA • ALLA MODA XX Essenziale e minimalista, la sala è rivolta verso il suo palcoscenico naturale: la cucina a vista, un laboratorio gourmet. Scelta molto ridotta per assicurare la freschezza e il ricambio dei prodotti, i piatti sono spesso originali e di ricerca, il risultato ottimo, a volte eccellente. Le camere sono una buona e moderna soluzione, in particolar modo se non si vuole guidare dopo la cena.

➜ I ravioli. Il tamarindo. La crema carbonizzata.

Menu 80/130 € - Carta 51/117 € 5 cam - †60 € ††90 € - ☕ 10 €

via IV Novembre 25 - ✆ 0444 776096 (coperti limitati, prenotare) - www.aquacrua.it - Chiuso 1°-15 gennaio, 10 agosto-1° settembre, mercoledì a mezzogiorno, lunedì e martedì

BARBARESCO

Cuneo - ✉ 12050 - 658 ab. - Alt. 274 m - Carta regionale n° **14**-C2
▶ Roma 642 km - Cuneo 72 km - Torino 66 km - Alessandria 63 km
Carta stradale Michelin 561-H6

Antinè

CUCINA PIEMONTESE • AMBIENTE CLASSICO XX Nel cuore di una delle capitali dell'enologia italiana, giovane e brillante gestione per questo ristorante ubicato al primo piano di un edificio del centro storico; l'offerta gastronomica spazia dalla tradizione all'innovazione.

Menu 55/100 € - Carta 54/87 €

via Torino 16 - ☎ 0173 635294 - www.antine.it - Chiuso 15 dicembre-30 gennaio e mercoledì

Casa Boffa

FAMILIARE • CONTEMPORANEO Bei bagni nelle curate camere e due terrazze affacciate sui vigneti - una delle quali con vasca idromassaggio - in una casa del centro storico, dove è anche possibile acquistare vini dell'omonima azienda.

5 cam - †70 € ††95 €

via Torino 9/a - ☎ 0173 635174 - www.boffacarlo.it - Chiuso 15 dicembre-1° febbraio

BARBERINO DI MUGELLO

Firenze - ✉ 50031 - 10 836 ab. - Alt. 270 m - Carta regionale n° **18**-C1

Roma 308 km - Firenze 39 km - Bologna 85 km - Pistoia 49 km

Carta stradale Michelin 563-J15

in prossimità casello autostrada A 1 Sud-Ovest : 4 km

Cosimo de' Medici

CUCINA TOSCANA • CONVIVIALE XX Storico ristorante in cui gustare una cucina tradizionale con proposte prevalentemente toscane e la griglia in primo piano: sia per carni bianche, che per quelle rosse.

Carta 28/85 €

viale del Lago 19 ✉ 50030 Cavallina - ☎ 055 842 0370 - www.ristorantecosimodemedici.com - Chiuso 8-29 agosto, domenica sera e lunedì

BARBERINO VAL D'ELSA

Firenze - ✉ 50021 - 4 386 ab. - Alt. 373 m - Carta regionale n° **18**-D1

Roma 269 km - Firenze 38 km - Siena 41 km - Prato 50 km

Carta stradale Michelin 563-L15

a Petrognano Ovest : 3 km ✉ 50021 - Barberino Val D'Elsa

Il Paese dei Campanelli

CUCINA TOSCANA • ROMANTICO XX Originale collocazione all'interno di un antico casale di campagna con pareti in pietra e rifiniture in legno; d'estate si mangia anche all'aperto, tra vigne e ulivi.

Carta 33/46 €

località Petrognano 4 - ☎ 055 807 5318 - www.ilpaesedeicampanelli.it - solo a cena escluso sabato e festivi - Aperto 1° aprile-31 ottobre, solo venerdì, sabato e domenica a mezzogioerno negli altri mesi

a Ponzano Sud : 2 km ✉ 50021 - Barberino Val D'Elsa

La Torre di Ponzano

DIMORA STORICA • ACCOGLIENTE In un contesto collinare di bellezza mozzafiato, la parte più antica della struttura, la torre, risale al 945. Camere rustiche ed accoglienti per immergersi in una Toscana autentica e campestre.

6 cam - †50/110 € ††59/150 €

strada di Ponzano 8 - ☎ 055 805 9255 - www.torrediponzano.it - Chiuso 7-28 febbraio

BARBIANELLO

Pavia – ✉ 27041 – 872 ab. – Alt. 67 m – Carta regionale n° **9**-B3
Roma 557 km – Piacenza 45 km – Pavia 20 km – Milano 54 km
Carta stradale Michelin 561-G9

Da Roberto

CUCINA REGIONALE • **SEMPLICE** X Trattoria di fine '800 caratterizzata da ambienti rustici e curati: in due sale con camino, proposte tipiche dai sapori genuini presentate a voce. I secondi prevedono solo carne: il cotechino caldo e il sottofiletto su sasso del Trebbia, tra le specialità più richieste.

Menu 18 € (pranzo in settimana)/35 €

via Barbiano 21 – ☎ 0385 57396 (consigliata la prenotazione) – www.daroberto.it – solo a cena escluso venerdì, sabato e domenica – Chiuso 1°-7 gennaio, luglio, lunedì e martedì

BARBIANO Parma ➔ Vedere Felino

BARCUZZI Brescia ➔ Vedere Lonato

BARD

Aosta (AO) – ✉ 11020 – 119 ab. – Alt. 400 m – Carta regionale n° **21**-B2
Roma 711 km – Aosta 46 km – Torino 69 km – Milano 141 km
Carta stradale Michelin 561-F5

Ad Gallias

CUCINA CREATIVA • **ELEGANTE** XX In salette romantiche e curate, o nel super privé in terrazza all'ultimo piano (servizio esclusivo, a fronte di un piccolo sovrapprezzo) per un'ottima cucina che - a tratti - si fa anche fantasiosa.

Menu 42/45 € – Carta 39/63 €

via Vittorio Emanuele II 5/7 – ☎ 0125 809878 – www.hoteladgallias.com – solo a cena escluso sabato ed i giorni festivi – Chiuso novembre e mercoledì

Ad Gallias

LUSSO • **MODERNO** Ricavato dalla roccia viva della montagna, proprio di fronte al castello di Bard, uno scrigno di buona accoglienza e confort moderno all'inizio della valle, con camere moderne, originali, attrezzate di tutto punto ed un accogliente centro benessere.

17 cam – †90/200 € ††117/300 € – 1 suite

via Vittorio Emanuele II 5/7 – ☎ 0125 809878 – www.hoteladgallias.com – Chiuso novembre

Ad Gallias – Vedere selezione ristoranti

BARDINO VECCHIO Savona (SV) ➔ Vedere Tovo San Giacomo

BARDOLINO

Verona – ✉ 37011 – 7 049 ab. – Alt. 65 m – Carta regionale n° **23**-A3
Roma 526 km – Verona 32 km – Brescia 66 km – Mantova 65 km
Carta stradale Michelin 562-F14

La Veranda

CUCINA MEDITERRANEA • **MINIMALISTA** XXX Non sarà facile scegliere fra le varie specialità della carta: carne e pesce, sia di lago sia di mare, sono lì a dimostrare la bravura del giovane, ma già esperto, chef.

➔ Scaloppa di foie gras, composta di frutti rossi, sbrisolona e riduzione di amarone. Branzino d'amo servito con cavolfiori, lenticchie beluga ed emulsione di ricci di mare. Irish coffee in un dessert.

Menu 55/65 € – Carta 47/92 €

Color Hotel, via Santa Cristina 5 – ☎ 045 621 0857 (consigliata la prenotazione) – www.ristorantelaverandabardolino.it – solo a cena – Aperto 1° aprile-31 ottobre

Il Giardino delle Esperidi

CUCINA CLASSICA • ROMANTICO In pieno centro storico, locale tutto al femminile, dove gustare una golosa ed intrigante cucina - fortemente legata ai prodotti di stagione - elaborata con curiose ricette personali.

Carta 36/53 €

via Mameli 1 - 045 621 0477 - solo a cena escluso sabato e i giorni festivi - Chiuso 10 gennaio-12 febbraio e martedì

Caesius Thermae

SPA E WELLNESS • MODERNO Imponente struttura avvolta dalla tranquillità del proprio giardino. Inutile elencare i servizi: l'offerta è completa e generosa, addirittura superba per quanto riguarda le proposte della Spa (trattamenti ayurvedici al top!). Cucina moderna e un interessante menu vegetariano al ristorante Benacus, che nelle serate estive si sposta all'aperto diventando Le Vele.

185 cam - 106/223 € 172/413 € - 27 suites

via Peschiera 3 - 045 721 9100 - www.hotelcaesiusterme.com - Chiuso 1°-20 dicembre

Color Hotel

RESORT • CONTEMPORANEO Splendidi giardini tropicali e varie piscine (due anche riscaldate) contornano questa struttura di taglio moderno e personalizzato; tante attenzioni e grande professionalità fanno del soggiorno un'esperienza memorabile.

90 cam - 115/269 € 140/358 € - 17 suites

via Santa Cristina 5 - 045 621 0857 - www.colorhotel.it - Aperto 1° aprile-31 ottobre

La Veranda - Vedere selezione ristoranti

Aqualux

SPA E WELLNESS • MODERNO A 300 metri dal centro, albergo di recente apertura e dal design moderno, che ha sposato la sostenibilità, nonché la filosofia green. All'ampia offerta di piscine d'acqua termale fanno eco zone benessere per farsi coccolare. E, poi, ancora stile minimalista, ma tutta l'intensità dei sapori mediterranei al ristorante Drops Food & Wine.

125 cam - 150/242 € 190/299 €

via Europa Unita 24/b - 045 622 9999 - www.aqualuxhotel.com

Kriss Internazionale

TRADIZIONALE • ACCOGLIENTE Sulla passeggiata principale della località, la quasi totalità delle stanze è stata recentemente ristrutturata in stile moderno, mentre presso l'enoteca Kambusa vi attendono degustazioni e sapori del territorio. Per gli amanti dell'abbronzatura, zona solarium a bordo lago con pontile privato.

32 cam - 65/145 € 90/195 € - 2 suites

lungolago Cipriani 3 - 045 621 2433 - www.hotelkriss.it - Aperto 25 marzo-5 novembre

BARDONECCHIA

Torino - 10052 - 3 215 ab. - Alt. 1 312 m - Carta regionale n° **12**-A2

Roma 754 km - Briançon 46 km - Torino 101 km - Sestriere 35 km

Carta stradale Michelin 561-G2

Locanda Biovey

CUCINA REGIONALE • FAMILIARE Esercizio ospitato in una palazzina d'epoca del centro e circondato da un giardino, propone una cucina del territorio preparata con moderata creatività e "raccontata" in un menù degustazione che varia di giorno in giorno. Al piano superiore, camere colorate e confortevoli arredate in stili diversi, dall'800 al Luigi XV.

Menu 40 € - Carta 48/64 € 8 cam - 40/65 € 60/95 €

via General Cantore 2 - 0122 999215 (consigliata la prenotazione) - www.biovey.it - solo a cena - Chiuso 2 settimane in maggio, 2 settimane in ottobre, lunedì e martedì

Bucaneve

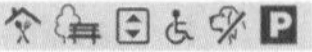

FAMILIARE • FUNZIONALE Ai margini del centro, ma vicino a diversi impianti sportivi (compresi quelli di risalita), se le suite offrono uno stile moderno, le altre camere sono decisamente più funzionali e tradizionali, calde e con tanto legno.

8 cam - 60/90 € 80/120 € - 6 suites

viale della Vecchia 2 - 0122 999332 - www.hotelbucanevebardonecchia.it - Aperto 4 dicembre- 18 aprile e 15 giugno-15 settembre

BARGE

Cuneo - 12032 - 7 774 ab. - Alt. 372 m - Carta regionale n° **12**-B3
Roma 681 km - Torino 61 km - Cuneo 54 km - Sestriere 72 km
Carta stradale Michelin 561-H3

Alter Hotel

BUSINESS • MINIMALISTA Nato dal restauro di un'antica industria manifatturiera, un design hotel che gioca sulle tinte del bianco e del nero ed ospita ambienti originali tra cui un museo dell'auto d'epoca. Piatti del territorio, formaggi d'alpeggio, dolci tradizionali piemontesi al restaurant-bistrot.

15 cam - 84/118 € 120/150 € - 6 suites

piazza Stazione 1 - 0175 349092 - www.alterhotel.com

a Crocera di Barge Nord-Est : 8 km 12032 - Barge

D'la Picocarda

CUCINA CLASSICA • ELEGANTE XXX Un'intera famiglia gestisce con grande capacità questa bella casa colonica di origine seicentesca, dalla cui veranda è possibile ammirare lo spettacolo del Monviso. In carta piatti del territorio, ma anche proposte di mare. Altrettanto apprezzabile la carta dei vini.

Menu 38/49 € - Carta 36/68 €

via Cardè 71 - 0175 30300 - www.picocarda.it - Chiuso 2 settimane in agosto, lunedì sera e martedì

BARGINO Firenze (FI) → Vedere San Casciano in Val di Pesa

BARGNI Pesaro e Urbino → Vedere Serrungarina

BARI

(BA) - 70128 - 326 344 ab. - Carta regionale n° **15**-C2
Roma 431 km - Barletta 59 km - Taranto 97 km - Matera 66 km
Carta stradale Michelin 564-D32

La Pignata

CUCINA CLASSICA • ELEGANTE XXX Collezione di opere e dediche di personaggi famosi realizzate sui tovaglioli, il menu conquista con piatti della tradizione pugliese e gustose specialità di mare.

Menu 40 € - Carta 30/59 €

Pianta: A1-c - *corso Vittorio Emanuele 173 70122 - 080 523 2481 (consigliata la prenotazione) - www.ristorantelapignatabari.com - Chiuso agosto e lunedì*

Ai 2 Ghiottoni

PESCE E FRUTTI DI MARE • ELEGANTE XX Ampia esposizione di pesci all'ingresso e rivestimento delle pareti in tufo leccese. Accoglienza e servizio informali, cucina d'ispirazione pugliese con gustose specialità di mare.

Carta 29/81 €

Pianta: B2-d - *via Putignani 11 70121 - 080 523 2240 - www.ai2ghiottoni.it - Chiuso martedì in inverno e domenica in estate*

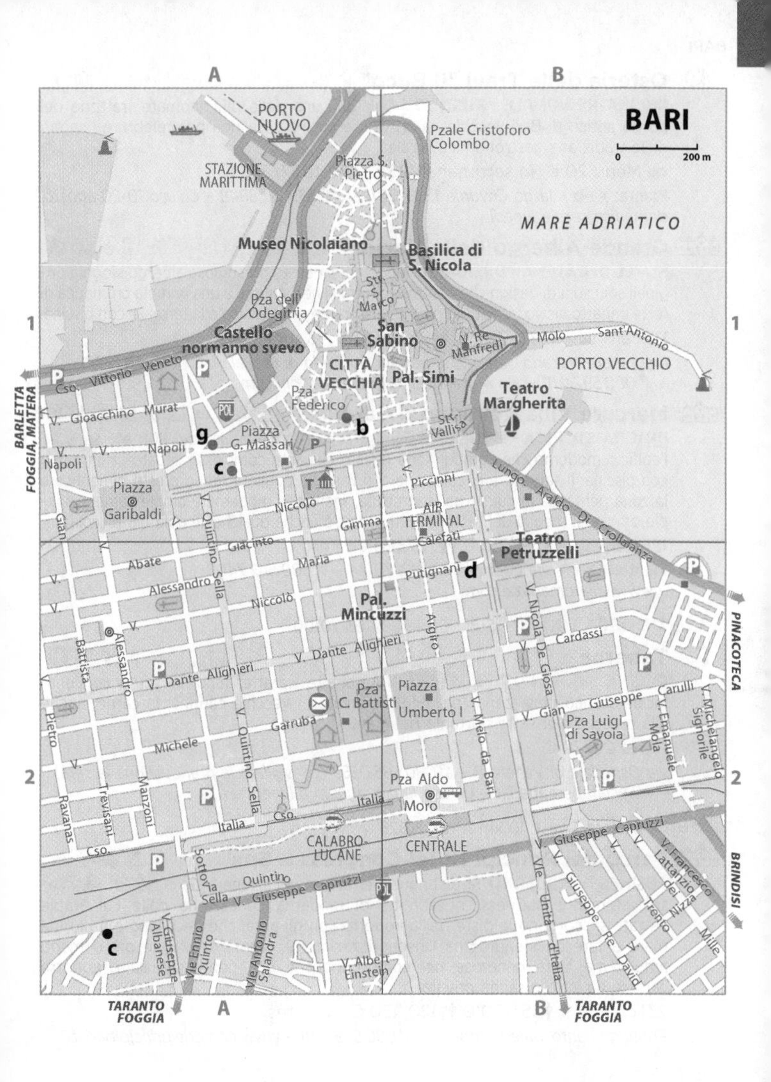

La Bul

CUCINA MODERNA • VINTAGE XX Dopo importanti esperienze all'estero, ad esempio a Madrid come s'intuisce da alcuni piatti simbolo, Antonio torna a casa convinto che la sua Puglia offre tutto ciò di cui uno chef ha bisogno per fare una buona cucina. Il successo del locale dimostra che non si è sbagliato!

Menu 40/70 € - Carta 36/64 €

Pianta: A1-g - *via Villari 52 ✉ 70122 - ☎ 080 523 0576 (consigliata la prenotazione) - www.ristorantelabul.com - solo a cena escluso domenica - Chiuso 6-12 gennaio, 7-21 agosto, domenica sera e lunedì (anche domenica a mezzogiorno in estate)*

Osteria delle Travi "Il Buco"

CUCINA REGIONALE • RUSTICO Dal 1813, una delle più rinomate trattorie del borgo antico di Bari vecchia: buon vino e cucina casalinga per celebrare i sapori delle tradizione gastronomica locale.

Menu 20 € (in settimana)/25 € - Carta 17/31 €

Pianta: A1-b - *largo Chyurlia 12 ✉ 70122 - ✆ 339 157 8848 - Chiuso 10-20 agosto, domenica sera e lunedì*

Grande Albergo delle Nazioni

HOTEL DI CATENA • DESIGN Sul lungomare, questo prestigioso albergo sfoggia originali soluzioni di design che contrappongono linee vintage a una gamma cromatica di forte impatto visivo. All'ultimo piano, il ristorante panoramico e la terrazza con piscina.

112 cam - 180/350 € 210/400 € - 3 suites

lungomare Nazario Sauro 7/9, per via Goffredo di Crollalanza - B1 - ✉ 70121 - ✆ 080 592 0111 - www.grandealbergodellenazioni.com

Mercure Villa Romanazzi Carducci

DIMORA STORICA • MODERNO Curioso contrasto tra la villa dell'800 e l'edificio moderno che compongono questo elegante complesso situato in un parco con piscina. Il servizio e la colazione con l'angolo pugliese fanno presto dimenticare la zona periferica in cui sorge la struttura, mentre le moderne e ampie camere doppie offrono il meglio del settore notte (ma c'è anche qualche singola più piccola).

126 cam - 59/210 € 79/324 €

Pianta: A2-c - *via Capruzzi 326 ✉ 70124 - ✆ 080 542 7400 - www.villaromanazzi.com*

a Carbonara di Bari Sud : 6,5 km B2 ✉ 70100

Taberna

CUCINA REGIONALE • RUSTICO Ambiente caratteristico in un accogliente locale storico della zona (dal 1959), ricavato in vecchie cantine; la carne, anche alla brace, è elemento portante del menù.

Carta 29/79 €

via Ospedale di Venere 8 - ✆ 080 565 0557 (consigliata la prenotazione la sera) - www.latabernabari.it - Chiuso luglio, agosto e lunedì

a Palese Nord-Ovest: 10 km A1 ✉ 70128

Parco dei Principi Hotel Congress & Spa

BUSINESS • MODERNO Si distingue per la sua vocazione spiccatamente business, quest'hotel di moderna concezione dalle cui ampie vetrate si scorgono le piste dell'aeroporto con gli aerei che decollano e il blu del mare a fare da sfondo (ma l'insonorizzazione è ottima!)... Stanze più o meno ampie, ma tutte generose nei confort, nonché una penthouse suite con tre camere da letto e sauna privata.

231 cam - 85/100 € 120/150 € - 2 suites

Prolungamento viale Europa 6 - ✆ 080 539 4811 - www.parcodeiprincipibari.it

BARLETTA

Barletta-Andria-Trani (BT) - ✉ 76121 - 94 814 ab. - Carta regionale n° **15**-B2

Roma 379 km - Bari 59 km - Foggia 75 km - Matera 94 km

Carta stradale Michelin 564-D30

Bacco (Cosimo Cassano)

CUCINA CREATIVA • ELEGANTE Uno tra i più rinomati locali storici di Puglia e sud Italia, avvolto da un'atmosfera intima ed elegante, la sua cucina rimane sempre un capitolo interessante: di terra e di mare, con spunti creativi, l'attenzione è tutta rivolta ai prodotti del territorio.

→ Tiella alla barese (riso, patate e cozze). Scampi, carote e aglio. Marchesina con gelato al caramello.

Carta 54/91 €

Pianta: C1-a - *piazza Marina 30 - ✆ 0883 334616 - www.ristorantebacco.it - Chiuso 2-16 gennaio, 12-26 luglio, domenica sera e lunedì*

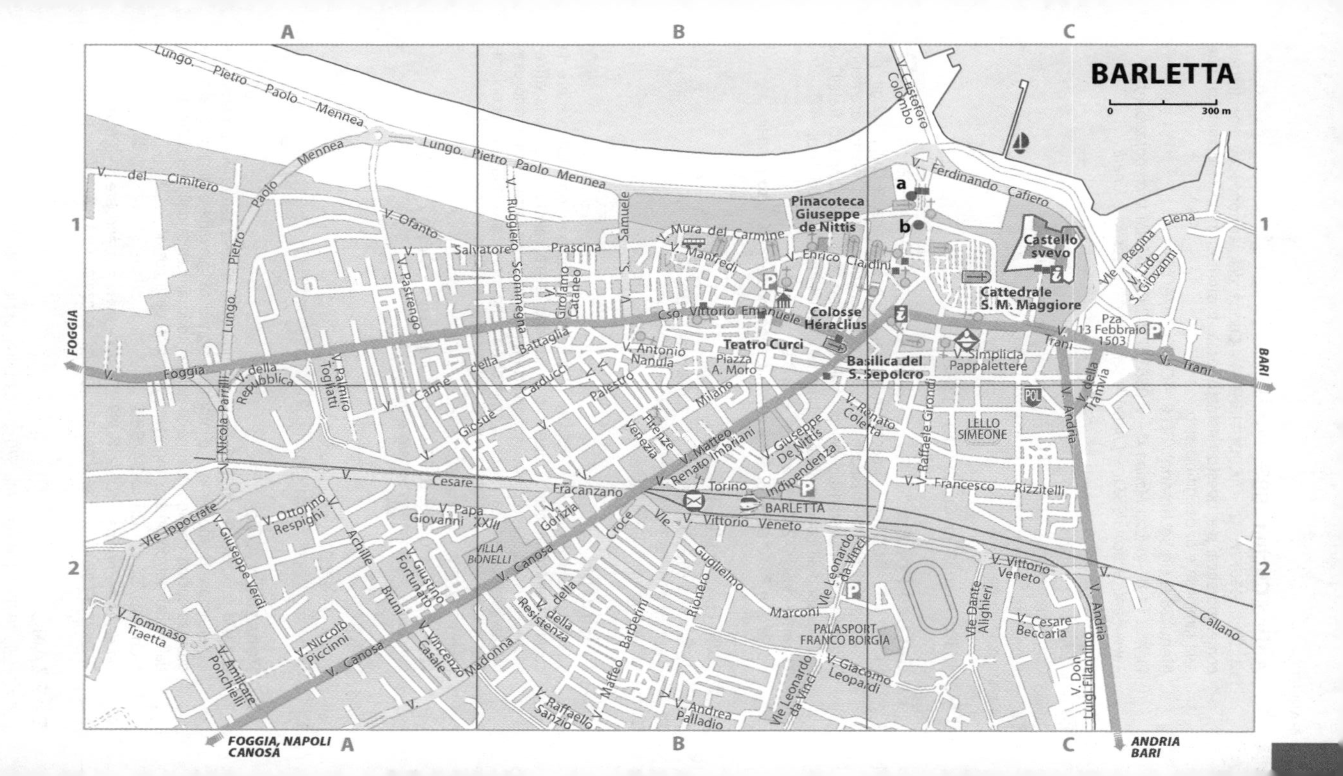

BARLETTA
0
300 m
A
B
C
1
2
FOGGIA
BARI
FOGGIA, NAPOLI
CANOSA
ANDRIA
BARI
Pinacoteca Giuseppe de Nittis
a
b
Castello svevo
Cattedrale S. M. Maggiore
Colosse Héraclius
Teatro Curci
Basilica del S. Sepolcro
Piazza A. Moro
Pza 13 Febbraio 1503
LELLO SIMEONE
BARLETTA
VILLA BONELLI
PALASPORT FRANCO BORGIA
Lungo. Pietro Paolo Mennea
V. del Cimitero
V. Cristoforo Colombo
V. Ferdinando Cafiero
Vle Regina Elena
V. Lido
S. Giovanni
V. Ofanto
V. Salvatore
V. Ruggiero Scommegna
Prascina
V. Girolamo Cataneo
V. S. Samuele
V. Mura del Carmine
V. Manfredi
V. Enrico Cialdini
Cso. Vittorio Emanuele
V. Pastrengo
V. Foggia
V. della Repubblica
V. Palmiro Togliatti
V. Carne della Battaglia
V. Carducci
V. Palestro
V. Antonio Nanula
V. Milano
V. Giosuè
V. Firenze
V. Venezia
V. Matteo Renato Imbriani
V. Giuseppe De Nittis
V. Indipendenza
V. Torino
V. Renato Coletta
V. Raffaele Girondi
V. Simplicia Pappalettere
V. Trani
V. della Tramvia
V. Andria
V. Nicola Parrilli
Lungo. Pietro Paolo Mennea
V. Cesare Fracanzano
V. Francesco Rizzitelli
Vle Ippocrate
V. Giuseppe Verdi
V. Ottorino Respighi
V. Achille Bruni
V. Papa Giovanni XXIII
V. Gorizia
V. Croce
Vle V. Vittorio Veneto
V. Canosa
V. Giustino Fortunato
V. Vincenzo Casale
V. Madonna della
V. della Resistenza
V. Maffeo Barberini
V. Rionero
Guglielmo Marconi
Vle Leonardo da Vinci
V. Giacomo Leopardi
Vle Dante Alighieri
V. Vittorio Veneto
V. Cesare Beccaria
V. Don Luigi Filannino
Callano
V. Tommaso Traetta
V. Amilcare Ponchielli
V. Niccolò Piccinni
V. Raffaello Sanzio
V. Andrea Palladio

Antica Cucina 1983

CUCINA REGIONALE • ACCOGLIENTE XX Cucina del territorio con una lettura contemporanea, per questo rinomato locale trasferitosi in un ex opificio su due sale luminose e di design classico.

Menu 28 € (in settimana)/60 € - Carta 36/60 €

Pianta: C1-b - *piazza Marina 4 - ✆ 0883 521718 (consigliata la prenotazione) - www.anticacucina1983.it - Chiuso le sere dei giorni festivi e lunedì*

BAROLO

Cuneo - ✉ 12060 - 740 ab. - Alt. 301 m - Carta regionale n° **14**-C2

Roma 642 km - Cuneo 59 km - Asti 42 km - Torino 73 km

Carta stradale Michelin 561-I5

a Vergne Ovest : 2 km Cuneo (CN) - ✉ 12060

Ca' San Ponzio

FAMILIARE • BUCOLICO Raccomandata a chi è alla ricerca della Langa più autentica: niente di lussuoso, ma una caratteristica cascina meticolosamente restaurata dai caratteristici balconi-ballatoio. Gestita da due simpatici fratelli, le camere sono all'insegna di una sobria rusticità; intorno, un noccioleto.

12 cam - †60/72 € ††72/85 € - ☐ 8 €

via Rittane 7 - ✆ 0173 560510 - www.casanponzio.com - Chiuso gennaio

BARONE CANAVESE

Torino - ✉ 10010 - 586 ab. - Alt. 325 m - Carta regionale n° **12**-B2

Roma 681 km - Torino 38 km - Aosta 90 km - Ivrea 20 km

Carta stradale Michelin 561-G5

Al Girasol

CUCINA REGIONALE • FAMILIARE X Varcato l'ingresso è possibile vedere la cucina, mentre al piano superiore si trovano le tre salette, di cui una affrescata e riscaldata da uno scoppiettante camino. In carta cucina rigorosamente piemontese, a mezzogiorno si aggiungono le proposte più economiche a voce.

Menu 27/35 € - Carta 32/55 €

via Roma 8 - ✆ 011 989 8565 - www.algirasol.com - Chiuso 2 settimane in gennaio, 2 settimane in agosto e mercoledì

BARONISSI

Salerno (SA) - ✉ 84081 - Carta regionale n° **4**-B2

Roma 254 km - Napoli 67 km - Salerno 12 km - Avellino 29 km

Pensando A Te

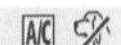

CUCINA MODERNA • BISTRÒ XX E poi, una volta a casa sarete voi a pensare a lui: all'ambiente moderno e d'informale signorilità, giovane e dinamico, alla sua gustosa cucina che indugia molto sul territorio arricchita dalle tecniche apprese dallo chef-patron presso importanti ristoranti della costa.

Menu 40/55 € - Carta 34/58 €

via dei Due Principati 40h - ✆ 089 954740 - www.pensandoate.it - Chiuso 10 giorni in gennaio, 2 settimane in agosto, domenica sera e lunedì

BARZANÒ

Lecco - ✉ 23891 - 5 140 ab. - Alt. 370 m - Carta regionale n° **10**-B1

Roma 615 km - Como 27 km - Lecco 19 km - Milano 49 km

Carta stradale Michelin 561-E9

Zafferano Bistrot

CUCINA CREATIVA • ACCOGLIENTE XX Carta vasta ed interessante, che consacra anche un piccolo spazio per proposte della tradizione, sebbene i piatti siano fondamentalmente d'impostazione creativa. Locale di tendenza.

Menu 10 € (pranzo in settimana)/45 € - Carta 40/62 €

Hotel Red's Redaelli, via Don Rinaldo Beretta 24 - 039 927 2120 (consigliata la prenotazione) - www.zafferanobistrot.com - Chiuso sabato a mezzogiorno e venerdì escluso estate

Red's Redaelli

BUSINESS • PERSONALIZZATO Ottimo indirizzo, situato sui primi colli della provincia, in zona verdeggiante e residenziale: tutto moderno, l'ispirazione è una linea sobria e minimalista, non priva di eleganza. Nessuna differenza tra le camere, se non il colore.

34 cam - †75/160 € ††98/200 €

via Don Rinaldo Beretta 24 - 039 927 2120 - www.redshotel.com

Zafferano Bistrot - Vedere selezione ristoranti

Un pasto con i fiocchi senza spendere una fortuna? Cercate i Bib Gourmand. Vi aiuteranno a trovare le buone tavole che coniugano una cucina di qualità al prezzo giusto!

BASCAPÈ

Pavia - 27010 - 1 776 ab. - Alt. 89 m - Carta regionale n° **9**-B3
Roma 560 km - Milano 25 km - Piacenza 53 km - Pavia 25 km
Carta stradale Michelin 561-G9

Agriturismo Tenuta Camillo

AGRITURISMO • BUCOLICO Un tuffo nel passato in un tipico cascinale lombardo dei primi del '900 ad impatto zero. Intorno all'aia, la villa padronale e le case coloniche: camere accoglienti (una addirittura ubicata su un albero!) e invitante piscina nel verde. Il ristorante è aperto solo sabato sera e domenica a pranzo, su prenotazione.

10 cam - †80 € ††120 € - 5 €

località Trognano, Nord : 2 km - 0382 66509 - www.tenutacamillo.com

BASCHI

Terni - 05023 - 2 722 ab. - Alt. 165 m - Carta regionale n° **20**-B3
Roma 124 km - Viterbo 46 km - Orvieto 15 km - Terni 70 km
Carta stradale Michelin 563-N18

sulla strada statale 448 km 6,600

Vissani

CUCINA CREATIVA • LUSSO XXXX In una sorta di elegante open space dalle pareti color tortora, il piacere di vedere sfilare piatti elaborati partendo da un'accurata selezione delle materie prime, a cui lo chef di Baschi aggiunge la propria personalissima firma.

→ Ventresca di tonno in spa. Spiedo e disco di piccione e patata. Sfoglia di pistacchi, nocciola, gelato di cioccolato all'olio di oliva.

Menu 50 € (pranzo in settimana)/250 € - Carta 101/268 € 7 cam - †150/300 € ††190/350 €

S.S. 448 Todi-Baschi al km 6,6, (località Cannitello), Nord: 12 km
05020 Civitella del Lago - 0744 950206 - www.casavissani.it
- Chiuso 22-26 dicembre, 3 settimane in gennaio, domenica sera, mercoledì e i mezzogiorno di lunedì e giovedì

a Civitella del Lago Nord-Est : 12 km ✉ 05020

Trippini

CUCINA MODERNA • CONTESTO CONTEMPORANEO XX Ospiti di una raffinata sala -rinnovata recentemente- affacciata su uno straordinario belvedere, ma alla fine è la cucina a strappare l'applauso: Trippini offre una delle più interessanti ricerche sui prodotti e ricette umbre rivisitati con estro.

Menu 25 € (pranzo)/90 € - Carta 45/61 €

via Italia 14 - ✆ 0744 950316 (consigliata la prenotazione) - www.ristorantetrippini.com - Chiuso 10-25 gennaio, 1 settimana in settembre-ottobre, lunedì da maggio a settembre, anche martedì negli altri mesi

BASELGA DI PINÈ

Trento - ✉ 38042 - 5 031 ab. - Alt. 964 m - Carta regionale n° **19**-B3

Roma 610 km - Trento 19 km - Belluno 116 km - Bolzano 75 km

Carta stradale Michelin 562-D15

2 Camini

CUCINA REGIONALE • FAMILIARE X Il ristorante è in realtà una casa di montagna all'inizio del paese, ravvivata dal calore e dalla cortesia della titolare Franca, paladina della più tipica cucina trentina. E dopo una piacevole passeggiata attraverso l'altipiano, le graziose camere vi attendono per un ben meritato riposo.

Menu 22/35 € - Carta 26/45 € 10 cam - †40/50 € ††60/90 € - ☕10 €

via del 26 Maggio 65 - ✆ 0461 557200 - www.locanda2camini.it - Chiuso lunedì e domenica sera in bassa stagione

a Montagnaga Sud : 2,5 km ✉ 38042

Posta 1899

TRADIZIONALE • PERSONALIZZATO Come si intuisce facilmente dal nome, la casa ha più di 100 anni, ma nel 2011 si è concessa un restauro totale, offrendo oggi tutti i confort ed i servizi più moderni, tra i quali un delizioso centro benessere. Della cucina di Cà dei Boci si occupa uno dei titolari con ovvia predilezione per i sapori locali, non mancano piatti a base di pesce di lago, talvolta anche di mare.

31 cam ☕ - †59/110 € ††88/190 € - 2 suites

via Targa 2 - ✆ 0461 558322 - www.postahotel1899.it

BASSANO DEL GRAPPA

Vicenza - ✉ 36061 - 43 372 ab. - Alt. 129 m - Carta regionale n° **23**-B2

Roma 538 km - Padova 45 km - Venezia 84 km - Vicenza 39 km

Carta stradale Michelin 562-E17

Ca' 7

VENEZIANA • AMBIENTE CLASSICO XXX Struttura, colonne e materiali d'epoca si uniscono a quadri e illuminazione moderni in un ardito ma affascinante accostamento. In estate la magia si sposta in giardino.

Menu 70 € - Carta 49/90 €

Hotel Ca' Sette, via Cunizza da Romano 4, Nord: 1 km - ✆ 0424 383350 - www.ca-sette.it - Chiuso 1°-6 gennaio, 2 settimane in agosto, domenica sera e lunedì

Bauto

VENEZIANA • AMBIENTE CLASSICO XX Bella saletta e veranda altrettanto accogliente per un locale ubicato nella zona industriale e che quindi presenta un buon menù d'affari; specialità: carne alla griglia.

Menu 35/45 € - Carta 34/82 €

via Trozzetti 27 - ✆ 0424 34696 - www.ristorantebauto.it - Chiuso 3-18 luglio, sabato a mezzogiorno e domenica escluso aprile-maggio e ottobre-novembre

Ottocento

CUCINA CREATIVA • ACCOGLIENTE X Nella bella cornice delle colline, un locale dai toni rustico-moderni dove la naturalità degli elementi prosegue nella filosofia che ispira la cucina, piatti eseguiti con attenzione e fantasia. Da non dimenticare i suoi prodotti "lievitati": pizze proverbiali!

Carta 32/72 €

contrà San Giorgio 2, Nord-Ovest: 1,5 Km - 0424 503510 - www.800simplyfood.com - Chiuso 15 giorni tra fine agosto e inizio settembre e lunedì a mezzogiorno

Villa Ca' Sette

LUSSO • PERSONALIZZATO Design contemporaneo in una villa del 1700, un hotel in cui tradizione, storia e soluzioni d'avanguardia sono state fuse con sapienza. Un soggiorno originale ed esclusivo.

18 cam - 95/180 € 145/280 € - 1 suite

via Cunizza da Romano 4, Nord: 1 km - 0424 383350 - www.ca-sette.it

Ca' 7 - Vedere selezione ristoranti

Belvedere

TRADIZIONALE • PERSONALIZZATO Attività dalla storia antica (sembrerebbe risalire al XV secolo), sorge a pochi passi dalle mura cittadine. Camere arredate secondo differenti stili, ma di uguale confort. Al ristorante, cucina locale e classica in un ambiente decisamente signorile.

83 cam - 75/142 € 89/190 €

piazzale Gaetano Giardino 14 - 0424 529845 - www.bonotto.it

Al Castello

FAMILIARE • STORICO Risorsa situata a ridosso del castello medioevale e poco lontana dal celebre Ponte Coperto; stanze non ampie, ma confortevoli, dotate di complementi d'arredo in stile.

11 cam - 40/60 € 75/130 €

via Bonamigo 19 - 0424 228665 - www.hotelalcastello.it

BASTIA UMBRA

Perugia - 06083 - 21 874 ab. - Alt. 202 m - Carta regionale n° **20**-B2

Roma 176 km - Perugia 17 km - Assisi 8 km - Terni 88 km

Carta stradale Michelin 563-M19

ad Ospedalicchio Ovest : 5 km 06083

Lo Spedalicchio

STORICO • MINIMALISTA Nato come fortezza medioevale, i sontuosi ambienti in mattoni trasmettono ancora l'importanza dell'antica funzione. Arredi d'arte povera, bagni moderni nelle camere, alcune con affreschi e cornicioni. Piacevole atmosfera nel curato ristorante.

25 cam - 55/75 € 60/140 €

piazza Bruno Buozzi 3 - 075 801 0323 - www.lospedalicchio.it

BATTIPAGLIA

Salerno - 84091 - 50 786 ab. - Alt. 72 m - Carta regionale n° **4**-C2

Roma 288 km - Avellino 59 km - Napoli 78 km - Salerno 27 km

Carta stradale Michelin 564-F26

Taverna la Falanghina

CUCINA REGIONALE • CONTESTO CONTEMPORANEO XX Sono le gustose specialità regionali di carne e di pesce, le "protagoniste" del menu di questa taverna dall'ambiente curato e grazioso. Il dehors si affaccia su un giardino interno.

Menu 20 € - Carta 25/55 €

Hotel San Luca, strada statale 18 km 76,5 - 0828 304595 - www.nonamusa.it

San Luca

BUSINESS • MODERNO Sulla strada statale, al centro di un complesso commerciale e residenziale, un'imponente struttura fornitissima nella gamma di confort e servizi. Camere funzionali.

74 cam - 60/95 € 80/95 € - 2 suites

strada statale 18 km 76,5 - 0828 304595 - www.sanlucahotel.it

Taverna la Falanghina - Vedere selezione ristoranti

BAVENO

Verbano-Cusio-Ossola - 28831 - 4 959 ab. - Alt. 205 m - Carta regionale n° **13**-A1

Roma 671 km - Stresa 5 km - Domodossola 42 km - Verbania 12 km

Carta stradale Michelin 561-E7

SottoSopra

CUCINA MODERNA • WINE-BAR XX C'era una volta uno chef, che dopo svariate esperienze in locali importanti, decise di realizzare il suo sogno ed aprire con la moglie (pasticcera) questo delizioso ristorante. In centro paese, la sua cucina mediterranea si sta guadagnando un posto al sole, mentre il buon rapporto qualità/prezzo regala - a fine pasto - una piacevole sorpresa.

Menu 48 € - Carta 33/55 €

corso Garibaldi 40 - 0323 925254 - www.sottosoprabaveno.com - Chiuso 25 gennaio-15 febbraio e martedì , anche lunedì in inverno

Last Hall

CUCINA REGIONALE • DI TENDENZA XX Ristorazione gourmet a km zero con un menu essenzialmente legato al territorio: piatti piemontesi, formaggi locali e anche pesce di lago in chiave moderna. Ambiente simpaticamente informale.

Carta 55/75 €

Grand Hotel Dino, corso Garibaldi 20 - 0323 913947 - www.lasthall.it - solo a cena - Aperto 1° aprile-31 ottobre

Grand Hotel Dino

LUSSO • PERSONALIZZATO Circondato da un giardino con alberi secolari, un maestoso complesso a indirizzo congressuale sulle rive del lago con spazi comuni ampi e camere dall'atmosfera principesca. L'elegante sala ristorante offre una splendida vista sul golfo e propone una cucina classica.

367 cam - 40/200 € 80/300 € - 8 suites - 25 €

corso Garibaldi 20 - 0323 922201 - www.zaccherahotels.com - Aperto 1° aprile-31 ottobre

Last Hall - Vedere selezione ristoranti

Splendid

LUSSO • ELEGANTE In riva al lago, questa bella risorsa - completamente rinnovata - dispone ora di eleganti camere arredate con grande raffinatezza. Spiaggia privata, attrezzato centro benessere, campo da tennis e piscina per godere appieno del soggiorno. Ampie vetrate affacciate sullo splendido panorama e cucina classica al ristorante.

102 cam - 40/200 € 80/300 € - 8 suites - 25 €

strada statale del Sempione 12 - 0323 924127 - www.zaccherahotels.com - Aperto 1°aprile-31 ottobre

Lido Palace

STORICO • FUNZIONALE Dalla ristrutturazione ed ampliamento dell'ottocentesca Villa Durazzo, questa bella risorsa - negli anni meta di numerosi ospiti illustri - dispone di immensi spazi comuni e camere arredate con eleganza. Cucina tradizionale al ristorante e sulla capiente terrazza con vista lago ed isole Borromee.

82 cam - 95/145 € 120/235 € - 1 suite

strada statale del Sempione 30 - 0323 924444 - www.lidopalace.com - Aperto 1° maggio-30 settembre

Rigoli

FAMILIARE • ACCOGLIENTE Direttamente sul lago e con spiaggia privata, questa struttura a gestione familiare dispone di camere accoglienti - sobriamente eleganti - dotate di balcone. Per chi cerca una formula più indipendente: gli appartamenti con angolo cottura nel vicino Residence Ortensia.

31 cam - 60/120 € 100/150 €

via Piave 48 - 0323 924756 - www.hotelrigoli.com - Aperto 15 aprile-10 ottobre

Azalea

FAMILIARE • TRADIZIONALE Sita nel centro storico della località, la risorsa dispone di un'ampia zona soggiorno, camere confortevoli arredate con gusto moderno e appartamenti con angolo cottura. Piccola piscina in terrazza.

37 cam - 55/70 € 70/130 €

via Domo 6 - 0323 924300 - www.azaleahotel.it - Aperto 15 marzo-1° novembre

BAZZANO

Bologna - 40053 - 30 561 ab. - Alt. 93 m - Carta regionale n° **5**-C3

Roma 388 km - Bologna 26 km - Modena 25 km - Reggio nell'Emilia 54 km

Carta stradale Michelin 562-I15

Alla Rocca

DIMORA STORICA • ACCOGLIENTE Struttura di gran fascino ricavata da un imponente e colorato palazzo del 1796. Lo stile della casa ha ispirato anche l'arredamento: molto classico, sia nelle zone comuni, sia nelle camere.

52 cam - 54/74 € 64/84 € - 3 suites

via Matteotti 76 - 051 831217 - www.allarocca.com - Chiuso 12-21 agosto

BEDIZZOLE

Brescia - 25081 - 12 296 ab. - Alt. 184 m - Carta regionale n° **9**-D1

Roma 539 km - Brescia 24 km - Milano 111 km - Verona 60 km

Carta stradale Michelin 561-F13

La Corte

FAMILIARE • PERSONALIZZATO Hotel a conduzione familiare ospitato negli inusuali spazi di una deliziosa cascina: piacevoli ambienti comuni, camere ampie e confortevoli.

16 cam - 42/60 € 75/120 €

via Benaco 117 - 030 687 1688 - www.hotellacorte.net

BEE

Verbano-Cusio-Ossola - 28813 - 728 ab. - Alt. 591 m - Carta regionale n° **13**-B1

Roma 682 km - Stresa 27 km - Verbania 10 km - Novara 97 km

Carta stradale Michelin 561-E7

Chi Ghinn

CUCINA MODERNA • ELEGANTE Sita nel centro del paese, una struttura dalla giovane conduzione ospita una saletta riscaldata da un bel camino e una terrazza-giardino dove gustare una cucina contemporanea. Dispone anche di poche camere spaziose e semplici negli arredi, alcune delle quali con zona salotto.

Carta 46/69 € 6 cam - 80/110 € 110/150 €

via Maggiore 21 - 0323 56326 (prenotazione obbligatoria) - www.chighinn.com - solo a cena escluso sabato e domenica in giugno-settembre - Chiuso 8 gennaio-18 marzo, 2 novembre-4 dicembre, martedì escluso giugno-agosto

BELLAGIO

Como - 22021 - 3 758 ab. - Alt. 229 m - Carta regionale n° **9**-B2

Roma 643 km - Como 31 km - Bergamo 64 km - Lecco 23 km

Carta stradale Michelin 561-E9

Mistral

CUCINA MODERNA • ELEGANTE La superba terrazza con vista impareggiabile sul lago sarà seconda solo alla cucina che sperimenta ricette molecolari e cotture innovative accanto a piatti più tradizionali, sempre e necessariamente preparati con eccellenti materie prime il cui studio e ricerca sono le grandi passioni dello chef.

➜ Tortellini di pasta fresca ripieni di pavone con brodetto di volatili e funghi misti. La variazione d'agnello. Ananas al forno con crema vaniglia ghiacciata con azoto liquido.

Menu 170 € - Carta 93/189 €

Grand Hotel Villa Serbelloni, via Roma 1 - 031 956435 - www.ristorante-mistral.com - solo a cena escluso sabato ed i giorni festivi; in luglio-agosto sempre chiuso a mezzogiorno - Aperto 9 aprile-29 ottobre

Alle Darsene

CUCINA MODERNA • CONTESTO CONTEMPORANEO All'ombra del pergolato affacciato sul porticciolo di Loppia o nella curata sala interna, cucina contemporanea che spazia tra terra e mare: ricette giudiziosamente moderne ed un'attenzione tutta particolare alle cotture (basse temperature e bolliti).

Menu 45/70 € - Carta 43/71 €

via Melzi d'Eril 1, frazione Loppia, Sud: 1 km - 031 952069 - www.ristorantedarsenediloppia.com - Chiuso gennaio-febbraio e lunedì

Grand Hotel Villa Serbelloni

GRAN LUSSO • CLASSICO Scaloni marmorei, colonne in stucco e splendidi trompe-l'oeil conferiscono alla struttura personalità ed uno stile che la rendono tra le più esclusive risorse del Bel Paese. Immerso nella lussureggiante vegetazione dei suoi giardini all'italiana, l'hotel ha ospitato regnanti e personalità da ogni continente: ora aspetta voi, non fatelo attendere...

91 cam - 279/342 € 397/736 € - 4 suites

via Roma 1 - 031 956435 - www.villaserbelloni.com - Aperto 9 aprile-29 ottobre

Mistral - Vedere selezione ristoranti

Belvedere

TRADIZIONALE • ACCOGLIENTE Tra il cielo ed il lago, sopra il caratteristico porticciolo di Pescallo, un romantico nido dove trascorrere un piacevole soggiorno cullati dal lago; piscina estiva nel giardino fiorito ed un centro benessere con piccola beauty sono solo alcuni dei servizi offerti dalla struttura. Cucina italiana all'omonimo ristorante panoramico dotato di bella terrazza estiva.

62 cam - 99/209 € 156/520 € - 9 suites

via Valassina 31 - 031 950410 - www.belvederebellagio.com - Aperto 1° aprile-31 ottobre

Florence

TRADIZIONALE • CLASSICO In posizione centralissima, prospiciente il lago, una bella casa dall'allure elegante è diventata una struttura alberghiera tra le più gettonate del luogo. Le ragioni di tanto successo sono da ricercarsi nelle raffinate camere, nel moderno centro benessere o nella terrazza la cui pregevole vista regala tante emozioni.

27 cam - 125 € 155/230 € - 3 suites

piazza Mazzini 46 - 031 950342 - www.hotelflorencebellagio.it - Aperto 15 aprile-20 ottobre

Bellagio

FAMILIARE • CENTRALE In pieno centro storico, a due passi dal lungolago e dall'imbarcadero, vi si accede percorrendo una suggestiva scalinata: camere confortevoli, di stampo moderno, nonché una bella terrazza.

29 cam - 100/140 € 110/180 €

salita Grandi 6 - 031 952202 - www.bellagio.info - Aperto 10 marzo-20 novembre

BELLARIA IGEA MARINA

Rimini - 19 519 ab. - Carta regionale n° **5**-D2
Roma 350 km - Ravenna 42 km - Rimini 15 km - Bologna 111 km
Carta stradale Michelin 562-J19

a Bellaria ✉ 47814

Antica Trattoria Barslon

PESCE E FRUTTI DI MARE • ACCOGLIENTE Lungo il canale, fresca e luminosa trattoria dalla motivata conduzione familiare: i piatti classici a base di pesce vengono affiancati da proposte più moderne.

Carta 28/64 €

via Rubicone 13 - ☎ 0541 347585 - www.barslon.it - Chiuso 1 settimana in gennaio e 1 settimana in settembre, lunedì e martedì

Il Borgo

CUCINA TRADIZIONALE • ACCOGLIENTE In posizione leggermente defilata, questo ristorante-pizzeria potrà sorprendervi per la qualità della proposta, che spazia con disinvoltura (e bravura!) dai primi alle specialità di pesce, soffermandosi su una buona scelta di pizze. Ambiente classico-moderno con dehors estivo.

Carta 36/55 €

via Roma 44 - ☎ 0541 340432 - solo a cena - Chiuso 7 giorni in marzo, novembre e lunedì

Orizzonte e Villa Ariosa

TRADIZIONALE • ACCOGLIENTE Una struttura classica, ma non priva di ricercatezza, con un'annessa villa fine secolo affacciata direttamente sul mare; bello e scenografico il piccolo centro benessere che ospita anche una piscina coperta.

40 cam - †35/100 € ††60/120 €

via Rovereto 10 - ☎ 0541 344298 - www.hotelorizzonte.com - Aperto Pasqua-15 settembre

Ermitage

TRADIZIONALE • LUNGOMARE Posizione invidiabile - direttamente sulla spiaggia - per questa risorsa dotata di un'ampia gamma di servizi, accoglienti camere dalla contemporanea atmosfera e suite panoramiche. Per il pranzo, servizio ristorante anche a bordo piscina.

60 cam - †49/499 € ††69/599 € - 6 suites

via Ala 11 - ☎ 0541 347633 - www.hotelermitage.it - Aperto Pasqua-30 settembre

a Igea Marina ✉ 47813

Blu Suite Hotel

SPA E WELLNESS • MINIMALISTA Ideale per gli amanti dello stile moderno, camere dal design minimalista molto spaziose e con angolo cottura; ambienti comuni non ampissimi, ma molto bella la zona benessere dove si effettuano anche trattamenti ayurvedici. Al ristorante, con l'ausilio di una nutrizionista, particolari percorsi benessere sotto l'insega "Blu Vita".

33 cam - †89/309 € ††109/409 € - 13 suites

viale Pinzon 290 - ☎ 0541 332454 - www.blusuitehotel.it - Aperto 13 marzo-10 novembre

Strand

TRADIZIONALE • LUNGOMARE Valida struttura caratterizzata da interni moderni, a tratti signorili, e camere con forti elementi di personalizzazione. Direttamente sul mare, si è in spiaggia senza attraversare strade!

37 cam - †47/87 € ††64/164 € - 2 suites

viale Pinzon 161 - ☎ 0541 331726 - www.hstrand.com - Aperto 1° aprile-20 settembre

K2

TRADIZIONALE • FUNZIONALE Albergo tutto al femminile che si sta rinnovando di in anno in anno: da preferire le camere superior, le standard son più semplici e convenienti.

64 cam - †70/120 € ††100/220 € - 9 suites - ☕ 20 €

viale Pinzon 212 - ✆ 0541 330064 - www.hotelk2.it - Aperto Pasqua-20 settembre

Mediterraneo

TRADIZIONALE • MODERNO Camere di differenti stili e grazioso centro benessere in un hotel a conduzione diretta, suddiviso su due corpi separati dalla strada: in quello più a monte le camere più recenti, la spa e il ristorante.

75 cam ☕ - †70/120 € ††70/120 € - 20 suites

Via Tacito, 12 - ✆ 0541 330178 - www.hmediterraneo.net - Aperto 1° aprile-31 ottobre e vacanze di Natale

BELLINZAGO LOMBARDO

Milano (MI) - ✉ 20060 - 3 836 ab. - Alt. 129 m - Carta regionale n° **10**-C2

Roma 588 km - Milano 29 km - Monza 81 km - Bergamo 32 km

Macelleria Motta

CUCINA ITALIANA • ACCOGLIENTE XX Ne assaporerete di cotte e di crude, bollite e alla brace... sono le specialità di carne di questo ottimo ristorante, che d'estate offre anche il piacere del servizio all'aperto in una tipica corte lombarda.

Menu 15 € (pranzo in settimana)/40 € - Carta 39/69 €

strada Padana Superiore 90 - ✆ 02 9578 4123 - www.ristorantemacelleriamotta.it - Chiuso 1°-6 gennaio, 3-24 agosto e domenica

BELLINZAGO NOVARESE

Novara - ✉ 28043 - 9 691 ab. - Alt. 192 m - Carta regionale n° **12**-C2

Roma 634 km - Milano 60 km - Novara 15 km - Varese 49 km

Carta stradale Michelin 561-F7

a Badia di Dulzago Ovest : 3 km ✉ 28043 - Bellinzago Novarese

Osteria San Giulio

CUCINA REGIONALE • RUSTICO X Un'esperienza sensoriale a partire dalla collocazione all'interno di un'antica abbazia rurale, passando per l'accoglienza, l'atmosfera e la cucina. Tra le specialità: stracotto alla Barbera, paniscia e torta di mele tiepida con zabajone.

Menu 25/35 € - Carta 24/45 €

- ✆ 0321 98101 - www.osteriasangiulio.it - Chiuso 23 dicembre-7 gennaio, agosto, domenica sera, lunedì e martedì

BELLUNO

(BL) - ✉ 32100 - 35 870 ab. - Alt. 383 m - Carta regionale n° **23**-C1

Roma 617 km - Cortina d'Ampezzo 71 km - Pordenone 78 km - Trento 112 km

Carta stradale Michelin 562-D18

Al Borgo

REGIONALE • FAMILIARE X All'interno di una villa settecentesca in un antico e piccolo borgo, ambiente caldamente rustico e cucina del territorio. Il menu racconta: pappardelle con salsa al capriolo - faraona al forno con pancetta - gelato tradizionale della casa.

Menu 30/45 € - Carta 29/51 € 3 cam ☕ - †30/50 € ††60/120 €

via Anconetta 8 - ✆ 0437 926755 - www.alborgo.to - Chiuso 13-23 febbraio, lunedì sera e martedì

Park Hotel Villa Carpenada

DIMORA STORICA • PERSONALIZZATO Abbracciata da un parco, una grande villa seicentesca caratterizzata da interni signorili e mobili d'epoca, per un soggiorno esclusivo a pochi chilometri dal centro città. Stessa ambientazione per il ristorante Lorenzo III, in carta sia carne sia pesce.

32 cam - †75/96 € ††96/130 €

via Mier 158, Sud: 2,5 Km - ☎ 0437 948343 - www.hotelvillacarpenada.it

Astor

TRADIZIONALE • DESIGN Piccolo nel numero di camere, ma generoso nelle loro dimensioni, Astor è una bella realtà dall'ubicazione centralissima; da molte stanze si scorge il Piave.

13 cam - †105/115 € ††155/185 €

piazza Martiri 26/e - ☎ 0437 943756 - www.astorbelluno.it

Delle Alpi

TRADIZIONALE • FUNZIONALE Camere semplici, spaziose e funzionali per questo indirizzo in comoda posizione centrale, adatto a una clientela business o per turisti di passaggio.

38 cam - †66/84 € ††96/115 € - 2 suites

via Jacopo Tasso 13 - ☎ 0437 940545 - www.dellealpi.it

a Castion Sud-Est : 3 km ✉ 32024

Nogherazza

CUCINA REGIONALE • SEMPLICE In posizione verdeggiate con prati e giochi per bambini, ristorante rustico e conviviale che propone piatti legati al territorio. Per chi desidera anche soggiornare sono disponibili eleganti camere in caldo legno.

Menu 15 € (pranzo in settimana)/25 € - Carta 18/53 € 6 cam - †80/150 € ††80/150 €

via Gresane 78 - ☎ 0437 927461 - www.nogherazza.it - chiuso febbraio

Un importante pranzo d'affari o una cena tra amici?
Il símbolo indica la presenza di una sala privata.

BELMONTE CALABRO

Cosenza - ✉ 87033 - 2 003 ab. - Alt. 262 m - Carta regionale n° **3**-A2

Roma 520 km - Cosenza 61 km - Catanzaro 76 km - Vibo Valentia 77 km

Carta stradale Michelin 564-J30

Villaggio Albergo Belmonte

TRADIZIONALE • CLASSICO Dal mare, percorrendo pochi chilometri, si raggiungono i 300 metri di altitudine e il Villaggio Belmonte, consigliato a chi ama il silenzio e un soggiorno privato in camere distribuite al piano terra con accesso diretto al giardino. Incantevole piscina panoramica.

44 cam - †95/135 € ††160/240 € - 2 suites

località Piane, Nord: 2 km - ☎ 0982 400177 - www.vabbelmonte.it - Aperto 1° Aprile-31 ottobre

BENACO → Vedere Garda (Lago di)

BENEVELLO

Cuneo - ✉ 12050 - 474 ab. - Alt. 671 m - Carta regionale n° **14**-C2

Roma 626 km - Cuneo 74 km - Alessandria 82 km - Asti 46 km

Carta stradale Michelin 561-I6

Villa d'Amelia

CUCINA MODERNA • ELEGANTE XxX Nel vecchio ricovero di attrezzi agricoli, ristorante moderno e minimalista con proposte tradizionali piemontesi reinterpretate in chiave moderna. La carta dei vini annovera le più prestigiose etichette della zona, ma anche nazionali ed internazionali.

➔ Riso mantecato con fave e piselli, fonduta di pecorino e ristretto di carne. Tempura di gamberi rossi siciliani con gelatina al limone. Tiramisù alla nocciola.

Menu 55/65 € - Carta 52/98 €

Hotel Villa d'Amelia, località Manera 1 - ✆ 0173 529225 - www.villadamelia.com - Aperto 7 aprile-28 novembre; chiuso martedì a mezzogiorno e lunedì

Villa d'Amelia

CASA DI CAMPAGNA • ELEGANTE Una cascina ottocentesca raccolta attorno ad una corte è diventata oggi una villa signorile, caratterizzata da interni di moderno design che si alternano ad oggetti d'epoca.

34 cam ☕ - †180/278 € ††225/330 € - 3 suites

località Manera 1 - ✆ 0173 529225 - www.villadamelia.com - Aperto 7 aprile-28 novembre

Villa d'Amelia - Vedere selezione ristoranti

BENEVENTO

(BN) - ✉ 82100 - 60 091 ab. - Alt. 135 m - Carta regionale n° **4**-B1

Roma 236 km - Napoli 99 km - Caserta 50 km - Salerno 75 km

Carta stradale Michelin 564-D26

Le Macine

CUCINA MODERNA • CONTESTO CONTEMPORANEO XxX In un contesto architettonico di moderno minimalismo, in filo conduttore di questo ristorante rimane la capacità di selezionare le migliori materie prime che danno vita ad una solida cucina del territorio con qualche afflato di creatività.

Menu 30 € - Carta 32/57 €

UNA - Hotel il Mulino, via dei Mulini, 48 - ✆ 0824 311213 - www.hotelilmolino.it - solo a cena - Chiuso 15 giorni in agosto e domenica

UNA Hotel il Molino

HOTEL DI CATENA • FUNZIONALE Costruito dal recupero architettonico dell'antico mulino presso lo storico pastificio Rummo, l'hotel si contraddistingue per modernità, tecnologia e per la raffinatezza delle sue ampie camere.

46 cam ☕ - †85/110 € ††110/160 €

via dei Mulini, 48 - ✆ 0824 311213 - www.hotelilmolino.it

Le Macine - Vedere selezione ristoranti

Villa Traiano

FAMILIARE • CONTEMPORANEO All'interno di una bella villa d'inizio Novecento, un grazioso giardino d'inverno come zona comune ed uno spazio relax sul roof garden; le camere sono tutte confortevoli, ma quelle realizzate nella nuova ala sono sicuramente più moderne ed ampie.

36 cam ☕ - †65/135 € ††100/180 € - 2 suites

viale dei Rettori 9 - ✆ 0824 326241 - www.hotelvillatraiano.com

sulla provinciale per San Giorgio del Sannio Sud-Est : 7 km :

Pascalucci

CUCINA REGIONALE • RUSTICO X Ristorante nato dalla tradizione e che oggi, oltre a proposte locali, presenta anche una cucina di pesce elaborata con capacità, a base di prodotti freschi e genuini. Tra le specialità: scarpariello (pasta alla chitarra con sugo piccante) o aspic di polipo.

Carta 22/45 €

via Appia 1 - ✆ 0824 778400 - www.pascalucci.it - Chiuso Natale

CI PIACE...

L'elegante e bucolico giardino per il servizio all'aperto di ***Lio Pellegrini***. Il dehors del ristorante ***Colleoni & dell'Angelo***: accomodati proprio nel cuore di piazza Vecchia. Lo sguardo che abbraccia tutta Città Alta dai tavoli – interni ed esterni - del ***Roof Garden***. Si mangia nella "storia" all'***Hostaria*** del ***Relais San Lorenzo***.

BERGAMO

(BG) - ✉ 24122 - 119 381 ab. - Alt. 249 m - Carta regionale n° **10**-C1
▶ Roma 601 km - Brescia 57 km - Milano 53 km
Carta stradale Michelin 561-E11

Ristoranti

Lio Pellegrini

CUCINA MODERNA • ROMANTICO XXX Locale del centro, accanto all'Accademia Carrara ed al GAMeC, la bellezza di tanta arte accoglie con piacere i raffinati interni del ristorante così come il bel dehors coi suoi ariosi drappi, un'insolita e piacevole oasi di pace. La cucina propone sapori mediterranei, di carne e di pesce, tra classico e moderno.

Menu 45 € (pranzo in settimana) - Carta 57/117 €

Pianta: B1-e - *via San Tomaso 47 ✉ 24121 - ✆ 035 247813 - www.liopellegrini.it - Chiuso 10 agosto-1° settembre, martedì a mezzogiorno e lunedì*

Roof Garden

CUCINA MODERNA • CONTESTO CONTEMPORANEO XXX Cucina creativa, ma a pranzo c'è anche una carta più light, in questo ristorante che offre una romantica vista su Città Alta. (Prenotare un tavolo lungo la parete-vetrata!).

Menu 60/100 € - Carta 52/140 €

Pianta: A1-a - *Hotel Excelsior San Marco, piazza della Repubblica 6 ✉ 24122 - ✆ 035 366159 - www.roofgardenrestaurant.it - Chiuso 2 settimane in gennaio, 2 settimane in agosto, sabato a mezzogiorno e domenica*

M1.lle Storie e Sapori (N)

CUCINA CREATIVA • DESIGN XX Centralissimo, nella "Città dei Mille", il nome sembra promettere 1000 ed un sapore da gustare in un ambiente vivace e alla moda del giorno, ovvero minimal, grazie ad una cucina che si fa più semplice nel bistrò a piano terra e creativamente gourmet nell'interrato. Eccellente selezione di Champagne.

Menu 18 € (pranzo)/60 € - Carta 46/82 €

Pianta: A2-f - *viale Papa Giovanni XXIII 18 ✉ 24121 - ✆ 035 422 0121 - www.millestoriesapori.it - Chiuso 1 settimana in gennaio, due settimane in agosto*

Sarmassa

CUCINA CLASSICA • ACCOGLIENTE XX Ricavato da una porzione di chiostro millenario, ci sono colonne e affreschi d'epoca, ma la cucina è giovane e brillante, con un'ottima selezione di salumi italiani e spagnoli.

Carta 34/68 €

Pianta: A2-c – *vicolo Bancalegno 1h ✉ 24122 – ✆ 035 219257 – www.sarmassa.com – Chiuso 1°-8 gennaio, 6-27 agosto e domenica*

Ol Giopì e la Margì

CUCINA LOMBARDA • RUSTICO XX L'insegna ritrae la maschera bergamasca e il temperamento dei suoi concittadini, mentre la cucina ed i costumi del servizio sono un omaggio al territorio ed alla regione. I pasti si chiudono con i carrelli dei formaggi e dei dolci.

Menu 35 € (pranzo in settimana)/50 € – Carta 36/73 €

Pianta: B2-c – *via Borgo Palazzo 27 ✉ 24125 – ✆ 035 242366 – www.giopimargi.eu – Chiuso 1°-8 gennaio, agosto, domenica sera e lunedì*

Un pasto accurato a prezzo contenuto? Cercate i Bib Gourmand.

Taverna Valtellinese

CUCINA LOMBARDA • FAMILIARE XX Lo stesso menu da quasi cinquant'anni: evidentemente la formula funziona e non ci si sbaglia! In centro città, pare di entrare in una baita, interamente avvolta dal legno con enormi lampadari costruiti con corna di cervo. I piatti sono un omaggio alla Valtellina di cui propongono i cavalli di battaglia, nonché i vini, solo poche bottiglie della valle.

Menu 34/55 € - Carta 32/68 €

Pianta: A2-r - *via Tiraboschi 57 ✉ 24122 - ✆ 035 243331 - www.tavernavaltellinese.it - Chiuso lunedì, anche domenica sera in giugno-agosto*

A Modo

CUCINA MODERNA • ACCOGLIENTE X Sulla strada che porta alla funicolare per Città Alta, la moderna sala è impreziosita da un'originale collezione di vetri artistici. Se la sera la carta si fa importante, a mezzogiorno il menu è più ristretto e i prezzi interessanti. Cucina contemporanea.

Menu 13 € (pranzo in settimana)/45 € - Carta 38/61 €

Pianta: A1-b - *viale Vittorio Emanuele II 19 ✉ 24121 - ✆ 035 210295 - www.ristoranteamodo.com - Chiuso domenica*

Al Carroponte N

CUCINA MODERNA • DI TENDENZA X Locale moderno sia nell'ambiente sia nell'offerta che nel nome ricorda il passato meccanico del sito. Oggi ci si viene per mangiare una cucina contemporanea di terra e di mare, completata da una vasta scelta di finger, salumi, ostriche sino agli hamburger gourmet. Inoltre, il patron Oscar mescerà qualunque vino in carta anche al bicchiere... al dovuto prezzo, naturalmente!

Menu 35/45 € - Carta 35/72 €

Pianta: A2-a - *via De Amicis 4 - ✆ 035 865 2180 - www.alcarroponte.it - Chiuso domenica*

Shiva

CUCINA INDIANA • AMBIENTE ESOTICO X Legno di tek intarsiato e toni caldi per questo ristorante etnico, fratello gemello di quello meneghino. In menu, i più accattivanti sapori dell'India del Nord: piatti vegetariani, specialità al curry, fragranti tandoori, dolci tipici...insomma di tutto e di più!

Menu 18/28 € - Carta 23/39 €

Pianta: A2-e - *via Don Luigi Palazzolo 44 ✉ 24122 - ✆ 035 529 1880 - www.shivabergamo.it - Chiuso lunedì a mezzogiorno*

Alberghi

Excelsior San Marco

BUSINESS • ELEGANTE Grande operazione di restyling per questo albergo, grande classico dell'hôtellerie di Bergamo, che vanta una trentina di camere con vista su Città Alta.

147 cam - 99/200 € 120/280 € - 8 suites

Pianta: A1-a - *piazza della Repubblica 6 ✉ 24122 - ✆ 035 366111 - www.hotelsanmarco.com*

Roof Garden - Vedere selezione ristoranti

Petronilla

BUSINESS • MINIMALISTA Splendido albergo del centro in cui convivono suggestioni anni '50, influenze Bauhaus design contemporaneo: molti i quadri disegnati ad hoc, con dettagli d'opere di Hopper, De Chirico, Caravaggio. Un soggiorno esclusivo, perfetto per coloro che amano le raffinate personalizzazioni.

12 cam - 150/250 € 180/420 €

Pianta: A2-f - *via San Lazzaro 4 ✉ 24121 - ✆ 035 271376 - www.petronillahotel.com*

Arli

BUSINESS • MODERNO Ottima struttura, moderna e centrale, tra le più consigliate di Bergamo! Dispone di camere molto confortevoli, recenti, eleganti, ma con il tocco moderno delle sobrie resine al posto delle testiere dei letti; più classiche le mansardate all'ultimo piano. Piatti italiani, internazionali e vegetariani al ristorante La Delizia.

66 cam - †80/200 € ††90/250 €

Pianta: A2-s - *largo Porta Nuova 12 ✉ 24122 - ✆ 035 222077 - www.arli.net*

Città Alta Alt. 249 m

Casual (Enrico Bartolini)

CUCINA CREATIVA • ACCOGLIENTE XXX Porta la firma di Enrico Bartolini la rinascita di questo storico locale di Città Alta. Nuovo nome e nuovo corso nel segno di un giro d'Italia attraverso i suoi migliori sapori che lo chef ridisegna in piatti moderni e gustosi, mentre la sala si prodiga in maniera professionale, ma - al tempo stesso - friendly.

➜ Around Sicily. Frittura delicata di pesce agli agrumi. Tarte Tatin con gelato.

Menu 45/70 € - Carta 43/96 €

Pianta: A1-d - *via San Vigilio 1 ✉ 24122 - ✆ 035 260944 - www.enricobartolini.net - Chiuso 15-30 novembre e martedì*

Hostaria

CUCINA MODERNA • ROMANTICO XXX Nella parte più antica di questo bellissimo Relais, si mangerà tra scavi archeologici del 300 a.C. nonché muri e pozzi di epoca medievale. Per tutta risposta la cucina si fa moderna, ma la sua matrice di gusto e sapore resta decisamente italiana.

Menu 55 € - Carta 56/104 €

Pianta: A1-f - *Hotel Relais San Lorenzo, piazza Mascheroni 9/a ✉ 24129 - ✆ 035 237383 - www.relaisanlorenzo.com - Chiuso 7-20 gennaio, martedì a pranzo e lunedì*

Colleoni & dell'Angelo

CUCINA CLASSICA • ELEGANTE XXX In un antico palazzo di piazza Vecchia - una delle più belle d'Italia, su cui per altro si apparecchia il dehors - ristorante di rara eleganza con cucina di terra, ma soprattutto di mare. Servizio all'altezza.

Menu 25 € (pranzo in settimana)/70 € - Carta 56/100 €

Pianta: A1-x - *piazza Vecchia 7 ✉ 24129 - ✆ 035 232596 - www.colleonidellangelo.com - Chiuso lunedì*

Ryu

FUSION • MINIMALISTA XX Adiacente alla funicolare alta che sale a S.Vigilio, luci soffuse, atmosfera modaiola, ambiente moderno: questo è l'abito del Ryu. Nei piatti il Giappone incontra il resto del mondo, Europa e Brasile in primis, per un risultato fusion davvero gustoso ed intrigante.

Menu 60 € - Carta 33/81 €

Pianta: A1-r - *largo di Porta Sant'Alessandro 1 ✉ 24121 - ✆ 035 262979 - www.ryurestaurant.it - Chiuso i mezzogiorno di lunedì, martedì e mercoledì*

Relais San Lorenzo

LUSSO • DESIGN Infine anche Bergamo ha il suo albergo 5 stelle e non poteva che essere nella splendida cornice di Città Alta. Gli ambienti offrono una versione sobria e moderna del concetto di lusso, mentre i confort - oltre che nella struttura - si percepiscono dal servizio. Dotato anche di piccola spa da prenotare.

25 cam - †205/440 € ††225/465 € - 5 suites

Pianta: A1-f - *piazza Mascheroni 9/a ✉ 24129 - ✆ 035 237383 - www.relaisanlorenzo.com - Chiuso 7-20 gennaio*

Hostaria - Vedere selezione ristoranti

Gombit Hotel

STORICO • MODERNO Adiacente alla torre del Gombito, il palazzo duecentesco riserva l'inaspettata sorpresa di un albergo moderno dagli arredi design, tonalità sobrie ed eleganti bagni con ampie docce. Molto bella anche la saletta delle colazioni con decori e vista sulla viuzza centrale.

12 cam - †160/350 € ††210/350 € - 1 suite

Pianta: A1-g - *via Mario Lupo 6 ✉ 24121 - ✆ 035 247009 - www.gombithotel.it*

Piazza Vecchia

FAMILIARE • PERSONALIZZATO Situato in prossimità di piazza Vecchia, che il grande architetto Le Corbusier definì come "la più bella piazza d'Europa", camere spaziose, vivaci e colorate in un'antica casa del 1300.

13 cam - †100/300 € ††145/350 €

Pianta: A1-y - *via Colleoni 3/5 ✉ 24129 - ✆ 035 253179 - www.hotelpiazzavecchia.it - Chiuso 8-12 gennaio*

La Valletta Relais

FAMILIARE • PERSONALIZZATO Lungo le strade che portano al centro storico di Bergamo Alta - a piedi sono venti minuti, ma i proprietari con grande senso dell'ospitalità offrono un servizio navetta per gli ospiti - una casa d'epoca per chi predilige la tranquillità e il silenzio, evitando gli schiamazzi e le comitive del centro. Camere ampie, alcune con vista sui colli.

8 cam - †75/95 € ††85/100 € - 2 suites - 7 €

via Castagneta 19, Nord: 1 km - A1 ✉ 24129 - ✆ 035 242746 - www.lavallettabergamo.it - Aperto 1° marzo-30 novembre

a San Vigilio Ovest : 1 km o 5 mn di funicolareA1 - Alt. 461 m

Baretto di San Vigilio

CUCINA CLASSICA • CONVIVIALE Nella piazzetta antistante la stazione di arrivo della funicolare, caratteristico bar-ristorante di tono retrò, vagamente anglosassone, dove gustare piatti della tradizione italiana. Servizio estivo in terrazza con incantevole vista sulla città.

Menu 20 € (pranzo in settimana)/45 € - Carta 36/56 €

via Al Castello 1 ✉ 24129 - ✆ 035 253191 - www.baretto.it

BERGEGGI

Savona - ✉ 17028 - 1 129 ab. - Alt. 110 m - Carta regionale n° **8**-B2

Roma 556 km - Genova 58 km - Savona 11 km - Imperia 66 km

Carta stradale Michelin 561-J7

Claudio (Claudio e Lara Pasquarelli)

PESCE E FRUTTI DI MARE • ELEGANTE Una delle migliori cucine di pesce della zona, frutto del sodalizio padre-figlia: alla qualità indiscutibile delle materie prime, si unisce la cura estetica delle presentazioni, senza rinunciare alla generosità delle porzioni.

→ Crudo di pesci e crostacei. Zuppa di pesce nella pietra ollare. Bouquet di crostacei agli agrumi mediterranei.

Menu 85/120 € - Carta 80/135 €

Hotel Claudio, via XXV Aprile 37 - ✆ 019 859750 - www.hotelclaudio.it - solo a cena escluso sabato e i giorni festivi - Aperto 1° aprile-1° novembre; chiuso lunedì

Claudio

TRADIZIONALE • ACCOGLIENTE Suggestiva collocazione con vista eccezionale sul golfo sottostante. Camere ampie ed eleganti, piscina, spiaggia privata e numerosi altri servizi a disposizione.

22 cam - †80/130 € ††130/200 € - 4 suites

via XXV Aprile 37 - ✆ 019 859750 - www.hotelclaudio.it - Aperto 1° aprile-1° novembre

Claudio - Vedere selezione ristoranti

BERNALDA

Matera – ✉ 75012 – 12 453 ab. – Alt. 126 m – Carta regionale n° **2**-D2
Roma 464 km – Taranto 60 km – Matera 40 km – Potenza 102 km
Carta stradale Michelin 564-F32

La Locandiera

CUCINA LUCANA • FAMILIARE XX Lungo il corso centrale di Bernalda, zia, mamma e figlio, tra fornelli e sala, fanno della Locandiera uno dei ristoranti lucani più interessanti. Alla ricerca delle migliori materie prime della Basilicata ma anche Puglia, brillano la fantasia di antipasti e le paste fatte in casa. Imperdibili: linguine con purea di fave, scalogno e cozze - crema pasticcera e vin cotto al carrube.

Carta 25/50 €

corso Umberto 194 – ℰ 0835 543241 (consigliata la prenotazione) – Chiuso 10 giorni in novembre e martedì escluso giugno-agosto

Agriturismo Relais Masseria Cardillo

AGRITURISMO • ELEGANTE A pochi chilometri dal lido di Metaponto, elegante risorsa ricavata dai granai di una masseria di fine '700, le cui spaziose camere dispongono di terrazzini affacciati sulla campagna. Splendido pergolato per le cene d'estate e dall'azienda agricola una qualificata produzione di vino, nonché olio.

10 cam – †78/101 € ††120/156 €

strada statale 407 Basentana al km 97,5 – ℰ 0835 748992 – www.masseriacardillo.it – Aperto Pasqua-30 settembre

BERSANO Piacenza

→ Vedere Besenzone

BERTINORO

Forlì-Cesena (FC) – ✉ 47032 – 11 059 ab. – Alt. 254 m – Carta regionale n° **5**-D2
Roma 323 km – Forlì 14 km – Rimini 54 km – Bologna 77 km
Carta stradale Michelin 562-J18

a Fratta Ovest : 4 km ✉ 47032

Grand Hotel Terme della Fratta

SPA E WELLNESS • CLASSICO Aperto nel 2007, propone programmi terapeutici diversi grazie alla disponibilità contemporanea di sette tipologie di acqua, i cui benefici effetti erano già decantati in epoca romana. Nel giardino, percorsi vita e fontane termali; nel moderno centro benessere, massaggi e trattamenti di bellezza.

64 cam – †52/88 € ††84/156 €

via Loreta 238 – ℰ 0543 460911 – www.termedellafratta.it

BESENZONE

Piacenza – ✉ 29010 – 978 ab. – Alt. 48 m – Carta regionale n° **5**-A1
Roma 499 km – Parma 50 km – Piacenza 26 km – Milano 91 km
Carta stradale Michelin 561-H11

a Bersano Est : 5,5 km ✉ 29010 – Besenzone

La Fiaschetteria

CUCINA REGIONALE • ELEGANTE XXX Elegante cascina immersa nelle terre verdiane, la cucina offrirà agli appassionati l'occasione di un viaggio nella bassa padana, tra salumi, paste fresche e arrosti. Per gli amanti del pesce, non manca qualche proposta di mare, oltre che di fiume. Infine, per prolungare il soggiorno, ci sono anche tre romantiche, incantevoli camere.

Menu 58 € – Carta 39/68 € 3 cam – †85 € ††120 € – senza

via Bersano 59/bis – ℰ 0523 830444 (consigliata la prenotazione) – www.la-fiaschetteria.it – solo a cena escluso i giorni festivi – Chiuso 23 dicembre-6 gennaio, agosto, lunedì e martedì

BETTOLA

Piacenza (PC) - ✉ 29021 - 2 828 ab. - Alt. 329 m - Carta regionale n° **5**-A2
Roma 546 km - Piacenza 39 km - Parma 97 km - Milano 107 km
Carta stradale Michelin 562-H10

Agnello

CUCINA EMILIANA • CONTESTO TRADIZIONALE X Affacciato sulla scenografica piazza del centro storico, il ristorante è idealmente diviso in due sale: la parte più antica con volte in mattoni e colonne in pietra. Curiosi e interessati potranno accedere alle cantine, dove stagionano i salumi.

Menu 12 € (pranzo in settimana) - Carta 26/38 €

piazza Colombo 70 - ✆ 0523 917760 - Chiuso febbraio e martedì

BETTOLLE Siena → Vedere Sinalunga

BETTONA

Perugia - ✉ 06084 - 4 367 ab. - Alt. 353 m - Carta regionale n° **20**-B2
Roma 167 km - Perugia 24 km - Assisi 17 km - Orvieto 70 km
Carta stradale Michelin 563-M19

Taverna del Giullare

CUCINA REGIONALE • AMBIENTE CLASSICO XX Cucina di stampo regionale in un locale dallo stile tra il classico ed il rustico. D'inverno godetevi la bella veranda completamente chiusa da vetrate, ma assolutamente panoramica.

Carta 23/70 €

Relais la Corte di Bettona, via del Forte 11 - ✆ 075 987254 - www.tavernadelgiullare.com - Chiuso 11 gennaio-11 febbraio, lunedì, martedì e mercoledì escluso in estate

Relais la Corte di Bettona

FAMILIARE • CLASSICO Nel cuore del centro storico un palazzo del 1300, suddiviso in due corpi distinti, dove le camere ubicate nell'edificio più a valle godono di una spettacolare vista sulla natura circostante. Centro benessere con massaggi.

36 cam - †50/150 € ††80/220 € - 2 suites

via Santa Caterina 2 - ✆ 075 987114 - www.relaisbettona.com - Chiuso 11 gennaio-11 febbraio

Taverna del Giullare - Vedere selezione ristoranti

a Passaggio Nord-Est : 3 km ✉ 06084

Il Poggio degli Olivi

PESCE E FRUTTI DI MARE • FAMILIARE XX Da questo luogo - cinto dai propri ulivi - quando il cielo è più limpido, la vista arriva fino ad Assisi, mentre nel piatto - a sorpresa - è il pesce a fare capolino.

Menu 30/35 € - Carta 27/62 € 12 cam - †60/90 € ††88/135 €

località Montebalacca, Sud: 3 km - ✆ 075 986 9023 - www.poggiodegliolivi.com - Chiuso 7 gennaio-11 febbraio e mercoledì

BEVAGNA

Perugia - ✉ 06031 - 5 081 ab. - Alt. 210 m - Carta regionale n° **20**-C2
Roma 148 km - Perugia 42 km - Assisi 24 km - Terni 60 km
Carta stradale Michelin 563-N19

Trattoria da Oscar

CUCINA CLASSICA • FAMILIARE XX E' Filippo, lo chef-patron, a gestire con passione e professionalità questo piccolo, quanto piacevole, locale in pieno centro (zona a traffico limitato, si posteggia fuori le mura). Cucina con ovvi riferimenti al territorio, ma che spazia con disinvoltura su tutta l'Italia.

Menu 35/50 € - Carta 39/74 €

piazza del Cirone 2 - ✆ 0742 361107 - www.latrattoriadioscar.it - Chiuso 1°-7 febbraio e martedì

Il Chiostro di Bevagna

FAMILIARE • ACCOGLIENTE Quello che in origine era un convento domenicano, si è trasformato ora in albergo familiare con camere semplici, ma spaziose. Come corte, l'antico chiostro.

14 cam - 40/65 € 65/100 €

corso Matteotti 107 - 0742 361987 - www.ilchiostrodibevagna.com - Chiuso 11 gennaio-28 febbraio

Residenza Porta Guelfa

TRADIZIONALE • REGIONALE Appena fuori le mura del centro storico, questa residenza dal fascino antico, ma dai confort moderni, dispone di camere arredate in stile locale, attrezzate con angolo cottura. La colazione viene servita in camera.

12 cam - 80/120 € 80/120 €

via Ponte delle Tavole 2 - 0742 362041 - www.residenzaportaguelfa.com

BIANZONE

Sondrio (SO) - 23030 - 1 285 ab. - Alt. 444 m - Carta regionale n° **9**-B1

Roma 680 km - Sondrio 24 km - Bergamo 131 km - Como 131 km

Carta stradale Michelin 561-D12

Altavilla

CUCINA REGIONALE • RUSTICO Nella parte alta della località, circondato da boschi e vigneti, il ristorante propone piatti del territorio in un'atmosfera rustica ed informale. Bella terrazza panoramica.

Menu 20/35 € - Carta 27/48 € 12 cam - 60/85 € 60/85 € - 8 €

via Monti 46 - 0342 720355 - www.altavilla.info - Chiuso 20 giorni in gennaio e lunedì

BIBBIENA

Arezzo - 52011 - 12 241 ab. - Alt. 425 m - Carta regionale n° **18**-D1

Roma 249 km - Arezzo 32 km - Firenze 60 km - Prato 91 km

Carta stradale Michelin 563-K17

Il Tirabusciò

CUCINA TOSCANA • ACCOGLIENTE Tirabusciò, il cavatappi, una tappa imperdibile per conoscere la gastronomia del casentino: dalle patate rosse ai salumi, passando per la chianina, i funghi, i tartufi e i proverbiali tortelli di patate di cetica con ragù di maiale grigio del casentino.

Carta 30/49 €

via Rosa Scoti 12 - 0575 595474 (prenotare) - www.tirabuscio.it - Chiuso lunedì a mezzogiorno e martedì

a Soci Nord : 4 km 52010

La Buca

CUCINA REGIONALE • RUSTICO In un ambiente rustico e personalizzato si possono gustare le tipiche specialità casentinesi: dalla pasta fatta in casa alla carne alla brace, senza trascurare la cacciagione.

Carta 23/40 €

piazza Garibaldi 24 - 0575 560094 - Chiuso 25 dicembre-1° gennaio, 23 luglio-7 agosto, mercoledì, anche domenica sera nel periodo invernale

Le Greti

TRADIZIONALE • FUNZIONALE Appena fuori dal centro abitato, sulla sommità di un poggio panoramico, un albergo connotato da una conduzione familiare dallo stile apprezzabile. Buoni spazi comuni.

16 cam - 40/60 € 65/90 € - 1 suite

via Privata le Greti, Ovest: 1,5 km - 0575 561744 - www.legreti.it

BIBBONA

Livorno - ✉ 57020 - 3 175 ab. - Carta regionale n° **18**-B2
▶ Roma 273 km - Pisa 68 km - Livorno 48 km - Piombino 47 km
Carta stradale Michelin 563-M13

Relais di Campagna Podere Le Mezzelune

AGRITURISMO • BUCOLICO Risorsa ricavata da una casa colonica di fine '800, all'interno di una proprietà con ortaggi e ulivi (da cui la produzione di olio extravergine). Bucolica posizione per un soggiorno rilassante in ambienti signorili.
4 cam - 140/160 € 160/180 €
località Mezzelune 126, Ovest: 4 km - ☎ 0586 670266 - www.mezzelune.com - Chiuso 10 dicembre-28 febbraio

BIBIONE

Venezia - ✉ 30020 - Carta regionale n° **23**-D2
▶ Roma 613 km - Udine 69 km - Mestre 93 km - Venezia 104 km
Carta stradale Michelin 562-F21

Bibione Palace Suite

TRADIZIONALE • ACCOGLIENTE Centrale e contemporaneamente frontemare, le camere sono tutte terrazzate e luminose, gli spazi comuni arredati con gusto minimalista. All'esterno, piscina e parco giochi per i giovani ospiti; all'ultimo piano il piccolo e luminoso centro benessere. Una struttura veramente completa!
110 cam - 140/245 € 190/350 € - 50 suites
via Taigete 20 - ☎ 0431 447220 - www.hotelbibionepalace.it - Aperto 20 aprile-30 settembre

Palace Hotel Regina

FAMILIARE • CLASSICO Gestione seria e dinamica per questo signorile hotel a metà strada tra centro e mare; all'interno spazi realizzati in una sobria ed elegante ricercatezza a cui si uniscono, per le camere, funzionalità e semplicità.
49 cam - 90/200 € 110/280 €
corso Europa 7 - ☎ 0431 43422 - www.palacehotelregina.it - Aperto 15 maggio-15 settembre

Corallo

FAMILIARE • CLASSICO Caratteristico nella particolare forma cilindrica della sua architettura, signorile hotel con ampi terrazzi che si affacciano sul mare. La piscina è proprio a bordo spiaggia.
76 cam - 90/152 € 130/218 €
via Pegaso 38 - ☎ 0431 43222 - www.hotelcorallobibione.com - Aperto 1° maggio-30 settembre

Italy

TRADIZIONALE • ACCOGLIENTE Tanta cura, a cominciare dalle camere, in un hotel frontemare non lontano dalle terme; piacevole giardino sul retro e zona relax con sabbia, vicino alla piscina.
77 cam - 65/100 € 114/188 €
via delle Meteore 2 - ☎ 0431 43257 - www.hotel-italy.it - Aperto 20 maggio-20 settembre

a Bibione Pineda Ovest : 5 km ✉ 30020

San Marco

TRADIZIONALE • PERSONALIZZATO In zona tranquilla, non lontano dal mare, albergo a conduzione diretta che si è ampliato e rinnovato negli ultimi anni: spazi comuni moderni, camere ampie sobriamente eleganti.
67 cam - 83/106 € 103/152 € - 3 suites - 12 €
via delle Ortensie 2 - ☎ 0431 43301 - www.sanmarco.org - Aperto 20 maggio-15 settembre

BIELLA

(BI) – ✉ 13900 – 44 733 ab. – Alt. 420 m – Carta regionale n° **12**-C2
▶ Roma 676 km – Torino 83 km – Milano 102 km – Novara 57 km
Carta stradale Michelin 561-F6

La Mia Crota

CUCINA MODERNA • ACCOGLIENTE XX Ristorante di tono rustico-elegante con annessa enoteca per sbizzarrirsi nella scelta dei vini (anche al bicchiere). La cucina trae spunto dal territorio, concedendosi qualche divagazione contemporanea.

Menu 50 € – Carta 37/67 €

Pianta: B2-a – *via Torino 36/c – ✆ 015 30588 (consigliata la prenotazione la sera) – www.lamiacrota.it – Chiuso 1 settimana in gennaio, 2 settimane in agosto, domenica e lunedì*

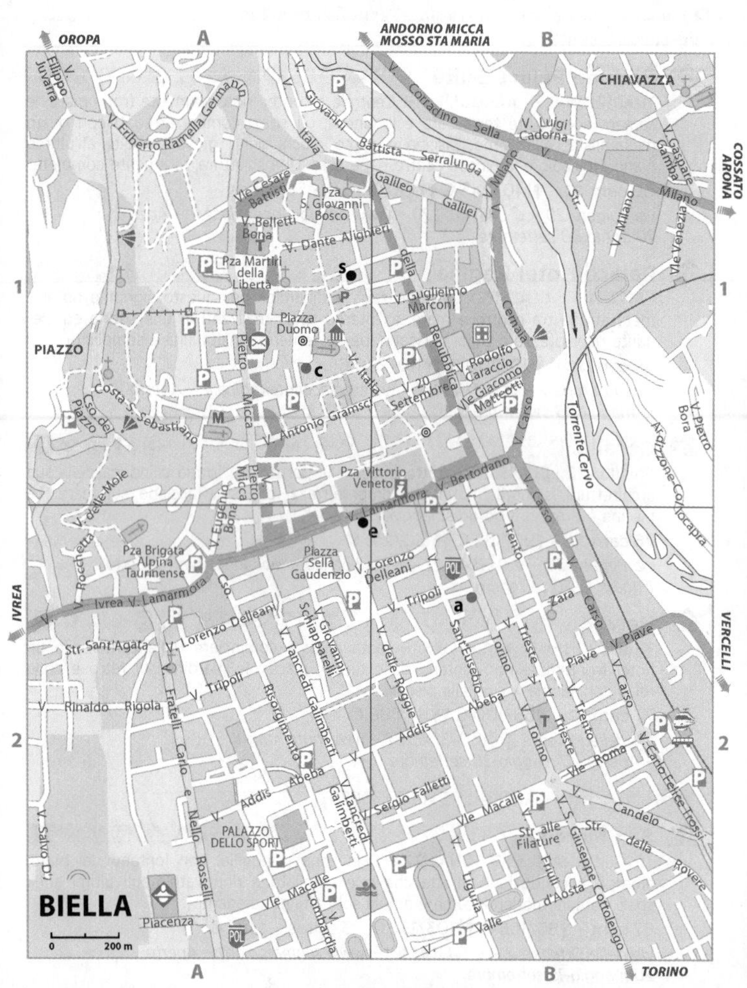

Matteo Caffè

CUCINA MODERNA • ELEGANTE XX Da poco trasferitosi nella bella piazza del Duomo, in due eleganti sale di uno storico palazzo, Matteo Caffè rimane un "imperdibile" per un coffee-break o per piatti ricchi di gusto e fantasia.

Carta 37/62 €

Pianta: A1-c - *piazza Duomo 6 - ☎ 015 355209 - www.matteocaffeecucina.it - Chiuso 15-30 agosto e domenica*

Agorà Palace

BUSINESS • CENTRALE Particolarmente gradito da una clientela business, l'hotel si trova in pieno centro e dispone di un comodo garage, mentre le camere si caratterizzano per gli arredi moderni con accessori dell'ultima generazione. Formula buffet a self service è quanto propone il ristorante per il pranzo; carta più tradizionale la sera.

82 cam - †87/121 € ††116/145 € - 2 suites

Pianta: A2-e - *via Lamarmora 13/A - ☎ 015 840 7324 - www.agorapalace.com*

Augustus

BUSINESS • CENTRALE Una risorsa del centro che, grazie al parcheggio privato, risulta essere comoda e frequentata soprattutto da una clientela d'affari. Camere dotate di ottimi confort.

38 cam - †110 € ††120 €

Pianta: A1-s - *via Orfanotrofio 6, ang. via Italia - ☎ 015 27554 - www.augustus.it*

BIENTINA

Pisa (PI) - ✉ 56031 - 8 062 ab. - Alt. 10 m - Carta regionale n° **18**-B2

Roma 338 km - Pisa 27 km - Firenze 66 km - Pistoia 40 km

Carta stradale Michelin 563-K13

Osteria Taviani

CUCINA MODERNA • FAMILIARE XX Proprio nel cuore del paesino, una giovane coppia ha aperto nel 2014 questo gradevole locale: lei in sala, lui ai fornelli, e nel piatto una fragrante linea di cucina moderna - carne e pesce - con solide basi nella tradizione toscana.

Menu 35/55 € - Carta 38/60 €

piazza Vittorio Emanuele II 28 - ☎ 0587 757374 - www.osteriataviani.it - solo a cena - Chiuso 23-31 luglio, 1°-7 marzo e mercoledì

BIGARELLO

Mantova (MN) - ✉ 46030 - 2 087 ab. - Alt. 23 m - Carta regionale n° **9**-D3

Roma 474 km - Mantova 10 km - Milano 188 km - Verona 48 km

a Stradella Sud - Ovest : 6 km ✉ 46030

Osteria Numero 2

CUCINA REGIONALE • RUSTICO X Nuova incarnazione dell'Osteria Tripoli: trasferitasi con nuovo nome in questo bel cascinale immerso nel verde, la linea di cucina rimane uguale al passato con ricette della tradizione affiancate da qualche specialità di pesce. Sempre più viva la passione per le birre, cui è dedicata una grande carta!

Menu 12 € (pranzo in settimana) - Carta 23/56 €

via Ghisiolo 2/a - ☎ 0376 45088 - www.osterianumero2.it - Chiuso 1°-7 gennaio, 2 settimane in agosto, sabato a mezzogiorno e martedì

BIGOLINO Treviso → Vedere Valdobbiadene

BIODOLA Livorno → Vedere Elba (Isola d') : Portoferraio

BISCEGLIE

Barletta-Andria-Trani - ✉ 76011 - 55 422 ab. - Carta regionale n° **15**-B2

Roma 398 km - Bari 39 km - Barletta 23 km - Foggia 96 km

Carta stradale Michelin 564-D31

Memory Resort

CUCINA CREATIVA • DESIGN XX Locale totalmente rinnovato con gusto moderno, elegante e minimalista: la nuova e giovane gestione, con alle spalle importanti esperienze all'estero, è tornata a casa e ha impostato una proposta più creativa e alla moda. Dello stesso tono le moderne camere.

Menu 35/88 € - Carta 32/72 € 6 cam - 70/90 € 90/135 €

Panoramica Umberto Paternostro 239 - 080 398 0149 - www.memoryristorante.it - Chiuso domenica sera

Agriturismo le Vedute

FAMILIARE • TRADIZIONALE Nel verde degli ulivi, camere arredate con gusto e semplicità in un agriturismo con annesso centro ippico. A rendere il soggiorno ancora più rilassante, la piscina nel curato giardino.

20 cam - 40/50 € 70/80 €

strada provinciale 23 al km 9, Sud: 7 km - 349 773 0186 - www.agriturismolevedute.it

BLEVIO

Como (CO) - 22020 - 1 187 ab. - Alt. 231 m - Carta regionale n° **10**-B1

Roma 634 km - Milano 58 km - Como 6 km - Bellinzona 64 km

Carta stradale Michelin 561-E9

CastaDiva Resort

GRAN LUSSO • PERSONALIZZATO Per un soggiorno lacustre esclusivo e raffinato, con un'inedita grande piscina fluttuante sul lago, tra le diverse ville del resort spicca quella centrale dallo stile eclettico-rinascimentale, un tempo residenza della cantante lirica G. Pasta, musa ispiratrice di Vincenzo Bellini. Il ristorante L'Orangerie la sera propone una cucina moderna mentre a pranzo la carta si fa light.

50 suites - 1390/4550 € - 23 cam

via Caronti 69 - 031 32511 - www.castadivaresort.com - Aperto marzo-novembre

BOARIO TERME Brescia

→ Vedere Darfo Boario Terme

BOBBIO

Piacenza - 29022 - 3 577 ab. - Alt. 272 m - Carta regionale n° **5**-A2

Roma 556 km - Genova 87 km - Piacenza 48 km - Alessandria 86 km

Carta stradale Michelin 561-H10

Piacentino

CUCINA EMILIANA • FAMILIARE XX Nel centro storico, la tradizione familiare continua da più di un secolo all'insegna di salumi, paste e secondi di carne, in questo piacevole ristorante che dispone anche di un delizioso giardino estivo. Camere con letti in ferro battuto e mobili in arte povera, ma anche stanze più moderne.

Menu 26/40 € - Carta 28/53 € 20 cam - 50/70 € 60/85 € - 7 €

piazza San Francesco 19 - 0523 936266 - www.hotelpiacentino.it - Chiuso lunedì escluso in luglio-agosto

Enoteca San Nicola

CUCINA DEL TERRITORIO • RUSTICO X In un vecchio convento del '600 nel cuore della Bobbio storica, la cucina si riappropria del territorio con piatti dai gusti decisi e rispettosi delle stagioni; presso il book bar - nel fine settimana - è possibile fermarsi per un calice di vino, una cioccolata o un infuso particolare.

Carta 29/38 € - 3 cam - 60 € 80 € - senza

contrada di San Nicola 11/a - 0523 932355 (consigliata la prenotazione) - www.ristorantesannicola.it - Chiuso lunedì e martedì

BOCCA DI MAGRA

La Spezia – ✉ 19030 – Carta regionale n° **8**-D2

▶ Roma 404 km – La Spezia 20 km – Massa 20 km – Lucca 62 km

Carta stradale Michelin 561-J11

Capannina Ciccio

PESCE E FRUTTI DI MARE • **RUSTICO** X Ristorante della tradizione, con proposte marinare talvolta rivisitate e alleggerite. Nella bella stagione si può godere di un'incantevole veranda con vista sul mare.

Carta 39/49 €

via Fabbricotti 71 – ✆ 0187 65568 – www.ristoranteciccio.it – Chiuso 10 giorni in gennaio e martedì in inverno

BODIO LOMNAGO

Varese (VA) – ✉ 21020 – 2 151 ab. – Alt. 273 m – Carta regionale n° **9**-A2

▶ Roma 636 km – Milano 60 km – Varese 10 km – Torino 136 km

Villa Baroni

CUCINA CLASSICA • **ACCOGLIENTE** XX Romantica struttura in riva al lago dagli ambienti accoglienti ed eleganti ed una splendida terrazza per il servizio estivo; la cucina propone diversi menu degustazione composti da varie portate, nonché una carta delle specialità. Nelle camere atmosfera provenzale ed intima.

Menu 35/48 € – Carta 42/90 € 7 cam – **†**90/100 € **††**140/150 €

via Acquadro 12 – ✆ 0332 947383 – www.villabaroni.it – Chiuso lunedì

BOGLIASCO

Genova – ✉ 16031 – 4 488 ab. – Carta regionale n° **8**-C2

▶ Roma 501 km – Genova 13 km – Savona 64 km – Portofino 27 km

Carta stradale Michelin 561-I9

Al Solito Posto

CUCINA MODERNA • **INTIMO** XX Datevi appuntamento "al solito posto", se volete gustare piatti ricchi di fantasia, ma rispettosi della tradizione, in un'atmosfera intimamente informale.

Menu 40/57 € – Carta 47/81 €

via Mazzini 228 – ✆ 010 346 1040 – www.alsolitoposto.net – solo a cena – Chiuso martedì

a San Bernardo Nord : 4 km ✉ 16031 – Stella

Il Tipico

PESCE E FRUTTI DI MARE • **CONVIVIALE** XX L'ambiente è gradevole, con qualche tocco d'eleganza, ma ciò che incanta è il panorama sul mare. Ubicato in una piccola frazione collinare, propone cucina ligure di pesce.

Menu 30/50 € – Carta 33/78 €

via Poggio Favaro 20 – ✆ 010 347 0754 – Chiuso 1 settimana in febbraio, 10 giorni in agosto, lunedì e i mezzogiorno di martedì e mercoledì

BOLGHERI Livorno

➜ Vedere Castagneto Carducci

CI PIACE...

Il tuffo nel passato a ***I Carracci***: fra affreschi, stucchi e storia. Un « boccone » nei ristoranti di ***Eataly***, curiosando fra prodotti vari. ***Aroma de Roma***, sapori romani nella culla della tradizione gastronomica emiliana. ***I Portici***: l'ex ghiacciaia diventa l'insolita location per una cena.

BOLOGNA

(BO) – ✉ 40124 – 386 663 ab. – Alt. 54 m – Carta regionale n° **5**-C3
▶ Roma 379 km – Firenze 105 km – Milano 210 km – Venezia 152 km
Carta stradale Michelin 562-I15

Ristoranti

✿ I Portici

CUCINA CREATIVA • LUSSO XXX Il palcoscenico dell'antico caffè chantant trova un grande protagonista, un giovane cuoco di Castellammare che ha conquistato Bologna con gli ingredienti e la veracità della cucina napoletana: generosità di prodotti e di emozioni sbarcano quotidianamente dalla Campania per "invadere" i portici. E, sul retro, un'ex ghiacciaia pavimentata in vetro sopra la cantina, dove trova posto un solo tavolo per cenette intime.

➜ Napoli incontra l'Emilia. Ombrina in crosta di pappa al pomodoro, salsa di mitili e agretti. Babà a tre lievitazioni.

Carta 72/107 €

Pianta: F1-e – *Hotel I Portici, via dell'Indipendenza 69 ✉ 40121 – ✆ 051 421 8562 – www.iporticihotel.com – solo a cena – Chiuso 24 dicembre-8 gennaio, 3 settimane in agosto, domenica e lunedì*

Danilo e Patrizia

CUCINA EMILIANA • TRATTORIA X La sfoglia viene tirata a mano e i tortellini preparati in maniera tradizionale in questa caratteristica trattoria, dove gustare specialità emiliane. I nostri preferiti: tortelli rossi con bufala e squacquerone, nonché maialino da latte cotto a bassa temperatura.

Menu 20/40 € – Carta 22/42 €

Pianta: C1-a – *via del Pilastro 1 ✉ 40127 – ✆ 051 633 2534 (consigliata la prenotazione) – Chiuso 27 dicembre-3 gennaio, 15 giorni in agosto, domenica sera e lunedì*

Il simbolo segnala una carta dei vini particolarmente interessante.

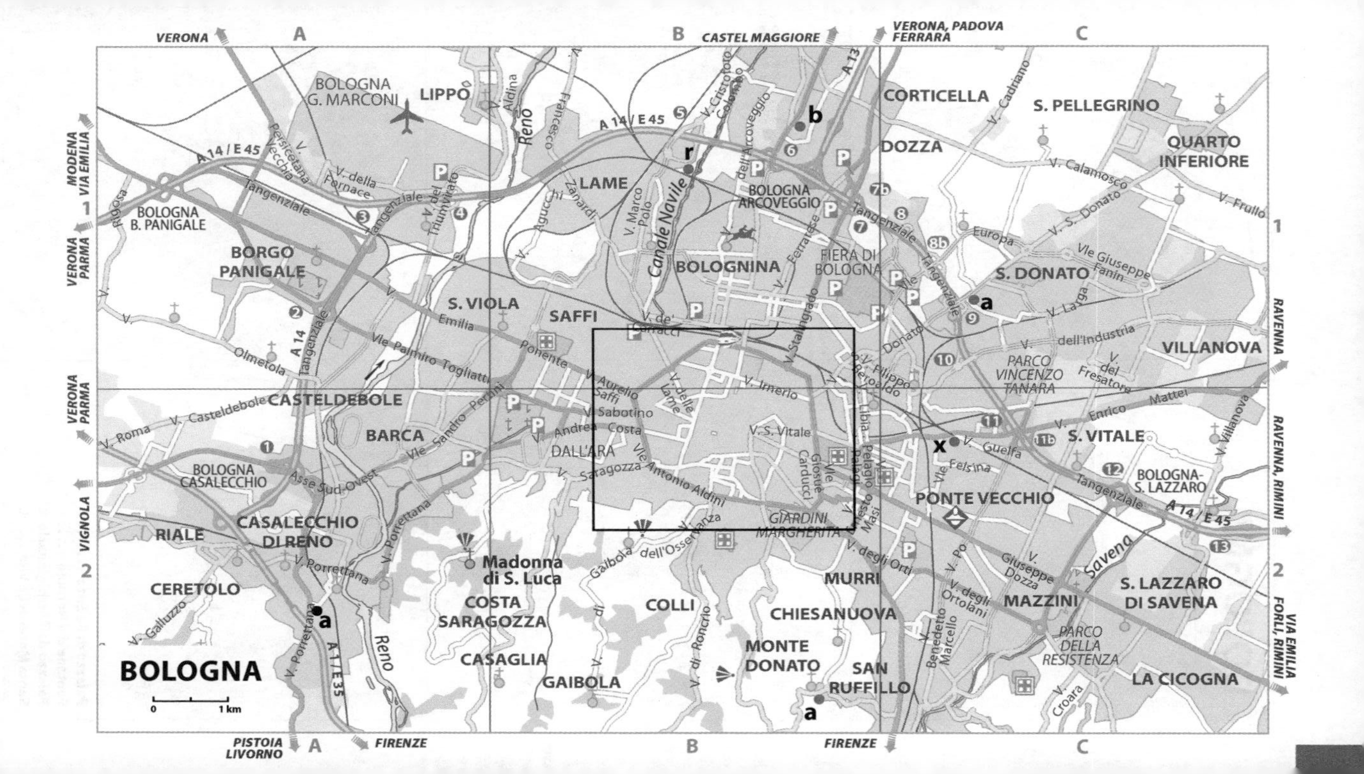
BOLOGNA
0
1 km
A
B
C
1
2
VERONA
MODENA VIA EMILIA
VERONA PARMA
VIGNOLA
PISTOIA LIVORNO
FIRENZE
CASTEL MAGGIORE
VERONA, PADOVA FERRARA
RAVENNA
RAVENNA, RIMINI
VIA EMILIA FORLI, RIMINI
BOLOGNA G. MARCONI
LIPPO
BORGO PANIGALE
BOLOGNA B. PANIGALE
CASTELDEBOLE
S. VIOLA
LAME
SAFFI
BOLOGNINA
BOLOGNA ARCOVEGGIO
CORTICELLA
DOZZA
S. PELLEGRINO
QUARTO INFERIORE
S. DONATO
VILLANOVA
FIERA DI BOLOGNA
PARCO VINCENZO TANARA
S. VITALE
BOLOGNA-S. LAZZARO
S. LAZZARO DI SAVENA
LA CICOGNA
PONTE VECCHIO
MAZZINI
PARCO DELLA RESISTENZA
MURRI
CHIESANUOVA
SAN RUFFILLO
MONTE DONATO
COLLI
GAIBOLA
GIARDINI MARGHERITA
DALL'ARA
BARCA
Madonna di S. Luca
COSTA SARAGOZZA
CASAGLIA
CASALECCHIO DI RENO
BOLOGNA CASALECCHIO
RIALE
CERETOLO
Reno
Canale Navile
Savena
A 14 / E 45
A 13
A 14
A 1 / E 35
Tangenziale
Asse Sud-Ovest
Vle Palmiro Togliatti
V. Emilia Ponente
V. Persicetana Vecchia
V. Porrettana
Vle Sandro Pertini
V. Saragozza
Vle Antonio Aldini
Vle Giosue Carducci
V. Stalingrado
V. Irnerio
V. delle Lame
V. Aurelio Saffi
V. Sabotino
V. Andrea Costa
V. S. Vitale
V. Libia
V. Pelagio Palagi
V. Enrico Mattei
V. Giuseppe Dozza
V. degli Ortolani
V. Benedetto Marcello
V. Po
Vle Felsina
V. Guelfa
V. degli Orti
V. di Roncrio
V. dell'Osservanza
V. Gaibola
V. del Triumvirato
V. della Fornace
V. Francesco Zanardi
V. Marco Polo
V. Cristoforo Colombo
V. dell'Arcoveggio
V. Ferrarese
V. S. Donato
V. Calamosco
V. Cadriano
Vle Giuseppe Fanin
V. Larga
V. dell'Industria
V. del Fresatore
V. Villanova
V. Frullo
V. Europa
V. Casteldebole
V. Olmetola
V. Roma
V. Rigosa
V. Galluzzo
V. Croara
V. Aldina
V. Agucchi
V. de' Carracci
V. Filippo Re

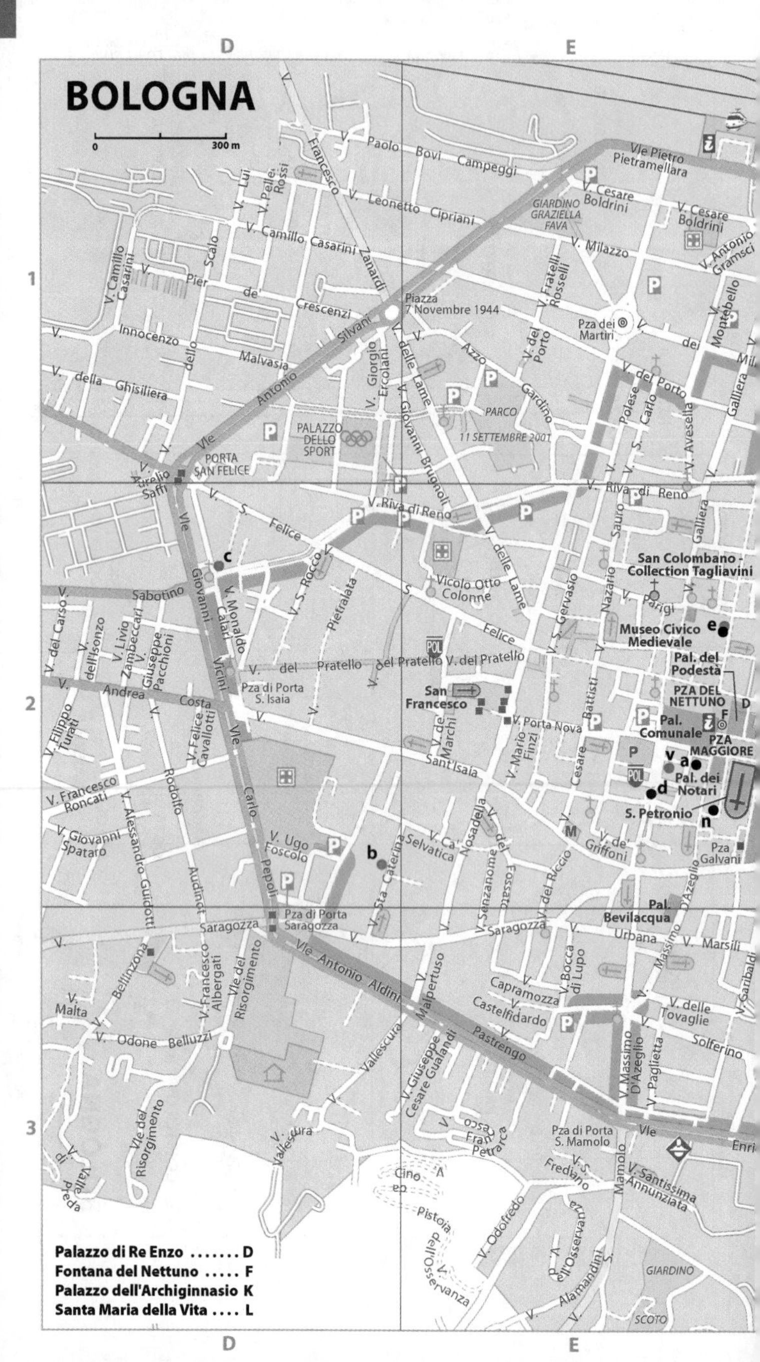

BOLOGNA
0
300 m
D
E
1
2
3
V. Paolo Bovi Campeggi
Vle Pietro Pietramellara
V. Cesare Boldrini
V. Leonetto Cipriani
GIARDINO GRAZIELLA FAVA
V. Camillo Casarini
V. Milazzo
V. Antonio Gramsci
V. Fratelli Rosselli
V. Pier de' Crescenzi
Piazza 7 Novembre 1944
Pza dei Martiri
V. Innocenzo Malvasia
Vle Silvani
V. Azzo Gardino
V. del Porto
V. della Ghisiliera
V. Giorgio Ercolani
V. delle Lame
V. Giovanni Brugnoli
PARCO 11 SETTEMBRE 2001
PALAZZO DELLO SPORT
PORTA SAN FELICE
Vle Aurelio Saffi
V. Riva di Reno
V. S. Felice
V. S. Rocco
Vicolo Otto Colonne
San Colombano - Collection Tagliavini
V. Parigi
Museo Civico Medievale
Pal. del Podestà
PZA DEL NETTUNO
Pal. Comunale
PZA MAGGIORE
Pal. dei Notari
S. Petronio
Pza Galvani
V. Sabotino
Vle Giovanni Vicini
V. Monaldo Calari
V. Pietralata
V. del Pratello
V. Andrea Costa
Pza di Porta S. Isaia
San Francesco
V. Porta Nova
V. Mario Finzi
V. Sant'Isaia
V. Francesco Roncati
V. Giovanni Spataro
V. Alessandro Guidotti
V. Rodolfo
Vle Carlo Pepoli
V. Ugo Foscolo
V. Sta Caterina
V. Ca' Selvatica
V. Nosadella
V. del Fossato
V. de' Griffoni
Pal. Bevilacqua
Pza di Porta Saragozza
V. Saragozza
V. Urbana
V. Marsili
Vle Antonio Aldini
V. Malpertuso
V. Capramozza
V. Castelfidardo
V. Bocca di Lupo
V. delle Tovaglie
V. Solferino
V. Garibaldi
V. Malta
V. Odone Belluzzi
V. Francesco Albergati
Vle del Risorgimento
V. Pastrengo
V. Giuseppe Cesare Gualandi
V. Massimo D'Azeglio
V. Paglietta
Pza di Porta S. Mamolo
V. Santissima Annunziata
V. Frediano
V. Mamolo
V. Odofredo
V. dell'Osservanza
V. Alamandini
GIARDINO
SCOTO
Palazzo di Re Enzo .... D
Fontana del Nettuno ..... F
Palazzo dell'Archiginnasio K
Santa Maria della Vita L

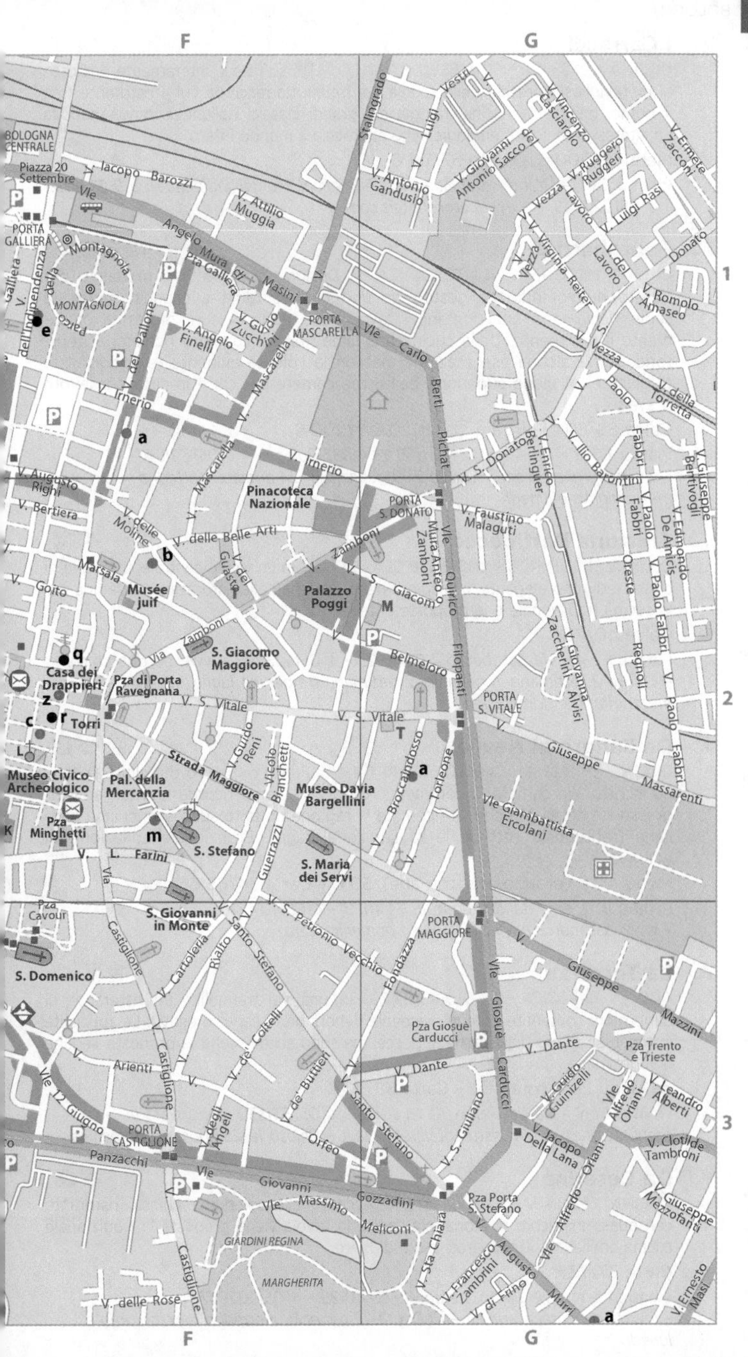
F
G
1
2
3
BOLOGNA CENTRALE
Piazza 20 Settembre
PORTA GALLIERA
MONTAGNOLA
Parco della Montagnola
V. dell'Indipendenza
V. Iacopo Barozzi
Vle Angelo Masini
Mura di Pta Galliera
V. Attilio Muggia
V. Stalingrado
V. Luigi Vestri
V. Antonio Gandusio
V. Giovanni Antonio Sacco
V. Vincenzo Casciarolo
V. Ruggero Ruggeri
V. Ermete Zacconi
V. Luigi Rasi
V. Vezza
V. del Lavoro
V. Virginia Reiter
V. Romolo Amaseo
V. S. Donato
PORTA MASCARELLA
Vle Carlo Berti Pichat
V. Guido Zucchini
V. Angelo Finelli
V. del Pallone
V. Irnerio
V. Mascarella
V. Paolo Fabbri
V. della Torretta
V. Ilio Barontini
V. Enrico Berlinguer
V. Giuseppe Bentivogli
V. Augusto Righi
V. Bertiera
V. delle Moline
V. delle Belle Arti
Pinacoteca Nazionale
PORTA S. DONATO
V. Faustino Malaguti
V. Edmondo De Amicis
V. Oreste Regnoli
Marsala
V. del Guasto
V. Zamboni
Mura Anteo Zamboni
Vle Quirico Filopanti
Palazzo Poggi
V. S. Giacomo
V. Goito
Musée juif
Via Zamboni
S. Giacomo Maggiore
V. Belmeloro
V. Giovanna Zaccherini Alvisi
Casa dei Drappieri
Pza di Porta Ravegnana
Torri
V. S. Vitale
PORTA S. VITALE
V. Giuseppe Massarenti
V. Guido Reni
Vicolo Bianchetti
V. Broccaindosso
V. Torleone
Strada Maggiore
Museo Civico Archeologico
Pal. della Mercanzia
Museo Davia Bargellini
Vle Giambattista Ercolani
Pza Minghetti
V. L. Farini
S. Stefano
V. Guerrazzi
S. Maria dei Servi
Pza Cavour
S. Giovanni in Monte
V. S. Petronio Vecchio
PORTA MAGGIORE
V. Giuseppe Mazzini
S. Domenico
Via Castiglione
V. Cartoleria
Rialto
Santo Stefano
V. Fondazza
Pza Giosuè Carducci
Vle Giosuè Carducci
V. Dante
Pza Trento e Trieste
V. de' Coltelli
V. Arienti
V. de' Buttieri
V. Guido Guinizelli
Vle Alfredo Oriani
V. Leandro Alberti
Vle 12 Giugno
PORTA CASTIGLIONE
V. degli Angeli
Orfeo
V. S. Giuliano
V. Jacopo Della Lana
V. Clotilde Tambroni
Panzacchi
Vle Giovanni Gozzadini
Vle Massimo Meliconi
Pza Porta S. Stefano
V. Giuseppe Mezzofanti
GIARDINI REGINA MARGHERITA
V. Sta Chiara
V. Francesco Zambrini
V. Augusto Murri
V. di Frino
V. Ernesto Masi
V. delle Rose
Castiglione

I Carracci

CUCINA CLASSICA • CONTESTO STORICO XXX Il soffitto è interamente dedicato ai meravigliosi affreschi della scuola dei fratelli Carracci, da cui il ristorante trae il nome, mentre la cucina indugia sui grandi classici italiani accompagnati da un'interessante scelta enologica che abbraccia il mondo intero.

Menu 70/100 € - Carta 57/114 €

Pianta: E2-e - *Grand Hotel Majestic già Baglioni, via dell'Indipendenza 8 ✉ 40121 - ☎ 051 222049 - www.duetorrihotels.com*

Fourghetti

CUCINA MODERNA • DI TENDENZA XXX Design accattivante e modaiolo per questo nuovo indirizzo gestito da uno chef di fama e capacità note. Le sedie richiamano anni lontani, i tavoli sono nudi e scuri, di resina ovviamente il pavimento. Dalla cucina una linea italiana con forti richiami al territorio, senza alcuna esagerazione ma con la volontà evidente (e soddisfatta) di piacere. Al piano superiore, bellissime camere per chi é in città per lavoro o svago.

Carta 53/89 € 5 cam - †120 € ††200 €

Pianta: G3-a - *via Augusto Murri 71 ✉ 40137 Bologna - ☎ 051 391847 - www.fourghetti.com - Chiuso 2-19 gennaio, 1°-24 agosto, martedì a mezzogiorno e lunedì*

Trattoria Battibecco

CUCINA REGIONALE • AMBIENTE CLASSICO XX In un vicolo centrale, un locale di classe e di tono elegante, che spicca nel panorama della ristorazione cittadina per la cucina tradizionale e le proposte di mare.

Carta 40/75 €

Pianta: E2-v - *via Battibecco 4 ✉ 40123 - ☎ 051 223298 - www.battibecco.com - Chiuso 2 settimane in gennaio, 2 settimane tra giugno-luglio, sabato a mezzogiorno e domenica*

Da Sandro al Navile

CUCINA EMILIANA • CASA DI CAMPAGNA XX Punto di ristoro dall'Unità D'Italia ed iscritto alla camera di commercio dal 1883 - come ricorda una targa all'ingresso - è nel piatto che va ricercata la ragione di tanto successo: cucina emiliana tradizionale (ottime le tagliatelle al ragù). Eccezionale collezione di whisky.

Menu 40 € (pranzo in settimana)/50 € - Carta 34/65 €

Pianta: B1-r - *via del Sostegno 15 ✉ 40131 - ☎ 051 634 3100 - www.dasandroalnavile.it - Chiuso domenica sera*

La Terrazza

CUCINA CLASSICA • DI QUARTIERE XX In una via tranquilla, un ristorante di dimensioni contenute con un piacevole dehors per il servizio estivo. Le specialità in menu spaziano dalla carne al pesce, ma sono anche molte le proposte vegane e vegetariane.

Menu 20 € (pranzo) - Carta 38/70 €

Pianta: C2-x - *via del Parco 20 ✉ 40138 - ☎ 051 531330 (consigliata la prenotazione) - www.ristorantelaterrazza.it - Chiuso 10-25 agosto e domenica*

Da Cesarina

CUCINA EMILIANA • CONVIVIALE XX Accanto alla splendida chiesa, ristorante con quasi un secolo di storia alle spalle. In tavola viene proposta la tradizionale cucina emiliana con numerosi piatti di mare.

Carta 37/73 €

Pianta: F2-m - *via Santo Stefano 19 ✉ 40125 - ☎ 051 232037 - www.ristorantecesarina.it - Chiuso 2-22 gennaio, martedì a mezzogiorno e lunedì*

Sale Grosso

PESCE E FRUTTI DI MARE • BISTRÒ Ristorante in stile bistrot, semplice nell'impostazione, ma dalla cucina a tratti sontuosa, che elegge il mare quale suo principale testimonial: variazione di crudi con salse... giusto per invogliarvi!

Menu 25 € (pranzo in settimana) - Carta 39/54 €

Pianta: F2-b - *vicolo De' Facchini 4a ✉ 40126 - ✆ 051 231721 (consigliata la prenotazione) - Chiuso 31 dicembre-7 gennaio, 6-31 agosto e domenica*

Posta

CUCINA TOSCANA • FAMILIARE Zuppa lucchese, tagliata di manzo con osso e un'insalata dedicata alla nobildonna fiorentina, Caterina de' Medici. Nessun errore: siamo in una sobria trattoria poco distante dal centro, ma la cui rinomata cucina si apre ad abbracciare anche i piatti dei "vicini di casa". Siete pronti ad un divertente viaggio culinario?

Carta 32/49 €

Pianta: D2-c - *via della Grada 21/a ✉ 40122 - ✆ 051 649 2106 - www.ristoranteposta.it - Chiuso vacanze di Natale, 2 settimane in agosto sabato a mezzogiorno e lunedì*

Teresina

CUCINA CLASSICA • TRATTORIA C'è un'intera famiglia impegnata in questa moderna e semplice trattoria, dove gustare piatti della tradizione gastronomica italiana ed interessanti proposte ittiche. In un locale collegato - lo "Spazio Teresina", solo a pranzo dal lunedì al venerdì - si può scegliere fra quattro piatti, tutti a 8 euro.

Menu 35 € - Carta 30/61 €

Pianta: F2-z - *via Oberdan 4 ✉ 40126 - ✆ 051 228985 (consigliata la prenotazione) - www.ristoranteteresinabologna.it - Chiuso 13-25 agosto e domenica*

Trattoria Monte Donato

CUCINA REGIONALE • TRATTORIA E' soprattutto con la bella stagione che si possono apprezzare i colori e i profumi di questa trattoria tra i colli; in inverno, la terrazza si chiude, ma il bel panorama rimane sempre a portata di occhi. La cucina - abbondante e tipica - conquista ogni palato.

Menu 30 € - Carta 28/54 €

Pianta: B2-a - *via Siepelunga 118, località Monte Donato, Sud: 4 km ✉ 40141 - ✆ 051 472901 - www.trattoriamontedonato.it - Chiuso domenica in agosto*

All'Osteria Bottega

CUCINA EMILIANA • FAMILIARE Roccaforte della cucina bolognese, in una sala tanto semplice quanto autenticamente familiare e conviviale, arrivano i migliori salumi emiliani, le paste fresche e le carni della tradizione.

Carta 32/63 €

Pianta: D2-b - *via Santa Caterina 51 ✉ 40123 - ✆ 051 585111 (consigliata la prenotazione) - Chiuso agosto, domenica e lunedì*

Scaccomatto

CUCINA CREATIVA • ACCOGLIENTE A dispetto della semplicità del locale e dei tavoli ravvicinati, è uno dei migliori ristoranti in città: creatività mediterranea, sia pesce sia carne, in piatti colorati e saporiti.

Menu 45/50 € - Carta 37/70 €

Pianta: G2-a - *via Broccaindosso 63/b ✉ 40125 - ✆ 051 263404 - www.ristorantescaccomatto.com - Chiuso agosto e lunedì a mezzogiorno*

Antica Trattoria della Gigina

CUCINA EMILIANA • CONVIVIALE Gigina, la fondatrice, ne sarebbe orgogliosa: dopo più di mezzo secolo dall'apertura di questa roccaforte della tradizione gastronomica emiliana, in menu campeggiano ancora i classici del "repertorio".

Carta 31/52 €

Pianta: B1-b - *via Stendhal 1 ✉ 40128 - ✆ 051 322300 - www.trattoriagigina.it - Chiuso 3 settimane in agosto*

Eataly

CUCINA ITALIANA • BISTRÒ All'interno di un grande bookshop - dislocati su piani diversi - bar, ristorante e osteria: si mangia fra gli scaffali dei libri e delle selezioni gastronomiche targate Eataly. Un punto di eccellenza culinaria in un'originale location!

Menu 35/50 € – Carta 27/57 €

Pianta: F2-c – *via degli Orefici 19 ✉ 40124 – ✆ 051 095 2820 – www.eataly.it*

Aroma de Roma

CUCINA ROMANA • FAMILIARE No, non vi sbagliate! Siamo proprio nella città dotta, sebbene questa caratteristica trattoria si faccia apprezzare per la sue specialità gastronomiche romane - dal cacio e pepe alle braciole d'abbacchio - servite ai piccoli tavoli, sotto cimeli sportivi della magica Roma (appesi a un filo, come un bucato steso, maglia, calzoncini e calze del "pupone", alias Francesco Totti).

Carta 26/47 €

Pianta: F1-a – *via Alessandrini 19/D ✉ 40126 – ✆ 051 247410 (consigliata la prenotazione) – www.aromaderoma.com – solo a cena escluso venerdì e sabato dal 15 settembre al 30 giugno – Chiuso 2 settimane in agosto e domenica*

Vicolo Colombina

CUCINA TRADIZIONALE • ACCOGLIENTE In pienissimo centro storico fra i vicoletti adiacenti il mercato e piazza Maggiore, piatti tendenzialmente tradizionali leggermente rielaborati in chiave contemporanea; due salette piuttosto moderne negli arredi e discreta lista dei vini. Un buon riferimento per chi visita la città!

Carta 35/47 €

Pianta: F2-f – *Vicolo Colombina 5/b ✉ 40124 – ✆ 051 233919 (consigliata la prenotazione) – www.vicolocolombina.it – Chiuso 1 settimana a gennaio e martedì in agosto*

Alberghi

Grand Hotel Majestic già Baglioni

DIMORA STORICA • GRAN LUSSO Dal '600 ad oggi, dal barocco al liberty, è una galleria di lusso e sfarzo: ambienti sontuosi, grazioso centro relax, camere raffinate e i resti di una strada romana per un soggiorno in grande stile!

103 cam – †240/450 € ††310/530 € – 6 suites

Pianta: E2-e – *via dell'Indipendenza 8 ✉ 40121 – ✆ 051 225445 – www.duetorrihotels.com*

I Carracci – Vedere selezione ristoranti

I Portici

LUSSO • MINIMALISTA All'insegna del design e del minimalismo, del palazzo ottocentesco sono rimasti i soffitti affrescati di buona parte delle camere, il resto è di una semplicità quasi francescana. Al ristorante: piccola carta con piatti locali e nazionali, per chi preferisce un'alternativa più snella alle cene gourmet de I Portici.

89 cam – †80/550 € ††110/700 € – 3 suites – 12 €

Pianta: F1-e – *via dell'Indipendenza 69 ✉ 40121 – ✆ 051 421 8562 – www.iporticihotel.com*

I Portici – Vedere selezione ristoranti

Corona d'Oro

LUSSO • STORICO Viaggio nell'eleganza cittadina: dalle origini medievali, attraverso il Rinascimento, fino alle decorazioni liberty. La Belle Époque rivive nelle camere, alcune con terrazza.

37 cam – †115/390 € ††145/490 € – 3 suites

Pianta: F2-q – *via Oberdan 12 ✉ 40126 – ✆ 051 745 7611 – www.hco.it*

Commercianti

STORICO • ELEGANTE All'ombra della basilica di S. Petronio, un edificio del '200 è pronto ad accoglievi in ambienti di grande raffinatezza: camini, travi a vista, letti a baldacchino. Sospesi tra storia e squisita ospitalità.

33 cam - 83/370 € 114/410 € - 2 suites

Pianta: E2-n - *via dè Pignattari 11 40124 - 051 745 7511 - www.bolognarthotels.it - Chiuso 3 settimane in luglio*

Novecento

TRADIZIONALE • PERSONALIZZATO Nel centro medievale della città, un palazzo dei primi del Novecento è stato convertito in un design hotel in cui confort e ricercatezza si uniscono a forme di sobria eleganza.

24 cam - 83/370 € 123/410 € - 3 suites

Pianta: E2-d - *piazza Galileo 4/3 40123 - 051 745 7311 - www.bolognarthotels.it - Chiuso 2 settimane in agosto*

Orologio

TRADIZIONALE • ACCOGLIENTE Di fronte all'orologio della torre comunale, piccolo hotel di tradizione con camere curate nei dettagli e ben rifinite, alcune con vista sul centro città. Attenzione: ascensore a partire dal 1° piano.

25 cam - 84/340 € 108/380 € - 8 suites

Pianta: E2-a - *via IV Novembre 10 40123 - 051 745 7411 - www.bolognarthotels.it*

Delle Drapperie

LOCANDA • PERSONALIZZATO Nel cuore medievale della città, fra le bancarelle e i negozi di gastronomia della tradizione bolognese, camere d'atmosfera tra soffitti decorati e graziosi bagni. La reception si trova al primo piano del palazzo, da qui è poi possibile usufruire di un ascensore.

19 cam - 58/72 € 116/136 € - 5 €

Pianta: F2-r - *via delle Drapperie 5 40124 - 051 223955 - www.albergodrapperie.com*

BOLSENA

Viterbo - 01023 - 3 991 ab. - Alt. 350 m - Carta regionale n° **7**-A1

Roma 138 km - Viterbo 31 km - Perugia 91 km - Terni 85 km

Carta stradale Michelin 563-O17

Holiday

CASA PADRONALE • TRADIZIONALE In riva al lago, in zona leggermente decentrata, una grande villa anni '50 con ampio, curato giardino e piscina. Camere in stile classico, arredate con mobili di pregio. Bella e luminosa sala da pranzo.

23 cam - 80/150 € 90/160 €

viale Diaz 38 - 0761 796900 - www.bolsena.com - Chiuso 8 gennaio-26 febbraio

CI PIACE...

L'ovattata atmosfera delle camere del ***Colle-Kohlern***. Il calore della stube del ***Vögele***. La classe del ***Greif***: nel cuore di Bolzano, qui la città antica abbraccia l'arte contemporanea. L'escursione fuori porta al maso ***Patscheider Hof*** alla ricerca di antichi sapori tirolesi.

BOLZANO BOZEN

(BZ) - ✉ 39100 - 106 441 ab. - Alt. 262 m - Carta regionale n° **19**-D3
▶ Roma 641 km - Innsbruck 118 km - Belluno 113 km - Trento 59 km
Carta stradale Michelin 562-C16

Ristoranti

Laurin

CUCINA MODERNA • LUSSO XxX Nella sontuosa cornice dell'hotel Laurin, il giovane cuoco delizia i clienti con una cucina che reinterpreta i classici italiani, rivisitandoli con estro: è un'inarrestabile carrellata dai monti al mare.

Menu 35 € - Carta 45/80 €

Pianta: B1-e - *Parkhotel Laurin, via Laurin 4*
- *0471 311000 - www.laurin.it*
- *Chiuso 6 gennaio-5 febbraio e domenica in inverno*

Loewengrube

CUCINA MODERNA • ROMANTICO XX Si narra che un tempo qui, nella "fossa dei leoni", venisse gettato chi non pagava il dazio della dogana. Trattoria dal 1500, cantina con tavolo prenotabile del 1200, oggi elegante ristorante con stube ed una delle migliori cucine di Bolzano.

Menu 18/60 € - Carta 36/82 €

Pianta: B1-g - *piazza della Dogana 3*
- *0471 970032 - www.loewengrube.it*
- *Chiuso domenica e giorni festivi*

Zur Kaiserkron (N)

MODERNA • CONTESTO CONTEMPORANEO XX Storico locale del centro, oramai da anni vestito con "abiti" moderni, propone una cucina contemporanea, mai complicata e leziosa, elaborata partendo da ottime materie prime. La velocità del servizio non ne penalizza la professionalità.

Menu 29 € (pranzo in settimana)/74 € - Carta 44/76 €

Pianta: A1-c - *piazza della Mostra 1*
- *0471 980214 - www.kaiserkron.bz*
- *Chiuso domenica escluso in dicembre*

Lunas

CUCINA CLASSICA • CONVIVIALE XX Nonostante sia il ristorante di un albergo, il locale è ben conosciuto in città, sia per la sua gradevole location nel giardino, dove in estate si mangia rinfrescati dall'ombra degli alberi, sia per la cucina che spazia dalla tradizione altoatesina ai classici italiani.

Carta 41/92 €

Pianta: B1-c – *Parkhotel Luna Mondschein, via Piave 15 – ✆ 0471 980001 – www.lunas.bz.it*

Vögele

CUCINA REGIONALE • ROMANTICO X Un'istituzione in città, le cui radici si perdono nel Medioevo. Oggi si può mangiare sotto il passaggio dei portici, nella romantica stube o nell'atmosfera più borghese delle sale al primo piano. Ovunque vi sediate, attendetevi una cucina locale e qualche piatto di pesce.

Carta 25/69 €

Pianta: A1-b – *via Goethe 3 – ✆ 0471 973938 – www.voegele.it – Chiuso domenica e giorni festivi*

Forsterbrau Central

CUCINA REGIONALE • AMBIENTE CLASSICO Storico indirizzo cittadino nato nell'Ottocento come birrificio e successivamente trasformato in ristorante. Ancora oggi tuttavia gli amanti della birra troveranno in carta più di una traccia, insieme ad altre gradevoli proposte gastronomiche.

Carta 32/53 €

Pianta: A1-f - *via Goethe 6 - 0471 977243 - www.forsterbrau.it - Chiuso domenica escluso dicembre*

Alberghi

Parkhotel Laurin

LUSSO • STORICO Chi ama i fasti d'inizio Novecento troverà al Laurin tutta l'espressione di un'epoca favolosa, dal sontuoso palazzo che lo ospita ai saloni affrescati, nonché un esclusivo privilegio: un parco con alberi secolari nel cuore della città. Camere più sobrie, bagni in marmo.

100 cam - 124/240 € 181/321 € - 7 suites

Pianta: B1-e - *via Laurin 4 - 0471 311000 - www.laurin.it*

Laurin - Vedere selezione ristoranti

Greif

LUSSO • PERSONALIZZATO Cinquecento anni di storia, da due secoli gestito dalla stessa famiglia, oggi felice connubio di antico e moderno: le camere - per metà circa affacciate su piazza Walther - sono decorate da artisti contemporanei, ma anche impreziosite da mobili d'epoca.

33 cam - 121/332 € 178/428 €

Pianta: B1-n - *piazza Walther - 0471 318000 - www.greif.it*

Stadt Hotel Città

TRADIZIONALE • CONTEMPORANEO L'albergo ha festeggiato il secolo di vita ed è tanto amato dai turisti quanto dai bolzanini che ne frequentano l'ottimo caffè. Le camere sono arredate in un piacevole stile contemporaneo e diverse finestre si aprono su piazza Walther.

99 cam - 106/165 € 126/250 €

Pianta: B1-a - *piazza Walther 21 - 0471 975221 - www.hotelcitta.info*

Parkhotel Luna Mondschein

TRADIZIONALE • CLASSICO Circondato da un bel parco giardino, questo hotel di tradizione offre il vantaggio di essere in zona centralissima, ma con un ampio garage, e piccola area benessere.

79 cam - 106/152 € 148/197 €

Pianta: B1-c - *via Piave 15 - 0471 975642 - www.hotel-luna.it*

Lunas - Vedere selezione ristoranti

Figl

FAMILIARE • ACCOGLIENTE Ospitalità di tono familiare e per certi versi piacevolmente informale in un piccolo ma grazioso hotel del centro, con soluzioni all'avanguardia. Spazi comuni ridotti.

23 cam - 89/96 € 122/136 € - 1 suite - 14 €

Pianta: B1-p - *piazza del Grano 9 - 0471 978412 - www.figl.net - Chiuso 7-27 febbraio e 21 giugno-10 luglio*

Un pasto con i fiocchi senza spendere una fortuna? Cercate i Bib Gourmand. Vi aiuteranno a trovare le buone tavole che coniugano una cucina di qualità al prezzo giusto!

a Colle di Villa Sud : 12 km A2 ✉ 39100 - Bolzano

Colle-Kohlern

CUCINA REGIONALE • ACCOGLIENTE Con la pazienza di seguire diversi tornanti, vi si può accedere con la macchina sino a dominare Bolzano dall'alto, ma i più romantici sceglieranno di raggiungerlo con la prima funivia al mondo, costruita nel 1908. Territorio e qualche piatto di pesce in carta, non perdetevi un soggiorno nelle romantiche camere.

Menu 30 € (cena in settimana) - Carta 35/59 € 16 cam - †90/125 € ††150/290 €

- ✆ 0471 329978 (prenotazione obbligatoria la sera) - www.albergocolle.com
- Aperto 16 dicembre-7 gennaio e 20 aprile-5 novembre; chiuso lunedì

a Signato Nord-Est: 5 km per viale Brennero ✉ 39054

Patscheider Hof

CUCINA REGIONALE • ROMANTICO In un autentico maso, cucina regionale di incontrastata qualità realizzata partendo da un'ottima materia prima: tra i nostri preferiti, il tris di canederli!

Carta 18/63 €

via Signato 178 - ✆ 0471 365267 - www.patscheiderhof.com
- Chiuso 7-31 gennaio, 1°-31 luglio, lunedì sera e martedì

BOLZANO VICENTINO

Vicenza - ✉ 36050 - 6 542 ab. - Alt. 45 m - Carta regionale n° **22**-B1

Roma 533 km - Padova 41 km - Treviso 54 km - Vicenza 13 km

Carta stradale Michelin 562-F16

Locanda Grego

VENEZIANA • SEMPLICE Tra i tavoli di una locanda che esiste dagli inizi dell'Ottocento, proposte di cucina regionale con piatti preparati secondo stagione e tradizione. Le camere sono state rinnovate per offrire un'accoglienza di gusto contemporaneo pur mantenendo il peculiare carattere di calore e familiarità che contraddistingue la casa.

Menu 45/55 € - Carta 26/59 € 14 cam - †55/110 € ††85/120 €

via Roma 24 - ✆ 0444 350588 - www.ristorantegrego.it - Chiuso 26 dicembre-6 gennaio, 10-31 agosto, sabato e domenica in luglio-agosto, le sere di mercoledì e domenica negli altri mesi

BOLZONE Cremona → Vedere Ripalta Cremasca

BONAGIA Trapani → Vedere Valderice

BONASSOLA

La Spezia - ✉ 19011 - 862 ab. - Carta regionale n° **8**-D2

Roma 456 km - La Spezia 38 km - Genova 83 km - Massa 72 km

Carta stradale Michelin 561-J10

Antica Guetta

PESCE E FRUTTI DI MARE • CONTESTO STORICO Affacciato sul mare con terrazze e veranda, simpatico ambiente dalle originali decorazioni; sulla tavola specialità liguri con influenze partenopee e, quindi, l'immancabile pizza.

Carta 31/63 €

via Marconi 1 - ✆ 0187 813797 (consigliata la prenotazione)
- www.ristoranteanticaguetta.com - Aperto 15 marzo-15 novembre, chiuso mercoledì escluso giugno-settembre

BONDENO

Ferrara - ✉ 44012 - 14 655 ab. - Alt. 11 m - Carta regionale n° **5**-C1

Roma 443 km - Bologna 66 km - Ferrara 20 km - Mantova 76 km

Carta stradale Michelin 562-H16

Tassi

CUCINA REGIONALE • AMBIENTE CLASSICO Attivo dal 1916, in questo storico locale si cucina - ancora oggi - la "salama da sugo", esattamente come 50 anni fa. Ad essa si sono aggiunte, la pasta (rigorosamente tirata con il mattarello), i celebri bolliti, la lingua di cinghiale affumicata e cotta nel vino rosso, nonché dell'ottima cacciagione. Senza carta, tutto a voce!

Menu 35 € (in settimana) - Carta 45/63 € 10 cam - 65 € 75 €

viale Repubblica 23
- 0532 893030 - www.ristorantetassi.it
- Chiuso 1°-4 gennaio, luglio, domenica sera e lunedì

BONDONE (Monte)

Trento - 670 ab. - Alt. 2 098 m - Carta regionale n° **19**-B3
Roma 599 km - Trento 24 km - Bolzano 85 km - Riva del Garda 57 km
Carta stradale Michelin 562-D15

a Vason Nord : 2 km 38123 - Vaneze - Alt. 1 561 m

Le Blanc Hotel & Spa

TRADIZIONALE • MODERNO Moderno e lineare, con ampie vetrate panoramiche, le sue camere spaziose lo rendono ideale per famiglie con figli al seguito (vicino alla hall c'è un piccolo spazio riservato ai bambini e – in stagione – è presente anche un'animatrice). Massaggi, bagno turco e piscina coperta attendono l'ospite presso il centro benessere.

80 cam - 70/180 € 85/220 €

località Vason 64 - 0461 947457 - www.leblanchotelspa.com - Aperto 1° dicembre-Pasqua e 15 giugno-15 settembre

Alpine Mugon

TRADIZIONALE • STILE MONTANO Albergo montano di ultima generazione, funzionale e lineare nel suo stile asciutto che abbina legno e modernità. Si sottolinea la completezza dei servizi, tra cui il bel centro benessere con grande piscina coperta.

44 cam - 55/120 € 60/190 €

località Vason 118 - 0461 947116 - www.mugon.it - Aperto 1° dicembre-7 aprile e 1°giugno-1° ottobre

BONFERRARO

Verona - 37060 - Alt. 20 m - Carta regionale n° **23**-A3
Roma 483 km - Verona 35 km - Ferrara 77 km - Mantova 19 km
Carta stradale Michelin 562-G15

Sarti

CUCINA REGIONALE • RUSTICO Ristorante classico, a conduzione familiare ed elegante negli arredi, propone una cucina tradizionale, nonché un'ampia carta di vini e distillati. Tra i nostri piatti preferiti la "contadina": salame, pancetta, pepata, polenta, gras pistà e funghetti all'agro. E per finire in dolcezza, l'immancabile sbrisolona!

Menu 25/40 € - Carta 24/55 €

via Don Giovanni Benedini 1 - 045 732 0233 - www.ristorantesarti.it - Chiuso 9-31 agosto e martedì

BORCA DI CADORE

Belluno (BL) - 32040 - 781 ab. - Carta regionale n° **23**-C1
Roma 655 km - Venezia 144 km - Belluno 56 km - Cortina d'Ampezzo 15 km
Carta stradale Michelin 562-C18

Antelao

TRADIZIONALE • MINIMALISTA Sulla strada per la mondana Cortina, camere moderne con grande profusione di legno in un hotel che dispone di un centro benessere presso la struttura stessa e di un altro molto grande - in gestione - a circa 800 m (servizio navetta a disposizione degli ospiti). Piatti cadorini, ampezzani e regionali al ristorante: filetti di carne, tra le specialità della casa.

33 cam - †95/250 € ††160/400 €

via Roma 11 - ☎ 0435 482563 - www.hotelantelao.it

BORDIGHERA

Imperia - ✉ 18012 - 10 469 ab. - Carta regionale n° **8**-A3

Roma 656 km - Imperia 43 km - Genova 155 km - San Remo 13 km

Carta stradale Michelin 561-K4

Le Chaudron

PESCE E FRUTTI DI MARE • CONTESTO STORICO XX E' in un vecchio deposito merci vicino al lungomare che questo ristorante di famiglia ha trovato posto; dell'epoca rimane il suggestivo soffitto in mattoni e a volte sotto cui si mangia, il resto dell'arredo è nelle mani della fantasia. Nei piatti il pescato locale, rinomato per la freschezza.

Menu 24 € - Carta 36/56 €

via Vittorio Emanuele 7 - ☎ 0184 263592 - Chiuso 12-31 gennaio e lunedì

Romolo Mare

PESCE E FRUTTI DI MARE • STILE MEDITERRANEO XX Al termine del lungomare, a pochi metri dalla spiaggia ghiaiosa, l'atmosfera è semplice per quanto suggestiva quando si mangia all'aperto, ma la vera sorpresa è la qualità della cucina: quasi esclusivamente di pesce, di ottimo livello.

Menu 20 € (pranzo in settimana) - Carta 32/100 €

lungomare Argentina 1 - ☎ 0184 261105 - www.romolomare.it - Chiuso 7-31 gennaio, martedì sera e mercoledì escluso 15 giugno-15 settembre

Magiargè Vini e Cucina

LIGURE • CONTESTO STORICO X Caratteristico e vivace, nell'affascinante centro storico, le salette sembrano scavate nella roccia, coperte da un soffitto a volta. Nessuna sorpresa dalla cucina: cappon magro, stoccafisso mantecato "brandacujun", ciuppin alla sanremasca (zuppa di pesce). La Liguria è tutta nel piatto!

Menu 19/25 € - Carta 33/52 €

piazza Giacomo Viale, centro storico - ☎ 0184 262946 (consigliata la prenotazione) - www.magiarge.it - solo a cena in luglio-agosto - Chiuso 1 settimana in giugno, 3 settimane in novembre e lunedì

Piccolo Lido

TRADIZIONALE • ACCOGLIENTE Recentemente dotata di una piacevole terrazza-solarium con vista sul mare, offre interni nei quali dominano i colori pastello e camere fresche dall'arredo fantasioso. All'inizio della passeggiata lungomare.

33 cam - †130/200 € ††130/200 €

lungomare Argentina 2 - ☎ 0184 261297 - www.hotelpiccololido.it - Chiuso 15 ottobre-22 dicembre

BORGHETTO Verona

→ Vedere Valeggio sul Mincio

BORGHETTO DI BORBERA

Alessandria (AL) - ✉ 15060 - 1 966 ab. - Alt. 295 m - Carta regionale n° **12**-D3

Roma 550 km - Pavia 81 km - Alessandria 55 km - Genova 56 km

Carta stradale Michelin 561-H8

Il Fiorile

CUCINA REGIONALE • CASA DI CAMPAGNA Quasi come in una cartolina, il calore di un vecchio fienile immerso nel silenzio dei boschi induce a riscoprire i profumi e le ricette del passato. Un esempio? Faraona laccata alla polvere di porcini o crema cotta di mele e cannella.

Menu 35 € - Carta 23/42 € 6 cam - 65 € 75 €

via XXV Aprile 6, frazione Castel Ratti, Sud-Est: 2 km - 0143 697303 - www.ilfiorile.com - solo a cena escluso sabato e i giorni festivi - Chiuso 15 gennaio-15 marzo, domenica sera, lunedì e martedì; in autunno e inverno aperto solo su prenotazione

BORGIO VEREZZI

Savona - 17022 - 2 233 ab. - Carta regionale n° **8**-B2
Roma 576 km - Genova 77 km - Imperia 49 km - Savona 30 km
Carta stradale Michelin 561-J6

Doc

CUCINA MODERNA • ELEGANTE All'interno di una signorile villetta d'inizio secolo adornata da un grazioso giardino - a cui si è aggiunto un nuovo spazio adibito ad arte ed eventi - un ristorante dall'ambiente raccolto e curato, in cui godere di una certa eleganza.

Carta 43/70 €

via Vittorio Veneto 1 - 019 611477 - www.ristorantedoc.it - solo a cena escluso sabato e domenica - Chiuso lunedì, anche martedì da ottobre a maggio

BORGO A MOZZANO

Lucca - 55023 - 6 994 ab. - Alt. 97 m - Carta regionale n° **18**-B1
Roma 364 km - Pisa 43 km - Firenze 94 km - Lucca 22 km
Carta stradale Michelin 563-K13

Milano

BUSINESS • ECOSOSTENIBILE Sulle rive del Serchio, un hotel ecofriendly la cui attenta conduzione diretta ha fatto sì che fossero apportate - nel corso degli anni - molte migliorie: ampie camere, un po' più moderne quelle recentemente ristrutturate. Stile retrò per il ristorante dalla calda atmosfera.

34 cam - 45/70 € 60/100 €

via del Brennero, 9, località Socciglia, Sud-Est: 1,5 km - 0583 889191 - www.hotelmilano-lucca.it - Chiuso 2-15 gennaio

BORGO FAITI Latina → Vedere Latina

BORGOMANERO

Novara - 28021 - 21 735 ab. - Alt. 307 m - Carta regionale n° **13**-A3
Roma 650 km - Stresa 29 km - Novara 33 km - Milano 74 km
Carta stradale Michelin 561-E7

Pinocchio

CUCINA REGIONALE • CONTESTO TRADIZIONALE Circondato da un delizioso giardino, dove viene anche svolto il servizio estivo, un elegante ristorante che continua a proporre una cucina tra passato e presente, tradizioni del territorio piemontese (piatti di carne e pesce di lago) ed interpretazioni più raffinate: una fusione che sorprende per naturalezza ed armonia del risultato.

Carta 50/100 €

via Matteotti 147 - 0322 82273 (consigliata la prenotazione) - www.ristorantepinocchio.it - Chiuso vacanze di Natale, 1°-10 agosto e mercoledì

BORGONATO Brescia ➜ Vedere Corte Franca

BORGONOVO VAL TIDONE

Piacenza – ✉ 29011 – 7 892 ab. – Alt. 114 m – Carta regionale n° **5**-A1
Roma 542 km – Piacenza 23 km – Pavia 41 km – Milano 63 km
Carta stradale Michelin 561-G10

La Palta (Isa Mazzocchi)

CUCINA CREATIVA • ELEGANTE XXX In una sperduta frazione nella campagna piacentina, per una volta la retorica della finta trattoria cede il passo ad un locale moderno, dove la cucina aspira a preparazioni creative - ben presentate - con qualche richiamo alla tradizione locale: in particolare, i salumi rigorosamente stagionati in casa.

➜ Ravioli di riso tra oriente e occidente. Lingua di bue con fragole e ravanelli. Tortino di yogurt con frutta secca e pesche caramellate.

Menu 40/75 € - Carta 45/79 €

località Bilegno, Sud-Est: 3 km – ✆ 0523 862103 – www.lapalta.it – Chiuso 10 giorni in gennaio, 20 giorni in luglio e lunedì

BORGO PANIGALE Bologna ➜ Vedere Bologna

BORGO PRIOLO

Pavia – ✉ 27040 – 1 474 ab. – Alt. 144 m – Carta regionale n° **9**-B3
Roma 572 km – Alessandria 60 km – Pavia 31 km – Milano 68 km
Carta stradale Michelin 561-H9

Agriturismo Torrazzetta

AGRITURISMO • FUNZIONALE Camere semplici e funzionali, alcune soppalcate, in una grande cascina immersa nel verde e dal piacevole côté rustico. Se ad occuparsi della cucina è il figlio dei titolari, per i vini ci si affida esclusivamente alla produzione propria; il sabato sera e la domenica a pranzo, si può approfittare del menu degustazione, che include una panoramica di piatti tipici.

34 cam ☕ - †65/120 € ††90/150 €

frazione Torrazzetta 1, Nord-Ovest: 2 km – ✆ 0383 871041 – www.torrazzetta.it – Chiuso 1°-10 agosto

BORGORICCO

Padova (PD) – ✉ 35010 – 8 755 ab. – Alt. 18 m – Carta regionale n° **23**-C2
Roma 511 km – Venezia 51 km – Padova 18 km – Treviso 40 km
Carta stradale Michelin 562-F17

Storie d'Amore

CUCINA MODERNA • INTIMO XX Non lontano dalla città di Padova, una piacevole pausa gastronomica all'insegna della modernità con piatti di terra e di mare, accompagnati da un'interessante selezione enologica. Un po' alla moda, un po' romantico: sicuramente un ottimo indirizzo!

Menu 60/75 € - Carta 46/113 €

via Desman 418, località San Michele delle Badesse – ✆ 049 933 6523 (prenotazione obbligatoria) – www.storiedamorerestaurant.it – Chiuso 15 giorni in gennaio e giovedì

BORGO SAN LORENZO

Firenze – ✉ 50032 – 18 211 ab. – Alt. 193 m – Carta regionale n° **18**-C1
Roma 296 km – Firenze 34 km – Bologna 100 km – Forlì 89 km
Carta stradale Michelin 563-K16

Park Hotel Ripaverde

BUSINESS • PERSONALIZZATO La struttura mantiene immutate le sue caratteristiche di comodità ed elevato livello di confort in virtù di una gamma completa di servizi. Bella la zona piscina servita anche da un bar.

54 cam ☕ - †65/242 € ††85/242 € - 3 suites

viale Giovanni XXIII 36 – ✆ 055 849 6003 – www.ripaverde.it

sulla strada statale 302 Sud-Ovest : 15 km :

Casa Palmira

CASA DI CAMPAGNA • AGRESTE Un fienile ristrutturato di un'antica casa colonica nel quale l'ospitalità ha un sapore antico e intimo. Nella verde campagna del Mugello, ci si sente come a casa di amici, ospitati in camere dal piacevole stile rustico-elegante.

6 cam ☕ - 🚹45/55 € 🚹🚹75/95 €

località Feriolo-Polcanto ✉ 50032 - ✆ 055 840 9749 - www.casapalmira.it - Aperto 10 marzo-10 novembre

BORGOSESIA

Vercelli - ✉ 13011 - 12 922 ab. - Alt. 354 m - Carta regionale n° **12**-C1

Roma 674 km - Vercelli 59 km - Milano 97 km - Novara 44 km

Carta stradale Michelin 561-E6

Casa Galloni 1669

CUCINA REGIONALE • CONTESTO TRADIZIONALE XX Nel centro storico, una casa intima e raccolta sin dalla corte interna che si attraversa per salire alle tre sale: cucina della tradizione, abilmente rivisitata, e servizo solo serale alla Stube con salumi, formaggi, qualche piatto classico, nonché vini al bicchiere.

Carta 31/55 €

via Cairoli 42 - ✆ 0163 23254 - Chiuso domenica sera e lunedì

BORGO VAL DI TARO

Parma - ✉ 43043 - 6 999 ab. - Alt. 411 m - Carta regionale n° **5**-A2

Roma 473 km - La Spezia 73 km - Parma 72 km - Reggio nell'Emilia 103 km

Carta stradale Michelin 562-I11

Agriturismo Cà Bianca

Ai bordi di un affluente del Taro, un piacevole cascinale interamente ristrutturato: camere con arredi d'epoca e recuperati da vari mercatini. Uno scrigno fiabesco!

7 cam ☕ - 🚹60/68 € 🚹🚹80/90 €

località Ostia Parmense 84, Nord-Est: 7 km - ✆ 0525 98486 - www.agriturismocabianca.it - Chiuso 9 gennaio-10 febbraio

BORGO VALSUGANA

Trento (TN) - ✉ 38051 - 6 945 ab. - Alt. 380 m - Carta regionale n° **19**-C3

Roma 591 km - Trento 36 km - Venezia 137 km - Vicenza 93 km

Carta stradale Michelin 562-D16

Locanda in Borgo

LOCANDA • PERSONALIZZATO L'antico palazzo sorto in pieno centro a fine Settecento rinasce come accogliente e raffinata locanda, mentre il passato rivive in parte nei pavimenti, ma anche nei serramenti fantasiosamente "riciclati" in alcune testiere dei letti o per creare una dispensa con i sapori del territorio. A soli 5 km da Arte Sella.

15 cam ☕ - 🚹45/55 € 🚹🚹90/100 €

corso Ausugum 90 - ✆ 0461 757103 - www.locandainborgo.it

BORGO VERCELLI

Vercelli - ✉ 13012 - 2 260 ab. - Alt. 126 m - Carta regionale n° **12**-C2

Roma 640 km - Vercelli 7 km - Milano 68 km - Novara 15 km

Carta stradale Michelin 561-F7

Osteria Cascina dei Fiori

CUCINA REGIONALE • ELEGANTE XXX Linea gastronomica legata al territorio, anche se non mancano alcune proposte innovative, in un ambiente rustico-elegante. Interessante scelta enologica.

Carta 38/81 €

regione Forte - Cascina dei Fiori - ✆ 0161 32827 - Chiuso 15 giorni in luglio, domenica e lunedì

BORGO VIRGILIO Mantova → Vedere Mantova

BORMIO

Sondrio – ✉ 23032 – 4 121 ab. – Alt. 1 225 m – Carta regionale n° **9**-C1
▶ Roma 704 km – Sondrio 64 km – Bolzano 123 km – Trento 139 km
Carta stradale Michelin 561-C13

✿ Umami

CUCINA CREATIVA • ACCOGLIENTE XX Due mondi così distanti, Napoli e le Alpi, s'incontrano in questo ristorante: pizzoccheri e selvaggina, ragù partenopeo e pastiera. Merito del cuoco di origini campane e della sua cucina all'insegna dell'Umami, il gusto dei sapori.

→ Linguine di Gragnano con carbonara di bresaola e polvere di porcini. Controfiletto di capriolo con vellutata di carote, cipollotto, xitolo (zucchero del legno). Omaggio ai giardini dell'Eden Hotel.

Menu 70/90 € – Carta 58/88 €

Hotel Eden, via Funivie 3 ✉ 23032 Bormio – ✆ 0342 903418 (consigliata la prenotazione) – www.umamirestaurantbormio.com – solo a cena – Chiuso maggio, ottobre e novembre

Eden

LUSSO • MINIMALISTA Si differenzia dai tipici alberghi alpini sin dall'esterno, quattro torrette in legno collegate, semplici ed essenziali. L'elegante sobrietà continua all'interno nelle ampie camere in larice, alcune con giardino privato.

21 suites – ††185/230 € – 6 cam

via Funivie 3 ✉ 23032 Bormio – ✆ 0342 911669 – www.edenbormio.it – Chiuso maggio, ottobre e novembre

✿ **Umami** – Vedere selezione ristoranti

Miramonti Park Hotel

TRADIZIONALE • CLASSICO C'è di tutto nel nuovissimo centro benessere "The Flower": palestra, piscina con idromassaggio e doccia cervicale, biosauna, bagno turco, angolo tisaneria ed altro ancora in un albergo - appena fuori dal centro - con belle camere, di cui cinque mansardate.

50 cam – †50/200 € ††90/400 €

via Milano 50 – ✆ 0342 903312 – www.miramontibormio.it

Agriturismo Rini

AGRITURISMO • PERSONALIZZATO Per gli amanti della vita rurale, camere in legno chiaro, tessuti di buon livello e un'intrigante vista sulla moderna stalla nella sala ristorante.

14 cam – †83/132 € ††116/214 € – 3 suites

via Rini Cav. Pietro 2 – ✆ 0342 901224 – www.rini.it

BORNO

Brescia – ✉ 25042 – 2 630 ab. – Alt. 912 m – Carta regionale n° **9**-C2
▶ Roma 622 km – Brescia 77 km – Bergamo 72 km – Milano 121 km
Carta stradale Michelin 561-E12

Zanaglio

FAMILIARE • TRADIZIONALE Il fascino di una quattrocentesca casa di montagna, con rustiche e personalizzate salette, nonché camere di calda atmosfera.

6 cam – †50/70 € ††75/95 €

via Trieste 3 – ✆ 0364 41520 – www.bedzanaglio.it

BORROMEE (Isole) Verbano-Cusio-Ossola (VB) → Vedere Stresa

BOSA

Oristano – ✉ 08013 – 7 936 ab. – Alt. 2 m – Carta regionale n° **16**-A2
▶ Alghero 46 km – Cagliari 174 km – Nuoro 83 km – Oristano 66 km
Carta stradale Michelin 366-L42

a Bosa Marina Sud-Ovest : 2,5 km ✉ 08013

Al Gabbiano

FAMILIARE • LUNGOMARE Piccolo albergo, semplice, ma sempre molto ben tenuto dalla famiglia che lo gestisce sin dalla sua fondazione. All'ultimo piano le camere più recenti tra cui quelle più panoramiche sul mare. Oltre al ristorante, spesso, ci si può accomodare anche in pizzeria.

35 cam – †48/68 € ††66/91 €

viale Mediterraneo 5 – ☎ 0785 374123 – www.hotelalgabbiano.it

BOSCO Perugia → Vedere Perugia

BOSCO MARENGO

Alessandria – ✉ 15062 – 2 457 ab. – Alt. 121 m – Carta regionale n° **12**-C2
Roma 578 km – Alessandria 15 km – Genova 81 km – Milano 96 km
Carta stradale Michelin 561-H8

Locanda dell'Olmo

CUCINA PIEMONTESE • FAMILIARE Locale sempre molto frequentato, in virtù della sua valida cucina di matrice prevalentemente regionale con agnolotti, rabattoni, brasati, ma con influenze liguri per alcuni altri piatti come la cima, lo stoccafisso in umido o i frittini.

Menu 25/35 € – Carta 25/43 €

piazza Mercato 7 – ☎ 0131 299186 – www.locandadellolmo.it
– Chiuso 20 luglio-20 agosto, vacanze di Natale, martedì sera e lunedì

BOSNASCO

Pavia (PV) – ✉ 27040 – 634 ab. – Alt. 124 m – Carta regionale n° **9**-B3
Roma 541 km – Milano 64 km – Pavia 26 km – Brescia 112 km

Lo

CUCINA CLASSICA • DI TENDENZA Moderno locale gestito direttamente dalla famiglia Losio: padre, madre ed il figlio Tiziano, lo chef. A lui il compito di selezionare le migliori carni, preparare ottime paste, proporre alcune ricette a base di pesce. In menu anche i celebri salumi della zona.

Menu 30/35 € – Carta 33/58 €

via Mandelli 60, località Cardazzo, Est: 1 km – ☎ 0385 272028
– www.ristorantelo.it – Chiuso 9-22 agosto e domenica

BOSSOLASCO

Cuneo – ✉ 12060 – 679 ab. – Alt. 757 m – Carta regionale n° **14**-C3
Roma 611 km – Cuneo 61 km – Asti 59 km – Savona 60 km
Carta stradale Michelin 561-I6

La Panoramica

FAMILIARE • MODERNO Dalla pianura del cuneese all'arco alpino: è la panoramica offerta di questa risorsa, familiare e funzionale, tappa ideale per rilassarsi dalla frenetica routine quotidiana.

24 cam – †85 € ††85 €

via Circonvallazione 1 – ☎ 0173 793401 – www.lapanoramica.com – Aperto 1° marzo-31 ottobre

BOTTICINO

Brescia – ✉ 25082 – 10 914 ab. – Alt. 153 m – Carta regionale n° **9**-C1
Roma 552 km – Brescia 13 km – Milano 112 km – Verona 71 km
Carta stradale Michelin 561-F12

Trattoria Eva

CUCINA LOMBARDA • FAMILIARE X Un rustico di campagna e una famiglia con un passato nel settore delle carni, ma da sempre interessata alla ristorazione: senza dubbio un bel connubio, reso ancora più piacevole dalla panoramica terrazza estiva! La specialità delle specialità: "Peccati di Eva", un'entrecôte da leccarsi i baffi...

Menu 12 € (pranzo in settimana)/38 € - Carta 29/46 €

via Gazzolo 75, località Botticino Mattina, Nord-Est: 2,5 km - ✆ 030 269 1522 - www.trattoriaeva.net - Chiuso 10 giorni in gennaio, martedì sera (escluso giugno-settembre) e mercoledì

BOVES

Cuneo - ✉ 12012 - 9 835 ab. - Alt. 590 m - Carta regionale n° **12**-B3
Roma 641 km - Cuneo 9 km - Torino 105 km - Savona 90 km
Carta stradale Michelin 561-J4

a Fontanelle Ovest : 2 km ✉ 12012 - Boves

Da Politano

CUCINA TRADIZIONALE • ACCOGLIENTE XX Nella piccola frazione di Fontanelle, a pochi metri dal Santuario Regina Pacis, ottime materie prime danno vita a gustose ricette, fedeli alla tradizione regionale, in un'accogliente sala con parquet e pareti in tufo. Semplici camere per chi vuole prolungare il soggiorno.

Carta 20/37 € 15 cam - †60 € ††70 €

via Santuario 125 - ✆ 0171 380383 - www.hotelpolitano.it - Chiuso lunedì sera e martedì

a Rivoira Sud-Est: 2 km ✉ 12012 - Boves

Agriturismo La Bisalta

AGRITURISMO • ACCOGLIENTE Risorsa ben organizzata, gestita con attenzione e intraprendenza. L'edificio conserva al proprio interno elementi architettonici settecenteschi di indubbio pregio. Cucina con vari piatti a base di lumache, allevate biologicamente dai proprietari, nel ristorante Locanda del Re.

5 cam - †50/60 € ††60/70 € - 6 €

via Tetti Re 5 - ✆ 0171 388782 - Aperto 15 maggio-15 ottobre

BOZEN BOLZANO

BRA

Cuneo - ✉ 12042 - 29 737 ab. - Alt. 290 m - Carta regionale n° **12**-B3
Roma 652 km - Cuneo 47 km - Torino 61 km - Asti 44 km
Carta stradale Michelin 561-H5

Battaglino

CUCINA PIEMONTESE • FAMILIARE X Completo rinnovo del locale nel 2014, ma è dal lontano 1919 che una gestione familiare - vivace e cortese - propone i più tradizionali piatti piemontesi: sicuramente una garanzia per chi ama questo tipo di cucina! Specialità: trippa ai porri di Cervere, agnolotti del plin fatti a mano, bollito misto (in inverno).

Carta 28/42 €

piazza Roma 18 - ✆ 0172 412509 (consigliata la prenotazione) - www.ristorantebattaglino.it - Chiuso 3 settimane in gennaio, 3 settimane in agosto, domenica sera e lunedì

Boccondivino

CUCINA PIEMONTESE • CONTESTO TRADIZIONALE X Al primo piano di una casa di ringhiera in pieno centro storico, due salette ed una più grande tappezzata di bottiglie per una cucina fedele alla tradizione langarola: brasato di vitello al Barolo, tajarin "40 tuorli" al sugo di salsiccia di Bra, e altro ancora... Servizio estivo nell'incantevole cortile con glicini secolari.

Menu 30 € (pranzo in settimana)/36 € - Carta 27/42 €

via Mendicità Istruita 14 - ✆ 0172 425674 - www.boccondivinoslow.it - Chiuso lunedì in aprile-maggio e settembre-dicembre, anche domenica negli altri mesi

Cantine Ascheri

TRADIZIONALE • ORIGINALE Hotel dal design fortemente personalizzato ed originale, costruito sopra le cantine dell'omonima azienda vinicola. Ottimi livelli di confort nelle luminose camere.

27 cam - 105/115 € 140/150 €

via Piumati 25 - 0172 430312 - www.ascherihotel.it - Chiuso 16 dicembre-8 gennaio e 5-21 agosto

a Pollenzo Sud-Est : 7 km ✉ 12060

Albergo dell'Agenzia

DIMORA STORICA • TRADIZIONALE All'interno di un'ala di quella che era una tenuta reale di casa Savoia - datata 1835 - si è ricavato questo delizioso albergo le cui camere sono arredate con cura e dotate d'ogni confort. Al ristorante, la cucina del territorio.

44 cam - 120/180 € 147/260 € - 3 suites

via Fossano 21 - 0172 458600 - www.albergoagenzia.it - Chiuso 22 dicembre-20 gennaio

BRACCA

Bergamo (BG) – ✉ 24010 – 717 ab. – Alt. 620 m – Carta regionale n° **10D**-C1

Roma 627 km – Bergamo 26 km – Milano 81 km – Brescia 88 km

Dentella

CUCINA DEL TERRITORIO • FAMILIARE La garanzia che qui si mangi bene è assicurata dalla famiglia Dentella che viaggia verso i 100 anni di gestione diretta: in ambienti semplici, ma accoglienti, si propongono salumi nostrani, casoncelli, piatti a base di carne, in stagione tartufo nero di Bracca e cacciagione, molto spazio è dedicato ai formaggi locali. Insomma, il meglio della cucina bergamasca!

Menu 10 € (pranzo in settimana) - Carta 25/49 €

via Dentella 25 - 0345 97105 - www.trattoriadentella.com - Chiuso 15-30 giugno e lunedì sera escluso agosto

BRACCIANO

Roma – ✉ 00062 – 19 384 ab. – Alt. 280 m – Carta regionale n° **7**-B2

Roma 41 km – Viterbo 49 km – Civitavecchia 51 km – Terni 100 km

Carta stradale Michelin 563-P18

Villa Clementina

FAMILIARE • PERSONALIZZATO Bucolica posizione non lontana dal lago, per questa villa dal fascino vagamente inglese con un curato giardino punteggiato di fiori, piscina, campo da tennis. L'ottima tenuta e la personalizzazione delle ampie camere - con affreschi dipinti dal titolare stesso - sono altri punti di forza della struttura.

7 cam - 120/160 € 155/200 € - 1 suite

traversa Quarto del Lago 12/14 - 06 998 6268 - www.hotelvillaclementina.it - Aperto 1° aprile-2 novembre

BRANZI

Bergamo – ✉ 24010 – 713 ab. – Alt. 874 m – Carta regionale n° **9**-B2

Roma 652 km – Bergamo 48 km – Milano 91 km – Lecco 72 km

Carta stradale Michelin 562-D11

Branzi

CUCINA REGIONALE • FAMILIARE Nel cuore delle alpi Orobie, la cucina di questo locale a gestione diretta mantiene stretti legami con le tradizioni locali: dalla polenta taragna agli altri piatti bergamaschi, tra cui casoncelli e cacciagione. Sopra si trovano le camere dell'hotel Pedretti: gestito sin dai primi del Novecento.

Menu 30/50 € - Carta 24/52 € 20 cam - 60/70 € 90/100 €

via Umberto I, 23 - 0345 71121 (consigliata la prenotazione) - www.hotelpedretti.com - Chiuso martedì escluso giugno-settembre

BRATTO Bergamo → Vedere Castione della Presolana

BRENTA (Gruppo di) Trento

BRENZONE

Verona - ✉ 37010 - 2 398 ab. - Alt. 75 m - Carta regionale n° **23**-A2
Roma 545 km - Verona 57 km - Brescia 91 km - Mantova 83 km
Carta stradale Michelin 562-E14

Giuly

PESCE E FRUTTI DI MARE • AMBIENTE CLASSICO X Nonostante sia proprio in riva alle acque del Garda, la linea gastronomica di questo ristorante si è concentrata sul mare. I crostacei sono "pescati" vivi dall'acquario.

Carta 24/69 €

via XX Settembre 28 - ✆ 045 742 0477 - www.ristorantegiuly.it - solo a cena escluso sabato e i giorni festivi - Chiuso novembre e lunedì

a Castelletto di Brenzone Sud-Ovest : 3 km ✉ 37010

Alla Fassa

PESCE E FRUTTI DI MARE • CONTESTO CONTEMPORANEO XX Una romantica sala ed una bella veranda affacciata sulle rive del lago, la cucina si affida alla tradizione locale proponendo specialità ittiche di lago e di mare.

Carta 30/67 € 5 cam - †75/85 € ††120/150 €

via Nascimbeni 13 - ✆ 045 743 0319 - www.ristoranteallafassa.com - Chiuso 6 gennaio-5 marzo e martedì escluso agosto

BRESCIA

(BS) - ✉ 25121 - 196 480 ab. - Alt. 149 m - Carta regionale n° **9**-C1
Roma 556 km - Milano 104 km - Verona 74 km - Bergamo 54 km
Carta stradale Michelin 561-F12

Piante pagine 223, 224, 225

Trattoria Porteri

CUCINA REGIONALE • FAMILIARE X Alle pareti e al soffitto il racconto di una passione che ha coinvolto due generazioni, al vostro tavolo la tradizione bresciana con un occhio di riguardo per polenta e formaggi. Ottimi anche: il risotto con asparagi e robiola delle terre basse - variazione di maialino con friarielli e fagioli piccanti - semifreddo al caffe con polvere di liquirizia e riduzione di limoncello.

Carta 27/53 €

Pianta: B1-f - *via Trento 52/d ✉ 25128 Ⓜ Marconi - ✆ 030 380947 - www.trattoriaporteri.com - Chiuso 1 settimana in gennaio, 2 settimane in agosto, domenica sera e lunedì*

Castello Malvezzi

CUCINA CREATIVA • ELEGANTE XXX Cucina raffinata ed ottima cantina in una casa di caccia cinquecentesca; nelle sere d'estate una parte del dehors è utilizzata come bistrot, vino al bicchiere, salumi, fomaggi e piatti più semplici.

Carta 62/125 €

via Colle San Giuseppe 1 (via Torquato Taramelli), per via S. Rocchino 6 km - EF1 ✉ 25133 - ✆ 030 2004224 (consigliata la prenotazione) - www.castellomalvezzi.com - Chiuso 2 settimane in agosto

La Sosta

CUCINA LOMBARDA • CONTESTO STORICO XXX Un locale di gran fascino, conosciuto e apprezzato in città, ubicato in un palazzo seicentesco. Nei mesi estivi si cena all'aperto (pochi posti, meglio prenotare!), il servizio è preciso e accurato.

Menu 25 € (pranzo in settimana) - Carta 45/70 €

Pianta: D3-n - *via San Martino della Battaglia 20 ✉ 25121 Ⓜ Vittoria - ✆ 030 295603 - www.lasosta.it - Chiuso 30 dicembre-9 gennaio, 7-28 agosto, domenica sera e lunedì*

Il Labirinto

CUCINA CLASSICA • ELEGANTE Ristorante periferico di lunga tradizione e professionalità, in sala il figlio assicura un ottimo e personalizzato servizio, mentre la cucina - di ampio respiro - si muove agilmente tra mare e terra; cantina di buon livello.

Carta 45/121 €

Pianta: A3-m - *via Corsica 224 ✉ 25125 - ✆ 030 354 1607 - www.ristoranteillabirinto.it - Chiuso domenica*

Carne & Spirito

CUCINA MODERNA • DI TENDENZA Menu speciale per una cena romantica, deliziosi piatti di terra o - in stagione (autunno/inverno) - una delle più buone bourguignonne della città, nel primo ristorante afrodisiaco di Brescia: lasciatevi sedurre nella carne e nello spirito...

Menu 32/40 € - Carta 36/82 € 12 cam - †60/200 € ††65/280 €

via dei Gelsi 2, per via Corsica zona Fiera - C3 ✉ 25125 - ✆ 030 207 0441 (consigliata la prenotazione) - www.carneespirito.it - Chiuso 10-24 agosto, sabato a mezzogiorno e domenica

Eden

CUCINA CLASSICA • CONTESTO CONTEMPORANEO Dotato di un piccolo e grazioso dehors estivo, è un ristorantino di taglio moderno, con qualche tocco di eleganza. Cucina di stagione, ricca cantina.

Menu 20 € (pranzo in settimana)/50 € - Carta 34/73 €

Pianta: B1-e - *piazzale Corvi ✉ 25128 Ⓜ Ospedale - ✆ 030 303397 - www.edenristorante.com - Chiuso 2-10 gennaio, 10 agosto-1° settembre, domenica sera e martedì*

Trattoria Rigoletto

PESCE E FRUTTI DI MARE • DI TENDENZA Un locale che pur nella propria elegante semplicità, riesce ad esprimere una cucina interessante. La lista è abbastanza estesa, le preparazioni creative.

Carta 47/101 €

Pianta: B1-a - *via Fontane 54/b ✉ 25133 - ✆ 030 200 4140 - Chiuso agosto e lunedì*

Trattoria La Campagnola

CUCINA REGIONALE • FAMILIARE Il capolavoro di due generazioni, nutrire di sapore e genuinità una tradizione mai perduta nell'incanto di un vecchio cascinale avvolto dal verde che racconta l'arte dell'ospitare.

Menu 15 € (pranzo in settimana)/55 € - Carta 27/45 €

Pianta: B1-k - *via Val Daone 25 ✉ 25123 - ✆ 030 300678 - www.trattorialacampagnolabrescia.it - Chiuso 1 settimana in gennaio, 1 settimana in agosto, martedì e le sere di domenica e lunedì*

Lanzani Bottega & Bistrot

CUCINA MODERNA • BISTRÒ In origine era la macelleria di famiglia, ora un moderno locale (aperto dalle 7 alle 23) che è anche gastronomia da asporto ed enoteca con grandi vini. Alle ore canoniche è un vero e proprio ristorante, più ridotta e meno golosa la proposta del pranzo. Posizione defilata e periferica.

Carta 38/70 €

via Albertano da Brescia 41, per via Milano - A2 ✉ 25121 - ✆ 030 313471 - www.lanzanibistrot.it - Chiuso domenica

Vittoria

STORICO • TRADIZIONALE Dopo un'accurata ristrutturazione, questo caratteristico edificio anni '30 è tornato al suo antico splendore, riconfermandosi - ancora una volta - punto di riferimento nel panorama della ricettività alberghiera cittadina. Sala da pranzo di elegante classicità, dove gusto e leggerezza costituiscono una costante.

65 cam - †85/400 € ††115/500 € - 3 suites

Pianta: D2-a - *via delle X Giornate 20 ✉ 25121 Ⓜ Vittoria - ✆ 030 768 7200 - www.hotelvittoria.com*

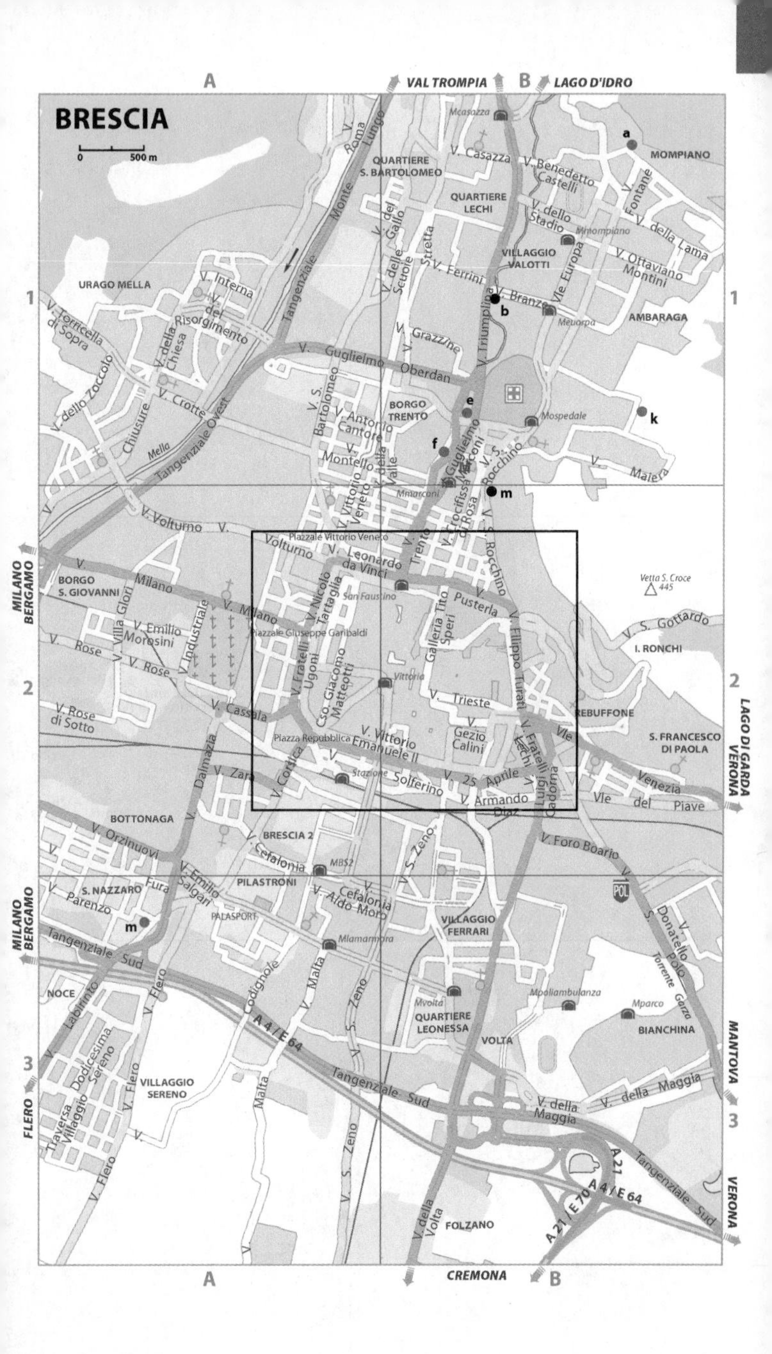
BRESCIA
0
500 m
A
B
VAL TROMPIA
LAGO D'IDRO
MILANO BERGAMO
LAGO DI GARDA VERONA
MANTOVA
VERONA
FLERO
CREMONA
QUARTIERE S. BARTOLOMEO
QUARTIERE LECHI
MOMPIANO
VILLAGGIO VALOTTI
URAGO MELLA
AMBARAGA
BORGO TRENTO
BORGO S. GIOVANNI
I. RONCHI
REBUFFONE
S. FRANCESCO DI PAOLA
BOTTONAGA
BRESCIA 2
PILASTRONI
S. NAZZARO
PALASPORT
VILLAGGIO FERRARI
NOCE
QUARTIERE LEONESSA
VOLTA
BIANCHINA
VILLAGGIO SERENO
FOLZANO
Piazzale Vittorio Veneto
San Faustino
Piazzale Giuseppe Garibaldi
Vittoria
Piazza Repubblica
Stazione
Vetta S. Croce 445
Tangenziale Ovest
Tangenziale Sud
A 4 / E 64
A 21
A 21 / E 70
V. Casazza
V. Benedetto Castelli
V. dello Stadio
V. della Lama
V. Ottaviano Montini
V. Ferrini
V. Branze
Vle Europa
V. Grazzine
V. Guglielmo Oberdan
V. Triumplina
V. Volturno
V. Milano
V. Rose
V. Cassala
V. Leonardo da Vinci
V. Pusterla
V. Trieste
V. Vittorio Emanuele II
V. Solferino
V. 25 Aprile
V. Armando Diaz
Vle Venezia
Vle del Piave
V. Foro Boario
V. Orzinuovi
V. Cefalonia
V. Aldo Moro
V. S. Zeno
V. Malta
V. della Maggia
V. Flero
V. Labirinto
V. della Volta
Torrente Garza
Mella
a
b
e
f
k
m

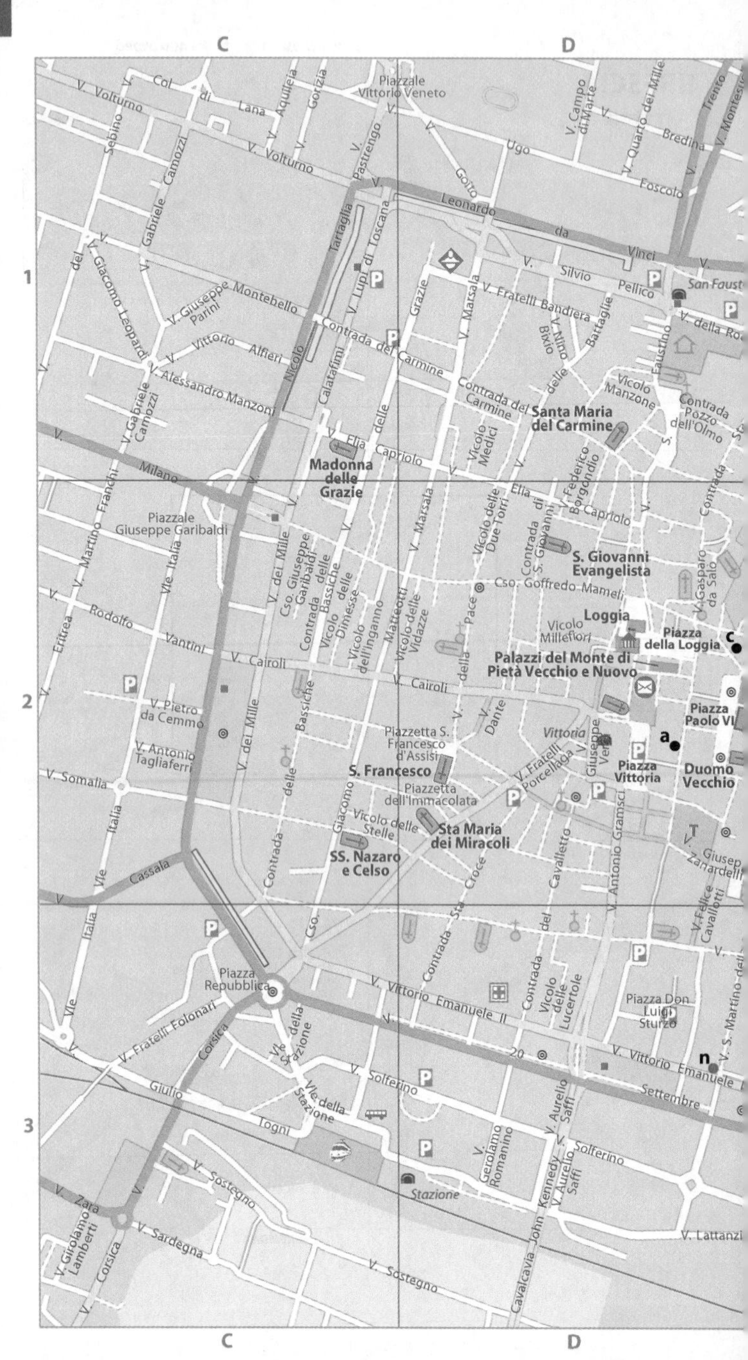
C
D
1
2
3
Piazzale Vittorio Veneto
V. Volturno
Santa Maria del Carmine
Madonna delle Grazie
Piazzale Giuseppe Garibaldi
S. Giovanni Evangelista
Loggia
Piazza della Loggia
Palazzi del Monte di Pietà Vecchio e Nuovo
Piazza Paolo VI
Piazza Vittoria
Duomo Vecchio
S. Francesco
Sta Maria dei Miracoli
SS. Nazaro e Celso
Piazza Repubblica
Piazza Don Luigi Sturzo
V. Vittorio Emanuele II
Stazione
Cso. Goffredo Mameli
V. Cairoli
Contrada del Carmine
V. Milano
V. Solferino
V. Sostegno
Cavalcavia John Kennedy
Leonardo da Vinci
V. Fratelli Bandiera
Silvio Pellico
V. Marsala
V. Giuseppe Montebello
V. Alessandro Manzoni
V. Rodolfo Vantini
Vle Italia
V. Antonio Gramsci
V. Aurelio Saffi
Settembre

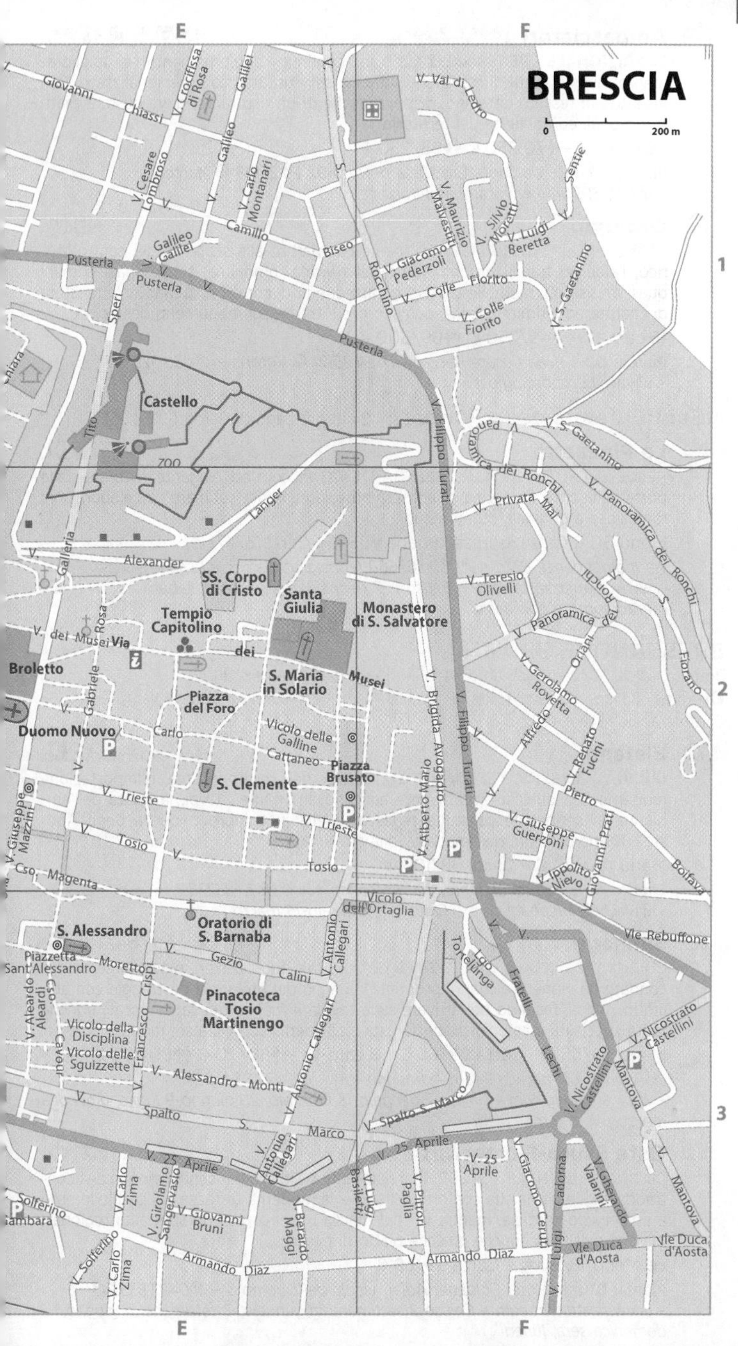
BRESCIA
0
200 m
E
F
1
2
3
Castello
SS. Corpo di Cristo
Santa Giulia
Monastero di S. Salvatore
Tempio Capitolino
Via dei Musei
Broletto
S. Maria in Solario
Piazza del Foro
Duomo Nuovo
Vicolo delle Galline
Piazza Brusato
S. Clemente
V. Trieste
Tosio
Cso. Magenta
Vicolo dell'Ortaglia
S. Alessandro
Piazzetta Sant'Alessandro
Oratorio di S. Barnaba
Pinacoteca Tosio Martinengo
Vicolo della Disciplina
Vicolo delle Sguizzette
V. Alessandro Monti
Spalto S. Marco
V. 25 Aprile
V. Armando Diaz
V. Filippo Turati
V. Brigida Avogadro
V. Alberto Mario
V. Giuseppe Mazzini
V. Antonio Callegari
V. Francesco Crispi
V. Aleardo Aleardi
Cso. Cavour
V. Solferino
V. Carlo Zima
V. Girolamo Sangervasio
V. Giovanni Bruni
V. Berardo Maggi
V. Luigi Basiletti
V. Pittori Paglia
V. Giacomo Ceruti
V. Luigi Cadorna
V. Gherardo Vaiarini
V. Nicostrato Castellini
Vle Duca d'Aosta
Vle Rebuffone
V. Mantova
Lgo Torrelunga
V. Fratelli Lechi
Pusterla
V. Galileo Galilei
V. Cesare Lombroso
V. Crocifissa di Rosa
V. Carlo Montanari
Camillo Biseo
V. Maurizio Malvestiti
V. Silvio Moretti
V. Luigi Beretta
V. Giacomo Pederzoli
V. Colle Fiorito
V. S. Gaetanino
V. Val di Ledro
Rocchino
V. Panoramica dei Ronchi
V. Privata Mai
V. Teresio Olivelli
V. Gerolamo Rovetta
V. Alfredo Oriani
V. Renato Fucini
V. Giuseppe Guerzoni
V. Ippolito Nievo
V. Giovanni Prati
Boifava
Fiorano
Langer
Alexander
Galleria
Speri
Tito
Gabriele Rosa
Carlo Cattaneo
V. Gezio Calini
Moretto
Solferino
Gambara

Ambasciatori

TRADIZIONALE • PERSONALIZZATO In continuo aggiornamento e miglioramento, questo hotel di tradizione offre un servizio attento e personalizzato. Ben inserito nel tessuto cittadino, dispone anche di un ristorante, dove gustare piatti tradizionali ed etichette del territorio.

66 cam - 70/150 € 85/250 €

Pianta: B2-m - *via Santa Crocifissa di Rosa 92 ✉ 25128 Ⓜ Marconi - ✆ 030 399114 - www.ambasciatori.net*

Orologio

FAMILIARE • PERSONALIZZATO Ideale per partire alla scoperta del centro storico, l'albergo trae il proprio nome dalla vicina, omonima, torre. Spazi comuni quasi inesistenti, ma nelle camere gli arredi e le decorazioni creano un'atmosfera di charme ed intimità: alcune, con scorci sui tetti e sui monumenti della città.

16 cam - 49/250 € 69/300 €

Pianta: D2-c - *via Cesare Beccaria 17 ✉ 25121 Ⓜ Vittoria - ✆ 030 375 5411 - www.albergoorologio.it*

a Sant'Eufemia della Fonte Est : 2 km per Lago di Garda B2 ✉ 25135

La Piazzetta

PESCE E FRUTTI DI MARE • ELEGANTE XXX Piccolo ed elegante ristorante alle porte della città. La cucina si indirizza prevalentemente sul mare con elaborazioni fantasiose e originali: ottimi i crudi!

Menu 30 € (pranzo in settimana)/55 € - Carta 37/71 €

via Indipendenza 87/c - ✆ 030 362668 (consigliata la prenotazione) - www.allapiazzetta.com - Chiuso 1°-7 gennaio, 8-25 agosto, sabato a mezzogiorno e domenica

BRESSANONE BRIXEN

Bolzano - ✉ 39042 - 21 535 ab. - Alt. 559 m - Carta regionale n° **19**-C1

Roma 683 km - Bolzano 43 km - Brennero 44 km - Cortina d'Ampezzo 94 km

Carta stradale Michelin 562-B16

Elefante

CUCINA CLASSICA • ELEGANTE XXX Cucina del territorio, ma d'impostazione moderna con qualche accattivante accenno all'Oriente. A voi, la scelta dell'ambiente: la settecentesca stube tedesca, quella in cembro o quella degli Apostoli. Numerosi i vini dell'enoteca Soliman Wines.

Menu 45/120 € - Carta 52/109 €

Pianta: A1-a - *Hotel Elefante, via rio Bianco 4 - ✆ 0472 832750 - www.hotelelephant.com - Chiuso 15 febbraio-15 marzo*

Sunnegg

CUCINA REGIONALE • ACCOGLIENTE XX Locale fuori Brixen, piacevolmente circondato da vigneti (alcuni di proprietà): il figlio del titolare si destreggia con abilità in cucina, facendo poi arrivare sulla tavola il meglio dei sapori locali, nonché tante specialità stagionali. Servizio estivo all'aperto con vista sui monti.

Menu 39/55 € - Carta 29/63 € 8 cam - 50/70 € 80/150 €

via Vigneti 67, per via Beato Artmanno - B1 - ✆ 0472 834760 - www.sunnegg.com - Chiuso 7 gennaio-13 febbraio, 20 giugno-9 luglio, giovedì a mezzogiorno e mercoledì

Oste Scuro-Finsterwirt

CUCINA REGIONALE • STUBE XX Il ristorante è situato nel centro storico e si contraddistingue per le sue confortevoli stube, la moderna terrazza nel cortile interno e un servizio cordiale, mentre lo chef delizia i suoi ospiti con specialità regionali, talvolta rivisitate, nonché qualche piatto di pesce.

Menu 18/80 € - Carta 39/69 €

Pianta: B1-m - *Hotel Goldener Adler, vicolo del Duomo 3 - ✆ 0472 835343 - www.finsterwirt.com - Chiuso 2 settimana in gennaio, 2 settimane in giugno, domenica sera, lunedì*

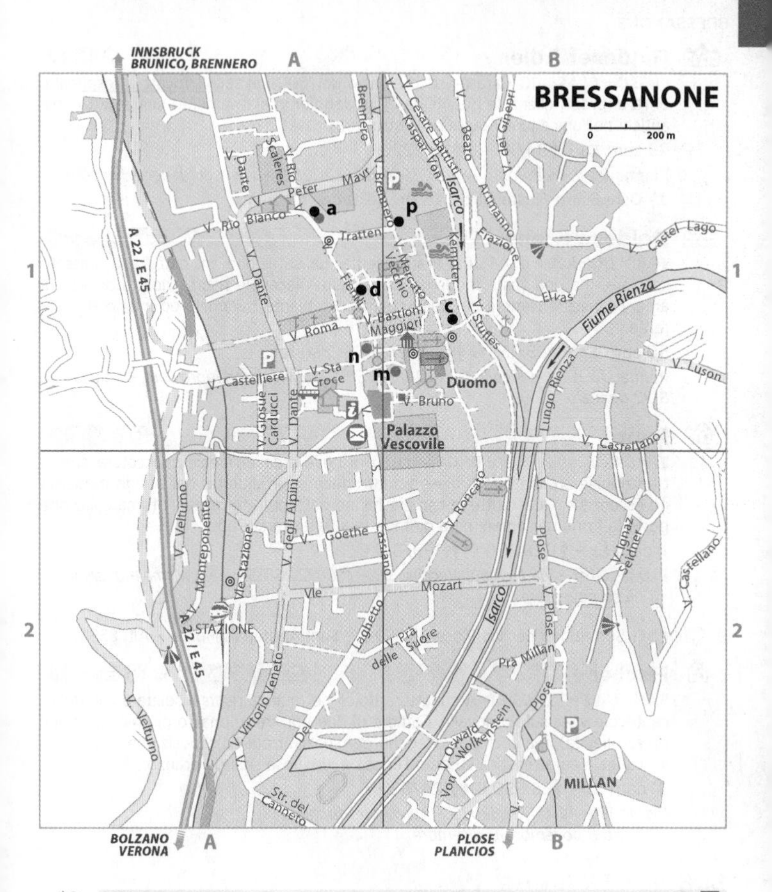

Alpenrose

CUCINA REGIONALE • CONTESTO TRADIZIONALE Lo "scotto" da pagare è la sua posizione non proprio centrale, subito risarcito dal panorama che però essa offre: un ristorante-albergo a conduzione familiare, dove gustare piatti del territorio (in primis, tris della Valle Isarco) con leggere rivisitazioni. Più semplici le camere, dall'arredo montano.

Menu 12 € (in settimana)/50 € - Carta 23/65 € 17 cam - 50/61 € 103/117 €

località Pinzago 24, per via Velturno : 3 km - A2 - 0472 832191 - www.gasthofalpenrose.it - Chiuso 21-25 novembre, domenica sera e lunedì

Elefante

LUSSO • CLASSICO Dall'India alle Alpi, l'arrivo dell'elefante a Bressanone nel XVI secolo è documentato dai libri di storia, ma ancor meglio dall'affresco sulla facciata di questa casa, dove il pachiderma sostò prima di ripartire per Vienna. Animale simbolo di persistenza tanto quanto lo è la proprietà dell'hotel - la stessa famiglia dal 1773! - è la storia con la sua grandezza ritratta nei quadri e l'unicità dei mobili a conferire fascino agli interni. Impossibile non lasciarsi trasportare indietro nel tempo dalle calde suggestioni di sale, salette e stube, interamente rivestite in legno.

44 cam - 108/150 € 184/250 €

Pianta: A1-a - *via rio Bianco 4 - 0472 832750 - www.hotelelephant.com*

Elefante - Vedere selezione ristoranti

Goldener Adler

LUSSO • CLASSICO Caratteristico edificio del '500, da secoli vocato all'ospitalità, offre ai propri clienti la possibilità di un soggiorno sobriamente elegante (mobili antichi nell'unica junior suite della struttura).

29 cam - 94/112 € 136/228 € - 4 suites

Pianta: B1-c - *via Ponte Aquila 9 - 0472 200621 - www.goldener-adler.com*

Oste Scuro-Finsterwirt - Vedere selezione ristoranti

Goldene Krone

TRADIZIONALE • CLASSICO Praticamente un'istituzione in città: una passato secolare, ma una veste moderna, per questa piacevole risorsa dotata di piccola area wellness e camere dal buon confort. Ambiente tranquillo ed intimo al ristorante.

50 cam - 85/135 € 120/200 € - 2 suites

Pianta: A1-d - *via Fienili 4 - 0472 835154 - www.coronadoro.com - Chiuso 8-22 gennaio*

Pupp

TRADIZIONALE • MODERNO Un cubo di neve crea un'ideale spaccatura con la tradizionale architettura tirolese ed introduce in un albergo dal design moderno ed essenziale. Quasi tutte le camere hanno balcone o terrazza, l'ottima colazione porta la firma dell'omonima e dirimpettaia pasticceria Pupp.

11 cam - 120/200 € 199/319 €

Pianta: B1-p - *via Mercato Vecchio 38 - 0472 268355 - www.small-luxury.it - Chiuso novembre*

a Cleran Sud : 5 km per via Plose 39042 – Sant'Andrea In Monte – Alt. 856 m

Fischer

FAMILIARE • CLASSICO Architettura tipica per questa risorsa isolata e con un'incantevole vista sul fondovalle. Camere di due tipi: tradizionali o più recenti (qui il prezzo lievita), ma anche più eleganti per spazi, arredi ed esposizione. Per i pasti la rustica e caratteristica stube o l'ariosa e luminosa sala da pranzo.

41 cam - 65/150 € 124/320 €

Cleran 196 - 0472 852075 - www.hotel-fischer.it - Chiuso 5 novembre-6 dicembre

BREUIL-CERVINIA

Aosta – 11021 – Alt. 2 050 m – Carta regionale n° **21**-B2

Roma 751 km – Aosta 55 km – Biella 104 km – Torino 118 km

Carta stradale Michelin 561-E4

La Chandelle

CUCINA CLASSICA • LUSSO XXXX In uno dei migliori ristoranti d'albergo della Valle d'Aosta, lasciatevi ammaliare da un servizio professionale e da una cucina regionale, ma non solo. In sala, fa bella mostra di sé una grande griglia per succulenti piatti alla brace. La bella vista sulle montagne aggiunge piacevolezza alla sosta.

Menu 75/90 € - Carta 56/90 €

Hotel Hermitage, via Piolet 1 - 0166 948998 - www.hotelhermitage.com - Aperto 2 dicembre-23 aprile e 8 luglio-28 agosto

Excelsior-Planet

CUCINA CLASSICA • ELEGANTE XXX La grande passione per la cucina del proprietario, ne fa uno fra i più apprezzati ristoranti della località: complice la posizione in pieno centro, ma soprattutto una serie di piatti regionali e mediterranei di ottima qualità.

Carta 44/88 €

Hotel Excelsior-Planet, piazzale Planet 1 - 0166 949426 - www.excelsiorplanet.com - solo a cena - Aperto 1° dicembre-30 aprile

Le Vieux Braconnier

CUCINA CLASSICA • ACCOGLIENTE XX Nel contesto elegante dell'hotel, legni e tessuti in perfetta armonia fanno da sfondo a proposte che si legano al territorio, ma con un pizzico di fantasia.

Menu 50 € - Carta 28/65 €

Hotel Bucaneve, piazza Jumeaux 10 - ✆ 0166 949119 - www.bucanevehotel.it - solo a cena - Aperto 28 ottobre-1° maggio e 30 giugno-3 settembre

Wood

CUCINA CREATIVA • DI TENDENZA XX Wood, come il legno che caratterizza questo moderno bistrot all'inizio del paese: linee sobrie negli arredi, ma tanta creatività nei piatti, in un ideale percorso intorno al mondo.

Carta 48/88 €

Via Guido Rey 26 - ✆ 0166 948161 (consigliata la prenotazione) - solo a cena escluso sabato e domenica da Natale a Pasqua - Aperto 15 novembre-30 aprile e 25 luglio-30 agosto

Hermitage

GRAN LUSSO • ELEGANTE Grande chalet di montagna, in cui risulta dolce e naturale sentirsi coccolati e conquistati: eleganza e tradizione, per un'ospitalità esclusiva. Sosta rigenerante presso l'ottimo centro benessere, dove offrirsi un itinerario completo di trattamenti effettuati con prodotti di una prestigiosa casa cosmetica svizzera.

33 cam - 180/500 € 180/800 € - 5 suites

via Piolet 1 - ✆ 0166 948998 - www.hotelhermitage.com - Aperto 2 dicembre-23 aprile e 8 luglio-28 agosto

La Chandelle - Vedere selezione ristoranti

Bucaneve

LUSSO • PERSONALIZZATO Già a cominciare dal nome, omaggio ad un fiore alpino, Bucaneve è un inno alla montagna: camere di moderno confort, personalizzate con legni e tessuti locali. A voi, scegliere tra quelle che beneficiano di una superba vista sul Cervino o quelle che godono di una maggiore esposizione solare.

20 cam - 98/345 € 150/470 €

piazza Jumeaux 10 - ✆ 0166 949119 - www.bucanevehotel.it - Aperto 28 ottobre-1° maggio e 30 giugno-3 settembre

Le Vieux Braconnier - Vedere selezione ristoranti

Saint Hubertus

GRAN LUSSO • ELEGANTE Lusso alpino in questo delizioso resort con veri e propri appartamenti (tutti forniti di cucina), impreziositi da legni pregiati e marmi scavati "convertiti" in lavabo. Ovunque si posi lo sguardo, s'incontrerà la bellezza: anche nella moderna spa con vista sul monte Cervino. Servizio serale di piatti à la carte in camera o nella saletta dedicata.

18 cam - 240/500 € 240/615 € - 18 suites - 20 €

via Piolet 5/a - ✆ 0166 545916 - www.sainthubertusresort.it - Chiuso 6 maggio-15 giugno e 15 settembre-26 ottobre

Excelsior-Planet

LUSSO • ELEGANTE A 100 m dagli impianti di risalita, un'ospitalità attenta e vicina alle esigenze di una clientela moderna: camere molto confortevoli ed una completa area benessere.

41 cam - 85/320 € 125/420 € - 5 suites - 15 €

piazzale Planet 1 - ✆ 0166 949426 - www.excelsiorplanet.com - Aperto 1° dicembre-30 aprile

Excelsior-Planet - Vedere selezione ristoranti

Sertorelli Sporthotel

TRADIZIONALE • ACCOGLIENTE Posizione centrale e panoramica per un hotel in cui confort moderni e professionalità possono regalare soggiorni ideali a turisti esigenti; le famiglie con figli al seguito saranno invece più interessate alle ampie dimensioni delle camere, nonché alle tante soluzioni offerte.

70 cam - 80/230 € 160/360 €

piazza Guido Rey 28 - 0166 949797 - www.hotelsertorelli.it - Aperto 1° luglio-2 settembre e 19 novembre-29 aprile

Mignon

FAMILIARE • PERSONALIZZATO Come suggerisce il nome, in questo caratteristico chalet di montagna - a 100 m dagli impianti di risalita e dal Golf Club del Cervino - tutto è molto raccolto ed elegante. Raffinatezza che si ritrova anche al ristorante, dove gustare alcune specialità regionali.

20 cam - 65/140 € 130/280 €

via Carrel 50 - 0166 949344 - www.mignoncervinia.com - Aperto 30 ottobre-1° maggio e 30 giugno-4 settembre

Jumeaux

FAMILIARE • TRADIZIONALE Risorsa attiva sin dal 1905, in comoda posizione centrale, presenta ambienti comuni accoglienti e confortevoli con una caratteristica e luminosissima saletta relax.

30 cam - 65/150 € 90/200 €

- 0166 949044 - www.hoteljumeaux.it

Mollino Rooms

LOCANDA • FUNZIONALE Una valida alternativa alla classica sistemazione alberghiera: stanze moderne e ben accessoriate per questo nuovo affittacamere nel centro di Cervinia.

6 cam - 70/110 € 120/180 €

strada Funivie 9 - 0166 949351 - www.mollino.it - Aperto 2 novembre-30 aprile

sulla strada regionale 46

Les Neiges d'Antan

STORICO • STILE MONTANO Per raggiungere gli impianti di risalita, un comodo servizio navetta vi permetterà di lasciare la macchina proprio là, ben posteggiata nel parcheggio di questa signorile struttura: ex baita in posizione defilata e tranquilla, dove perdura inalterata un'atmosfera antica, ricca di armoniosi silenzi.

21 cam - 100/290 € 120/440 € - 5 suites

Cret de Perreres 10, Sud-Ovest: 4,5 km 11021 - 0166 948775 - www.lesneigesdantan.it - Aperto 1° luglio-15 settembre e 30 ottobre-1° maggio

Lac Bleu

FAMILIARE • ACCOGLIENTE Albergo a gestione familiare in cui semplicità e cortesia costituiscono un binomio molto apprezzato, anche grazie alla bellezza data dal panorama sul maestoso Cervino.

17 cam - 70/220 € 100/300 € - 3 suites

località Campeggio 1, Sud-Ovest: 1 km 11021 - 0166 949103 - www.hotel-lacbleu.com - Aperto 29 novembre-3 maggio

BREZ

Trento (TN) - 38021 - 741 ab. - Alt. 792 m - Carta regionale n° **19**-B2

Roma 638 km - Trento 52 km - Bolzano 42 km

Carta stradale Michelin 562-C15

Locanda Alpina

CUCINA REGIONALE • FAMILIARE XX Locale dalla lunga storia e dalla cucina moderatamente creativa, che comunque non disdegna le tradizioni locali pur "aprendosi" a sapori più moderni, come i fagottini di patate al formaggio di malga, spugnole e crema alla borraggine. Accoglienti anche le camere per un soggiorno magari breve, ma rilassante.

Carta 36/60 € 9 cam – †45/55 € ††70/90 €

piazza Municipio 23 – ✆ 0463 874396 – www.locandalpina.it – Chiuso 2 settimane in giugno, 2 settimane tra gennaio e febbraio e giovedì escluso in luglio-agosto

BRIAGLIA

Cuneo – ✉ 12080 – 287 ab. – Alt. 557 m – Carta regionale n° **12**-C3

Roma 612 km – Cuneo 34 km – Savona 61 km – Torino 85 km

Carta stradale Michelin 561-I5

Marsupino

CUCINA PIEMONTESE • RUSTICO XX In un paesino di poche case, una trattoria dall'atmosfera insieme rustica ed elegante. Cucina rigorosamente del territorio, attenta alle stagioni, nonché eccellente cantina con grandi vini: Barolo soprattutto, ma non solo. Camere arredate con mobili antichi, abbellite con stucchi ed affreschi.

Menu 40 € – Carta 39/68 € 7 cam – †60/140 € ††110/160 € – 2 suites

via Roma Serra 20 – ✆ 0174 563888 (prenotare) – www.trattoriamarsupino.it – Chiuso 7 gennaio-7 febbraio, giovedì a mezzogiorno e mercoledì

BRIENZA

Potenza (PZ) – ✉ 85050 – 4 078 ab. – Alt. 713 m – Carta regionale n° **2**-B2

Roma 358 km – Potenza 32 km – Napoli 151 km – Bari 157 km

Carta stradale Michelin 564-F28

La Voce del Fiume

STORICO • PERSONALIZZATO Romantico B&B nel centro storico della località all'ombra del Castello Caracciolo: camere contraddistinte dal nome di una pietra preziosa per soggiorni all'insegna del relax.

7 cam – †60/80 € ††90/120 €

Vico del carmine 7 – ✆ 333 266 6256 – www.vocedelfiume.it

BRINDISI

(BR) – ✉ 72100 – 88 302 ab. – Carta regionale n° **15**-D2

Roma 563 km – Bari 115 km – Lecce 39 km – Taranto 73 km

Carta stradale Michelin 564-F35

Pantagruele

PESCE E FRUTTI DI MARE • FAMILIARE XX E' gestito con passione questo locale di tono moderno - fresco e ben tenuto - che propone una cucina casalinga essenzialmente di mare: si va dal pesce di primissima qualità cotto alla griglia o al forno, alla sbriciolata di babà al rum su crema chantilly con fili di caramello e cioccolato...

Carta 21/59 €

Pianta: B1-b – *salita di Ripalta 1/5 – ✆ 0831 560605 (consigliata la prenotazione) – Chiuso 22 agosto-5 settembre, sabato a mezzogiorno e domenica*

sulla strada provinciale Acquaro 44 Ovest: 17 km A2

Masseria Baroni Nuovi

CASA DI CAMPAGNA • STORICO Masseria baronale d'inizio Novecento in posizione isolata nella campagna brindisina, è la meta di chi cerca una vacanza di relax. Al ristorante troverete i prodotti dell'orto di casa, oltre al vino e all'olio.

12 cam – †85/105 € ††110/165 €

per via Provinciale San Vito - A1 – ✆ 0831 555762 – www.masseriabaroninuovi.it – Chiuso 1° dicembre-28 febbraio

BRIONE

Brescia (BS) – ✉ 25060 – 714 ab. – Alt. 614 m – Carta regionale n° **9**-C2
Roma 578 km – Milano 101 km – Brescia 21 km – Bergamo 55 km
Carta stradale Michelin 561-F12

La Madia

CUCINA REGIONALE • RUSTICO X Affacciata sulla vallata e sulla Franciacorta, questa autentica trattoria di campagna privilegia i prodotti del territorio e i presidi gastronomici nazionali: nel menu (ottima la zuppa di verdure e trippa) ogni piatto ha la tracciabilità degli ingredienti utilizzati, nome ed indirizzo del produttore. Grande qualità a prezzi competitivi.

Menu 29/35 € – Carta 24/51 €

via Aquilini 5 – ☎ 030 894 0937 (consigliata la prenotazione) – www.trattorialamadia.it – solo a cena – Chiuso 1 settimana in febbraio e 1 settimana in agosto

BRISIGHELLA

Ravenna – ✉ 48013 – 7 639 ab. – Alt. 115 m – Carta regionale n° **5**-C2
Roma 372 km – Bologna 68 km – Ravenna 53 km – Faenza 13 km
Carta stradale Michelin 562-J17

La Casetta

CUCINA REGIONALE • RUSTICO XX Nel centro della località, ristorante con piccolo spazio all'aperto e ambiente accogliente in stile rustico elegante; nel piatto cucina del territorio e alcune sorprese dal mare.

Menu 25/35 € – Carta 22/53 €

via G. Ugonia 6 – ☎ 0546 80250 (prenotare) – www.trattoria-lacasetta.it – Chiuso febbraio

Modus Vivendi

FAMILIARE • PERSONALIZZATO Camere confortevoli, due delle quali con angolo cottura, in una struttura del centro storico. Last, but not least, una piccola zona relax con vasca idromassaggio e sauna.

8 cam – †40/50 € ††70/90 €

via Roma 5/d – ☎ 0546 80250 – www.rermodusvivendi.it – Chiuso febbraio

BRISSOGNE

Aosta – ✉ 11020 – 962 ab. – Alt. 894 m – Carta regionale n° **21**-B2
Roma 743 km – Aosta 11 km – Torino 111 km
Carta stradale Michelin 561-E4

Le Clocher du Mont-Blanc

FAMILIARE • STILE MONTANO Una casa in sasso, interamente ristrutturata, all'interno di un piccolo borgo ubicato tra vigne e meli. Una decina di camere con arredi standard, graziose e rifinite con cura.

6 cam – †27/35 € ††42/65 €

frazione Pallù Dessus 2 – ☎ 347 486 0820 – www.leclocherdumontblanc.com

BRIXEN BRESSANONE

BROGLIANO

Vicenza – ✉ 36070 – 3 962 ab. – Alt. 172 m – Carta regionale n° **23**-B2
Roma 555 km – Verona 54 km – Venezia 95 km – Vicenza 21 km
Carta stradale Michelin 562-F16

Locanda Perinella

CUCINA REGIONALE • ACCOGLIENTE XX Una carta che segue le stagioni e il territorio (a prezzi interessanti!) in questo ristorante dagli ambienti eleganti: nella bella stagione il vasto giardino si presta per il servizio all'aperto.

Carta 24/43 €

Hotel Locanda Perinella, via Bregonza 19 – ☎ 0445 947688 – www.locandaperinella.it – Chiuso 1°-6 gennaio, agosto, domenica sera e lunedì

Locanda Perinella

FAMILIARE • ACCOGLIENTE Mobili d'epoca e pregevoli elementi architettonici originali in un antico edificio di campagna ristrutturato con intelligenza.

16 cam - †61 € ††90 € - 6 suites

via Bregonza 19 - ✆ 0445 947688 - www.locandaperinella.it - Chiuso 1°-6 gennaio e agosto

Locanda Perinella - Vedere selezione ristoranti

BRUCOLI Sicilia Siracusa → Vedere Augusta

BRUNECK BRUNICO

BRUNICO BRUNECK

Bolzano - ✉ 39031 - 16 109 ab. - Alt. 838 m - Carta regionale n° **19**-C1
Roma 715 km - Cortina d'Ampezzo 60 km - Bolzano 75 km - Brennero 66 km
Carta stradale Michelin 562-B17

Oberraut

CUCINA REGIONALE • FAMILIARE Ubicato nel verde di un bosco, questa sorta di maso propone al suo interno un servizio ristorante di tutto rispetto con gustosi piatti regionali, rivisitati in chiave moderna. D'estate ci si sposta all'aperto.

Menu 28/48 € - Carta 41/55 € 7 cam - †48/58 € ††76/96 €

località Ameto 1, Nord-Est: 4 km - ✆ 0474 559977 - www.oberraut.it - Chiuso 20-30 gennaio, 20-30 giugno e giovedì

Post

FAMILIARE • CLASSICO Giunto ormai alla quinta generazione - esiste dal 1850! - i suoi interni in stile classico e gli ampi spazi garantiscono confort moderni, mentre le camere si caratterizzano per gli eleganti arredi cittadini e le generose dimensioni. Frequentatissimo è anche il ristorante, ma soprattutto il bar-pasticceria per il tè delle cinque o un bicchiere di buon vino.

39 cam - †108/132 € ††180/264 € - 6 suites

via Bastioni 9 - ✆ 0474 555127 - www.hotelpost-bruneck.com

Rosa d'Oro-Goldene Rose

FAMILIARE • CONTEMPORANEO Esempio eccellente di come sia possibile coniugare la modernità dei servizi e delle installazioni, con il calore della tradizione. Camere ottime e la possibilità di check-in notturno (automatico).

21 cam - †75/115 € ††110/170 €

via Bastioni 36/b - ✆ 0474 537780 - www.hotelgoldenerose.com - Chiuso 3 settimane in giugno e 3 settimane in ottobre

a Riscone Sud-Est : 3 km ✉ 39031 - Alt. 960 m

Majestic

SPA E WELLNESS • STILE MONTANO Non difetta certo di silenzio e tranquillità, quest'esclusiva struttura dotata di un piacevole centro benessere, ma anche vicino alle belle piscine comunali e al golf a 9 buche. Sicuramente, un indirizzo più adatto a coppie in cerca di romanticismo, che a famiglie con bambini piccoli al seguito...

52 cam - solo ½ P 130/230 € - 8 suites

via Im Gelande 20 - ✆ 0474 410993 - www.hotel-majestic.it - Chiuso 17 aprile-25 maggio e 1° novembre-7 dicembre

BRUSAPORTO

Bergamo - ✉ 24060 - 5 569 ab. - Alt. 255 m - Carta regionale n° **10**-C1
Roma 598 km - Bergamo 12 km - Brescia 53 km - Milano 60 km
Carta stradale Michelin 561-E11

✿✿✿ Da Vittorio (Enrico e Roberto Cerea)

CUCINA MODERNA • ELEGANTE XXXX "Lucean le stelle" e continuano a brillare quelle di questo raffinato ristorante adagiato sugli ultimi colli della Val Cavallina, l'indirizzo ideale dove i colori e i sapori del mare si combinano e si mescolano a spunti di terra in ricette ricercate, in bilico tra classico e moderno. Il successo è sorvegliato e garantito dall'intera famiglia Cerea!

→ Zuppetta di pesce e pasta di Gragnano. Triglia, nage di peperoni e fiori di zucchina. Zen - zero.

Menu 70 € (pranzo in settimana)/260 € - Carta 117/322 €

Hotel Relais da Vittorio, via Cantalupa 17 - ✆ 035 681024 - www.davittorio.com - Chiuso 2 settimane in agosto e mercoledì a mezzogiorno

Relais da Vittorio

LUSSO • CLASSICO I proprietari la descrivono come *una piccola locanda di charme* immersa nel verde, ma noi aggiungiamo grande nel confort. Belle camere diverse fra loro, contraddistinte dai nomi dei primi dieci nipoti della famiglia Cerea e bagni che seguono la felice linea della personalizzazione con rivestimenti in marmo e cromatismi.

10 cam - †300/350 € ††400 €

via Cantalupa 17 - ✆ 035 681024 - www.davittorio.com - Chiuso 2 settimane in agosto

✿✿✿ **Da Vittorio** - Vedere selezione ristoranti

BRUSCIANO

Napoli - ✉ 80031 - 16 466 ab. - Alt. 27 m - Carta regionale n° **4**-B2

Roma 223 km - Napoli 22 km - Caserta 29 km - Salerno 61 km

Carta stradale Michelin 564-E25

✿✿ Taverna Estia (Armando e Francesco Sposito)

CUCINA CREATIVA • ELEGANTE XXX Preceduto da un originale giardino di erbe aromatiche, la sala è un elegante mix di elementi rustici e moderni, ma è la cucina a far parlare più di tutto di sé: raffinata, elegante, essenziale ma allo stesso complessa, con tanti spunti campani rielaborati però con libertà dal cuoco.

→ Spaghettoni di Gragnano, anguilla laccata, semi di lino e germogli d'aglio. Parmigiana di rana pescatrice. Pastiera a modo mio.

Menu 85/130 € - Carta 79/136 €

via Guido De Ruggiero 108 - ✆ 081 519 9633 (consigliata la prenotazione) - www.tavernaestia.it - Chiuso 2 settimane in gennaio, 3 settimane in agosto, martedì e mercoledì; dal 1° luglio al 30 settembre chiuso lunedì e a mezzogiorno escluso sabato e domenica

BRUSSON

Aosta - ✉ 11022 - 897 ab. - Alt. 1 338 m - Carta regionale n° **21**-B2

Roma 726 km - Aosta 53 km - Ivrea 53 km - Torino 94 km

Carta stradale Michelin 561-E5

Laghetto

CUCINA REGIONALE • FAMILIARE XX Sapori di una solida cucina valdostana e piatti più moderni, ma sempre d'ispirazione regionale, in una bella sala rivestita in legno e dalle cui vetrate si può ammirare l'incantevole paesaggio della natura circostante. Non ripartite senza aver visitato la bella cantina! Specialità: gnocco di Salignon gratinato su zuppetta verde e gherigli di noce - tagliata di cervo, rafano e cavolo viola in agrodolce - tortino croccante in pasta fillo, crema alle mandorle e purea di mele.

Menu 25/40 € - Carta 27/64 €

Hotel Laghetto, rue Trois Villages 291 - ✆ 0125 300179 (consigliata la prenotazione) - www.hotellaghetto.it - Chiuso maggio, ottobre e novembre

Laghetto

FAMILIARE • ACCOGLIENTE Albergo a gestione familiare, in cui trascorrere un soggiorno rilassante e sobrio. Attratti dalle montagne e anche dall'adiacente laghetto per la pesca sportiva.

19 cam - †55/140 € ††80/220 €

rue Trois Villages 291 - 0125 300179 - www.hotellaghetto.it - Chiuso ottobre e novembre

Laghetto - Vedere selezione ristoranti

BUDRIO

Bologna - 40054 - 18 412 ab. - Alt. 25 m - Carta regionale n° **5**-C2

Roma 401 km - Bologna 22 km - Ferrara 52 km - Ravenna 71 km

Carta stradale Michelin 562-I16

Centro Storico

CUCINA EMILIANA • INTIMO X Non poteva che essere in pieno centro storico, un locale con un siffatto nome: ambiente semplice e familiare, dove tutti gli sforzi sono indirizzati verso una cucina sfiziosa, qualche proposta creativa, carne e un po' di pesce.

Carta 38/59 €

via Garibaldi 10 - 051 801678 (prenotare) - Chiuso domenica sera e lunedì

BULLA PUFELS Bolzano → Vedere Ortisei

BURANO Venezia → Vedere Venezia

BURGSTALL POSTAL

BURGUSIO BURGEIS Bolzano → Vedere Malles Venosta

BURIANO

Grosseto (GR) - 58040 - Carta regionale n° **18**-C3

Roma 200 km - Piombino 64 km - Grosseto 19 km - Siena 85 km

Carta stradale Michelin 563-N14

Osteria Il Cantuccio

CUCINA REGIONALE • RUSTICO X Piccolo è il borgo, così come piccolissima è l'osteria, che propone piatti regionali (di terra e di mare), paste fatte in casa, curiose zuppe e, soprattutto, degli accattivanti revival di antiche ricette.

Menu 37 € - Carta 27/54 €

piazza Indipendenza 31 - 0564 948011 (coperti limitati, prenotare) - www.osteriacantuccioburiano.it - solo a cena escluso domenica - Chiuso 15 novembre-4 dicembre, 7 gennaio-10 febbraio e lunedì

BURIASCO

Torino (TO) - 10060 - 1 410 ab. - Alt. 301 m - Carta regionale n° **12**-B2_3

Roma 694 km - Torino 38 km - Cuneo 65 km - Asti 80 km

Carta stradale Michelin 561-H4

Tenuta La Cascinetta

CUCINA CREATIVA • DI TENDENZA XX La tenuta è seicentesca, ma la luminosa veranda è inaspettatamente moderna, come la cucina che si avvale in stagione dei prodotti del proprio orto. Sarà una piacevole sopresa scoprire che c'è anche un bel sushi corner: fiore all'occhiello di un cuoco giapponese!

Menu 35 € - Carta 35/89 €

Hotel Tenuta la Cascinetta, regione Rena, Est: 3 km - 0121 368040 - www.tenutalacascinetta.it - solo a cena - Chiuso lunedì

Tenuta La Cascinetta

FAMILIARE • AGRESTE Anticamente un convento, successivamente una dimora colonica, la Cascinetta è ora una struttura di charme che vi accoglierà all'ingresso con una saletta di raffinata eleganza e graziosi spazi comuni da casa privata. Dello stesso livello naturalmente le camere, personalizzate e confortevoli.

13 cam - 50/90 € 100/220 € - 1 suite

regione Rena, Est: 3 km - 0121 368040 - www.tenutalacascinetta.it

Tenuta La Cascinetta - Vedere selezione ristoranti

BUSALLA

Genova - 16012 - 5 563 ab. - Alt. 358 m - Carta regionale n° **8**-C1

Roma 523 km - Genova 29 km - Alessandria 71 km - Milano 117 km

Carta stradale Michelin 561-I8

Grit

CUCINA LIGURE • FAMILIARE L'indirizzo giusto per gli amanti del tartufo e per chi cerca una cucina casalinga a tratti creativa. Sviluppato su tre salette, d'estate alcuni tavolini sono sistemati nella minuscola piazzetta antistante.

Carta 27/54 €

piazza Garibaldi 9 - 010 964 1798 - www.ristorantegrit.com - Chiuso 1°-8 gennaio, 15-30 agosto e lunedì

Il simbolo segnala una carta dei vini particolarmente interessante.

BUSCA

Cuneo (CN) - 12022 - 10 181 ab. - Alt. 500 m - Carta regionale n° **12**-B3

Roma 660 km - Torino 80 km - Cuneo 17 km - Asti 85 km

Carta stradale Michelin 561-I4

San Quintino Resort

CUCINA CREATIVA • ROMANTICO Abbandonata la pianura, salite verso le prime colline di San Quintino, dove troverete questa cascina ristrutturata, circondata da un bel giardino, all'interno divisa tra una sala in mattoni e un giardino d'inverno. Partendo da prodotti locali ma non solo, la cucina diventa creativa, includendo proposte di pesce. Incantevoli camere concluderanno un romantico soggiorno.

Menu 40/45 € - Carta 40/66 € 4 cam - 90 € 100 €

via Vigne 6 - 0171 933743 (consigliata la prenotazione) - www.sanquintinoresort.com - Chiuso 15 giorni in gennaio, 1 settimana in agosto, martedì a mezzogiorno e lunedì

BUSCATE

Milano - 20010 - 4 777 ab. - Alt. 178 m - Carta regionale n° **10**-A2

Roma 613 km - Milano 40 km - Varese 39 km - Novara 25 km

Carta stradale Michelin 561-F8

Scià on Martin

CUCINA CLASSICA • RUSTICO Insalatina di mare e salsa pizzaiola, salmone marinato all'aneto con rucola, avocado e composta di agrumi, trancio di ombrina agli asparagi crudi. Ristorante di solo pesce? Assolutamente no! Il menu di questo elegante locale si divide equamente fra mare e terra: quindi largo anche alle costolette d'agnello al profumo di timo o alla nocetta di vitello ai pistacchi.

Carta 44/60 €

Hotel Scià on Martin, viale 2 Giugno 1 - 0331 803000 - www.sciaonmartin.it - Chiuso 24 dicembre-1° gennaio, agosto e sabato a mezzogiorno

Scià on Martin

FAMILIARE • PERSONALIZZATO Una grande corte interna con un doppio porticato è quanto rimane dell'antica cascina lombarda. Ora, qui, è tutto confort moderno e se prima mancava una zona benessere, adesso c'è anche quella. A disposizione degli ospiti, un comodo servizio navetta per aeroporti e fiera.

41 cam - 110 € 140 € - 3 suites

viale 2 Giugno 1 - 0331 803000 - www.sciaonmartin.it - Chiuso 24 dicembre-1° gennaio e agosto

Scià on Martin - Vedere selezione ristoranti

BUSSANA Imperia ➔ Vedere San Remo

BUSSETO

Parma - 43011 - 7 054 ab. - Alt. 40 m - Carta regionale n° **5**-A1

Roma 490 km - Parma 41 km - Piacenza 33 km - Milano 99 km

Carta stradale Michelin 562-H12

I Due Foscari

TRADIZIONALE • STORICO Per farsi avvolgere da un'autentica atmosfera verdiana, una suggestiva e scenografica dimora di campagna con arredi in stile "moresco-veneziano".

20 cam - 65/78 € 90/103 €

piazza Carlo Rossi 15 - 0524 930039 - www.iduefoscari.it - Chiuso 3 settimane in agosto

BUSTO ARSIZIO

Varese - 21052 - 83 106 ab. - Alt. 226 m - Carta regionale n° **10**-A2

Roma 616 km - Milano 40 km - Varese 29 km - Como 40 km

Carta stradale Michelin 561-F8

I 5 Campanili

CUCINA MODERNA • ELEGANTE XXX Può vantare una nutrita ed affezionata clientela d'habitué, questo elegante ristorante - con bel giardino per il servizio estivo - ospitato in una villa del '900. La cucina si affida a valide e fantasiose elaborazioni.

Carta 39/67 €

via Maino 18 - 0331 630493 - www.i5campanili.com - Chiuso 7-15 gennaio, 16-28 agosto e lunedì

Mirò il Ristorante

CUCINA MODERNA • CONTESTO STORICO XX In un ex convento in pieno centro, ambienti piacevoli suddivisi tra una sala romantica e un godibile dehors per una cucina ricercata, fatta di elaborazioni fantasiose e ben riuscite.

Menu 16 € (pranzo in settimana) - Carta 49/69 €

via Roma 5 - 0331 623310 - www.ristorantemiro.it - Chiuso 1 settimana in agosto, 1 settimana in dicembre, sabato a mezzogiorno e lunedì

BUTTRIO

Udine - 33042 - 4 074 ab. - Alt. 79 m - Carta regionale n° **6**-C2

Roma 643 km - Udine 17 km - Gorizia 26 km - Trieste 63 km

Carta stradale Michelin 562-D21

Trattoria al Parco

CUCINA DEL TERRITORIO • ACCOGLIENTE X Eleganza degli ambienti e piacevole informalità del servizio viaggiano di pari passo in quest'ottimo ristorante. Tra le specialità segnaliamo i risotti, ma anche le carni alla griglia cotte in una delle sale proprio di fronte ai clienti.

Carta 28/43 €

via Stretta 7 - 0432 674025 - Chiuso 7-31 agosto, martedì e mercoledì

Il Castello di Buttrio

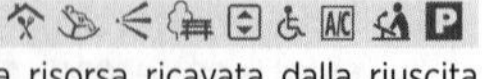

DIMORA STORICA • PERSONALIZZATO Splendida risorsa ricavata dalla riuscita ristrutturazione di un castello tra le vigne; al suo interno ambienti raffinati caratterizzati da bei tessuti, lampadari preziosi e camere molto confortevoli, divise tra uno stile rustico-elegante e altre più contemporanee. A completamento, una piccola osteria con menu a voce di sola cucina del territorio ed una splendida terrazza per l'estate.

8 cam - 110/140 € 150/190 €

via Morpugo 9 - 0432 673040 - www.castellodibuttrio.it

CABRAS Sardegna

Oristano - 09072 - 9 213 ab. - Carta regionale n° **16**-A2

Alghero 108 km - Cagliari 101 km - Oristano 8 km - Nuoro 95 km

Carta stradale Michelin 566-H7

Il Caminetto

PESCE E FRUTTI DI MARE • AMBIENTE CLASSICO Nella caratteristica cittadina di Cabras, a circa 100 metri dall'albergo Villa Canu: piatti di pesce cucinati in stile molto classico. La zona è famosa per l'allevamento ittico, per cui non ripartite senza aver assaggiato la proverbiale bottarga di muggine e la merca (muggine bollito in acqua salata e conservato con un'erba palustre).

Menu 25 € (in settimana)/65 € - Carta 23/49 €

Hotel Villa Canu, via Battisti 8 - 0783 391139 - www.ristorante-ilcaminetto.com - Chiuso 15 giorni in novembre, 15 giorni in gennaio e lunedì

Villa Canu

FAMILIARE • TRADIZIONALE Nel centro della località, grazioso hotel a conduzione familiare ricavato dalla ristrutturazione di una casa padronale del 1893: ambienti comuni signorili ed intimi, camere confortevoli nella loro semplicità.

22 cam - 55/75 € 80/130 €

via Firenze 9 - 0783 290155 - www.hotelvillacanu.com - Aperto 1° marzo-30 ottobre

Il Caminetto - Vedere selezione ristoranti

CADEO

Piacenza - 29010 - 5 463 ab. - Alt. 67 m - Carta regionale n° **5**-A1

Roma 501 km - Piacenza 15 km - Cremona 34 km - Milano 76 km

Carta stradale Michelin 562-H11

Antica Osteria della Pesa

CUCINA MODERNA • ELEGANTE In aperta campagna, un'ex cascina ristrutturata ospita questa graziosa trattoria che per accontentare tutti propone un "menu della tradizione" a base di carne, un "menu degustazione pesce" per gli amanti delle specialità ittiche, e per i celiaci piatti realizzati con ingredienti non contenenti glutine.

Menu 30 € (pranzo in settimana)/70 € - Carta 51/96 €

Hotel Relais Cascina Scottina, strada Riglio, verso Saliceto, Nord-Ovest: 2 km - 0523 504232 - www.relaiscascinascottina.it - Chiuso 1°-6 gennaio

Lanterna Rossa

PESCE E FRUTTI DI MARE • FAMILIARE Due accoglienti salette entrambe con camino, una in legno ed una in marmo rosso, per una cucina che trae ispirazione dal mare. Coloro che amano stare all'aperto - tempo permettendo - potranno accomodarsi nel piacevole dehors.

Menu 45/50 € - Carta 36/60 €

via Ponte 8, località Saliceto, Nord-Est: 4 km - 0523 500563 (prenotazione obbligatoria) - www.lanternarossa.it - Chiuso 9-16 gennaio, 16-30 agosto, lunedì e martedì

Relais Cascina Scottina

STORICO · PERSONALIZZATO Nel cuore della campagna piacentina, nuovo ed accogliente relais ambientato in un antico casale del '700 con camere spaziose - curate nei minimi dettagli - per garantire agli ospiti un soggiorno indimenticabile.

17 cam - 95/135 € 120/135 €

strada Riglio, verso Saliceto, Nord-Ovest: 2 km - 0523 504232 - www.relaiscascinascottina.it - Chiuso 1°-6 gennaio

Antica Osteria della Pesa - Vedere selezione ristoranti

CADIPIETRA STEINHAUS Bolzano → Vedere Valle Aurina

CAGGIANO

Salerno (SA) - 84030 - 2 765 ab. - Alt. 828 m - Carta regionale n° **4**-D2

Roma 338 km - Napoli 128 km - Salerno 76 km - Potenza 42 km

Carta stradale Michelin 564-F28

Locanda Severino (Vitantonio Lombardo)

CUCINA MODERNA · CONTESTO TRADIZIONALE Un intrigante gioco cromatico fra il testa di moro e il bianco, in questo locale rinnovato in tempi recenti, dove il filo conduttore è ora l'essenzialità, sebbene la cucina continui a promuovere gli autentici piatti caggianesi, tra prodotti rari e sapori perduti, alla ricerca di antiche ricette.

→ Pizza in "black". Tra miseria e nobiltà: vitello e animella, patata e tartufo, aglianico e brace. Bab'olio al limoncello su insalatina di frutta e verdura.

Menu 50/130 € - Carta 48/72 € 4 cam - 60/70 € 80/100 €

largo Re Galantuomo 11 - 0975 393905 (prenotazione obbligatoria a mezzogiorno) - www.locandaseverino.it - Chiuso 10 giorni in gennaio, 10 giorni in luglio, domenica sera, lunedì e martedì

CAGLI

Pesaro e Urbino (PU) - 61043 - 8 731 ab. - Alt. 276 m - Carta regionale n° **11**-B2

Roma 236 km - Ancona 107 km - Pesaro 62 km

La Gioconda

CUCINA MARCHIGIANA · RUSTICO In pieno centro storico, questa moderna osteria si trova all'interno di spessi muri che custodivano un tempo la cantina. La cucina parla marchigiano - in stagione molti piatti sono dedicati al tartufo, bianco e nero - ma con qualche concessione alla creatività. Un esempio? Tagliatelle con pancetta fave e finocchietto selvatico.

Menu 30/50 € - Carta 26/49 €

via Brancuti - 0721 781549 - www.ristorantelagioconda.it - Chiuso 1 settimana in febbraio, 1 settimana in settembre e lunedì

CAGLIARI Sardegna

(CA) - 09124 - 154 460 ab. - Carta regionale n° **16**-B3

Nuoro 182 km - Oristano 98 km - Sassari 211 km

Carta stradale Michelin 366-P48

Dal Corsaro (Stefano Deidda)

CUCINA MODERNA · ELEGANTE Per anni il miglior ristorante di Cagliari, questo sobrio angolo di eleganza grazie alla passione ed al continuo impegno della famiglia che lo conduce, è diventato uno dei migliori dell'intera Sardegna. Tra archi, quadri e specchi, le coreografie moderne dei piatti, che rivivono i sapori sardi con fantasia, vi piaceranno anche e - soprattutto - per il loro buon gusto ed equilibrio. Ambiente più semplice e cucina rustica nella versione bistrot del Fork.

→ Muggine affumicato, colatura di pomodoro e neve di yogurt. Maialino e scampi. Cioccolato e albicocca.

Menu 65/80 € - Carta 51/89 €

Pianta: A2-e - *viale Regina Margherita 28 09124 - 070 664318 (consigliata la prenotazione) - www.stefanodeidda.it - solo a cena - Chiuso 1°-20 gennaio e lunedì*

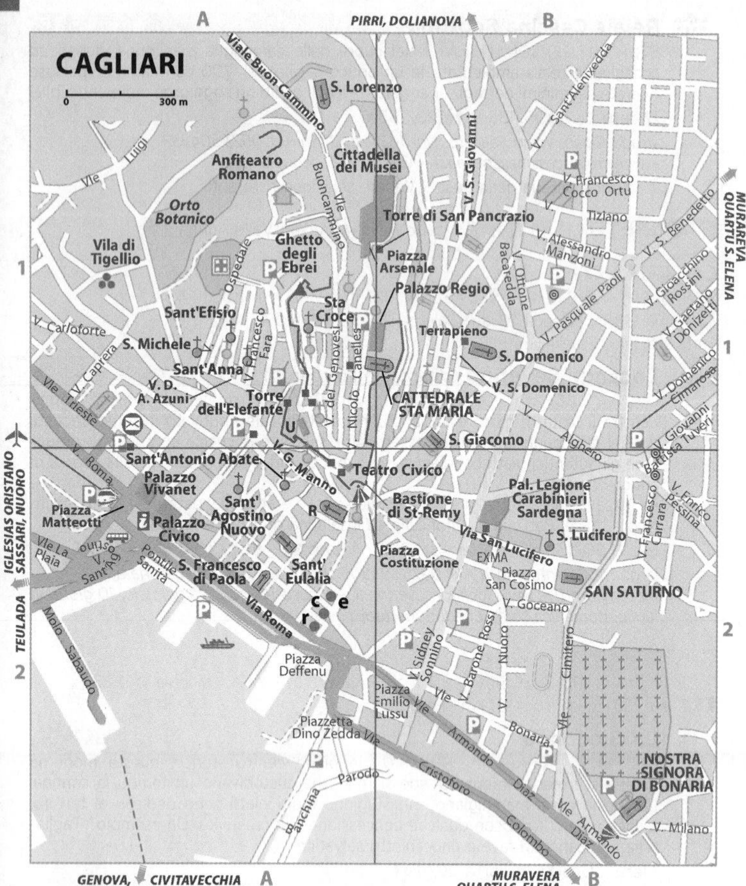

Luigi Pomata

PESCE E FRUTTI DI MARE • DI TENDENZA XX Ecco un angolo cittadino dove trovare lo sfizio per tutti i gusti. In primis, il ristorante, moderno, con cucina di mare legata soprattutto ai crudi ed al tonno carlofortino, terra d'origine di Luigi, chef/patron, e con un interessante business lunch a mezzogiorno. Al piano sottostante, si trova il bistrot dove gustare proposte regionali più rustiche e tradizionali. Adiacente il nuovissimo lounge bar per gli aperitivi.

Menu 15 € (pranzo in settimana) – Carta 35/68 €

Pianta: A2-r – *viale Regina Margherita 18 ✉ 09124 – ✆ 070 672058 (consigliata la prenotazione la sera) – www.luigipomata.com – Chiuso domenica*

Budget modesto? Optate per il menu del giorno generalmentea prezzo più contenuto.

Cesare

CUCINA REGIONALE • CONVIVIALE XX Affacciato sull'oasi faunistica dello stagno di Molentargius, un accogliente ristorante in stile marina, dove gustare piatti tipici della cucina isolana accanto ai classici nazionali, sia di mare sia di terra. Ai piani superiori le camere del proprio hotel Caesar's.

Menu 23 € (pranzo in settimana) - Carta 28/50 € 48 cam - †80/150 € ††99/200 €

via Darwin 2/4, per viale Armando Diaz - B2 ✉ 09126 - ✆ 070 304768 - www.caesarshotel.it - solo a cena escluso sabato e domenica - Chiuso 7-26 agosto

Locanda dei Buoni e Cattivi

CUCINA CLASSICA • DI QUARTIERE XX Si trova in un tranquillo quartiere semicentrale questa piacevole locanda ricavata in una villa privata, alla base c'è un progetto di reinserimento lavorativo per dare una seconda chance nella vita. Il menu propone una piacevole versione moderna della cucina sarda a base di soli prodotti stagionali. Ai piani anche 5 comode camere piacevolmente retrò.

Carta 24/48 € 5 cam - †47/65 € ††80/96 €

via Vittorio Veneto 96 ✉ 09124 - ✆ 070 734 5223 - www.locandadeibuoniecattivi.it - solo a cena in agosto - Chiuso 7-21 gennaio

La Stella Marina di Montecristo

PESCE E FRUTTI DI MARE • CONVIVIALE X L'andamento e l'aspetto sono quelli di una semplice osteria di mare, ci si affida ai consigli dei proprietari per una cucina di pesce semplice, ma generosa nelle porzioni e contenuta nei prezzi.

Carta 25/35 €

Pianta: A2-c - *via Sardegna 140 ✉ 09124 - ✆ 347 578 8964 (consigliata la prenotazione) - www.ilmontecristo.com - Chiuso domenica*

T Hotel

BUSINESS • PERSONALIZZATO Tecnologia e design: una torre in vetro rivoluziona il paesaggio cagliaritano senza dimenticare le tradizioni, grazie alle frequenti esposizioni sull'artigianato locale allestite nella hall. Belle camere, moderno centro benessere e fitness. Cucina veloce a pranzo, piatti sardi ed internazionali più elaborati la sera.

200 cam - †99/202 € ††99/239 € - 7 suites

via dei Giudicati 66, per via Dante - B1 ✉ 09131 - ✆ 070 47400 - www.thotel.it

La Villa del Mare

DIMORA STORICA • LUNGOMARE Frontemare, nel senso di "praticamente sulla spiaggia del Poetto", una bella villa dei primi '900 dalle colorate e piacevoli camere. Imperdibile la vista sul Golfo degli Angeli a ridosso della Sella del Diavolo.

12 cam - †80/220 € ††100/220 €

lungomare Poetto 248 - ✆ 349 235 1359 - www.lavilladelmare.com

al bivio per Capoterra Ovest: 12 km per Teulada A2

Sa Cardiga e Su Schironi

PESCE E FRUTTI DI MARE • AMBIENTE CLASSICO XX Diverse sale avvolte nel legno, colori e un ampio espositore di pesce all'ingresso. Si può scegliere già qui il pesce, poi proposto in semplici elaborazioni perlopiù alla griglia.

Menu 25 € (pranzo in settimana)/42 € - Carta 31/86 €

strada statale 195 bivio per Capoterra ✉ 09012 Capoterra - ✆ 070 71652 - www.sacardigaesuschironi.it - Chiuso 20 giorni in gennaio, domenica sera, lunedì a mezzogiorno in agosto, anche lunedì sera negli altri mesi

CALA DI VOLPE Sardegna Olbia-Tempio → Vedere Arzachena : Costa Smeralda

CALA GONONE Sardegna Nuoro → Vedere Dorgali

CALAMANDRANA

Asti – ✉ 14042 – 1 761 ab. – Alt. 151 m – Carta regionale n° **14**-D2
Roma 590 km – Alessandria 38 km – Torino 84 km – Asti 28 km
Carta stradale Michelin 561-H7

Violetta

CUCINA REGIONALE • FAMILIARE Echi contadini in un locale che non lascia indifferenti: dal carretto in bella mostra nel cortile, ai piatti dalle sfumature alessandrine. Non meravigliatevi quindi di trovare in menu i classici tajarin ai funghi porcini, gli gnocchi al sugo di salsiccia e lo stracotto di vitello alla Barbera.

Menu 30/43 € – Carta 31/50 €

via Valle San Giovanni 1, Nord: 2,5 km – ✆ 0141 769011 – www.ristorantevioletta.it – Chiuso 11 gennaio-13 febbraio, mercoledì e le sere di domenica e martedì

CALAMBRONE Pisa → Vedere Tirrenia

CALANGIANUS

Olbia-Tempio – ✉ 07023 – 4 172 ab. – Alt. 500 m – Carta regionale n° **16**-B1
Cagliari 255 km – Nuoro 144 km – Olbia 37 km – Sassari 79 km
Carta stradale Michelin 366-Q38

Il Tirabusciò

CUCINA REGIONALE • RUSTICO Piccolo e curato locale dal caldo arredo rustico, il giovane titolare ai fornelli vi farà assaggiare piatti ispirati al territorio e qualche piccola creazione dettata dal suo gusto personale.

Carta 16/44 €

Via Nino Bixio 5 – ✆ 079 661849 – Chiuso domenica

CALA PICCOLA Grosseto → Vedere Porto Santo Stefano

CALASETTA Sardegna

Carbonia-Iglesias – ✉ 09011 – 2 922 ab. – Carta regionale n° **16**-A3
Cagliari 93 km – Oristano 145 km – Carbonia 29 km
Carta stradale Michelin 366-L49

Luci del Faro

FAMILIARE • MEDITERRANEO Di fronte ad una costa rocciosa nella zona della "spiaggia grande", è un borgo mediterraneo raccolto attorno ad una grande piscina; all'interno ampie camere in cui mobili, tessuti e - perfino - l'illuminazione portano il segno della tradizione sarda.

40 cam – †45/160 € ††85/265 € – 1 suite

località Mangiabarche, Sud: 5 km – ✆ 0781 810089 – www.hotelucidelfaro.com – Aperto 15 aprile-6 novembre

CALATABIANO

Catania (CT) – ✉ 95011 – 5 308 ab. – Alt. 60 m – Carta regionale n° **17**-D2
Palermo 249 km – Catania 45 km – Messina 58 km

Castello di San Marco

STORICO • PERSONALIZZATO Borgo seicentesco con prestigiosi ambienti comuni al piano terra del castello e camere indipendenti negli antichi fabbricati annessi. Il nome del ristorante - I Mastri Flavetta - rende omaggio agli abili intagliatori che eseguirono i decori in pietra lavica; cucina regionale in menu.

22 cam – †156/322 € ††156/322 € – 8 suites

via San Marco 40 – ✆ 095 641181 – www.castellosanmarco.it – Aperto Pasqua-4 novembre

CALAVINO

Trento - ✉ 38072 - 1 544 ab. - Alt. 409 m - Carta regionale n° **19**-B3
▶ Roma 605 km - Trento 18 km - Bolzano 73 km - Brescia 105 km
Carta stradale Michelin 562-D14

Da Cipriano

CUCINA REGIONALE • FAMILIARE Avrete solo l'imbarazzo della scelta, tra le varie proposte - presentate a voce - dal patron Cipriano. Degni di nota restano comunque il poker di primi, nonché la tagliata di manzo e trota, ma lasciate un piccolo spazio per i dolci perchè anche questi meritano!

Menu 28 € - Carta 20/38 €

via Graziadei 13 - ✆ 0461 564720 - Chiuso 20 giugno-10 luglio e mercoledì

CALDARO SULLA STRADA DEL VINO KALTERN AN DER WEINSTRASSE

Bolzano - ✉ 39052 - 7 908 ab. - Alt. 425 m - Carta regionale n° **19**-D3
▶ Roma 637 km - Bolzano 15 km - Merano 35 km - Trento 53 km
Carta stradale Michelin 562-C15

La Residenza Gius

LUSSO • PERSONALIZZATO Non lontano dal centro del paese, edificio moderno dalle zone comuni limitate ma grandi camere, modernamente arredate, svariati servizi previsti per gli ospiti e un'incantevole terrazza panoramica.

9 suites ☕ - ††198/478 €

località Trutsch 1 - ✆ 0471 963295 - www.designhotel-kaltern.com - Chiuso 21 dicembre-28 febbraio

Schlosshotel Aehrental

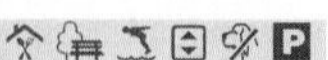

FAMILIARE • PERSONALIZZATO Bell'edificio nobiliare di metà '600 a due passi dal centro, ma circondato da un bel giardino. Camere e ambienti signorili, per un soggiorno all'insegna del buon gusto. Servizio ristorante estivo all'aperto.

19 cam ☕ - †96/200 € ††174/290 € - 2 suites

via dell'Oro 19 - ✆ 0471 962222 - www.schlosshotel.it - Aperto 1° aprile-1° novembre

al lago Sud : 5 km

Parc Hotel

FAMILIARE • PERSONALIZZATO Lunga la costa orientale e più tranquilla del lago, solo il curato giardino lo separa dalle trasparenti acque per le quali si può partire con il pedalò. Eleganti e spaziose camere, per un esclusivo rifugio.

43 cam - solo ½ P 130/211 € - 2 suites

Campi al lago 9 - ✆ 0471 960000 - www.parchotel.it - Aperto Pasqua-inizio novembre

Seeleiten

FAMILIARE • PERSONALIZZATO Uno dei migliori alberghi della zona, sin dall'esterno vi appare un originale edificio dall'andamento sinuoso, imprigionato in una gabbia di legno. Dentro un brulichio di attività e servizi attendono gli ospiti, nonché camere grandi ed impeccabili.

49 cam ☕ - †154/187 € ††230/338 € - 10 suites

strada del Vino 30 ✉ 39052 - ✆ 0471 960200 - www.seeleiten.it - Aperto 15 marzo-15 novembre

Hasslhof

FAMILIARE • MODERNO Immersa nei vigneti, è un'originale struttura dalle ampie camere (43 mq e 15 di terrazza), nonché arredi moderni, piacevolmente ispirati ai materiali locali, dal legno alla pietra; splendidi i bagni. Giardino-solarium con piscina e pittoresca vista sull'intero lago di Caldaro.

21 cam ☕ - †105/140 € ††160/190 €

San Giuseppe al Lago 62 - ✆ 0471 960059 - www.hasslhof.com - Aperto Pasqua-2 novembre

Seegarten

FAMILIARE • PERSONALIZZATO Per gli amanti del nuoto è davvero ideale la spiaggia attrezzata di questa risorsa immersa nel verde a bordo lago e con vista sui monti; camere spaziose, luminose e ben tenute. Cucina regionale e servizio estivo in terrazza: i due punti di forza del ristorante.

33 cam – 90/120 € 180/240 € – 4 suites

lago di Caldaro 17 – 0471 960260 – www.seegarten.com – Aperto 7 aprile-2 novembre

CALDIERO

Verona – 37042 – 7 804 ab. – Alt. 44 m – Carta regionale n° **22**-B3

Roma 520 km – Verona 19 km – Venezia 103 km – Padova 68 km

Carta stradale Michelin 562-F15

sulla strada statale 11 Nord-Ovest : 2,5 km

Renato

PESCE E FRUTTI DI MARE • CONTESTO TRADIZIONALE XX Se il locale ha ormai festeggiato il mezzo secolo, da più di due lustri il timone della gestione è passato dal padre - quel Renato che diede il nome al tutto - al figlio, Daniele. La cucina, invece, rimane nelle mani della madre ed è squisitamente di pesce.

Carta 31/102 €

località Vago 6 37042 – 045 982572 – www.ristoranterenato.it – Chiuso agosto, lunedì sera e martedì, anche lunedì a mezzogiorno in giugno-luglio

CALDOGNO

Vicenza – 36030 – 11 301 ab. – Alt. 53 m – Carta regionale n° **22**-A1

Roma 540 km – Padova 48 km – Trento 93 km – Vicenza 11 km

Carta stradale Michelin 562-F16

Molin Vecio

CUCINA REGIONALE • ROMANTICO XX Il vecchio mulino affonda le proprie radici nel Cinquecento e i successivi eventi storici non ne hanno alterato il carattere, ancor oggi si mangia in caratteristico contesto rurale. Cucina rigorosamente veneta, qui ci si erge a difesa del territorio!

Menu 25/40 € – Carta 28/51 €

via Giaroni 116 – 0444 585168 – www.molinvecio.it – Chiuso 17-21 agosto e martedì

CALENZANO

Firenze – 50041 – 17 489 ab. – Alt. 68 m – Carta regionale n° **18**-C1

Roma 290 km – Firenze 20 km – Bologna 100 km – Prato 10 km

Carta stradale Michelin 563-K15

Pianta di Firenze : percorsi di attraversamento

a Carraia Nord : 4 km 50041

Gli Alberi

CUCINA TOSCANA • CONVIVIALE X Piacevole trattoria con quattro sale di tono rustico e dalla cortese gestione familiare situata lungo la strada per Barberino, mentre la cucina sforna ricette della tradizione toscana.

Menu 12 € (pranzo in settimana)/40 € – Carta 21/43 €

via Bellini 173 – 055 881 9912 – Chiuso martedì

a Pontenuovo di Calenzano Nord : 6 km 50041 – Calenzano

Meridiana Country Hotel

TRADIZIONALE • MODERNO L'interior design contemporaneo incontra i colori tipici della Toscana in questa struttura di grande fascino dotata di camere luminose con terrazzo o giardino privato, ed un piccolo centro wellness.

32 cam – 70/240 € 70/240 €

via di Barberino 253 – 055 881 9472 – www.meridianacountryhotel.it

CALESTANO

Parma – ✉ 43030 – 2 100 ab. – Alt. 417 m – Carta regionale n° **5**-B2

Roma 488 km – Parma 38 km – Reggio nell'Emilia 57 km – La Spezia 91 km

Carta stradale Michelin 561-I12

Locanda Mariella

CUCINA EMILIANA • FAMILIARE X Armatevi di pazienza per arrivarci guidando tra le colline, ma una volta al ristorante capirete perché Mariella è da tempo un'istituzione, un'emozionante tappa gastronomica di celebri paste fresche emiliane, l'oro nero del tartufo, straordinari arrosti d'agnello e cremosi gelati, solo per citare alcuni dei memorabili piatti.

Carta 24/46 €

località Fragnolo, Sud-Est: 5 km – ✆ 0525 52102 – solo a cena escluso sabato e domenica – Chiuso 2 in settembre, lunedì e martedì

CALTAGIRONE

Catania – ✉ 95041 – 38 686 ab. – Alt. 608 m – Carta regionale n° **17**-C2

Palermo 190 km – Catania 71 km – Enna 62 km – Ragusa 59 km

Carta stradale Michelin 365-AW60

Coria (Domenico Colonnetta e Francesco Patti)

CUCINA MODERNA • AMBIENTE CLASSICO XX Due giovani chef vi stupiranno con le loro rivisitazioni di classici isolani. In pieno centro, la scelta di colori forti nelle due belle sale conferisce carattere al locale, che ha preso spunto per il proprio nome dall'autore di "Profumi di Sicilia", G. Coria.

→ Linguine con essenza di scampo e pepata di cozze. Bruschetta di pesce. Cornucopia di ricotta con zuppa di fichi calda e gelato al torrone.

Menu 45 € – Carta 52/102 €

via Infermeria 24 – ✆ 0933 26596 (consigliata la prenotazione) – www.ristorantecoria.it – Chiuso 20 giorni in febbraio, 10 giorni in novembre, domenica sera e lunedì

Agriturismo Colle San Mauro

CASA DI CAMPAGNA • TRADIZIONALE Lungo una strada costellata di vigneti, frutteti e giardini coltivati, si giunge ad un bel nucleo di caseggiati totalmente rinnovati. Interni rustici, ma non privi di signorilità, camere di vari stili ed una piscina che offre una magnifica vista sulla tranquilla valle; possibilità di svolgere diverse attività organizzate dalla struttura.

35 cam – †50/70 € ††70/110 €

Contrada San Mauro Sotto, Sp 39 II, Sud-Ovest: 7,5 Km – ✆ 0933 53890 – www.collesanmauro.it

sulla strada statale 124 Nord : 5 km

Villa Tasca

DIMORA STORICA • ORIGINALE In posizione defilata e tranquilla, una villa nobiliare settecentesca ospita ampi spazi en plein air, una grande piscina ed il maneggio per passeggiate equestri. La cucina rielabora i sapori del territorio in chiave contemporanea.

10 cam – †75/99 € ††98/120 €

contrada Fontana Pietra S.P. 37/II ✉ 95041 – ✆ 0933 22760 – www.villatasca.it – Chiuso 10 gennaio-10 febbraio e 5-30 novembre

sulla strada statale 177 bis km 68 Ovest: 16 km

Vecchia Masseria

AGRITURISMO • BUCOLICO All'interno di un parco naturale, la location è sicuramente bucolica e la struttura - ricavata da una masseria del 1850 - propone ambienti di moderno design e richiami ad elementi architettonici locali. Camere semplici e menu degustazione con specialità dell'entroterra al ristorante.

24 cam – †75/105 € ††86/160 €

contrada Cutuminello ✉ 95041 – ✆ 331 769 1142 – www.vecchiamasseria.com – Chiuso novembre, gennaio e febbraio

CALTANISSETTA Sicilia

(CL) – ✉ 93100 – 63 360 ab. – Alt. 568 m – Carta regionale n° **17**-C2
Palermo 128 km – Agrigento 56 km – Catania 111 km – Enna 33 km
Carta stradale Michelin 365-AT59

San Michele

TRADIZIONALE • CLASSICO In posizione periferica e tranquilla, non mancano gli spazi, benché semplici nelle decorazioni. Camere come piccoli gioielli, alcune ulteriormente impreziosite da una vista panoramica. Piatti siciliani e nazionali al ristorante.

122 cam – †88/105 € ††130 € – 13 suites

via Fasci Siciliani 6 – ✆ 0934 553750 – www.hotelsanmichelesicilia.it

CALTIGNAGA

Novara – ✉ 28010 – 2 580 ab. – Alt. 178 m – Carta regionale n° **12**-C2
Roma 633 km – Stresa 53 km – Milano 58 km – Novara 10 km
Carta stradale Michelin 561-F7

Cravero

CUCINA CLASSICA • ACCOGLIENTE XX Da oltre trent'anni, Cravero vizia i suoi ospiti con proposte del territorio rielaborate con creatività, in un ambiente curato e signorile. Si mangia anche all'aperto, nella bella stagione.

Menu 19 € (pranzo in settimana)/45 € – Carta 31/61 € 12 cam – †60/75 € ††70/90 €

via Novara 8 – ✆ 0321 652696 (consigliata la prenotazione) – www.hotelcravero.it – Chiuso sabato a mezzogiorno e domenica sera

CALUSO

Torino – ✉ 10014 – 7 586 ab. – Alt. 303 m – Carta regionale n° **12**-B2
Roma 678 km – Torino 36 km – Aosta 90 km – Novara 71 km
Carta stradale Michelin 561-G5

Gardenia (Mariangela Susigan)

CUCINA MODERNA • ELEGANTE XXX Un elegante indirizzo piemontese: dalla casa di ringhiera ai raffinati interni, passando naturalmente per la cucina che si apre a soluzioni moderne, al pesce e, in stagione, all'utilizzo di erbe aromatiche e fiori: spesso coltivati nel proprio orto!

→ Plin di pollastra, nasturzio, verbena e olio di nocciole. Baccalà confit, spuma di piselli, cagliata, salsa all'aglio orsino. Biscuit alla canapa, cioccolato, silene, santoreggia.

Menu 18 € (pranzo in settimana)/90 € – Carta 49/103 €

corso Torino 9 – ✆ 011 983 2249 – www.gardeniacaluso.it – Chiuso 7-23 gennaio, 16-25 agosto e martedì

CALVIGNANO

Pavia – ✉ 27040 – 122 ab. – Alt. 275 m – Carta regionale n° **9**-B3
Roma 566 km – Alessandria 56 km – Piacenza 55 km – Milano 63 km
Carta stradale Michelin 561-H9

La Locanda

CUCINA ITALIANA • ACCOGLIENTE XX Nella verdeggiante campagna dell'Oltrepò Pavese, lo stile è contemporaneo con mobili e colori di tendenza, per una cucina che i titolari definiscono "mediterranea", ma di fatto è quasi esclusivamente di terra, più genericamente italiana. Ma il biglietto da visita non si esaurisce qui: essendo una locanda, cinque accoglienti soluzioni sono proposte per il pernottamento, e gli amici a quattro zampe non vengono lasciati alla porta.

Carta 26/44 € 5 cam – †70/90 € ††80/100 €

Via Roma 10/12 – ✆ 0383 398014 (consigliata la prenotazione) – www.lalocandacalvignano.it – Chiuso febbraio e mercoledì

CALVISANO

Brescia – ✉ 25012 – 8 491 ab. – Alt. 67 m – Carta regionale n° **9**-C2
Roma 523 km – Brescia 32 km – Cremona 50 km – Mantova 55 km
Carta stradale Michelin 561-F13

Al Gambero (Mariapaola Geroldi)

CUCINA REGIONALE • ACCOGLIENTE XXX Nel centro di Calvisano, dietro all'apparente semplicità dei piatti ci sono grande cura e l'equilibrio tra tradizione e modernità affinato in oltre un secolo e mezzo di storia familiare: una cucina solida, di gusto e sostanza.
→ Risotto con punte d'asparagi alla crema di formaggi. Lingua di manzo leggermente affumicata, soffice di patate, pere al kren. Parfait alla vaniglia, crema al caffè, cialda croccante alle mandorle.
Menu 40 € (pranzo in settimana)/87 € – Carta 54/96 €
via Roma 11 – ☎ 030 968009 – Chiuso 1 settimana in gennaio, agosto e mercoledì

Fiamma Cremisi

CUCINA REGIONALE • FAMILIARE XX Cucina del territorio rivisitata e servizio estivo all'aperto sotto un gazebo, in un ristorante di campagna la cui sala principale è allietata da un caminetto. A pranzo solo menu business o carta più ridotta ed economica.
Menu 30 € (cena in settimana)/48 € – Carta 34/66 €
via De Gasperi 37, località Viadana, Nord: 2 km – ☎ 030 968 6300 (consigliata la prenotazione) – www.ristorantefiammacremisi.it – Chiuso 23-31 gennaio, 2 settimane in agosto, sabato a mezzogiorno e martedì

CAMAIORE

Lucca – ✉ 55041 – 32 513 ab. – Alt. 34 m – Carta regionale n° **18**-B1
Roma 376 km – Firenze 107 km – Livorno 53 km – Lucca 34 km
Carta stradale Michelin 563-K12

Emilio e Bona

CUCINA DEL TERRITORIO • CONTESTO STORICO XX In origine era un opificio, ma per la sua ubicazione strategica sulla riva di un torrente fu convertito presto in frantoio. Oggi è un originale ristorante, che denuncia il suo passato grazie a macine esposte in sala. Anche la cucina rimane fedele alla tradizione: solo piatti regionali, prevalentemente di carne.
Carta 25/64 €
via Nuova 1641, località Lombrici, Nord: 3 km – ☎ 0584 989289 – www.ristoranteemilioebona.com – solo a cena escluso sabato e domenica – Chiuso 15-31 gennaio, 15-30 novembre e lunedì

Il Merlo (N)

CUCINA DEL TERRITORIO • BISTRÒ X Nato da una gastronomia e salumeria di paese che un po' di sana e giustificata ambizione ha fatto sì che nel tempo diventasse enoteca, nonché ristorante, il Merlo è un piacevole locale in stile bistrò. Lo chef-patron propone ricette del territorio, talvolta rielaborate, e un piccolo menu solo di insaccati vari.
Menu 45 € – Carta 40/69 €
via dello Stadio 45 – ☎ 0584 980312 – www.ilmerlocamaiore.it – solo a cena escluso domenica – Chiuso gennaio, martedì e mercoledì escluso periodo estivo

Locanda le Monache

CUCINA TOSCANA • FAMILIARE X Gestito da sempre dalla stessa famiglia con la zia 90enne che ancora ai fornelli aiuta nei dolci ed in alcune pietanze, la vera sorpresa è la nipote, Daniela, artefice di piatti della tradizione (ma quella più ortodossa!), tutti – rigorosamente – preparati in casa dalle paste ai dolci. L'ambiente è semplice, ma curato.
Menu 25 € – Carta 26/52 € 11 cam – †50/70 € ††65/90 €
piazza XXIX Maggio 36 – ☎ 0584 989258 (consigliata la prenotazione) – www.lemonache.com – Chiuso 10 giorni in novembre, domenica a mezzogiorno in giugno-settembre, anche domenica sera negli altri mesi

a Montemagno Sud-Est : 6 km ✉ 55041

Le Meraviglie

CUCINA REGIONALE • FAMILIARE X Lungo una piacevole strada collinare che conduce a Lucca, il locale è gestito da due fratelli che propongono una cucina regionale a base di carne o baccalà. Specialità: ravioli di ricotta in salsa di zucchini, tagliata di manzo.

Carta 30/40 €

via Provinciale 13 - ✆ 0584 951750 - www.lemeraviglie.it
- Chiuso 12-20 gennaio, 4-26 novembre, mercoledì e i mezzogiorno di giovedì e venerdì

CAMARDA L'Aquila → Vedere L'Aquila

CAMERI

Novara - ✉ 28062 - 11 019 ab. - Alt. 161 m - Carta regionale n° **12**-C2
Roma 621 km - Stresa 52 km - Milano 53 km - Novara 10 km
Carta stradale Michelin 561-F7

Al Caminetto

CUCINA CLASSICA • SEMPLICE XX Bel locale sorto all'interno di una casa padronale nel centro della località. Soffitti con travi a vista, gestione esperta, cucina appetitosa e interessante.

Menu 48/52 € - Carta 45/67 €

via Cavour 30 - ✆ 0321 518780 - www.alcaminettocameri.com - Chiuso 1 settimana in agosto, martedì a mezzogiorno e lunedì

CAMIGLIATELLO SILANO

Cosenza - ✉ 87052 - Alt. 1 272 m - Carta regionale n° **3**-A2
Roma 556 km - Cosenza 34 km - Catanzaro 97 km - Crotone 78 km
Carta stradale Michelin 564-I31

verso il lago di Cecita Nord-Est : 5 km

La Tavernetta

CUCINA CALABRESE • DI TENDENZA XX Grande passione da parte dei titolari per i sapori della loro Calabria: si parte con l'aperitivo nella fornita cantina, quindi, ci si accomoda nelle moderne sale per assaporare sapidi piatti locali. Tra le specialità: i funghi.

Menu 60 € - Carta 38/68 €

Hotel San Lorenzo, contrada campo San Lorenzo 14 ✉ 87052 Camigliatello Silano - ✆ 0984 570809 - www.sanlorenzosialberga.it - Chiuso 15 giorni in marzo, 15 giorni in dicembre e lunedì

San Lorenzo

TRADIZIONALE • MINIMALISTA Camere dal design minimalista e dai colori vivaci, ideale punto di partenza per apprezzare la quiete offerta dai boschi e dalla montagna silana.

20 cam - †49/69 € ††79/109 € - 2 suites

contrada campo San Lorenzo 14 ✉ 87052 Camigliatello Silano - ✆ 0984 579026 - www.sanlorenzosialberga.it/ - Chiuso 15 giorni in marzo e 15 giorni in dicembre

La Tavernetta - Vedere selezione ristoranti

CAMIN Padova → Vedere Padova

CAMOGLI

Genova - ✉ 16032 - 5 378 ab. - Carta regionale n° **8**-C2
Roma 486 km - Genova 30 km - La Spezia 90 km - Portofino 16 km
Carta stradale Michelin 561-I9

Da Paolo

PESCE E FRUTTI DI MARE • FAMILIARE Ristorantino rustico a conduzione familiare, ubicato nel borgo antico poco lontano dal porticciolo; cucina di mare secondo le disponibilità quotidiane del mercato.

Carta 40/73 €

via San Fortunato 14 - ✆ 0185 773595 (consigliata la prenotazione) - www.ristorantedapaolocamogli.com - Chiuso 15-28 febbraio, martedì a mezzogiorno e lunedì

Cenobio dei Dogi

LUSSO • LUNGOMARE Per un esclusivo soggiorno in questa "perla" ligure, prestigioso e panoramico albergo immerso in un lussureggiante parco, con camere eleganti recentemente rinnovate. Al ristorante, sapori regionali e meravigliosa vista del golfo di Camogli, ma c'è anche un altro locale che - come suggerisce il nome stesso - si trova proprio sulla spiaggia, La Playa.

95 cam - †110/195 € ††160/535 € - 5 suites

via Cuneo 34 - ✆ 0185 7241 - www.cenobio.it

Casmona

FAMILIARE • LUNGOMARE Direttamente sul caratteristico lungomare, camere con bella vista - soprattutto le tre con ampio terrazzo affacciato sul mare - e graziose sale per la prima colazione.

19 cam - †40/120 € ††60/200 € - 10 €

salita Pineto 13 - ✆ 0185 770015 - www.casmona.com - Chiuso 9-25 dicembre e 10-31 gennaio

Villa Rosmarino

FAMILIARE • ROMANTICO Sulla strada che scende verso il centro di Camogli, risorsa di charme dagli interni moderni e di design italiano, nonché piscina estiva per pause relax. Non aspettatevi numeri sulle porte, hall o portieri in livrea, perché come amano precisare i proprietari: "questo non è un albergo dove soggiornare, ma un luogo da vivere".

6 cam - †130/280 € ††130/280 €

via Figari 38 ✉ 16032 - ✆ 0185 771580 - www.villarosmarino.com - Chiuso 1° novembre-25 dicembre

a San Rocco Sud : 6 km ✉ 16032 - San Rocco Di Camogli - Alt. 221 m

La Cucina di Nonna Nina

LIGURE • FAMILIARE In una classica casa ligure della pittoresca frazione, si trova questa trattoria dall'accogliente atmosfera familiare e con un'ambitissima verandina panoramica. In menu: piatti locali, di terra e di mare.

Carta 32/64 €

via Molfino 126 - ✆ 0185 773835 (prenotare) - www.nonnanina.it - Chiuso mercoledì

Le grandi città beneficiano di piantine sulle quali sono situati gli alberghi e i ristoranti. Seguite le coordinate (es. pianta: 9P2-a) per individuarli più facilmente.

CAMPAGNA Novara → Vedere Arona

CAMPAGNA LUPIA

Venezia - ✉ 30010 - 7 142 ab. - Carta regionale n° **23**-C3

Roma 511 km - Padova 27 km - Venezia 32 km - Treviso 50 km

Carta stradale Michelin 562-F18

a Lughetto Nord-Est : 7,5 km ✉ 30010 - Campagna Lupia

✿✿ Antica Osteria Cera (Daniele Cera)

PESCE E FRUTTI DI MARE • ELEGANTE XXX Di fronte all'incalzare di cucine tecniche e sofisticate, gli amanti del pesce in purezza troveranno in questa elegante villa a gestione familiare l'appagamento che cercano: ricette tradizionali, "minimal" ed incentrate sulla proverbiale qualità del prodotto.

→ Paccheri con frutti di mare, pomodoro, olive taggiasche e basilico. Rombo con acqua iodata alla salvia, nocciole, sesamo, capetonde e ortaggi. Biscotto alla nocciola con cioccolato caldo e caffè.

Menu 39 € (pranzo in settimana)/150 € - Carta 76/128 €

via Marghera 24 - ✆ 041 518 5009 - www.osteriacera.it - Chiuso 2 settimane tra gennaio e febbraio, 2 settimane in agosto, domenica sera e lunedì

CAMPAGNANO DI ROMA

Roma (RM) - ✉ 00063 - 11 571 ab. - Alt. 270 m - Carta regionale n° **7**-B2
Roma 34 km - L'Aquila 139 km - Terni 85 km - Viterbo 45 km
Carta stradale Michelin 563-P19

Il Postiglione-Antica Posta dei Chigi

STORICO • PERSONALIZZATO Nel giardino c'è ancora un tratto della via Cassia romana; locanda già nel '400, il salto della qualità avvenne nel '600 con l'acquisto e l'abbellimento della stazione di posta da parte dei Chigi. Tappa dei grand tour nell'Ottocento, vi alloggiò anche Goethe. Lo splendore continua ai giorni nostri, in camere raffinate ed eleganti bagni.

20 cam - †80/95 € ††100/110 €

via Cassia Antica 15 - ✆ 06 904 1214 - www.ilpostiglione.it

CAMPALTO Venezia → Vedere Mestre

CAMPEGINE

Reggio nell'Emilia - ✉ 42040 - 5 029 ab. - Alt. 34 m - Carta regionale n° **5**-B3
Roma 447 km - Parma 25 km - Bologna 90 km - Reggio nell'Emilia 18 km
Carta stradale Michelin 562-H13

in prossimità strada statale 9 - via Emilia Sud-Ovest : 3,5 km

Lago di Gruma

CUCINA CLASSICA • FAMILIARE XX Atmosfera d'altri tempi in una villetta di campagna, vicino ad un laghetto. La cucina è volutamente in bilico tra classico e moderno: di terra e di mare, riserva un occhio di riguardo ai prodotti di stagione.

Carta 38/60 €

vicolo Lago 7 ✉ 42040 - ✆ 0522 679336 - Chiuso 15 giorni in agosto, martedì e mercoledì

CAMPERTOGNO

Vercelli (VC) - ✉ 13023 - 237 ab. - Alt. 815 m - Carta regionale n° **12**-C1
Roma 711 km - Novara 84 km - Vercelli 94 km - Biella 78 km
Carta stradale Michelin 561-E6

Relais San Rocco

LUSSO • ELEGANTE Spettacolare la scala in pietra che domina questa prestigiosa villa ottocentesca. Incastonata in un piccolo borgo secentesco, unisce con gusto gli antichi affreschi e i mobili d'epoca con un ricercato arredo dal design contemporaneo.

24 cam - †139/209 € ††209/270 € - 11 suites

via San Rocco 2 - ✆ 0163 77161 - www.relaissanrocco.it - Aperto 15 giugno-15 settembre

CAMPESTRI Firenze ➜ Vedere Vicchio

Vedere Vicchio

CAMPIANI Brescia ➜ Vedere Collebeato

CAMPI BISENZIO

Firenze – ✉ 50013 – 46 166 ab. – Alt. 38 m – Carta regionale n° **18**-D3
Roma 291 km – Firenze 12 km – Livorno 97 km – Pistoia 20 km
Carta stradale Michelin 563-K15

500 Firenze

BUSINESS • CONTEMPORANEO E' uno splendido viale alberato a condurvi alle porte della cinquecentesca villa nobiliare immersa in un ampio giardino con piscina-solarium; all'interno spazi moderni e confortevoli. Al ristorante: cucina regionale con qualche spunto di fantasia.

59 cam – †100/150 € ††120/170 € – 1 suite

via di Tomerello 1, uscita autostrada – ✆ 055 880 3500 – www.hotel500firenze.com

CAMPIGLIA

La Spezia – ✉ 19132 – Alt. 382 m – Carta regionale n° **8**-D2
Roma 430 km – La Spezia 8 km – Genova 111 km – Massa 47 km
Carta stradale Michelin 561-J11

La Lampara

PESCE E FRUTTI DI MARE • FAMILIARE La vista e il sapore del mare nella luminosa e panoramica sala di una trattoria la cui proprietaria prepara gustosi piatti di pesce - ormai - da oltre 50 anni. Più garanzia di così!

Carta 29/44 €

via Tramonti 4 – ✆ 0187 758035 – Chiuso gennaio, febbraio, dal 20 settembre al 25 ottobre e lunedì

CAMPIONE D'ITALIA

Como – ✉ 22060 – 1 995 ab. – Alt. 273 m – Carta regionale n° **9**-A2
Roma 648 km – Como 27 km – Lugano 11 km – Milano 72 km
Carta stradale Michelin 561-E8

Da Candida (Bernard Fournier)

CUCINA FRANCESE • AMBIENTE CLASSICO Se credete che i sapori aiutino a viaggiare restando seduti ad un tavolo, in questo raccolto ed elegante ristorante vi attende un entusiasmante incontro con il gusto e la raffinatezza della cucina francese.

➜ Battuto di gamberi rossi, capesante scottate e chips di cipolle. Coscia d'anatra confit. Tarte Tatin di mele golden e gelato alla vaniglia di Tahiti.

Menu 37 € (pranzo)/80 € – Carta 58/86 €

viale Marco da Campione 4 – ✆ 091 649 75 41 – www.dacandida.ch – Chiuso luglio, martedì a mezzogiorno e lunedì

CAMPITELLO DI FASSA

Trento – ✉ 38031 – 731 ab. – Alt. 1 448 m – Carta regionale n° **19**-C2
Roma 684 km – Bolzano 48 km – Cortina d'Ampezzo 64 km – Trento 102 km
Carta stradale Michelin 562-C17

Gran Paradis

TRADIZIONALE • STILE MONTANO All'ingresso del paese, la breve distanza dal centro non è un problema, tante sono le occasioni per distrarsi: dalla taverna con musica e sigari alla cantina-enoteca per degustazioni. Si ritorna in una dimensione più classicamente alberghiera nell'ampia sala ristorante con i tipici legni trentini e piatti nazionali.

31 cam – †75/125 € ††130/240 € – 8 suites

streda Dolomites 2/6 – ✆ 0462 750135 – www.granparadis.com – Aperto 20 dicembre-1° aprile e 25 maggio-4 ottobre

Villa Kofler

TRADIZIONALE • PERSONALIZZATO Per gli amanti dei viaggi in giro per il mondo, ogni camera - dotata di sauna privata!- è dedicata ad una città di cui ne ripropone stile e motivi: Campitello, Salisburgo e Montreal, tra le migliori, poi ci sono New York, Tokyo, Montecarlo, etc... Al Della Villa Restaurant i piatti spaziano tra terra e mare con un pizzico di modernità.

6 cam - 160/300 € 160/300 € - 4 suites

streda Dolomites 63 - 0462 750444 - www.villakofler.it - Aperto 4 dicembre-23 marzo e 20 giugno-25 settembre

Salvan

TRADIZIONALE • STILE MONTANO Hotel a gestione familiare, situato alle porte della località, con discrete zone comuni, piscina coperta e centro salute; mobili di legno chiaro nelle piacevoli camere. Tre spazi per il ristorante: uno ampio e classico, uno intimo e "montano" e poi la veranda.

33 cam - 48/106 € 86/182 €

- 0462 750307 - www.hotelsalvan.it - Aperto 16 dicembre-Pasqua e 24 giugno-17 settembre

CAMPOBASSO

(CB) - 86100 - 49 431 ab. - Alt. 701 m - Carta regionale n° **1**-D3
Roma 226 km - Benevento 63 km - Foggia 88 km - Isernia 49 km
Carta stradale Michelin 564-C25

Miseria e Nobiltà

CUCINA MODERNA • FAMILIARE XX In un palazzo di fine '700 dagli splendidi pavimenti e lampadari di Murano, la miseria allude alle tradizioni contadine, nobilitate in piatti ricercati e creativi: ravioli con ripieno di fiori di zucchine e mandorle al pomodorino e basilico, lombatine di coniglio con porri e mele annurche, solo per citarne alcune. Ad eccezione del martedì, di sera va in scena anche la pizza preparata con lievito madre, farine macinate a pietra ed ingredienti a chilometro zero.

Menu 30/35 € - Carta 27/38 € 4 cam - 30/40 € 60/75 €

via Sant'Antonio Abate 16 - 0874 94268 - www.ristorantemiseriaenobilta.it - Chiuso 23 luglio-7 agosto e domenica

Aciniello

CUCINA TRADIZIONALE • FAMILIARE X Una semplice e schietta trattoria a carattere familiare: due salette una delle quali più raccolta, con tavoli ravvicinati e colori vivaci. I tanti habitué e la convivialità dei titolari rendono l'ambiente allegro, mentre la cucina riflette le tradizioni molisane.

Menu 20 € (in settimana)/35 € - Carta 18/39 €

via Torino 4 - 328 558 5484 - Chiuso 10-20 agosto e domenica

CAMPO FISCALINO FISCHLEINBODEN Bolzano → Vedere Sesto

CAMPOGALLIANO

Modena - 41011 - 8 845 ab. - Alt. 43 m - Carta regionale n° **5**-B2
Roma 415 km - Bologna 59 km - Reggio nell'Emilia 29 km - Modena 13 km
Carta stradale Michelin 562-H14

Osteria Emilia

CUCINA REGIONALE • CONVIVIALE XX Sapori e i vini regionali la fanno da padroni, ma un occhio è rivolto anche alla modernità e alla fantasia nelle preparazioni.

Menu 26/40 € - Carta 30/55 €

Hotel Modena District, via del Passatore 160, zona Dogana - 339 306 5992 - www.osteriaemilia.it

Modena District

BUSINESS • FUNZIONALE Ben insonorizzato e in posizione strategica per chi viaggia in auto, l'hotel propone camere di diversa tipologia adatte soprattutto ad una clientela d'affari.

95 cam – †80/220 € ††90/240 €

via del Passatore 160, zona Dogana – ☎ 059 851505 – www.modenadistrict.it

Osteria Emilia – Vedere selezione ristoranti

in prossimità del casello autostradale A 22 Sud-Est : 3,5 km

Trattoria Barchetta

CUCINA EMILIANA • FAMILIARE Ad un km dal casello, ma già in aperta campagna, tipica trattoria familiare all'insegna della gastronomia regionale, dove tra gli "imperdibili" figurano sicuramente il riso carnaroli con pere e ristretto di lambrusco, il filetto di maiale con aceto balsamico, la zuppa inglese. Bel pergolato per il servizio estivo.

Carta 25/42 €

via Magnagallo Est 20 – ☎ 059 526218 – solo a pranzo da lunedì a giovedì – Chiuso 25 dicembre-12 gennaio, 15 agosto-12 settembre e domenica

Magnagallo

CUCINA EMILIANA • CONVIVIALE Quanti pregi riassume questo ristorante! Facile da raggiungere, a pochi metri dal casello, all'ingresso sarà la tipica ospitalità della gente di queste parti ad accogliervi insieme ad un goloso tavolo di torte. Ma prima, spazio ai tortellini in brodo di cappone e al guancialetto di vitello al tegame.

Carta 23/47 € 28 cam – †50/100 € ††60/140 €

via Magnagallo Est 7 – ☎ 059 528751 – www.magnagallo.it – Chiuso domenica sera

CAMPO LOMASO Trento → Vedere Comano Terme

CAMPOMARINO → Vedere Maruggio

CAMPO TURES SAND IN TAUFERS

Bolzano – ✉ 39032 – 5 371 ab. – Alt. 864 m – Carta regionale n° **19**-C1

Roma 730 km – Cortina d'Ampezzo 75 km – Bolzano 90 km – Brennero 81 km

Carta stradale Michelin 562-B17

Toccorosso

CUCINA MODERNA • DESIGN In linea con il design hotel che lo ospita, il ristorante è tra i più belli di questa valle. Tutto è giocato sul territorio: a partire dalla carta, sino agli arredi con profusione di legno e cromatismi moderni. Il nome? E' il tocco nella mise en place: può essere il bicchiere o un fiore, ma il rosso non manca mai!

Carta 25/62 €

Hotel Feldmilla, via Castello 9 – ☎ 0474 677100 (prenotare) – www.feldmilla.com – solo a cena – Chiuso 2 settimane in dicembre e 2 settimane in maggio

Feldmilla

FAMILIARE • DESIGN Ai piedi dello storico castello, un design hotel - certificato ad impatto 0 - dalle linee sobrie, dove legno e pietra "gareggiano" a riscaldare l'ambiente. Molto belle, le camere.

35 cam – †110/170 € ††198/340 € – 5 suites

via Castello 9 – ☎ 0474 677100 – www.feldmilla.com – Chiuso 2 settimane in dicembre e 2 settimane in maggio

Toccorosso – Vedere selezione ristoranti

Alte Mühle

FAMILIARE • STILE MONTANO Calda accoglienza e cordialità in questo albergo in posizione centrale, con tanto legno, nonché qualche inserto antico, negli ambienti curati. Il ristorante (aperto solo la sera) è distribuito fra sala, stube e veranda.

15 cam - 80/120 € 160/190 € - 5 suites

via San Maurizio 1/2 - 0474 678077 - www.alte-muehle.it - Chiuso 15 aprile-15 maggio e 2 novembre-2 dicembre

Drumlerhof

FAMILIARE • ACCOGLIENTE Nel cuore della località, gestito dalla stessa famiglia dal 1902 ma rinnovato di recente, offre camere avvolte nel legno, una piscina panoramica al quarto piano, escursioni guidate e un buon ristorante orientato sui prodotti del territorio.

35 cam - 102/113 € 188/280 €

Via del Municipio 6 - 0474 678068 - www.drumlerhof.com - Chiuso 1° aprile-25 maggio e 4 novembre-7 dicembre

CANALE

Cuneo - 12043 - 5 686 ab. - Alt. 193 m - Carta regionale n° **14**-C2

Roma 637 km - Torino 50 km - Asti 24 km - Cuneo 71 km

Carta stradale Michelin 561-H5

All'Enoteca (Davide Palluda)

CUCINA MODERNA • AMBIENTE CLASSICO XXX Al primo piano di un centrale palazzo ottocentesco, la sala è tanto moderna ed essenziale, quanto la cucina variopinta e creativa. Il trampolino di molti piatti sono gli straordinari prodotti piemontesi, ma ci sono anche pesce ed originali interpretazioni. All'Osteria, sapori più legati al territorio in un ambiente dall'accoglienza informale.

→ Ravioli quadrati di faraona. Maialino arrosto e gelato alla senape. Zuppa di ciliegie al vino rosso, gelato al fior di latte e cioccolato soffiato.

Menu 60/85 € - Carta 57/100 €

via Roma 57 - 0173 95857 (consigliata la prenotazione) - www.davidepalluda.it - Chiuso 24 dicembre-2 gennaio, lunedì a mezzogiorno e domenica (solo domenica sera dal 1° ottobre al 15 dicembre)

Villa Tiboldi

CUCINA CREATIVA • ELEGANTE XX Splendido connubio tra cucina e ristrutturazione di un antico casolare in posizione collinare, l'atmosfera è romantica, i piatti di buon livello e la cantina merita una visita.

Menu 30/47 € - Carta 42/57 €

Agriturismo Villa Tiboldi, via Case Sparse 127, località Tiboldi, Ovest: 2 km - 0173 970388 - Chiuso 7 gennaio-13 febbraio, martedì a pranzo e lunedì, 1° ottobre-15 novembre aperto lunedì sera

Agriturismo Villa Tiboldi

CASA DI CAMPAGNA • ROMANTICO Imponente villa del Settecento, restaurata con cura, affacciata sul paesaggio collinare: interni di grande eleganza e signorilità. Camere nella villa principale o nell'ex magazzino e fienile; splendide suite e junior suite.

9 cam - 85/130 € 117/155 € - 1 suite - 15 €

via Case Sparse 127, località Tiboldi, Ovest: 2 km - 0173 970388 - www.villatiboldi.it - Chiuso 7 gennaio-12 febbraio

Villa Tiboldi - Vedere selezione ristoranti

Agriturismo Villa Cornarea

DIMORA STORICA • PERSONALIZZATO Tra i celebri vigneti del Roero - molti di proprietà - villa liberty del 1908 dominante un suggestivo paesaggio collinare. Camere raffinate e suggestiva terrazza panoramica fra le due torri.

10 cam - 90/100 € 100/130 €

via Valentino 150 - 0173 979091 - www.villacornarea.com - Aperto 22 marzo-12 dicembre

CANALE D'AGORDO

Belluno - ✉ 32020 - 1 131 ab. - Alt. 976 m - Carta regionale n° **23**-B1
Roma 662 km - Belluno 45 km - Cortina d'Ampezzo 51 km - Bolzano 69 km
Carta stradale Michelin 562-C17

Alle Codole

CUCINA REGIONALE • FAMILIARE X "Codole" è il soprannome del casato, cui appartengono i proprietari, che deve la propria fama all'attività dei suoi avi nelle miniere di rame. Oggi ristoratori e albergatori propongono piatti divisi tra tradizione e innovazione con grande cura nella qualità. Un piatto? Zuppa d'orzo antico e fagioli "gialet" della Valbelluna.

Menu 25/45 € - Carta 27/64 € 10 cam - †40/60 € ††80/120 €

via 20 Agosto 27 - ✆ 0437 590396 - www.allecodole.eu - Chiuso 10 giugno-10 luglio, novembre e lunedì escluso luglio-agosto

CANAZEI

Trento - ✉ 38032 - 1 908 ab. - Alt. 1 465 m - Carta regionale n° **19**-C2
Roma 687 km - Bolzano 51 km - Trento 104 km - Cortina d'Ampezzo 60 km
Carta stradale Michelin 562-C17

Wine & Dine

CUCINA REGIONALE • ROMANTICO XX Un ristorante che riscuote un certo successo in zona: ricreando l'atmosfera di una baita con legni vecchi ed angoli romantici, la cucina si fa sfiziosa e creativa. La carta dei vini propone alcune etichette anche al bicchiere.

Carta 34/75 €

Hotel Croce Bianca, stredà Roma 5 - ✆ 0462 601111 - www.hotelcrocebianca.com - Aperto 1° dicembre-31 marzo e 1° giugno-30 settembre; chiuso martedì

El Paél

CUCINA REGIONALE • ACCOGLIENTE XX Interni accoglienti ed un'atmosfera invitante, per una gustosa cucina del territorio sapientemente rivisitata e piatti a tema. Da accompagnarsi con l'ottimo racconto che il patron dedica ai vini in carta. Servizio pizzeria e carni alla griglia.

Menu 28 € - Carta 33/64 €

via Roma 58 - ✆ 0462 601433 - www.elpael.com - Aperto 1° dicembre-15 aprile e 15 giugno-30 settembre

Croce Bianca

TRADIZIONALE • STILE MONTANO Saloni con biliardo, camino, stube ed area fumatori in questo accogliente hotel, faro dell'ospitalità locale dal 1869. Poche camere standard, il resto con salottino e caratteristici arredi. Piscina coperta e ben due all'aperto, nella zona benessere recentemente potenziata.

44 cam - †140/450 € ††140/450 € - 2 suites

stredà Roma 3 - ✆ 0462 601111 - www.hotelcrocebianca.com - Aperto 1° dicembre-31 marzo e 1° giugno-30 settembre

Wine & Dine - Vedere selezione ristoranti

Rita

TRADIZIONALE • STILE MONTANO Centrale e bella costruzione in stile ladino che ripropone anche negli interni la stessa atmosfera montana. La zona benessere è stata potenziata con una piccola beauty. Rivisitazione di piatti tradizionali nella deliziosa, omonima, stube.

18 cam - solo ½ P 65/140 € - 3 suites

strèda de Pareda 16 - ✆ 0462 601219 - www.hotelrita.com - Aperto 1° dicembre-Pasqua e 15 giugno-30 settembre

Gries

FAMILIARE • STILE MONTANO In una zona più tranquilla ma non distante dal centro, piccola gestione familiare che offre camere accoglienti e spaziose, quasi tutte con balcone, una sola con romantico letto a baldacchino.

19 cam - solo ½ P 75/110 €

via Lungo Rio di Soracrepa 22 - ✆ 0462 601332 - www.hotelgries.it - Aperto 1° dicembre-Pasqua e 20 giugno-30 settembre

ad Alba Sud-Est : 1,5 km ✉ 38032

La Cacciatora

CUCINA MODERNA • ACCOGLIENTE XX Nella signorile stube, la carta spazia dalla tradizione ladina a proposte di pesce in chiave contemporanea assai intrigante. Eccezionale anche la cantina con grandi vini da tutto il mondo ed annate speciali: in tutto circa 800 etichette!

Carta 37/67 €

Hotel La Cacciatora, strèda de Contrin 26 - ✆ 0462 601411 - www.lacacciatora.it - Chiuso ottobre-novembre

La Cacciatora

TRADIZIONALE • STILE MONTANO Sito vicino alla funivia del Ciampac, una gestione familiare - premurosa ed ospitale - propone camere confortevoli ad un ottimo prezzo ed uno splendido centro benessere. Al piano interrato c'è anche una pizzeria con pub.

37 cam - †72/148 € ††144/278 €

strèda de Contrin 26 - ✆ 0462 601411 - www.lacacciatora.it - Aperto dicembre-marzo e giugno-settembre

La Cacciatora - Vedere selezione ristoranti

Chalet Vites

FAMILIARE • STILE MONTANO Come il nome annuncia, si tratta proprio di uno chalet disegnato molto bene per valorizzare legni - alcuni secolari - e pietre di montagna che lo rendono caldo ed accogliente. Abete, larice e cirmolo coccoleranno il vostro riposo nelle belle camere, ognuna contraddistinta da un nome ladino.

11 cam - †130/220 € ††140/290 € - 1 suite

strèda de Costa 161 - ✆ 0462 601604 - www.chaletvites.it - Aperto inizio dicembre-Pasqua e 15 giugno-20 settembre

CANDELI Firenze → Vedere Bagno a Ripoli

CANDIA CANAVESE

Torino - ✉ 10010 - 1 258 ab. - Alt. 285 m - Carta regionale n° **12**-B2

Roma 680 km - Torino 40 km - Aosta 84 km - Milano 119 km

Carta stradale Michelin 561-G5

Residenza del Lago

CUCINA CLASSICA • FAMILIARE X In una tipica casa colonica, la cucina ripercorre i migliori piatti del Piemonte con alcune aperture sui sapori più genericamente italiani, mentre la carta dei vini è addirittura cosmopolita: un doveroso occhio di riguardo è dato alla regione con Barolo e Barbaresco raccontati anno dopo anno. A sorpresa, oltre 100 etichette dalla Francia.

Menu 25/32 € - Carta 31/57 € 10 cam - †68/80 € ††85/100 € - 1 suite

via Roma 48 - ✆ 011 983 4885 - www.residenzadelago.it

CANELLI

Asti - ✉ 14053 - 10 485 ab. - Alt. 157 m - Carta regionale n° **14**-D2

Roma 594 km - Alessandria 43 km - Torino 84 km - Asti 29 km

Carta stradale Michelin 561-H6

San Marco (Mariuccia Roggero)

CUCINA PIEMONTESE • FAMILIARE XX Sentirsi a casa, ma al ristorante: camino acceso, una bella accoglienza familiare, l'intramontabile cucina piemontese e un ottimo rapporto qualità/prezzo.

→ Agnolotti del "plin" alla monferrina con burro alle erbe aromatiche. Guancia di vitella piemontese, purè di legumi e ratatouille di verdure. Fondente di mela alle mandorle, salsa al pistacchio, sorbetto di frutta di stagione.

Menu 25 € (in settimana)/55 € - Carta 42/73 €

via Alba 136 - 0141 823544 - www.sanmarcoristorante.it - Chiuso 10 giorni in gennaio, 20 giorni in luglio-agosto, martedì e mercoledì

Tre Poggi

CASA DI CAMPAGNA • ELEGANTE Si gode di uno spettacolare panorama da questa bella struttura che unisce il fascino di un antico casolare ristrutturato ad un arredo d'impronta più moderna. Per chi desidera prendersi cura di sé o semplicemente rilassarsi, la piccola zona benessere farà al caso suo.

13 cam - 90/130 € 130/200 €

Regione Merlini, 22, Sud Ovest: 3 km - 0141 822548 - www.itrepoggi.it - Chiuso 8 dicembre-8 marzo

Agriturismo La Casa in Collina

FAMILIARE • TRADIZIONALE Dal romanzo di Cesare Pavese, uno dei luoghi più panoramici delle Langhe con vista fino al Monte Rosa nei giorni più limpidi. In casa: elegante atmosfera piemontese. Piccola produzione propria di moscato d'Asti e Barbera.

6 cam - 80/110 € 90/130 €

località Sant'Antonio 54, Nord-Ovest: 2 km - 0141 822827 - www.casaincollina.com - Chiuso gennaio-febbraio

CANEVA

Pordenone - 33070 - 6 424 ab. - Carta regionale n° **6**-A3

Roma 593 km - Belluno 54 km - Pordenone 18 km - Treviso 51 km

Carta stradale Michelin 562-E19

Ca' Damiani

DIMORA STORICA • PERSONALIZZATO Abbracciata da un ampio parco secolare, la maestosa villa settecentesca dalla calda accoglienza propone al suo interno saloni impreziositi con arredi d'epoca e raffinate camere, contraddistinte da nomi di grandi orologiai; generosi spazi, spesso anche nei bagni.

12 cam - 55/75 € 70/95 €

via Vittorio Veneto 5, località Stevenà - 0434 799092 - www.cadamiani.com

CANEZZA Trento (TN) → Vedere Pergine Valsugana

CANGELASIO Parma → Vedere Salsomaggiore Terme

CANNARA

Perugia - 06033 - 4 305 ab. - Alt. 191 m - Carta regionale n° **20**-B2

Roma 160 km - Perugia 30 km - Assisi 13 km - Orvieto 79 km

Carta stradale Michelin 563-N19

Perbacco-Vini e Cucina

CUCINA REGIONALE • COLORATO X Semplice, ma colorata trattoria familiare nel bel centro storico di Cannara, la cucina celebra l'omonima famosa cipolla, ma anche frittate, paste fresche, gnocchi e carni.

Carta 27/47 €

via Umberto I°, 14 - 0742 720492 - solo a cena escluso giorni festivi - Chiuso 20 giugno-20 luglio e lunedì

CANNERO RIVIERA

Verbano-Cusio-Ossola – ✉ 28821 – 969 ab. – Alt. 225 m – Carta regionale n° **12**-C1
Roma 694 km – Stresa 30 km – Verbania 17 km – Milano 119 km
Carta stradale Michelin 561-D8

I Castelli

CUCINA MODERNA • **ELEGANTE** XXX Non solo specialità lacustri, ma anche proposte internazionali, sulla terrazza di questo signorile ristorante, nella cornice di una delle più belle e romantiche passeggiate del lago Maggiore.

Menu 32 € – Carta 38/83 €

Hotel Cannero, piazza Umberto I° 2 – ☎ 0323 788047 – www.hotelcannero.com – Aperto 8 marzo-2 novembre

Il Cortile

CUCINA MODERNA • **ROMANTICO** XX Sito nel cuore della località e raggiungibile solo a piedi, un locale grazioso e curato, frequentato soprattutto da una clientela straniera, propone una cucina creativa. Dispone anche di alcune camere signorili dall'arredo ricercato.

Carta 51/85 € 9 cam – †80/85 € ††115/120 €

via Massimo D'Azeglio 73 – ☎ 0323 787213 – www.cortile.net – solo a cena escluso sabato e domenica – Aperto 8 aprile-29 ottobre; chiuso mercoledì escluso 15 luglio-15 agosto

Cannero

LUSSO • **ELEGANTE** Prestigiosa ubicazione sul lungolago e la sensazione di trovarsi in un piccolo borgo con viuzze private tra un edificio e l'altro della struttura, angoli bar, relax e salette lettura. Le camere offrono uno standard molto competitivo e la cura maniacale della titolare le rende anche ordinate e pulitissime.

71 cam – †102/138 € ††124/170 € – 1 suite

piazza Umberto I° 2 – ☎ 0323 788046 – www.hotelcannero.com – Aperto 8 marzo-2 novembre

I Castelli – Vedere selezione ristoranti

CANNETO SULL'OGLIO

Mantova – ✉ 46013 – 4 455 ab. – Alt. 34 m – Carta regionale n° **9**-C3
Roma 496 km – Mantova 38 km – Brescia 51 km – Cremona 32 km
Carta stradale Michelin 561-G13

a Runate Nord-Ovest : 3 km ✉ 46013 – Canneto Sull'Oglio

Dal Pescatore (Nadia e Giovanni Santini)

CUCINA MODERNA • **LUSSO** XXXX Rimane sempre un punto fermo della ristorazione italiana, questa ex trattoria sulle rive dell'Oglio, oggi uno dei templi della haute cuisine e orgoglio nazionale che ha saputo rinnovare con gusto, passione e tanta umiltà le ricette tradizionali dello Stivale: è la grandezza dei semplici!

→ Misticanza tiepida con mousse di melanzane, burrata, spigola marinata e maionese allo zenzero. Piccione al forno con lardo speziato e profumi di timo. Soufflé al cioccolato con gelato alla vaniglia.

Menu 150/250 € – Carta 101/235 €

– ☎ 0376 723001 – www.dalpescatore.com – Chiuso 2-24 gennaio, 16 agosto-5 settembre, mercoledì a mezzogiorno, lunedì e martedì

CANNIGIONE Sardegna Olbia-Tempio → Vedere Arzachena

CANNOBIO

Verbano-Cusio-Ossola – ✉ 28822 – 5 182 ab. – Alt. 214 m – Carta regionale n° **12**-C1
Roma 701 km – Verbania 24 km – Locarno 18 km – Milano 125 km
Carta stradale Michelin 561-D8

Antica Stallera

CUCINA REGIONALE • FAMILIARE XX Nel centro storico di questo grazioso borgo, invidiatoci da tanti stranieri, prelibatezze regionali ed i "classici" italiani in questo accogliente ristorante con giardino.

Carta 34/75 € 18 cam - 75/80 € 115/130 €

via Zaccheo 3 - 0323 71595 - www.anticastallera.com - Aperto 15 marzo-31 ottobre; chiuso martedì

Lo Scalo

CUCINA MODERNA • RUSTICO XX Merita di fare "scalo", questo ristorante sul lungolago con un bel dehors per il servizio all'aperto ed un ambiente rustico-elegante al suo interno. La cucina reinterpreta la tradizione locale con guizzi di fantasia.

Menu 50 € - Carta 43/78 €

piazza Vittorio Emanuele 32 - 0323 71480 (consigliata la prenotazione) - www.loscalo.com - Chiuso novembre, 1 settimana in febbraio o marzo, martedì a mezzogiorno e lunedì escluso luglio-agosto

Park Hotel Villa Belvedere

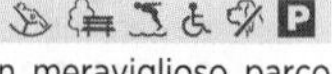

CASA DI CAMPAGNA • PERSONALIZZATO All'interno di un meraviglioso parco secolare con piscina, la struttura è ideale per una vacanza a tutto relax, nonché a contatto diretto con la natura. Camere ampie e confortevoli, dove colori solari si abbinano a materiali naturali quali legno, cotto e pietra; tutte le stanze dispongono di terrazzo o balcone.

27 cam - 120/150 € 170/200 € - 1 suite

via Casali Cuserina 2, Ovest: 1 km - 0323 70159 - www.villabelvederehotel.it - Aperto 30 marzo-22 ottobre

Pironi

STORICO • PERSONALIZZATO Delizioso hotel d'atmosfera in un palazzo quattrocentesco nel cuore della località: un insieme di antichi affreschi, soffitti a volta, colonne medievali e moderni elementi di arredo. Il tutto in perfetta armonia tra funzionalità e ricordi di epoche passate.

12 cam - 100/140 € 150/195 €

via Marconi 35 - 0323 70624 - www.pironihotel.it - Aperto 23 marzo-5 novembre

Cannobio

TRADIZIONALE • ACCOGLIENTE Sulla piazza principale prospicente il lago, la struttura si caratterizza per i suoi eleganti spazi comuni e le camere deliziosamente personalizzate. Ovunque il piacere di scoprire le sfumature dell'acqua. Ristorante con proposte classiche.

19 cam - 120/145 € 195/230 € - 1 suite

piazza Vittorio Emanuele III 6 - 0323 739639 - www.hotelcannobio.com - Aperto 15 marzo-15 novembre

sulla strada statale 34 Sud : 2 km

Del Lago

CUCINA CREATIVA • ELEGANTE XXX Una moderna e raffinata cucina con piatti di carne e soprattutto di pesce, sia di lago che di mare, una sala di sobria eleganza avvolta da vetrate oppure, d'estate, in terrazza, in riva al lago. Graziose le camere, per sentirsi quasi ospiti di una dimora privata.

Carta 47/126 € 9 cam - 90/110 € 120/150 € - 1 suite - 10 €

via Nazionale 2, località Carmine Inferiore 28822 - 0323 70595 - www.hoteldellagocannobio.it - Aperto 20 marzo-1° novembre; chiuso mercoledì a mezzogiorno e martedì

CANOSA DI PUGLIA

Barletta-Andria-Trani (BT) - 76012 - 30 294 ab. - Alt. 105 m - Carta regionale n° **15**-B2

Roma 365 km - Bari 78 km - Foggia 28 km - Barletta 23 km

Carta stradale Michelin 564-D30

Locanda di Nunno

CUCINA REGIONALE • INTIMO XX Look raffinato per un ristorante con pochi tavoli e una cucina che - sebbene attinga al territorio - riesce ad essere originale: sicuramente una sosta da consigliare!

Menu 35/45 € - Carta 32/50 €

via Balilla 2 - ✆ 0883 615096 (consigliata la prenotazione) - Chiuso 22-30 agosto, domenica sera e lunedì

CANOVE

Vicenza - ✉ 36010 - Alt. 1 001 m - Carta regionale n° **23**-B2

Roma 579 km - Trento 74 km - Padova 88 km - Vicenza 60 km

Carta stradale Michelin 562-E16

Alla Vecchia Stazione

TRADIZIONALE • ACCOGLIENTE Ubicato di fronte al museo locale un hotel che presenta ambienti di buon livello con accessori e dotazioni in grado di garantire un soggiorno piacevole. Bella piscina e zona benessere, dove effettuare anche trattamenti e massaggi. Tre diverse sale ristorante per gli ospiti dell'hotel, i clienti di passaggio e i banchetti.

40 cam - †50/60 € ††100/140 € - 1 suite

via Roma 147 - ✆ 0424 692009 - www.allavecchiastazione.it - Chiuso aprile e ottobre

CANTALUPA

Torino (TO) - ✉ 10060 - 2 553 ab. - Alt. 459 m - Carta regionale n° **12**-B2

Roma 708 km - Torino 40 km - Milano 183 km - Cuneo 73 km

Carta stradale Michelin 561-H3

La Locanda della Maison Verte

FAMILIARE • PERSONALIZZATO È stato ispirandosi al verde circostante che la maison si è specializzata nella cure per la salute e la bellezza. In questa bucolica atmosfera l'antica cascina ottocentesca ha saputo mantenere intatto il fascino d'antan. Anche il ristorante è un omaggio al passato: è qui che si riscoprono i sapori tipici del territorio.

28 cam - †67/80 € ††95/108 € - 1 suite

via Rossi 34, per via XX Settembre - ✆ 0121 354610 - www.maisonvertehotel.com - Chiuso 1°-8 gennaio

Il Furtin

FAMILIARE • TRADIZIONALE Dedicato a tutti gli amanti della quiete e della storia: affacciato su una collina panoramica, un borgo contadino ottocentesco tra arredi semplici e qualche pezzo d'epoca.

5 cam - †65/75 € ††80/95 €

via Rocca 28, Nord: 2,5 km - ✆ 0121 354610 - www.ilfurtin.com - Chiuso 2 gennaio-31 marzo

CANTALUPO Milano → Vedere Cerro Maggiore

CANTALUPO LIGURE

Alessandria (AL) - ✉ 15060 - 527 ab. - Alt. 383 m - Carta regionale n° **12**-D3

Roma 553 km - Alessandria 65 km - Genova 59 km - Piacenza 117 km

Carta stradale Michelin 561-H9

Belvedere

CUCINA REGIONALE • FAMILIARE XX Animati da una coinvolgente passione per la cucina del territorio, riattualizzata, Fabrizio e Serena, fratello e sorella, si destreggiano mirabilmente ai fornelli; in sala, l'esperienza della madre. Ambiente rustico con elementi moderni.

Menu 32 € - Carta 28/54 €

località Pessinate 53, Nord: 7 km - ✆ 0143 93138 (prenotazione obbligatoria) - www.belvedere1919.it - Chiuso gennaio o febbraio e lunedì

CANTELLO

Varese - ✉ 21050 - 4 728 ab. - Alt. 404 m - Carta regionale n° **10**-A1
Roma 640 km - Como 26 km - Varese 10 km - Milano 67 km
Carta stradale Michelin 561-E8

Madonnina

CUCINA CLASSICA • ELEGANTE XX Cucina che segue le stagioni e piatti ricchi d'estro, in un ristorante di ricercata eleganza composto da vari ambienti per banchetti ed eventi.

Carta 43/61 €

Hotel Madonnina, largo Lanfranco da Ligurno 1, località Ligurno - ✆ 0332 417731 - www.madonnina.it - Chiuso lunedì

Madonnina

TRADIZIONALE • PERSONALIZZATO Un hotel di charme con camere raffinate, in una stazione di posta del '700 circondata da un bel parco-giardino: suite di Edda Ciano nella parte storica, camere per famiglie in quella moderna con piscina in terrazza e solarium.

24 cam - †70/90 € ††100/120 € - 2 suites - ☕ 10 €

largo Lanfranco da Ligurno 1, località Ligurno - ✆ 0332 417731 - www.madonnina.it

Madonnina - Vedere selezione ristoranti

CANTÙ

Como - ✉ 22063 - 39 930 ab. - Alt. 369 m - Carta regionale n° **10**-B1
Roma 614 km - Como 15 km - Milano 40 km - Lecco 33 km
Carta stradale Michelin 561-E9

La Scaletta

CUCINA MODERNA • AMBIENTE CLASSICO XX Tono classico-elegante per un ristorante con camere confortevoli, ubicato alle porte della città: cucina inventiva con piatti di carne e di pesce in sintonia con le stagioni.

Menu 29/40 € - Carta 39/59 € 8 cam ☕ - †45/50 € ††75/80 €

via Milano 30 - ✆ 031 716540 - www.trattorialascaletta.it - Chiuso 1 settimana in gennaio, 3 settimane in agosto, sabato a mezzogiorno e venerdì

Le Querce

CUCINA CLASSICA • ELEGANTE XX Le Querce, come gli alberi che ombreggiano il grande giardino nel quale si trova questo signorile ristorante, ben attrezzato anche per banchetti e ricevimenti. Cucina regionale e gustose proposte di pesce.

Carta 39/63 €

via Marche 27 - ✆ 031 731336 - www.ristorantelequerce.com - Chiuso 2 settimane in gennaio, 2 settimane in agosto, lunedì e martedì

CAORLE

Venezia - ✉ 30021 - 11 672 ab. - Carta regionale n° **23**-D2
Roma 594 km - Udine 83 km - Venezia 70 km - Treviso 60 km
Carta stradale Michelin 562-F20

Al Postiglione

PESCE E FRUTTI DI MARE • CONTESTO CONTEMPORANEO XX Con un bel dehors lungo la via del passeggio serale, un locale moderno dove gustare piatti di pesce, classici italiani e, in alternativa, la pizza (anche a mezzogiorno).

Carta 20/78 €

viale Santa Margherita 42 - ✆ 0421 81520 - www.alpostiglione.it - Aperto 1° marzo-31 ottobre

Sporting By Liu'

CUCINA MODERNA • CONTESTO CONTEMPORANEO XX Sicuramente una risorsa dall'anima moderna. Si divide, infatti, tra ristorante tradizionale con cucina sia di pesce sia di carne, il bar aperto dal mattino presto sino alla sera tardi e, last but not least, il salottino gourmet "By Liù": come una matrioska è un ristorantino all'interno del locale principale, dove la cuoca esprime attraverso un menu degustazione la propria vena creativa.

Menu 35 € (pranzo in settimana)/75 € - Carta 40/82 €

via Venier 1 - 0421 210156 - www.ristorantesportingbyliu.com - Chiuso lunedì e martedì in gennaio-maggio

Garden Sea

TRADIZIONALE • CLASSICO Solo la piazza divide dal mare questo hotel dagli ambienti luminosi arredati con gusto moderno e minimal; camere confortevoli, spesso ampie. Al ristorante, piatti con prevalenza di proposte mediterranee e stile moderno: in estate - a pranzo - si mangia a buffet.

52 cam - 79/129 € 99/199 €

piazza Belvedere 2 - 0421 210036 - www.hotelgarden.info - Aperto 15 aprile-16 ottobre

International Beach Hotel

TRADIZIONALE • CLASSICO Leggermente arretrato rispetto al mare, lungo un'arteria commerciale che in estate viene chiusa al traffico, due strutture sobriamente eleganti con aree riservate per il gioco dei più piccoli. Alcune camere sono state rinnovate in tempi recenti.

59 cam - 63/88 € 96/146 €

viale Santa Margherita 57 - 0421 81112 - www.internationalbeachhotel.it - Chiuso 20-28 dicembre e 7 gennaio-15 febbraio

Savoy

FAMILIARE • CLASSICO Per una vacanza tra bagni e tintarella è perfetto questo hotel fronte spiaggia dalla seria conduzione familiare; le camere sono state rinnovate in anni recenti. Capiente e luminosa la sala da pranzo, dove gustare una sana cucina mediterranea.

62 cam - 90/115 € 100/200 € - 2 suites

via Pascoli 1 - 0421 81879 - www.savoyhotel.it - Aperto 28 aprile-2 maggio e 13 maggio-23 settembre

a Porto Santa Margherita Sud-Ovest : 6 km oppure 2 km e traghetto ✉ 30021

Oliver

FAMILIARE • LUNGOMARE Offre ampi spazi esterni e un ambiente familiare questo piacevole albergo, posizionato direttamente sul mare, con piccola pineta e piscina al limitare della spiaggia. Classica e luminosa la sala da pranzo.

66 cam - 78/102 € 105/185 € - 15 €

viale Lepanto 3 - 0421 260002 - www.hoteloliver.it - Aperto 15 maggio-20 settembre

a San Giorgio di Livenza Nord-Ovest : 12 km ✉ 30020

Al Cacciatore

PESCE E FRUTTI DI MARE • FAMILIARE XX Qui la qualità del pesce teme pochi confronti: guidati dal titolare che vi illustrerà il pescato del giorno, ne serberete il ricordo di uno dei migliori ristoranti di mare della zona.

Menu 15/100 € - Carta 35/53 €

corso Risorgimento 35 - 0421 80331 - www.ristorantealcacciatore.it - Chiuso 1° 10 gennaio, 1°-15 luglio e mercoledì

CAPALBIO

Grosseto - 58011 - 4 129 ab. - Alt. 217 m - Carta regionale n° **18**-C3
Roma 130 km - Grosseto 59 km - Civitavecchia 62 km - Orbetello 23 km
Carta stradale Michelin 563-O16

Tullio

CUCINA TOSCANA • AMBIENTE CLASSICO XX Poco distante dall'antica cinta muraria, ristorante familiare che dispone di una sala interna d'atmosfera e di una terrazza, dove assaporare le specialità del territorio.

Carta 31/69 €

via Nuova 27 - 0564 896196 - www.tulliocapalbio.it - Chiuso mercoledì escluso luglio-agosto; aperto solo venerdì sera, domenica a pranzo e sabato dal 1° ottobre a Pasqua

Agriturismo Ghiaccio Bosco

FAMILIARE • PERSONALIZZATO Bella piscina e confortevoli camere con piccole personalizzazioni (alcune dispongono di romantico letto a baldacchino), nonché accesso indipendente dal giardino. Tutt'intorno un lussureggiante parco.

14 cam - 60/90 € 85/140 €

strada della Sgrilla 4, Nord-Est: 4 km - 0564 896539 - www.ghiacciobosco.com - Chiuso 7 gennaio-15 marzo

CAPANNORI Lucca → Vedere Lucca

CAPO D'ORLANDO

Messina - 98071 - 13 254 ab. - Carta regionale n° **17**-C1
Catania 128 km - Palermo 143 km - Messina 88 km
Carta stradale Michelin 365-AX55

La Tartaruga

TRADIZIONALE • LUNGOMARE Ubicato nel vero fulcro turistico della località, questa risorsa, affacciata sulla spiaggia, offre una buona ospitalità grazie a camere confortevoli e alla gestione attenta.

48 cam - 65/80 € 110/125 €

Lido San Gregorio 41 - 0941 955421 - www.hoteltartaruga.it - Aperto 1° aprile-30 settembre

Il Mulino

BUSINESS • LUNGOMARE Albergo ubicato sul lungomare offre ai suoi ospiti ambienti totalmente rinnovati, sia nel settore camere sia nelle aree comuni. Al ristorante, oltre alla carta tradizionale anche proposte del giorno secondo il mercato.

85 cam - 70/110 € 100/150 €

lungomare Andrea Doria 46 - 0941 902431 - www.hotelilmulino.it

CAPOLAGO Varese → Vedere Varese

CAPOLIVERI Livorno → Vedere Elba (Isola d')

CAPPELLA DÉ PICENARDI

Cremona - 26030 - 450 ab. - Alt. 42 m - Carta regionale n° **9**-C3
Roma 498 km - Parma 51 km - Cremona 18 km - Mantova 48 km

Locanda degli Artisti

CUCINA LOMBARDA • ROMANTICO X All'interno di una cascina ristrutturata con fantasia e originalità, ricca di cimeli storici, la cucina ripercorre la storia della tradizione lombarda, a cavallo tra Cremona e Mantova, fra marubini e tortelli di zucca.

Menu 17 € (pranzo in settimana) - Carta 31/53 €

via XXV Aprile 13/1 - 0372 835576 - www.locandadegliartisti.it - Chiuso domenica sera e lunedì

CAPRESE MICHELANGELO

Arezzo – ✉ 52033 – 1 426 ab. – Alt. 653 m – Carta regionale n° **18**-D1

▶ Roma 262 km – Arezzo 40 km – Firenze 113 km – Perugia 93 km

Carta stradale Michelin 563-L17

Il Rifugio

CUCINA REGIONALE • TRATTORIA Funghi e tartufi, ma anche pesce e la sera pizza, in un rustico locale di campagna con veranda esterna e gazebo in legno nel giardino. Solida e simpatica gestione familiare.

Menu 15 € (pranzo in settimana)/45 € – Carta 16/55 €

località Lama 47, Ovest: 2 km – ✆ 0575 793968 – Chiuso mercoledì escluso agosto

CI PIACE...

Degustare il mitico raviolo caprese nella terrazza ***Da Gelsomina*** con vista sul Golfo di Napoli. Cenare a lume di candela - a picco sul mare - nel tavolo privato in grotta del ***Caesar Augustus***. Nell'isola mondana per eccellenza, imperdibile è l'aperitivo al ***Grand Hotel Quisisana***.

CAPRI (Isola di)

(NA) – 7 205 ab. – Carta regionale n° **4**-B3
Carta stradale Michelin 564-F24

Il simbolo 🍇 segnala una carta dei vini particolarmente interessante.

Anacapri – ✉ 80071 – 6 946 ab. – Alt. 275 m – Carta regionale n° **4**-B3

Carta stradale Michelin 564-F24

✿✿ L'Olivo

CUCINA CREATIVA • LUSSO XXXXX Un vasto e raffinato salotto dove illuminazione, tessuti e decorazioni creano un'ineguagliata armonia di stile e benessere che il servizio eleva a caratura internazionale; in cucina l'ischitano Migliaccio si fa portabandiera di piatti mediterranei e creativi, eleganti e sofisticati.

➜ Tortelli di stoccafisso con patate alla pizzaiola, origano ed olive disidratate. Cappesante con asparagi, uova di quaglia, zabajone allo Champagne e caviale. Babà all'arancia, gelato al rhum e composta di more.

Carta 128/188 €

Pianta: B1-p – *Capri Palace Hotel* – *☎ 081 978 0111 (prenotare)* – *www.capripalace.com* – *solo a cena* – *Aperto Pasqua-31 ottobre*

Capri Palace Hotel

GRAN LUSSO • ORIGINALE Svetta sui tetti di Anacapri, domina il mare e custodisce straordinarie opere d'arte contemporanea, questo celebre albergo dai soffici colori dotato di una spa di prim'ordine e camere di alto livello, alcune con piscina privata. Un inno allo stile mediterraneo nella sua massima espressione! A pranzo ci si accomoda al Ragù per una cucina campana e, volendo, anche per la pizza.

51 cam ☕ – †520/1220 € ††520/1220 € – 18 suites

Pianta: B1-p – *via Capodimonte 14* – *☎ 081 978 0111* – *www.capripalace.com* – *Aperto Pasqua-31 ottobre*

✿✿ **L'Olivo** – Vedere selezione ristoranti

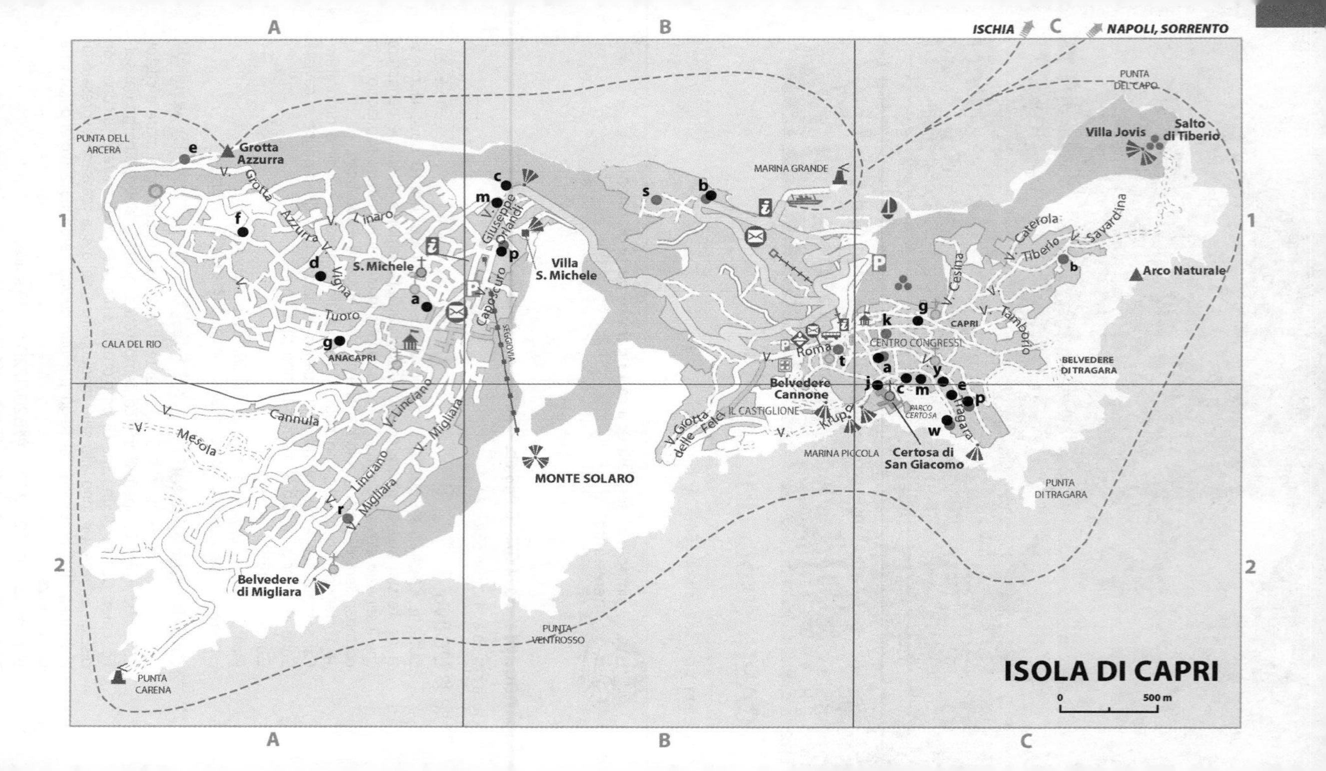
ISOLA DI CAPRI
ISCHIA
NAPOLI, SORRENTO
PUNTA DEL CAPO
Villa Jovis
Salto di Tiberio
Arco Naturale
MARINA GRANDE
PUNTA DELL ARCERA
Grotta Azzurra
V. Grotta Azzurra
V. Linaro
V. Vigna
S. Michele
Tuoro
CALA DEL RIO
ANACAPRI
V. Giuseppe Orlandi
V. Caposcuro
SEGGIOVIA
Villa S. Michele
MONTE SOLARO
V. Cannula
V. Mesola
V. Linciano
V. Migliara
Belvedere di Migliara
PUNTA VENTROSSO
PUNTA CARENA
V. Roma
CENTRO CONGRESSI
CAPRI
V. Cesina
V. Tamborio
V. Caterola
V. Tiberio
V. Savardina
BELVEDERE DI TRAGARA
PUNTA DI TRAGARA
Belvedere Cannone
IL CASTIGLIONE
V. Grotta delle Felci
V. Krupp
MARINA PICCOLA
PARCO CERTOSA
Certosa di San Giacomo
V. Tragara
0
500 m

Caesar Augustus

GRAN LUSSO • PERSONALIZZATO Nell'altera e discreta Anacapri, la vista da questo albergo è tra le più belle dell'intera isola! Qui nulla è lasciato al caso: gli eleganti arredi o l'ascensore d'epoca cattureranno la vostra attenzione, come del resto la suggestiva piscina a picco sul mare. Se a pranzo, magari all'aperto, le proposte sono decisamente easy, la sera si cena presso "La Terrazza di Lucullo" scegliendo da una carta importante e soli due tavolini proiettati sul mare.

51 cam – †400/1200 € ††400/1200 € – 5 suites

Pianta: B1-c – *via Orlandi 4 – ✆ 081 837 3395 – www.caesar-augustus.com – Aperto 12 aprile-29 ottobre*

Villa Ceselle

CASA DI CAMPAGNA • MEDITERRANEO Non lontano dal centro di Anacapri, la villa fu un salotto letterario che ospitò tra gli altri lo scrittore Alberto Moravia con la moglie Elsa Morante; oggi si apre ai turisti con camere moderne e confortevoli. Inoltre, si offre un comodo servizio navetta per il proprio panoramico ristorante Gelsomina.

10 cam – †110/130 € ††130/150 € – 3 suites

Pianta: A1-g – *via Ceselle 18 – ✆ 081 838 2236 – www.villaceselle.com – Chiuso 1° gennaio-19 marzo*

Al Mulino

CASA DI CAMPAGNA • MEDITERRANEO Una ex fattoria immersa in un curatissimo giardino, collocato nella parte più "nobile" e riservata della località, quindi distante da centro, shopping e frastuono. Tutte le camere sono dotate di un grazioso patio privato.

7 cam – †80/180 € ††100/250 €

Pianta: A1-f – *via La Fabbrica 9 – ✆ 081 838 2084 – www.mulino-capri.com – Aperto 1° aprile-31 ottobre*

Bellavista

CASA PADRONALE • VINTAGE Sfoggia un'aria démodé negli interni anni '60 questa struttura con caratteristica architettura del luogo, dove la realtà non smentisce il nome: è davvero splendido il panorama del golfo da uno dei più antichi alberghi dell'isola!

14 cam – †70/200 € ††100/400 € – 2 suites

Pianta: B1-m – *via Orlandi 10 – ✆ 081 837 1463 – www.bellavistacapri.com – Aperto 1° aprile-31 ottobre*

Casa Mariantonia

BOUTIQUE HOTEL • MEDITERRANEO Nel centro di Anacapri, storica risorsa che ospitò anche Totò e Moravia. L'attuale giovane gestione ha dato un nuovo slancio alla casa, che rimane sempre raffinata negli arredi e con un delizioso giardino agrumeto dove si apparecchiano i tavoli del semplice ristorante La Zagara. Sul corso pedonale - da poco - si è aperta la Vineria serale.

9 cam – †120/360 € ††140/380 €

Pianta: A1-a – *via Orlandi 180 – ✆ 081 837 2923 – www.casamariantonia.com – Aperto 20 marzo-2 novembre*

Il Giardino dell'Arte

FAMILIARE • REGIONALE Tra gli orti e i giardini delle ville di Anacapri, gli ospiti passano ore indimenticabili sulle terrazze vista mare. Ceramiche vietresi e letti in ferro battuto nelle accoglienti camere.

5 cam – †60/150 € ††80/150 €

Pianta: A1-d – *traversa la Vigna 32/b – ✆ 081 837 3025 – www.giardinocapri.com – Aperto 1° aprile-5 novembre*

alla Grotta Azzurra Nord-Ovest : 4,5 km

Il Riccio

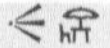

CUCINA CAMPANA • STILE MEDITERRANEO XX L'alta cucina mediterranea si fa strada in un ristorante balneare a picco sul mare, semplice e sofisticato al tempo stesso, radical chic dal divertente "vestito" bianco e blu. Troverete tanto pesce, nelle più saporite interpretazioni campane, ma lasciate un posto anche per i dolci facendovi accompagnare nella stanza delle tentazioni.

➜ Tagliolini con crema di scarola, tonno crudo e cotto, bottarga. Medaglione di baccalà in crosta di pane con insalata di rinforzo e salsa di peperoni. La stanza delle tentazioni (dolci a buffet).

Carta 88/195 €

Pianta: A1-e - *via Gradola 4/11 - ✆ 081 837 1380 - www.capripalace.com - Aperto Pasqua-20 ottobre; chiuso le sere di lunedì, martedì e mercoledì*

a Migliara Sud-Ovest : 30 mn a piedi

Da Gelsomina

CUCINA REGIONALE • LOCANDA X A piedi, o (previa telefonata) in navetta, si raggiunge un'autentica trattoria familiare e a pochi metri dal locale, i panorami mozzafiato del parco dei filosofi.

Menu 35 € (in settimana)/50 € - Carta 36/73 € 5 cam - †95/130 € ††130/180 €

Pianta: A2-r - *via Migliara 72 - ✆ 081 837 1499 - www.dagelsomina.com - Aperto 16 marzo-19 novembre; chiuso martedì escluso aprile-ottobre*

Capri - ✉ 80073 - 7 205 ab. - Alt. 142 m - Carta regionale n° **4**-B3

Carta stradale Michelin 564-F24

Mammà (Gennaro Esposito)

CUCINA CREATIVA • CONTESTO CONTEMPORANEO XX A pochi passi dalla celebre piazzetta, porta la cifra di Gennaro Esposito, chef pluristellato, questo grazioso ristorante dalle tinte mediterranee e dai sapori campani, con un occhio di riguardo per i piatti della grande tradizione caprese. Nell'adiacente locale dalle caratteristiche volte seicentesche troverete una fornita cantina vini con zona degustazione e aperitivi.

➜ Risotto alla zuppa di cozze mantecato all'aglio ed olio. Merluzzo gratinato alla caprese. Mousse al mango con cremoso al mascarpone e sorbetto al cocco.

Menu 85/115 € - Carta 65/127 €

Pianta: B1-t - *via Madre Serafina 6 - ✆ 081 837 7472 - www.ristorantemamma.com - Aperto 8 aprile-7 ottobre*

Rendez Vous

CUCINA MODERNA • CHIC XXX Nell'elegante sala interna, o in terrazza affacciati sulla via dello shopping per guardare o... farsi ammirare, l'appuntamento è con piatti campani e con il meglio della cucina classica di un albergo esclusivo, ma anche con piacevoli aperitivi e tante bollicine. Il servizio è sempre all'altezza!

Menu 30 € (pranzo)/90 € - Carta 68/212 €

Pianta: C1-a - *Grand Hotel Quisisana, via Camerelle 2 - ✆ 081 837 0788 - www.quisisana.com - Aperto 1° aprile-29 ottobre*

Monzù

CUCINA MODERNA • LUSSO XXX La vista su Faraglioni, mare e Capri, soprattutto se si opta per il servizio all'aperto, vale già metà dell'esperienza: al resto, ci pensa il romanticismo dei lumi delle candele, ma soprattutto il cuoco indigeno che propone sapori campani rivisitati e rielaborati con gusto e fantasia.

Carta 71/127 €

Pianta: C2-p - *Hotel Punta Tragara, via Tragara 57 - ✆ 081 837 0844 - www.hoteltragara.com - Aperto 15 aprile-15 ottobre*

Terrazza Brunella

CUCINA CLASSICA • ACCOGLIENTE XX In posizione panoramica sulla baia di Marina Piccola, ristorante la cui veranda è aperta su tre lati, la cucina spazia con abilità dalle specialità capresi e campane, ai piatti italiani più celebri nel mondo. A pranzo si può optare anche per un menu light molto tradizionale.

Carta 50/112 €

Pianta: C2-w - *Hotel Villa Brunella, via Tragara 24 - ☎ 081 837 0122 (consigliata la prenotazione) - www.terrazzabrunella.com - Aperto 7 aprile-29 ottobre*

Aurora

CUCINA CAMPANA • FAMILIARE XX In un caratteristico vicolo del centro, la terza generazione porta avanti un ristorante la cui fama sta ormai facendo il giro del mondo in virtù di una cucina campana, dove trova spazio anche la pizza all'acqua. Per ingannare l'attesa del tavolo, ci si può intrattenere nella modaiola champagneria davanti al locale.

Carta 52/120 €

Pianta: C1-k - *via Fuorlovado 18 - ☎ 081 837 0181 (consigliata la prenotazione) - www.auroracapri.com - Aperto 1° aprile-31 ottobre*

Da Tonino

CUCINA CAMPANA • STILE MEDITERRANEO XX Armatevi di pazienza, perché per raggiungerlo bisogna camminare un po', ma una volta arrivati a destinazione, vi attendono sapori mediterranei ed una carta dei vini veramente inebriante: la bella cantina custodisce infatti più di 15000 bottiglie.

Menu 40/70 € - Carta 46/76 €

Pianta: C1-b - *via Dentecala 12 - ☎ 081 837 6718 (consigliata la prenotazione) - www.ristorantedatonino.it - Chiuso 7 gennaio-14 marzo*

Grand Hotel Quisisana

GRAN LUSSO • CLASSICO Nato nell'Ottocento come sanatorio, oggi è una delle icone dell'isola. Davanti scorre la rutilante mondanità dello shopping, nel giardino: silenzio, mare e faraglioni. Vicino alla piscina, il ristorante La Colombaia propone specialità regionali, grigliate ed anche pizza da forno a legna.

131 cam ☕ - †300/790 € ††300/790 € - 16 suites

Pianta: C1-a - *via Camerelle 2 - ☎ 081 837 0788 - www.quisisana.com - Aperto 1° aprile-29 ottobre*

Rendez Vous - Vedere selezione ristoranti

Capri Tiberio Palace

LUSSO • PERSONALIZZATO A pochi minuti dal centro, architettura eclettica che sposa richiami agli anni Cinquanta e Sessanta con soluzioni più contemporanee. Si crea così una convincente idea di viaggio. Belli gli ampi balconi incorniciati da archi e suggestive soluzioni di design per la sala da pranzo con sfogo in terrazza; cucina tradizionale e kosher.

56 cam ☕ - †545/1320 € ††545/1320 € - 13 suites

Pianta: C1-g - *via Croce 11/15 - ☎ 081 978 7111 - www.capritiberiopalace.com - Aperto 17 aprile-18 ottobre*

Punta Tragara

GRAN LUSSO • ORIGINALE Posizione irripetibile su Capri e i Faraglioni, per una struttura degli anni '20 progettata dalla fervida mente di Le Corbusier. Durante la II guerra mondiale vi soggiornarono Eisenhower e Churchill. Oggi i suoi interni moderni ospitano camere di riposante sobrietà, mentre dalle favolose terrazze si gode di una vista mozzafiato. A completare l'offerta, c'è anche un'intima e gradevole beauty farm.

38 cam ☕ - †480/1300 € ††480/1400 € - 6 suites

Pianta: C2-p - *via Tragara 57 - ☎ 081 837 0844 - www.hoteltragara.com - Aperto 15 aprile-15 ottobre*

Monzù - Vedere selezione ristoranti

Scalinatella

LUSSO • MEDITERRANEO Chi ama gli spazi non rimarrà deluso! In questa splendida costruzione "a cascata" si dorme quasi sempre in junior suite con pavimenti in ceramica di Vietri e arredi d'epoca. Dalla maggior parte delle camere la vista si posa su mare e certosa di San Giacomo. Pranzi easy a bordo piscina.

30 cam - †490/890 € ††490/1600 € - 1 suite

Pianta: C2-e - *via Tragara 8 - 081 837 0633 - www.scalinatella.com - Aperto 1° aprile-31 ottobre*

Casa Morgano

LUSSO • MEDITERRANEO Immersa nel verde, sorge questa raffinata struttura che vanta camere spaziose, arredate con estrema ricercatezza. A pranzo, possibilità di un pasto leggero a bordo piscina.

27 cam - †230/610 € ††230/610 €

Pianta: C1-y - *via Tragara 6 - 081 837 0158 - www.casamorgano.com - Aperto 1° aprile-31 ottobre*

Luna

TRADIZIONALE • CLASSICO Una struttura in perfetto stile caprese - a picco sulla scogliera - con ambienti luminosi e fresche maioliche. Grande giardino fiorito e terrazza da cui contemplare il mare, i Faraglioni e la Certosa: un sogno mediterraneo!

50 cam - †200/230 € ††480/510 € - 4 suites

Pianta: C1-2-j - *viale Matteotti 3 - 081 837 0433 - www.lunahotel.com - Aperto Pasqua-31 ottobre*

Villa Brunella

TRADIZIONALE • MEDITERRANEO Camere spaziose ed eleganti, dove gli arredi vi guidano alla scoperta del fascino locale: alcune offrono grandi terrazze e comodi salotti, optando invece per quelle più in basso si perde parte della vista per guadagnare in spazi verdi di giardino. La vita qui si svolge in verticale, quale modo del resto per essere più fedeli all'immagine di Capri?

20 cam - †160/240 € ††180/295 €

Pianta: C2-w - *via Tragara 24 - 081 837 0122 - www.villabrunella.it - Aperto 7 aprile-29 ottobre*

Terrazza Brunella - Vedere selezione ristoranti

La Minerva

FAMILIARE • MEDITERRANEO Decorate con tipiche ceramiche vietresi, le sue camere sono ampie, panoramiche, tutte dotate di terrazza o balcone; ottima la prima colazione, mentre pranzi leggeri sono serviti a bordo piscina. Per un surplus di relax, c'è anche una piccola saletta per massaggi.

16 cam - †80/140 € ††190/490 €

Pianta: C1-m - *via Occhio Marino 8 - 081 837 7067 - www.laminervacapri.com - Aperto 30 marzo-3 novembre*

Canasta

TRADIZIONALE • MEDITERRANEO Semplice nei servizi e negli spazi comuni, non deluderanno invece le camere: in genere spaziose e con eleganti ceramiche vietresi.

16 cam - †80/310 € ††90/320 €

Pianta: C1-c - *via Campo di Teste 6 - 081 837 0561 - www.hotelcanastacapri.it - Aperto 1° marzo-30 novembre*

Budget modesto? Optate per il menu del giorno generalmentea prezzo più contenuto.

Marina Grande - 80073 - Carta regionale n° 4-B3

Carta stradale Michelin 564-F24

JKitchen

CUCINA MODERNA • INTIMO XXX A Capri quasi tutta la stagione permette di mangiare sul terrazzo che la sera potrebbe regalarvi la meraviglia della luna caprese, all'interno sempre pronto il salotto raffinato, è il JKichten: cucina moderna, contemporanea su base locale e con aperture nazionali.

Menu 110/150 € - Carta 82/122 €

Pianta: B1-b - *Hotel J.K. Place Capri, via Provinciale 225 - 081 838 4001 (prenotazione obbligatoria) - www.jkcapri.com - Aperto 21 aprile-23 ottobre*

Da Paolino Lemontrees

CUCINA REGIONALE • CONTESTO TRADIZIONALE XX Locale rustico, molto luminoso, immerso nel verde: la "sala" è la limonaia sotto le cui fronde sono allestiti i tavoli. Cucina ricca e variegata secondo la migliore tradizione campana.

Carta 46/123 €

Pianta: B1-s - *via Palazzo a Mare 11 - 081 837 6102 (consigliata la prenotazione) - www.paolinocapri.com - solo a cena escluso in aprile-maggio - Aperto Pasqua-15 ottobre; chiuso mercoledì escluso giugno-agosto*

J.K. Place Capri

LUSSO • PERSONALIZZATO L'atmosfera e l'accoglienza di un'elegante residenza privata, dove una successione di salotti vi porta tra librerie e oggetti d'arte. Per chi non vuole rinunciare a bagnarsi nell'acqua di mare, nonostante la splendida piscina, l'albergo offre uno dei pochi accessi diretti alla spiaggia dell'isola.

22 cam - †900/2150 € ††900/2150 €

Pianta: B1-b - *via Provinciale 225 - 081 838 4001 - www.jkcapri.com - Aperto 21 aprile-23 ottobre*

JKitchen - Vedere selezione ristoranti

CAPRIATA D'ORBA

Alessandria - ✉ 15060 - 1 862 ab. - Alt. 176 m - Carta regionale n° **12**-C3

Roma 575 km - Alessandria 25 km - Genova 63 km - Milano 101 km

Carta stradale Michelin 561-H8

Il Moro

CUCINA PIEMONTESE • FAMILIARE X In centro paese, all'interno di un palazzo del '600, una trattoria dai soffitti a volta e sulla tavola la vera cucina alessandrina: agnolotti al "tocco" - guancino di fassona e peperonata - semifreddo alla nocciola e cioccolato fondente. Piccola enoteca annessa.

Menu 20/45 € - Carta 28/47 €

piazza Garibaldi 7 - 0143 46157 - www.ristoranteilmoro.it - Chiuso 26 dicembre-4 gennaio, 1 settimana in giugno, 1 settimana in agosto-settembre e lunedì; da ottobre a Pasqua aperto solo su prenotazione

CAPRIATE SAN GERVASIO

Bergamo (BG) - ✉ 24042 - 8 066 ab. - Alt. 190 m - Carta regionale n° **10**-C2

Roma 606 km - Milano 47 km - Bergamo 18 km - Monza 29 km

Carta stradale Michelin 561-F10

Kanton Restaurant

CUCINA CINESE • DI TENDENZA XX Il Kanton ha aperto un mondo nuovo agli italiani che non conoscevano la vera cucina cinese: i sapori d'Oriente vengono qui proposti con finezza, a piatti che si avvicinano alla tradizione se ne troveranno altri più contemporanei. Per godere appieno dell'offerta, conviene farsi consigliare dal servizio di sala.

Menu 42 € - Carta 32/55 €

via Antonio Gramsci 17 - 02 9096 2671 - www.kantonrestaurant.it - Chiuso lunedì

CAPRILE Belluno → Vedere Alleghe

CAPRI LEONE Sicilia

Messina - ✉ 98070 - 4 515 ab. - Alt. 400 m - Carta regionale n° **17**-C2
Catania 192 km - Messina 97 km - Palermo 139 km
Carta stradale Michelin 365-AX55

Antica Filanda

CUCINA REGIONALE • ELEGANTE XX La vista unisce mare e monti, ma la cucina sceglie questi ultimi: la tradizione dell'entroterra rivisitata con ottimi prodotti del territorio ed una predilizione per il maialino nero in tutte le declinazioni, dai salumi ai ragù. Camere nuove ed accoglienti.

Menu 40/60 € - Carta 27/59 € 16 cam - †60/80 € ††100/125 €

contrada Raviola strada statale 157 - ✆ 0941 919704 - www.anticafilanda.net - Chiuso 15 gennaio-28 febbraio e lunedì

CAPRIVA DEL FRIULI

Gorizia - ✉ 34070 - 1 713 ab. - Alt. 49 m - Carta regionale n° **6**-C2
Roma 636 km - Udine 27 km - Gorizia 9 km - Pordenone 74 km
Carta stradale Michelin 562-E22

Tavernetta al Castello

CUCINA REGIONALE • RUSTICO XX Il verde dei vigneti e del vicino campo da golf allieta la taverna di tono rustico-elegante con l'immancabile camino, dove gustare piatti regionali legati alle stagioni. Camere confortevoli per un soggiorno di tranquillità e al di là della strada, oltre alla club house, c'è anche una gradevole osteria.

Menu 49 € (in settimana) - Carta 35/58 € 10 cam - †92 € ††180 €

via Spessa 7, Nord: 1 km - ✆ 0481 808228 - www.tavernettaalcastello.it - Chiuso 2 settimane in gennaio-febbraio, domenica sera e lunedì

Castello di Spessa

DIMORA STORICA • VINTAGE Poche ed esclusive camere per una vacanza di relax a contatto con la storia, in questo castello ottocentesco che ha ospitato i signori della nobiltà friulana, celato da un parco secolare. Splendida vista sui vigneti e sul campo da golf.

15 cam - †125/170 € ††170/230 €

via Spessa 1, Nord: 1,5 km - ✆ 0481 808124 - www.castellodispessa.it

Relais Russiz Superiore

CASA DI CAMPAGNA • ACCOGLIENTE Circondato da vigneti di proprietà, senza telefono né televisore nelle camere, un antico casale ristrutturato si propone come oasi ideale per chi è in cerca di tranquillità e relax. Incantevole posizione panoramica.

7 cam - †60/90 € ††136/150 €

località Russiz Superiore, via Russiz 7 - ✆ 331 663 6919 - www.marcofelluga.it - Chiuso 1° dicembre-28 febbraio

CARAGLIO

Cuneo - ✉ 12023 - 6 836 ab. - Alt. 575 m - Carta regionale n° **12**-B3
Roma 660 km - Cuneo 12 km - Alessandria 131 km - Torino 99 km
Carta stradale Michelin 561-I4

Il Portichetto

CUCINA DEL TERRITORIO • AMBIENTE CLASSICO XX Nel cortiletto di un edificio d'epoca, un piccolo portico introduce a questo grazioso ristorante ricco di personalizzazioni ed eleganza. Dalla cucina piatti piemontesi e sapori regionali, i prodotti qui non mancano: dallo zafferano all'aglio passando per il manzo e il Castelmagno.

Carta 29/53 €

via Roma 178 - ✆ 0171 817575 - www.ilportichetto.altervista.org - Chiuso lunedì a mezzogiorno

CARAMANICO TERME

Pescara - ✉ 65023 - 1 929 ab. - Alt. 650 m - Carta regionale n° **1**-B2
Roma 191 km - Pescara 54 km - L'Aquila 79 km - Chieti 43 km
Carta stradale Michelin 563-P23

Locanda del Barone

CUCINA REGIONALE • CASA DI CAMPAGNA ✗ Posizione tranquilla e panoramica per una bella casa dai toni rustici, ma molto accogliente. Specialità: chitarrina di saragolla con agnello, carciofi e pomodorini - spalla di maialino nero al forno.

Carta 23/45 € 6 cam ☕ - †40/50 € ††80 €

località San Vittorino, Sud: 3 km - ✆ 085 92584 (consigliata la prenotazione) - www.locandadelbarone.it - Chiuso lunedì escluso da maggio a settembre

La Réserve

SPA E WELLNESS • MODERNO Oasi di pace e benessere nel parco della Maiella, l'hotel che vanta una bella posizione panoramica dispone di ambienti moderni e di design. Attrezzato centro benessere-termale. Ampiezza e luminosa ariosità degli spazi anche nel ristorante.

72 cam ☕ - †240/340 € ††240/340 € - 4 suites

località Santa Croce - ✆ 085 92391 - www.lareserve.it - Chiuso 6 gennaio-31 marzo

CARATE BRIANZA

Monza e Brianza - ✉ 20841 - 17 884 ab. - Alt. 250 m - Carta regionale n° **10**-B1
Roma 600 km - Como 30 km - Monza 15 km - Milano 34 km
Carta stradale Michelin 561-E9

Il Ritrovo

CUCINA MODERNA • ACCOGLIENTE ✗✗ E' un piacere ritrovarsi in questo locale curato ed accogliente, in cui gustare specialità di pesce d'ispirazione siciliana (con tocchi esotici che derivano dalle esperienze di viaggio dello chef), nonché ricette a base di carne d'impronta più tradizionale lombarda.

Menu 40/65 € - Carta 40/74 €

via Ugo Bassi 1 bis - ✆ 0362 902287 - www.ristoranteilritrovo.mb.it - solo a cena escluso domenica - Aperto 16 ottobre-14 giugno

La Piana

CUCINA CLASSICA • ACCOGLIENTE ✗✗ Nel centro della località, piccolo locale di tono moderno ospitato in un'accogliente corte lombarda. Cucina regionale e lariana, qualche piatto tipico del passato rispolverato e menu d'affari a pranzo.

Menu 29 € - Carta 25/45 €

via Zappelli 15 - ✆ 0362 909266 - www.ristorantelapiana.it - Chiuso 10 giorni in gennaio, 15-30 agosto, domenica sera e lunedì

Camp di Cent Pertigh

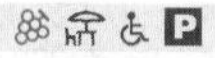

CUCINA LOMBARDA • RUSTICO ✗ All'interno di una caratteristica cascina lombarda, il ristorante che occupa soltanto una parte dell'edificio, è arredato secondo uno stile rustico-elegante; cucina di taglio regionale e ampia selezione di vini.

Menu 42/52 € - Carta 44/68 €

Cascina Contrevaglio, via Trento Trieste 63, Est: 1 km, strada per Besana - ✆ 0362 900331 - www.campdicentpertigh.it - Chiuso 27 dicembre-22 gennaio, 12-23 agosto e martedì

CARATE URIO

Como (CO) - ✉ 22010 - 1 171 ab. - Alt. 204 m - Carta regionale n° **10**-B1
Roma 646 km - Como 13 km - Varese 39 km - Milano 60 km
Carta stradale Michelin 561-E9

Acquadolce

CUCINA MODERNA • CONTESTO CONTEMPORANEO XX Direttamente sul lago - raggiungibile anche in barca grazie al suo pontile - due luminose sale ed una meravigliosa veranda per una cucina di stampo moderno, sia di carne sia di pesce.

Carta 37/100 €

via Regina Vecchia 26 - 031 400260 (consigliata la prenotazione) - www.ristoranteacquadolce.it - Chiuso 2 novembre-6 dicembre, lunedì e martedì a mezzogiorno

CARBONARA DI BARI Bari → Vedere Bari

CARBONARA SCRIVIA

Alessandria - ✉ 15050 - 1 122 ab. - Alt. 177 m - Carta regionale n° **12**-C2
Roma 563 km - Alessandria 27 km - Genova 71 km - Milano 80 km
Carta stradale Michelin 561-H8

Locanda Malpassuti

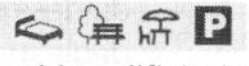

CUCINA REGIONALE • ROMANTICO XX Un'insegna in ferro, un vecchio edificio in centro, una sala con mobili e sedie in stile; in cucina però la tradizione viene rinnovata con elaborazioni interessanti.

Menu 45 € - Carta 38/64 € 6 cam - †70/95 € ††100/150 €

vicolo Cantù 11 - 0131 892643 (consigliata la prenotazione) - www.malpassutiguest.it - solo a cena escluso sabato-domenica - Chiuso lunedì

CARLENTINI Sicilia

Siracusa - ✉ 96013 - 17 798 ab. - Alt. 200 m - Carta regionale n° **17**-D2
Catania 33 km - Palermo 227 km - Ragusa 77 km - Siracusa 54 km
Carta stradale Michelin 365-AZ60

verso Villasmundo Sud-Est : 4 km

Agriturismo Tenuta di Roccadia

CASA DI CAMPAGNA • TRADIZIONALE Camere semplici per una vacanza che si svolgerà all'aperto in una tenuta agricola, tra orto botanico ed equitazione. Sala dall'ambientazione rustica al ristorante, dove si utilizzano i prodotti dell'azienda elaborati in ricette isolane.

20 cam - †45/70 € ††70/100 €

contrada Roccadia, str. prov. 95 al km 43 ✉ 96013 Carlentini - 095 990362 - www.roccadia.com

CARLOFORTE Sardegna Carbonia-Iglesias → Vedere San Pietro (Isola di)

CARMIGNANO

Prato - ✉ 59015 - 14 450 ab. - Alt. 189 m - Carta regionale n° **18**-C1
Roma 298 km - Firenze 30 km - Prato 14 km - Pistoia 18 km
Carta stradale Michelin 563-K15

ad Artimino Sud : 7 km ✉ 59015 - Alt. 260 m

Da Delfina

CUCINA TOSCANA • CASA DI CAMPAGNA XX Tipicità e lunga tradizione per questo locale, dove gustare piatti del territorio: d'estate, sulla bella terrazza panoramica.

Carta 31/57 €

via della Chiesa 1 - 055 871 8074 - www.dadelfina.it - Chiuso 2 settimane in gennaio o febbraio, 22-28 agosto, domenica sera escluso in estate, martedì a pranzo e lunedì

CARNELLO Frosinone ➜ Vedere Arpino

CAROVIGNO

Brindisi – ✉ 72012 – 16 615 ab. – Alt. 161 m – Carta regionale n° **15**-C2
Roma 525 km – Brindisi 33 km – Bari 97 km – Taranto 60 km
Carta stradale Michelin 564-E34

Già Sotto l'Arco (Teresa Galeone)

CUCINA CREATIVA • ELEGANTE XXX Un salotto la piazza su cui si affaccia, ma ancor più signorile il ristorante, al primo piano di un bel palazzo barocco. Cortesia e professionalità nel servizio, dalla cucina arrivano piatti creativi, sia di pesce che di carne.

➜ Ravioli di burrata su crema di caciocavallo podolico e gocce di pomodoro confit. Quaglia intera tartufata con misticanza di stagione e purè di patate. Cestino di pasta fillo alla banana con mousse di cioccolato fondente alle nocciole.

Menu 75 € - Carta 53/95 €

corso Vittorio Emanuele 71 – ✆ 0831 996286 (consigliata la prenotazione) – www.giasottolarco.it – Chiuso 15-30 novembre e lunedì, anche domenica sera da ottobre a maggio, sempre aperto in agosto

CARPANETO PIACENTINO

Piacenza – ✉ 29013 – 7 715 ab. – Alt. 114 m – Carta regionale n° **5**-A2
Roma 508 km – Piacenza 19 km – Alessandria 114 km – Milano 88 km
Carta stradale Michelin 562-H11

Nido del Picchio (Daniele Repetti)

CUCINA MODERNA • ELEGANTE XXX Atmosfera sobria e sussurrata, l'ambiente è quello di una casa privata arredata con buon gusto: camino acceso nella stagione più fredda, fresco e accogliente dehors in quella più calda. Sulla carta si concentra tutto il lavoro dei titolari e soprattutto la personalità del cuoco in piatti creativi, ingegnosi, spesso a base di pesce.

➜ Cappelletti di pappa al pomodoro in guazzetto di frutti di mare. Trancio di ricciola, olive nere, crema di melanzane alla brace e battuto di pomodoro. Terrina di lamponi e cremoso di yogurt.

Menu 55/90 € - Carta 48/101 €

viale Patrioti 6 – ✆ 0523 850909 (consigliata la prenotazione) – www.ristorantenidodelpicchio.it – solo a cena escluso i giorni festivi – Chiuso lunedì

CARPI

Modena – ✉ 41012 – 70 699 ab. – Alt. 26 m – Carta regionale n° **5**-B2
Roma 424 km – Bologna 70 km – Modena 21 km – Mantova 57 km
Carta stradale Michelin 562-H14

L'incontro

CUCINA CREATIVA • ELEGANTE XX Passione e impegno caratterizzano questo locale raccolto e accogliente, articolato in quattro salette classicamente arredate in colori caldi e vivaci. Di stampo più creativo la proposta gastronomica.

Menu 28/60 € - Carta 34/67 €

via delle Magliaie 4/1 – ✆ 059 693136 (consigliata la prenotazione) – www.lincontroristorante.it – Chiuso 1°-5 gennaio, 1 settimana in agosto, domenica sera e lunedì a mezzogiorno in settembre-maggio, anche domenica a mezzogiorno negli altri mesi

Il Barolino

CUCINA REGIONALE • ACCOGLIENTE XX Piatti unicamente del territorio e conduzione strettamente familiare per questo locale in posizione periferica, ma con piccolo e piacevole dehors sulla strada. Propone anche vendita di vini e di prodotti alimentari.

Menu 20 € (pranzo in settimana) - Carta 28/57 €

via Giovanni XXIII 110 – ✆ 059 654327 – www.ilbarolinoristorante.com – Chiuso 31 dicembre-8 gennaio, 5-27 agosto, sabato a mezzogiorno e domenica

Il 25

CUCINA MODERNA • CONTESTO STORICO XX In un palazzo di fine '800, la cucina non si pone confini: terra e mare, tradizione e creatività, ma un solo dogma, la pienezza del gusto tutta emiliana. Ed ora c'è anche una nuovissima cantina molto ben fornita, dove eventualmente organizzare una cena nei due tavoli a disposizione.

Menu 20 € (pranzo in settimana)/60 € - Carta 40/90 €

via San Francesco 20 - ✆ 059 645248 - www.il25.it - Chiuso martedì a mezzogiorno e lunedì

CARRAIA Firenze ➔ Vedere Calenzano

CARRARA

Massa-Carrara - ✉ 54033 - 63 133 ab. - Alt. 100 m - Carta regionale n° **18**-A1
Roma 400 km - La Spezia 36 km - Firenze 132 km - Massa 8 km
Carta stradale Michelin 563-J12

a Colonnata Est : 7 km ✉ 54033

Venanzio

CUCINA TOSCANA • SEMPLICE X Arrivarci, fra interminabili strade tortuose, è un viaggio nel cuore dei marmi toscani, che da qui sono partiti alla conquista del mondo. Indissolubilmente legato ad essi, qui troverete una delle eccellenze italiane, il lardo di Colonnata, insieme ad altri piatti di sorprendente qualità - a cominciare dalle paste fresche - in un locale per altro semplice e familiare.

Menu 25/40 € - Carta 28/70 €

piazza Palestro 3 - ✆ 0585 758033 - www.ristorantevenanzio.com - Chiuso 21 dicembre-12 gennaio, domenica sera e giovedì (escluso agosto)

CARRÈ

Vicenza - ✉ 36010 - 3 667 ab. - Alt. 219 m - Carta regionale n° **23**-B2
Roma 558 km - Padova 66 km - Vicenza 32 km - Treviso 86 km
Carta stradale Michelin 562-E16

La Rua

FAMILIARE • BUCOLICO Isolato sulle colline sovrastanti la pianura, offre camere classiche e spaziose o, da preferire, più recenti e moderne negli arredi anche se di metratura a volte più ridotta. Piacevolissima terrazza panoramica per il servizio estivo.

21 cam - †60/70 € ††75/85 €

località Cà Vecchia 1, Est : 4 km - ✆ 0445 893088 - www.hotellarua.it

Locanda La Corte dei Galli

STORICO • ELEGANTE Struttura di charme ricavata nella barchessa di un edificio rurale del '700, rinnovato con elegante raffinatezza; mobili d'epoca nelle camere e piccola piscina interna.

7 cam - †89/110 € ††120/130 €

via Prà Secco 1/a - ✆ 0445 893333 - www.lacortedeigalli.it

CARSOLI

L'Aquila - ✉ 67061 - 5 396 ab. - Alt. 616 m - Carta regionale n° **1**-A2
Roma 68 km - Avezzano 45 km - Rieti 52 km - L'Aquila 59 km
Carta stradale Michelin 563-P21

Al Caminetto

CUCINA ABRUZZESE • FAMILIARE XX Décor rustico in un locale poliedrico con sala enoteca per degustazioni. In menu, l'offerta è ampia e variegata: si va dalle più tipiche specialità regionali, alle carni cotte alla brace, funghi e tartufi.

Carta 21/78 €

via degli Alpini 95 - ✆ 0863 995105 - www.al-caminetto.it - Chiuso lunedì

L'Angolo d'Abruzzo

CUCINA ABRUZZESE • AMBIENTE CLASSICO XX Per gli appassionati della cucina abruzzese, i migliori prodotti e i sapori più autentici della gastronomia regionale: carni, paste, salumi, formaggi, nonché funghi e tartufi (in stagione). Ottima cantina.

Menu 25/58 € - Carta 33/88 €

piazza Aldo Moro 8 - ☎ 0863 997429 - www.langolodiabruzzo.it - Chiuso lunedì sera

Il Casale del Colonnello

CASA DI CAMPAGNA • STILE MONTANO La posizione elevata regala alla struttura una bella vista, mentre l'architettura riprende un po' lo stile di certi chalet di montagna; camere personalizzate e un bel parco avventura con percorsi salute e didattici nel bosco. I sapori della regione caratterizzano il menu del ristorante.

6 cam - †55 € ††80 €

via degli Alpini, Nord: 4 Km - ☎ 339 199 5136 - www.ilcasaledelcolonnello.it - Aperto giugno-agosto e i fine settimana in maggio e settembre

in prossimità dello svincolo Carsoli-Oricola Sud-Ovest : 2 km :

Nuova Fattoria

CUCINA ABRUZZESE • RUSTICO X Ristorante fondato 40 anni fa dalla famiglia che, nelle persone di madre e figlia, lo gestisce tuttora, dispone di ambienti rustici e simpatici in comoda posizione stradale. Cucina regionale e casalinga, in stagione non mancano funghi e tartufi.

Menu 20/40 € - Carta 34/51 €

via Tiburtina km 68,3 ✉ 67063 Oricola - ☎ 0863 997388 - www.lanuovafattoria.it

CARTOSIO

Alessandria - ✉ 15015 - 747 ab. - Alt. 230 m - Carta regionale n° **12**-C3

Roma 578 km - Genova 83 km - Acqui Terme 13 km - Alessandria 47 km

Carta stradale Michelin 561-I7

Cacciatori

CUCINA REGIONALE • VINTAGE XX Nascosto tra le viuzze del paese, volutamente demodé, ma allo stesso tempo molto accogliente, questo ristorante dall'eccellente gestione familiare propone - a voce - piatti che seguono le stagioni: tutto fresco e cucinato al momento sulla fornella a legna. Ottimi sia il servizio sia la carta dei vini.

Carta 34/54 € 10 cam - †55 € ††70 € - 2 suites - 8 €

via Moreno 30 - ☎ 0144 40123 (coperti limitati, prenotare) - www.cacciatoricartosio.com - Chiuso 22 dicembre-22 gennaio, 29 giugno-16 luglio, mercoledì e giovedì

CARZAGO RIVIERA

Brescia - ✉ 25080 - Alt. 202 m - Carta regionale n° **9**-D1

Roma 542 km - Brescia 30 km - Verona 58 km - Milano 122 km

Carta stradale Michelin 561-F13

Il Moretto

CUCINA MODERNA • ELEGANTE XXX Grandi lampadari rinascimentali, candele sui tavoli, arredi antichi: sotto alte volte si consuma il rito serale della cena. Raffinata cucina moderna.

Menu 50/75 € - Carta 50/92 €

Hotel Palazzo Arzaga, via Arzaga 1, località Calvagese della Riviera, Sud: 2 km - ☎ 030 680600 - www.palazzoarzaga.it - Aperto 1° marzo-31 ottobre

Palazzo Arzaga

LUSSO • STORICO In un suggestivo palazzo del XV secolo, poliedrico hotel di lusso, per congressi, per chi ama il golf, le terapie rigenerative o il semplice relax. Più informale del ristorante Moretto, il Grill-Club House è il luogo ideale dove gustare piatti leggeri tra una partita e l'altra.

84 cam – 150/500 € 200/600 € – 3 suites

via Arzaga 1, località Calvagese della Riviera, Sud: 2 km – 030 680600 – www.palazzoarzaga.it – Aperto 1° marzo-31 ottobre

Il Moretto – Vedere selezione ristoranti

CASACANDITELLA

Chieti (CH) – 66010 – 1 307 ab. – Alt. 432 m – Carta regionale n° **1**-C2

Roma 211 km – L'Aquila 102 km – Chieti 24 km – Pescara 39 km

Carta stradale Michelin 563-P24

Castello di Semivicoli

Un mirabile lavoro di restauro ha restituito splendore al palazzo baronale del XVII sec, ora vanta splendide camere, dove mobili d'epoca si alternano a pezzi più moderni. La vista spazia dai monti abruzzesi al mare: impossibile rimanere indifferenti a tanto fascino!

11 cam – 85/110 € 100/160 €

via San Nicola 24, contrada Semivicoli – 0871 890045 – www.castellodisemivicoli.com – Chiuso 7 gennaio-7 marzo

CASALE MARITTIMO

Pisa – 56040 – 1 122 ab. – Alt. 214 m – Carta regionale n° **18**-B2

Roma 282 km – Pisa 67 km – Firenze 120 km – Grosseto 104 km

Carta stradale Michelin 563-M13

La Gelinda-Fattoria della Gioiosa

CASA DI CAMPAGNA • TRADIZIONALE Casolare seicentesco in posizione centrale, ma facente parte di un'azienda di oltre 100 ettari: camere curate nei dettagli e dall'elegante atmosfera fine secolo, galleria d'arte e sala di soggiorno al primo piano.

6 cam – 40/80 € 60/90 € – 3 suites

via Nardini 14 – 334 384 0188 – www.fattoriadellagioiosa.it – Chiuso 10 giorni in novembre e 10 giorni in gennaio

CASALE MONFERRATO

Alessandria – 15033 – 34 437 ab. – Alt. 116 m – Carta regionale n° **12**-C2

Roma 611 km – Alessandria 31 km – Asti 42 km – Milano 75 km

Carta stradale Michelin 561-G7

La Torre

CUCINA REGIONALE • CONTESTO STORICO XX Cucina del territorio in un originale ristorante che occupa parte di un ex mattatoio; oltre alla bella sala, il locale dispone anche di un apprezzato dehors estivo.

Menu 47 € – Carta 35/67 €

Hotel Candiani, via Candiani d'Olivola 36 – 0142 70295 – www.ristorante-latorre.it – Chiuso agosto, mercoledì a mezzogiorno e martedì

Candiani

STORICO • ACCOGLIENTE Da una sapiente ristrutturazione che ha salvaguardato l'originario stile liberty di un vecchio mattatoio del 1913, è sorto un elegante albergo, dotato di camere spaziose. Cucina legata alla tradizione culinaria del territorio e basata su materie prime accuratamente selezionate.

47 cam – 80/90 € 110/130 € – 2 suites

via Candiani d'Olivola 36 – 0142 418728 – www.hotelcandiani.com

La Torre – Vedere selezione ristoranti

CASALFIUMANESE

Bologna - 40020 - 3 438 ab. - Alt. 125 m - Carta regionale n° **5**-C2
Roma 387 km - Bologna 47 km - Firenze 84 km - Modena 93 km
Carta stradale Michelin 562-I16

Valsellustra

CUCINA REGIONALE • **TRATTORIA** Tipico ristorante di campagna, in posizione isolata, sobrio con tavoli ampi e ravvicinati. Piatti saporiti e appetitosi con specialità a base di funghi e cacciagione, prosciutto e culatello. Specialità: tortelli al tarassaco burro e timo, tagliata al sale di Cervia, semifreddo.

Menu 25 € (in settimana)/35 € - Carta 22/56 €

via Valsellustra 16, Nord: 11 km - 0542 684073 - www.ristorantevalsellustra.com - Chiuso giovedì

CASALGRANDE

Reggio nell'Emilia (RE) - 42013 - 19 310 ab. - Alt. 97 m - Carta regionale n° **5**-B2
Roma 439 km - Bologna 74 km - Reggio nell'Emilia 74 km - Modena 22 km
Carta stradale Michelin 561-I14

Badessa

CUCINA TRADIZIONALE • **ACCOGLIENTE** In un antico caseificio del XIX secolo, una giovane e appassionata gestione propone piatti del territorio con selezionate materie prime dei dintorni. Il loro motto è "antichi sapori a Km 0 e aceto balsamico tradizionale".

Carta 30/56 €

via Case Secchia 2, Nord: 5 Km - 0522 989138 (prenotare) - www.ristorantebadessa.it - Chiuso 2 settimane in estate, sabato a mezzogiorno e lunedì

CASALNOCETO

Alessandria - 15052 - 980 ab. - Alt. 159 m - Carta regionale n° **12**-D2
Roma 598 km - Alessandria 33 km - Genova 89 km - Milano 76 km
Carta stradale Michelin 561-H8

La Locanda del Seicento

CUCINA REGIONALE • **CONTESTO STORICO** Diverse salette ricavate dai due piani di una casa del '600: ambiente di tono rustico-elegante e dalla cucina, piatti piemontesi, ma anche fragranti specialità di mare con arrivi giornalieri dalla Liguria.

Carta 36/53 €

piazza Martiri della Libertà - 0131 809614 - www.lalocandadelseicento.it - Chiuso lunedì

CASALOTTO Asti → Vedere Mombaruzzo

CASAL VELINO

Salerno - 84040 - 5 268 ab. - Alt. 170 m - Carta regionale n° **4**-C3
Roma 346 km - Avellino 119 km - Salerno 87 km - Sapri 61 km
Carta stradale Michelin 564-G27

Agriturismo i Moresani

CASA DI CAMPAGNA • **ACCOGLIENTE** Poco sopra la località, oasi di pace e serenità, immersa tra gli ulivi. Camere semplici ma arredate con gusto, piscina per rinfrescarsi nei caldi pomeriggi estivi. A tavola la genuinità e i sapori degli ottimi prodotti locali.

14 cam - †65/98 € ††100/150 €

località Moresani - 0974 902086 - www.agriturismoimoresani.com - Aperto 1° marzo-5 novembre

CASAMICCIOLA TERME Napoli ➜ Vedere Ischia (Isola d')

CASEI GEROLA

Pavia – ✉ 27050 – 2 500 ab. – Alt. 81 m – Carta regionale n° **9**-A3
Roma 574 km – Alessandria 37 km – Milano 58 km – Pavia 38 km
Carta stradale Michelin 561-G8

Bellinzona

CUCINA TRADIZIONALE • CONTESTO CONTEMPORANEO Nell'ampio ristorante con un suo ingresso separato rispetto all'hotel, si offrono piatti genuini con paste fatte in casa e, come specialità, la brace accesa sia a pranzo sia a cena; carrello dei bolliti nel periodo invernale.

Menu 20/35 € – Carta 24/43 € 18 cam – †50/55 € ††60/65 €

via Mazzini 71 – ☎ 0383 61525 – www.hotelbellinzona.it – Chiuso 1°-7 gennaio, 7-28 agosto e sabato

CASE NUOVE Varese ➜ Vedere Somma Lombardo

CASERE KASERN Bolzano ➜ Vedere Valle Aurina

CASERTA

(CE) – ✉ 81100 – 76 326 ab. – Alt. 68 m – Carta regionale n° **4**-B2
Roma 203 km – Napoli 36 km – Avellino 64 km – Benevento 52 km
Carta stradale Michelin 564-D25

Le Colonne (Rosanna Marziale)

CUCINA CREATIVA • ELEGANTE Gli appassionati di mozzarella di bufala troveranno qui di che deliziarsi, il ristorante celebra il famoso latticino reinterpretandone forme e consistenze, mentre la pasticceria di famiglia è la migliore garanzia per un gran finale all'insegna dei dolci; i sapori, infine, sono quelli del sud, intensi e travolgenti.

➜ Palla di mozzarella (mozzarella sciolta e farcita con taglierini al basilico). Pallarell (vitellone cotto a bassa e alta temperatura con riduzione di mosto di pallagrello). Creta (crema ai limoni di Sorrento con cioccolato fondente).

Menu 60/100 € – Carta 46/72 €

viale Giulio Douhet 7/9 – ☎ 0823 467494 – www.lecolonnemarziale.it – solo a pranzo escluso venerdì e sabato – Chiuso 7-20 agosto e martedì

Antica Locanda

CUCINA CAMPANA • SEMPLICE Quasi una trattoria, si mangia in due caratteristiche sale separate da un arco in mattoni. Cucina di influenza partenopea, ma la specialità della casa è il risotto.

Carta 24/55 €

piazza della Seta, località San Leucio, Nord-Ovest: 4 km – ☎ 0823 305444 – www.ristoranteanticalocanda.com – Chiuso 26 luglio-8 agosto, domenica sera e lunedì

Amadeus

FAMILIARE • FUNZIONALE Centrale, ristrutturato seguendo lo spirito del palazzo del '700 in cui è inserito, un piccolo albergo confortevole, con camere ben tenute e accessoriate.

12 cam – †49/62 € ††65/85 €

via Verdi 72/76 – ☎ 0823 352663 – www.hotelamadeuscaserta.it

CASIER

Treviso – ✉ 31030 – 7 752 ab. – Alt. 5 m – Carta regionale n° **23**-A1
Roma 539 km – Venezia 32 km – Padova 52 km – Treviso 6 km
Carta stradale Michelin 562-F18

a Dosson Sud-Ovest : 3,5 km ✉ 31030

Alla Pasina

CUCINA REGIONALE • FAMILIARE XX Non è solo una casa di campagna a gestione familiare, le tre intime salette sono ben curate e la cucina si muove tra tradizione e fantasia: in stagione il radicchio spopola, ad esempio come ripieno dei calamari. Dopo un intervento architettonico, il vecchio granaio ospita camere affacciate sul fresco giardino.

Menu 20 € (pranzo in settimana)/50 € - Carta 31/51 €
7 cam ☕ - †75/85 € - ††75/85 €

via Marie 3 - ✆ 0422 382112 - www.pasina.it - solo a cena in agosto - Chiuso 1°-7 gennaio, 7-13 agosto, domenica sera e lunedì

Villa Contarini Nenzi

DIMORA STORICA • ELEGANTE Splendida ed elegante villa veneta del '700, con camere eleganti, ampio parco e moderna spa: il tutto per un soggiorno all'insegna del più totale relax. Ubicato nelle vecchie scuderie da cui prende il nome, il ristorante promuove una cucina eclettica che saprà soddisfarvi.

43 cam ☕ - †120/180 € ††150/220 € - 1 suite

via Guizzetti 78/82, Sud Ovest: 2 km - ✆ 0422 493249 - www.hotelvillacontarininenzi.com

CASINALBO Modena (MO) → Vedere Formigine

CASINO DI TERRA Pisa → Vedere Guardistallo

CASOLE D'ELSA

Siena - ✉ 53031 - 3 897 ab. - Alt. 417 m - Carta regionale n° **18**-C2
Roma 269 km - Siena 48 km - Firenze 63 km - Livorno 97 km
Carta stradale Michelin 563-L15

Il Colombaio (Maurizio Bardotti)

CUCINA CREATIVA • CONTESTO REGIONALE XX Ai piedi del vecchio borgo di Casole, non fatevi ingannare dalla tradizionale atmosfera del casolare: il giovane cuoco è un incessante sperimentatore e ricercatore di ingredienti e cotture, che combina con l'amore tutto toscano per i sapori schietti e intensi, ottima la materia prima utilizzata, in prevalenza legata ai produttori della zona.

→ Tortelli di astice e il suo consommé. Piccione con variazioni in base alla stagionalità degli ingredienti. Variazione di cioccolato.

Menu 60/85 € - Carta 59/105 €

S.P. 27 in Cavallano - ✆ 0577 949002 - www.ilcolombaio.it - Aperto 15 dicembre-14 gennaio e 18 marzo-12 novembre; chiuso martedì a mezzogiorno e lunedì

Tosca

CUCINA REGIONALE • ELEGANTE XXX Stile accattivante che fonde classica eleganza e tipicità toscana, archi e pareti in pietra, eleganti divanetti o comode poltroncine; la cucina richiama la tradizione locale, ma con uno spunto fresco ed innovativo.

Menu 77/95 € - Carta 54/98 €

Hotel Castello di Casole, località Querceto - ✆ 0577 961501 (prenotazione obbligatoria) - www.castellodicasole.com - solo a cena - Aperto 24 marzo-31 ottobre

Castello di Casole

LUSSO • ELEGANTE All'interno di una vasta proprietà (1700 ettari) si erge questa dimora dalle origini medioevali, restaurata e riedificata nel XIX e XX secolo, diventata oggi un elegante ed esclusivo resort per soggiorni da fiaba; cena gourmet ai ristorante Tosca o più tipica ed informale al ristorante-pizzeria Pazzia.

41 cam ☕ - †525/1795 € ††525/1795 € - 27 suites

località Querceto - ✆ 0577 961501 - www.castellodicasole.com - Aperto 17 marzo-31 ottobre

Tosca - Vedere selezione ristoranti

a Pievescola Sud-Est : 12 km ✉ 53031

Oliviera

CUCINA TOSCANA • ELEGANTE XXX Ricavato all'interno di un frantoio, il ristorante "punta" sulle specialità toscane, pur non mancando qualche divagazione su altri piatti italiani per accontentare la clientela internazionale. Ottima anche la selezione dei vini: in particolare, dei prestigiosi rossi toscani.

Menu 55 € - Carta 58/121 €

Hotel Relais la Suvera, via La Suvera - ✆ 0577 960300 (prenotazione obbligatoria) - www.lasuvera.it - solo a cena - Aperto 22 aprile-1° novembre

Relais la Suvera

STORICO • ELEGANTE Nella campagna senese, questo castello del XVI sec (appartenuto anche a Papa Giulio II) rappresenta un perfetto connubio di storia, esclusiva eleganza e lussuoso confort: ogni camera è personalizzata con arredi d'epoca provenienti dalle collezioni private dei proprietari. Rimarchevole, il giardino all'italiana.

26 cam - †360/1200 € ††400/1200 € - 10 suites

via La Suvera 70 - ✆ 0577 960300 - www.lasuvera.it - Aperto 14 aprile-2 novembre

Oliviera - Vedere selezione ristoranti

CASPERIA

Rieti - ✉ 02041 - 1 246 ab. - Alt. 397 m - Carta regionale n° **7**-B1

Roma 70 km - Terni 36 km - Rieti 38 km - Viterbo 77 km

Carta stradale Michelin 563-O20

B&B La Torretta

DIMORA STORICA • ACCOGLIENTE In un borgo pittoresco, da visitare inerpicandosi per stradine strette per lo più fatte a scala, una casa signorile del XV secolo e una terrazza che offre un'ampia magnifica vista.

7 cam - †65/70 € ††85/90 €

via Mazzini 7 - ✆ 0765 63202 - www.latorrettabandb.com - Chiuso gennaio-febbraio

CASSINO

Frosinone - ✉ 03043 - 36 142 ab. - Alt. 40 m - Carta regionale n° **7**-D2

Roma 140 km - Frosinone 61 km - Caserta 78 km - Gaeta 49 km

Carta stradale Michelin 563-R23

Evan's

PESCE E FRUTTI DI MARE • MINIMALISTA XX Gestito con tanta passione dalla famiglia Evangelista - da cui l'abbreviazione Evan's - il ristorante si è specializzato in gustose proposte di mare, elaborate prevalentemente secondo ricette classiche, ma talvolta anche locali.

Menu 35/50 € - Carta 30/52 €

Via Gari 1/3 - ✆ 0776 26737 - www.evans1960.it - Chiuso 16-26 luglio, domenica sera e lunedì

Rocca

BUSINESS • FUNZIONALE Hotel a conduzione diretta che ha saputo mantenersi al passo con i tempi, camere classiche e accoglienti. Agli ospiti è concesso l'accesso gratuito all'adiacente parco acquatico.

67 cam - †64/127 € ††67/138 € - 1 suite - 3 €

via Sferracavalli 105 - ✆ 0776 311212 - www.hotelrocca.it

CASTAGNETO CARDUCCI

Livorno - ✉ 57022 - 9 010 ab. - Alt. 194 m - Carta regionale n° **18**-B2

Roma 263 km - Livorno 62 km - Pisa 82 km - Piombino 38 km

Carta stradale Michelin 563-M13

B&B Villa le Luci

LOCANDA • ELEGANTE Alle porte del paese, in posizione panoramica, elegante villa del 1910 con salotti e camere personalizzate. L'incanto di una vista che spazia sul mare e sulla costa...

6 cam ☕ - 🚹90/130 € 🚹🚹95/170 €

via Umberto I 47 - ✆ 0565 763601 - www.villaleluci.it

a Donoratico Nord-Ovest : 6 km ✉ 57024

Il Bambolo

CASA DI CAMPAGNA • TRADIZIONALE A qualche km dal mare, nella quiete della campagna toscana, un grande cascinale ristrutturato con camere calde e accoglienti; indirizzo ideale per gli amanti del cicloturismo e sede di allenamento per squadre professionistiche.

42 cam ☕ - 🚹58/120 € 🚹🚹84/170 € - 1 suite

via del Bambolo 31, Nord: 1 km - ✆ 0565 775206 - www.hotelbambolo.com - Chiuso dicembre

a Marina di Castagneto Carducci Nord-Ovest : 9 km ✉ 57022 - Donoratico

La Tana del Pirata

PESCE E FRUTTI DI MARE • FAMILIARE XX Sulla Costa degli Etruschi, nell'alta Maremma Toscana, uno stabilimento balneare sicuramente glamour: tra ombrelloni di rafia e tende gitane, accattivanti piatti di pesce da gustare in riva al mare, in un ambiente curato e con una luminosa veranda. La struttura ora ospita anche una nuova piscina, nonché uno spazio per massaggi e trattamenti.

Menu 60 € - Carta 43/98 €

via Milano 17 - ✆ 0565 744143 - www.latanadelpirata.net - Aperto da inizio marzo a fine ottobre; chiuso martedì escluso giugno-settembre

Tombolo Talasso Resort

LUSSO • CLASSICO Uno dei vertici alberghieri della zona, si sviluppa orizzontalmente nella pineta con accesso diretto alla spiaggia; eleganti camere e bagni in travertino, splendido centro benessere con scenografiche piscine d'acqua salata incastonate nella roccia.

91 cam ☕ - 🚹215/361 € 🚹🚹299/615 € - 5 suites

via del Corallo 3 - ✆ 0565 74530 - www.tombolotalasso.it

Alta la Vista

TRADIZIONALE • LUNGOMARE Costruito quasi sulla spiaggia - difficile immaginare un accesso più diretto al mare - eleganti arredi color sabbia, otto camere con vista mare ed un bel solarium attrezzato. E, senza andar lontano, un ottimo ristorante: piatti di pesce con qualche divagazione creativa.

22 cam ☕ - 🚹60/140 € 🚹🚹114/240 €

via del Tirreno 23 - ✆ 0565 745992 - www.hotelaltalavista.it - Chiuso novembre

a Bolgheri Nord : 10 km ✉ 57020

Osteria Magona

CUCINA REGIONALE • CASA DI CAMPAGNA XX L'eccellente rapporto qualità/prezzo ha già conquistato un'amplia platea di buongustai ed anche voi non vi sottrarrete al suo fascino... tra ulivi e vigneti, in questa dimora rurale la "ciccia" è la vera padrona di casa, in tutte le sue possibili, intriganti, declinazioni. Il menu racconta: cappelletti di patate con fonduta di erborinato, l'immancabile fiorentina, ed altro ancora...

Carta 26/85 €

località Vallone dei Messi 199, str. prov. 16 b al km 2.400, Sud: 3,5 Km - ✆ 0565 762173 (consigliata la prenotazione) - www.osteriamagona.com - Chiuso febbraio e lunedì

CASTELBELLO CIARDES KASTELBELL TSCHARS

Bolzano – ✉ 39020 – 2 309 ab. – Alt. 587 m – Carta regionale n° **19**-B2
Roma 688 km – Bolzano 51 km – Merano 25 km – Trento 104 km
Carta stradale Michelin 562-C14

Kuppelrain (Jörg e Kevin Trafoier)

CUCINA MODERNA • ROMANTICO XXX Carta ristretta, eccellenze locali e tanti prodotti fatti in casa: genitori e tre figli vi accoglieranno al Kuppelrain con straordinario affetto, offrendovi una cucina raffinata ed elegante. Più semplice la proposta del Bistrot, aperto a pranzo con prezzi più contenuti.

→ Verdure marinate con sorbetto "gazpacho", filetto e caviale di salmerino della Val Venosta. Sella d'agnello al forno con melanzane, aglio nero e peperoni brasati. Fragole della Val Venosta con basilico, pepe rosa e latticello.

Menu 90/115 € – Carta 68/94 € 3 cam – †90 € ††140/160 €

via Stazione 16, località Maragno – ✆ 0473 624103 (consigliata la prenotazione) – www.kuppelrain.com – solo a cena – Chiuso 1 settimana in gennaio, febbraio, domenica e lunedì

sulla strada statale 38 Est : 4,5 km

Sand

FAMILIARE • STILE MONTANO Ottimamente attrezzato per praticare attività sportive o semplicemente per rilassarsi all'aperto, vanta un piacevole giardino-frutteto con piscina, laghetto e centro benessere. Ambiente romantico nelle caratteristiche stube, tutte rivestite in legno.

32 cam – †90/150 € ††140/200 € – 4 suites

via Molino 2 ✉ 39020 – ✆ 0473 624130 – www.hotel-sand.com – Aperto 1° marzo-15 novembre

CASTELBIANCO

Savona – ✉ 17030 – 290 ab. – Alt. 343 m – Carta regionale n° **8**-A2
Roma 605 km – Imperia 45 km – Genova 104 km – Savona 56 km
Carta stradale Michelin 561-J6

Gin

CUCINA REGIONALE • FAMILIARE XX Altro punto di forza è il ristorante che propone piatti elaborati, partendo da tradizioni locali. Un hotel caratterizzato da camere belle e curate e da spazi comuni ridotti. Per un soggiorno immerso nel verde, da apprezzare dalla grande terrazza/solarium.

Menu 28/32 € – Carta 32/44 € 7 cam – †55/65 € ††55/65 € – 1 suite

via Pennavaire 99 – ✆ 0182 77001 – www.dagin.it – solo a cena escluso i giorni festivi – Aperto 9 dicembre-7 gennaio e 9 marzo-30 ottobre; chiuso lunedì

Scola

CUCINA REGIONALE • ACCOGLIENTE XX Si è da poco concluso il restyling di questa piacevole risorsa, intima ed elegante, che da più di ottant'anni delizia i suoi ospiti con intriganti rielaborazioni di piatti dell'entroterra ligure.

Menu 38 € – Carta 36/69 € 7 cam – †60/65 € ††80/90 €

via Pennavaire 166 – ✆ 0182 77015 (consigliata la prenotazione) – www.scolarist.it – Chiuso 1° gennaio-7 febbraio e mercoledì

CASTELBUONO Sicilia

Palermo – ✉ 90013 – 8 943 ab. – Alt. 423 m – Carta regionale n° **17**-C2
Caltanissetta 99 km – Cefalù 22 km – Palermo 89 km – Enna 106 km
Carta stradale Michelin 365-AT56

Palazzaccio

CUCINA REGIONALE • FAMILIARE XX Un piacevolissimo ristorantino a conduzione familiare ubicato in pieno centro storico, lungo una via pedonale. All'interno l'ambiente rustico è impreziosito da volte in pietra, mentre la cucina rimane fortemente ancorata al territorio con molte specialità delle Madonie. Sicuramente da assaggiare: il raviolo ripieno di ricotta salata, tenerumi e fiori di zucca - filetto di maialino in crosta di pepe su crema di melanzane e miele di cardo - millefoglie al cioccolato con crema di ricotta di capra e riduzione di arancia.

Carta 31/49 €

via Umberto I 23 - ✆ 0921 676289 (prenotare) - www.ristorantepalazzaccio.it - Chiuso gennaio e lunedì

Nangalarruni

CUCINA SICILIANA • FAMILIARE X Nel centro storico della località, pareti con mattoni a vista, antiche travi in legno ed esposizione di bottiglie, in una sala di origini ottocentesche. Piatti tipici della tradizione locale, ben fatti e curati, come pasta e patate con funghi e fonduta di caciocavallo o il maialino al cartoccio in salsa di funghi e verdurine.

Menu 25/32 € - Carta 27/77 €

via Delle Confraternite 5 - ✆ 0921 671228 - www.hostarianangalarruni.it - Chiuso 10 gennaio-10 febbraio e mercoledì da gennaio a marzo

CASTEL D'AIANO

Bologna - ✉ 40034 - 1 906 ab. - Alt. 805 m - Carta regionale n° **5**-C2

Roma 365 km - Bologna 48 km - Firenze 89 km - Pistoia 52 km

Carta stradale Michelin 562-J15

a Rocca di Roffeno Nord-Est : 7 km ✉ 40034

Agriturismo La Fenice

LOCANDA • PERSONALIZZATO Piccolo agglomerato di case coloniche del XVI secolo, dove dominano le pietre unite al legno, per vivere a contatto con la natura in un'atmosfera di grande suggestione.

12 cam - †60 € ††80 €

via Santa Lucia 29 - ✆ 051 919272 - www.lafeniceagritur.it - Chiuso 1° gennaio-31 marzo

CASTEL D'APPIO Imperia → Vedere Ventimiglia

CASTEL DEL PIANO

Grosseto - ✉ 58033 - 4 690 ab. - Alt. 637 m - Carta regionale n° **18**-C3

Roma 196 km - Grosseto 56 km - Orvieto 72 km - Siena 71 km

Carta stradale Michelin 563-N16

Antica Fattoria del Grottaione

CUCINA TOSCANA • RUSTICO XX C'era una volta... una fattoria, oggi divenuta trattoria, piacevolmente rustica e variopinta nella sala interna, ma con un appuntamento imperdibile sulla terrazza panoramica nella bella stagione. Il peposo, un brasato di manzo al pepe, è tra le specialità.

Menu 30/40 € - Carta 27/55 €

via della Piazza, località Montenero d'Orcia, Nord-Ovest: 14 km - ✆ 0564 954020 (consigliata la prenotazione) - www.anticafattoriadelgrattaione.it

CASTEL DI LAMA

Ascoli Piceno - ✉ 63031 - 7 568 ab. - Alt. 201 m - Carta regionale n° **11**-D3

Roma 208 km - Ascoli Piceno 17 km - Ancona 113 km - Pescara 88 km

Borgo Storico Seghetti Panichi

CASA PADRONALE • STORICO Soggiorno esclusivo con camere nella villa settecentesca con parco storico e saloni sfarzosi o nell'attigua foresteria dall'eleganza più sobria ma più vicina alla piscina.

12 cam - 150/500 € 150/500 €

via San Pancrazio 1 - 0736 812552 - www.seghettipanichi.it

CASTELDIMEZZO

Pesaro e Urbino (PU) - 61100 - Alt. 197 m - Carta regionale n° **11**-B1

Roma 312 km - Rimini 31 km - Urbino 38 km - Pesaro 12 km

Carta stradale Michelin 563-K20

La Canonica

PESCE E FRUTTI DI MARE • RUSTICO Dove gustare un brodetto dell'Adriatico di pesci spinati? Ma sicuramente in questa caratteristica osteria ricavata nel tufo, che oltre a proporre piatti tipici di mare delizia anche con golosità di terra.

Menu 29/43 € - Carta 36/46 €

via Borgata 20 - 0721 209017 - www.ristorantelacanonica.it - solo a cena escluso sabato e i giorni festivi - Chiuso martedì in inverno

CASTEL DI SANGRO

L'Aquila - 67031 - 6 538 ab. - Alt. 793 m - Carta regionale n° **1**-C3

Roma 206 km - Campobasso 80 km - L'Aquila 123 km - Isernia 31 km

Carta stradale Michelin 563-Q24

Reale (Niko Romito)

CUCINA CREATIVA • MINIMALISTA Essenzialità e minimalismo compongono il filo rosso che unisce gli ambienti eleganti della sala con la cucina creativa presentata nei piatti. Il bersaglio è la purezza dei sapori: la sua genesi è rintracciabile nella testa dello chef, ma prima ancora nasce nella terra e nel mare. Al Reale, tutto ciò viene proposto con quella grazia estetica che subito riconduce il pensiero alla cultura giapponese.

→ Ravioli con ricotta di bufala, acqua distillata di bufala, pepe e capperi. Agnello, aglio e pompelmo rosa. Cioccolato bianco, aceto balsamico, granita di liquirizia e aceto bianco.

Menu 120/170 € - Carta 88/130 €

Hotel Casadonna, contrada Santa Liberata, località Casadonna - 0864 69382 (consigliata la prenotazione) - www.ristorantereale.it - Chiuso 9 gennaio-28 febbraio, 2-10 ottobre, mercoledì a mezzogiorno, lunedì e martedì escluso agosto

Casadonna

DIMORA STORICA • PERSONALIZZATO Chi è alla ricerca di un Abruzzo intimo e appartato troverà a Casadonna il suo paradiso, un ex monastero cinquecentesco alle pendici di un monte oggi trasformato in albergo. Le camere riflettono l'anima dell'antica funzione: sobrie ed essenziali, non rinunciano tuttavia ad un'eleganza discreta e misurata.

9 cam - 180 € 180 €

contrada Santa Liberata, località Casadonna - 0864 69382 - www.casadonna.it - Chiuso 9 gennaio-28 febbraio e 2-10 ottobre

Reale - Vedere selezione ristoranti

Il Lavatoio

FAMILIARE • ORIGINALE Il progetto di recupero architettonico del lavatoio quattrocentesco prevedeva (anche) la costruzione di un luogo di ospitalità per turisti e viandanti. L'opera è ormai compiuta: a voi la scelta di pernottare in una delle luminose stanze dei due piani o in quelle delle torri, accessibili da ampie scale a chiocciola.

13 cam - 40/100 € 50/120 €

via Paradiso 18 - 0864 847009 - www.lavatoio.com

CASTELFRANCO D'OGLIO Cremona ➜ Vedere Drizzona

CASTELFRANCO EMILIA

Modena - ✉ 41013 - 32 677 ab. - Alt. 42 m - Carta regionale n° **5**-C3
▶ Roma 398 km - Bologna 34 km - Ferrara 76 km - Modena 14 km
Carta stradale Michelin 562-I15

La Lumira

CUCINA EMILIANA • CONTESTO REGIONALE Al termine dei portici che ombreggiano la passeggiata lungo i negozi del centro storico, il ristorante propone i classici emiliani, a cominciare dai celebri tortellini in brodo.

Carta 35/62 €

corso Martiri 74 - ✆ 059 926550 - www.ristorantelumira.com - Chiuso agosto, domenica sera e lunedì

Aquila

FAMILIARE • ACCOGLIENTE Ospitalità tutta emiliana in un albergo centrale e di tradizione decennale. Ordine e pulizia ovunque, ma consigliamo di prenotare le camere più recentemente rinnovate.

34 cam - 45/90 € 64/150 €

via Leonardo da Vinci 5 - ✆ 059 923208 - www.hotelaquila.it

Un importante pranzo d'affari o una cena tra amici?
Il símbolo indica la presenza di una sala privata.

CASTELFRANCO VENETO

Treviso - ✉ 31033 - 33 234 ab. - Alt. 43 m - Carta regionale n° **23**-C2
▶ Roma 527 km - Padova 34 km - Belluno 77 km - Treviso 28 km
Carta stradale Michelin 562-E17

Feva (Nicola Dinato)

CUCINA CREATIVA • CONTESTO CONTEMPORANEO Se la corte è d'epoca, lo stile del locale s'ispira - invece - ad un contemporaneo minimalismo, come la sua raffinata cucina che propone piatti di matrice moderna, dove tecnica ed ottime materie prime gareggiano per un risultato di grande spessore.

➜ Paccheri alla carbonara di canestrelli, pesto di ricci di mare e santoreggia. Pescato del giorno e raccolto dell'orto. Tiramigiù.

Menu 30/60 € - Carta 49/102 €

via Borgo Treviso 62 - ✆ 0423 197565 - www.fevaristorante.it - Chiuso 1 settimana in gennaio, 15 giorni in agosto e mercoledì

Al Moretto

TRADIZIONALE • ACCOGLIENTE Palazzo del '500, fin dal secolo successivo locanda, oggi offre cura e accoglienza tutte al femminile con una gestione familiare prossima ai 100 anni. Molte camere sono rese fresche e gradevoli da disegni floreali alle pareti.

44 cam - 65/75 € 105 €

via San Pio X 10 - ✆ 0423 721313 - www.albergoalmoretto.it - Chiuso 24 dicembre-6 gennaio e agosto

Alla Torre

TRADIZIONALE • CLASSICO Un edificio del 1600, adiacente alla torre civica dell'orologio su cui si "appoggiano" tre junior suite, le migliori camere di un hotel con molti bagni in marmo e pavimenti in parquet; colazione estiva in terrazza.

53 cam - 55/85 € 85/110 € - 1 suite

piazzetta Trento e Trieste 7 - ✆ 0423 498707 - www.hotelallatorre.it

a Salvarosa Nord-Est : 3 km ✉ 31033

Barbesin

VENEZIANA • FAMILIARE XX Piacevole locale a gestione familiare con uno stile che abbina tocchi di rusticità e di eleganza, la cucina propone piatti del territorio con tracce di modernità, mentre in estate si organizzano nel giardino serate con dj o musica dal vivo. Al piano superiore, le camere dell'hotel Cà delle Rose.

Menu 18 € (in settimana)/45 € - Carta 24/45 € 18 cam - †46 € ††74 €

via Montebelluna di Salvarosa 41 - ✆ 0423 490446 - www.barbesin.it - Chiuso 27 dicembre-9 gennaio, 7-25 agosto e domenica sera

CASTEL GANDOLFO

Roma - ✉ 00040 - 8 997 ab. - Alt. 426 m - Carta regionale n° **7**-B2

Roma 25 km - Anzio 36 km - Frosinone 76 km - Latina 46 km

Carta stradale Michelin 563-Q19

Antico Ristorante Pagnanelli

CUCINA CLASSICA • ELEGANTE XX Raffinata eleganza, piatti di mare e proposte dai monti nella splendida cornice del lago di Albano; caratteristiche le labirintiche cantine scavate nel tufo, con possibilità di degustazione.

Carta 34/60 €

via Gramsci 4 - ✆ 06 936 0004 (consigliata la prenotazione) - www.pagnanelli.it - Chiuso 24-26 dicembre

Il Grottino

CUCINA CLASSICA • RUSTICO X Nella parte alta della città, con una saletta panoramica che si affaccia sul lago, il locale vi conquisterà per i suoi piatti - di mare e di terra - dalle porzioni generose.

Menu 15 € (pranzo in settimana)/28 € - Carta 29/56 €

via Saponara 2 - ✆ 06 936 1413 - www.ristoranteilgrottino.net - Chiuso gennaio e lunedì

al lago Nord-Est : 4,5 km

Villa degli Angeli

TRADIZIONALE • CLASSICO Avvolto dal verde nel parco dei Castelli, al limitare della strada che costeggia il lago, proverbiale la tranquillità che l'hotel offre nelle confortevoli camere, alcune con vista. La cucina della villa vi attende in sala da pranzo o sulla splendida terrazza panoramica, allestita durante la bella stagione.

33 cam - †60/65 € ††80/100 €

via Spiaggia del Lago 32 ✉ 00040 Castel Gandolfo - ✆ 06 9366 8241 - www.villadegliangeli.com

CASTELLABATE

Salerno (SA) - ✉ 84048 - 7 892 ab. - Alt. 278 m - Carta regionale n° **4**-C3

Roma 328 km - Salerno 69 km - Agropoli 13 km - Napoli 122 km

Carta stradale Michelin 564-G26

a San Marco Sud-Ovest : 5 km ✉ 84071

Giacaranda

LOCANDA • ACCOGLIENTE Prende il nome da una pianta che rallegra il suo giardino, questa dimora ricca di charme tra il verde della campagna circostante e le mille attenzioni di Luisa, la padrona di casa; cucina tradizionale del territorio nel piacevole ristorantino.

6 cam - †70/90 € ††100/160 €

contrada Cenito, Sud: 1 km - ✆ 389 052 8026 - www.giacaranda.com - Aperto 16 dicembre-31 gennaio

a Santa Maria di Castellabate Nord-Ovest : 5 km (SA) - ✉ 84048

Da Andrea

PESCE E FRUTTI DI MARE • STILE MEDITERRANEO XX A tenervi compagnia, il rumore della onde che s'infrangono sugli scogli, a conquistare la vostra approvazione, invece, la cucina mediterranea con le sue specialità di pesce, nonché la carta dei vini ricca di etichette prestigiose.

Menu 30 € (pranzo)/60 € - Carta 28/86 € - carta semplice a pranzo

Hotel Villa Sirio, via lungomare De Simone 15 - ✆ 0974 961099 - www.villasirio.it - Aperto 1° giugno-30 settembre

I Due Fratelli

CUCINA REGIONALE • AMBIENTE CLASSICO XX Due fratelli gestiscono con professionalità e savoir-faire questo ristorante di tono classico, dotato di un'ampia e bella terrazza con vista sulla costa. Piatti campani per lo più di pesce e pizze, il fine settimana.

Menu 28/45 € - Carta 25/60 €

via Sant'Andrea, Nord: 1,5 km - ✆ 0974 968004 - Chiuso gennaio e mercoledì

Villa Sirio

TRADIZIONALE • LUNGOMARE Una dimora padronale dei primi del '900 nel centro storico, ma direttamente sul mare, dai raffinati interni ed ottime camere con alcuni pezzi di antiquariato. Le suite dotate di terrazza privata e vasca idromassaggio si trovano nella nuova ala della struttura.

34 cam - †100/210 € ††120/330 € - 1 suite

via lungomare De Simone 15 - ✆ 0974 961099 - www.villasirio.it - Aperto 1° aprile-31 ottobre

Da Andrea - Vedere selezione ristoranti

CASTELL'ALFERO

Asti - ✉ 14033 - 2 763 ab. - Alt. 235 m - Carta regionale n° **12**-C2

Roma 625 km - Alessandria 47 km - Asti 14 km - Vercelli 50 km

Carta stradale Michelin 561-H6

Del Casot

CUCINA PIEMONTESE • ACCOGLIENTE X Accogliente e piccolo locale in posizione dominante a conduzione strettamente familiare, dove gustare ricette della tradizione piemontese e qualche piatto fantasioso.

Menu 35/40 € - Carta 33/70 €

regione Serra Perno 76/77, Sud: 2 km - ✆ 0141 204118 - www.ristorantedelcasot.it - Chiuso 15-30 gennaio, martedì e mercoledì

CASTELLAMMARE DEL GOLFO Sicilia

Trapani - ✉ 91014 - 15 394 ab. - Carta regionale n° **17**-B2

Agrigento 144 km - Trapani 52 km - Palermo 68 km

Carta stradale Michelin 365-AM55

Mirko's

CUCINA MEDITERRANEA • ACCOGLIENTE XX Sta guadagnando un proprio spazio nell'ambito della ristorazione locale, questo ristorantino ubicato sulla scalinata che porta a Cala Piccola. A gestirlo vi è un intero nucleo familiare: il figlio in cucina, dopo una lunga esperienza sotto gli altri, ha deciso di tentare questa avventura che si sta dimostrando appagante. In un ambiente curato e raccolto, ottime specialità di mare elaborate in chiave mediterranea e - più tipicamente - siciliana. Bravo, Mirko!

Carta 31/92 €

discesa Annunziata 1 - ✆ 0924 040592 (consigliata la prenotazione) - www.mirkosristorante.it - solo a cena - Chiuso martedì da 15 novembre a 15 marzo

Al Madarig

TRADIZIONALE • ACCOGLIENTE Ricorda nel nome l'antico appellativo arabo della località questo hotel ricavato da alcuni vecchi magazzini del porto. Camere semplici e spaziose e una simpatica gestione.

33 cam - †49/150 € ††59/250 €

piazza Petrolo 7 - ✆ 0924 33533 - www.almadarig.com

Cala Marina

FAMILIARE • LUNGOMARE Squisita gestione familiare per questa accogliente struttura sul mare, incorniciata dal borgo marinaro, e provvista di una bella terrazza bar con vista. D'estate, anche un servizio di animazione per i più piccoli.

14 cam - †35/110 € ††45/140 €

via Don L. Zangara 1 - ✆ 0924 531841 - www.hotelcalamarina.it - Chiuso gennaio e febbraio

CASTELLAMMARE DI STABIA

Napoli - ✉ 80053 - 66 466 ab. - Carta regionale n° **4**-B2

Roma 238 km - Napoli 31 km - Avellino 50 km - Caserta 55 km

Carta stradale Michelin 564-E25

Piazzetta Milù

CUCINA CAMPANA • CHIC XX Parallelo al lungomare, sarà un'intera famiglia a coccolarvi - insieme ad un giovane cuoco dalla solida esperienza - in un ambiente elegantemente moderno. Il menu contempla piatti altrettanto contemporanei, sebbene ispirati alla tradizione locale, ma anche ottime carni alla griglia.

→ Gambero rosso di Sicilia crudo con lingua di vitello. Rombo con patate affumicate e maionese di acciughe. Pastiera.

Menu 48/55 € - Carta 39/66 €

corso Alcide De Gasperi 23 - ✆ 081 871 5779 - www.piazzettamilu.it - Chiuso domenica sera e mercoledì

Yacht Club Marina di Stabia (N)

CUCINA MODERNA • DESIGN XX Stile minimal per questo locale al 1° piano (con ascensore) di un edificio in vetro e ferro all'interno della Marina di Stabia. Se dal terrazzo la superba vista di Napoli e Vesuvio sarà subordinata ai capricci del tempo, la certezza di una moderna cucina campana - ideata da un celebre chef ed eseguita da un talentuoso, giovane, cuoco - è quanto vi attende quotidianamente nei suoi spazi.

Menu 60/70 € - Carta 49/81 €

via Alcide De Gasperi 313, (zona portuale Marina di Stabia) - ✆ 081 872 2118 - www.yachtclubmarinadistabia.it - Chiuso da metà gennaio ad inizio marzo e martedì escluso in estate

La Medusa Hotel

LUSSO • ELEGANTE In un vasto e curato giardino-agrumeto, questa villa ottocentesca ha conservato anche nei raffinati interni lo stile e l'atmosfera fin-de-siècle. Molto rilassante, appartata e luminosa la Spa con area relax e piacevole cabina per massaggi di coppia. Ampi e diversificati gli spazi per la ristorazione, ce n'è davvero per tutti i gusti.

46 cam - †130/170 € ††170/220 € - 3 suites

via passeggiata Archeologica 5 - ✆ 081 872 3383 - www.lamedusahotel.com

sulla strada statale 145 Sorrentina km 11 Ovest : 4 km

Towers Hotel Stabiae Sorrento Coast

PALACE • LUNGOMARE Ex cementificio convertito in hotel, dallo stile decisamente moderno e curioso: in riva al mare, camere al passo con i tempi nel design e negli accessori, divise tra ala est e ala ovest. Light lunch a bordo piscina e, nelle calde sere d'estate, cena in terrazza con meravigliosa vista sul golfo.

142 cam - †80/450 € ††80/450 € - 8 suites

località Pozzano - ✆ 081 394 6700 - www.towershotelsorrento.com - Aperto 15 marzo-31 ottobre

CASTELL'APERTOLE Vercelli → Vedere Livorno Ferraris

CASTELL'ARQUATO

Piacenza – ✉ 29014 – 4 713 ab. – Alt. 224 m – Carta regionale n° **5**-A2
Roma 495 km – Piacenza 34 km – Milano 98 km – Cremona 46 km
Carta stradale Michelin 562-H11

Maps

CUCINA MODERNA • AMBIENTE CLASSICO XX Una collezione di quadri di artisti locali arreda il locale, ricavato in un vecchio mulino ristrutturato. Piccole salette moderne e servizio estivo all'aperto per una cucina di ispirazione contemporanea.

Carta 34/64 €

piazza Europa 3 – ✆ 0523 804411 – www.ristorantemaps.com
– Chiuso 7-20 gennaio e lunedì in giugno-settembre, anche martedì negli altri mesi

La Rocca-da Franco

CUCINA REGIONALE • FAMILIARE X Nel cuore del centro storico, accolto tra i maggiori monumenti della piazza, il ristorante offre una bella vista sulla campagna; la cucina proposta è semplice e fatta in casa.

Menu 25/40 € – Carta 28/47 €

– ✆ 0523 805154 (prenotazione obbligatoria la sera) – www.larocca1964.it
– Chiuso 2-24 febbraio, 18 luglio-11 agosto e mercoledì

Da Faccini

CUCINA REGIONALE • CONVIVIALE X Lunga tradizione familiare per questa tipica trattoria, che unisce alle proposte classiche piatti più fantasiosi, stagionali. Una piccola elegante sala riscaldata dal caminetto e una attrezzata per i fumatori. I prodotti che vengono degustati nel ristorante ed altri generi alimentari legati alla tradizione gastronomica piacentina sono acquistabile presso l'annessa bottega.

Carta 29/56 €

località Sant'Antonio, Nord: 3 km – ✆ 0523 896340
– www.ristorantecastellarquato.it – Chiuso 2 settimane in gennaio, 10 giorni in luglio e mercoledì

CASTELLETTO DI BRENZONE Verona → Vedere Brenzone

CASTELLETTO SOPRA TICINO

Novara (NO) – ✉ 28053 – 9 938 ab. – Alt. 226 m – Carta regionale n° **13**-B2
Roma 646 km – Torino 123 km – Novara 42 km – Aosta 167 km
Carta stradale Michelin 561-E7

Rosso di Sera

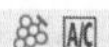

CUCINA MODERNA • BISTRÒ XX "Rosso di sera", come l'antico adagio che preannunciava il bel tempo o come un buon bicchiere di vino da gustare in questo informale, ma elegante, wine-bar, che propone una grande scelta di etichette e distillati, nonché piatti della tradizione (prevalentemente di terra).

Menu 13 € (pranzo in settimana) – Carta 37/59 €

via Pietro Nenni 2 – ✆ 0331 963173 – www.osteriarossodisera.it
– Chiuso 2 settimane in agosto, 1 settimana in settembre, sabato a mezzogiorno e mercoledì

CASTELLINA IN CHIANTI

Siena – ✉ 53011 – 2 859 ab. – Alt. 578 m – Carta regionale n° **18**-D1
Roma 251 km – Firenze 61 km – Siena 24 km – Arezzo 67 km
Carta stradale Michelin 563-L15

Albergaccio di Castellina

CUCINA REGIONALE • FAMILIARE XX Una genuina accoglienza familiare - il marito in sala, la moglie e il figlio in cucina - vi condurranno alla scoperta dei sapori toscani, in un ristorante dal tono rustico ed accogliente. Paste fresche, carni, salumi e formaggi, talvolta rivisti e aggiornati in un gusto più attuale. A pranzo è aperta anche l'osteria, con piatti più semplici.

Menu 50/65 € - Carta 44/83 €

via Fiorentina 63 - ✆ 0577 741042 - www.albergacciocast.com - Chiuso 10-26 dicembre, febbraio e domenica

Palazzo Squarcialupi

STORICO • TRADIZIONALE Nel centro storico della località, tipico palazzo del '400 ricco di decorazioni, camini e arredi d'epoca. Buona parte delle camere - spesso di grandi dimensioni - si affacciano sul centro storico, ma preferite l'incantevole vista sulle colline di quelle sul retro.

17 cam - 90/150 € 110/175 €

via Ferruccio 22 - ✆ 0577 741186 - www.palazzosquarcialupi.com - Aperto 1° aprile-4 novembre

Locanda Le Piazze

CASA DI CAMPAGNA • ELEGANTE Splendida ristrutturazione di un casolare ubicato sulla sommità di una dolce collina circondata dai vigneti: ambienti di design caldi e accoglienti, cucina attenta nella selezione delle materie prime.

20 cam - 215/250 € 290/390 €

località Le Piazze 41, Sud-Ovest: 6 km - ✆ 0577 743190 - www.locandalepiazze.com - Aperto 6 aprile-17 dicembre

Salivolpi

CASA DI CAMPAGNA • TRADIZIONALE Appena fuori il piccolo centro storico, un'antica casa ristrutturata e con due dépendance: accoglienti interni in stile rustico-elegante e piacevole giardino con piscina.

19 cam - 69/122 € 69/189 € - 8 €

via Fiorentina 89, Nord-Est: 1 km - ✆ 0577 740484 - www.hotelsalivolpi.com - Chiuso 7 gennaio-8 aprile

Villa Cristina

DIMORA STORICA • VINTAGE Villino d'inizio Novecento con spazi comuni limitati, ma graziose camere, soprattutto quella luminosissima nella torretta. Sul retro si trova il piccolo giardino con piscina.

5 cam - 75 € 98 €

via Fiorentina 34 - ✆ 0577 741410 - www.villacristinachianti.it - Chiuso 8 gennaio-28 febbraio

a San Leonino Sud : 8 km ✉ 53011 - Castellina In Chianti

Belvedere di San Leonino

CASA DI CAMPAGNA • TRADIZIONALE Conserva l'atmosfera originale quest'antica casa colonica trasformata in confortevole albergo: arredi rustici in legno e travi a vista nelle camere, di prezzo diverso a seconda del panorama. Dal giardino si passa direttamente nelle meravigliose vigne del Chianti.

28 cam - 89/349 € 89/349 € - 10 €

località San Leonino 23 - ✆ 0577 740887 - www.hotelsanleonino.com - Aperto 30 marzo-4 novembre

Un pasto con i fiocchi senza spendere una fortuna? Cercate i Bib Gourmand. Vi aiuteranno a trovare le buone tavole che coniugano una cucina di qualità al prezzo giusto!

verso Castellina Scalo Sud-Ovest: 3 km

Castello La Leccia

DIMORA STORICA • ELEGANTE Non sarà l'unico castello a vantare mille anni di storia, altri ancora sono immersi come La Leccia tra gli ulivi e i vigneti, camere dal gusto contemporaneo così eleganti non saranno le uniche in zona... ma una vista a 360° sui colli, Siena, San Gimignano e Monteriggioni è un privilegio raro, indimenticabile e mozzafiato, di cui potrete godere da alcune camere e dal giardino all'italiana.

12 cam - †260/360 € ††260/360 €

località La Leccia ✉ 53011 Castellina in Chianti - ✆ 0577 743148 - www.castellolaleccia.com - Aperto 15 aprile-15 ottobre

CASTELLO DI BRIANZA

Lecco - ✉ 23884 - 2 081 ab. - Alt. 394 m - Carta regionale n° **10**-B1

Roma 598 km - Como 26 km - Bergamo 35 km - Lecco 14 km

Carta stradale Michelin 561-E10

Dac a trà

CUCINA CREATIVA • DI TENDENZA XX Informale e dal design originale, questo ristorante affida la sua cucina ad uno chef giovane, ma dal curriculum già interessante, che la colloca in un'area di modernità, grazie ad una particolare attenzione per i prodotti a km 0 e "bio".

→ Gnocchi morbidi di zucca con burro e tartufo nero. Filetto di fassona in crosta di pane, tartufo nero, insalata di carciofi, salsa al bitto. 100% Frutta! 5 esplosioni liquide.

Menu 65/90 € - Carta 59/91 €

via San Lorenzo 1, località Brianzola, Nord-Est: 1 km - ✆ 039 531 2410 (consigliata la prenotazione) - www.dacatra.it - Chiuso 1°-14 gennaio, agosto, domenica sera e lunedì

CASTELLO DI GODEGO

Treviso (TV) - ✉ 31030 - 7 177 ab. - Alt. 51 m - Carta regionale n° **23**-C2

Roma 546 km - Venezia 75 km - Treviso 31 km - Trento 110 km

Carta stradale Michelin 562-E17

Locanda al Sole

VENEZIANA • FAMILIARE XX Gestione familiare, da sempre impegnata con uguale energia sia nel ristorante, sia nell'omonimo albergo. Uno dei titolari si occupa direttamente della cucina: paste e dolci fatti in casa, carni preparate rispettando le lunghe cotture di una volta e, come piatto forte, le ricche degustazioni di antipasti.

Menu 25/40 € - Carta 26/53 € 20 cam - †45/55 € ††65/75 €

via San Pietro 1 - ✆ 0423 760450 - www.locandaalsole.it - solo a cena escluso i giorni festivi - Chiuso agosto e lunedì

CASTEL MAGGIORE

Bologna - ✉ 40013 - 18 231 ab. - Alt. 29 m - Carta regionale n° **5**-C3

Roma 387 km - Bologna 10 km - Ferrara 38 km - Milano 214 km

Carta stradale Michelin 562-I16

Alla Scuderia

CUCINA REGIONALE • RUSTICO XX L'antica scuderia di palazzo Ercolani - riconvertita in ristorante - mantiene intatto il suo fascino: sotto le alte volte in mattoni gusterete una cucina fedele alle tradizioni emiliane.

Carta 26/75 €

località Castello, via San pierino 48, Est: 1,5 km - ✆ 051 713302 - www.ristorantelascuderiabologna.com - Chiuso agosto, sabato a mezzogiorno e domenica

a Trebbo di Reno Sud-Ovest : 6 km ✉ 40013

Massimiliano Poggi

CUCINA MODERNA • DESIGN XX Alle porte di Bologna ma in zona tranquilla, il nuovo locale di questo bravissimo chef si propone in maniera vivace e moderna, grazie al servizio di sala del socio ed anche in virtù di una cucina che cita la tradizione bolognese, la riviera romagnola e - più ampiamente - la cucina di campagna della regione, sempre con un occhio attento alla contemporaneità.

Menu 55/70 € - Carta 53/71 €

via Lame 67 ✉ 40013 - ✆ 051 704217 - www.mpoggi.it - Chiuso 7-21 gennaio, 1 settimana in agosto, lunedì a mezzogiorno e domenica

CASTELMEZZANO

Potenza - ✉ 85010 - 800 ab. - Alt. 750 m - Carta regionale n° **2**-B2
Roma 418 km - Potenza 65 km - Matera 107 km
Carta stradale Michelin 564-F30

Al Becco della Civetta

CUCINA REGIONALE • FAMILIARE X Nel centro del paesino, isolato tra le suggestive Dolomiti Lucane, ad occuparsi della cucina è la proprietaria, che fa rivivere le ricette - sovente proposte a voce - delle sue muse, mamma e nonna, come il proverbiale agnello alle erbe. Dalle finestre delle camere, la maestosa scenografia naturale; all'interno, tranquillità e calorosa accoglienza.

Carta 30/40 €   24 cam - †60/80 € ††80/100 €

vico I Maglietta 7 - ✆ 0971 986249 (prenotare) - www.beccodellacivetta.it - Chiuso 5 novembre-Pasqua

CASTELMOLA Messina ➔ Vedere Taormina

CASTELNOVO DI BAGANZOLA Parma ➔ Vedere Parma

CASTELNOVO DI SOTTO

Reggio nell'Emilia - ✉ 42024 - 8 462 ab. - Alt. 27 m - Carta regionale n° **5**-B3
Roma 440 km - Parma 29 km - Bologna 86 km - Reggio nell'Emilia 17 km
Carta stradale Michelin 562-H13

Poli-alla Stazione

CUCINA CLASSICA • ACCOGLIENTE XXX Oltrepassata una promettente carrellata di antipasti è l'esposizione di diversi tagli di carne e tipi di pesce, vi accomoderete in due ariose sale di tono elegante o nella gradevole terrazza estiva.

Carta 41/82 €

Hotel Poli, viale della Repubblica 10 - ✆ 0522 682342 - www.ristorantepoli.it - Chiuso 8-21 agosto, domenica sera e lunedì a mezzogiorno

Poli

TRADIZIONALE • CLASSICO Camere dotate di ogni confort in un'accogliente struttura, costantemente potenziata e rinnovata negli anni da una dinamica gestione familiare; sale convegni.

53 cam - †55/78 € ††70/115 €

via Puccini 1 - ✆ 0522 683168 - www.hotelpoli.it

Poli-alla Stazione - Vedere selezione ristoranti

CASTELNOVO NE' MONTI

Reggio nell'Emilia - ✉ 42035 - 10 465 ab. - Alt. 700 m - Carta regionale n° **5**-B2
Roma 470 km - Parma 67 km - Bologna 119 km - Reggio nell'Emilia 42 km
Carta stradale Michelin 562-I13

Locanda da Cines

CUCINA EMILIANA · FAMILIARE Calorosa gestione familiare in un piccolo ristorante di tono rustico e moderno, dove i piatti del giorno, quali ad esempio la sella di coniglio ripiena, esplorano le tradizioni conservate nel verde dell'Appennino. I boschi dei dintorni e la salubre aria di montagna garantiscono relax anche nelle semplici camere.

Menu 20 € (pranzo in settimana)/35 € - Carta 24/35 € 10 cam - †45/50 € ††75/80 €

piazzale Rovereto 2 - ✆ 0522 812462 (consigliata la prenotazione) - www.locandadacines.it - Chiuso gennaio-febbraio e sabato

CASTELNUOVO Padova → Vedere Teolo

CASTELNUOVO BELBO

Asti (AT) - ✉ 14043 - 895 ab. - Alt. 122 m - Carta regionale n° **14**-D1_2
Roma 599 km - Torino 93 km - Asti 35 km - Alessandria 28 km

Relais 23

CASA DI CAMPAGNA · DESIGN Troverete camere moderne ed una bella piscina, in questa raffinata villa padronale circondata da armoniose colline. Biciclette in utilizzo gratuito per i clienti.

10 cam - †75/95 € ††100/150 €

via San Colombano 25 - ✆ 0141 799180 - www.relais23.it - Chiuso gennaio

CASTELNUOVO BERARDENGA

Siena - ✉ 53019 - 9 097 ab. - Alt. 351 m - Carta regionale n° **18**-C2
Roma 215 km - Siena 19 km - Arezzo 50 km - Perugia 93 km
Carta stradale Michelin 563-L16

La Bottega del 30 (Hélène Stoquelet)

CUCINA TOSCANA · ROMANTICO Il 30 di ogni mese un venditore ambulante faceva tappa in questo piccolo incantevole borgo. Nel frattempo, dalla Francia, arrivava una giovane cuoca che s'innamorò del Chianti e della sua cucina... Dedicò il suo ristorante a quel venditore e la fiaba continua ancora oggi: a trent'anni di distanza!

→ Ravioli al piccione con pesto di pinoli e rosmarino. Quaglia disossata avvolta nel lardo di Colonnata, ripiena di salsiccia toscana e bieta. Semifreddo al pistacchio con anacardi sabbiati e caramello salato.

Menu 65/85 € - Carta 56/86 €

via Santa Caterina 2, località Villa a Sesta, Nord: 5 km - ✆ 0577 359226 - www.labottegadel30.it - solo a cena escluso i giorni festivi da settembre a maggio - Chiuso martedì

Poggio Rosso

CUCINA CREATIVA · ELEGANTE Destinazione gourmet all'interno dell'albergo San Felice, la qualità della cucina ha varcato i confini del piccolo incantevole borgo. Le radici e i prodotti dei piatti sono toscani, ma il cuoco li personalizza in versioni contemporanee ed estrose. Col bel tempo ci si trasferisce sulla scenografica terrazza.

Menu 95/150 € - Carta 77/125 €

Relais Borgo San Felice, località San Felice, Nord-Ovest: 10 km - ✆ 0577 3964 - www.borgosanfelice.com - solo a cena - Aperto 14 aprile-31 ottobre

Contrada

CUCINA MODERNA · ELEGANTE Nel suggestivo scenario dell'albergo Castel Monastero, vale la pena di attendere la bella stagione perché i tavoli delle tradizionali sale interne si trasferiscano sulla piazzetta di un tipico borgo toscano. Cucina di impronta mediterranea, piatti semplici o più elaborati, comunque ispirati alla qualità dei prodotti.

Carta 80/126 €

Hotel Castel Monastero, località Monastero d'Ombrone 19, Est: 10 km - ✆ 0577 570001 - www.castelmonastero.com - solo a cena - Chiuso 7 gennaio-25 marzo; chiuso domenica e lunedì

Il Convito di Curina

CUCINA TOSCANA • ACCOGLIENTE XX Cucina toscana, nonché ampia scelta enologica con vini regionali e champagne di piccoli produttori, in un ambiente rustico-signorile, dove (meteo permettendo) vi consigliamo di optare per la terrazza panoramica.

Carta 43/79 €

Hotel Villa Curina Resort, strada provinciale 62, località Curina – ✆ 0577 355630 – www.villacurinaresort.com – solo a cena – Aperto 1° aprile-31 ottobre; chiuso mercoledì

L'Asinello

CUCINA MODERNA • ROMANTICO XX Un interessante locale molto ben condotto da una coppia di coniugi capaci e professionali: in cucina il marito assicura piatti di stampo tradizionale rivisitati in chiave moderna, ma non mancano anche i grandi classici più semplici.

Menu 40/50 € – Carta 42/60 €

via Nuova 6, località Villa a Sesta, Nord-Est: 8 km – ✆ 0577 359279 (consigliata la prenotazione) – www.asinelloristorante.it – solo a cena escluso domenica – Chiuso 10 giorni in giugno, 10 giorni in novembre, lunedì in aprile-settembre, anche martedi negli altri mesi

La Porta del Chianti

CUCINA TRADIZIONALE • RUSTICO X Nel cuore del piccolo e suggestivo borgo di San Gusmé, all'interno di un vecchio caseggiato del '600, una squisita cucina della tradizione con specialità di pesce fresco abbinate a sapori siciliani. Nella carta dei vini anche molti piccoli produttori locali.

Carta 32/60 €

piazza Castelli 10, località San Gusmè, Nord: 5 km – ✆ 0577 359036 (consigliata la prenotazione) – www.ristorantenelchianti.it – Chiuso 7 gennaio-7 febbraio, 6 novembre-2 dicembre, domenica sera e lunedì escluso luglio-agosto

Castel Monastero

DIMORA STORICA • GRAN LUSSO Raccolto intorno ad un'incantevole piazzetta dov'era il monastero medioevale, l'albergo si è da qui successivamente sviluppato su una vasta proprietà, tra ville e dépendance, ma sempre in stile toscano, tra incantevoli panorami e camere dai sobri ma raffinati arredi in stile. La spa è una delle migliori in zona.

62 cam – 410/595 € 630/960 € – 12 suites

località Monastero d'Ombrone 19, Est: 10 km – ✆ 0577 570001 – www.castelmonastero.com – Chiuso 7 gennaio-25 marzo

Contrada – Vedere selezione ristoranti

Relais Borgo San Felice

LUSSO • ELEGANTE Lussuoso resort all'interno di un antico borgo, la cui storia si perde nel Medio Evo. Tra i vigneti del Chianti classico, belle camere distribuite in più strutture ed un moderno centro benessere, dove tra le tante opzioni i benefici del vino si estendono al corpo in trattamenti per la pelle. All'Osteria del Grigio troverete i piatti della tradizione, una semplice ma gustosa alternativa al ristorante gourmet Poggio Rosso.

40 cam – 450/605 € 450/605 € – 13 suites

località San Felice, Nord-Ovest: 10 km – ✆ 0577 3964 – www.borgosanfelice.com – Aperto 14 aprile-31 ottobre

Poggio Rosso – Vedere selezione ristoranti

Le Fontanelle

DIMORA STORICA • ELEGANTE In posizione dominante e tranquilla, suggestivo borgo agricolo "scolpito" nella pietra con rilassante vista sui dintorni. Interni raffinati, pur mantenendo un certo coté rustico. Cucina toscana nell'elegante ristorante con stupendi spazi all'aperto.

23 cam – 451/825 € 451/825 € – 2 suites

località Fontanelle di Pianella, Nord-Ovest: 20 km – ✆ 0577 35751 – www.hotelfontanelle.com – Aperto aprile-ottobre

Villa Curina Resort

DIMORA STORICA • TRADIZIONALE In posizione tranquilla e con una vista che spazia fino a Siena, questa dimora cinquecentesca ospita camere personalizzate con mobili in stile e pareti allegramente colorate; alcune stanze sono situate nella villa, altre nei tipici casali toscani. Tutt'intorno, l'armonia di un curato giardino all'italiana.

21 cam – 148/228 € 158/238 € – 5 suites

strada provinciale 62, località Curina – 0577 355630 – www.villacurinaresort.com – Aperto 1° aprile-31 ottobre

Il Convito di Curina – Vedere selezione ristoranti

CASTELNUOVO CILENTO

Salerno – 84040 – 2 732 ab. – Alt. 280 m – Carta regionale n° **4**-C3

Roma 344 km – Avellino 114 km – Napoli 134 km – Salerno 83 km

Carta stradale Michelin 564-G27

a Velina Sud-Ovest : 8 km 84040

La Palazzina

DIMORA STORICA • TRADIZIONALE Poco distante dal lago artificiale, l'hotel è stato ricavato in seguito allo scrupoloso restauro di una villa settecentesca ed offre confortevoli ambienti con arredi d'epoca. Prodotti tipici e di stagione presso la caratteristica sala da pranzo.

12 cam – 40/65 € 70/105 € – 4 suites

via contrada Coppola 41 – 0974 62880 – www.hotellapalazzina.com

CASTELNUOVO DELL'ABATE Siena (SI) → Vedere Montalcino

CASTELNUOVO DEL ZAPPA Cremona → Vedere Castelverde

CASTELNUOVO DI GARFAGNANA

Lucca – 55032 – 5 950 ab. – Alt. 270 m – Carta regionale n° **18**-B1

Roma 389 km – Pisa 67 km – Lucca 48 km – Firenze 119 km

Carta stradale Michelin 563-J13

La Lanterna

CUCINA REGIONALE • CONTESTO TRADIZIONALE XX Un'intera parete è affrescata con un trompe-l'oeil raffigurante una scena agreste, mentre il cielo è dipinto su una volta a cupola; dalla cucina, piatti del territorio ed una selezione più ristretta di proposte di mare.

Menu 10 € (pranzo in settimana) – Carta 22/47 €

Hotel La Lanterna, località alle Monache-Piano Pieve, Est: 1,5 km – 0583 639364 – www.lalanterna.eu – Chiuso 1 settimana in novembre e martedì a mezzogiorno escluso luglio e agosto

La Lanterna

BUSINESS • FUNZIONALE Nella parte più alta della località - a pochi minuti dal centro - una piacevole villetta cinta dal verde con ampi spazi comuni e confortevoli camere.

30 cam – 50/70 € 80/90 €

località alle Monache-Piano Pieve, Est: 1,5 km – 0583 639364 – www.lalanterna.eu

La Lanterna – Vedere selezione ristoranti

CASTELNUOVO MAGRA

La Spezia – 19033 – 8 415 ab. – Alt. 181 m – Carta regionale n° **8**-D2

Roma 404 km – La Spezia 30 km – Pisa 63 km – Massa 17 km

Carta stradale Michelin 561-J12

Armanda

CUCINA REGIONALE • CONTESTO TRADIZIONALE In un caratteristico borgo dell'entroterra, andamento e ambiente familiari in una trattoria che propone piatti stagionali del territorio ben elaborati. Se volete gustare un piatto veramente speciale optate per il coniglio farcito.

Menu 37 € - Carta 31/48 €

piazza Garibaldi 6 - 0187 674410 - www.trattoriaarmanda.com - solo a cena - Chiuso 24 dicembre-15 gennaio, 1 settimana in settembre, mercoledì da aprile a ottobre, anche martedì negli altri mesi

La Valle

CUCINA REGIONALE • CASA DI CAMPAGNA Bella casa immersa nel verde dell'entroterra ligure - al confine con l'Emilia e la Toscana - è l'indirizzo ideale per gustare i genuini sapori locali. Ma c'è anche un ambiente dedicato agli irriducibili della pizza (solo la sera!).

Menu 25/30 € - Carta 30/40 € 6 cam - 70 € 80 €

via delle Colline 24, Sud-Ovest : 1 km - 0187 670101 - www.agriturismolavallesp.it - Chiuso gennaio e lunedì

CASTELPETROSO

Isernia - 86090 - 1 680 ab. - Alt. 872 m - Carta regionale n° **1**-C3

Roma 196 km - Campobasso 41 km - Benevento 72 km - Isernia 17 km

Carta stradale Michelin 564-C25

sulla strada statale 17 uscita Santuario dell'Addolorata Ovest : 6 km

Fonte del Benessere Resort

LUSSO • CONTEMPORANEO Per soggiorni all'insegna del relax e della remise en forme, un albergo elegante ed estremamente curato in ognuno dei suoi ambienti: dalle camere alla spa, affidata alla qualificata consulenza Mességué.

13 suites - 180/240 € - 7 cam

via Santuario 15/b - 0865 936258 - www.fontedelbenessereresort.it - Chiuso 8 gennaio-16 marzo

CASTELRAIMONDO

Macerata - 62022 - 4 587 ab. - Alt. 307 m - Carta regionale n° **11**-C2

Roma 212 km - Ancona 85 km - Macerata 40 km - Perugia 92 km

Carta stradale Michelin 563-M21

Borgo Lanciano

DIMORA STORICA • BUCOLICO Confortevole hotel sorto entro un antico borgo, offre camere e suite diverse per forma e arredamento, nonchè aree comuni per dedicarsi ad una chiacchierata o alla lettura. Suddiviso in sale più piccole, il ristorante propone una cucina tradizionale, fedele ai prodotti della zona.

49 cam - 85/99 € 129/169 € - 1 suite

località Lanciano 5, Sud: 2 km - 0737 642844 - www.borgolanciano.it

CASTEL RIGONE Perugia → Vedere Passignano sul Trasimeno

CASTELROTTO KASTELRUTH

Bolzano - 39040 - 6 802 ab. - Alt. 1 060 m - Carta regionale n° **19**-C2

Roma 667 km - Bolzano 26 km - Bressanone 25 km - Trento 84 km

Carta stradale Michelin 562-C16

Zum Turm

CUCINA REGIONALE • ROMANTICO XX A pochi metri dal campanile, in un tipico edificio del 1511, la cucina vi farà conoscere i prodotti alpini in porzioni generose, accuratamente selezionati e cucinati. C'è una sala classica, ma vi consigliamo di prenotare un tavolo nella Stube del 1880, così come di optare per le camere più recenti.

Carta 26/74 € 15 cam - †51/86 € ††84/176 €

via Colle 8 - 0471 706349 - www.zumturm.com - Aperto 3 dicembre-19 marzo e 21 maggio-14 ottobre; chiuso mercoledì

Cavallino d'Oro

STORICO • PERSONALIZZATO Sulla piazza del paese, suggestiva atmosfera tirolese in una casa di tradizione centenaria (già hotel nel 1326): per un surplus di romanticismo, chiedete le camere con i letti a baldacchino. Per i pasti, invece, una sala rustica o le caratteristiche stube del XVII secolo.

19 cam - †65/85 € ††95/125 € - 3 suites

piazza Krausen - 0471 706337 - www.cavallino.it - Chiuso 5-26 novembre

Alpine Boutique Villa Gabriela

FAMILIARE • PERSONALIZZATO Per godere appieno di uno tra i più magici panorami dolomitici, è ideale questa bella villetta circondata dal verde; camere graziose e ricche di personalizzazioni.

8 cam - solo ½ P 90/122 €

San Michele 31/1, Nord-Est: 4 km - 0471 700077 - www.villagabriela.com - Aperto 18 dicembre-17 aprile e 14 maggio-30 ottobre

Silbernagl Haus

FAMILIARE • CLASSICO In zona tranquilla, ad una breve passeggiata dal centro storico, calorosa gestione familiare che vizia i propri ospiti con un bel centro relax ed un grazioso giardino-solarium per l'estate. Le dimensioni generose delle camere saranno sicuramente apprezzate.

12 cam - †44/65 € ††87/130 € - 2 suites

via Bullaccia 1 - 0471 706699 - www.garni-silbernagl.com - Aperto 20 dicembre-19 marzo e 20 maggio-15 ottobre

CASTELSARDO Sardegna

Sassari - 07031 - 6 006 ab. - Carta regionale n° **16**-A1
Cagliari 246 km - Sassari 33 km - Olbia 97 km - Porto Torres 33 km
Carta stradale Michelin 366-N38

L'Incantu

CUCINA REGIONALE • ELEGANTE XX Accompagnati da un panorama mozzafiato, il ristorante vi proporrà specialità di pesce e piatti tipici: i presupposti per una serata romantica sono tutti là.

Menu 40/60 € - Carta 30/85 €

Hotel Bajaloglia, località Bajaloglia Sud-Ovest: 4 km - 079 474544 - www.bajalogliaresort.it - Aperto 1° aprile-31 ottobre

Il Cormorano

PESCE E FRUTTI DI MARE • ACCOGLIENTE XX Appena dietro la piazza centrale di uno dei rari borghi medievali dell'isola, ambienti curati e piacevole veranda: le specialità sono a base di pesce locale.

Menu 20 € (pranzo in settimana)/60 € - Carta 44/65 €

via Colombo 5 - 079 470628 - www.ristoranteilcormorano.net - Chiuso novembre, lunedì in bassa stagione, aperto solo nei week end da inizio dicembre a Pasqua

Da Ugo

PESCE E FRUTTI DI MARE • FAMILIARE Lungo la strada costiera, è da anni un indirizzo ben noto in zona per la freschezza e la fragranza dell'offerta ittica; la carne, "porceddu" compreso, è da prenotare.

Menu 35/90 € – Carta 42/84 €

corso Italia 7/c, località Lu Bagnu, Sud-Ovest: 4 km – 079 474124 – Chiuso 1° febbraio-1° marzo e giovedì in bassa stagione

Bajaloglia

FAMILIARE • MODERNO Sulle primi pendici da cui si gode di un panorama eccezionale, davanti il mare e Castelsardo illuminata la sera, una bella struttura composta da un corpo centrale, dove si trova anche il ristorante, ed alcune piccole costruzioni disseminate nel giardino. Le camere brillano per confort: moderne e colorate si caratterizzano per gli arredi minimalisti di ultima generazione.

12 cam – †120/250 € ††150/300 €

località Bajaloglia, Sud-Ovest: 4 km – 079 474544 – www.bajalogliaresort.it – Aperto 1° aprile-30 ottobre

L'Incantu – Vedere selezione ristoranti

Baga Baga

FAMILIARE • MEDITERRANEO Immersa nella macchia mediterranea, un'oasi di relax con camere solari dai tipici arredi sardi. Cucina isolana e di mare nel panoramico ristorante: la sera, d'estate, saranno i suggestivi tramonti a tenervi compagnia.

10 cam – †60/250 € ††60/250 €

località Terra Bianca, Est: 2 km – 079 470075 – www.hotelbagabaga.it – Aperto Pasqua-2 novembre e i fine settimana negli altri mesi

CASTEL TOBLINO

Trento – ✉ 38076 – Sarche – Alt. 243 m – Carta regionale n° **19**-B3

Roma 605 km – Trento 18 km – Bolzano 78 km – Brescia 100 km

Carta stradale Michelin 562-D14

Castel Toblino

CUCINA MODERNA • ROMANTICO Affascinante castello medioevale proteso sull'omonimo lago, in questa bucolica zona trentina dove si produce il grande Vino Santo; la cucina di stile moderno è curata dal patron mentre - davvero suggestiva - è la terrazza per il servizio estivo.

Menu 35/60 € – Carta 48/69 €

via Caffaro 1 – 0461 864036 – www.casteltoblino.com – Chiuso 24 dicembre-1° marzo, lunedì sera e martedì

CASTELVECCANA

Varese (VA) – ✉ 21010 – 1 999 ab. – Alt. 257 m – Carta regionale n° **9**-A2

Roma 663 km – Varese 32 km – Como 73 km – Milano 87 km

Carta stradale Michelin 561-E8

Sunset

CUCINA MEDITERRANEA • BISTRÒ I tavolini danno sul piccolo porticciolo per questa risorsa in stile bistrot, ubicata proprio sulla piazzetta della suggestiva frazione di Castelveccana, in posizione fronte lago. Piatti decisamente mediterranei in menu ed un'accoglienza, nonché ospitalità, davvero proverbiali!

Carta 35/63 €

località Caldè di Castelveccana, Nord-Est: 2 km – 0332 521307 – www.santaveronicaguesthouse.com – Chiuso martedì escluso maggio-settembre

CASTELVERDE

Cremona – ✉ 26022 – 5 727 ab. – Alt. 52 m – Carta regionale n° **9**-C3

Roma 528 km – Cremona 9 km – Piacenza 50 km – Milano 84 km

Carta stradale Michelin 561-G11

Cremona Palace Hotel

BUSINESS • MODERNO Senza perdervi in Castelverde, troverete l'albergo lungo la provinciale 415 che porta a Cremona, ma in posizione arretrata e protetto dai rumori del traffico. E' una grande struttura ideale per chi ama camere spaziose e moderne.

77 cam - 60/130 € 70/190 €

via Castelleone 62, Sud: 5 km - 0372 471374 - www.cremonapalacehotel.it

a Castelnuovo del Zappa Nord-Ovest : 3 km ✉ 26022 - Castelverde

Al Valentino

CUCINA TRADIZIONALE • FAMILIARE X In una piccola frazione della bassa, bar-trattoria dalla calorosa gestione familiare che propone una cucina casalinga fedele alla gastronomia cremonese e mantovana.

Menu 12 € (pranzo in settimana)/30 € - Carta 19/36 €

via Manzoni 27 - 0372 427557 - Chiuso 17 agosto-5 settembre, lunedì sera e martedì

CASTELVETRO DI MODENA

Modena - ✉ 41014 - 11 185 ab. - Alt. 152 m - Carta regionale n° **5**-B2

Roma 406 km - Bologna 50 km - Reggio nell'Emilia 52 km - Modena 21 km

Carta stradale Michelin 562-I14

Locanda del Feudo

CUCINA CREATIVA • ROMANTICO XX Sulla sommità del pittoresco borgo, un romantico nido di fantasiosa cucina, nonché eleganti suite per un soggiorno immersi nella storia, lontano dal traffico e dalla modernità. Piccolo e suggestivo dehors sulla via centrale.

Menu 30 € (pranzo in settimana) - Carta 44/59 € 6 suites - 120/180 € 120/180 €

via Cialdini 9 - 059 708711 (consigliata la prenotazione) - www.locandadelfeudo.it - Chiuso 8-24 gennaio, 11-22 agosto, domenica sera e lunedì

a Levizzano Rangone Sud-Ovest : 5 km ✉ 41014

Opera 02 N

CUCINA EMILIANA • ELEGANTE XX Un bel ristorante dall'ottima nomea. Una struttura che coniuga sapientemente la tradizione locale fatta di sasso e legno con un ambiente moderno ed essenziale. Le sale sono arredate con gusto e le ampie vetrate sulla terrazza esterna presentano un'ampia e suggestiva vista. Cucina del territorio.

Carta 38/51 €

Agriturismo Opera 02, via Medusia 32 - 059 741019 (consigliata la prenotazione) - www.opera02.it

Agriturismo Opera 02

CASA DI CAMPAGNA • MODERNO In un idilliaco contesto di colline e vigneti, cinquecento botti di aceto balsamico fiancheggiano le eleganti camere, moderne, quasi tutte soppalcate e con ampio terrazzo su un paesaggio mozzafiato.

8 cam - 100/140 € 130/180 €

via Medusia 32 - 059 741019 - www.opera02.it

Opera 02 - Vedere selezione ristoranti

CASTEL VOLTURNO

Caserta - ✉ 81030 - 25 281 ab. - Carta regionale n° **4**-A2

Roma 190 km - Napoli 40 km - Caserta 37 km

Carta stradale Michelin 564-D23

Marina di Castello Resort Golf & SPA

BUSINESS • FUNZIONALE Vicino al mare, ai bordi di una pineta, un'imponente struttura moderna, con ampi interni eleganti; piscina con acqua di mare, maneggio a disposizione, centro congressi. Di notevoli dimensioni gli spazi per la ristorazione, con sale curate e luminose.

273 cam – 123/220 € 197/352 € – 14 suites

via Domitiana km 35,300, Sud: 3 km – 081 509 5150 – www.marinadicastelloresort.com

CASTIGLIONCELLO

Livorno – 57016 – Carta regionale n° **18**-B2

Roma 291 km – Pisa 46 km – Firenze 116 km – Livorno 28 km

Carta stradale Michelin 563-L13

Villa Martini

TRADIZIONALE • MODERNO In un'imponente villa degli anni '50 raccolta intorno ad un incantevole giardino, camere rinnovate in stile moderno e minimalista, alcune con vista mare.

30 cam – 90/120 € 120/200 € – 3 suites

via Martelli 3 – 0586 752140 – www.villamartini.it – Chiuso 10 dicembre-15 febbraio

Villa Parisi

DIMORA STORICA • PERSONALIZZATO Le camere accoglienti e personalizzate rivaleggiano con la splendida posizione di questa villa patrizia circondata dalla pineta e sospesa sugli scogli. Un vialetto facilita il raggiungimento della piattaforma-solarium affacciata sul blu. Ristorante classico con servizio all'aperto.

21 cam – 104/290 € 130/365 €

via Romolo Monti 10 57016 – 0586 751698 – www.villaparisi.com – Aperto 17 aprile-15 ottobre

CASTIGLIONE DEL BOSCO Siena (SI) → Vedere Montalcino

CASTIGLIONE DEL LAGO

Perugia (PG) – 06061 – 15 527 ab. – Alt. 304 m – Carta regionale n° **20**-A2

Roma 182 km – Perugia 46 km – Arezzo 65 km – Firenze 122 km

Carta stradale Michelin 563-M18

L'Acquario

CUCINA UMBRA • FAMILIARE Nel centro storico di questo gradevole borgo sopra al lago, una buona tappa per conoscere la cucina umbra e, soprattutto, la tradizione di piatti a base di pesce d'acqua dolce: il caviale del Trasimeno, i tagliolini con la tinca affumicata, la carpa in porchetta.

Menu 25 € – Carta 26/51 €

via Vittorio Emanuele 69 – 075 965 2432 – www.ristorantelacquario.it – Chiuso 7 gennaio-1° marzo e mercoledì escluso luglio-agosto

Locanda Poggioleone

FAMILIARE • CLASSICO Piacevole casolare convertito in albergo tradizionale: se la frazione in cui si trova non offre grandi spunti, va decisamente meglio all'interno con arredi originali d'antiquariato e bagni in travertino. Sul retro vi stupirà il bel giardino con ulivi e piscina.

12 cam – 50/120 € 60/180 €

via Indipendenza 116 b, località Pozzuolo, Ovest: 8 Km – 075 959519 – www.locandapoggioleone.it – Aperto Pasqua-30 novembre

CASTIGLIONE DELLA PESCAIA

Grosseto – 58043 – 7 308 ab. – Carta regionale n° **18**-C3

Roma 198 km – Grosseto 23 km – Siena 104 km – Livorno 116 km

Carta stradale Michelin 563-N14

Osteria del mare già Il Votapentole

CUCINA MODERNA • COLORATO Partendo da ottime materie prime, lo chef vi aggiunge la sua "firma" creando così piatti sempre personalizzati ed intriganti (ottimi, ad esempio, i pici all'amatriciana di tonno e la ricciola all'acquapazza) serviti in un carinissimo ed informale bistrot. Il locale è molto piccolo, ma questo non è un difetto: anzi, l'intimità è garantita!

Menu 30/50 € - Carta 31/53 €

via IV Novembre 15 - ✆ 0564 934763 - solo a cena in estate - Chiuso novembre e lunedì

...La Terra di Nello

CUCINA REGIONALE • ROMANTICO Seguendo l'imprinting di nonno Nello, oggi il nipote, Gianni, continua a proporre sapori regionali: con la discendenza, però, i piatti si arricchiscono di modernità. E dalla griglia la specialità: la bistecca!

Menu 38 € - Carta 34/55 €

- ✆ 347 954 6258 - www.laterradinello.it - solo a cena escluso luglio-agosto - Chiuso novembre , 2 settimane in marzo e martedì

Miramare

PESCE E FRUTTI DI MARE • STILE MEDITERRANEO La sala-veranda di questo ristorante si affaccia sul mare appagando la vista, mentre al palato ci pensa la cucina con i suoi piatti di matrice nazionale e le fragranti specialità di pesce.

Menu 27 € - Carta 23/105 €

Hotel Miramare, via Veneto 35 - ✆ 0564 933524 - www.ristorantemiramare.info - Aperto 1°-31 dicembre e 16 marzo-31 ottobre

Miramare

FAMILIARE • FUNZIONALE Ubicato sul lungomare di Castiglione della Pescaia e ai piedi del borgo medievale, l'hotel dispone di camere accoglienti (in fase di rinnovo) e di una gestione attenta e premurosa.

37 cam - †63/125 € ††84/225 €

via Veneto 35 - ✆ 0564 933524 - www.hotelmiramare.info - Aperto 1°-31 dicembre e 25 marzo-31 ottobre

Miramare - Vedere selezione ristoranti

a Riva del Sole Nord-Ovest : 2 km ✉ 58043

Riva del Sole

TRADIZIONALE • FUNZIONALE In riva al mare ed abbracciato da una rigogliosa pineta, l'hotel è ideale per un soggiorno di relax, bagni e sole. Sale dalle ampie vetrate ed un giardino, per il ristorante con accanto la pizzeria serale.

158 cam - †136/292 € ††160/344 €

viale Kennedy - ✆ 0564 928111 - www.rivadelsole.it - Aperto 15 aprile-16 ottobre

a Badiola Est : 10 km ✉ 58043 - Castiglione Della Pescaia

La Trattoria Enrico Bartolini

CUCINA DEL TERRITORIO • ELEGANTE Nelle affascinanti sale di rustica eleganza una nuova ventata di freschezza grazie allo chef Bartolini: non dimentichi della tradizione e del territorio, i piatti hanno una connotazione moderna unita a cotture tradizionali con spiedi e braci.

→ Gamberi viola, lardo di cinta e nocciole. Quaglia reale allo spiedo, salsiccia d'oca e salvia. Come un cantuccio.

Menu 95 € - Carta 80/136 €

Hotel L'Andana-Tenuta La Badiola - ✆ 0564 944800 (consigliata la prenotazione) - www.enricobartolini.net - solo a cena - Aperto 1° aprile-1° novembre; chiuso lunedì

L'Andana-Tenuta La Badiola

GRAN LUSSO • PERSONALIZZATO Dimora estiva del duca Leopoldo, il mare brilla in lontananza, ma sono i vigneti e gli ulivi a cingerla dappresso. Colori pastello e uno stile bucolico-contemporaneo ispirano i lussuosi interni, la cifra della casa è un lusso campestre ed ovattato.

26 cam – 385/1400 € 385/1400 € – 7 suites

– 0564 944800 – www.andana.it – Aperto 1° aprile-1° novembre

La Trattoria Enrico Bartolini – Vedere selezione ristoranti

CASTIGLIONE DELLE STIVIERE

Mantova – 46043 – 23 212 ab. – Alt. 116 m – Carta regionale n° **9**-D1

Roma 509 km – Brescia 28 km – Cremona 57 km – Mantova 38 km

Carta stradale Michelin 561-F13

Hostaria Viola

CUCINA MANTOVANA • OSTERIA E' dal 1909 che la famiglia Viola gestisce l'Hostaria, facendo rivivere - sotto i caratteristici soffitti a volta - la tradizione gastronomica locale, accompagnata da tutti i vini in carta anche al bicchiere (bollicine, escluse!). Specialità: trittico di paste ripiene mantovane.

Carta 28/48 €

via Verdi 32 – 0376 670000 (consigliata la prenotazione)
– www.hostariaviola.com – Chiuso 30 dicembre-5 gennaio, domenica sera e lunedì

Osteria da Pietro

CUCINA MODERNA • ELEGANTE Territorialmente alla confluenza tra la tradizione mantovana e gardesana, la cucina riprende entrambe le zone con l'aggiunta di elementi moderni. Il ristorante si trova nel centro storico della località, in un edificio seicentesco con soffitto dalle caratteristiche volte ad "ombrello".

Menu 22 € (pranzo in settimana)/50 € – Carta 40/68 €

via Chiassi 19 – 0376 673718 (consigliata la prenotazione)
– www.osteriadapietro.it – Chiuso 2-10 gennaio, 2 settimane in agosto, mercoledì e domenica sera, anche domenica a mezzogiorno in giugno-agosto

Hostaria del Teatro

CUCINA MODERNA • ROMANTICO Un locale accogliente nel centro della località: un'appassionata coppia lo conduce con grande savoir-faire proponendo una cucina venata di fantasia e - al tempo stesso - legata alle tante tradizioni locali.

Menu 28 € (pranzo in settimana)/58 € – Carta 46/68 €

via Ordanino 5b – 0376 670813 – www.hostariadelteatro.it – Chiuso 1 settimana in gennaio, 10 giorni in agosto e giovedì

Trattoria Paola

CUCINA REGIONALE • FAMILIARE Gestione familiare in un'accogliente trattoria dalla doppia anima: se a pranzo il menu è ridotto ed economico, la sera la proposta si fa più articolata e l'interpretazione dei piatti piacevolmente personale.

Menu 15 € (pranzo in settimana)/60 € – Carta 28/87 €

via Porta Lago 23 – 0376 638829 (prenotare) – www.trattoriapaola.it – Chiuso 1°-21 agosto, mercoledì e le sere di lunedì e martedì

Prima colazione compresa? E' rappresentata dal simbolo della tazzina dopo il numero delle camere.

CASTIGLIONE D'ORCIA

Siena – 53023 – 2 346 ab. – Alt. 540 m – Carta regionale n° **18**-C2

Roma 191 km – Siena 55 km – Chianciano Terme 27 km – Firenze 129 km

Carta stradale Michelin 563-M16

Relais Osteria dell'Orcia

DIMORA STORICA • ACCOGLIENTE Isolata nella campagna senese, all'inteno del parco dell'omonima valle, un'antica stazione postale ospita camere con differenti tipologie d'arredo, due salotti ed una piscina. Cucina regionale con alcuni spunti personali dello chef nel ristorante con bella sala interna e dehors.

16 cam – †95/190 € ††120/230 €

podere Osteria 15, Nord: 4 km – ✆ 0577 887111 – www.osteriadellorcia.com – Chiuso 8 gennaio-4 marzo

a Rocca d'Orcia Nord : 1 km ✉ 53023

Osteria Perillà

CUCINA MODERNA • CONTESTO CONTEMPORANEO In un tipico borgo medioevale dominante la valle, il ristorante è amato da chi vuole uscire dai più tradizionali percorsi gastronomici regionali; in due sale semplici e moderne, nei piatti vi sono spunti toscani, ma la cucina è prevalentemente creativa e raffinata.

Menu 45/60 € – Carta 38/62 €

via Borgo Maestro 74 – ✆ 0577 887263 – www.osteriaperilla.net – Chiuso gennaio, febbraio, mercoledì a mezzogiorno e martedì

CASTIGLIONE FALLETTO

Cuneo – ✉ 12060 – 700 ab. – Alt. 350 m – Carta regionale n° **14**-C2

Roma 614 km – Cuneo 68 km – Torino 70 km – Asti 39 km

Carta stradale Michelin 561-I5

L'Argaj

CUCINA CREATIVA • SEMPLICE La formula è presto detta: sala e servizio semplici, si punta tutto sulla cucina, che parte dai prodotti piemontesi per giungere a risultati di rimarchevole tecnica ed elaborazione. Dalle mezzelune di patate, scamorza affumicata e verdure verdi al petto d'anatra in due cotture, barbabietola e trevisano tardivo, è un'esperienza gourmet ad ottimi prezzi.

Menu 38/45 € – Carta 30/58 €

via Alba-Monforte 114 ✉ 12060 – ✆ 0173 62882 (coperti limitati, prenotare) – www.argajristorante.it – Chiuso febbraio, 10 giorni in luglio, mercoledì sera e giovedì

Le Torri

CUCINA PIEMONTESE • CONTESTO TRADIZIONALE Ristorante del centro dotato di panoramiche terrazze e ambienti classici con qualche spunto di modernità. La sua cucina? Di stretta osservanza langarola!

Menu 38 € – Carta 29/59 €

piazza Vittorio Veneto 10 – ✆ 0173 62937 – www.ristoranteletorri.it – Chiuso 27 gennaio-15 febbraio e martedì

Le Torri

FAMILIARE • CONTEMPORANEO In posizione strategica per visitare le Langhe, questa bella dimora patrizia vanta camere in stile moderno, metà delle quali dotate di cucinotto, nonché un grande terrazzo con jacuzzi e solarium: la vista panoramica abbraccia le colline circostanti.

16 cam – †80/130 € ††90/145 €

via Roma 29 – ✆ 0173 62961 – www.letorri-hotel.com – Chiuso gennaio-febbraio e 2 settimane in agosto

CASTIGLION FIORENTINO

Arezzo – ✉ 52043 – 13 244 ab. – Alt. 345 m – Carta regionale n° **18**-D2

Roma 198 km – Perugia 57 km – Arezzo 17 km – Chianciano Terme 51 km

Carta stradale Michelin 563-L17

a Pieve di Chio Est : 7 km ✉ 52043 - Castiglion Fiorentino

B&B Casa Portagioia

CASA DI CAMPAGNA • PERSONALIZZATO In aperta campagna, un suggestivo viale di cipressi vi condurrà a quest'elegante risorsa circondata da un grande e curato giardino; camere in stile rustico, ma tutte personalizzate da raffinati dettagli.

7 cam ☕ - †175/215 € ††175/215 €

Pieve di Chio 56 - ✆ 0575 650154 - www.tuscanbreaks.com - Aperto da inizio marzo a fine novembre

a Polvano Est : 8 km ✉ 52043 - Castiglion Fiorentino

Relais San Pietro in Polvano

CASA DI CAMPAGNA • PERSONALIZZATO Tutto il fascino del passato e della terra di Toscana con i suoi materiali "poveri" (il cotto, la pietra, il legno) in un settecentesco edificio di rustica raffinatezza. Servizio ristorante in terrazza con vista su colli e vallate; cucina toscana.

10 cam ☕ - †80/100 € ††130/200 €

- ✆ 0575 650100 - www.polvano.com - Aperto 10 aprile-30 settembre

CASTIGLIONI Ancona (AN) ➜ Vedere Arcevia

CASTION Belluno ➜ Vedere Belluno

CASTIONE DELLA PRESOLANA

Bergamo - ✉ 24020 - 3 452 ab. - Alt. 870 m - Carta regionale n° **9**-B2

Roma 628 km - Brescia 83 km - Bergamo 46 km - Milano 103 km

Carta stradale Michelin 561-E12

a Bratto Nord-Est : 2 km - ✉ 24020 - Alt. 1 007 m

Milano

SPA E WELLNESS • ELEGANTE Camere distribuite nel corpo centrale o in due dépendance, in un hotel moderno e funzionale in grado di ospitare anche meeting e congressi, ma consigliato anche per una vacanza a tutto benessere grazie alla presenza della bella Spa. Cucina classica al ristorante Al Caminone; a tema savoiardo o bergamasco presso l'Enoteca (solo serale e su prenotazione).

54 cam ☕ - †70/180 € ††105/240 € - 9 suites

via Silvio Pellico 3 - ✆ 0346 31211 - www.hotelmilano.com

CASTREZZATO

Brescia - ✉ 25030 - 7 116 ab. - Alt. 125 m - Carta regionale n° **10**-D2

Roma 576 km - Brescia 33 km - Milano 69 km - Bergamo 44 km

Carta stradale Michelin 561-F11

Da Nadia (Nadia Vincenzi)

PESCE E FRUTTI DI MARE • ELEGANTE XX Seduti al tavolo, la titolare vi snocciolerà i dogmi della sua cucina: solo pesce pescato, ricette della tradizione con olio d'oliva, paste fatte in casa, verdure fresche... E' un ritorno alla semplicità osannata da chi predilige la forza dei sapori e la qualità del pescato.

➜ Tagliatelle con farina di monococco con ragù di razza, scampi, gamberi e pomodoro giallo. Zuppa di crostacei e pesce di scoglio. Zabajone riserva di Marsala.

Menu 60/80 € - Carta 55/80 €

via Campagna 15 - ✆ 030 704 0634 (consigliata la prenotazione)
- www.ristorantedanadia.com - solo a cena escluso i giorni festivi
- Chiuso 1°-12 gennaio, 10-31 agosto e lunedì

CASTROCARO TERME

Forlì-Cesena - ✉ 47011 - 6 426 ab. - Alt. 68 m - Carta regionale n° **5**-C2

Roma 342 km - Bologna 74 km - Forlì 12 km - Rimini 72 km

Carta stradale Michelin 562-J17

Trattoria Bolognesi da Melania

CUCINA EMILIANA • TRATTORIA XX Nuova sede, ma stessa linea di cucina regionale e colorata: non possono mancare anche i grandi classici della vecchia Frasca, locale storico di famiglia dal glorioso passato. Un piacevole amarcord! Specialità: spaghetti freddi con erba cipollina e crudo di mare - baccalà gratinato con porri e verdure - pera stufata al rhum speziato con gelato alla cannella.

Menu 29/39 € - Carta 30/58 €

piazza San Nicolò 2 - ☎ 0543 769119 - www.trattoriabolognesi.it - solo a cena escluso sabato, domenica - Chiuso lunedì

Grand Hotel Terme & Spa

PALACE • ELEGANTE Nato negli anni '30, l'albergo conserva ancora lo stile dell'epoca. Spazi comuni e camere di notevoli dimensioni, splendida spa e la possibilità di prenotare una long life: tipologia di stanza che prevede l'abbinamento a trattamenti benessere personalizzati. Proposte di cucina nazionale al ristorante, la cui ampia sala si affaccia sulla veranda del giardino.

103 cam - †105/130 € ††110/190 € - 4 suites

via Roma 2 - ☎ 0543 767114 - www.termedicastrocaro.it - Chiuso 9 gennaio-13 febbraio

CASTROCIELO

Frosinone - ✉ 03030 - 3 965 ab. - Alt. 250 m - Carta regionale n° **7**-D2

Roma 116 km - Frosinone 42 km - Caserta 85 km - Gaeta 61 km

Carta stradale Michelin 563-R23

Villa Euchelia

CUCINA CLASSICA • ELEGANTE XX Sulle prime alture del piccolo paese, in posizione isolata e tranquilla, il servizio è professionale e l'accoglienza familiare, ma ancor più degna di lode la cucina: ottime materie prime e un guizzo di creatività!

Carta 20/30 €

Hotel Villa Euchelia, via Giovenale 3 - ☎ 0776 799829 - www.villaeuchelia.com - solo a cena - Chiuso martedì

Al Mulino

PESCE E FRUTTI DI MARE • ELEGANTE XX Nella sala di tono elegante, un assaggio del mar Tirreno in fragranti ricette di mare. Un consiglio: chiedete il carrello-espositore per conoscere il pescato del giorno.

Menu 35 € (in settimana)/80 € - Carta 29/82 €

via Casilina 61, Sud: 2 km - ☎ 0776 79306 - www.almulinolicheri.it - Chiuso 23 dicembre-10 gennaio e lunedì

Villa Euchelia

LOCANDA • ELEGANTE In una villa d'epoca riccamente arredata, una coppia gestisce con stile questo albergo-ristorante dalle camere graziosamente personalizzate e dagli ottimi servizi.

7 cam - †70/80 € ††95/120 € - 1 suite

via Giovenale 3 - ☎ 0776 799829 - www.villaeuchelia.com

Villa Euchelia - Vedere selezione ristoranti

CASTROVILLARI

Cosenza - ✉ 87012 - 22 240 ab. - Alt. 362 m - Carta regionale n° **3**-A1

Roma 459 km - Cosenza 74 km - Catanzaro 168 km - Matera 153 km

Carta stradale Michelin 564-H30

Il Ristorante di Alia

CUCINA CALABRESE • ACCOGLIENTE XX Nato agli inizi degli anni '50, questo ristorante di tono rustico-elegante non smette di piacere ai suoi ospiti: sarà per la qualità del servizio, o per la cucina rigorosamente calabrese? Probabilmente, entrambi!

Carta 41/68 €

Hotel La Locanda di Alia, via Jetticelli 55 - ✆ 0981 46370 - www.alia.it - Chiuso 10-20 agosto e domenica sera

La Locanda di Alia

LOCANDA • PERSONALIZZATO Leggermente periferica rispetto al centro paese, la locanda è composta da diversi cottage che ospitano le ampie camere: tutt'intorno un curato giardino.

14 cam - †75/90 € ††80/98 €

via Jetticelli 55 - ✆ 339 834 6881 - www.alia.it

Il Ristorante di Alia - Vedere selezione ristoranti

CATABBIO Grosseto

→ Vedere Semproniano

CATANIA Sicilia

(CT) - ✉ 95124 - 314 555 ab. - Carta regionale n° **17**-D2

Messina 100 km - Siracusa 66 km - Palermo 210 km

Carta stradale Michelin 365-AZ58

La Siciliana

PESCE E FRUTTI DI MARE • RUSTICO X E' diventato uno tra i più rinomati in città, questo ristorante di stile classico e un po' demodé, la cui proposta gastronomica abbraccia specialità locali e - più genericamente - piatti nazionali. In esposizione, il pesce fresco.

Carta 28/44 €

Pianta: B1-x - *viale Marco Polo 52/a ✉ 95126 - ✆ 095 376400 - www.lasiciliana.it - Chiuso lunedì e la sera nei giorni festivi*

Osteria Antica Marina

PESCE E FRUTTI DI MARE • FAMILIARE X Nell'effervescente zona dei mercati, a pochi passi dal duomo, una vivace trattoria dove gustare fragranti specialità ittiche: il pesce viene venduto a peso, le proposte suggerite al tavolo.

Menu 25/65 € - Carta 33/108 €

Pianta: C2-a - *via Pardo 29 ✉ 95121 - ✆ 095 348197 (consigliata la prenotazione) - www.anticamarina.it - Chiuso 15 giorni in novembre e mercoledì*

Romano Palace

LUSSO • MEDITERRANEO All'inizio della zona balneare detta La Playa, l'albergo è dedicato all'idea della Sicilia come crocevia di culture diverse, suggestioni arabe ed arredi etnici: tra il Barocco della città e il mare, un'oasi di incanto dominata dalla magica imponenza dell'Etna. Piatti mediterranei e moderni al ristorante Il Coriandolo.

104 cam - †104/204 € ††119/219 €

viale Kennedy 28, località la Playa, 1 km per Siracusa - A2 ✉ 95121 - ✆ 095 596 7111 - www.romanopalace.it

Villa del Bosco & VdB Next

STORICO • PERSONALIZZATO Sulle prime colline della città, dimora ottocentesca con mobili d'epoca, decorazioni in stile pompeiano e tappeti. Nella dépendance camere dallo stile più moderno e colori scuri. Il nome del ristorante è da attribuirsi ai due magnifici cani in pietra del '700: cucina tra classico e moderno.

48 cam - †79/399 € ††89/399 € - 4 suites

Pianta: A1-a - *via del Bosco 62 ✉ 95125 - ✆ 095 733 5100 - www.hotelvdbnext.it*

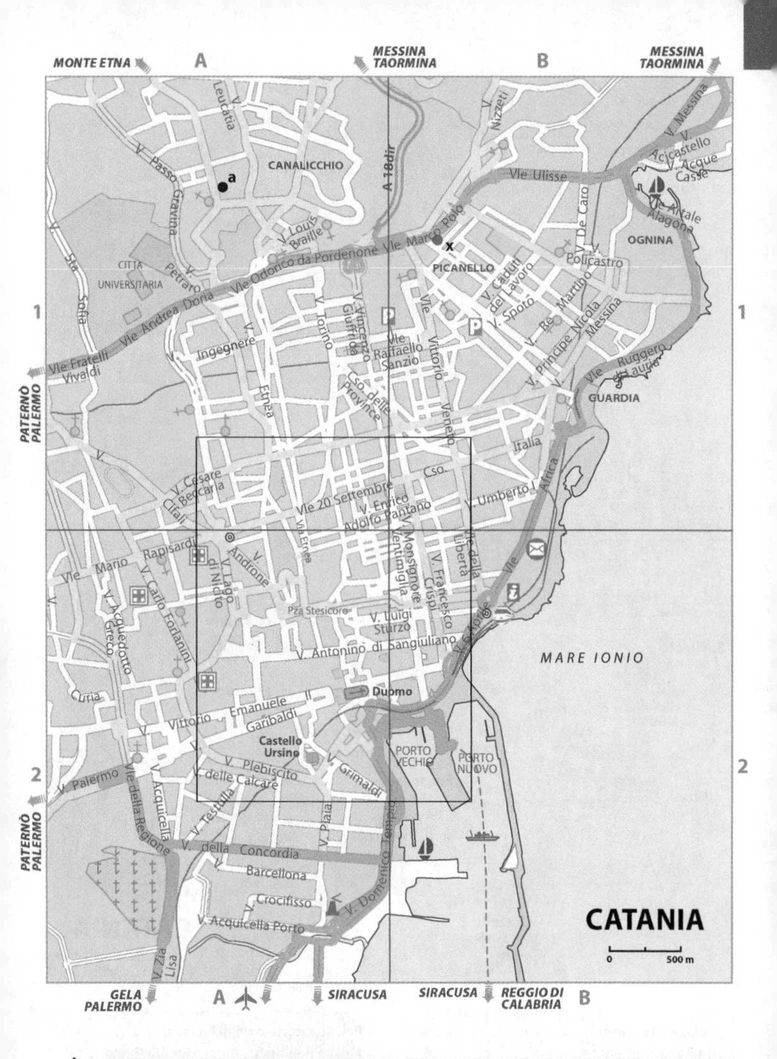

Romano House

TRADIZIONALE · PERSONALIZZATO Nato dall'unione di due palazzi, di cui uno ottocentesco che ospita una decina di camere con affreschi, stucchi o soffitti a volta, un insieme molto piacevole, che non mancherà di conquistare i turisti in visita alla "città dell'elefante".

49 cam ☕ - 👤200/250 € 👥250/300 € - 1 suite

Pianta: D2-a - *via G. Di Prima 20 ✉ 95124 - ☎ 095 352 0611 - www.romanohouse.it*

NH Parco degli Aragonesi

HOTEL DI CATENA · MODERNO Hotel di taglio moderno ubicato sul lungomare: la disposizione razionale degli spazi nelle camere e negli ambienti comuni, lo rendono ideale per una clientela business. Servizio navetta per il centro e l'aeroporto.

124 cam ☕ - 👤115/230 € 👥150/276 €

viale Kennedy 2, località la Playa, 1 km per Siracusa - A2 ✉ 95121 - ☎ 095 723 4073 - www.nh-hotels.it

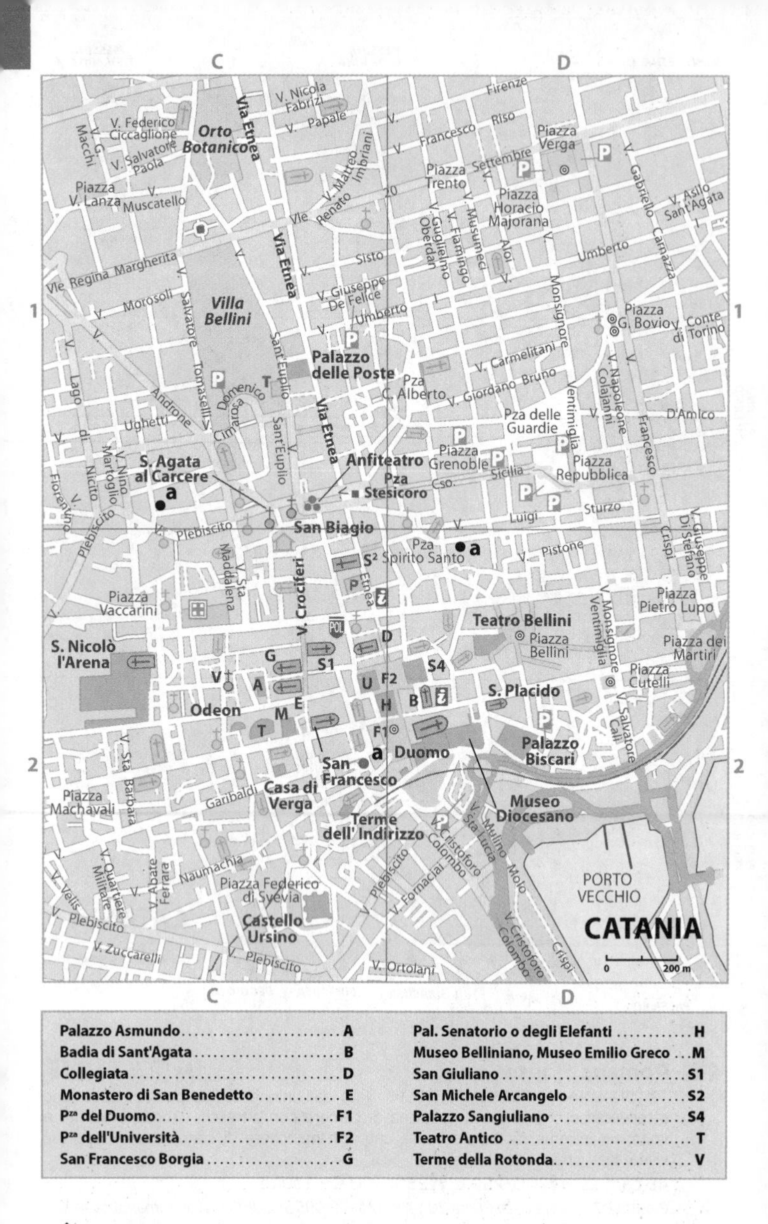

Liberty

STORICO • VINTAGE Gli amanti del Liberty apprezzeranno questo piccolo hotel in un palazzo di inizio '900, le cui atmosfere richiamano alla mente il celebre romanzo *Il Gattopardo*. Le camere sono contraddistinte da un nome evocante il sentimento che ispirano, ma è il giardino d'inverno a porre il sigillo dello charme sulla struttura.

11 cam ☕ - 🚹60/120 € 🚹🚹90/189 € - 7 suites

Pianta: C1-a - *via San Vito 40 ✉ 95124 - ✆ 095 311651 - www.libertyhotel.it*

CATANZARO

(CZ) - ✉ 88100 - 90 612 ab. - Alt. 320 m - Carta regionale n° **3**-B2

Roma 615 km - Cosenza 99 km - Crotone 73 km - Reggio di Calabria 161 km

Carta stradale Michelin 564-K31

Antonio Abbruzzino (Luca Abbruzzino)

CUCINA MODERNA • ELEGANTE XX C'è un po' di tutto in questo locale: spunti contemporanei, elementi rustici e - sicuramente - eleganza. La cucina, passata oramai di mano al figlio dello chef-patron, reinterpreta in chiave moderna i sapori del territorio.

→ Perché no... fusilloni, 'nduja, pecorino e ricci di mare. Costata di manzo, anemone di mare e salsa verde. Pane, olio e zucchero.

Menu 50/75 € - Carta 46/69 €

via Fiume Savuto, località Santo Janni, Sud-Est: 4 km - ☎ 0961 799008 (prenotazione obbligatoria a mezzogiorno) - www.antonioabbruzzino.it - Chiuso 15 giorni in gennaio, 15 giorni in luglio, domenica sera, lunedì, martedì e mercoledì

a Catanzaro Lido Sud : 14 km ✉ 88063

Sunrise Beach

PESCE E FRUTTI DI MARE • STILE MEDITERRANEO XX Appena fuori dal centro e direttamente sulla spiaggia, è questo l'indirizzo giusto per gli amanti del pesce: schietta cucina mediterranea e pizze (la sera). In sala c'è anche la lampada speciale per crêpes ed elaborazioni varie.

Menu 30/50 € - Carta 25/54 €

via Lungomare, località Giovino - ☎ 338 842 4193 - www.sunrisebeach.it - Chiuso lunedì

Perla del Porto 

BUSINESS • DESIGN Direttamente sul mare, nuovo albergo adatto sia ad una clientela business sia leasure: ampie sale riunioni, piccolo centro benessere e ambiente elegante al ristorante caratterizzato da volte con vetrate artistiche.

41 cam ☕ - †64/149 € ††79/169 € - 4 suites

Martiri di Cefalonia 64 - ☎ 0961 360325 - www.hotelperladelporto.it

Palace

BUSINESS • PERSONALIZZATO Sul lungomare, hotel di tono elegante con arredi in stile Impero: eleganza anche nelle camere di differenti tipologie, tutte modernamente attrezzate. Sala meeting panoramica, al settimo piano. La cucina si divide tra pesce e carne nel bel ristorante con vista sul Mediterraneo.

73 cam ☕ - †70/200 € ††90/280 € - 5 suites

via lungomare 221 - ☎ 0961 31800 - www.hotel-palace.it

CATTOLICA

Rimini - ✉ 47841 - 17 125 ab. - Carta regionale n° **5**-D2

Roma 315 km - Rimini 22 km - Ancona 92 km - Bologna 130 km

Carta stradale Michelin 562-K20

Locanda Liuzzi

CUCINA CREATIVA • ALLA MODA XX La semplicità e la tradizione non abitano in questo ritrovo di estrosi e creativi: la cucina è una continua sperimentazione di forme, colori e consistenze, per gli amanti del genere.

Menu 50/75 € - Carta 42/74 €

via Fiume 61, angolo via Carducci - ☎ 0541 830100 (consigliata la prenotazione) - www.locandaliuzzi.com - Chiuso i mezzogiorno di lunedì e martedì in estate, lunedì negli altri mesi

Carducci 76

LUSSO • PERSONALIZZATO Un'enclave in stile neocoloniale nel cuore di Cattolica: corte interna con giardino islamico ed ispirazioni orientali. Camere originali e minimaliste.

39 cam ☕ - †90/240 € ††120/350 € - 6 suites

via Carducci 76 - ☎ 0541 954677 - www.carducci76.it - Aperto 1° aprile-30 settembre

Europa Monetti

TRADIZIONALE • MODERNO Vicino al mare, in zona di negozi e locali, l'impronta moderna di una gestione familiare sempre attenta alle più recenti innovazioni.

51 cam - 80/150 € 100/200 € - 12 suites

via Curiel 39 - 0541 954159 - www.europamonetti.com - Aperto 1° marzo-31 ottobre

Moderno-Majestic

TRADIZIONALE • MEDITERRANEO Bell'edificio fronte mare, dove il binomio cromatico bianco-blu vi accompagnerà in una vacanza tipicamente balneare dalle confortevoli camere e graziosi bagni.

60 cam - 70/80 € 140/160 € - 8 €

via D'Annunzio 15 - 0541 954169 - www.modernomajestic.it - Aperto 1° giugno-15 settembre

Aurora

FAMILIARE • FUNZIONALE Ambienti recentemente rinnovati, in questa risorsa dalla dinamica conduzione familiare: camere ampie e confortevoli. La proverbiale pasta tirata al mattarello e tante altre specialità romagnole al ristorante.

18 cam - 34/60 € 68/108 €

via Genova 26 - 0541 830464 - www.hotelauroracattolica.info - Aperto 20 aprile-10 settembre

Gambrinus Mare

FAMILIARE • ACCOGLIENTE Tra l'acquario e il centro, hotel dalla dinamica e attenta gestione familiare che ha saputo mantenersi al passo con i tempi: sale moderne e camere accessoriate.

40 cam - 37/75 € 70/140 €

Via Carducci 86 - 0541 961347 - www.hotelgambrinusmare.com - Aperto Pasqua-30 settembre

CAVA DE' TIRRENI

Salerno - 84013 - 53 659 ab. - Alt. 180 m - Carta regionale n° **4**-B2

Roma 258 km - Napoli 47 km - Avellino 49 km - Salerno 13 km

Carta stradale Michelin 564-E26

Pappacarbone

CUCINA MEDITERRANEA • CONTESTO CONTEMPORANEO XX In un locale di tono sobrio contemporaneo, lo chef bandisce dalla sua cucina ogni sofisticazione a favore dei veri sapori regionali. Una forchettata, ad occhi chiusi, e subito si riconosce cosa c'è nel piatto!

Menu 45/70 € - Carta 44/90 €

via Rosario Senatore 30 - 089 466441 - www.ristorantepappacarbone.it - solo a cena escluso sabato e domenica - Chiuso agosto, domenica sera e lunedì

a Corpo di Cava Sud-Ovest : 4 km 84013 - Badia Di Cava De Tirreni - Alt. 400 m

Scapolatiello

FAMILIARE • PERSONALIZZATO Gestito dalla stessa famiglia ormai alla sesta generazione, signorile albergo panoramico vicino all'Abbazia Benedettina. Ampi spazi comuni e un curato giardino con piscina, ma anche le camere non son da meno, in quanto a confort e piacevolezza. L'incanto della terrazza fiorita e la bella vista dalle vetrate della luminosa sala ristorante.

42 cam - 39/169 € 49/179 € - 2 suites

piazza Risorgimento 1 - 089 443611 - www.hotelscapolatiello.it - Chuso gennaio e febbraio

CAVAGLIÀ

Biella - 13881 - 3 591 ab. - Alt. 271 m - Carta regionale n° **12**-C2

Roma 662 km - Torino 59 km - Biella 19 km - Milano 97 km

Carta stradale Michelin 561-F6

Osteria dell'Oca Bianca

CUCINA REGIONALE • RUSTICO X Nel cuore della località, di fronte alla chiesa, classica osteria di paese che mantiene intatto lo spirito originario. Cantina ben fornita e affidabile cucina del territorio.

Carta 34/67 €

via Umberto I 2 - ☎ 0161 966833 - www.osteriadellocabianca.it - Chiuso 12-19 gennaio, 29 giugno-13 luglio, martedì e mercoledì

UNA Golf Hotel Cavaglià

HOTEL DI CATENA • CLASSICO Circondata dal verde, questa bella struttura è caratterizzata da un'ampia hall e da varie salette relax, nonché camere di due tipologie - standard e superior - entrambe ben accessoriate. Il retro dell'albergo ospita un campo da golf con un'accogliente club house e luminoso ristorante.

37 cam ☕ - †75/105 € ††105/125 €

via Santhià 75 - ☎ 0161 966771 - www.unagolfhotelcavaglia.it

CAVAGLIETTO

Novara - ✉ 28010 - 388 ab. - Alt. 233 m - Carta regionale n° **12**-C2
Roma 647 km - Stresa 42 km - Milano 74 km - Novara 22 km
Carta stradale Michelin 561-F7

Arianna

CUCINA CLASSICA • ELEGANTE XXX In un piccolo e tranquillo borgo agricolo, imprevedibilmente, un ristorante d'impronta elegante: tavoli distanziati, comode sedie, piatti di concezione moderna.

Menu 35 € - Carta 39/59 €

via Umberto 4 - ☎ 0322 806134 - www.ristorantearianna.net - Chiuso 1°-10 gennaio, 22 luglio-14 agosto, mercoledì a mezzogiorno e martedì

CAVAGNANO Varese → Vedere Cuasso al Monte

CAVAION VERONESE

Verona (VR) - ✉ 37010 - 5 849 ab. - Alt. 190 m - Carta regionale n° **23**-A3
Roma 521 km - Verona 24 km - Brescia 81 km - Milano 169 km

Oseleta

CUCINA CREATIVA • ELEGANTE XXXX All'interno dei sontuosi e romantici ambienti di Villa Cordevigo, l'Oseleta, nel suo ampio salone con decorazioni in stile, offre ricette e sapori inaspettatamente campani e mediterranei. L'artefice è un cuoco napoletano di sorprendente talento. Nella bella stagione, pasti all'aperto tra le colline ed i vigneti.

→ Spaghetto al pomodoro del piennolo, burrata e scorza di limone. Guancetta di fassona, salsa al vino Cordevigo rosso, pastinaca, amarena, grue di cacao. Pomodoro al cubo.

Menu 85/130 € - Carta 62/130 €

Hotel Villa Cordevigo, località Cordevigo, Sud-Est: 3 km - ☎ 045 723 5287 - www.ristoranteoseleta.it - Chiuso 8 gennaio-10 marzo, lunedì e i mezzogiorno di martedì e mercoledì

Villa Cordevigo

LUSSO • STORICO Buen retiro collinare alle spalle del lago, vigneti, chiesa con reliquie e un parco di piante secolari sono il contorno di una raffinata dimora di origini cinquecentesche con lampadari di Murano e romantici bagni retrò.

34 cam ☕ - †215/725 € ††215/725 €

località Cordevigo, Sud-Est: 3 km - ☎ 045 723 5287 - www.villacordevigo.com - Chiuso 8 gennaio-10 marzo

✿ **Oseleta** - Vedere selezione ristoranti

CAVALESE

Trento – ✉ 38033 – 4 100 ab. – Alt. 1 000 m – Carta regionale n° **19**-D3
Roma 648 km – Bolzano 43 km – Trento 50 km – Belluno 92 km
Carta stradale Michelin 562-D16

El Molin (Alessandro Gilmozzi)

CUCINA CREATIVA • ROMANTICO XXX In un mulino del '600, l'interno è un susseguirsi di ballatoi e decorazioni in legno tra le antiche macine, mentre la cucina - tecnica e creatività - porta il bosco nel piatto. Per i più tradizionalisti, wine-bar al 1° piano con scelta ristretta di piatti e salumi trentini; spesso grandi vini al bicchiere.

→ Essenza di terra. Piccione cotto su corteccia di pino, fegatini e polenta. Mele, bacche e aceto.

Menu 80/120 € – Carta 68/104 €

piazza Cesare Battisti 11 – ☎ 0462 340074 – www.alessandrogilmozzi.it – solo a cena escluso sabato e domenica su prenotazione – Aperto 1° dicembre-5 aprile e 15 giugno-15 ottobre; chiuso martedì

Costa Salici

CUCINA REGIONALE • FAMILIARE XX E' una famiglia a gestire con grande passione e dinamismo questa casa di montagna, con sala classica e caratteristica stube in legno di cirmolo, rivisitando con fantasia i "baluardi" della tradizione.

Menu 35/45 € – Carta 30/59 €

via Costa dei Salici 10 – ☎ 0462 340140 (prenotare) – www.costasalici.com – Chiuso 10 giorni in giugno, 10 giorni in ottobre e lunedì

Lagorai

FAMILIARE • STILE MONTANO Ad 1 km dal centro, in splendida posizione panoramica, l'hotel sembra un promontorio affacciato sulla valle: profusione di legno abete nelle ottime camere ed un incantevole giardino a terrazze. In generale, una generosa offerta di servizi in tutti i settori!

40 cam – †85/155 € ††120/220 € – 10 suites

via Val di Fontana 2 – ☎ 0462 340454 – www.hotel-lagorai.com – Chiuso novembre e maggio

Laurino

TRADIZIONALE • STILE MONTANO La posizione centrale di questo incantevole palazzo del '600 non ne penalizza la tranquillità; camere confortevoli e gran cura del dettaglio per un soggiorno all'insegna del romanticismo. La sera, al piccolo bistrot, taglieri di salumi e formaggi e qualche zuppa calda.

10 cam – †60/90 € ††110/160 € – 4 suites

via Antoniazzi 14 – ☎ 0462 340151 – www.hotelgarnilaurino.it

Bellavista

TRADIZIONALE • STILE MONTANO All'interno di un bell'edificio con decorazioni che continuano nell'elegante hall, camere semplici - le più spaziose sono le tre suite su due piani - e piatti locali nella classica sala ristorante.

42 cam – †59/199 € ††59/199 € – 3 suites

via Pizzegoda 5 – ☎ 0462 230228 – www.bienvivrehotels.it – Chiuso maggio e novembre

Excelsior

TRADIZIONALE • STILE MONTANO In un palazzo del '500 - nel cuore storico del paese - dai pavimenti alla splendida stufa decorata, il passato ha lasciato più di una traccia. Camere più semplici dagli arredi contemporanei. Cucina classica o pizzeria, le opzioni per i pasti sono variegate.

30 cam – solo ½ P 56/98 €

piazza Cesare Battisti 11 – ☎ 0462 340403 – www.excelsiorcavalese.com – Chiuso aprile, maggio e novembre

Park Hotel Azalea

TRADIZIONALE • MINIMALISTA Nel centro della rinomata località trentina, profusione di legno e design moderno per una risorsa che fa della calorosa gestione familiare il proprio punto di forza.

34 cam - †63/116 € ††96/202 €

via delle Cesure 1 - 0462 340109 - www.ecoparkhotelazalea.it - Chiuso 9 aprile-31 maggio e 15-31 novembre

Salvanel

FAMILIARE • STILE MONTANO A due passi dal centro, piccolissimo albergo ricavato da una casa del Settecento. La gestione è familiare, attenta alla cura e alla pulizia delle camere piacevolmente in stile montano; l'ultimo piano ospita - ora - anche sauna e bagno turco.

7 cam - †60/70 € ††110/155 €

via Carlo Esterle 3 - 0462 232057 - www.salvanel.com - Chiuso 25 giorni in giugno e 25 giorni in novembre

CAVALLINO

Venezia - 30013 - Carta regionale n° **23**-C2

Roma 574 km - Venezia 56 km - Padova 90 km - Treviso 50 km

Carta stradale Michelin 562-F19

Art & Park Hotel Union Lido

TRADIZIONALE • FUNZIONALE All'interno di un complesso turistico che si estende per oltre 1 km sul mare, piacevoli sale classiche, una piccola zona fitness e beauty-wellness centre. Accanto c'è il ristorante con pizzeria.

95 cam - †63/127 € ††89/192 €

via Fausta 270 - 041 968043 - www.parkhotelunionlido.com - Aperto 23 aprile-11 ottobre

a Treporti Ovest : 11 km 30010

Ai Do Campanili

PESCE E FRUTTI DI MARE • INTIMO Ridotte sono le dimensioni della casa che lo ospita e piccola è anche la saletta al 1° piano, ma se non gli spazi, sarà la qualità del cibo un valido motivo per venire a trovare questa giovane e dinamica gestione. In carta non mancano mai i crudi e variazioni più moderne sul tema del pesce. Ricca selezione di vini, da acquistare anche per asporto.

Menu 60 € - Carta 41/83 €

piazza Santissima Trinità - 041 530 1716 (prenotare) - www.aidocampanili.it - Chiuso mercoledì, anche domenica sera da novembre a marzo

CAVASSO NUOVO

Pordenone (PN) - 33092 - 1 525 ab. - Alt. 300 m - Carta regionale n° **6**-B2

Roma 637 km - Pordenone 34 km - Trieste 119 km

Carta stradale Michelin 562-D20

Ai Cacciatori

CUCINA FRIULANA • CONTESTO TRADIZIONALE Daniel e la moglie Angelina propongono - rigorosamente a voce - fragranti e gustosi piatti, fieri della propria forte radice territoriale. Non mancano, quindi: i formaggi, la "pitina" (polpetta di carne affumicata), la cipolla di Cavasso, la polenta e, come il nome lascia intuire, la cacciagione!

Menu 30/45 € - Carta 29/51 €

via Diaz 4 - 0427 777800 (prenotare) - Chiuso 1 settimana in gennaio, 3 settimane in luglio, domenica sera, lunedì e martedì

CAVATORE

Alessandria - 15010 - 291 ab. - Alt. 516 m - Carta regionale n° **12**-C3

Roma 557 km - Alessandria 42 km - Genova 80 km - Asti 51 km

Carta stradale Michelin 561-I7

Da Fausto

CUCINA REGIONALE • CONVIVIALE XX Agnolotti al ristretto d'arrosto ed altri piatti casalinghi dalle porzioni generose, ben curati nelle presentazioni, in una tipica casa dalla facciata in pietra. E se la giornata è tersa, il piacere dell'incantevole vista sulla catena alpina.

Menu 16 € (pranzo in settimana)/34 € - Carta 26/46 € 4 cam - †90/100 € ††100/110 €

località Valle Prati 1 - ☎ 0144 325387 (consigliata la prenotazione) - www.relaisborgodelgallo.it - Chiuso 1° gennaio-10 febbraio, martedì a pranzo e lunedì, anche martedì sera in ottobre-giugno

CAVAZZO CARNICO

Udine (UD) - ✉ 33020 - 1 052 ab. - Carta regionale n° **6**-B1
Roma 681 km - Trieste 118 km - Udine 46 km
Carta stradale Michelin 562-C21

Borgo Poscolle

CUCINA TRADIZIONALE • FAMILIARE X Cucina casalinga legata al territorio (ottime le mezzelune alle ortiche con caprino di Paularo e ricotta affumicata) in una gradevole trattoria familiare, dove la ricerca del prodotto locale - possibilmente a km 0 e biologico - si è trasformata in piacevole ossessione: i dolci, la passione della cuoca-titolare! Volete una dritta? Torta di nocciole e cioccolato con gelato al pistacchio.

Carta 27/47 €

via Poscolle 21/a - ☎ 0433 935085 - Chiuso 1 settimana in gennaio, 1 settimana in ottobre, lunedì sera, martedì e mercoledì

CAVENAGO DI BRIANZA

Monza e Brianza (MB) - ✉ 20873 - 7 261 ab. - Alt. 176 m - Carta regionale n° **10**-B2
Roma 595 km - Milano 30 km - Monza 19 km - Lecco 39 km
Carta stradale Michelin 561-F10

Devero

BUSINESS • MODERNO A pochi chilometri da Milano, ma già in Brianza, Devero è un business & design hotel dalle linee nette e moderne i cui standard di confort ed accoglienza sono veramente proverbiali.

138 cam - †69/169 € ††85/250 € - 6 suites

largo Kennedy 1 - ☎ 02 9533 5412 - www.deverohotel.it - Chiuso 2 settimane in agosto

CAVERNAGO

Bergamo - ✉ 24050 - 2 624 ab. - Alt. 199 m - Carta regionale n° **10**-C2
Roma 600 km - Bergamo 13 km - Brescia 45 km - Milano 54 km
Carta stradale Michelin 561-F11

Il Saraceno (Roberto Proto)

CUCINA MODERNA • CONTESTO CONTEMPORANEO XXX Un cucina seria, capace di accostamenti creativi, realizzata con prodotti di ottimo valore qualitativo: il pesce è il grande protagonista del menu, bollicine e vini bianchi i suoi degni accompagnatori. La ricchezza di sapori nei piatti sarà il ricordo che porterete con voi. In alternativa alla carta, a pranzo, anche menu business.

→ Risotto con astice, zucca e polvere di prosciutto crudo. Il gambero si fa in quattro. Passeggiata amalfitana.

Menu 20 € (pranzo in settimana)/75 € - Carta 65/119 €

piazza Don Verdelli 2 - ☎ 035 840007 - www.ristorante-ilsaraceno.it - Chiuso 1 settimana in gennaio, 2 settimane in agosto, lunedì e martedì

Giordano

CUCINA CLASSICA • ACCOGLIENTE XX E' un classico in zona e la sua cucina propone una linea nazionale, sia di carne sia di pesce, che può citare, di volta in volta, regioni diverse, sebbene ci sia sempre un occhio di riguardo per la Toscana: terra d'origine dei titolari. Al piano superiore, le moderne camere.

Menu 25 € (in settimana)/35 € - Carta 38/50 € 19 cam - †50/65 € ††60/80 € - 1 suite

via Leopardi 1 - 035 840266 - www.hotelgiordano.it - Chiuso 26 dicembre-6 gennaio, agosto, domenica sera e lunedì

CAVI Genova (GE) → Vedere Lavagna

CAVOUR

Torino - 10061 - 5 545 ab. - Alt. 300 m - Carta regionale n° **12**-B3

Roma 698 km - Torino 54 km - Asti 93 km - Cuneo 51 km

Carta stradale Michelin 561-H4

La Nicchia

CUCINA REGIONALE • RUSTICO XX Una nicchia di "buon gusto" all'interno di un edificio di fine '700, già indicato in un'antica mappa napoleonica. Sulla tavola, il meglio delle materie prime locali in ricette regionali, benevolmente aperte ad intrusioni moderne. In cantina un'ottima selezione di vini, mentre il locale si sdoppia con la Vineria dove si servono piatti regionali più semplici ed economici.

Menu 15 € (in settimana)/42 € - Carta 34/64 €

via Roma 9 - 0121 600821 - www.lanicchia.net - Chiuso 2 settimane in agosto, giovedì a mezzogiorno e mercoledì

La Posta

CUCINA PIEMONTESE • CONTESTO TRADIZIONALE XX La fantasiosa insalata di mele ed il paté di fegato di selvaggina, gli agnolotti (o i tagliolini) fatti a mano, i bolliti con le mille salse, il bonet: insomma, se volevate gustare la vera cucina piemontese siete cascati bene!

Menu 12 € (pranzo in settimana)/38 € - Carta 31/40 €

Hotel Locanda la Posta, via dei Fossi 4 - 0121 69989 - www.locandalaposta.it - Chiuso 27 dicembre-4 gennaio

Locanda la Posta

FAMILIARE • STORICO Guidata dalla stessa famiglia sin dalle sue origini settecentesche, la locanda vanta camere accoglienti e in stile, intitolate ai personaggi storici che vi hanno alloggiato.

18 cam - †55/80 € ††80/120 €

via dei Fossi 4 - 0121 69989 - www.locandalaposta.it

La Posta - Vedere selezione ristoranti

CAVRIGLIA

Arezzo - 52022 - 9 614 ab. - Alt. 281 m - Carta regionale n° **18**-C2

Roma 238 km - Firenze 58 km - Siena 41 km - Arezzo 49 km

Carta stradale Michelin 563-L16

a Meleto Nord : 9 km 52020

Villa Barberino

CASA DI CAMPAGNA • STORICO In una fattoria del '300 con annesso borgo, un giardino all'italiana perfettamente tenuto ed una bella piscina che, oltre ad offrire momenti di piacevole relax, regala alla vista il panorama di dolci colline. La cucina toscana è rivisitata con garbo e i sapori cambiano con il mutar delle stagioni al ristorante Il Tributo.

14 cam - †70/120 € ††120/150 € - 3 suites

viale Barberino 19 - 055 961813 - www.villabarberino.it

CAZZAGO SAN MARTINO

Brescia – ✉ 25046 – 10 996 ab. – Alt. 200 m – Carta regionale n° **10**-D2
Roma 560 km – Brescia 17 km – Bergamo 40 km – Milano 81 km
Carta stradale Michelin 561-F12

Il Priore

CUCINA MODERNA • ROMANTICO XXX Due sale ampie e luminose con una piccola collezione di opere d'arte del '900 e servizio estivo in terrazza panoramica per un'interessante cucina di ampio respiro.

Menu 22 € (pranzo in settimana)/40 € – Carta 46/93 €

via Sala 70, località Calino, Ovest: 1 km – ✆ 030 725 4665 – www.ilprioreristorante.it – Chiuso 2 settimane in gennaio e martedì

CECCHINI DI PASIANO Pordenone → Vedere Pasiano di Pordenone

CECINA

Livorno – ✉ 57023 – 28 046 ab. – Alt. 15 m – Carta regionale n° **18**-B2
Roma 276 km – Pisa 62 km – Livorno 40 km – Firenze 117 km
Carta stradale Michelin 563-M13

Scacciapensieri

PESCE E FRUTTI DI MARE • ELEGANTE XX Lasciate ogni preoccupazione fuori dalla porta e concedetevi una pausa golosa, assaporando le specialità – soprattutto di mare – di questo storico ristorante in pieno centro. E se questo non bastasse, una buona bottiglia scelta nella fornita cantina contribuirà alla vostra spensieratezza!

Menu 25 € (pranzo in settimana)/70 € – Carta 35/78 €

via Verdi 22 – ✆ 0586 680900 – www.ristorantescacciapensieri.com – Chiuso lunedì

Trattoria Senese

PESCE E FRUTTI DI MARE • CONTESTO TRADIZIONALE XX A gestione familiare, l'impostazione e i piatti sono quelli del classico ristorante di pesce e, sebbene vi sia un menu, vi consigliamo di farvi guidare nella scelta dallo chef.

Carta 24/80 €

via Diaz 23 – ✆ 0586 680335 (consigliata la prenotazione) – Chiuso martedì

Il Doretto

CUCINA MODERNA • ACCOGLIENTE XX Nella gradevole atmosfera di un cascinale ristrutturato, il cuoco, appassionato di Champagne di cui serve una buona selezione, reinterpreta i classici toscani, sia di terra che di mare. Concretezza di sapori ed estro inventivo ne sanciscono il successo.

Carta 34/77 €

via Pisana Livornese 32, Nord: 2,8 km – ✆ 0586 668363 (coperti limitati, prenotare) – Chiuso 7-24 novembre e mercoledì

CEFALÙ Sicilia

Palermo – ✉ 90015 – 14 393 ab. – Carta regionale n° **17**-C2
Palermo 68 km – Caltanissetta 101 km – Enna 107 km
Carta stradale Michelin 365-AT55

Locanda del Marinaio

CUCINA MEDITERRANEA • ACCOGLIENTE XX Gustosi piatti che profumano di Mediterraneo – sebbene realizzati dalla chef/titolare tedesca – in un grazioso locale del brulicante centro di Cefalù. L'ambiente è semplice, ma la cucina sicuramente interessante!

Carta 28/50 €

via Porpora 5 – ✆ 0921 423295 – Chiuso martedì

Riva del Sole

TRADIZIONALE • LUNGOMARE Fronte spiaggia e mare, senza dimenticare il centro storico a due passi, questo albergo moderno dispone di camere rinnovate, alcune con balcone e vista sul Tirreno.

28 cam - †80/100 € ††90/140 €

lungomare Giardina 25 - 0921 421230 - www.rivadelsole.com - Chiuso novembre

CEGLIE MESSAPICA

Brindisi - 72013 - 20 076 ab. - Alt. 298 m - Carta regionale n° **15**-C2

Roma 564 km - Brindisi 38 km - Bari 92 km - Taranto 38 km

Carta stradale Michelin 564-F34

Al Fornello-da Ricci (Ricci e Sookar)

CUCINA PUGLIESE • RUSTICO XX La Puglia che vi aspettate servita in tavola: dai Ricci c'è una calorosa accoglienza famigliare, un ristorante dall'atmosfera calda e avvolgente, nonché un'ottima cucina regionale che punta sui prodotti della terra.

→ Crudaiola di pasta fatta in casa con julienne di ortaggi croccanti e cacioricotta. Coscia di coniglio in riduzione di birra e lemongrass. Biscotti cegliesi.

Menu 50/75 € 1 cam - †40 € ††45/50 €

via delle grotte 11, contrada Montevicoli - 0831 377104 (consigliata la prenotazione) - www.alfornellodaricci.com - solo a cena escluso domenica - Chiuso 15 giorni in aprile, 20 giorni in settembre-ottobre, domenica sera, lunedì e martedì

Cibus

CUCINA REGIONALE • FAMILIARE XX Parlare di cucina regionale qui sarebbe riduttivo, il ristorante custodisce infatti ricette di Ceglie, a volte persino familiari, con una straordinaria ricerca di prodotti, quando ancora di chilometro zero neppure si parlava. Tra indimenticabili antipasti e gustose paste fresche, è una tappa immancabile di ogni viaggio in Puglia. Specialità: grano con fonduta di caciocavallo e tartufo della bassa Murgia - vitello podolico al fornello - pan di Spagna con crema all'arancia.

Carta 26/48 €

via Chianche di Scarano 7 - 0831 388980 - www.ristorantecibus.it - Chiuso 1 settimana in gennaio-febbraio, 1 settimana in giugno e martedì

Da Gino

CUCINA REGIONALE • FAMILIARE X Qui dagli anni Settanta, in sale semplici ma piacevolmente ornate di legno, il ristorante è la meta prediletta per gli amanti della cucina vegetariana: verdure ed erbe aromatiche, coltivate dal titolare, insaporiscono i tradizionali piatti pugliesi.

Carta 21/36 €

via Tratturo Cappelle 25, contrada Montevicoli - 0831 377916 - www.ristorantedagino.it - Chiuso venerdì

Madonna Delle Grazie

LUSSO • ELEGANTE Alchimie cosmetiche e percorsi di bellezza nell'attrezzato centro benessere di questo nuovo hotel dai confort contemporanei e dallo stile signorile; la posizione tranquilla vi ripagherà della sua ubicazione periferica rispetto al paese. Piatti regionali al ristorante con una carta vincente: una grande terrazza panoramica sulla campagna per la bella stagione.

26 cam - †72/156 € ††110/240 €

via Fedele Grande snc, contrada Pisciacalze - 0831 381371 - www.hotelmadonnadellegrazie.it

CELLARENGO

Asti - 14010 - 720 ab. - Alt. 321 m - Carta regionale n° **14**-C1

Roma 621 km - Torino 41 km - Asti 28 km - Cuneo 77 km

Carta stradale Michelin 561-H5

Agriturismo Cascina Papa Mora

FAMILIARE • ACCOGLIENTE In aperta campagna e circondata da coltivazioni biologiche, questa bella cascina offre camere semplici, ma curate e personalizzate, nonché la possibilità di effettuare turismo equestre con corsi, escursioni e attività varie. Piatti piemontesi al ristorante e animazione per i bambini la domenica.

7 cam ☕ - †40/80 € ††40/80 €

via Ferrere 16, Sud: 1 km - ✆ 0141 935126 - www.cascinapapamora.it - Chiuso 1° gennaio-13 febbraio

CELLE SUL RIGO Siena ➜ Vedere San Casciano dei Bagni

CENERENTE Perugia ➜ Vedere Perugia

CENOVA

Imperia (IM) - ✉ 18026 - Alt. 558 m - Carta regionale n° **8**-A2

▶ Roma 619 km - Imperia 30 km - Genova 120 km - Savona 73 km

Carta stradale Michelin 561-J5

Negro

FAMILIARE • CLASSICO Armatevi di pazienza e un po' di attenzione per arrivarvi, ma alla fine se cercate una vacanza immersa nella natura e nel silenzio troverete qui il vostro indirizzo: sulla sommità di un borgo medioevale, le camere sono semplici e la conduzione familiare.

12 cam ☕ - †80/95 € ††80/95 € - 1 suite

via Canada 10 - ✆ 0183 34089 - www.hotelnegro.it

CERASO

Salerno - ✉ 84052 - 2 397 ab. - Alt. 340 m - Carta regionale n° **4**-C3

▶ Roma 356 km - Avellino 125 km - Napoli 145 km - Salerno 94 km

Carta stradale Michelin 564-G27

a Petrosa Sud-Ovest : 7,5 km ✉ 84052 - Ceraso

Agriturismo La Petrosa

CASA DI CAMPAGNA • AGRESTE Voglia di una vacanza rurale nel Parco del Cilento? C'è anche un agricampeggio con alcune piazzole, in questo agriturismo dalle camere in stile rustico ed alcuni letti in ferro battuto. La posizione è piuttosto decentrata, ma proprio per questo garantisce una certa tranquillità, da godere anche a bordo piscina.

11 cam ☕ - †50/100 € ††80/180 €

via Fabbrica 25 - ✆ 0974 61370 - www.lapetrosa.it - Aperto 1° aprile-31 dicembre

CERBAIA Firenze ➜ Vedere San Casciano in Val di Pesa

CERCOLA

Napoli (NA) - ✉ 80040 - 18 267 ab. - Alt. 75 m - Carta regionale n° **4**-B2

▶ Roma 225 km - Napoli 15 km - Caserta 32 km - Benevento 87 km

Carta stradale Michelin 564-E25

Relais Villa Buonanno

LUSSO • ELEGANTE Villa di origini seicentesche con parco/giardino curato e nella corte un bellissimo cedro libanese di 300 anni. Interni più moderni, ottimo confort e buoni spazi. Piatti regionali al ristorante La Torre che ne ha per tutti i gusti: cucina campana, steakhouse e qualche piatto vegetariano. C'è anche il wine-bar.

34 cam ☕ - †49/89 € ††59/109 € - 2 suites

viale Buonanno 10 - ✆ 081 733 2202 - www.relaisvillabuonanno.it

CEREA

Verona (VR) - ✉ 37053 - 16 529 ab. - Alt. 18 m - Carta regionale n° **23**-B3

▶ Roma 479 km - Venezia 135 km - Verona 43 km - Mantova 37 km

Carta stradale Michelin 562-G15

Villa Ormaneto

DIMORA STORICA • DESIGN Camere molto confortevoli in una splendida villa storica in aperta campagna: all'armonia dell'architettura esterna fanno eco spunti di moderno design negli ambienti interni.

8 cam - †65/90 € ††80/110 €

Via Isolella Bassa 7 - ✆ 0442 83795 - www.villaormaneto.com

CERMENATE

Como - ✉ 22072 - 9 144 ab. - Alt. 297 m - Carta regionale n° **10**-B1

Roma 612 km - Como 15 km - Milano 32 km - Varese 28 km

Carta stradale Michelin 561-E9

Castello

CUCINA LOMBARDA • ACCOGLIENTE XX Locale storico in zona, ma moderno e minimalista negli arredi, con tante bottiglie (soprattutto di distillati) a riempire le molte teche in vetro. Cucina stagionale e territoriale con qualche spunto di fantasia.

Carta 44/73 €

via Castello 28 - ✆ 031 771563 - www.comiristorantecastello.it - Chiuso 26 dicembre-6 gennaio, agosto, martedì sera e lunedì

CERMES TSCHERMS

Bolzano (BZ) - ✉ 39010 - 1 531 ab. - Alt. 292 m - Carta regionale n° **19**-B2

Roma 666 km - Trento 82 km - Bolzano 31 km - Innsbruck 149 km

Carta stradale Michelin 354-AB4

Miil

CUCINA CLASSICA • ELEGANTE XX All'interno della tenuta vinicola Kränzelhof, le sale del ristorante propongono un elegante mix di legni antichi e moderni, un'atmosfera raffinata e alla moda per una cucina creativa, sia di carne che pesce.

Menu 43/49 € - Carta 48/60 €

via Palade 1 - ✆ 0473 563733 - www.miil.info - Chiuso domenica e lunedì

CERNOBBIO

Como - ✉ 22012 - 6 745 ab. - Alt. 201 m - Carta regionale n° **10**-A1

Roma 630 km - Como 5 km - Lugano 33 km - Milano 53 km

Carta stradale Michelin 561-E9

La Veranda

CUCINA MODERNA • LUSSO XXXXX Il nome non lascia dubbi: la sala è una splendida ed elegante veranda che con il bel tempo si trasferisce sulla terrazza fronte lago, il miglior contorno immaginabile per una cucina dallo stile moderno ed internazionale con ovvi rimandi al Bel Paese.

Carta 115/277 €

Hotel Villa d'Este, via Regina 40
- ✆ 031 348720 - www.villadeste.com
- Aperto inizio marzo-15 novembre

Trattoria del Vapore

CUCINA DEL TERRITORIO • AMBIENTE CLASSICO XX Un grande camino troneggia nell'accogliente sala di questo raccolto locale, in centro, a pochi passi dal lago; cucina legata alle tradizioni lacustri, ricca enoteca.

Menu 30 € (pranzo in settimana) - Carta 42/68 €

via Garibaldi 17 - ✆ 031 510308 - www.trattoriadelvapore.it - Chiuso 25 dicembre-25 gennaio e mercoledì

Villa d'Este

GRAN LUSSO • BORDO LAGO Più che un hotel, Villa d'Este è una destinazione ed una leggenda: eleganza classica, confort assoluto, glamour hollywoodiano. In una dimora cinquecentesca, che è un invito alla "dolce vita", il lusso si veste d'intemporalità sfoggiando stucchi, arcate, quadri, lampadari di Murano. Le alternative al ristorante Veranda sono diverse: l'ambiente del Grill si fa più rilassato, mentre il Platano si propone come bistrot internazionale. Entrambi dotati di belle terrazze.

145 cam – 460/720 € 540/1380 € – 7 suites

via Regina 40 – 031 3481 – www.villadeste.com – Aperto inizio marzo-15 novembre

La Veranda – Vedere selezione ristoranti

Miralago

TRADIZIONALE • BORDO LAGO Una signorile casa liberty affacciata sul lago e sulla passeggiata pedonale ospita un albergo accogliente; moderne camere di dimensioni limitate, ma ben accessoriate. Bella veduta del paesaggio lacustre dalla sala ristorante.

42 cam – 75/155 € 105/285 €

piazza Risorgimento 1 – 031 510125 – www.hotelmiralago.it – Aperto 1° marzo-15 novembre

CERNUSCO SUL NAVIGLIO

Milano – 20063 – 33 436 ab. – Alt. 134 m – Carta regionale n° **10**-B2

Roma 583 km – Milano 14 km – Bergamo 39 km – Monza 13 km

Carta stradale Michelin 561-F10

Due Spade

CUCINA CREATIVA • ELEGANTE Un "salotto" elegante, con soffitto e pavimento di legno, questo locale raccolto, che ruota tutt'intorno al camino della vecchia filanda e - d'estate - si apre ad un piacevole dehors immerso nel verde; cucina stagionale rivisitata è quanto propone il menu.

Menu 45 € – Carta 39/62 €

via Pietro da Cernusco 2/a
– 02 924 9200 – www.ristoranteduespade.it
– Chiuso 25 dicembre-6 gennaio, 8-31 agosto e domenica

CERRETO GUIDI

Firenze (FI) – 50050 – 10 870 ab. – Alt. 123 m – Carta regionale n° **18**-B1

Roma 316 km – Firenze 47 km – Bologna 143 km – Pistoia 28 km

Carta stradale Michelin 563-K14

PS Ristorante

CUCINA CREATIVA • SEMPLICE All'ingresso del paese, PS sono le iniziali del giovane cuoco che sposa le esperienze gastronomiche apprese in giro per il mondo con un cucina imperniata sui prodotti del territorio: fantasia ed elaborazione sono il condimento di ottimi piatti.

Menu 35/60 € – Carta 44/75 €

via Pianello val Tidone 41 – 0571 559242 – www.ps-ristorante.it – solo a cena – Chiuso 1 settimana in gennaio o febbraio, 1 settimana in settembre, domenica e lunedì

CERRETTO LANGHE

Cuneo (CN) – 12050 – 442 ab. – Alt. 687 m – Carta regionale n° **14**-C3

Roma 630 km – Cuneo 67 km – Torino 89 km – Alessandria 90 km

Carta stradale Michelin 561-I6

Trattoria del Bivio

CUCINA PIEMONTESE • ROMANTICO XXX In alta Langa, l'antica cascina è stata ristrutturata e oggi offre eleganti ambienti dallo stile rurale contemporaneo. Il legame della cucina con la terra è forte, ma divagazioni sul pesce non sono escluse. I risultati, in ogni caso, sono encomiabili. Ottime infine anche le camere, come la calorosa accoglienza familiare.

Menu 42/55 € - Carta 37/63 € 6 cam - 60/80 € 90/130 €

località Cavallotti 9, Nord-Ovest: 4 km - ✆ 0173 520383 - www.trattoriadelbivio.it - Chiuso 7-30 gennaio, lunedì e martedì

CERRO MAGGIORE

Milano - ✉ 20023 - 15 257 ab. - Alt. 205 m - Carta regionale n° **10**-A2
Roma 603 km - Milano 26 km - Como 31 km - Varese 32 km
Carta stradale Michelin 561-F8

a Cantalupo Sud-Ovest : 3 km ✉ 20020

Corte Lombarda

CUCINA CLASSICA • ELEGANTE XXX Eleganti sale interne, anche con camino, in una vecchia cascina che offre servizio estivo all'aperto; tocco fantasioso nella cucina, di pesce e di tradizione lombarda.

Menu 48/75 € - Carta 38/73 €

piazza Matteotti 9 - ✆ 0331 535604 - www.cortelombarda.it - Chiuso 26 dicembre-10 gennaio, 3-28 agosto, domenica sera e lunedì

CERTOSA KARTHAUS Bolzano → Vedere Senales

CERTOSA DI PAVIA

Pavia - ✉ 27012 - 3 341 ab. - Alt. 91 m - Carta regionale n° **9**-A3
Roma 579 km - Lodi 44 km - Pavia 11 km - Milano 29 km
Carta stradale Michelin 561-G9

Locanda Vecchia Pavia "Al Mulino" (Annamaria Leone)

CUCINA ITALIANA • ELEGANTE XXX Presso la certosa, ambientazione idilliaca in un mulino d'epoca nella campagna lombarda, più raffinati gli interni. La cucina tende al moderno, spaziando dalla carne al pesce.

→ Lasagnette ai piselli freschi, robiola, fonduta di parmigiano e tartufo estivo. Arrostino di faraona disossata e farcita alla scarola e ciauscolo (salume). Suprema di piccione arrostita in forno alle ciliegie, con cosciette confit.

Menu 40 € (pranzo in settimana)/75 € - Carta 51/95 €

via al Monumento 5 - ✆ 0382 925894 - www.vecchiapaviaalmulino.it - Chiuso 1°-20 gennaio, 6-26 agosto, domenica sera e lunedì

CERVERE

Cuneo - ✉ 12040 - 2 236 ab. - Alt. 304 m - Carta regionale n° **12**-B3
Roma 656 km - Cuneo 43 km - Torino 58 km - Asti 52 km
Carta stradale Michelin 561-I5

Antica Corona Reale (Gian Piero Vivalda)

CUCINA CREATIVA • ROMANTICO XXX Uno straordinario spartito musicale, intessuto con le note dell'eccellenza gastronomica piemontese, trova qui il suo inimitabile direttore d'orchestra. L'avvio sono i prodotti della regione, il solfeggio di Vivalda li porta a melodie inimitabili. Sotto un glicine, intorno ad una fontanella, d'estate il servizio all'aperto si tinge di romanticismo.

→ Uovo in cocotte con tartufo bianco d'Alba. Ravioli di gorgonzola, pere Madernassa e mandorle d'Avola. Capretto di Roccaverano allo spiedo.

Menu 95/220 € - Carta 68/118 €

via Fossano 13 - ✆ 0172 474132 - www.anticacoronareale.com - Chiuso 26 dicembre-10 gennaio, 3-20 agosto, martedì sera e mercoledì

CERVESINA

Pavia – ✉ 27050 – 1 204 ab. – Alt. 72 m – Carta regionale n° **9**-A3
Roma 575 km – Alessandria 46 km – Pavia 24 km – Milano 60 km
Carta stradale Michelin 561-G9

Il Castello di San Gaudenzio

STORICO • ELEGANTE Un'oasi di pace, questo castello del XIV secolo con interni in stile e dépendance intorno ad un bel giardino all'italiana. L'attrezzata area congressi rende, inoltre, la struttura particolarmente interessante per una clientela business. Cucina del territorio, in sintonia con le stagioni nel raffinato ristorante.

42 cam – †90/110 € ††130/150 € – 3 suites

via Mulino 1, località San Gaudenzio, Sud: 3 km – ✆ 0383 3331 – www.castellosangaudenzio.com

CERVIA

Ravenna – ✉ 48015 – 28 940 ab. – Carta regionale n° **5**-D2
Roma 382 km – Ravenna 22 km – Rimini 31 km – Bologna 96 km
Carta stradale Michelin 562-J19

Locanda dei Salinari

CUCINA REGIONALE • CONTESTO TRADIZIONALE Locale raccolto ed accogliente nell'antico borgo dei Salinari: lo chef-patron propone una cucina pacatamente moderna usufruendo dei migliori prodotti della Romagna, sia di terra sia di mare.

Menu 30/47 € – Carta 28/67 €

circonvallazione Sacchetti 152 – ✆ 0544 971133 – Chiuso 10 giorni in febbraio, 10 giorni in novembre, mercoledì e govedì escluso giugno-agosto

Gambrinus

TRADIZIONALE • PERSONALIZZATO Ha da poco festeggiato i 50 anni di attività, quest'hotel fronte mare dagli ambienti signorili e dove trova posto anche un piccolo centro benessere con cabine per trattamenti e vasca idromassaggio. Nel lussuoso ristorante i piatti della cucina nazionale allietano i commensali.

79 cam – †70/92 € ††120/200 € – 3 suites

lungomare Grazia Deledda 102 – ✆ 0544 971773 – www.gambrinushotel.it – Aperto 12 maggio-16 settembre

Universal

TRADIZIONALE • LUNGOMARE 20 metri è la distanza che vi separa dalla spiaggia dorata, in questa struttura i cui toni pastello della facciata sono riproposti nelle luminose camere, dotate di moderni confort, tutte con balcone.

93 cam – †65/105 € ††95/210 € – 1 suite

lungomare Grazia Deledda 118 – ✆ 0544 71418 – www.selecthotels.it – Aperto 1° aprile-10 ottobre

a Milano Marittima Nord : 2 km ✉ 48015 – Cervia-

Osteria del Gran Fritto

PESCE E FRUTTI DI MARE • CONVIVIALE Nella zona del porto canale, dei cantieri e del centro velico, bianca struttura in legno con dehors sulla spiaggia. Specialità di pesce campeggiano in menu, ma già dal nome s'intuisce che da padrone la fa il fritto, insieme al pesce azzurro; volendo anche piatti da asporto.

Carta 27/46 €

via Leoncavallo 11 – ✆ 0544 974348 – www.osteriadelgranfritto.com – Chiuso lunedì escluso aprile-settembre

La Settima

PESCE E FRUTTI DI MARE • LUSSO Salendo le scale, accompagnati dal rumore rilassante di cascate e fontana, si ha l'impressione di camminare sospesi sull'acqua, ma una volta accomodati al tavolo ci si ritrova - piacevolmente - con i piedi per terra: cucina regionale reinterpretata con gusto moderno. Nella bella stagione si può cenare anche sotto le stelle allo Stars Bridge.

Menu 45/95 € - Carta 50/112 €

Hotel Waldorf, VII Traversa 17 - 0544 994343 (consigliata la prenotazione) - www.premierhotels.it - solo a cena - Aperto 1° giugno-30 settembre

Terrazza Bartolini

PESCE E FRUTTI DI MARE • ROMANTICO Non una, ma due terrazze, fronte mare, per gustare una cucina che privilegia la qualità del pescato senza troppe elaborazioni: crudi, paste e pesci cotti alla plancia sono irrinunciabili, a cui poi l'estro del cuoco affianca le proposte del giorno.

Carta 50/80 €

via Leoncavallo 13 - 0544 182 0539 - www.terrazzabartolini.com - solo a cena - Aperto 15 maggio-30 settembre; chiuso lunedì

Sale Grosso

PESCE E FRUTTI DI MARE • ACCOGLIENTE Ristorante di pesce diventato un autentico punto di riferimento in città: ambiente gradevole dai colori chiari e decorazioni d'ispirazione marinara, cucina con tanti crudi ed un tocco di modernità.

Menu 35/50 € - Carta 32/64 €

viale 2 Giugno 15 - 0544 971538 - www.ristorantesalegrossomilanomarittima.it - solo a cena - Chiuso novembre e lunedì escluso in aprile-settembre

Palace Hotel

LUSSO • ELEGANTE A pochi metri dal mare, immersa nella tranquillità di un parco di ulivi millenari, prestigiosa struttura dagli eleganti spazi arredati con mobili intarsiati, lampadari Venini e marmi provenienti dalla Turchia. Piatti sia di terra sia di mare, nel rispetto della stagionalità dei prodotti, nella capiente sala da pranzo affacciata sul giardino.

112 cam - †220/400 € ††240/420 € - 13 suites

viale 2 Giugno 60 - 0544 993618 - www.selecthotels.it - Aperto 28 dicembre-9 gennaio e 16 marzo-19 ottobre

Waldorf

GRAN LUSSO • DESIGN Dotate di balconi attrezzati, la maggior parte delle camere e tutte le Luxury Suites godono di vista sul mare; queste ultime sono dislocate su due livelli e dispongono di area benessere con Jacuzzi sul terrazzo. Design, raffinatezza, innovazione, in una struttura dalla forma iconica, con ampie vetrate e spazi che ripropongono i movimenti del mare. Nella bella stagione si pranza in spiaggia al ristorante Premier Palm Beach.

30 cam - †190/550 € ††190/550 € - 4 suites

VII Traversa 17 - 0544 994343 - www.premierhotels.it - Aperto 10 aprile-30 settembre

La Settima - Vedere selezione ristoranti

Premier & Suites

LUSSO • DESIGN Spiaggia privata, belle camere e lussuose suite con terrazzo benessere, in una struttura di raffinato design ed ottimo confort: sicuramente adatta per un turismo leisure, la risorsa offre anche spazi per la clientela business. Al ristorante, un viaggio nel gusto che fa tappa soprattutto nei sapori regionali.

40 cam - †150/470 € ††150/470 € - 3 suites

VII Traversa 15 - 0544 995839 - www.premierhotels.it

Marepineta Resort

PALACE • DESIGN Uno dei primi alberghi aperti a Milano Marittima alla fine degli anni '20, Mare e Pineta sta subendo un totale ed interessante restyling già visibile in alcuni ambienti, come nella hall tutta vetro e luce. Il lussureggiante giardino è sicuramente un punto di forza della struttura, ma anche la spiaggia privata: una tra le più ampie della località!

165 cam - 115/310 € 155/370 €

viale Dante 40 - 0544 992262 - www.hotelmarepinetaresort.com - Aperto 1° aprile-31 ottobre

Grand Hotel Gallia

PALACE • CLASSICO Un luminoso salotto all'ingresso accoglie i clienti in questo hotel dai grandi spazi arredati con preziose ceramiche ed eleganza di eco settecentesca. Attrezzata sala riunioni e piscina in giardino. Al ristorante, i sapori della gastronomia tradizionale.

99 cam - 95/165 € 120/395 €

piazzale Torino 16 - 0544 994692 - www.selecthotels.it - Aperto 1° aprile-10 ottobre

Aurelia

TRADIZIONALE • ACCOGLIENTE Sito direttamente sul mare e circondato da un ampio giardino che conduce alla spiaggia, l'hotel annovera camere suddivise tra corpo centrale e villa, un centro benessere e piscina climatizzata. I sapori della tradizione vengono serviti presso la sala ristorante arredata in calde tonalità.

94 cam - 75/170 € 95/295 € - 2 suites

viale 2 Giugno 34 - 0544 975451 - www.selecthotels.it

Globus

TRADIZIONALE • ELEGANTE Hotel elegante con ingresso al 1° piano tra lampadari in pregiato cristallo, camere di gusto classico e un moderno centro benessere. Medesima atmosfera nella piacevole sala ristorante.

80 cam - 70/130 € 85/220 € - 15 €

viale 2 Giugno 59 - 0544 992115 - www.hotelglobus.it - Aperto 1° aprile-30 settembre

Le Palme

TRADIZIONALE • LUNGOMARE Fronte mare e vicino al centro, ma discosto dalle vie più affollate, questo hotel coniuga la quiete della pineta con il côté glamour di Milano Marittima. Camere confortevoli, spiaggia privata, due zone benessere e due piscine: una semi olimpica e un'altra più piccola. Ricette regionali di terra e di mare al ristorante.

100 cam - 80/250 € 99/400 € - 2 suites

VII Traversa 12 - 0544 994661 - www.premierhotels.it - Aperto 27 dicembre-6 gennaio e 19 marzo-2 novembre

Bellettini

TRADIZIONALE • LUNGOMARE Non è certo l'esperienza nel settore che qui fa difetto! E quest'aspetto è subito confermato dalla calorosa accoglienza dei titolari di questa moderna struttura frontemare con camere quasi tutte rinnovate, piscina, piccola zona benessere e, ultima ma non ultima, la spiaggia privata.

65 cam - 70/100 € 100/200 € - 1 suite

VIII traversa 22/24 - 0544 994166 - www.bellettinihotel.it - Aperto 24 marzo-10 ottobre

Delizia

TRADIZIONALE • LUNGOMARE Sita direttamente sul mare e a pochi passi dal centro, questa struttura dispone di camere luminose e confortevoli dall'arredo moderno: le più belle sono le cinque denominate "wellness". Piscina in terrazza all'ultimo piano.

40 cam - 95/140 € 110/175 €

VIII Traversa 23 - 0544 995441 - www.hoteldelizia.it - Aperto 1° aprile-30 settembre

Alexander

TRADIZIONALE • MODERNO Tavolini e piscina dominano l'ingresso di questo hotel costruito in posizione centrale che offre accoglienti camere, una terrazza-solarium ed un centro benessere.

52 cam - 89/150 € 120/280 €

viale 2 Giugno 68 - 0544 991516 - www.alexandermilanomarittima.it - Aperto 10 aprile-30 settembre

Mazzanti

TRADIZIONALE • LUNGOMARE In una zona tranquilla direttamente sul mare, struttura tradizionale che si avvale di un'ottima e valida gestione familiare. Negli ultimi anni, la proprietà ha provveduto al rinnovo delle camere, diventate - ora - ancora più accoglienti e confortevoli che in passato.

48 cam - 50/170 € 60/200 € - 2 suites

via Forlì 51 - 0544 991207 - www.hotelmazzanti.it - Aperto Pasqua-18 settembre

Majestic

FAMILIARE • LUNGOMARE Adatta per una vacanza con famiglia al seguito, Majestic è una struttura moderna che si rinnova di anno in anno, dotata di ambienti confortevoli e sita direttamente sulla spiaggia. Buffet di insalate e self-service a bordo piscina (solo a pranzo) oppure cucina classica nell'ampia sala ristorante.

49 cam - 50/110 € 70/150 € - 5 suites

X Traversa 23 - 0544 994122 - www.mimaclubhotel.it - Aperto Pasqua-30 settembre

Kent

TRADIZIONALE • DESIGN Praticamente rinata dopo il totale rinnovo nel 2010, graziosa struttura dai piacevoli spazi comuni arredati con tanto buon gusto; più semplici e minimal le camere. C'è anche un piccolo beauty center per trattamenti estetici e massaggi.

50 cam - 49/459 € 59/469 € - 5 suites

viale 2 Giugno 142 - 0544 992048 - www.hotelkent.it

CERVINIA Aosta → Vedere Breuil-Cervinia

CERVO

Imperia - 18010 - 1 187 ab. - Alt. 66 m - Carta regionale n° **8**-B3
Roma 612 km - Imperia 12 km - Savona 66 km - Genova 112 km
Carta stradale Michelin 561-K6

San Giorgio (Caterina Lanteri Cravet)

PESCE E FRUTTI DI MARE • ROMANTICO XX Qualche vicolo in salita, tirate il fiato ed eccovi in uno dei borghi più suggestivi del Ponente ligure! All'interno del ristorante le salette raccolte e romantiche sembrano riflettere il fascino di Cervo, mentre la cucina punta sulla qualità del pescato in piatti semplici e tradizionali. Se mangiate in terrazza, prenotate un tavolo con vista su Diano e la baia, una cornice mozzafiato.

→ Paste fresche fatte in casa con sughi di mare secondo disponibilità. Crostacei di Imperia e San Remo crudi o in varie preparazioni. Mele fritte con salsa vaniglia.

Menu 35 € (pranzo in settimana)/60 € - Carta 56/137 € 2 cam - 100/130 € 130/180 €

via Alessandro Volta 19, centro storico - 0183 400175 (consigliata la prenotazione) - www.ristorantesangiorgio.net - Chiuso lunedì sera da ottobre a Pasqua, martedì a mezzogiorno in luglio-agosto, anche martedì sera negli altri mesi

San Giorgino - Vedere selezione ristoranti

San Giorgino

CUCINA REGIONALE • CONVIVIALE E' l'alternativa più economica ed informale al San Giorgio, ma sempre di buon livello: in un frantoio del XIII secolo, la cucina stuzzicherà il vostro appetito con piatti dai marcati sapori regionali.

Carta 29/54 €

via Ugo Foscolo 36, centro storico - 0183 400175 - www.ristorantesangiorgio.net - Chiuso lunedì sera da ottobre a Pasqua, martedì a mezzogiorno in luglio-agosto, anche martedì sera negli altri mesi

CESANA TORINESE

Torino - 10054 - 967 ab. - Alt. 1 354 m - Carta regionale n° **12**-A2

Roma 752 km - Bardonecchia 26 km - Briançon 23 km - Torino 99 km

Carta stradale Michelin 561-H2

La Ginestra

CUCINA REGIONALE • FAMILIARE In centro paese, piacevole ambiente familiare con una solida cucina della regione rivisitata in chiave moderna. La struttura conta anche camere in stile ai piani superiori: particolarmente accoglienti quelle mansardate.

Carta 26/50 € 8 cam - †60/70 € ††90/130 €

via Roma 20 - 0122 897884 - www.laginestra-cesana.it - Chiuso novembre, 1°-15 giugno, lunedì sera e martedì in bassa stagione

Le grandi città beneficiano di piantine sulle quali sono situati gli alberghi e i ristoranti. Seguite le coordinate (es. pianta: 9P2-a) per individuarli più facilmente.

CESENA

Forlì-Cesena - 47521 - 96 758 ab. - Alt. 44 m - Carta regionale n° **5**-D2

Roma 321 km - Forlì 22 km - Rimini 38 km - Bologna 89 km

Carta stradale Michelin 562-J18

Casali

TRADIZIONALE • CLASSICO L'hotel più rappresentativo della città in questi mesi sta cambiando "abito" e si appresta a diventare un piacevole wellness hotel, dove, grazie al calore della gestione, ogni ospite può sentirsi come a casa propria.

47 cam - †91/106 € ††109/123 € - 1 suite

via Benedetto Croce 81 47521 - 0547 22745 - www.hotelcasalicesena.com

CESENATICO

Forlì-Cesena - 47042 - 25 796 ab. - Carta regionale n° **5**-D2

Roma 342 km - Forlì 41 km - Rimini 23 km - Bologna 102 km

Carta stradale Michelin 562-J19

Magnolia (Alberto Faccani)

CUCINA CREATIVA • DESIGN Giovane astro della gastronomia nazionale, propone una cucina personalizzata, ardita e fantasiosa negli accostamenti, quanto rispettosa di eccellenti prodotti.

→ Cappetelli, astice, vongole e stridoli. Rombo, carote, mandorla e liquirizia. Uovo tropicale.

Menu 65/90 € - Carta 59/89 €

viale Trento 31 - 0547 81598 - www.magnoliaristorante.it - solo a cena escluso sabato e domenica da settembre a maggio - Chiuso 2 settimane in marzo, 2 settimane in novembre e mercoledì

La Buca

PESCE E FRUTTI DI MARE • DESIGN XX Affacciata sulla romantica passeggiata del porto canale, la Buca vi accoglie in ambienti moderni ed essenziali. Apertura su ostriche e crudi, dalla cucina a vista si prosegue con piatti semplici che puntano sulla qualità del pesce esposto in sala, come le tradizionali cotture al sale e alla griglia, nonché i fritti.

➜ Pasta fresca alla chitarra, gambero rosso crudo, bottarga e lime. Rombo leggermente affumicato e arrostito, ortaggi verdi. Mela rossa, cumino e gelato al lievito di birra.

Menu 68 € - Carta 54/82 €

corso Garibaldi 45 - ✆ 0547 186 0764 (consigliata la prenotazione) - www.labucaristorante.it - Chiuso lunedì

Osteria del Gran Fritto

PESCE E FRUTTI DI MARE • ALLA MODA X Lungo il suggestivo porto canale, il nome ne indica già la specialità, il fritto, a cui si aggiungono piatti della tradizione popolare adriatica (seppie, sarde, poverazze, calamari...) Tra le specialità si ricordano: tagliolini al ragù bianco di pesce - crocchette di patate e baccalà - terrina morbida alla vaniglia con zabaione al Marsala.

Carta 27/46 €

corso Garibaldi 41 - ✆ 0547 82474 - www.osteriadelgranfritto.com

Vittorio

PESCE E FRUTTI DI MARE • CHIC XX Affacciato sulla darsena, le serate estive in terrazza sono un incanto di fronte agli alberi delle barche ormeggiate. La cucina celebra il mare e segue il pescato del giorno.

Menu 50/60 € - Carta 33/105 €

porto turistico Onda Marina, via Andrea Doria 3 - ✆ 0547 672588 - www.vittorioristorante.it - Chiuso gennaio, mercoledì a pranzo e martedì in maggio-settembre, anche mercoledì sera negli altri mesi

12 Ristorante

PESCE E FRUTTI DI MARE • DI TENDENZA XX Ambiente originale di grande personalità per una cucina di pesce ad alti livelli, delizioso dehors affacciato sul canale che ospita i battelli storici del museo della marineria.

Menu 35/39 € - Carta 43/59 €

Casadodici, via Armellini 12a - ✆ 0547 82093 (consigliata la prenotazione) - www.12ristorante.com - solo a cena escluso sabato, domenica e periodo estivo - Chiuso martedì

Marè

CUCINA MODERNA • ALLA MODA X Non solo ristorante, ma anche spiaggia, bar e bottega, dalla colazione del mattino agli aperitivi con tapas, dallo spuntino veloce alla cenetta intima, sarete accolti in un ambiente informale, fresco, personalizzato.

Menu 45 € - Carta 27/57 €

Via Molo Di Levante 74 - ✆ 331 147 6563 - www.mareconlaccento.it - Aperto 23 aprile-1° novembre; chiuso le sere da lunedì a giovedì nei mesi di marzo, aprile e ottobre

Capo del Molo

PESCE E FRUTTI DI MARE • COLORATO X Affacciato sul porto leonardesco e con una bella sala luminosa, Capo del Molo propone ricette classiche che puntano sulle specialità ittiche. Ma c'è anche la pizza!

Carta 26/51 €

Hotel Miramare, viale Carducci 2 - ✆ 0547 80006 - www.welcompany.it - Chiuso martedì escluso giugno-agosto

Grand Hotel da Vinci

LUSSO • MODERNO Non passa certo inosservato, per eleganza ed originalità, questo albergo immerso nel verde, dove il lusso è di casa e la lounge può competere per generosità di spazi con le hall di certi colossi americani. Nelle camere predomina il colore bianco, il confort è anche qui ad ottimi livelli! A completare l'offerta, una gigantesca piscina ed una moderna spa.

80 cam - 160/315 € 180/410 € - 6 suites

via Carducci, 7 - 0547 83388 - www.grandhoteldavinci.com

Grand Hotel Cesenatico

TRADIZIONALE • CLASSICO Centralissimo, in uno splendido edificio del '29, è un omaggio ad una mondanità sfarzosa e rutilante. Camere più sobrie, eleganti e funzionali. Raffinata sala ristorante con possibilità di gustare in terrazza sia la prima colazione, sia una classica cucina a base di pesce.

78 cam - 90/200 € 150/250 €

piazza Andrea Costa 1 - 0547 80012 - www.grandhotelcesenatico.com - Aperto Pasqua-15 ottobre

Internazionale

TRADIZIONALE • LUNGOMARE Direttamente sul lungomare, annovera una spiaggia privata dove si trova anche la piscina attrezzata con scivoli ad acqua e una cabina per ogni stanza dell'albergo. Camere arredate in stile sia classico sia moderno; la hall e le parti comuni sono state totalmente rinnovate in tempi recenti. La cucina proposta è di impostazione tradizionale, ma soprattutto di pesce.

59 cam - solo ½ P 80/140 € - 1 suite

via Ferrara 7 - 0547 673344 - www.hinternazionale.it - Aperto Pasqua-30 settembre

Maree Hotel

FAMILIARE • ACCOGLIENTE Ottima struttura a gestione familiare che al suo interno ripropone, con gusto e mano felice, uno stile moderno, ma pulito, giocato molto sul bianco e su una modernità calda ed accogliente.

30 cam - 45/75 € 70/140 €

via N. Da Recco 12 - 0547 673357 - www.mareehotel.com - Aperto 15 aprile-30 settembre

Sporting

TRADIZIONALE • LUNGOMARE A più di un km dal centro - direttamente sulla spiaggia - l'hotel è consigliato a chi vuole evitare gli schiamazzi notturni e preferisce una zona verde e tranquilla. Graziose camere con carta da parati in stile inglese.

46 cam - 60/100 € 90/140 €

viale Carducci 191 - 0547 83082 - www.hotelsporting.it - Aperto 21 maggio-12 settembre

Miramare

TRADIZIONALE • FUNZIONALE L'hotel offre un'atmosfera rilassante, camere semplici e spaziose arredate in stile moderno, adatte a nuclei familiari. Possibili anche soluzioni business.

27 cam - 125/135 € 151/206 €

viale Carducci 2 - 0547 80006 - www.welcompany.it

Capo del Molo - Vedere selezione ristoranti

Atlantica

STORICO • FUNZIONALE Affacciata sul mare, è una caratteristica villa degli anni '20 successivamente trasformata in albergo. Piacevole veranda in ferro battuto, camere semplici e gestione familiare.

24 cam - 80/100 € 100/150 € - 15 €

viale Bologna 28 - 0547 83630 - www.hotelatlantica.it - Aperto Pasqua-30 settembre

Casadodici

LOCANDA • PERSONALIZZATO Sul porto canale leonardesco, ogni camera è stata arredata in modo diverso e s'ispira a sei icone del mondo cinematografico - Sofia Loren, Brigitte Bardot, Greta Garbo, Audrey Hepburn, Jane Birkin e Grace Kelly - in una casa che offre al suo interno una sorta di show room riassumente il piacere dei viaggi dei titolari. A tutto vantaggio degli ospiti più curiosi!

6 cam - 88/129 € 119/189 € - 10 €

via Armellini 12a - 0547 401709 - www.casadodici.com

12 Ristorante - Vedere selezione ristoranti

a Valverde Sud : 2 km 47042 - Cesenatico

Caesar

TRADIZIONALE • LUNGOMARE Una gestione con 40 anni di esperienza nel settore: ecco il punto forte di questa struttura, ideale per famiglie con bambini. Piscina riscaldata tra i servizi. Il ristorante propone piatti classici e, ovviamente, tanto pesce.

48 cam - 50/90 € 80/190 €

viale Carducci 290 - 0547 86500 - www.hotel-caesar.com - Aperto 1° aprile-30 settembre

a Villamarina Sud : 3 km 47030 - Cesenatico

Nettuno

TRADIZIONALE • CONTEMPORANEO Sul lungomare, la struttura si è trasformata da bruco in farfalla: camere nuove e di moderno design, confort di livello superiore, piscina a sfioro con angolo idromassaggio... Un piccolo paradiso sulla riviera romagnola!

53 cam - 80/130 € 90/160 € - 4 suites

Lungomare Carducci 338 - 0547 86086 - www.riccihotels.it

Sport & Residenza

TRADIZIONALE • MEDITERRANEO In posizione tranquilla a 100 metri dalla spiaggia, questo hotel recentemente rinnovato dispone, ora, di attrezzate camere e possibilità di appartamenti anche in formula residence.

70 cam - 65/200 € 80/250 € - 30 suites - 9 €

via Pitagora 5 - 0547 87102 - www.riccihotels.it - Aperto 17 maggio-14 settembre

a Zadina Pineta Nord : 2 km 47042 - Cesenatico

Renzo

FAMILIARE • CLASSICO Al termine di una strada chiusa, 50 metri di pineta e poi il mare: verde e silenzio. Piscina sul roof garden con solarium e camere di due tipologie, le standard più semplici o le confort più moderne.

36 cam - 50/60 € 90/110 € - 15 €

viale dei Pini 55 - 0547 82316 - www.renzohotel.it - Aperto Pasqua-20 settembre

CETARA

Salerno - 84010 - 2 141 ab. - Alt. 10 m - Carta regionale n° **4**-B2

Roma 255 km - Napoli 56 km - Amalfi 15 km - Avellino 45 km

Carta stradale Michelin 564-F26

Al Convento

CUCINA REGIONALE • TRATTORIA Bella trattoria-pizzeria dalle sale decorate con affreschi risalenti al medioevo e, in menu, tante gustose specialità marinare, nonché piatti della tradizione locale (serviti d'estate anche sulla suggestiva piazzetta). Imperdibili, gli spaghetti con la colatura di alici.

Menu 32 € - Carta 30/60 €

piazza San Francesco 16 - 089 261039 - www.alconvento.net - Chiuso mercoledì in ottobre-maggio

San Pietro

PESCE E FRUTTI DI MARE • ACCOGLIENTE XX Gestione familiare per questa piccola e sobria trattoria marinara, rinnovata pochi anni fa e dotata di un grazioso dehors estivo, in parte sotto un porticato. Il titolare si fa garante della freschezza del pesce!

Carta 37/75 €

piazzetta San Francesco 2 - ✆ 089 261091 - www.sanpietroristorante.it - Chiuso 15 gennaio-10 febbraio e martedì

CETONA

Siena - ✉ 53040 - 2 755 ab. - Alt. 385 m - Carta regionale n° **18**-D2
Roma 155 km - Perugia 59 km - Orvieto 62 km - Siena 89 km
Carta stradale Michelin 563-N17

La Frateria di Padre Eligio

CUCINA MODERNA • ELEGANTE XXX In un parco, la frateria è un convento fondato da San Francesco nel 1212 - gestito da una comunità, "Mondo X" - i cui prodotti provengono dalle varie loro sedi. Tra suggestioni mistiche, ci si lascia andare a peccati di gola.

Menu 70 €

via San Francesco 2, Nord-Ovest: 1 km - ✆ 339 202 3859 (prenotazione obbligatoria) - www.lafrateria.it - Chiuso gennaio, febbraio e martedì

Il Tiglio di Piazza Da Nilo

CUCINA REGIONALE • ACCOGLIENTE XX Direttamente sulla piazza principale, un edificio del Seicento ospita questo piccolo locale di tono rustico-moderno, dove gustare una cucina tradizionale.

Carta 30/56 €

piazza Garibaldi 33 - ✆ 0578 239040 - www.iltigliodipiazza.com - Chiuso 15 gennaio-10 febbraio e martedì escluso 20 giugno-30 settembre

La Locanda di Cetona

LOCANDA • ROMANTICO In fondo alla scenografica piazza Garibaldi e sotto l'imponente Rocca Medioevale, si tratta di un semplice quanto affascinante bed & breakfast, dalle camere curate e, graziosamente, personalizzate.

11 cam - †85/120 € ††100/140 €

piazza Balestrieri 6 - ✆ 0578 237075 - www.iltigliodipiazza.it

CHAMPAGNE Aosta (AO) → Vedere Verrayes

CHAMPLAS SEGUIN Torino → Vedere Cesana Torinese

CHAMPOLUC

Aosta - ✉ 11020 - Alt. 1 570 m - Carta regionale n° **21**-B2
Roma 737 km - Aosta 64 km - Biella 95 km - Torino 105 km
Carta stradale Michelin 561-E5

Relais des Glacier

LUSSO • VINTAGE Per una ritemprante "remise en forme" in una splendida cornice montana è ideale l'attrezzato centro benessere, con cure naturali, di un elegante hotel inaugurato nel 2000. Soffitti di legno nel raffinato ristorante che propone tre linee diversificate di menù.

42 cam - †80/197 € ††140/304 € - 6 suites

route G.B. Dondeynaz - ✆ 0125 308182 - www.hotelrelaisdesglaciers.com - Aperto 6 dicembre-12 aprile e 20 giugno-10 settembre

Petit Tournalin

FAMILIARE • FUNZIONALE Caldi e tipici ambienti per un hotel a conduzione familiare ubicato ai margini della pineta: camere spaziose arredate con semplicità, ma impeccabilmente tenute, piacevole zona relax.

19 cam - 45/60 € 90/120 €

località Villy 2 - 0125 307530 - www.hotelpetittournalin.it

Villa Anna Maria

FAMILIARE • STILE MONTANO Vista sulla bella natura circostante, quiete silvestre e fascino d'altri tempi in un rustico chalet d'atmosfera, i cui interni sono tutti rigorosamente di legno; vasca idromassagio e relax in giardino davanti allo splendido scenario del Monte Rosa.

13 cam - 60/150 € 90/240 €

via Croues 5 - 0125 307128 - www.hotelvillaannamaria.com

Petit Coeur

LOCANDA • STILE MONTANO Alle porte del paese, attraversato il ponticello, un pezzettino del vostro cuore non vi apparterrà più, conquistato inesorabilmente da questa piccola risorsa con camere e ambienti ricchi di fascino.

6 cam - 45/65 € 70/150 €

Route Varasc 19 - 0125 941080 - www.petitcoeur-champoluc.it

CHANAVEY Aosta → Vedere Rhêmes Notre Dame

CHATILLON

Aosta - 11024 - 4 772 ab. - Alt. 549 m - Carta regionale n° **21**-B2

Roma 723 km - Aosta 28 km - Breuil-Cervinia 29 km - Torino 90 km

Carta stradale Michelin 561-E4

Relais du Foyer

TRADIZIONALE • ACCOGLIENTE Vicino al Casinò di Saint Vincent, per turisti o clientela d'affari un'elegante struttura con zona fitness e solarium, boiserie nelle camere in stile classico. E per gli amanti della buona tavola, oltre al servizio à la carte, buffet libero sia a pranzo sia a cena a prezzi contenuti.

32 cam - 75/90 € 110/160 €

località Panorama 37 - 0166 511251 - www.relaisdufoyer.it

CHERASCO

Cuneo - 12062 - 9 076 ab. - Alt. 288 m - Carta regionale n° **12**-B3

Roma 646 km - Cuneo 52 km - Torino 53 km - Asti 51 km

Carta stradale Michelin 561-I5

Da Francesco (Francesco Oberto)

CUCINA CREATIVA • CONTESTO STORICO XX Nel cuore della bellissima Cherasco, il ristorante si trova al primo piano di un palazzo seicentesco; occupa due sale, in quella più grande gli affreschi di Operti del secolo successivo vi lasceranno ammirati. In cucina non mancano i classici piemontesi, ma il giovane cuoco non si risparmia dallo stupire con qualche piatto anche di mare.

→ Trippa in umido, porri e ricci di mare. Rombo chiodato, animelle e bagna cauda. Torta di mele con gelato al fiordilatte.

Menu 50/70 € - Carta 38/70 €

via Vittorio Emanuele 103 - 339 809 6696 - www.ristorantedafrancesco.com - Chiuso mercoledì a mezzogiorno e martedì

Walter Eynard

CUCINA MODERNA • ELEGANTE XXX Al primo piano dell'antico complesso, nello spazio un tempo adibito a teatro, è la cucina a salire oggi sul palcoscenico per interpretare - in chiave moderna - le tradizionali ricette del territorio.

Menu 40/60 € - Carta 44/73 €

Hotel Somaschi, via Nostra Signora del Popolo 9 - 0172 488482 (consigliata la prenotazione) - www.monasterocherasco.it - Chiuso lunedì

La Lumaca

CUCINA PIEMONTESE • CONTESTO STORICO Nelle cantine di un edificio di origini cinquecentesche, caratteristico ambiente con volte in mattoni per una cucina tradizionale dove regnano due elementi: la lumaca nel piatto e i vini in cantina.

Menu 30/35 € - Carta 35/45 €

via San Pietro 26/a - ✆ 0172 489421 - www.osterialalumaca.it - Chiuso 28 dicembre-4 gennaio, 4-26 agosto e lunedì, anche martedì escluso luglio

Somaschi

DIMORA STORICA • PERSONALIZZATO Ospitato nello splendido complesso monasteriale culminante con il santuario della Madonna del Popolo, all'arrivo, il colpo d'occhio sul chiostro è mozzafiato, soprattutto la sera quando è illuminato. Le eleganti camere reinterpretano lo stile classico alberghiero in una versione più moderna.

17 cam - 75/100 € 90/170 € - 1 suite

via Nostra Signora del Popolo 9 - ✆ 0172 488482 - www.monasterocherasco.it

Walter Eynard - Vedere selezione ristoranti

a Veglia Nord-Ovest : 8,5 km

Il Campanile

CASA DI CAMPAGNA • TRADIZIONALE L'Antico "Palazzo delle Anime" - luogo di ritiro spirituale - è stato trasformato in un albergo ricco di fascino e personalità, le cui sale principali dedicate all'accoglienza degli ospiti e agli eventi sono caratterizzate dagli affreschi di C. Balocco (noto pittore della zona, specializzato in ex voto e in sacre raffigurazioni).

15 cam - 50/65 € 80/120 €

frazione Veglia 56 - ✆ 0172 490000 - www.hotelilcampanile.com

CHIANCIANO TERME

Siena - 53042 - 7 105 ab. - Alt. 475 m - Carta regionale n° **18**-D2

Roma 167 km - Siena 86 km - Arezzo 71 km - Firenze 128 km

Carta stradale Michelin 563-M17

Hostaria il Buco

CUCINA REGIONALE • FAMILIARE Appena sotto al centro storico, nella parte alta della località, un piccolo locale dalla calorosa atmosfera familiare. In menu: proposte tipiche toscane, come pici, ravioli ripieni di pecorino, tagliata, fiorentina e torta di Chianciano.

Carta 19/40 €

via Della Pace 39 - ✆ 0578 30230 - Chiuso 2-15 novembre e mercoledì

Admiral Palace

TRADIZIONALE • MODERNO Ecco un indirizzo per chi è alla ricerca del confort e della qualità a 360°! Nato nel 2007, Admiral Palace è prodigo di spazi comuni contraddistinti da uno stile moderno con qualche spunto di design. A completare l'offerta: un'ampia zona benessere e un attrezzato centro congressi.

111 cam - 79/299 € 129/599 € - 1 suite

via Umbria 2 - ✆ 0578 63297 - www.admiralapalace.it

Grand Hotel Terme

TRADIZIONALE • CLASSICO E' sempre al passo con i tempi questa bella struttura con camere signorili, ben attrezzate, ed un eccellente centro benessere.

58 cam - 98/196 € 196/300 €

piazza Italia 8 - ✆ 0578 63254 - www.grand-hotel-terme-chianciano.com

Grande Albergo Fortuna

TRADIZIONALE • CLASSICO Poco fuori dal centro con bella vista su colline e centro storico, albergo dagli ambienti caldi e signorili, camere aggiornate e ben accessoriate.

84 cam - 60/65 € 80/115 € - 3 suites

via della Valle 76 - 0578 62774 - www.grandealbergofortuna.it - Aperto 20 marzo-10 novembre

CHIARAMONTE GULFI Sicilia

Ragusa - 97012 - 8 238 ab. - Alt. 668 m - Carta regionale n° **17**-D3

Siracusa 109 km - Catania 89 km - Ragusa 19 km - Palermo 234 km

Carta stradale Michelin 365-AX61

Locanda Gulfi

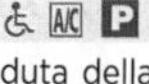

CUCINA SICILIANA • CONTESTO STORICO XX La sala consente una veduta della moderna cantina, ma se si lascia vagare lo sguardo non sfuggirà la bucolica bellezza della campagna e dei vigneti circostanti, mentre i più "curiosi" spieranno il lavoro dei cuochi nella cucina a vista. Ai sapori dell'isola s'ispirano i piatti.

Menu 30/90 € - Carta 39/57 €

Agriturismo Locanda Gulfi, Contrada Patria, Nord-Ovest: 3 km - 0932 928081 (consigliata la prenotazione) - www.locandagulfi.it - Chiuso domenica sera-lunedì da novembre a marzo

Majore

CUCINA SICILIANA • TRATTORIA X Il maiale: immancabile presenza nella storia di una famiglia e la centenaria tradizione nell'arte di cucinarlo. Majore è tutto questo e la sorpresa finale sarà un conto davvero contenuto!

Carta 17/33 €

via Martiri Ungheresi 12 - 0932 928019 - www.majore.it - Chiuso luglio e lunedì

Locanda Gulfi

CASA PADRONALE • BUCOLICO All'interno dell'omonima azienda vinicola è stata ricavata una bella locanda con camere molto confortevoli, arredate con mobili appositamente realizzati da artigiani locali: calda ospitalità siciliana a pochi chilometri dalla "città dei ponti", Ragusa!

7 cam - 65/90 € 110/180 €

contrada Patria, Nord-Ovest: 3 km - 0932 928081 - www.locandagulfi.it

Locanda Gulfi - Vedere selezione ristoranti

CHIAVARI

Genova - 16043 - 27 398 ab. - Carta regionale n° **8**-C2

Roma 467 km - Genova 42 km - La Spezia 70 km - Massa 85 km

Carta stradale Michelin 561-J9

Lord Nelson

PESCE E FRUTTI DI MARE • ELEGANTE XXX Direttamente sul lungomare, locale raffinato con american bar ed enoteca: una profusione di legno lucidato a specchio in elegante stile marinaro e stuzzicanti proposte a base di pesce.

Menu 55/55 € - Carta 48/92 € 5 suites - 150/180 €

corso Valparaiso 27 - 0185 302595 - www.thelordnelson.it - Chiuso 15 giorni in novembre e mercoledì

Da Felice

PESCE E FRUTTI DI MARE • MINIMALISTA XX Nuova sede per questo storico ristorante presente in città dal 1903! Oggi, un ambiente moderno dai toni caldi e dallo stile minimalista, con cucina a vista e dehors estivo. In menu: pesce in tante varianti, ma subordinato al mercato del giorno.

Carta 33/66 €

corso Valparaiso 136 - 0185 308016 (consigliata la prenotazione) - www.ristorantefelice.it - solo a cena dal 15 giugno al 15 settembre

Vecchio Borgo

PESCE E FRUTTI DI MARE • STILE MEDITERRANEO X In un vecchio edificio alla fine della passeggiata, sale in stile rustico ricercato e un bel dehors sulla piazzetta; fragranti piatti classici per lo più di pesce.

Menu 25/50 € - Carta 35/50 €

piazza Gagliardo 15/16 - ✆ 0185 309064 - Chiuso 6-30 gennaio e martedì escluso luglio-agosto

CHIAVENNA

Sondrio - ✉ 23022 - 7 379 ab. - Alt. 333 m - Carta regionale n° **9**-B1

Roma 684 km - Sondrio 61 km - Bergamo 96 km - Como 85 km

Carta stradale Michelin 561-D10

Al Cenacolo

CUCINA CLASSICA • INTIMO XX Tocchi di rusticità (legni al soffitto, camino, pavimento in cotto), ma tono elegante in un ristorante del centro, con minuscolo terrazzino; specialità locali, ma non solo.

Carta 43/57 €

via Pedretti 16 - ✆ 0343 32123 - www.alcenacolo.info - Chiuso giugno, martedì sera e mercoledì

Garden

CUCINA REGIONALE • CONVIVIALE X Il nome è il miglior biglietto da visita: immerso in un giardino ai piedi delle montagne, nel Garden dell'albergo Aurora troverete un'accoglienza familiare, specchio di una cucina schietta e locale: ecco l'immancabile bresaola, i pizzoccheri filanti di formaggio e la selvaggina di bosco. Ma c'è anche la pizza!

Menu 15/60 € - Carta 25/67 €

Hotel Aurora, via Rezia 73, località Campedello, Est: 1 km - ✆ 0343 30175 - www.albergoaurora.it - Chiuso giovedì

Aurora

TRADIZIONALE • FUNZIONALE Una struttura fuori dal centro, con spazi comuni ridotti e camere dagli arredi essenziali ma ben tenute; di particolare interesse la piscina in un grazioso giardino.

48 cam - 50/70 € 70/100 €

via Rezia 73, località Campedello, Est: 1 km - ✆ 0343 32708 - www.albergoaurora.it

Garden - Vedere selezione ristoranti

a Mese Sud-Ovest : 2 km ✉ 23020

Crotasc

CUCINA REGIONALE • CONVIVIALE X Dal 1928 il fuoco del camino scalda le giornate più fredde e le due sale riscoprono nella pietra la storia del crotto e una cordiale accoglienza; in cucina, la tradizione rivive con creatività.

Carta 38/62 €

via Don Primo Lucchinetti 63 - ✆ 0343 41003 - www.ristorantecrotasc.com - Chiuso 3 settimane in giugno, lunedì e martedì

CHIENES KIENS

Bolzano (BZ) - ✉ 39030 - 2 792 ab. - Alt. 784 m - Carta regionale n° **19**-C1

Roma 706 km - Bolzano 65 km - Trento 122 km - Brunico 11 km

Carta stradale Michelin 562-B17

Gassenwirt

CUCINA REGIONALE • FAMILIARE X A fianco alla chiesa del piccolo paese, l'ospitalità qui ha radici antiche, risale al 1602, e continua ancor oggi, con i sapori del territorio sudtirolese. I canederli pressati e il semifreddo con olio di cirmolo di Bergila e lamponi caldi valgono già solo loro la sosta!

Menu 25 € - Carta 25/58 € 40 cam - 55/74 € 110/148 €

via Paese 42 - ✆ 0474 565389 - www.gassenwirt.it - Chiuso 20-30 aprile e novembre

CHIERI

Torino - ✉ 10023 - 36 595 ab. - Alt. 283 m - Carta regionale n° **12**-B1

Roma 649 km - Torino 18 km - Asti 35 km - Cuneo 96 km

Carta stradale Michelin 561-G5

Sandomenico

CUCINA ITALIANA • ELEGANTE XXX Luminoso ed elegante dal soffitto con travi a vista ed arredato con pochi tavoli rotondi. Dalle cucine, piatti di terra e di mare, dalle cantine, bottiglie italiane e francesi.

Menu 35/50 € - Carta 39/83 €

via San Domenico 2/b - ☎ 011 941 1864 (prenotare) - solo a cena - Chiuso domenica e lunedì

CHIESA IN VALMALENCO

Sondrio - ✉ 23023 - 2 514 ab. - Alt. 960 m - Carta regionale n° **9**-B1

Roma 718 km - Sondrio 16 km - Bergamo 129 km - Lecco 92 km

Carta stradale Michelin 561-D11

Il Vassallo

CUCINA REGIONALE • RUSTICO XX Costruita intorno ad un grande masso di granito dalle sfumature policrome, l'antica residenza vescovile offre atmosfere suggestive e stuzzicanti ricette del territorio.

Carta 27/42 €

via Vassalini 27 - ☎ 0342 451200 - www.ristorantevassallo.it - Chiuso agosto, i giorni festivi escluso luglio e lunedì

Malenco

CUCINA REGIONALE • CONVIVIALE XX Di taglio moderno l'arredo della sala, con vetrata panoramica sulla valle, di impostazione tipica-locale invece la carta: piatti della tradizione a prezzi contenuti.

Menu 15 € (pranzo in settimana)/30 € - Carta 26/50 €

via Funivia 20 - ☎ 0342 452182 - Chiuso 15-30 giugno, 20-30 novembre e martedì

Tremoggia

FAMILIARE • CLASSICO Calda accoglienza familiare in un albergo storico della località rinnovato nel tempo; oggi offre servizi completi e di alto livello; centro benessere all'ultimo piano. Ristorante che dispone di varie, confortevoli sale.

39 cam - 85/162 € 132/279 € - 4 suites

via Bernina 6 - ☎ 0342 451106 - www.tremoggia.it - Aperto 7 dicembre-17 aprile e 15 giugno-24 settembre

CHIETI

(CH) - ✉ 66100 - 51 815 ab. - Alt. 330 m - Carta regionale n° **1**-B2

Roma 205 km - Pescara 14 km - L'Aquila 101 km - Ascoli Piceno 103 km

Carta stradale Michelin 563-O24

sulla strada statale 5 Tiburtina - località Brecciarola Sud-Ovest : 9 km

Da Gilda

CUCINA ABRUZZESE • CONVIVIALE X Oltre 40 anni di cucina semplice e genuina a prezzi onesti! Ecco il segreto di questa schietta trattoria, che punta su ricette locali - pasta fatta in casa o agnello alla brace - ma anche grigliate di pesce.

Carta 24/40 €

via Aterno 464 - ☎ 0871 684157 - solo a pranzo escluso giovedì, venerdì e sabato - Chiuso 10-20 agosto e lunedì

CHIOANO Perugia → Vedere Todi

CHIOGGIA

Venezia - ✉ 30015 - 49 706 ab. - Carta regionale n° **23**-C3

Roma 449 km - Venezia 53 km - Ferrara 98 km - Padova 46 km

Carta stradale Michelin 562-G18

El Gato

PESCE E FRUTTI DI MARE · ACCOGLIENTE XX In pieno centro, tre moderne sale dove pareti e soffitti bianchi contrastano con il nero degli arredi, creando un originale effetto positivo/negativo, mentre in estate si può scegliere il dehors sul corso. Sulla tavola il mare in ricette fragranti e gustose: difficile non rimanere soddisfatti!

Menu 60 € - Carta 49/94 €

corso del Popolo 653 - ✆ 041 400265 - www.elgato.it - Chiuso lunedì, anche martedì in ottobre-aprile

a Sottomarina Est : 1 km ✉ 30015

Bristol

TRADIZIONALE · CLASSICO Sobria eleganza sia nelle sale, sia nelle accoglienti camere di questa struttura di taglio classico. Sebbene ubicato sul lungomare, con la spiaggia a due passi, il giardino e la piscina meritano una sosta.

64 cam - †75/200 € ††90/250 €

lungomare Adriatico 46 - ✆ 041 554 0389 - www.hotelbristol.net - Chiuso 17 dicembre-15 gennaio

Le Tegnue

TRADIZIONALE · LUNGOMARE Situato davanti al mare e circondato dal proprio giardino, questo grande complesso a conduzione diretta dispone di una spiaggia e camere di diverse tipologie. La vista dell'Adriatico si propone da tutte le stanze. Cucina tradizionale chioggiotta e specialità marinare al ristorante.

83 cam - †83/93 € ††120/172 € - 2 suites

lungomare Adriatico 48 - ✆ 041 491700 - www.hotelletegnue.it - Aperto 1° aprile-30 ottobre

CHIRIGNAGO Venezia → Vedere Mestre

CHIUDUNO

Bergamo (BG) - ✉ 24060 - 5 990 ab. - Alt. 218 m - Carta regionale n° **10**-D1

Roma 598 km - Milano 70 km - Bergamo 23 km - Lecco 99 km

Carta stradale Michelin 561-F11

A'anteprima (Daniel Facen)

CUCINA CREATIVA · CONTESTO CONTEMPORANEO XXX Un intrigante equilibrio tra scienza e ristorazione è alla base degli sforzi di questo bravo chef che tra fornelli e microscopi, pentole e cotture agli ultrasuoni, concede libero sfogo alla propria creatività: da una parte con una linea di cucina moderna, quella proposta nella carta vera e propria, dall'altra con menu degustazione a base di cucina molecolare.

→ Risotto con pesci, crostacei ed anemoni di mare. Astice e scampi con insalata di daikon all'aceto di Andalusia e foglie di stevia (pianta dolcificante). Crema ai fiori d'arancio, gelato al lichis e aria di shiso (pianta aromatica).

Menu 40 € (pranzo in settimana)/120 € - Carta 87/145 €

via F.lli Kennedy 12 - ✆ 035 449 6414 (consigliata la prenotazione) - www.ristoranteanteprima.com - Chiuso 1°-14 gennaio, 3-26 agosto, domenica e lunedì

CHIURO

Sondrio - ✉ 23030 - 2 534 ab. - Alt. 390 m - Carta regionale n° **9**-B1

Roma 708 km - Sondrio 10 km - Edolo 37 km - Milano 148 km

Cantarana

CUCINA REGIONALE • CONVIVIALE XX Tra mura quattrocentesche, ma c'è anche un gradevole servizio estivo all'aperto, la proposta gastronomica si divide equamente tra piatti del territorio e specialità prettamente della casa.

Menu 26/48 € - Carta 30/52 €

via Ghibellini 10 - ☎ 0342 212447 - www.ristorantecantaranachiuro.it - Chiuso domenica

CHIUSA KLAUSEN

Bolzano - ✉ 39043 - Chiusa D'Isarco - 4 863 ab. - Alt. 525 m - Carta regionale n° **19**-C1
Roma 671 km - Bolzano 30 km - Bressanone 11 km - Cortina d'Ampezzo 98 km
Carta stradale Michelin 562-C16

Jasmin (Martin Obermarzoner)

CUCINA CREATIVA • ACCOGLIENTE XXX Chi ama stare a tavola affrontando lunghi menu degustazione troverà qui di che saziarsi (in tutti i sensi!): nessuna scelta, ma una decina di piatti-assaggi per entrare nell'universo creativo di un giovane enfant prodige della ristorazione sudtirolese. L'energica e simpatica moglie in sala.

→ Ravioli di sesamo e gamberi rossi siciliani su purea di zucca e mela verde. Piccione con foie gras, composta di mela cotogna, cipolla di Tropea e vaniglia. Il mosaico di lamponi, gianduja e cocco con gelato al legno di sandalo.

Menu 105/150 € 20 cam - †70/145 € ††92/190 €

via Gries 4 - ☎ 0472 847448 (prenotazione obbligatoria) - www.bischofhof.it - solo a cena , anche domenica a mezzogiorno in ottobre-aprile - Chiuso 1°-24 novembre, 18-28 aprile, martedì e domenica sera in maggio-settembre

Ansitz Fonteklaus

FAMILIARE • STILE MONTANO Potreste incontrare i caprioli, il picchio o lo scoiattolo in questa incantevole oasi di pace; laghetto-piscina naturale; confort e relax in un hotel tutto da scoprire. Calda atmosfera nella sala da pranzo in stile stube.

8 cam - †59/70 € ††90/105 € - 2 suites

via Freins 4, Est: 3,6 km, alt. 897 - ☎ 0471 655654 - www.fonteklaus.it - Aperto 1° aprile-5 novembre

a Gudon Nord-Est : 4 km ✉ 39043

Unterwirt

CUCINA CREATIVA • CONTESTO TRADIZIONALE XX Se il tempo non consente di approfittare della gradevole terrazza, allora vi consigliamo di prenotare un tavolo nella stube del XIII secolo, una romantica culla di legno. Cucina creativa, carne e pesce, di grandi livelli.

Menu 75 € - Carta 46/84 € 7 cam - †75/85 € ††124/148 €

Gudon 45 - ☎ 0472 844000 - www.unterwirt-gufidaun.com - solo a cena - Chiuso 15-30 giugno, domenica sera e lunedì

CHIUSA DI PESIO

Cuneo (CN) - ✉ 12013 - 3 676 ab. - Alt. 575 m - Carta regionale n° **12**-B3
Roma 642 km - Cuneo 16 km - Torino 98 km - Alessandria 127 km
Carta stradale Michelin 561-J5

Locanda Alpina

CUCINA REGIONALE • AMBIENTE CLASSICO X Cucina del territorio sempre attenta e fragrante in una semplice, ma graziosa, trattoria con possibilità di alloggio.

Menu 15 € - Carta 25/35 € 6 cam - †35/40 € ††55/60 €

via Provinciale 71, loc. San Bartolomeo - ☎ 0171 738287 (consigliata la prenotazione) - Chiuso febbraio, mercoledì a mezzogiorno e martedì

CHIUSDINO

Siena – ✉ 53012 – 1 903 ab. – Alt. 564 m – Carta regionale n° **18**-C2
Roma 266 km – Siena 32 km – Firenze 96 km – Grosseto 58 km
Carta stradale Michelin 563-M15

✿ Meo Modo

CUCINA CREATIVA • LUSSO XXX Nella lussuosa enclave di Borgo Santo Pietro, appena il tempo lo permette si cena sotto un porticato, davanti allo splendido giardino e colline da favola. La cucina è di marca toscana, per prodotti ed ispirazione, ma sorprende poi per tecnica, accostamenti e colori.

→ Agnolotti al coniglio, condimento di una cacciatora e mais. Maialino da latte, sambuco, bietola. Fiori e foglie, mascarpone, vaniglia.

Menu 105/190 € – Carta 80/133 €

Hotel Borgo Santo Pietro, località Palazzetto 110, Est: 7 km
– ✆ 0577 751222 (consigliata la prenotazione) – www.borgosantopietro.com
– Aperto 15 aprile-31 ottobre; chiuso martedì a mezzogiorno e lunedì

Borgo Santo Pietro

GRAN LUSSO • ELEGANTE Non solo per una fuga romantica, ma per tutti coloro che sono in cerca di un resort esclusivo dove trascorrere un soggiorno all'insegna di un raffinato lusso. In una villa del XIII secolo, immersa nel verde di un curato giardino, camere barocche, ma non prive di confort moderni ed un centro olistico per ritrovare serenità mentale e benessere fisico.

9 cam – †410/495 € ††410/495 € – 7 suites

località Palazzetto 110, Est: 7 km
– ✆ 0577 751222 – www.borgosantopietro.com
– Aperto 15 aprile-31 ottobre

✿ **Meo Modo** – Vedere selezione ristoranti

CHIUSI

Siena – ✉ 53043 – 8 704 ab. – Alt. 398 m – Carta regionale n° **18**-D2
Roma 161 km – Perugia 52 km – Arezzo 65 km – Siena 80 km
Carta stradale Michelin 563-M17

Osteria La Solita Zuppa

CUCINA TOSCANA • FAMILIARE X Un'ottima accoglienza riscalda questa rustica trattoria del centro. La cucina "parla" toscano con un occhio di riguardo per i piatti antichi e le ricette povere.

Menu 29 € (pranzo in settimana) – Carta 27/47 €

via Porsenna 21
– ✆ 0578 21006 – www.lasolitazuppa.it
– Chiuso 10 gennaio-1° febbraio e martedì escluso da luglio a settembre

in prossimità casello autostrada A1 Ovest : 3 km

✿ I Salotti (Katia Maccari)

CUCINA CREATIVA • ELEGANTE XXX Ambiente raffinato e pochi tavoli (consigliamo di prenotare con largo anticipo) per un ottimo ristorante che propone solo due menu degustazione: uno legato alla tradizione toscana, esclusivamente a base di carne, l'altro equamente diviso tra terra e mare.

→ Gnocchetti alla rapa rossa, fave e zabajone. Tre baccalà, spinaci, pomodoro, capperi, oliva taggiasca, latte e timo. Morbido ai pistacchi, gelato al caramello, shot di caffè e amaretto.

Menu 80/100 €

Hotel Il Patriarca, località Querce al Pino, strada statale 146 ✉ 53043 Chiusi – ✆ 0578 274407 (prenotazione obbligatoria) – www.isalottidelpatriarca.it – solo a cena – Aperto 1° maggio-31 ottobre; chiuso lunedì e martedì

Il Patriarca

DIMORA STORICA • ELEGANTE Racchiusa in un parco meraviglioso, la villa ottocentesca è stata edificata su un insediamento di origine etrusca e ottimamente ristrutturata con buon gusto. I classici regionali alla Taverna del Patriarca.

22 cam - †75/85 € ††99/159 €

località Querce al Pino, strada statale 146 ✉ 53043 Chiusi - ✆ 0578 274407 - www.ilpatriarca.it

✿ **I Salotti** - Vedere selezione ristoranti

CHIVASSO

Torino - ✉ 10034 - 26 749 ab. - Alt. 183 m - Carta regionale n° **12**-B2

Roma 667 km - Torino 25 km - Aosta 101 km - Asti 55 km

Carta stradale Michelin 561-G5

Locanda del Sole

CUCINA CLASSICA • FAMILIARE XX Nel centro della località, due salette molto curate ed una veranda in stile giardino d'inverno, dove gustare due linee di cucina: una regionale con molte paste e carne, l'altra contemporanea con richiami al mare.

Menu 30/40 € - Carta 29/59 €

via Roma 16 - ✆ 011 913 1968 - www.lalocandadelsole.com - Chiuso lunedì a mezzogiorno

CIMASAPPADA Belluno → Vedere Sappada

CINQUALE Massa-Carrara → Vedere Montignoso

CIOCCARO Asti → Vedere Penango

CIPRESSA

Imperia - ✉ 18017 - 1 290 ab. - Alt. 240 m - Carta regionale n° **8**-A3

Roma 628 km - Imperia 19 km - San Remo 12 km - Savona 83 km

Carta stradale Michelin 561-K5

La Torre

CUCINA TRADIZIONALE • SEMPLICE X Una serie di tornanti vi condurrà alla volta di Cipressa e di una spettacolare vista sul mare. E' nel centro di questo caratteristico paese che si trova la trattoria: accoglienza familiare e cucina in prevalenza di terra, coniglio e cinghiale tra le specialità.

Menu 13 € (pranzo in settimana)/30 € - Carta 21/47 €

piazza Mazzini 2 - ✆ 0183 98000 - Chiuso 20 gennaio-10 febbraio e lunedì

CIRELLA

Cosenza - ✉ 87020 - Alt. 27 m - Carta regionale n° **3**-A1

Roma 446 km - Cosenza 83 km - Castrovillari 78 km

Carta stradale Michelin 564-H29

Agriturismo Fattoria di Arieste

CASA DI CAMPAGNA • TRADIZIONALE Azienda agricola con meravigliosa vista sul golfo di Policastro: amabile accoglienza familiare in colorate ed accoglienti camere. Cucina casalinga e genuina.

6 cam - †35/45 € ††70/90 €

strada per Maierà, Est: 1,5 km - ✆ 0985 889050 - www.fattoriadiarieste.it - Aperto 1° aprile-30 settembre

CIRÒ MARINA

Crotone (KR) - ✉ 88811 - 14 902 ab. - Carta regionale n° **3**-B1

Roma 567 km - Cosenza 124 km - Catanzaro 105 km - Crotone 38 km

Carta stradale Michelin 564-I33

Il Gabbiano

FAMILIARE • LUNGOMARE Alla fine del lungomare - alle porte del paese - hotel recentemente rinnovato: modernità e confort sia nelle camere sia negli spazi comuni. Due sale di tono elegante nel ristorante, con servizio estivo di fronte alla piscina. La sera si propongono anche pizze.

36 cam - 50/80 € 85/120 €

località Punta Alice, Nord: 2 km - 0962 31338 - www.gabbiano-hotel.it

CISANO BERGAMASCO

Bergamo - 24034 - 6 394 ab. - Alt. 267 m - Carta regionale n° **10**-C1
Roma 610 km - Bergamo 18 km - Brescia 69 km - Milano 46 km
Carta stradale Michelin 561-E10

La Sosta

CUCINA CLASSICA • FAMILIARE XX Locale di tradizione e di sapore classico caratterizzato da grandi vetrate, nonché da una bella veranda romanticamente affacciata sul fiume Adda. Cucina di ampio respiro con ricette di carne, ma anche specialità di pesce: d'acqua dolce e di mare.

Menu 18 € (pranzo in settimana)/40 € - Carta 33/74 €

Hotel la Sosta, via Sciesa 3, località La Sosta, Ovest : 1,5 km - 035 781066 - www.ristorantelasosta.it - Chiuso 1°-7 gennaio, 1°-13 agosto e mercoledì

Fatur

CUCINA REGIONALE • FAMILIARE XX Ai piedi del castello dei Visconti Sozzi, nel centro del paese alle falde delle Prealpi Orobiche, questo accogliente ristorante dalla gestione familiare ha superato i 100 anni, ma continua a proporre - imperterrito e con grande soddisfazioni dei suoi ospiti - i sapori del territorio rivisitati con fantasia. Gestendo anche l'attigua pasticceria, va da sé, la particolare attenzione riservata ai dolci. Al piano superiore, camere spaziose e funzionali.

Menu 16 € (pranzo in settimana)/50 € - Carta 37/61 € 12 cam - 55/65 € 80/90 € - 1 suite

via Roma 2 - 035 781287 - www.fatur.it - Chiuso 2-10 gennaio, 16-30 agosto e venerdì sera

La Sosta

FAMILIARE • MODERNO Piacevole risorsa a gestione familiare in una palazzina proprio sulla sponda del fiume Adda, su cui si affaccia con le sue terrazze ed a cui sono dedicate le foto all'interno delle camere, arredate in stile minimalista che non esclude il confort.

11 cam - 80/95 € 105/120 € - 1 suite

via Sciesa 7, località La Sosta, Ovest: 1,5 km - 035 436 4232 - www.hotellasosta.it - Chiuso 1°-7 gennaio

La Sosta - Vedere selezione ristoranti

CISON DI VALMARINO

Treviso - 31030 - 2 647 ab. - Alt. 261 m - Carta regionale n° **23**-C2
Roma 582 km - Belluno 32 km - Trento 114 km - Treviso 41 km
Carta stradale Michelin 562-E18

CastelBrando

DIMORA STORICA • PERSONALIZZATO Sorge in posizione elevata questo complesso storico, le cui fondamenta risalgono all'epoca romana: grandi spazi e servizi completi, anche per congressi, area museale aperta al pubblico (su prenotazione). Ambiente e cucina classici al ristorante Sansovino; piatti più semplici e servizio pizzeria alla Fucina.

78 cam - 89/200 € 119/200 € - 2 suites

via Brandolini 29 - 0438 9761 - www.castelbrando.it

CISTERNA D'ASTI

Asti - ✉ 14010 - 1 245 ab. - Alt. 350 m - Carta regionale n° **14**-C1
Roma 626 km - Torino 46 km - Asti 21 km - Cuneo 82 km
Carta stradale Michelin 561-H6

Garibaldi

CUCINA PIEMONTESE • CONTESTO TRADIZIONALE X C'è tutta la storia di una famiglia nella raccolta di oggetti d'epoca di uso comune (dalle pentole alle fotografie) esposta in questo originale locale, il cui menu propone la vera cucina piemontese. Sei nuove camere - di cui due con cucina - e una bella terrazza panoramica, si aggiungono a quelle già presenti nel corpo centrale.

Carta 21/39 € 12 cam - †40/80 € ††60/100 €

via Italia 1 - ✆ 0141 979118 - www.albergoristorantegaribaldi.it - Chiuso mercoledì

CISTERNA DI LATINA

Latina - ✉ 04012 - 36 868 ab. - Alt. 77 m - Carta regionale n° **7**-C2
Roma 50 km - Anzio 26 km - Frosinone 72 km - Latina 16 km
Carta stradale Michelin 563-R20

Il Piccolo Ducato

CUCINA MEDITERRANEA • AMBIENTE CLASSICO XX In aperta campagna, piatti mediterranei di terra e di mare secondo ricette abbastanza classiche e, soprattutto, senza fronzoli. Ambiente piacevolmente rustico, ma se il tempo è bello, meglio optare per il fresco dehors sotto moderni ombrelloni.

Carta 34/87 €

via Tivera, Sud-Est: 6 km - ✆ 06 960 1284 - www.ilpiccoloducato.it - Chiuso 17-31 agosto e lunedì

CITARA Napoli → Vedere Ischia (Isola d') : Forio

CITTADELLA DEL CAPO

Cosenza - ✉ 87020 - Alt. 23 m - Carta regionale n° **3**-A1
Roma 465 km - Cosenza 61 km - Castrovillari 86 km - Catanzaro 123 km
Carta stradale Michelin 564-I29

Palazzo del Capo

LUSSO • STORICO Uno scrigno di insospettate sorprese questa residenza storica fortificata sul mare, con torre spagnola nel giardino: eleganti interni d'epoca e servizi di elevato profilo tra cui la nuova beauty farm. Molti spazi per la ristorazione; a disposizione - solo in estate - anche la rotonda sul mare.

11 cam - †180/220 € ††180/265 €

via Cristoforo Colombo 5 - ✆ 0982 95674 - www.palazzodelcapo.it - Aperto 1° aprile-31 ottobre

CITTÀ DELLA PIEVE

Perugia - ✉ 06062 - 7 712 ab. - Alt. 509 m - Carta regionale n° **20**-A2
Roma 154 km - Perugia 41 km - Arezzo 76 km - Chianciano Terme 22 km
Carta stradale Michelin 563-N18

Zafferano Pievese

CUCINA CLASSICA • ACCOGLIENTE XX Città della Pieve è famosa per lo zafferano e questo gradevole ristorante ne celebra degnamente colori e sapori, insieme ad una cucina sapida a cavallo tra Umbria e Toscana con molto spazio in carta per la vera protagonista: la griglia. Anche pizzeria.

Carta 23/49 €

Hotel Vannucci, viale Vanni 1 - ✆ 0578 298063 - www.hotel-vannucci.com - Chiuso novembre

Vannucci

TRADIZIONALE • ACCOGLIENTE Una villa di fine Ottocento alle porte dell'incantevole paese accoglie tra le sue mura un ottimo albergo: le camere sono accoglienti con pregevoli arredi in legno, al secondo piano con vista sui tetti e sulle colline.

30 cam - 79/109 € 99/169 €

viale Vanni 1 - 0578 298063 - www.hotel-vannucci.com

Zafferano Pievese - Vedere selezione ristoranti

Relais dei Magi

AGRITURISMO • PERSONALIZZATO Occorre percorrere una strada sterrata per giungere a quest'incantevole risorsa che accoglie i propri ospiti in tre diversi edifici. Un soggiorno appartato e raffinato con tanto di piccolo centro benessere con sauna, bagno turco, ampio idromassaggio e zona trattamenti.

12 cam - 120/130 € 160/290 €

località le Selve Nuove 45, Sud-Est: 4 km - 0578 298133 - www.relaismagi.it - Chiuso 7 gennaio-31 marzo

Agriturismo Madonna delle Grazie

CASA DI CAMPAGNA • TRADIZIONALE Offre uno spaccato di vita contadina questo agriturismo immerso nella quiete dei colli tosco-umbri, perfetto per una vacanza a contatto con la natura, tra passeggiate a piedi e a cavallo e qualche tuffo in piscina. Nella sala ristorante interna o all'aperto, la cucina si avvale dei prodotti biologici dell'azienda.

10 cam - 75/130 € 90/140 €

località Madonna delle Grazie 6, Ovest: 1 km - 0578 299822 - www.madonnadellegrazie.it

CITTÀ DEL VATICANO Vaticano → Vedere Roma

CITTÀ DI CASTELLO

Perugia - 06012 - 39 913 ab. - Alt. 288 m - Carta regionale n° **20**-B1

Roma 220 km - Perugia 54 km - Arezzo 42 km - Ravenna 135 km

Carta stradale Michelin 563-L18

Tiferno

STORICO • PERSONALIZZATO Porta l'antico nome della località questo raffinato albergo ricavato in un ex-convento seicentesco nel centro storico, adiacente a Palazzo Albizzini che ospita il museo dedicato al grande artista Burri. Bei soffitti a cassettone e pregevoli mobili antichi; alcune camere hanno design di metà secolo scorso, altre sono minimal-moderne.

46 cam - 60/85 € 90/145 € - 2 suites

piazza Raffaello Sanzio 13 - 075 855 0331 - www.hoteltiferno.it

Borgo di Celle

CASA DI CAMPAGNA • PERSONALIZZATO Una gran bella risorsa ubicata in collina e all'interno di un piccolo borgo medioevale: cotto e arredi essenziali in arte povera negli spazi comuni composti da sale e salette. Superlativi i giardini con la piscina panoramica. L'attrezzato centro relax completa l'offerta di questo angolo di paradiso.

23 cam - 70/110 € 110/190 € - 1 suite

località Celle 7, Nord-Ovest: 7 km - 075 851 0025 - www.borgodicelle.it

CITTÀ SANT'ANGELO

Pescara - 65013 - 14 969 ab. - Alt. 317 m - Carta regionale n° **1**-B1

Roma 223 km - Pescara 25 km - L'Aquila 120 km - Chieti 34 km

Carta stradale Michelin 563-O24

in prossimità casello autostrada A 14 Est : 9,5 km :

Jacaranda

CUCINA DEL TERRITORIO • ELEGANTE XX Allo Jacaranda la migliore espressione della cucina del territorio rinnovata nello stile e nella presentazione. La cucina segue le stagioni della terra e del mare.

Menu 25/30 € - Carta 30/81 €

Hotel Villa Michelangelo, via Lungofino 2 - 085 961 4523 - www.hotelvillamichelangelo.net

Villa Michelangelo

TRADIZIONALE • ELEGANTE In prossimità delle vie di comunicazione stradale, ma anche a pochi passi dal mare, una struttura che offre un servizio business e leisure per chi ama lo stile classico permeato da qualche concessione moderna.

32 cam - 75/95 € 105/135 € - 2 suites

via Lungofino 2 - 085 961 4523 - www.hotelvillamichelangelo.net

Jacaranda - Vedere selezione ristoranti

CIVIDALE DEL FRIULI

Udine - 33043 - 11 292 ab. - Alt. 135 m - Carta regionale n° **6**-C2

Roma 655 km - Udine 20 km - Gorizia 30 km - Trieste 70 km

Carta stradale Michelin 562-D22

Al Monastero

CUCINA REGIONALE • RUSTICO X Guancette di manzo brasate con porcini e polenta, salumi locali ed altre golosità del territorio, in un ristorante dalle accoglienti sale: originale quella con il tipico fogolar furlan o quella con l'affresco celebrativo di Bacco. Cinque graziosi appartamenti con soppalco e angolo cottura, per chi vuole prolungare la sosta.

Menu 25/40 € - Carta 27/38 € 5 cam - 50/80 € 80/120 € - senza

via Ristori 9 - 0432 700808 - www.almonastero.com - Chiuso 2 settimane in gennaio, 23-30 giugno domenica sera e lunedì

Orsone

CUCINA MODERNA • CHIC XXX Ristorante della famiglia Bastianich, circondati dalle vigne, in un ambiente di esclusiva eleganza, la cucina segue una linea moderna ed internazionale, con rigore e tecnicismi inappuntabili, mentre alla Taverna - variante più easy - vanno in scena i sapori americani, in primis l'hamburger. Accoglienti e raffinate camere attendono gli ospiti al piano superiore.

Menu 59/69 € - Carta 70/95 € 5 cam - 90/110 € 150/175 €

via Darnazzacco 63, frazione Gagliano - 0432 732053 (prenotazione obbligatoria a mezzogiorno) - www.orsone.com - Chiuso 2 settimane in gennaio, domenica sera, lunedì e martedì

Locanda al Castello

FAMILIARE • CLASSICO All'interno dell'ottocentesco castello che fu, inizialmente, convento dei gesuiti, un albergo a gestione familiare ricco di servizi, come il centro benessere con la beauty, nonché l'omonimo ristorante con cucina di terra e di mare. Immancabile, il fogolar in sala.

27 cam - 60/80 € 99/130 €

via del Castello 12, Nord-Ovest: 1,5 km - 0432 733242 - www.alcastello.net

CIVITA CASTELLANA

Viterbo - 01033 - 16 491 ab. - Alt. 145 m - Carta regionale n° **7**-B1

Roma 55 km - Viterbo 50 km - Perugia 119 km - Terni 50 km

Carta stradale Michelin 563-P19

Le Scuderie

CUCINA TRADIZIONALE • ACCOGLIENTE XX Nei suoi ambienti eleganti trovano spazio anche un privé ed una sala con divisori a ricordare l'impianto delle scuderie che furono; il menu elenca piatti d'impronta moderna che non disdegna la tradizione, naturalmente rivisitata.

Carta 29/67 €

Hotel Relais Falisco, via Don Minzoni 19 – ☎ 0761 515786 (consigliata la prenotazione) – www.relaisfalisco.it – Chiuso domenica sera e lunedì

La Giaretta

CUCINA LAZIALE • SEMPLICE X Piatti laziali a cui si affiancano gustose specialità di pesce, in un sobrio locale situato in zona centrale; seria ed esperta conduzione familiare.

Carta 20/38 €

via Ferretti 108 – ☎ 0761 513398 – Chiuso 9-25 agosto, domenica sera e lunedì

Relais Falisco

STORICO • ACCOGLIENTE Il soggiorno in un palazzo signorile con origini secentesche offre atmosfere suggestive sia per il turista sia per chi viaggia per affari. Vasca idromassaggio negli originali sotterranei scavati nel tufo.

35 cam – solo ½ P 90/140 € – 8 suites

via Don Minzoni 19 – ☎ 0761 5498 – www.relaisfalisco.it

Le Scuderie – Vedere selezione ristoranti

CIVITANOVA MARCHE

Macerata – ✉ 62012 – 38 706 ab. – Carta regionale n° **11**-D2

Roma 276 km – Ancona 47 km – Ascoli Piceno 79 km – Macerata 27 km

Carta stradale Michelin 563-M23

Galileo

PESCE E FRUTTI DI MARE • STILE MEDITERRANEO XX Il mare a 360° gradi: non solo perché il locale è ospitato in uno stabilimento balneare con una luminosa sala a vetrate che guardano la distesa blu, ma anche perché il menu è un invitante inno alla ricchezza ittica del Mediterraneo.

Carta 31/77 €

via IV Novembre conc. 25 – ☎ 0733 817656 (consigliata la prenotazione) – Chiuso 20 dicembre-20 gennaio e martedì

CIVITAVECCHIA

Roma – ✉ 00053 – 52 991 ab. – Carta regionale n° **7**-A2

Roma 71 km – Viterbo 59 km – Grosseto 110 km – Terni 114 km

Carta stradale Michelin 563-P17

La Bomboniera

PESCE E FRUTTI DI MARE • FAMILIARE X Grazioso localino dove troneggia un grande camino e alle pareti, dal vivace colore arancione, stampe e riproduzioni. La cucina è prevalentemente a base di pesce con specialità sarde (per quest'ultime si consiglia la prenotazione).

Carta 34/70 €

corso Marconi 50 – ☎ 0766 25744 – www.labomboniera.info – Chiuso 15 settembre-10 ottobre e lunedì

CIVITELLA ALFEDENA

L'Aquila – ✉ 67030 – 296 ab. – Alt. 1 123 m – Carta regionale n° **1**-B3

Roma 174 km – Frosinone 88 km – L'Aquila 134 km – Isernia 51 km

Carta stradale Michelin 563-Q23

Antico Borgo La Torre

FAMILIARE • ACCOGLIENTE Nel centro del paese, preservato nella sua integrità storica, due strutture divise dalla torre del '300 che dà il nome all'albergo; camere semplici e rinnovate.

24 cam - 35/40 € 50/60 €

via Castello 3 - 0864 890121 - www.albergolatorre.com

CIVITELLA CASANOVA

Pescara - 65010 - 1 815 ab. - Alt. 400 m - Carta regionale n° **1**-B2

Roma 209 km - Pescara 33 km - L'Aquila 97 km - Teramo 100 km

Carta stradale Michelin 563-O23

La Bandiera (Marcello Spadone)

CUCINA ABRUZZESE • AMBIENTE CLASSICO Isolato e sperduto (meglio farsi consigliare la strada migliore per arrivarci), il ristorante è un'oasi di tranquillità, la cucina una bandiera delle specialità abruzzesi di terra. Avvolti dalla cortesia e dalle attenzioni dei titolari, c'è anche la possibilità di pernottare in camere semplici, ma che eviteranno viaggi dopo la cena.

→ Tortello in bianco e tartufo nero. Cosciotto d'agnello all'olivo, patata farcita e misticanza strascinata. La bollamisù.

Menu 35/65 € - Carta 36/62 € 4 cam - 70 € 90 €

contrada Pastini 4, Est: 4 km - 085 845219 - www.labandiera.it - Chiuso 20 giorni in gennaio, domenica sera e mercoledì

Il Ritrovo d'Abruzzo

CUCINA MODERNA • AMBIENTE CLASSICO In posizione isolata (meglio consultare una carta o farsi spiegare la strada), locale d'impronta rustico-elegante, dove assaporare piatti del territorio in chiave moderna.

Menu 35/42 € - Carta 35/48 €

contrada Bosco 16 - 085 846 0019 (prenotare) - www.ilritrovodabruzzo.it - Chiuso lunedì a mezzogiorno e martedì

CIVITELLA D'AGLIANO

Viterbo (VT) - 01020 - 1 640 ab. - Alt. 262 m - Carta regionale n° **7**-B1

Roma 109 km - Viterbo 30 km - Perugia 85 km - Terni 63 km

La Tana dell'Istrice

DIMORA STORICA • PERSONALIZZATO Dentro al piccolo centro storico, un palazzo medievale ampliato nel 1500 diventa nel 1996 un'originale realtà ricettiva con camere rustico-eleganti. Al ristorante si assaggiano i vini prodotti dal patron Sergio Mottura: tra gli altri, l'autoctono grechetto.

11 cam - 99/125 € 165 €

piazza Unità d'Italia 12 - 0761 914 5333 - www.sergiomottura.com - Chiuso 12-28 dicembre e 7 gennaio-21 marzo

CIVITELLA DEL LAGO Terni → Vedere Baschi

CIVITELLA DEL TRONTO

Teramo - 64010 - 5 116 ab. - Alt. 589 m - Carta regionale n° **1**-A1

Roma 194 km - Ascoli Piceno 25 km - Teramo 18 km - Pescara 79 km

Carta stradale Michelin 563-N23

Zunica 1880

CUCINA REGIONALE • ROMANTICO All'interno di un borgo in pietra in cima ad un colle dal quale abbracciare con lo sguardo colline, mare e montagne, un locale elegante ormai tappa gourmet dove gustare il meglio della cucina regionale. Camere confortevoli, recentemente ristrutturate.

Menu 40/60 € - Carta 33/70 € 17 cam - 50/90 € 80/110 € - 3 suites

piazza Filippi Pepe 14 - 0861 91319 - www.hotelzunica.it - Chiuso 10-30 gennaio

CIVITELLA IN VAL DI CHIANA

Arezzo – ✉ 52040 – 9 121 ab. – Alt. 280 m – Carta regionale n° **18**-C2
Roma 209 km – Siena 52 km – Arezzo 18 km – Firenze 72 km
Carta stradale Michelin 563-L17

L'Antico Borgo

CUCINA REGIONALE • CONTESTO STORICO Nel cuore del borgo medioevale che domina la valle, in un piccolo palazzetto del '500, caratteristico ristorante ricavato in un ex locale per la macina dei cereali. Sulla tavola: la tipica cucina toscana, rigorosamente stagionale.

Carta 31/49 € 5 cam – 55/60 € 75/85 €

via di Mezzo 31 – ☎ 0575 448051 (consigliata la prenotazione) – www.antborgo.it – solo a cena escluso sabato e domenica – Chiuso martedì, anche lunedì, mercoledì, giovedì in ottobre-maggio

CIVITELLA MARITTIMA

Grosseto – ✉ 58045 – Alt. 329 m – Carta regionale n° **18**-C2
Roma 211 km – Grosseto 33 km – Firenze 117 km – Siena 43 km
Carta stradale Michelin 563-N15

Locanda nel Cassero

CUCINA TOSCANA • RUSTICO All'ombra del campanile del paese, questa piccola locanda propone specialità toscane sapide e gustose. Oltre al ristorante c'è anche un'osteria, per piatti più semplici, alcuni freddi, a prezzi molto ridotti. Al piano superiore: camere arredate in modo semplice, in armonia con l'ambiente.

Menu 25/55 € – Carta 26/51 € 5 cam – 55/76 € 70/96 €

via del Cassero 29/31 – ☎ 0564 900680 (coperti limitati, prenotare) – www.locandanelcassero.com – Chiuso dicembre-febbraio e martedì

CLAVIERE

Torino – ✉ 10050 – 214 ab. – Alt. 1 760 m – Carta regionale n° **12**-A2
Roma 758 km – Bardonecchia 32 km – Sestriere 19 km – Torino 105 km
Carta stradale Michelin 561-H2

'l Gran Bouc

CUCINA TRADIZIONALE • FAMILIARE Nato nel 1967 come sala giochi e bar, il locale è suddiviso in due sale di stile diverso - una rustica e l'altra più raffinata - dove gustare piatti nazionali, specialità piemontesi e pizze.

Menu 14/55 € – Carta 31/64 €

via Nazionale 24/a – ☎ 0122 878830 – www.granbouc.it – Chiuso maggio, novembre e mercoledì in bassa stagione

CLERAN KLERANT Bolzano

→ Vedere Bressanone

CLUSANE SUL LAGO Brescia

→ Vedere Iseo

CLUSONE

Bergamo – ✉ 24023 – 8 610 ab. – Alt. 648 m – Carta regionale n° **9**-B2
Roma 635 km – Bergamo 36 km – Brescia 64 km – Edolo 74 km
Carta stradale Michelin 561-E11

Commercio e Mas-cì

CUCINA CLASSICA • FAMILIARE Albergo, ma soprattutto ristorante, nel grazioso centro storico. Due belle salette con camino - intime ed accoglienti - fanno da palcoscenico ad una cucina dove primeggiano le specialità locali: molta carne, anche alla griglia, e polenta.

Carta 29/46 € 18 cam – 60 € 80 €

piazza Paradiso 1 – ☎ 0346 21267 – www.mas-ci.it – Chiuso 3 settimane in giugno e giovedì

COASSOLO

Torino (TO) - ✉ 10070 - 1 547 ab. - Alt. 742 m - Carta regionale n° **12G**-B2

Roma 715 km - Torino 35 km - Aosta 117 km - Vercelli 104 km

Della Valle

CUCINA PIEMONTESE • FAMILIARE Dopo il trasferimento da Ceres al proprio luogo di nascita, c'è stato anche il cambio nome: da Valli di Lanzo a Della Valle, ma la mano dello chef-patron rimane salda al proprio territorio cui concede giusto qualche inserto moderno. Come sempre, dolci e gelati sono un must.

Menu 13 € (pranzo in settimana)/35 € - Carta 24/54 € - carta semplice a pranzo

via Case Vignè 98, località San Pietro - ✆ 334 633 7286 - www.ristorantedellavalle.it - Chiuso 1 settimana a settembre e lunedì

COCCAGLIO

Brescia - ✉ 25030 - 8 767 ab. - Alt. 162 m - Carta regionale n° **10**-D2

Roma 573 km - Bergamo 35 km - Brescia 20 km - Cremona 69 km

Carta stradale Michelin 561-F11

Alessandro Cappotto in Villa Calini

CUCINA MODERNA • CONTESTO STORICO Non lontano dal centro, una sorta di borgo del '700 con una splendida villa interamente ristrutturata e adibita a ristorante: la linea di cucina è moderna, ma si fa tutto rigorosamente in casa come una volta (grissini, pane, pasticceria...). Una simpatica alternativa: l'orto-giardino ospita qualche tavolo per chi desidera restare ancora più a contatto con la campagna.

Menu 20 € (pranzo in settimana)/75 € - Carta 43/82 € - carta semplice a pranzo

via Ingussano 19 - ✆ 030 724 3574 (consigliata la prenotazione) - www.villacalini.it - Chiuso 1°-15 gennaio, 8-23 agosto, martedì e le sere di lunedì e mercoledì

Touring

BUSINESS • MODERNO Per affari o relax in Franciacorta, un albergo di ottimo confort, con annesso centro sportivo (c'è addirittura un campo da calcio regolamentare!): raffinata scelta di tessuti d'arredo negli eleganti interni in stile e moderna zona benessere. Piatti internazionali, specialità locali e, la sera, anche pizza, tra le proposte del ristorante.

96 cam - †65/140 € ††85/180 €

via Vittorio Emanuele II° 40 - ✆ 030 772 1084 - www.hotel-touring.it

COCCONATO

Asti - ✉ 14023 - 1 493 ab. - Alt. 491 m - Carta regionale n° **12**-C2

Roma 649 km - Torino 50 km - Alessandria 67 km - Asti 32 km

Carta stradale Michelin 561-G6

Locanda Martelletti

TRADIZIONALE • ACCOGLIENTE Nella parte alta del paese, spicca l'armonia tra le parti più antiche dell'edificio e soluzioni attuali di confort. Prima colazione servita in un delizioso dehors. Piccola ed accogliente sala da pranzo con proposte piemontesi.

9 cam - †65 € ††100 €

piazza Statuto 10 - ✆ 0141 907686 - www.locandamartelletti.it - Chiuso gennaio

CODIGORO

Ferrara - ✉ 44021 - 11 999 ab. - Carta regionale n° **5**-D1

Roma 408 km - Ravenna 60 km - Bologna 90 km - Ferrara 43 km

Carta stradale Michelin 562-H18

La Zanzara (Sauro Bison)

CUCINA MODERNA • ROMANTICO XX In un affascinante contesto naturalistico, su un'isoletta del parco del delta del Po, un casone di pesca settecentesco fa da sfondo ad una cucina in prevalenza marina, servita in una raffinata sala con un bel camino.

➜ Pasta all'emiliana con centrifuga di prezzemolo e acqua di mare con canocchie. Anguilla di cattura sgrassata sulle braci di legna con polenta di mais bianco. Millefoglie con crema Chantilly e disegno di caramello.

Menu 55 € - Carta 50/95 €

via per Volano 52, località Porticino - 0533 355236 (coperti limitati, prenotare) - www.ristorantelazanzara.com - Chiuso 7-31 gennaio, lunedì e martedì

La Capanna di Eraclio (Maria Grazia Soncini)

PESCE E FRUTTI DI MARE • VINTAGE XX Dal 1922, anno di apertura, l'atmosfera pare essere mutata di poco: una trattoria del cuore, piacevolmente retrò, autenticamente familiare, dove gustare degli straordinari prodotti del mare, freschi (a volte persino vivi!), paste al mattarello e selvaggina di piuma.

➜ Pasta alla chitarra con sgombro, pomodorini, capperi e olive taggiasche. Anguilla "arost in umad". Zabajone al vin santo con ciambella.

Carta 54/125 €

località Ponte Vicini, Nord-Ovest: 8 km - 0533 712154 (consigliata la prenotazione) - www.lacapannadieraclio.it - Chiuso 9 agosto-10 settembre, mercoledì e giovedì

CODOGNÈ

Treviso (TV) - ✉ 31013 - 5 343 ab. - Carta regionale n° **23**-C2

Roma 589 km - Venezia 71 km - Treviso 46 km - Pordenone 33 km

Carta stradale Michelin 562-E19

Agriturismo Villa Toderini

FAMILIARE • PERSONALIZZATO Lo specchio d'acqua della peschiera riflette la maestosità e l'eleganza della nobile dimora settecentesca, dalla quale questa bella casa dista solo un breve viale di piante secolari e silenzio!

10 cam - 75/85 € 105/120 €

via Roma 4/a - 0438 796084 - www.villatoderini.com - Chiuso 24 dicembre-6 gennaio e 15-25 agosto

CODROIPO

Udine - ✉ 33033 - 16 148 ab. - Alt. 43 m - Carta regionale n° **6**-B2

Roma 612 km - Udine 24 km - Trieste 82 km - Treviso 85 km

Carta stradale Michelin 562-E20

La Veranda N

CUCINA CLASSICA • CHIC XX In un ambiente elegantemente informale, la carta - sebbene non ampissima - concede comunque spazio a piatti sia di carne che di pesce con classici rivisitati e qualche proposta più moderna.

Carta 34/94 €

Hotel Ai Gelsi, via Circonvallazione Ovest, 12, Ovest: 1 km - 0432 907064 - www.gelsigroup.com - Chiuso 10-25 agosto e lunedì

Ai Gelsi

TRADIZIONALE • CLASSICO A soli 2,5 km dalla storica Villa Manin, un piacevole hotel dagli ambienti accoglienti e dalle camere semplici nella loro linearità, ma confortevoli. Proposte gastronomiche regionali al Flame'n Co. Brasserie.

39 cam - 40/120 € 50/140 € - 1 suite

via Circonvallazione Ovest, 12, Ovest: 1 km - 0432 907064 - www.gelsi.com - Chiuso 10-25 agosto

La Veranda - Vedere selezione ristoranti

COGNE

Aosta - ✉ 11012 - 1 417 ab. - Alt. 1 534 m - Carta regionale n° **21**-A2

Roma 774 km - Aosta 27 km - Courmayeur 52 km - Colle del Gran San Bernardo 60 km

Carta stradale Michelin 561-F4

Le Petit Restaurant

CUCINA CREATIVA • INTIMO XXX Pochi coperti, del resto il nome stesso del locale ne anticipa la caratteristica, ma le attenzioni profuse ai suoi ospiti sono immense! Solo quattro tavoli, ciascuno di un secolo diverso, il legno è nudo senza tovaglia. Ci penseranno i piatti ad apparecchiarli: specialità valdostane in grande stile, dalle carni ai formaggi, quest'ultimi affinati in casa.

→ Tatin di foie gras, mele nostrane e rosmarino. Filetto di manzetta cucinato nel sale grosso e fieno di Cogne. Morbidezza allo yogurt e ciliege.

Menu 75/90 € - Carta 58/105 €

Hotel Bellevue & SPA, rue Grand Paradis 22 - ✆ 0165 74825 (consigliata la prenotazione) - www.hotelbellevue.it - solo a cena escluso 15 luglio-31 agosto, sabato e domenica - Chiuso 26 marzo-13 aprile, 8 ottobre-7 dicembre e mercoledì

Lou Ressignon

CUCINA REGIONALE • ACCOGLIENTE XX Simpatica tradizione di famiglia sin dal 1966! La cucina semplice e genuina valorizza i prodotti del territorio valdostano, mentre nei week-end, musica e allegria animano la taverna. Quattro accoglienti camere sono a disposizione per chi volesse prolungare la sosta.

Carta 27/60 € 4 cam - †50/60 € ††80/110 €

via des Mines 23 - ✆ 0165 74034 - www.louressignon.it - Chiuso 5-23 giugno, 5 novembre-1° dicembre, lunedì sera e martedì escluso agosto

Bar à Fromage

CUCINA REGIONALE • RUSTICO X Particolare e ricercato, un piccolo ristorante in legno dove il formaggio è re e il legno e lo stile valligiano creano un'atmosfera intima e calda.

Carta 32/58 €

rue Grand Paradis 21 - ✆ 0165 749696 - www.hotelbellevue.it - Chiuso 8 ottobre-7 dicembre, giovedì e i mezzogiorno di martedì, mercoledì e venerdì escluso vacanze di Natale, Carnevale e da inizio luglio a fine agosto

Bellevue & SPA

GRAN LUSSO • STILE MONTANO Elegante chalet con interni da fiaba: mobili d'epoca, boiserie, raffinata scelta di stoffe e colori, nonché un piccolo museo d'arte popolare valdostana. La piacevolezza e la cura del dettaglio che i titolari mettono con la loro assidua presenza continua nella grande spa: oltre 1000 m^2 di assoluto benessere!

34 cam - †170/260 € ††190/420 € - 5 suites

rue Grand Paradis 22 - ✆ 0165 74825 - www.hotelbellevue.it - Chiuso 26 marzo-13 aprile e 8 ottobre-7 dicembre

Le Petit Restaurant - Vedere selezione ristoranti

Miramonti

LUSSO • STILE MONTANO L'hotel ha tutto il fascino della tradizione alpina: soffitti a cassettoni, legno alle pareti, il calore del camino e libri antichi in esposizione. Nel centro benessere, invece, le più moderne installazioni per la remise en forme. E' nel soffitto ligneo dell'elegante sala ristorante che si svela il significato del suo nome.

38 cam - †90/180 € ††160/310 € - 3 suites

viale Cavagnet 31 - ✆ 0165 74030 - www.miramonticogne.com - Chiuso 6-20 novembre

Sant'Orso

FAMILIARE • PERSONALIZZATO Elegante e accogliente, centrale e silenzioso, questo hotel si presenta con un grande prato proprio di fronte al Gran Paradiso; anche le camere fanno eco alla piacevolezza della struttura. Per chi volesse invece approfittare del soggiorno per coltivare la forma fisica, il centro benessere vi attende con la sua panoramica piscina.

26 cam - 105/220 € 140/250 €

via Bourgeois 2
- 0165 74822 - www.cognevacanze.com
- Aperto 15 dicembre-3 aprile e 26 maggio-8 ottobre

Belvedere

FAMILIARE • VINTAGE Un hotel che ha già dalla "sua", la stupenda ubicazione: nella parte alta e panoramica della località, la vista spazia su tutta Cogne e sul Gran Paradiso. E poi - nella sua semplicità - la struttura non manca di nulla, dalla piccola area relax in una struttura staccata dal corpo centrale, alle camere con graziose personalizzazioni. In tal senso, le più tipiche sono quelle ospitate nella dépendance.

12 cam - 40/70 € 70/100 €

località Gimillan, Nord: 2 Km
- 0165 751812 - www.albergobelvedere.net
- Chiuso 10 novembre-20 dicembre

a Cretaz Nord : 1,5 km ✉ 11012 - Cogne

Lou Bequet

CUCINA CREATIVA • ACCOGLIENTE XX Con grandi vetrate sulle montagne, un localino molto accogliente dove lo chef-patron propone piatti regionali o sue allettanti creazioni, colorate e gustose.

Menu 40 € - Carta 37/53 €

- 0165 74651 (coperti limitati, prenotare) - www.loubequet.it - Chiuso novembre, martedì sera e mercoledì

Notre Maison

FAMILIARE • FUNZIONALE In un giardino-solarium e collegati da un passaggio coperto, un caratteristico chalet e un corpo più recente, con centro fitness e nuove camere molto confortevoli. Rustica e accogliente sala ristorante.

30 cam - 70/114 € 120/208 € - 6 suites

- 0165 74104 - www.notremaison.it - Aperto 17 dicembre-1° maggio e 10 giugno-2 ottobre

a Valnontey Sud-Ovest : 3 km ✉ 11012 - Cogne

La Barme

FAMILIARE • ACCOGLIENTE Se rifuggite dalla mondanità, avventuratevi ai piedi del Gran Paradiso: antiche baite in pietra e legno, calda e quieta atmosfera, e forse avvisterete anche gli stambecchi. Arredato nel rispetto del caldo stile valdostano, il ristorante propone piatti tipici regionali.

16 cam - 52/93 € 75/130 € - 2 suites

- 0165 749177 - www.hotelcogne.com - Chiuso novembre

COGNOLA Trento → Vedere Trento

COGOLETO

Genova - ✉ 16016 - 9 172 ab. - Carta regionale n° **8**-B2

Roma 531 km - Genova 31 km - Alessandria 80 km - Savona 21 km

Carta stradale Michelin 561-I7

Class

PESCE E FRUTTI DI MARE • ELEGANTE Non lontano dal centro, locale di tono moderno e dalla giovane, appassionata conduzione: dopo una lunga esperienza all'estero, lo chef-patron intrattiene i suoi ospiti con gustose specialità di pesce. Gran bel dehors con vista mare per cene ad alto tasso di romanticismo.

Carta 41/83 €

piazza Stella Maris 7 – 010 918 1925 – www.ristoranteclass.it – Chiuso 2 novembre, 2 settimane in gennaio e lunedì escluso giugno-agosto

Eco del Mare

FAMILIARE • ACCOGLIENTE In posizione elevata e frontemare, hotel dalla cordiale conduzione familiare con ariosi spazi comuni ed ampie, comode, camere. Bellissima anche la terrazza esterna dalla generosa vista.

16 cam – 70/100 € 80/180 €

via della Madonnina Inferiore 5 – 010 918 2009 – www.hotelecodelmare.net

COGOLO Trento → Vedere Peio

COLERE

Bergamo (BG) – 24020 – 1 136 ab. – Alt. 1 013 m – Carta regionale n° **09G**-B2

Roma 630 km – Milano 122 km – Bergamo 58 km – Brescia 87 km

al Passo della Presolana Sud: 4 km

Cesira

CUCINA CLASSICA • CONTESTO CONTEMPORANEO A breve distanza dal Passo e da Castione della Presolana, un'affermata gestione locale: con impegno e serietà propone una cucina classica italiana di cui la griglia e la carne sono certamente i protagonisti, seppur non manchino alcuni piatti a base di pesce e la pizza (da forno a legna). I vini si scelgono a vista tra le bottiglie in esposizione.

Carta 34/96 €

via Cantoniera 1 – 0346 30049 – Chiuso 2 settimane in gennaio, lunedì e martedì

COLFIORITO

Perugia – 06034 – Alt. 760 m – Carta regionale n° **20**-C2

Roma 182 km – Perugia 62 km – Ancona 127 km – Macerata 66 km

Carta stradale Michelin 563-M20

Benessere Villa Fiorita

TRADIZIONALE • CLASSICO Belle camere, nonché una romantica suite con letto a baldacchino e vasca idromassaggio (matrimoniale) in questa struttura dall'accogliente gestione familiare. Sosta al centro benessere per prendersi cura di sé o distensive passeggiate nel fresco giardino. La cucina ammicca ai sapori locali.

38 cam – 45/70 € 80/140 €

via del Lago 9 – 0742 681326 – www.hotelvillafiorita.com

COLLALBO KLOBENSTEIN Bolzano → Vedere Renon

COLLEBEATO

Brescia – 25060 – 4 622 ab. – Alt. 192 m – Carta regionale n° **9**-C1

Roma 534 km – Brescia 8 km – Bergamo 54 km – Milano 96 km

Carta stradale Michelin 561-F12

a Campiani Ovest : 2 km ✉ 25060 - Collebeato

Carlo Magno

CUCINA CREATIVA • ELEGANTE XxX In una possente, austera casa di campagna dell'800, sale di suggestiva eleganza d'epoca, con travi o pietra a vista, dove gustare piatti del territorio in chiave moderna. Curiosità: recente creazione del giardino delle Mele Magne dedicato alle mogli di Carlo Magno, dell'Orto Beato, nonché del campo dello zafferano.

Menu 50/55 € - Carta 46/98 €

via Campiani 9 - ☎ 030 251 1107 - www.carlomagno.it - Chiuso 2-13 gennaio, 7-23 agosto, lunedì e martedì

COLLE D'ANCHISE

Campobasso (CB) - ✉ 86020 - 807 ab. - Alt. 649 m - Carta regionale n° **1**-C3

Roma 208 km - Campobasso 22 km - Isernia 34 km - Napoli 140 km

Carta stradale Michelin 564-C25

La Piana dei Mulini

LOCANDA • STORICO Piccolo borgo d'origine settecentesca, nel corso dei secoli è stato mulino, centro per la colorazione delle lane e centrale idroelettrica. Ora è un accogliente albergo diffuso nel contesto del parco fluviale del Biferno.

12 cam - †45/60 € ††60/100 €

sulla strada statale 647 Nord: 7 km - ☎ 0874 787330 - www.lapianadeimulini.it

COLLE DI VAL D'ELSA

Siena - ✉ 53034 - 21 620 ab. - Alt. 141 m - Carta regionale n° **18**-D1

Roma 255 km - Firenze 50 km - Siena 24 km - Arezzo 88 km

Carta stradale Michelin 563-L15

Arnolfo (Gaetano Trovato)

CUCINA CREATIVA • LUSSO XxxX Due fratelli al comando, uno in sala, l'altro in cucina, danno un tocco simpaticamente familiare ad un ristorante di grande raffinatezza con romantico servizio estivo in terrazza. La cucina è piacevolmente sofisticata ed impeccabile; le camere un piccolo scrigno di eleganza.

→ Tortelli, carciofi morelli, porri, liquirizia. Astice, fegato d'oca, brodetto, crema soffice di patate, limone candito. Sablé, frutto della passione, cioccolato e nocciole.

Menu 110/150 € - Carta 130/190 € 4 cam - †180 € ††220 €

via XX Settembre 50/52 - ☎ 0577 920549 (consigliata la prenotazione) - www.arnolfo.com - Chiuso 17 gennaio-1° marzo, martedì e mercoledì

L'Antica Trattoria

CUCINA CLASSICA • ACCOGLIENTE XX Nella parta bassa della località, sotto i portici di una scenografica piazza seicentesca, le proposte si articolano intorno alla tradizione locale a base di carne, ma anche qualche piatto di pesce.

Menu 40/45 € - Carta 38/60 €

piazza Arnolfo 23 - ☎ 0577 923747 - Chiuso 1 settimana in gennaio e martedì

Palazzo San Lorenzo

STORICO • ELEGANTE Nel centro storico di Colle Alta, l'ex ospedale seicentesco propone una raffinata e moderna reinterpretazione del tradizionale stile alberghiero. Sono cinque, le imperdibili camere con vista sul borgo.

48 cam - †85/174 € ††115/204 €

via Gracco del Secco 113 - ☎ 0577 923675 - www.palazzosanlorenzo.it

Relais della Rovere

TRADIZIONALE • CLASSICO Eclettica fusione di stili e di design, tra antico e moderno, in un complesso di gran classe, nato dal recupero di un'antica dimora patrizia e di un'abbazia dell'XI sec.

26 cam - †105/145 € ††129/209 € - 4 suites

via Piemonte 10 - ☎ 0577 924696 - www.relaisdellarovere.it - Aperto 1° aprile-31 ottobre

Palazzo Pacini

STORICO • ROMANTICO Incantevole giardino per le colazioni durante la bella stagione in uno splendido palazzo seicentesco lungo il corso che attraversa la parte alta del paese. Le camere sono ricercate negli arredi, a volte d'epoca: preferite quelle con vista sulla campagna.

14 cam - 80/120 € 112/180 €

via Gracco del Secco 14 - 0577 924080 - www.palazzopacini.com

COLLE DI VILLA BAUERNKOHLERN Bolzano → Vedere Bolzano

COLLEPIETRA STEINEGG

Bolzano - 39053 - Alt. 820 m - Carta regionale n° **19**-D3

Roma 656 km - Bolzano 15 km - Merano 46 km - Trento 71 km

Carta stradale Michelin 561-C16

Steineggerhof

TRADIZIONALE • CLASSICO Per ritemprarsi e rilassarsi nello splendido scenario dolomitico, una panoramica casa tirolese dai tipici interni montani, dove il legno regna sovrano. Struttura ideale per gli amanti della mountain bike. Curata sala ristorante dal soffitto ligneo.

35 cam - solo ½ P 80/125 €

Collepietra 128, Nord-Est: 1 km - 0471 376573 - www.steineggerhof.com - Aperto 9 aprile-31 ottobre

COLLI DEL TRONTO

Ascoli Piceno - 63079 - 3 668 ab. - Alt. 168 m - Carta regionale n° **11**-D3

Roma 208 km - Ascoli Piceno 23 km - Ancona 106 km - L'Aquila 93 km

Carta stradale Michelin 563-N23

Villa Picena

TRADIZIONALE • FUNZIONALE Nel cuore della vallata del Tronto, la dimora ottocentesca offre ambienti ricchi di fascino e camere arredate con gusto e sobrietà, in sintonia con lo stille della villa. Ricavata nella parte più antica della villa, la sala da pranzo propone menù degustazione e la possibilità la possibilità di consumare - a pranzo - piatti veloci e leggeri mentre la sera viene presentata una carta mediterranea venata di fantasia.

39 cam - 55/90 € 75/150 € - 2 suites

via Salaria 66 - 0736 892460 - www.villapicena.it

COLLOREDO DI MONTE ALBANO

Udine - 33010 - 2 223 ab. - Alt. 212 m - Carta regionale n° **6**-B2

Roma 652 km - Udine 15 km - Tarvisio 80 km - Trieste 85 km

Carta stradale Michelin 562-D21

La Taverna (Piero Galliano Zanini)

CUCINA MODERNA • RUSTICO XX Di fronte al castello, ambiente curato ma informale, sfumature rustiche e camino con affaccio sul bellissimo giardino che si fa "contorno" con la bella stagione. Cucina contemporanea che valorizza le materie prime.

→ Garganelli di pasta fresca con crostacei d'Istria, profumo d'aglio e peperoncino. Carré d'agnello al profumo di menta, zucchine dell'orto. Pesca Melba nella sfera con gelato ai petali di rosa.

Carta 67/109 €

piazza Castello 2
- 0432 889045 - www.ristorantelataverna.it
- Chiuso 2 settimane in novembre, domenica sera e mercoledì

COLMEGNA Varese → Vedere Luino

COLOGNE

Brescia – ✉ 25033 – 7 667 ab. – Alt. 187 m – Carta regionale n° **10**-D2
Roma 575 km – Bergamo 31 km – Brescia 27 km – Cremona 72 km
Carta stradale Michelin 561-F11

Cappuccini Cucina San Francesco

CUCINA CREATIVA · CONTESTO STORICO XXX Ricercatezza enologica e cucina moderna in sintonia con le stagioni, in un'elegante sala ricca di fascino storico, fra candide fiandre e candelabri. Il tutto all'interno dell'omonimo resort.

Menu 27 € (pranzo in settimana)/67 € – Carta 41/88 €

Cappuccini Resort, via Cappuccini 54, Nord: 1,5 km – ✆ 030 715 7254 – www.cappuccini.it

Cappuccini Resort

STORICO · ROMANTICO Pernottare in un antico convento circondati dal silenzio, in camere eleganti e d'atmosfera, con un piccolo centro benessere dove coccolarsi...Sembra un sogno, ma non lo è!

14 cam – †97/117 € ††147/177 € – 3 suites

via Cappuccini 54, Nord: 1,5 km – ✆ 030 715 7254 – www.cappuccini.it

Cappuccini Cucina San Francesco – Vedere selezione ristoranti

COLOMBARE DI SIRMIONE Brescia → Vedere Sirmione

COLOMBARO Brescia → Vedere Corte Franca

COLONNATA Massa-Carrara → Vedere Carrara

COLORETO Parma → Vedere Parma

COLORNO

Parma – ✉ 43052 – 8 991 ab. – Alt. 29 m – Carta regionale n° **5**-B1
Roma 466 km – Parma 16 km – Bologna 104 km – Brescia 79 km
Carta stradale Michelin 562-H13

a Vedole Sud-Ovest : 2 km ✉ 43052 – Colorno

Al Vedel

CUCINA EMILIANA · AMBIENTE CLASSICO XX Tempio della produzione del culatello, che troverete nei piatti, ma anche nelle cantine di stagionatura di cui vi suggeriamo la visita, al celebre salume si aggiungono i piatti parmensi - giustamente rinomate le paste ripiene - e altre proposte più fantasiose. Di storia secolare, oggi Al Vedel è un elegante ristorante giunto alla sesta generazione.

Menu 35/45 € – Carta 28/70 €

via Vedole 68 – ✆ 0521 816169 – www.alvedel.it – Chiuso 24 dicembre-5 gennaio, agosto, lunedì e martedì

COL SAN MARTINO Treviso → Vedere Farra di Soligo

COLTODINO Rieti → Vedere Fara in Sabina

COMACCHIO

Ferrara – ✉ 44022 – 22 566 ab. – Carta regionale n° **5**-D2
Roma 419 km – Ravenna 37 km – Bologna 93 km – Ferrara 53 km
Carta stradale Michelin 562-H18

La Barcaccia

PESCE E FRUTTI DI MARE • ACCOGLIENTE XX Fiancheggia il duomo ed è un ristorante semplice e familiare che propone con successo i classici di pesce dell'Adriatico. Le cotture sulla griglia di carbone di legno sono la specialità della casa.

Menu 25 € (pranzo in settimana)/52 € - Carta 30/83 €

piazza XX Settembre 41 - ☎ 0533 311081 - www.trattorialabarcaccia.com - Chiuso 15 giorni in gennaio, 15 giorni in novembre e lunedì

Locanda La Comacina

FAMILIARE • ACCOGLIENTE Nel cuore del centro storico, camere confortevoli ed accoglienti in una graziosa locanda sul canale Maggiore, a due passi dalla torre dell'Orologio. Nel periodo estivo: servizio-navetta gratuito (in barca, su una piccola batana tradizionale) dal parcheggio dei Trepponti all'albergo. Pesce e grigliate di qualità nel rinomato ristorante.

14 cam - 50/70 € 85/120 €

Via E. Fogli 17/19 - ☎ 0533 311547 - www.locandalacomacina.it - Chiuso 15 giorni in gennaio e 15 giorni in novembre

B&B Al Ponticello

FAMILIARE • ELEGANTE Lungo un romantico canale del centro sul quale si affacciano quasi tutte le camere, è una sistemazione elegante e piacevolmente decorata. Il titolare, guida ambientale, vi porterà alla scoperta degli uccelli del parco.

8 cam - 55/130 € 75/130 €

via Cavour 39 - ☎ 0533 314080 - www.alponticello.it

a Porto Garibaldi Est : 5 km ✉ 44029

Da Pericle

PESCE E FRUTTI DI MARE • ACCOGLIENTE XX Non esitate a prendere posto nella panoramica terrazza al primo piano per restare ammaliati dalla vista. La cucina predilige il pesce, servito in abbondanti porzioni.

Menu 50 € - Carta 31/96 €

via dei Mille 203 - ☎ 0533 327314 - www.ristorantepericle.it - Chiuso 5-11 novembre e lunedì

a Lido degli Estensi Sud-Est : 7 km ✉ 44024

Logonovo

FAMILIARE • ACCOGLIENTE In zona residenziale, a poca distanza dal mare, l'indirizzo è adatto tanto ai vacanzieri, quanto alla clientela di lavoro. Particolarmente confortevoli le camere al quinto piano, ampie e arredate con gusto.

45 cam - 60/80 € 85/150 €

viale delle Querce 109 - ☎ 0533 327520 - www.hotellogonovo.com

COMANO TERME

Trento - ✉ 38070 - Ponte Arche - Alt. 395 m - Carta regionale n° **19**-B3

Roma 586 km - Trento 24 km - Brescia 103 km - Verona 106 km

Carta stradale Michelin 562-D14

a Ponte Arche ✉ 38077 - Alt. 400 m

Grand Hotel Terme di Comano

PALACE • MINIMALISTA Circondata dalla tranquillità del Parco delle Terme, interni spaziosi e di design per questa struttura, leader per la cura della pelle ed ottimo centro termale. Dal ristorante una splendida vista sul parco e nel piatto cucina nazionale.

80 cam - 50/207 € 80/374 € - 2 suites

- ☎ 0465 701421 - www.ghtcomano.it - Aperto 7 dicembre-8 gennaio e 1° aprile-5 novembre

Comano Cattoni Holiday

TRADIZIONALE • CLASSICO Hotel tradizionale a conduzione diretta che saprà coinvolgervi in svariate attività sia gastronomiche che escursionistiche. Ideale per vacanze in relax, dispone di camere di taglio classico.

73 cam ☕ - † 46/80 € †† 124/194 €

via Battisti 19 - ✆ 0465 701442 - www.comanocattoniholiday.it - Aperto 5 dicembre-16 gennaio e 1° aprile-31 ottobre

a Campo Lomaso ✉ 38070 - Lomaso - Alt. 492 m

Villa di Campo

STORICO • PERSONALIZZATO Un edificio ottocentesco sapientemente ristrutturato ospita questa bella dimora d'epoca immersa in un grande parco: camere di diverse tipologie e centro benessere per trattamenti olistici. Nell'elegante sala ristorante, atmosfere d'altri tempi e prodotti biologici legati ai colori ed ai sapori delle stagioni.

21 cam ☕ - † 60/120 € †† 110/190 €

frazione Campo Lomaso 40 - ✆ 0465 700072 - www.villadicampo.it - Chiuso febbraio-marzo e novembre

COMELICO SUPERIORE

Belluno - ✉ 32040 - 2 634 ab. - Alt. 1 210 m - Carta regionale n° **23**-C1

▶ Roma 678 km - Cortina d'Ampezzo 52 km - Belluno 77 km - Dobbiaco 32 km

Carta stradale Michelin 562-C19

a Padola Nord-Ovest : 4 km ✉ 32040

La Torre

TRADIZIONALE • MODERNO Struttura di concezione del tutto moderna: colori chiari, grandi vetrate e, di conseguenza, tanta luce caratterizzano ogni suo settore, anche il centro benessere.

18 cam ☕ - † 75/113 € †† 110/176 €

via Milano 2 A - ✆ 0435 470160 - www.hotelspalatorre.com - Chiuso 8 giorni in maggio e 20 giorni in novembre

COMMEZZADURA

Trento - ✉ 38020 - 903 ab. - Alt. 852 m - Carta regionale n° **19**-B2

▶ Roma 648 km - Bolzano 89 km - Passo del Tonale 25 km - Trento 62 km

Carta stradale Michelin 562-D14

Tevini

TRADIZIONALE • ACCOGLIENTE In Val di Sole, un soggiorno di sicuro confort in un albergo curato; spazi comuni rifiniti in legno e gradevole centro benessere; suggestiva la camera nella torretta. Boiserie e tende di pizzo alle finestre, affacciate sul verde, nella sala ristorante.

55 cam ☕ - † 55/160 € †† 110/400 € - 4 suites

località Almazzago - ✆ 0463 974985 - www.hoteltevini.com - Aperto 8 dicembre-15 aprile e 1° giugno-15 ottobre

COMO

(CO) - ✉ 22100 - 84 495 ab. - Alt. 201 m - Carta regionale n° **10**-A1

▶ Roma 625 km - Bergamo 56 km - Milano 48 km - Monza 42 km

Carta stradale Michelin 561-E9

I Tigli in Theoria

CUCINA MODERNA • ELEGANTE XXX Nell'affascinante palazzo vescovile in centro città, I Tigli si è unito a Theoria. Il risultato? Arte, storia e piatti gourmet per un'esperienza a tutto tondo!

➜ Sfumature di mare. Risotto, ragù di coniglio, bouquet di verdure. Triglia di scoglio, battuta di biete, limone candito, fondo di cacciucco.

Menu 130 € - Carta 77/114 €

Pianta: A1-a - *via Bianchi Giovini 41 - ✆ 031 301334 - www.theoriagallery.it - Chiuso 2 settimane in novembre*

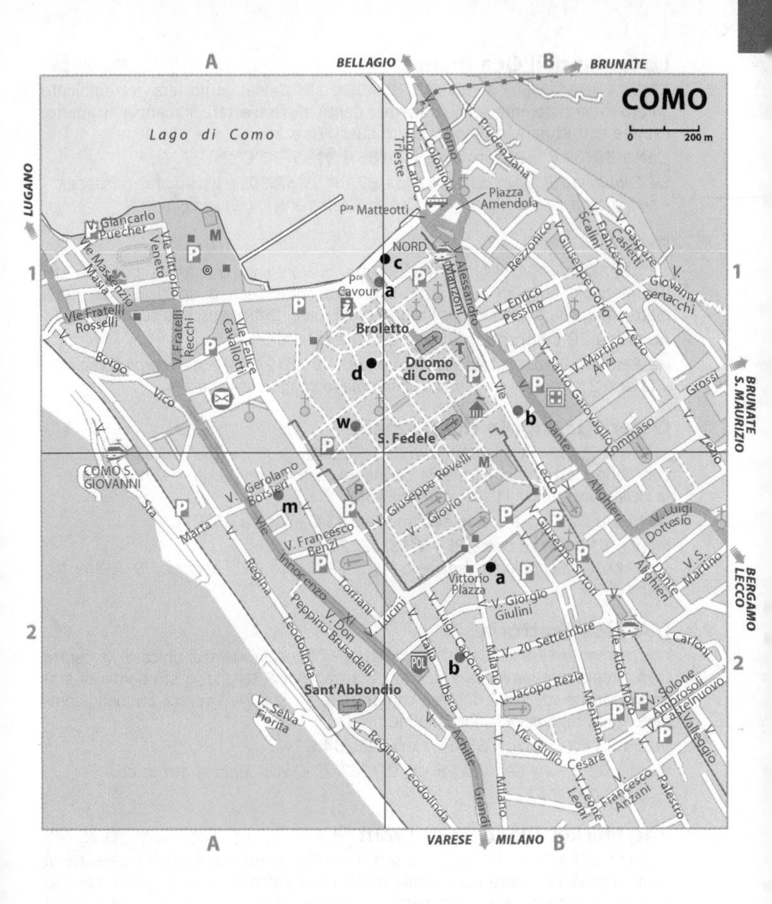

La Colombetta

CUCINA SARDA • ELEGANTE XXX Fedeli alle proprie origini, le tre sorelle titolari preparano, su prenotazione, piatti sardi che, con quelli di pesce, sono le specialità del loro elegante locale.

Carta 58/131 €

Pianta: A1-w – *via Diaz 40 – ✆ 031 262703 – www.colombetta.it – Chiuso 15-31 gennaio e domenica*

Navedano

CUCINA CLASSICA • CONTESTO CONTEMPORANEO XX A pochi minuti dal centro di Como, il nome deriva da un ufficiale garibaldino che decise di ritirarsi nei dintorni. Immerso in un tripudio di fiori - aristocratiche orchidee, autentica passione del proprietario - il ristorante propone con disinvoltura carne e pesce, ma tra tante gustose specialità una merita il premio fedeltà: il pollo alla creta! L'argilla è recuperata nel bosco attiguo al locale.

Carta 68/123 €

via Velzi, 1,5 km per Bergamo - B2 – ✆ 031 308080 – www.ristorantenavedano.it – Chiuso gennaio, mercoledì a mezzogiorno e martedì

Locanda dell'Oca Bianca 

CUCINA ITALIANA • AMBIENTE CLASSICO XX Calda atmosfera e ambiente curato in un ristorante sulla strada per Cantù, dove d'estate si mangia all'aperto; camere ristrutturate, ottimo rapporto qualità/prezzo.

Carta 35/67 € 21 cam ☕ - 🚹45/65 € 🚹🚹65/90 €

via Canturina 251, 5 km per Bergamo - B2 - ✆ 031 525605 - www.hotelocabianca.it - solo a cena escluso domenica - Chiuso 3 settimane in gennaio e lunedì

Er Più

CUCINA CLASSICA • FAMILIARE XX Oltre quarant'anni di attività per uno dei ristoranti più popolari della città: impressionante scelta di specialità, dai primi piatti alle carni, passando per i prodotti del mare. Difficile uscirne scontenti.

Menu 20 € (pranzo)/65 € - Carta 32/70 €

via Pastrengo 1, per via Achille Grandi - B2 - ✆ 031 272154 - www.erpiucomo.com - Chiuso 2 settimane in gennaio, 2 settimane in agosto e martedì

Osteria L'Angolo del Silenzio

CUCINA CLASSICA • ACCOGLIENTE XX Esperta gestione per un locale classico, con dehors estivo nel cortile; la cucina, di matrice lombarda, è senza fronzoli e fa della concretezza la sua arma vincente.

Menu 22 € (pranzo in settimana)/43 € - Carta 35/61 €

Pianta: B1-b - *viale Lecco 25 - ✆ 031 337 2157 - www.osterialangolodelsilenzio-como.com - Chiuso 10-17 gennaio, 10-24 agosto e lunedì*

L'Antica Trattoria

CUCINA MEDITERRANEA • DI QUARTIERE XX Locale storico ubicato in centro città: ampia sala luminosa e ricette della tradizione italiana, gastronomia di stagione nonché specialità di carne con braciere a vista. Per i celiaci, un menu completo con preparazioni senza glutine.

Menu 28 € (pranzo)/65 € - Carta 35/64 €

Pianta: B2-b - *via Cadorna 26 - ✆ 031 242777 - www.lanticatrattoria.co.it - Chiuso domenica*

The Market Place Restaurant (N)

CUCINA CREATIVA • BISTRÒ X La sala è in stile bistrot con scaffali e cassette in legno a rendere ancora più friendly e conviviale l'ambiente. La cucina si basa su ingredienti semplici, ma selezionati con estrema cura ogni giorno: il cliente potrà infatti optare tra il menu degustazione classico o quello gourmet. Oppure scegliere tra le specialità à la carte in base al proprio appetito, nonché budget.

Menu 45/65 € - Carta 42/76 €

Pianta: A2-m - *via Borsieri 21/a - ✆ 031 270712 (consigliata la prenotazione) - www.themarketplace.it - Chiuso 7-15 gennaio, 15 giorni in agosto, lunedì a mezzogiorno e domenica*

Namaste

CUCINA INDIANA • SEMPLICE X La semplicità di un'autentica ambientazione indiana, senza orpelli folcloristici, per provare specialità etniche che vengono da molto lontano: un'alternativa esotica.

Menu 10 € (pranzo in settimana)/26 € - Carta 19/42 €

piazza San Rocco 8, per via Achille Grandi - B2 - ✆ 031 261642 - www.ristorante-namaste.it - Chiuso lunedì

La guida vive con voi: raccontateci le vostre esperienze.
Comunicateci le vostre scoperte più piacevoli e le vostre delusioni.
Buone o cattive sorprese? Scriveteci!

Sheraton Lake Como Hotel

HOTEL DI CATENA • MODERNO La moderna efficienza delle installazioni si coniuga con la raffinatezza degli interni in una struttura - completamente ristrutturata - che dispone di superbe camere e di un attrezzato centro congressi. Nell'incantevole parco è incastonata come un'acquamarina la piscina, con area riscaldata ed idromassaggio. Proposte dai sapori italiani al ristorante Gusto; churrascheria e pizzeria nell'informale dehors del Kincho.

137 cam - †136/487 € ††136/487 € - ☕ 18 €

via per Cernobbio 41/a, 2,5 km per Lugano A1 - ✆ 031 5161 - www.sheratonlakecomo.com - Chiuso vacanze di Natale

Terminus

DIMORA STORICA • PERSONALIZZATO Prestigioso palazzo in stile liberty dagli interni personalizzati ed eleganti, per un soggiorno esclusivo in riva al lago: meravigliosa la penthouse all'ultimo piano di 300 metri quadrati! Calda ambientazione d'epoca nella raccolta saletta del caffè-ristorante.

46 cam ☕ - †150/250 € ††200/350 € - 4 suites

Pianta: AB1-c - *lungo Lario Trieste 14 - ✆ 031 329111 - www.albergoterminus.it*

Villa Flori

LUSSO • BORDO LAGO In splendida posizione panoramica, una bella struttura rinnovata di recente con camere minimaliste, ma chic, come moda impone. Cucina contemporanea nel luminoso ristorante dotato di romantica terrazza affacciata sul lago.

53 cam ☕ - †157/417 € ††207/527 €

via per Cernobbio 12, 2 km per Lugano - A1 - ✆ 031 33820 - www.hotelvillaflori.com - Aperto 11 marzo-12 novembre

Le Due Corti

TRADIZIONALE • PERSONALIZZATO Magistrale, raffinato connubio di vecchio e nuovo in un hotel elegante ricavato in un'antica stazione di posta; mobili d'epoca nelle camere, con pareti in pietra a vista. Ristorante di sobria eleganza con arredi in stile.

63 cam ☕ - †90/140 € ††138/200 € - 2 suites

Pianta: B2-a - *piazza Vittoria 12/13 - ✆ 031 328111 - www.hotelduecorti.it - Chiuso 15 dicembre-15 gennaio*

Tre Re

FAMILIARE • ACCOGLIENTE Potenziato e rinnovato in anni recenti, è un albergo confortevole, a conduzione familiare, che dispone di comodo parcheggio custodito; arredi moderni nelle stanze. Sale da pranzo con elementi (colonne e pitture murali) di un'antica struttura conventuale.

47 cam ☕ - †85/120 € ††120/180 € - 1 suite

Pianta: A1-d - *via Boldoni 20 - ✆ 031 265374 - www.hoteltrere.com - Chiuso 18 dicembre-10 gennaio*

COMO (Lago di) o LARIO Como

CONCA DEI MARINI

Salerno - ✉ 84010 - 696 ab. - Carta regionale n° **4**-B2

▶ Roma 272 km - Napoli 58 km - Amalfi 5 km - Salerno 30 km

Carta stradale Michelin 564-F25

Monastero Santa Rosa Hotel & Spa

DIMORA STORICA • GRAN LUSSO In un ex monastero del XVII sec, le raffinate camere non hanno più nulla a che vedere con la spartana ospitalità di un tempo, se non per le porticine d'accesso che le caratterizzano. Arroccato sulla scogliera, alla bellezza del panorama fanno eco terrazze fiorite, angoli relax e una bellissima piscina a sbalzo le cui linee si confondono armoniosamente con il mare.

12 cam ☕ - †400/890 € ††400/890 € - 8 suites

via Roma 2 - ✆ 089 832 1199 - www.monasterosantarosa.com - Aperto 22 aprile-30 ottobre

Le Terrazze

FAMILIARE • ACCOGLIENTE A picco sul mare, quasi aggrappato alla roccia, l'hotel dispone di una terrazza panoramica mozzafiato ed ampie camere dalle tonalità pastello.

27 cam - 70/399 € 70/999 €

via Smeraldo 11 - 089 831290 - www.hotelleterrazze.it - Aperto 23 aprile-9 ottobre

CONCA VERDE Olbia-Tempio (OT) → Vedere Santa Teresa Gallura

CONCESIO

Brescia - 25062 - 15 465 ab. - Alt. 216 m - Carta regionale n° **9**-C1

Roma 544 km - Brescia 10 km - Bergamo 50 km - Milano 91 km

Carta stradale Michelin 561-F12

Miramonti l'Altro (Philippe Léveillé)

CUCINA MODERNA • ELEGANTE Elegante villa in zona periferica, l'ospitalità dei titolari è celebrata quanto la cucina: spunti bresciani e lacustri, divagazioni marine, ispirazioni francesi.

→ Chitarra di pasta fresca al tè nero affumicato e aglio fermentato. "Cubismo" di lingua salmistrata, salsa verde e verdure in agrodolce. Gelato alla crema Miramonti.

Menu 45 € (pranzo in settimana)/135 € - Carta 77/152 €

via Crosette 34, località Costorio - 030 275 1063 - www.miramontilaltro.it - Chiuso 1 settimana a Ferragosto e lunedì

CONCO

Vicenza - 36062 - 2 158 ab. - Alt. 830 m - Carta regionale n° **23**-B2

Roma 556 km - Padova 72 km - Vicenza 40 km - Trento 64 km

Carta stradale Michelin 562-E16

La Bocchetta

CUCINA REGIONALE • RUSTICO Specialità tipicamente locali, con un'ampia scelta di vini anche pregiati, in una sala dallo stile smaccatamente altoatesino.

Carta 26/51 €

Hotel La Bocchetta, sulla strada per Asiago località Bocchetta 6, Nord : 5 km - 0424 700024 - www.labocchetta.it - Chiuso lunedì e martedì escluso in luglio-agosto

La Bocchetta

TRADIZIONALE • STILE MONTANO Sono in stile tirolese, sia la struttura, sia i caldi interni di questo albergo, dove troverete graziose camere personalizzate con boiserie e tessuti a motivi floreali. Appartamenti familiari in nuova dépendance.

13 suites - 120/145 € - 8 cam

sulla strada per Asiago località Bocchetta 6, Nord : 5 km - 0424 700024 - www.labocchetta.it

La Bocchetta - Vedere selezione ristoranti

CONDINO

Trento - 38083 - 1 489 ab. - Alt. 444 m - Carta regionale n° **19**-A3

Roma 610 km - Brescia 79 km - Bolzano 119 km - Trento 64 km

Carta stradale Michelin 562-E13

Da Rita

FAMILIARE • FUNZIONALE Nella zona industriale della località, l'albergo ne rappresenta la nota più colorata, come gli interni: moderni e variopinti. Valido indirizzo per una clientela, soprattutto, commerciale.

16 cam - 48 € 86 € - 2 suites

via Roma 140 - 0465 621225 - www.hoteldarita.it - Chiuso 20-31 agosto

CONEGLIANO

Treviso - 31015 - 34 891 ab. - Alt. 72 m - Carta regionale n° **23**-C2

Roma 574 km - Belluno 47 km - Venezia 64 km - Treviso 33 km

Carta stradale Michelin 562-E18

Città di Venezia

PESCE E FRUTTI DI MARE • FAMILIARE Nel salotto cittadino, raffinata atmosfera veneziana nelle sale interne o più fresca nel dehors estivo, ma in entrambi le situazioni - a farla da padrona - un'appetitosa scelta di piatti di pesce. Identiche proposte gastronomiche nella piccola osteria annessa, dove non di rado si propongono anche i classici "cicchetti".

Carta 27/72 €

via 20 Settembre 77/79 - 0438 23186 - www.trattoriacittadivenezia.it - Chiuso 15-25 agosto e lunedì

Relais le Betulle

BUSINESS • ACCOGLIENTE E' sicuramente una bella risorsa questo albergo in collina e vicino al castello con camere dal design moderno, nonché bellissima piscina a sfioro. Nella piacevole Tea Room viene servita la prima colazione, mentre il ristorante evoca il nome di colei che lo gestisce, Enrica Miron: cucina a base di prodotti tipici.

39 cam - 90/150 € 110/150 €

via Costa Alta 56, Nord-Ovest: 2,5 km - 0438 21001 - www.relaislebetulle.it

Canon d'Oro

BUSINESS • CLASSICO Hotel del centro storico ospitato in un edificio del '500 con loggia ed affreschi originali sulla facciata; le camere assicurano un buon standard di confort. Adiacente c'è il ristorante InContrada, per una cucina classica sia di terra sia di mare.

46 cam - 80/155 € 85/189 € - 1 suite - 1 €

via 20 Settembre 131 - 0438 34246 - www.hotelcanondoro.it

CONERO (Monte) Ancona → Vedere Sirolo

CONVENTO → Vedere nome proprio del convento

CONVERSANO

Bari - 70014 - 26 150 ab. - Alt. 219 m - Carta regionale n° **15**-C2

Roma 440 km - Bari 31 km - Brindisi 87 km - Matera 68 km

Carta stradale Michelin 564-E33

Pashà (Maria Cicorella)

CUCINA MODERNA • CONTESTO STORICO Trasferimento di questo illustre ristorante dalla storica sede in cui nacque diciott'anni fa, piazza Castello, alla nuova location all'interno di uno dei palazzi storicamente più importanti nel patrimonio monumentale della città: il Seminario Vescovile. L'architettura austera e maestosa dell'edificio cede il passo ad interni di contemporanea eleganza, mentre la cucina rimane invariata: saldamente ancorata a basi regionali si concede giusto, qua e là, il vezzo della modernità.

→ Orecchiette con ragù di coniglio, verdure, caciocavallo e tartufo nero. Pollo alla diavola rivisitato. Assoluto di mandorla.

Menu 70/130 € - Carta 57/116 €

via Morgantini 2 - 080 495 1079 (consigliata la prenotazione) - www.ristorantepasha.com

Corte Altavilla

STORICO • ELEGANTE Più di mille anni di storia, nel centro storico di Conversano, tra i vicoli medievali che accolgono camere, appartamenti e suite di notevole fascino. Al terzo piano, la suggestiva vista proposta dal ristorante panoramico si arricchisce di magia, la sera.

31 cam - 69/109 € 79/249 € - 5 suites

vico Altavilla 8 - 080 495 9668 - www.cortealtavilla.it

Agriturismo Montepaolo

LOCANDA • STORICO Tra ulivi e macchia mediterranea, una dimora cinquecentesca - meticolosamente restaurata - con diversi arredi e pavimenti d'epoca. A 200 m, la Torre del Brigante dispone di appartamenti per 4 persone ciascuno (affitto settimanale). Piatti regionali nella sala ristorante, un tempo utilizzata per la vinificazione.

12 cam - 52/95 € 75/130 €

contrada Montepaolo 2, Nord-Est: 4 km - 080 495 5087 - www.montepaolo.it

CORATO

Bari - 70033 - 48 312 ab. - Alt. 232 m - Carta regionale n° **15**-B2

Roma 414 km - Bari 44 km - Barletta 27 km - Foggia 97 km

Carta stradale Michelin 564-D31

Nicotel Sport Hotel Corato

BUSINESS • DESIGN Recente realizzazione frutto di design moderno, lineare ed essenziale, particolarmente adatta ad una clientela sportiva o d'affari, tra centro benessere e business rooms. Analoga atmosfera al ristorante: nessun orpello e cucina protagonista.

76 cam - 50/65 € 70/90 €

via Gravina s.n - 080 359 1151 - www.nicotelhotels.com/corato

CORIANO VERONESE Verona → Vedere Albaredo d'Adige

CORLO Modena → Vedere Formigine

CORMONS

Gorizia - 34071 - 7 414 ab. - Alt. 56 m - Carta regionale n° **6**-C2

Roma 645 km - Udine 30 km - Gorizia 15 km - Trieste 54 km

Carta stradale Michelin 562-E22

Al Cacciatore-della Subida

CUCINA REGIONALE • ROMANTICO XX In ambiente bucolico, ma al tempo stesso elegante, tradizione regionale ed innovazione si fondono in una ricerca gastronomica che ricorda il passato... guardando già al futuro. A 100 metri, le belle camere "perse" nella natura e la versione easy di ristorazione: l'osteria!

→ Zlikrofi (ravioli di patate e pancetta). Stinco di vitello. Strudel di mele.

Menu 52 € - Carta 54/70 €   17 cam - 90/140 € 140/180 € - 12 €

via Subida 52, Nord-Est: 2 km - 0481 60531 - www.lasubida.it - solo a cena escluso sabato e domenica - Chiuso 20 giorni in febbraio, martedì e mercoledì

CORNAIANO GIRLAN Bolzano → Vedere Appiano sulla Strada del Vino

CORNAREDO

Milano - 20010 - 20 459 ab. - Alt. 140 m - Carta regionale n° **10**-A2

Roma 584 km - Milano 17 km - Bergamo 56 km - Brescia 102 km

Carta stradale Michelin 561-F9

a San Pietro all'Olmo Sud-Ovest : 2 km 20010

D'O (Davide Oldani)

CUCINA CREATIVA • DESIGN XX Si è spostato di soli 100 metri rispetto alla sede storica inaugurata nel 2003, ma ha fatto più di 100 passi avanti in termini di confort questa nuova location di Davide Oldani: ambiente di design con amplissime finestre che si affacciano sulla gradevole piazza. La cucina "pop" prosegue con ulteriori slanci innovativi nel difficile compito di contenere nella stessa formula qualità del cibo e prezzi.

→ Finocchietto, pistacchio secco, trippetta e riso. Cotto e crudo, croccante e morbido, acido e basico: pomodoro. Royale di erbette, uovo di quaglia e polvere di pancetta affumicata.

Menu 35/75 € - Carta 38/51 €

piazza della Chiesa 14 20010 Cornaredo - 06 936 2209 (prenotazione obbligatoria) - www.cucinapop.do - Chiuso 23 dicembre-8 gennaio, 15 luglio-2 settembre, domenica e lunedì

CORNIGLIANO LIGURE Genova → Vedere Genova

Genova → Vedere Genova

CORONA Gorizia → Vedere Mariano del Friuli

CORPO DI CAVA Salerno → Vedere Cava de' Tirreni

CORREGGIO

Reggio nell'Emilia - ✉ 42015 - 25 897 ab. - Alt. 31 m - Carta regionale n° **5**-B2
Roma 430 km - Bologna 73 km - Reggio nell'Emilia 20 km - Modena 25 km
Carta stradale Michelin 562-H14

Dei Medaglioni

STORICO • CLASSICO Camere curate, fascino del passato con tutti i confort del presente, in due eleganti palazzi del centro storico. Nel cortile interno, il ristorante dai proverbiali piatti della tradizione emiliana.

51 cam - †58/137 € ††82/196 € - 3 suites

corso Mazzini 8 - 0522 632233 - www.albergodeimedaglioni.com - Chiuso 23 dicembre-9 gennaio e 3 settimane in agosto

CORRIDONIA

Macerata (MC) - ✉ 62014 - 15 430 ab. - Alt. 255 m - Carta regionale n° **11**-C2
Roma 261 km - Ancona 71 km - Ascoli Piceno 107 km - Macerata 10 km
Carta stradale Michelin 563-M22

San Claudio

CASA DI CAMPAGNA • TRADIZIONALE Adiacente un'abbazia del 1200, alla fine di un lungo viale di cipressi che ricorda la Toscana, una bella dimora contadina sapientemente ristrutturata con tipiche volte in mattoni e ambienti rustici. Seria gestione.

25 cam - †45/80 € ††60/130 € - 3 suites

frazione San Claudio 14, Nord-Est: 7 km - 0733 288144 - www.hotelsanclaudio.it

CORRUBBIO Verona → Vedere San Pietro in Cariano

CORSANICO Lucca → Vedere Massarosa

CORTACCIA SULLA STRADA DEL VINO KURTATSCH AN DER WEINSTRASSE

Bolzano - ✉ 39040 - 2 225 ab. - Alt. 333 m - Carta regionale n° **19**-D3
Roma 623 km - Bolzano 20 km - Trento 37 km
Carta stradale Michelin 562-D15

Schwarz Adler

CUCINA CLASSICA • CONTESTO TRADIZIONALE XX All'interno di un palazzo d'epoca, locale modaiolo dalla veste rustico-signorile diviso in più salette arredate in legno e al centro una grande griglia. Completa il delizioso quadretto l'originale cantina a vista: per scegliere direttamente tra un'articolata varietà di etichette. Cucina prevalentemente altoatesina.

Carta 41/58 €

piazza Schweiggl 1 - 0471 096405 - www.schwarzadler.it - Chiuso martedì in luglio-agosto

Schwarz-Adler Turmhotel

TRADIZIONALE • CLASSICO Stilemi tradizionali con materiali moderni in questo hotel nel cuore del piccolo e pittoresco centro storico della località: ampie camere di particolare confort - molte con loggia o balcone - e un bel giardino con piscina.

23 cam - †85/95 € ††140/180 € - 1 suite

Kirchgasse 2 - 0471 096400 - www.turmhotel.it - Chiuso 22-28 dicembre

CORTE DE' CORTESI

Cremona – ✉ 26020 – 1 084 ab. – Alt. 60 m – Carta regionale n° **9**-C3
Roma 535 km – Brescia 42 km – Piacenza 47 km – Cremona 16 km
Carta stradale Michelin 561-G12

Il Gabbiano

CUCINA LOMBARDA • FAMILIARE XX Affacciata sulla piazza centrale, la ricerca dei prodotti di nicchia è un punto d'orgoglio di questa trattoria familiare con enoteca, insieme alle specialità del territorio, come i salumi o la coscia d'oca. E la star de menu? La faraona di nonna Giusy con mostarda casalinga!

Menu 25/35 € – Carta 25/50 €

piazza Vittorio Veneto 10 – ✆ 0372 95108 – www.trattoriailgabbiano.it – Chiuso 1°-10 gennaio, mercoledì sera e giovedì

CORTE FRANCA

Brescia – ✉ 25040 – 5 952 ab. – Alt. 214 m – Carta regionale n° **10**-D1
Roma 576 km – Bergamo 32 km – Brescia 28 km – Milano 76 km
Carta stradale Michelin 562-F11

a Borgonato Sud : 3 km ✉ 25040

Due Colombe (Stefano Cerveni)

CUCINA REGIONALE • ELEGANTE XXX Un borgo millenario custodisce la preziosa cucina del ristorante che non rinuncia, al pari delle antiche mura, a citazioni storiche di piatti divenuti ormai irrinunciabili classici. Pesce e carne in accostamenti spesso originali e sempre creativi.

→ Tagliatelle al coltello con ragù di coniglio "12 ore", olio al rosmarino e parmigiano croccante. Il manzo all'olio delle Due Colombe con polenta. Semifreddo al miele, nocciole caramellate ed olio extravergine del Sebino.

Menu 38 € (pranzo in settimana)/85 € – Carta 60/112 €

via Foresti 13 – ✆ 030 982 8227 (consigliata la prenotazione) – www.duecolombe.com – Chiuso 1°-10 gennaio, 2 settimane in agosto, domenica sera e lunedì, anche domenica a mezzogiorno in luglio-agosto

CORTERANZO Alessandria → Vedere Murisengo

CI PIACE...

El Camineto con il suo splendido dehors che regala panorami unici sulle Dolomiti. La mondanità del Vip Club dell'hotel ***Europa*** per cene ed after in stile Dolce Vita. Il doppio volto di ***Baita Fraina***, vivace a pranzo con gli sciatori, romantico la sera grazie alla sua atmosfera fiabesca.

CORTINA D'AMPEZZO

(BL) - ✉ 32043 - 5 907 ab. - Alt. 1 211 m - Carta regionale n° **23**-C1
Roma 670 km - Belluno 70 km - Bolzano 132 km - Bressanone 93 km
Carta stradale Michelin 562-C18

Ristoranti

✿ Tivoli (Graziano Prest)

CUCINA MODERNA • CHIC XX Lungo la strada per passo Falzarego, in una bella casa alpina fuori dal centro, lo chef patron dimostra di trovarsi a proprio agio con la tradizione, così come con piatti più creativi ed insoliti. Ambiente intimo e raccolto.

→ Gnocchi di patate ripieni di baccalà liquido con cantarelli e polvere di capperi. Piccione cotto in olio aromatico, coscia confit, foie gras e crema di sedano rapa. Carosello di cioccolati.

Menu 85/110 € - Carta 75/144 €

località Lacedel 34, 2 km per Passo Pordoi - A2 - ✆ 0436 866400 (consigliata la prenotazione) - www.ristorantetivolicortina.it - Aperto 1° dicembre-Pasqua e 16 giugno-24 settembre; chiuso lunedì escluso agosto e vacanze di Natale, anche martedì a mezzogiorno in bassa stagione

¶O Il Gazebo

CUCINA CLASSICA • LUSSO XXXX Una sala circolare tutta vetrate sulle montagne della conca ed una cucina a metà tra classico ed internazionale per la clientela raffinata che frequenta la perla delle Dolomiti.

Menu 70/80 € - Carta 55/110 €

Pianta: B3-a - *Cristallo Hotel Spa & Golf, via Rinaldo Menardi 42 - ✆ 0436 881111 - www.cristallo.it - Aperto 16 dicembre-31 marzo e 1° giugno-8 ottobre*

¶O Baita Fraina

REGIONALE • RUSTICO XX Tre accoglienti salette arredate con oggetti e ricordi tramandati da generazioni in una tipica baita, dove gustare curati piatti del territorio accompagnati da una fornita cantina. E per intrattenersi più a lungo nel silenzio e nel profumo dei monti, deliziose camere in calde tonalità di colore.

Carta 43/70 € 5 cam ☕ - †45/100 € ††90/160 € - 3 suites

località Fraina, 2 km per Campo di Sotto - B3 - ✆ 0436 3634 - www.baitafraina.it - Aperto 6 dicembre-29 aprile e 16 giugno-29 settembre; chiuso lunedì in bassa stagione

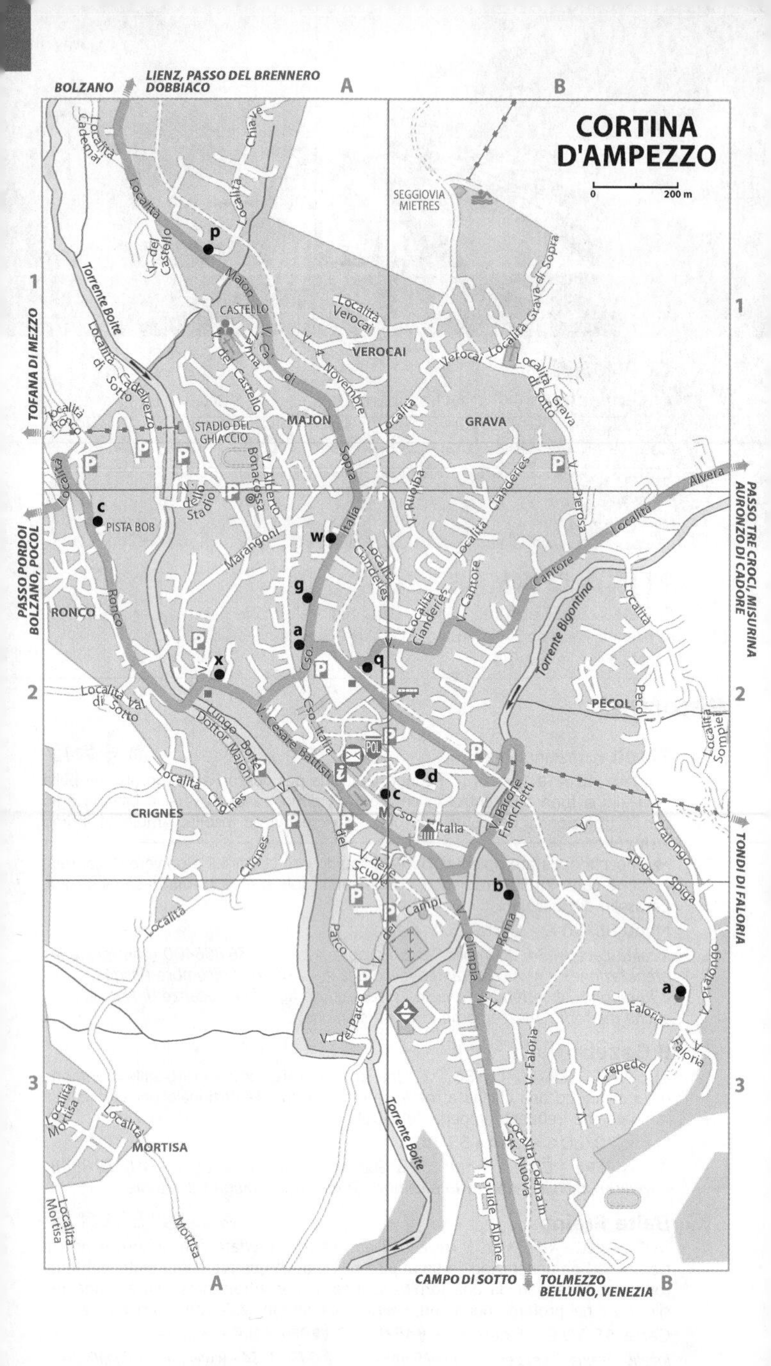

CORTINA D'AMPEZZO
0
200 m
BOLZANO
LIENZ, PASSO DEL BRENNERO
DOBBIACO
TOFANA DI MEZZO
PASSO PORDOI
BOLZANO, POCOL
PASSO TRE CROCI, MISURINA
AURONZO DI CADORE
TONDI DI FALORIA
CAMPO DI SOTTO
TOLMEZZO
BELLUNO, VENEZIA
SEGGIOVIA MIETRES
CASTELLO
VEROCAI
MAJON
GRAVA
STADIO DEL GHIACCIO
PISTA BOB
RONCO
PECOL
CRIGNES
MORTISA
Torrente Boite
Torrente Bigontina

Al Camin

CUCINA REGIONALE • ALLA MODA XX Sulla strada per il lago di Misurina, accogliente locale dal moderno stile alpino: piatti legati al territorio con piccole rivisitazioni e nella bella stagione approfittate del servizio all'aperto.

Carta 36/71 €

Località Alverà 99, 1,5 Km per Misurina - B1 - 0436 862010 (coperti limitati, prenotare) - www.ristorantealcamin.it - Chiuso 3 settimane in giugno, 20 settembre-20 ottobre, mercoledì in bassa stagione

El Camineto

REGIONALE • ELEGANTE XX Il menu propone un'ampia scelta con un corretto mix fra tradizione e fantasia. Oltre alla buona cucina, si segnala la proverbiale vista da godersi appieno - nella bella stagione - ai tavoli all'aperto.

Carta 34/73 €

località Rumerlo 1, 6 km per Passo Pordoi - A2 - 0436 4432 - www.ilmeloncino.it - Chiuso 1° maggio-30 giugno e martedì; in ottobre-novembre aperto solo nei fine settimana

Baita Piè Tofana

CUCINA MODERNA • RUSTICO X Alle pendici del Tofana, raggiungibile anche dalle piste, questa caratteristica e romantica baita propone accattivanti piatti che spaziano tra terra e mare, in chiave moderna.

Carta 42/82 €

località Rumerlo, 6,5 km per Passo Pordoi - A2 - 0436 4258 (coperti limitati, prenotare) - www.baitapietofana.it - Aperto 1° luglio-15 settembre e 1° dicembre-Pasqua; chiuso mercoledì in bassa stagione

Alberghi

Cristallo Hotel Spa & Golf

GRAN LUSSO • PERSONALIZZATO Marmo di Carrara, boiserie e migliaia di rose dipinte a mano sono solo alcune delle ricercatezze che fanno del Cristallo la quintessenza del lusso e il tempio de l'art de vivre. Ma qui troverete anche ampie camere e un moderno centro benessere, nonché molte scelte disponibili per la ristorazione, che vanno dalla Veranda del Cristallo alla Stube, senza tralasciare il gourmet Gazebo.

52 cam - †300/580 € ††300/770 € - 22 suites

Pianta: B3-a - *via Rinaldo Menardi 42 - 0436 881111 - www.cristallo.it - Aperto 16 dicembre-31 marzo e 1° giugno-8 ottobre*

Il Gazebo - Vedere selezione ristoranti

Grand Hotel Savoia

GRAN LUSSO • DESIGN Un grand hotel in pieno centro che sfoggia una veste di moderno design e confort dell'ultima generazione. Belle camere dai toni caldi ed una spa che s'ispira ad un famoso guru del benessere; gradevole anche il salotto per fumatori. Cucina di tipo mediterraneo con qualche rivisitazione al ristorante.

130 cam - †150/950 € ††200/1500 € - 5 suites

Pianta: B3-b - *via Roma 62 - 0436 3201 - www.grandhotelsavoiacortina.it - Aperto 6 dicembre-31 marzo e 15 giugno-15 settembre*

Rosapetra Spa Resort

LUSSO • STILE MONTANO Rispettoso del legno e delle atmosfere locali, confort tecnologici ed impianti eco-sostenibili, l'hotel conquista anche chi è orientato verso un'accoglienza moderna e personalizzata; belle camere ed eccellente centro benessere per ritemprare corpo e mente. Essenza di lampone nella "corte" che accoglie i suoi ospiti con piatti dalle raffinate presentazioni.

27 cam - †180/950 € ††200/1200 € - 2 suites

località Zuel di Sopra 1, 2 km per Campo di Sotto - B3 - 0436 869062 - www.rosapetracortina.it

Park Hotel Faloria

TRADIZIONALE • STILE MONTANO Nasce dalla fusione di due chalet dei quali conserva il caratteristico stile montano e ai quali aggiunge eleganza, esclusività e un attrezzato centro benessere. Per un soggiorno di classe. La calda e raffinata atmosfera è riproposta nella sala da pranzo.

31 cam - 110/250 € 150/380 €

località Zuel di Sopra 46, 2,5 km per Campo di Sotto - B3 - 0436 2959 - www.parkhotelfaloria.it - Chiuso 1° ottobre-30 novembre

Bellevue Suites & Spa

TRADIZIONALE • STILE MONTANO In pieno centro, questo gioiello dall'accoglienza ampezzana dispone di ampie camere e, numerose, raffinate suite, arredate con eleganti stoffe e legni naturali. Come lascia intuire il nome, la struttura ospita anche una piacevole spa.

46 suites - solo ½ P 185/455 € - 20 cam

Pianta: A2-a - *corso Italia 197 - 0436 883400 - www.bellevuecortina.com - Aperto 1° dicembre-20 aprile e 19 giugno-6 settembre*

Europa

TRADIZIONALE • STORICO Vicino al centro, ma l'impressione è di trovarsi in una baita: legni grezzi, camino e arredi d'epoca per un caldo soggiorno anche in pieno inverno. Atmosfera rustica al Vip Club, buona cucina e - la notte - trasformazione in locale con musica dal vivo.

47 cam - solo ½ P 83/230 € - 1 suite

Pianta: A2-g - *corso Italia 207 - 0436 3221 - www.hoteleuropacortina.it - Aperto 19 dicembre-31 marzo e 10 giugno-30 settembre*

Franceschi Park Hotel

TRADIZIONALE • STILE MONTANO Spazi comuni curati e signorili, nonché un parco di 10.000 m2: puro stile alpino per questo bell'albergo centrale dalla sicura gestione familiare.

47 cam - 50/190 € 100/380 €

Pianta: A2-x - *via Cesare Battisti 86 - 0436 867041 - www.franceschiparkhotel.com - Aperto 2 dicembre-26 marzo e 1° giugno-24 settembre*

Menardi

TRADIZIONALE • STILE MONTANO Divenuta albergo negli anni '20, ma già esistente ad inizio Ottocento, questa casa di famiglia sfoggia pezzi d'antiquariato locale e religioso negli interni e mette a disposizione rilassanti distese nel giardino ombreggiato. Si affacciano sulla vegetazione esterna le vetrate della curata sala ristorante di tono rustico.

49 cam - 55/130 € 100/240 €

Pianta: A1-p - *via Majon 110 - 0436 2400 - www.hotelmenardi.it - Aperto 22 dicembre-26 marzo e 1° giugno-24 settembre*

Columbia

TRADIZIONALE • STILE MONTANO Sulla strada per il Falzarego, hotel a conduzione familiare con ampie e gradevoli camere arredate in legno naturale. Deliziosa prima colazione a buffet con torte fatte in casa.

24 cam - 55/80 € 74/154 € - 8 €

Pianta: A2-c - *via Ronco 75 - 0436 3607 - www.hcolumbia.it - Aperto 23 dicembre-8 aprile e 18 giugno-5 ottobre*

Ambra

TRADIZIONALE • ROMANTICO Il legno la fa da padrone con boiserie e soffitti a cassettoni in questa deliziosa casa ampezzana in pieno centro, dove non manca un pizzico di glamour e romanticismo voluti dalla locandiera stessa, sempre intenta ad apportare migliorie a questa sua piccola bomboniera.

24 cam - 150/700 € 170/700 €

Pianta: B2-d - *via XXIX Maggio 28 - 0436 867344 - www.hotelambracortina.it*

Cortina

TRADIZIONALE • STILE MONTANO Per chi non vuole perdersi proprio nulla della movida ampezzana, questo hotel in pieno centro offre ambienti in stile classico locale, un piccolo centro benessere ed una stupenda terrazza dove darsi appuntamento per un aperitivo. Al ristorante, vi attendono varie specialità della tradizione gastronomica italiana oltre che l'offerta del bar.

31 cam - †100/300 € ††120/400 € - 14 suites - ☕15 €

Pianta: A2-c - *corso Italia 92 - ✆0436 4221 - www.hotelcortina.com - Aperto 5 dicembre-31 marzo e 29 maggio-20 settembre*

Natale

TRADIZIONALE • STILE MONTANO A due passi dal centro della rinomata località, una confortevole casa di montagna con ampie camere rivestite in legno ed arredate con mobili realizzati da artigiani locali. Confortevole zona relax.

13 cam ☕ - †90/220 € ††90/330 €

Pianta: A2-w - *corso Italia 229 - ✆0436 861210 - www.hotelnatale.it - Chiuso maggio, ottobre e novembre*

Oasi

FAMILIARE • STILE MONTANO A pochi passi dalla zona pedonale e dalla funivia, questo piccolo e curato hotel racconta dagli anni Venti la storia della famiglia. Camere semplici dal piacevole arredo ligneo.

10 cam ☕ - †50/80 € ††80/140 €

Pianta: A2-q - *via Cantore 2 - ✆0436 862019 - www.hoteloasi.it - Chiuso 10-23 aprile e 24 settembre-28 ottobre*

sulla strada statale 51 per Passo del Brennero : 11 km A1

Ospitale

CUCINA REGIONALE • STILE MONTANO XX Il nome è quello della località lungo la strada per Dobbiaco, dove si trova questo ristorante (tra i più antichi d'Italia) che nel 2012 si è rifatto il look: ora appare rustico-romantico e, con le sue belle camere, è ancora più accogliente di prima. Si confermano, invece, i piatti della tradizione locale e qualche sapore nazionale.

Carta 36/64 € 7 cam ☕ - †80/150 € ††110/250 €

via Ospitale 1 ✉ 32043 - ✆0436 4585 - www.ristoranteospitale.com - Chiuso 2 maggio-15 giugno

CORTINA VECCHIA Piacenza → Vedere Alseno

CORTONA

Arezzo - ✉ 52044 - 22 450 ab. - Alt. 494 m - Carta regionale n° **18**-D2

Roma 200 km - Perugia 51 km - Arezzo 29 km - Chianciano Terme 55 km

Carta stradale Michelin 563-M17

La Bucaccia

CUCINA REGIONALE • TRATTORIA X Se volete gustare degli ottimi ravioli fatti in casa al sugo di carne chianina, questo è l'indirizzo giusto... In un antico palazzo del XIII secolo, edificato su una strada romana il cui lastricato costituisce oggi il pavimento della saletta principale, una cucina squisitamente regionale e casalinga.

Menu 22/35 € - Carta 22/35 €

Pianta: A2-f - *via Ghibellina 17 - ✆0575 606039 (consigliata la prenotazione) - www.labucaccia.it - Chiuso 15-30 gennaio e lunedì escluso in estate*

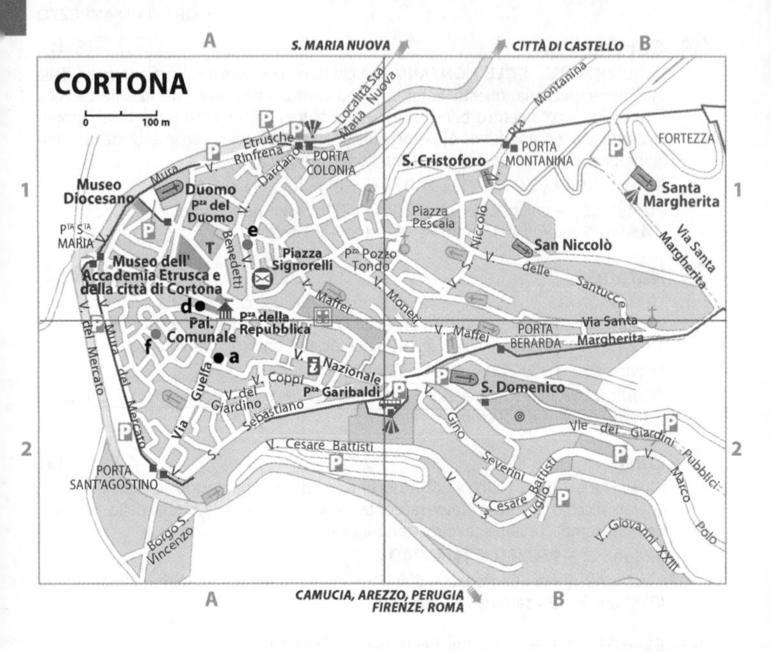

Osteria del Teatro

CUCINA REGIONALE • CONTESTO STORICO XX Cucina della tradizione in diverse sale che spaziano dall'eleganza cinquecentesca con camino, ad ambienti più conviviali in stile trattoria, ma sempre accomunate dalla passione per il teatro. E per una pausa informale, la prospicente fiaschetteria - Fett'unta - con piatti del giorno e salumi tipici.

Carta 29/53 €

Pianta: A1-e - *via Maffei 2 - ✆ 0575 630556 - www.osteria-del-teatro.it - Chiuso 13 novembre-5 dicembre e mercoledì*

San Michele

DIMORA STORICA • PERSONALIZZATO Camere di standard elevato e interni signorili in un palazzo cinquecentesco, che vanta anche una sala colazioni dall'imponente soffitto a cassettoni. Tre stanze hanno il privilegio di un terrazzino dal quale si può godere di una vista spettacolare sulla valle.

38 cam ☕ - †99/150 € ††109/250 € - 4 suites

Pianta: A2-a - *via Guelfa 15 - ✆ 0575 604348 - www.hotelsanmichele.net - Aperto 21 marzo-31 ottobre*

Italia

DIMORA STORICA • ACCOGLIENTE A pochi metri dalla piazza centrale, palazzo seicentesco restaurato di cui ricordare gli alti soffitti e soprattutto la vista sulla Val di Chiana dalla sala colazioni.

25 cam ☕ - †70/90 € ††90/110 €

Pianta: A1-d - *via Ghibellina 5/7 - ✆ 0575 630254 - www.hotelitaliacortona.com - Chiuso 8-31 gennaio*

Il simbolo segnala una carta dei vini particolarmente interessante.

sulla strada provinciale 35 verso Mercatale B2

Locanda del Molino

CUCINA REGIONALE • CASA DI CAMPAGNA XX Se le belle camere sfoggiano l'elegante semplicità della campagna toscana, il vecchio mulino di famiglia rinasce nella veste di ristorante rustico, ma vezzoso. Il gentil sesso si adopera in cucina, mentre la tradizione campeggia in menu. Qualche idea? Fritto di coniglio, nonché gnudi di ortica e ricotta con pomodoro fresco.

Menu 30/50 € - Carta 31/86 € 8 cam - 60/80 € 90/120 €

località Montanare 8/9/10, Est: 9 km 52044 Montanare - 0575 614016 - www.locandadelmolino.com - solo a cena escluso i giorni festivi - Chiuso 15 gennaio-15 marzo e martedì in bassa stagione

Relais la Corte dei Papi

DIMORA STORICA • ELEGANTE In un casolare padronale settecentesco, situato all'interno di un parco, si può alloggiare in esclusive camere e junior suite col plus della zona benessere individuale e del ristorante ricavato nelle antiche cantine, in estate, il servizio si sposta anche in giardino.

14 cam - 239/299 € 299/369 € - 1 suite

località Pergo, via la Dogana 12, Est: 5 km - 0575 614109 - www.lacortedeipapi.com - Chiuso 11 gennaio-10 marzo

Villa di Piazzano

DIMORA STORICA • PERSONALIZZATO Voluta dal Cardinale Passerini come casino di caccia, una splendida villa patrizia del XVI secolo sita tra le colline della Val di Chiana, il Lago Trasimeno e Cortona. Cucina italiana, con una particolare predilezione per i sapori umbri e toscani.

28 cam - 150/190 € 180/230 € - 2 suites

località Piazzano 7, Est: 8 km 06069 Tuoro sul Trasimeno - 075 826226 - www.villadipiazzano.com - Aperto 1° aprile-31 ottobre

a San Martino Nord: 4,5 km A1 52044 - Cortona

Il Falconiere

CUCINA CREATIVA • LUSSO XXX Gli appassionati di cucina toscana ne ritroveranno qui tutta la forza, tra carni, spezie ed erbe aromatiche: non manca il pesce e neppure l'eleganza delle grandi occasioni!

→ Mezze maniche farcite di oca su passata di granturco. Piccione in casseruola ripieno di pancetta e il suo fegatino, con spinaci scottati. Millefoglie alla crema di vinsanto, arancia candita e veli di cioccolato.

Menu 85/95 € - Carta 91/123 €

Hotel Il Falconiere Relais, località San Martino - 0575 612679 (consigliata la prenotazione) - www.ilfalconiere.com - Chiuso 16 novembre-18 marzo e martedì

Il Falconiere Relais

LUSSO • PERSONALIZZATO All'interno di una vasta proprietà, questa villa seicentesca ricca di fascino e di suggestioni, dispone anche di un piccolo centro benessere con vinoterapia. Camere di raffinata e nobile eleganza, per un soggiorno straordinario.

22 cam - 290/305 € 290/305 € - 8 suites

- 0575 612679 - www.ilfalconiere.com - Chiuso 16 novembre-18 marzo

Il Falconiere - Vedere selezione ristoranti

CORVARA IN BADIA Bolzano → Vedere Alta Badia

COSENZA

(CS) - 87100 - 67 546 ab. - Alt. 238 m - Carta regionale n° **3**-A2

Roma 524 km - Catanzaro 101 km - Vibo Valentia 102 km - Crotone 109 km

Carta stradale Michelin 564-J30

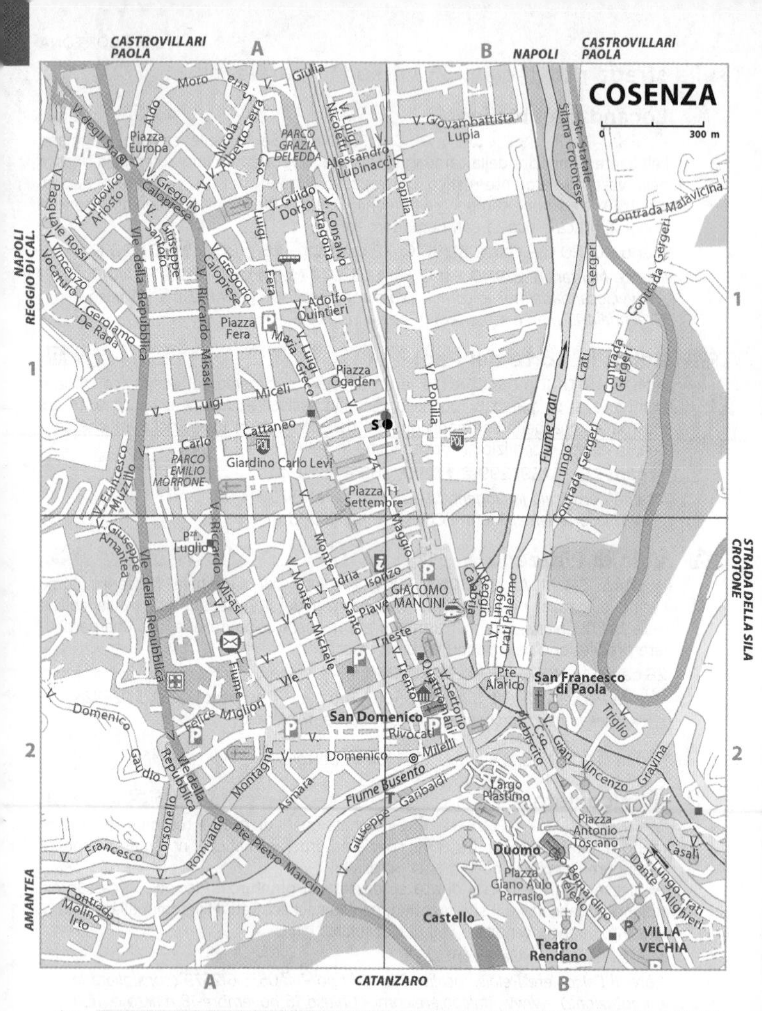

Windows Restaurant

CUCINA CLASSICA • DESIGN XX Specialità di terra e di mare, accompagnate da una buona scelta enologica, in un piacevolissimo, moderno, ristorante alle porta della città. In posizione strategica, due schermi Lcd vi permetteranno di seguire la preparazione dei piatti in cucina.

Menu 25/45 € - Carta 28/51 €

Pianta: AB1-s - *Hotel Link, via Raffaele Coscarella, (uscita A3 Cosenza Centro)* - *0984 408548* - *www.windowsrestaurant.it*

Link

BUSINESS • MODERNO Interni impreziositi da quadri e sculture di un artista locale, in questa moderna struttura con camere di design contemporaneo, molto confortevoli. Indirizzo d'elezione per la clientela business.

24 cam - 65/115 € 78/130 € - 1 suite

Pianta: AB-s - *via Raffaele Coscarella, (uscita A3 Cosenza Centro)* - *0984 482027* - *www.linkhotel.it*

Windows Restaurant - Vedere selezione ristoranti

in prossimità uscita A 3 Cosenza Nord - Rende B1

Il Setaccio-Osteria del Tempo Antico

CUCINA CALABRESE • RUSTICO X Arredi rustici e ambiente informale, in questo ristorante che propone in veste casalinga la sapida cucina calabrese. Alle pareti le foto autografate dei molti artisti, cantanti e vip che hanno onorato il locale.

Menu 18 € - Carta 18/45 €

contrada Santa Rosa 62 ✉ 87036 Rende - ✆ 0984 837211 - Chiuso domenica

COSSATO

Biella (BI) - ✉ 13836 - 14 804 ab. - Alt. 253 m - Carta regionale n° **12**-C2

Roma 672 km - Torino 80 km - Biella 14 km - Aosta 123 km

Carta stradale Michelin 561-F6

Panta Rei

CUCINA PIEMONTESE • CONTESTO CONTEMPORANEO XX Lungo la strada che attraversa il paese, locale di tono moderno e accogliente: marito in sala e moglie in cucina a preparare gustose ricette piemontesi e qualche specialità di pesce. A pranzo, anche buffet d'antipasti e piatti più semplici per chi vuole contenere la spesa. Particolare attenzione è riservata ai clienti celiaci.

Carta 32/58 €

via Martiri della Libertà 67 - ✆ 015 921084 (prenotare)
- www.ristorantepantarei.com - Chiuso 8-15 gennaio, 21-27 agosto e domenica

COSTA DORATA Sardegna Olbia-Tempio → Vedere Porto San Paolo

COSTALOVARA WOLFSGRUBEN Bolzano → Vedere Renon

COSTA MERLATA Brindisi → Vedere Ostuni

COSTA REI → Vedere Muravera

COSTA SMERALDA Sardegna Olbia-Tempio → Vedere Arzachena

COSTERMANO

Verona - ✉ 37010 - 3 738 ab. - Alt. 237 m - Carta regionale n° **23**-A2

Roma 531 km - Verona 35 km - Brescia 68 km - Mantova 69 km

Carta stradale Michelin 562-F14

Boffenigo

TRADIZIONALE • ACCOGLIENTE C'è tutto quello che si cerca in un hotel: bella vista sul golfo di Garda e sulle colline, camere molto confortevoli, un grande giardino con piscina. Ma l'elenco dei punti forti non finisce qui...Se avete indugiato nei piaceri della tavola presso il ristorante (sempre dell'albergo), la moderna spa sarà il luogo ideale dove rimettersi in forma.

72 cam - †90/300 € ††120/400 € - 3 suites

via Boffenigo 6 - ✆ 045 720 0178 - www.boffenigo.it
- Aperto 20 marzo-2 novembre

a Gazzoli Sud-Est : 2,5 km ✉ 37010 - Costermano

Da Nanni

CUCINA REGIONALE • ELEGANTE XX Preparazioni classiche e venete, pesce di lago e di mare in questo piacevole locale di tono rustico-signorile situato nella piccola frazione non lontana dal Garda; d'estate si mangia all'aperto. Belle le nuove eleganti camere arredate con pezzi d'antiquariato.

Carta 35/73 € 3 cam - †90/100 € ††100/120 € - 1 suite

- ✆ 045 720 0080 - www.dananni.com - Chiuso 15-28 febbraio, 1 settimana in luglio, 15-30 novembre, martedì a mezzogiorno e lunedì

COSTIERA AMALFITANA Napoli e Salerno

COSTIGLIOLE SALUZZO

Cuneo – ✉ 12024 – 3 375 ab. – Alt. 460 m – Carta regionale n° **12**-B3
Roma 668 km – Cuneo 23 km – Asti 80 km – Sestriere 96 km
Carta stradale Michelin 561-I4

Castello Rosso

DIMORA STORICA • CLASSICO Antico maniero, naturalmente rosso, eretto nel XVI secolo sulla sommità di un colle, oggi - come allora - avvolto dai vigneti. Charme e attenzioni all'altezza di chi ricerca confort e buon gusto. Eleganti sale accolgono il ristorante che propone una cucina eclettica.

24 cam – †80/105 € ††100/132 € – 1 suite

via Ammiraglio Reynaudi 5 – ✆ 0175 230030 – www.castellorosso.com

COSTOZZA Vicenza → Vedere Longare

COURMAYEUR

(AO) – ✉ 11013 – 2 807 ab. – Alt. 1 224 m – Carta regionale n° **21**-A2
Roma 784 km – Aosta 35 km – Chamonix 24 km – Colle del Gran San Bernardo 70 km
Carta stradale Michelin 561-E2

Petit Royal

CUCINA MODERNA • LUSSO XXX Dopo aver peregrinato in giro per la Lombardia, la brava cuoca Maura Gosio, insieme al marito che segue con esperienza la sala, sono approdati nell'angolo gourmet del Grand Hotel. In Valle d'Aosta portano il proprio sapere culinario improntato su piatti classici eseguiti con precisione e maestria, il tutto arricchito, ora, da un bistrot ed una "ostricheria": piatti più semplici a prezzi contenuti.

→ Raviolo vegetale, zucchine, brodo di trota, ricotta di pecora e sesamo nero. Piccione alla brace, foie gras, pesche e lavanda. Cremoso al limone, schiuma di ciliegie e gelato al karkadè.

Menu 85/120 € – Carta 67/120 €

Pianta: D2-a – *Grand Hotel Royal e Golf, via Roma 87 – ✆ 0165 831611 (prenotare) – www.hotelroyalegolf.com – solo a cena – Aperto 1° dicembre-30 aprile e 25 giugno-18 settembre; chiuso lunedì*

Villa Novecento

CUCINA CREATIVA • ROMANTICO XX Nei pressi del centro paese, il ristorante rispecchia l'atmosfera del piccolo hotel-bomboniera. Anche la cucina merita di essere provata: soprattutto, per chi non chiede solo specialità regionali. Ampia scelta enologica.

Menu 30/67 € – Carta 31/60 €

Pianta: B2-a – *Hotel Villa Novecento, viale Monte Bianco 64 – ✆ 0165 843000 – www.villanovecento.it – Chiuso maggio, ottobre e novembre*

Pierre Alexis 1877

CUCINA TRADIZIONALE • CONVIVIALE XX Nel cuore antico di Courmayeur, i sapori della tradizione elaborati con un pizzico di fantasia, in questo locale tradizionale rinato con una nuova gestione.

Carta 36/72 €

Pianta: D2-m – *via Marconi 50/A – ✆ 0165 846700 (consigliata la prenotazione) – www.pierrealexiscourmayeur.it – Chiuso 15 giorni in giugno, 15 giorni in ottobre e lunedì*

Aria

CUCINA REGIONALE • RUSTICO XX Nell'elegante località ai piedi del Monte Bianco, ricette fantasiose e della antica tradizione valdostana rivisitata. Ottima carta dei vini: il titolare è sommelier!

Carta 31/73 €

Pianta: D2-c – *Hotel Maison Saint Jean, vicolo Dolonne 18 – ✆ 0165 842880 – www.msj.it – solo a cena – Chiuso 30 aprile-30 giugno e 2 novembre-2 dicembre*

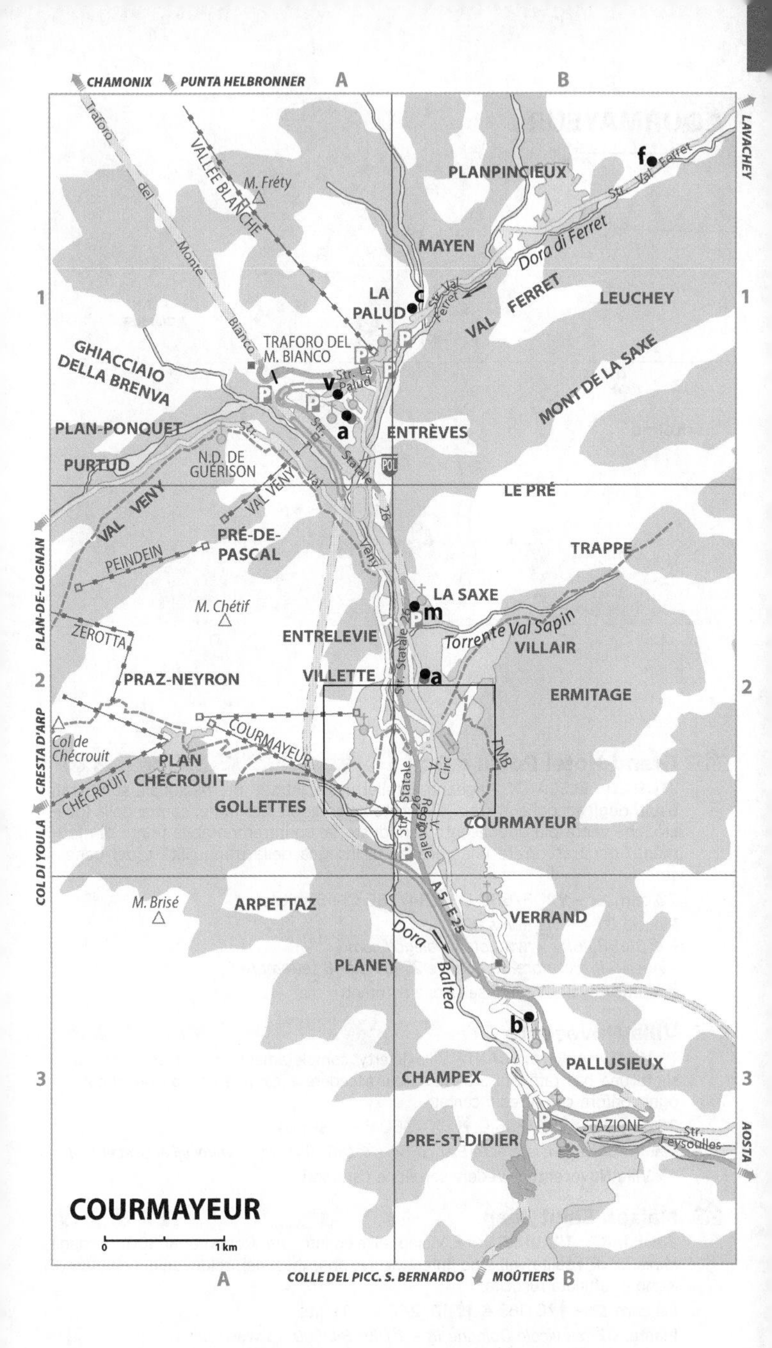
CHAMONIX
PUNTA HELBRONNER
A
B
LAVACHEY
PLANPINCIEUX
MAYEN
LA PALUD
Dora di Ferret
VAL FERRET
LEUCHEY
TRAFORO DEL M. BIANCO
GHIACCIAIO DELLA BRENVA
MONT DE LA SAXE
PLAN-PONQUET
ENTRÈVES
PURTUD
N.D. DE GUÉRISON
LE PRÉ
VAL VENY
PRÉ-DE-PASCAL
TRAPPE
PEINDEIN
LA SAXE
M. Chétif
ENTRELEVIE
Torrente Val Sapin
VILLAIR
ZEROTTA
VILLETTE
PRAZ-NEYRON
ERMITAGE
Col de Chécrouit
PLAN CHÉCROUIT
GOLLETTES
COURMAYEUR
ARPETTAZ
M. Brisé
VERRAND
PLANEY
Dora Baltea
PALLUSIEUX
CHAMPEX
PRE-ST-DIDIER
STAZIONE
AOSTA
PLAN-DE-LOGNAN
CRESTA D'ARP
COL DI YOULA
M. Fréty
Traforo del Monte Bianco
VALLÉE BLANCHE
COURMAYEUR
1 km
COLLE DEL PICC. S. BERNARDO
MOÛTIERS

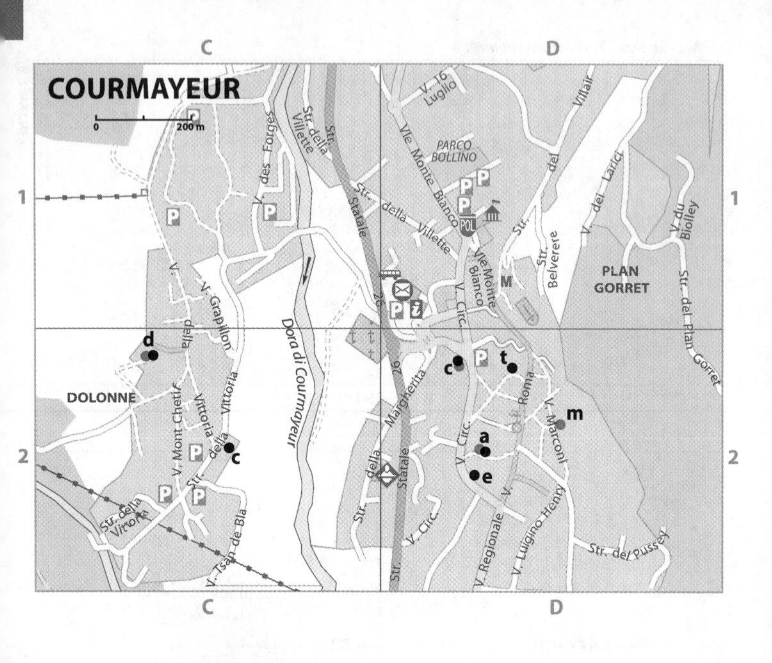

Grand Hotel Royal e Golf

STORICO • ELEGANTE Regnanti, intellettuali e jet set internazionale sono stati ospiti degli accoglienti spazi di questo splendido albergo nel centro della località, che vanta più di duecento anni di storia: un intramontabile punto di riferimento per trascorrere una vacanza all'insegna della tranquillità e del benessere.

70 cam - 206/660 € 214/780 € - 5 suites

Pianta: D2-a - *via Roma 87*
- *0165 831611 - www.hotelroyalegolf.com*
- *Aperto 1° dicembre-30 aprile e 25 giugno-18 settembre*

Petit Royal - Vedere selezione ristoranti

Villa Novecento

TRADIZIONALE • ELEGANTE Villa liberty completamente ristrutturata che presenta una hall raffinata attraverso cui accedere a camere accoglienti, dotate di ogni confort, con arredi ricercati.

26 cam - 95/285 € 130/360 € - 4 suites

Pianta: B2-a - *viale Monte Bianco 64 - 0165 843000 - www.villanovecento.it*

Villa Novecento - Vedere selezione ristoranti

Maison Saint Jean

FAMILIARE • TRADIZIONALE Vicino all'elegante via Roma e a 300 m dagli impianti di risalita, albergo interamente rinnovato nel caldo stile valdostano: legno e raffinata rusticità.

20 cam - 70/165 € 110/240 € - 1 suite

Pianta: D2-c - *vicolo Dolonne 18 - 0165 842880 - www.msj.it*
- *Chiuso 5-30 giugno e 2 novembre-2 dicembre*

Aria - Vedere selezione ristoranti

Cresta et Duc

TRADIZIONALE · FUNZIONALE Al limitare del centro e a 150 metri dagli impianti di risalita, l'hotel è stato completamente ristrutturato in anni recenti, mantenendo immutate affabilità e cortesia. Cucina locale al ristorante.

44 cam - 95/255 € 120/340 €

Pianta: D2-e - *via Circonvallazione 7 - 0165 842585 - www.alpissima.it - Chiuso maggio, ottobre e novembre*

Dei Camosci

FAMILIARE · STILE MONTANO Per un soggiorno tranquillo, ma non lontano dal centro del paese, un albergo a conduzione familiare, rinnovato in anni recenti; buon confort nelle camere ed un comodo servizio navetta per le funivie. Caratteristica atmosfera montana al ristorante, cucina della tradizione.

24 cam - 50/75 € 80/110 €

Pianta: B2-m - *località La Saxe - 0165 842338 - www.hoteldeicamosci.com - Aperto 4 dicembre-15 aprile e 12 giugno-23 settembre*

Centrale

FAMILIARE · STILE MONTANO In pieno centro, ma dotata di comodo parcheggio, una risorsa ad andamento familiare, con accoglienti spazi comuni e camere confortevoli nella loro semplicità.

32 cam - 60/111 € 102/149 € - 9 €

Pianta: D2-t - *via Mario Puchoz 7 - 0165 846644 - www.hotelscentrale.it - Aperto 4 dicembre-10 aprile e 24 giugno-11 settembre*

Un pasto con i fiocchi senza spendere una fortuna? Cercate i Bib Gourmand. Vi aiuteranno a trovare le buone tavole che coniugano una cucina di qualità al prezzo giusto!

ad Entrèves Nord : 4 km ✉ 11013 - Alt. 1 306 m

Aubergine

CUCINA CLASSICA · ELEGANTE XXX All'interno di una struttura fra le più esclusive di Courmayeur, la suggestiva vista del Monte Bianco dall'elegante sala esalta una cucina fatta di tradizione e prodotti locali. In estate, non perdete l'occasione di una sosta gastronomica sulla tranquilla terrazza-dehors.

Menu 38 € - Carta 30/70 €

Pianta: A1-a - *Hotel Auberge de la Maison, via Passerin d'Entreves 16 - 0165 869811 - www.aubergemaison.it - Chiuso novembre*

Auberge de la Maison

LUSSO · TRADIZIONALE Fedele al suo nome, un'atmosfera da raffinata "casa" di montagna con tanto di boiserie, camino, camere personalizzate e rinnovato centro relax.

33 cam - 110/350 € 120/390 € - 1 suite

Pianta: A1-a - *via Passerin d'Entreves 16 - 0165 869811 - www.aubergemaison.it - Chiuso novembre*

Aubergine - Vedere selezione ristoranti

Pilier d'Angle

FAMILIARE · CLASSICO Tre chalet collegati tra loro compongono questa risorsa, che ha camere di diversa tipologia, ma tutte accoglienti e con lo stesso livello di confort. Il calore del camino della sala da pranzo è il miglior accompagnamento alla saporita cucina.

24 cam - 80/160 € 120/240 € - 3 suites

Pianta: A1-v - *via Grandes Jorasses 18 - 0165 869760 - www.pilierdangle.it - Chiuso maggio e novembre*

a La Palud Nord : 4,5 km

Dente del Gigante

FAMILIARE • TRADIZIONALE Ai piedi del Monte Bianco, vicino alle funivie e alla Val Ferret, legno e pietra conferiscono alla struttura quell'inconfondibile atmosfera montana. Lo stesso "calore" lo si ritrova nelle belle camere: diverse tipologie, ma tutte curate nei minimi dettagli.

13 cam - 59/89 € 89/199 €

Pianta: B1-c - *strada la Palud 42 - 0165 89145 - www.dentedelgigante.com - Aperto 3 dicembre-18 aprile e 1° giugno-25 settembre*

in Val Ferret

Miravalle

CUCINA REGIONALE • RUSTICO Nella cornice di una valle unica al mondo, al cospetto di sua maestà il Monte Bianco, un giovane chef rielabora con gusto personale specialità regionali e qualche piatto di matrice più nazionale. L'ambiente? Simpaticamente alpino!

Menu 22 € (in settimana) - Carta 28/84 € 11 cam - 65/155 € 75/155 €

Pianta: B1-f - *località Planpincieux 20, Nord: 7 km - 0165 869777 - www.courmayeur-hotelmiravalle.it - Aperto 1° dicembre-30 aprile, 21 giugno-30 settembre e i week end in ottobre, chiuso martedì in bassa stagione*

a Dolonne

Stella del Nord

FAMILIARE • TRADIZIONALE Conduzione familiare per un albergo situato nella parte alta della frazione; arredi in legno e smart tv in tutte le camere.

12 cam - 50/120 € 70/190 €

Pianta: C2-c - *strada della Vittoria 2 - 0165 848039 - www.stelladelnord.com - Aperto 20 dicembre-15 aprile e 1° luglio-15 settembre*

CRANDOLA VALSASSINA

Lecco - ✉ 23832 - 251 ab. - Alt. 780 m - Carta regionale n° **9**-B2

Roma 647 km - Como 59 km - Lecco 30 km - Milano 87 km

Carta stradale Michelin 561-D10

Da Gigi

CUCINA REGIONALE • FAMILIARE Per gustare le specialità della Valsassina, un simpatico locale in posizione panoramica con sale di tono rustico e una cucina attenta ai prodotti del territorio (molti di origine biologica), nonchè a quelli dell'orto di casa.

Menu 15 € (pranzo in settimana)/39 € - Carta 30/55 € 8 cam - 50/60 € 75/80 €

piazza IV Novembre 4 - 0341 840124 - www.dagigicrandola.it - Chiuso 15-30 giugno e mercoledì escluso luglio-agosto

CRAVANZANA

Cuneo - ✉ 12050 - 411 ab. - Alt. 585 m - Carta regionale n° **14**-C2

Roma 617 km - Torino 97 km - Alessandria 67 km - Cuneo 74 km

Carta stradale Michelin 561-I6

Da Maurizio

CUCINA PIEMONTESE • TRATTORIA Gestione familiare alla quarta generazione, siamo nel paese celebre per la produzione delle nocciole, che rientrano anche in alcuni piatti di un menu tutto piemontese. D'estate ci si sposta in terrazza con affaccio sulle colline. Semplici, ma piacevoli le camere.

Menu 35 € - Carta 28/43 € 11 cam - 68 € 80 €

via Luigi Einaudi 5 - 0173 855019 (prenotazione obbligatoria) - www.ristorantedamaurizio.net - Chiuso 7 gennaio-17 febbraio, 26 giugno-7 luglio, giovedì a mezzogiorno e mercoledì

CREDERA RUBBIANO

Cremona (CR) - ✉ 26010 - 1 621 ab. - Alt. 70 m - Carta regionale n° **10**-C3
Roma 547 km - Milano 53 km - Cremona 43 km - Lodi 16 km
Carta stradale Michelin 561-G10

Il Postiglione

CUCINA CLASSICA • **ROMANTICO** XX Affascinante restauro di una cascina storica, soffitti in legno, camini e arredi d'epoca conducono ad una cucina del territorio che si apre, però, anche al pesce per il quale la trattoria si è conquista un nome.

Carta 34/63 €

via Boschiroli 17 - ✆ 0373 66114 - www.trattoriapostiglione.it - solo a cena escluso domenica - Chiuso 9-16 gennaio, 24-31 agosto e lunedì

CREMA

Cremona - ✉ 26013 - 34 371 ab. - Alt. 79 m - Carta regionale n° **10**-C2
Roma 546 km - Milano 46 km - Bergamo 43 km - Cremona 43 km
Carta stradale Michelin 561-F11

Botero

PESCE E FRUTTI DI MARE • **ELEGANTE** XX A pochi passi dal duomo, anche le sale del ristorante partecipano alla storia cittadina, tra antiche mura e rinnovata eleganza. In carta ci sono i tortelli dolci, gaudente specialità cremasca a base di amaretti al cioccolato, ma anche piatti più creativi, in buona parte di pesce, ad un buon rapporto qualità/prezzo. A mezzogiorno i piatti sono più semplici.

Menu 15 € (pranzo in settimana)/100 € - Carta 34/61 €

via del Ginnasio 4 - ✆ 0373 87911 - www.ristorantebotero.it - Chiuso 1°-10 gennaio, 8-22 agosto, domenica sera e lunedì

CREMNAGO

Como - ✉ 22044 - Alt. 335 m - Carta regionale n° **10**-B1
Roma 605 km - Como 17 km - Bergamo 44 km - Lecco 23 km
Carta stradale Michelin 561-E9

Antica Locanda la Vignetta dal 1910

CUCINA LOMBARDA • **TRATTORIA** X Cordiale accoglienza in un frequentato, simpatico locale con solida cucina del territorio; servizio estivo sotto un pergolato.

Menu 15 € (pranzo in settimana)/50 € - Carta 42/74 €

via Garibaldi 15 - ✆ 031 698212 - www.ristorantelavignetta.com - Chiuso gennaio, agosto, lunedì sera e martedì

CREMOLINO

Alessandria - ✉ 15010 - 1 086 ab. - Alt. 405 m - Carta regionale n° **12**-C3
Roma 559 km - Genova 59 km - Alessandria 49 km - Milano 121 km
Carta stradale Michelin 561-I7

Bel Soggiorno

CUCINA PIEMONTESE • **VINTAGE** XX Da oltre 40 anni fedele alle tradizioni culinarie piemontesi, i cui piatti tipici e stagionali (proverbiale, il fritto misto) vengono proposti in una piacevole sala con vetrata affacciata sui colli.

Menu 30/40 € - Carta 28/61 € 3 cam - †55 € ††80 €

via Umberto I 69 - ✆ 0143 879012 - www.ristorantebelsoggiorno.it - solo a cena escluso venerdì, sabato e domenica - Chiuso 15 giorni in gennaio, 15 giorni in luglio e mercoledì

CREMONA

(CR) - ✉ 26100 - 71 901 ab. - Alt. 45 m - Carta regionale n° **9**-C3
Roma 522 km - Parma 72 km - Piacenza 44 km - Parma 72 km
Carta stradale Michelin 561-G12

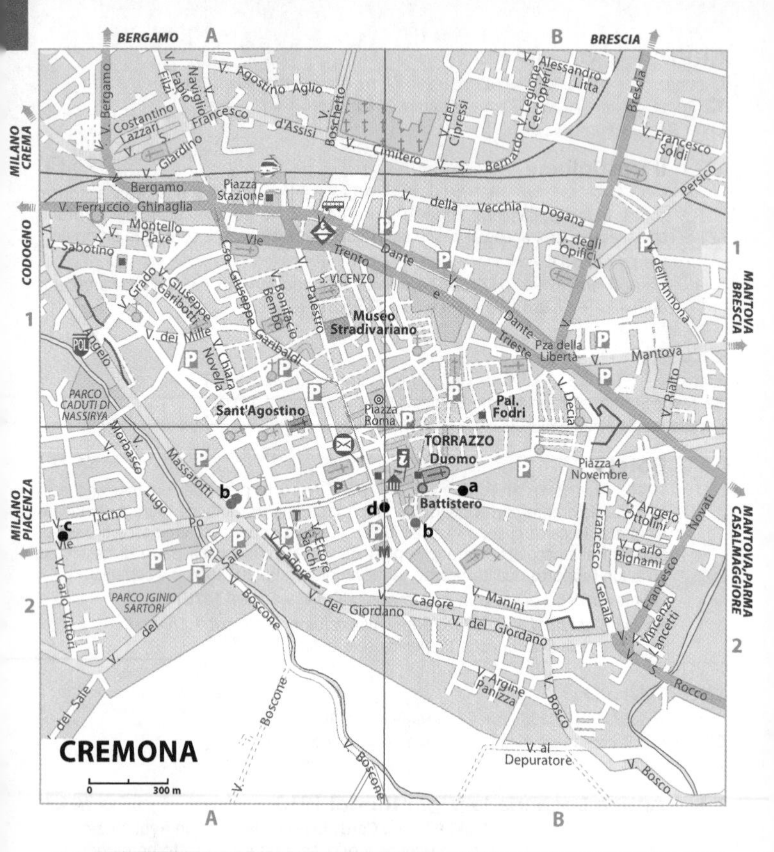

La Sosta

CUCINA LOMBARDA • ACCOGLIENTE Osteria nel nome ma un moderno e colorato locale nell'ambiente. A pochi passi dal Duomo, i classici della cucina cremonese ed altre specialità nazionali.

Menu 45 € - Carta 41/68 €

Pianta: B2-b - *via Sicardo 9 - 0372 456656 - www.osterialasosta.it - Chiuso 1 settimana in febbraio, 2 settimane in agosto, domenica sera e lunedì*

Kandoo Nippon

CUCINA GIAPPONESE • STILE ORIENTALE Colori scuri e look moderno per una pausa relax tutta nipponica a base di ottime specialità del Sol Levante: sia crude, sia cotte.

Menu 15 € (pranzo in settimana) - Carta 26/56 €

Pianta: A2-b - *piazza Cadorna 15 - 0372 21775 - www.sushikandoo.it - Chiuso 13-20 agosto e lunedì*

Delle Arti

TRADIZIONALE • MODERNO Sin dall'esterno si presenta come un design hotel caratterizzato da forme geometriche e colori sobri, prevalentemente scuri. La sala colazioni è adibita anche a galleria d'arte visitabile: una vera eccezione di modernità nel centro storico.

30 cam - 75/169 € 100/189 € - 3 suites

Pianta: B2-a - *via Geremia Bonomelli 8 - 0372 23131 - www.cremonahotels.it - Chiuso 23 dicembre-2 gennaio e 2-24 agosto*

Impero

TRADIZIONALE • ACCOGLIENTE Nel cuore del centro storico, in un austero edificio anni '30, albergo rinnovato con camere più tranquille sul retro o con vista su piazza o Torrazzo dagli ultimi piani.

53 cam - †65/89 € ††80/149 €

Pianta: AB2-d - *piazza Pace 21 - ✆ 0372 413013 - www.cremonahotels.it*

CRETAZ Aosta → Vedere Cogne

CROCERA DI BARGE Cuneo → Vedere Barge

CRODO

Verbano-Cusio-Ossola - ✉ 28862 - 1 404 ab. - Alt. 505 m - Carta regionale n° **12**-C1

Roma 718 km - Stresa 57 km - Domodossola 17 km - Verbania 56 km

Carta stradale Michelin 561-D6

Marconi

CUCINA MODERNA • ACCOGLIENTE XX Cucina contemporanea e tanta cura nelle presentazioni in questo ristorante all'interno di una villetta indipendente con piccolo dehors sul retro.

Menu 25/50 € - Carta 40/75 €

via Pellanda 21 - ✆ 0324 618797 - www.ristorantemarconi.com - Chiuso 1 settimana in gennaio, 1 settimana in giugno, 15 giorni in settembre, lunedì e martedì

a Viceno Nord-Ovest : 4,5 km ✉ 28862 - Crodo - Alt. 896 m

Edelweiss

CUCINA REGIONALE • FAMILIARE X Un vero caposaldo della gastronomia locale: piatti della tradizione montana, in primis gli gnocchetti di ricotta vicenese, in un ambiente rilassato ed informale. Buona scelta di vini locali e non.

Menu 16/35 € - Carta 22/45 €

Hotel Edelweiss - ✆ 0324 618791 - www.albergoedelweiss.com - Chiuso 15-30 gennaio e novembre

Edelweiss

FAMILIARE • FUNZIONALE Imbiancato dalla neve d'inverno, baciato dai raggi di un tiepido sole d'estate, un rifugio di montagna dalla calorosa gestione familiare, moderno e curato, con una piccola sala giochi.

30 cam - †65/75 € ††100/125 €

- ✆ 0324 618791 - www.albergoedelweiss.com - Chiuso 15-30 gennaio e novembre

Edelweiss - Vedere selezione ristoranti

CROTONE

(KR) - ✉ 88900 - 62 178 ab. - Carta regionale n° **3**-B2

Roma 601 km - Cosenza 109 km - Catanzaro 72 km - Lamezia Terme 103 km

Carta stradale Michelin 564-J33

Da Ercole

PESCE E FRUTTI DI MARE • ACCOGLIENTE XX Il sapore e il profumo del mar Ionio esaltati nei piatti cucinati da Ercole nel suo accogliente locale classico sul lungomare della località. Una sala è decorata con mosaici.

Carta 43/98 € 2 cam - †40/60 € ††80/100 €

viale Gramsci 122 - ✆ 0962 901425 - www.daercole.com - Chiuso domenica escluso luglio-agosto

Palazzo Foti

TRADIZIONALE • CENTRALE Sul lungomare del centro città, nuovo albergo design dalle linee moderne e dalle camere luminose, dotate di ogni confort.

39 cam - †85/105 € ††130/160 €

via Colombo 79 - ✆ 0962 900608 - www.palazzofoti.it

CUASSO AL MONTE

Varese – ✉ 21050 – 3 612 ab. – Alt. 530 m – Carta regionale n° **9**-A2
Roma 650 km – Como 36 km – Varese 17 km – Milano 74 km
Carta stradale Michelin 561-E8

Al Vecchio Faggio

CUCINA REGIONALE • **CONTESTO TRADIZIONALE** XX All'ombra del secolare faggio che domina il giardino, la vista si rilassa ammirando la fitta vegetazione dell'argine del lago di Lugano. Dalla cucina piatti del territorio e specialità quali: coscia di coniglio ai pistacchi - torta di nocciole con uva sultanina e cioccolato.

Menu 15 € (pranzo)/38 € – Carta 30/44 €

via Garibaldi 8, località Borgnana, Est: 1 km – ✆ 0332 938040 – www.vecchiofaggio.com – Chiuso 7-22 gennaio, 15-30 giugno e mercoledì

a Cuasso al Piano Sud-Ovest : 4 km ✉ 21050

Molino del Torchio

CUCINA REGIONALE • **FAMILIARE** XX All'interno di un suggestivo vecchio mulino (per raggiungere l'ingresso principale impostare sul navigatore via Ginaga a Besano), antiche ricette lombarde animano menu giornalieri attenti alla stagionalità dei prodotti. Camere personalizzate e ben tenute.

Menu 35 € – Carta 30/60 € 2 cam – †80 € ††80 €

via Molino del Torchio 17 – ✆ 0332 920318 – www.molinodeltorchio.com – Chiuso lunedì e martedì

CUMA Napoli ➔ Vedere Pozzuoli

CUNEO

(CN) – ✉ 12100 – 56 081 ab. – Alt. 534 m – Carta regionale n° **12**-B3
Roma 643 km – Alessandria 125 km – Torino 99 km – Asti 89 km
Carta stradale Michelin 561-I4

Osteria della Chiocciola

CUCINA PIEMONTESE • **AMBIENTE CLASSICO** XX Al pianterreno c'è l'enoteca, al primo piano la sala ristorante: entrambe semplici, ma piacevoli. La cucina di cui l'osteria va fiera è quella della tradizione locale, che utilizza i prodotti del territorio e segue l'alternarsi delle stagioni (quindi anche con presenza di tartufo bianco). In menu: tajarin, ravioli del plin, maltagliati, bollito misto, panna cotta e torte varie.

Menu 15 € (in settimana)/38 € – Carta 26/42 €

Pianta: B1-s – *via Fossano 1 – ✆ 0171 66277 (consigliata la prenotazione) – Chiuso 31 dicembre-15 gennaio e domenica*

4 ciance

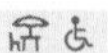

CUCINA PIEMONTESE • **CONTESTO TRADIZIONALE** XX Due semplici sale, una con soffitto a cassettoni, l'altra in mattoni a croce e una cucina che sa di territorio e di qualità: cruset (pasta fresca) con ragù di selvaggina, finanziera, trippa e guancia al nebbiolo: il Piemonte in tavola!

Menu 26/35 € – Carta 31/39 €

Pianta: B1-q – *via Dronero 8c – ✆ 0171 489027 (consigliata la prenotazione) – www.4ciance.it – Chiuso venerdì a mezzogiorno e lunedì*

Lovera

CUCINA PIEMONTESE • **ELEGANTE** XXX All'interno dell'omonimo albergo, un elegante salone è la cornice di una cucina in prevalenza di carne nelle tipiche preparazioni piemontesi, ma l'appuntamento più atteso è il servizio estivo sull'elegante e pedonalizzata via Roma.

Menu 29/36 € – Carta 34/50 €

Pianta: B1-d – *Palazzo Lovera Hotel, via Savigliano 14 – ✆ 0171 690429 – www.palazzolovera.com – Chiuso 1°-10 febbraio, 1°-7 giugno, 1°-7 settembre, giovedì a mezzogiorno e lunedì*

Bove's

CARNE • VINTAGE Il nipote di uno dei più celebri macellai d'Italia, Martini, porta a Cuneo le sue carni, a cui la carta è quasi esclusivamente dedicata, insieme a qualche primo, insalate ed elaborati hamburger. Il tutto in due nostalgiche sale che rievocano le atmosfere di un bistrot anni '40.

Carta 26/65 €

Pianta: B1-v – *via Dronero 2/b – ✆ 0171 692264 – www.boves1929.it – Chiuso 1 settimana in febbraio, 1°-7 giugno, 1 settimana in novembre e mercoledì*

L'Osteria di Christian

CUCINA TRADIZIONALE • ROMANTICO L'Osteria di Christian: ma veramente solo sua! Questo istrionico ed energico chef-patron si cura di tutto dalla A alla Z, dalla cucina alla sala, piccola, romantica e con ricordi marsigliesi, dove a voce vi propone i migliori piatti della tradizione piemontese, elaborati partendo da ottime materie prime.

Carta 31/45 €

Pianta: B1-b – *via Dronero 1e – ✆ 347 155 6383 (prenotazione obbligatoria) – solo a cena – Chiuso 10 giorni in agosto-settembre e lunedì, anche domenica in giugno-ottobre*

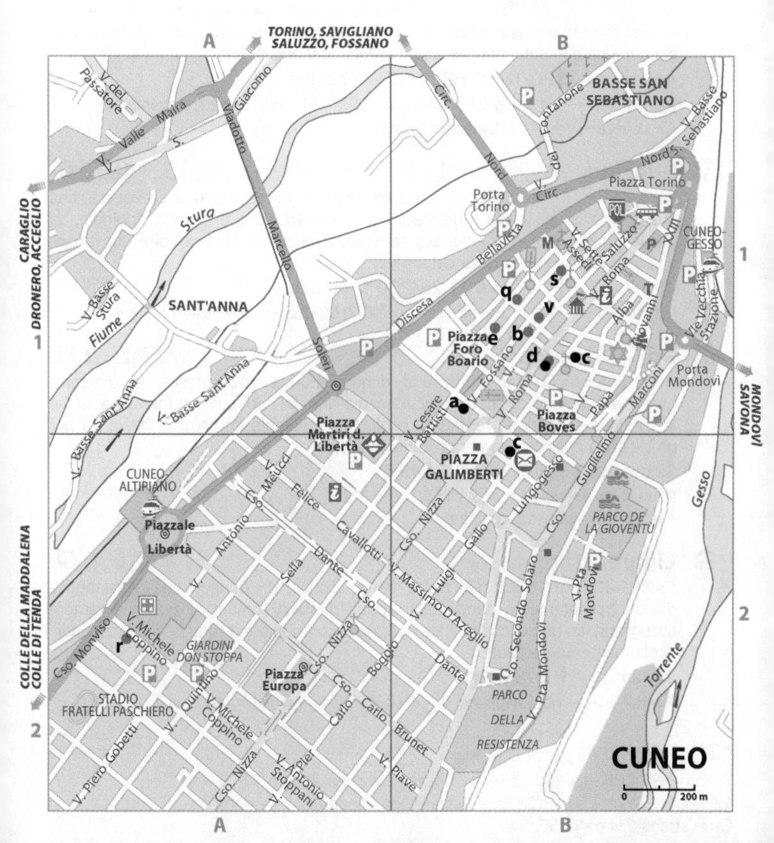

Osteria due Grappoli

CUCINA PIEMONTESE • TRATTORIA Cambio di stile in cucina e al locale grazie ai due giovani chef. Il nuovo menu è composto da ricette rivisitate, proposte di pesce e dolci innovativi: tradizione e innovazione si uniscono infatti per dare forma a piatti tipici in chiave moderna.

Menu 20 € (pranzo in settimana)/30 € - Carta 30/47 €

Pianta: B1-e - *via Santa Croce 38*
- *0171 698178 - www.osteriaduegrappoli.it*
- *Chiuso 1 settimana in gennaio, 1 settimana in agosto, domenica e lunedì*

Torrismondi

CUCINA PIEMONTESE • TRATTORIA In zona decentrata, poco turistica, di fronte all'ospedale, eppure consigliato da molti: una ragione ci sarà! Una sola sala e tanta passione dalla cucina, piemontese, semplice, ma con ottimi prodotti e quasi tutto preparato in casa.

Carta 30/45 €

Pianta: A2-r - *via Coppino 33 - 0171 65515 - www.torrismondi.it - Chiuso 1 settimana in gennaio, 2 settimane in agosto, domenica e le sere di lunedì, martedì e mercoledì*

Palazzo Lovera Hotel

TRADIZIONALE • CLASSICO Nel cuore della città, un palazzo nobiliare del XVI secolo che ebbe illustri ospiti, è oggi un albergo di prestigio con spaziose, eleganti, camere in stile, nonché un'eccellente gestione diretta.

40 cam - 90/120 € 115/150 € - 7 suites

Pianta: B1-d - *via Savigliano 14 - 0171 690420 - www.palazzolovera.com*

Lovera - Vedere selezione ristoranti

Principe

BUSINESS • TRADIZIONALE Affacciato sulla scenografica piazza Galimberti, con qualche posto macchina a disposizione, le camere sono di diversa tipologia, da quelle funzionali e moderne, più semplici, a quelle in stile, a volte con arredi d'epoca, tra le migliori della città.

49 cam - 100/115 € 125/200 € - 1 suite

Pianta: B2-c - *piazza Galimberti 5 - 0171 693355 - www.hotel-principe.it*

Royal Superga

BUSINESS • ACCOGLIENTE In una dimora storica ottocentesca, la dinamica gestione al timone dell'hotel è sicuramente uno dei suoi punti di forza, ma anche le continue migliorie in termini di confort e tecnologie lo rendono ideale sia per un clientela business sia per un turismo leisure.

39 cam - 65/99 € 85/149 €

Pianta: B1-a - *via Pascal 3 - 0171 693223*
- *www.hotelroyalsuperga.com*

Ligure

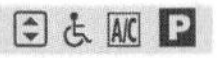

FAMILIARE • ACCOGLIENTE Nella parte storica di Cuneo, questa semplice risorsa (recentemente rinnovata) dispone di spazi comuni funzionali e camere accoglienti. La non esosa politica dei prezzi contribuisce a rendere l'indirizzo particolarmente interessante.

22 cam - 50/85 € 70/95 €

Pianta: B1-c - *via Savigliano 11 - 0171 634545 - www.ligurehotel.it*

CUORGNÈ

Torino - 10082 - 9 906 ab. - Alt. 414 m - Carta regionale n° **12**-B2

Roma 700 km - Torino 38 km - Aosta 86 km - Ivrea 24 km

Carta stradale Michelin 561-F4

Rosselli 77

CUCINA PIEMONTESE • VINTAGE XX Locale originale nella sua formula di "ristorante & antiquariato", dove il patron - che è lo chef! - ripara mobili ed oggetti che compongono l'arredamento, acquistabili tra una portata e l'altra di specialità piemontesi (piatti che variano giornalmente in base alla disponibilità del mercato). Gli imperdibili: ravioli di salame di patate su fonduta di taleggio - cappello del prete all'olio extravergine - cremino al gianduiotto.

Menu 15/25 €

via F.lli Rosselli 77 - ✆ 0124 651613 (consigliata la prenotazione) - solo a pranzo - Chiuso vacanze di Natale, agosto, domenica e lunedì

CUREGGIO

Novara - ✉ 28060 - 2 654 ab. - Alt. 289 m - Carta regionale n° **13**-A3

Roma 657 km - Stresa 42 km - Milano 80 km - Novara 33 km

Carta stradale Michelin 561-E7

Agriturismo La Capuccina

AGRITURISMO • ACCOGLIENTE Cascina restaurata, in aperta campagna, presenta un'ambientazione rustico-moderna con camere di buon confort. Intorno le attività dell'azienda, coltivazioni e bestiame. Grazioso ristorante con quadri moderni e vecchi utensili di campagna.

8 cam - †60/70 € ††100 €

via Novara 19/b, località Capuccina - ✆ 0322 839930 - www.lacapuccina.it - Chiuso 1°-15 gennaio

CURNO

Bergamo - ✉ 24035 - 7 651 ab. - Alt. 244 m - Carta regionale n° **10**-C1

Roma 607 km - Bergamo 6 km - Lecco 28 km - Milano 49 km

Carta stradale Michelin 561-E10

Trattoria del Tone

CUCINA DEL TERRITORIO • AMBIENTE CLASSICO XX Ristorante dalla lunga tradizione, ci si avvicina al mezzo secolo, i cui ambienti classici sono ravvivati da fiori freschi in antichi argenti usati come vasi. La cucina è diversificata con estrema sicurezza: classica, legata al territorio come negli immortali casoncelli o nel coniglio al rosmarino con polenta, oppure ispirata al mare.

Menu 17 € (pranzo in settimana)/50 € - Carta 35/62 €

via Roma 4 - ✆ 035 613166 - www.trattoriadeltone.com - Chiuso 3 settimane in agosto, martedì e mercoledì

CURTATONE

Mantova - ✉ 46010 - 100 ab. - Alt. 26 m - Carta regionale n° **9**-C3

Roma 475 km - Verona 55 km - Bologna 112 km - Mantova 8 km

Carta stradale Michelin 561-G14

a Grazie Ovest : 2 km ✉ 46010

Locanda delle Grazie

CUCINA MANTOVANA • FAMILIARE XX A voce vi sarà suggerito anche qualche piatto di mare, ma il ristorante è diventato un faro per gli appassionati della cucina mantovana: tortelli di zucca, luccio in salsa, zabaione e sbrisolona, tra gli imperdibili!

Menu 25/30 € - Carta 23/58 € 5 cam - †40 € ††70 €

via San Pio X 2 - ✆ 0376 348038 (consigliata la prenotazione) - www.locandagrazie.com - Chiuso 1 settimana in gennaio, 1 settimana in giugno-luglio, 16-30 agosto, martedì e mercoledì

CUSAGO

Milano - ✉ 20090 - 3 902 ab. - Alt. 126 m - Carta regionale n° **10**-A2

Roma 582 km - Milano 12 km - Novara 45 km - Pavia 40 km

Carta stradale Michelin 561-F9

Da Orlando

CUCINA ITALIANA • ACCOGLIENTE XX Su una scenografica piazza con castello, ambienti classici con tavoli distanziati e accogliente gestione familiare. La cucina si divide equamente tra carne e pesce con interessanti elaborazioni.

Menu 45 € - Carta 36/59 €

piazza Soncino 19 - ✆ 02 9039 0318 - www.daorlando.com - Chiuso 24 dicembre-1° gennaio, 6-22 agosto, sabato a mezzogiorno e domenica

Brindo by Orlando

CUCINA REGIONALE • TRATTORIA X Piccola e piacevole trattoria moderna, più informale dell'altro ristorante di famiglia (Da Orlando), ma con la stessa passione e ricerca: oltre ad alcuni classici, le specialità sono i crudi e le tartare.

Carta 34/45 €

via Libertà 18 - ✆ 02 9039 4429 - www.brindo.it - Chiuso 2 settimane in agosto, sabato a mezzogiorno e domenica

Mulino Grande

DIMORA STORICA • FUNZIONALE Dal restauro di un mulino cinquecentesco, questo elegante albergo dall'atmosfera rurale, ma dai comfort moderni racchiude design, gastronomia, benessere, sostenibilità, high-tech ed un attento recupero degli elementi del passato. Tutto è curato nei minimi dettagli per offrire il massimo lusso nel pieno rispetto della natura.

14 cam - †130/700 € ††160/700 € - 7 suites

via Cisliano 26 - ✆ 02 9039 0731 - www.hotelmulinogrande.it - Chiuso 1°-8 gennaio e 29 luglio-24 agosto

CUSTOZA Verona → Vedere Sommacampagna

CUTIGLIANO

Pistoia - ✉ 51024 - 1 488 ab. - Alt. 678 m - Carta regionale n° **18**-B1

Roma 348 km - Firenze 78 km - Pistoia 42 km - Lucca 55 km

Carta stradale Michelin 563-J14

Trattoria da Fagiolino

CUCINA REGIONALE • FAMILIARE X Nel cuore di un grazioso paese dell'Appennino toscano, la cucina ne ripropone le specialità: salumi, paste fresche e anatra in cacciatora di olive sono alcuni dei piatti forti, insieme a funghi e tartufi. All'altezza delle aspettative anche le camere, moderne e ben tenute.

Carta 20/49 € 4 cam - †50/55 € ††82/90 €

via Carega 1 - ✆ 0573 68014 - www.trattoriadafagiolino.it - Chiuso novembre, martedì e mercoledì escluso luglio-agosto

CUTROFIANO

Lecce (LE) - ✉ 73020 - 9 045 ab. - Alt. 85 m - Carta regionale n° **15**-D3

Roma 613 km - Taranto 139 km - Brindisi 71 km - Lecce 29 km

Carta stradale Michelin 564-G36

Sangiorgio Resort & Spa

LUSSO • PERSONALIZZATO Nato come residenza estiva per le suore del convento di Santa Maria di Leuca, di cui conserva ancora una cappella consacrata, il resort si estende in orizzontale ed è circondato da una grande proprietà: due piscine distanti l'una dall'altra assicurano agli ospiti una certa privacy. Stile elegante ed opulento.

18 cam - †123/178 € ††196/324 €

provinciale Noha-Collepasso - ✆ 0836 542848 - www.sangiorgioresort.it

DARFO BOARIO TERME

Brescia - ✉ 25047 - 15 599 ab. - Alt. 218 m - Carta regionale n° **9**-C2

Roma 613 km - Brescia 54 km - Bergamo 54 km - Milano 105 km

Carta stradale Michelin 561-E12

a Boario Terme ✉ 25041

La Svolta

PESCE E FRUTTI DI MARE • CONVIVIALE XX Locale accogliente con fresca veranda chiusa, le specialità sono a base di pesce, ma non mancano piatti di terra, pizza e alcune specialità locali.

Carta 24/53 €

viale Repubblica 15 - ☎ 0364 532580 - www.ristorantepizzerialasvolta.it - solo a cena - Chiuso 2-9 febbraio e mercoledì

Rizzi Aquacharme

SPA E WELLNESS • PERSONALIZZATO Una struttura in grado di accontentare qualsiasi tipo di clientela, dal manager in cerca di spazi dove organizzare riunioni ed eventi, alla coppia che vuole trascorrere un week-end romantico tra natura e remise en forme. Nell'ariosa sala da pranzo l'eleganza incontra il gusto: piatti tradizionali e menu benessere.

85 cam - †60/150 € ††80/160 €

via Carducci 5/11 - ☎ 0364 531617 - www.rizziaquacharme.it

a Montecchio Sud-Est : 2 km ✉ 25047 - Darfo Boario Terme

La Storia

CUCINA CLASSICA • ACCOGLIENTE XX In zona periferica e verdeggiante, villetta che ospita due sale di taglio classico; cucina che spazia tra terra e mare con specialità camune.

Menu 13 € (pranzo in settimana)/38 € - Carta 31/56 €

via Fontanelli 1, Est: 2 km - ☎ 0364 538787 - www.ristorantelastoria.it - Chiuso 1°-5 gennaio e mercoledì

DEIVA MARINA

La Spezia - ✉ 19013 - 1 392 ab. - Carta regionale n° **8**-D2

Roma 450 km - Genova 74 km - Massa 70 km - La Spezia 55 km

Carta stradale Michelin 561-J10

Lido

PESCE E FRUTTI DI MARE • AMBIENTE CLASSICO XX In un piccolo albergo-ristorante a due passi dal mare, l'ospitale conduzione diretta rende la sosta piacevole, mentre la cucina sorprende l'ospite con le sue specialità ittiche fragranti e classiche. Eccellente la carta dei vini che abbraccia il mondo, con una predilezione per Italia e Francia.

Carta 37/105 € 13 cam - †80/110 € ††130/170 €

località Fornaci, 15 - ☎ 0187 815997 - www.hotelristorantelido.com - Aperto 25 marzo-31 ottobre

Clelia

TRADIZIONALE • PERSONALIZZATO Ottima gestione familiare, ospitale e professionale, in un albergo a 100 mt. dal mare, con bella piscina circondata da un giardino e solarium. Camere molto confortevoli e funzionali. Apprezzato ristorante dove assaporare specialità liguri, molte delle quali a base di pesce.

29 cam - †50/105 € ††66/195 € - 1 suite

corso Italia 23 - ☎ 0187 82626 - www.clelia.it - Aperto Pasqua-inizio novembre

Riviera

TRADIZIONALE • CLASSICO A pochi passi dalle spiagge, un hotel a conduzione diretta caratterizzato da camere essenziali, ma accoglienti e personalizzate. Stupenda vista sul mare dalla fresca sala ristorante, dove apprezzare specialità regionali rivisitate e un menu degustazione a base di pesce.

27 cam - †60/80 € ††90/120 €

località Fornaci 12 - ☎ 0187 815805 - www.hotelrivieradeivamarina.it - Aperto 1° aprile-1° ottobre

DELEBIO

Sondrio - ✉ 23014 - 3 207 ab. - Alt. 218 m - Carta regionale n° **9**-B1
Roma 674 km - Sondrio 34 km - Bergamo 88 km - Como 76 km
Carta stradale Michelin 561-D10

Osteria del Benedet

CUCINA CREATIVA • **ELEGANTE** XX Osteria di antica tradizione, si sviluppa oggi in verticale: wine-bar al piano terra e sale al piano superiore. Cucina di ispirazione contemporanea e tradizionale.

Menu 35/48 € - Carta 37/72 €

via Roma 2 - ✆ 0342 696096 - www.osteriadelbenedet.com - Chiuso 1°-8 gennaio, agosto e domenica

DESENZANO DEL GARDA

Brescia - ✉ 25015 - 28 650 ab. - Alt. 67 m - Carta regionale n° **9**-D1
Roma 528 km - Brescia 31 km - Mantova 67 km - Verona 48 km
Carta stradale Michelin 561-F13

Esplanade (Massimo Fezzardi)

CUCINA CREATIVA • **ELEGANTE** XXX In posizione panoramica sul lago, gestione di lunga data che propone piatti soprattutto di mare in preparazioni che ne esaltano la freschezza e l'ottima qualità. Per una cena all'insegna del romanticismo, prenotate un tavolo sul pontile.

→ Tortelli d'anatra profumati al rosmarino con fegato grasso d'oca e riduzione al mosto. Dotto (cernia) su crema di porri dolci con ragù di seppioline nane in crosta di polenta nera. Semifreddo allo yogurt con frolla al cocco, cremoso al mango e infuso al tè verde.

Menu 80/100 € - Carta 68/153 €

via Lario 10 - ✆ 030 914 3361 - www.ristorante-esplanade.com - Chiuso mercoledì a mezzogiorno in estate, anche mercoledì sera negli altri mesi

Molin 22 (N)

CUCINA MEDITERRANEA • **CHIC** XX Nel cuore della località, un concept moderno e ben articolato costituito da ristorante, wine-bar e pasticceria. La cucina seleziona le migliori materie prime del territorio, ma non solo, e le elabora con gusto contemporaneo ed intrigante.

Menu 12 € - Carta 36/60 €

Via Tommaso dal Molin 22 - ✆ 030 991 4437 (consigliata la prenotazione) - www.molin22.it - Chiuso 10-31 gennaio e lunedì

Park Hotel

LUSSO • **BORDO LAGO** Albergo storico fronte lago: l'ingresso si apre su un'elegante hall dal gusto retrò, quasi un caffé letterario. Camere recentemente rinnovate e, all'ultimo piano, la piscina panoramica dotata di idromassaggio e cascata a lame d'acqua.

50 cam - †90/290 € ††100/300 € - 11 suites

lungolago Cesare Battisti 17 - ✆ 030 914 3494 - www.parkhotelonline.it

Villa Rosa

LUSSO • **ELEGANTE** Hotel poco distante dal centro storico e fronte lago, si caratterizza per i suoi ambienti luminosi e le camere modernamente allestite. Imperdibile, la cucina raffinata del ristorante Rose & Sapori.

62 cam - †95/220 € ††125/255 €

lungolago Battisti 89 - ✆ 030 914 1974 - www.villarosahotel.eu - Chiuso gennaio

Nazionale

BUSINESS • **FUNZIONALE** Vicino al centro, storico albergo di Desenzano risorto dopo un completo restauro propone ambienti moderni, rilassanti e dai colori sobri, nonché una piacevole zona piscina.

41 cam - †70/160 € ††90/250 € - 2 suites

via Marconi 23 - ✆ 030 915 8555 - www.hotelnazionaledesenzano.it

Desenzano

FAMILIARE · FUNZIONALE A soli 5 minuti a piedi dal centro e non lontano dalla stazione, hotel dalla capace conduzione diretta, con ampie e comode camere: particolarmente moderne quelle rinnovate di recente.

40 cam - 65/110 € 85/150 €

viale Cavour 40/42 - 030 914 1414 - www.hoteldesenzano.it

DEUTSCHNOFEN NOVA PONENTE

DEVINCINA Trieste → Vedere Sgonigo

DIANO MARINA

Imperia - 18013 - 5 977 ab. - Carta regionale n° **8**-A3

Roma 612 km - Imperia 6 km - Genova 109 km - San Remo 31 km

Carta stradale Michelin 561-K6

Grand Hotel Diana Majestic

TRADIZIONALE · ELEGANTE Nella tranquillità offerta dalla posizione al termine di una via chiusa, ai due lati della struttura troverete il giardino degli ulivi e le piscine, di cui una riscaldata, davanti il mare. Ambienti moderni rinnovati con frequenza: tutte le camere vedono il mare, ma la 501 offre una suggestiva terrazza. Rimarchevole assortimento di distillati al bar.

82 cam - 70/350 € 90/370 € - 4 suites

via degli Oleandri 15 - 0183 402727 - www.dianamajestic.com - Aperto 10 febbraio-5 novembre

Bellevue et Mediterranée

TRADIZIONALE · CLASSICO Imponente, signorile e spiccatamente familiare, l'hotel dispone di due piscine - una riscaldata, l'altra coperta per la talassoterapia - e di un ristorante con vista panoramica sul golfo di Diano Marina.

73 cam - 90/170 € 140/230 € - 4 suites

via Generale Ardoino 2 - 0183 4093 - www.bellevueetmediterranee.it - Aperto 3 aprile-10 ottobre

Torino

TRADIZIONALE · ELEGANTE A pochi passi dall'isola pedonale, servizio accurato in un hotel signorile che dispone di camere dagli eleganti arredi contemporanei, palestra, nonché jacuzzi con acqua riscaldata su terrazza elioterapica; un ristorante a bordo piscina, l'altro panoramico per le colazioni.

69 cam - 55/190 € 70/270 € - 11 suites

via Milano 72 - 0183 495106 - www.hoteltorinodiano.it - Chiuso novembre e dicembre

Gabriella

TRADIZIONALE · LUNGOMARE Sul mare verso San Bartolomeo, al termine di un cul-de-sac che lo preserva dai rumori, un'imponente edificio circondato da un verde giardino: semplice nelle zone comuni, offre camere spaziose e ben tenute, tutte vista mare.

50 cam - 65/125 € 100/220 €

via dei Gerani 9 - 0183 403131 - www.hotelgabriella.it - Chiuso 23 ottobre-15 febbraio

Caravelle

TRADIZIONALE · MODERNO Diverse piscine con acqua di mare, alcune riscaldate altre con idromassaggi: gran parte delle attenzioni della gestione è stata destinata al centro di cure estetiche e talassoterapiche. Il ristorante, moderno e da poco rinnovato, dispone di grandi vetrate che permettono allo sguardo di spaziare.

51 cam - 138/260 € 138/260 €

via Sausette 34 - 0183 405311 - www.hotelcaravelle.it - Aperto Pasqua-1° ottobre

Eden Park

TRADIZIONALE • CLASSICO E' sufficiente una breve passeggiata attraverso i gradevoli ambienti comuni per arrivare al bel giardino con piscina, proprio in riva al mare. Quanto alle camere, fresche e luminose, sono tutte arredate con vivaci colori. La sala ristorante offre una gradevole vista sul giardino, piatti locali ed internazionali.

33 cam - 77/117 € 130/244 €

via Generale Ardoino 70 - 0183 403767 - www.edenparkdiano.it

Jasmin

TRADIZIONALE • LUNGOMARE Molte le vetrate musive policrome, alcune anche nelle stanze - spesso dai bagni grandi e originali - per la maggior parte rivolte sulla baia: accogliente, vivace e dinamico, grazie all'uso sapiente dei colori, l'hotel si trova direttamente sulla spiaggia (privata).

29 cam - 49/129 € 69/169 € - 3 suites

viale Torino 15 - 0183 495300 - www.hoteljasmin.com - Aperto 27 dicembre-10 gennaio e 1° febbraio-10 ottobre

Arc en Ciel

TRADIZIONALE • CLASSICO Circondato da ville di prestigio, tra pini marittimi e palme secolari, l'hotel si affaccia sul mare al termine della località verso Imperia e regala romantici scorci sul golfo di Diano; la spiaggia è una piattaforma attrezzata sugli scogli.

50 cam - 60/130 € 80/220 €

viale Torino 39 - 0183 495283 - www.hotelarcenciel.it - Aperto 28 marzo-15 ottobre

DIMARO

Trento - 38025 - 1 298 ab. - Alt. 766 m - Carta regionale n° **19**-B2

Roma 633 km - Trento 62 km - Bolzano 61 km - Madonna di Campiglio 19 km

Carta stradale Michelin 562-D14

Sporthotel Rosatti

TRADIZIONALE • STILE MONTANO Lungo la strada che porta al passo, una bella struttura che sdoppia le camere in due edifici distinti collegati da un tunnel sotterraneo. La caratteristica che accomuna le stanze è l'accoglienza anche se nella dépendance sono più moderne e in stile montano (quest'ultime da preferire). Piacevole taverna in legno per serate in allegra compagnia.

54 cam - 55/140 € 80/180 € - 6 suites

via Campiglio 14 - 0463 974885 - www.sporthotel.it

DIOLO Parma

→ Vedere Soragna

DOBBIACO TOBLACH

Bolzano - 39034 - 3 351 ab. - Alt. 1 256 m - Carta regionale n° **19**-D1

Roma 705 km - Cortina d'Ampezzo 33 km - Belluno 104 km - Bolzano 105 km

Carta stradale Michelin 562-B18

Tilia (Chris Oberhammer)

CUCINA MODERNA • DESIGN XX Un cubo di vetro al centro di un giardino circondato da un sontuoso edificio ottocentesco: è l'originale collocazione dei cinque tavoli per sedici coperti che il cuoco di Dobbiaco delizia con una cucina contemporanea.

→ Caponata di verdure stagionali con tartufo nero e caprino. Bue brasato al vino rosso con patate fondenti e carote. Praline di cioccolato fondente.

Menu 60/85 € - Carta 68/108 €

via Dolomiti 31b - 335 812 7783 (coperti limitati, prenotare) - www.tilia.bz - Chiuso due settimane in maggio o giugno, novembre, domenica sera e lunedì

Santer

CUCINA REGIONALE • ELEGANTE XXX Porta lo stesso nome dell'hotel, il ristorante à la carte che ne riprende anche lo stile da grande casa di montagna. Al timone del locale il figlio dei titolari, che propone piatti altoatesini, ma anche proposte di mare e creative.

Menu 30/50 € - Carta 24/63 € - solo per alloggiati

via Alemagna 4 - ☎ 0474 972142 - www.hotel-santer.com - Chiuso 15 aprile-15 maggio e novembre

Santer

LUSSO • PERSONALIZZATO Per trascorrere delle vacanze in grande stile, questo è un albergo che non cessa mai di migliorarsi e ingrandirsi. Ampi saloni, splendide camere e soprattutto un eccellente centro benessere.

50 cam - †98/148 € ††98/200 € - 10 suites

via Alemagna 4 - ☎ 0474 972142 - www.hotel-santer.com - Chiuso 1° aprile-15 maggio e 15 ottobre-30 novembre

Santer - Vedere selezione ristoranti

Park Hotel Bellevue

TRADIZIONALE • ACCOGLIENTE Ambienti accoglienti e centro fitness con piscina, in un albergo di tradizione nel centro della località. Arredi lineari con qualche tocco di eleganza al ristorante: cucina del territorio in menu.

37 cam - †105/140 € ††115/144 € - 5 suites

via Dolomiti 23 - ☎ 0474 972101 - www.parkhotel-bellevue.com - Aperto 5 dicembre-19 marzo e 20 maggio-3 ottobre

Budget modesto? Optate per il menu del giorno generalmente a prezzo più contenuto.

sulla strada statale 49 Sud-Ovest : 1,5 km

Gratschwirt

CUCINA REGIONALE • CONTESTO TRADIZIONALE XX All'ombra dell'imponente gruppo delle Tre Cime, in una casa dalle origini cinquecentesche ai margini della località, un ristorante dagli interni curati dove gustare piatti tipici regionali. Camere di differenti tipologie.

Carta 31/61 € 28 cam - †94/180 € ††94/180 € - 4 suites

via Grazze 1 ✉ 39034 - ☎ 0474 972293 - www.gratschwirt.com - Aperto dicembre-30 marzo e 15 giugno-settembre; chiuso martedì

a Monte Rota Nord-Ovest : 5 km ✉ 39034 - Alt. 1 650 m

Alpenhotel Ratsberg-Monte Rota

FAMILIARE • CLASSICO Più indicato per vacanze ed escursioni estive, cinque chilometri di tornanti dal paese ripagano con una vista mozzafiato su valle e montagne. Un piccolo supplemento e il panorama continua in metà delle camere, alcune recentemente rinnovate.

29 cam - solo ½ P 64/98 €

via Monte Rota 12 - ☎ 0474 972213 - www.alpenhotel-ratsberg.com - Aperto 18 dicembre-11 marzo e 28 maggio-9 ottobre

DOGANA NUOVA Modena

➜ Vedere Fiumalbo

DOGLIANI

Cuneo - ✉ 12063 - 4 781 ab. - Alt. 295 m - Carta regionale n° **14**-C3

Roma 613 km - Cuneo 49 km - Asti 54 km - Torino 76 km

Carta stradale Michelin 561-I5

Il Verso del Ghiottone

CUCINA PIEMONTESE • ALLA MODA XX Nel cuore del centro storico, in un palazzo settecentesco, tavoli neri quadrati con coperto all'americana e bei quadri alle pareti: ne risulta un ambiente giovanile, ma elegante. La cucina simpatizza con le ricette del territorio, che rivisita e alleggerisce, ma non mancano interessanti proposte di pesce.

Menu 39/48 € – Carta 34/68 €

via Demagistris 5 – 0173 742074 – www.ilversodelghiottone.it – solo a cena escluso sabato e domenica – Chiuso 26 dicembre-22 gennaio, 29 giugno-21 luglio, lunedì e martedì

DOLEGNA DEL COLLIO

Gorizia – 34070 – 370 ab. – Alt. 90 m – Carta regionale n° **6**-C2

Roma 646 km – Udine 27 km – Gorizia 25 km – Trieste 61 km

Carta stradale Michelin 562-D22

Agriturismo Venica e Venica-Casa Vino e Vacanze

CASA DI CAMPAGNA • ACCOGLIENTE Immerso nel verde e nella tranquillità della propria azienda vinicola, questo agriturismo dall'attenta conduzione familiare offre camere ampie ed accoglienti.

6 cam – †70/77 € ††100/110 € – 14 €

località Cerò 8, Nord: 1 km 34070 – 0481 60177 – www.venica.it – Aperto maggio-ottobre

a Ruttars Sud : 6 km 34070

Castello di Trussio dell'Aquila d'Oro

CUCINA REGIONALE • ELEGANTE XXX Ubicato nel castello stesso, il giardino panoramico concorre alla piacevolezza della sosta, mentre la cucina propone piatti a base di prodotti esclusivamente del territorio in un unico menu che segue le stagioni. Ampia e articolata la scelta degli oli e dei formaggi, importante la carta dei vini e dei distillati.

Menu 68 €

località Trussio 13 – 0481 61255 – Chiuso domenica e lunedì

a Vencò Sud : 4 km 34070

L'Argine di Vencò (Antonia Klugmann)

CUCINA CREATIVA • ELEGANTE XX In un edificio rurale tra le colline e i vigneti, solo una quindicina di coperti ricevono le attenzioni di Antonia Klugmann: scelta ristretta per assicurare la freschezza dei prodotti che subiscono poche trasformazioni, accostamenti originali, sapiente uso di erbe aromatiche. La cifra della sua cucina!

→ Risotto burro e salvia. Quaglia e cime di rapa. Gelato alla camomilla e meringa all'italiana al limone.

Menu 58/95 € – Carta 51/75 € 3 cam – †60/75 € ††75/85 €

località Vencò 15 – 0481 199 9882 (consigliata la prenotazione) – www.largineavenco.it – Chiuso 16-31 agosto, mercoledì a mezzogiorno e martedì

DOLO

Venezia – 30031 – 14 888 ab. – Carta regionale n° **23**-C3

Roma 519 km – Padova 18 km – Treviso 48 km – Venezia 30 km

Carta stradale Michelin 562-F18

Villa Goetzen

PESCE E FRUTTI DI MARE • ROMANTICO XX La villa, appartenuta all'omonimo conte austriaco, delizia oggi i palati con piatti esclusivamente di pesce: affidatevi al titolare per conoscere a voce il pescato del giorno. Al piano superiore le camere, quelle sul retro più silenziose e con vista sul canale.

Carta 43/58 € 12 cam – †70/100 € ††100/120 €

via Matteotti 2/C – 041 510 2300 – www.villagoetzen.it – Chiuso agosto, domenica sera e giovedì

 **Villa Gasparini**

DIMORA STORICA • PERSONALIZZATO Lungo la Riviera di Brenta, una romantica villa del '700 con soffitti originali e mobili in stile veneziano: un soggiorno aristocratico a prezzi contenuti.

15 cam - 49/90 € 50/140 €

riviera Martiri della Libertà 37, Est : 1,8 km - 041 560 8156 - www.villagasparini.com - Chiuso 7-21 gennaio

DOLOMITI Belluno, Bolzano e Trento

DOLONNE Aosta → Vedere Courmayeur

DOMODOSSOLA

Verbano-Cusio-Ossola - 28845 - 18 192 ab. - Alt. 272 m - Carta regionale n° **12**-C1

Roma 706 km - Stresa 44 km - Verbania 44 km - Lugano 94 km

Carta stradale Michelin 561-D6

La Stella

PESCE E FRUTTI DI MARE • ELEGANTE XX Un originale caminetto di design moderno (girevole a 360°), legno e travi a vista conferiscono "calore" e tipicità a questo rustico sapientemente ristrutturato. La cucina subisce il fascino del mare, proponendo ottime specialità di pesce, ma c'è anche una linea più radicata al territorio che segue, quindi, la tradizione. Tre camere piacevoli e moderne in sintonia con la semplicità del luogo.

Menu 15 € (pranzo in settimana)/65 € - Carta 38/81 € 3 cam - 50/80 € 80/120 €

borgata Baceno di Vagna 29, strada per Domobianca 1,5 Km - 0324 248470 (consigliata la prenotazione) - www.ristorantelastella.com - Chiuso 15 giorni in febbraio, 6 giorni in novembre e lunedì

Eurossola

CUCINA CREATIVA • AMBIENTE CLASSICO XX In un periodo dove aprono continuamente ristoranti con pretese più o meno alte, Eurossola rimane sempre un punto fisso della località ed il suo nome echeggia da un versante all'altro della valle. Le ragioni di tanto successo sono presto dette: una cucina che unisce tradizione e innovazione con l'utilizzo di materie prime di stagione e del territorio. Che volete di più dalla vita? Un tavolo, subito!

Menu 15/50 € - Carta 44/67 €

Hotel Eurossola, piazza Matteotti 36 - 0324 481326 - www.eurossola.com - Chiuso 10 gennaio-10 febbraio e lunedì

La Meridiana

PESCE E FRUTTI DI MARE • CONTESTO TRADIZIONALE X Totalmente rinnovato nell'estate 2012, il locale sfoggia oggi un look da moderno bistrot. Pesce e selvaggina continuano ad essere proposti in due modi: secondo la tradizione italiana oppure ispirandosi a quella spagnola.

Menu 20 € (pranzo in settimana)/40 € - Carta 31/70 €

via Rosmini 11 - 0324 240858 - www.ristorantelameridiana.it - Chiuso 20 giugno-12 luglio, domenica e lunedì

Corona

FAMILIARE • FUNZIONALE Sito nel centro della località, una risorsa di lunga tradizione e dalla solida conduzione familiare ospita ambienti arredati con signorilità e camere recentemente rinnovate. Nella spaziosa ed elegante sala da pranzo, proposte gastronomiche dai tipici sapori piemontesi.

56 cam - 72/80 € 90/120 €

via Marconi 8 - 0324 242114 - www.coronahotel.net

Eurossola

FAMILIARE • ACCOGLIENTE Sarà il franco sorriso di Elisabetta ad accogliervi in questa moderna risorsa, in posizione centrale, che anno dopo anno si sta migliorando grazie ad ottimi interventi e rinnovi che rendono oggi le camere ancora più confortevoli e graziose.

25 cam - 65/85 € 85/105 €

piazza Matteotti 36 - 0324 481326 - www.eurossola.com

Eurossola - Vedere selezione ristoranti

sulla strada statale 337 Nord-Est: 4 km per Val Vigezzo

Trattoria Vigezzina

CUCINA REGIONALE • CONTESTO TRADIZIONALE Una solida trattoria molto ben gestita da un giovane e capace cuoco, che con passione realizza piatti della tradizione montana rielaborati in chiave anche moderna. Ottime materie prime allo starting block.

Menu 16 € (pranzo in settimana) - Carta 36/66 €

- 0324 232874 - www.trattoriavigezzina.com - Chiuso gennaio, mercoledì e giovedì

DONORATICO Livorno → Vedere Castagneto Carducci

DORGALI Sardegna

Nuoro - 08022 - 8 548 ab. - Alt. 390 m - Carta regionale n° **16**-B2

Cagliari 213 km - Nuoro 32 km - Olbia 97 km - Oristano 126 km

Carta stradale Michelin 366-S42

Colibrì

CUCINA SARDA • SEMPLICE Una cucina casalinga fedele ai sapori e alle tradizioni della gastronomia dorgolese, accompagnata dalla cordiale ospitalità dei gestori; tra le specialità più invitanti del menu spicca l'agnellino da latte in umido (saccaju, in sardo).

Carta 28/45 €

via Gramsci ang. via Floris - 340721156 - www.ristorantecolibridorgali.it - Aperto 1° marzo-10 novembre; chiuso domenica escluso luglio-agosto

a Cala Gonone Est : 9 km 08020

Il Pescatore

PESCE E FRUTTI DI MARE • FAMILIARE Ricordando un antico borgo marinaro, il locale annovera un dehors e una semplice sala interna più informale, dove gustare specialità regionali e piatti di pesce. Non lasciatevi fuorviare: Il Pescatore che raccomandiamo si trova fronte mare!

Menu 30/50 € - Carta 38/82 €

via Acqua Dolce 7
- 0784 93174 - www.ristoranteilpescatoredorgali.com
- Aperto Pasqua-31 ottobre

Nuraghe Arvu

TRADIZIONALE • MEDITERRANEO Belle camere costruite ad anfiteatro intorno alla piscina in questo albergo dagli interni in stile locale, curati e luminosi. Tra il verde dei millenari ulivi, il relax non è mai stato così a portata di mano! (Una navetta conduce alla spiaggia, a circa 500 m).

47 cam - 100/150 € 190/280 € - 3 suites

viale Bue Marino
- 0784 920075 - www.hotelnuraghearvu.com
- Aperto 15 maggio-15 ottobre

Villa Gustui Maris

TRADIZIONALE • MODERNO In posizione panoramica, hotel dai toni moderni ed eleganti dove i dettagli vengono curati direttamente dai titolari. Per un soggiorno in pieno relax, godetevi il sole a bordo della bella piscina.

34 cam - †80/240 € ††90/274 €

Via Marco Polo 57 ✉ 08022 Dorgali - ✆ 0784 920076 - www.villagustuimaris.it - Aperto 1° maggio-30 settembre

Costa Dorada

FAMILIARE • ACCOGLIENTE Ubicato direttamente sul lungomare, l'hotel ospita camere raccolte arredate in stile sardo-spagnolo, un solarium ed ampie terrazze ombreggiate con vista sul golfo. Piatti di carne, ma soprattutto di pesce, nonché proposte regionali sul terrazzino affacciato sul blu.

28 cam - †90/135 € ††112/200 € - 1 suite - 15 €

lungomare Palmasera 45 - ✆ 0784 93332 - www.hotelcostadorada.it - Aperto 25 marzo-31 ottobre

alla Grotta di Ispinigoli Nord : 12 km

Ispinigoli

CUCINA REGIONALE • FAMILIARE Valido punto d'appoggio per chi desidera visitare le omonime grotte, celebri perchè conservano la più alta stalagmite d'Europa, e per assaporare una buona cucina regionale. Dalle camere, semplici e confortevoli con arredi in legno, si può contemplare la tranquillità della campagna circostante.

Menu 30/45 € - Carta 32/60 € 26 cam - †60/70 € ††80/100 €

strada statale 125 al km 210 ✉ 08022 Dorgali - ✆ 0784 95268 - www.hotelispinigoli.it - Aperto 1° aprile-31 ottobre

DOSSOBUONO Verona → Vedere Villafranca di Verona

DOSSON Treviso → Vedere Casier

DOVADOLA

Forlì-Cesena - ✉ 47013 - 1 653 ab. - Alt. 140 m - Carta regionale n° **5**-C2

Roma 324 km - Ravenna 53 km - Rimini 73 km - Bologna 82 km

Carta stradale Michelin 562-J17

Corte San Ruffillo

DIMORA STORICA • PERSONALIZZATO La splendida opera di restauro della canonica della chiesa di San Ruffillo e dell'attigua casa padronale hanno dato vita a un piccolo e romantico country resort nella quiete delle colline romagnole. Ristorante elegante fra le pareti e le volte in pietra.

12 cam - †60/100 € ††80/140 €

via Ruffillo 1 - ✆ 0543 934674 - www.cortesanruffillo.it - Chiuso 7 gennaio-13 febbraio

DOVERA

Cremona - ✉ 26010 - 3 889 ab. - Alt. 76 m - Carta regionale n° **10**-C2

Roma 554 km - Piacenza 43 km - Brescia 85 km - Cremona 56 km

Carta stradale Michelin 561-H15

La Kuccagna

CUCINA CLASSICA • ELEGANTE In una frazione isolata e tranquilla, questa vecchia trattoria punta ora su proposte più elaborate, ma sempre partendo dalla tradizione. Immutata la gestione squisitamente familiare.

Menu 35 € (in settimana)/55 € - Carta 34/67 €

località Barbuzzera via Milano 14, Nord-Ovest: 2,5 km - ✆ 0373 978457 - www.lakuccagna.it - solo a cena escluso domenica - Chiuso 27 dicembre-2 gennaio, 5-20 agosto e lunedì

DOZZA

Bologna – ✉ 40060 – 6 652 ab. – Alt. 190 m – Carta regionale n° **5**-C2
▶ Roma 392 km – Bologna 32 km – Ferrara 76 km – Forlì 38 km
Carta stradale Michelin 562-I16

Canè

CUCINA REGIONALE • **AMBIENTE CLASSICO** XX Nel centro storico, ristorante con una sala classica ed elegante e un'altra più caratteristica aperta ai fumatori; servizio estivo sulla bella terrazza. Camere confortevoli.

Menu 29/32 € – Carta 23/56 € 12 cam – †50/73 € ††70/100 €

via XX Settembre 27 – ✆ 0542 678120 – www.ristorantecanet.it – Chiuso lunedì

Monte del Re

DIMORA STORICA • **PERSONALIZZATO** Un'atmosfera che invita alla meditazione e alla speculazione filosofica: del resto, la struttura si trova all'interno di un convento del XIII sec, sapientemente ristrutturato, con mobili in stile e tappeti persiani. Notevoli il chiostro ed il pozzo del 1200, nonché la bella terrazza panoramica.

38 cam – †69/269 € ††79/304 €

via Monte del Re 43, Ovest: 3 km – ✆ 0542 678400 – www.montedelre.it

DRIZZONA

Cremona – ✉ 26034 – Carta regionale n° **9**-C3
▶ Roma 491 km – Parma 44 km – Cremona 26 km – Mantova 41 km
Carta stradale Michelin 561-G13

a Castelfranco d'Oglio Nord : 1,5 km ✉ 26034 – Drizzona

Agriturismo l'Airone

CASA DI CAMPAGNA • **VINTAGE** Nel verde della campagna del parco naturale del fiume Oglio, una risorsa accolta da un tipico cascinale ottocentesco, sapientemente ristrutturato. Le camere, spesso arredate con mobili d'epoca, sono personalizzate e romantiche.

14 cam – †55 € ††85 €

strada comunale per Isola Dovarese 2 – ✆ 0375 389902 – www.laironeagriturismo.com – Chiuso 1°-20 gennaio

DRONERO

Cuneo – ✉ 12025 – 7 035 ab. – Alt. 622 m – Carta regionale n° **12**-B3
▶ Roma 655 km – Cuneo 20 km – Asti 106 km – Torino 119 km
Carta stradale Michelin 561-I4

Rosso Rubino

CUCINA MODERNA • **ACCOGLIENTE** XX Piccolo quanto grazioso locale che offre interessanti proposte - anche con menu a prezzo fisso - alcune derivanti dalla tradizione, altre più moderne. Qualche ricetta di mare per gli amanti del pesce.

Menu 17 € (in settimana)/45 € – Carta 25/55 €

piazza Marconi 2 – ✆ 0171 905678 – www.ristoranterossorubino.it – Chiuso 15-28 febbraio, 2-16 novembre e lunedì

DUINO AURISINA

Trieste – ✉ 34013 – 8 633 ab. – Carta regionale n° **6**-D3
▶ Roma 655 km – Udine 59 km – Gorizia 31 km – Trieste 18 km
Carta stradale Michelin 562-E22

a Sistiana Sud-Est : 4 km ✉ 34019

Bris

CUCINA CREATIVA • ELEGANTE XXX Di un'eleganza moderna, il locale vanta una posizione incantevole con terrazza sul porticciolo e una cucina talmente ricca di fantasia che regalerà serate indimenticabili.

Menu 80 € - Carta 78/106 €

Hotel Falisia Resort, strada Costiera 137, località Portopiccolo - ✆ 040 997 4444 - solo a cena in estate - Aperto 15 marzo-30 ottobre

Antica Trattoria Gaudemus

CUCINA MODERNA • INTIMO XX Paradiso o purgatorio? In ciascuna di queste - già dal nome - originali sale, due confessionali dell'Ottocento perfettamente conservati. Sulla tavola: piatti della tradizione carsica, altri più moderni e soprattutto molto pesce. Camere accoglienti e sauna all'aperto.

Menu 36/50 € - Carta 37/72 € 9 cam - †80/100 € ††90/120 €

Sistiana 57 - ✆ 040 299255 - www.gaudemus.com - solo a cena - Chiuso gennaio, domenica e lunedì

Falisia Resort

LUSSO • MODERNO Cuore pulsante di questa particolare località, Falisia Resort è una struttura dall'eleganza moderna che offre variegati servizi. Oltre al ristorante interno e al gourmet si consiglia il Maxi's: direttamente sul mare, propone piatti più semplici a base di pesce.

75 cam - †260/650 € ††290/680 € - 2 suites

strada Costiera 137, località Portopiccolo - ✆ 040 997 4444 - www.falisiaresort.com

Bris - Vedere selezione ristoranti

Eden

TRADIZIONALE • ROMANTICO Lungo la strada che attraversa il paese - in un edificio del 1906 - interni di ricercata e moderna semplicità, nonché camere dai colori pastello (mansardate quelle al secondo piano).

15 cam - †70/95 € ††90/140 €

Sistiana 42/a - ✆ 040 290 7042 - www.edensistiana.it

DUNA VERDE Venezia

→ Vedere Caorle

EBOLI

Salerno - ✉ 84025 - 40 115 ab. - Alt. 145 m - Carta regionale n° **4**-C2

Roma 296 km - Potenza 77 km - Napoli 85 km - Salerno 34 km

Carta stradale Michelin 564-F27

Il Papavero

CUCINA REGIONALE • INTIMO XX Al primo piano di un palazzo centrale, quattro salette sposano tradizione e contemporaneità all'insegna di una cucina che, oltre che per i rimarchevoli esiti gastronomici, si segnala anche per l'eccellente rapporto qualità-prezzo.

→ Bottoni di bufala, coulis di pomodoro, mozzarella, olio ai pinoli tostati e pesto. Millefoglie di pesce bandiera, salsa di scarola, insalatina, olio alle olive nere e mandorle. Cremoso agli agrumi.

Menu 35/50 € - Carta 33/43 €

corso Garibaldi 112/113 - ✆ 0828 330689 (consigliata la prenotazione) - www.ristoranteilpapavero.it - Chiuso novembre, domenica sera e lunedì

EGADI (Isole) Sicilia

Trapani - 4 314 ab. - Carta regionale n° **17**-A2

Carta stradale Michelin 365-AI56

Favignana - ✉ 91023 - Carta regionale n° **17**-A2

Carta stradale Michelin 565-N18

Cave Bianche

CASA DI CAMPAGNA • INSOLITO Definirlo originale è riduttivo. L'albergo si trova infatti all'interno di un grande scavo di calcarenite (tipo di roccia sedimentaria) con delle alte pareti che gli fanno da perimetro; nei suoi spazi trovano posto un bel giardino con piscina, una terrazza-ristorante per la prima colazione e la cena, nonché signorili camere complete di tutto, sebbene essenzialissime.

39 cam - 75/165 € 135/320 €

Strada Comunale Fanfalo - 0923 925451 - www.cavebianchehotel.it - Aperto 12 maggio-15 ottobre

Egadi

FAMILIARE • MEDITERRANEO Un'accogliente risorsa a gestione familiare nel cuore della località con colorate e funzionali camere in tinte pastello, nonché vista panoramica sul mare e sulla costa. Nella raffinata ed intima sala ristorante, piatti tipici a base di pesce interpretati con creatività.

11 cam - 60/125 € 100/220 €

via Colombo 17/19 - 0923 921232 - www.albergoegadi.it - Aperto 2 aprile-30 ottobre

Insula

FAMILIARE • CONTEMPORANEO Di recente costruzione, questo albergo dal design contemporaneo a 150 metri dal corso principale dispone di camere spaziose e ben accessoriate.

15 cam - 80/120 € 90/190 €

via Manin 2 - 0923 925437 - www.insulahotel.it - Aperto 1° maggio-30 settembre

EGNA NEUMARKT

Bolzano - 39044 - 5 232 ab. - Alt. 214 m - Carta regionale n° **19**-D3

Roma 625 km - Bolzano 25 km - Trento 42 km - Belluno 115 km

Carta stradale Michelin 562-D15

Johnson & Dipoli

CUCINA CLASSICA • BISTRÒ L'atmosfera è quella vivace e colorata di un bistrot dai tavolini piccoli e rotondi, in bella stagione sistemati anche sotto i pittoreschi portici di Egna. Ma la qualità dell'originale cucina, tra prodotti locali e non, prenderà presto il sopravvento per deliziarvi.

Carta 38/69 €

via Andreas Hofer 3 - 0471 820323 - Chiuso 23-30 novembre

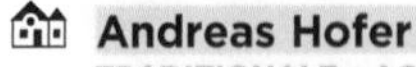

Andreas Hofer

TRADIZIONALE • ACCOGLIENTE Si trova nel caratteristico centro storico di Egna, sotto i portici, in un edificio cinquecentesco che all'interno ha uno sviluppo labirintico, ricavato com'è da tre edifici uniti a formare l'albergo: camere di diversa tipologia - prenotare le più recenti - nonché piccola area relax con sauna e bagno turco. Proposte altoatesine al ristorante.

29 cam - 65/70 € 100/130 € - 3 suites

via delle Vecchie Fondamenta 21-23 - 0471 812653 - www.hotelandreashofer.com

CI PIACE...

Il grande parco di ***Villa Ottone*** con una completa mappatura delle principali specie vegetali presenti. Le camere "Poetiche" del ***Cernia Isola Botanica***: ciascuna dedicata ad uno scrittore in particolare, tutto ruota attorno a lui. La splendida posizione sulla baia e le tante attività sportive, nonché di svago dell'hotel ***Désirée***. La schietta ospitalità del ristorante ***Capo Nord***.

ELBA (Isola d')

(LI) - 31 059 ab. - Alt. 1 019 m - Carta regionale n° **18**-B3
Carta stradale Michelin 563-N12

Il simbolo segnala una carta dei vini particolarmente interessante.

Capoliveri - ✉ 57031 - 4 033 ab. - Carta regionale n° **18**-B3

Porto Azzurro 5 km - Portoferraio 16 km
Carta stradale Michelin 563-N13

Il Chiasso

CUCINA MEDITERRANEA • RUSTICO Caratteristiche sale separate da un vicolo nelle viuzze del centro storico: piatti di terra e di mare in un ambiente simpaticamente conviviale.

Carta 62/94 €

vicolo Nazario Sauro 13 - ✆ 0565 968709 (consigliata la prenotazione) - solo a cena - Aperto 1° aprile-30 settembre; chiuso martedì escluso giugno-settembre

Da Pilade

CUCINA REGIONALE • CONVIVIALE Sulla strada per Capoliveri, ristorante a conduzione familiare dove gustare piatti tradizionali sia di carne sia di pesce. Ottime specialità alla brace.

Carta 28/105 € 30 cam - 35/100 € 60/200 €

località Marina di Mola, Nord: 2,5 km - ✆ 0565 968635 - www.hoteldapilade.it - solo a cena - Aperto 20 aprile-20 ottobre

a Pareti Sud : 4 km ✉ 57031 - Capoliveri

Dino

FAMILIARE • FUNZIONALE Ospitalità familiare per un semplice albergo in piacevole posizione: camere lineari e accesso diretto alla spiaggia privata. Cucina classica servita in un'ampia sala e in una terrazza esterna.

36 cam - 55/160 € 79/210 €

- ✆ 0565 939103 - www.elbahoteldino.com - Aperto Pasqua-31 ottobre

a Lido Nord-Ovest : 7,5 km ✉ 57031 – Capoliveri

Antares

TRADIZIONALE • MEDITERRANEO A ridosso di un'insenatura, tra spiaggia e mare, due bianche strutture immerse in una tranquilla e verdeggiante macchia mediterranea; arredi in stile marinaro.

49 cam – †58/150 € ††58/150 €

– ✆ 0565 940131 – www.elbahotelantares.it – Aperto 22 aprile-15 ottobre

Marciana – ✉ 57030 – 2 186 ab. – Alt. 375 m – Carta regionale n° **18**-B3

Porto Azzurro 37 km – Portoferraio 28 km
Carta stradale Michelin 563-N12

a Poggio Est : 3 km ✉ 57030 – Alt. 300 m

Publius

CUCINA REGIONALE • RUSTICO XX In posizione elevata, la vista si bea di costa e mare, il locale - caratteristico nell'arredo e nei piatti - propone una squisita cucina con solide radici isolane e toscane.

Carta 36/70 €

piazza Del Castagneto 11 – ✆ 0565 99208 (consigliata la prenotazione la sera) – www.ristorantepublius.it – Aperto 1° aprile-10 novembre; chiuso lunedì a mezzogiorno dal 15 giugno al 15 settembre, tutto il giorno negli altri mesi

a Sant' Andrea Nord-Ovest : 6 km ✉ 57030 – Marciana

Gallo Nero

FAMILIARE • PERSONALIZZATO Suggestiva posizione panoramica, contornata da rigogliose terrazze-giardino con piscina. Grande cura dei particolari, nonché arredi di buon gusto. Ristorante dalle enormi vetrate semicircolari per una vista mozzafiato a 180º; carne e pesce si spartiscono il menu.

29 cam – †50/120 € ††80/180 €

via San Gaetano 20 – ✆ 0565 908017 – www.hotelgallonero.it – Aperto 15 aprile-15 ottobre

Barsalini

FAMILIARE • FUNZIONALE In zona nota per le belle scogliere e i fondali, Barsalini nasce dall'unione di piccole strutture rinnovate in anni diversi: camere differenti nel confort, quasi tutte vista mare. Sala da pranzo panoramica, ventilata e luminosa.

32 cam – solo ½ P 60/142 €

piazza Capo Sant'Andrea 2 – ✆ 0565 908013 – www.hotelbarsalini.com – Aperto 15 aprile-15 ottobre

Cernia Isola Botanica

FAMILIARE • PERSONALIZZATO Nati dalla passione dei proprietari, un giardino fiorito e un orto botanico con piscina avvolgono una struttura ricca di personalità e tocchi di classe. Interessanti proposte al ristorante, dove si valorizza il territorio in chiave moderna.

27 cam – †65/170 € ††72/230 €

via San Gaetano 23 – ✆ 0565 908210 – www.hotelcernia.it – Aperto 15 aprile-15 ottobre

Da Giacomino

FAMILIARE • MEDITERRANEO Cercate la natura e gli spazi aperti? Un grande parco (in parte frutteto ed orto) attrezzato con sdraio vi separa, a terrazze digradanti, da un'incantevole costa rocciosa. Camere rinnovate in uno stile classico, squisita ospitalità familiare e sapori casalinghi al ristorante.

33 cam – †40/150 € ††50/180 €

– ✆ 0565 908010 – www.hoteldagiacomino.it – Aperto 1° aprile-31 ottobre

a Spartaia Est : 12 km ✉ 57030 – Procchio

Désirée

TRADIZIONALE • ELEGANTE Appartato, in un giardino mediterraneo frontestante l'incantevole ed esclusiva baia di Spartaia, hotel dagli spazi ben organizzati e confortevoli camere con vista. Accesso diretto alla spiaggia privata.

69 cam – solo ½ P 100/450 € – 7 suites

via Spartaia snc – ☎ 0565 907311 – www.desireehotel.it – Aperto 15 maggio-30 settembre

a Procchio Est : 13,5 km ✉ 57030

Del Golfo

TRADIZIONALE • ELEGANTE Hotel composto da più strutture che abbracciano una parte della pittoresca baia: ampie e confortevoli camere inserite in curati giardini e piscina con acqua di mare. Al ristorante La Capannina: varie proposte di pesce da gustare vicino alla distesa blu.

119 cam ☕ – †120/420 € ††140/480 €

via delle Ginestre 31 – ☎ 0565 9021 – www.hoteldelgolfo.it – Aperto 28 aprile-8 ottobre

Marciana Marina – ✉ 57033 – 1 977 ab. – Carta regionale n° **18**-B3

▶ Porto Azzurro 29 km – Portoferraio 20 km
Carta stradale Michelin 563-N12

Capo Nord

PESCE E FRUTTI DI MARE • AMBIENTE CLASSICO XX Un palcoscenico sul mare da cui godere di tramonti unici: sale sobriamente eleganti e proposte a base di pesce.

Carta 48/75 €

al porto, località La Fenicia 69 – ☎ 0565 996983 (prenotare) – www.ristorantecaponord.it – Aperto 15 marzo-15 novembre; chiuso lunedì in bassa stagione

Scaraboci

CUCINA CREATIVA • CONVIVIALE XX A pochi metri dall'incantevole lungomare di Marciana, ecco uno dei gioielli gastronomici dell'isola: di terra, o più spesso di mare, i piatti esaltano in prodotti, intrigano per accostamenti, seducono con le presentazioni. Terrazzo privé per cene intime nel periodo estivo.

Menu 38/38 € – Carta 38/73 €

via XX Settembre 27 – ☎ 0565 996868 (consigliata la prenotazione) – solo a cena – Chiuso 11 gennaio-9 marzo e martedì escluso 1° giugno-15 settembre

Marina di Campo – ✉ 57034 – Carta regionale n° **18**-B3

▶ Marciana Marina 13 km – Porto Azzurro 26 km – Portoferraio 17 km
Carta stradale Michelin 563-N12

Dei Coralli

TRADIZIONALE • MEDITERRANEO Edificio di moderna concezione, con servizi funzionali e buon livello di ospitalità. Non lontano dal centro cittadino e dal mare dal quale lo separa una fresca pineta.

62 cam ☕ – †65/180 € ††100/250 €

viale degli Etruschi 567 – ☎ 0565 976336 – www.hoteldeicoralli.it – Aperto fine aprile-15 ottobre

a Fetovaia Ovest : 8 km ✉ 57034 – Seccheto

Montemerlo

FAMILIARE • ACCOGLIENTE Stanze confortevoli con arredi classici, ricavate da quattro villette sparse nel delizioso giardino con piscina. Non lontano dalla spiaggia, in posizione arretrata e panoramica, la tranquillità regna sovrana.

38 cam ☕ – †56/110 € ††56/110 €

via Canaletto 280 – ☎ 0565 988051 – www.welcometoelba.com – Aperto Pasqua-15 ottobre

Porto Azzurro - ✉ 57036 - 3 751 ab. - Carta regionale n° **18**-B3

Carta stradale Michelin 563-N13

Osteria dei Quattro Gatti

PESCE E FRUTTI DI MARE • RUSTICO Tra le viette del centro storico, una "ruspante" osteria con un *côté* vagamente romantico: gattini in ceramica, centrini e ninnoli vari. In menu: proposte a base di pesce, presentate con un pizzico di fantasia.

Carta 32/59 €

piazza Mercato 4 - ✆ 0565 95240 (coperti limitati, prenotare) - solo a cena - Chiuso 15 giorni in febbraio, 15 giorni in novembre e lunedì escluso 15 giugno-15 settembre

Tamata

CUCINA CREATIVA • MINIMALISTA "Tamata" è una parola polinesiana che significa "tentare" ed è proprio cogliendo questa esortazione che Barbara e Fabio hanno aperto - più di un lustro fa - questo singolare ristorantino, la cui cucina trae ispirazione dai prodotti locali e dalla loro stagionalità, privilegiando sempre il biologico, il rispetto degli animali e dell'ambiente. Insomma, di esotico qua c'è solo il nome!

Menu 90 € - Carta 44/62 €

via Cesare Battisti 3 ang. via Cavallotti - ✆ 0565 940048 (coperti limitati, prenotare) - www.tamataristorante.it - solo a cena dal 15 maggio-15 ottobre - Chiuso dicembre-gennaio

Portoferraio - ✉ 57037 - 11 992 ab. - Carta regionale n° **18**-B3

Marciana Marina 20 km - Porto Azzurro 15 km

Carta stradale Michelin 563-N12

Stella Marina

PESCE E FRUTTI DI MARE • ACCOGLIENTE La posizione sul porto di questo ristorantino recentemente rinnovato è strategica, la cucina di mare affidabile e gustosa. Apprezzabili anche la cantina e il servizio.

Carta 32/76 €

via Vittorio Emanuele II 1 - ✆ 0565 880566 - www.stellamarinaportoferraio.it - Aperto Pasqua-15 ottobre; chiuso martedì sera

Villa Ombrosa

FAMILIARE • ACCOGLIENTE In zona panoramica, a 20 m dalla spiaggia delle Ghiaie, albergo a conduzione diretta dagli ambienti sobri e dalle camere lineari, ma non prive di confort. Due ambienti per la tavola - il più caratteristico ricorda una piacevole taverna - e in menu gustose ricette sia di carne sia di pesce.

38 cam - †45/160 € ††75/240 €

via De Gasperi 9 - ✆ 0565 914363 - www.villaombrosa.it

a Viticcio Ovest : 5 km ✉ 57037 - Portoferraio

Viticcio

FAMILIARE • MEDITERRANEO Costruito su un incantevole promontorio, in un piccolo angolo di paradiso, l'hotel Viticcio si affaccia sull'omonimo golfo con una vista mozzafiato dalla terrazza panoramica: qui, tempo permettendo, vengono serviti i pasti. Luminosa sala.

32 cam - †40/110 € ††80/270 €

- ✆ 0565 939058 - www.hotelviticcio.it - Aperto 25 aprile-30 settembre

a Biodola Ovest : 9 km ✉ 57037 - Portoferraio

Hermitage

GRAN LUSSO • ELEGANTE Un hotel esclusivo ed elegante, il cui parco-giardino ospita una piscina con acqua di mare: tanti confort in una struttura ineccepibile, completata dall'amenità della posizione.

127 cam - †145/277 € ††290/700 € - 2 suites

- ✆ 0565 9740 - www.hotelhermitage.it - Aprile 25 aprile-9 ottobre

Biodola

LUSSO • ELEGANTE Giardino fiorito con piscina per questo complesso ubicato in una delle baie più esclusive dell'isola. Stile classico con servizi e ospitalità sicuramente ad alto livello.

88 cam - 124/275 € 212/514 €

via Biodola 21 - 0565 974812 - www.biodola.it - Aperto 1° aprile-30 ottobre

ad Ottone Sud-Est : 11 km ✉ 57037 - Portoferraio

Villa Ottone

GRAN LUSSO • STORICO Suggestiva vista sul golfo di Portoferraio per questa raffinata struttura composta da una neoclassica villa ottocentesca (interamente affrescata), da un hotel e da graziosi cottage immersi in un parco secolare esteso fino alla spiaggia privata. Ultra-moderno centro benessere e golf a soli 3 km.

69 cam - 99/179 € 209/689 € - 6 suites

località Ottone - 0565 933042 - www.villaottone.com - Aperto 1° maggio-30 settembre

Rio nell'Elba - ✉ 57039 - 1 148 ab. - Alt. 165 m - Carta regionale n° **18**-B3

Porto Azzurro 8 km - Portoferraio 15 km

Carta stradale Michelin 563-N13

a Bagnaia Sud-Est : 12 km ✉ 57037 - Rio Nell'Elba

Locanda del Volterraio

TRADIZIONALE • MEDITERRANEO All'interno di un complesso residenziale turistico, abbracciato da giardini fioriti e uliveti, grazioso hotel dalle ampie e confortevoli camere. Servizi in comune con l'intero complesso.

18 cam - 50/220 € 50/220 €

località Bagnaia-Residenza Sant'Anna - 0565 961236 - www.volterraio.it - Aperto 20 maggio-30 settembre

ENNA Sicilia

(EN) - ✉ 94100 - 28 019 ab. - Alt. 931 m - Carta regionale n° **17**-C2

Agrigento 86 km - Caltanissetta 33 km - Catania 88 km - Palermo 137 km

Carta stradale Michelin 365-AU58

Ariston

CUCINA SICILIANA • CONTESTO CONTEMPORANEO XX Un'insegna ben conosciuta in città risorta da tempo presso i locali attigui all'albergo Sicilia, si propone con un look contemporaneo e cucina del territorio con influenze nazionali. Non manca la pizza.

Menu 20/65 € - Carta 24/60 €

Hotel Sicilia, piazza Napoleone Colajanni 6 - 0935 26038 - www.aristonenna.com - Chiuso mercoledì

Centrale

CUCINA SICILIANA • FAMILIARE X Ristorante a conduzione familiare, situato come evoca l'insegna nel cuore della città. Un salone dagli alti soffitti con arredi in bilico tra tradizione e modernità. Ogni giorno: gustoso buffet di antipasti, ma riservate un po' di appetito per il controfiletto all'ennese.

Menu 16/23 € - Carta 15/51 €

piazza 6 Dicembre 9 - 0935 500963 (consigliata la prenotazione) - www.ristorantecentrale.net - Chiuso sabato a mezzogiorno

Federico II Palace Hotel

SPA E WELLNESS • CONTEMPORANEO A pochi chilometri dal centro, circondato da una rilassante cornice verde, un albergo moderno con camere molto spaziose ed un'attrezzata spa.

85 cam - 80/95 € 100/130 € - 1 suite

contrada Salerno, Sud: 5 km - 0935 20176 - www.hotelfedericoenna.it

Sicilia

TRADIZIONALE • MEDITERRANEO A cento metri dal Duomo, un albergo a gestione familiare con camere dagli arredi in stile e fantasiose: alcune orientate sulla città, altre sulle motagne.

60 cam ☕ - 🚹40/70 € 🚹🚹65/100 €

piazza Napoleone Colajanni 7 - ✆ 0935 500850 - www.hotelsiciliaenna.it

🍴 **Ariston** - Vedere selezione ristoranti

ENTRÈVES Aosta → Vedere Courmayeur

CI PIACE...

Assistere ad uno spettacolo teatrale o musicale nell'anfiteatro affacciato sul blu de ***La Sirenetta Park Hotel*** a Stromboli. ***L'Anfora*** di Lipari il cui dehors offre scorci sui tetti del centro storico. La vista infinita dalla terrazza del ristorante ***La Canna*** di Filicudi. Il vero e proprio museo etnografico raccolto negli spazi comuni dell'hotel ***Oriente*** a Lipari.

EOLIE (Isole) Sicilia

(ME) - 13 920 ab. - Carta regionale n° **17**-D1
Carta stradale Michelin 365-AY53

Lipari - ✉ 98055 - 12 753 ab. - Carta regionale n° **17**-C1

Carta stradale Michelin 365-AY35

E Pulera (N)

CUCINA SICILIANA • ELEGANTE XX Prende il nome dalle tipiche colonne eoliane che nelle case di un tempo avevano lo scopo di refrigerare in estate e riscaldare in inverno le mura, questo raffinato ristorante di cucina locale non scevra di fantasia.

Menu 40/80 € - Carta 41/64 €

via Isabella Vainicher Conti - ✆ 090 981 1158 - www.epulera.it - solo a cena - Aperto aprile-ottobre

Filippino

PESCE E FRUTTI DI MARE • STILE MEDITERRANEO XX Piacevole e fresco il pergolato esterno di questo storico locale al traguardo dei 100 anni, dove vi verrà proposta una gustosa e ampia gamma di pescato locale elaborato in preparazioni tipiche.

Menu 30 € (pranzo in settimana)/40 € - Carta 37/55 €

piazza Municipio - ✆ 090 981 1002 - www.eolieexperience.it - Chiuso 16 novembre-15 dicembre e lunedì escluso aprile-settembre

L'Anfora (N)

CUCINA SICILIANA • AMBIENTE CLASSICO XX Cucina isolana interpretata con passione e dove s'indugia - per passione della vista e non solo del palato - in giochi cromatici: il tutto servito in porzioni generose!

Menu 25/65 € - Carta 31/88 €

vico Alicudi - ✆ 090 982 1014 - www.ristoranteanfora.it - Chiuso 1° gennaio-15 febbraio

Nenzyna

PESCE E FRUTTI DI MARE • AMBIENTE CLASSICO X Curiosa risorsa articolata in maniera originale, con la cucina al di là del vicolo della Marina Corta dove si organizza il servizio estivo. Nessun "preziosismo" ai fornelli, ma il pesce è una garanzia!

Carta 24/57 €

via Roma 4 - ✆ 090 981 1660 - www.ristorantenenzyna.it - Aperto 1° maggio-31 ottobre

Trattoria del Vicolo

CUCINA SICILIANA • TRATTORIA Sulla piazza da quasi 50 anni, ovviamente rimodernato ma sempre conviviale e senza fastidiosi snobismi, alle pareti alcuni dipinti dello chef/artista, in tavola le sue creazioni gastronomiche dai sapori regionali.

Menu 20/30 € - Carta 34/44 €

vico Ulisse 17 - 090 981 1066 - solo a cena - Aperto 1° aprile-31 ottobre; chiuso domenica

Tritone

TRADIZIONALE • MODERNO Non lontano dal centro, costruzione moderna con interni di classica eleganza e terrazza panoramica. Ottimo centro benessere con un'ampia scelta di trattamenti estetici e massaggi. Un'unica enorme sala è destinata alla ristorazone, ma d'estate ci si sposta a bordo piscina per il pranzo a buffet.

38 cam - 95/195 € 120/290 € - 1 suite

via Mendolita - 090 981 1595 - www.tritonelipari.it - Aperto 1° aprile-31 ottobre

Aktea

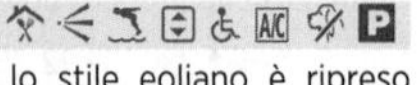

TRADIZIONALE • MODERNO Recente struttura moderna e di prestigio accolta in due edifici, con molti spazi a disposizione degli ospiti: alcuni originali dettagli richiamano lo stile della casa eoliana.

40 cam - 90/210 € 120/280 € - 3 suites

via Falcone e Borsellino - 090 981 4234 - www.hotelaktea.it - Aperto 1° aprile-24 ottobre

Mea

RESORT • MEDITERRANEO In posizione panoramica, lo stile eoliano è ripreso con attenzione ai particolari nelle belle terrazzine; echi arabeggianti caratterizzano le moderne camere, mentre la cucina riscopre i sapori mediterranei nel ristorante con vista mare.

37 cam - 65/250 € 100/390 €

via Falcone e Borsellino - 090 981 2077 - www.hotelmealipari.it - Chiuso 7 gennaio-28 febbraio

A' Pinnata

FAMILIARE • LUNGOMARE Perfetto per chi vi approda con un'imbarcazione, la vecchia piccola pizzeria di un tempo è oggi un hotel dagli spazi arredati con belle ceramiche. Prima colazione in terrazza dalla vista impagabile.

12 cam - 90/115 € 120/250 €

baia Pignataro - 090 981 1697 - www.pinnata.it - Aperto 1° marzo-31 ottobre

Villa Meligunis

TRADIZIONALE • MEDITERRANEO Nel caratteristico quartiere di pescatori, un'elegante struttura all'interno di un edificio storico con fontana all'ingresso e quadri di arte contemporanea a vivacizzare gli spazi comuni. Roof garden con piccola piscina. Fantastica la vista panoramica dalla sala da pranzo.

43 cam - 90/180 € 120/240 €

via Marte 7 - 090 981 2426 - www.villameligunis.it - Aperto 25 marzo-30 ottobre

Rocce Azzurre

TRADIZIONALE • MEDITERRANEO Piattaforma-solarium con splendidi scorci sul mare per questa struttura non lontano dal centro, ma in posizione tranquilla. Camere in stile classico, marina o con ceramiche di Caltagirone. In estate, viene predisposto anche un pontile d'attracco per le barche.

33 cam - 90/140 € 90/230 €

via Maddalena 69 - 090 981 3248 - www.hotelrocceazzurre.it - Aperto 1° aprile-31 ottobre

Oriente

TRADIZIONALE • CENTRALE In una delle sette splendide Isole Eolie, riconosciute dall'UNESCO come patrimonio dell'Umanità, Oriente è un piccolo e semplice hotel, ma dalla calda accoglienza con camere funzionali ed un tranquillo, riparato, giardino. Comodo il servizio navetta gratuito dal porto.

30 cam - 40/85 € 60/150 €

via Marconi 35 - 090 981 1493 - www.hotelorientelipari.com - Aperto 1° aprile-31 ottobre

Panarea - 98050 - Carta regionale n° **17**-D1

Carta stradale Michelin 365-AZ52

Hycesia

PESCE E FRUTTI DI MARE • STILE MEDITERRANEO XXX Un ristorante esclusivo nel cuore di Panarea: una delle più fornite cantine ed una selezione dei migliori prodotti, in un ambiente piacevole ed elegante in stile eoliano...con qualche contaminazione etnica.

Carta 51/112 € 8 cam - 70/200 € 100/280 € - 1 suite

via San Pietro - 090 983041 - www.hycesia.it - solo a cena - Aperto 20 maggio-14 ottobre

Quartara

FAMILIARE • ROMANTICO La terrazza panoramica offre una vista notevole, considerata la posizione arretrata rispetto al porto. Arredi nuovi e di qualità che offrono eleganza e personalizzazioni. Il ristorante offre una grande atmosfera.

13 cam - 100/250 € 150/500 €

via San Pietro 15 - 090 983027 - www.quartarahotel.com - Aperto 1° aprile-31 ottobre

Lisca Bianca

FAMILIARE • ELEGANTE Affacciato sul porto, offre una delle terrazze più suggestive dell'isola e camere personalizzate con arredi e maioliche eoliani.

33 cam - 100/450 € 100/450 €

via Lani 1 - 090 983004 - www.liscabianca.it - Aperto 1° aprile-31 ottobre

Cincotta

TRADIZIONALE • MEDITERRANEO Terrazza con piscina d'acqua di mare, una zona comune davvero confortevole e camere in classico stile mediterraneo, gradevoli anche per l'ubicazione con vista mare.

29 cam - 70/350 € 90/380 €

via San Pietro - 090 983014 - www.hotelcincotta.it - Aperto 22 aprile-9 ottobre

Filicudi - 98050 - Carta regionale n° **17**-C1

Carta stradale Michelin 365-AW52

La Canna

PESCE E FRUTTI DI MARE • RUSTICO X Di grandissimo impatto la terrazza coperta davanti all'immensità del mare e poi una schietta, fragrante, cucina di pesce elaborata in chiave casalinga con prodotti locali e tanta buona volontà ai fornelli!

Menu 25/35 €

Hotel La Canna, contrada Rosa - 090 988 9956 - www.lacannahotel.it - Aperto 15 aprile-15 ottobre

La Canna

FAMILIARE • ROMANTICO Nel completo rispetto della storia e della geografia isolana, l'albergo propone un soggiorno in un'autentica casa d'epoca dalle tipiche forme squadrate e mediterranee. Ambienti semplici, terrazze all'aperto e colori marini, ecco l'indirizzo balneare che cercate.

14 cam - 70/140 € 70/140 € - 10 €

contrada Rosa - 090 988 9956 - www.lacannahotel.it - Aperto 15 aprile-15 ottobre

La Canna - Vedere selezione ristoranti

Stromboli - ✉ 98050 - Carta regionale n° **17**-D1

Carta stradale Michelin 365-BA51

Punta Lena

PESCE E FRUTTI DI MARE • FAMILIARE XX Il servizio sotto un pergolato con eccezionale vista sul mare e sullo Strombolicchio, è la compagnia migliore per qualsiasi tipo di occasione. In cucina tanto pesce.

Carta 34/57 €

via monsignor Di Mattina 8, località Ficogrande - ✆ 090 986204 - Aperto 20 aprile-15 ottobre

La Sirenetta Park Hotel

LUSSO • LUNGOMARE Il bianco degli edifici che assecondano la caratteristica architettura eoliana, il verde della vegetazione, la nera sabbia vulcanica e il blu del mare: dotazioni complete! Si può gustare il proprio pasto quasi in riva al mare, ai piedi del vulcano.

55 cam ☕ - †90/150 € ††160/300 € - 3 suites

via monsignor Di Mattina 33, località Ficogrande - ✆ 090 986025 - www.lasirenetta.it - Aperto 15 aprile-15 ottobre

La Locanda del Barbablu

FAMILIARE • BUCOLICO Lungo la strada sopraelevata che costeggia la spiaggia, arredi artigianali e grande attenzione ai dettagli in una tipica casa stromboliana dalle camere molto curate e personalizzate.

5 cam ☕ - †85/136 € ††130/210 €

via Vittorio Emanuele 17-19 - ✆ 090 986118 - www.barbablu.it - Aperto 15 marzo-30 ottobre

Vulcano - ✉ 98055 - Carta regionale n° **17**-D1

Carta stradale Michelin 365-AY54

Cappero

CUCINA MEDITERRANEA • ELEGANTE XXX Il nuovo chef compie una dolce virata verso sapori più spiccatamente locali - tutto nelle sue ricette trae spunto da questa stupenda isola adagiata nel Mediterraneo - ma la tecnica, anche in virtù della sua giovane età, sa essere moderna ed anticipatrice. A strapiombo sul mare, è il Cappero l'unico punto dell'arcipelago da cui si vedono tutte le isole Eolie.

➜ Ravioli alla Norma. Un'altra caponata. Il ricordo del cannolo siciliano.

Menu 85/120 € - Carta 45/98 €

Hotel Therasia Resort, località Vulcanello - ✆ 090 985 2555 (consigliata la prenotazione) - solo a cena - Aperto 18 aprile -10 ottobre

Therasia Resort

SPA E WELLNESS • MEDITERRANEO A strapiombo sul mare, è l'unico punto dell'arcipelago da cui si vedono tutte le isole! Circondata da un giardino con piante esotiche e palme, la struttura in stile mediterraneo privilegia gli spazi e la luminosità: qualche inserzione di elementi d'epoca, ma fondamentalmente ambienti moderni ed essenziali. Sintesi perfetta tra territorio, cultura, creatività la cucina flirta con i prodotti del territorio.

94 cam ☕ - †200/310 € ††255/605 € - 2 suites

località Vulcanello - ✆ 090 985 2555 - www.therasiaresort.it - Aperto 18 aprile-10 ottobre

Cappero - Vedere selezione ristoranti

Eros

TRADIZIONALE • MEDITERRANEO E' facile innamorarsi di questa piccola risorsa dal nome promettente... A ridosso della spiaggia di acqua calda, dove si può godere di bagni con fanghi sulfurei, camere semplici, ma accoglienti, si snodano attorno alla piscina nell'ampio giardino.

24 cam ☕ - †65/300 € ††65/300 € - 1 suite

via Porto di Levante 64 - ✆ 090 985 3265 - www.eroshotel.it - Aperto 1° giugno-24 settembre

Salina - ✉ 98050 - Carta regionale n° **17**-C1

Carta stradale Michelin 365-AY52

✿ Signum (Martina Caruso)

CUCINA CREATIVA • **LOCANDA** XX Un piacevolissimo pergolato con una terrazza molto caratteristica, belle maioliche e tipici colori eoliani anticipano quanto arriverà in tavola: piatti gustosi dove emerge la straordinaria capacità della cuoca nell'interpretare ricette tradizionali locali con fantasia ed originalità. Ottima anche la selezione enologica, mirata a far conoscere anche l'eccellenze meno note dell'isola.

➔ Linguine con latte di mandorla e vongole. Assoluto di triglia. Zuppa di latte, carrubba e caffè.

Menu 45 € (pranzo in settimana)/90 € - Carta 55/104 €

Hotel Signum, via Scalo 15, località Malfa ✉ 98050 Malfa - ✆ 090 984 4222 (consigliata la prenotazione) - www.hotelsignum.it - Aperto 1° aprile-31 ottobre

Nni Lausta

PESCE E FRUTTI DI MARE • **STILE MEDITERRANEO** X E' il pesce il protagonista della tavola, la tradizione genuina e gustosa della cucina eoliana viene interpretata con abilità, fantasia e innovazione. Se non fa troppo caldo, optare per la fresca terrazza ombreggiata.

Carta 33/77 €

via Risorgimento 188, località Santa Marina Salina ✉ 98050 Santa Marina di Salina - ✆ 090 984 3486 - www.nnilausta.it - Chiuso 2 gennaio-31 marzo

Signum

LUSSO • **MEDITERRANEO** Costruito come un tipico borgo eoliano dai caratteristici ambienti e dagli arredi artigianali, quest'oasi di tranquillità dispone di un centro benessere con numerose vasche tra cui una termale. La gestione è nelle mani di un nucleo familiare coeso e ospitale.

23 cam - 120/750 € 150/750 € - 7 suites

via Scalo 15, località Malfa ✉ 98050 Malfa - ✆ 090 984 4222 - www.hotelsignum.it - Aperto 1° aprile-31 ottobre

✿ **Signum** - Vedere selezione ristoranti

La Salina Borgo di Mare

FAMILIARE • **MEDITERRANEO** Attiguo alla salina, ormai dismessa, un borgo anticamente destinato ad abitazione di chi della salina si occupava... Oggi, un'elegante ristrutturazione rispettosa dell'architettura eoliana originaria consente di godere appieno delle belle camere e della deliziosa posizione in riva al mare.

24 cam - 60/180 € 80/260 €

via Manzoni 4, frazione Lingua ✉ 98050 Santa Marina di Salina - ✆ 090 984 3441 - www.lasalinahotel.com - Aperto 1° aprile-31 ottobre

Punta Scario

FAMILIARE • **MEDITERRANEO** Albergo di sobria eleganza, ricavato in uno dei luoghi più suggestivi dell'isola, a strapiombo sulla scogliera, accanto ad una delle poche spiagge del litorale.

17 cam - 56/175 € 80/250 €

via Scalo 8, località Malfa ✉ 98050 Malfa - ✆ 090 984 4139 - www.hotelpuntascario.it - Aperto 15 maggio-15 ottobre

Ravesi

FAMILIARE • **MEDITERRANEO** A fianco di una piccola chiesetta, nel cuore del paese, piacevole struttura - sebbene di modeste dimensioni - con camere standard un po' defilate e superior con vista mare (terrazzino privato in quasi tutte). Bella, anche la piscina a sfioro.

14 cam - 67/240 € 95/240 €

via Roma 66, località Malfa ✉ 98050 Santa Marina Salina - ✆ 090 984 4385 - www.hotelravesi.it - Aperto 22 aprile-22 ottobre

EPPAN AN DER WEINSTRASSE APPIANO SULLA STRADA DEL VINO

ERACLEA

Venezia – ✉ 30020 – 12 396 ab. – Carta regionale n° **23**-D2
Roma 569 km – Udine 79 km – Venezia 46 km – Belluno 102 km
Carta stradale Michelin 562-F20

ad Eraclea Mare Sud-Est : 10 km ✉ 30020

Park Hotel Pineta

TRADIZIONALE • CLASSICO A pochi passi dal mare, avvolto dalla tranquillità di una pineta, hotel a conduzione familiare diviso in più strutture: comode camere ed appartamenti. Ideale per famiglie.

34 cam – 50/90 € 80/190 € – 23 suites

via della Pineta 30 – ✆ 0421 66063 – www.parkhotelpineta.com – Aperto 10 maggio-30 settembre

ERBUSCO

Brescia – ✉ 25030 – 8 633 ab. – Alt. 236 m – Carta regionale n° **10**-D2
Roma 578 km – Bergamo 35 km – Brescia 22 km – Milano 69 km
Carta stradale Michelin 561-F11

LeoneFelice

CUCINA MODERNA • CONTESTO CONTEMPORANEO Uno chef giovane e preparato, Fabio Abbattista, propone in un ambiente elegantemente minimalista, una cucina contemporanea di grande qualità. Nuovo dehors affacciato sul verde.

Menu 95 € – Carta 70/116 €

Hotel L'Albereta, via Vittorio Emanuele 23, Nord: 1,5 km – ✆ 030 776 0550 – www.albereta.it – solo a cena – Chiuso 8-23 gennaio, 13-28 agosto, domenica e lunedì

Locanda di Mare - Burro & Alici (N)

CUCINA MEDITERRANEA • COLORATO Ambiente informale, ma non per questo poco curato. Anzi, è proprio il contrario! In un ambiente giovane e colorato, il menu, qui, lo decide il mare proponendo di giorno in giorno piatti diversi a seconda della disponibilità del mercato.

Menu 40/50 € – Carta 29/80 €

via Cavour 7 – ✆ 030 776 0569 – www.locandaburroealici.it – Chiuso 20 in dicembre-gennaio e mercoledì

L'Albereta

CASA PADRONALE • GRAN LUSSO Immersa in un rigoglioso parco secolare e circondata dalle vigne di Franciacorta, questa antica dimora padronale, con affreschi d'epoca e opere d'arte contemporanea, gode di una splendida vista sul lago d'Iseo: raffinate camere e la speciale cabriolet suite vi attendono in un'oasi di pace. A pranzo e a cena cucina classica, snack e insalate lungo tutto l'arco della giornata al VistaLago Bistrò, con la sua terrazza affacciata sul verde.

47 cam – 180/350 € 275/630 € – 10 suites – 28 €

via Vittorio Emanuele 23, Nord: 1,5 km – ✆ 030 776 0550 – www.albereta.it

LeoneFelice – Vedere selezione ristoranti

ERCOLANO

Napoli (NA) – ✉ 80056 – 53 709 ab. – Carta regionale n° **4**-B2
Roma 230 km – Napoli 13 km – Caserta 38 km – Benevento 95 km
Carta stradale Michelin 564-E25

Viva Lo Re

CUCINA MEDITERRANEA • WINE-BAR Se il nome rimanda all'antico brindisi borbonico, la cucina - presentata su lavagnetta ed a voce - parte da basi regionali per stupire poi con qualche spunto di riuscita creatività. Appassionato di vini, il patron popone anche alcune bottiglie al bicchiere. Sicuramente, un imperdibile tra i ristoranti della località.

Carta 27/53 €

corso Resina 261 - 081 739 0207 - www.vivalore.it - Chiuso 8-30 agosto, domenica sera e lunedì

Miglio D'Oro Parkhotel

DIMORA STORICA • MINIMALISTA Imponente villa settecentesca nel cuore di Ercolano, gli scavi a due passi e un lussureggiante parco con fontana. Arredi moderni nelle spaziose camere e bagni di pregio: la vista più bella vi aspetta in alcune stanze dell'ultimo piano.

37 cam - 69/179 € 79/239 € - 3 suites

corso Resina 296 - 081 739 9999 - www.migliodoroparkhotel.it - Aperto 1° aprile-30 ottobre

ERICE Sicilia

Trapani - 91016 - 28 291 ab. - Alt. 751 m - Carta regionale n° **17**-A2

Palermo 117 km - Marsala 45 km - Trapani 14 km

Carta stradale Michelin 365-AK55

Monte San Giuliano

CUCINA REGIONALE • CONVIVIALE In pieno centro e sulla via pedonale, passando per la piccola corte interna, corredata da un pozzo, si arriva nella singolare terrazza-giardino, perfetta cornice in cui gustare i piatti della tradizione isolana.

Menu 18 € (pranzo in settimana) - Carta 24/53 €

vicolo San Rocco 7 - 0923 869595 - www.montesangiuliano.it - Chiuso 7 gennaio-7 febbraio, 7 novembre-7 dicembre e lunedì escluso agosto

a Erice Mare Ovest : 10 km 91016 - Casa Santa-Erice Mare

I Mulini Resort

RESORT • LUNGOMARE Ricavato dalla riconversione di un'antica casa salinara sul mare con un mulino che azionava la macina ed un altro poco lontano utilizzato per la regolazione delle acque, un hotel con camere dotate dei migliori confort per un soggiorno all'insegna dell'originalità e del relax.

20 cam - 102/250 € 102/250 € - 4 suites

lungomare Dante Alighieri - 0923 584500 - www.imuliniresort.it - Aperto inizio aprile-25 ottobre

ETROUBLES

Aosta - 11014 - 501 ab. - Alt. 1 270 m - Carta regionale n° **21**-A2

Roma 760 km - Aosta 18 km - Colle del Gran San Bernardo 18 km - Torino 129 km

Carta stradale Michelin 561-E3

La Croix Blanche

CUCINA REGIONALE • RUSTICO In una locanda del XVII secolo, con tipici tetti in losa del posto e ubicazione strategica verso il Gran San Bernardo: ambiente rustico, sapori locali e nazionali.

Menu 23/48 € - Carta 26/59 €

via Nazionale Gran San Bernardo 10 - 0165 78238 - www.croixblanche.it - Chiuso 7 gennaio-28 febbraio, lunedì sera e martedì escluso luglio-agosto

FABBRICA CURONE

Alessandria - 15050 - 808 ab. - Alt. 480 m - Carta regionale n° **12**-D2

Roma 545 km - Alessandria 55 km - Genova 79 km - Milano 97 km

Carta stradale Michelin 561-H9

La Genzianella

CUCINA REGIONALE • CONTESTO TRADIZIONALE In posizione isolata, il locale vanta una cordiale gestione familiare e propone un solo menu degustazione d'ispirazione regionale, da cui però si possono scegliere anche solo alcuni piatti. La filosofia? Km zero, prodotti bio e proprio orto. Dispone anche di camere semplici e curate.

Menu 20 € - Carta 22/70 € 10 cam - 50/100 € 70/100 € - 10 €

frazione Selvapiana 7, Sud-Est: 4 km - alt. 780 - 0131 780135 - www.lagenzianella-selvapiana.it - Chiuso settembre, lunedì e martedì escluso luglio-agosto

FABRIANO

Ancona - 60044 - 31 480 ab. - Alt. 325 m - Carta regionale n° **11**-B2

Roma 216 km - Perugia 72 km - Ancona 76 km - Foligno 58 km

Carta stradale Michelin 563-L20

Residenza La Ceramica

STORICO • PERSONALIZZATO Un piacevole palazzo del centro, già carcere e poi convento, ripropone ora ambienti moderni e alla moda, rallegrati da confortevoli spazi colorati; la struttura ospita fra le sue mura anche una piccolissima taverna-enoteca.

10 cam - 120/160 € 220/260 € - 4 suites

via della Ceramica 10 - 0732 4136 - www.residenzalaceramica.com - Chiuso 23 dicembre-8 gennaio e 5-21 agosto

sulla strada statale 76 in prossimità uscita Fabriano Est Nord-Est : 6 km

Villa Marchese del Grillo

CUCINA CREATIVA • CONTESTO STORICO Splendido edificio settecentesco fatto costruire dal celebre Marchese Onofrio: le ex cantine ospitano oggi una cucina creativa ed elaborata, ricca di fantasia. Un soggiorno aristocratico nelle camere, tra affreschi e lampadari di Murano.

Menu 35/50 € - Carta 39/66 € 15 cam - 70/110 € 90/135 € - 5 suites

località Rocchetta Bassa 73 60044 - 0732 625690 - www.marchesedelgrillo.com - solo a cena escluso domenica - Chiuso 10 giorni in gennaio, 1 settimana in agosto domenica sera e lunedì

FAENZA

Ravenna - 48018 - 58 541 ab. - Alt. 35 m - Carta regionale n° **5**-C2

Roma 368 km - Bologna 58 km - Ravenna 35 km - Firenze 104 km

Carta stradale Michelin 562-J17

Cà Murani

EMILIANA • RUSTICO Lo chef-patron, Remo, vi preparerà gustosi piatti basati sui prodotti stagionali del territorio, intrigandovi con specialità come il lonzino di maiale affumicato con panzanella al fumo di olivo.

Carta 32/40 €

vicolo Sant'Antonio 7 - 0546 88054 - solo a cena escluso sabato e domenica - Chiuso 15 giorni in maggio e giovedì

La Baita

CUCINA EMILIANA • RUSTICO Osteria familiare del centro, varcato l'uscio si passa per la fornita drogheria che preannuncia le specialità della casa: salumi e formaggi in gran quantità, paste fatte in casa tirate al mattarello, ma anche vino con una fornitissima cantina (più di 1000 etichette). Dalla cucina, piatti stagionali del territorio come i cappelletti in brodo di cappone con tartufo bianco e bollito misto con salse.

Carta 28/48 €

via Naviglio, 25c - 0546 21584 (prenotare) - www.labaitaosteria.it - Chiuso 15 giorni in gennaio, 15 giorni in agosto, domenica e lunedì

Cinque Cucchiai

PESCE E FRUTTI DI MARE • CHIC XXX Situato sotto una grande quercia secolare, all'interno del giardino della villa, il ristorante è apparecchiato in una luminosa sala-veranda all'insegna di arredi bianchi. La cucina è specializzata nel pesce con piatti classici ed altri più moderni.

Menu 55 € (pranzo in settimana)/75 € - Carta 40/103 €

Hotel Relais Villa Abbondanzi, via Emilia Ponente 23, Ovest: 1 km - ✆ 0546 621527 (consigliata la prenotazione) - www.villa-abbondanzi.com - Chiuso 2 settimane in gennaio, martedì a pranzo e lunedì

FM (N)

MODERNA • DI TENDENZA XX All'interno dello storico hotel Vittoria lo chef-patron vi saprà deliziare con piatti ricchi di fantasia, ma con un stretto legame al territorio. Sala liberty o quella delle ceramiche per un'eleganza informale; a pranzo è aperto il bistrot con proposte più veloci.

Menu 38/70 € - Carta 36/72 € 49 cam - †69/109 € ††89/139 €

corso Garibaldi 23/b - ✆ 0546 22074 - www.fmcongusto.it - solo a cena - Chiuso domenica sera e lunedì

Relais Villa Abbondanzi

DIMORA STORICA • PERSONALIZZATO In una dimora dei primi '800 - non proprio in centro, ma questo è solo un vantaggio in termini di tranquillità - il relais dispone di camere con mobili d'epoca, soppalchi e caminetti. Se l'India vi sembra lontana, la sua scienza di vita, o meglio Ayurveda, la ritrovate nei trattamenti del centro benessere.

15 cam - †129/205 € ††159/230 € - 4 suites

via Emilia Ponente 23, Ovest: 1 km - ✆ 0546 622672 - www.villa-abbondanzi.com - Chiuso 2 settimane in gennaio

Cinque Cucchiai - Vedere selezione ristoranti

FAGAGNA

Udine - ✉ 33034 - 6 385 ab. - Alt. 177 m - Carta regionale n° **6**-B2

Roma 634 km - Udine 14 km - Gemona del Friuli 30 km - Pordenone 54 km

Carta stradale Michelin 562-D21

Al Castello

CUCINA REGIONALE • ACCOGLIENTE XX Nella parte alta della località, poco distante dal castello che ricorda nel nome, l'atmosfera coniuga rusticità ed eleganza, la tradizione della linea gastronomica e la modernità delle presentazioni. Per chi vuole assaggiare un piatto veramente tipico: sformato alle dodici erbe d'alpeggio e sciroppo di fiori di sambuco e tarassaco.

Menu 18 € (pranzo in settimana)/36 € - Carta 27/51 €

via San Bartolomeo 18 - ✆ 0432 800185 - www.ristorantealcastello.com - Chiuso 10 giorni in gennaio e lunedì

Al Bàcar

CUCINA MODERNA • FAMILIARE XX Tutta una famiglia, i Lizzi, coinvolta tra l'adiacente macelleria-gastronomia e questo interessante ristorante dove il giovane figlio, a suo agio con le ottime carni selezionate da papà, ma anche con il pesce, dà vita a piatti moderni permeati da influenze territoriali.

Menu 15/60 € - Carta 29/104 €

Via Umberto I, 29 - ✆ 0432 811036 - www.ristorantealbacar.com - Chiuso 1°-15 gennaio, 9-16 agosto e domenica

Villaverde Hotel & Resort (N)

RESORT • MINIMALISTA Design moderno che richiama nei suoi ambienti lo stile anni '70, per questo nuovo resort con camere affacciate sui campi da golf. Nella vicina club house, il ristorante non manca di servire carne e pesce in egual misura.

31 cam - †120/280 € ††150/320 € - 2 suites

Via delle Acacie 1 ✉ 33034 Fagagna - ✆ 0432 161 0700 - www.villaverderesort.com - Chiuso 29 luglio-28 agosto

FAGNANO Verona → Vedere Trevenzuolo

FAGNANO OLONA

Varese – ✉ 21054 – 12 440 ab. – Alt. 265 m – Carta regionale n° **10**-A2
Roma 616 km – Milano 40 km – Varese 29 km – Stresa 60 km
Carta stradale Michelin 561-F8

Acquerello (Silvio Salmoiraghi)

CUCINA CREATIVA • ACCOGLIENTE XX C'è anche una carta, ma vi consigliamo di affidarvi alla degustazione che vi proporrà lo chef: scoprirete un percorso calibrato di sapori ricercati e combinazioni originali in straordinaria armonia, accenni all'oriente con piacevoli contrasti di cotture e temperature.
→ Storione in bianco. Carpione di mare. Croccante al limone.

Menu 40 € (pranzo in settimana)/90 € – Carta 61/107 €

via Patrioti 5 – ✆ 0331 611394 (coperti limitati, prenotare) – Chiuso 11-18 agosto, domenica sera e lunedì

Menzaghi

CUCINA MODERNA • FAMILIARE XX Ingresso attraverso un ampio disimpegno con numerose bottiglie in bellavista: menu vario ed invitante, i piatti vi verranno serviti in una sala di tono signorile. La solida conduzione familiare - ormai alla terza generazione - è garante di un'esperienza gastronomica sicuramente felice!

Carta 33/54 €

via San Giovanni 74 – ✆ 0331 361702 – www.ristorantemenzaghi.it – Chiuso 15-31 agosto, domenica sera e lunedì

FAI DELLA PAGANELLA

Trento – ✉ 38010 – 894 ab. – Alt. 957 m – Carta regionale n° **19**-B2
Roma 616 km – Trento 31 km – Bolzano 58 km – Bressanone 98 km
Carta stradale Michelin 562-D15

Al Sole

TRADIZIONALE • MODERNO Moderno, confortevole, in bella posizione panoramica sui prati: anche le camere si presentano bene in quanto a generosità di spazi e luminosità. L'attrezzato centro benessere, dotato anche di ampia beauty farm, vi rigenererà dallo stress quotidiano.

38 cam – †54/105 € ††54/125 € – 3 suites

via Cesare Battisti 11 – ✆ 0461 581065 – www.alsolehotel.info – Chiuso aprile, maggio e novembre

FALCADE

Belluno – ✉ 32020 – 2 233 ab. – Alt. 1 145 m – Carta regionale n° **23**-B1
Roma 667 km – Belluno 52 km – Cortina d'Ampezzo 59 km – Bolzano 64 km
Carta stradale Michelin 562-C17

Belvedere

TRADIZIONALE • STILE MONTANO Tripudio di legni per questa deliziosa e tipica casa di montagna, già piacevole dall'esterno: a 600 m dal centro e non lontano dalle piste, confortevoli camere di tono rustico, nonché attrezzata area wellness. Caratteristiche stube d'epoca costituiscono splendidi inviti per gustare la buona cucina del territorio.

40 cam – †45/135 € ††70/200 €

via Garibaldi 24 – ✆ 0437 599021 – www.belvederehotel.info – Chiuso 1° aprile-31 maggio e 27 settembre-5 dicembre

Sport Hotel Cristal

TRADIZIONALE • STILE MONTANO I prati tutt'intorno si trasformano in estate in una splendida spiaggia baciata dal sole e da una piacevole brezza; all'interno ambienti riscaldati dal tepore del legno e da luminose stoffe carminio. Rilassante pausa gastronomica al ristorante, dove gustare piatti dai sapori regionali preparati direttamente dal titolare dell'hotel.

46 cam - 59/114 € 98/178 €

piazza Municipio 4 - 0437 507356 - www.sporthotelcristal.net - Aperto 6 dicembre-31 marzo e 15 giugno-10 settembre

FALCONARA MARITTIMA

Ancona - 60015 - 26 565 ab. - Carta regionale n° **11**-C1
Roma 279 km - Ancona 13 km - Macerata 61 km - Pesaro 63 km
Carta stradale Michelin 563-L22

L'Arnia del Cuciniere

CUCINA TRADIZIONALE • MINIMALISTA Ai piedi del castello nel caratteristico centro di Falconara alta, l'intraprendente patron ha portato la sua cucina di mare e di terra, dove il prodotto - accuratamente selezionato - è protagonista assoluto, più che la sua elaborazione. La sera, anche pizza gastronomica. Ambienti sobriamente moderni.

Menu 28/40 € - Carta 25/54 €

via Baluffi 12 - 071 916 0055 - www.arniadelcuciniere.it - solo a cena escluso domenica nel periodo invernale - Chiuso 10 giorni in novembre

Un pasto con i fiocchi senza spendere una fortuna? Cercate i Bib Gourmand. Vi aiuteranno a trovare le buone tavole che coniugano una cucina di qualità al prezzo giusto!

FALZES PFALZEN

Bolzano - 39030 - 2 753 ab. - Alt. 1 022 m - Carta regionale n° **19**-C1
Roma 711 km - Cortina d'Ampezzo 64 km - Bolzano 65 km - Brunico 5 km
Carta stradale Michelin 562-B17

Sichelburg

CUCINA CREATIVA • ROMANTICO Regalatevi un grande pasto in un contesto da sogno: in paese, il ristorante si trova al primo piano di un castello di origini trecentesche. Romantiche sale avvolte nel legno, la cucina è creativa, ma fortemente legata ai prodotti della montagna.

Menu 39/55 € - Carta 34/76 €

via Castello 1 - 0474 055603 - www.sichelburg.it - Chiuso 3 settimane in gennaio, 1 settimana in giugno e mercoledì

ad Issengo Nord-Ovest : 1,5 km 39030 - Falzes

Tanzer

CUCINA CREATIVA • ROMANTICO Proprio sotto il campanile della piccola frazione, due romantiche stube, una signorile dell'Ottocento, l'altra più semplice e contadina, ma del Seicento, accolgono una cucina in prevalenza locale accompagnata da qualche proposta internazionale, ma sempre di ottimo livello.

Menu 45/61 € - Carta 39/68 € 21 cam - 55/85 € 90/150 € - 3 suites - senza

via del Paese 1 - 0474 565366 - www.tanzer.it - Chiuso 13-26 novembre, martedì e mercoledì

a Molini Nord-Ovest : 2 km ✉ 39030 - Chienes

✿ Schöneck (Karl Baumgartner)

CUCINA MODERNA • LUSSO XXX Quando il tempo non consente di mangiare all'aperto, la scelta è fra le romantiche stube storiche o la luminosa veranda coperta. Da tempo sugli allori, la cucina offre piatti per tutti i gusti, carne e pesce, tradizione e creatività.

➜ Raviolo aperto con crema di asparagi verdi, uovo ruspante e tartufo estivo. Lombo di cervo rosato in salsa di vino rosso, insaporita al caffè e ribes nero. Variazione di cannoli di ananas ripieni di crema di ricotta di bufala, gelato di yogurt.

Menu 65/82 € - Carta 42/98 €

via Schloss Schöneck 11 - ✆ 0474 565550 - www.schoeneck.it - Chiuso 19 giugno-4 luglio, lunedì e martedì (escluso alta stagione)

FANNA

Pordenone - ✉ 33092 - 1 583 ab. - Alt. 274 m - Carta regionale n° **6**-B2
Roma 620 km - Udine 50 km - Belluno 75 km - Pordenone 29 km
Carta stradale Michelin 562-D20

Al Giardino

FAMILIARE • CLASSICO Il nome prelude all'indovinata cornice verde della struttura, ornata da specchi d'acqua concepiti quasi all'orientale. Tutto spicca per l'estrema cura: la bella piscina e le deliziose camere, mentre terra e mare coabitano nel menu dell'omonimo ristorante.

25 cam ☕ - †60/70 € ††80/95 €

via Circonvallazione Nuova 3 - ✆ 0427 77178 - www.algiardino.com - Chiuso 11 gennaio-10 febbraio

FANO

Pesaro e Urbino (PU) - ✉ 61032 - 60 888 ab. - Carta regionale n° **11**-B1
Roma 289 km - Ancona 65 km - Rimini 55 km - Pesaro 11 km
Carta stradale Michelin 563-K21

Il Cuciniere (N)

CUCINA ITALIANA • ACCOGLIENTE X Una piccola trattoria che si sviluppa su due salette, rallegrate da originali foto in bianco e nero: atmosfera informale per una cucina che spazia con ecclettismo fra varie contaminazioni gastronomiche.

Carta 23/43 €

via Giordano Bruno 13 - ✆ 0721 807677 (consigliata la prenotazione) - Chiuso giugno, luglio, agosto e martedì

Da Maria al Ponte Rosso

PESCE E FRUTTI DI MARE • ACCOGLIENTE X Preparatevi, prenotare qui non è un'impresa facile, ma questo vorrà pur significare qualcosa... Pochi tavoli, molte piante, qualche scultura realizzata da Domenica, figlia della proprietaria che segue la sala. L'ambiente è familiare ed ancor più l'accoglienza, nonché la gustosa cucina, a base di solo pesce fresco a seconda dell'offerta ittica del giorno: così vuole Maria, la titolare, che ha fatto della semplicità la propria forza!

Carta 35/60 €

via IV Novembre 86 - ✆ 0721 808962 (prenotazione obbligatoria) - Chiuso Natale e Pasqua

Siri

BUSINESS • MODERNO Appena fuori le mura del centro storico, grazioso albergo riaperto nel 2010 dopo un totale restauro che gli ha conferito un appeal moderno e modaiolo. Noleggio bici e wi-fi gratuti, camere elegantemente allestite.

20 cam ☕ - †112/131 € ††132/173 €

viale Buozzi 69 - ✆ 0721 802593 - www.sirihotelfano.it

Astoria

FAMILIARE • MINIMALISTA Sul lido di Fano, hotel a conduzione familiare rinnovato in anni recenti, luminosi ambienti che come le camere dispongono di arredi moderni e funzionali.

42 cam - 50/85 € 70/130 €

viale Cairoli 86 - 0721 800077 - www.hotelastoriafano.it - Aperto 10 aprile-24 settembre

Villa Giulia

DIMORA STORICA • PERSONALIZZATO Immersa nel verde, struttura ricavata da un'antica residenza napoleonica con camere arredate secondo lo stile originale e 5 appartamenti con soggiorno e cucina (disponibili anche per brevi periodi). Per gli amanti della buona tavola, c'è anche il ristorante gourmet realizzato nella splendida orangerie con terrazza sul mare.

18 cam - 80/170 € 120/190 €

via di Villa Giulia, località San Biagio 40 - 0721 823159 - www.relaisvillagiulia.com - Aperto 15 aprile-5 novembre

sulla strada nazionale Adriatica Sud 78 Sud-Est : 5 km

Alla Lanterna

PESCE E FRUTTI DI MARE • ACCOGLIENTE XX Un indirizzo da memorizzare se siete amanti del mare nel piatto: proprietari e figli sono infatti impegnati a servirvi il miglior pesce dell'Adriatico, in un ambiente curato e piacevole. Sopra, anche la possibilità di pernottare.

Menu 27/75 € - Carta 29/90 € 18 cam - 47/60 € 70/100 €

località Metaurilia - 0721 884748 - www.allalanterna.com - Chiuso 20 dicembre-15 gennaio, domenica a mezzogiorno e lunedì

FARA FILIORUM PETRI

Chieti - 66010 - 1 943 ab. - Alt. 227 m - Carta regionale n° **1**-C2

Roma 205 km - Pescara 36 km - Chieti 18 km - L'Aquila 97 km

Carta stradale Michelin 563-P24

Casa D'Angelo

CUCINA REGIONALE • INTIMO XX La vecchia casa di famiglia, un locale intimo e raffinato cui si aggiunge la sapienza di una gestione dalla lunga esperienza. Piatti del territorio vivacizzati dalla fantasia dello chef.

Menu 36/55 € - Carta 31/65 €

via San Nicola 5 - 0871 70296 (consigliata la prenotazione) - Chiuso 1°-24 novembre, domenica sera e lunedì

FARA IN SABINA

Rieti - 02032 - 13 742 ab. - Alt. 482 m - Carta regionale n° **7**-B1

Roma 55 km - Rieti 36 km - Terni 65 km - Viterbo 83 km

Carta stradale Michelin 563-P20

a Coltodino Sud-Ovest : 4 km 02030

Ille-Roif

FAMILIARE • ORIGINALE Originale, stravagante e colorato: a questo albergo sono state messe le ali della fantasia e chi vi soggiorna non potrà che volare con essa per scoprire spazi e forme, talvolta, persino bizzarri! Prima di prenotare, date un'occhiata alla camera che più vi aggrada sul loro sito.

12 cam - 150/370 € 150/370 €

via Valle Pisciarello 22, località Talocci, Ovest: 5,5 km - 0765 386749 - www.ille-roif.it - Chiuso gennaio

FARRA DI SOLIGO

Treviso - 31010 - 8 913 ab. - Alt. 163 m - Carta regionale n° **23**-C2

Roma 590 km - Belluno 40 km - Treviso 35 km - Venezia 72 km

Carta stradale Michelin 562-E18

a Soligo Est : 3 km ✉ 31010

La Candola

CUCINA MODERNA • ROMANTICO XX In posizione panoramica, questa romantica locanda - oltre ad offrire un'ottima cucina legata alle stagioni - ruota attorno all'eccellente ospitalità dei coniugi titolari: passione e cordialità sono infatti i loro tratti distintivi. Comode camere per un relax nel verde.

Menu 35/55 € - Carta 34/65 € 6 cam - †135/155 € ††135/155 €

via San Gallo 43 - ✆ 0438 900006 (consigliata la prenotazione) - www.locandacandola.com - Chiuso 2-15 gennaio, martedì a mezzogiorno in estate, anche martedì sera negli altri mesi

a Col San Martino Sud-Ovest : 3 km ✉ 31010

Locanda da Condo

CUCINA REGIONALE • RUSTICO X Un'antica locanda che una famiglia gestisce da almeno tre generazioni. Diverse sale ricche di fascino tutte accomunate dallo stile tipico di una trattoria e piccola terrazza affacciata sulla graziosa piazza del paese con disponibilità di una decina di coperti esterni per la bella stagione. Cucina veneta, come l'immancabile pasta e fagioli.

Menu 25/45 € - Carta 27/51 €

via Fontana 134 - ✆ 0438 898106 - www.locandadacondo.it - Chiuso 15 giorni in luglio, martedì sera e mercoledì

Locanda Marinelli

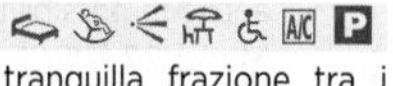

CUCINA MODERNA • INTIMO XX Nella quiete di una tranquilla frazione tra i vigneti di Prosecco, cucina dallo stile pacatamente moderno a base di ottimi prodotti, sia di terra sia di mare. Bella anche la terrazza panoramica.

Menu 20 € (pranzo in settimana)/80 € - Carta 39/68 € 3 cam - †60 € ††90 €

via Castella 5 - ✆ 0438 987038 - www.locandamarinelli.it - Chiuso 1 settimana in gennaio, 2 settimane in settembre e martedì

FARRA D'ISONZO

Gorizia (GO) - ✉ 34072 - 1 733 ab. - Carta regionale n° **6**-C3

Roma 655 km - Trieste 57 km - Gorizia 11 km

Borgo Colmello

CUCINA REGIONALE • AMBIENTE CLASSICO X Appena fuori paese, grazioso borgo rurale rinnovato attorno al museo della civiltà contadina. La struttura offre un'enoteca-bar, un ristorante di tono classico con bel dehors in giardino e, nel piatto, sapori regionali rigorosamente in sintonia con le stagioni; al piano superiore alcune camere.

Carta 22/57 € 8 cam - †54/70 € ††84/95 €

strada della Grotta 8 - ✆ 0481 889013 - www.borgocolmello.it - Chiuso domenica sera e lunedì

FASANO

Brindisi - ✉ 72015 - 39 780 ab. - Alt. 118 m - Carta regionale n° **15**-C2

Roma 507 km - Bari 60 km - Brindisi 56 km - Lecce 96 km

Carta stradale Michelin 564-E34

Rifugio dei Ghiottoni

CUCINA REGIONALE • RUSTICO X E' il rifugio-pizzeria di chi cerca i sapori casereccі di una cucina regionale basata su proposte locali da riscoprire in un ambiente piacevolmente semplice. Le realizzazioni più ghiotte sono certamente quelle elaborate a partire dall'impiego di prodotti ittici: freschezza, semplicità e abbondanza gli ingredienti principali.

Menu 20 € - Carta 21/43 €

via Nazionale dei Trulli 116 - ✆ 080 441 4800 - Chiuso 20-30 giugno e mercoledì

FASANO DEL GARDA Brescia → Vedere Gardone Riviera

FAVIGNANA Sicilia Trapani → Vedere Egadi (Isole)

FELINO

Parma – ✉ 43035 – 8 790 ab. – Alt. 185 m – Carta regionale n° **5**-A3
▶ Roma 478 km – Parma 17 km – Reggio nell'Emilia 42 km – Modena 76 km
Carta stradale Michelin 562-H12

a Barbiano Sud : 4 km ✉ 43035

Trattoria Leoni

CUCINA EMILIANA • TRATTORIA X In una cornice di affascinanti dolci colline, la classica sala propone piatti parmigiani che si aprono a suggestioni di montagna, funghi e cacciagione; imperdibile panorama estivo.

Menu 15 € (pranzo in settimana)/29 € – Carta 26/49 €

via Ricò 42 – ✆ 0521 831196 – www.trattorialeoni.it – Chiuso gennaio e lunedì

FELTRE

Belluno – ✉ 32032 – 20 649 ab. – Alt. 325 m – Carta regionale n° **23**-B2
▶ Roma 577 km – Belluno 32 km – Trento 79 km – Padova 87 km
Carta stradale Michelin 562-D17

Panevin

CUCINA MODERNA • ACCOGLIENTE XX In una frazione verdeggiante, appena fuori Feltre, il ristorante è gestito da una coppia di giovani soci che propongono una cucina moderna, ma senza inutili stravaganze, con i sapori del mare in prima linea.

Menu 35 € – Carta 34/76 €

via Cart 16, Nord-Est: 3 km – ✆ 0439 83466 – www.ristorantepanevin.it – Chiuso domenica sera e mercoledì

Doriguzzi

TRADIZIONALE • MODERNO Accogliente struttura vicino al centro storico, è un valido punto di riferimento soprattutto per una clientela di lavoro grazie agli ambienti ben accessoriati a disposizione degli ospiti.

26 cam – †55/85 € ††90/140 €

viale Piave 2 – ✆ 0439 2003 – www.hoteldoriguzzi.it

FENEGRÒ

Como – ✉ 22070 – 3 213 ab. – Alt. 290 m – Carta regionale n° **10**-A1
▶ Roma 604 km – Como 26 km – Milano 34 km – Saronno 10 km
Carta stradale Michelin 561-E9

In

PESCE E FRUTTI DI MARE • CONTESTO TRADIZIONALE XX Un locale di tono moderno e accogliente, con interni signorili e un'atmosfera comunque familiare; un po' fuori paese, piatti di mare, ora più classici ora rivisitati.

Carta 37/63 €

via Monte Grappa 20 – ✆ 031 935702 – www.ristorante-in.com – Chiuso 1°-7 gennaio, agosto e lunedì

FERENTILLO

Terni – ✉ 05034 – 1 913 ab. – Alt. 260 m – Carta regionale n° **20**-C3
▶ Roma 122 km – Terni 18 km – Rieti 38 km – Perugia 82 km
Carta stradale Michelin 563-O20

Piermarini

CUCINA REGIONALE • AMBIENTE CLASSICO XX Poco fuori dal centro, giardino, veranda e sale sono l'elegante cornice di una cucina spesso incentrata sul tartufo, sempre sui sapori della tradizione con ingredienti locali ed un'ottima griglia accesa in permanenza. Tra i must del menu: "picchiettini" (pasta tipica) alle erbette e uovo alla coque con tartufo.

Carta 29/52 €

via Ancaiano 23 - ✆ 0744 780714 - www.saporipiermarini.it - solo a cena - Chiuso domenica sera e lunedì

Abbazia San Pietro in Valle

TRADIZIONALE • STORICO Nel cuore del misticismo umbro, un'esperienza irripetibile all'interno di un'abbazia d'origine longobarda del IX sec. Camere semplici in linea con lo spirito del luogo. Il ristorante ha una sua gestione separata.

21 cam - †105/119 € ††125/169 €

strada statale 209 Valnerina km 20, Nord-Est: 3,5 km - ✆ 0744 780129 - www.sanpietroinvalle.com - Aperto 8 aprile-3 novembre-3 novembre

FERIOLO

Verbano-Cusio-Ossola – ✉ 28831 – Alt. 195 m – Carta regionale n° **13**-A1

Roma 672 km – Stresa 8 km – Domodossola 39 km – Verbania 9 km

Carta stradale Michelin 561-E7

Serenella

CUCINA CLASSICA • FAMILIARE XX Da oltre mezzo secolo il punto di riferimento in zona per gli amanti della buona tavola: cucina di respiro classico-moderno in un ristorante dall'atmosfera calda e raccolta. Poco distante dal lago, l'hotel dispone di camere recentemente rinnovate con un taglio moderno.

Menu 35/45 € - Carta 39/74 €   13 cam - †70/100 € ††70/130 €

via 42 Martiri 5 - ✆ 0323 28112 - www.hotelserenella.net - Chiuso gennaio-10 febbraio e mercoledì

Carillon

FAMILIARE • ACCOGLIENTE A conduzione familiare con accogliente hall e veranda con vista, tutte le camere si affacciano sul lago, dove c'è anche una deliziosa spiaggetta privata.

32 cam - †50/110 € ††60/150 €

strada nazionale del Sempione 2 - ✆ 0323 28115 - www.hotelcarillon.it - Aperto 25 marzo-20 ottobre

FERMO

(FM) – ✉ 63900 – 37 655 ab. – Alt. 319 m – Carta regionale n° **11**-D2

Roma 251 km – Ascoli Piceno 70 km – Ancona 65 km – Macerata 43 km

Carta stradale Michelin 563-M23

sulla strada statale 16-Adriatica

Emilio (Danilo Bei)

PESCE E FRUTTI DI MARE • ELEGANTE XXX Un comodo parcheggio libero proprio di fronte all'ingresso di questo elegante locale, dove spiccano opere d'arte contemporanea. Piatti di pesce a seguire la falsariga delle tradizioni adriatiche, con molte sorprese proposte anche a voce.

→ Ravioli con burrata, colatura di alici e vongole. Zuppa di molluschi e crostacei con profumi di stagione e chips di pane. Mousse di arancia e cioccolato con croccante all'ananas.

Menu 75 € - Carta 45/80 €

via Girardi 1, località Casabianca, Nord-Est: 10 km - ✆ 0734 640365 - www.ristoranteemilio.it - solo a cena - Chiuso 23 dicembre-3 gennaio, 27 agosto-5 settembre e lunedì

CI PIACE...

Il relax nei giardini fioriti dell'ex riserva di caccia agli ***Horti della Fasanara***. La colazione personalizzata della ***Locanda Borgonuovo*** vissuta e condivisa come in un casa privata. L'aperitivo a ***La Borsa Wine-Bar***, all'interno del lucernaio di un palazzo d'epoca in centro città.

FERRARA

(FE) – ✉ 44121 – 133 155 ab. – Alt. 9 m – Carta regionale n° **5**-C1
Roma 428 km – Bologna 51 km – Rovigo 39 km – Padova 77 km
Carta stradale Michelin 562-H16

Ristoranti

Il Don Giovanni (Pierluigi Di Diego)

CUCINA CREATIVA • ELEGANTE XX In un ambiente ricercato e d'atmosfera, la cucina indugia sulla creatività: permeato da una sensibilità moderna, lo chef lavora infatti la materia prima con risultati inconsueti, lasciando volutamente riconoscere i sapori e i profumi della memoria.

➜ Cappelletti di pernice rossa con il suo fondo al curry e datteri di palma. Piccione alle amarene. Cassatina ai pomodori verdi, gel al pepe verde, lime e coriandolo.

Menu 40/110 € – Carta 62/109 €

Pianta: AB1-x – *corso Ercole I° D'Este 1 ✉ 44121 – ✆ 0532 243363 (prenotare) – www.ildongiovanni.com – Chiuso 2 settimane in agosto, domenica sera e lunedì*

Ca' d'Frara

CUCINA EMILIANA • FAMILIARE XX Tappa irrinunciabile per chi vuole conoscere la grande cucina ferrarese, il cuoco rende uno straordinario omaggio ai cappellacci di zucca, al pasticcio di maccheroni in crosta di pasta frolla, alla salama da sugo e a tante altre leccornie.

Menu 25 € – Carta 26/61 €

Pianta: B2-c – *via del Gambero 4 ✉ 44121 – ✆ 0532 205057 (consigliata la prenotazione) – www.ristorantecadfrara.it – Chiuso 20 luglio-10 agosto, mercoledì a mezzogiorno e martedì*

Quel Fantastico Giovedì

CUCINA MODERNA • ELEGANTE XX Un libro di Steinbeck - scelto casualmente fra tanti - battezzò il ristorante, ma da allora poco fu lasciato al caso: sale moderne ed eleganti, qui troverete i classici ferraresi, sebbene la nomea della cucina sia prevalentemente legata all'ottimo pesce.

Menu 25/38 € – Carta 30/57 €

Pianta: B2-n – *via Castelnuovo 9 ✉ 44121 – ✆ 0532 760570 (consigliata la prenotazione) – www.quelfantasticogiovedi.com – Chiuso 20-30 gennaio, 27 luglio-17 agosto e mercoledì*

Trattoria "I Tri Scalin"

CUCINA REGIONALE • TRATTORIA Un indirizzo molto semplice, senza fronzoli, ma autentico come la sua cucina: tradizionali sapori estensi, l'immancabile carrello dei bolliti e i grandi classici della zona.

Carta 30/62 €

Pianta: A2-t - *via Darsena 52 ✉ 44100 - ✆ 0532 760331 - Chiuso domenica sera e lunedì*

La Borsa Wine-Bar

CUCINA REGIONALE • WINE-BAR Informale e alla mano, con alcuni tavoli sistemati sotto il suggestivo lucernaio di un palazzo d'epoca, qui troverete le proposte più svariate, da un'ottima selezione di salumi agli arrivi quotidiani elencati su una lavagna di piatti più elaborati.

Carta 40/50 €

Pianta: AB1-x - *corso Ercole I D'Este 1 ✉ 44121 - ✆ 0532 243363 - www.ildongiovanni.com - Chiuso 2 settimane in agosto, lunedì a mezzogiorno e domenica in giugno-agosto, domenica sera e lunedì negli altri mesi*

Alberghi

Annunziata

FAMILIARE • MODERNO Dedicato a chi ama gli ambienti moderni, l'arte contemporanea e gli arredi sobri, ma vivacemente colorati. Per rendere il soggiorno più esclusivo, prenotate una delle sei camere affacciate sul castello.

27 cam - †99/350 € ††99/350 €

Pianta: A1-f - *piazza Repubblica 5 ✉ 44121 - ✆ 0532 201111 - www.annunziata.it*

Nazionale

BOUTIQUE HOTEL • ACCOGLIENTE A due passi dalla Cattedrale e dal castello Estense, non manca certo di personalità questo piccolo boutique hotel, le cui camere di design sono contraddistinte da nomi d'importanti città italiane. Bagni con cromoterapia.

13 cam - †85/180 € ††85/180 €

Pianta: A2-n - *corso Porta Reno 32 ✉ 44121 - ✆ 0532 243596 - www.hotelnazionaleferrara.it*

Lucrezia Borgia

BUSINESS • CLASSICO In una zona tranquilla e residenziale, l'albergo dispone di spazi comuni ridotti, ma piacevoli, con boiserie e arredi in stile, camere semplici e funzionali (migliori quelle con arredi in legno chiaro). Curata anche la parte ristorante, con calde tonalità ed una bella veranda dal particolare soffitto in legno.

52 cam - †49/90 € ††69/150 €

via Franchi Bononi 34, per via Bologna - A2 ✉ 44124 - ✆ 0532 909033 - www.hotellucreziaborgia.it

Carlton

BUSINESS • CENTRALE Ristrutturato in un moderno stile minimalista, offre ambienti luminosi e particolarmente ricchi di confort e camere dai pratici armadi a giorno e pareti dalle tinte pastello. Nel cuore del centro storico.

58 cam - †56/185 € ††72/250 € - 8 suites

Pianta: A1-u - *via Garibaldi 93 ✉ 44121 - ✆ 0532 211130 - www.hotelcarlton.net*

De Prati

FAMILIARE • PERSONALIZZATO In questa casa centrale, già locanda agli inizi del '900, soggiornavano uomini di cultura e di teatro; oggi è un hotel rinnovato che ospita temporanee esposizioni di artisti contemporanei, nonché opere di artigianato.

15 cam - †50/95 € ††75/150 € - 1 suite

Pianta: B1-z - *via Padiglioni 5 ✉ 44121 - ✆ 0532 241905 - www.hoteldeprati.com - Chiuso 21-26 dicembre*

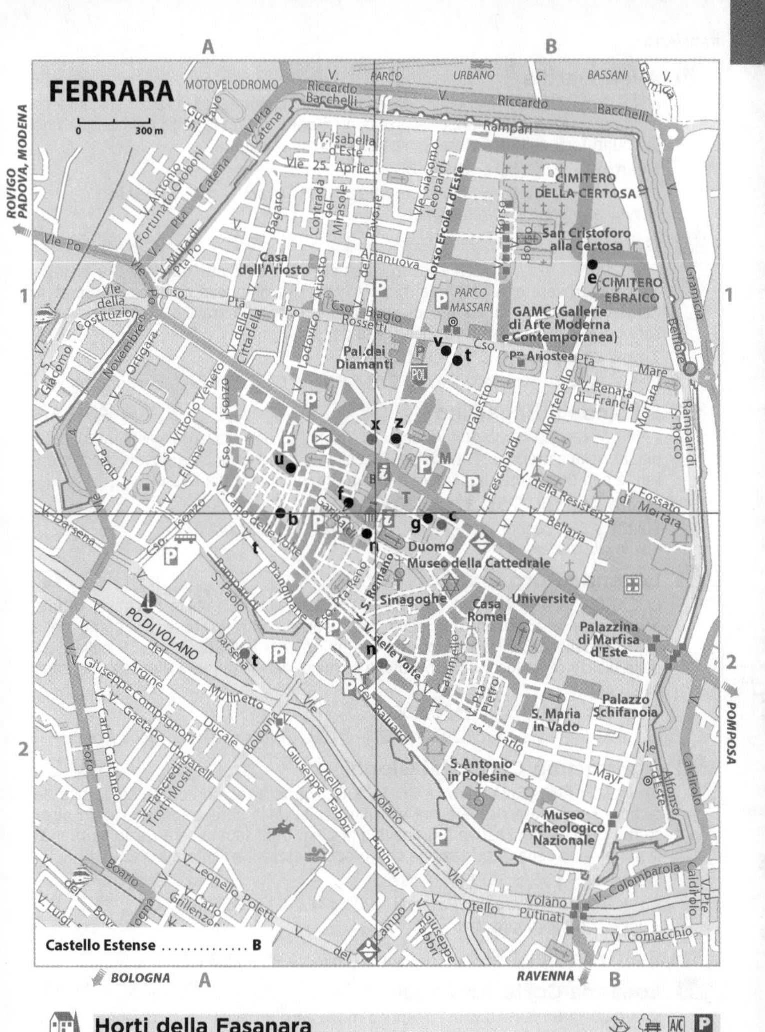

Horti della Fasanara

CASA DI CAMPAGNA · ELEGANTE La campagna in città: all'interno dell'ex riserva di caccia degli Estensi, con un ettaro di bellissimi giardini fioriti, una residenza ottocentesca con camere moderne - bianche e luminose - bagni a vista, cromoterapia.

6 cam ☕ - 👤90/150 € 👥120/350 €

Pianta: B1-e - *via delle Vigne 34* ✉ *44121* - ✆ *338 154 3721* - *www.hortidellafasanara.com*

Alchimia

FAMILIARE · PERSONALIZZATO Al piano terra di un palazzo quattrocentesco, qui troverete non solo un elegante alloggio, ma anche una piccola galleria d'arte contemporanea, raffinate camere e spaziosi bagni.

6 cam ☕ - 👤70/80 € 👥90/125 €

Pianta: B1-t - *via Borgo dei Leoni 122* ✉ *44121 Ferrara* - ✆ *0532 186 4656* - *www.alchimiaferrara.it*

Avanguardia

LOCANDA • DESIGN Nel cuore della città rinascimentale, un palazzo seicentesco ospita un riuscito mix d'antico e arte contemporanea; l'assistenza dei clienti è uno dei punti forti della struttura...oltre agli originali i bagni!

5 cam - 60/80 € 90/110 €

Pianta: B1-v - *via Borgo dei Leoni 99 44121 Ferrara - 0532 769164 - www.avanguardiasuiteferrara.it*

Dolcemela

FAMILIARE • ACCOGLIENTE In un quartiere caratterizzato da deliziose casette d'epoca, troverete anche una piccola corte-giardino con fontana di Serafini. Camere semplici, ma curate, diverse mansardate con travi a vista. Il risveglio sarà dolce con gustose torte della casa per colazione.

7 cam - 60/80 € 80/100 €

Pianta: A1-2-b - *via della Sacca 35 44121 - 0532 769624 - www.dolcemela.it*

Locanda il Bagattino

FAMILIARE • FUNZIONALE Al secondo piano di un palazzo a venti metri dalla piazza della cattedrale, l'atmosfera è quella di un'elegante casa privata, ricca d'arredi e con quasi tutte le camere mansardate, più alte o più basse.

6 cam - 60/75 € 85/120 €

Pianta: A2-e - *corso Porta Reno 24 44121 - 0532 241887 - www.ilbagattino.it*

Locanda Borgonuovo

LOCANDA • ORIGINALE In uno dei più antichi bed & breakfast d'Italia, ottima accoglienza e arredi in stile nelle sue camere contraddistinte dal nome delle Imprese delle 4 Contrade - interne alle mura - del Palio di Ferrara. E nella città delle biciclette, la locanda non poteva esimersi dal metterne a disposizione degli ospiti alcune.

6 cam - 45/60 € 80/100 €

Pianta: B2-g - *via Cairoli 29 44121 - 0532 211100 - www.borgonuovo.com*

Agriturismo Corte dei Gioghi

CASA DI CAMPAGNA • TRADIZIONALE Spaziose, arredate con gusto rustico, le camere sono state ricavate nel vecchio fienile della casa colonica; spazio all'esterno per colazioni estive e gradevole piscina. Ogni sabato sera - solo su prenotazione - una cena degustazione con prodotti esclusivamente a km 0.

7 cam - 55/80 € 75/110 €

via Pellegrina 8, 2 km per Ravenna - B2 44124 - 0532 745049 - www.cortedeigioghi.com

a Ponte Gradella Est : 3 km per corso Giovecca B2 - 44123

Locanda Corte Arcangeli

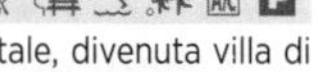

STORICO • PERSONALIZZATO Antico monastero rinascimentale, divenuta villa di campagna della famiglia Savonarola, la locanda propone ambienti rustico-eleganti, camere impreziosite da mobili d'epoca, relax, piscine ed ottimi servizi. Gustosa sintesi di cucina emiliana, umbra (dalla chianina al tartufo nero) e qualche proposta di pesce, il ristorante: sicuramente meritevole di una tappa!

6 cam - 55/90 € 75/105 €

via Pontegradella 503 - 0532 705052 - www.locandacortearcangeli.it

a Gaibana Sud: 10 km per Ravenna B2 44124

Trattoria Lanzagallo

PESCE E FRUTTI DI MARE • FAMILIARE Non fatevi ingannare dall'ambiente semplice e privo di fronzoli, la Trattoria Lanzagallo è uno dei punti di riferimento in provincia per la qualità del pesce in preparazioni schiette e gustose. Un suggerimento? Rombo in crosta di patate!

Carta 31/45 €

via Ravenna 1048 - 0532 718001 - Chiuso 2 settimane in gennaio, 2 settimane in luglio, 2 settimane in agosto, domenica e lunedì

a Ravalle Ovest: 16 km per Rovigo A1 ✉ 44123

L'Antico Giardino

CUCINA MODERNA • CONTESTO CONTEMPORANEO XX Una cucina ricca di spunti fantasiosi, che mostra una predilezione per i sapori della terra, carne, funghi e tartufi particolarmente. Moderna anche l'atmosfera all'interno della villetta, nel centro della località.

Menu 40/55 € - Carta 42/75 €

via Martelli 28 - ✆ 0532 412587 - Chiuso 10 giorni in agosto-settembre, martedì a mezzogiorno e lunedì

FERRAZZE Verona ➜ Vedere San Martino Buon Albergo

FERRO DI CAVALLO Perugia ➜ Vedere Perugia

FETOVAIA Livorno ➜ Vedere Elba (Isola d') : Marina di Campo

FIANO

Torino (TO) - ✉ 10070 - 2 695 ab. - Carta regionale n° **12**-B2
Roma 697 km - Torino 29 km - Aosta 127 km - Vercelli 93 km
Carta stradale Michelin 561-G4

Relais Bella Rosina

LUSSO • ELEGANTE Non lontano dalla Reggia di Venaria, tranquillo e con ampi spazi esterni, il relais si trova in una residenza sabauda patrimonio mondiale dell'Unesco. Camere eleganti ed una beauty farm nella cascina settecentesca appartenuta a Vittorio Emanuele II.

21 cam - †95/110 € ††110/180 € - 2 suites

via Agnelli 2 - ✆ 011 923 3600 - www.bellarosina.it - Chiuso dicembre-febbraio

FIASCHERINO La Spezia ➜ Vedere Lerici

FIDENZA

Parma - ✉ 43036 - 26 770 ab. - Alt. 75 m - Carta regionale n° **5**-A2
Roma 476 km - Parma 21 km - Piacenza 38 km - Cremona 48 km
Carta stradale Michelin 562-H12

Podere San Faustino

CUCINA EMILIANA • CASA DI CAMPAGNA X Nel cuore della bassa parmense, l'antica cascina riporta alla luce romantici ricordi del tempo che fu; la cucina si adegua volentieri a questo straordinario amarcord, dai tortelli di zucca alla coscia d'oca, per finire con sontuosi, imperdibili dolci. Il tutto è opera di un giovane cuoco, che ha fatto del Podere uno dei migliori rapporti qualità/prezzo della regione.

Carta 29/55 €

via San Faustino 33 (strada statale Emilia nord) - ✆ 0524 520184 - Chiuso 1°-10 gennaio, sabato a mezzogiorno, domenica sera e lunedì

FIÈ ALLO SCILIAR VÖLS AM SCHLERN

Bolzano - ✉ 39050 - 3 539 ab. - Alt. 880 m - Carta regionale n° **19**-D3
Roma 657 km - Bolzano 16 km - Bressanone 36 km - Trento 74 km
Carta stradale Michelin 562-C16

Turm

CUCINA CREATIVA • ROMANTICO XXX Piatti ricchi di fantasia, a volte elaborati, vi verranno serviti in un'elegante e luminosa sala, ma se siete alla ricerca di una serata romantica, vi suggeriamo di prenotare un tavolo nella Stube medioevale o, tempo permettendo, nell'incantevole giardino.

Menu 62/62 € - Carta 48/76 €

Hotel Turm, piazza della Chiesa 9 - ✆ 0471 725014 (consigliata la prenotazione) - www.hotelturm.it - Chiuso 29 marzo-3 maggio e 13 novembre-22 dicembre

Turm

STORICO • PERSONALIZZATO Affacciato sulla piazza centrale, l'antico edificio medioevale svela all'interno eleganti camere, spesso impreziosite da contrasti tra arredi storici e moderni. C'è anche un romantico centro benessere e un'importante raccolta d'arte: Picasso, Dalì e diversi artisti sudtirolesi.

36 cam - 129/174 € 204/404 € - 12 suites

piazza della Chiesa 9 - 0471 725014 - www.hotelturm.it - Chiuso 29 marzo-3 maggio e 13 novembre-22 dicembre

Turm - Vedere selezione ristoranti

FIERA DI PRIMIERO

Trento - 38054 - 471 ab. - Alt. 710 m - Carta regionale n° **19**-C2

Roma 600 km - Belluno 65 km - Bolzano 104 km - Trento 96 km

Carta stradale Michelin 562-D17

La Pajara

CUCINA ITALIANA • CHIC Un piacevole ambiente che unisce tradizione e modernità, dove anche la cucina segue questo trend: piatti contemporanei sia di carne sia di pesce e sapori del territorio.

Menu 23 € (cena in settimana)/77 € - Carta 30/66 €

via Venezia 28 - 0439 763171 - www.ristorantecastelpietra.it - Chiuso 18 aprile-18 maggio e 16 ottobre-24 novembre

Chalet Piereni

CUCINA REGIONALE • FAMILIARE In un contesto naturalistico di grande bellezza, solo il piacere della buona tavola vi sottrarrà dalla piacevolezza dello stare all'aria aperta; i prodotti tipici del territorio concorrono, infatti, alla realizzazione di piatti dal sapore regionali con un occhio di riguardo per i piccoli ospiti.

Menu 20/40 € - Carta 21/48 € 19 cam - 45/90 € 80/120 €

- 0439 62791 - www.chaletpiereni.it - Chiuso 10 gennaio-Pasqua e mercoledì in bassa stagione

Iris Park Hotel

TRADIZIONALE • STILE MONTANO Lungo la strada principale, hotel che presenta un ambiente montano davvero signorile, confortevole e personalizzato. Camere di varie tipologie, valido centro benessere. Calda atmosfera nell'elegante sala ristorante.

55 cam - 85/114 € 156/218 € - 13 suites

via Roma 26 - 0439 762000 - www.brunethotels.it - Chiuso 31 marzo-15 giugno e 1° ottobre-3 dicembre

Tressane

TRADIZIONALE • STILE MONTANO Da bozzolo a farfalla: la piccola locanda, che già nel 1923 accoglieva i propri ospiti con calore e savoir-faire, è diventata oggi una struttura moderna nei confort, ma sempre tradizionale nello stile. Non manca, un ampio centro benessere (in condivisione con l'Iris Park Hotel) ed un ristorante à la carte per gli esterni. Riservata dépendance, il Relais Le Gemme si caratterizza per i suoi ampi spazi arredati in stile montano, opulento e ricercato: idromassaggio o sauna in camera ed, in alcuni casi, anche angolo cottura.

32 cam - 85/114 € 156/218 € - 17 suites

via Roma 30 - 0439 762205 - www.brunethotels.it - Chiuso 21-31 aprile

Castel Pietra

TRADIZIONALE • STILE MONTANO Una giovane coppia conduce con passione un albergo carino ed accogliente, completo nella gamma dei servizi offerti: camere linde e ben organizzate, molte delle quali dotate di balconcino.

50 cam - 51/76 € 86/112 € - 4 suites

via Venezia 28 - 0439 763171 - www.hotelcastelpietra.it - Chiuso 18 aprile-18 maggio e 16 ottobre-24 novembre

La Pajara - Vedere selezione ristoranti

FIESOLE

Firenze - ✉ 50014 - 13 969 ab. - Alt. 295 m - Carta regionale n° **18**-D3
Roma 285 km - Firenze 8 km - Arezzo 89 km - Livorno 124 km
Carta stradale Michelin 563-K15

Pianta di Firenze : percorsi di attraversamento

Villa San Michele

DIMORA STORICA • GRAN LUSSO Se sentite nostalgia di *Florentia*, in 10 minuti una navetta gratuita vi condurrà nel cuore della città. Altrimenti, godetevi la tranquillità e la maestosa vista di questa raffinata dimora del '400 immersa nel verde, la cui facciata è attribuita al più grande maestro italiano: Michelangelo.

39 cam - 600 € 970/1280 € - 6 suites

Pianta: B1-b - *via Doccia 4 - 055 567 8200 - www.belmond.com - Aperto 1° aprile-30 ottobre*

Il Salviatino

GRAN LUSSO • STORICO Il lusso non contraddistingue solo gli spazi di questa villa cinquecentesca, con parco e vista panoramica sulla città, ma si esprime anche attraverso una formula di service ambassador: un referente a cui ogni cliente può rivolgersi 24h su 24h. Preparatevi: un soggiorno da sogno vi attende.

45 cam - 350/2500 € 380/2600 € - 8 suites

Pianta: B2-e - *via del Salviatino 21 - 055 904 1111 - www.salviatino.com*

Villa dei Bosconi

FAMILIARE • ACCOGLIENTE Tranquillo e accogliente albergo, condotto con professionalità, dispone di ottimi spazi all'aperto, camere di taglio moderno e una bella piscina con solarium recentemente inaugurata.

21 cam - 79/160 € 89/180 €

via Francesco Ferrucci 51, Nord: 1,5 km - 055 59578 - www.villadeibosconi.it - Chiuso 15 novembre-15 marzo

Pensione Bencistà

DIMORA STORICA • VINTAGE Sulle pendici dei colli fiesolani, Firenze da questa villa trecentesca pare una cartolina. All'interno troverete un'eleganza piacevolmente retrò, a volte datata, ma ricca di fascino per chi sa apprezzare il romanticismo del tempo che fu.

41 cam - 80/130 € 158/250 € - 2 suites

Pianta: B1-c - *via Benedetto da Maiano 4 - 055 59163 - www.bencista.com - Aperto 15 marzo-15 novembre*

a Montebeni Est : 5 km ✉ 50014 - Fiesole

Tullio a Montebeni

CUCINA TOSCANA • FAMILIARE Tutto ha avuto inizio nel lontano 1958: una bottega di paese con qualche piatto caldo per ristorare contadini e cacciatori della zona. Oggi sono i figli di Tullio a riproporre con passione e fedeltà, i medesimi sapori e i vini di propria produzione.

Carta 25/60 €

via Ontignano 48 - 055 697354 (consigliata la prenotazione) - www.ristorantetullio.it - solo a cena escluso sabato e domenica - Chiuso 22-28 febbraio, agosto, martedì a mezzogiorno e lunedì

FIGHINE Siena (SI) → Vedere San Casciano dei Bagni

FILANDARI

Vibo Valentia - ✉ 89841 - 1 853 ab. - Alt. 486 m - Carta regionale n° **3**-A2
Roma 629 km - Reggio di Calabria 89 km - Catanzaro 81 km - Vibo Valentia 11 km
Carta stradale Michelin 564-L30

a Mesiano Nord-Ovest : 3 km ✉ 89851 - Filandari

Frammichè

CUCINA CALABRESE • RUSTICO In aperta campagna, al termine di una strada sterrata, questo piccolo casolare è una piacevole sorpresa. Il pergolato esterno per il servizio estivo, così come la saletta dal monumentale camino, accolgono una cucina casalinga dalle porzioni generose. Specialità: trofie con fiori di zucca e pinoli, stinco di maiale, sfoglia con crema chantilly.

Carta 15/20 €

contrada Ceraso - ✆ 338 870 7476 - solo a cena escluso domenica - Chiuso domenica in estate, domenica sera e lunedì negli altri mesi

FILICUDI Sicilia Messina ➔ Vedere Eolie (Isole)

FINALBORGO Savona (SV) ➔ Vedere Finale Ligure

FINALE EMILIA

Modena - ✉ 41034 - 15 699 ab. - Alt. 15 m - Carta regionale n° **5**-C2

Roma 417 km - Bologna 58 km - Modena 42 km - Ferrara 31 km

Carta stradale Michelin 562-H15

Osteria la Fefa

CUCINA REGIONALE • FAMILIARE In un edificio del Seicento, trattoria già nel Settecento, l'abile cuoca della Fefa continua la sua strenua difesa della cucina emiliana, all'insegna, tra l'altro, di gnocco fritto e ottimi salumi, nonché ottime paste fresche. Suggestioni dal menu: tortelloni di ricotta con asparagi verdi e pinoli - piccione disossato con verdure, fiori eduli e salsa alla saba - biscotti di frumentone con zabaione caldo.

Menu 35 € - Carta 31/50 €

via Trento-Trieste 9/C - ✆ 0535 780202 (consigliata la prenotazione) - www.osterialafefa.it - Chiuso 3 settimane in gennaio, 3 settimane in agosto e martedì

Casa Magagnoli

FAMILIARE • PERSONALIZZATO Nell'Ottocento ospitò un pioniere dell'arte fotografica, oggi invece dedica ogni camera, arredata con gusto minimalista, ai personaggi di Finale ricordati tra gli annali della storia.

12 cam - †60/100 € ††90/120 €

piazza Garibaldi 10 - ✆ 0535 760046 - www.casamagagnoli.com - Chiuso 27-31 dicembre e 13-20 agosto

FINALE LIGURE

Savona - ✉ 17024 - 11 711 ab. - Carta regionale n° **8**-B2

Roma 576 km - Genova 74 km - Savona 28 km - Imperia 52 km

Carta stradale Michelin 561-J7

Sottosale

CUCINA MODERNA • MINIMALISTA Il design minimalista conferisce all'ambiente un côté giovane e alla moda: anche la cucina occhieggia alla modernità, pur attingendo al grande repertorio della regione. Dehors estivo sul viale del lungomare.

Carta 41/98 €

San Pietro Palace Hotel, via San Pietro 9 - ✆ 019 604 9156 - www.ristorantesottosale.it

Rosita

LIGURE • RUSTICO Stile rustico, ma soprattutto una bella terrazza affacciata sul mare e sulla costa, che vi ripaga di un tratto di strada un po' stretto e tortuoso, necessario a raggiungere il locale. Curata direttamente dai titolari, la cucina è squisitamente all'insegna del territorio.

Menu 25 € (in settimana)/50 € - Carta 30/56 € 11 cam - ††80/120 € - 1 suite

via Mànie 67, Nord-Est: 3 km - ✆ 019 602437 (consigliata la prenotazione) - www.hotelrosita.it - solo a cena - Chiuso 7 gennaio-20 febbraio

Punta Est

DIMORA STORICA • PERSONALIZZATO Antica dimora settecentesca in un parco ombreggiato da pini secolari e da palme; tutti da scoprire i deliziosi spazi esterni, tra cui una caverna naturale con stalagmiti. Elegante sala da pranzo: soffitti a travi lignee, archi, camino centrale, dehors panoramico.

34 cam - †110/220 € ††190/320 € - 2 suites

via Aurelia 1 - 019 600611 - www.puntaest.com - Aperto 15 aprile-15 ottobre

San Pietro Palace Hotel

LUSSO • PERSONALIZZATO Sul lungomare, grazioso hotel che si propone con spazi comuni moderni e minimalisti di piccole dimensioni: il fascino e il confort sono concentrati nelle armoniose camere.

30 cam - †125/215 € ††150/250 € - 1 suite

via San Pietro 9 - 019 604 9156 - www.hotelsanpietropalace.it

Sottosale - Vedere selezione ristoranti

a Finalborgo Nord-Ovest : 2 km 17024

Ai Torchi

PESCE E FRUTTI DI MARE • CONTESTO STORICO XX Antico frantoio in un palazzo del centro storico: in sala sono ancora presenti la macina in pietra e il torchio in legno. Se, poi, la bella atmosfera, il servizio curato e la gustosa cucina marinara vi avranno ben predisposto verso lo shopping, sappiate che il ristorante comunica con un grazioso negozio di oggettistica per la casa.

Menu 38 € - Carta 29/73 €

via dell'Annunziata 12 - 019 690531 - www.ristoranteaitorchi.com - Chiuso 7 gennaio-10 febbraio e martedì

FIORANO AL SERIO

Bergamo - 24020 - 3 000 ab. - Alt. 396 m - Carta regionale n° **10**-D1

Roma 597 km - Bergamo 22 km - Brescia 65 km - Milano 70 km

Carta stradale Michelin 561-E11

Trattoria del Sole

CUCINA CLASSICA • FAMILIARE XX E' una cordiale e simpatica coppia a gestire questo locale, lei in sala, lui in cucina dove con capacità e fantasia mescola modernità e tradizione, utilizzando prodotti di stagione, attingendo in egual misura da terra e mare. Pietra a vista e mattoni di inizio '900 caratterizzano la sala che raggiunge la sua massima espressione nella suggestiva cantina scavata nella roccia.

Menu 11 € (pranzo in settimana)/29 € - Carta 41/69 €

piazza San Giorgio 20 - 035 711443 - www.trattoriadelsole.it - Chiuso 1°-10 gennaio, 10-30 agosto, sabato a mezzogiorno e le sere di martedì e mercoledì

FIORENZUOLA D'ARDA

Piacenza - 29017 - 15 297 ab. - Alt. 80 m - Carta regionale n° **5**-A2

Roma 495 km - Piacenza 24 km - Cremona 31 km - Milano 87 km

Carta stradale Michelin 562-H11

Mathis

CUCINA EMILIANA • CONVIVIALE X Piacevole atmosfera retrò con oggetti d'altri tempi a far da contorno alle specialità piacentine. Moto e macchine d'epoca in cantina. Originale, come il suo nome!

Menu 25 € - Carta 24/53 € 16 cam - †65/70 € ††85/90 €

via Matteotti 68 - 0523 982850 - www.mathis.it - Chiuso 15-21 agosto e domenica

CI PIACE...

La terrazza del ***SE.STO*** On Arno per un cocktail glamour o una romantica cena con scorci sulla città. La suggestiva vista su Ponte Vecchio da una delle camere dell'hotel ***Lungarno***. Cenare nell'antica e sfarzosa corte interna del ***Winter Garden by Caino***. Per gli ospiti del ristorante ***La Leggenda dei Frati***, la possibilità di visitare il complesso museale accompagnati dai titolari forniti di chiavi.

FIRENZE

(FI) – ✉ 50122 – 382 808 ab. – Alt. 50 m – Carta regionale n° **18**-D3
▶ Roma 274 km – Bologna 116 km – Livorno 105 km – Prato 25 km
Carta stradale Michelin 563-K15

Piante pagine seguenti

Ristoranti

✿✿✿ Enoteca Pinchiorri (Annie Féolde)

CUCINA MODERNA • LUSSO XXXXX Da decenni Pinchiorri rappresenta il lusso e l'alta ristorazione come pochi altri ristoranti in Italia. Diverse sale, ma soprattutto in quella storica vi sentirete in un museo, avvolti da un servizio di gran classe con due leggendari padroni di casa, Annie e Giorgio. La cucina interpreta a grandi livelli ogni genere di spartito, toscano, italiano e internazionale. La celebrità della cantina è mondiale!

➜ Cappelletti di mela e spezie, crema di ricotta e salsiccia di agnello del casentino. Petto d'anatra arrosto con indivia brasata, latte di mandorla e salsa al vin santo. Pesca, stracciatella, frolla al grano tostato e fiammiferi di meringa.

Menu 175/225 € – Carta 165/295 €

Pianta: E2-x – *via Ghibellina 87 ✉ 50122*
– ✆ 055 242777 (consigliata la prenotazione) – www.enotecapinchiorri.com
– solo a cena – Chiuso 1 settimana a Natale, 3 settimane in agosto, domenica e lunedì

✿ Winter Garden by Caino

CUCINA CREATIVA • LUSSO XXXX Un tempo vi entravano le carrozze, oggi l'antica corte del St. Regis, trasformata in giardino d'inverno, ospita la cucina maremmana di Valeria Piccini, nel lussureggiante contorno di uno degli alberghi più raffinati di Firenze.

➜ Tagliolini al nero di seppia con scampi e crema di zafferano. Il gioco del galletto. Diversamente tiramisù.

Menu 95 € – Carta 83/125 €

Pianta: D2-a – *Hotel The St. Regis Florence, piazza Ognissanti 1*
– ✆ 055 2716 (consigliata la prenotazione) – www.stregisflorence.com
– solo a cena

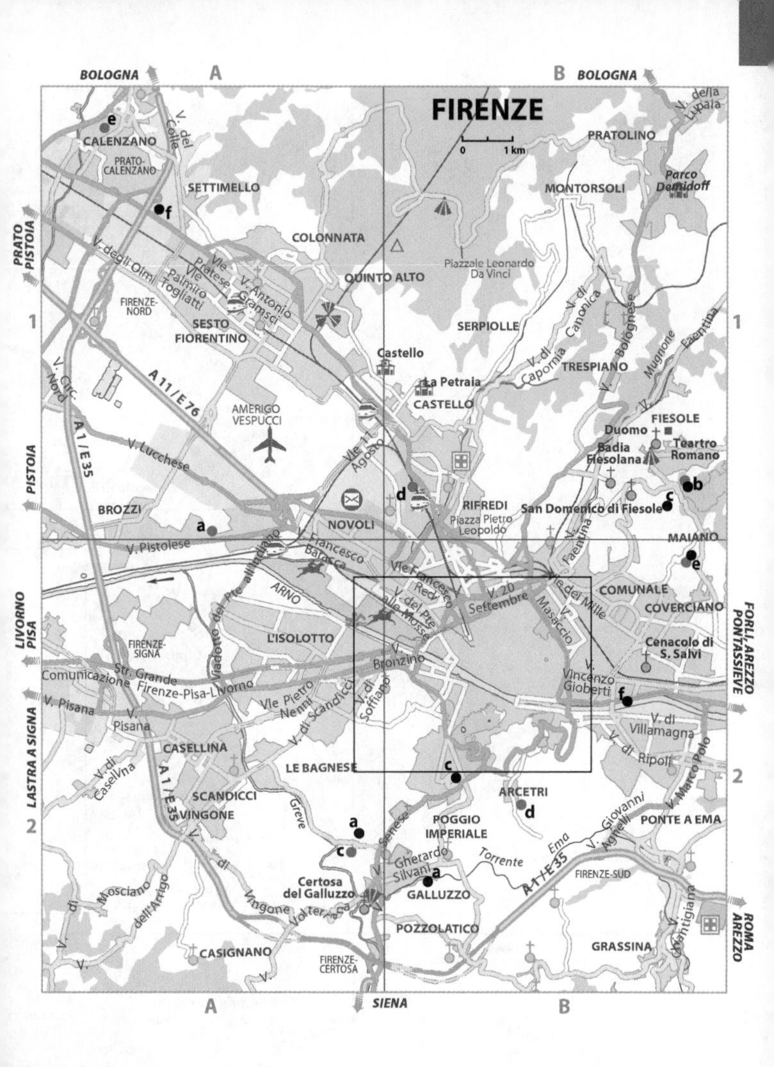

Il Palagio

CUCINA MODERNA · CONTESTO STORICO XXXX Lo sfarzo di uno dei palazzi più eclatanti di Firenze si rinnova in uno stile più agile e contemporaneo, al pari della cucina, tesa verso la reinterpretazione della tradizione italiana in piatti elaborati e gustosi.

→ Insalata di astice con crema di "soffritto" e cavolfiore. Tonno arrostito su crema di fagioli di Rotonda e ciambotta lucana. Barretta croccante al caramello con gelato alle nocciole.

Menu 125/254 € – Carta 98/173 €

Pianta: F1-a – *Four Seasons Hotel Firenze, borgo Pinti 99 ✉ 50121 – ✆ 055 262 6450 – www.ilpalagioristorante.it – solo a cena – Chiuso 15 gennaio-15 febbraio e domenica sera in ottobre-maggio*

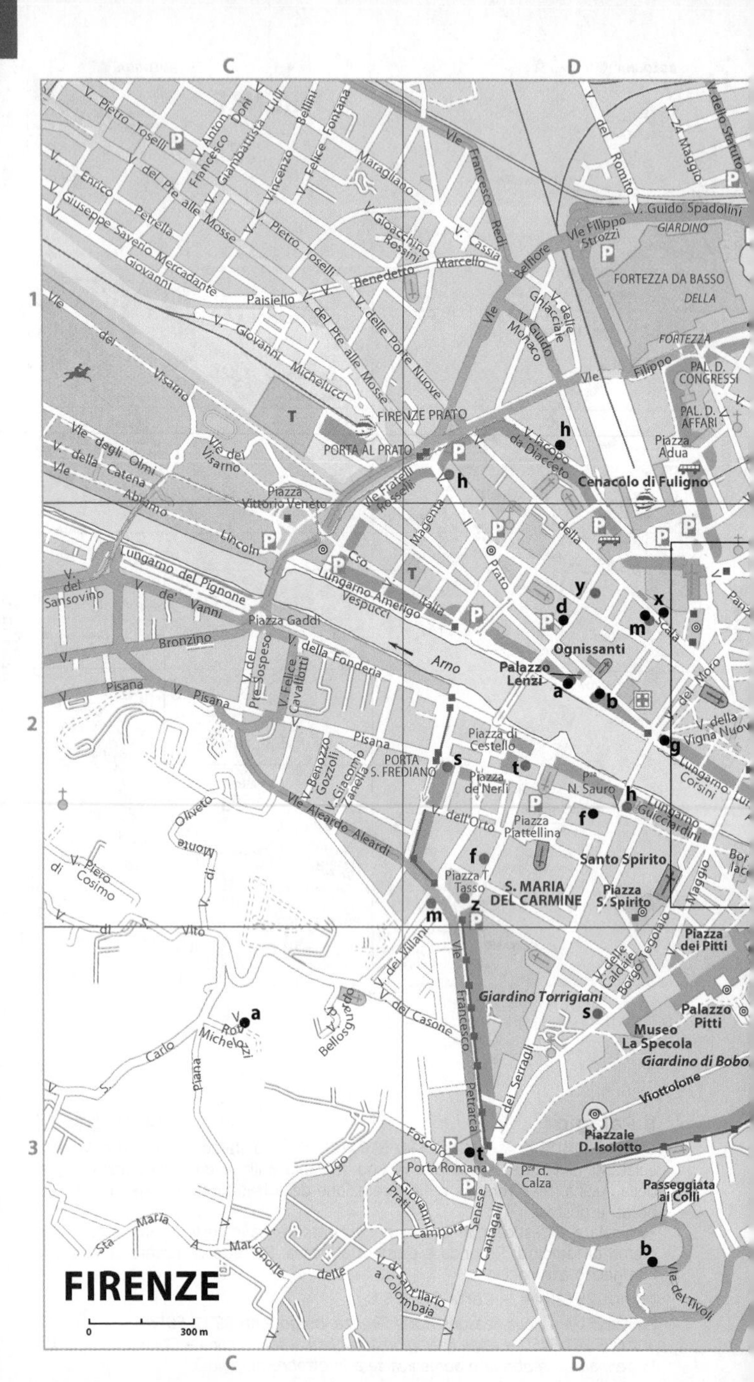
FIRENZE
0
300 m
C
D
1
2
3
FORTEZZA DA BASSO
GIARDINO DELLA FORTEZZA
PAL. D. CONGRESSI
PAL. D. AFFARI
Piazza Adua
Cenacolo di Fuligno
FIRENZE PRATO
PORTA AL PRATO
Piazza Vittorio Veneto
Piazza Gaddi
Arno
Ognissanti
Palazzo Lenzi
Piazza di Cestello
PORTA S. FREDIANO
Piazza de' Nerli
Pza N. Sauro
Piazza Piattellina
Santo Spirito
Piazza T. Tasso
S. MARIA DEL CARMINE
Piazza S. Spirito
Piazza dei Pitti
Palazzo Pitti
Giardino Torrigiani
Museo La Specola
Giardino di Bobo
Viottolone
Piazzale D. Isolotto
Porta Romana
Pza d. Calza
Passeggiata ai Colli
Lungarno del Pignone
Lungarno Amerigo Vespucci
Lungarno Corsini
Lungarno Guicciardini
V. Guido Spadolini
Vle Filippo Strozzi
Vle Francesco Redi
Vle Belfiore
Vle Fratelli Rosselli
Vle Aleardo Aleardi
Vle Francesco Petrarca
V. dei Serragli
V. della Fonderia
V. Pisana
V. Giovanni Michelucci
V. delle Porte Nuove
V. del Pte alle Mosse
V. Pietro Toselli
V. Vincenzo Bellini
V. Felice Fontana
V. Giambattista Lulli
V. Anton Francesco Doni
V. Gioacchino Rossini
V. Benedetto Marcello
V. Cassia
V. Giuseppe Saverio Mercadante
V. Giovanni Paisiello
V. Enrico Petrella
Vle dei Visarno
Vle degli Olmi
V. della Catena
Vle Abramo Lincoln
V. del Sansovino
V. de' Vanni
V. Bronzino
V. del Pte Sospeso
V. Felice Cavallotti
V. Benozzo Gozzoli
V. Giacomo Zanella
V. dell'Orto
V. dei Villani
V. del Casone
V. Bellosguardo
V. Rov. Michelozzi
V. Carlo
V. di Vito
V. di Monte Oliveto
V. Piero di Cosimo
Sta Maria A Marignolle
V. Ugo Foscolo
V. Giovanni Prati
Campora
V. Senese
V. Cantagalli
V. d. Sant'Ilario a Colombaia
Vle del Tivoli
V. del Romito
V. 24 Maggio
V. dello Statuto
V. Guido Monaco
V. delle Ghiacciaie
V. Iacopo da Diacceto
V. della Scala
Il Prato
Cso Italia
V. Magenta
V. del Moro
V. della Vigna Nuova
V. delle Caldaie
Borgo Tegolaio
Maggio

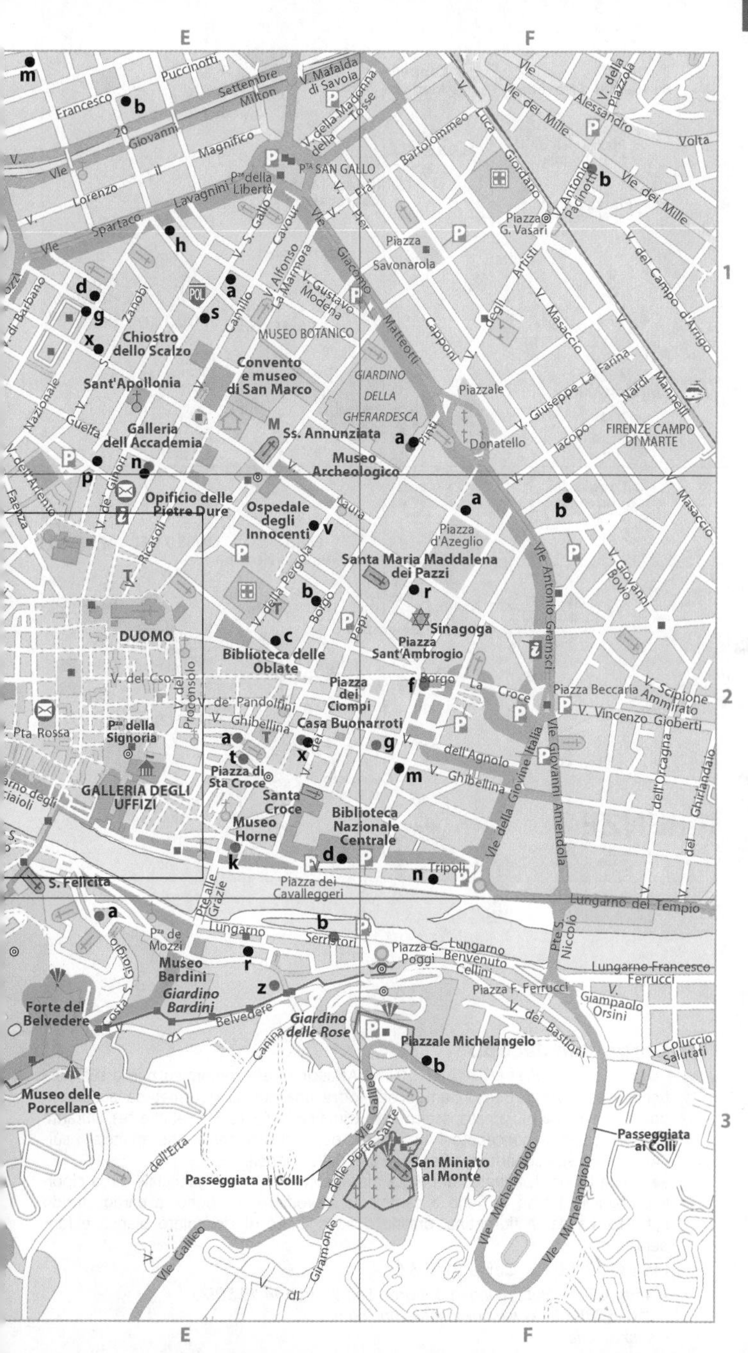

E
F
1
2
3
Chiostro dello Scalzo
Sant'Apollonia
Convento e museo di San Marco
MUSEO BOTANICO
GIARDINO DELLA GHERARDESCA
Galleria dell'Accademia
Ss. Annunziata
Museo Archeologico
Opificio delle Pietre Dure
Ospedale degli Innocenti
Piazza d'Azeglio
Santa Maria Maddalena dei Pazzi
Sinagoga
Piazza Sant'Ambrogio
DUOMO
Biblioteca delle Oblate
Piazza dei Ciompi
Casa Buonarroti
P.za della Signoria
Piazza di Sta Croce
Santa Croce
GALLERIA DEGLI UFFIZI
Museo Horne
Biblioteca Nazionale Centrale
S. Felicita
Piazza dei Cavalleggeri
P.za de Mozzi
Museo Bardini
Giardino Bardini
Forte del Belvedere
Giardino delle Rose
Piazzale Michelangelo
Museo delle Porcellane
Passeggiata ai Colli
San Miniato al Monte
P.TA SAN GALLO
P.za della Libertà
Piazza Savonarola
Piazza G. Vasari
Piazzale Donatello
FIRENZE CAMPO DI MARTE
Piazza Beccaria
Piazza G. Poggi
Piazza F. Ferrucci
Lungarno dei Tempio
Lungarno Francesco Ferrucci
Lungarno Benvenuto Cellini
Vle Antonio Gramsci
Vle Giovanni Amendola
Vle della Giovine Italia
Vle Michelangiolo
Vle Galileo
V. Ghibellina
V. de' Pandolfini
V. del Cso.
V. del Proconsolo
V. Pta Rossa
V. Scipione Ammirato
V. Vincenzo Gioberti
V. Giuseppe La Farina
V. Masaccio
Vle dei Mille
V. del Campo d'Arrigo
Pte alle Grazie
pte S. Niccolò

Borgo San Jacopo

CUCINA MODERNA • ROMANTICO XXX Affascinante e romantico per la sua particolare atmosfera, Borgo San Jacopo offre una cucina gourmet da accompagnare con il vino più amato, scelto nell'ottima carta (oltre 600 etichette). Durante la bella stagione, concedetevi il privilegio dell'esclusivo terrazzino affacciato sull'Arno: sulla sua superficie, riflesse, le luci delle candele.

➜ Senza farina: spaghetto di patata gialla, crema all'uovo, guanciale, erba cipollina. Agnello infuso al fieno e camomilla, cavolfiore, scalogno, asparagi, fondo ristretto. La dama fiorentina: praline dolci e salate di cioccolato bianco e fondente.

Menu 105/115 € – Carta 81/153 €

Pianta: G2-s – *Hotel Lungarno, borgo San Jacopo 14* ✉ *50125* – ✆ *055 281661* – *www.borgosanjacopo.com* – *solo a cena*

La Leggenda dei Frati (Filippo Saporito e Alessandro Rossi)

CUCINA CREATIVA • CONTESTO STORICO XXX S'inizia bene e si continua meglio... Dopo una salita vertiginosa per chi lo raggiunge a piedi, varcata la soglia del bellissimo complesso museale di Villa Bardini (non lontano da Palazzo Vecchio), vi attende un'atmosfera elegante ed accogliente, mentre la cucina riesce a stupirvi con sapori creativi e moderni, sicuramente convincenti. Una vera e propria esperienza multisensoriale!

→ Gamberi di Mazara del Vallo crudi con patate e crema all'whisky. Pancia di maialino croccante, spinaci, carciofo e senape. Mandorla, vaniglia e pera.

Menu 35 € (pranzo in settimana)/90 € - Carta 60/95 €

Pianta: E3-a - *Costa San Giorgio 6/a ✉ 50122 - ✆ 055 068 0545 (consigliata la prenotazione) - www.laleggendadeifrati.it - Chiuso 1 settimana in agosto e lunedì*

Ora D'Aria (Marco Stabile)

CUCINA MODERNA • ELEGANTE XXX La sala si specchia nelle cucine a vista, il dialogo tra i clienti e i cuochi è continuo: molti piatti vi verranno serviti dalla brigata di cucina, che utilizza in prevalenza prodotti toscani mischiando con destrezza tradizione e modernità.

→ Tortellini farciti di faraona, Champagne solido e polvere di frutti rossi. Manzo croccante alla fiorentina, sedano rapa e vin santo. Latte, caramello e sale.

Menu 80/90 € - Carta 75/123 €

Pianta: H2-e - *via dei Georgofili 11r ✉ 50122 - ✆ 055 200 1699 (consigliata la prenotazione) - www.oradariaristorante.com - Chiuso 29 gennaio-12 febbraio, 5-27 agosto, lunedì a mezzogiorno e domenica*

La Bottega del Buon Caffè

CUCINA CREATIVA • CONTESTO CONTEMPORANEO XX Sul Lungarno, atmosfera urban chic, ma anche stile fiorentino, in un elegante locale con servizio all'aperto per le fresche serate primaverili e cucina rigorosamente a vista. Piatti incentrati su materie prime di grande qualità - senza limiti di territorialità e tradizione - trattate con intelligenza e rispetto in un twist creativo, ragionato e spontaneo.

→ Taglierini alle triglie, sedano e pane croccante al prezzemolo. Spalla d'agnello, topinambur, yogurt ed agretti. Il cheesecake de La Bottega.

Menu 95/115 € - Carta 83/126 €

Pianta: E3-b - *lungarno Benvenuto Cellini, 63/r ✉ 50122 - ✆ 055 553 5677 - www.borgointhecity.com - Chiuso lunedì a mezzogiorno e domenica*

Trattoria Cibrèo-Cibreino

CUCINA DEL TERRITORIO • BISTRÒ X Nella trattoria troverete l'anima più popolare dell'adiacente ristorante Cibreo, un ambiente semplice e piacevolmente conviviale che non riceve prenotazioni, ma la stessa gustosa cucina: ribollita, coniglio farcito e torta al cioccolato per citare solo alcuni grandi classici.

Carta 30/37 €

Pianta: F2-f - *via dei Macci 122/r ✉ 50122 - ✆ 055 234 1100 - www.edizioniteatrodelsalecibreofirenze.it - Chiuso 10 giorni in febbraio, agosto e lunedì*

Da Burde

CUCINA REGIONALE • CONVIVIALE X Nato agli inizi del secolo scorso come bottega di alimentari e trattoria, è un locale storico lontano dai soliti circuiti turistici. I due fratelli che attualmente lo gestiscono hanno lasciato tutto com'era in origine: salumi in vendita, banco bar con tabacchi e sul retro una saletta familiare dove gustare la vera cucina toscana. Ribollita, minestra di farro, pappa al pomodoro, fiorentina e peposo, tra le specialità della casa.

Carta 23/42 €

Pianta: A1-a - *via Pistoiese 154 ✉ 50122 - ✆ 055 317206 - www.burde.it - solo a pranzo escluso venerdì - Chiuso 12-20 agosto ed i giorni festivi*

Il Latini

CUCINA TOSCANA • DI QUARTIERE X Fiaschi di vino alle pareti, prosciutti appesi al soffitto, servizio schietto ed informale e una tradizione secolare: è la trattoria cittadina per eccellenza che celebra la cucina toscana... ribollita, zuppa di farro, grandi arrosti e, per finire, la torta della nonna.

Carta 27/80 €

Pianta: G1-j - *via dei Palchetti 6 r ✉ 50123*
- ✆ 055 210916 - www.illatini.com
- Chiuso 20 dicembre-2 gennaio, 1°-15 agosto e lunedì

Zeb

CUCINA TOSCANA • SEMPLICE X Nel delizioso quartiere di San Niccolò, l'antica gastronomia si è trasformata in un originale ristorante: seduti intorno al banco centrale, come in un sushi bar, si mangia gomito a gomito scegliendo piatti gustosamente casarecci. Il nostro preferito? Cappellacci di fiori di zucca in salsa di burrata con zucchine.

Carta 20/48 €

Pianta: E3-z - *via San Miniato 2r ✉ 50122 - ✆ 055 234 2864*
- www.zebgastronomia.com - Chiuso 16-31 agosto, mercoledì e le sere di domenica, lunedì e martedì escluso aprile-ottobre

SE.STO On Arno

CUCINA CREATIVA • CHIC XXX Al sesto piano dell'albergo Excelsior, se anche d'inverno la vista è mozzafiato attraverso le pareti vetrate, nella bella stagione in terrazza vi sembrerà di volare su Firenze. Cucina creativa, ma a pranzo la carta è più semplice e ristretta.

Menu 85/115 € - Carta 81/135 €

Pianta: D2-b - *Hotel The Westin Excelsior, piazza Ognissanti 3 ✉ 50123*
- ✆ 055 2715 2783 (consigliata la prenotazione) - www.sestoonarno.com

The Fusion Bar & Restaurant

FUSION • DI TENDENZA XXX Giovane e modaiolo, è un bar-ristorante dagli elaborati cocktail, carta semplice a pranzo e un bel mix di cucina occidentale e asiatica la sera, a cominciare dal sushi.

Carta 23/77 €

Pianta: G2-u - *Gallery Hotel Art, vicolo dell'Oro 5 ✉ 50123 - ✆ 055 2726 6987*
- www.lungarnocollection.com - solo a cena

Benedicta

CUCINA MEDITERRANEA • CONTESTO CONTEMPORANEO XXX Nel quartiere di Santa Maria Novella, le antiche volte a crociera e i mattoni della Firenze di un tempo s'intrecciano ad elementi architettonici high-tech, per dar vita ad un locale fresco, giovane, informale. Modernità anche ai fornelli, dove la tradizione toscana cede il passo ad una cucina gustosamente creativa.

Carta 37/90 €

Pianta: D2-m - *Hotel Rivoli, via Benedetta 12/r ✉ 50123*
- ✆ 055 27861 - www.ristorantebenedicta.it - solo a cena
- Chiuso domenica

Cibrèo

CUCINA TOSCANA • ELEGANTE XXX Un'elegante sala - quasi un salotto privato - ed un servizio piacevolmente cordiale e amichevole sono il contorno di una cucina che punta su grandi sapori, seguendo una carrellata di piatti ormai storici. Un'istituzione a Firenze.

Menu 77/120 €

Pianta: F2-f - *via A. Del Verrocchio 8/r ✉ 50122*
- ✆ 055 234 1100 - www.cibreo.com
- Chiuso 1 settimane in febbraio, agosto e lunedì

Caffè dell'Oro

CUCINA MEDITERRANEA • ROMANTICO XX Cucina toscana e - più ampiamente - mediterranea, in un ristorante dalla superba vista su Ponte Vecchio. L'ambiente è molto elegante: in stile con il vicino albergo.

Carta 46/73 €

Pianta: G2-a - *Hotel Portrait Firenze, lungarno Acciaiuoli 4 - 055 2726 8912 (consigliata la prenotazione) - www.lungarnocollection.com - Chiuso domenica in inverno*

Il Santo Graal

CUCINA MODERNA • MINIMALISTA XX Un'atmosfera monastica e raffinata aleggia al Santo Graal, laboratorio gourmet di un giovane cuoco che dà nuova linfa alla tradizione toscana e non solo, reinterpretandola, ma senza sconvolgerla.

Menu 35/50 € - Carta 42/69 €

Pianta: D3-s - *via Romana 70r ✉ 50122 Firenze - 055 228 6533 (consigliata la prenotazione) - www.ristorantesantograal.it - Chiuso 7-21 agosto e lunedì*

Buca Mario

CUCINA REGIONALE • CONTESTO TRADIZIONALE XX Dal 1886 un baluardo della tradizione cittadina, è spesso frequentatissimo, eppure vi troverete una rara cortesia e affabilità, nonché un'ottima bistecca alla fiorentina, vero piatto culto della Buca.

Carta 40/109 €

Pianta: G1-h - *piazza Degli Ottaviani 16 r ✉ 50123 - 055 214179 - www.bucamario.it - solo a cena - Chiuso 9-20 dicembre*

Baccarossa

CUCINA MEDITERRANEA • ALLA MODA XX Tavoli in legno, vivaci colori ed eleganza in questa enoteca bistrot che propone una gustosa cucina mediterranea: paste fatte in casa, specialità di pesce e qualche piatto a base di carne.

Menu 30/70 € - Carta 38/84 €

Pianta: F2-g - *via Ghibellina 46/r ✉ 50122 - 055 240620 (consigliata la prenotazione) - www.baccarossa.it - solo a cena - Chiuso domenica*

Enoteca La Barrique

CUCINA MEDITERRANEA • ROMANTICO XX Caratteristico e romantico, ancor di più se avete la fortuna di cenare nel piccolo spazio all'aperto, è l'indirizzo per chi vuole uscire dalla tradizione e provare piatti più creativi e personali.

Carta 28/51 €

Pianta: D2-f - *via Leone 40/r ✉ 50127 - 055 224192 - www.enotecalebarrique.com - Chiuso 8-23 agosto e lunedì*

Belcore

CUCINA CLASSICA • CONTESTO CONTEMPORANEO XX Una carta dei vini generosa in quanto a numero di etichette ed un menu che contempla "idealmente" tre linee di cucina: specialità di pesce, ricette della tradizione italo-toscana e piatti più moderni.

Menu 35/50 € - Carta 38/59 €

Pianta: D2-y - *via dell'Albero 30r ✉ 50123 - 055 211198 - www.ristorantebelcore.it - solo a cena - Chiuso 25-31 gennaio, 16-25 agosto e mercoledì*

Cucina Torcicoda

CUCINA TOSCANA • ACCOGLIENTE XX Osteria, pizzeria e ristorante (serale): in un solo indirizzo, tre formule diverse, in ambienti informali o più eleganti a seconda dell'opzione. La tradizione toscana all'osteria, pizze di tipo napoletano e piatti più ricercati al ristorante. Per tutti, la specialità della casa: la bistecca fiorentina preparata con diverse razze di manzo, a scelta del cliente quale ordinare.

Carta 37/81 €

Pianta: E2-t - *via Torta 5/r - 055 265 4329 - www.cucinatorcicoda.com - Chiuso lunedì in novembre-marzo*

Io Osteria Personale

CUCINA CREATIVA • BISTRÒ XX Sala di grande semplicità con mattoni e travi a vista, tavoli affiancati, praticamente nient'altro; tutto è concentrato sulla cucina, creativa e personalizzata, per chi vuole sfuggire ai cliché della tradizione fiorentina da trattoria.

Menu 40/55 € - Carta 39/62 €

Pianta: D2-s - *Borgo San Frediano 167r ✉ 50124 Firenze - ✆ 055 933 1341 (consigliata la prenotazione) - www.io-osteriapersonale.it - solo a cena - Chiuso 3 settimane in gennaio, 3 settimane in agosto e domenica*

Il Santo Bevitore

CUCINA TOSCANA • RUSTICO X Rustico e conviviale, a pranzo la proposta è semplice e ristretta. Di sera, il locale si anima e la cucina dà il meglio di sé con piatti della tradizione e proposte più creative.

Carta 27/60 €

Pianta: D2-h - *via Santo Spirito 64/66 r ✉ 50125 - ✆ 055 211264 - www.ilsantobevitore.com - Chiuso 10-20 agosto e lunedì a mezzogiorno*

Il Desco (N)

CUCINA REGIONALE • OSTERIA X In un ambiente molto grazioso, in pieno stile bistrot con tovagliette ed autentica informalità, i piatti portano in tavola la più schietta tipicità toscana. Nel periodo estivo la corte interna è molto gettonata, ma anche la piccola saletta principale ha un suo fascino; a completare il tutto il piccolo dehors sul marciapiede della via principale.

Carta 31/43 €

Pianta: E1-2-n - *Hotel Il Guelfo Bianco, via Cavour 29 - ✆ 055 288330 (consigliata la prenotazione) - www.ildescofirenze.it - Chiuso domenica escluso in aprile-ottobre*

Il Borro Tuscan Bistro

CUCINA DEL TERRITORIO • BISTRÒ X Ristorante, wine-bar e negozio: uno spazio poliedrico dove gustare i più tradizionali sapori toscani a due passi dall'Arno. Ambiente moderno ed informale.

Carta 31/57 €

Pianta: G2-e - *lungarno Acciaiuoli 80r ✉ 50122 - ✆ 055 290423 - www.ilborrotuscanbistro.it - Chiuso 23 gennaio-8 febbraio e lunedì escluso in maggio-ottobre*

Osteria Caffè Italiano

CUCINA TRADIZIONALE • RUSTICO X Tipica trattoria informale e conviviale, a pranzo in settimana viene servita una selezione di piatti ristretta e più economica, che si amplia la sera e nel week-end con una variegata scelta di carni alla griglia: autentica specialità della casa!

Menu 38 € - Carta 31/59 €

Pianta: E2-a - *via Isola delle Stinche 11 ✉ 50122 - ✆ 055 289368 - www.caffeitaliano.it*

Fiorenza

CUCINA CLASSICA • FAMILIARE X Decentrata, non semplice da raggiungere, priva di pretese per quanto accogliente, ma nel piatto rivela tutte le sue potenzialità: grande cucina toscana, dal giovedì al sabato ci sono anche diversi piatti di pesce.

Carta 34/77 €

Pianta: B1-d - *via Reginaldo Giuliani 51 r ✉ 50141 - ✆ 055 412847 - Chiuso agosto, sabato a mezzogiorno e domenica*

Il simbolo 🍇 segnala una carta dei vini particolarmente interessante.

Baldini

CUCINA TOSCANA • OSTERIA Semplice e familiare trattoria, nei pressi della Porta al Prato, si articola in due salette informali nelle quali gustare una cucina genuina, piatti tipici fiorentini ma anche nazionali.

Carta 30/46 €

Pianta: D1-h - *via il Prato 96 r ✉ 50123 - ✆ 055 287663 - www.trattoriabaldini.com - Chiuso 24 dicembre-3 gennaio, 1°-20 agosto, sabato e domenica sera; anche domenica a mezzogiorno in giugno-luglio*

Dim Sum

CUCINA CANTONESE • STILE ORIENTALE Un ristorantino cinese che in località è caldeggiato da molti addetti al settore... e ne hanno ben donde: cucina cinese di carne e di pesce fatta di piccole porzioni - dimsum, per l'appunto - accompagnate da un'intrigante selezione di tè.

Carta 9/30 €

Pianta: H2-b - *Via de' Neri 37/r ✉ 50122 - ✆ 055 284331 (consigliata la prenotazione) - www.dimsumrestaurant.it - Chiuso domenica*

Alla Vecchia Bettola

CUCINA TOSCANA • DI QUARTIERE Caratteristica ed informale trattoria di S. Frediano, con tavoloni di marmo e fiasco di Chianti a consumo. Casalinga cucina fiorentina, atmosfera ospitale e servizio veloce.

Carta 30/60 €

Pianta: D2-m - *viale Vasco Pratolini 3/7 n ✉ 50124 - ✆ 055 224158 - www.allavecchiabettola.it - Chiuso vacanze di Natale, 15-22 agosto, domenica e lunedì*

Osteria al Tranvai

CUCINA TOSCANA • TRATTORIA Il titolare è il vero oste, come uno se lo immagina: simpatico, cordiale, generoso. La sua cucina, schietta come lui: tra frattaglie varie e i proverbiali crostini, qui si assiste alla celebrazione pagana dei classici toscani.

Carta 25/50 €

Pianta: D2-z - *Piazza T. Tasso 14r ✉ 50122 - ✆ 055 225197 - www.altranvai.it - Chiuso vacanze di Natale e domenica*

Del Fagioli

CUCINA TOSCANA • TRATTORIA Trattoria popolare con tutti i crismi del genere: cucina a vista all'ingresso, atmosfera chiassosa ed informale, piatti toscani con gran scelta di carni, anche alla griglia. Turisti, fiorentini e tanta convivialità si ritrovano qui.

Carta 26/73 €

Pianta: E2-k - *corso Tintori 47 r ✉ 50122 - ✆ 055 244285 - Chiuso agosto, sabato e domenica*

Alberghi

Four Seasons Hotel Firenze

DIMORA STORICA • GRAN LUSSO Le austere mura di un palazzo quattrocentesco celano il più grande parco privato della città: camere sontuose, arredi classici, luminose corti riparate da lucernai per un soggiorno esclusivo. La Villa ex convento del XV secolo è preferita, invece, da chi predilige privacy e tranquillità. Gustosa carrellata sui piatti toscani e nazionali all'Atrium; pizza e grigliate estive in giardino.

116 cam - †395/925 € ††695/1150 € - 20 suites - ☕ 45 €

Pianta: F1-a - *borgo Pinti 99 ✉ 50121 - ✆ 055 26261 - www.fourseasons.com/florence*

Il Palagio - Vedere selezione ristoranti

The St. Regis Florence

DIMORA STORICA • GRAN LUSSO Raffinato palazzo fiorentino, originariamente progettato da Brunelleschi, gli interni risplendono per ricercatezza e buon gusto, le camere - alcune con vista sull'Arno - reinterpretano lo stile tradizionale toscano.

83 cam - 300/600 € 500/1000 € - 17 suites

Pianta: D2-a - *piazza Ognissanti 1* ✉ *50123* - *055 27163* - *www.stregisflorence.com*

Winter Garden by Caino - Vedere selezione ristoranti

The Westin Excelsior

GRAN LUSSO • CLASSICO In un imponente palazzo affacciato sull'Arno e su una graziosa piazzetta, l'Excelsior offre la più classica atmosfera da grande albergo, ideale per chi non ama soprese di design e preferisce essere coccolato dal lusso più tradizionale.

167 cam - 730/1210 € 985/1890 € - 4 suites - 43 €

Pianta: D2-b - *piazza Ognissanti 3* ✉ *50123* - *055 27151* - *www.westinflorence.com*

SE.STO On Arno - Vedere selezione ristoranti

Villa Cora

DIMORA STORICA • ELEGANTE E' tutto un susseguirsi di sale affrescate, marmi e stucchi in questa signorile villa di fine '800, immersa in un parco secolare con piscina. Piccola e squisitamente panoramica la terrazza lounge per aperitivi e momenti di relax. Cucina di ricerca nel ristorante con servizio estivo in veranda.

44 cam - 275/781 € 308/825 € - 8 suites - 30 €

Pianta: D3-b - *viale Machiavelli 18* ✉ *50125* - *055 228790* - *www.villacora.it*

Portrait Firenze N

GRAN LUSSO • VINTAGE Lussuoso, elegante, originale. Un hotel di grande impatto composto esclusivamente da suite di varie metrature, ma tutte accomunate da accessori di ultimissima generazione. Uno dei fiori all'occhiello dell'ospitalità fiorentina.

30 suites - 500/1950 € - 7 cam - 35 €

Pianta: G2-a - *lungarno Acciaiuoli 4* ✉ *50123* - *055 2726 8000* - *www.lungarnocollection.com*

Caffè dell'Oro - Vedere selezione ristoranti

Relais Santa Croce

DIMORA STORICA • PERSONALIZZATO Lusso ed eleganza nel cuore di Firenze, un'atmosfera unica tra tradizione e modernità, nella quale mobili d'epoca si accostano ad elementi di design e a tessuti preziosi. Tempo, esperienza e passione: gli ingredienti essenziali per realizzare piatti semplici e gustosi di antiche ricette toscane presso il ristorante Guelfi e Ghibellini.

18 cam - 256/700 € 300/800 € - 6 suites

Pianta: E2-x - *via Ghibellina 87* ✉ *50122* - *055 234 2230* - *www.baglionihotels.com*

Regency

LUSSO • STORICO Affacciato su una delle più eleganti piazze-giardino di Firenze, il palazzo ottocentesco offre lusso e classicità di arredi per chi non ama il design contemporaneo e preferisce essere rassicurato da uno stile intramontabile.

29 cam - 157/467 € 172/482 € - 3 suites

Pianta: F2-a - *piazza Massimo D'Azeglio 3* ✉ *50121* - *055 245247* - *www.regency-hotel.com* - *Chiuso 3 gennaio-5 aprile*

Brunelleschi

LUSSO • CENTRALE Nella bizantina Torre della Pagliazza, camere molto accoglienti (all'ultimo piano la strepitosa Tower Suite) e nelle fondamenta un piccolo museo con cimeli d'epoca romana. Una saletta cinta in parte dai vecchi muri è il ristorante Santa Elisabetta: un angolo gourmet contrapposto all'elegante bistrot Osteria della Pagliazza.

82 cam - †224/864 € ††239/919 € - 14 suites

Pianta: H1-c - *piazza Santa Elisabetta 3 ✉ 50122 - ✆ 055 27370 - www.hotelbrunelleschi.it*

Savoy

LUSSO • CLASSICO Affacciato sull'elegante piazza della Repubblica, salotto dei caffè storici fiorentini, al Savoy sarete avvolti da un eccellente servizio, sorrisi e attenzioni. Raffinate camere in stile classico rivisitato, alcune sulla piazza, altre sulla cupola del Brunelleschi. Si può mangiare a tutte le ore del giorno presso il ristorante Irene con bel dehors sulla piazza.

102 cam - †260/560 € ††330/950 € - 14 suites - 30 €

Pianta: H1-q - *Piazza della Repubblica 7 ✉ 50123 - ✆ 055 27351 - www.hotelsavoy.it*

Helvetia e Bristol

PALACE • PERSONALIZZATO Nel centro di Firenze, di fronte a Palazzo Strozzi, albergo dall'armoniosa facciata ottocentesca, ideale base di partenza per scoprire i vicini luoghi d'interesse. Le raffinate camere e le splendide suite sono arredate con aristocratiche personalizzazioni.

52 cam - †200/650 € ††200/870 € - 15 suites

Pianta: G1-c - *via dei Pescioni 2 ✉ 50123 - ✆ 055 26651 - www.royaldemeure.com*

Bernini Palace

LUSSO • ELEGANTE Nella sala Parlamento si riunivano deputati e senatori ai tempi di Firenze, capitale del Regno d'Italia. Nei suoi ampi corridoi e nelle sue splendide camere (proverbiali quelle del *Tuscan Floor)*, nonché nel suo delizioso ristorante, si aggirano oggi turisti esigenti in termini di qualità.

63 cam - †180/600 € ††200/750 € - 11 suites

Pianta: H2-w - *piazza San Firenze 29 ✉ 50122 - ✆ 055 288621 - www.hotelbernini.duetorrihotels.com*

Villa La Vedetta

DIMORA STORICA • ELEGANTE Circondata da un parco secolare, una villa neorinascimentale è stata trasformata in raffinato albergo nei cui interni convivono arredi di design e pezzi d'antiquariato. Ogni camera ha un suo carattere, ma tutte sono ricche di preziosi dettagli: comodini in onice o in coccodrillo, scrivanie in cristallo e sete pregiate.

11 cam - †150/980 € ††150/1100 € - 7 suites

Pianta: F3-b - *viale Michelangiolo 78 ✉ 50125 - ✆ 055 681631 - www.villalavedettahotel.com - Chiuso 16 gennaio-16 febbraio*

Lungarno

LUSSO • PERSONALIZZATO Il nome di questo albergo non mente: salotto di charme posto nel cuore dell'Oltrarno fiorentino, con affaccio diretto sul fiume e vista speciale su Ponte Vecchio. L'hotel vanta una collezione di oltre 450 opere d'arte originali, tra cui Picasso e Cocteau, distribuite nelle camere, suite e luoghi comuni.

63 cam - †240/950 € ††250/990 € - 10 suites - 40 €

Pianta: G2-s - *borgo San Jacopo 14 ✉ 50125 - ✆ 055 27261 - www.lungarnocollection.com*

✿ **Borgo San Jacopo** - Vedere selezione ristoranti

Leone Blu

DIMORA STORICA • GRAN LUSSO Ospiti della storia e della più raffinata aristocrazia fiorentina, perché Leone Blu è la dimora del casato dei Ricasoli che ora apre i battenti agli ospiti che vorranno soggiornare nelle sue originali suite: una diversa dall'altra, mobili antichi s'interfacciano ad altri più moderni in un riuscito gioco di equilibrismi.

9 suites - 400/850 €

Pianta: D2-g - *piazza Carlo Goldoni 2 - 055 290270 - www.leoneblu.com*

J.K. Place Firenze

BOUTIQUE HOTEL • INSOLITO Una casa-bomboniera piuttosto che un albergo, un romantico rifugio dove storia e modernità si affiancano con gran classe. Abbiate cura di prenotare una camera con vista sulla magnifica piazza o sui tetti di Firenze. Al J.K. Lounge ampio dehors sulla piazza e cucina di qualità a tutte le ore del giorno.

18 cam - 500/1100 € 500/1100 € - 2 suites

Pianta: G1-e - *piazza Santa Maria Novella 7 50123 - 055 264 5181 - www.jkplace.com*

Palazzo Magnani Feroni

DIMORA STORICA • ROMANTICO Straordinario palazzo seicentesco che custodisce una favolosa collezione d'oggetti d'arte, corridoi principeschi, camere enormi e un'incantevole terrazza con vista sul Duomo e Palazzo Vecchio.

13 suites - 200/960 €

Pianta: D2-f - *borgo San Frediano 5 50124 - 055 239 9544 - www.palazzomagnaniferoni.it*

Cellai

DIMORA STORICA • ACCOGLIENTE Prendete tempo e frequentate gli eleganti salotti di quest'albergo, tra foto d'epoca e arredi del '900; nella bella stagione ci si trasferisce in una romantica terrazza. Per spiriti romantici e vintage.

68 cam - 120/169 € 150/298 €

Pianta: E1-x - *via 27 Aprile 14 50129 - 055 489291 - www.hotelcellai.it*

Ville sull 'Arno

LUSSO • PERSONALIZZATO Affacciato sull'Arno, i suoi interni un po' country, ma di lusso, non mancano di ospitare un'attrezzata spa con piscina interna ed esterna. Belle anche le camere, tutte personalizzate in stile moderno ed accogliente.

41 cam - 125/990 € 125/990 € - 4 suites - 22 €

Pianta: B2-f - *Lungarno Cristoforo Colombo 1/3 50122 Firenze - 055 670971 - www.hotelvillesullarno.com*

Continentale

BUSINESS • CENTRALE In un'antica torre del '500 dominante Ponte Vecchio, oggi regna il design anni 50 e in cima ad essa La Terrazza: rooftop bar con vista a 360° sulla città. La White Iris Spa by Confort Zone propone un'ottima lista di trattamenti benessere dedicati al corpo e al viso.

43 cam - 190/460 € 190/460 € - 28 €

Pianta: GH2-y - *vicolo dell'Oro 6 r 50123 - 055 27262 - www.lungarnocollection.com*

Santa Maria Novella

BUSINESS • ELEGANTE Affacciata sull'omonima piazza, la struttura riserva agli ospiti un'accogliente atmosfera, fatta di piccoli salottini ed eleganti camere tutte diverse per colori, nonché arredi. E per non perdersi nulla di questa magica città, a disposizione anche una graziosa, panoramica, terrazza.

69 cam - 150/350 € 185/520 € - 2 suites

Pianta: G1-d - *piazza Santa Maria Novella 1 50123 - 055 271840 - www.hotelsantamarianovella.it*

Gallery Hotel Art

BUSINESS • MINIMALISTA Dedicato agli amanti dell'arte contemporanea, l'albergo ospita esposizioni tematiche, mentre le camere offrono ambienti rilassanti di tonalità sabbia, alcune con vista sul centro storico.

71 cam - 200/720 € 200/720 € - 3 suites - 28 €

Pianta: G2-u - *vicolo dell'Oro 5 ✉ 50123 - ✆ 055 27263 - www.lungarnocollection.com*

The Fusion Bar & Restaurant - Vedere selezione ristoranti

Plaza Hotel Lucchesi

PALACE • ELEGANTE Elegante albergo sul lungarno caratterizzato da camere con arredi in stile impero e generosi spazi comuni; vista a 360° su tetti e monumenti cittadini dalla terrazza all'ultimo piano con bar e piccola piscina per rinfrescarsi.

83 cam - 130/250 € 180/700 € - 10 suites

Pianta: E2-d - *lungarno della Zecca Vecchia 38 ✉ 50122 - ✆ 055 26236 - www.hotelplazalucchesi.it*

Firenze Number Nine

BOUTIQUE HOTEL • DESIGN Colori soffici e tenui reinterpretano la tradizione alberghiera fiorentina con un soffio di modernità. La camera 107 dà un tocco di classe in più, come la cortesia del personale, e per gli appassionati c'è un'ottima palestra e un'area relax completa: praticamente una rarità, se si considera la posizione centrale della struttura! Si mangia a tutte le ore nel raffinato ristorante le Muse in stile lounge bar.

45 cam - 90/300 € 160/1000 €

Pianta: G1-b - *via dei Conti 9/31r ✉ 50123 - ✆ 055 293777 - www.firenzenumbernine.com*

Adler Cavalieri

TRADIZIONALE • ACCOGLIENTE Albergo di equilibrata eleganza in prossimità della stazione. Ottimamente insonorizzato, dispone di camere luminose e di accoglienti spazi comuni dove il legno è stato ampiamente usato.

60 cam - 115/335 € 115/420 €

Pianta: D2-x - *via della Scala 40 ✉ 50123 - ✆ 055 277810 - www.hoteladlercavalieri.com*

Grand Hotel Adriatico

BUSINESS • ACCOGLIENTE Ampia hall e moderne camere di sobria eleganza per questa struttura in comoda posizione centrale. Proposte toscane e nazionali nella tranquilla sala ristorante o nel piacevole giardino.

126 cam - 90/270 € 100/410 € - 3 suites

Pianta: D2-d - *via Maso Finiguerra 9 ✉ 50123 - ✆ 055 27931 - www.hoteladriatico.it*

Il Guelfo Bianco

TRADIZIONALE • PERSONALIZZATO Intrigante commistione d'opere d'arte contemporanea e arredi storici, molte delle camere al primo piano offrono anche soffitti a casettoni originali. Simpatico bistrot aperto a pranzo con piatti a chilometri zero, olio e verdure della proprietà.

40 cam - 90/160 € 99/257 €

Pianta: E1-2-n - *via Cavour 29 ✉ 50129 - ✆ 055 288330 - www.ilguelfobianco.it*

Il Desco - Vedere selezione ristoranti

Pierre

TRADIZIONALE • CENTRALE L'eleganza si affaccia ovunque in questo hotel sito in pieno centro dai caldi e confortevoli ambienti arredati in stile, ma dotati di accessori moderni; da alcuni tavoli della sala colazioni si scorge il Duomo.

49 cam - 120/265 € 160/370 € - 1 suite

Pianta: H2-t - *via Dè Lamberti 5 ✉ 50123 - ✆ 055 216218 - www.remarhotels.com*

Rivoli

TRADIZIONALE • CLASSICO Nel centro storico della Città del Giglio, un convento quattrocentesco è diventato, oggi, un raffinato hotel dai soffitti a volta (o a cassettoni) e con un grazioso patio che ospita la vasca idromassaggio. Camere spaziose.

84 cam - 90/270 € 100/500 € - 3 suites

Pianta: D2-m - *via della Scala 33* ✉ *50123* - *055 27861* - *www.hotelrivoli.it*

Benedicta - Vedere selezione ristoranti

Roma

TRADIZIONALE • VINTAGE Ubicata in maniera strategica per visitare la città, questa bella risorsa dispone di piacevoli spazi comuni e camere (praticamente quasi tutte nuove) con arredi moderni ed eleganti.

57 cam - 104/240 € 141/305 €

Pianta: G1-x - *piazza Santa Maria Novella 8* ✉ *50123* - *055 210366*
- *www.hotelromaflorence.com*

Palazzo Vecchietti

LUSSO • PERSONALIZZATO Qui troverete ancora i resti delle duecentesche mura fiorentine, nonché un'incantevole corte interna trasformata in salottino, su cui si affacciano romantici ballatoi che portano alle camere, lussuose, con piccola cucina e di una rara raffinatezza negli arredi contemporanei.

7 cam - 299/599 € 299/599 € - 5 suites

Pianta: G1-p - *via degli Strozzi 4* - *055 230 2802*
- *www.palazzovecchietti.com*

Home Florence

BOUTIQUE HOTEL • MINIMALISTA All'interno della graziosa palazzina si respira un'atmosfera giovane, modaiola, ma - come il nome lascia intendere - anche di casa. La prima colazione si condivide su tre soli tavoli e il colore bianco regna sovrano. Originale!

39 cam - 100/300 € 120/450 €

piazza Piave 3 ✉ *50122* - *055 243668* - *www.hhflorence.it*

Antica Torre di via Tornabuoni 1

DIMORA STORICA • ELEGANTE Alloggiati in una torre duecentesca o nell'adiacente palazzo quattrocentesco, troverete comunque camere eleganti, sovente spaziose: per tutti, delle terrazze mozzafiato con vista a 360° su Firenze.

19 cam - 200/495 € 200/495 € - 6 suites

Pianta: G2-m - *via Tornabuoni 1* ✉ *50123* - *055 265 8161*
- *www.tornabuoni1.com*

Monna Lisa

STORICO • CLASSICO Nel centro storico, un palazzo di origini medievali con un imponente scalone, pavimenti in cotto e soffitti a cassettoni, ospita camere e spazi comuni arredati in stile rinascimentale. Stanze più recenti, ma sempre eleganti come la restante parte della dimora, nelle due dépendance al di là dello splendido giardino. Completa il tutto una panoramica terrazza-solarium.

45 cam - 89/209 € 139/279 € - 4 suites

Pianta: E2-b - *via Borgo Pinti 27* ✉ *50121* - *055 247 9751* - *www.monnalisa.it*

Inpiazzadellasignoria

FAMILIARE • PERSONALIZZATO Semplice gestione familiare, ma con tante premure e piccole attenzioni per i suoi ospiti; alcune camere offrono una vista sulla piazza, altre sui tetti e campanili del centro.

10 cam - 200/250 € 250/300 € - 2 suites

Pianta: H2-z - *via de' Magazzini 2* ✉ *50122* - *055 239 9546*
- *www.inpiazzadellasignoria.com*

Calzaiuoli

TRADIZIONALE • ACCOGLIENTE In pieno centro storico, tra piazza del Duomo e piazza della Signoria, sorge sulle vestigia di una torre medievale; al suo interno, spazi comuni di modeste dimensioni e camere confortevoli.

52 cam - 120/550 € 120/700 € - 1 suite

Pianta: H1-v - *via Calzaiuoli 6 50122 - 055 212456 - www.calzaiuoli.it*

Palazzo Castri 1874

DIMORA STORICA • PERSONALIZZATO Aperto nelle primavera del 2015, l'albergo dispone di un'insolita limonaia e di un bel giardino fiorito: in quest'ultimo una piccola piscinetta idromassaggio mette in comunicazione l'ospite con il piacevole centro benessere. Funzionali e molto ben equipaggiate, le camere sfoggiano uno stile di moderna essenzialità.

51 cam - 150/450 € 180/550 € - 8 suites

Piazza Indipendenza 7 50122 Firenze - 055 472118
- www.palazzocastri.com

De Rose Palace

TRADIZIONALE • PERSONALIZZATO Ospitato in un palazzo fiorentino nei pressi del teatro Comunale, offre eleganti e spaziose camere, alcune con arredo ricercato ed una piacevole atmosfera familiare.

18 cam - 60/180 € 80/350 €

Pianta: D2-c - *via Solferino 5 50123 - 055 239 6818*
- www.florencehotelderose.com

Villa Belvedere

TRADIZIONALE • ACCOGLIENTE Al centro di uno splendido giardino con piscina, dal quale si possono ammirare la città e le colline tutt'intorno, la villa assicura tranquillità ed ambienti signorili, ma familiari.

26 cam - 80/150 € 120/207 €

Pianta: B2-c - *via Benedetto Castelli 3 50124 - 055 222501*
- www.villabelvederefirenze.it - Aperto 1° marzo-15 novembre

River

FAMILIARE • ACCOGLIENTE Elegante e raffinato, in una bella palazzina ottocentesca, le camere sono classiche o in stile più contemporaneo: alcune - all'ultimo piano - offrono una romantica vista sull'Arno.

38 cam - 89/199 € 99/259 €

Pianta: F2-n - *lungarno della Zecca Vecchia 18 50122 - 055 234 3529*
- www.hoteriver.com

Malaspina

BUSINESS • FUNZIONALE Affacciato su un'elegante piazza-giardino in cui si giocarono i destini della Firenze rinascimentale, palazzo ed ingresso signorili lasciano spazio a camere più semplici, ma ben tenute (in genere ampie).

31 cam - 53/185 € 68/275 €

Pianta: E1-g - *piazza dell'Indipendenza 24 50129 - 055 489869*
- www.malaspinahotel.it

Rapallo

BUSINESS • PERSONALIZZATO Sobria eleganza e una moderna rivisitazione dello stile fiorentino in tonalità bianco-grigie sono il marchio dell'albergo, insieme alla competenza artistica del titolare che vi darà utili consigli per il vostro soggiorno in città.

26 cam - 90/250 € 90/250 €

Pianta: E1-d - *via Santa Caterina d'Alessandria 7 50122 Firenze - 055 472412*
- www.hotelrapallofirenze.it

Degli Orafi

TRADIZIONALE • ACCOGLIENTE L'albergo rivela le sue carte un po' alla volta: semplice hall all'ingresso, ma già al primo piano c'è una sala colazioni mozzafiato con soffitto affrescato e, all'ultimo, una romantica vista dalle terrazze del bar.

42 cam - 120/280 € 160/480 €

Pianta: H2-a - *lungarno Archibusieri 4 50122 - 055 26622 - www.hoteldegliorafi.it*

Silla

LOCANDA • VINTAGE Semplice ma confortevole, in un palazzo storico d'Oltrarno, le camere sono in corso di rinnovo (optare per le più recenti): d'inverno, quando il fogliame non impedisce la vista, alcune si affacciano sull'Arno.

36 cam - 120/280 € 120/360 €

Pianta: E3-r - *via dei Renai 5 50125 - 055 234 2889 - www.hotelsilla.it*

Della Robbia

TRADIZIONALE • PERSONALIZZATO Pratico ed utile indirizzo per chi sceglie un soggiorno alla scoperta della cultura artistica fiorentina: costruito nel primo Novecento, il villino sfoggia suggestioni liberty nei signorili interni.

19 cam - 80/140 € 90/210 €

Pianta: F2-b - *via dei della Robbia 7/9 50132 - 055 263 8570 - www.hoteldellarobbia.it - Chiuso agosto*

Fiorino

FAMILIARE • ACCOGLIENTE Accoglienza cortese e familiare, passione per l'ospitalità e arredi semplici in questo piccolo albergo che occupa tre piani di un edificio alle spalle degli Uffizi e di palazzo Vecchio.

23 cam - 50/180 € 60/180 €

Pianta: H2-d - *via Osteria del Guanto 6 50122 - 055 210579 - www.hotelfiorino.it - Chiuso 15 giorni in dicembre, 15 giorni in agosto e 15 giorni in novembre*

La Casa di Morfeo

FAMILIARE • PERSONALIZZATO Al primo piano di un palazzo seicentesco, solo due camere hanno soffitti affrescati, ma quasi tutte dispongono di cromoterapia e sono piacevolmente arredate in stile contemporaneo e personalizzato (bagni con docce-idromassaggio!).

9 cam - 50/240 € 50/240 €

Pianta: F2-m - *via Ghibellina 51 50122 Firenze - 055 241193 - www.lacasadimorfeo.it*

Botticelli

FAMILIARE • ACCOGLIENTE Poco distante dal mercato di S.Lorenzo e dalla cattedrale, l'hotel si trova in un palazzo del '500 nelle cui zone comuni conserva volte affrescate; camere graziose ed una piccola terrazza coperta.

34 cam - 70/150 € 100/240 € - 1 suite

Pianta: E1-p - *via Taddea 8 50123 - 055 290905 - www.hotelbotticelli.it*

Palazzo Niccolini al Duomo

LUSSO • ROMANTICO Nel '400 in questo palazzo accanto al Duomo, Donatello aveva la sua bottega. Oggi, potrete trovare camere con soffitti affrescati, arredi di pregio e marmi bellissimi, anche la metratura si farà ricordare... mentre dalla "Dome suite" la cupola la si tocca quasi con la mano!

12 cam - 150/580 € 180/380 €

Pianta: H1-m - *via dei Servi 2 50122 - 055 282412 - www.niccolinidomepalace.com*

Villa Antea

FAMILIARE • ELEGANTE Villa del 1887 in zona residenziale circondata da un piccolo giardino, sarete sorpresi dalla cura degli ambienti, dall'ospitalità familiare, ma soprattutto dall'ampiezza ed eleganza dei bagni.

6 cam ☕ - †79/240 € ††89/240 €

Pianta: E1-b - *via Francesco Puccinotti 46* ✉ *50129* - ✆ *055 484106* - *www.villaantea.com*

B&B Antica Dimora Firenze

CASA PADRONALE • ELEGANTE Ogni camera racconta qualcosa di sè, a cominciare dalla tinta pastello che la contraddistingue: dal verde all'azzurro. La grammatica di base è però la stessa: cura e attenzione assolute, mobili antichi e tutte - salvo una - coccolano il sonno dell'ospite dentro letti a baldacchino impreziositi da vaporosi tendaggi.

6 cam ☕ - †70/130 € ††80/150 €

Pianta: E1-s - *via Sangallo 72* ✉ *50129* - ✆ *055 462 7296* - *www.antichedimorefiorentine.it*

1865 Residenza d'epoca

STORICO • PERSONALIZZATO Nel 1865 Firenze diventa capitale e nasce l'elegante quartiere in cui si trova questa residenza; cinque camere dedicate ad altrettanti scrittori con raffinati arredi che vi si ispirano, quattro con soffitti affrescati.

5 cam ☕ - †115/315 € ††125/325 €

Pianta: F2-r - *via Luigi Carlo Farini 12* ✉ *50121* - ✆ *340 383 8020* - *www.1865.it*

Antica Dimora Johlea

LOCANDA • PERSONALIZZATO Al terzo piano di un elegante palazzo d'epoca, il centro a due passi, tante ricercatezze nelle camere e cortesie del personale sono benvenute, ma più di tutto sarete ammaliati dalla romantica terrazza con vista sui tetti di Firenze.

6 cam ☕ - †70/130 € ††90/180 €

Pianta: E1-a - *via Sangallo 80* ✉ *50129* - ✆ *055 463 3292* - *www.antichedimorefiorentine.it*

Palazzo Galletti B&B

FAMILIARE • PERSONALIZZATO Se già Firenze è una città magica, pernottare in questa residenza ottocentesca sarà aggiungere ulteriore fascino al soggiorno... Camere eclettiche, dove pezzi etnici si alternano a mobili in stile toscano, in una sinfonia ben orchestrata che conferisce carattere e personalità alle stanze.

11 cam ☕ - †100/180 € ††100/180 €

Pianta: E2-c - *via Sant'Egidio 12* ✉ *50122* - ✆ *055 390 5750* - *www.palazzogalletti.it*

Villino Fiorentino (N)

LOCANDA • ELEGANTE Ottimo per visitare Firenze arrivando con l'auto (c'è anche un comodissimo parcheggio), la struttura è il fiore all'occhiello della sua proprietaria, Sara, che ha trasformato questo tipico villino fiorentino degli anni '30 in un boutique bed & breakfast di ricercata eleganza. Non c'è altro da aggiungere: bisogno solo affrettarsi a prenotare!

6 cam ☕ - †118/136 € ††136/146 €

Pianta: E1-m - *via delle Cinque Giornate 12* ✉ *50122* - ✆ *389 999 2606* - *www.villinofiorentino.com*

Un pasto con i fiocchi senza spendere una fortuna? Cercate i Bib Gourmand ☺. Vi aiuteranno a trovare le buone tavole che coniugano una cucina di qualità al prezzo giusto!

Residenza Il Villino

STORICO • ACCOGLIENTE Un ottimo indirizzo, per una serie di motivi: nel centro storico, siamo all'interno di un ex monastero di cui rimane una certa tranquillità, grazie al fatto che tutte le camere - su tre piani - si affacciano sulla piccola corte interna del palazzo, dove, nella bella stagione, vengono servite le colazioni. Una al primo piano ha un balcone privato, ma per la vista bisogna salire al secondo dove le finestre si aprono sul capolavoro del Brunelleschi.

6 cam – 59/189 € 69/199 €

Pianta: E2-v – *via della Pergola 53 ✉ 50122 Firenze – ✆ 055 200 1116 – www.ilvillino.it*

B&B Residenza Johanna I

LOCANDA • PERSONALIZZATO Una cordiale accoglienza sarà il benvenuto offerto da questo sobrio e familiare b&b al primo piano di un palazzo dell'Ottocento caratterizzato da camere spaziose e di buon confort. A due passi, vi attende la basilica di S. Lorenzo con le tombe medicee ed il vivace mercato.

10 cam – 55/95 € 65/155 €

Pianta: E1-h – *via Bonifacio Lupi 14 ✉ 50129 – ✆ 055 481896 – www.antichedimorefiorentine.it*

La Casa del Garbo

FAMILIARE • ELEGANTE Gode di una posizione veramente unica, questo piccolo bed & breakfast ricco di charme, che propone camere eleganti – molte delle quali affacciate su piazza della Signoria e Palazzo Vecchio – nonché miniappartamenti con angolo cottura: una piacevole soluzione per sentirsi "come a casa".

9 cam – 90/215 € 90/215 €

Pianta: H2-z – *piazza della Signoria 8 ✉ 50122 – ✆ 055 293366 – www.casadelgarbo.it*

La Terrazza su Boboli

FAMILIARE • ACCOGLIENTE A cinquanta metri dall'ingresso dei celebri giardini, siamo al primo piano di un palazzo settecentesco; tre camere si affacciano su Porta Romana, ma preferite quelle sul retro, con terrazza e più tranquille.

6 cam – 80/100 € 95/120 €

Pianta: D3-t – *viale Francesco Petrarca 122 ✉ 50122 Firenze – ✆ 055 233 7394 – www.laterrazzasuboboli.com*

sui Colli

Torre di Bellosguardo

DIMORA STORICA • ELEGANTE Si respira un fascino d'*antan* nei saloni e nelle camere di austera eleganza di questo albergo, che fa della vista mozzafiato su Firenze il proprio punto di forza. Parco con giardino botanico e piscina: sembra uscito direttamente da un libro di fiabe.

9 cam – 110/160 € 260/350 € – 7 suites – 20 €

Pianta: C3-a – *via Roti Michelozzi 2 ✉ 50124 – ✆ 055 229 8145 – www.torrebellosguardo.com*

a Galluzzo Sud : 6,5 km B2 ✉ 50124

Trattoria Bibe

CUCINA TOSCANA • CONTESTO REGIONALE Anche Montale immortalò nei suoi versi questa trattoria, gestita dalla stessa famiglia da quasi due secoli, dove trovare piatti tipici della tradizione toscana, in primis i pici al sugo di cinghiale, e un piacevole servizio estivo all'aperto. Appartamenti con cucina a disposizione non solo per soggiorni medio-lunghi.

Carta 35/49 € 3 cam – 100 € 140 €

Pianta: A2-c – *via delle Bagnese 15 – ✆ 055 204 9085 – www.trattoriabibe.com – solo a cena – Chiuso 2 settimane in febbraio, 1 settimana in novembre e mercoledì*

Marignolle Relais & Charme

LUSSO • PERSONALIZZATO In posizione incantevole sui colli, questa signorile residenza offre molte attenzioni e stanze tutte diverse, dai raffinati accostamenti di tessuti; piscina panoramica nel verde.

8 cam - 130/215 € 145/285 € - 1 suite

Pianta: A2-a - *via di San Quirichino 16, località Marignolle - 055 228 6910 - www.marignolle.com*

B&B Residenza la Torricella

FAMILIARE • ACCOGLIENTE Circondata dai colli e dalla tranquillità della campagna, questa antica casa colonica offre un'affabile accoglienza familiare, camere personalizzate, giardini e piccola piscina estiva. A 300 m, fermata dell'autobus per la stazione.

6 cam - 70/90 € 100/140 €

Pianta: B2-a - *via vecchia di Pozzolatico 25 - 055 232 1818 - www.farmholidaylatorricella.it - Aperto 1° aprile-10 novembre*

ad Arcetri Sud : 5 km B2 ✉ 50125

Omero

TOSCANA • RUSTICO XX Storico ristorante fiorentino, è la meta di chi vuole aprire una finestra sulla campagna senza allontanarsi da Firenze. Cucina locale, d'inverno la ribollita è imperdibile, ma proverbiali sono anche la pasta e ceci, i fritti e le grigliate.

Menu 35/45 € - Carta 57/70 €

Pianta: B2-d - *via Pian de' Giullari 49 - 055 220053 - www.ristoranteomero.it*

FISCIANO

Salerno - ✉ 84084 - 13 820 ab. - Alt. 320 m - Carta regionale n° **4**-B2

Roma 260 km - Napoli 67 km - Avellino 28 km - Salerno 16 km

Carta stradale Michelin 564-E26

a Gaiano Sud-Est : 2 km ✉ 84084 - Fisciano

Agriturismo Barone Antonio Negri

CASA DI CAMPAGNA • PERSONALIZZATO In posizione tranquilla e dominante, agriturismo biologico di charme all'interno di una vasta tenuta con ampio giardino, deliziosa piscina e spaziose camere in stile rustico. Al ristorante: cucina casalinga, sapori tipici campani e squisiti dolci alla nocciola.

5 cam - 90/110 € 90/110 €

via Subia 15 - 089 958561 - www.agrinegri.it - Chiuso 7 gennaio-15 marzo

FIUGGI

Frosinone - ✉ 03014 - 10 536 ab. - Alt. 747 m - Carta regionale n° **7**-C2

Roma 82 km - Frosinone 33 km - Avezzano 94 km - Latina 88 km

Carta stradale Michelin 563-Q21

La Locanda

CUCINA REGIONALE • RUSTICO X Troverete i sapori della tradizione ciociara nella rustica e caratteristica sala di questo ristorante, accolto nelle cantine di un edificio del '400. Cucina del territorio.

Carta 21/39 €

via Padre Stanislao 4 - 0775 505855 - www.lalocandafiuggi.com - Chiuso febbraio, 1°-7 luglio e lunedì

a Fiuggi Fonte Sud : 4 km ✉ 03014 - Alt. 621 m

Grand Hotel Palazzo della Fonte

LUSSO • STORICO Non sono tanti gli alberghi che possono vantare una tenuta così impeccabile. Qui, veramente, c'è un posto per ogni cosa ed ogni cosa è al suo posto... Sulla cima di un colle, un parco con piscina e, poi, stucchi , decorazioni, camere raffinate e bagni marmorei, in una dimora Liberty (già hotel dal 1912).

152 cam - †114/274 € ††145/460 € - 1 suite

via dei Villini 7 - ✆ 0775 5081 - www.palazzodellafonte.com - Aperto 1° aprile-14 novembre

Fiuggi Terme

SPA E WELLNESS • FUNZIONALE All'interno di un parco, elegante struttura con camere belle e confortevoli. Per gli amanti dello sport, una grande piscina e due campi da tennis tra pini ed ippocastani. Per tutti, una spa che coniuga tecnologie innovative nel campo del benessere e raffinate ambientazioni. Cucina mediterranea nel luminoso ristorante.

60 cam - †58/120 € ††87/220 € - 4 suites

via Capo i Prati 9 - ✆ 0775 515212 - www.hotelfiuggiterme.it

Ambasciatori Place

SPA E WELLNESS • CENTRALE Centrale, vicino a terme e negozi, due grandi terrazze consentono di evadere dal rumore. Marmi lucenti nella hall, camere d'impostazione classica. Diverse sale ristorante, la più grande con soffitti a lucernari in vetro colorato.

86 cam - †49/299 € ††89/319 €

via dei Villini 8 - ✆ 0775 514351 - www.ambasciatoriplacehotel.com - Chiuso 23-26 dicembre

Argentina

SPA E WELLNESS • CLASSICO Cinto dal verde di un piccolo parco che gli regala tanta tranquillità, seppur ubicato a pochi passi dalle Fonti Bonifacio, un albergo semplice, ma dalla squisita conduzione familiare. A disposizione degli ospiti una graziosa spa.

54 cam - †55/75 € ††75/120 €

via Vallombrosa 22 - ✆ 0775 515117 - www.albergoargentina.it - Aperto 1° aprile-6 novembre

Belsito

FAMILIARE • ACCOGLIENTE Sito in centro, in una via di scarso traffico, un indirizzo comodo e interessante; piccolo spazio antistante, per briscolate serali all'aperto. Cortesia e familiarità.

34 cam - †30/40 € ††50/70 €

via Fiume 4 - ✆ 0775 515038 - www.belsitofiuggihotel.it - Aperto 1° maggio-31 ottobre

FIUMALBO

Modena - ✉ 41022 - 1 280 ab. - Alt. 953 m - Carta regionale n° **5**-B2

Roma 369 km - Firenze 97 km - Modena 87 km - Lucca 74 km

Carta stradale Michelin 562-J13

a Dogana Nuova Sud : 2 km ✉ 41022

Bristol

FAMILIARE • ACCOGLIENTE Situato all'inizio della Val di Luce, un elegante hotel realizzato in tipico stile montano che dispone di moderne e confortevoli camere. Ideale punto di partenza per escursioni estive. Accomodatevi nell'accogliente sala da pranzo per gustare i piatti della tradizione emiliana.

23 cam - †35/60 € ††80/100 €

via Giardini 274 - ✆ 0536 73912 - www.hotelbristol.tv - Chiuso ottobre-novembre

FIUME VENETO

Pordenone – ✉ 33080 – 11 697 ab. – Alt. 20 m – Carta regionale n° **6**-B3
Roma 590 km – Udine 51 km – Pordenone 6 km – Portogruaro 20 km
Carta stradale Michelin 562-E20

L'Ultimo Mulino

CUCINA MODERNA • RUSTICO XX Variazioni sul tema della cucina veneto-friulana: tanto pesce, ottime materie prime ed interessanti spunti creativi. Nella bella stagione, l'atmosfera si arricchisce dello scenario di una cena lungo il fiume.

Carta 43/74 €

Hotel L'Ultimo Mulino, via Molino 45, località Bannia, Sud-Est: 3,5 km – ✆ 0434 957911 – www.lultimomulino.com – solo a cena – Chiuso gennaio, agosto, domenica sera e lunedì

L'Ultimo Mulino

CASA DI CAMPAGNA • BUCOLICO Là dove il torrente si divide in tre rami, cinquecento anni fa fu costruito l'attuale mulino, su un'isoletta avvolta dallo scroscio dell'acqua, troverete un angolo fiabesco nel verde della campagna. Diversi cimeli ne ricordano l'antica funzione, le camere coniugano un'atmosfera rustica con tocchi di eleganza.

8 cam ☕ – 🚹80/95 € 🚹🚹140/155 €

via Molino 45, località Bannia, Sud-Est: 3,5 km – ✆ 0434 957911 – www.lultimomulino.com – Chiuso gennaio e agosto

L'Ultimo Mulino – Vedere selezione ristoranti

FIUMICELLO SANTA VENERE Potenza → Vedere Maratea

FIUMICINO

Roma – ✉ 00054 – Carta regionale n° **7**-B2
Roma 31 km – Anzio 52 km – Civitavecchia 66 km – Latina 78 km
Carta stradale Michelin 563-Q18

Il Tino (N) (Daniele Usai)

CUCINA CREATIVA • DI TENDENZA XXX Dal lido di Ostia a questa nuova sede presso il Nautilus Marina: se l'ambiente è moderno e dal design minimalista, la qualità della cucina è rimasta immutata. Una certezza granitica!

→ Capellini al pino mugo e scampi. Ricciola affumicata, cipolla rossa, amaranto e dragoncello. Kebab di tonno, panna acida e peperoncino.

Menu 55/90 € – Carta 51/68 €

via Monte Cadria 127 ✉ 00054 – ✆ 06 562 2778 (consigliata la prenotazione) – www.ristoranteiltino.com – solo a cena

Bistrot quarantunododici – Vedere selezione ristoranti

Pascucci al Porticciolo

PESCE E FRUTTI DI MARE • ELEGANTE XX Recentemente ristrutturato, Pascucci al Porticciolo è il locale da scegliere – senza troppe esitazioni – se è il mare l'amico che vorreste invitare alla vostra tavola: rarità e ricercatezze premiano, infatti, la sfida del cuoco che riesce ad essere originale pur nella necessaria e rispettosa semplicità delle sue proposte in prevalenza ittiche.

→ Trenette aglio, olio e peperoncino con telline e gamberi rossi al lime. Centrolofo (pesce) con risina di Spello. Eclissi al cioccolato.

Menu 70/90 € – Carta 44/100 € 7 cam ☕ – 🚹60/80 € 🚹🚹70/120 €

viale Traiano 85, angolo via Fiumara 2 – ✆ 06 6502 9204 – www.alporticciolo.net – Chiuso 16-23 agosto, domenica sera e lunedì

L'Osteria dell'Orologio

PESCE E FRUTTI DI MARE • **MINIMALISTA** Giovani e pieni di entusiasmo, qui troverete un'intelligente proposta di pesce, basata su un pescato locale che a volte ricerca varietà di pesce più rare o povere, tutte da scoprire, nonché crudi. Le basi sono quelle della cucina marinara classica, a cui il cuoco aggiunge qualche personalizzazione.

Menu 48/60 € - Carta 42/62 €

via di Torre Clementina 114
- 06 650 5251 - www.osteriadellorologio.net
- Chiuso lunedì

Bistrot quarantunododici

CUCINA MEDITERRANEA • **BISTRÒ** Al piano terra del ristorante gourmet Il Tino, un vivace bar-bistrot che offre piatti legati al territorio, ma non privi dell'estro di un talentuoso chef.

Menu 26 € (pranzo in settimana) - Carta 36/47 €

Il Tino, via Monte Cadria 127 - 06 562 2778 - solo a pranzo

FLAIBANO

Udine (UD) - ✉ 33030 - 1 156 ab. - Carta regionale n° **6**-B2
Roma 642 km - Trieste 97 km - Udine 23 km
Carta stradale Michelin 562-D20

Grani di Pepe

CUCINA MODERNA • **RUSTICO** Di antico c'è solo il fatto che nel '700 l'attuale ristorante era un umile casolare. Oggi, nella nuova e luminosa sala-veranda, il design si è piacevolmente impadronito degli spazi, mentre accenti moderni caratterizzano la cucina, equamente divisa tra terra e mare. Sobrio ed elegante minimalismo nelle camere.

Menu 40/52 € - Carta 35/53 € 7 cam - †60/75 € ††90/100 €

via Cavour 44 - 0432 869356 (prenotazione obbligatoria)
- www.granidipepe.com - solo a cena escluso sabato e domenica

FOGGIA

(FG) - ✉ 71121 - 151 991 ab. - Alt. 76 m - Carta regionale n° **15**-A2
Roma 345 km - Bari 135 km - Potenza 108 km - Barletta 76 km
Carta stradale Michelin 564-C28

Cicolella al Viale

CUCINA MEDITERRANEA • **ACCOGLIENTE** Se arrivate a Foggia e non volete allontanarvi dall'omonimo albergo, il ristorante è un buon approdo gastronomico per chi ama il servizio classico del "tutto a vista": buffet di antipasti, espositore di pesci e formaggi, carrello dei dolci. Troverete le specialità nazionali e l'immancabile pizza, ma i piatti forti sono quelli della tradizione pugliese.

Menu 35 € - Carta 40/66 €

Pianta: B1-c - *Hotel Mercure Cicolella, viale 24 Maggio 60 ✉ 71121 - 0881 566111 - www.hotelcicolella.it - Chiuso 2 settimane in dicembre-gennaio, 2 settimane in agosto, sabato e domenica*

Giordano-Da Pompeo

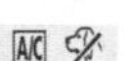

CUCINA REGIONALE • **AMBIENTE CLASSICO** Nel cuore della città, ristorante con cucina a vista e proposte legate al territorio, elaborate a partire da prodotti scelti in base all'offerta quotidiana del mercato.

Carta 21/79 €

Pianta: A1-a - *vico al Piano 14 ✉ 71121 - 0881 724640 - Chiuso 14-24 agosto e domenica*

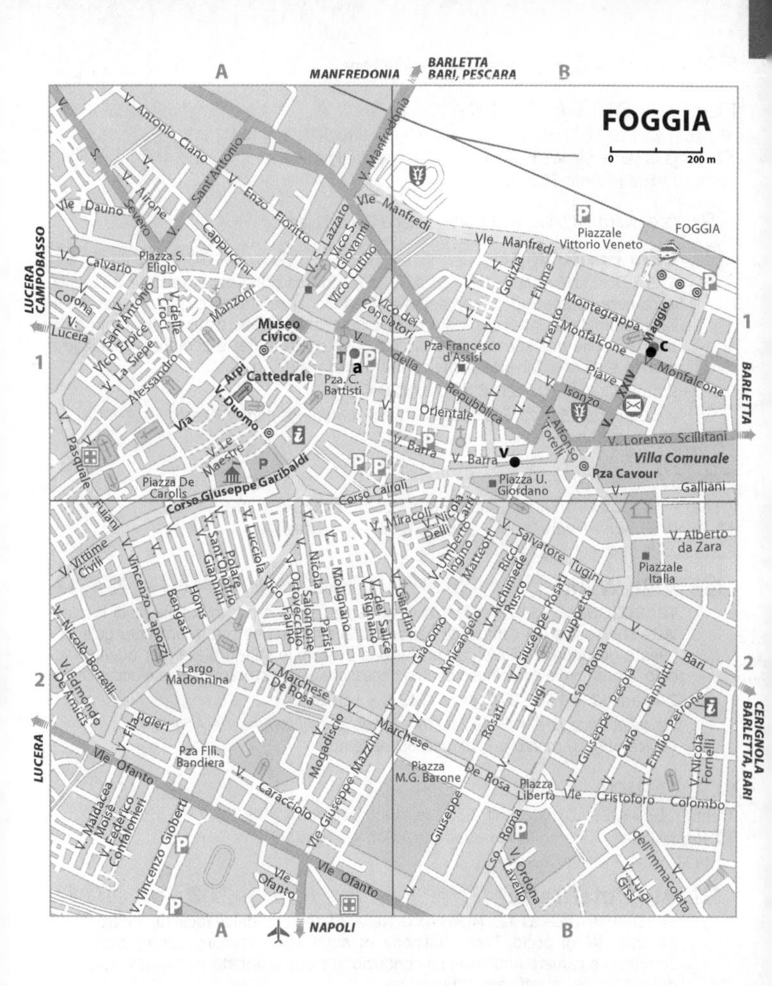

Hotel Cicolella

BUSINESS • ELEGANTE In centro città e nei pressi della stazione ferroviaria, prestigioso hotel dei primi '900, da sempre gestito dai Cicolella: struttura versatile, in quanto indirizzo di riferimento per uomini d'affari e turisti.

102 cam ☕ - 🚹100/145 € 🚹🚹160/190 € - 13 suites

Pianta: B1-c - *viale 24 Maggio 60* ✉ *71121* - *✆ 0881 566111* - *www.hotelcicolella.it*

Cicolella al Viale - Vedere selezione ristoranti

La Civetta

LOCANDA • PERSONALIZZATO Nell'elegante quartiere di passeggio e negozi, gli arredi di ciascuna delle raffinate camere sono ispirati ad un celebre film. Ottimo e continuativo anche il servizio, nonché vasta scelta di prodotti per una colazione continentale o internazionale.

6 cam ☕ - 🚹44/89 € 🚹🚹49/99 €

Pianta: B1-v - *piazza Umberto Giordano 77* ✉ *71121 Foggia* - *✆ 0881 777717* - *www.lacivetta.net* - *Chiuso 5-25 agosto*

FOIANA VOLLAN Bolzano → Vedere Lana

FOIANO DELLA CHIANA

Arezzo – ✉ 52045 – 9 516 ab. – Alt. 318 m – Carta regionale n° **18**-D2
Roma 187 km – Siena 55 km – Arezzo 30 km – Perugia 59 km
Carta stradale Michelin 563-M17

a Pozzo Nord : 4,5 km ✉ 52045 – Foiano Della Chiana

Villa Fontelunga

CASA DI CAMPAGNA • PERSONALIZZATO In posizione panoramica e tranquilla, le camere sono arredate con semplicità ed eleganza: il colore grigio si declina in varie sfumature, interrotto solo dalla cromaticità di falsi d'autore. L'ampio giardino accoglie una scenografica piscina, mentre un buffet è sempre disponibile a pranzo e a cena; talvolta anche serate tradizionali.

9 cam – †170/420 € ††170/420 €

via Cunicchio 5 – ✆ 0575 660410 – www.fontelunga.com – Aperto 21 marzo-5 novembre

FOLGARIA

Trento – ✉ 38064 – 3 191 ab. – Alt. 1 166 m – Carta regionale n° **19**-B3
Roma 587 km – Trento 29 km – Bolzano 87 km – Vicenza 82 km
Carta stradale Michelin 562-E15

Villa Wilma

TRADIZIONALE • STILE MONTANO Nella parte alta e più tranquilla della località, vista che spazia dal campanile del centro alle montagne tutt'intorno per un'accogliente gestione familiare con profusione di legni in stile tirolese. Per quanto piccolo, è gradevole il luminoso centro benessere. Sala ristorante calda e accogliente.

24 cam – †50/70 € ††76/120 € – 1 suite

via della Pace 12 – ✆ 0464 721278 – www.hotelvillawilma.it – Aperto 1° dicembre-31 marzo e 1° giugno-30 settembre

FOLGARIDA

Trento – ✉ 38025 – Dimaro – Alt. 1 302 m – Carta regionale n° **19**-B2
Roma 654 km – Trento 69 km – Bolzano 95 km – Merano 118 km
Carta stradale Michelin 562-D14

Alp Hotel Taller

TRADIZIONALE • STILE MONTANO Nella parte alta della località, di fronte al palazzo del ghiaccio, l'hotel dispone di ampi spazi comuni, centro benessere completo e camere luminose. La conduzione è appassionata anche nella gestione del ristorante, in raffinato stile rustico.

30 cam – †67/145 € ††114/290 € – 4 suites

strada del Roccolo 39 – ✆ 0463 986234 – www.hoteltaller.it – Aperto 1° dicembre-15 aprile e 1° luglio-30 settembre

FOLIGNO

Perugia (PG) – ✉ 06034 – 57 155 ab. – Alt. 234 m – Carta regionale n° **20**-C2
Roma 158 km – Perugia 36 km – Macerata 94 km – Assisi 19 km
Carta stradale Michelin 563-N20

Le Mura

CUCINA REGIONALE • SEMPLICE Ristorante ed omonimo albergo si trovano a ridosso della chiesa di S. Giacomo e all'interno delle mura medievali, da cui il nome. E' rinomato in zona per le specialità umbre come la griglia ardente in sala e le paste fresche ma anche per l'atmosfera conviviale.

Carta 21/41 € 36 cam – †45/55 € ††60/80 €

Via Mentana 25, angolo via Bolletta – ✆ 0742 354648 – www.lemura.net – Chiuso 30 luglio-12 agosto e martedì

Villa dei Platani

TRADIZIONALE • MODERNO Pregevole realtà ricettiva nata dal sapiente restauro di un'eclettica villa del primo '900, con spazi interni di tono minimalista e dalle calde tonalità. Moderni confort hi-tech nelle belle camere e stupenda terrazza, al secondo piano della struttura, arredata con eleganti mobili da esterno. Area benessere, Luxury Wellness Room, aperta tutti i giorni (su prenotazione).

27 cam - 69/100 € 100/150 €

viale Mezzetti 29 - 0742 355839 - www.villadeiplatani.com

FOLLINA

Treviso - 31051 - 3 873 ab. - Alt. 191 m - Carta regionale n° **23**-C2

Roma 572 km - Belluno 36 km - Venezia 84 km - Treviso 40 km

Carta stradale Michelin 562-E18

La Corte

CUCINA MODERNA • ELEGANTE XXX Ambienti sontuosi impreziositi da camino, affreschi e decorazioni d'epoca ricevono la meritata ricompensa gastronomica: dalla laguna veneta arrivano diverse interpretazioni marine, ma ci sono anche piatti di carne che uniscono creatività e semplicità, il marchio di fabbrica del giovane cuoco.

→ Spaghettoni al rosso di gamberi di Sicilia, peperoni, noci e lardo. Crépinette di piccione e foie gras alle nocciole, purea di sedano bianco e spinaci. Mandorla di Toritto, composta di fichi bianchi, spugna di alloro, gelato moka.

Menu 49/79 € - Carta 60/104 €

Hotel Villa Abbazia, via Roma 24 - 0438 971761 (prenotazione obbligatoria a mezzogiorno) - www.lacortefollina.com - Chiuso 7 gennaio-15 marzo e martedì

Osteria dei Mazzeri

CUCINA REGIONALE • FAMILIARE XX In un edificio del 1704 che fu municipio di Follina, due fratelli propongono i migliori sapori del territorio scanditi dal ritmo delle stagioni. Un bel gelso, antico simbolo del paese particolarmente attivo nell'allevamento del bacco da seta, allieta la sosta nel dehors.

Menu 30 € (pranzo in settimana) - Carta 31/55 €

via Pallade 18 - 0438 971255 - www.osteriadaimazzeri.com - Chiuso 15 febbraio-1° marzo, martedì a mezzogiorno e lunedì

Villa Abbazia

LUSSO • PERSONALIZZATO Straordinario mix di eleganza ed accoglienza familiare, dormirete in una bomboniera risalente al 1600 con annesso villino liberty. Un romantico giardino fa da corona a camere personalizzate e raffinate. Ambiente piacevolmente rustico al Bistrot per gustare le specialità della cucina veneta. Il B&B La Rosa è l'alternativa meno impegnativa nel medesimo contesto strutturale dell'hotel.

15 cam - 180/380 € 220/380 € - 3 suites

via Martiri della Libertà - 0438 971277 - www.hotelabbazia.it - Chiuso 7 gennaio-15 marzo

La Corte - Vedere selezione ristoranti

Dei Chiostri

TRADIZIONALE • PERSONALIZZATO All'interno di un palazzo adiacente al municipio, struttura dotata di spazi comuni limitati, ma di piacevoli personalizzazioni e buon gusto nelle camere. E se l'appetito si fa sentire, il vicino ristorante la Corte vi attende con tante specialità.

15 cam - 90/140 € 120/300 €

piazza 4 Novembre 20 - 0438 971805 - www.hoteldeichiostri.com - Chiuso 7 gennaio-28 febbraio

FOLLONICA

Grosseto - 58022 - 21 605 ab. - Carta regionale n° **18**-B3

Roma 234 km - Grosseto 47 km - Firenze 152 km - Livorno 91 km

Carta stradale Michelin 563-N14

Il Sottomarino

PESCE E FRUTTI DI MARE • ROMANTICO XX Elegante nella sala interna, ma in alta stagione vale la pena prenotare in anticipo un tavolo in terrazza con vista mare. A ragion veduta, il pesce è ottimo e i prezzi ragionevoli. Specialità: pici con alici di Piombino finocchietto selvatico e briciole di pane - seppioline locali su crema di porri e olio alla salvia - cilindro al fondente ripieno al gianduia con zabaione di vin santo.

Carta 31/72 €

Via Fratti 1 - ✆ 0566 40772 (consigliata la prenotazione la sera) - www.ilsottomarino.it - Chiuso martedì e a mezzogiorno dal 1° giugno al 31 agosto, anche lunedì negli altri mesi

Il Veliero

PESCE E FRUTTI DI MARE • FAMILIARE XX Conduzione familiare ormai più che trentennale e corretta proporzione qualità/prezzo per un classico ristorante con piatti tipicamente marinari, sito sulla via che conduce verso Punta Ala.

Menu 25/50 € - Carta 33/61 €

via delle Collacchie 20, località Puntone Vecchio, Sud-Est: 3 km - ✆ 0566 866219 - www.ristoranteilveliero.it - Chiuso mercoledì da settembre a giugno e i mezzogiorno di mercoledì e giovedì in luglio

FONDI

Latina - ✉ 04022 - 39 809 ab. - Carta regionale n° **7**-D3

Roma 133 km - Frosinone 55 km - Latina 57 km - Caserta 95 km

Carta stradale Michelin 563-R22

Riso Amaro

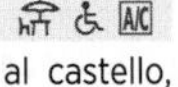

CUCINA MODERNA • ELEGANTE XX Si trova in pieno centro, vicino al castello, questo locale elegantemente contemporaneo dove le proposte rimangono di tono creativo con sfiziose elaborazioni.

Menu 18 € (pranzo in settimana)/50 € - Carta 35/57 €

viale Regina Margherita 22 - ✆ 0771 523655 - www.ristoranterisoamaro.it - solo a cena in estate escluso sabato e domenica - Chiuso 2 settimane in febbraio, 1 settimana in novembre, martedì a mezzogiorno e lunedì

Da Fausto

CUCINA MODERNA • CONTESTO CONTEMPORANEO XX Aperto nel 2015 nel centro della località, Fausto mixa stile moderno, gusto classico e richiami al territorio, mentre a fine pasto non mancano mai due passioni dello chef: cioccolato e gelato.

Menu 40/50 € - Carta 34/62 €

piazza Cesare Beccaria 6 - ✆ 0771 531268 - www.dafausto.it - solo a cena in agosto - Chiuso mercoledì escluso in luglio-agosto

Vicolo di Mblò

CUCINA REGIONALE • CONTESTO STORICO X Al termine del corso pedonale, dove si erge la torre con castello, un antico edificio di origine gonzaghesca nelle cui stalle è nato un caratteristico ristorante. Cucina regionale, il meglio di giornata proposto a voce ed un'importante carta dei vini con bottiglie sia italiane sia estere, molto spazio allo champagne.

Menu 40 € - Carta 22/59 €

corso Appio Claudio 11 - ✆ 0771 502385 - www.mblo.it - Chiuso 23-30 dicembre e martedì escluso luglio-agosto

FONDO

Trento - ✉ 38013 - 1 448 ab. - Alt. 987 m - Carta regionale n° **19**-B2

Roma 637 km - Bolzano 36 km - Merano 40 km - Trento 52 km

Carta stradale Michelin 562-C15

Lady Maria

TRADIZIONALE • STILE MONTANO Struttura a seria conduzione familiare con ambientazione e arredi tipicamente montani: le camere più belle si trovano al terzo piano. Specialità della cucina trentina, servite nel luminoso ristorante.

42 cam - †30/60 € ††70/120 € - 4 suites

via Garibaldi 20 - 0463 830380 - www.ladymariahotel.com - Chiuso 3-30 novembre

FONDOTOCE Verbano-Cusio-Ossola → Vedere Verbania

FONTANAFREDDA Cuneo (CN) → Vedere Serralunga d'Alba

FONTANASALSA Sicilia Trapani → Vedere Trapani

FONTANELLE Cuneo → Vedere Boves

FONTANELLE Parma → Vedere Roccabianca

FONTENO

Bergamo (BG) - 24060 - 637 ab. - Carta regionale n° **10**-D1

Roma 618 km - Milano 91 km - Bergamo 43 km - Brescia 73 km

Carta stradale Michelin 561-E12

Panoramico

CUCINA MODERNA • FAMILIARE XX Superati i 50 anni, il ristorante familiare si concede un bellissimo restyling: le pareti di vetri regalano uno splendida vista sul lago d'Iseo, mentre la cucina - d'ispirazione contemporanea - si destreggia abilmente tra pesce d'acqua dolce, di mare e non ultima la carne. Comode camere da cui rimirare la bellezza della natura circostante.

Menu 50 € - Carta 42/122 € 13 cam - †89/129 € ††109/159 €

via Palazzine 30 - 035 969027 (prenotare) - www.panoramicohotel.com - Chiuso novembre, lunedì e martedì escluso in estate

FOPPOLO

Bergamo - 24010 - 193 ab. - Alt. 1 508 m - Carta regionale n° **9**-B1

Roma 659 km - Sondrio 93 km - Bergamo 58 km - Brescia 110 km

Carta stradale Michelin 561-D11

K 2

CUCINA REGIONALE • FAMILIARE X Fuori dal centro abitato, ambiente grazioso con arredi in legno chiaro e una curata rusticità, offre piatti locali ed un'ottima selvaggina. Ai piani superiori si trovano camere con cucina: 3, davvero carine, rinnovate recentemente.

Menu 20 € (pranzo)/35 € - Carta 23/57 € 19 cam - †50/140 € ††50/140 € - 10 €

via Foppelle 42 - 0345 74105 (prenotare) - www.ristorantek2.com - Chiuso maggio e novembre escluso i fine settimana

FORIO Napoli → Vedere Ischia (Isola d')

FORLÌ

(FC) - 47121 - 117 913 ab. - Alt. 34 m - Carta regionale n° **5**-D2

Roma 354 km - Ravenna 29 km - Rimini 54 km - Bologna 63 km

Carta stradale Michelin 562-J18

Casa Rusticale dei Cavalieri Templari

CUCINA REGIONALE • RUSTICO XX "Hospitale" di S. Bartolo dei Cavalieri Templari sin dal XIII secolo, il bel locale continua la tradizione di accoglienza e ottima cucina romagnola sotto l'egida di tre donne.

Menu 15/35 € - Carta 26/57 €

viale Bologna 275, 1 km per Faenza ✉ 47121 - ✆ 0543 701888 (prenotare) - www.osteriadeitemplari.it - Chiuso 1°-7 gennaio, agosto, lunedì e domenica sera, anche domenica a mezzogiorno in giugno-luglio

Elsa

CUCINA CREATIVA • MINIMALISTA XX Da poco sulla scena locale, questo moderno ristorante propone un originale sviluppo della carta che non distingue fra antipasti, primi e secondi, ma propone "pietanze" secondo una sequenza gustativa in base all'intensità dei piatti. Bello e intrigante!

Menu 40/45 € - Carta 36/48 €

via Benedetta Bianchi Porro 16 - ✆ 0543 405504 (consigliata la prenotazione) - www.elsaristorante.it - Chiuso 1°-7 gennaio, agosto, martedì e mercoledì

Trattoria 'petito

CUCINA EMILIANA • BISTRÒ X Il nome è la contrazione dell'augurio "buon appetito": una promessa che non sarà delusa! La cucina attinge a piene mani dal territorio emiliano-romagnolo, fra carni, salumi, qualche specialità di pesce, vini (molto Sangiovese, naturalmente) ed altro ancora... Il tutto in un ambiente vivace e piacevole.

Carta 26/52 €

via Corridoni 14 - ✆ 0543 35784 - www.trattoriapetito.com - Chiuso 7-21 agosto e domenica

Don Abbondio

CUCINA REGIONALE • RUSTICO X Nei pressi del complesso di S. Domenico, ambiente rustico-moderno diviso su due piani: sulla tavola, i migliori prodotti della regione, sia di terra sia di mare, e qualche interessante binomio piatto-vino al bicchiere. Specialità: passatelli con cozze, vongole poveracce e lischi basotti con crema di piselli - stracotto di manzo al Sangiovese con purè di sedano rapa - cassata romagnola.

Menu 25/33 € - Carta 24/47 €

piazza Guido da Montefeltro 16 ✉ 47121 - ✆ 0543 25460 - www.osteriadonabbondio.it - Chiuso 10-25 agosto, sabato a mezzogiorno e domenica in luglio-agosto, lunedì negli altri mesi

Globus City

BUSINESS • ELEGANTE Hotel di stile classico tra la città e il casello autostradale caratterizzato da ambienti di buon confort e camere accoglienti. Ottima la prima colazione. Al ristorante I Meridiani: cucina classica con alcune proposte locali.

96 cam - †75/149 € ††95/189 € - 2 suites

via Traiano Imperatore 4, 3,5 km per Ravenna ✉ 47122 - ✆ 0543 722215 - www.hotelglobuscity.com - Chiuso 21 luglio-13 agosto

FORMAZZA

Verbano-Cusio-Ossola - ✉ 28863 - 445 ab. - Alt. 1 280 m - Carta regionale n° **12**-C1
Roma 743 km - Domodossola 40 km - Verbania 81 km
Carta stradale Michelin 561-C7

Walser Schtuba

CUCINA MODERNA • RUSTICO X Nella parte più alta e pittoresca della Val Formazza, una piacevolissima risorsa in perfetto stile alpino: grazioso dehors per la bella stagione e tante gustose specialità locali, rivisitate con estro e alleggerite quanto basta.

Carta 33/62 € 6 cam - †85 € ††140 €

località Riale - ✆ 0324 634352 - www.locandawalser.it - Chiuso ottobre e mercoledì, anche domenica sera in inverno

FORMIA

Latina - ✉ 04023 - 38 127 ab. - Carta regionale n° **7**-D3
▶ Roma 153 km - Frosinone 90 km - Caserta 71 km - Latina 76 km
Carta stradale Michelin 563-S22

Italo

CUCINA ITALIANA • CONVIVIALE XX Per ogni esigenza, gastronomica, banchettistica o di semplice eleganza, un punto di riferimento di tutto rispetto qui a Formia; lungo la strada che affianca la costa.

Menu 25/50 € - Carta 28/53 €

via Unità d'Italia 96, Ovest: 2 km - ✆ 0771 771264 - www.ristoranteitalo.com - Chiuso 21 dicembre-4 gennaio, da lunedì a venerdì in novembre e dicembre, lunedì e martedì negli altri mesi

Grande Albergo Miramare

PALACE • LUNGOMARE Serie di villette tra i pini ed il mare per un soggiorno di tono e relax. Le camere più affascinanti si affacciano sul golfo; ampie sale al ristorante dal fascino retrò.

55 cam - 90/115 € 115/150 € - 1 suite

via Appia 44, Est: 2 km - ✆ 0771 320047 - www.grandealbergomiramare.it

FORMIGINE

Modena - ✉ 41043 - 34 323 ab. - Alt. 82 m - Carta regionale n° **5**-B2
▶ Roma 411 km - Bologna 54 km - Reggio nell'Emilia 40 km - Modena 13 km
Carta stradale Michelin 562-I14

La Corte della Barchessa

CASA DI CAMPAGNA • AGRESTE All'interno di un parco, dormirete nell'ex fienile di una cascina ottocentesca, tra arredi d'epoca e una simpatica gestione familiare. C'è anche un'acetaia visitabile con rivendita.

6 cam - 50/60 € 55/85 €

via Sant'Onofrio 51 - ✆ 059 462124 - www.lacortedellabarchessa.com - Chiuso agosto

a Casinalbo Nord : 2 km ✉ 41041

Modena Resort

TRADIZIONALE • MODERNO Moderna struttura lungo la strada per Modena: d'inverno il lavoro è legato alla clientela commerciale, ma d'estate sono le famiglie ad approfittare delle camere dedicate con piccola cucina e giardino privato. Piatti tradizionali nel nuovo ristorante adiacente all'albergo.

76 cam - 64/254 € 84/290 €

via Giardini Nord 438 - ✆ 059 511151 - www.modenaresort.it

FORMIGLIANA

Vercelli - ✉ 13030 - 501 ab. - Alt. 157 m - Carta regionale n° **12**-C2
▶ Roma 651 km - Stresa 76 km - Vercelli 18 km - Torino 69 km
Carta stradale Michelin 561-F6

Franz

PESCE E FRUTTI DI MARE • ACCOGLIENTE XX Un locale d'impronta classica, periodicamente rinnovato e molto ben tenuto, gestito da una famiglia allargata, con accenti femminili. Cucina quasi esclusivamente di mare.

Carta 31/112 €

via Roma 35 - ✆ 0161 877005 - www.ristorantefranz.it - Chiuso 10 giorni in agosto, lunedì e martedì

FORNO DI ZOLDO

Belluno - ✉ 32012 - 2 330 ab. - Alt. 848 m - Carta regionale n° **23**-C1
▶ Roma 638 km - Belluno 37 km - Cortina d'Ampezzo 43 km - Treviso 95 km
Carta stradale Michelin 562-C18

Tana de 'l Ors

CUCINA MODERNA • BISTRÒ In questa zona di caccia, lo chef propone una cucina moderna, dove la carne è la protagonista principale, ma troverete anche qualche ispirazione proveniente dal mare. La struttura mette a disposizione mono e bilocali con angolo cottura.

Menu 25 € (pranzo in settimana)/50 € - Carta 34/61 € 5 cam - †50/80 € ††80/100 € - ☕8 €

via Roma 28 - ☎ 0437 794097 (consigliata la prenotazione la sera) - www.ristorantetanadelors.it - Chiuso 3-24 maggio, 2-24 novembre e domenica sera in bassa stagione

a Mezzocanale Sud-Est : 10 km ✉ 32013 - Forno Di Zoldo - Alt. 620 m

Mezzocanale-da Ninetta

CUCINA TRADIZIONALE • FAMILIARE Oltre 120 anni di storia per questo punto di ristoro lungo la strada Forno di Zoldo-Longarone: sala-bar riscaldata dal fogolar ottocentesco o sala classica, una cortese accoglienza familiare a voce spiega le specialità della cucina dolomitica. Imperdibili i canederli integrali ai formaggi, ma anche tagliolini ai lamponi con porcini e pomodorini.

Carta 28/53 €

via Canale 22 - ☎ 335 531 1365 - www.trattoriadaninetta.it - Chiuso settembre, martedì sera e mercoledì

Budget modesto? Optate per il menu del giorno generalmentea prezzo più contenuto.

FORNOVO DI TARO

Parma - ✉ 43045 - 6 100 ab. - Alt. 158 m - Carta regionale n° **5**-B2

Roma 488 km - Parma 34 km - Reggio nell'Emilia 65 km - Piacenza 77 km

Carta stradale Michelin 562-H12

La Maison

CUCINA EMILIANA • CONTESTO TRADIZIONALE Pietre, mattoni e travi a vista raccontano la storia di un'osteria che ha rifocillato viandanti sin dal Medioevo. Ora al timone ci sono mamma e figlio, ma la cucina è rimasta fedele alla tradizione, con i celebri salumi, le paste fresche e carni tra i secondi piatti, in sale ricche di calore ed ospitalità.

Carta 28/55 €

piazza del Mercato 5 - ☎ 0525 2691 - www.ristorantemaison.com - Chiuso 1 settimana in gennaio, 15 giorni in agosto, martedì sera e mercoledì

FORTE DEI MARMI

Lucca - ✉ 55042 - 7 510 ab. - Carta regionale n° **18**-A1

Roma 381 km - Pisa 39 km - Livorno 56 km - Lucca 38 km

Carta stradale Michelin 563-K12

Lorenzo

PESCE E FRUTTI DI MARE • ELEGANTE Una leggenda trentennale cesellata d'imperdibili momenti, dalla celebre maionese preparata in sala alla qualità del servizio, ma, su tutto, il pesce, una garanzia di freschezza firmata Lorenzo.

→ Linguina nera, aglio, olio, peperoncino, battuta di scampi e lime. Tagliata di ricciola con patate viola al profumo di timo. Bomba ghiacciata alla vaniglia, papavero e frutti rossi.

Menu 85/100 € - Carta 60/140 €

via Carducci 61 - ☎ 0584 89671 - www.ristorantelorenzo.com - Chiuso 15 dicembre-31 gennaio, martedì a mezzogiorno e lunedì

Bistrot

PESCE E FRUTTI DI MARE • DI TENDENZA XxX Un nuovo chef ai fornelli che tiene alta la qualità di questo ristorante, da sempre un punto di riferimento per gli amanti del pesce nelle sue più svariate declinazioni dal crudo al vapore, passando per la brace. La "scena" si svolge nella cornice di eleganti sale sul lungomare.

➜ Spaghettone di Gragnano aglio, olio e peperoncino con battuto di gambero, bottarga e olive. Zuppa di pesce 2016. Ciocokrok.

Menu 85 € - Carta 64/125 €

viale Franceschi 14 - ✆ 0584 89879 (consigliata la prenotazione) - www.bistrotforte.it - solo a cena escluso sabato e festivi - Chiuso 14-27 dicembre e martedì

La Magnolia

CUCINA CREATIVA • LUSSO XxX Il giovane chef sorrentino porta tutta la solarità della sua terra natale qui in Versilia e forte dell'esperienza maturata presso importanti ristoranti stellati, continua la tradizione creativa del locale, personalizzandola però con un'impronta schietta e scevra da ogni tecnicismo: una cucina "fusion tosco-campana", come lui stesso ama definirla.

➜ Anguilla laccata al finocchio, rapa rossa e birra. Risotto con calamaretti spillo, zenzero, lime, mozzarella ed erbe di campo. Limone di Sorrento, gelato al fior di latte, crema inglese al limone e biscotto all'olio.

Menu 70/110 € - Carta 62/125 €

Hotel Byron, viale Morin 46 - ✆ 0584 787052 - www.hotelbyron.net - Aperto 1° aprile-15 ottobre

Lux Lucis

CUCINA CREATIVA • ELEGANTE XxX Circondato da ampie vetrate, la luce diventa qui complemento d'arredo: ambiente di moderna eleganza e design minimal per una cucina creativa frutto di un approfondito lavoro di ricerca sia nelle tecniche di preparazione sia nella selezione dei migliori ingredienti.

➜ Sgombro al profumo di caffè con crema di lumache e mela cotogna. Come una fiorentina di manzo con patata soffice e croccante. Cantucci e vin santo?

Menu 60/95 € - Carta 76/128 €

Hotel Principe Forte dei Marmi, viale A. Morin 67 - ✆ 0584 783636 - www.principefortedeimarmi.com - solo a cena - Chiuso lunedì e martedì escluso luglio-agosto e in inverno escluso i giorni festivi

Osteria del Mare

PESCE E FRUTTI DI MARE • STILE MEDITERRANEO XX Sul lungomare di questa prestigiosa stazione balneare, due luminose sale ed un gradevole dehors dove gustare piatti (soprattutto) a base di pesce. Ampia carta dei vini.

Menu 40 € - Carta 42/92 €

viale Franceschi 4 - ✆ 0584 83661 (prenotare) - www.marcodavid.com - Chiuso giovedì escluso luglio-agosto

Pesce Baracca

PESCE E FRUTTI DI MARE • BISTRÒ X Locale informale, giovane ed originale nel suo concept: pescheria con angolo di gastronomia anche da asporto, la scelta qui si fa veloce e il pesce cucinato viene poi "recuperato" direttamente in cucina dal cliente stesso. Ma per gli amanti del "servito in tavola" c'è anche uno spazio con dehors, classico menu e camerieri alla vostra mercé.

Menu 45/80 € - Carta 35/64 €

Viale Franceschi 2 ✉ 55042 Forte dei Marmi - ✆ 0584 171 6337 - www.pescebaracca.it - Chiuso lunedì

The Fratellini's

PESCE E FRUTTI DI MARE • MINIMALISTA Ambiente moderno e semplice, tavoli serrati ed ottimo servizio in questo ristorante quasi esclusivamente votato al pesce. La specialità è il crudo: al naturale, in piatti più elaborati o in versione giapponese, sushi e sashimi.

Carta 39/88 €

via Franceschi 2b - 0584 82931 - www.marcodavid.com - Chiuso 2 settimane in novembre e lunedì

Grand Hotel Imperiale

LUSSO • ELEGANTE Atmosfera e servizio impeccabile sono i principali atout di questo albergo, dove il lusso si declina nei dettagli dipinti color oro, nonché nell'attrezzata beauty farm. E l'esclusività raggiunge il mare: spiaggia privata a pagamento Minerva Beach con servizio ristorante annesso.

34 suites - 400/1500 € - 12 cam - 28 €

via Mazzini 20 - 0584 78271 - www.grandhotelimperiale.it

Principe Forte dei Marmi

LUSSO • MODERNO Lontano dalla classicità alberghiera tradizionale, Principe Forte dei Marmi è un hotel di lusso immerso nel verde sullo sfondo delle Alpi Apuane e a pochi metri dalla spiaggia. Inondata da luce, minimalista negli arredi, la struttura è al tempo stesso sofisticata e moderna.

28 cam - 390/2500 € 420/3600 €

viale A. Morin 67 - 0584 783636 - www.principefortedeimarmi.com

Lux Lucis - Vedere selezione ristoranti

Augustus Lido

DIMORA STORICA • VINTAGE Splendida villa neorinascimentale di fine Ottocento, fu anche celebre dimora degli Agnelli: dell'epoca rimangono molti arredi e tessuti, nonché un'atmosfera tra l'inglese e il retrò. Piacevole plus: è l'unico albergo con sottopasso per la spiaggia!

21 cam - 260/650 € 300/900 € - 2 suites

viale Morin 72 - 0584 787442 - www.augustushotelresort.com - Aperto 1° maggio-30 settembre

Villa Roma Imperiale

LUSSO • PERSONALIZZATO Abbracciata da un tranquillo giardino con piscina, una villa anni '20 d'impeccabile tenuta: interni sobri ed eleganti giocati sulle sfumature del colore sabbia e qualche accenno etnico in alcune camere.

23 cam - 250/1300 € 300/1300 € - 8 suites

via Corsica 9 - 0584 78830 - www.villaromaimperiale.com - Aperto 13 aprile-1° ottobre

Byron

LUSSO • CLASSICO Si respira un'atmosfera discreta e riservata - quasi da dimora privata - in questa elegante struttura nata dall'unione di due ville di fine '800, immersa in un delizioso giardino con piscina.

29 cam - 180/370 € 270/600 €

viale Morin 46 - 0584 787052 - www.hotelbyron.net - Aperto 1° aprile-15 ottobre

La Magnolia - Vedere selezione ristoranti

Augustus

LUSSO • PERSONALIZZATO All'interno di villa Pesenti, edificio razionalista degli anni '30 poi ampliato, o in sette villini distribuiti nel parco, l'Augustus è meta di chi cerca il silenzio e un fascino retrò mai sorpassato.

70 cam - 260/650 € 300/900 € - 10 suites

viale Morin 169 - 0584 787200 - www.augustushotelresort.com - Aperto 1° aprile-30 ottobre

Villa Grey

STORICO • PERSONALIZZATO Fronte mare, siamo in un'elegante villa di fine '800 trasformata all'interno in ambienti moderni giocati sulle sfumature del grigio, a cui fa eco il verde dell'incantevole giardino sul retro.

19 cam - 150/370 € 180/820 € - 2 suites

viale Italico 84 - 0584 787496 - www.villagrey.it - Chiuso novembre e febbraio

California Park Hotel

TRADIZIONALE • MEDITERRANEO Immersa in un lussureggiante parco, una bella struttura - moderna e funzionale - dall'aspetto estivo e mediterraneo. Composta da un corpo principale e da dépendance vanta un comune denominatore: l'ottimo confort.

40 cam - 250/450 € 390/660 € - 6 suites

via Cristoforo Colombo 32 - 0584 787121 - www.californiaparkhotel.com - Aperto 1° maggio-30 settembre

Il Negresco

DIMORA STORICA • PERSONALIZZATO Sul lungomare, l'albergo splende di marmi con camere tematiche per piano e colori; circa metà si affacciano sul mare, per tutti c'è una terrazza-solarium panoramica in cima all'edificio.

40 cam - 110/550 € 150/700 €

viale Italico 82 - 0584 78820 - www.hotelilnegresco.com - Chiuso 20 giorni in dicembre e 10 giorni in gennaio

Hermitage

TRADIZIONALE • MEDITERRANEO Tra il verde dei pini e dei lecci, cinto da un giardino con piscina, un albergo piacevole, sito in una zona quieta della località. Simpatica area giochi per i bambini e comoda navetta per la spiaggia.

56 cam - 140/295 € 180/520 € - 3 suites

via Cesare Battisti 50 - 0584 787144 - www.albergohermitage.it - Aperto maggio-settembre

Mignon

FAMILIARE • ELEGANTE Quasi una piccola bomboniera composta da un curato giardino, eleganti salotti, verande e camere confortevoli: nella categoria, uno dei migliori alberghi di Forte. Terrazza-solarium con piccola piscina.

34 cam - 80/230 € 120/260 €

via Carducci 58 - 0584 787495 - www.hotelmignon.it - Aperto 1° aprile-31 ottobre

Hotel 1908

STORICO • ACCOGLIENTE Un edificio liberty degli anni '30 è il bel biglietto da visita di questa struttura, centrale e con piccola piscina, che si apre all'interno su ambienti e camere eterogenee, sobri ma confortevoli.

26 cam - 80/360 € 120/620 € - 1 suite

via Flavio Gioia 2 - 0584 787531 - www.hotel1908.com - Chiuso 20-28 dicembre

Kyrton

FAMILIARE • PERSONALIZZATO Camere semplici, ma confortevoli, in un hotel immerso nel verde di un curato giardino con piscina, la cui cordiale gestione familiare vi farà sentire un po' come ospiti da amici.

33 cam - 40/149 € 65/260 € - 1 suite

via Raffaelli 16 - 0584 787461 - www.hotelkyrton.it - Aperto 10 marzo-20 ottobre

Sonia

FAMILIARE • PERSONALIZZATO Tra cimeli e decorazioni, il Sonia assomiglia più ad un'accogliente casa privata che ad un albergo. Raccolto intorno ad un piccolo giardino interno con idromassaggio, la sua anima è la proprietaria, una simpatica amica per gli ospiti dell'hotel.

20 cam - 70/150 € 90/240 €

via Matteotti 42 - 0584 787146 - www.albergosonia.it

Piccolo Hotel

FAMILIARE • FUNZIONALE Immerso nel verde e vicino alla spiaggia (con accesso anche dal lungomare), un hotel a gestione familiare, che da oltre mezzo secolo offre buoni confort e piacevoli camere.

32 cam - 90/160 € 130/280 €

viale Morin 24 - 0584 787433 - www.albergopiccolohotel.it - Aperto 1° maggio-30 settembre

Tarabella

FAMILIARE • ACCOGLIENTE Piacevole edificio niveo con qualche decorazione dipinta, un piccolo giardino lo circonda. E sebbene sia una risorsa dal sapore familiare, confortevole e tranquilla, con una sala giochi per i bambini, Tarabella promuove lo spirito green grazie a colonnine elettriche per la ricarica di auto ecologiche.

32 cam - solo ½ P 70/130 €

viale Versilia 13/b - 0584 787070 - www.tarabellahotel.it - Aperto 15 aprile-10 ottobre

FORTUNAGO

Pavia - 27040 - 390 ab. - Alt. 482 m - Carta regionale n° **9**-B3

Roma 585 km - Alessandria 66 km - Milano 78 km - Pavia 41 km

Carta stradale Michelin 561-H9

Agriturismo Cascina Casareggio

FAMILIARE • ACCOGLIENTE In posizione isolata e tranquilla, immerso in un parco, l'agriturismo ha preso il posto del piccolo paesino. Nei diversi caseggiati, il fascino di camere accoglienti, inaspettatamente arredate con mobili classici. Piacevoli e curate, le sale del ristorante si aprono su una cucina casalinga e regionale.

8 cam - 65/75 € 80/90 €

località Casareggio 1, Ovest: 5 km - 0383 875228 - www.cascinacasareggio.it

FORZA D'AGRÒ Sicilia

Messina - 98030 - 911 ab. - Alt. 420 m - Carta regionale n° **17**-D2

Catania 61 km - Messina 41 km - Palermo 271 km - Taormina 15 km

Carta stradale Michelin 565-N27

Baia Taormina

LUSSO • MEDITERRANEO Sito sullo scoglio panoramico che si affaccia sull'omonima baia, un suggestivo hotel recentemente ampliatosi con una nuova ala: spiaggia privata e, in terrazza, due piscine raggiungibili con l'ascensore.

122 cam - 170/310 € 240/620 € - 3 suites

via Nazionale km 39, Est: 5 km - 0942 756292 - www.baiataormina.com - Aperto 1° aprile-31 ottobre

FOSDINOVO

Massa-Carrara (MS) - 54035 - 4 883 ab. - Alt. 500 m - Carta regionale n° **18**-A1

Roma 413 km - La spezia 26 km - Massa 24 km - Livorno 88 km

Carta stradale Michelin 563-J12

La Castellana

TRADIZIONALE • CLASSICO Una vista mozzafiato su due regioni, colline e mare è il motivo principale per dormire qui, avendo cura di prenotare una camera panoramica. Arredi sobri e contemporanei, luce e spazi sono la cifra della struttura. Al ristorante anche pizze.

30 cam – 70/130 € 70/130 €

via Pilastri 18, Sud-Est: 4 km – 0187 680010 – www.albergolacastellana.com

FOSSANO

Cuneo (CN) – 12045 – 24 739 ab. – Alt. 375 m – Carta regionale n° **12**-B3

Roma 645 km – Torino 73 km – Cuneo 30 km – Asti 65 km

Carta stradale Michelin 561-I5

Antiche Volte

CUCINA MODERNA • ELEGANTE XXX Sotto le antiche volte di Palazzo Righini una sosta gourmet: cucina moderna - soprattutto a base di carne - e qualche specialità di mare. Con oltre 4000 bottiglie tra vini d'autore, annate prestigiose, bollicine italiane e straniere, la cantina merita la lode. A pranzo la proposta è più ridotta, per una scelta più ampia l'appuntamento è serale.

Menu 30 € (pranzo in settimana)/62 € – Carta 43/75 €

Hotel Palazzo Righini, via Negri 20 – 0172 666666 (consigliata la prenotazione) – www.palazzorighini.it

Palazzo Righini

DIMORA STORICA • GRAN LUSSO Straordinario esempio di restauro e trasformazione alberghiera di un palazzo seicentesco, a pochi metri dai negozi dell'affascinante via Roma. Un gusto contemporaneo ispira gli ambienti, inserzioni moderne tra intramontabili citazioni, intorno ad una graziosa corte interna. Camere sempre diverse, ma la numero sei offrirà un soggiorno indimenticabile.

23 cam – 100/160 € 135/180 € – 1 suite

via Negri 20 – 0172 666666 – www.palazzorighini.it

Antiche Volte – Vedere selezione ristoranti

FRABOSA SOPRANA

Cuneo – 12082 – 759 ab. – Alt. 891 m – Carta regionale n° **12**-B3

Roma 630 km – Cuneo 32 km – Torino 99 km – Savona 79 km

Carta stradale Michelin 561-J5

Ezzelino N

CUCINA CREATIVA • ACCOGLIENTE XX Una sala con camino dell'albergo Miramonti è dedicata a questa nicchia gourmet, frequentata da chi vuole regalarsi un trattamento speciale con piatti creativi e originali, accompagnati da un'interessante carta dei vini, ricca di spiegazioni sui singoli vitigni.

Menu 39/49 € – Carta 41/66 €

Hotel Miramonti, via Roma 84 – 0174 244533 – www.miramonti.cn.it – Chiuso 26 marzo-30 aprile, 1° novembre-1° dicembre; aperto solo nei weekend in aprile, ottobre e dicembre

Miramonti

TRADIZIONALE • ACCOGLIENTE Se le camere sono semplici, ma ben tenute e a prezzi contenuti, il soggiorno in quest'albergo trova la sua ragione d'essere nella cura del corpo a cui è destinato il centro benessere e soprattutto nell'avere una serie di agevolazioni ed intrattenimenti per i piccoli ospiti.

48 cam – 55/65 € 100/116 € – 8 €

via Roma 84 – 0174 244533 – www.miramonti.cn.it – Chiuso 26 marzo-30 aprile e 1° novembre-1° dicembre; aperto solo nei weekend in aprile, ottobre e dicembre

Ezzelino – Vedere selezione ristoranti

FRANCAVILLA AL MARE

Chieti – ✉ 66023 – 25 422 ab. – Carta regionale n° **1**-C1
Roma 216 km – Pescara 7 km – L'Aquila 115 km – Chieti 19 km
Carta stradale Michelin 563-O24

Il Brigantino - Chiavaroli

PESCE E FRUTTI DI MARE • ACCOGLIENTE XX Ubicato lungo la via principale del lungomare, Il Brigantino - Chiavaroli resta sempre un riferimento per gli abitanti del luogo, ma anche per il turista di passaggio, per la freschezza del suo pesce. E dopo 40 anni d'indefessa attività, il titolare si "apre" - ora - anche alla modernità dei piatti d'asporto.

Menu 28/42 € – Carta 28/69 €

viale Alcione 101 – ☎ 085 810929 – Chiuso lunedì, anche domenica sera da settembre a giugno

La Nave

PESCE E FRUTTI DI MARE • AMBIENTE CLASSICO XX Una sorta di Titanic felliniano arenato sulla spiaggia di Francavilla questa nave-ristorante: sul "ponte", il servizio estivo, in tavola, le fragranze del mare presentate a voce. Ora, anche piatti d'asporto e menu per tutti i budget.

Menu 25/50 € – Carta 25/87 €

viale Kennedy 2 – ☎ 085 817115 – Chiuso mercoledì

Villa Maria Hotel & Spa

SPA E WELLNESS • ELEGANTE Piacevole soggiorno nella quiete di un grande parco e nel confort delle camere, a cui si aggiungono un'attrezzata spa ed una panoramica sala colazioni per lasciarsi svegliare dai riflessi del mare. In un'atmosfera intima e raffinata, la sobrietà del ristorante si coniuga alla valorizzazione del territorio.

87 cam – †90/369 € ††119/369 € – 10 suites

contrada Pretaro, via San Paolo, Nord-Ovest: 3 km – ☎ 085 450051 – www.hvillamaria.it

Punta de l'Est

FAMILIARE • LUNGOMARE Praticamente sulla spiaggia, albergo a conduzione diretta composto dall'unione di due belle ville: luminosi gli spazi comuni, confortevoli le camere.

48 cam – †45/100 € ††70/160 €

viale Alcione 188 – ☎ 085 498 2076 – www.puntadelest.it – Aperto 23 aprile-15 ottobre

FRASCATI

Roma – ✉ 00044 – 22 087 ab. – Alt. 320 m – Carta regionale n° **7**-B2
Roma 19 km – Castel Gandolfo 10 km – Fiuggi 66 km – Frosinone 68 km
Carta stradale Michelin 563-Q20

Cacciani

CUCINA LAZIALE • ACCOGLIENTE XX Molte generazioni hanno contribuito al successo di questo locale, le cui proposte spaziano dai classici laziali a piatti più innovativi. Terrazza panoramica per il servizio estivo.

Menu 25 € (pranzo in settimana)/55 € – Carta 33/56 € 22 cam – †60/78 € ††80/100 €

via Diaz 15 – ☎ 06 942 0378 – www.cacciani.it – Chiuso 16-19 agosto, domenica sera e lunedì

Zarazà

CUCINA LAZIALE • CONTESTO TRADIZIONALE X Locale a gestione familiare che nell'insegna ricorda il nome del nonno; semplice ma ben tenuto, propone l'autentica cucina popolare laziale. D'estate il servizio è all'aperto.

Carta 27/45 €

viale Regina Margherita 45 – ☎ 06 942 2053 – www.trattoriazaraza.it – Chiuso 2 settimane in agosto, 1 settimana in gennaio, domenica sera escluso giugno-settembre e lunedì

Da una Cantina

CUCINA DEL TERRITORIO • CONTESTO TRADIZIONALE Se cercate la vera cucina del territorio arricchita da suggestioni personali, fermatevi qui: in questa bella trattoria a conduzione familiare.

Menu 20 € (in settimana) – Carta 30/40 €

via Regina Margherita 7/9 – ✆ 06 941 7379 (consigliata la prenotazione) – www.ristorantedaunacantina.it – solo a cena – Chiuso 14-20 agosto e lunedì, anche domenica in estate

Flora

STORICO • ELEGANTE A due passi dal centro, lo stile Liberty della struttura vi farà certamente assaporare l'aristocratica atmosfera di quando Frascati era meta di villeggiatura della nobiltà romana. *Roof garden* panoramico.

37 cam – 90/125 € 110/150 € – 3 suites

viale Vittorio Veneto 8 – ✆ 06 941 6110 – www.hotel-flora.it

Colonna

FAMILIARE • ACCOGLIENTE Siete nel centro storico, ma il palazzo che ospita l'albergo è di epoca più recente, ideale per chi vuole scoprire le ricchezze artistiche di Frascati senza rinunciare al confort moderno. Deliziosamente affrescata la sala per la prima colazione.

20 cam – 80/130 € 100/200 €

piazza del Gesù 12 – ✆ 06 9401 8088 – www.hotelcolonna.it

FRATTA Forlì-Cesena → Vedere Bertinoro

FRATTA TODINA

Perugia – 06054 – 1 839 ab. – Alt. 215 m – Carta regionale n° **20**-B2

Roma 139 km – Perugia 43 km – Assisi 55 km – Orvieto 43 km

Carta stradale Michelin 563-N19

La Palazzetta del Vescovo

CASA DI CAMPAGNA • PERSONALIZZATO Elegante e ricca di fascino, arredata con mobili antichi, attenzione ai particolari e una calda armonia di colori; nel rigoglioso giardino, essenze mediterranee e un'ampia piscina a raso.

9 cam – 195/210 € 195/210 €

via Clausura 17, località Spineta, Ovest: 3 km – ✆ 075 874 5183 – www.lapalazzettadelvescovo.com – Aperto 1° aprile-2 novembre

FREIBERG Bolzano → Vedere Merano

FROSINONE

(FR) – 03100 – 46 323 ab. – Alt. 291 m – Carta regionale n° **7**-C2

Roma 94 km – Avezzano 77 km – Latina 57 km – Isernia 103 km

Carta stradale Michelin 563-R22

Astor

TRADIZIONALE • FUNZIONALE Per chi vuole trovare comodità e confort, una risorsa dotata di parcheggio e garage, in una zona centrale e trafficata. Spazi comuni con foto di celebrità passate di qui. Una cucina improntata alle tradizioni ciociare, nell'elegante sala da pranzo.

53 cam – 57/70 € 90/150 € – 1 suite

via Marco Tullio Cicerone 194 – ✆ 0775 270132 – www.astorhotel-frosinone.it

FROSSASCO

Torino – 10060 – 2 864 ab. – Alt. 376 m – Carta regionale n° **12**-B2

Roma 665 km – Torino 36 km – Asti 79 km – Cuneo 71 km

Carta stradale Michelin 561-H4

Adriano Mesa

CUCINA MODERNA • FAMILIARE XX In una sala accogliente come un salotto di casa, lo chef patron - dalla sua cucina a vista - giorno per giorno (in base al mercato ed al suo estro) compone un menu degustazione in cui di volta in volta cita il territorio, la modernità, la carne o il pesce, mantenendo fisso il proprio stile e la propria firma.

Menu 40/55 €

via Principe Amedeo 57 - ✆ 0121 353455 (prenotazione obbligatoria) - Chiuso lunedì

FUMANE

Verona - ✉ 37022 - 4 119 ab. - Alt. 198 m - Carta regionale n° **22**-A2

Roma 515 km - Verona 18 km - Brescia 69 km - Mantova 52 km

Carta stradale Michelin 562-F14

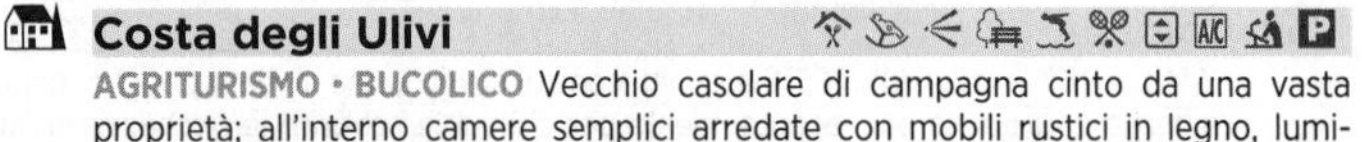

Costa degli Ulivi

AGRITURISMO • BUCOLICO Vecchio casolare di campagna cinto da una vasta proprietà; all'interno camere semplici arredate con mobili rustici in legno, luminose quelle nuove affacciate sui vigneti. Polenta abbrustolita con soppressa e lardo, pasta e fagioli, grigliate miste e dolci casalinghi nell'ampia sala verandata del ristorante.

18 cam - †60/90 € ††100/120 €

via Costa 5 - ✆ 045 683 8088 - www.costadegliulivi.com - Chiuso 9 gennaio-2 febbraio

FUNO Bologna → Vedere Argelato

FURLO Pesaro e Urbino (PU) → Vedere Acqualagna

FURORE

Salerno - ✉ 84010 - 830 ab. - Alt. 300 m - Carta regionale n° **4**-B2

Roma 264 km - Napoli 55 km - Salerno 35 km - Sorrento 40 km

Carta stradale Michelin 564-F25

Hostaria di Bacco

CUCINA REGIONALE • ACCOGLIENTE XX Ampia scelta di piatti del territorio molto ben elaborati in un locale dall'ottima conduzione famigliare con terrazza panoramica; se dalla carta fanno capolino le linguine alla colatura di alici di Cetara o i totani alla Volpe Pescatrice, il menu saprà soddisfare anche bambini e vegani.

Menu 30/60 € - Carta 31/70 € 19 cam - †70/120 € ††77/134 €

via G.B. Lama 9 - ✆ 089 830360 - www.baccofurore.it

Agriturismo Sant'Alfonso

FAMILIARE • PERSONALIZZATO Tra i tipici terrazzamenti della Costiera, un ex convento dell'800, ora agriturismo recentemente ristrutturato, conserva ancora la cappella, ceramiche ed affreschi, nonché il forno a legna di quel periodo. Camere semplici. Prodotti di stagione, il vino dell'azienda ed il profumo elle erbe aromatiche in sala o in terrazza.

9 cam - solo ½ P 70/100 €

via S. Alfonso 6 - ✆ 089 830515 - www.agriturismosantalfonso.it - Chiuso 15 gennaio-15 febbraio

FUSIGNANO

Ravenna - ✉ 48010 - 8 222 ab. - Carta regionale n° **5**-C2

Roma 372 km - Bologna 68 km - Ravenna 29 km - Faenza 26 km

Carta stradale Michelin 562-I17

La Voglia Matta

CUCINA REGIONALE • CHIC XX Al piano terra dell'albergo Ca' Ruffo, una piccola bomboniera dove gustare una saporita cucina divisa equamente tra terra e mare. Qualche ricetta vegetariana ed economiche proposte per pranzi di lavoro.

Menu 15 € (in settimana)/55 € - Carta 43/68 € 8 cam - †75 € ††100 € - 1 suite

via Vittorio Veneto 63 - 0545 954034 - www.caruffo.it - Chiuso 1°-7 gennaio, 3 settimane in agosto, sabato a mezzogiorno e domenica

GABBIANO Firenze → Vedere Scarperia

GABICCE MARE

Pesaro e Urbino (PU) - 61011 - 5 781 ab. - Carta regionale n° **11**-B1
Roma 325 km - Rimini 26 km - Ancona 93 km - Pesaro 17 km
Carta stradale Michelin 563-K20

Il Traghetto

PESCE E FRUTTI DI MARE • SEMPLICE XX Dotato di uno spazio riservato ai fumatori, il ristorante propone una gustosa cucina regionale e di pesce con qualche proposta più moderna. Tra le specialità: l'antipasto *Traghetto*. Bel dehors sulla banchina del porto canale.

Carta 36/77 €

via del Porto 27 - 0541 958151 - www.ristoranteiltraghetto.com - Chiuso 25 novembre-12 febbraio e martedì escluso agosto

Sans Souci

TRADIZIONALE • ACCOGLIENTE In posizione panoramica, questo moderno hotel, recentemente rinnovato, domina la costa ed offre ambienti dai semplici arredi di gusto moderno ed una dependance.

66 cam - †55/185 € ††75/249 € - 11 suites

viale Mare 9 - 0541 950164 - www.parkhotels.it - Aperto 1° marzo-30 novembre

Alexander

TRADIZIONALE • PERSONALIZZATO Ubicata tra mare e collina, ma a pochi metri dalla spiaggia, una struttura classica con ambienti di moderna eleganza, area fitness ed attrezzature per le vacanze dei più piccoli. L'hotel riserva inoltre speciali attenzioni ai cicloturisti e golfisti.

48 cam - †55/120 € ††90/210 €

via Panoramica 35 - 0541 954166 - www.alexanderhotel.it - Aperto 1° aprile-30 settembre

Majestic

TRADIZIONALE • MEDITERRANEO Nella zona alta della località, una piscina separa la struttura principale dalla dépendance, camere gradevoli e dalle linee semplici.

56 cam - solo ½ P 55/103 €

via Balneare 10 - 0541 953744 - www.majestichotel.it - Aperto 15 maggio-20 settembre

Du Parc

FAMILIARE • ACCOGLIENTE Hotel rinnovato in anni recenti, a conduzione familiare, offre spazi e camere modernamente arredate. La terrazza roof è allestita con mobili da giardino ed è qui che si organizzano cene ed eventi.

39 cam - †50/100 € ††50/150 €

via Panoramica 48 - 0541 954761 - www.duparchotel.it - Aperto 1° maggio-30 settembre

Grand Hotel Michelacci

TRADIZIONALE • CLASSICO Nel cuore della città, l'elegante risorsa si affaccia sul golfo ed offre ambienti curati nei dettagli: bella piscina, moderno centro benessere ed un'attrezzata sala congressi.

140 cam - 115/170 € 200/270 € - 10 suites

piazza Giardini Unità d'Italia 1 - 0541 954361 - www.michelacci.com

Thea

TRADIZIONALE • LUNGOMARE Direttamente sul mare con accessso diretto alla spiaggia, l'hotel mette a disposizione degli ospiti ambienti recentemente rinnovati negli arredi e camere con echi orientali. Sala da pranzo al primo piano con vista sul Mediterraneo.

29 cam - 40/169 € 49/299 €

via Vittorio Veneto 11 - 0541 950052 - www.hotelthea.it - Aperto 1° aprile-1° ottobre

Marinella

FAMILIARE • TRADIZIONALE In pieno centro, la risorsa è gestita da una famiglia di provata esperienza e dispone di ampie camere. Ideale punto di appoggio per escursioni nei dintorni, serba un occhio di riguardo ai cicloturisti! Nella sala ristorante affacciata sul mare, in giardino o in veranda, vi attende un ricco buffet.

46 cam - 70/150 € 70/150 € - 8 suites

via Vittorio Veneto 127 - 0541 954571 - www.hotel-marinella.it - Aperto 1° aprile-30 settembre

Atlantic

FAMILIARE • MODERNO Hotel che ha subito negli ultimi tempi una profonda ristrutturazione: le nuove camere dispongono di un arredo semplice (di categoria superiore quelle all'ultimo piano), gli ambienti comuni sono moderni e c'è anche una piccola zona benessere.

46 cam - 50/120 € 70/140 €

via Panoramica 22 - 0541 954254 - www.hatlantic.it - Aperto 1° aprile-30 settembre

a Gabicce Monte Est : 2,5 km ✉ 61011 - Gabicce Mare - Alt. 144 m

Posillipo

PESCE E FRUTTI DI MARE • ELEGANTE XX Si sono avvicendate ben tre generazioni in questo rinomato ristorante che entusiasma i suoi clienti per l'incantevole vista sull'Adriatico e per l'interessante reinterpretazione di piatti del territorio. La carta dei vini meriterebbe un capitolo a parte... più di mille etichette in lista!

Menu 30 € (pranzo in settimana)/85 € - Carta 44/100 €

Hotel Posillipo, via dell'Orizzonte 1 - 0541 953373 (consigliata la prenotazione) - www.ristoranteposillipo.com - Aperto 23 marzo-31 ottobre; chiuso lunedì escluso da maggio a settembre

Dalla Gioconda N

PESCE E FRUTTI DI MARE • STILE MEDITERRANEO XX Nel punto più alto della località, splendida posizione panoramica per un locale di lunga tradizione familiare; cucina di mare in un ambiente romantico e personalizzato, curato dai fratelli Andrea e Michele.

Menu 40/50 € - Carta 43/59 €

via dell'Orizzonte 2 - 0541 962295 (consigliata la prenotazione) - www.dallagioconda.com - solo a cena in giugno-15 settembre escluso domenica - Chiuso novembre e mercoledì

Posillipo

TRADIZIONALE • PERSONALIZZATO Sovrastando il verde e il mare in cima al colle di Gabicce, l'hotel dispone di rilassanti spazi comuni tra cui una bella piscina ed ampie camere (di standard superiore le junior suite all'ultimo piano della casa).

31 cam - 110/220 € 110/220 € - 2 suites

via dell'Orizzonte 1 - 0541 953373 - www.hotelposillipo.com - Aperto 23 marzo-31 ottobre

Posillipo - Vedere selezione ristoranti

GADANA Pesaro e Urbino → Vedere Urbino

GAETA

Latina - 04024 - 20 834 ab. - Carta regionale n° **7**-D3
Roma 141 km - Frosinone 99 km - Caserta 79 km - Latina 74 km
Carta stradale Michelin 563-S23

Claudio Petrolo

PESCE E FRUTTI DI MARE • DI TENDENZA XX Nella città vecchia ai piedi della cattedrale e a due passi dalla distesa blu, la passione del titolare per la cucina sfocia nelle sue "storie di mare": fantasiosi piatti di pesce elaborati partendo da un'ottima materia prima.

Menu 60 € - Carta 45/74 €

piazza Conca 20 - 0771 65129 - www.claudiopetrolo.com - solo a cena - Chiuso 2 settimane in febbraio e lunedì escluso luglio-agosto

Villa Irlanda Grand Hotel

LUSSO • STORICO In un susseguirsi di situazioni diverse, ogni ambiente della risorsa celebra il gusto del bello in un mix di antico e moderno: si parte dalla piscina immersa nel parco con villa neoclassica e convento del '900, sino ai resti di una domus romana. Un complesso di grande fascino, tra il mare e le prime alture.

48 cam - 69/260 € 79/260 € - 5 suites

lungomare Caboto 6, Nord: 4 km - 0771 712581 - www.villairlanda.com

sulla strada statale 213

Grand Hotel Le Rocce

LUSSO • MEDITERRANEO Armoniosamente inserito in una suggestiva insenatura, fra una natura rigogliosa e un'acqua cristallina, ariose terrazze fiorite e camere di differenti tipologie. Ristorante di sobria eleganza con un'incantevole vista: la cucina delizia i palati con piatti tradizionali e specialità di pesce la sera, proposte più semplici a pranzo.

57 cam - 80/350 € 90/450 € - 4 suites

via Flacca km 23,300, (Ovest: 6,8 Km) 04024 - 0771 740985 - www.lerocce.com - Aperto 1° maggio-30 settembre

Grand Hotel Il Ninfeo

TRADIZIONALE • LUNGOMARE Proprio sulla spiaggia dell'incantevole insenatura di S. Vito, una bella risorsa digradante sul mare: adiacenti alla struttura i resti della villa romana "Il Ninfeo" con angoli perfetti per un cocktail o un aperitivo, tra una moltitudine di fiori ed un parco secolare. Un vero quadro sulla marina blu la suggestiva sala ristorante.

40 cam - 90/180 € 120/280 €

via Flacca km 22,700, (Ovest: 7,4 km) 04024 - 0771 742291 - www.grandhotelilninfeo.it - Aperto 1° aprile-30 ottobre

GAGGIANO

Milano - 20083 - 9 032 ab. - Alt. 117 m - Carta regionale n° **10**-A2
Roma 580 km - Alessandria 92 km - Milano 14 km - Novara 37 km
Carta stradale Michelin 561-F9

Antica Osteria Magenes

CREATIVA • CONTESTO REGIONALE XX A Barate di Gaggiano, una piccola località immersa nelle risaie, c'è questa bella realtà dove uno si aspetterebbe di trovare una cucina prettamente della tradizione e, invece, no! A dispetto del nome, piatti creativi e un'attenzione particolare ai vini.

Menu 20 € (pranzo in settimana)/60 € - Carta 43/56 €

via Cavour 7, località Barate, Sud : 1,5 km - 02 908 5125 - www.osteriamagenes.it - Chiuso gennaio, 16-26 agosto e lunedì

a Vigano Sud : 3 km ✉ 20083 - Gaggiano

Antica Trattoria del Gallo

CUCINA LOMBARDA • RUSTICO XX Meta di gite fuoriporta - fin dal 1870 - è la "trattoria dei milanesi" che, gestita per ben tre generazioni dalla famiglia Gerli, conserva ancora oggi ricette e calore di un tempo. E se poi volete portarvi a casa i sapori gustati in loco, nella graziosa bottega all'ingresso troverete alcuni prodotti artigianali.

Menu 45 € - Carta 33/57 €

via Privata Gerli 3 - 02 908 5276 - www.trattoriadelgallo.com - Chiuso 10-25 agosto, lunedì e martedì

GAIANO Salerno → Vedere Fisciano

GAIBANA Ferrara → Vedere Ferrara

GAIOLE IN CHIANTI

Siena - ✉ 53013 - 2 758 ab. - Alt. 360 m - Carta regionale n° **18**-C2

Roma 252 km - Firenze 60 km - Siena 28 km - Arezzo 56 km

Carta stradale Michelin 563-L16

Il Pievano

CUCINA MODERNA • CONTESTO STORICO XXX Nello straordinario contesto di un monastero millenario, la carta è un originale connubio d'ispirazione toscana e campana; oltre alla carne c'è un'ottima proposta di pesce, ma soprattutto un'eleganza nei piatti difficilmente dimenticabile. Nella bella stagione si cena nella romantica corte.

→ Evoluzione della "mia pappa al pomodoro". La Toscana incontra la Campania: fagottini ripieni di scarola alla napoletana, cacciucco, pane toscano e polvere di ricci di mare. Emozioni di mare: pesci e crostacei in diverse cotture.

Menu 70/110 € - Carta 58/99 €

Hotel Castello di Spaltenna, località Spaltenna 13 - 0577 749483 - www.spaltenna.it - solo a cena - Aperto 1° aprile-31 ottobre

Castello di Spaltenna

DIMORA STORICA • ELEGANTE Sulla sommità del paese, l'albergo - chiamato castello per la presenza delle torri - è ricavato all'interno di un ex monastero con annessa pieve dell'anno mille. La tipica eleganza bucolica toscana si alterna nelle romantiche camere, indimenticabili, quanto gli spazi panoramici all'aperto.

32 cam - †180/250 € ††210/280 € - 5 suites

località Spaltenna 13 - 0577 749483 - www.spaltenna.it - Aperto 1° aprile-31 ottobre

Il Pievano - Vedere selezione ristoranti

Castello di Meleto

DIMORA STORICA • CLASSICO Circondato da tanto verde e vigneti, questo vero castello del 1200 ospita saloni e poche camere, ma molto belle e in stile. A dar manforte all'ospitalità, c'è però il borgo che consta di più rustici disseminati nella proprietà con altre stanze ed appartamenti affittabili anche per una sola notte; terrazze e piscine completano la cartolina, insieme ad un incantevole piccolo teatro del 1740.

24 cam - †97/177 € ††109/189 € - 6 suites - 10 €

località Meleto Sud: 2 km - 0577 749129 - www.castellomeleto.it

L'Ultimo Mulino

CASA DI CAMPAGNA • ORIGINALE Celato dalla tranquillità dei boschi, l'hotel nasce dal restauro di un antico mulino medievale arredato in stile e dotato di confort moderni.

13 cam - 114/224 € 129/239 € - 1 suite

località La Ripresa di Vistarenni 43, Ovest: 6 km - 0577 738520 - www.ultimomulino.it - Aperto 1° aprile-31 ottobre

sulla strada statale 408

Le Pozze di Lecchi

CASA DI CAMPAGNA • BUCOLICO Al termine di 1,5 km di strada sterrata, vi attende una casa delle fiabe nata sulle fondamenta di un mulino quattrocentesco. Tanto verde, tranquillità ed un ponticello in pietra che attraversa il torrente; nelle camere letti in ferro battuto: difficile resistere a tanto fascino!

14 cam - 105/205 € 125/205 €

località Molinaccio al km 21, Sud-Ovest: 6,3 km - 0577 749655 - www.lepozzedilecchi.it - Aperto 1° aprile-4 novembre

GAIONE Parma

→ Vedere Parma

GALATINA

Lecce - 73013 - 27 109 ab. - Alt. 75 m - Carta regionale n° **15**-D3
Roma 588 km - Brindisi 58 km - Gallipoli 22 km - Lecce 20 km
Carta stradale Michelin 564-G36

Anima & Cuore

CUCINA REGIONALE • ACCOGLIENTE A due passi dal Duomo, al primo piano di in un affascinante palazzo settecentesco dai pavimenti originali a mosaico, la gestione è giovane e affabile, la cucina pugliese, sia di mare che di terra, talvolta rivisitata. Servizio estivo in ampia terrazza.

Menu 50 € - Carta 30/67 €

corso Giuseppe Garibaldi 7 - 0836 564301 - www.animaecuore.it - Chiuso mercoledì da novembre ad aprile e domenica sera da gennaio ad aprile

Palazzo Baldi

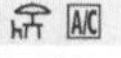

STORICO • VINTAGE In pieno centro, un'elegante residenza vescovile di origini cinquecentesche custodisce camere di differenti tipologie con arredi in stile, arricchiti con inserti in ceramica. Dall'ampia terrazza la vista spazia su tetti e chiese del centro storico.

15 cam - 50/100 € 80/200 € - 5 suites

corte Baldi 2 - 0836 568345 - www.hotelpalazzobaldi.it

GALEATA

Forlì-Cesena - 47010 - 2 516 ab. - Alt. 237 m - Carta regionale n° **5**-CD2
Roma 308 km - Rimini 85 km - Firenze 99 km - Forlì 34 km

La Campanara

CUCINA REGIONALE • ACCOGLIENTE La cinquecentesca canonica dell'adiacente chiesa dei Miracoli è diventata una bella osteria gestita da una vivace coppia, dove gustare specialità tosco-romagnole, casalinghe e fragranti. Nella casa accanto si trova la locanda con sei eccellenti camere, un paio addirittura con bagno turco.

Menu 30 € - Carta 28/41 € 6 cam - 60 € 100 €

località Pianetto via Borgo 24/a - 0543 981561 (consigliata la prenotazione) - www.osterialacampanara.it - solo a cena escluso sabato e domenica - Chiuso 15-30 gennaio e lunedì

GALLARATE

Varese - 21013 - 53 343 ab. - Alt. 238 m - Carta regionale n° **10**-A2
Roma 619 km - Varese 21 km - Milano 42 km - Como 55 km
Carta stradale Michelin 561-F8

Ilario Vinciguerra

CUCINA MODERNA • ELEGANTE Simpatia e genuina ospitalità all'interno di un'imponente villa liberty sono il biglietto da visita di un'eccellente cucina che non cessa di crescere e sorprendere all'insegna di prodotti e colori mediterranei. È un regalo per gli amanti dell'olio d'oliva, i sapori intensi e i prodotti di qualità.
→ Pasta only for you (pasta cotta sottovuoto e mantecata con crostacei, davanti al cliente). Agnello, patate viola e spuma di senape. The crash (esplosione di dolci partenopei).

Menu 95/120 € - Carta 78/148 €

via Roma 1 - 0331 791597 (consigliata la prenotazione) - www.ilariovinciguerra.it - Chiuso 2-7 gennaio, 9-23 agosto, domenica sera e mercoledì

Trattoria del Ponte

CUCINA MEDITERRANEA • ACCOGLIENTE Frequentata trattoria non molto distante dal centro. Le specialità profumano di mare e valgono una cena, ma per chi ha fretta c'è un'ottima lista di pizze.

Menu 12 € (pranzo in settimana)/25 € - Carta 22/53 €

corso Sempione 99 - 0331 777292 - www.trattoriadelponte.com

a Malpensa Aeroporto Terminal 1 Ovest : 11 km

Sheraton Milan Malpensa

BUSINESS • MODERNO Design contemporaneo per un hotel dalle imponenti dimensioni e dai grandi confort: camere dotate del proverbiale Sweet Sleeper Bed (lenzuola morbidissime, piumino deluxe ed una selezione di cuscini in piuma o ipoallergenici), moderna Spa ed un attrezzato fitness ideale per rilassarsi o rica-ricarsi prima o dopo un volo internazionale.

427 cam - †99/599 € ††99/599 € - 6 suites - 22 €

Terminal 1 ✉ 21013 Gallarate - 02 23351 - www.sheratonmilanmalpensa.com

GALLIATE

Novara (NO) - ✉ 28066 - 15 670 ab. - Alt. 153 m - Carta regionale n° **12**-C2
Roma 623 km - Torino 102 km - Novara 9 km - Vercelli 33 km
Carta stradale Michelin 561-F8

Osteria del Borgo

CUCINA CREATIVA • FAMILIARE Partito con una cucina tipicamente piemontese, l'intraprendente cuoco se ne è via via discostato - sebbene alcuni piatti figurino ancora in menu - per proporre sue personalissime elaborazioni e anche pesce: ormai l'attrazione principale del locale!

Menu 18 € (pranzo in settimana)/38 € - Carta 30/47 €

via Pietro Custodi 5 - 0321 866312 - www.osteriadelborgo.eu - Chiuso lunedì

GALLIERA VENETA

Padova - ✉ 35015 - 7 146 ab. - Alt. 49 m - Carta regionale n° **22**-B1
Roma 535 km - Padova 37 km - Trento 109 km - Treviso 32 km
Carta stradale Michelin 562-F17

Al Palazzon

CUCINA REGIONALE • CASA DI CAMPAGNA Esternamente la struttura è quella di un cascinale, all'interno si scoprono tre eleganti salette, curate nei particolari. In menu: lasagnette con ragù d'oca ed erbette - cappone in canevera - crostate di frutta, nonché altre gustose specialità.

Menu 19 € (pranzo in settimana) - Carta 28/59 €

via Cà Onorai 2, località Mottinello Nuovo - 049 596 5020 - www.alpalazzon.it - Chiuso 14-20 agosto, 30 dicembre-3 gennaio, domenica sera e lunedì

GALLIO

Vicenza - ✉ 36032 - 2 396 ab. - Alt. 1 090 m - Carta regionale n° **23**-B2
Roma 587 km - Trento 78 km - Treviso 81 km - Vicenza 68 km
Carta stradale Michelin 562-E16

Gaarten

TRADIZIONALE • STILE MONTANO Risorsa polifunzionale d'impostazione moderna, decisamente confortevole e ideale per congressi in altura. Grazie al nuovo centro benessere, la struttura risulta anche indicata per vacanze "relax". Cucina internazionale nel rispetto e nell'attenta valorizzazione dei prodotti tipici.

45 cam - 105/130 € 160/200 €

via Kanotole 13/15 - 0424 65568 - www.hotelgaarten.com

GALLIPOLI

Lecce - 73014 - 20 724 ab. - Carta regionale n° **15**-D3

Roma 621 km - Brindisi 80 km - Otranto 49 km - Lecce 41 km

Carta stradale Michelin 564-G35

La Puritate

PESCE E FRUTTI DI MARE • CONVIVIALE XX Sulla passeggiata che costeggia le mura, il ristorante dispone di un'elegante veranda in legno e una cucina con proposte esclusivamente a base di pesce. Imperdibili: il giro di antipasti e i gamberi.

Carta 34/72 €

via Sant'Elia 18 - 0833 264205 - Chiuso novembre e mercoledì escluso giugno-settembre

Palazzo del Corso

LUSSO • STORICO A pochi passi dal centro storico, sarete ospiti di un palazzo ottocentesco dagli eleganti ambienti arredati con tessuti e mobili di pregio ed un roof-garden dove trova posto il ristorante La Dolce Vita. A lato della reception accogliente saletta/enoteca per degustazioni e asporto.

8 cam - 129/399 € 139/499 € - 6 suites

corso Roma 145 - 0833 264040 - www.hotelpalazzodelcorso.it - Aperto 1° marzo-30 novembre

Relais Corte Palmieri

STORICO • PERSONALIZZATO In un palazzo del '700 restaurato nel pieno rispetto della struttura originaria - tra terrazzamenti e muri bianchi - una risorsa unica, curata e ricca di personalizzazioni. Un gioiello nel cuore di Gallipoli!

20 cam - 74/299 € 74/359 € - 2 suites

corte Palmieri 3 - 0833 266814 - www.relaiscortepalmieri.it - Aperto 1° aprile-31 ottobre

Palazzo Mosco Inn

DIMORA STORICA • CENTRALE Tra vicoli e palazzi storici, un edificio dell'Ottocento ospita nei suoi ambienti decorati con mosaici originali, raffinate camere e terrazze con vista sul golfo (per la prima colazione e l'aperitivo serale).

12 cam - 74/299 € 74/329 €

via Micetti 26 - 0833 266562 - www.palazzomoscoinn.it - Aperto 1° aprile-31 ottobre

sulla strada litoranea per Santa Maria di Leuca Sud-Est : 6 km

Costa Brada Resort

TRADIZIONALE • MEDITERRANEO Direttamente sulla spiaggia, questa struttura dalle bianche pareti dispone di ampie zone comuni e camere confortevoli dagli arredi curati. I tradizionali sapori mediterranei trovano consenso nell'elegante sala da pranzo.

76 cam - 60/460 € 70/550 €

litoranea per Santa Maria di Leuca 73014 - 0833 202551 - www.grandhotelcostabrada.it - Aperto 1° aprile-31 ottobre

Masseria Li Foggi

AGRITURISMO • ECOSOSTENIBILE Immerso nella campagna salentina, l'eco-resort invita a ristabilire un autentico contatto con la natura: i colori, i suoni e l'aria lievemente profumata di salmastro ed erbe selvatiche riconciliano l'ospite con il mondo. Colori caldi e graziose personalizzazioni nelle belle camere e negli appartamenti.

12 cam - †70/190 € ††120/190 €

contrada Li Foggi - ☎ 0833 277217 - www.masserialifoggiresort.it - Aperto 1° aprile-31 ottobre

GALLODORO Sicilia

Messina - ✉ 98030 - 367 ab. - Alt. 388 m - Carta regionale n° **17**-D2

Catania 57 km - Messina 52 km - Palermo 267 km - Taormina 11 km

Carta stradale Michelin 565-N27

Noemi

CUCINA SICILIANA • FAMILIARE Splendida la vista sulla costa, suggestivo biglietto da visita per questa trattoria che propone un menu fisso con vari assaggi di cucina siciliana, quindi specialità quali: pappardelle ai funghi porcini e pistacchio, involtini, polpette, semifreddi alla mandorla e la proverbiale cassata.

Menu 25/35 € - Carta 22/46 €

via Manzoni 8 - ☎ 0942 37162 - Chiuso 27 giugno-15 luglio, martedì, anche lunedì sera in inverno

GALLUZZO Firenze → Vedere Firenze

GALZIGNANO TERME

Padova - ✉ 35030 - 4 371 ab. - Alt. 22 m - Carta regionale n° **23**-B3

Roma 484 km - Padova 26 km - Bologna 108 km - Rovigo 34 km

Carta stradale Michelin 562-G17

Belvedere Resort ai Colli

TRADIZIONALE • PERSONALIZZATO Piccola intima struttura, gestita con passione e cortesia dai titolari, che hanno personalizzato gli ambienti rendendoli deliziosi: camere confortevoli con balconcino, in stile classico o shabby. Nel rinomato ristorante dall'atmosfera romantica, cucina tradizionale e vegetariana; in estate il servizio, a lume di candela, si sposta in terrazza su Val Pianzio.

20 cam - †45/65 € ††65/95 €

via Siesa 5 - ☎ 049 913 0005 - www.resortbelvedere.it - Chiuso 1 settimana in gennaio e 1 settimana in agosto

verso Battaglia Terme Sud-Est : 3,5 km

Radisson Blu Resort Terme di Galzignano

HOTEL DI CATENA • MODERNO Resort composto da 3 alberghi: il Majestic che dopo un totale restyling sfoggia un look moderno ed ecocompatibile, in un mirabile accordo tra estetica architettonica e natura, lo Sporting e il più economico Splendid. Le tre strutture si trovano all'interno di un parco termale e con alcuni servizi condivisi, come la Spa Revival Center.

197 cam - †80/170 € ††80/220 € - 10 suites

viale delle Terme 84 ✉ 35030 - ☎ 049 919 5555 - www.galzignano.it

GAMBARIE

Reggio di Calabria - ✉ 89050 - Alt. 1 300 m - Carta regionale n° **3**-A3

Roma 698 km - Reggio di Calabria 39 km - Vibo Valentia 89 km - Lamezia Terme 122 km

Carta stradale Michelin 564-M29

L'Angolo del Gusto

CUCINA REGIONALE • FAMILIARE X In ambienti rinnovati, ma nel classico stile montano, potrete gustare prelibatezze della cucina regionale, come il fagottino farcito ai porcini o il cannolo di ricotta aspromontana in coppa. La cantina propone una buona offerta di vini calabresi e nazionali.

Menu 20 € (in settimana)/30 € - Carta 20/36 €

Hotel Centrale, piazza Mangeruca 23 - ✆ 0965 743133 - www.hotelcentrale.net

Centrale

FAMILIARE • ACCOGLIENTE Nel centro della località e a pochi passi dalla seggiovia, una semplice risorsa con camere dall'arredo montano ed un grazioso centro benessere. Possibilità di escursioni in mountain-bike (presso un'associazione esterna).

48 cam - †50/70 € ††70/90 €

piazza Mangeruca 23 - ✆ 0965 743133 - www.hotelcentrale.net

L'Angolo del Gusto - Vedere selezione ristoranti

GAMBELLARA

Vicenza - ✉ 36053 - 3 398 ab. - Alt. 70 m - Carta regionale n° **23**-B3

Roma 537 km - Verona 37 km - Padova 56 km - Vicenza 26 km

Carta stradale Michelin 562-F16

Antica Osteria al Castello

CUCINA REGIONALE • CONTESTO TRADIZIONALE XX Gestito da due dinamici fratelli, lei ai fornelli, lui in sala, piacevoli ambienti per una cucina che riuscirà a stupirvi per fantasia e regionalità.

Carta 29/58 €

via Castello 23, località Sorio, Sud: 1 km - ✆ 0444 444085 - www.anticaosteriaalcastello.com - Chiuso agosto e domenica

GAMBOLÒ

Pavia - ✉ 27025 - 10 091 ab. - Alt. 106 m - Carta regionale n° **9**-A3

Roma 601 km - Pavia 35 km - Milano 48 km - Novara 36 km

Carta stradale Michelin 561-G8

Da Carla

CUCINA REGIONALE • TRATTORIA X Nei pressi di un pittoresco canale, una trattoria di campagna dove gustare piatti regionali. Tra le specialità: oca, rane e la fiorentina/costata di fassona piemontese. I vini sono proposti a voce; le camere dotate di ogni confort.

Menu 16 € (pranzo in settimana)/60 € - Carta 29/72 € 9 cam - †75/95 € ††95/120 €

via Necchi 3/5 fraz.Molino Isella, Est: 6 km - ✆ 0381 930006 - www.trattoriadacarla.com - Chiuso mercoledì

GANZIRRI Sicilia Messina ➔ Vedere Messina

GARBAGNATE MILANESE

Milano - ✉ 20024 - 27 175 ab. - Alt. 179 m - Carta regionale n° **10**-B2

Roma 588 km - Milano 16 km - Como 33 km - Novara 48 km

Carta stradale Michelin 561-F9

La Refezione

CUCINA LOMBARDA • ELEGANTE XXX Una fantasiosa cucina per l'elegante "club-house" all'interno di un centro sportivo; lasciatevi guidare dall'esperto titolare e dalla sua giovane équipe di collaboratori.

Menu 22 € (pranzo in settimana)/55 € - Carta 50/74 €

via Milano 166 - ✆ 02 995 8942 - www.larefezione.it - Chiuso 25 dicembre-6 gennaio, agosto, lunedì a mezzogiorno e domenica

GARDA

Verona - ✉ 37016 - 4 092 ab. - Alt. 67 m - Carta regionale n° **23**-A2
Roma 527 km - Verona 30 km - Brescia 64 km - Mantova 65 km
Carta stradale Michelin 562-F14

Regio Patio

CUCINA CREATIVA • VINTAGE XxX Nella luminosa veranda abbellita da grandi affreschi che riproducono paesaggi locali, la carta illustra una cucina regionale con alcune cose più internazionali, sempre presentate in maniera moderna.

Menu 60/90 € - Carta 53/105 €

Hotel Regina Adelaide, via San Francesco d'Assisi 23 - ✆ 045 725 5977 - www.regiopatio.it - Chiuso 6 gennaio 16 marzo

Regina Adelaide

SPA E WELLNESS • PERSONALIZZATO Uno tra gli alberghi più blasonati del Garda. La fama che lo procede ha sicuramente un fondamento: la famiglia Tedeschi ed il suo staff coniugano la proverbiale simpatia italiana con una professionalità e una precisione quasi austro-ungarica, mentre le belle camere tradiscono l'amore del patron per l'antiquariato e i mobili d'epoca.

49 cam - †130/260 € ††175/300 € - 10 suites

via San Francesco d'Assisi 23 - ✆ 045 725 5977 - www.regina-adelaide.it - Chiuso 6 gennaio 16 marzo

Regio Patio - Vedere selezione ristoranti

Poiano

RESORT • FUNZIONALE Non lontano dal lago, albergo circondato da ampi spazi verdi e attrezzati per differenti sport; l'ultima nata è un'elegante spa per rendere il soggiorno un'occasione d'impagabile relax.

120 cam - †101/173 € ††106/219 €

via Poiano, Est: 2 km - ✆ 045 720 0100 - www.poiano.com - Aperto 30 marzo-31 ottobre

La Vittoria

DIMORA STORICA • PERSONALIZZATO Fronte lago e nel centro della località, l'hotel occupa gli ambienti di una villa Liberty ristrutturata: camere spaziose e ben arredate, alcuni mobili d'epoca disseminati qua e là.

12 cam - †98/198 € ††98/198 €

lungolago regina Adelaide 57 - ✆ 045 627 0473 - www.hotellavittoria.it - Aperto 21 marzo-10 novembre

GARDA (Lago di) o BENACO Brescia, Trento e Verona

GARDONE RIVIERA

(BS) - ✉ 25083 - 2 660 ab. - Alt. 71 m - Carta regionale n° **9**-C2
Roma 551 km - Brescia 34 km - Bergamo 88 km - Mantova 90 km
Carta stradale Michelin 561-F13

Villa Fiordaliso

CUCINA CREATIVA • ROMANTICO XxX Cucina creativa in una delle ville di inizio '900 che punteggiano il lungolago: circondata da un bel parco e protesa sulla distesa blu con un pontile, qui più che altrove non si contano i personaggi celebri che ai suoi tavoli si accomodarono.

Menu 110 € - Carta 65/140 € 3 suites - ††200/500 € - 2 cam

corso Zanardelli 150 - ✆ 0365 20158 - www.villafiordaliso.it - Aperto 21 marzo-4 novembre; chiuso martedì a mezzogiorno e lunedì

Osteria Antico Brolo

CUCINA CREATIVA • ACCOGLIENTE XX In una vecchia abitazione del '700, alcune salette vi accoglieranno per gustare i prodotti del territorio sapientemente elaborati. Il tavolo sul balconcino...un'emozione!

Menu 44/52 € - Carta 36/59 €

via Carere 10 - ☎ 0365 21421 (prenotazione obbligatoria a mezzogiorno) - www.ristoranteanticobrolo.it - Chiuso 1° gennaio-15 febbraio e lunedì; anche martedì e mercoledì in novembre-marzo

Agli Angeli

CUCINA REGIONALE • FAMILIARE XX Tra il Giardino Botanico e il Vittoriale, una locanda accogliente e romantica dove la cucina flirta con il pesce, ma non dimentica la carne: piatti, comunque, d'impronta regionale. In alternativa, la pizzeria antistante con terrazza panoramica per la bella stagione e a pochi metri, in un edificio d'epoca dalla caratteristica corte interna, graziose camere con letti a baldacchino.

Carta 34/74 € 14 cam ☕ - †65/125 € ††95/160 € - 2 suites

piazza Garibaldi 2, località Vittoriale - ☎ 0365 20832 - www.agliangeli.biz - solo a cena escluso sabato e domenica - Aperto 1° marzo-6 novembre; chiuso martedì escluso luglio-agosto

Grand Hotel Gardone

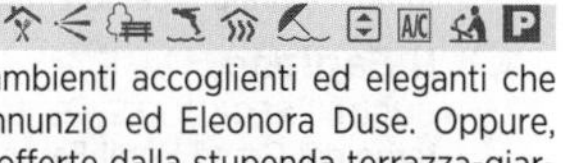

STORICO • PERSONALIZZATO Oziare negli ambienti accoglienti ed eleganti che furono testimoni dell'idillio tra Gabriele D'Annunzio ed Eleonora Duse. Oppure, godere delle vedute mutevoli ed accattivanti offerte dalla stupenda terrazza-giardino: un grand hotel, non solo nel nome.

167 cam ☕ - †125/175 € ††180/335 €

corso Zanardelli 84 - ☎ 0365 20261 - www.grandhotelgardone.it - Aperto 1° aprile-31 ottobre

Villa Sofia

LUSSO • PERSONALIZZATO Villa d'inizio '900 in posizione dominante e panoramica. Tanto verde ben curato vicino alle piscine, confort elevato e accoglienza cordiale nei caldi ambienti interni.

35 cam ☕ - †107/201 € ††142/290 €

via Cornella 9 - ☎ 0365 22729 - www.villasofiahotel.it - Aperto 15 aprile-15 ottobre

Savoy Palace

STORICO • ELEGANTE Imponente edificio liberty dominante il lago: panoramica terrazza e camere dagli arredi eleganti, ben rifiniti. Raffinata sala da pranzo con accesso diretto alla piscina; buona scelta in menu.

60 cam ☕ - †115/223 € ††155/310 €

via Zanardelli 2/4 - ☎ 0365 290588 - www.savoypalace.it - Aperto aprile-ottobre

Villa Capri

LUSSO • ELEGANTE Grande e moderna struttura in riva al lago: ambienti spaziosi, ma il gioiello è il giardino-solarium affacciato sull'acqua.

45 cam ☕ - †110/250 € ††245/300 €

corso Zanardelli 172 - ☎ 0365 21537 - www.hotelvillacapri.com - Aperto 15 aprile-15 ottobre

Bellevue

FAMILIARE • FUNZIONALE Giardino con terrazza vista lago in questa villa di inizio '900 dallo stile eclettico-liberty. Spazi interni più semplici rispetto alla maestosità della facciata, camere sobrie, ma accoglienti.

30 cam ☕ - †89/95 € ††119/136 €

corso Zanardelli 87 - ☎ 0365 290088 - www.hotelbellevuegardone.com - Aperto 1° aprile-7 ottobre

Dimora Bolsone

FAMILIARE • ELEGANTE Storico casale di campagna, le cui origini risalgono al XV sec., inserito in un grande parco che arriva a lambire il Vittoriale. "Giardino dei sensi" con piante di diverse specie ed idromassaggio all'aperto in una bella vasca marmorea.

6 cam – 190 € 230 €

via Panoramica 23, Nord-Ovest: 2,5 km – 0365 21022 – www.dimorabolsone.it – Aperto 1° marzo-31 ottobre

Fasano del Garda Nord-Est : 2 km 25083

Lido 84 (Riccardo Camanini)

CUCINA CREATIVA • ROMANTICO XxX Che si mangi all'interno, nella veranda o nella piccola dépendance in giardino, l'acqua è a pochi metri (con possibilità di attracco), la vista romantica e la cucina eccellente: spunti lacustri e bresciani, creatività unita alla flessibilità di ciò che offre il mercato di più fresco.

→ Spaghettone burro e lievito di birra. Anguilla di lago alla brace, candita in grasso d'anatra. Torta di rose cotta al momento, cremino di zabajone e limoni del Garda.

Menu 55/70 € – Carta 55/82 €

corso Zanardelli 196 – 0365 20019 (consigliata la prenotazione la sera) – www.ristorantelido84.com – Chiuso 7 gennaio-11 febbraio, 16 novembre-3 dicembre, mercoledì a mezzogiorno e martedì

Il Fagiano

CUCINA REGIONALE • ELEGANTE XxxX Per accedere a questo ristorante - all'interno del Grand Hotel Fasano e Villa Principe - si passa attraverso una suggestiva sala in legno: una delle più antiche e meglio conservate della struttura. La sala da pranzo, invece, ritorna ad un elegante classicismo alberghiero, mentre la carta propone diverse specialità lacustri.

Menu 90 € – Carta 65/135 €

Grand Hotel Fasano e Villa Principe, corso Zanardelli 190 – 0365 290220 – www.ghf.it – solo a cena – Aperto Pasqua-30 ottobre

Maximilian 1904

CUCINA CLASSICA • ELEGANTE XxX All'interno dell'hotel Villa del Sogno, ambiente fin-de-siècle con soffitto decorato e bel pavimento ligneo: luci soffuse, sapori sublimi e ottima cucina nazionale con un occhio di riguardo per i prodotti del lago.

Menu 50 € (cena) – Carta 50/95 €

Hotel Villa del Sogno, corso Zanardelli 107 – 0365 290181 – www.villadelsogno.it – Aperto Pasqua-22 ottobre

Riva Carne al Fuoco

CARNE • DI TENDENZA XX Il nome solletica l''immaginazione, mentre il palato si delizia con piatti prevalentemente di terra e specialità alla brace: il grill a vista permette all'ospite di scegliere la provenienza ed il taglio delle carni. Ambiente informale.

Carta 46/115 €

Hotel Bella Riva, via Mario Podini 1/2 – 0365 540773 – www.bellarivagardone.it – Aperto 1° aprile-31 ottobre; chiuso mercoledì in aprile e ottobre

Grand Hotel Fasano e Villa Principe

GRAN LUSSO • ELEGANTE Camere affacciate sul lago, oppure all'interno, con scenografici elementi barocchi che ben si inseriscono in quel contesto di sobria eleganza dell'intera risorsa. Aqua Parc è il nome della nuova zona wellness all'aria aperta: due piscine sono state aggiunte, una delle quali è collegata direttamente con l'interno del centro benessere dove un percorso Kneipp e saune varie rappresentano la moderna alternativa all'antica arte venatoria della caccia al fagiano.

75 cam – 150/230 € 240/540 € – 5 suites

corso Zanardelli 190 – 0365 290220 – www.ghf.it – Aperto Pasqua-30 ottobre

Il Fagiano – Vedere selezione ristoranti

Villa del Sogno

LUSSO • STORICO Dal lontano 1904 (anno in cui fu costruita), questa raffinata risorsa non smette di affascinare grazie ai suoi spazi di neoclassica memoria con mobili antichi, preziosi tappeti e grandi quadri mitteleuropei: retaggi dell'Austria di fine '800. La struggente bellezza di una dimensione onirica, o meglio, Villa del Sogno!

29 cam - 203/300 € 280/460 € - 4 suites

corso Zanardelli 107 - 0365 290181 - www.villadelsogno.it - Aperto 1° aprile-25 ottobre

Maximilian 1904 - Vedere selezione ristoranti

Bella Riva

LUSSO • BORDO LAGO Frontelago, la ristrutturazione di un edificio d'epoca ha dato vita a questo design hotel dalle originali soluzioni: ad accogliervi, la splendida hall con riproduzioni di opere di G. Klimt. Belle camere e prestigiose suite con terrazza.

23 cam - 275/300 € 325/425 € - 8 suites

via Mario Podini 1/2 - 0365 540773 - www.bellarivagardone.it - Aperto 1° aprile-31 ottobre

Riva Carne al Fuoco - Vedere selezione ristoranti

GARGANO (Promontorio del) Foggia

GARGNANO

Brescia - 25084 - 2 934 ab. - Alt. 66 m - Carta regionale n° **9**-C2

Roma 563 km - Verona 51 km - Bergamo 100 km - Brescia 46 km

Carta stradale Michelin 561-E13

Villa Feltrinelli

CUCINA CREATIVA • LUSSO Un'insalata con cento diversi tipi di erbe e venticinque fiori: è uno dei piatti più celebri di Stefano Baiocco, cuoco alfiere di una cucina verde (ma non solo) e creativa, sfoggiata in uno dei contesti più sfarzosi del lago. Si cena nei salotti della villa, in terrazza, o in cinque, romanticissimi tavoli in riva all'acqua.

→ Gnocchetti soffici di latte crudo cagliato in casa, caviale, crema di cavolfiore. Piccione marinato in salsa di curry piccante e grigliato, servito in consommé d'agrumi. Crespella di latte gratinata e farcita con spuma di yogurt magro e zenzero.

Menu 160/220 € - Carta 110/233 €

Grand Hotel a Villa Feltrinelli, via Rimembranza 38/40 - 0365 798000 (prenotazione obbligatoria) - www.villafeltrinelli.com - solo a cena - Aperto 1° aprile-8 ottobre; chiuso martedì

La Tortuga (Maria Cozzaglio)

CUCINA CLASSICA • ELEGANTE Piccola, ma incantevole bomboniera a pochi metri dalla piazzetta del porticciolo, è la meta ideale per una serata romantica; anche i gourmet appassionati di pesce di lago non saranno delusi, per quanto non manchino carne e pescato d'acqua salata.

→ Spaghettini fatti in casa al sugo di pesce di lago. Filetto di coregone con capperi del Garda, pomodori datterini e basilico. Delizia di meringa con frutta di stagione.

Menu 80/90 € - Carta 72/121 €

via XXIV Maggio 5 - 0365 71251 - www.ristorantelatortuga.it - solo a cena escluso domenica da settembre a giugno - Aperto 1° marzo-31 ottobre; chiuso martedì

Grand Hotel a Villa Feltrinelli

LUSSO • BORDO LAGO Costruita alla fine dell'Ottocento in stile eclettico-liberty, è una delle ville più straordinarie della zona: ancora, oggi, più dimora che albergo, si propone come romantico rifugio retrò in riva al lago.

16 cam - 1100/2870 € 1100/2870 € - 4 suites

via Rimembranze 38/40 - 0365 798000 - www.villafeltrinelli.com - Aperto 1° aprile-8 ottobre

Villa Feltrinelli - Vedere selezione ristoranti

Villa Giulia

LUSSO · PERSONALIZZATO Posizione incantevole, leggermente decentrata, per un'ex residenza estiva in stile Vittoriano, avvolta da un curato giardino e con due piccoli annessi. In riva al lago, il ristorante propone una cucina interessante venata di modernità con radici nelle tradizioni locali e nazionali.

23 cam – †155/180 € ††290/420 € – 1 suite

viale Rimembranza 20 – ✆ 0365 71022 – www.villagiulia.it – Aperto aprile-ottobre

Meandro

TRADIZIONALE · CLASSICO In posizione dominante il lago, edificio moderno le cui camere sono quasi tutte rivolte sul Garda, alcune rinnovate in stile moderno; sala da pranzo affacciata sul delizioso panorama circostante.

44 cam – †70/120 € ††90/180 €

via Repubblica 44 – ✆ 0365 71128 – www.hotelmeandro.it – Aperto 15 marzo-14 novembre

Riviera

FAMILIARE · CLASSICO Nel centro storico, a pochi metri dall'incantevole porticciolo, gestione familiare in un palazzo del 1840: camere accoglienti e splendida terrazza panoramica per la prima colazione.

20 cam – †50/94 € ††65/109 €

via Roma 1 – ✆ 0365 72292 – www.garniriviera.it – Aperto Pasqua-31 ottobre

Palazzina

FAMILIARE · CLASSICO Sopraelevato rispetto al paese, un albergo dotato di piscina su terrazza panoramica protesa sul blu; conduzione familiare e clientela per lo più abituale. Suggestiva anche l'atmosfera al ristorante grazie alla particolare vista sul lago e sui monti che offre ai commensali.

25 cam – †57/70 € ††90/120 €

via Libertà 10 – ✆ 0365 71118 – www.hotelpalazzina.it – Aperto 14 aprile-8 ottobre

sulla strada provinciale 9 Ovest : 7 km

La Grande Limonaia

CUCINA CREATIVA · LUSSO XxX Qui tutto è di ampio respiro: la limonaia che profuma dei suoi frutti dorati l'ampia ed elegante sala, la vista panoramica sul lago di Garda, la cucina solare e mediterranea.

Menu 110 € – Carta 64/85 €

Lefay Resort & Spa, via Angelo Feltrinelli 118 – ✆ 0365 241800 – www.lefayresorts.com – solo a cena – Chiuso 7 gennaio-3 febbraio

Lefay Resort & Spa

GRAN LUSSO · MEDITERRANEO Sette chilometri tutti in salita per godere di uno dei panorami più belli del lago in una struttura moderna, dalle camere ampie ed eleganti, tutte con vista e con splendidi bagni; vasto centro benessere con incantevole piscina a sfioro sul lago.

93 cam – †255/600 € ††320/750 € – 5 suites

via Angelo Feltrinelli 136 – ✆ 0365 241800 – www.lefayresorts.com – Chiuso 7 gennaio-3 febbraio

La Grande Limonaia – Vedere selezione ristoranti

GARGONZA Arezzo

→ Vedere Monte San Savino

GARLENDA

Savona – ✉ 17033 – 890 ab. – Alt. 70 m – Carta regionale n° **8**-A2

Roma 597 km – Imperia 37 km – Albenga 10 km – Savona 51 km

Carta stradale Michelin 561-J6

Il Rosmarino

CUCINA MEDITERRANEA • ELEGANTE XXX Piatti della tradizione mediterranea esaltati dai profumi di questa terra: il sentore del timo e della salvia, accompagnati dall'irrinunciabile basilico e da una vasta scelta enologica, che spazia dai vini già affermati a quelli più emergenti.

Menu 65/80 € - Carta 58/98 €

Hotel La Meridiana, via ai Castelli - 0182 580271 (consigliata la prenotazione) - www.lameridianaresort.com - solo a cena - Aperto 1° aprile-30 novembre; chiuso lunedì escluso luglio-agosto

La Meridiana

RESORT • GRAN LUSSO A metà strada fra la mondana Montecarlo e la pittoresca Portofino, ospitalità ad alti livelli per una deliziosa residenza di campagna avvolta dal profumo del mirto e della ginestra.

22 cam - 200/250 € 240/360 € - 3 suites - 24 €

via ai Castelli - 0182 580271 - www.lameridianaresort.com - Aperto 1° aprile-30 novembre

Il Rosmarino - Vedere selezione ristoranti

GASSINO TORINESE

Torino - 10090 - 9 432 ab. - Alt. 230 m - Carta regionale n° **12**-B1

Roma 665 km - Torino 16 km - Asti 52 km - Vercelli 69 km

Cascina Domina

FAMILIARE • ACCOGLIENTE Cascina ottocentesca immersa nella quiete delle colline con lo sguardo che spazia da Superga alle Alpi; si farà fatica a credere che Torino dista meno di un quarto d'ora!

10 cam - 60 € 90 €

- 011 960 1415 - www.cascinadomina.com - Chiuso 16 agosto-1° settembre

GATTEO A MARE

Forlì-Cesena - 47043 - 5 992 ab. - Carta regionale n° **5**-D2

Roma 345 km - Ravenna 38 km - Rimini 20 km - Forlì 47 km

Carta stradale Michelin 562-J19

Flamingo

TRADIZIONALE • LUNGOMARE In un affascinante e bizzarro palazzo, troverete una gestione familiare di rara ospitalità: ottime camere con vista mare ed accesso diretto in spiaggia.

48 cam - 90/100 € 150/165 €

viale Giulio Cesare 31 - 0547 87171 - www.hotel-flamingo.com - Aperto 1° maggio-30 settembre

GATTINARA

Vercelli - 13045 - 8 084 ab. - Alt. 263 m - Carta regionale n° **12**-C2

Roma 661 km - Vercelli 46 km - Torino 93 km - Milano 87 km

Carta stradale Michelin 561-F7

Locanda Villa Cavalleri

CUCINA TRADIZIONALE • ACCOGLIENTE XX Lungo la strada principale del paese, un bel caseggiato di fine '800 gestito da un intero nucleo famigliare capace e determinato. Nelle sue salette rustiche, ma al contempo signorili, si serve una cucina regionale ben articolata nelle sue proposte. La struttura consta anche di cinque grandi camere interamente ristrutturate.

Menu 35/40 € - Carta 27/55 € 5 cam - 65 € 85 €

corso Valsesia 157 - 0163 831120 (consigliata la prenotazione) - www.locandavillacavalleri.it - Chiuso 7-14 gennaio, 15-31 agosto e lunedì

GAVARDO

Brescia (BS) – ✉ 25085 – Carta regionale n° **9**-D1
▶ Roma 560 km – Brescia 29 km – Milano 128 km – Verona 78 km
Carta stradale Michelin 563-F13

Villa dei Campi Boutique Hotel

BOUTIQUE HOTEL • ELEGANTE Cascina recuperata con anni di ristrutturazione: filosofia bio, materiali eco-compatibili, nonché camere personalizzate ognuna diversa dall'altra. Insomma, un vero gioiellino di ospitalità!

12 cam – †80/140 € ††105/300 €

via Limone 27, Sud-Est: 2 Km – ✆ 0365 374548 – www.hotelvilladeicampi.com – Aperto 10 aprile-10 ottobre

GAVI

Alessandria – ✉ 15066 – 4 614 ab. – Alt. 233 m – Carta regionale n° **12**-C3
▶ Roma 554 km – Alessandria 34 km – Genova 48 km – Acqui Terme 42 km
Carta stradale Michelin 561-H8

La Gallina

CUCINA PIEMONTESE • CASA DI CAMPAGNA XX In una location molto suggestiva, dove trova posto anche un'elegante e romantica sala ricavata nell'antico fienile, cucina creativa che fa del contrasto dei sapori giusto un accenno e mai un'esaltazione.

Menu 60/80 € – Carta 50/90 €

Hotel L'Ostelliere, frazione Monterotondo, 56, Nord-Est: 4 km – ✆ 0143 685132 (consigliata la prenotazione) – www.la-gallina.it – solo a cena escluso sabato e domenica – Aperto 15 marzo-27 novembre

Cantine del Gavi

CUCINA REGIONALE • VINTAGE XX Solo ottime materie prime vengono accolte nella cucina di questo raffinato ristorante, che propone piatti del territorio con qualche sguardo alla vicina Liguria. Interrata la scenografica cantina con inaspettate vecchie annate di grandi vini.

Carta 38/73 €

via Mameli 69 – ✆ 0143 642458 – www.ristorantecantinedelgavi.it – Chiuso febbraio, 2 settimane a luglio, martedì a mezzogiorno e lunedì

L'Ostelliere

STORICO • ELEGANTE All'interno e proprio sopra le cantine dell'azienda vinicola con la quale, insieme anche al ristorante, forma il Villa Sparina Resort, L'Ostelliere è un hotel nato da un'importante azione di recupero architettonico che ha dato vita ad una risorsa di grande charme e confort. Bella vista su colline e vigneti.

33 cam – †144/178 € ††170/210 € – 8 suites

frazione Monterotondo, 56, Nord-Est: 4 km – ✆ 0143 607801 – www.villasparinaresort.it – Aperto 15 marzo-27 novembre

La Gallina – Vedere selezione ristoranti

GAVINANA

Pistoia – ✉ 51025 – Alt. 820 m – Carta regionale n° **18**-B1
▶ Roma 337 km – Firenze 68 km – Lucca 72 km – Pistoia 32 km
Carta stradale Michelin 563-J14

Franceschi

FAMILIARE • ACCOGLIENTE Antiche origini per questo bianco edificio, posizionato nel cuore di un paesino medievale; rinnovato totalmente all'interno, offre un'atmosfera accogliente e familiare. Sala da pranzo di taglio moderno, con un camino in uno stile d'altri tempi.

28 cam – †40/60 € ††60/80 €

piazza Ferrucci 121 – ✆ 0573 66444 – www.albergofranceschi.it

GAVIRATE

Varese - ✉ 21026 - 9 323 ab. - Alt. 261 m - Carta regionale n° **9**-A2
▶ Roma 641 km - Stresa 53 km - Milano 66 km - Varese 10 km
Carta stradale Michelin 561-E8

Tipamasaro

CUCINA CLASSICA • **FAMILIARE** ✗ A metà strada tra il centro storico e il lago, l'intera famiglia si dedica con passione al locale: un ambiente simpatico e un fresco gazebo estivo per riscoprire l'appetitosa cucina locale. Fusilli con pesto di rucola e speck - tagliata di tonno al sesamo - crumble di mele caldo... giusto per dare un'idea!

Carta 30/48 €

via Cavour 31 - ✆ 0332 743524
- Chiuso 1°-21 luglio, domenica sera e lunedì

GAZZOLA

Piacenza - ✉ 29010 - 2 056 ab. - Alt. 139 m - Carta regionale n° **5**-A2
▶ Roma 528 km - Piacenza 20 km - Cremona 64 km - Milano 87 km
Carta stradale Michelin 562-H10

a Rivalta Trebbia Est : 3,5 km ✉ 29010 - Gazzola

Locanda del Falco

CUCINA DEL TERRITORIO • **RUSTICO** ✗✗ In un antico borgo medievale una locanda caratteristica dove vengono serviti i piatti della tradizione piacentina e ricette alternative permeate da fantasia e creatività, il tutto annaffiato da vini locali (ci sono proprio tutti nell'ampia carta!) e di altre regioni. Ampi camini all'interno ravvivano le serate invernali, mentre nella bella stagione un glicine secolare ombreggia i tavoli dell'accogliente cortile interno.

Menu 12 € (pranzo in settimana) - Carta 48/66 €

Castello di Rivalta, 4 - ✆ 0523 978101 - www.locandadelfalco.com - Chiuso martedì

Residenza Torre di San Martino

DIMORA STORICA • **ELEGANTE** In un borgo originario dell'XI secolo con tanto di castello visitabile, una residenza di charme che ne ricalca lo stile e il calore: camere di diversa tipologia tutte accomunate però dall'atmosfera di cordiale accoglienza e ospitalità "antica".

9 cam - †80/130 € ††115/185 € - 1 suite

località Borgo di Rivalta - ✆ 0523 972002 - www.torredisanmartino.it

Agriturismo Croara Vecchia

CASA DI CAMPAGNA • **AGRESTE** Fino al 1810 fu un convento, poi divenne un'azienda agricola che oggi ospita graziose camere (sei con angolo cottura), tutte identificabili dal nome di un fiore. In un prato sempre curato, che domina il fiume, la bella piscina, nonché un centro equestre con istruttori.

15 cam - †70/85 € ††95/110 €

località Croara Vecchia, Sud: 1,5 km - ✆ 333 219 3845 - www.croaravecchia.it
- Aperto 25 marzo-1° novembre

GAZZOLI Verona → Vedere Costermano

GENAZZANO

Roma (RM) - ✉ 00030 - 6 036 ab. - Alt. 375 m - Carta regionale n° **7**-C2
▶ Roma 57 km - Latina 55 km - Frosinone 59 km - L'Aquila 101 km
Carta stradale Michelin 563-Q20

✿ Aminta Resort (Marco Bottega)

CUCINA CREATIVA • ELEGANTE XXX Tra colline disseminate di ulivi e prodotti agricoli che troverete poi anche in tavola, il casolare ottocentesco è la casa di uno dei più interessanti cuochi della campagna romana. Spunti di cucina laziale, ma spazio a divagazioni di ogni genere, sempre all'insegna di una cucina gustosa; gli amanti dello Champagne troveranno qui una straordinaria proposta.

➜ Tortelli di ortica con crema di pecorino. Rana pescatrice avvolta in pancetta, con salsa al prezzemolo e porri fritti. Tartelletta al limone con ricotta di pecora.

Menu 60/90 € - Carta 53/71 € 8 cam - 60 € 90 € - 1 suite

via Trovano 3 - 06 957 8661 - www.amintaresort.it - Chiuso domenica sera e lunedì

GENGA

Ancona - 60040 - 1 797 ab. - Alt. 322 m - Carta regionale n° **11**-B2

Roma 224 km - Ancona 66 km - Gubbio 44 km - Macerata 72 km

Carta stradale Michelin 563-L20

Le Grotte

TRADIZIONALE • CLASSICO In un suggestivo paesaggio naturalistico fra gole e grotte di Frasassi, un albergo moderno con piccolo centro benessere, nonché camere spaziose ed eleganti. Nel ristorante dalla lunga tradizione gastronomica vi attendono ottimi piatti di cucina regionale. E' possibile organizzare colazioni di lavoro e cerimonie.

23 cam - 75/85 € 110/220 € - 1 suite

località Pontebovesecco 14, Sud: 2 km - 0732 972065 - www.hotellegrotte.it

CI PIACE...

Il riuscito connubio tra cucina ligure e specialità giapponesi, nonché l'arte del "maestro sushi" al ristorante ***Kapperi***. La possibilità di fare acquisti alimentari di qualità e gustare ottime specialità di pesce al ***Marin-Eataly***. Indugiare nell'enciclopedica carta dei vini di ***Bruxaboschi***, ristorante che nel 2016 ha compiuto 150 anni!

GENOVA

(GE) - ✉ 16124 - 586 655 ab. - Alt. 19 m - Carta regionale n° **8**-C2
▶ Roma 513 km - Alessandria 88 km - Savona 49 km - La Spezia 115 km
Carta stradale Michelin 561-I8

Ristoranti

Ippogrifo

PESCE E FRUTTI DI MARE • ELEGANTE XXX Ottima cucina a base di pesce in un elegante locale rinnovato secondo un gusto moderno e luminoso. Frequentato da habitué e gestito da due abili fratelli, il ristorante si trova in zona fiera.

Carta 48/90 €

Pianta: F3-n - *via Gestro 9/r* ✉ *16129*
- *010 592764 - www.ristoranteippogrifo.it*
- *Chiuso 13-28 agosto*

Le Perlage

PESCE E FRUTTI DI MARE • CHIC XXX Ottimo indirizzo per gli amanti del pesce: nelle due piccole, ma eleganti salette, il *patron* vi farà assaggiare le squisitezze di mare preparate dalla moglie. Volendo, accompagnate da una buona scelta di vini e champagne.

Menu 30 € (pranzo in settimana)/80 € - Carta 40/106 €

Pianta: F3-b - *via Mascherpa 4/r* ✉ *16129*
- *010 588551 - www.leperlage.com*
- *Chiuso 15-29 agosto*

Capo Santa Chiara (N)

CUCINA CREATIVA • ELEGANTE XX All'estremo della romantica spiaggetta di Boccadasse, un locale rinnovato e moderno dove lo chef propone la sua cucina creativa forte di tanti anni di sperimentazione. Incantevole terrazza sul mare per la bella stagione.

Menu 45/45 € - Carta 48/76 €

Pianta: B2-a - *Via Al Capo di Santa Chiara, 69 Boccadasse* ✉ *16124*
- *010 798 1571 - www.ristorantecaposantachiara.com*
- *Chiuso lunedì*

Santa Teresa

CUCINA LIGURE • RUSTICO XX Nel cuore della città, se il locale è nuovo, la gestione è sicuramente rodata ed esperta per una cucina ligure e di mare venata, soprattutto la sera, di spunti personali.

Carta 29/72 €

Pianta: E2-s - *via di Porta Soprana 55r ✉ 16124 - ✆ 010 583534 - www.ristorantesantateresagenova.it - Chiuso domenica*

Il Marin - Eataly

PESCE E FRUTTI DI MARE • CONTESTO CONTEMPORANEO XX Nel Porto Antico, al terzo piano dell'edificio Millo, un ristorante panoramico e dalla originale semplicità con un menu ispirato al territorio e al marchio Eataly. Per una sosta più informale si possono utilizzare anche le varie postazioni di cucina a tema lungo il percorso.

Menu 34 € (pranzo)/75 € - Carta 47/88 €

Pianta: E2-a - *porto Antico, edificio Millo ✉ 16121 Ⓜ San Giorgio - ✆ 010 869 8722 - www.genova.eataly.it*

San Giorgio

PESCE E FRUTTI DI MARE • CHIC XX Non lontano dalla fiera, cucina di mare e specialità liguri in questo moderno ed elegante locale gestito da una coppia di fratelli con provata esperienza nel settore. Il nostro piatto preferito: acciughe impanate e fritte.

Menu 25 € (pranzo in settimana)/50 € - Carta 32/75 €

Pianta: G3-a - *via Alessandro Rimassa 150 r ✉ 16129 - ✆ 010 595 5205 (consigliata la prenotazione) - www.ristorantesangiorgiogenova.it - Chiuso 8-23 agosto*

Gran Gotto

CUCINA LIGURE • ELEGANTE XX Due luminosi ambienti (nuova sala fumatori) con quadri contemporanei, in un locale di tradizione, presente in città dal 1938; invoglianti proposte di pesce e non solo.

Menu 20 € (pranzo in settimana)/25 € - Carta 48/71 €

Pianta: FG3-m - *viale Brigate Bisagno 69/r ✉ 16129 Ⓜ Brignole - ✆ 010 564344 - www.grangotto.com - Chiuso sabato a mezzogiorno e domenica escluso festività*

Kapperi

CUCINA LIGURE • FAMILIARE XX Nel cuore della Genova marinara, un delizioso ristorantino dalle molteplici sfaccettature: sapori classici mediterranei, crudo di mare, sushi e prelibatezze del Sol Levante, serviti anche nell'ambita terrazza affacciata sul porto antico.

Menu 15 € - Carta 37/78 €

Pianta: E2-c - *Vico dei Lavatoi 6r ✉ 16124 Ⓜ San Giorgio - ✆ 010 869 6901 (consigliata la prenotazione) - Chiuso gennaio, lunedì e i mezzogiorno di sabato e domenica*

Da Toto al Porto Antico

PESCE E FRUTTI DI MARE • ALLA MODA XX In fondo al molo, praticamente sul mare del porto dove sono attraccate barche e yacht, un piacevole locale in stile marina-elegante per una cucina a tutto pesce.

Carta 41/81 €

Pianta: D1-d - *via Molo Ponte Morosini Sud 20 ✉ 16124 Ⓜ Darsena - ✆ 010 254 3879 (prenotare nei week-end) - www.ristorantedatoto.it - Chiuso domenica*

Il simbolo segnala una carta dei vini particolarmente interessante.

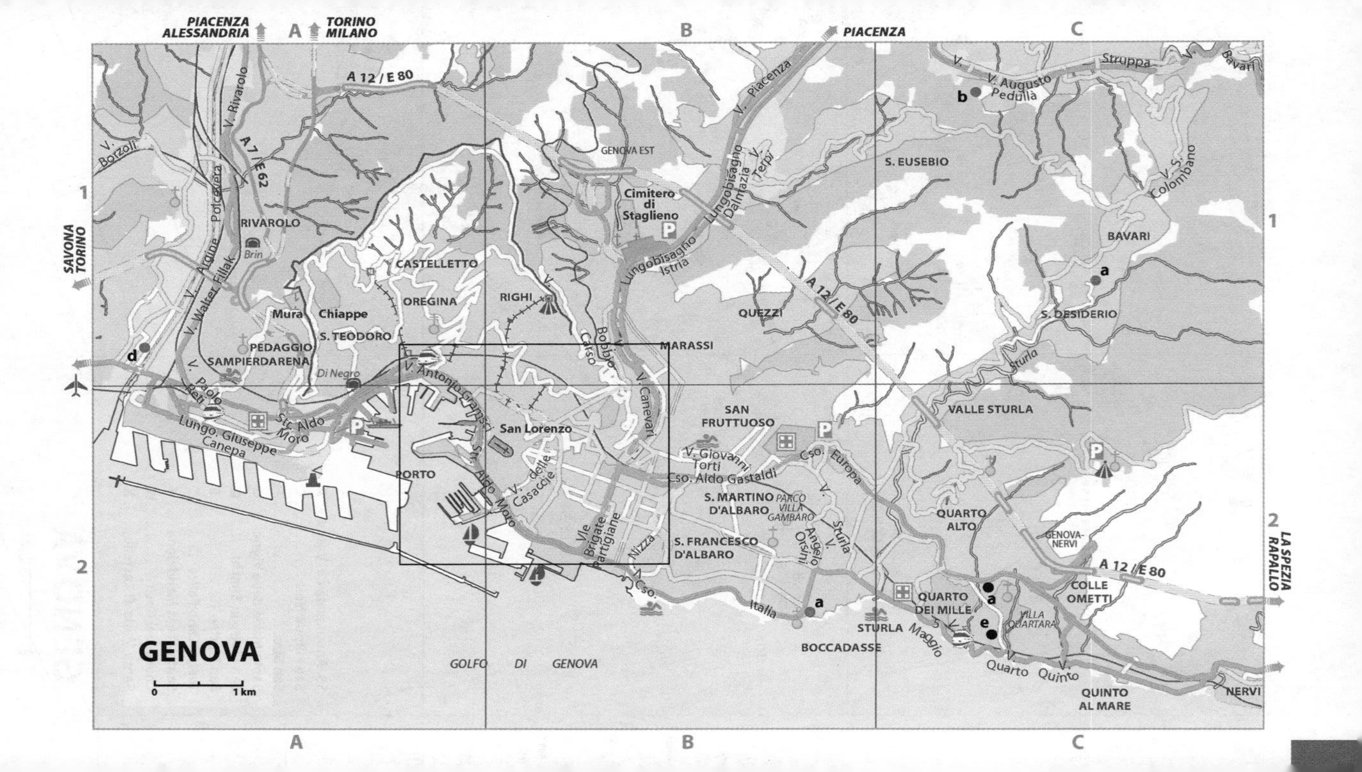
GENOVA
0
1 km
PIACENZA
ALESSANDRIA
TORINO
MILANO
PIACENZA
SAVONA
TORINO
LA SPEZIA
RAPALLO
A 12 / E 80
A 7 / E 62
V. Borzoli
V. Rivarolo
Polcevera
V. Walter Fillak
Argine
RIVAROLO
Brin
CASTELLETTO
OREGINA
RIGHI
Mura
Chiappe
S. TEODORO
PEDAGGIO
SAMPIERDARENA
Di Negro
V. Paolo Reti
Str. Aldo Moro
Lungo. Giuseppe Canepa
PORTO
V. Antonio Gramsci
San Lorenzo
V. delle Casaccie
Vle Brigate Partigiane
Nizza
Cso. Italia
GENOVA EST
Cimitero di Staglieno
Lungobisagno Istria
Lungobisagno Dalmazia
V. Terpi
V. Piacenza
Carso
Bobbio
V. Canevari
MARASSI
QUEZZI
S. EUSEBIO
SAN FRUTTUOSO
V. Giovanni Torti
Cso. Aldo Gastaldi
Cso. Europa
S. MARTINO D'ALBARO
PARCO VILLA GAMBARO
S. FRANCESCO D'ALBARO
V. Angelo Orsini
V. Sturla
BOCCADASSE
STURLA
V. 5 Maggio
QUARTO DEI MILLE
QUARTO ALTO
VALLE STURLA
Sturla
S. DESIDERIO
BAVARI
V. S. Colombano
V. Augusto Pedullà
Struppa
V. Bavari
GENOVA-NERVI
COLLE OMETTI
VILLA QUARTARA
V. Quarto
V. Quinto
QUINTO AL MARE
NERVI
GOLFO DI GENOVA
A
B
C
1
2
a
b
d
e

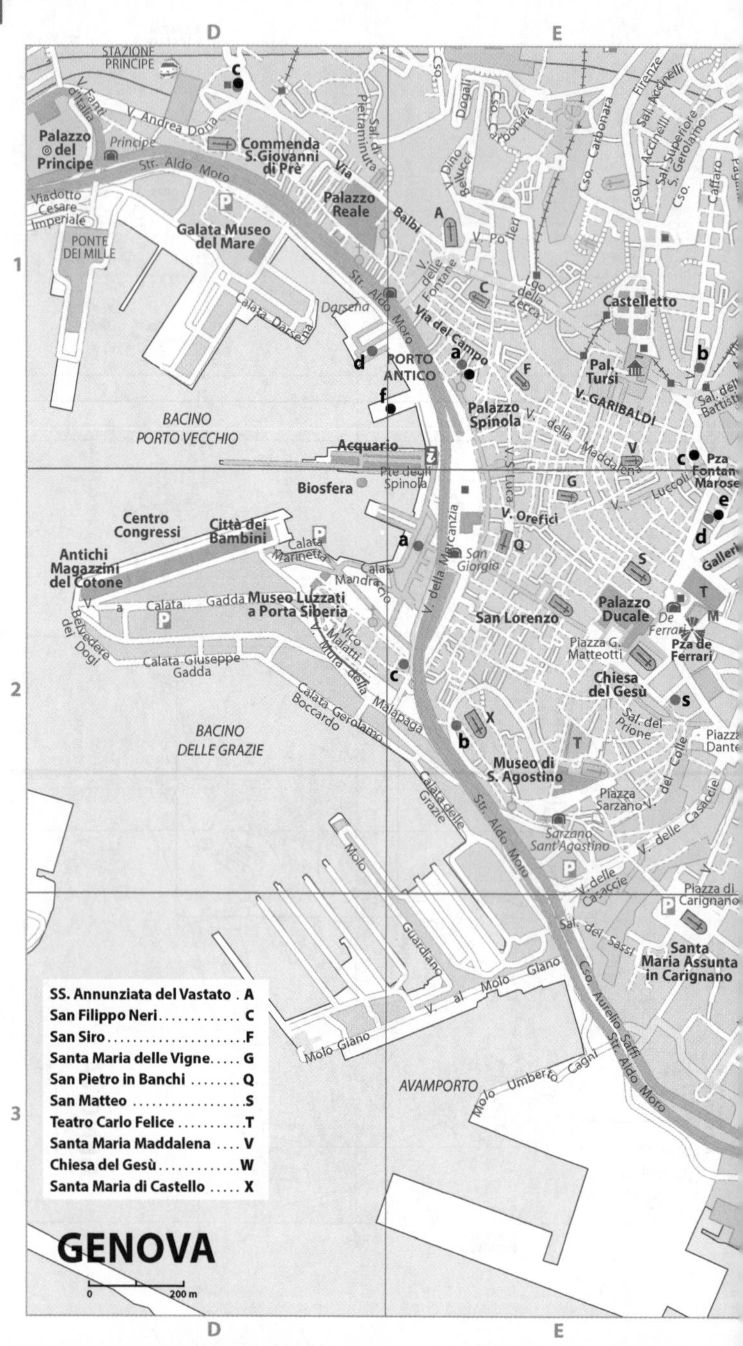
D
E
1
2
3
Stazione Principe
Palazzo del Principe
Principe
V. Andrea Doria
Commenda S.Giovanni di Prè
Via Balbi
Palazzo Reale
Str. Aldo Moro
Viadotto Cesare Imperiale
Galata Museo del Mare
Ponte dei Mille
Calata Darsena
Darsena
Porto Antico
Via del Campo
Castelletto
Pal. Tursi
V. Garibaldi
Palazzo Spinola
Bacino Porto Vecchio
Acquario
Biosfera
Centro Congressi
Città dei Bambini
Antichi Magazzini del Cotone
Museo Luzzati a Porta Siberia
San Giorgio
V. della Mercanzia
San Lorenzo
Palazzo Ducale
Piazza G. Matteotti
Pza de Ferrari
Chiesa del Gesù
Calata Giuseppe Gadda
Belvedere dei Dogi
Bacino delle Grazie
Museo di S. Agostino
Piazza Sarzano
Sarzano Sant'Agostino
V. della Maddalena
V. Orefici
Calata delle Grazie
Piazza di Carignano
Santa Maria Assunta in Carignano
Molo Giano
Avamporto
Molo Umberto Cagni
Cso. Aurelio Saffi
SS. Annunziata del Vastato . A
San Filippo Neri C
San Siro . . . . F
Santa Maria delle Vigne . . . . . G
San Pietro in Banchi . . . . Q
San Matteo . . . . S
Teatro Carlo Felice . . . . T
Santa Maria Maddalena V
Chiesa del Gesù . . . . W
Santa Maria di Castello X
GENOVA
0
200 m

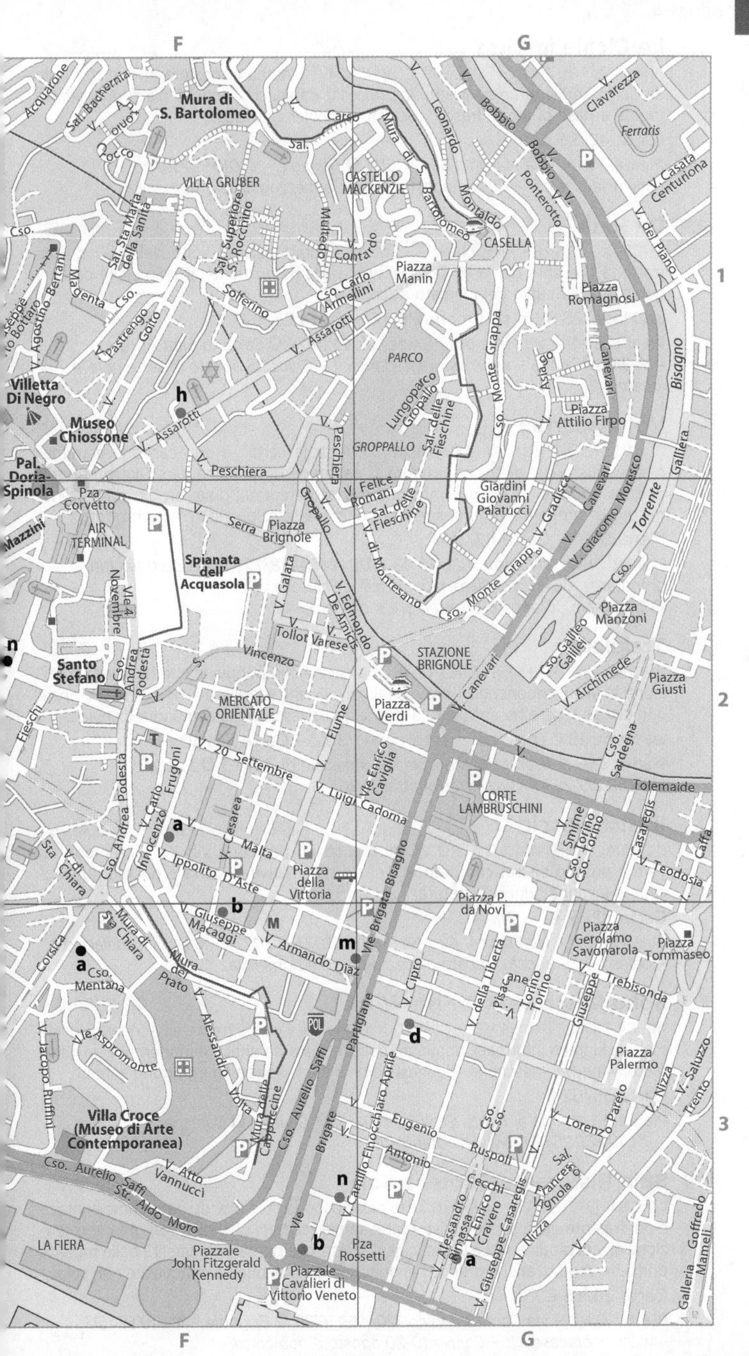
F
G
Mura di S. Bartolomeo
VILLA GRUBER
CASTELLO MACKENZIE
CASELLA
Piazza Manin
Piazza Romagnosi
PARCO GROPPALLO
Villetta Di Negro
Museo Chiossone
Pal. Doria-Spinola
Pza Corvetto
AIR TERMINAL
Spianata dell' Acquasola
Piazza Brignole
Giardini Giovanni Palatucci
Piazza Attilio Firpo
Piazza Manzoni
Piazza Giusti
STAZIONE BRIGNOLE
Piazza Verdi
Santo Stefano
MERCATO ORIENTALE
CORTE LAMBRUSCHINI
Piazza della Vittoria
Piazza P. da Novi
Piazza Gerolamo Savonarola
Piazza Tommaseo
Piazza Palermo
Villa Croce (Museo di Arte Contemporanea)
LA FIERA
Piazzale John Fitzgerald Kennedy
Piazzale Cavalieri di Vittorio Veneto
Pza Rossetti
Torrente Bisagno
1
2
3

Le Cicale in Città

PESCE E FRUTTI DI MARE • ACCOGLIENTE XX Intima atmosfera in questo locale diviso in ambienti comunicanti, impreziositi da specchi antichi: piatti prevalentemente a base di pesce fresco, cucinati in maniera classica.

Carta 42/95 €

Pianta: F3-b - *via Macaggi 53 ✉ 16121 Ⓜ Brignole - ☎ 010 592581 - www.le-cicale.it - Chiuso agosto, sabato a mezzogiorno e domenica*

Da Rina

CUCINA LIGURE • FAMILIARE XX Sotto le caratteristiche volte del '400 di una trattoria presente dal 1946, un "classico" della ristorazione cittadina, che da anni garantisce il meglio del mercato ittico.

Menu 25 € (in settimana)/60 € - Carta 25/82 €

Pianta: E2-b - *via Mura delle Grazie 3/r ✉ 16128 Ⓜ Sarzano Sant'Agostino - ☎ 010 246 6475 - www.ristorantedarina.it - Chiuso 5 agosto-1° settembre e lunedì*

Voltalacarta

CUCINA MODERNA • ALLA MODA XX "Volta la carta" è una canzone estremamente allegorica: dietro ogni figura si nasconde un personaggio. Dietro la porta di questo locale si cela un ambiente grazioso e curato, dove un giovane e dinamico chef prepara intriganti specialità di mare, selezionando ottimi prodotti.

Menu 50 € - Carta 47/84 €

Pianta: F1-h - *via Assarotti 60/r ✉ 16122 - ☎ 010 831 2046 (coperti limitati, prenotare) - www.voltalacartagenova.it - Chiuso 1°-5 gennaio, 16 agosto-5 settembre e domenica*

Tralalero

CUCINA LIGURE • OSTERIA X Un'ottima cucina che poggia le sue basi sulla tradizione locale, proponendo i proverbiali cavalli di battaglia del ricettario regionale non disgiunti da altre specialità di pesce: più classiche, ma comunque convincenti!

Menu 18 € (pranzo in settimana)/55 € - Carta 30/50 €

Pianta: D1-c - *Grand Hotel Savoia, via Arsenale di Terra 5 Ⓜ Principe - ☎ 010 277 2834 - www.trattoriatralalero.it*

Il Michelaccio Ⓝ

CUCINA CREATIVA • BISTRÒ X Centrale, ad un passo da via XX Settembre, un vero e proprio bistrot con proposte di cucina creativa su carta o del giorno elencate in lavagna. Vini solo naturali.

Carta 32/61 €

Pianta: F2-a - *via Frugoni 49 r ✉ 16121 - ☎ 010 570 4274 - www.ilmichelaccio.it - Chiuso 6-29 agosto, sabato a mezzogiorno e domenica*

Soho Restaurant & Fish Work

PESCE E FRUTTI DI MARE • BISTRÒ X In uno dei vicoli di fronte all'Acquario, locale multitasking ed informale, dominato dal contrasto fra antico e moderno: è un ristorante, wine-bar, pescheria. Pleonastico dire che le specialità attingono al mare.

Carta 35/62 €

Pianta: E1-a - *via al Ponte Calvi 20 r ✉ 16124 Genova Ⓜ Darsena - ☎ 010 869 2548 - www.ristorantesoho.it*

Spin Ristorante-Enoteca Sola

CUCINA REGIONALE • BISTRÒ X Un piccolo locale stile bistrot, nato come enoteca e poi trasformatosi anche in ristorante: ampia scelta di etichette con grande attenzione ai vini biodinamici e una cucina schietta, che punta sulla qualità della materia prima. In vendita anche prodotti enogastronomici di qualità genovesi e non solo.

Carta 28/55 €

Pianta: G3-d - *via Carlo Barabino 120/r ✉ 16129 Ⓜ Brignole - ☎ 010 594513 - www.enotecasola.it - Chiuso 10-20 agosto e domenica*

Le Rune

CUCINA LIGURE • RUSTICO Diverse piccole salette con tavoli anche sopra la cucina - apparentemente molto ambiti, sebbene faccia un po' caldo - per una linea gastronomica legata alla regione e al mare; proposte economiche e piatti unici.

Menu 10 € (pranzo in settimana) - Carta 30/45 €

Pianta: E1-b - *salita Sant'Anna 13R* ✉ *16124* - *✆ 010 594951*
- *www.ristorantelerune.it* - *Chiuso domenica e sabato a mezzogiorno*

Alberghi

Grand Hotel Savoia

STORICO • GRAN LUSSO A lato della stazione di Piazza Principe, storico hotel riportato allo splendore di un tempo grazie ad un accurato restauro: raffinatezza negli arredi e confort di alto livello, nonché una bellissima terrazza panoramica al 7° piano che ospita - in estate - le colazioni e il ristorante serale "La terrazza di Salgari".

117 cam - 119/594 € 149/609 € - 2 suites

Pianta: D1-c - *via Arsenale di Terra 5* ✉ *16126* Ⓜ *Principe* - *✆ 010 27721*
- *www.grandhotelsavoiagenova.it*

Tralalero - Vedere selezione ristoranti

Melià Genova

GRAN LUSSO • CONTEMPORANEO In un bel palazzo dei primi '900, nel prestigioso quartiere Carignano, hotel di lusso caratterizzato da spazi moderni, centro benessere con piccola piscina, camere confortevoli dove predominano colori ricercati ed eleganti: platino, titanio e rame. Sapori mediterranei, rivisitati in chiave moderna e talvolta "alleggeriti", al Blue Lounge bar and restaurant.

97 cam - 145/535 € 160/550 € - 2 suites

Pianta: F3-a - *via Corsica 4* ✉ *16128* - *✆ 010 531 5111* - *www.melia.com*

NH Marina

HOTEL DI CATENA • ORIGINALE Ardesia, mogano e acero sono il leitmotiv degli eleganti, caldi interni di questo moderno, ideale "vascello", costruito sul Molo Calvi, di cui restano tracce nella hall. Decorazioni che evocano vele e navi nel ristorante "a prua" dell'hotel; dehors estivo.

133 cam - 89/629 € 109/809 € - 7 suites

Pianta: E1-f - *molo Ponte Calvi 5* ✉ *16124* Ⓜ *Darsena* - *✆ 010 25391*
- *www.nhcollection.com*

Bristol Palace

LUSSO • STORICO Sull'elegante via XX Settembre, la raffinatezza d'antan in questo antico palazzo di fine '800. La splendida scala ellittica si snoda nella piccola hall per condurvi a camere d'indiscusso charme. Spazi comuni su differenti livelli con stucchi e tappezzerie; ristorante al secondo piano nella sala affrescata.

128 cam - 90/450 € 100/490 € - 5 suites

Pianta: F2-n - *via XX Settembre 35* ✉ *16121* Ⓜ *De Ferrari* - *✆ 010 592541*
- *www.hotelbristolpalace.com*

City Hotel

BUSINESS • CENTRALE Vicino a piazza De Ferrari, confort omogeneo per un hotel con zone comuni di taglio classico, camere sobrie e funzionali, nonché mini suite panoramiche all'ultimo piano. Contenuto, ma accogliente il nuovo centro benessere.

65 cam - 90/450 € 109/540 € - 15 €

Pianta: E2-e - *via San Sebastiano 6* ✉ *16123* Ⓜ *De Ferrari* - *✆ 010 584707*
- *www.bwcityhotel-ge.it*

Porto Antico

BUSINESS • ACCOGLIENTE Fra il centro storico e la marina del porto antico, un nuovissimo hotel con camere molto belle, moderne e funzionali. Dal terrazzo delle suite all'ultimo piano, la vista abbraccia città e mare.

50 cam ☕ - †85/260 € ††90/280 €

Pianta: E1-a - *Via al Ponte Calvi, 5 ✉ 16124 Ⓜ Darsena - ✆ 010 251 8249 - www.hotelportoantico.it*

Metropoli

BUSINESS • CENTRALE A due passi dall'antica "Via Aurea" sorge questa piacevole struttura dotata di confortevoli camere, dove la predominanza dei colori pastello fa risaltare i mobili in noce e il caldo parquet.

49 cam ☕ - †72/110 € ††99/144 €

Pianta: E1-c - *piazza Fontane Marose ✉ 16123 Ⓜ De Ferrari - ✆ 010 246 8888 - www.hotelmetropoli.it*

verso Molassana Nord: 5,5 km B1

La Pineta

CUCINA LIGURE • AMBIENTE CLASSICO XX Un gran camino troneggia in questo luminoso e caldo ristorante, che dispone anche di un grazioso dehors. Cucina tradizionale casalinga, tra le specialità: carne e pesce alla brace.

Carta 35/49 €

Pianta: C1-b - *via Gualco 82, a Struppa ✉ 16165 - ✆ 010 802772 - Chiuso 1 settimana in febbraio, 3 settimane in agosto, domenica sera e lunedì*

a Cornigliano Ligure Ovest: 7 km direzione Nervi ✉ 16152

Da Marino

CUCINA LIGURE • FAMILIARE X Locale semplice ed accogliente, grazie alla grande dedizione delle titolari. La stessa cura è riservata alla cucina: tradizionale ligure, eseguita con grande amore.

Carta 33/68 €

Pianta: A1-d - *via Rolla 36/r - ✆ 010 651 8891 - solo a pranzo - Chiuso agosto, sabato e domenica*

a San Desiderio Nord-Est: 8 km per via Timavo ✉ 16133

Bruxaboschi

CUCINA LIGURE • CONVIVIALE XX Dal 1862 la tradizione si è perpetuata di generazione in generazione in una trattoria con servizio estivo in terrazza. Cucina del territorio e periodiche serate a tema alla riscoperta di antichi piatti delle valli liguri, nonché interessante selezione di vini e distillati. Indecisi sulla scelta? Il fritto misto alla genovese è sempre una certezza!

Menu 30/40 € - Carta 28/54 €

Pianta: C1-a - *via Francesco Mignone 8 - ✆ 010 345 0302 (prenotazione obbligatoria a mezzogiorno) - www.bruxaboschi.com - Chiuso 24 dicembre-5 gennaio, 3 settimane in agosto, domenica sera e lunedì*

a Sestri Ponente Ovest: 10 km direzione aeroporto ✉ 16154

Toe Drûe

CUCINA CREATIVA • ACCOGLIENTE XX Toe Drûe - tavole spesse, per chi non mastica il ligure - come di spessore è la sua cucina fatta di specialità regionali rivisitate con creatività in un ambiente caldo e di discreta eleganza con fonte battesimale dei primi dell'Ottocento.

Menu 25 € (pranzo in settimana)/38 € - Carta 35/67 €

via Corsi 44/r - ✆ 010 650 0100 - www.toedrue.it - Chiuso 1 settimana in agosto, sabato a mezzogiorno e domenica

a Voltri Ovest: 18 km direzione aeroporto ✉ 16158

Ostaia da ü Santü

CUCINA LIGURE • OSTERIA X La breve passeggiata a piedi lungo una stradina di campagna sarà l'anticipo di quello che troverete all'osteria: una gustosa cucina casalinga per riscoprire i genuini sapori locali, come le trofie al pesto con fagiolini e patate o lo stoccafisso con noci e pinoli. Piacevole pergolato per il servizio estivo.

Carta 29/38 €

via al Santuario delle Grazie 33, Nord: 1,5 km – ✆ 010 613 0477 (consigliata la prenotazione) – www.ostaiadausantu.com – Chiuso 25 dicembre-10 febbraio, 16-30 settembre, domenica sera, lunedì, martedì e le sere di mercoledì e giovedì da ottobre a giugno

Il Gigante

PESCE E FRUTTI DI MARE • CONVIVIALE XX Un ex olimpionico di pallanuoto appassionato di pesca gestisce questo simpatico locale: due salette di taglio classico e sobria semplicità e piatti, ovviamente, di mare.

Menu 30/50 € – Carta 33/68 €

via Lemerle 12/r – ✆ 010 613 2668 – www.ristoranteilgigante.it – Chiuso domenica sera e lunedì

La Voglia Matta

CUCINA CREATIVA • CONTESTO CONTEMPORANEO XX Avete una voglia matta di gustare specialità di pesce? Bussate in questo bel palazzo del Cinquecento: fra le sue mura troverete un locale fresco e giovanile, con tante fantasiose proposte ittiche.

Menu 35/70 € – Carta 36/75 €

via Cerusa 63 r – ✆ 010 610 1889 (consigliata la prenotazione la sera) – www.lavogliamatta.org – Chiuso domenica sera e lunedì, anche domenica a mezzogiorno in luglio-agosto

a Pegli Ovest: 13 km direzione aeroporto ✉ 16155

Teresa

CUCINA MODERNA • AMBIENTE CLASSICO XX Foto d'epoca alle pareti e conduzione tutta al femminile per proposte di mare, ma non solo, in un ristorante che ha festeggiato più di 40 anni! Ambiente piacevolmente classico.

Menu 25 € (pranzo in settimana)/65 € – Carta 40/98 €

piazza Lido di Pegli 5 r – ✆ 010 697 3774 – www.ristoranteteresa.com – Chiuso martedì

GERACE

Reggio di Calabria – ✉ 89040 – 2 652 ab. – Alt. 500 m – Carta regionale n° **3**-A3

Roma 694 km – Reggio di Calabria 93 km – Vibo Valentia 86 km – Lamezia Terme 117 km

Carta stradale Michelin 564-M30

La Casa di Gianna

DIMORA STORICA • PERSONALIZZATO Una casa incantevole, un angolo pittoresco in questo spaccato del nostro Mezzogiorno; un'antica dimora gentilizia rinnovata con grande stile e ovunque pervasa dal passato. La cucina locale su tavole dalle ricche tovaglie, servizio più informale in veranda.

8 cam ☕ – †70/85 € ††110/130 €

via Paolo Frascà 4 – ✆ 0964 355018 – www.lacasadigianna.it – Chiuso novembre

GHEDI

Brescia – ✉ 25016 – 18 905 ab. – Alt. 85 m – Carta regionale n° **9**-C1

Roma 525 km – Brescia 21 km – Mantova 56 km – Milano 118 km

Carta stradale Michelin 561-F12

Trattoria Santi

CUCINA REGIONALE • FAMILIARE X Dal 1919 un'intramontabile osteria di campagna, che si fregia di avere come obiettivo la riscoperta della genuina cucina locale: casoncelli, paste fatte in casa e grigliate miste.

Menu 17 € (in settimana)/36 € - Carta 18/33 €

via Calvisano 73, Sud-Est: 4 km - 030 901345 - www.trattoriasanti.it - Chiuso gennaio, martedì sera e mercoledì

GHIFFA

Verbano-Cusio-Ossola - 28823 - 2 413 ab. - Alt. 201 m - Carta regionale n° **13**-B1

Roma 686 km - Stresa 23 km - Verbania 9 km - Milano 110 km

Carta stradale Michelin 561-E7

Ghiffa

FAMILIARE • ACCOGLIENTE In riva al lago, signorile struttura di fine '800 dotata di terrazza-giardino con piscina riscaldata: ottimi confort e conduzione professionale. Pavimento in parquet nella sala da pranzo con grandi vetrate; cucina classica e del territorio.

37 cam - †120/200 € ††160/300 €

corso Belvedere 88 - 0323 59285 - www.hotelghiffa.com - Aperto 13 aprile-11 ottobre

GHIRLANDA Grosseto → Vedere Massa Marittima

GIARDINI NAXOS Sicilia

Messina - 98035 - 9 415 ab. - Carta regionale n° **17**-D2

Catania 47 km - Messina 54 km - Palermo 257 km - Taormina 5 km

Carta stradale Michelin 365-BA56

Sea Sound

PESCE E FRUTTI DI MARE • STILE MEDITERRANEO XX Sentirete il suono del mare in questo locale estivo con servizio su una bella terrazza immersa nel verde: indiscutibile punto di riferimento per una cucina di pesce schietta e fragrante.

Carta 39/54 €

via Jannuzzo 37 - 0942 54330 - Aperto 22 aprile-31 ottobre

Palladio

FAMILIARE • LUNGOMARE Affacciato sulla baia, un roof garden all'aperto con bellissima vista sul golfo di Naxos e un'ondata di genuina ospitalità siciliana che vi avvolgerà in ambienti carichi di artigianato e prodotti isolani. L'amore per questa terra continua anche nei piatti del ristorante con prodotti locali selezionati tra il biologico e il commercio equosolidale.

18 cam - †60/140 € ††70/180 € - 1 suite

corso Umberto I° 470 - 0942 52267 - www.hotelpalladiogiardini.com - Chiuso 11 gennaio-28 febbraio

GIAU (Passo di) Belluno → Vedere Cortina d'Ampezzo

GIGLIO (Isola del)

Grosseto - 1 413 ab. - Alt. 498 m - Carta regionale n° **18**-C3

Carta stradale Michelin 563-O14

Giglio Porto - 58012 - Carta regionale n° 18-C3

Carta stradale Michelin 563-O14

La Vecchia Pergola

PESCE E FRUTTI DI MARE • ROMANTICO X La risorsa a gestione familiare, consta di un'unica sala e di una terrazza, con vista contemporaneamente sul paese e sul porto, dove assaggiare prelibatezze di mare.

Carta 22/44 €

via Thaon de Revel 31 - 0564 809080 - Aperto 15 marzo-15 ottobre; chiuso mercoledì

Castello Monticello

FAMILIARE • FUNZIONALE In posizione elevata rispetto al paese, una villa-castello arredata in legno scuro con camere e terrazza che si affacciano direttamente sul mare.

26 cam – 55/75 € 79/149 €

bivio per Arenella, Nord: 1 km – 0564 809252 – www.hotelcastellomonticello.com – Aperto 1° aprile-31 ottobre

a Giglio Campese Nord-Ovest : 8,5 km ✉ 58012

Campese

FAMILIARE • ACCOGLIENTE Direttamente sulla spiaggia, l'hotel vanta ampi ambienti di tono classico con soluzioni d'arredo lineari in tinte chiare e sfumature azzurre (da preferirsi le 8 nuove camere superior con balcone!). In posizione panoramica, affacciato sul mare, il ristorante propone ricette regionali di carne e di pesce.

47 cam – 60/105 € 120/210 €

via Della Torre 18 – 0564 804003 – www.hotelcampese.com – Aperto 1° maggio-30 settembre

Le Poste di Simplicio

FAMILIARE • MEDITERRANEO Tipica casa isolana affacciata sulla romantica spiaggia di Campese, le camere sono semplici e bianco-azzurre, ciascuna dispone di un piccolo terrazzino con sedie sdraio dove viene servita la colazione. Pochi gradini e si è al mare.

6 cam – 80/120 € 100/160 €

via di Mezzo Franco 12 – 347 174 4809 – www.lepostedisimplicio.it – Aperto Pasqua-31 ottobre

a Giglio Castello Nord-Ovest : 6 km ✉ 58012

Da Maria

CUCINA REGIONALE • RUSTICO Nel centro medievale del Castello, una casa d'epoca dai toni rustici ospita un ristorante a conduzione familiare con proposte del territorio e soprattutto specialità di pesce.

Carta 28/57 €

via della Casamatta 12 – 0564 806062 – Chiuso gennaio, febbraio e mercoledì escluso 15 giugno-15 settembre

GIGNOD

Aosta – ✉ 11010 – 1 710 ab. – Alt. 988 m – Carta regionale n° **21**-A2
Roma 753 km – Aosta 7 km – Colle del Gran San Bernardo 25 km
Carta stradale Michelin 561-E3

La Clusaz (Maurizio Grange)

CUCINA REGIONALE • RUSTICO La storia di questa casa montana è ormai millenaria, le sue pietre e i suoi ambienti vi raccontano le tradizioni valdostane non meno della cucina, giunta ora ad emozionanti livelli. Tra ricette storiche e prodotti locali, il territorio regala piatti di grande originalità che non troverete altrove. L'ospitalità continua nelle camere, da quelle più semplici a quelle decorate da un'artista locale.

→ Tortelli di stracchino all'acqua di pomodoro ed erbette dell'orto. Pancia di maialino da latte laccata al miele alla vaniglia, caponata di melanzane. Frutta spadellata con gelato di passito e amaretti.

Menu 45/60 € – Carta 41/81 € 14 cam – 60/65 € 75/90 € – 10 €

località La Clusaz, Nord-Ovest: 4,5 km – 0165 56075 – www.laclusaz.it – Chiuso 2-22 maggio, 13-30 novembre, mercoledì a mezzogiorno e martedì escluso agosto

GIOIA DEL COLLE

Bari – ✉ 70023 – 27 682 ab. – Alt. 358 m – Carta regionale n° **15**-C2
▶ Roma 443 km – Bari 39 km – Brindisi 107 km – Taranto 35 km
Carta stradale Michelin 564-E32

Osteria del Borgo Antico

CUCINA REGIONALE • CONVIVIALE Nel centro storico, sotto le volte in tufo, ma d'estate si mangia anche all'aperto, un ristorante che promuove la cucina del territorio in chiave moderna. Specialità: risotto alle cime di rapa, cuore di burrata, pomodori appesi e olive - spalla di Podolica in crosta di tarallo al finocchio e ristretto di cardoncelli - bavarese di mandorle in uovo di cioccolato bianco su infuso di melograno.

Menu 20 € (pranzo in settimana)/45 € - Carta 25/55 €

corso Cavour 89 – ✆ 080 343 0837 – www.borgoanticaosteria.it – Chiuso 9-16 gennaio, 21-28 agosto, domenica sera e lunedì

Trattoria Pugliese

CUCINA PUGLIESE • FAMILIARE La trattoria sarà anche pugliese, ma ai fornelli ci sta un intraprendete chef siciliano i cui piatti (rigorosamente locali!) "danzano" al ritmo delle stagioni.

Carta 21/38 €

via Concezione 9/11 – ✆ 080 343 1728 – www.trattoriapugliese.it – Chiuso 7-17 gennaio, 1°-15 luglio, domenica sera e lunedì

GIOVI Arezzo → Vedere Arezzo

GIOVINAZZO

Bari – ✉ 70054 – 20 480 ab. – Carta regionale n° **15**-B2
▶ Roma 432 km – Bari 21 km – Barletta 37 km – Foggia 115 km
Carta stradale Michelin 564-D32

Lafayette

TRADIZIONALE • ACCOGLIENTE Lungo la litoranea per Molfetta, l'albergo offre camere accoglienti dagli arredi contemporanei, una grande piscina, un'altra più piccola per bambini e accesso diretto a due spiagge, in cemento o ghiaia. Ristorante direttamente sul mare con specialità ittiche e bella terrazza.

20 cam – †65/75 € ††90/110 €

s.s. 16, km 781+400 – ✆ 080 394 7022 – www.lafaiette.com

GIOVO

Trento – ✉ 38030 – 2 464 ab. – Alt. 496 m – Carta regionale n° **19**-B2
▶ Roma 593 km – Trento 14 km – Bolzano 52 km – Vicenza 102 km
Carta stradale Michelin 562-D15

a Palù Ovest : 2 km ✉ 38030 – Palù Di Giovo

Agriturismo Maso Pomarolli

FAMILIARE • TRADIZIONALE Per chi ama la tranquillità, il panorama e la natura, ecco un agriturismo attorniato da vigneti e frutteti con camere semplici ed accoglienti. Imperdibile il sentiero del melo con 52 varietà di pomi.

7 cam – †37/50 € ††60/70 €

località Maso Pomarolli 10 – ✆ 0461 684571 – www.agriturmasopomarolli.it – Chiuso 9 gennaio-24 febbraio

GIULIANOVA LIDO

Teramo – ✉ 64021 – 21 634 ab. – Carta regionale n° **1**-B1
▶ Roma 196 km – Ascoli Piceno 50 km – Pescara 54 km – Teramo 28 km
Carta stradale Michelin 563-N23

Osteria dal Moro

PESCE E FRUTTI DI MARE • FAMILIARE Ristorantino stile bistrot, dove la cucina esclusivamente di pesce cambia in funzione della disponibilità del mercato. La proposta è a voce: lasciatevi quindi consigliare, ma non perdetevi la frittura mista.

Carta 23/50 €

lungomare Spalato 74 – 085 800 4973 – Chiuso 2-15 gennaio, 20-25 giugno, 7-21 settembre, martedì, anche mercoledì in settembre-maggio

Beccaceci

PESCE E FRUTTI DI MARE • ELEGANTE In un locale di buona eleganza con una gestione giunta alla terza generazione familiare, il meglio delle specialità adriatiche servito in preparazioni tradizionali e gustose, dalle paste alle grigliate di pesce.

Menu 42/60 € – Carta 45/97 €

via Zola 28 – 085 800 3550 – www.ristorantebeccaceci.com – Chiuso 1°-8 gennaio, domenica sera escluso luglio-agosto e lunedì

Bistrot 900

CUCINA CREATIVA • BISTRÒ Una cucina creativa che ama stupire, ma la sostanza c'è! E si manifesta nella fantasia cromatica delle sue presentazioni, nonché nelle buone materie prime artefici delle sue ricette. Tra luci soffuse che creano atmosfera, un moderno bistrot.

Menu 40/56 € – Carta 29/41 €

via Galileo Galilei 226 – 085 800 7494 – www.ristorantebistrot900giulianova.it – solo a cena – Chiuso domenica

Sea Park Spa Resort

SPA E WELLNESS • CONTEMPORANEO A 100 m dal mare, un'architettura originale tra terrazze pensili, piscina e confortevoli camere di tono moderno. Struttura con una spiccata vocazione sportiva dispone di palestra, campo e scuola calcio. Al ristorante, un ricco buffet di verdure calde e fredde, i prodotti classici nazionali e proposte di pesce.

50 cam – 65/95 € 88/158 €

via Arenzano 19 – 085 802 5323 – www.seaparkresort.com – Aperto 1° aprile-30 settembre

Cristallo

BUSINESS • LUNGOMARE Frontemare, l'hotel offre luminosi spazi comuni di gusto moderno dalle calde tonalità di colore e camere confortevoli, adatte ad una clientela d'affari e turistica (quelle del quarto piano sono arredate secondo i dettami della bioarchitettura); al quinto c'è invece una terrazza solarium con vasche idromassaggio. Al ristorante, una delle più interessanti cucine di pesce della città.

70 cam – 55/110 € 70/170 € – 1 suite

lungomare Zara 73 – 085 800 3780 – www.hcristallo.it

Parco dei Principi

TRADIZIONALE • LUNGOMARE In prima fila sul lungomare - in un contesto tranquillo, immerso nel verde dei pini - l'hotel propone camere confortevoli (le migliori ai piani più alti), con vista panoramica sul mare o sulla collina. Per i piccoli ospiti, un bellissimo parco giochi per momenti di magico divertimento.

87 cam – 60/175 € 70/250 €

lungomare Zara – 085 800 8935 – www.giulianovaparcodeiprincipi.it – Aperto 15 maggio-17 settembre

Europa

BUSINESS • LUNGOMARE In posizione centrale e davanti al mare, la clientela d'affari apprezzerà l'efficienza dei servizi mentre quella balneare sarà conquistata dalla singolare piscina in spiaggia. Presso le ampie sale del ristorante è possibile anche allestire banchetti.

77 cam – 49/115 € 69/130 € – 2 suites

lungomare Zara 57 – 085 800 3600 – www.htleuropa.it

GIUSTINO Trento → Vedere Pinzolo

GIZZERIA LIDO

Catanzaro – ✉ 88048 – 3 648 ab. – Carta regionale n° **3**-A2

▶ Roma 576 km – Cosenza 60 km – Catanzaro 39 km – Lamezia Terme (Nicastro) 13 km

Carta stradale Michelin 564-K30

sulla strada statale 18

La Lampara

PESCE E FRUTTI DI MARE • FAMILIARE XX A pochi metri dal mare su cui si affaccia con la sua grande terrazza, un ristorante in stile classico-contemporaneo la cui attività risale al 1966. Da sempre paladini di una cucina marinara, fra i piatti più apprezzati: l'antipasto della Lampara e gli appetitosi fritti.

Carta 31/74 € 10 cam – †70/90 € ††100/120 €

località Caposuvero, Nord-Ovest: 6 km ✉ 88040 – ☎ 0968 466193 – www.lalampararistorante.it – Chiuso 22 dicembre-5 gennaio e martedì escluso luglio-agosto

Pesce Fresco

PESCE E FRUTTI DI MARE • SEMPLICE XX Il nome è già un'indicazione: fresco pescato giornaliero alla base dei piatti, seppur non manchino le carni. In posizione comoda, sulla statale ma non lontano dal mare.

Carta 30/78 €

via Nazionale 33, Nord-Ovest: 2 km ✉ 88040 – ☎ 0968 466200 – www.ristoranteilpescefresco.com – Chiuso 24 dicembre-5 gennaio e domenica sera

GLORENZA GLURNS

Bolzano – ✉ 39020 – 896 ab. – Alt. 907 m – Carta regionale n° **19**-A2

▶ Roma 720 km – Sondrio 113 km – Bolzano 83 km – Merano 56 km

Carta stradale Michelin 562-C13

Zur Post

CUCINA REGIONALE • CONVIVIALE X Locale sempre affollatissimo (gettonatissima la graziosa terrazza esterna), un po' per la sua cucina a metà strada tra il regionale ed il classico-italiano, un po' per la tipicità dell'ambiente: ultimo, ma non ultimo il buon rapporto qualità/prezzo. Il gröstl alla tirolese, in alternativa allo speck, tra i piatti forti della casa.

Menu 25/35 € – Carta 24/52 €

Hotel Zur Post, via Flora 15 – ☎ 0473 831208 – www.hotelpostglurns.com – Chiuso 6 gennaio-30 marzo

Zur Post

FAMILIARE • STILE MONTANO All'interno della cinta muraria della pittoresca Glorenza, un albergo di antichissime tradizioni: una sorta di Gasthaus familiare e semplicissima, ormai alla quinta generazione, ideale per chi vuole soggiornare in una struttura "corretta" a prezzi contenuti.

29 cam – †50/70 € ††100/140 €

via Flora 15 – ☎ 0473 831208 – www.hotelpostglorenza.com – Chiuso 6 gennaio-30 marzo

Zur Post – Vedere selezione ristoranti

GLURNS GLORENZA

GODIA Udine → Vedere Udine

GODIASCO SALICE TERME

Pavia (PV) – ✉ 27052 – 3 229 ab. – Alt. 196 m – Carta regionale n° **9**-A3

▶ Roma 580 km – Alessandria 37 km – Pavia 37 km – Milano 74 km

Carta stradale Michelin 561-H9

Guado

CUCINA REGIONALE • CONTESTO TRADIZIONALE XX Se la moderna sala al piano superiore si propone per aperitivi e piccole proposte gastronomiche - salumi e schiacciate ripiene (focacce) - ambienti più classici al pianterreno ospitano una cucina del territorio e qualche caposaldo della tradizione nazionale.

Carta 38/53 €

viale delle Terme 57 - ✆ 0383 91223 - www.ristoranteguado.it - Chiuso 15 giorni in gennaio, venerdì a mezzogiorno e giovedì

Ca' Vegia

MODERNA • ACCOGLIENTE XX Centrale, si è avvolti dalla romantica rusticità di pietre a vista e arredi in legno. Se ne distacca la cucina con piatti più moderni e fantasiosi, a prevalenza di pesce. D'estate, al night cafè *L' Officina* s'inizia o - viceversa -finisce la serata.

Menu 40/60 € - Carta 36/97 €

viale Diviani 27 - ✆ 0383 934088 (consigliata la prenotazione) - www.cavegia.it - solo a cena escluso sabato e domenica - Chiuso martedì

GOLFO ARANCI Sardegna

Olbia-Tempio (OT) - ✉ 07020 - 2 429 ab. - Carta regionale n° **16**-B1

Cagliari 283 km - Olbia 20 km - Nuoro 118 km - Sassari 123 km

Carta stradale Michelin 366-S37

Terza Spiaggia

PESCE E FRUTTI DI MARE • ACCOGLIENTE XX Approdare ad una spiaggia così, è il sogno di tutti: stabilimento balneare di giorno e romantico ristorante la sera, pochi coperti ed un'interessante cucina a base di pesce.

Menu 45 € (cena)/60 € - Carta 45/91 €

via degli Asfodeli, località Terza Spiaggia - ✆ 0789 46485 (consigliata la prenotazione) - www.terzaspiaggia.com - solo a cena in alta stagione - Aperto 1° aprile-30 settembre; chiuso mercoledì in aprile-maggio

Villa Margherita

FAMILIARE • PERSONALIZZATO Signorile hotel a conduzione diretta che si ubica in centro, ma fronteggia la spiaggia: ameno giardino con piscina, camere di buon livello tutte rinnovate. Piacevole zona relax con bagno turco. Ambiente ricercato dai caldi colori al ristorante, dove la cucina locale sposa sapori forti e semplici, terra e mare.

42 cam - †124/305 € ††144/335 € - 2 suites

via Libertà 91 - ✆ 0789 46912 - www.margheritahotel.net - Aperto 1° aprile-31 ottobre

Gabbiano Azzurro

TRADIZIONALE • CLASSICO Hotel a conduzione familiare ubicato all'inizio della "Terza Spiaggia". Bella vista dalle terrazze e da alcune delle confortevoli camere. Anche dalla sala ristorante si scorge l'isola di Tavolara. Cucina prevalentemente a base di pesce.

80 cam - †90/390 € ††140/520 € - 6 suites

via dei Gabbiani - ✆ 0789 46929 - www.hotelgabbianoazzurro.com - Aperto 1° maggio-18 ottobre

GORGO AL MONTICANO

Treviso - ✉ 31040 - 3 935 ab. - Alt. 11 m - Carta regionale n° **23**-A1

Roma 574 km - Venezia 60 km - Treviso 32 km - Trieste 116 km

Carta stradale Michelin 562-E19

Villa Revedin

PESCE E FRUTTI DI MARE • AMBIENTE CLASSICO XX Un'ampia sala della villa è dedicata alla ristorazione che nel 2014 ha visto un cambio di gestione: il pesce rimane l'ingrediente prediletto, ora anche con vasta scelta di crudi. Non mancano, però, alcuni piatti a base di carne.

Menu 58/68 € - Carta 35/77 €

Hotel Villa Revedin, via Palazzi 4 - ✆ 0422 800033 - www.villarevedin.it - Chiuso 1°-15 gennaio e 10 giorni in agosto

Villa Revedin

DIMORA STORICA • CLASSICO C'è anche una chiesetta privata in questa villa veneta del XVI secolo, antica dimora dei nobili Foscarini, cinta da un parco secolare, ampio e tranquillo: un'atmosfera raffinata e rilassante per sostare nella storia.

32 cam ☕ - †60/85 € ††90/117 € - 4 suites

via Palazzi 4 - ✆ 0422 800033 - www.villarevedin.it - Chiuso 1°-10 gennaio

Villa Revedin - Vedere selezione ristoranti

GORIZIA

(GO) - ✉ 34170 - 34 844 ab. - Alt. 84 m - Carta regionale n° **6**-D2

Roma 649 km - Udine 53 km - Trieste 48 km - Ljubljana 106 km

Carta stradale Michelin 562-E22

Rosenbar

PESCE E FRUTTI DI MARE • VINTAGE X Piacevole bistrot dal gusto retrò con ampio dehors estivo: il menu viene stabilito di giorno in giorno e i piatti di pesce hanno sicuramente la meglio. Tuttavia, può capitare che vi venga suggerita - a voce - qualche altra specialità.

Menu 35 € (cena)/40 € - Carta 26/63 €

via Duca d'Aosta 96 - ✆ 0481 522700 - www.rosenbar.it - Chiuso 1 settimana in agosto, 2 settimane in febbraio, domenica sera e lunedì

Grand Hotel Entourage

TRADIZIONALE • CLASSICO Nel cinquecentesco palazzo dei conti Strassoldo, in un'atmosfera di raffinata tranquillità, ampie ed eleganti camere di gusto classico, nonché una corte interna ricca di storia.

40 cam ☕ - †60/80 € ††76/110 € - 8 suites

piazza Sant'Antonio 2 - ✆ 0481 550235 - www.entouragegorizia.com

Gorizia Palace

BUSINESS • MODERNO Moderno albergo situato in posizione centrale, dispone di ambienti funzionali e confortevoli, ideali tanto per soggiorni di relax quanto per incontri di lavoro.

69 cam ☕ - †70/160 € ††80/170 €

corso Italia 63 - ✆ 0481 82166 - www.goriziapalace.com

GOVONE

Cuneo - ✉ 12040 - 2 203 ab. - Alt. 301 m - Carta regionale n° **14**-C2

Roma 634 km - Cuneo 76 km - Torino 61 km - Asti 20 km

Carta stradale Michelin 561-H6

Il San Pietro

PESCE E FRUTTI DI MARE • AMBIENTE CLASSICO XX Intimo ed elegante locale gestito con grande savoir-faire da due fratelli. Due sono anche le loro passioni: lo champagne da aprire sempre con la scenografica sciabola ed il pesce, quasi esclusivamente di provenienza sarda.

Menu 75 € - Carta 51/94 €

strada per Priocca 3, frazione San Pietro - ✆ 0173 58445 (prenotazione obbligatoria) - www.ristoranteilsanpietro.it - solo a cena escluso domenica e giorni festivi - Chiuso agosto e mercoledì

Trattoria Pautassi

CUCINA PIEMONTESE • **SEMPLICE** Ai piedi del castello, gradevole trattoria dall'arredo sobrio e moderno, per una cucina del territorio che investe tanta energia nella ricerca di prodotti locali. Tra le "star" del menu, il coniglio con pomodorini secchi e pesto di lardo.

Menu 20/30 € - Carta 26/41 €

via Boetti 21 - 0173 58010 - www.trattoriapautassi.it - solo a cena mercoledì e giovedì - Chiuso 7 gennaio-13 febbraio, lunedì e martedì

Il Molino

FAMILIARE • **VINTAGE** Adiacente al castello sabaudo, un'atmosfera d'altri tempi aleggia negli ambienti di questo mulino ottocentesco ospitante eleganti camere in stile vecchio Piemonte con diversi arredi d'epoca e un panorama che, dalle colline, si estende sino alle Alpi.

5 cam - 55/75 € 75/100 €

via XX Settembre 15 - 328 872 3082 - www.ilmolinoalba.it - Chiuso gennaio e febbraio

GRADARA

Pesaro e Urbino - 61012 - 4 835 ab. - Alt. 142 m - Carta regionale n° **11**-B1

Roma 319 km - Rimini 29 km - Pesaro 15 km - Forlì 77 km

Carta stradale Michelin 563-K20

Osteria del Borgo-La Botte

CUCINA REGIONALE • **RUSTICO** Nel cuore del borgo medievale di Gradara, in un ambiente piacevolmente rustico ed informale, piatti dagli spiccati sapori regionali. Tra mura antiche che sussurrano il passato, atmosfera più raffinata e ricercatezza nelle presentazioni al ristorante La Botte.

Menu 15 € - Carta 23/43 €

piazza V Novembre 11 - 0541 964404 - www.labottegradara.it - Chiuso novembre e mercoledì escluso giugno-settembre

Villa Matarazzo

TRADIZIONALE • **CLASSICO** Su un colle di fronte al castello di Gradara, una serie di terrazze con vista panoramica su mare e costa; un complesso esclusivo, raffinato, piccolo paradiso nella natura.

15 cam - 60/130 € 80/220 €

via Farneto 1, località Fanano - 0541 964645 - www.villamatarazzo.it - Aperto 1° aprile-30 settembre

Castello di Granarola

STORICO • **ECOSOSTENIBILE** Antico complesso risorto dopo un restauro attento che ha prediletto materiali naturali ed ecologici e che grazie ad un design originale offre un'atmosfera unica ai propri ospiti. Le soluzioni abitative sono dotate di cucina e nei mesi estivi si predilige un soggiorno settimanale.

16 cam - 105/190 € 135/215 € - 15 €

via Castello 1 località Granarola - 0541 969970 - www.castellodigranarola.it

GRADISCA D'ISONZO

Gorizia - 34072 - 6 497 ab. - Alt. 32 m - Carta regionale n° **6**-C3

Roma 639 km - Udine 41 km - Gorizia 16 km - Trieste 46 km

Carta stradale Michelin 562-E22

Al Ponte

CUCINA CLASSICA • **AMBIENTE CLASSICO** Tre sale di cui due con camino ed uno stile che spazia con disinvoltura dal rustico al moderno della luminosa veranda; cucina locale di lunga tradizione, bella scelta di vini regionali e servizio estivo sotto un fresco pergolato.

Menu 25/75 € - Carta 28/83 €

Hotel Al Ponte, Sud-Ovest: 2 km - 0481 99213 - www.albergoalponte.it - Chiuso agosto, domenica sera e lunedì

Al Ponte

TRADIZIONALE • CLASSICO Alle porte della località in una zona verdeggiante e tranquilla, capace conduzione familiare in un hotel dagli ambienti signorili e dalle confortevoli camere. Inedito e unico nel suo genere il campo da tennis in ...erba!

39 cam - †70/95 € ††85/120 € - 3 suites

viale Trieste 124, Sud-Ovest: 2 km - 0481 961116 - www.albergoalponte.it - Chiuso 20-30 dicembre

Al Ponte - Vedere selezione ristoranti

Franz

TRADIZIONALE • MINIMALISTA Poco distante dal centro, l'albergo ha ultimato nel 2013 il totale rinnovo che consegna agli ospiti, soprattutto business, uno stile minimal-moderno e nuovi spazi all'aperto con giardino e piscina.

52 cam - †66/92 € ††81/125 €

viale Trieste 45 - 0481 99211 - www.hotelfranz.it

GRADO

Gorizia (GO) - 34073 - 8 251 ab. - Carta regionale n° **6**-C3

Roma 644 km - Udine 50 km - Gorizia 48 km - Trieste 55 km

Carta stradale Michelin 562-E22

Tavernetta all'Androna

PESCE E FRUTTI DI MARE • CONTESTO CONTEMPORANEO XX Tra le strette calli del centro, un locale d'atmosfera tra il rustico ed il moderno, dove gustare deliziosi piatti di pesce ricchi di fantasia.

Menu 65 € - Carta 47/82 €

calle Porta Piccola 6 - 0431 80950 - www.androna.it - Chiuso 20 novembre-20 dicembre e lunedì e martedì da ottobre a marzo

De Toni

PESCE E FRUTTI DI MARE • FAMILIARE XX Nel centro storico, sulla via pedonale, ristorante familiare di lunga esperienza (più di 60 anni!). Ricette gradesi e specialità di pesce, da gustare in un ambiente particolarmente curato: nella luminosa sala o nel bel dehors.

Carta 37/62 €

piazza Duca d'Aosta 37 - 0431 80104 - www.trattoriadetoni.it - Chiuso gennaio-febbraio e mercoledì escluso in estate

Altogradimento

CUCINA MODERNA • CONTESTO CONTEMPORANEO XX Lasciato l'ingresso dell'-hotel Fonzari, un ascensore vi condurrà all'ultimo piano dove vi attendono sapori mediterranei, nonché uno stupendo panorama dal dehors-terrazza. Il livello di gradimento del locale è veramente alto!

Menu 35 € - Carta 40/57 €

Hotel Fonzari, piazza Biagio Marin - 0431 876360 - www.hotelfonzari.com - Aperto 1° aprile-1° novembre

Alla Buona Vite

CUCINA REGIONALE • ACCOGLIENTE X Superata la laguna prendete la prima strada a destra, per raggiungere questa trattoria gestita da una famiglia di viticoltori. Servizio estivo accanto al piccolo parco-giochi. Dispone anche di confortevoli appartamenti per chi desidera prolungare il soggiorno, immersi nella natura.

Carta 27/78 € 4 cam - †40/50 € ††70/90 € - 8 €

via Dossi 7, località Boscat, Nord : 10 km - 0431 88090 - www.girardi-boscat.it - Chiuso dicembre, gennaio e giovedì escluso luglio-agosto

Laguna Palace

PALACE • MODERNO Lussuosa struttura affacciata sulla laguna, dispone di ampie camere dal design contemporaneo, tutte con balcone. All'ultimo piano ci sono l'attrezzato centro wellness ed il panoramico ristorante Laguna Sky con cucina classica. Indubbiamente, uno dei migliori indirizzi della località!

42 cam - 60/180 € 80/250 € - 29 suites

riva Brioni 17 - 0431 85612 - www.lagunapalacehotel.it

Grand Hotel Astoria

TRADIZIONALE • CLASSICO A due passi da centro e spiaggia, albergo storico nella tradizione turistica dell'Isola del Sole dispone di camere confortevoli, piscina e solarium sulla bella terrazza, centro thalassoterapico con cure a base di acqua marina. Al settimo piano c'è ...il Settimo Cielo, panoramico ristorante à la carte.

124 cam - 64/249 € 69/299 € - 54 suites

largo San Grisogono 3 - 0431 83550 - www.hotelastoria.it - Chiuso 8 gennaio-17 marzo

Savoy

TRADIZIONALE • MODERNO Nel cuore di Grado, sorge questo bel gioiello di confort e ospitalità; diversificata possibilità di camere ed appartamenti per soddisfare qualsiasi tipo di clientela.

79 cam - 103/134 € 182/224 € - 12 suites

- 0431 897111 - www.hotelsavoy-grado.it - Aperto 31 marzo-28 ottobre

Fonzari

TRADIZIONALE • MODERNO Adiacente il grazioso centro storico, questa moderna struttura ospita ampie camere e belle suite. Per gli amanti del fitness, l'hotel dispone di una piccola palestra.

75 cam - 105/145 € 140/190 € - 45 suites

piazza Biagio Marin - 0431 876360 - www.hotelfonzari.com - Aperto 1° aprile-1° novembre

Altogradimento - Vedere selezione ristoranti

Abbazia

TRADIZIONALE • CLASSICO Ai margini della zona pedonale, hotel a conduzione diretta con spazi comuni personalizzati, camere ben accessoriate ed ampia piscina coperta. Il ristorante in estate si trasferisce nella veranda dai vetri decorati.

48 cam - 34/119 € 44/210 €

- 0431 80038 - www.hotel-abbazia-grado.com - Aperto 1° aprile-31 ottobre

Metropole

TRADIZIONALE • ACCOGLIENTE Gradevole atmosfera ed accogliente servizio in un mitico albergo di Grado, meta di vacanze degli Asburgo e della nobiltà mitteleuropea. Anche la gestione non delude: giovane e motivata, si farà in quattro per soddisfare le vostre richieste!

19 cam - 60/150 € 79/249 € - 4 suites

piazza San Marco 15 - 0431 876207 - www.gradohotel.com - Chiuso 1° novembre-31 gennaio

Diana

TRADIZIONALE • VINTAGE Nelle camere e negli eleganti spazi comuni domina una rilassante tonalità verde. Da oltre cinquant'anni una lunga tradizione familiare su una delle vie pedonali a vocazione commerciale. Proposte d'albergo con divagazioni marine al ristorante. Tra la Riva prospiciente l'Isola della Schiusa e il Lungomare verso la spiaggia principale, sorge la piccola dépendance Villa Rosa con stanze semplici, ma dove non manca nulla!

85 cam - 40/120 € 80/180 €

via Verdi 1 - 0431 80026 - www.hoteldiana.it - Aperto 15 aprile-15 ottobre

Park Spiaggia

FAMILIARE • CLASSICO Nella zona pedonale, che la sera diviene un mondano passeggio, non lontano dalla grande e attrezzata spiaggia privata della località, l'hotel vanta spazi comuni confortevoli e camere luminose.

28 cam – †45/80 € ††80/150 €

via Mazzini 1 – ✆ 0431 82366 – www.hotelparkspiaggia.it – Aperto 1° aprile-31 ottobre

Antares

FAMILIARE • ACCOGLIENTE Ai margini del centro storico, nei pressi del mare, una piccola struttura a conduzione familiare, dove l'attenzione al cliente è costante. Comode camere tutte con balcone.

19 cam – †75/140 € ††100/180 €

via delle Scuole 4 – ✆ 0431 84961 – www.antareshotel.info – Chiuso 21 dicembre-12 gennaio

alla pineta Est : 4 km

Mar del Plata

FAMILIARE • ACCOGLIENTE Nella verdeggiante zona della pineta, hotel a conduzione familiare, dotato di camere moderne e piacevole piscina sul retro. La spiaggia attrezzata dista circa 100 metri.

35 cam – †47/101 € ††94/202 €

viale Andromeda 5 – ✆ 0431 81081 – www.hotelmardelplata.it – Aperto 1° maggio-1° ottobre

sulla strada provinciale 19 al km 14,800 Nord-Est: 7 km

Tarabusino

CUCINA MODERNA • CONTESTO CONTEMPORANEO XX Nella splendida location sulla laguna ammirabile dalla terrazza panoramica, il ristorante propone un'interessante rivisitazione dei piatti tradizionali elaborati partendo da un'accurata selezione di materie prime locali. I risultati, poi, non stentano ad arrivare...

Menu 45/55 € – Carta 38/65 € – carta semplice a pranzo

Hotel Oche Selvatiche, via Luseo 1, località Primero – ✆ 0431 878918 (consigliata la prenotazione) – Chiuso 9 gennaio-5 febbraio e 13-30 novembre, martedì escluso in estate

Oche Selvatiche

BOUTIQUE HOTEL • MODERNO A pochi passi dal golf ed immerso nello splendido scenario della laguna di Grado, un boutique hotel costruito secondo i ferrei diktat dell'architettura ecosostenibile. Camere ampie dalle moderne linee e materiali naturali.

7 cam – †130/230 € ††190/300 €

via Luseo 1, località Primero – ✆ 0431 878918 – www.ocheselvatiche.it – Chiuso 9 gennaio-5 febbraio e 13-30 novembre

Tarabusino – Vedere selezione ristoranti

GRADOLI

Viterbo – ✉ 01010 – 1 353 ab. – Alt. 470 m – Carta regionale n° **7**-A1

Roma 143 km – Viterbo 44 km – Terni 97 km – Grosseto 102 km

Carta stradale Michelin 563-O17

La Ripetta

PESCE E FRUTTI DI MARE • SEMPLICE X All'ingresso della località, lungo la strada principale, un ristorante dove gustare fragranti piatti di pesce, sia di lago che di mare. Servizio estivo su una grande terrazza.

Menu 25/35 € – Carta 25/69 €

via Roma 38 – ✆ 0761 456100 – Chiuso martedì a mezzogiorno e lunedì

GRAGNANO

Napoli (NA) – ✉ 80054 – 29 136 ab. – Alt. 141 m – Carta regionale n° **04G**-B2
▶ Roma 251 km – Napoli 33 km – Avellino 56 km – Salerno 31 km
Carta stradale Michelin 564-E25

La Galleria

CAMPANA • CONTESTO CONTEMPORANEO Centrale, in questa caotica località famosa in tutto il mondo per i suoi pastifici artigianali, omaggiati da una bella selezione fatta dal giovane cuoco che, oltre ai primi, si cimenta con grande passione in altri eccellenti sapori della sua terra.

Menu 40/55 € - Carta 37/63 €

piazza Augusto Aubry 8 – ✆ 081 873 3029 – www.lagalleriaristorante.it – Chiuso 15-28 agosto, domenica sera e lunedì

GRANDZON Aosta → Vedere Verrayes

GRAPPA (Monte) Belluno, Treviso e Vicenza

GRAVEDONA

Como – ✉ 22015 – 4 218 ab. – Alt. 201 m – Carta regionale n° **9**-B1
▶ Roma 683 km – Como 54 km – Sondrio 52 km – Lugano 46 km
Carta stradale Michelin 428-D9

Ca dè Matt

CUCINA REGIONALE • FAMILIARE Prodotti locali, specialità ittiche lacustri, formaggi, salumi e, in stagione, funghi: insomma, schietta cucina regionale in una ruspante trattoria nel vecchio borgo, a due passi dal lungolago.

Carta 28/59 €

via al Castello 6 – ✆ 0344 85640 – Aperto 1° marzo-30 novembre, chiuso mercoledì escluso maggio-settembre

La Villa

FAMILIARE • PERSONALIZZATO Luminosa, moderna e accogliente: sono gli aggettivi che più si addicono a questa curata villa nell'incantevole scenario del lago di Como. Le ampie camere assicurano confort e relax, il giardino e la piscina garantiscono distensivi momenti en plein air.

14 cam – †72/100 € ††90/155 €

via Regina Ponente 21 – ✆ 0344 89017 – www.hotel-la-villa.com – Chiuso 20 dicembre-10 febbraio

GRAVINA IN PUGLIA

Bari – ✉ 70024 – 43 872 ab. – Alt. 338 m – Carta regionale n° **15**-B2
▶ Roma 417 km – Bari 58 km – Altamura 12 km – Matera 30 km
Carta stradale Michelin 564-E31

Madonna della Stella

CUCINA REGIONALE • FAMILIARE La sala scavata nella roccia naturale, il bianco e antico villaggio di fronte sarà il suggestivo ritratto da contemplare, dalla sapienza dei due fratelli i sapori e le tradizioni di un passato mai dimenticato!

Menu 65 € - Carta 24/67 €

via Madonna della Stella – ✆ 080 325 6383 (consigliata la prenotazione la sera) – www.madonnadellastellaresort.com – Chiuso martedì

GRAZIE Mantova → Vedere Curtatone

GRESSONEY-LA-TRINITÉ

Aosta – ✉ 11020 – 303 ab. – Alt. 1 624 m – Carta regionale n° **21**-B2
▶ Roma 733 km – Aosta 84 km – Ivrea 51 km – Torino 99 km
Carta stradale Michelin 561-E5

Jolanda Sport

FAMILIARE • TRADIZIONALE Costruito con l'omonima seggiovia nel 1957, ma completamente ristrutturato in anni recenti, l'hotel ripropone la tradizione dei tipici *Stadel Walzer*: camere curate nei minimi particolari, con colori caldi e legno a vista. Assolutamente da provare, il moderno ed attrezzato centro benessere.

32 cam - solo ½ P 100/180 €

località Edelboden Superiore 31 - ✆ 0125 366140 - www.hoteljolandasport.com - Chiuso maggio, ottobre e novembre

GREVE IN CHIANTI

Firenze - ✉ 50022 - 13 862 ab. - Alt. 236 m - Carta regionale n° **18**-D3

Roma 260 km - Firenze 31 km - Siena 43 km - Arezzo 64 km

Carta stradale Michelin 563-L15

Villa Bordoni

CUCINA MODERNA • ROMANTICO XX Nelle due intime stanze affacciate sul giardino che profuma di rose o, nella bella stagione, direttamente all'aperto tra le palme e le siepi, la terra e il mare s'incontrano nei piatti di questo ristorante: charmant, come il resto della casa.

Carta 41/73 €

Hotel Villa Bordoni, via San Cresci 31/32, località Mezzuola, Ovest: 3 Km - ✆ 055 854 6230 (prenotare) - www.ristorantevillabordoni.com - Aperto 1° marzo-30 novembre

Villa Bordoni

STORICO • PERSONALIZZATO Un riuscito mix di lusso e design, rustico toscano e ultime mode del mondo in questa bella villa patrizia circondata dalla campagna chiantigiana: una bomboniera country-hip, dove trascorrere un indimenticabile soggiorno.

9 cam - †180/415 € ††180/415 € - 2 suites

via San Cresci 31/32, località Mezzuola, Ovest: 3 Km - ✆ 055 854 6230 - www.villabordoni.com - Aperto 1° marzo-30 novembre

Villa Bordoni - Vedere selezione ristoranti

Agriturismo Villa Vignamaggio

DIMORA STORICA • PERSONALIZZATO C'è anche un piccolo centro estetico in questo elegante podere quattrocentesco, che racchiude la memoria del Rinascimento toscano. Fra vigneti e uliveti, un'ospitalità da sogno nelle belle camere e negli appartamenti (con angolo cottura).

18 cam - †220/650 € ††220/650 €

strada per Lamole, Sud-Est: 4 km - ✆ 055 854 6653 - www.vignamaggio.com - Chiuso 15 dicembre-15 marzo

a Panzano Sud : 6 km ✉ 50020 - Alt. 478 m

Antica Macelleria Cecchini-Solociccia

CUCINA REGIONALE • RUSTICO X Uno dei più celebri macellai d'Italia diventa anche cuoco! Propone pochi piatti, naturalmente incentrati sulla carne di manzo: elaborati e di vari tagli al ristorante Solociccia, mentre all'Officina troverete la tradizionale bistecca fiorentina e medaglioni di hamburger.

Menu 25 € (pranzo in settimana)/50 €

via Chiantigiana 5 - ✆ 055 852727 (prenotare) - www.dariocecchini.com

Villa le Barone

DIMORA STORICA • ELEGANTE Nel cuore del Chianti Classico - tra uliveti e vigne - in questa villa padronale di proprietà dei Della Robbia, si sono dati appuntamento charme e raffinatezza. Sulla fresca terrazza o all'interno dell'elegante ristorante viene servita una saporita ed intrigante cucina con prodotti del territorio.

28 cam - †154/336 € ††159/340 €

via San Leonino 19, Est: 1,5 km - ✆ 055 852621 - www.villalebarone.com - Aperto 14 aprile-31 ottobre

Villa Sangiovese

FAMILIARE • ACCOGLIENTE Gestione svizzera per una signorile villa ottocentesca, con annessa casa colonica, sita nel centro del paese e con una visuale di ampio respiro sui bei colli circostanti. Specialità toscane nell'elegante ristorante o sulla panoramica terrazza-giardino.

18 cam - 110/130 € 120/150 € - 1 suite

piazza Bucciarelli 5 - 055 852461 - www.villasangiovese.it - Chiuso 15 dicembre-15 marzo

a Strada in Chianti Nord : 9 km ✉ 50027

Il Caminetto del Chianti

CUCINA REGIONALE • ACCOGLIENTE XX Fuori dal centro della località, lungo la strada che porta a Firenze, un ristorantino dalla cordiale gestione familiare, dove gustare piatti della tradizione regionale ben presentati sulla carta (quasi giornaliera).

Carta 28/48 €

via della Montagnola 52, Nord: 1 km - 055 858 8909 - www.ilcaminettodelchianti.com - Chiuso mercoledì a mezzogiorno e martedì

GREZZANA

Verona - ✉ 37023 - 10 788 ab. - Alt. 169 m - Carta regionale n° **22**-A2

Roma 526 km - Verona 13 km - Vicenza 60 km - Venezia 125 km

Carta stradale Michelin 562-F15

La Pergola

TRADIZIONALE • PERSONALIZZATO Albergo a conduzione familiare che ogni anno s'inventa qualcosa di diverso: camere semplici e confortevoli, le più recenti (una quindicina in tutto) hanno uno stile moderno molto originale e fantasioso. In quest'ultime regna il colore.

35 cam - 50/65 € 72/88 €

via La Guardia 1 - 045 907071 - www.hotellapergolaverona.it

GRIGNANO Trieste → Vedere Trieste

GRINZANE CAVOUR

Cuneo - ✉ 12060 - 1 786 ab. - Alt. 260 m - Carta regionale n° **14**-C2

Roma 650 km - Cuneo 61 km - Torino 74 km - Asti 36 km

Carta stradale Michelin 561-I5

Marc Lanteri Al Castello

CUCINA MODERNA • CONTESTO STORICO XXX All'interno dell'affascinante castello che fu dimora di Camillo Benso conte di Cavour, vi sentirete parte della "storia", in compagnia di piatti curati in ogni ben che minimo dettaglio. Cucina del territorio con divagazioni moderne.

→ Fagottini di pasta fresca al piccione, crema di fave e jus al foie gras. Scamone di fassona, salsa al Barolo e verdure di stagione. Soffice alla nocciola piemontese, gelato artigianale e crema gianduja.

Menu 45/85 € - Carta 45/76 €

via Castello 5 - 0173 262172 - www.marclanteri.it - Chiuso gennaio, lunedì sera e martedì

Casa Pavesi

DIMORA STORICA • ELEGANTE Vicino al celebre castello dove soggiornò il grande statista risorgimentale Camillo Benso, una casa ottocentesca sapientemente restaurata: camere eleganti, curate nei dettagli, alcune affacciate sul romantico rollìo collinare langarolo. Piccoli salotti completano il quadro signorile del vostro soggiorno.

10 cam - 100/110 € 160/180 € - 2 suites

via IV Novembre 11 - 0173 231149 - www.hotelcasapavesi.it - Chiuso 22 dicembre-30 gennaio

GROSIO

Sondrio – ✉ 23033 – 4 443 ab. – Alt. 656 m – Carta regionale n° **9**-C1
Roma 683 km – Sondrio 43 km – Passo dello Stelvio 47 km – Bormio 27 km
Carta stradale Michelin 561-D12

Sassella

CUCINA REGIONALE • **CONVIVIALE** XX Ai piedi della splendida chiesa di S. Giuseppe, la gestione familiare centenaria custodisce i tesori gastronomici dell'alta Valtellina: pizzoccheri, ma non solo. Camere confortevoli (nella loro semplicità), quelle all'ultimo piano offrono una graziosa vista sui tetti del centro storico.

Menu 30/45 € – Carta 26/64 € 26 cam – 60/80 € 80/140 €

via Roma 2 – 0342 847272 – www.hotelsassella.it

GROSSETO

(GR) – ✉ 58100 – 82 087 ab. – Alt. 10 m – Carta regionale n° **18**-C3
Roma 178 km – Livorno 138 km – Siena 75 km – Civitavecchia 109 km
Carta stradale Michelin 563-N15

Canapone

CUCINA MODERNA • **FAMILIARE** XXX Nel cuore della "capitale" della Maremma, un ristorante storico - ormai alla terza generazione - affacciato sulla piazza centrale, che oggi si presenta con un aspetto elegante e raffinato. All'Enoteca Canapino una buona scelta di piatti tradizionali a prezzo contenuto.

Menu 36/60 € – Carta 40/63 €

piazza Dante 3 – 0564 24546 (consigliata la prenotazione) – www.ristorantecanapone.blogspot.it – Chiuso 10-20 agosto, mercoledì sera e domenica

Grantosco

CUCINA REGIONALE • **BISTRÒ** XX Elegantemente informale, questo bistrot-ristorante ubicato in pieno centro è l'indirizzo giusto dove gustare un'ottima cucina maremmana, elaborata partendo da prodotti, spesso, a Km 0. Cordiale accoglienza da parte della titolare, la vera anima del locale!

Menu 20 € (pranzo) – Carta 35/63 €

via Solferino 4 – 0564 26027 – www.grantosco.it – Chiuso 15-28 febbraio e domenica, escluso periodo estivo

L'Uva e il Malto

PESCE E FRUTTI DI MARE • **FAMILIARE** X In pieno centro, è una coppia molto brillante a gestire questo intimo e moderno locale con annesso wine-bar. In carta si trova soprattutto pesce, a voce il meglio del mercato ittico.

Carta 33/58 €

via Mazzini 165 – 0564 411211 – Chiuso domenica sera

Airone

BUSINESS • **MODERNO** A pochi passi dal centro storico, l'hotel dispone di belle camere dal confort moderno e con soluzioni d'arredo di design. Una panoramica Spa al piano attico, parcheggio privato e 5 sale conferenze rendono la struttura ideale per una clientela d'affari (ma non solo).

68 cam – 70/100 € 100/140 € – 4 suites

via Senese 35 – 0564 412441 – www.hotelairone.eu

GROTTAFERRATA

Roma – ✉ 00046 – 20 327 ab. – Alt. 320 m – Carta regionale n° **7**-B2
Roma 21 km – Anzio 44 km – Frascati 3 km – Frosinone 71 km
Carta stradale Michelin 563-Q20

L' Oste della Bon'Ora

CUCINA ROMANA • ACCOGLIENTE Il simpatico titolare, l'oste come ama definirsi, vi guiderà nei sapori della cucina del territorio con piatti stuzzicanti. Ambiente piacevole e accogliente: in sottofondo, la musica della ricca collezione di vinili.

Menu 30 € - Carta 30/55 €

viale Vittorio Veneto133 - ✆ 06 941 3778 (consigliata la prenotazione) - www.lostedellabonora.com - Chiuso 15 luglio-7 agosto

Taverna dello Spuntino

CUCINA LAZIALE • RUSTICO E' tutta all'interno la peculiarità di questa trattoria romana: dagli antichi camminamenti scavati nel tufo trasformati in cantina al di sotto del locale alle scenografiche sale sotto archi in mattoni dove trionfa una coreografica esposizione di prosciutti, fiaschi di vino, frutta e antipasti.

Carta 43/80 €

Hotel Locanda dello Spuntino, via Cicerone 20 - ✆ 06 945 9366 - www.tavernadellospuntino.com

Nando

CUCINA REGIONALE • ACCOGLIENTE Il ristorante è stato rinnovato ed ora le due piccole sale si presentano in caldo ed avvolgente stile vintage, da visitare la caratteristica cantina nella grotta di tufo; la cucina rimane regionale, con un occhio anche alla creatività.

Carta 31/59 €

via Roma 4 - ✆ 06 945 9989 - www.ristorantenando.it - Chiuso lunedì escluso in estate

Park Hotel Villa Grazioli

STORICO • ELEGANTE Abbracciata da un immenso parco, questa villa cinquecentesca vanta una splendida posizione panoramica sulle colline di Frascati. Ma il suo fascino non si esaurisce nella location: l'antica dimora custodisce al suo interno diverse sale decorate dal pennello di importanti artisti e camere con pregevoli mobili in noce.

60 cam - †80/220 € ††90/250 € - 2 suites - ☕10 €

via Umberto Pavoni 19 - ✆ 06 945400 - www.villagrazioli.com

Locanda dello Spuntino

FAMILIARE • ELEGANTE Divani e caminetti rendono piacevole l'ingresso di questa locanda, ma tutta la cura è riservata alle camere, dal parquet ai bagni in travertino con intarsi in marmo e mosaici.

9 cam ☕ - †135/265 € ††155/330 € - 1 suite

via Cicerone 22 - ✆ 06 9431 5985 - www.locandadellospuntino.com

Taverna dello Spuntino - Vedere selezione ristoranti

GROTTAMMARE

Ascoli Piceno - ✉ 63066 - 16 006 ab. - Carta regionale n° **11**-D3

Roma 236 km - Ascoli Piceno 43 km - Ancona 84 km - Macerata 64 km

Carta stradale Michelin 563-N23

La Torretta sul Borgo

LOCANDA • STORICO Un'attenta opera di restauro ha mantenuto le caratteristiche di questa bella casa nel centro del borgo antico: ambienti rustici con una caratteristica saletta dai soffitti a volte e camere personalizzate.

6 cam ☕ - †40/80 € ††55/90 €

via Camilla Peretti 2 - ✆ 0735 736864 - www.latorrettasulborgo.it

verso San Benedetto del Tronto

Lacchè

PESCE E FRUTTI DI MARE • ACCOGLIENTE XX Menu a voce, sulla base del mercato ittico giornaliero, e alla carta: uno degli indirizzi più "gettonati" in paese, ove lasciarsi sedurre da sapori strettamente marini. Nella bella stagione, a pranzo, anche diversi e accattivanti panini, sempre con riferimenti al mare.

Menu 15 € (pranzo)/50 € - Carta 21/65 €

via Procida 1/3, Sud: 2,5 km ✉ 63013 - ✆ 0735 582728 - Chiuso 24 dicembre-10 gennaio e lunedì

Don Diego

PESCE E FRUTTI DI MARE • STILE MEDITERRANEO X Senza grandi fronzoli, ma con un pescato giornaliero davvero proverbiale per varietà e qualità, nonché un giardino di erbe aromatiche con 45 specie diverse che insaporiscono piatti di cucina regionale. Un indirizzo, senza ombra di dubbio, da consigliare.

Menu 27/35 € - Carta 32/91 €

Viale De Gasperi, 35 - ✆ 0735 588257 (consigliata la prenotazione) - www.ristorantechaletdondiego.it - Aperto 1° aprile-14 ottobre

Parco dei Principi

RESORT • LUNGOMARE Nel contesto di un paesaggio tropicale, avvolto da un parco in cui si collocano campi da gioco e persino una vivace voliera, Parco dei Principi dispone di ambienti in stile mediterraneo e spazi ad hoc per i più piccoli. A lato della bella piscina, suite a uno o due piani ideali per soggiorni familiari (posto auto riservato). La posizione fronte mare è un altro asso nella manica.

54 cam ☕ - †70/115 € ††100/175 € - 10 suites

lungomare De Gasperi 90, Sud: 1 km ✉ 63013 - ✆ 0735 735066 - www.hotelparcodeiprincipi.it

Roma

FAMILIARE • PERSONALIZZATO Nel corso del 2003 l'albergo è stato riaperto dopo aver subito un rinnovo completo. Oggi si presenta come una struttura fresca e attuale, sul lungomare con piccolo giardino.

59 cam ☕ - †50/70 € ††90/130 €

lungomare De Gasperi 60 - ✆ 0735 631145 - www.hotelromagrottammare.com - Aperto Pasqua-5 novembre

GROTTA ZINZULUSA Lecce → Vedere Castro Marina

GRUMELLO DEL MONTE

Bergamo - ✉ 24064 - 7 366 ab. - Alt. 208 m - Carta regionale n° **10**-D1

Roma 598 km - Milano 68 km - Bergamo 22 km - Brescia 42 km

Carta stradale Michelin 561-F11

Al Vigneto

CUCINA SICILIANA • ELEGANTE XXX In zona precollinare, il vecchio fienile è stato trasformato in un elegante ristorante, circondato dai propri vigneti e frutteti, scorgibili dalle vetrate della sala. Nel piatto molto pesce proposto in chiave moderna, soprattutto di origine siciliana e con una pagina dedicata ai crudi.

Menu 25 € (pranzo in settimana)/56 € - Carta 51/85 €

via Don P. Belotti 1 - ✆ 035 831979 - www.alvigneto.it - Chiuso 1°-9 gennaio, 8-28 agosto e martedì

Vino Buono

CUCINA REGIONALE • WINE-BAR X Un'osteria con piccola cucina, o meglio: un originale wine-bar in pieno centro con ottima mescita di vini al bicchiere e possibilità di scegliere tra salumi, formaggi, primi piatti, insalate e qualche specialità di carne, nonché di pesce (rigorosamente di lago).

Carta 28/52 €

via Castello 20 - ✆ 035 442 0450 - www.vinobuono.net - solo a cena - Chiuso 10 giorni in agosto, domenica e lunedì

GSIES VALLE DI CASIES

GUALDO CATTANEO

Perugia - ✉ 06035 - 6 155 ab. - Alt. 446 m - Carta regionale n° **20**-B2
Roma 160 km - Perugia 48 km - Assisi 28 km - Foligno 32 km
Carta stradale Michelin 563-N19

a Saragano Ovest : 5 km - ✉ 06035

Agriturismo la Ghirlanda

CASA DI CAMPAGNA • STORICO Una struttura ricca di charme: una casa padronale di fine '800 nel verde e nella tranquillità delle colline umbre. Ambienti personalizzati con mobili d'epoca, caminetti, qualche letto a baldacchino. Ristorante di cucina italiana, spesso nel piatto specialità locali, e servizio estivo all'aperto.

12 cam - †82/93 € ††114/136 €

via del Poggio 4 - ✆ 0742 98731 - www.laghirlanda.it
- Chiuso 7 gennaio-20 aprile

GUARDIAGRELE

Chieti - ✉ 66016 - 9 084 ab. - Alt. 576 m - Carta regionale n° **1**-C2
Roma 230 km - Pescara 41 km - Chieti 25 km - Lanciano 23 km
Carta stradale Michelin 563-P24

Villa Maiella (Angela Di Crescenzo)

CUCINA ABRUZZESE • ELEGANTE XXX Al limitare del Parco della Maiella, il vero Km 0 con allevamento per il solo ristorante di alcuni animali e un bel giardino di verdure: il locale è stato recentemente rinnovato, ma sulla tavola continuano a trionfare i migliori sapori abruzzesi preparati con maestria dai proprietari. Per chi volesse indugiare nel romanticismo, spettacolare servizio estivo sulla terrazza e confortevoli camere, realizzate secondo le moderne tecnologie.

→ Ravioli di burrata allo zafferano. Pollo di campagna alla brace in due servizi. La millefoglie.

Menu 50/65 € - Carta 37/73 € 14 cam - †70 € ††90 €

località Villa Maiella 30, Sud-Ovest: 1,5 km - ✆ 0871 809319 - www.villamaiella.it
- Chiuso 1 settimana in gennaio, 2 settimane in luglio, domenica sera e lunedì

GUARDIALFIERA

Campobasso (CB) - ✉ 86030 - 1 065 ab. - Alt. 285 m - Carta regionale n° **1**-D2
Roma 257 km - Campobasso 40 km - Isernia 83 km - Chieti 137 km
Carta stradale Michelin 564-B26

Terre del Sacramento

CUCINA DEL TERRITORIO • ACCOGLIENTE X Mutuando il nome dal romanzo omonimo di Francesco Jovine, scrittore locale del Novecento, in questo caratteristico casale si gusta una cucina che segue le tipicità territoriali e la stagionalità dei prodotti. Al primo piano, quattro camere semplici, ma linde e ben tenute.

Menu 25/30 € - Carta 19/28 € 4 cam - †25/30 € ††50/60 €

contrada Colle Falcone snc, Nord-Ovest: 2,5 Km
- ✆ 347 601 6923 - www.leterredelsacramento.com
- Chiuso 23 gennaio-7 febbrario e martedì

GUARDISTALLO

Pisa - ✉ 56040 - 1 234 ab. - Alt. 278 m - Carta regionale n° **18**-B2
Roma 276 km - Pisa 65 km - Grosseto 100 km - Livorno 44 km
Carta stradale Michelin 563-M13

a Casino di Terra Nord-Est : 5 km ✉ 56040

Mocajo

CUCINA TOSCANA • FAMILIARE XX Per fortuna l'esterno poco invitante, un'ex fabbrica abbandonata, verrà cancellato dall'interno: ambiente di tono, coperto elegante e camino, in un locale dalla solida gestione familiare che propone i migliori prodotti del territorio ed ottime specialità di carne, anche cacciagione. Ancora piatti regionali nell'informale La Dispensa. Al top nella provincia di Pisa.

Menu 40/50 € - Carta 36/62 €

strada statale 68 - ✆ 0586 655018 (prenotazione obbligatoria a mezzogiorno) - www.ristorantemocajo.it - Chiuso mercoledì (escluso le sere di agosto)

GUARENE

Cuneo - ✉ 12050 - 3 596 ab. - Alt. 360 m - Carta regionale n° **14**-C2

Roma 649 km - Torino 57 km - Asti 32 km - Cuneo 68 km

Carta stradale Michelin 561-H6

La Madernassa

CUCINA MODERNA • CONTESTO TRADIZIONALE XX Qui c'è un giovane chef ai fornelli, ma la sua cucina è già diventata una tappa irrinunciabile nel circuito dei grandi ristoranti della regione. I suoi piatti esprimono rigore, tecnica e precisione, ma l'anima viene dalla tradizione e dai prodotti piemontesi, a cui si aggiungono proposte di mare e una passione per le erbe aromatiche coltivate nell'orto del ristorante. D'estate ci si trasferisce in terrazza con vista sulle Langhe.

➜ Battuta & filosofia: battuta di fassona e sfera di tartufo. Il manzo in mezzo ai prati: filetto affumicato al cardamomo, radici di prezzemolo, erbe di campo, fava di tonka. Gentile: trasparenza di cioccolato, cremoso al caffè, nocciola, bianco mangiar di fiordilatte.

Menu 50/75 € - Carta 48/88 €

località Lora 2, Ovest: 2,5 km - ✆ 0173 611716 - www.lamadernassa.it - Chiuso 9 gennaio-13 febbraio e lunedì

Castello di Guarene

GRAN LUSSO • STORICO Maestoso castello costruito nel 1726 dai conti Roero con giardino all'italiana e vista a 360° su Langhe, Roero ed Alpi; gli interni si aprono su sontuose camere, atmosfere fiabesche e cimeli storici. Al piano nobile, imperdibile museo con percorso lungo le stanze originali dei conti. La magia continua nel ristorante, nelle sale così come nei piatti, che rivedono con creatività la tradizione locale.

9 cam - †350/600 € ††700/2500 € - 3 suites

via Alessandro Roero 2 - ✆ 0173 441332 - www.castellodiguarene.com - Chiuso 10 gennaio-1° febbraio

Casalora

CASA DI CAMPAGNA • ACCOGLIENTE Casolare della seconda metà dell'800 ristrutturato in chiave moderna e minimalista: sala massaggi nell'ex fienile, vasca idromassaggio e terrazza panoramica. La piscina si trova, invece, a pochi metri presso il ristorante.

6 cam - †60/90 € ††70/120 €

località Lora, Ovest: 2,5 km - ✆ 334 829 9339 - www.casalora.it

GUBBIO

Perugia - ✉ 06024 - 32 216 ab. - Alt. 522 m - Carta regionale n° **20**-B1

Roma 217 km - Perugia 40 km - Ancona 109 km - Arezzo 92 km

Carta stradale Michelin 563-L19

Taverna del Lupo

CUCINA REGIONALE • ACCOGLIENTE XXX Una successione di sale creano ambienti caratteristici con soffitti a volta, mentre dalla cucina arrivano le specialità umbre, dai tartufi alle carni. Per una cena romantica ed elegante, è il ristorante da consigliare!

Menu 20 € - Carta 28/72 €

Pianta: AB1-f - *via Ansidei 21 - ✆ 075 927 4368 - www.mencarelligroup.com*

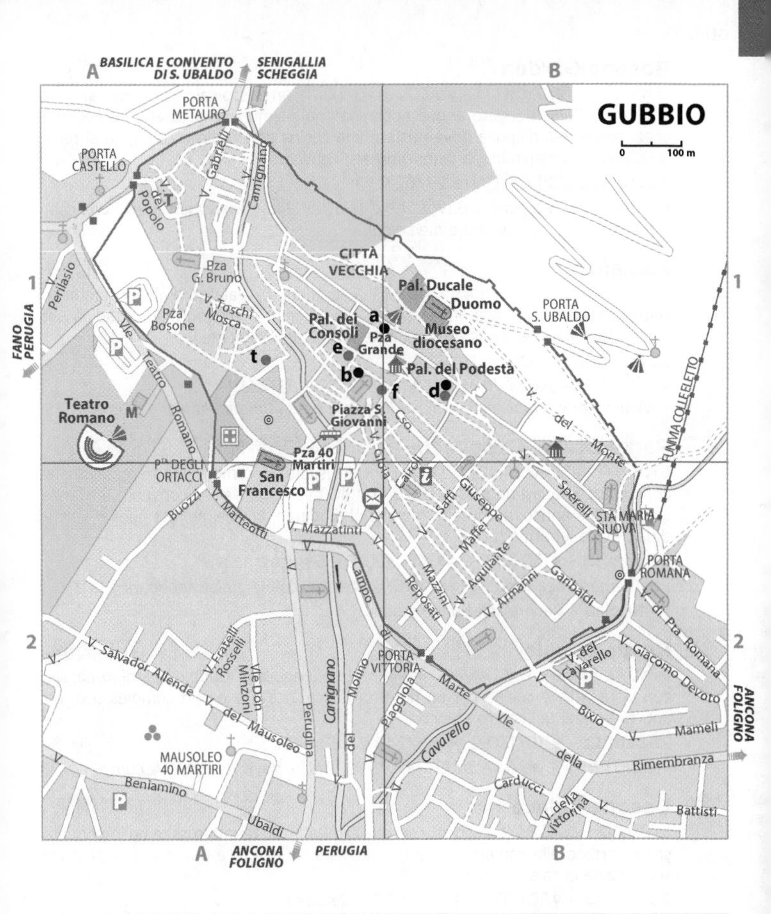

Porta Tessenaca

CUCINA UMBRA • ELEGANTE XXX In uno dei tanti edifici storici del centro, sotto a volte di mattoni altissimi, si apparecchiano le eleganti sale di un locale dove gustare le migliori materie prime della regione e dove non mancano mai alcuni piatti a base di pesce.

Menu 22/40 € - Carta 34/63 €

Pianta: A1-e - *via Piccardi 21 - ✆ 075 927 7345 - www.ristorantediportatessenaca.it - Chiuso 16-31 gennaio e lunedì*

Nicolao

CUCINA CLASSICA • ELEGANTE XXX In un attento mix di opere d'arte moderna e arredi d'epoca, anche la cucina si diverte a coniugare due stili diversi, recuperando da una parte le tradizioni umbre con grande impiego di sua maestà il tartufo, dall'altra aprendosi alla modernità.

Carta 44/70 €

Park Hotel ai Cappuccini, via Tifernate, per Fano - A1 - ✆ 075 9234 - www.parkhotelaicappuccini.it

Un pasto accurato a prezzo contenuto? Cercate i Bib Gourmand.

Bosone Garden

CUCINA TRADIZIONALE • ACCOGLIENTE XX L'ingresso al ristorante sito in Palazzo Raffaelli e legato ai due nobili Bosone, membri della casata, introduce a spazi con arredi d'epoca dove gustare una cucina essenzialmente legata al territorio. Servizio estivo in giardino... immersi nel verde.

Menu 25/35 € - Carta 27/62 €

Pianta: B1-d - *via Mastro Giorgio 1 - 075 922 1246 - www.mencarelligroup.com - Chiuso gennaio, febbraio e mercoledì*

Fabiani

CUCINA REGIONALE • FAMILIARE X Tra le mura di Palazzo Fabiani, ambienti semplici dislocati in varie ampie sale e una magnifica "scenografia" cittadina per il servizio estivo nella piazzetta. Cucina umbra, naturalmente.

Menu 16 € - Carta 24/62 €

Pianta: A1-t - *piazza 40 Martiri 26 A/B - 075 927 4639 - www.ristorantefabiani.it - Chiuso 10 gennaio-28 febbraio, lunedì e martedì*

Park Hotel ai Cappuccini

STORICO • PERSONALIZZATO Non correte subito in camera, ma fermatevi nelle zone comuni: quasi un museo d'arte dal '400 ad oggi. Nell'ex convento le stanze sono in stile antico; un riuscito mix con il moderno, invece, nell'ala nuova. Splendida piscina, enorme palestra.

87 cam - †130/270 € ††148/320 € - 5 suites

via Tifernate, per Fano - A1 - 075 9234 - www.parkhotelaicappuccini.it

Nicolao - Vedere selezione ristoranti

Relais Ducale

DIMORA STORICA • CLASSICO Nella parte più nobile di Gubbio, giardino pensile con vista città e colline per un hotel di classe, ricavato da un complesso di tre antichi palazzi del centro storico.

26 cam - †110/130 € ††155/242 € - 5 suites

Pianta: AB1-a - *via Galeotti 19 - 075 922 0157 - www.relaisducale.com*

Bosone Palace

STORICO • CLASSICO Nello storico palazzo Raffaelli, tessuti rossi e un'imponente scala portano alle camere, qualcuna con vista sul centro e due con soffitti affrescati, come la sala colazioni.

28 cam - †80/90 € ††110/140 € - 2 suites

Pianta: B1-d - *via 20 Settembre 22 - 075 922 0688 - www.hotelbosone.com - Chiuso 10 gennaio-12 febbraio*

Gattapone

TRADIZIONALE • CLASSICO In edificio medievale di pietra e mattoni, con persiane ad arco, camere in tinte pastello e scorci sui pittoreschi vicoli eugubini e sulla centrale chiesa di S. Giovanni.

18 cam - †60/90 € ††65/110 €

Pianta: A1-b - *via Beni 13 - 075 927 2489 - www.hotelgattapone.net - Chiuso 10 gennaio-6 febbraio*

a Pisciano Ovest : 14 km per Perugia A1 ✉ 06024 - Gubbio - Alt. 640 m

Agriturismo Le Cinciallegre

CASA DI CAMPAGNA • TRADIZIONALE In un angolo fuori dal mondo, quest'accogliente dimora gode di una posizione panoramica e quieta: una piccola bomboniera con gran cura dei dettagli e delle forme originali. In veranda appartata si è ricavata una cucina con tavoli, anche all'aperto, a disposizione degli ospiti.

5 cam - †40 € ††80 €

frazione Pisciano 7 - 345 062 5229 - www.lecinciallegre.it - Aperto 28 marzo-28 settembre

a Scritto Sud : 14 km per Foligno A2 ✉ 06020

Agriturismo Castello di Petroia

STORICO • VINTAGE Nell'assoluta tranquillità e nel verde dei propri 200 ettari, dove si produce olio e si allevano bovini, incantevole castello medioevale ricco di storia: torre del 1000, castello del 1380, ma soprattutto nel 1422 qui vi nacque Federico da Montefeltro. Ambienti raffinati con arredi in stile.

13 cam – †100/240 € ††120/260 €

località Petroia, Sud-Est: 2 km – ✆ 075 920287 – www.petroia.it – Chiuso 8 gennaio-28 febbraio

a Santa Cristina Sud-Ovest : 21,5 km per Foligno A2 ✉ 06024 – Gubbio

Locanda del Gallo

CASA DI CAMPAGNA • PERSONALIZZATO Lontano dal mondo, ma facilmente raggiungibile, quest'antica magione nobiliare, immersa nel verde, è il luogo ideale per trascorrere vacanze di assoluto relax. Nei suoi interni il calore rustico umbro si sposa con mobili d'epoca orientali, soprattutto indonesiani.

10 cam – †100/140 € ††140/160 €

località Santa Cristina – ✆ 075 922 9912 – www.locandadelgallo.it – Aperto 7 aprile-3 novembre

GUDON GUFIDAUN Bolzano → Vedere Chiusa

GUGLIONESI

Campobasso – ✉ 86034 – 5 321 ab. – Alt. 369 m – Carta regionale n° **1**-D2

Roma 271 km – Campobasso 59 km – Foggia 103 km – Isernia 103 km

Carta stradale Michelin 563-Q26

verso Termoli Nord-Est : 5,5 km

Ribo

PESCE E FRUTTI DI MARE • AMBIENTE CLASSICO XX In campagna, sulle colline molisane, il rosso e il nero: Bobo e Rita, due figure veraci e "politiche". Nei piatti, una grande passione e la maniacale ricerca della qualità: strepitoso il pesce.

Menu 25/50 € – Carta 20/52 € 9 cam – †50 € ††80 €

contrada Malecoste 7 ✉ 86034 – ✆ 0875 680655 (consigliata la prenotazione) – www.ribomolise.it – Chiuso lunedì

GUSPINI Sardegna

Medio Campidano (VS) – ✉ 09036 – 11 975 ab. – Carta regionale n° **16**-A3

Cagliari 70 km – Carbonia 77 km – Sanluri 26 km – Oristano 54 km

Carta stradale Michelin 366-M46

Tarthesh

LUSSO • PERSONALIZZATO Un'inaspettata oasi di lusso e classe in questa zona priva d'interesse turistico, ma che diviene punto di partenza per girare l'entroterra e, soprattutto, la costa e le spiagge (la più vicina a soli 15 minuti). Al suo interno: suggestioni etniche, influenze arabe e artigianato sardo in ambienti moderni, ricchi di fascino. Splendidi anche il giardino e la piscina.

32 cam – †97/138 € ††97/150 € – 6 suites

via Parigi sn – ✆ 070 972 9000 – www.tartheshotel.com – Aperto 1° maggio-30 settembre

HAFLING AVELENGO

IGEA MARINA Rimini → Vedere Bellaria Igea Marina

IGLIANO

Cuneo (CN) – ✉ 12060 – 74 ab. – Alt. 532 m – Carta regionale n° **12**-C3

Roma 609 km – Cuneo 51 km – Torino 100 km – Savona 57 km

Carta stradale Michelin 561-I6

Le Piemontesine

CUCINA MODERNA • CONTESTO CONTEMPORANEO XX Lo chef d'Oltralpe ha fatto suoi i prodotti del territorio per creare sfiziosi piatti che seguono le stagioni. Ambiente squisitamente moderno e rilassante.

Menu 32/48 € - Carta 40/62 €

Hotel Le Piemontesine, via San Luigi 25 - ✆ 0174 785012 - www.le-piemontesine.com - Chiuso 15 febbraio-7 marzo e lunedì

Le Piemontesine

CASA DI CAMPAGNA • CONTEMPORANEO In una piccola frazione dell'alta Langa, l'albergo è stato ricavato da due cascine, ma gli interni sono piacevolmente contemporanei, con vista sui boschi e colline dalle camere e dalla sala colazione. Un soggiorno ideale per chi cerca pace e tranquillità.

10 cam - †95 € ††125 € - ☕ 12 €

via San Luigi 25 - ✆ 0174 785012 - www.le-piemontesine.com - Chiuso 15 febbraio-7 marzo

Le Piemontesine - Vedere selezione ristoranti

ILLASI

Verona - ✉ 37031 - 5 265 ab. - Alt. 157 m - Carta regionale n° **22**-B2

Roma 517 km - Verona 20 km - Padova 74 km - Vicenza 44 km

Carta stradale Michelin 562-F15

Le Cedrare

CUCINA CREATIVA • ACCOGLIENTE XX Nella settecentesca villa Perez-Pompei-Sagramoso, nello spazio che un tempo era adibito a serra per la conservazione delle piante di agrumi, cucina regionale reinterpretata creativamente. Il luogo è incantevole, la tavola altrettanto.

Carta 34/66 €

stradone Roma 8 - ✆ 045 652 0719 (prenotazione obbligatoria a mezzogiorno) - www.lecedrare.it - solo a cena - Chiuso 10 gennaio-10 febbraio, lunedì e martedì, anche mercoledì in inverno

IMOLA

Bologna - ✉ 40026 - 69 797 ab. - Alt. 47 m - Carta regionale n° **5**-C2

Roma 384 km - Bologna 35 km - Ferrara 81 km - Firenze 98 km

Carta stradale Michelin 562-I17

San Domenico (Valentino Marcattilii e Max Mascia)

CUCINA CLASSICA • LUSSO XXXX Affacciato su un'elegante piazza del centro storico, una successione di sale moltiplica i piaceri di una cucina ad un tempo regionale e creativa, di terra e di mare. Assolutamente da visitare la cantina: suggestiva e fornitissima.

→ Uovo in raviolo "San Domenico" con burro di malga, parmigiano dolce e tartufi di stagione. Controfiletto di vitello con crema di semi di girasole e salsa al tartufo nero. Barretta al cioccolato, croccante al gianduia e sorbetto ai frutti rossi.

Menu 60 € (pranzo in settimana)/170 € - Carta 108/240 €

via Sacchi 1 - ✆ 0542 29000 (consigliata la prenotazione) - www.sandomenico.it - Chiuso 1 settimana in gennaio, 3 settimane in agosto, domenica sera e lunedì; anche i mezzogiorno di sabato e domenica in giugno-agosto

Osteria Callegherie

CUCINA MODERNA • ACCOGLIENTE XX Per chi vuole abbandonare - il tempo di una sosta - la classica cucina regionale, tanto diffusa in zona, per assaporare i piatti forti dello Stivale rivisitati in chiave moderna, questo ristorantino in pieno centro farà al caso suo. Ambiente signorile.

Carta 39/61 €

via Callegherie 13 - ✆ 0542 33507 - www.callegherie.it - Chiuso 1°-8 gennaio, 15-31 agosto, sabato a mezzogiorno e domenica; anche sabato sera in luglio-agosto

Osteria del Vicolo Nuovo

CUCINA CLASSICA • FAMILIARE In uno storico palazzo del '600, una trattoria tutta al femminile con 30 anni di gestione alle spalle! Sempre eclettica la sua cucina; da a maggio a ottobre si chiude la strada e la si allestisce con tavoli per il servizio all'aperto.

Menu 32 € - Carta 29/45 €

via Codronchi 6, ang. via Calatafimi - 0542 32552 - www.vicolonuovo.it - Chiuso agosto, domenica sera e lunedì

E Parlamintè

CUCINA REGIONALE • SEMPLICE Una parte della storia politica italiana è passata di qui, a discutere sotto le stesse travi dell'800 ove, oggi, si gustano il pesce e i piatti della tradizione emiliana.

Menu 29 € - Carta 24/46 €

via Mameli 33 - 0542 30144 - www.eparlaminte.it - Chiuso 26-28 dicembre, 15 luglio-20 agosto, domenica sera e lunedì, anche domenica a mezzogiorno in maggio-agosto

B&B Callegherie 21

CASA PADRONALE • PERSONALIZZATO Per vivere il centro storico in modo un po' diverso, un accogliente "boutique bed + breakfast" dagli ambienti minimalisti, ma ben accessoriati, ed una colazione preparata a misura di cliente (attenta ad eventuali intolleranze alimentari).

3 cam - 95/110 € 110/130 €

via Callegherie 21/23 - 0542 26793 - www.callegherie21.it

in prossimità casello autostrada A 14 Nord : 4 km

Molino Rosso

BUSINESS • FUNZIONALE All'uscita dell'autostrada, albergo con stanze di differenti tipologie, distribuite in tre edifici: le migliori sono quelle situate nel corpo centrale.

120 cam - 50/230 € 70/230 €

via Provinciale Selice 49 40026 - 0542 63111 - www.hotelmolinorosso.com

IMPERIA

(IM) - 18100 - 42 034 ab. - Carta regionale n° **8**-A3

Roma 615 km - Genova 118 km - Savona 71 km - San Remo 27 km

Carta stradale Michelin 561-K6

ad Oneglia 18100

Agrodolce (Augusto Valzelli)

CUCINA MODERNA • ELEGANTE All'interno di un vecchio magazzino del porto cittadino, oggi consegnato ad una sobria e bianca eleganza, i piatti sono altrettanto essenziali, con qualche accostamento più ricercato e un'ottima materia prima, quasi esclusivamente di pesce.

→ Carnaroli bio alle zucchine trombetta, caprino, totano alla plancia e bottarga. Baccalà islandese su crema di patate allo zafferano e clorofilla di prezzemolo. Cagliata di panna, liquirizia e nocciole.

Menu 45/50 € - Carta 50/102 €

Pianta: C1-d - *via Calata G.B. Cuneo 25 - 0183 293702 - www.agrodolceimperia.it - solo a cena da fine giugno a metà settembre - Chiuso 10 giorni in novembre, 15 giorni in gennaio e martedì*

Didù

CUCINA LIGURE • DI QUARTIERE Non sarete di fronte al mare e neppure nel centro storico, ma quanto ne vale la pena venire qui a mangiare! Un'unica semplice saletta, piatti elencati su lavagnette e voilà servite delle ottime specialità liguri, dallo stoccafisso brandacujun alle seppie in zimino.

Carta 26/39 €

Pianta: B1-a - *viale Matteotti 76 - 0183 273636 (consigliata la prenotazione) - www.osteriadidu.it - solo a cena escluso sabato e domenica - Chiuso 3 settimane in ottobre, lunedì e martedì*

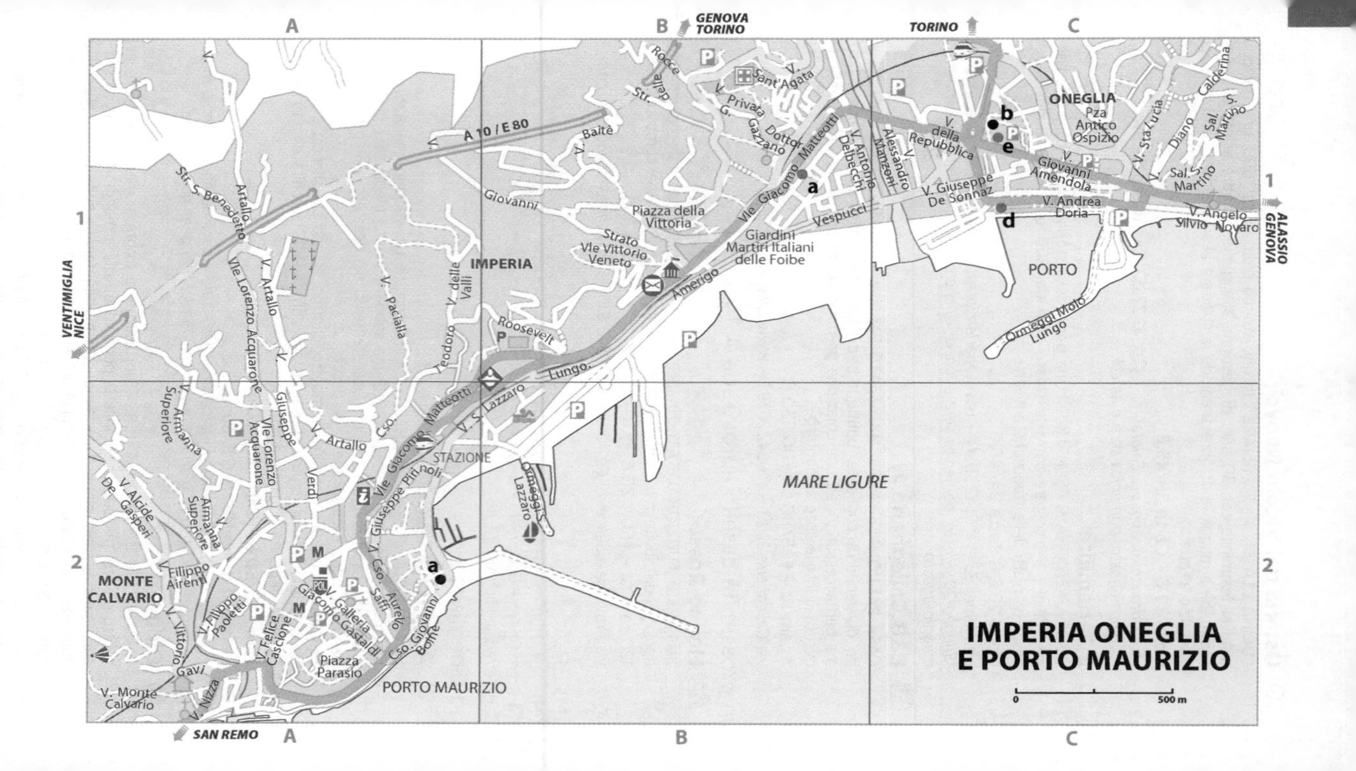
IMPERIA ONEGLIA
E PORTO MAURIZIO
0
500 m
GENOVA
TORINO
ALASSIO
GENOVA
VENTIMIGLIA
NICE
SAN REMO
ONEGLIA
Pza Antico Ospizio
IMPERIA
PORTO
MARE LIGURE
PORTO MAURIZIO
MONTE CALVARIO
STAZIONE
A 10 / E 80
V. della Repubblica
V. Giovanni Amendola
V. Giuseppe De Sonnaz
V. Andrea Doria
V. Angelo Silvio Novaro
V. Alessandro Manzoni
V. Antonio Delbecchi
Vle Giacomo Matteotti
Giardini Martiri Italiani delle Foibe
Piazza della Vittoria
Strato Vle Vittorio Veneto
Lungo. Amerigo Vespucci
V. S. Lazzaro
Ormeggi S. Lazzaro
Ormeggi Molo Lungo
V. Giuseppe Pirinoli
Cso. Aurelio Saffi
Cso. Giovanni Bonfe
V. Galleria Giacomo Gastaldi
Piazza Parasio
V. Felice Cascione
V. Filippo Paoletti
V. Filippo Airenti
V. Vittorio Gavi
V. Nizza
V. Monte Calvario
V. Alcide De Gasperi
V. Armanna Superiore
Vle Lorenzo Acquarone
V. Giuseppe Verdi
V. Artallo
Str. S. Benedetto
V. Paciallla
V. delle Valli
Teodoro
Roosevelt
V. Privata G. Dottor Gazzano
Sant'Agata
Str. delle Rocce
V. Baite
V. Sta Lucia
Diano Calderina
Sal. S. Martino

Salvo-Cacciatori

CUCINA LIGURE • ELEGANTE XXX Ristorante di fama storica, nato come piccola osteria annessa alla mescita di vini e cresciuto negli anni fino all'attuale elegante ristorante. Due sale, di cui quella interna con vista sulla cucina e proposte creative di cucina ligure.

Carta 36/68 €

Pianta: C1-e - *via Vieusseux 12 - ☎ 0183 293763 - www.ristorantesalvocacciatori.it - Chiuso 1 settimana in gennaio, 2 settimane in agosto, domenica sera e lunedì*

Rossini al Teatro

BUSINESS • FUNZIONALE Sorto sulle vestigia dell'antico teatro, moderno hotel di design, all'avanguardia per dotazioni, dispone di camere decisamente confortevoli. Altrettanto interessante la sua ubicazione: nel centro storico di Oneglia, vicino a portici e negozi.

48 cam - †60/165 € ††70/230 € - 2 suites

Pianta: C1-b - *piazza Rossini 14 - ☎ 0183 74000 - www.hotel-rossini.it*

a Porto Maurizio ✉ 18100

Sarri

PESCE E FRUTTI DI MARE • DI TENDENZA XX In un piccolo borgo di ex pescatori - incastonato fra le case del lungomare - accogliente ristorante con qualche tavolo all'aperto di cui il clima ligure consente, talvolta, di approfittare anche a pranzo d'inverno. La cucina punta sulla sostanza dei sapori che giungono nel piatto in colorate e raffinate presentazioni.

→ Palamita appena scottata in tiepida nizzarda. La pescata del giorno cotta nelle erbette aromatiche con verdure di stagione. Semifreddo al pistacchio con ciliegie e spugna allo yogurt.

Menu 38 € - Carta 44/80 €

via C. Colombo 108 (borgo Prino) ✉ 18100 Imperia - ☎ 0183 754056 (consigliata la prenotazione) - www.ristorantesarri.it - solo a cena in luglio-agosto - Chiuso 2 settimane in febbraio, 1 settimana in novembre, giovedì a mezzogiorno e mercoledì

Croce di Malta

BUSINESS • FUNZIONALE Richiama nel nome all'antico "Borgo Marina" di Porto Maurizio, dove sorgeva la chiesa dei Cavalieri Maltesi. Maggiormente vocato ad una clientela commerciale, una risorsa moderna a pochi passi dal mare e con comodo parcheggio privato (a pagamento). Spaziosa e dalle linee sobrie la sala da pranzo.

39 cam - †60/85 € ††75/130 €

Pianta: A2-a - *via Scarincio 148 - ☎ 0183 667020 - www.hotelcrocedimalta.com - Aperto 1° aprile-ottobre*

INCISA IN VAL D'ARNO

Firenze - ✉ 50064 - 23 505 ab. - Alt. 122 m - Carta regionale n° **18**-C2

Roma 248 km - Firenze 30 km - Siena 62 km - Arezzo 52 km

Carta stradale Michelin 563-L16

a Palazzolo Nord : 5 km ✉ 50064

Relais Villa al Vento

DIMORA STORICA • PERSONALIZZATO Villa d'inizio Novecento in posizione panoramica e facilmente raggiungibile; più che altrove - qui - le camere sono individualizzate, moderne, retrò o antiche, ma sempre all'insegna di romantiche atmosfere e deliziosi particolari.

16 cam - †90/110 € ††90/120 €

via Santa Maria Maddalena 9-13 - ☎ 348 381 2822 - www.relaisvillaalvento.com

INDUNO OLONA

Varese – ✉ 21056 – 10 329 ab. – Alt. 394 m – Carta regionale n° **10**-A1

Roma 640 km – Como 30 km – Varese 6 km – Milano 63 km

Carta stradale Michelin 561-E8

Olona-da Venanzio dal 1922

CUCINA REGIONALE • ELEGANTE XXX Indirizzo di grande tradizione, con cucina del territorio rivisitata ed interessanti proposte enologiche. Ambiente elegante e servizio ad ottimi livelli.

Carta 36/74 €

via Olona 38 – ✆ 0332 200333 – www.ristorantedavenanzio.it – Chiuso lunedì

INNICHEN SAN CANDIDO

INTRA Verbano-Cusio-Ossola ➜ Vedere Verbania

INVERNO-MONTELEONE

Pavia (PV) – ✉ 27010 – 1 489 ab. – Alt. 74 m – Carta regionale n° **9**-B3

Roma 543 km – Piacenza 35 km – Milano 44 km – Pavia 30 km

Carta stradale Michelin 561-G10

Monteleone – ✉ 27010 – Carta regionale n° **9**-B3

Trattoria Righini Ines

CUCINA REGIONALE • SEMPLICE X Ambiente semplice e vivace, voi sedetevi e loro inizieranno a portarvi un'infinità di assaggi che faranno sì che vi alziate da tavola sazi, allegri e con un "arrivederci a presto"! Una delle specialità: coniglio all'aceto.

Menu 20/37 €

via Miradolo 108 – ✆ 0382 73032 – Chiuso gennaio, 15 luglio-31 agosto, lunedì, martedì, i mezzogiorno di giovedì-venerdì e le sere di mercoledì-domenica

INVORIO

Novara – ✉ 28045 – 3 958 ab. – Alt. 416 m – Carta regionale n° **13**-A2

Roma 649 km – Stresa 20 km – Novara 42 km – Varese 40 km

Carta stradale Michelin 561-E7

Pascia (Paolo Gatta)

CUCINA MODERNA • ELEGANTE XXX La carta spazia con disinvoltura tra i migliori prodotti dello stivale e le sue ricette più golose, con due grandi amori: il Piemonte - i suoi ravioli, le sue carni, i suoi formaggi - e il pesce.

➜ Pasta di ceci. Alla brace... il ritorno dal mercato. Fragole dell'orto, rosa e limone.

Menu 80/110 € – Carta 67/110 €

via Monte Rosa 9 – ✆ 0322 254008 – www.ristorantepascia.it – Chiuso domenica sera e lunedì

CI PIACE...

La terrazza panoramica del ***Punta Chiarito*** che ricorda il ponte di una nave. Strepitosi tramonti compresi nel prezzo al ***Giardino Garden***. Non è sul mare, si mangia all'interno senza vista, ma la cucina dello chef Di Costanzo al ***Danì Maison*** sta diventando un simbolo dell'isola!

ISCHIA (Isola d')

(NA) - 64 031 ab. - Carta regionale n° **4**-A2
Carta stradale Michelin 564-E23

Barano d'Ischia - ✉ 80070 - 10 113 ab. - Alt. 210 m - ✉ Barano D'Ischia - Carta regionale n° **4**-A2

Carta stradale Michelin 564-E23

a Maronti Sud : 4 km ✉ 80070 - Barano D'Ischia

San Giorgio Terme

TRADIZIONALE • CONTEMPORANEO Leggermente elevata rispetto al mare, una moderna risorsa dai vivaci colori, nata dalla fusione di due strutture collegate tra loro; dalla fiorita terrazza, un panorama mozzafiato. A circa 300 metri c'è la spiaggia.

76 cam - 98/151 € 166/290 €

Pianta: B2-b - *via dei Maronti 40*
- *081 990098 - www.hotelsangiorgio.com*
- *Aperto 8 aprile-29 ottobre*

Parco Smeraldo Terme

TRADIZIONALE • LUNGOMARE A ridosso della rinomata spiaggia dei Maronti, albergo dal confort concreto e dallo stile classico, dotato di centro termale che si completa con la piscina, sempre termale, collocata su una bella terrazza fiorita.

65 cam - 118/207 € 206/394 €

Pianta: B2-a - *via Maronti 42*
- *081 990127 - www.hotelparcosmeraldo.com*
- *Aperto 8 aprile-29 ottobre*

Il simbolo segnala una carta dei vini particolarmente interessante.

Lacco Ameno - ✉ 80076 - 4 853 ab. - Carta regionale n° **4**-A2

Carta stradale Michelin 564-E23

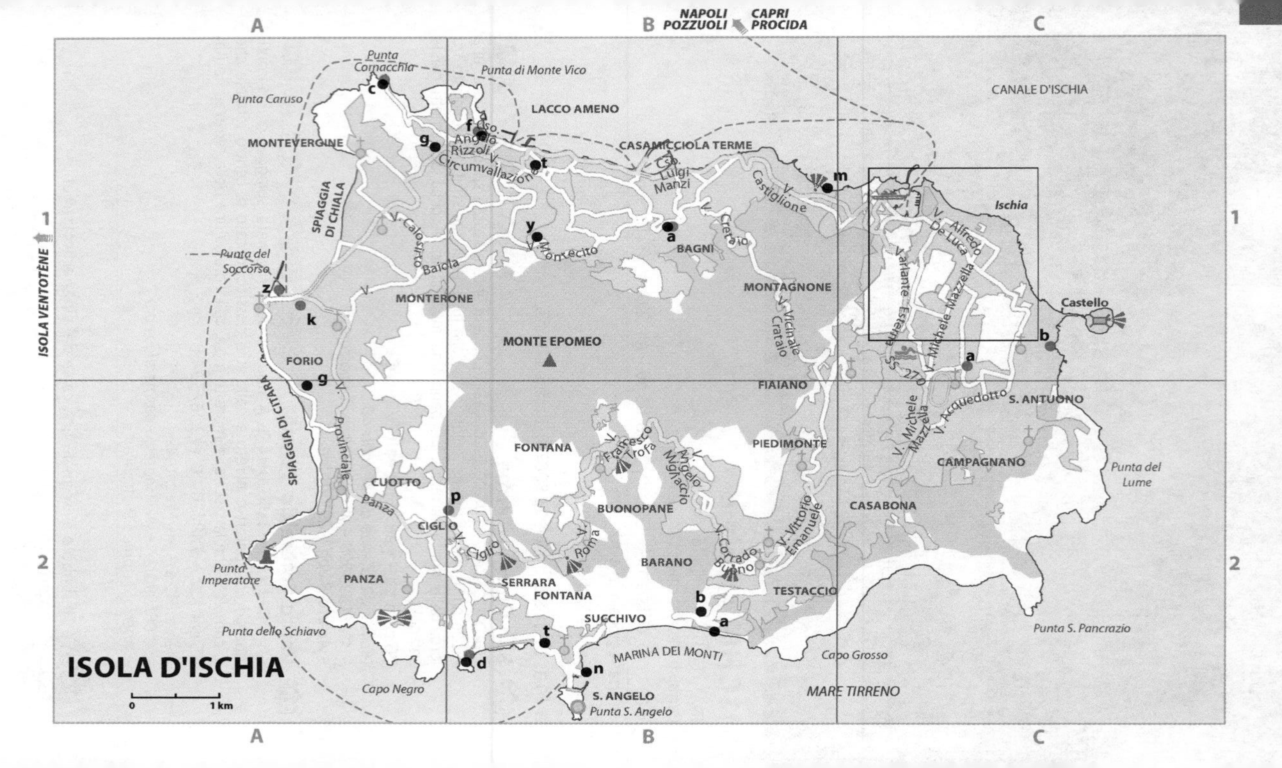
ISOLA D'ISCHIA
NAPOLI POZZUOLI
CAPRI PROCIDA
ISOLA VENTOTÈNE
CANALE D'ISCHIA
MARE TIRRENO
Punta Cornacchia
Punta di Monte Vico
Punta Caruso
LACCO AMENO
CASAMICCIOLA TERME
MONTEVERGINE
SPIAGGIA DI CHIAIA
Punta del Soccorso
MONTERONE
MONTE EPOMEO
BAGNI
MONTAGNONE
FORIO
SPIAGGIA DI CITARA
FIAIANO
S. ANTUONO
Castello
Ischia
FONTANA
PIEDIMONTE
CAMPAGNANO
CUOTTO
BUONOPANE
CASABONA
CIGLIO
BARANO
Punta Imperatore
PANZA
SERRARA FONTANA
TESTACCIO
SUCCHIVO
Punta dello Schiavo
MARINA DEI MONTI
Capo Grosso
Punta S. Pancrazio
Punta del Lume
Capo Negro
S. ANGELO
Punta S. Angelo
Cso. Angelo Rizzoli
V. Circumvallazione
Cso. Luigi Manzi
V. Castiglione
V. Calosirto
V. Baiola
V. Montecito
V. Cretaio
V. Vicinale Crataio
V. Alfredo De Luca
Variante Esterna
V. Michele Mazzella
SS 270
V. Acquedotto
V. Provinciale Panza
V. Francesco Trofa
V. Angelo Migliaccio
V. Vittorio Emanuele
V. Corrado Buono
V. Roma
V. Ciglio
0
1 km

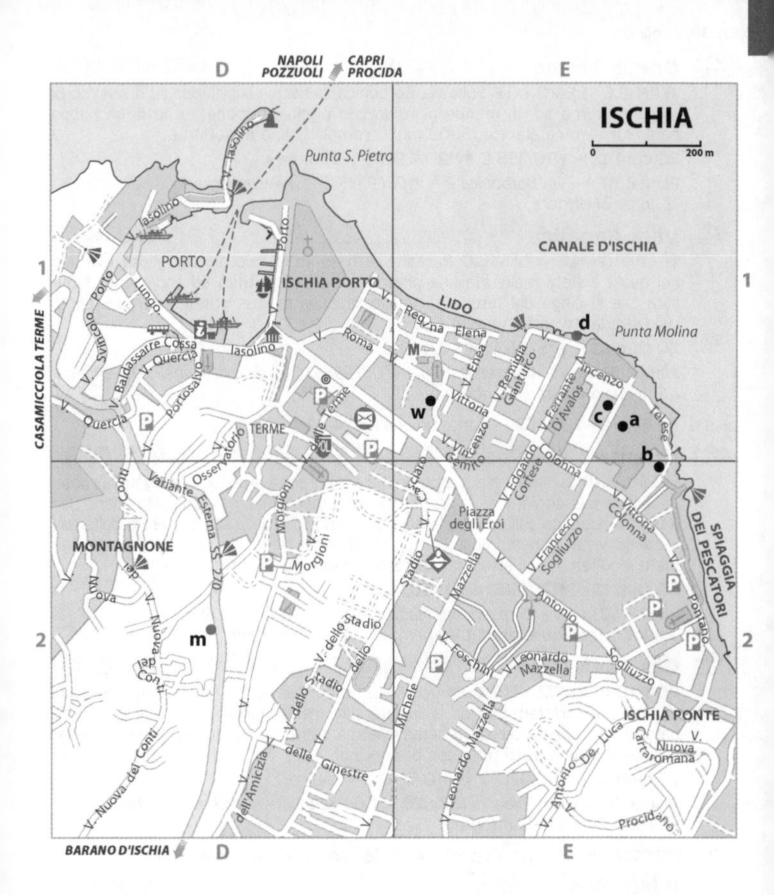

Indaco

CUCINA CREATIVA • LUSSO XXX A pochi metri dall'acqua, affacciato su una delle baie più incantevoli dell'isola, l'arrivo dei piatti vi introdurrà in un'altra magia: quella del giovane cuoco ischitano e i suoi ricordi d'infanzia che riemergono tra i fornelli trasformandosi in piatti creativi, giocosi e sorprendenti.

→ Risotto con bottarga e limone. Pezzogna e foie gras, crema di carote e alghe di mare con uva marinata. Meringato al limone, liquirizia e zafferano.

Menu 75/130 € – Carta 66/126 €

Pianta: B1-f – *L'Albergo della Regina Isabella, piazza Restituta 1 – ✆ 081 994322 – www.reginaisabella.it – solo a cena – Aperto 27 dicembre-6 gennaio e Pasqua-1° novembre*

L'Albergo della Regina Isabella

GRAN LUSSO • ELEGANTE Con quest'albergo, negli anni '50, Angelo Rizzoli inventò il turismo ischitano d'alto livello, rubò clienti a Capri e portò qui il bel mondo. Oggi l'incanto continua e si moltiplica in suggestivi saloni, arredi d'epoca e preziose decorazioni: un meraviglioso universo in cui perdersi...

128 cam – †148/450 € ††175/847 € – 9 suites

Pianta: B1-f – *piazza Santa Restituta 1 – ✆ 081 994322 – www.reginaisabella.it – Aperto 27 dicembre-6 gennaio e Pasqua-1° novembre*

Indaco – Vedere selezione ristoranti

Grazia Terme

TERMALE • REGIONALE Sulla via Borbonica, la risorsa si sviluppa su diversi corpi raccolti intorno ad un grande giardino con piscina; dispone anche di un nuovo parco idro aromaterapico (5000 mq!!!) completissimo nell'offerta.

80 cam – 90/155 € 120/290 € – 3 suites

Pianta: B1-y – *via Borbonica 2 – 081 994333 – www.hotelgrazia.it – Aperto 12 aprile-31 ottobre*

Villa Angelica

TRADIZIONALE • CLASSICO Raccolta attorno ad un piccolo rigoglioso giardino nel quale è stata realizzata una piscina, semplice struttura ad andamento familiare che si cinge del fascino di una casa privata. Pass gratuito per posteggio sulla strada davanti l'ingresso.

20 cam – 75/95 € 110/150 €

Pianta: B1-t – *via 4 Novembre 28 – 081 994524 – www.villaangelica.it – Aperto 1-8 gennaio e 9 aprile-5 novembre*

Sant'Angelo – ✉ 80070 – Carta regionale n° **4**-A2

Miramare Sea Resort

LUSSO • LUNGOMARE Nel parco termale Aphrodite Apollon, collegato all'hotel da lunga passeggiata e, soprattutto, dalla medesima gestione, Miramare Sea Resort è adagiato sulla più bella baia di S. Angelo e dalle sue camere o dalle terrazze la vista è memorabile. Ambienti spaziosi, servizio professionale, nonché piatti mediterranei vi attendono presso il ristorante affacciato sul mare.

50 cam – 175/300 € 250/400 €

Pianta: B2-n – *via Comandante Maddalena 29 – 081 999219 – www.miramaresearesort.it – Aperto 1° aprile-4 novembre*

Casa Celestino

BOUTIQUE HOTEL • LUNGOMARE All'inizio del paese, ma già in zona pedonale, una dimora caratterizzata da un solare stile mediterraneo, dove il bianco abbinato al blu rallegra tessuti e ceramiche. Le stanze si adeguano a tale piacevolezza: spaziose e quasi tutte con balconcino.

20 cam – 80/120 € 140/290 € – 1 suite

Pianta: B2-t – *via Chiaia di Rose 20 – 081 999213 – www.hotelcelestino.it – Aperto 29 aprile-12 ottobre*

Casamicciola Terme – ✉ 80074 – 8 362 ab. – Carta regionale n° **4**-A2

Il Mosaico (N)

CREATIVA • ROMANTICO XXX Il Mosaico torna a far parlare di sé: con la stagione 2016, infatti, riapre ed inizia con una nuova linea gastronomica affidata ad un cuoco, già premiato in altre location grazie ad una cucina creativa dal grande impatto visivo. Carne e pesce si alternano mentre in sottofondo si cita spessissimo la Campania.

➜ Pasta e patate. Agnello in parmigiana di melanzane. Napul'è.

Menu 90/180 € – Carta 76/130 €

Pianta: B1-a – *Terme Manzi Hotel & Spa, piazza Bagni 4 – 081 994722 (consigliata la prenotazione) – www.termemanzihotel.com – solo a cena – Aperto 20 aprile-15 ottobre; chiuso mercoledì*

Terme Manzi Hotel & Spa

LUSSO • PERSONALIZZATO Meravigliosa sintesi delle più disparate influenze, mai semplice, sempre grandioso, spesso sfarzoso; un edificio moderno sorto sulla fonte Gurgitello e che ha saputo ben integrarsi nell'architettura dell'isola con richiami moreschi mischiati ad impronte eclettiche a testimoniare la storia della località. Tanta meraviglia nasconde un ulteriore gioiello intorno al quale il palazzo si raccoglie: una bella corte che svela un lussureggiante giardino impreziosito da fontane e statue neoclassiche.

55 cam – 180/260 € 230/370 € – 3 suites

Pianta: B1-a – *piazza Bagni 4 – 081 994722 – www.termemanzihotel.com – Aperto 13 aprile-22 ottobre*

Il Mosaico – Vedere selezione ristoranti

Forio - ✉ 80075 - 17 615 ab. - Carta regionale n° **4**-A2

Carta stradale Michelin 564-E23

Chandelier

CUCINA MEDITERRANEA • **ELEGANTE** XXX Sulla terrazza panoramica o, nei giorni di maltempo, nell'elegante sala interna, nel ristorante gourmet di un esclusivo hotel di lusso vi verrà proposta una grande carta di cucina regionale e nazionale, rivisitata con maestria ed esperienza da un bravo cuoco.

Menu 50/120 € - Carta 62/125 €

Pianta: A1-c - *Hotel Mezzatorre Resort & Spa, via Mezzatorre 23, località San Montano, Nord: 3 km - 081 986111 (consigliata la prenotazione) - www.mezzatorre.it - solo a cena - Aperto 13 aprile-22 ottobre*

Umberto a Mare

PESCE E FRUTTI DI MARE • **STILE MEDITERRANEO** XX Resterà indelebile una cena sulla terrazza, una ringhiera a strapiombo sul mare, per gustare una cucina in continua evoluzione eppure sempre fedele ad una tradizione di famiglia. Belle anche le camere, anch'esse panoramiche.

Menu 54/67 € - Carta 42/91 € 11 cam - 100/140 € 120/180 €

Pianta: A1-z - *via Soccorso 8 - 081 997171 (consigliata la prenotazione) - www.umbertoamare.it - Aperto 31 marzo-31 ottobre*

Il Saturnino

PESCE E FRUTTI DI MARE • **FAMILIARE** XX Vicino alla torre saracena, una giovane ed ospitale coppia, una veranda chiusa sulla baia, ma soprattutto un'autentica cucina mediterranea: semplice, schietta e saporita.

Menu 40/75 € - Carta 46/75 €

Pianta: A1-k - *via Marina, al porto - 081 998296 (consigliata la prenotazione) - www.ristorantesaturnino.it - Chiuso febbraio, martedì escluso 15 giugno-15 settembre e 27 dicembre-10 gennaio; in novembre-marzo aperto solo venerdì, sabato e domenica*

Da "Peppina" di Renato

CUCINA REGIONALE • **CASA DI CAMPAGNA** X Occorre essere prudenti lungo la stretta strada, l'ultimo tratto cinto da muri a secco, ma la tipicità del posto costruita su tradizione e originalità sarà una gradita ricompensa; in una grotta tufacea, la cantina-enoteca. Piatti locali a partire dai prodotti dell'orto.

Carta 27/48 €

Pianta: AB2-p - *via Montecorvo 42 - 081 998312 (consigliata la prenotazione) - www.trattoriadapeppina.it - solo a cena - Chiuso 15 novembre-15 febbraio e mercoledì escluso giugno-settembre*

Mezzatorre Resort & Spa

GRAN LUSSO • **PERSONALIZZATO** Il buen retiro ischitano per eccellenza. Immerso in un bosco e arroccato su un promontorio, il complesso sorge intorno ad una torre saracena del XVI sec: eleganti camere e privacy. Per i pasti più semplici e tradizionali, appuntamento al ristorante Sciué Sciué o al bar a bordo piscina, a due passi dal mare.

45 cam - 270/430 € 370/820 € - 11 suites

Pianta: A1-c - *via Mezzatorre 23, località San Montano, Nord: 3 km - 081 986111 - www.mezzatorre.it - Aperto 13 aprile-21 ottobre*

Chandelier - Vedere selezione ristoranti

Garden & Villas Resort

LUSSO • **ELEGANTE** I numeri sono eloquenti: 3 ettari di boschi e giardini ospitano 9 ville-palazzine con 7 diverse categorie di camere tra cui le nuove suite. Addirittura un anfiteatro panoramico. Ovunque generosità di spazi per un soggiorno all'insegna del verde e dell'indipendenza!

52 cam - 180/240 € 200/420 € - 3 suites

Pianta: A1-g - *via Provinciale Lacco 284 - 081 997978 - www.gardenvillasresort.it - Aperto 14 aprile-14 ottobre*

a Panza Sud : 4,5 km ✉ 80070 – Alt. 155 m

Chiarito

CUCINA REGIONALE • CONTESTO TRADIZIONALE XX Si viene per il panorama, si torna per la cucina: pochi tavoli e una terrazza affacciati su S. Angelo, i piatti esaltano con fantasia i prodotti campani, rivisitandoli secondo l'estro di chi sta dietro ai fornelli.

Menu 50/75 € – Carta 46/102 €

Pianta: B2-d – *Hotel Punta Chiarito, via Sorgeto 87, Sud: 1 km – ✆ 081 908102 (consigliata la prenotazione) – www.puntachiarito.it – solo a cena – Aperto 26 dicembre-10 gennaio e 5 aprile-5 novembre*

Punta Chiarito

FAMILIARE • MEDITERRANEO Camere semplici, ma panoramiche e con arredi in ciliegio, in una graziosa risorsa in posizione isolata, su uno scenografico promontorio a picco sul mare: attraverso una comoda scala si raggiunge la famosa Baia di Sorgeto sede di acqua calda termale.

26 cam ☕ – †70/200 € ††80/320 €

Pianta: B2-d – *via Sorgeto 87, Sud: 1 km – ✆ 081 908102 – www.puntachiarito.it – Aperto 26 dicembre-10 gennaio e 5 aprile-5 novembre*

Chiarito – Vedere selezione ristoranti

a Citara Sud : 2,5 km ✉ 80075 – Forio

Providence Terme

FAMILIARE • ACCOGLIENTE Si affaccia sulla spiaggia di Citara, questa bella struttura in stile mediterraneo che dispone anche di una grande terrazza-solarium con piscina termale. Cuore del giardino è l'Eden dei Sensi: percorso relax tra erbe aromatiche e vigna. Il giusto spazio è dedicato alle piccole terme ed alla beauty con sala massaggi. Cucina mediterranea o pizze nella luminosa sala da pranzo.

67 cam ☕ – †50/128 € ††100/228 €

Pianta: A1-g – *via Giovanni Mazzella 162 – ✆ 081 997477 – www.hotelprovidence.it – Aperto 16 aprile-31 ottobre*

Ischia – ✉ 80077 – 19 915 ab. – Carta regionale n° **4**-A2

Carta stradale Michelin 564-E23

✿✿ Danì Maison (N) (Nino Di Costanzo)

CUCINA CREATIVA • CHIC XXX "Chi l'ha visto?" era una domanda che correva di bocca in bocca per oltre un anno, ma ora, rieccolo, e in piena forma! A maggio 2016, Nino Di Costanzo ha aperto un locale tutto suo nella casa, che fu prima dei nonni e poi dei genitori. Un piccolo, romantico salotto avvolto da un bel giardino mediterraneo, in cui gustare le ricette che lo hanno reso famoso in virtù di una cucina tecnica, ma anche creativa, mentre il cuore batte per i sapori del Mediterraneo. Il mare non si vede, ma la bellezza estetica dei piatti vi renderà comunque felici.

→ Gran Crù... do di pesci, crostacei e molluschi. Faraona e astice. Vietato fumare... assolutamente!

Menu 70/200 € – Carta 78/158 €

Pianta: C1-a – *via I traversa Montetignuso 28 – ✆ 081 993190 (prenotazione obbligatoria) – www.danimaison.it – Aperto da inizio aprile a fine ottobre*

Giardino Eden (N)

PESCE E FRUTTI DI MARE • ROMANTICO XX Quel che il nome promette, poi mantiene: un vero Eden sul mare completato dalle camere e dalla spiaggia, mentre la vista spazia tra Capri, Napoli, Vesuvio, Procida e nel piatto tante, fragranti specialità di pesce. La sera faticherete a contare le candele accese! (Attenzione: prenotando si potrà usufruire del servizio gratuito di taxi nautico che parte sotto il Castello).

Carta 70/90 € – carta semplice a pranzo   7 cam ☕ – ††150/350 €

via Nuova Cartaromana 62, Sud-Est: 1,5 km – ✆ 081 985015 – www.giardinoedenischia.com – Aperto da inizio maggio a fine settembre; chiuso domenica sera

Alberto

PESCE E FRUTTI DI MARE • STILE MEDITERRANEO Quasi una palafitta sulla spiaggia risalente ai primi anni '50, una sola sala verandata aperta sui tre lati per gustare una cucina di mare tradizionale reinterpretata con fantasia. A pranzo, formule più semplici ed economiche, ma sempre di qualità.

Menu 25 € (pranzo)/60 € - Carta 25/83 €

Pianta: E1-d - *lungomare Cristoforo Colombo 8 - 081 981259 (consigliata la prenotazione la sera) - www.albertoischia.it - Aperto 20 marzo-4 novembre*

Damiano

PESCE E FRUTTI DI MARE • FAMILIARE Lasciata l'auto, alcuni gradini conducono alla veranda dalle grandi finestre affacciate sulla città e sulla costa. Semplici le proposte della cucina basata soprattutto su aragoste e coniglio di fosso. Andamento familiare.

Carta 30/65 €

Pianta: D2-m - *via Variante Esterna strada statale 270 - 081 983032 - solo a cena - Chiuso da lunedì a venerdì da ottobre ad aprile*

Grand Hotel Excelsior

LUSSO • MEDITERRANEO Tra la vegetazione, l'imponente struttura dall'architettura mediterranea fa capolino sul mare con le sue eleganti camere dai colori freschi e marini accentuati da belle maioliche. Completa zona benessere in cui convivono offerte termali e beauty. La cucina regionale sfrutta le fragranze del proprio orto e viene servita nell'elegante sala e in terrazza.

78 cam - 180/240 € 220/460 € - 5 suites

Pianta: E1-a - *via Emanuele Gianturco 19 - 081 991522 - www.excelsiorischia.it - Aperto 22 aprile-14 ottobre*

Punta Molino Hotel Beach Resort & Spa

LUSSO • CLASSICO Signorile e direttamente sul mare, con tanto di pontile privato, tra i confort si citano due grandi piscine, nonché stanze abbellite dalle preziose ceramiche di Vietri e arredate con pezzi d'antiquariato. L'attigua villa per chi desidera maggior riservatezza.

81 cam - 220/325 € 245/810 € - 3 suites

Pianta: E1-2-b - *lungomare Cristoforo Colombo 23 - 081 991544 - www.hotelpuntamolinoischia.com - Aperto 23 aprile-18 ottobre*

Il Moresco

LUSSO • STORICO Nasce come dimora privata questa casa dal fascino esclusivo: la piscina coperta è stata realizzata dove era prevista la serra e la zona benessere è negli ex alloggi del personale. All'ombra del pergolato o nella sala interna, le fragranze del Mediterraneo.

66 cam - 180/240 € 220/520 € - 2 suites

Pianta: E1-c - *via Emanuele Gianturco 16 - 081 981355 - www.ilmoresco.it - Aperto 1° aprile-30 ottobre*

Le Querce

TRADIZIONALE • ACCOGLIENTE Albergo d'impostazione e stile classico, offre uno dei panorami più incantevoli dell'isola, nonché affascinanti terrazze a picco sul blu. Ristorante serale e servizio easy a pranzo.

69 cam - 185/275 € 270/450 € - 4 suites

Pianta: BC1-m - *via Baldassarre Cossa 29 - 081 982378 - www.albergolequerce.it - Aperto da inizio aprile a fine ottobre*

La Villarosa

DIMORA STORICA • PERSONALIZZATO In pieno centro ma varcata la soglia del giardino sarete come inghiottiti da un'atmosfera d'altri tempi, un insieme di ambienti dal fascino antico, un susseguirsi di sale e salette tutte diverse fra loro. Panoramica sala ristorante all'ultimo piano.

37 cam - 65/128 € 100/226 €

Pianta: E1-w - *via Giacinto Gigante 5 - 081 991316 - www.dicohotels.it - Aperto 13 aprile-30 ottobre*

ISEO

Brescia - ✉ 25049 - 9 179 ab. - Alt. 198 m - Carta regionale n° **10**-D1
Roma 581 km - Brescia 22 km - Bergamo 39 km - Milano 80 km
Carta stradale Michelin 561-F12

Iseolago

TRADIZIONALE • BORDO LAGO Inserito nel verde di un vasto impianto turistico alle porte della località, elegante complesso alberghiero con belle camere ed accesso diretto al lago. Alla scoperta dei piatti e dei vini della Franciacorta nell'elegante ristorante L'Alzavola; fresco pergolato per la stagione estiva.

56 cam - †75/106 € ††114/179 € - 10 suites

via Colombera 2, Ovest: 1 km - ✆ 030 98891 - www.iseolagohotel.it

sulla strada provinciale per Polaveno Est : 6 km

I Due Roccoli

TRADIZIONALE • ACCOGLIENTE All'interno di una vasta proprietà affacciata sul lago, un'antica ed elegante residenza di campagna con parco, adeguata alle più attuali esigenze e con locali curati. Ristorante raffinato, con angoli intimi, camino moderno e uno spazio all'aperto, "sull'aia".

26 cam - †90/135 € ††100/176 € - 3 suites - 10 €

via Silvio Bonomelli ✉ 25049 - ✆ 030 982 2977 - www.idueroccoli.com - Aperto 16 aprile-20 ottobre

a Clusane sul Lago Ovest : 5 km ✉ 25049

Relais Mirabella Iseo

CUCINA CLASSICA • ELEGANTE XXX In posizione dominante con splendida vista sul lago, il ristorante "mutua" il nome dalla prima tragedia di A. Manzoni. Elegante e à la page, la sua cucina propone piatti internazionali e specialità del lago, con grande attenzione all'olio (di produzione propria), nonché alla carta dei vini che annovera le eccellenze della Franciacorta.

Carta 37/86 €

Hotel Relais Mirabella, via Mirabella 34, Sud: 1,5 km - ✆ 030 989 8051 - www.relaismirabella.it - Aperto 1° aprile-31 ottobre

Al Porto

CUCINA REGIONALE • FAMILIARE X Una tradizione ultracentenaria in un bel palazzo di fronte al porticciolo, tante sale con richiami storici e lacustri e qualche tavolo con vista sul lago... che arriva poi nel piatto con il pescato del giorno: Iseo in tavola!

Carta 28/48 €

piazza Porto dei Pescatori 12 - ✆ 030 989014 - www.alportoclusane.it - Chiuso mercoledì escluso aprile-ottobre

Relais Mirabella

LUSSO • CLASSICO Un'elegante oasi di tranquillità, in un borgo di antiche case coloniche con eccezionale vista sul lago, 70 ettari di bosco e piscina. All'atto della prenotazione, se disponibili, richiedere le camere con terrazzino panoramico.

28 cam - †80/190 € ††140/210 € - 1 suite

via Mirabella 34, Sud: 1,5 km - ✆ 030 989 8051 - www.relaismirabella.it - Aperto 1° aprile-31 ottobre

Relais Mirabella Iseo - Vedere selezione ristoranti

ISERA

Trento (TN) - ✉ 38060 - 2 735 ab. - Carta regionale n° **19**-B3
Roma 575 km - Trento 29 km - Verona 75 km - Schio 52 km
Carta stradale Michelin 562-E15

Casa del Vino

CUCINA REGIONALE • RUSTICO X Il fior fiore della gastronomia locale in un palazzo cinquecentesco del centro. Il menu è fisso, ma si può mangiare anche solo qualche piatto (il carpaccio di carne salada con insalata di mele, il nostro preferito!), mentre tutti i vini in carta sono serviti al bicchiere. Molto belle le camere ai piani superiori della casa.

Menu 25/35 € - Carta 30/42 € 8 cam - 70/80 € 90/100 €

piazza San Vincenzo 1 - 0464 486057 - www.casadelvino.info

ISOLA... ISOLE → Vedere nome proprio della o delle isole

ISOLA D'ASTI

Asti - 14057 - 2 012 ab. - Alt. 245 m - Carta regionale n° **14**-D1

Roma 625 km - Torino 67 km - Asti 10 km - Alessandria 47 km

Carta stradale Michelin 561-H6

Castello di Villa

STORICO • ELEGANTE Questa imponente villa patrizia del XVII sec. non smette di far sognare il viandante: splendidi spazi comuni, nonché lussuose camere con soffitti affrescati, arredi e decorazioni eclettiche. Uno stile barocco, ricco ma non *kitsch*, per rivivere i fasti del passato senza rinunciare ai confort moderni.

17 cam - 120/250 € 190/290 € - 1 suite

via Bausola 2, località Villa, Est: 2,5 km - 0141 958006 - www.castellodivilla.it - Aperto 12 aprile-29 novembre

sulla strada statale 231 Sud-Ovest : 2 km

Il Cascinalenuovo (Walter Ferretto)

CUCINA MODERNA • AMBIENTE CLASSICO XXX La sala elegante - sebbene essenziale - si allontana dall'ufficialità piemontese: non la cucina, che ne propone glorie e tradizioni in un carosello dei migliori piatti; in aggiunta anche del pesce. D'estate, situazione alternativa nel fresco dehors con l'Altro Cascinale, dove gustare ricette più semplici, pizze e schiacciate, a prezzi contenuti.

→ Riso carnaroli al salto con ragù di galletto speziato. Maialino croccante, cipolle rosse, mele golden e salsa di soia. Piemonte goloso.

Menu 60/80 € - Carta 52/77 € 15 cam - 70 € 100 € - 10 €

statale Asti-Alba 15 14057 - 0141 958166 - www.walterferretto.com - solo a cena escluso da settembre a marzo su prenotazione - Chiuso 1°-20 gennaio, 12-18 agosto, domenica sera e lunedì

ISOLA DELLA SCALA

Verona - 37063 - 11 536 ab. - Alt. 31 m - Carta regionale n° **23**-A3

Roma 497 km - Verona 19 km - Ferrara 83 km - Mantova 34 km

Carta stradale Michelin 562-G15

L'Artigliere

CUCINA MODERNA • ACCOGLIENTE XX Tra le mura ristrutturate di un antico mulino per la lavorazione del riso, uno chef "navigato" rilancia la propria cucina dal taglio decisamente moderno; possibilità anche di pernottamento in comode camere.

Menu 18 € (pranzo in settimana)/55 € - Carta 44/85 € 5 cam - 90/140 € 100/160 €

via Boschi 5 - 045 663 0710 - www.artigliere.net - Chiuso 1°-6 gennaio, 1°-26 agosto, lunedì e martedì

ISOLA DELLE FEMMINE Sicilia

Palermo - 90040 - 7 290 ab. - Alt. 6 m - Carta regionale n° **17**-B2

Palermo 21 km - Trapani 93 km - Marsala 109 km

Carta stradale Michelin 365-AO54

Sirenetta

FAMILIARE • LUNGOMARE Incastrato tra splendide montagne e un'affascinante baia, gestione familiare con camere semplici, ma accoglienti. Sala e cucina classiche d'albergo: spiccano i sottopiatti in ceramica siciliana.

22 cam - †75/95 € ††95/160 € - 7 suites

viale Dei Saraceni 81, Sud-Ovest: 1,5 km - ✆ 091 867 1538 - www.sirenetta.it

ISOLA DEL LIRI

Frosinone - ✉ 03036 - 11 715 ab. - Alt. 217 m - Carta regionale n° **7**-D2

Roma 107 km - Frosinone 23 km - Avezzano 62 km - Isernia 91 km

Carta stradale Michelin 563-Q22

Scala

LOCANDA • ACCOGLIENTE Una risorsa suddivisa in due edifici, sulla piazza principale e sul lato del fiume, per una proposta di camere semplici, ma particolarmente spaziose, dove il legno la fa da padrone. Proposte di terra e di mare nelle due sale del ristorante.

18 cam - †50 € ††70 €

piazza Gregorio VII - ✆ 0776 808100 - www.scalallacascata.it

ISOLA DI CAPO RIZZUTO

Crotone - ✉ 88841 - 17 643 ab. - Alt. 90 m - Carta regionale n° **3**-B2

Roma 612 km - Cosenza 125 km - Catanzaro 58 km - Crotone 17 km

Carta stradale Michelin 564-K33

Ruris (N)

PESCE E FRUTTI DI MARE • ACCOGLIENTE XX Un ampio giardino dove razzolano galline e conigli, ma ci sono anche dei giochi per bambini che - insieme agli animali - costituiscono un bel passatempo per le famiglie che sostano qui. All'interno una grande sala rustica con arredi tuttavia classici, a tratti anche eleganti; la carta trova nel pesce il suo alleato preferito, rielaborato con guizzi di fantasia.

Menu 35 € (in settimana) - Carta 24/66 €

località Mazzotta, Sud-Est: 3 Km - ✆ 0962 791460 (consigliata la prenotazione) - www.ruris.it - solo a cena escluso domenica - Chiuso lunedì e martedì

a Praialonga Ovest: 12 km

Pietramare (N)

CUCINA CREATIVA • ELEGANTE XXX All'interno del Praia Art-Resort, in una raffinata atmosfera di muretti a secco e vegetazione mediterranea, la cucina è un gustoso connubio tra le eccellenze gastronomiche calabresi e l'inventiva del cuoco campano. Preparate il palato a piatti mediterranei di grande livello!

→ Stoccafisso di mammola con patate della Sila e acqua di sedano. Tagliolini all'uovo con gamberi rossi e tartufo del Pollino. Agnello, asparagi, albicocche glassate e caviale di melanzane affumicate.

Menu 65 € - Carta 67/91 €

Hotel Praia Art-Resort, Strada Statale 106 - ✆ 0962 190 2890 (prenotazione obbligatoria) - www.praiaartresort.com - solo a cena - Aperto 6 maggio-22 ottobre

Praia Art-Resort (N)

TRADIZIONALE • MEDITERRANEO Al termine di una discesa che giunge sino al mare, solo una piccola pineta separa l'albergo dalla spiaggia privata, con romantiche amache ondeggianti sull'acqua. Camere di raffinata sobrietà, arredate con materiali locali d'artigianato, quasi tutte con patio privato. Pranzo in piscina, tanto pesce e grigliate.

15 cam - †380/480 € ††380/600 €

Strada Statale 106 - ✆ 0962 190 2890 - www.praiaartresort.com - Aperto 6 maggio-22 ottobre

Pietramare - Vedere selezione ristoranti

ISOLA DOVARESE

Cremona - ✉ 26031 - 1 159 ab. - Alt. 35 m - Carta regionale n° **9**-C3
Roma 500 km - Parma 48 km - Brescia 75 km - Cremona 27 km
Carta stradale Michelin 561-G12

Caffè La Crepa

CUCINA LOMBARDA · **VINTAGE** Affacciato su una scenografica piazza rinascimentale, il caffè risale al primo '800, poco più tarda la trattoria. Oggi vi invita ad un nostalgico viaggio dal risorgimento agli anni '60, passando per il liberty. Dalla cucina, piatti del territorio come il savaren di riso con ragù classico e lingua salmistrata o i rognoncini di vitello trifolati.

Menu 35/65 € - Carta 28/56 €

piazza Matteotti 13 - ✆ 0375 396161 - www.caffelacrepa.it - Chiuso 9-26 gennaio, 3-9 luglio, 11-28 settembre, lunedì e martedì

Palazzo Quaranta

STORICO · **PERSONALIZZATO** Nel cuore di un suggestivo complesso architettonico, il palazzo tardo settecentesco ospita camere signorili, quasi tutte affrescate, diverse con bagni principeschi.

8 cam - †50/65 € ††80/120 €

via Largo Vittoria 12 - ✆ 0375 396162 - www.palazzoquaranta.it

ISOLA RIZZA

Verona - ✉ 37050 - 3 266 ab. - Alt. 23 m - Carta regionale n° **23**-B3
Roma 487 km - Verona 27 km - Ferrara 91 km - Mantova 55 km
Carta stradale Michelin 562-G15

all'uscita superstrada 434 verso Legnago

Perbellini

CUCINA CREATIVA · **ELEGANTE** Senza in realtà essersi mai interrotto, il discorso gastronomico del ristorante cambia: lo storico, seppur ancora giovane, sous-chef Francesco Baldissarutti ha preso in mano il timone della cucina che si fa meno complessa, ma ugualmente fantasiosa, sempre ricercata e di alto livello qualitativo.

→ Risotto mantecato alla crema di porri allo spiedo, zenzero, ostriche grigliate e mele verdi. Pancia di maiale mora romagnola affumicata e cotta allo spiedo, finocchio e cardamomo. Meringata ghiacciata.

Menu 22 € (pranzo in settimana)/75 € - Carta 42/99 €

via Muselle 130 ✉ 37050 - ✆ 045 713 5352 - www.perbellini.com - Chiuso 10 giorni in gennaio, 3 settimane in agosto, domenica sera, lunedì e martedì; anche domenica a mezzogiorno in luglio-agosto

ISOLA ROSSA Sardegna Olbia-Tempio → Vedere Trinità d'Agultu

ISOLA SANT'ANTONIO

Alessandria (AL) - ✉ 15050 - 717 ab. - Carta regionale n° **12**-C2
Roma 596 km - Torino 125 km - Alessandria 39 km - Novara 106 km
Carta stradale Michelin 561-G8

Da Manuela

CUCINA REGIONALE · **TRATTORIA** Cucina lombarda con qualche spunto piemontese, in un accogliente locale ubicato in aperta campagna. Le specialità sono le rane e i pesci d'acqua dolce, ma ottima è anche la cantina!

Menu 35/45 € - Carta 29/66 €

frazione Capraglia, Nord-Ovest: 3 km - ✆ 0131 857177 - www.ristorantedamanuela.it - Chiuso 1°-21 agosto e lunedì, anche il martedì la prima settimana di ogni mese

ISSENGO ISSENG Bolzano → Vedere Falzes

ISSOGNE

Aosta – ✉ 11020 – 1 343 ab. – Alt. 387 m – Carta regionale n° **21**-B2
Roma 713 km – Aosta 41 km – Biella 70 km – Torino 80 km
Carta stradale Michelin 561-F5

Al Maniero

CUCINA REGIONALE • FAMILIARE XX Giovane coppia, pugliese lui, ferrarese lei, nei pressi del maniero locale: ambiente semplice con piatti del territorio, come i tagliolini di barbariato con pezzata valdostana o l'agnello alle erbe di montagna. Per finire in dolcezza: torta di mele piata d'Issogne e zabaione caldo preparato al tavolo. Solo su prenotazione, pesce.

Menu 24/35 € – Carta 27/47 € 6 cam – †60/70 € ††70/90 €

frazione Pied de Ville 58 – ✆ 0125 929219 – www.ristorantealmaniero.it – Chiuso 15-30 giugno e lunedì escluso agosto

IVREA

Torino – ✉ 10015 – 23 606 ab. – Alt. 253 m – Carta regionale n° **12**-B2
Roma 683 km – Aosta 68 km – Torino 49 km – Breuil-Cervinia 74 km
Carta stradale Michelin 561-F5

Blupum (N)

CUCINA ITALIANA • AMBIENTE CLASSICO XX Se al piano terra c'è la Drogheria con bancone e bistrot, il ristorante vero e proprio si trova a quello inferiore: arredi eleganti e cucina italiana che vede la miglior chiusura con il carrello dei dolci. Fragranza, sapore, genuinità: del resto, c'è lo zampino di Scabin! Specialità: tagliatelle al ragù bolognese - calamari alla Luciana - île flottante.

Menu 29 € – Carta 27/57 €

corso Botta 38 – ✆ 333 314 6158 – www.blupum.com – solo a cena escluso sabato e domenica – Chiuso domenica sera e lunedì

La Mugnaia

CUCINA MODERNA • CONTESTO CONTEMPORANEO XX Una giovane coppia, appassionata e professionale, gestisce questo piacevole locale nascosto in una vietta del centro. Il cuoco è lui e propone una linea di cucina moderna, attenta all'estetica, in cui convivono i sapori del territorio con aperture mediterranee. Non manca il pesce.

Menu 36/50 € – Carta 37/58 €

via Arduino 53 – ✆ 0125 40530 – www.mugnaia.com – solo a cena escluso sabato e domenica – Chiuso 7-20 gennaio, 20-29 giugno, 5-15 settembre e lunedì

Spazio Bianco (N)

FAMILIARE • PERSONALIZZATO Ricavato dove una volta c'era una centrale elettrica, Spazio Bianco dedica ogni sua camera ad un momento culturale del territorio: troverete, quindi, la camera Olivetti, quella dedicata al Carnevale e quella al librettista Giacosa. Tutte accomunate da un alto standard di confort.

6 cam – †85/95 € ††95/120 €

via Patrioti 17 – ✆ 0125 196 1620 – www.spaziobiancoivrea.it

JESI

Ancona – ✉ 60035 – 40 399 ab. – Alt. 97 m – Carta regionale n° **11**-C2
Roma 260 km – Ancona 32 km – Gubbio 80 km – Macerata 41 km
Carta stradale Michelin 563-L21

Federico II

BUSINESS • CLASSICO Elegante complesso immerso nel verde, garantisce un soggiorno confortevole e rilassante grazie anche al moderno centro benessere. Gli spazi comuni sono ampi e le camere arredate con gusto classico. Una luminosa sala panoramica invita a gustare una cucina classica e locale.

113 cam – †60/145 € ††90/221 € – 16 suites

via Ancona 100 – ✆ 0731 211079 – www.hotelfederico2.it

JESOLO

Venezia – ✉ 30016 – 26 122 ab. – Carta regionale n° **23**-D2
▶ Roma 564 km – Venezia 46 km – Belluno 111 km – Padova 80 km
Carta stradale Michelin 562-F19

Da Guido

PESCE E FRUTTI DI MARE • ELEGANTE XxX Se il bianco è l'attore principale delle sale di tono elegantemente contemporaneo, sulla tavola il riflettore è puntato su appetitosi piatti di mare, la specialità è la cottura alla griglia. L'atmosfera diventa romantica in giardino.

Menu 28 € (pranzo in settimana)/65 € – Carta 42/109 €

via Roma Sinistra 25 – ☎ 0421 350380 – www.ristorantedaguido.com – Chiuso gennaio, febbraio, martedì a mezzogiorno e lunedì

JESOLO PINETA Venezia (VE) ➜ Vedere Lido di Jesolo

JOUVENCEAUX Torino ➜ Vedere Sauze d'Oulx

JOVENÇAN Aosta (AO) ➜ Vedere Aosta

KALTERN AN DER WEINSTRASSE CALDARO SULLA STRADA DEL VINO

KASTELBELL TSCHARS CASTELBELLO CIARDES

KASTELRUTH CASTELROTTO

KLAUSEN CHIUSA

KOLFUSCHG COLFOSCO

KURTATSCH AN DER WEINSTRASSE CORTACCIA SULLA STRADA DEL VINO

LABICO

Roma – ✉ 00030 – 6 379 ab. – Alt. 319 m – Carta regionale n° **7**-C2
▶ Roma 39 km – Avezzano 116 km – Frosinone 44 km – Latina 50 km
Carta stradale Michelin 563-Q20

✿ Antonello Colonna Labico

CUCINA MODERNA • MINIMALISTA XxX Natura e modernità armoniosamente fuse in una struttura originale ed avveniristica: siamo all'interno di un parco, tra grandi spazi quasi museali ed opere d'arte, dove la cucina recupera la tradizione campestre laziale sostenuta dall'abilità tecnica di un grande cuoco.

➜ Negativo di carbonara. Capocollo di maialiano croccante e purè affumicato. Diplomatico: crema, cioccolato e caramello salato.

Carta 65/98 €

Antonello Colonna Labico Resort, via di Valle Fredda 52 – ☎ 06 951 0032 (consigliata la prenotazione) – www.antonellocolonna.it – Aperto 1° aprile-31 dicembre; chiuso domenica sera e lunedì

Antonello Colonna Labico Resort

LUSSO • MINIMALISTA Immersa nel verde della campagna di Vallefredda, una bella struttura il cui design minimalista e luminoso viene completato dal servizio pronto ad accontentare qualunque richiesta. Le pareti sono spoglie, ma all'arte contemporanea è dedicata una sala-museo. Camere "nude".

12 cam ☕ – †165/435 € ††180/450 €

via di Valle Fredda 52 – ☎ 06 951 0032 – www.antonellocolonna.it – Aperto 1° aprile-31 dicembre

✿ **Antonello Colonna Labico** – Vedere selezione ristoranti

LA CALETTA Sardegna Nuoro → Vedere Siniscola

LACCO AMENO Napoli → Vedere Ischia (Isola d')

LACES LATSCH

Bolzano – ✉ 39021 – 5 188 ab. – Alt. 639 m – Carta regionale n° **19**-B2
▶ Roma 692 km – Bolzano 56 km – Merano 28 km – Trento 108 km
Carta stradale Michelin 562-C14

Paradiso

CUCINA CREATIVA • ROMANTICO XX Cucina sudtirolese che strizza l'occhio alla creatività e con frequenti citazioni internazionali all'interno di una deliziosa stube in cirmolo.

Menu 89/139 €

via Sorgenti 12 – ✆ 0473 622225 (consigliata la prenotazione) – www.hotelparadies.com – solo a cena – Aperto 30 marzo-6 novembre; chiuso lunedì sera

Paradies

FAMILIARE • STILE MONTANO In posizione davvero paradisiaca, bella struttura nella pace dei frutteti e del giardino ombreggiato con piscina; accoglienti ambienti interni e curato centro benessere.

48 cam – solo ½ P 127/148 € – 20 suites

via Sorgenti 12 – ✆ 0473 622225 – www.hotelparadies.com – Aperto 30 marzo-6 novembre

Paradiso – Vedere selezione ristoranti

LADISPOLI

Roma – ✉ 00055 – 41 078 ab. – Carta regionale n° **7**-B2
▶ Roma 39 km – Civitavecchia 34 km – Ostia Antica 43 km – Tarquinia 53 km
Carta stradale Michelin 563-Q18

The Cesar

CUCINA MODERNA • ELEGANTE XXX Passaggio di consegne in cucina, ma inalterata la qualità: piatti mediterranei preparati in gran parte con i prodotti biologici del proprio orto in un ristorante romanticamente affacciato sulla distesa blu del Mare Nostrum.

Menu 110/125 € – Carta 78/126 €

Hotel La Posta Vecchia, località Palo Laziale, Sud: 2 km – ✆ 06 994 9501 – www.lapostavecchia.com – Aperto 20 aprile-22 ottobre

La Posta Vecchia

STORICO • ELEGANTE Costruita nel '600 dal Principe Odescalchi, che la volle appositamente per accogliere amici e viaggiatori, come in una sorta di predestinazione, la residenza è stata trasformata oggigiorno in esclusivo hotel: uno scrigno di tesori d'arte di ogni epoca con pavimenti musivi e lussuose camere.

14 cam ☕ – †365/725 € ††365/725 € – 5 suites

località Palo Laziale, Sud: 2 km – ✆ 06 994 9501 – www.lapostavecchia.com – Aperto 20 aprile-22 ottobre

The Cesar – Vedere selezione ristoranti

LAGO → Vedere nome proprio del lago

LAGO MAGGIORE o VERBANO Novara, Varese e Cantone Ticino

LAGUNDO ALGUND

Bolzano – ✉ 39022 – 5 029 ab. – Alt. 350 m – Carta regionale n° **19**-B1
▶ Roma 670 km – Bolzano 34 km – Merano 5 km – Trento 89 km
Carta stradale Michelin 562-B15

Pianta: vedere Merano

Zur Blauen Traube

CUCINA ALTOATESINA • FAMILIARE Una delle trattorie più antiche della zona, la sua esistenza è accertata almeno dal 1454. Testimonianze storiche anche nelle sale interne, la carta propone prodotti e ricette del territorio.

Carta 36/75 €

Pianta: A1-e - *strada Vecchia 44 - 0473 447103 - www.blauetraube.it - Chiuso 10 gennaio-1° marzo, 25 giugno-3 luglio e martedì*

Schnalshuberhof

CUCINA REGIONALE • RUSTICO Tra le mura di una casa del 1300, in due stube (unica nel suo genere quella ricoperta di giornali), la famiglia Pinggera propone gustosi piatti a base di ingredienti biologici, accompagnati da vini di produzione propria. Ottimo speck e distillati.

Carta 22/42 €

Pianta: A1-d - *Oberplars 2 - 0473 447324 (prenotazione obbligatoria) - www.gallorosso.it - solo a cena - Chiuso 13 dicembre-22 febbraio, 24 luglio-9 agosto, lunedì, martedì e mercoledì*

Pergola

LUSSO • DESIGN Eccellente esercizio architettonico del celebre Matteo Thun: in una piccola casa, profusione di legno, luce e - grazie alla posizione rialzata sul paese - splendido panorama. Le ampie camere dispongono tutte di un cucinino.

12 suites - 230/310 € - 2 cam - 15 €

Pianta: A1-f - *san Cassiano 40 - 0473 201435 - www.pergola-residence.it - Aperto 21 marzo-15 novembre*

a Vellau/ Velloi Nord-Ovest : 8 km 39022

Oberlechner

CUCINA REGIONALE • CONTESTO TRADIZIONALE Da Merano si sale fino a mille metri di altitudine, dove lo sguardo abbraccia città e monti in un panorama mozzafiato. Ma anche la cucina si rivela all'altezza: molti prodotti locali, all'insegna della tradizione, a cui si aggiunge un po' d'estro. La vista continua nelle belle camere, tutte con balcone.

Carta 27/79 € 10 cam - 70/110 € 100/140 €

Località Velloi - 0473 448350 - www.gasthofoberlechner.com - Chiuso 15 gennaio-15 marzo e mercoledì

LAIGUEGLIA

Savona - 17053 - 1 810 ab. - Carta regionale n° **8**-B2

Roma 603 km - Imperia 23 km - Savona 57 km - San Remo 51 km

Carta stradale Michelin 561-K6

Splendid Mare

STORICO • ACCOGLIENTE Un soggiorno rilassante negli ambienti signorili di un edificio quattrocentesco, ristrutturato nel 1700 e poi ancora in anni recenti, che conserva il fascino di un antico passato. Camere piacevoli, alcune si affacciano sul mare, altre sulla bella piscina.

40 cam - 55/90 € 90/200 € - 2 suites

piazza Badarò 3 - 0182 690325 - www.splendidmare.it - Aperto 10 aprile-30 settembre

LAMA MOCOGNO

Modena - 41023 - 2 734 ab. - Alt. 842 m - Carta regionale n° **5**-B2

Roma 382 km - Bologna 88 km - Modena 58 km - Pistoia 76 km

Carta stradale Michelin 562-J14

Vecchia Lama

CUCINA REGIONALE • ACCOGLIENTE X Cordialità ed ospitalità sono i padroni di casa, insieme ad un'ottima cucina di sola carne con specialità emiliane e montane, nonché tartufi in stagione. D'estate si pranza sulla terrazza affacciata sul giardino. Specialità: tortelloni ricotta e ortiche ai funghi porcini, fiorentina alla toscana su pietra calda.

Menu 15/25 € - Carta 20/45 €

via XXIV Maggio 24 - ✆ 0536 44662 - www.ristotantevecchialama.it - Chiuso lunedì escluso luglio-agosto

LAMBRUGO

Como (CO) - ✉ 22045 - 2 466 ab. - Alt. 280 m - Carta regionale n° **10G**-B1

Roma 609 km - Como 18 km - Milano 49 km

Al Rustico N

CUCINA DEL MERCATO • VINTAGE XX Una casa antica del centro con una saletta dove troneggia un grande camino per i mesi più freddi ed una panoramica terrazza per l'estate: stile vintage curato ed elegante, cucina del mercato quasi - totalmente - gluten free.

Carta 45/73 €

via San Carlo 3 - ✆ 031 608125 (consigliata la prenotazione) - www.ristoranterustico.it - Chiuso 1°-24 gennaio, 3-27 agosto, martedì a mezzogiorno e lunedì

Budget modesto? Optate per il menu del giorno generalmentea prezzo più contenuto.

LAMEZIA TERME

Catanzaro - ✉ 88046 - 70 714 ab. - Alt. 216 m - Carta regionale n° **3**-A2

Roma 580 km - Cosenza 66 km - Catanzaro 44 km

Carta stradale Michelin 564-K30

a Nicastro ✉ 88046

Novecento

CUCINA REGIONALE • FAMILIARE XX Nel centro storico della località, in fondo alla sala con mattoni a vista è stata ricavata nel pavimento un'area trasparente e calpestabile, il cui interno custodisce una riproduzione della vecchia Nicastro. La calda ospitalità accompagna invece i numerosi piatti della tradizione.

Carta 28/62 €

largo Sant'Antonio 5 - ✆ 0968 448625 - www.ristorantenovecento.net - Chiuso agosto, sabato a mezzogiorno e domenica sera

sulla strada statale 18 Sud-Ovest : 11 km

Ashley

LUSSO • PERSONALIZZATO Nelle vicinanze dell'aeroporto, una nuova realtà dalla raffinata ed elegante atmosfera, caratterizzata da mobili d'antiquariato in stile Impero e da spazi curati in ogni settore. La piacevolezza della struttura non risparmia il ristorante: gustose specialità di pesce ed un'interessante carta dei vini.

43 cam - †84/109 € ††94/149 € - 2 suites

località Marinella ✉ 88046 Lamezia Terme - ✆ 0968 51851 - www.hotelashley.it

LA MORRA

Cuneo - ✉ 12064 - 2 724 ab. - Alt. 513 m - Carta regionale n° **14**-C2

Roma 644 km - Cuneo 55 km - Asti 42 km - Torino 67 km

Carta stradale Michelin 561-I5

Massimo Camia

CUCINA CREATIVA • AMBIENTE CLASSICO XXX Un anonimo edificio lungo una strada trafficata, ma una volta raggiunta la sala al primo piano la vista si apre sulle colline. Del territorio anche i piatti in carta, a cui tuttavia si aggiunge qualche proposta di pesce.

➜ Cipolla cotta al sale, crema di patate con bianco di quaglia alle nocciole e tartufo nero. Plin di caprino fresco all'acqua di pomodoro e olive taggiasche. Tortino di nocciola.

Menu 70/75 € - Carta 49/93 €

strada provinciale 3 Alba-Barolo 122, Sud-Est: 5 km - ✆ 0173 56355 (consigliata la prenotazione) - www.massimocamia.it - Chiuso 18 giorni in marzo, 15 giorni in agosto, mercoledì a mezzogiorno e martedì

Bovio

CUCINA PIEMONTESE • AMBIENTE CLASSICO XXX In una bella villa con vista sui vigneti, la famiglia Bovio continua a portar avanti l'importante tradizione gastronomica delle Langhe. La vista dalla terrazza è, a dir poco, spettacolare!

Menu 47 € - Carta 40/69 €

via Alba 17 bis - ✆ 0173 590303 (consigliata la prenotazione) - www.ristorantebovio.it - Chiuso 15 febbraio-12 marzo, 27 luglio-13 agosto, mercoledì e giovedì

Corte Gondina

DIMORA STORICA • CLASSICO Elegante casa d'epoca a due passi dal centro, curata in ogni dettaglio: all'interno camere personalizzate, mentre la sala colazioni e il salottino hanno un respiro quasi anglosassone. Nel rilassante giardino la piscina.

14 cam ☕ - 🚹100/145 € 🚹🚹115/180 €

via Roma 100 - ✆ 0173 509781 - www.cortegondina.it - Chiuso 18-27 dicembre e 16 gennaio-28 febbraio

Palas Cerequio - Barolo Cru Resort

DIMORA STORICA • PERSONALIZZATO Nella tranquillità di una settecentesca residenza di campagna con tanto di cappella privata, camere in stile moderno minimalista o barocco piemontese: la maggior parte, con piccola spa privata (sauna e idromassaggio). Piatti della tradizione locale ed alcune specialità di pesce al ristorante.

9 cam ☕ - 🚹190/350 € 🚹🚹190/350 € - 7 suites

Borgata Cerequio - ✆ 0173 50657 - www.palascerequio.com - Chiuso 9 gennaio-21 marzo

Uve Rooms & Wine Bar (N)

DIMORA STORICA • ELEGANTE Tra i viottoli del borgo antico di La Morra, a pochi metri dalla celebre balconata sulle colline, Uve occupa un incantevole edificio storico, racchiuso intorno ad una romantica corte. Gli arredi delle camere sono contemporanei e raffinati. Non c'è un vero ristorante, ma qualche semplice piatto caldo o freddo.

8 cam ☕ - 🚹130/180 € 🚹🚹160/200 €

via Umberto I, 13 - ✆ 0173 50740 - www.uvelanghe.it

Rocche Costamagna Art Suites

TRADIZIONALE • ELEGANTE Le camere sono sopra la cantina storica dell'azienda (che è possibile visitare): semplici ed eleganti, offrono relax e vista panoramica dalle belle terrazze individuali.

4 cam ☕ - 🚹140/160 € 🚹🚹140/160 €

via Vittorio Emanuele 6 - ✆ 0173 509225 - www.rocchecostamagna.it - Chiuso 6 gennaio-12 febbraio

La Morra Brandini

CASA DI CAMPAGNA • CONTEMPORANEO Ai margini di una piccola frazione dove la collina digrada verso la pianura, la cascina, circondata dai vigneti dell'omonima azienda vinicola biologica, offre confort moderni imperniati sull'ecosostenibilità, due camere soppalcate per chi ama gli spazi, una piscina panoramica e un'ottima cucina piemontese. Nel prezzo della camera è inclusa una visita guidata alle cantine e la degustazione di due bicchieri di vino.

5 cam - 85 € 120/190 €

- 0173 50266 - www.agriturismolamorra.it - Chiuso gennaio e febbraio

Fior di Farine

FAMILIARE • CLASSICO Nella corte interna di uno dei più celebri mulini in pietra, una struttura del '700 con soffitti a cassettoni e camere arredate in stile rustico-elegante; nuoto controcorrente nella piccola piscina-solarium. Imperdibile la prima colazione: proverbiali pizze e dolci fatti con farina di loro produzione.

5 cam - 80/85 € 100/110 €

via Roma 110 - 0173 509860 - www.fiordifarine.com - Chiuso gennaio e febbraio

a Rivalta Nord: 4 km ✉ 12064 - La Morra

Bricco dei Cogni

FAMILIARE • STORICO Qui troverete un'elegante casa ottocentesca trasformata negli anni in una romantica raccolta di oggetti d'antiquariato, passione della coppia che gestisce questo b&b. I nostalgici si innamoreranno delle sue atmosfere retrò, comunque accompagnate dalle moderne comodità e da una bella piscina attrezzata.

6 cam - 80/120 € 100/140 € - 8 €

frazione Rivalta Bricco Cogni 39 - 0173 509832 - www.briccodeicogni.it - Chiuso 15-28 dicembre

a Annunziata Est : 4 km ✉ 12064 - La Morra

Osteria Veglio

PIEMONTESE • CONTESTO REGIONALE XX La casa, costruita negli anni Venti, sa di tradizione e di Piemonte, come la cucina, gustosa e avvolgente, che vi racconterà i sapori gastronomici delle Langhe, dai ravioli del plin alla finanziera, con qualche inserimento di pesce. Col bel tempo ci si trasferisce in terrazza, affacciati su vigneti e colline.

Menu 35 € - Carta 32/58 €

frazione Annunziata 9 - 0173 509341 (coperti limitati, prenotare) - www.osteriaveglio.it - Chiuso febbraio, 10 giorni in agosto, domenica e lunedì

Arborina Relais

FAMILIARE • ORIGINALE Circondata dai vigneti dell'omonimo cru del Barolo, chi ama il design moderno s'innamorerà di questa struttura: quasi tutte le camere hanno un cucinotto, quelle al piano terra si affacciano su un piccolo giardino privato, balcone per quelle al primo piano; tanta luce dalle pareti vetrate e una vista da cartolina. Terrazza panoramica al ristorante.

6 suites - 290/340 € - 4 cam

frazione Annunziata 27/b - 0173 500351 - www.arborinarelais.it - Chiuso 9 gennaio e 17 febbraio

Agriturismo La Cascina del Monastero

CASA DI CAMPAGNA • BUCOLICO Nel mezzo di un'aperta vallata circondata dalle colline, qui vivrete l'atmosfera di una vera azienda vinicola, ospitati dalla calorosa e simpatica titolare che vi consiglierà i sentieri per le camminate. Godrete di ampi spazi, sia all'aperto che nelle camere, quasi tutte con cucinotto, ideali per famiglie.

10 cam - 95/120 € 120/140 €

cascina Luciani 112/a - 0173 509245 - www.cascinadelmonastero.it - Aperto 1° marzo-15 dicembre

a Santa Maria Nord-Est : 4 km ✉ 12064 - La Morra

L'Osteria del Vignaiolo

CUCINA PIEMONTESE • TRATTORIA X In questa piccola frazione nel cuore del Barolo, un piacevole edificio in mattoni ospita quella che è diventata una piacevole osteria. Nella luminosa sala, i piatti della tradizione sono reintepretati con fantasia: i cubetti di scamone scottati con pane alle erbette aromatiche, ne sono un esempio. Spaziose e confortevoli le camere.

Menu 38 € - Carta 32/43 € 5 cam - †50 € ††70 €

- ✆ 0173 50335 - www.osteriadelvignaiolo.it - Chiuso gennaio, 15-30 giugno, mercoledì e giovedì

LAMPEDUSA (Isola di) Sicilia

Agrigento - 6 569 ab. - Alt. 16 m - Carta regionale n° **17**-C3
Carta stradale Michelin 365-AK70

Lampedusa - ✉ 92010

Carta stradale Michelin 565-U19

Gemelli

CUCINA MEDITERRANEA • CONVIVIALE XX Ristorante a poca distanza dall'aeroporto, dove è possibile gustare al meglio i prodotti ittici locali. Il servizio estivo viene effettuato sotto ad un fresco pergolato.

Carta 35/69 €

via Cala Pisana 2 - ✆ 0922 970699 - solo a cena - Aperto Pasqua-31 ottobre

Lipadusa

CUCINA MEDITERRANEA • ACCOGLIENTE XX Nel centro del paese, fragrante cucina di pesce proposta in chiave tradizionale, ampio dehors sotto un fresco pergolato, servizio attento e dinamico. Insomma: una certezza, sempre!

Menu 30 € - Carta 34/60 €

via Bonfiglio 12 - ✆ 0922 970267 - www.lipadusa.com - solo a cena - Aperto 1° maggio-31 ottobre

Cavalluccio Marino (N)

CUCINA MODERNA • AMBIENTE CLASSICO X Cucina fantasiosa in un locale di lunga tradizione familiare rinnovatasi con il passaggio alle nuove generazioni: periferico rispetto al centro, ma facilmente raggiungibile, la sua posizione fronte mare è veramente invidiabile. Buona selezione enologica regionale, nonché internazionale.

Carta 40/92 €

Hotel Cavalluccio Marino, contrada Cala Croce 3 - ✆ 0922 970053 - www.hotelcavallucciomarino.com - Aperto 15 maggio-31 ottobre

Lampegusto

CUCINA MEDITERRANEA • SEMPLICE X Tranquillamente seduti in uno dei tavolini del piccolo dehors o utilizzando la formula take away per coloro che fanno gite in barca o abitano da queste parti, piatti mediterranei sostanzialmente a base di pesce.

Menu 10/35 € - Carta 18/42 €

via Vittorio Emanuele 19 - ✆ 388 628 4356 (consigliata la prenotazione la sera) - www.lampegusto.it - Aperto 1° giugno-30 settembre

O'Scià

TRADIZIONALE • PERSONALIZZATO In prossimità del porto turistico e a pochi passi dal centro storico, raggiungibile tramite una lunga scalinata, struttura molto carina dalle atmosfere e arredi orientaleggianti: colori sgargianti già nella hall, camere spaziose e con accessori dell'ultima generazione. Senza ombra di dubbio, tra le più intriganti risorse dell'isola!

26 cam - †50/123 € ††70/190 € - 5 suites

via Cameroni 8 - ✆ 0922 975799 - www.osciahotel.it - Aperto 1° aprile-18 ottobre

Luagos Club

CASA PADRONALE • MEDITERRANEO In un'originale struttura a semicerchio, le ampie camere dispongono di entrata con piccolo patio esterno e tutte convergono verso una sorta di piazzetta caratterizzata da una fitta macchia mediterranea. Gestione molto ospitale, gentile e premurosa. Difficile pretendere di più!

7 cam - 50/100 € 100/200 €

via del Mediterraneo, 1 - 0922 970131 - www.luagos.com - Aperto 15 maggio-15 ottobre

Cavalluccio Marino

FAMILIARE • ACCOGLIENTE Affacciato sul mare, fuori dal caotico centro storico e portuale, una bella struttura con una ricca macchia mediterranea a farle da cornice. Camere graziose ed un senso dell'ospitabilità da parte dei proprietari veramente encomiabile!

10 cam - solo ½ P 90/130 €

contrada Cala Croce 3 - 0922 970053 - www.hotelcavallucciomarino.com - Aperto 15 maggio-31 ottobre

Cavalluccio Marino - Vedere selezione ristoranti

LAMPORECCHIO

Pistoia - 51035 - 7 508 ab. - Alt. 56 m - Carta regionale n° **18**-B1
Roma 318 km - Firenze 49 km - Prato 31 km - Pistoia 20 km
Carta stradale Michelin 563-K14

Atman a Villa Rospigliosi (Igles Corelli)

CUCINA CREATIVA • ELEGANTE XXX In una splendida villa seicentesca alle porte della località si è insediato lo chef Igles Corelli con la sua cucina "garibaldina" e creativa, nata per unire gusti e sapori di tutta Italia. Al primo piano del palazzo, ora, ci sono anche 4 nuove suite, ampie e suggestive, con accessori vintage.

➜ Mojito di Parma. Il capriolo si fa tonno. Bignè fritti e caramellati, salsa di agrumi.

Menu 100/130 € - Carta 70/115 € 4 suites - 250/500 €

via Borghetto 1, località Spicchio - 0573 803432 - www.atmanavillarospigliosi.it - solo a cena escluso domenica - Chiuso domenica sera e lunedì

LANA

Bolzano - 39011 - 11 929 ab. - Alt. 310 m - Carta regionale n° **19**-B2
Roma 661 km - Bolzano 24 km - Merano 10 km - Trento 77 km
Carta stradale Michelin 562-C15

G. Lounge and Vinothek

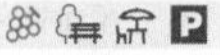

CUCINA MODERNA • ACCOGLIENTE XX Immerso nel verde del Golf Club di Lana, ma anche delle montagne circostanti, ristorante dagli ambienti di contemporanea signorilità e una pregevole terrazza dove pranzare godendosi la vista sui dintorni. La cucina propone in chiave moderna e fantasiosa ricette tradizionali, ma non solo: se siete in zona, è sicuramente un imperdibile!

Menu 15 € (pranzo in settimana)/45 € - Carta 33/69 €

via Brandis 13, golf club - 0473 562447 (consigliata la prenotazione) - www.restaurant-g.bz - Chiuso 1° gennaio-15 febbraio, 14-30 novembre e lunedì

a Foiana Sud-Ovest : 5 km 39011 - Lana D'Adige - Alt. 696 m

Kirchsteiger

CUCINA CREATIVA • CONTESTO TRADIZIONALE XX Da tempo uno dei ristoranti più interessanti della zona, il cuoco continua la sua abile operazione di sintesi fra tradizione e modernità in cucina, ma anche nelle sale, raffinate rivisitazioni di materiali locali. Per le camere, invece, preferire quelle più recenti.

Menu 42/62 € - Carta 20/71 € 16 cam - 45/90 € 90/110 € - 4 suites

via prevosto Wieser 5 - 0473 568044 - www.kirchsteiger.com - Chiuso 10 gennaio-15 marzo e giovedì

Alpiana Resort

LUSSO • PERSONALIZZATO Un'oasi di pace nella cornice di una natura incantevole: piacevole giardino con piscina riscaldata, interni d'ispirazione moderna e splendido wellness. Lodevole attenzione alla qualità della cucina!

58 cam - 192/215 € 322/420 € - 6 suites

via prevosto Wieser 30 - 0473 568033 - www.alpiana.com - Chiuso 8 gennaio-19 marzo

Waldhof2

FAMILIARE • PERSONALIZZATO Due costruzioni distinte: classica con i tipici arredi altoatesini la prima, splendidamente avvolta dal legno la seconda. Spazio e luce in ambienti moderni.

43 cam - solo ½ P 131/171 € - 7 suites

via Mayenburg 32 - 0473 568081 - www.derwaldhof.com - Chiuso 8 gennaio-1° aprile

a San Vigilio Nord-Ovest : 5 mn di funivia ✉ 39011 - Vigiljoch - Alt. 1 485 m

1500

CUCINA MODERNA • ELEGANTE XX Luce, spazio e legno sono l'architrave del ristorante, al primo piano dell'albergo Vigilius. Cucina tecnica e sofisticata, troverete prodotti locali, ma si ricorre volentieri anche altrove, pesce compreso.

Carta 80/99 €

Vigilius Mountain Resort, via Pavicolo 43 - 0473 556600 (consigliata la prenotazione) - www.vigilius.it - solo a cena - Chiuso 12 marzo-12 aprile e 8-27 novembre

Vigilius Mountain Resort

LUSSO • PERSONALIZZATO Raggiunto l'albergo con la funivia di Lana, troverete ambienti semplici e minimalisti, atmosfere di elegante essenzialità tra legno e architettura ecologica. "Ida" offre il calore di una stube storica, nonché una cucina tipica altoatesina.

35 cam - 230/360 € 310/520 € - 6 suites

via Pavicolo 43 - 0473 556600 - www.vigilius.it - Chiuso 12 marzo-12 aprile e 8-27 novembre

1500 - Vedere selezione ristoranti

LANGHIRANO

Parma - ✉ 43013 - 10 315 ab. - Alt. 265 m - Carta regionale n° **5**-B2

Roma 476 km - Parma 23 km - La Spezia 119 km - Modena 81 km

Carta stradale Michelin 562-I12

La Ghiandaia

PESCE E FRUTTI DI MARE • ELEGANTE XX Originale collocazione in un fienile ristrutturato, con un particolare spazio estivo all'aperto nel giardino in riva al fiume. Gustose specialità di pesce, all'insegna della semplicità.

Carta 38/68 €

località Berzola, Sud: 3 km - 0521 861059 - www.la-ghiandaia.it - solo a cena escluso i giorni festivi - Aperto 1° aprile-30 settembre; chiuso lunedì

a Pilastro Nord : 9 km ✉ 43013 - Alt. 176 m

Masticabrodo

CUCINA EMILIANA • FAMILIARE X All'ombra del Castello di Torrechiara, in aperta campagna, la trattoria propone piatti legati alle tradizioni locali e specialità di stagione. L'accurata selezione di materie prime, qui, è un imperativo categorico!

Carta 24/47 €

strada provinciale per Torrechiara 45/A, Nord: 7 km - 0521 639110 - www.masticabrodo.com - Chiuso 30 luglio-12 agosto, domenica sera e lunedì

LANGTAUFERS VALLELUNGA

LA PALUD Aosta ➜ Vedere Courmayeur

LAPIO Vicenza ➜ Vedere Arcugnano

L'AQUILA

(AQ) - ✉ 67100 - 69 753 ab. - Alt. 714 m - Carta regionale n° **1**-A2
Roma 121 km - Teramo 59 km - Pescara 107 km - Terni 96 km
Carta stradale Michelin 563-O22

Magione Papale

CUCINA CREATIVA • ELEGANTE XXX Di straniero, qui, c'è solo il nome dello chef. In realtà, William è originario della zona e la cucina si avvale dei migliori prodotti locali, plasmati dalla sua grande creatività e con una quasi "maniacale" attenzione alle cotture. Non è nella sala grande che si cena, ma in quella un po' più piccola e comunque accogliente.

➜ "A occhi chiusi": parmigiana di melanzane. Manzetto alla pizzaiola. Cocco, cioccolato e origano.

Menu 50/95 € - Carta 52/79 €

Hotel Magione Papale, via Porta Napoli 67/I - ✆ 0862 404426 (prenotazione obbligatoria) - www.magionepapale.it - solo a cena escluso domenica - Chiuso gennaio, domenica sera e lunedì

Magione Papale

CASA DI CAMPAGNA • PERSONALIZZATO Un relais di campagna, dove tutti (almeno una volta nella vita) dovrebbero pernottare. In un mulino ristrutturato, camere tutte diverse, ma accomunate da elementi architettonici che rimandano all'originaria funzione della struttura.

17 cam - †80/100 € ††100/120 €

via Porta Napoli 67/I - ✆ 0862 414983 - www.magionepapale.it - Chiuso gennaio

Magione Papale - Vedere selezione ristoranti

LARI

Pisa - ✉ 56035 - 12 529 ab. - Alt. 130 m - Carta regionale n° **18**-B2
Roma 335 km - Pisa 37 km - Firenze 75 km - Livorno 33 km
Carta stradale Michelin 563-L13

a Lavaiano Nord-Ovest : 9 km ✉ 56030

Castero-Banca della Bistecca

CUCINA REGIONALE • ACCOGLIENTE XX Locale all'interno di una villa d'epoca con ameno giardino: ambiente accogliente ed impreziosito da alcuni affreschi, servizio informale e veloce. La specialità? Il nome è un ottimo indizio: carne e ancora carne, naturalmente cotta alla brace.

Carta 30/50 €

via Galilei 2 - ✆ 0587 616121 - www.ristorantecastero.it - solo a cena in agosto - Chiuso 1°-7 gennaio, domenica sera e lunedì

LARIO ➜ Vedere Como (Lago di)

LA SALLE

Aosta - ✉ 11015 - 2 087 ab. - Alt. 1 001 m - Carta regionale n° **21**-A2
Roma 775 km - Aosta 29 km - Courmayeur 14 km - Gèneve 114 km
Carta stradale Michelin 561-E3

La Cassolette

CUCINA CREATIVA • CONTESTO TRADIZIONALE XXX Chi ama le atmosfere di montagna troverà qui di che deliziarsi, non solo per l'eleganza della sala d'ispirazione alpina, ma soprattutto per le proposte dei menu degustazione, una deliziosa carrellata di prodotti valdostani a cui si aggiunge qualche divagazione marina.

Menu 45/90 €

Mont Blanc Hotel Village, La Croisette 36 - 0165 864111 - www.hotelmontblanc.it - Chiuso ottobre-novembre

Mont Blanc Hotel Village

GRAN LUSSO • ELEGANTE A darvi il benvenuto un caldo stile valdostano con tappeti, legno e camino. Nelle camere gli ambienti diventano ancora più originali, dormirete tra materiali tipici locali, ma in un'atmosfera di grande confort. Dalla sala colazioni è spettacolare la vista sulla cima da cui prende il nome.

27 cam - 200/410 € 224/440 € - 13 suites

La Croisette 36 - 0165 864111 - www.hotelmontblanc.it - Chiuso ottobre-novembre

La Cassolette - Vedere selezione ristoranti

LA SPEZIA

(SP) - 19124 - 93 959 ab. - Carta regionale n° **8**-D2

Roma 422 km - Massa 39 km - Genova 101 km - Livorno 94 km

Carta stradale Michelin 561-J11

La Posta

CUCINA CLASSICA • ELEGANTE XXX Sobria eleganza ed oggetti d'arte creano l'ambiente ideale per gustare una cucina di terra e di mare, che riserva grosse attenzioni alla qualità delle materie prime: vera passione del patron così come, in stagione, il celebre tartufo bianco! Ottimo indirizzo.

Carta 51/80 €

Pianta: B2-d - *via Giovanni Minzoni 24 19121 - 0187 760437 - www.lapostadiclaudio.com - Chiuso 1 settimana in agosto e domenica*

Antica Trattoria Sevieri

CUCINA REGIONALE • AMBIENTE CLASSICO XX Ristorante di tradizione nei pressi del mercato coperto dove si approvvigiona giornalmente, una garanzia per la freschezza dei prodotti! Piacevole dehors ed un piccolo ambiente - all'ingresso del locale - nel quale intrattenersi per sorseggiare un aperitivo.

Carta 30/73 €

Pianta: A2-f - *via della Canonica 13 19124 - 0187 751776 (consigliata la prenotazione) - Chiuso 1 settimana in febbraio, 1 settimana in novembre e domenica*

L'Osteria della Corte

CUCINA MODERNA • FAMILIARE XX Appassionata gestione familiare in un accogliente locale dai toni rustici, con piacevole cortile interno. La cucina, di terra e di mare, cresce, cresce ed ogni anno che passa si fa sempre più personale e moderna.

Menu 40/60 € - Carta 32/105 €

Pianta: A1-a - *via Napoli 86 19122 - 0187 715210 (consigliata la prenotazione) - www.osteriadellacorte.com - Chiuso 1 settimana in gennaio e lunedì a mezzogiorno*

La Suprema

CUCINA MODERNA • DI TENDENZA X Accanto alla propria omonima forneria con bar, in pieno centro pedonale, ecco un piccolo salottino modaiolo e gourmet dove viene servita una cucina di mare e di terra in chiave moderna, ma senza esagerazioni. A pranzo, l'offerta è ridotta, il prezzo più economico.

Carta 40/62 € - carta semplice a pranzo

Pianta: B2-e - *piazza Sant'Agostino 7 19121 - 0187 730453 (coperti limitati, prenotare) - www.lasuprema.it - Chiuso domenica*

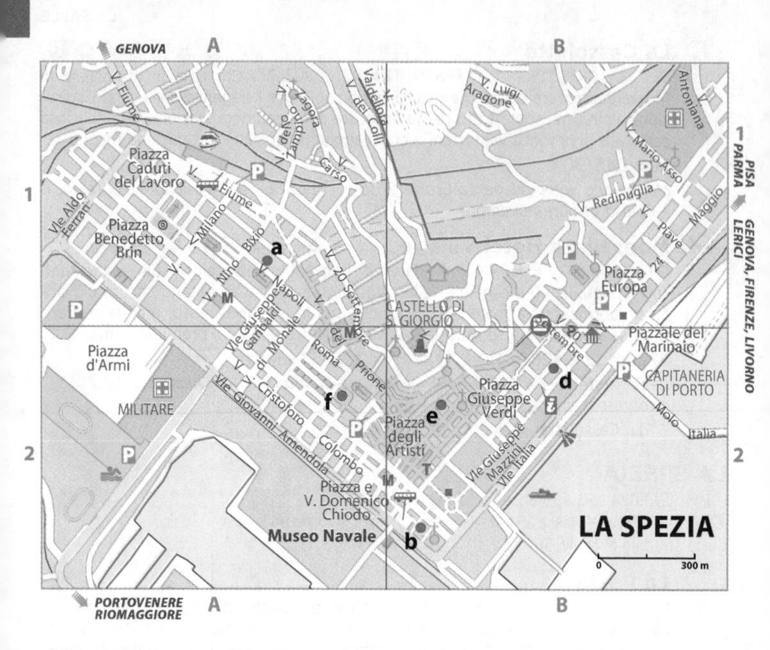

Bago dalle Corriere

CUCINA MODERNA • MINIMALISTA X In prossimità del Museo Navale, un simpatico ristorantino con mura in pietra e pavimento in legno, un ambiente informale e giovanile per una cucina che potrebbe anche sorprendervi. Lasciatevi consigliare da Bago.

Menu 35 € (cena) - Carta 39/67 €

Pianta: B2-b - *piazza Chiodo 6/7 ✉ 19124 - ☎ 0187 734694 - Chiuso domenica*

Le Ville Relais

LOCANDA • PERSONALIZZATO La posizione elevata con superba vista sul golfo, rende la struttura un'autentica oasi di tranquillità, dove trovano posto camere signorili, verdi terrazze ed una scenografica piscina. Sfiziose proposte liguri, nell'intimo ristorante.

12 cam - †90/200 € ††120/250 €

salita al Piano 18/19, per Portovenere - A2 ✉ 19131 - ☎ 0187 735299 - www.levillerelais.it - Aperto 1° marzo-31 ottobre

LA THUILE

Aosta - ✉ 11016 - 761 ab. - Alt. 1 441 m - Carta regionale n° **21**-A2

Roma 786 km - Aosta 41 km - Courmayeur 14 km

Carta stradale Michelin 561-E2

Le Coq au Vin

CUCINA CREATIVA • ACCOGLIENTE XX Un'ottima cucina - moderatamente creativa - realizzata con prodotti biologici e dove trovano spazio anche piatti vegetariani. La sera, ci si può accomodare nella più intima stube con camino.

Menu 35 € (cena)/65 € - Carta 43/82 €

Hotel Chalet Eden, frazione Villaret 74 - ☎ 0165 885050 - www.chaleteden.it - Chiuso 25 aprile-1° giugno e 20 settembre-28 ottobre

Le Miramonti

TRADIZIONALE • PERSONALIZZATO Recentemente ristrutturato, questo hotel ha il grande pregio di trovarsi in centro paese e nei pressi degli impianti di risalita. Internamente rivestito in legno presenta pochi spazi comuni, ma signorili, una piccola area benessere e camere piacevolmente arredate.

36 cam - †95/265 € ††120/330 € - 4 suites

via Piccolo San Bernardo 3 - ✆ 0165 883084 - www.lemiramonti.it - Chiuso maggio, ottobre e novembre

Chalet Eden

FAMILIARE • DESIGN Una bella struttura familiare, ma rinnovata e moderna senza tradire legno e tradizioni locali, con tante camere di dimensioni generose. La sua ubicazione ai margini della località, non può che essere un pregio...

19 cam - †70/200 € ††115/300 € - 8 suites

frazione Villaret 74 - ✆ 0165 885050 - www.chaleteden.it - Chiuso 4-31 maggio e 1°-27 ottobre

Le Coq au Vin - Vedere selezione ristoranti

Nira Montana

LUSSO • DESIGN Vasta gamma di servizi, compresa una moderna spa, in un hotel dal design moderno che strizza l'occhio ai tradizionali materiali locali: il legno che riveste pavimenti e soffitti gli conferisce, infatti, un senso di "calda" atmosfera. Armonia e funzionalità tra le caratteristiche più rilevanti.

55 cam - †145/675 € ††165/695 €

Località Arly 87 - ✆ 0165 883125 - www.niramontana.com - Aperto 4 dicembre-10 aprile e 1° giugno-30 settembre

Locanda Collomb

LOCANDA • ELEGANTE "Gli uomini potevano chiudere gli occhi davanti alla grandezza, davanti all'orrore, davanti alla bellezza, e turarsi le orecchie davanti a melodie o a parole seducenti. Ma non potevano sottrarsi al profumo" P. Süskind... Camere a tema letterario e aromaterapiche in una deliziosa locanda dalla conduzione cordialmente familiare. Impianti di risalita a soli 200 metri.

10 cam - †112/154 € ††128/234 €

frazione Bathieu 51 - ✆ 0165 885119 - www.locandacollomb.it - Chiuso maggio; in giugno, ottobre e novembre aperto solo nel week end

Martinet

FAMILIARE • ROMANTICO In una frazione di La Thuile, piccolo albergo immerso nella pace e nel silenzio dei monti, in posizione panoramica. Camere con legni tradizionali e nuova zona benessere.

13 cam - †25/60 € ††50/120 €

frazione Petite Golette 159 - ✆ 0165 884656 - www.hotelmartinet.it

LATINA

(LT) - ✉ 04100 - 125 985 ab. - Alt. 21 m - Carta regionale n° **7**-C3

Roma 75 km - Frosinone 59 km - Fiumicino 81 km

Carta stradale Michelin 563-R20

Enoteca dell'Orologio

CUCINA CLASSICA • AMBIENTE CLASSICO XX Accogliente locale del centro, nella sala al 1° piano, di tono elegante, proverete piatti della tradizione, mentre allettanti e più semplici sono le offerte nell'adiacente enoteca. Alcuni champagne fanno capolino nella carta dei vini. D'estate, il servizio si sposta anche all'aperto.

Carta 42/73 €

piazza del Popolo 20 - ✆ 0773 473684 - www.enotecadellorologio.it - Chiuso 15-31 agosto, 1°-7 gennaio, lunedì e giorni festivi

a Lido di Latina Sud: 9 km ✉ 04010 – Borgo Sabotino

✿ Il Vistamare

CUCINA MODERNA • MINIMALISTA XX La spiaggia ed il mare sono letteralmente a portata di mano, perchè la sala - grazie alle pareti di vetro - pare un acquario panoramico, mentre l'esperta mano dello chef vi delizierà con piatti ricchi di fantasia, creatività e, soprattutto, gusto.

➜ Seppia... all'arrabbiata. Ombrina cotta e cruda con pappa al pomodoro su zuppetta di olive. Cannoncino ai formaggi morbidi, pere e bolle di vino rosso.

Menu 50/80 € - Carta 47/69 €

Hotel Il Fogliano, piazzale Gaetano Loffredo ✉ 04100 – ✆ 0773 273418 (consigliata la prenotazione) – www.ilfoglianohotel.it – solo a cena da luglio a metà settembre – Aperto marzo-20 dicembre

Il Funghetto

CUCINA CLASSICA • ACCOGLIENTE XX Dietro i fornelli e in sala lavora la seconda generazione della medesima famiglia che gestisce il locale da oltre 40 anni: solidità ed esperienza, nonché una cucina che si aggiorna pur rimanendo fedele a sè stessa. Molto pesce, un po' di carne, tanto vino.

Menu 35/60 € – Carta 39/90 €

strada Litoranea 11412, località Borgo Grappa – ✆ 0773 208009 – www.ristoranteilfunghetto.it – solo a cena in luglio-agosto escluso domenica – Chiuso mercoledì escluso luglio-agosto, anche domenica sera da settembre a giugno

Il Fogliano

LUSSO • LUNGOMARE Direttamente sul mare, un piccola ed esclusiva risorsa dall'arredo moderno con camere tutte vista mare e suite con vasca idromassaggio: quest'ultima presente anche nel bel solarium sul tetto.

13 cam – 🚹119/149 € 🚹🚹144/570 € – 6 suites

piazzale Gaetano Loffredo – ✆ 0773 273418 – www.ilfoglianohotel.it – Aperto marzo-20 dicembre

✿ **Il Vistamare** – Vedere selezione ristoranti

a Borgo Faiti Est: 10 km ✉ 04010

Locanda del Bere

CUCINA REGIONALE • FAMILIARE XX Solida gestione per questo ristorante dall'accogliente e calda atmosfera. Le proposte della cucina si orientano su piatti di carne, in inverno, e sul pesce nei mesi più caldi.

Carta 27/56 €

via Foro Appio 64 – ✆ 0773 258620 – Chiuso 15-30 agosto e domenica sera

Cucinarium

CUCINA REGIONALE • CONVIVIALE XX La carta del Cucinarium è solo uno spunto: il maître vi guiderà con piacere nella scelta di piatti - soprattutto a base di prodotti locali - sia di carne che di pesce. Le sere da giovedì a domenica l'offerta raddoppia col menu fisso tradizionale della rustica Fraschetta d'Orazio.

Menu 25/25 € – Carta 31/73 €

Hotel Foro Appio Mansio, via Appia km 72,800 – ✆ 0773 877434 – www.foroappiohotel.it

Foro Appio Mansio

BUSINESS • ACCOGLIENTE Ex stazione di posta romana, l'attuale edificio fu disegnato da Valadier e conserva la sobrietà monastica del progetto originale. Pavimenti in antico cotto conducono alle camere volutamente essenziali: spiccano tuttavia le spalliere dei letti di fine '800. Ampi spazi esterni e anche gite fluviali sul canale che costeggia l'hotel.

37 cam – 🚹85 € 🚹🚹90/100 € – 1 suite

via Appia km 72,800 – ✆ 0773 877434 – www.foroappiohotel.it

Cucinarium – Vedere selezione ristoranti

a Le Ferriere Ovest: 14,5 km ✉ 04010

Satricvm

CUCINA MODERNA • CHIC XX Le esperienze raccolte a Londra ed in giro per il mondo dallo chef tornano nei piatti moderni, a volte creativi, dove si citano spesso le origini con l'utilizzo di prodotti del territorio, ma anche nell'atmosfera piacevolmente internazionale che non ci si aspetterebbe in queste lande. La domenica va in scena il brunch.

Menu 38/48 € - Carta 38/52 €

strada Nettunense 1277 - ☎ 349 192 3153 (consigliata la prenotazione) - www.maxcotilli.com - solo a cena in estate - Chiuso 1° settimana in gennaio e mercoledì

LATSCH LACES

LAVAGNA

Genova - ✉ 16033 - 12 791 ab. - Carta regionale n° **8**-C2

Roma 466 km - Genova 45 km - La Spezia 68 km - Rapallo 18 km

Carta stradale Michelin 561-J10

Il Gabbiano

CUCINA MEDITERRANEA • ACCOGLIENTE XX In posizione panoramica sulle prime colline prospicenti il mare, specialità ittiche e di terra da gustare nell'accogliente sala recentemente rinnovata o nella veranda con vista.

Menu 35/40 € - Carta 32/41 €

via San Benedetto 26, Est: 1,5 km - ☎ 0185 390228 (consigliata la prenotazione) - www.ristoranteilgabbiano.com - Chiuso 1 settimana in gennaio, 1 settimana in febbraio, 2 settimane in novembre, lunedì, anche martedì da novembre a febbraio

a Cavi Sud-Est : 3 km ✉ 16030

Raieû

LIGURE • FAMILIARE X Autentiche lampare sono sospese sopra i tavoli di questa caratteristica trattoria con una sala dagli arredi in legno e tavoli divisi da panche, nonché un'altra più tradizionale e luminosa. Cucina regionale: pansoti in salsa di noce - lasagne nere al sugo di gamberi - buridda di seppie... il pescato arriva direttamente da una barca di proprietà per essere poi preparato secondo ricette locali.

Carta 27/48 €

via Milite Ignoto 25 - ☎ 0185 390145 - www.raieu.it - Chiuso 2 settimane in febbraio-marzo, novembre e lunedì

LAVAGNO

Verona - ✉ 37030 - 6 222 ab. - Alt. 70 m - Carta regionale n° **22**-B3

Roma 519 km - Verona 18 km - Vicenza 44 km - Padova 74 km

Carta stradale Michelin 561-F15

Antica Ostaria de Barco

CUCINA REGIONALE • RUSTICO X Tra i vigneti, in una casa colonica riadattata conservando l'architettura originale, un ristorante a cui si accede passando dalla cucina e che propone un piacevole servizio estivo in terrazza. Tra le specialità spiccano le carni alla brace e, per gli amanti del genere, anche le lumache!

Menu 30/40 € - Carta 30/38 €

via Barco di Sopra 5 - ☎ 045 898 0420 - www.anticaostariadebarco.it - Chiuso 1°-7 gennaio, sabato a mezzogiorno, domenica sera, anche domenica a mezzogiorno in luglio-agosto

LAVAIANO Pisa ➜ Vedere Lari

LAVENO MOMBELLO

Varese – ✉ 21014 – 8 813 ab. – Alt. 205 m – Carta regionale n° **9**-A2
Roma 654 km – Milano 81 km – Varese 26 km – Como 49 km
Carta stradale Michelin 561-E7

La Tavola (Riccardo Bassetti)

CUCINA MODERNA • AMBIENTE CLASSICO XX Sala classica all'interno, ma l'imperdibile appuntamento è sulla terrazza, costruita proprio sull'acqua, con la vista che abbraccia il lago. Cucina raffinata ed estrosa, l'artefice è un giovane cuoco a suo agio sia con il pesce di mare che di lago, nonché la carne.

➜ Spaghetti, aglio ed alici, spuma di peperone rosso. Ho preso un branzino e ne ho fatto un cono... Brownie, cacao ed achillea.

Menu 55/90 € – Carta 59/96 €

Hotel il Porticciolo, via Fortino 40, Ovest: 1,5 km – ✆ 0332 667257 – www.ilporticciolo.com – Chiuso 9 gennaio-9 febbraio, martedì e mercoledì

Il Porticciolo

FAMILIARE • CLASSICO Lungo la strada che costeggia il lago, una volta all'interno il traffico è presto dimenticato: buone camere dagli arredi contemporanei, ma soprattutto una romantica vista sul Maggiore, da una costa all'altra. Oltre al ristorante gourmet vi è una proposta piu semplice a L'Osteria.

10 cam – †95/130 € ††120/199 €

via Fortino 40, Ovest: 1,5 km – ✆ 0332 667257 – www.ilporticciolo.com – Chiuso 2 settimane in gennaio

La Tavola – Vedere selezione ristoranti

LA VILLA STERN Bolzano ➜ Vedere Alta Badia

LAVIS

Trento – ✉ 38015 – 8 915 ab. – Alt. 232 m – Carta regionale n° **19**-B3
Roma 587 km – Trento 9 km – Bolzano 49 km – Verona 101 km
Carta stradale Michelin 562-D15

a Sorni Nord : 6,5 km ✉ 38015 – Lavis

Trattoria Vecchia Sorni

CUCINA REGIONALE • FAMILIARE X Accoglienza vera e dialettale per una trattoria panoramica sita nella zona nord e vinicola di Trento, da godersi al meglio nella terrazza panoramica sulla valle. La cucina è fragrante e gustosa, ovviamente regionale, ma ben presentata: ravioli di salmerino alpino al fiore di sambuco - filetto di lucioperca con orzotto al pino mugo e salsa al formaggio di capra - ciliegie al vino rosso con gelato alla cannella.

Carta 32/53 €

piazza Assunta 40 – ✆ 0461 870541 (consigliata la prenotazione) – www.trattoriavecchiasorni.it – Chiuso 29 gennaio-20 febbraio, domenica sera e lunedì

LAZISE

Verona – ✉ 37017 – 6 901 ab. – Alt. 76 m – Carta regionale n° **23**-A3
Roma 521 km – Verona 22 km – Brescia 54 km – Mantova 60 km
Carta stradale Michelin 562-F14

Alla Grotta

PESCE E FRUTTI DI MARE • ACCOGLIENTE X La brace a vista invita a gustare le tante proposte ittiche (d'acqua dolce e salata) di questo frequentatissimo ristorante sul lungolago. Situato all'interno di un edificio d'epoca, durante la bella stagione il servizio si sposta anche all'aperto.

Carta 39/56 € 12 cam – †90 € ††130 € – 12 €

vicolo Fontana 8 – ✆ 045 758 0035 (consigliata la prenotazione) – www.allagrotta.it – Chiuso 20 dicembre-15 febbraio e martedì

Corte Valier

LUSSO • MODERNO Grande e moderno complesso che si svolge intorno ad una corte, in realtà un parco con enorme piscina: è questo il punto forte della struttura che gli ospiti si godono senza alcun disturbo di rumori, neppure delle macchine, giacché soltanto il lungolago pedonale li separa dall'acqua. Stesso stile per il Dome, accogliente ristorante con una sorpesa: un singolo tavolo per chi desideri cenare sul terrazzo di fronte alla magia del lago.

78 cam - †130/241 € ††192/350 € - 6 suites

via della Pergolana 9 - 045 647 1210 - www.cortevalier.com - Chiuso 6 gennaio-2 marzo

Principe di Lazise

RESORT • MODERNO In posizione defilata rispetto al paese, ma non lontano dai parchi di divertimento, complesso alberghiero di tono moderno con camere spaziose, centro benessere: il tutto di taglio moderno. Stuzzicanti piatti al ristorante.

84 cam - †94/174 € ††123/228 € - 5 suites

via Greghe 7, Sud: 3 km - 045 649 0177 - www.hotelprincipedilazise.com - Chiuso 6 gennaio-28 febbraio

Villa Cansignorio

FAMILIARE • ELEGANTE Signorili interni, poche le camere a disposizione degli ospiti ma deliziose e ben arredate in questa elegante villa situata in pieno centro; il giardino confina con le mura di cinta.

8 cam - †90/115 € ††120/165 €

corso Cangrande 30 - 045 758 1339 - www.hotelcansignorio.com - Aperto 10 marzo-3 novembre

Lazise

TRADIZIONALE • CONTEMPORANEO Piacevole posizione per un albergo tradizionale a conduzione diretta: confortevoli zone comuni e grande solarium con piscina, le camere sono state tutte rinnovate nel corso degli ultimi anni e sono caratterizzate da grandi terrazze la maggior parte affacciate sul lago.

73 cam - †70/85 € ††90/160 €

via Manzoni 10 - 045 647 0466 - www.hotellazise.it - Aperto 1° aprile-30 settembre

sulla strada statale 249 Sud : 1,5 km

Casa Mia (N)

CUCINA REGIONALE • ACCOGLIENTE In questo ristorante dallo stile piacevolmente rustico, il re della sala è sicuramente un grande caminetto, mentre la regina della tavola è una cucina di matrice territoriale in sintonia con le stagioni.

Menu 24/50 € - Carta 25/52 €

Park Hotel Casa Mia, via del Terminon 1 37017 - 045 647 0244 (consigliata la prenotazione) - www.ristorantecasamia.it - solo a cena in marzo - Aperto 15 marzo-1° novembre; chiuso lunedì a mezzogiorno

Park Hotel Casa Mia

TRADIZIONALE • FUNZIONALE Lontano dall'animato centro storico, immerso in un grande parco con piscina, l'hotel propone camere differenti, alcune classiche alcune un po' vecchio stile. Interessante proposta regionale nella sala dalle tonalità rustiche con camino.

41 cam - †76/118 € ††105/174 € - 2 suites

via del Terminon 1 37017 - 045 647 0244 - www.hotelcasamia.com - Aperto 1° marzo-31 ottobre

Casa Mia - Vedere selezione ristoranti

LECCE

(LE) - ✉ 73100 - 94 773 ab. - Alt. 49 m - Carta regionale n° **15**-D2
Roma 581 km - Brindisi 40 km - Bari 153 km - Taranto 108 km
Carta stradale Michelin 564-F36

Le Quattro Spezierie

CUCINA REGIONALE • LUSSO XXX La cucina cambia rotta e torna ad esprimere la sua territorialità, prodotti, sapori e colori della terra salentina; immutato lo stile della sala, ma in estate si può cenare al roof con vista sui tetti e le chiese della città.

Carta 35/67 €

Pianta: B1-d - *Hotel Risorgimento Resort, via Augusto Imperatore 19 - ✆ 0832 246311 - www.risorgimentoresort.it - solo a cena - Chiuso 7-28 gennaio*

Primo Restaurant (N)

CUCINA MEDITERRANEA • BISTRÒ XX In pieno centro, vicino alla famosa piazza Mazzini, Primo Restaurant è una sorta di piccolo bistrò signorile con pochi posti a sedere in una sala caratterizzata da un'originale parete verticale di bottiglie. Sul retro un bel cortiletto per il dehors estivo, mentre la tavola ospita fantasiosi piatti regionali.

Menu 40/45 € - Carta 34/54 €

Pianta: D1-b - *47° Reggimento Fanteria 7 ✉ 73100 Lecce - ✆ 0832 243802 (consigliata la prenotazione) - www.primorestaurant.it - solo a cena - Chiuso 13-16 agosto e martedì*

Osteria degli Spiriti

CUCINA REGIONALE • CONVIVIALE XX Vicino ai giardini pubblici, ampliata con una nuova sala di design più moderno, una trattoria dagli alti soffitti - tipici di una vecchia masseria - e cucina mediterranea.

Carta 26/77 €

Pianta: B1-a - *via Cesare Battisti 4 - ✆ 0832 246274 (consigliata la prenotazione) - www.osteriadeglispiriti.it - Chiuso 2 settimane in ottobre, domenica sera e lunedì a mezzogiorno*

La Torre di Merlino

CUCINA REGIONALE • CONVIVIALE XX Nel centro storico barocco della città, cuore della "movida" cittadina, un caratteristico ristorante dall'eclettica proposta: dalla pizza ai gamberoni rossi di Gallipoli, la cucina non è mai banale e interpreta in chiave moderna il territorio.

Menu 45 € - Carta 41/83 €

Pianta: B2-e - *via G. B. del Tufo 10 - ✆ 0832 242091 (consigliata la prenotazione) - www.torredimerlino.it - Chiuso lunedì a mezzogiorno*

Risorgimento Resort

LUSSO • ELEGANTE Un albergo esclusivo nei pressi della centrale piazza Oronzo, il risultato del recupero di un antico palazzo, l'attenzione e la cura posta nella scelta dei materiali e dei confort sono garanzia di un soggiorno al *top*.

42 cam ☕ - †120/155 € ††150/250 € - 5 suites

Pianta: B1-d - *via Augusto Imperatore 19 - ✆ 0832 246311 - www.risorgimentoresort.it*

Le Quattro Spezierie - Vedere selezione ristoranti

Hilton Garden Inn

HOTEL DI CATENA • ELEGANTE In un moderno ed imponente edificio, la comodità e il benessere degli ospiti sono il "credo" dell'albergo, dai materassi alle sedie ergonomiche. All'ultimo piano, piscina panoramica su Lecce.

143 cam - †85/240 € ††99/350 € - 3 suites - ☕ 15 €

via Cosimo de Giorgi 62 - ✆ 0832 5252 - www.hgilecce.com

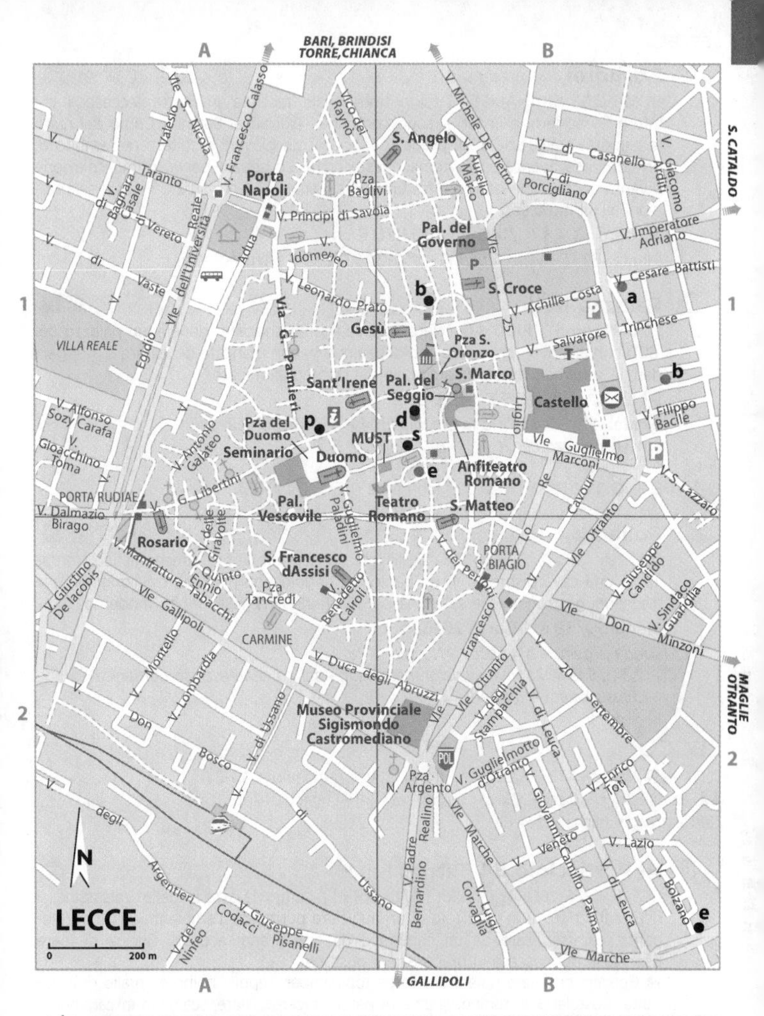

Patria Palace Hotel

LUSSO • PERSONALIZZATO In centro, l'elegante hotel dispone di spazi comuni piacevolmente arredati in legno e camere in stile classico, lievemente liberty, impreziosite da antichi inserti decorativi. In cucina, proposte accattivanti legate alla tradizione ma sapientemente rielaborate con gusto e ricercatezza.

67 cam ☕ - 🚹96/120 € 🚹🚹130/190 €

Pianta: B1-b - *piazzetta Gabriele Riccardi 13* - *☎ 0832 245111*
- *www.patriapalace.com*

Suite Hotel Santa Chiara

LUSSO • ELEGANTE Tessuti straripanti, marmi preziosi e un panoramico roof garden, dove si serve anche la prima colazione, in un palazzo del '700 adiacente all'omonima chiesa: alcune camere hanno una spettacolare vista sulla piazza alberata.

21 cam ☕ - 🚹80/110 € 🚹🚹110/170 €

Pianta: B1-2-s - *via degli Ammirati 24* - *☎ 0832 304998*
- *www.santachiaralecce.it*

Eoshotel

BUSINESS • MINIMALISTA Design hotel dalla facciata in pietra leccese, i cui interni - moderni e lineari - sono comunque ispirati al Salento. Come del resto le camere: realizzazione di progetti concepiti da giovani architetti nell'ambito di un concorso avente come tema questa terra. Lo spazio per la prima colazione diventa anche wine-bar ed offre un servizio snack, 24 ore su 24. Piccola sala riunioni all'ultimo piano.

30 cam - 70/140 € 90/170 €

Pianta: B2-e - *viale Alfieri 11 - 0832 230030 - www.hoteleos.it*

Palazzo Rollo

LOCANDA • STORICO Affacciato su un'elegante strada pedonale, un palazzo del '600 con arredi d'epoca e splendidi pavimenti: non mancate di visitare il roof garden, la sera, con vista sul campanile del Duomo illuminato.

9 cam - 65/75 € 85/95 €

Pianta: A1-p - *via Vittorio Emanuele 14 - 0832 307152 - www.palazzorollo.it*

a Villa Convento Ovest : 10 km Lecce (LE) - 73051

Folie

CUCINA CREATIVA • INTIMO XX All'interno del complesso banchettistico Verdalia, in una cava dismessa in un parco, un angolo gourmet che trae origine dalle tradizioni gastronomiche salentine per rivisitarle con gusto molto moderno.

Menu 30/38 € - Carta 26/52 €

strada provinciale 4 Lecce - Novoli - 340 536 4024 - www.ristorantefolie.it - solo a cena escluso domenica - Chiuso lunedì e martedì

LECCO

(LC) - 23900 - 47 999 ab. - Alt. 214 m - Carta regionale n° **10**-B1

Roma 621 km - Como 29 km - Bergamo 33 km - Lugano 61 km

Carta stradale Michelin 561-E10

Al Porticciolo 84 (Fabrizio Ferrari)

PESCE E FRUTTI DI MARE • FAMILIARE XX Lungo la strada della Valsassina, il ristorante si trova in un vicolo di un quartiere periferico: l'ambiente è rustico/elegante, caratterizzato da un camino e da due grandi acquari. Cucina di mare rispettosa del pescato in preparazioni gustose.

→ Gnocchi di patate ripieni di ricotta, topinambur, seppie, polpo e corallo di capasanta. Costoletta di rombo, spuma di patate e carote nere, scalogno in carpione e capperi. Parfait di panna, cacao e prugne con tamarindo, lamponi, birra e cereali.

Menu 75/95 € - Carta 65/99 €

via Valsecchi 5/7, per corso Matteotti - B1 - 0341 498103 (consigliata la prenotazione) - www.porticciolo84.it - solo a cena escluso i giorni festivi - Chiuso 25 dicembre-5 gennaio, agosto, lunedì e martedì

Nicolin

CUCINA CREATIVA • ELEGANTE XX Gestito dalla stessa famiglia da oltre trent'anni, ma totalmente rinnovato in tempi recenti, ristorante con proposte tradizionali affiancate da piatti più fantasiosi e da una buona cantina; servizio estivo in terrazza.

Menu 25 € (pranzo in settimana)/35 € - Carta 45/75 € 11 cam - 65/70 € 95/110 €

via Paisiello 4, località Maggianico, 3,5 km per Milano - B2 - 0341 422122 - Chiuso 26 dicembre-3 gennaio, agosto, domenica sera e martedì

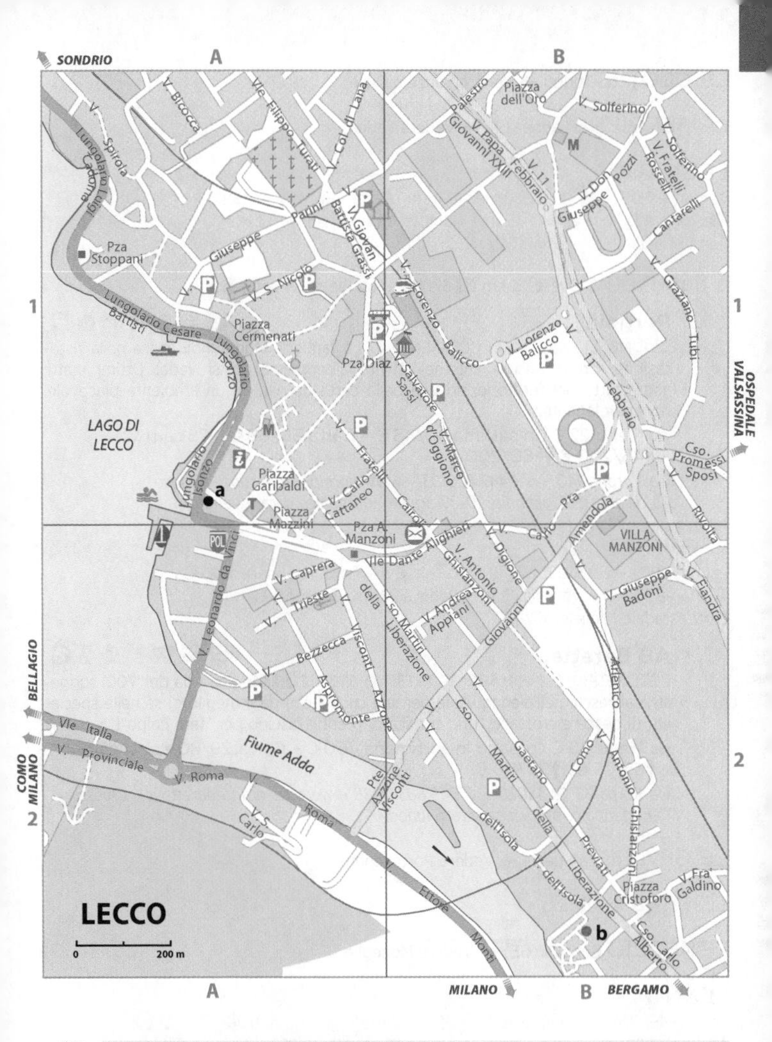

Trattoria Vecchia Pescarenico

PESCE E FRUTTI DI MARE • FAMILIARE Nel vecchio borgo di pescatori de "I Promessi Sposi" troverete una trattoria semplice, dall'ambiente simpatico e accogliente dove vi attenderà una gustosa cucina di mare.

Carta 35/88 €

Pianta: B2-b – *via Pescatori 8 – 0341 368330 (prenotazione obbligatoria a mezzogiorno) – www.vecchiapescarenico.it – solo a cena – Chiuso 6-15 gennaio, 20-28 agosto e lunedì*

Alberi

FAMILIARE • ACCOGLIENTE Hotel di recente costruzione a gestione diretta, in posizione panoramica di fronte al lago: aree comuni essenziali, belle camere di tono moderno, spaziose e confortevoli.

20 cam – †63/73 € ††95/155 €

Pianta: A1-a – *lungo Lario Isonzo 4 – 0341 350992 – www.hotelalberi.it – Chiuso 20 dicembre-10 gennaio*

LE CLOTES Torino → Vedere Sauze d'Oulx

LE FERRIERE Latina (LT) → Vedere Latina

LEGNAGO

Verona – ✉ 37045 – 25 351 ab. – Alt. 16 m – Carta regionale n° **23**-B3
Roma 475 km – Verona 45 km – Mantova 46 km – Padova 93 km
Carta stradale Michelin 562-G15

a San Pietro Ovest : 3 km ✉ 37045 – San Pietro Di Legnago

Pergola

CUCINA CLASSICA • ACCOGLIENTE XX La famiglia Montagnoli nasce nella ristorazione, prima ancora che nell'attività alberghiera e... si vede! Ottimi piatti, soprattutto del territorio, ed una bella carta dei vini in un ambiente piacevole, nonché elegante.

Menu 22 € (in settimana)/45 € – Carta 30/68 € 78 cam – 45/200 € 60/200 €

via Verona 140 – ✆ 0442 629103 – www.hotelpergola.com – Chiuso 23 dicembre-6 gennaio, 10-20 agosto, domenica sera e venerdì

LEGNARO

Padova (PD) – ✉ 35020 – 8 797 ab. – Alt. 8 m – Carta regionale n° **23**-C3
Roma 508 km – Venezia 48 km – Padova 20 km – Rovigo 50 km
Carta stradale Michelin 562-F17

AB Baretta

PESCE E FRUTTI DI MARE • CONTESTO STORICO XX In una villa del '700, suggestivi affreschi nell'eleganti sale per una cucina che dà il meglio di sé nelle specialità di pesce e crostacei. Una cornice di grande fascino per "fare colpo"!

Menu 20 € (pranzo in settimana)/60 € – Carta 29/80 € 17 cam – 55/75 € 90/110 €

via Roma 33 ✉ 35020 – ✆ 049 883 0088 – www.ristorantebaretta.it – Chiuso 1°-15 gennaio, domenica sera e lunedì

LE GRAZIE La Spezia → Vedere Portovenere

LEIFERS LAIVES

LEMEGLIO Genova (GE) → Vedere Moneglia

LENNO

Como – ✉ 22016 – 5 180 ab. – Alt. 209 m – Carta regionale n° **9**-A2
Roma 652 km – Como 27 km – Menaggio 8 km – Milano 75 km
Carta stradale Michelin 561-E9

Lenno

FAMILIARE • BORDO LAGO Ospitalità signorile in hotel moderno in posizione panoramica sul delizioso e tranquillo lungolago; ampie camere ben accessoriate, con vista sulla quieta distesa d'acqua. Ariosa sala da pranzo, con grandi vetrate che "guardano" un incantevole paesaggio.

46 cam – 70/180 € 100/220 €

via Statale 123 – ✆ 0344 57051 – www.albergolenno.com – Aperto 15 marzo-31 ottobre

LENTATE SUL SEVESO

Monza e Brianza – ✉ 20823 – 15 897 ab. – Alt. 250 m – Carta regionale n° **10**-B1
Roma 606 km – Milano 30 km – Monza 21 km – Como 24 km
Carta stradale Michelin 561-E9

Le Groane

CUCINA CLASSICA • ACCOGLIENTE XX Al piano terra di un villino periferico, elegante e luminosa sala ornata da numerose piante che la rendono ancora più "fresca"; molto gradevole il servizio estivo in giardino.

Carta 33/64 €

via Nazionale dei Giovi 101 - 0362 572119 - www.ristorantelegroane.it - Chiuso 1°-6 gennaio, lunedì sera e martedì

LEONESSA

Rieti (RI) - 02016 - 2 435 ab. - Carta regionale n° **7**-C1

Roma 131 km - Rieti 37 km - Terni 50 km - L'Aquila 66 km

Carta stradale Michelin 563-O20

Leon d'Oro

CUCINA REGIONALE • ACCOGLIENTE X Griglia e camino a vista per la cottura delle carni in questo accogliente locale rustico nel cuore della città, un ambiente simpatico ed informale, in cui regna la mano femminile.

Menu 30 € - Carta 22/51 €

corso San Giuseppe 120 - 0746 923320 - www.ristoranteleondoroleonessa.com - Chiuso 30 giugno-6 luglio e lunedì

LEPORANO

Taranto - 74020 - 8 068 ab. - Alt. 47 m - Carta regionale n° **15**-C3

Roma 546 km - Brindisi 64 km - Lecce 77 km - Taranto 14 km

Oblò

PESCE E FRUTTI DI MARE • ELEGANTE XX E' la classica cucina di mare, elaborata partendo da ottime materie prime, la fedele compagna di questo moderno locale affacciato su una panoramica baia ed un'attrezzata spiaggia. Nella bella stagione, la terrazza si presta per romantiche cene.

Menu 30/45 € - Carta 37/52 €

viale Lido Gandoli s.n., alla Marina - 099 533 4985 - www.obloristorante.it - Chiuso lunedì

LE REGINE Pistoia → Vedere Abetone

LERICI

La Spezia - 19032 - 10 228 ab. - Carta regionale n° **8**-D2

Roma 408 km - La Spezia 11 km - Genova 107 km - Livorno 84 km

Carta stradale Michelin 561-J11

I Doria

PESCE E FRUTTI DI MARE • AMBIENTE CLASSICO XX Elegante la sala ma, in stagione, meglio ancora la terrazza con bella vista sul Golfo dei Poeti. Dalla cucina specialità ittiche e qualche interessante piatto a base di carne. La carta dei vini abbraccia le più importanti regioni vinicole, ma non si fa scappare qualche pezzo forte d'Oltralpe. Proposte anche al bicchiere.

Menu 45/60 € - Carta 44/89 €

Doria Park Hotel, via Carpanini 9 - 0187 967124 (consigliata la prenotazione) - www.doriahotels.com - solo a cena - Chiuso 22 dicembre-13 gennaio e domenica

Piccolo Hotel del Lido

LUSSO • MINIMALISTA Poco distante dal centro, sulla bella spiaggetta della località, una risorsa non di grandi dimensioni, ma esclusiva nello stile, dotata di grande vasca idroterapica, nonché camere caratterizzate da arredi minimalisti e romanticamente affacciate sul mare; ogni stanza dispone di un solarium privato e attrezzato con lettini e tende da sole.

12 cam - †210/230 € ††230/320 €

lungomare Biaggini 24 - 0187 968159 - www.hoteldellido.it - Aperto 1° aprile-15 ottobre

Doria Park Hotel

TRADIZIONALE • CLASSICO In posizione tranquilla, sulla collina che domina Lerici, hotel dotato di terrazza con suggestiva vista sul golfo; piacevoli interni ben accessoriati, camere luminose. Per il lunch c'è una carta di piatti freddi.

49 cam - 70/180 € 100/250 €

via Carpanini 9 - 0187 967124 - www.doriahotels.it

I Doria - Vedere selezione ristoranti

Florida

TRADIZIONALE • CLASSICO Gestione familiare attenta e dinamica in un albergo tradizionale, di fronte al mare e alla spiaggia libera; l'elegante hall annnuncia camere di stile più funzionale, quasi tutte vista mare.

40 cam - 80/130 € 120/200 €

lungomare Biaggini 35 - 0187 967332 - www.hotelflorida.it - Chiuso 20 dicembre-1° marzo

a Fiascherino Sud-Est : 3 km 19032

Il Nido

FAMILIARE • MEDITERRANEO Gestione capace in un hotel sul mare, immerso nella pace di una strepitosa natura: belle terrazze-giardino e graziose camere con arredi, semplici, ma confortevoli. Giù alla spiaggetta, c'è anche un beach-bar.

31 cam - 60/100 € 90/170 €

via Fiascherino 75 - 0187 967286 - www.hotelnido.com - Aperto 11 marzo-31 ottobre

a Tellaro Sud-Est : 4 km 19032

Miranda

PESCE E FRUTTI DI MARE • FAMILIARE XX Nella splendida cornice del Golfo dei Poeti, locanda con interni raffinati e una sala ristorante che sembra un salotto, dove assaporare idilliache rielaborazioni culinarie.

Menu 30/50 € - Carta 46/91 € 7 cam - 100 € 100 € - 2 suites

via Fiascherino 92 - 0187 968130 - www.locandamiranda.com - Chiuso 14 dicembre-15 gennaio e lunedì

LESA

Novara - 28040 - 2 276 ab. - Alt. 198 m - Carta regionale n° **13**-B2

Roma 650 km - Stresa 9 km - Novara 49 km - Milano 77 km

Carta stradale Michelin 561-E7

Battipalo

CUCINA MODERNA • CONVIVIALE XX Adiacente all'attracco dei traghetti, una giovane coppia ha aperto tempo fa questo bel ristorantino, le cui ampie vetrate offrono romantici scorci del lago. Pur essendo decisamente moderna, la cucina spazia con concretezza fra carne e pesce, quest'ultimo non necessariamente di lago. Ottima cura anche nella lista dei vini e piacevole dehors per il servizio estivo.

Carta 34/58 €

viale Vittorio Veneto, 2 - 0322 76069 (consigliata la prenotazione) - www.battipalolesa.it - Chiuso 2 settimane in gennaio-febbraio, lunedì e i mezzogiorno di martedì e giovedì

verso Comnago Ovest : 2 km

Al Camino

CUCINA REGIONALE • RUSTICO X Lavarello alle mandorle ed altri piatti regionali campeggiano nel menu di questa ex cascina dei primi del '900 ristrutturata: ambiente rustico accentuato da un intonaco grezzo, sala con camino e una deliziosa veranda affacciata sul lago.

Carta 27/51 €

via per Comnago 30 28040 - 0322 7471 - www.alcaminolesa.com - Chiuso mercoledì

LESINA

Foggia (FG) - ✉ 71010 - 6 410 ab. - Alt. 5 m - Carta regionale n° **15**-A1
Roma 334 km - Termoli 41 km - Foggia 57 km - Campobasso 100 km
Carta stradale Michelin 564-B28

Liù Palazzo Ducale

FAMILIARE • PERSONALIZZATO Nella "città dell'anguilla", il lago si trova a pochi passi da questo grazioso palazzo d'inizio '900: camere personalizzate, alcune di gusto retrò, altre moderne, deliziosi bagni.

8 cam - †30/40 € ††50/60 €

via Dante 19/21 - ✆ 0882 990258 - www.liupalazzoducale.it

LEVANTO

La Spezia - ✉ 19015 - 5 499 ab. - Carta regionale n° **8**-D2
Roma 448 km - La Spezia 32 km - Genova 85 km - Massa 65 km
Carta stradale Michelin 561-J10

L'Oasi

PESCE E FRUTTI DI MARE • CONTESTO TRADIZIONALE Una bella e luminosa veranda e un piccolo giardino per un ristorante che fa dell'eccellente selezioni delle materie prime la sua bandiera in preparazioni semplici e schiette. Per gli amanti del crudo di pesce, questo è sicuramente l'indirizzo giusto!

Carta 35/86 €

piazza Cavour - ✆ 0187 800856 - www.oasihotel.eu - Chiuso 7 gennaio-15 marzo, 15 novembre-24 dicembre e mercoledì (escluso luglio-agosto)

La Sosta di Ottone III

CUCINA TRADIZIONALE • STILE MEDITERRANEO In mezzo al verde e lontani dalla calca, bisogna amare l'esclusività e le camminate: è necessario, infatti, percorre un tratto a piedi per raggiungere quest'incantevole ristorantino - all'interno di una residenza del XVI secolo - che propone piatti del territorio, dall'indiscutibile freschezza e dalle ottime materie prime.

Menu 55/88 € - Carta 61/83 € 6 cam - †180/260 € ††180/260 € - 18 €

località Chiesanuova 39 ✉ 19015 Levanto - ✆ 0187 814502 (prenotazione obbligatoria) - www.lasosta.com - solo a cena - Aperto da inizio aprile a fine ottobre; chiuso domenica

L'Antica Abetaia

LIGURE • ACCOGLIENTE Non siamo sul mare e nemmeno nel centro storico, però il locale offre la comodità della vicinanza all'autostrada e, soprattutto, una buona cucina sia di mare sia di terra (anche cacciagione in autunno-inverno).

Menu 18 € (pranzo in settimana) - Carta 25/59 €

località Pian del Momo, (uscita autostrada A12 Carrodano), Nord: 7 km - ✆ 0187 893323 - www.ristorantelanticaabetaia.it - Chiuso 15 gennaio-15 febbraio e martedì

InCucina

CUCINA MODERNA • ALLA MODA A soli 10 minuti da Levanto, proprio all'inizio delle Cinque Terre, il menu non tralascia nulla: piatti tipici locali ed altri più fantasiosi, verdura, prodotti di stagione e l'immancabile pesce. I vini svolgono con benemerito la loro parte di "accompagnatori".

Menu 25/50 € - Carta 34/87 € 12 cam - †70/80 € ††95/120 €

località Pian del Momo, (uscita autostrada A12 Carrodano), Nord: 7 km
- ✆ 0187 893036 (coperti limitati, prenotare)
- www.hotelabetaia.it - solo a cena
- Chiuso 20 novembre-15 dicembre

Trattoria Cavour

CUCINA LIGURE • TRATTORIA Trattoria storica che si affaccia sulla centrale piazza del Municipio con un'ampia veranda. Non fatevi scoraggiare dai tavoli un po' serrati, la cucina è fragrante ed elaborata con cura e passione dalle titolari.

Carta 28/64 €

piazza Cavour 1 - 0187 807786 - www.trattoriacavour.it - Chiuso 15 dicembre-15 febbario e lunedì

Osteria Tumelin

PESCE E FRUTTI DI MARE • AMBIENTE CLASSICO Interni classici in un ristorante gestito da un'intera famiglia e collocato nel cuore della cittadina: si propone una classica cucina di mare, intuibile dal vivaio di aragoste sito in una delle sale.

Carta 38/76 €

via Grillo 32 - 0187 808379 - www.tumelin.it - Chiuso 9 gennaio-9 febbraio e giovedì escluso 15 giugno-15 settembre

Park Hotel Argento

TRADIZIONALE • MEDITERRANEO Ideale punto di partenza per visitare le Cinque Terre, questo hotel di recente costruzione offre ampie camere (alcune, non molte per la verità, con vista mare) ed un grazioso centro benessere. In posizione leggermente elevata rispetto alla cittadina, la tranquillità è assicurata.

40 cam - 160/210 € 220/350 € - 7 suites

via per Sant'Anna - 0187 801223 - www.parkhotelargento.com - Aperto 18 marzo-15 dicembre

Agriturismo Villanova

CASA DI CAMPAGNA • TRADIZIONALE Si producono olive e uva da vino, in questo signorile agriturismo ricavato da un antico borgo settecentesco con chiesetta (consacrata). Le camere si dividono tra la storica casa e un rustico, qualche miniappartamento per chi volesse effettuare soggiorni più lunghi: per tutti, il verde della natura circostante.

8 suites - 110/140 € - 5 cam

località Villanova, Est: 1,5 km - 0187 802517 - www.agriturismovillanova.it - Aperto 2 marzo-5 novembre

a Mesco Sud : 3,5 km 19015 - Levanto

La Giada del Mesco

CASA DI CAMPAGNA • MEDITERRANEO L'incantevole vista su mare e costa è garantita da tutte le camere di questo edificio ottocentesco in splendida posizione su un promontorio. Ma c'è anche una bella terrazza per la prima colazione, nonché la navetta gratuita per stazione, spiaggia e ristoranti del centro.

12 cam - 120/150 € 150/170 €

via Mesco 16 - 0187 802674 - www.lagiadadelmesco.it - Aperto 1° marzo-31 ottobre

LEVICO TERME

Trento - 38056 - 7 915 ab. - Alt. 506 m - Carta regionale n° **19**-B3

Roma 610 km - Trento 21 km - Belluno 90 km - Bolzano 82 km

Carta stradale Michelin 562-D15

Boivin

REGIONALE • FAMILIARE All'interno di un'antica casa del centro, il locale si basa sulla personalità e le idee dello chef-patron, Riccardo, che mixa con originalità tradizione trentina ed inserti pacatamente moderni. Specialità: trio di canederlotti di pane al burro e salvia, puntine di maiale con polenta e cavolo rosso in agrodolce, strudel di mele. Accanto c'è l'hotel Romanda gestito dal fratello.

Menu 29 € (cena)/39 € - Carta 31/54 €

via Garibaldi 9 - 0461 701670 - www.boivin.it - solo a cena escluso 15 luglio-31 agosto e domenica - Chiuso 9-31 gennaio, 1°-18 novembre e lunedì

Bellavista Relax Hotel

TRADIZIONALE • CLASSICO Immerso in un gradevole giardino con piscina, un complesso alberghiero risalente al primo Novecento dotato di ampi spazi comuni, confortevoli camere di differenti tipologie (alcune più semplici), e pregevole centro benessere. Proposte del Bel Paese nella capiente sala ristorante utilizzata anche per cerimonie.

85 cam – †54/160 € ††90/220 € – 1 suite

via Vittorio Emanuele III 7 – ✆ 0461 706136 – www.bellavistarelax.it – Aperto 1° maggio-15 ottobre

Al Sorriso

TRADIZIONALE • CLASSICO In posizione piacevolmente decentrata – a soli 100 metri dal lago, attorno un parco che dispone di numerose attrezzature sportive – hotel dalla brillante gestione familiare caratterizzato da ambienti luminosi ed un bel centro benessere con piscina coperta. Nell'elegante sala ristorante, cucina nazionale e locale con verdure del proprio orto.

63 cam – †60/100 € ††128/180 € – 2 suites

lungolago Segantini 14 – ✆ 0461 707029 – www.hotelsorriso.it – Aperto Pasqua-3 novembre

Lucia

FAMILIARE • FUNZIONALE Immersa in un parco con alberi d'alto fusto che circondano la piscina, una casa a gestione familiare con camere semplici, alcune in stile montano. Indirizzo ideale per vacanze di relax o sugli sci, la gustosa cucina del ristorante è un motivo in più per sceglierlo.

33 cam – †24/54 € ††59/99 €

viale Roma 20 – ✆ 0461 706229 – www.luciahotel.it – Aperto 1° dicembre-6 gennaio e Pasqua-31 ottobre

Scaranò

FAMILIARE • CONTEMPORANEO In posizione panoramica e tranquilla, questa casa nasce dove sorgeva un vecchio maso ed ospita al suo interno ambienti spaziosi. Stessa gestione, ormai quasi quarantennale, per il ristorante - recentemente rinnovato - che propone la tipica cucina trentina e piatti di pesce. Splendida la vista sulla vallata.

33 cam – †45/55 € ††85/100 €

strada provinciale per Vetriolo 86, Nord: 2 km – ✆ 0461 706810 – www.hotelscarano.it – Chiuso 8 gennaio-13 febbraio

LEVIZZANO RANGONE Modena (MO) → Vedere a Castelvetro di Modena

LICATA Sicilia

Agrigento – ✉ 92027 – 37 797 ab. – Carta regionale n° **17**-C3

Agrigento 45 km – Caltanissetta 52 km – Palermo 189 km – Ragusa 88 km

Carta stradale Michelin 365-AS61

La Madia (Pino Cuttaia)

CUCINA CREATIVA • CONTESTO CONTEMPORANEO La totale metamorfosi del locale che ha comportato una ridistribuzione più razionale degli spazi con un ideale cielo stellato ad illuminare l'ambiente, non ha influenzato la cucina rimasta saldamente ancorata alla "Grande Sicilia" e proposta in maniera semplice ed accattivante, non scevra di fantasia.

→ Polpo sulla roccia. Minestra di crostacei alla trapanese con mandorle tostate e basilico. Maialino nero dei Nebrodi con crema di fagioli.

Menu 120 € – Carta 72/112 €

corso Filippo Re Capriata 22 – ✆ 0922 771443 (consigliata la prenotazione) – www.ristorantelamadia.it – Chiuso 15 giorni in giugno, martedì, anche domenica sera in inverno e domenica a mezzogiorno dal 15 giugno al 15 settembre

L'Oste e il Sacrestano

CUCINA MODERNA • RUSTICO Un piccolo ristorante accogliente a "denominazione di origine siciliana": a darvi il benvenuto Chiara, ai fornelli invece Peppe da cui farvi consigliare per un percorso fra rivisitazione e tradizione.

Menu 35 € (pranzo)/65 € - Carta 48/71 €

via Sant'Andrea 19 - 0922 774736 - www.losteeilsacrestano.it - Chiuso novembre, domenica sera e lunedì escluso agosto

LIDO Livorno → Vedere Elba (Isola d') : Capoliveri

LIDO DEGLI ESTENSI Ferrara → Vedere Comacchio

LIDO DI CAMAIORE

Lucca - 55041 - Carta regionale n° **18**-B1

Roma 371 km - Pisa 28 km - Lucca 31 km - Livorno 50 km

Carta stradale Michelin 563-K12

UNA Hotel Versilia

HOTEL DI CATENA • LUNGOMARE Nuova ed imponente struttura sul lungomare progettata per offrire un alto standing di confort. Zone comuni ariose e luminose: non mancano lussureggianti spazi verdi. Ottime anche le camere.

99 cam - 119/919 € 119/919 € - 72 suites

vial Bernardini 335/337 - 0584 012001 - www.unahotels.it

Siesta

TRADIZIONALE • LUNGOMARE Sono ora i figli a condurre questa risorsa sul lungomare cinta da un piacevole giardino; camere confortevoli e ben rifinite, una terrazza per la prima colazione e noleggio biciclette. Al ristorante è stato potenziato il servizio dei dolci con angolo di esposizione anche caldo.

33 cam - 70/100 € 90/250 €

viale Bernardini 327 - 0584 619161 - www.hotelsiesta.it - Chiuso novembre

Sylvia

FAMILIARE • ACCOGLIENTE Hotel dalla cordiale gestione familiare: il mare è raggiungibile a piedi, ma una via più tranquilla e il verde che circonda l'albergo assicurano il riposo dei clienti, mentre ospitalità e camere accoglienti coronano il loro soggiorno.

34 cam - 50/100 € 60/180 €

via Manfredi 15 - 0584 617994 - www.hotelsylvia.it - Aperto 25 marzo-30 ottobre

Bacco

TRADIZIONALE • PERSONALIZZATO In una strada tranquilla non lontano dal mare, la hall è un omaggio alla figura mitologica di Bacco; camere di diverse tipologie, sala da pranzo interna e terrazza ristorante esterna fronte piscina.

28 cam - solo ½ P 85/160 € - 1 suite

via Rosi 24 - 0584 619540 - www.bacco-hotel.com - Aperto 1° aprile-31 ottobre

Sirio

FAMILIARE • ACCOGLIENTE Nonno Sirio aprì l'albergo nel 1964 in una traversa del lungomare; oggi siamo alla terza generazione e l'albergo, ristrutturato, offre camere semplici, ma accoglienti, nonché una simpatica ospitalità familiare.

24 cam - 45/90 € 55/160 €

via Italica 6 - 0584 618047 - www.hotelsirio.com - Chiuso 15 dicembre-15 gennaio

LIDO DI JESOLO

Venezia - 30016 - Carta regionale n° **23**-D2

Roma 568 km - Venezia 50 km - Belluno 114 km - Padova 84 km

Carta stradale Michelin 562-F19

Cucina da Omar

PESCE E FRUTTI DI MARE • ACCOGLIENTE XX Affacciato sul passeggio della zona centrale, Omar è il ritrovo degli appassionati di pesce fresco che non amano elaborazioni eccessive, ma prediligono la fragranza dei sapori: qui trovano un porto di sicura qualità.

Menu 80 € - Carta 47/130 €

via Dante 21 - ✆ 0421 93685 (consigliata la prenotazione la sera) - www.ristorantedaomar.it - Chiuso 22 dicembre-10 gennaio, mercoledì a mezzogiorno in estate, tutto il giorno negli altri mesi

Almar Jesolo Resort & Spa

PALACE • MODERNO Grande, moderna struttura concepita per garantire ai propri privilegiati ospiti spazio e luce in ogni momento della giornata: lo stile minimal ed i colori tenui sono il contenitore ideale per un ventaglio di servizi davvero ampio, tra i quali un centro benessere con zona umida e ampia beauty. Nel bel mezzo della terrazza fa bella mostra una piscina lunga 70 metri!

197 cam - 130/530 € 175/655 € - 16 suites

via Dante Alighieri 106 - ✆ 0421 388111 - www.almarjesolo.com - Aperto 1° marzo-30 novembre

Ril

TRADIZIONALE • MODERNO Uno degli alberghi più eleganti di Jesolo, interamente giocato su tonalità écru, si contraddistingue per le sue linee semplici e moderne; piscina con solarium, accesso diretto al mare e palestra panoramica all'ultimo piano.

51 cam - 140/180 € 140/280 €

via Zanella 2 - ✆ 0421 972861 - www.hotelril.it - Aperto 15 aprile-30 settembre

Delle Nazioni

TRADIZIONALE • LUNGOMARE L'imponente torre che svetta sul fonte mare ospita tra le sue mura spazi comuni essenziali e signorili e camere recentemente rinnovate con gusto moderno, tutte con splendida vista sul mare. Al primo piano il ristorante, dalle interessanti proposte culinarie.

46 cam - 109/193 € 156/248 € - 4 suites

via Padova 55 - ✆ 0421 971920 - www.hotelnazionijesolo.it - Aperto 16 maggio-24 settembre

Cavalieri Palace

TRADIZIONALE • LUNGOMARE Bianco e blu si ripetono armonicamente nelle accoglienti sale di questa bella struttura che gode di una panoramica posizione frontemare: tutte le camere dispongono di un balcone, ma particolarmente gradevoli sono quelle personalizzate da colorati tessuti. Graziosa anche la sala ristorante, a pranzo ci si sposta a bordo piscina.

56 cam - 65/155 € 110/210 € - 4 suites

via Mascagni 1 - ✆ 0421 971969 - www.hotelcavalieripalace.com - Aperto Pasqua-1° ottobre

Adriatic Palace

TRADIZIONALE • CLASSICO E' il bianco a caratterizzare tutti gli ambienti di questa moderna struttura con camere accoglienti e confortevoli. Frontemare, l'hotel dispone anche di una gradevole terrazza con piscina, per i più flemmatici che non vogliono compiere nemmeno due passi per raggiungere la spiaggia!

46 cam - 169/289 € 189/289 € - 2 suites

via Vittorio Veneto 30, 2° accesso al mare - ✆ 0421 380027 - www.hoteladriaticpalace.com - Aperto 15 aprile-15 ottobre

Atlantico

FAMILIARE • CLASSICO Piacevolmente affacciato sulla spiaggia, l'hotel dispone di ambienti curati e camere di diversa tipologia, rinnovate in tempi recenti o più classiche. Dalla panoramica piscina situata all'ultimo piano (ce n'è una anche in basso) vi sembrerà di toccare il cielo con un dito!

66 cam - 85/150 € 155/230 €

via Bafile, 3° accesso al mare 11 - 0421 381273 - www.hotel-atlantico.it - Aperto 1° aprile-30 settembre

Termini Beach Hotel

FAMILIARE • LUNGOMARE Albergo che domina il mare, dotato di spazi comuni eleganti ed ariosi, arredati con gusto e camere di differenti tipologie, tutte confortevoli e personalizzate. Al ristorante, bianche colonne ed ampie finestre affacciate sul blu.

48 cam - 70/140 € 100/195 € - 9 suites

via Altinate 4, 2° accesso al mare - 0421 960100 - www.hoteltermini.it - Aperto 25 aprile-24 settembre

Rivamare

FAMILIARE • MODERNO Conduzione familiare di grande esperienza in un albergo recentemente rinnovato, a due passi dalla spiaggia: camere dalle linee moderne e spazi comuni abbelliti da tappeti. Gradevole zona piscina.

53 cam - 85/170 € 130/270 € - 6 suites

via Bafile, 17° accesso al mare - 0421 370432 - www.rivamarehotel.com - Aperto 1° maggio-30 settembre

a Jesolo Pineta Est : 6 km ✉ 30016 – Lido Di Jesolo

Mediterraneo

TRADIZIONALE • MODERNO Immerso nella quiete di un lussureggiante giardino che lambisce la spiaggia, l'albergo anno dopo anno è cresciuto e migliorato parecchio diventando un riferimento per la zona. Sembra di pranzare nel parco nella sala ristorante con vetrate che si aprono sul verde!

54 cam - 80/170 € 140/270 € - 6 suites

via Oriente 106 - 0421 961175 - www.mediterraneojesolo.com - Aperto 15 maggio-20 settembre

Jesolopalace

FAMILIARE • MODERNO Immerso nella quiete di un lussureggiante giardino che lambisce la spiaggia, la struttura propone camere ampie, tutte con terrazza: le suite dispongono di angolo cottura particolarmente apprezzato dalle famiglie.

34 cam - 88/126 € 135/243 € - 25 suites

via Airone 1/3 - 0421 961013 - www.jesolopalace.it - Aperto 1° maggio-30 settembre

Gallia

FAMILIARE • ACCOGLIENTE Una splendida pineta separa dal mare e dalla piscina questo elegante hotel in stile neoclassico, dotato di spaziose zone comuni. Perfetto per una vacanza a tutto relax.

56 cam - 65/200 € 90/400 € - 10 suites

via del Cigno Bianco 5 - 0421 961018 - www.hotelgallia.com - Aperto 24 maggio-20 settembre

Bauer & Sporting

TRADIZIONALE • LUNGOMARE All'interno di un giardino e con diretto accesso al mare, si compone di un edificio principale con camere fresche e moderne, e da una dépendance con camere più spaziose, alcune con angolo cottura.

42 cam - 122/170 € 190/258 € - 6 suites

via Bucintoro 6 - 0421 961363 - www.hotelbauer.it - Aperto 1° maggio-30 settembre

LIDO DI LATINA Latina → Vedere Latina

LIDO DI NOTO Sicilia Siracusa → Vedere Noto

LIDO DI PORTONUOVO Foggia → Vedere Vieste

LIDO DI SAVIO

Ravenna - Carta regionale n° **5**-D2
Roma 385 km - Ravenna 20 km - Bologna 98 km - Forlì 32 km
Carta stradale Michelin 562-J19

Vistamare

LUSSO • DI TENDENZA Strizza l'occhio alla moda e cerca di anticiparla il patron di questo relais sul mare, comodamente unito a Milano Marittima dal servizio navetta con divertente auto americana. Confort e stile in tutti gli ambienti, ma soprattutto il mare: a portata di vista e di mano! Al ristorante, buona cucina di pesce e tante bollicine nel bicchiere.

12 suites - 120/500 € - 8 cam

viale Romagna 199 - 0544 949613 - www.vistamaresuite.com

LIDO DI SPISONE Sicilia Messina → Vedere Taormina

LIDO DI TARQUINIA Viterbo → Vedere Tarquinia

LIDO DI VENEZIA Venezia → Vedere Venezia

LIERNA

Lecco - 23827 - 2 141 ab. - Alt. 202 m - Carta regionale n° **9**-B2
Roma 636 km - Como 45 km - Bergamo 49 km - Lecco 16 km
Carta stradale Michelin 561-E9

La Breva

PESCE E FRUTTI DI MARE • ELEGANTE Prende il nome da una brezza foriera di bel tempo, questo accogliente salotto a conduzione familiare con un'appendice anche estiva per banchetti. Squisita cucina a base di pesce.

Menu 25 € (pranzo in settimana)/35 € - Carta 35/74 €

via Roma 24 - 0341 741490 - www.ristorantelabreva.it - Chiuso gennaio, lunedì sera e martedì escluso giugno-settembre

LIGNANO SABBIADORO

Udine (UD) - 33054 - 6 950 ab. - Carta regionale n° **6**-C3
Roma 616 km - Udine 65 km - Trieste 97 km - Treviso 104 km
Carta stradale Michelin 562-E21

Al Bancut

PESCE E FRUTTI DI MARE • STILE MEDITERRANEO Arredato sullo stile degli yacht-club di prestigio, il ristorante propone, come s'intuisce, ricette ittiche ma anche saporiti piatti di carne: antipasti di pesce crudo, pescato del giorno alla griglia, al forno o al sale ed altro ancora.

Menu 40 € - Carta 35/83 €

viale dei Platani 63 - 0431 71926 - www.albancut.it - Chiuso 2 settimane in novembre, lunedì e martedì, solo i mezzogiorno di lunedì e martedì in estate

Bidin

PESCE E FRUTTI DI MARE • CONTESTO TRADIZIONALE Solida gestione familiare da parte di due fratelli: la carta spazia dai piatti di pesce alla tradizione friulana, servita in una sala elegante o, in estate, nell'ambiente più informale sotto al piccolo porticato.

Carta 31/63 €

viale Europa 1 - 0431 71988 - www.ristorantebidin.com - Chiuso 7 gennaio-29 febbraio, mercoledì a mezzogiorno da metà maggio a metà settembre, anche mercoledì sera negli altri mesi

Italia Palace

TRADIZIONALE • ELEGANTE Sembra ancora di sentire il fruscio delle crinoline o il profumo di cipria, in questo storico albergo della Belle Epoque ritornato al suo antico splendore. Lo charme non risparmia le camere: generose per dimensioni, eleganti negli arredi e nei toni azzurro/bianco. All'ultimo piano si cena nella Terrazza per una cucina classica con molto pesce.

62 cam - 91/250 € 140/250 € - 9 suites

viale Italia 7 - 0431 71185 - www.hotelitaliapalace.it - Aperto 1° aprile-8 ottobre

Bellavista

TRADIZIONALE • CONTEMPORANEO A pochi passi dal centro della località, l'immacolata facciata di questa bella struttura - ubicata direttamente sul lungomare - incanta i passanti... Ma non finisce qui: camere accoglienti ed una piacevole terrazza-solarium per vivere appieno la vacanza!

44 cam - 95/175 € 140/270 € - 4 suites

lungomare Trieste 70 - 0431 71313 - www.bellavistalignano.it - Aperto 1° maggio-30 settembre

Atlantic

TRADIZIONALE • CLASSICO Cordiale e premurosa gestione in un albergo classico di fronte alla celebre e rinomata spiaggia, visibile dalla maggior parte delle accoglienti camere: ideale per una vacanza a tutto mare!

58 cam - 80/120 € 115/180 €

lungomare Trieste 160 - 0431 71101 - www.hotelatlantic.it - Aperto 15 maggio-20 settembre

Trieste Mare

FAMILIARE • FUNZIONALE A due passi dalla spiaggia - in una tranquilla via laterale del lungomare - piccolo e moderno albergo: il confort non manca nelle funzionali camere. Posteggio a circa 400 metri.

32 cam - 53/105 € 75/179 €

via Tirolo 13 - 0431 721165 - www.hoteltriestelignano.it - Aperto 15 maggio-30 settembre

a Lignano Pineta Sud-Ovest : 5 km ✉ 33054

Greif

LUSSO • CLASSICO La rigogliosa pineta custodisce il solo albergo 5 stelle della zona, un grande complesso alberghiero dai raffinati interni, pensato per un soggiorno di completo relax. Spazioso e raffinato il ristorante, illuminato da ampie vetrate che si aprono sul verde.

87 cam - 100/320 € 160/420 € - 22 suites

arco del Grecale 25 - 0431 422261 - www.greifhotel.it - Aperto 1° marzo-30 novembre

Park Hotel

TRADIZIONALE • CONTEMPORANEO Albergo d'ispirazione moderna dal design essenziale, dispone di ambienti essenziali e luminosi; forse un po' decentrato rispetto al centro della località, poco distante dal mare.

36 cam - 75/111 € 130/202 € - 5 suites

viale delle Palme 41 - 0431 422380 - www.parkhotel-lignano.com - Aperto 1° maggio-30 settembre

Medusa Splendid

TRADIZIONALE • ACCOGLIENTE Verde e blu si ripetono ritmicamente in questo hotel dotato di ampi spazi, anche nelle confortevoli camere; il mare è distante solo poche centinaia di metri. Fresca e piacevole sala ristorante semicircolare, con vetrate che guardano verso il giardino e la piscina.

56 cam - 66/117 € 102/203 €

raggio dello Scirocco 33 - 0431 422211 - www.hotelmedusa.it - Aperto 15 maggio-15 settembre

Erica

FAMILIARE • ACCOGLIENTE Poltrone in midollino nella fresca hall con affaccio sulla moderna piscina e camere sobrie, ma sicuramente confortevoli; la prima colazione è servita nella luminosa sala-veranda attigua al ristorante.

40 cam - 83/108 € 116/176 € - 1 suite

arco del Grecale 21/23 - 0431 422123 - www.ericahotel.it - Aperto 15 maggio-15 settembre

Bella Venezia Mare

FAMILIARE • FUNZIONALE A breve distanza tanto dal centro quanto dalla spiaggia, un hotel a gestione diretta. Piacevole lo spazio destinato alla piscina, con vasca idromassaggio.

50 cam - 68/98 € 110/170 €

arco del Grecale 18/a - 0431 422184 - www.bellaveneziamare.it - Aperto 15 maggio-20 settembre

a Lignano Riviera Sud-Ovest : 7 km ✉ 33054 – Lignano Sabbiadoro

Al Cason

PESCE E FRUTTI DI MARE • ROMANTICO XX Dove il fiume incontra il mare, splendidi tramonti godibili dalla bella terrazza per il servizio all'aperto, mentre gli interni mantengono le caratteristiche dell'antico ricovero per pescatori che fu. Le specialità della casa "omaggiano" il pescato del giorno.

Carta 37/96 €

corso dei Continenti 167 - 0431 423029 - www.ristorantealcason.it - aperto 1° aprile-30 settembre

Arizona

FAMILIARE • MODERNO Accoglienza familiare e dinamica per un soggiorno di relax. All'ingresso, qualche arredo etnico in legno intrecciato e un design dalle linee moderne. Il mare poco distante.

42 cam - 70/110 € 100/160 €

calle Prassitele 2 - 0431 428528 - www.hotel-arizona.it - Aperto 18 maggio-17 settembre

Smeraldo

FAMILIARE • CLASSICO Camere fresche e luminose, vivacizzate dai colorati pannelli alle pareti, un nuovo piccolo centro benessere e la piacevole atmosfera da vacanze tra sole e mare. Conduzione familiare.

64 cam - 50/110 € 90/160 €

viale della Musica 4 - 0431 428781 - www.hotelsmeraldo.net - Aperto 20 maggio-15 settembre

LIMITO Milano

→ Vedere Pioltello

LIMONE PIEMONTE

Cuneo – ✉ 12015 – 1 485 ab. – Alt. 1 009 m – Carta regionale n° **12**-B3

Roma 666 km – Cuneo 29 km – Milano 243 km – Imperia 109 km

Carta stradale Michelin 561-J4

Osteria Il Bagatto

CUCINA MODERNA • STILE MONTANO XX Avvolti da un ambiente tipicamente montano, una cucina attenta ai dettagli, dove ottime materie prime vengono plasmate dalle abili mani dello chef. La carta propone piatti del territorio, ma non solo: ci sono, infatti, proposte di pesce ed altre d'ispirazione contemporanea.

Menu 25 € (pranzo in settimana)/40 € - Carta 36/62 €

via XX Settembre 16 - 0171 927543 (consigliata la prenotazione) - www.osteriailbagatto.it - Chiuso 1°-30 giugno, 2-25 novembre, giovedì a mezzogiorno e mercoledì escluso alta stagione

LINATE (Aeroporto di) → Vedere Milano

LINGUAGLOSSA Sicilia

Catania (CT) - ✉ 95015 - 5 403 ab. - Alt. 550 m - Carta regionale n° **17**-D2
▶ Palermo 254 km - Catania 50 km - Messina 71 km - Enna 132 km
Carta stradale Michelin 365-AZ56

Shalai

CUCINA MODERNA • **ROMANTICO** XX Se "shalai" in dialetto siciliano significa gioia piena, sappiate che è questo lo stato d'animo che vi abiterà sedendovi al desco di questo elegante ristorante, dove vi attendono sapori mediterranei rivisitati in chiave moderna ed una lista di vini prevalentemente etnei.

→ Zuppetta calda di crostacei con spaghettino artigianale spezzato. Vitellino a punta di coltello con fonduta ai formaggi cremosi affumicata agli aghi di pino. Panettoncino alla frutta secca con centrifuga di pere, cannella e gelato al torroncino.

Menu 70/90 € - Carta 50/108 €

Hotel Shalai Resort, via Guglielmo Marconi 25 - ✆ 095 643128 (consigliata la prenotazione) - www.shalai.it - solo a cena escluso sabato ed i giorni festivi

Boccaperta

CUCINA REGIONALE • **FAMILIARE** XX Un piacevolissimo ambiente - tra il rustico e il signorile - con pareti in sasso e luci soffuse: piatti della tradizione locale, a kilometro zero, molto ben fatti e in porzioni generose.

Carta 29/48 €

via Umberto 98 - ✆ 095 777 4333 (prenotare) - www.ristoranteboccaperta.com - Chiuso 15-30 novembre e martedì

Villa Neri Resort & Spa

LUSSO • **ELEGANTE** In posizione defilata e circondata da un grande parco curato, questa lussuosa struttura porta il nome dei suoi proprietari che hanno voluto per i propri ospiti camere luminose ed eleganti. Uno chef talentuoso è dietro ai fornelli del ristorante Dodici Fontane: preparatevi a grandi emozioni...

24 cam - †126/157 € ††168/240 € - 3 suites

contrada Arrigo - ✆ 095 813 3002 - www.hotelvillanerietna.com - Aperto 31 marzo-31 ottobre

Shalai Resort

STORICO • **DESIGN** Punto di partenza ideale per le escursioni sulle pendici del vulcano, questo resort, nato da un palazzo d'epoca del centro, è un delizioso gioiellino che saprà coccolarvi con belle camere - prenotate una di quelle affrescate - ed un intimo centro benessere con personale altamente qualificato.

12 cam - †90/130 € ††110/240 €

via Guglielmo Marconi 25 - ✆ 095 643128 - www.shalai.it

Shalai - Vedere selezione ristoranti

LIPARI Sicilia Messina → Vedere Eolie (Isole)

LIVIGNO

Sondrio - ✉ 23030 - 6 389 ab. - Alt. 1 816 m - Carta regionale n° **9**-B1
▶ Roma 736 km - Sondrio 77 km - Bormio 38 km - Passo dello Stelvio 55 km
Carta stradale Michelin 561-C12

Camana Veglia

CUCINA CREATIVA • **RUSTICO** XX Un ristorante che è anche un piccolo museo: i suoi interni, infatti, risalgono all'inizio del '900 e provengono da vecchie baite di Livigno. Davvero particolare è la "Stua Mata" nella quale cenare diventa una vera e propria esperienza polisensoriale. In menu, proposte del territorio, ma con spunti di moderna creatività.

Menu 38/78 € - Carta 33/92 €   14 cam - †93/220 € ††110/528 € - 1 suite

via Ostaria 583 - ✆ 0342 996310 - www.camanaveglia.com - Aperto 1° novembre-30 aprile e 1° luglio-30 settembre; chiuso martedì in luglio-settembre, i mezzogiorno di martedì e giovedì in inverno

Lac Salin Spa & Mountain Resort

LUSSO • ELEGANTE Hotel dal design minimalista, in armonia con l'atmosfera montana. Originali le feeling room: sette camere ispirate ai chakra (punti energetici del corpo, secondo la filosofia orientale) ed arredate in base ai principi del feng-shui. Ottimo confort anche nelle camere più classiche.

65 cam - 99/204 € 138/348 € - 3 suites

via Saroch 496/d - 0342 996166 - www.lungolivigno.com - Chiuso 14 ottobre-30 novembre e 1° maggio-18 giugno

Baita Montana

SPA E WELLNESS • CLASSICO Valida gestione in un hotel completamente rinnovato, con bella vista su paese e montagne; spazi comuni sui toni chiari del legno, luminose e recenti camere con balcone. Ampia sala da pranzo di tono elegante con arredi in legno e un'intera parete di vetro.

39 cam - 95/165 € 165/308 € - 9 suites

via Mont da la Nef 87 - 0342 997798 - www.hotelbaitamontana.com - Aperto 4 dicembre-30 aprile e 10 giugno-31 ottobre

Sonne

LUSSO • MINIMALISTA In centro, questa risorsa totalmente rinnovata è un fulgido esempio di armonia tra pietra e legno, linee tradizionali e spunti di design. Le camere si differenziano per tipologia e dimensioni. Piacevole centro benessere.

16 cam - 90/220 € 140/400 €

via Plan 151/c - 0342 996433 - www.hotelsonne.net - Chiuso 2 maggio-20 giugno e 15 ottobre-30 novembre

Bivio

TRADIZIONALE • TRADIZIONALE In pieno centro storico, hotel a conduzione diretta dagli interni piacevoli e accoglienti, con pareti rivestite in perlinato; gradevoli camere in moderno stile montano. Piatti gourmet al ristorante Cantina.

30 cam - 102/400 € 136/450 € - 10 suites

via Plan 422/a - 0342 996137 - www.alpinehotelslivigno.it

Concordia

TRADIZIONALE • FUNZIONALE Nel cuore della località, albergo di recente ristrutturazione, con interni curati dove il legno, lavorato o decorato, è l'elemento essenziale; confort di alto livello. Divanetti a parete e atmosfera distinta nell'ampia sala da pranzo.

24 cam - 74/320 € 98/440 € - 7 suites

via Plan 114 - 0342 990200 - www.hotel-concordia.it

Alba N

FAMILIARE • MODERNO A due passi dagli impianti di risalita, dalle piste da sci e dai sentieri per il trekking, l'hotel dispone di ambienti caldi e luminosi; le sue camere arredate con materiali naturali, sebbene essenziali, risultano molto graziose ed accoglienti.

33 cam - 60/190 € 90/270 €

via Saroch 948 - 0342 970230 - www.albahotel.com - Aperto 7 dicembre-2 maggio e 15 giugno-30 settembre

LIVORNO

(LI) - 57123 - 159 219 ab. - Carta regionale n° **18**-B2

Roma 321 km - Pisa 23 km - Firenze 94 km - Lucca 51 km

Carta stradale Michelin 563-L12

Gran Duca

PESCE E FRUTTI DI MARE • CONTESTO TRADIZIONALE XX Di fronte al mare e a poche centinaia di metri dall'imbarco per le isole, un'ottima tappa gastronomica con l'immancabile caciucco. In menu, anche tante altre specialità di pesce.

Menu 30 € - Carta 38/83 €

Pianta: A2-b - *Hotel Gran Duca, piazza Giuseppe Micheli 16 57123 - 0586 891325 - www.ristoranteilgranduca.it - Chiuso 26 dicembre-6 gennaio*

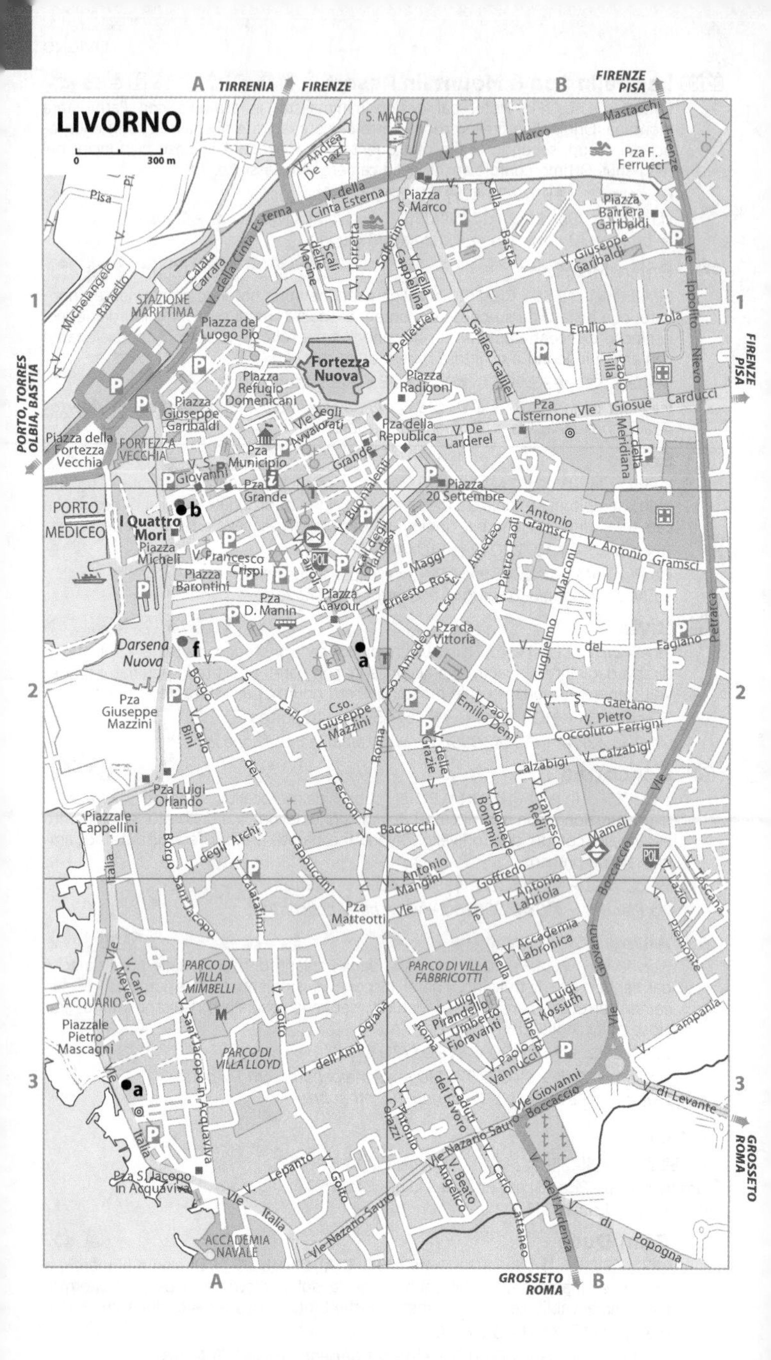
LIVORNO
0
300 m
A
B
1
2
3
TIRRENIA
FIRENZE
FIRENZE PISA
PORTO, TORRES OLBIA, BASTIA
GROSSETO ROMA
S. MARCO
Pza F. Ferrucci
Piazza S. Marco
Piazza Barriera Garibaldi
STAZIONE MARITTIMA
Piazza del Luogo Pio
Fortezza Nuova
Piazza Refugio Domenicani
Piazza Radigoni
Piazza Giuseppe Garibaldi
Pza Cisternone
Piazza della Fortezza Vecchia
FORTEZZA VECCHIA
Pza Municipio
Pza della Repubblica
Pza Grande
Piazza 20 Settembre
PORTO MEDICEO
I Quattro Mori
Piazza Micheli
Piazza Barontini
Pza D. Manin
Piazza Cavour
Darsena Nuova
Pza da Vittoria
Pza Giuseppe Mazzini
Pza Luigi Orlando
Piazzale Cappellini
Pza Matteotti
PARCO DI VILLA MIMBELLI
PARCO DI VILLA FABBRICOTTI
PARCO DI VILLA LLOYD
ACQUARIO
Piazzale Pietro Mascagni
Pza S. Jacopo in Acquaviva
ACCADEMIA NAVALE
V. della Cinta Esterna
V. Andrea De Pazzi
V. Marco Mastacchi
V. Firenze
Vle Ippolito Nievo
V. Giuseppe Garibaldi
Vle Giosuè Carducci
V. Emilio Zola
V. Galileo Galilei
V. Pelletier
V. della Cappellina
V. Solferino
V. Torretta
Scali delle Macine
V. della Bastia
Calata Carrara
Michelangelo
Rafaello
Vle degli Avvalorati
V. Grande
V. Buontalenti
V. De Larderel
V. della Meridiana
V. Paolo Lilla
V. Antonio Gramsci
V. Francesco Crispi
Scali degli Olandesi
V. Ernesto Rossi
V. Maggi
Cso. Amedeo
V. Pietro Paoli
Vle Guglielmo Marconi
V. del Fagiano
V. Petrarca
V. S. Giovanni
V. Cairoli
Borgo
S. Carlo
Cso. Giuseppe Mazzini
V. Carlo Bini
V. Roma
V. delle Grazie
V. Paolo Emilio Demi
V. S. Gaetano
V. Pietro Coccoluto Ferrigni
V. Calzabigi
V. Diomede Bonamici
V. Francesco Redi
V. Cecconi
V. Baciocchi
V. dei Cappuccini
V. degli Archi
Borgo Sant'Jacopo
V. Calatafimi
Vle Italia
V. Antonio Mangini
V. Goffredo Mameli
V. Antonio Labriola
Vle della Libertà
V. Accademia Labronica
Vle Giovanni Boccaccio
V. Lazio
V. Toscana
V. Piemonte
V. Carlo Meyer
V. Sant'Jacopo in Acquaviva
V. Goito
V. dell'Ambrogiana
V. Luigi Pirandello
V. Umberto Fioravanti
V. Luigi Kossuth
V. Paolo Vannucci
V. Campania
V. di Levante
Vle Giovanni Boccaccio
V. Caduti del Lavoro
V. Antonio Grazzi
Vle Nazario Sauro
V. Beato Angelico
V. Carlo Cattaneo
V. dell'Ardenza
V. di Popogna
V. Lepanto
Pisa
a
b
f
M

Al Teatro

TRADIZIONALE • PERSONALIZZATO Vicino al teatro, un piccolo ma delizioso albergo con camere personalizzate dall'atmosfera retrò e qualche arredo d'antiquariato. Sul retro, un gradevole giardinetto con magnolia secolare, dove, nella bella stagione, vengono servite le colazioni.

8 cam - 75/95 € 95/120 €

Pianta: A2-a - *via Mayer 42 ✉ 57125 - ☎ 0586 898705 - www.hotelalteatro.it - Chiuso 24 dicembre-6 gennaio*

Gran Duca

TRADIZIONALE • ACCOGLIENTE Albergo ubicato nel tipico ambiente del Bastione Mediceo: spaziosa hall e camere di diversa tipologia, più o meno recenti nei rinnovi, ma comunque confortevoli.

60 cam - 85/95 € 95/130 € - 2 suites

Pianta: A2-b - *piazza Giuseppe Micheli 16 ✉ 57123 - ☎ 0586 891024 - www.granduca.it*

Gran Duca - Vedere selezione ristoranti

ad Ardenza Sud: 4 km per Grosseto B3 ✉ 57128 - Ardenza

Oscar

PESCE E FRUTTI DI MARE • FAMILIARE Fuori dalle rotte turistiche - in una graziosa zona residenziale - il ristorante è la meta prediletta dei livornesi che desiderano mangiare pesce fresco, in preparazioni semplici e senza tanti fronzoli, in un ambiente informale.

Carta 39/84 €

via Franchini 78 - ☎ 0586 501258 - www.ristoranteoscar.it - Chiuso 27 dicembre-15 gennaio, 1°-7 settembre e lunedì, anche martedì a mezzogiorno in estate

LIVORNO FERRARIS

Vercelli - ✉ 13046 - 4 483 ab. - Alt. 188 m - Carta regionale n° **12**-C2

Roma 673 km - Torino 41 km - Milano 104 km - Vercelli 42 km

Carta stradale Michelin 561-G6

a Castell'Apertole Sud-Est : 10 km ✉ 13046 - Livorno Ferraris

Balin

CUCINA REGIONALE • RUSTICO In un'antica cascina in aperta campagna, varcata la soglia si ha già la sensazione di aver fatto una buona scelta: ambienti in stile rustico-elegante separati da un grande camino e piatti della tradizione piemontese.

Menu 35/45 € - Carta 38/70 €

frazione Castell'Apertole 10 - ☎ 0161 47121 - www.balinrist.it - Chiuso domenica sera e lunedì

LIZZANO

Taranto (TA) - ✉ 74020 - 10 125 ab. - Alt. 67 m - Carta regionale n° **15**-C3

Roma 543 km - Taranto 26 km - Lecce 69 km - Bari 114 km

Carta stradale Michelin 564-F34

Masseria Bagnara

DIMORA STORICA • ELEGANTE Masseria di origini settecentesche a meno di un chilometro dal mare, tufo e ceramiche ispirano l'elegante sobrietà degli interni, affascinate tributo alle tradizioni locali. Se la piscina panoramica sulla campagna è il fiore all'occhiello, non perdetevi la visita della suggestiva cantina nell'antica "pagliara". Infine, piccola area benessere con hammam e massaggi.

15 cam - 150/200 € 180/300 € - 3 suites

strada provinciale 125, Sud: 6 km - ☎ 099 955 8337 - www.masseriabagnara.it

LOANO

Savona - ✉ 17025 - 11 407 ab. - Carta regionale n° **8**-B2

Roma 578 km - Imperia 44 km - Genova 79 km - Savona 33 km

Carta stradale Michelin 561-J6

Bagatto

LIGURE • RUSTICO Nascosta in un carruggio del centro, simpatica trattoria dal particolare soffitto con mattoni a vista: un ottimo indirizzo per gli amanti della cucina ligure e di mare. Piccagge (tipo di pasta) con pescato del giorno tra le specialità della casa.

Carta 28/46 €

via Ricciardi 24 - ✆ 019 675844 (coperti limitati, prenotare) - Chiuso mercoledì sera e martedì, in estate sempre aperto la sera

Grand Hotel Garden Lido

TRADIZIONALE • MEDITERRANEO Albergo di fronte al porto turistico, in buona parte già ristrutturato negli ultimi anni, ma i progetti non sono ancora finiti! Gradevole giardino con piscina e belle camere di diverse tipologie. Quadri alle pareti e grandi finestre nella curata sala da pranzo.

67 cam - †75/200 € ††95/263 €

lungomare Nazario Sauro 9 - ✆ 019 669666 - www.gardenlido.com

LOCOROTONDO

Bari - ✉ 70010 - 14 162 ab. - Alt. 410 m - Carta regionale n° **15**-C2

Roma 518 km - Bari 70 km - Brindisi 68 km - Taranto 36 km

Carta stradale Michelin 564-E33

Centro Storico

CUCINA REGIONALE • SEMPLICE In pieno centro storico, cordiale accoglienza in una trattoria di tono semplice, ma dall'atmosfera piacevole. Proposte di casalinga cucina barese e piatti di ispirazione più classica.

Carta 24/41 €

via Eroi di Dogali 6 - ✆ 080 431 5473 - www.ilcentrostorico.biz - Chiuso mercoledì in inverno

Sotto le Cummerse

LOCANDA • PERSONALIZZATO Un sistema simpatico per vivere il caratteristico centro storico della località: camere ed appartamenti seminati in vari punti, sempre piacevoli e dotati di ogni confort.

10 cam - †60/140 € ††80/160 €

via Vittorio Veneto 138 - ✆ 080 431 3298 - www.sottolecummerse.it

LODI

(LO) - ✉ 26900 - 44 945 ab. - Alt. 87 m - Carta regionale n° **9**-B3

Roma 551 km - Piacenza 38 km - Milano 38 km - Cremona 59 km

Carta stradale Michelin 561-G10

3 Gigli all'Incoronata

CUCINA LOMBARDA • FAMILIARE Cucina creativa di terra e di mare, in questo ristorante a due passi dalla scenografica piazza. A pranzo, oltre alla carta, anche qualche formula più leggera ed economica.

Carta 32/63 €

piazza della Vittoria 47 - ✆ 0371 421404

Concorde Lodi Centro

FAMILIARE • ACCOGLIENTE In questa cittadina dal tipico carattere lombardo, un hotel centrale - situato proprio di fronte alla stazione ferroviaria - la cui attenta gestione apporta continue migliorie. Camere confortevoli nella loro semplicità.

28 cam - †70/120 € ††80/160 €

piazzale Stazione 2 - ✆ 0371 421322 - www.hotel-concorde.it - Chiuso 20 dicembre-3 gennaio e 7-21 agosto

LODRONE Trento → Vedere Storo

LOIANO

Bologna – 40050 – 4 294 ab. – Alt. 714 m – Carta regionale n° **5**-C2
Roma 361 km – Bologna 33 km – Firenze 91 km – Prato 85 km
Carta stradale Michelin 562-J15

Palazzo Loup

DIMORA STORICA • PERSONALIZZATO Incredibile fusione di passato e presente, in una dimora di origine medievale immersa in uno splendido parco con piscina e vista sulle colline tosco-emiliane. La struttura si è recentemente arricchita di 450 mq di spa.

49 cam – 60/100 € 90/180 €

via Santa Margherita 21, località Scanello, Est: 3 km – 051 654 4040 – www.palazzo-loup.it

LONATO

Brescia – 25017 – 16 246 ab. – Alt. 188 m – Carta regionale n° **9**-D1
Roma 533 km – Brescia 29 km – Mantova 71 km – Verona 51 km
Carta stradale Michelin 561-F13

a Barcuzzi Nord : 3 km 25080 – Lonato

Da Oscar

CUCINA CREATIVA • FAMILIARE XX Specialità ittiche (anche di acqua dolce) e ricette di terra, nonché un'interessante proposta di pizze lievitate, in un raffinato locale ubicato sulle colline che guardano il lago di Garda; servizio estivo in terrazza.

Menu 48 € – Carta 38/74 €

via Barcuzzi 16 – 030 913 0409 – www.daoscar.it – solo a cena escluso venerdì, sabato e domenica – Chiuso 11-31 gennaio e lunedì

LONGARE

Vicenza – 36023 – 5 688 ab. – Alt. 29 m – Carta regionale n° **22**-B2
Roma 522 km – Padova 31 km – Vicenza 11 km – Verona 60 km
Carta stradale Michelin 562-F16

Agri-Ristorante Le Vescovane

CUCINA REGIONALE • RUSTICO XX Spariti i cavalli, le ex stalle della casa-fortezza cinquecentesca ospitano oggi una cucina imperniata su ottimi prodotti, talvolta di nicchia - sia dell'azienda agrituristica che del territorio veneto - in piatti estrosi ed elaborati.

Carta 36/70 €

Agriturismo Le Vescovane, via San Rocco 19/2, Ovest: 4 km – 0444 273570 – www.levescovane.com – solo a cena escluso sabato, domenica e festivi – Chiuso lunedì e martedì

Agriturismo Le Vescovane

FAMILIARE • TRADIZIONALE Pochi chilometri fuori Vicenza per trovare, meglio se facendosi consigliare la strada dai proprietari, una torre di caccia cinquecentesca nel silenzio dei monti Berici.

9 cam – 60/70 € 80/120 €

via San Rocco 19/2, Ovest: 4 km – 0444 273570 – www.levescovane.com

Agri-Ristorante Le Vescovane – Vedere selezione ristoranti

a Costozza Sud-Ovest : 1 km 36023 – Longare

Aeolia

CUCINA VENEZIANA • ELEGANTE XX Un'esperienza artistica ancor prima che gastronomica, dalla sala del 1568 con affreschi di Zelotti e Fasolo, ai chilometrici cunicoli che ospitano le cantine. Cucina veneta e specialità di carne; tra i più gettonati i fagottini prosciutto e pere.

Menu 13 € (pranzo in settimana)/30 € – Carta 19/48 €

piazza Da Schio 1 – 0444 555036 – www.aeolia.com – Chiuso martedì

LONGIANO

Forlì-Cesena - ✉ 47020 - 7 126 ab. - Alt. 179 m - Carta regionale n° **5**-D2
Roma 350 km - Rimini 28 km - Forlì 32 km - Ravenna 46 km
Carta stradale Michelin 562-J18

Dei Cantoni

CUCINA REGIONALE • **FAMILIARE** All'ombra del castello malatestiano, due sale con mattoni a vista che ricordano il bel ciottolato del centro ed un piacevole servizio estivo in veranda. Sabina preparerà per voi gustose specialità regionali; assolutamente, da provare il coniglio cotto nel coccio con timo e limone.

Carta 26/50 €

via Santa Maria 19 - ✆ 0547 665899 - www.ristorantedeicantoni.it - Chiuso 15 febbraio-15 marzo e mercoledì

Terre Alte

PESCE E FRUTTI DI MARE • **STILE MEDITERRANEO** Un ristorante dai toni eleganti per trovare il pescato del giorno accuratamente selezionato dal titolare stesso ed una cucina semplice che ne valorizza la qualità.

Carta 39/80 €

via Olmadella 11, località Balignano - ✆ 0547 666138 (consigliata la prenotazione) - www.ristoranteterrealte.com - Chiuso 10 giorni in gennaio, 10 giorni in maggio, 10 giorni in agosto, martedì a mezzogiorno e lunedì

LONIGO

Vicenza - ✉ 36045 - 16 391 ab. - Alt. 31 m - Carta regionale n° **23**-B3
Roma 503 km - Verona 40 km - Vicenza 29 km - Padova 59 km
Carta stradale Michelin 562-F16

La Peca (Nicola Portinari)

CUCINA CREATIVA • **ELEGANTE** Creativa, ma senza strafare, regionale, ma senza interdirsi esperienze diverse, elegante, ma lasciando che i clienti si sentano a loro agio: la Peca è una straordinaria tappa gastronomica con vista sui colli.

→ Spaghettoni cotti nel succo del cipollotto con triglia in ceviche e caviale. Rombo chiodato con pak choi (cavolo cinese), rafano e curcuma fresca. Ravioli croccanti alla crema bruciata con agrumi infusi alla vaniglia.

Menu 40 € (pranzo in settimana)/80 € - Carta 81/165 €

via Alberto Giovanelli 2 - ✆ 0444 830214 - www.lapeca.it - Chiuso 25-30 dicembre, 1 settimana in gennaio, 2 settimane in giugno, la settimana di Ferragosto, domenica sera e lunedì, anche domenica a mezzogiorno in estate

LOREGGIA

Padova - ✉ 35010 - 7 598 ab. - Alt. 26 m - Carta regionale n° **23**-C2
Roma 504 km - Padova 26 km - Venezia 30 km - Treviso 36 km
Carta stradale Michelin 562-F17

Locanda Aurilia

CUCINA REGIONALE • **VINTAGE** La passione per la cucina e un forte legame per le tradizioni del territorio hanno scandito gli oltre cinquant'anni di attività della locanda, che continua a proporre gustosi piatti sia di terra sia di mare.

Carta 27/43 € 16 cam - †40/65 € ††75/90 € - ☕ 6 €

via Aurelia 27 - ✆ 049 930 0677 (consigliata la prenotazione) - www.locandaaurilia.com - Chiuso 1°-8 gennaio, 1°-22 agosto e martedì

LORETO

Ancona - ✉ 60025 - 12 814 ab. - Alt. 127 m - Carta regionale n° **11**-D2
Roma 294 km - Ancona 31 km - Macerata 31 km - Pesaro 90 km
Carta stradale Michelin 563-L22

Andreina (Errico Recanati)

CUCINA REGIONALE • ELEGANTE XXX Una coppia di coniugi e una grande passione per la materia prima: in costante crescita gastronomica negli anni, in virtù di una cucina che rivede la tradizione, quasi esclusivamente di carne, con succulenti proposte alla brace e allo spiedo tra i secondi piatti.

→ Pensando al vincisgrasso. Tortello di piccione, tartufo nero, topinambur e mascarpone. Mandorle, fragole e lemongrass.

Menu 75/95 € - Carta 65/84 €

via Buffolareccia 14 - ✆ 071 970124 - www.ristoranteandreina.it - Chiuso martedì e mercoledì, solo i mezzogiorno di martedì e mercoledì in agosto e dicembre

LORETO APRUTINO

Pescara - ✉ 65014 - 7 479 ab. - Alt. 294 m - Carta regionale n° **1**-B1

Roma 226 km - Pescara 24 km - Teramo 77 km

Carta stradale Michelin 563-O23

Carmine

PESCE E FRUTTI DI MARE • AMBIENTE CLASSICO XX Gestione familiare di grande esperienza per un grazioso locale con veranda, dove gustare piatti di mare a base di ricette tradizionali abruzzesi. Il giovane chef vi aiuterà nella scelta, ma noi vi suggeriamo un imperdibile: la carbonara di mare!

Menu 45/60 € - Carta 24/64 €

contrada Remartello 52, Est: 4,5 km - ✆ 085 820 8553 - www.ristorantecarmine.it - Chiuso 10 giorni in novembre, martedì a pranzo e lunedì

Castello Chiola

STORICO • ELEGANTE Si respira una romantica atmosfera nelle sale ricche di fascino di un'incantevole, antica residenza medioevale, nella parte panoramica della cittadina; camere raffinate. Elegante ristorante dove apprezzare la tradizionale cucina italiana.

32 cam - †79/149 € ††89/189 € - 4 suites

via degli Aquino 12 - ✆ 085 829 0690 - www.castellochiola.com

LORO CIUFFENNA

Arezzo - ✉ 52024 - 5 819 ab. - Alt. 330 m - Carta regionale n° **18**-C2

Roma 238 km - Firenze 54 km - Siena 63 km - Arezzo 31 km

Carta stradale Michelin 563-L16

Il Cipresso-da Cioni

CUCINA REGIONALE • FAMILIARE X Quadri di arte contemporanea realizzati dal titolare-pittore rallegrano la sala, mentre le migliori specialità del territorio - salumi, pane, paste e le celebri carni toscane - deliziano gli avventori, che potranno prolungare la piacevolezza dei sapori gustati portandosi a casa prodotti locali acquistabili nella piccola enoteca.

Carta 25/65 €

via De Gasperi 28 - ✆ 055 917 1127 - Chiuso 15-28 febbraio, mercoledì sera e sabato a mezzogiorno

Dimora Casa Eugenia

DIMORA STORICA • PERSONALIZZATO Nel centro storico della località, questa dimora trecentesca affacciata da un lato sulla gola e sul torrente, propone ambienti comuni affrescati e camere tutte contraddistinte da un diverso colore. Piccola terrazza-giardino per momenti di piacevole relax.

6 cam - †80/100 € ††90/120 € - 2 suites

piazza Nannini 2/a - ✆ 055 917 1257 - www.dimoracasaeugenia.com - Chiuso 15 gennaio-15 febbraio

LOVENO Como → Vedere Menaggio

LOVERE

Bergamo – ✉ 24065 – 5 270 ab. – Alt. 208 m – Carta regionale n° **10**-D1

▶ Roma 611 km – Brescia 49 km – Bergamo 41 km – Edolo 57 km

Carta stradale Michelin 561-E12

Mas

CUCINA MODERNA • BISTRÒ Simpatico, informale e modaiolo: Mas ha praticamente tutto per piacere ad un target che va dai giovani ai più maturi, soprattutto se si opta - a pranzo - per la formula più semplice di cucina mediterranea. La sera, invece, come una vera signora, la carta si fa più sofisticata!

Carta 20/50 €

via Gregorini 21 – ✆ 035 983705 – Chiuso 1°-7 febbraio, 15-30 giugno e martedì

Castello

TOWNHOUSE • MODERNO Piccolo nelle dimensioni, ma grande nel confort, grazie alle sue moderne suite tutte con balcone e vista lago (sebbene alcune laterali), nonché piccolo centro benessere in funzione da inizio 2016. E il panorama si ripropone dalla terrazza del ristorante "Il Salotto", rinomato per le sue specialità di pesce di mare.

9 suites – 150/225 €

via del Santo 1 – ✆ 035 964129 – www.hotelcastellolovere.it

LUCARELLI Siena (SI) → Vedere Radda in Chianti

CI PIACE...

La ***Buca di Sant'Antonio*** con la sua caratteristica sala dei "rami" dal cui soffitto pendono paioli di fogge varie. Lo scorcio sulla sottostante piazza S. Michele dalla suite del Colonello di ***Palazzo Rocchi***. Alternanza di sapori dolci e salati nel buffet della prima colazione ***Alla Corte degli Angeli***. Un vero tuffo nella storia, tra le pareti di una delle due suite affrescate di ***Palazzo Tucci***.

LUCCA

(LU) - ✉ 55100 - 89 046 ab. - Alt. 19 m - Carta regionale n° **18**-B1
▶ Roma 351 km - Pisa 24 km - Livorno 50 km - Firenze 81 km
Carta stradale Michelin 563-K13

Ristoranti

✿ L'Imbuto (Cristiano Tomei)

CUCINA CREATIVA • MINIMALISTA ✗ All'interno del museo d'arte contemporanea, la cucina, creativa e fantasiosa, ne riflette la vocazione avanguardista. Si sceglie solo il numero delle portate e si parte per uno straordinario viaggio di sorprese.
➜ Ravioli ripieni di olio con seppie e polvere di cavolo nero. Corteccia primitiva. Crema catalana al tabacco da pipa.

Menu 50/90 €

Pianta: B1-t - *via della Fratta 38 - ✆ 329 084 3180 - www.limbuto.it - Chiuso lunedì*

Buca di Sant'Antonio

CUCINA TOSCANA • CONTESTO TRADIZIONALE ✗✗✗ Al piano terra quella che in origine era la stalla per il cambio dei cavalli, mentre la "buca" è la sala al piano inferiore. Una grande varietà di oggetti appesi alle pareti o pendenti dal soffitto tipicizzano l'ambiente; il menu è invece vivacizzato da piatti regionali eseguiti secondo antiche ricette.

Menu 22 € (pranzo)/32 € - Carta 35/50 €

Pianta: B2-a - *via della Cervia 1/5 - ✆ 0583 55881 - www.bucadisantantonio.com - Chiuso 15-23 gennaio, domenica sera e lunedì*

All'Olivo

CUCINA REGIONALE • FAMILIARE ✗✗ In una delle caratteristiche piazze del centro storico, quattro sale elegantemente arredate, di cui una adibita ai fumatori, dove gustare una squisita cucina del territorio di terra e di mare. Piacevole servizio estivo all'aperto.

Menu 35/55 € - Carta 41/84 €

Pianta: B2-p - *piazza San Quirico 1 - ✆ 0583 493129 (consigliata la prenotazione) - www.ristoranteolivo.it - Chiuso mercoledì escluso novembre, gennaio e febbraio*

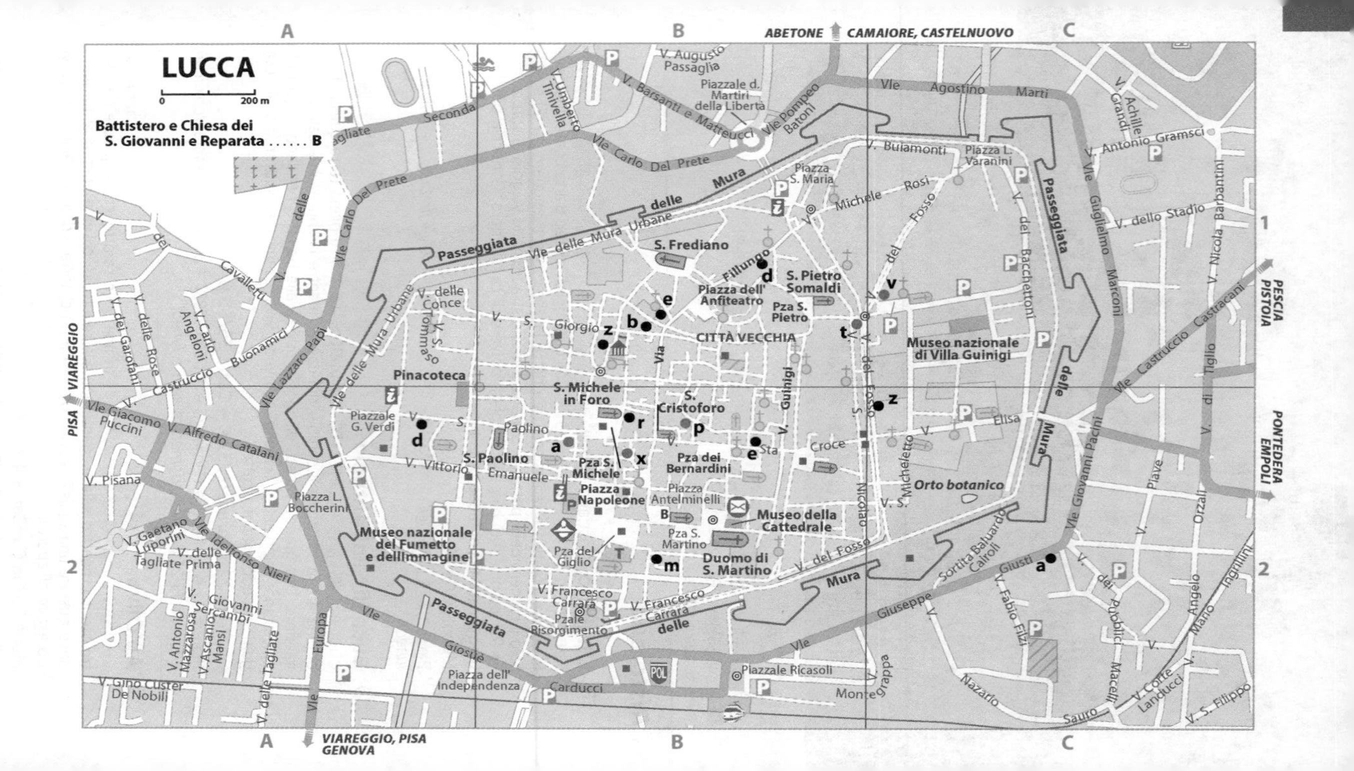
LUCCA
0
200 m
Battistero e Chiesa dei S. Giovanni e Reparata ...... B
ABETONE
CAMAIORE, CASTELNUOVO
PESCIA PISTOIA
PONTEDERA EMPOLI
VIAREGGIO, PISA GENOVA
PISA VIAREGGIO
Passeggiata delle Mura
CITTÀ VECCHIA
S. Frediano
Piazza dell' Anfiteatro
S. Pietro Somaldi
Pza S. Pietro
Museo nazionale di Villa Guinigi
Pinacoteca
S. Michele in Foro
S. Cristoforo
S. Paolino
Pza S. Michele
Pza dei Bernardini
Piazza Napoleone
Piazza Antelminelli
Museo della Cattedrale
Pza S. Martino
Duomo di S. Martino
Pza del Giglio
Orto botanico
Museo nazionale del Fumetto e dellimmagine
Piazzale G. Verdi
Piazza L. Boccherini
Piazzale Ricasoli
Piazza dell' Independenza
Pzale Risorgimento
Piazzale d. Martiri della Libertà
Piazza S. Maria
Piazza L. Varanini
Vle Agostino Marti
Vle Guglielmo Marconi
Vle Giovanni Pacini
Vle Giuseppe Giusti
Vle Giosuè Carducci
Vle Carlo Del Prete
Vle Pompeo Batoni
V. Barsanti e Matteucci
Vle Lazzaro Papi
Vle Castruccio Castracani
Vle delle Mura Urbane
V. Fillungo
Via Guinigi
V. del Fosso
V. dei Bacchettoni
V. Buiamonti
V. Michele Rosi
V. S. Giorgio
V. S. Paolino
V. Vittorio Emanuele
V. Sta Croce
V. Elisa
V. S. Nicolao
V. S. Micheletto
V. Francesco Carrara
Vle Giacomo Puccini
V. Alfredo Catalani
V. Pisana
Vle Europa
V. delle Tagliate
V. Gaetano Luporini
Vle Ildefonso Nieri
V. delle Tagliate Prima
V. Giovanni Sercambi
V. Antonio Mazzarosa
V. Ascanio Mansi
V. Gino Custer De Nobili
V. Carlo Angeloni
V. Cavalletti
V. Buonamici
V. delle Rose
V. dei Garofani
V. Umberto Tinivella
V. Augusto Passaglia
V. Achille Grandi
V. Antonio Gramsci
V. dello Stadio
V. Nicola Barbantini
V. di Tiglio
V. Piave
V. Orzali
V. Angelo
V. Mario Ingrillini
V. dei Pubblici Macelli
V. Corte Landucci
V. S. Filippo
V. Sauro
V. Nazario
V. Fabio Filzi
Sortita Baluardo Cairoli
V. Montegrappa
V. delle Conce
V. S. Tommaso
Seconda
POL

Antica Locanda dell'Angelo

CUCINA MEDITERRANEA • AMBIENTE CLASSICO XX Sorto probabilmente come locanda, oggi è certamente un locale elegante. Dalle cucine, un buon equilibrio tra tradizione locale e piatti nazionali. Un occhio di riguardo anche al vino.

Carta 39/59 €

Pianta: B2-x - *via Pescheria 21 - ✆ 0583 467711 - www.anticalocandadellangelo.com - Chiuso 2 settimane in gennaio, 1 settimana in novembre, domenica sera e lunedì*

Osteria Verciani "il Mecenate a Lucca"

CUCINA TOSCANA • FAMILIARE X Nei locali di una storica tintoria lucchese, qui respirerete l'atmosfera di un'autentica, conviviale trattoria; dal menu una straordinaria carrellata delle eccellenze gastronomiche locali quali i tordelli lucchesi o la tagliata alle erbe aromatiche. Scenografico servizio estivo di fronte alla chiesa di San Francesco.

Carta 33/51 €

Pianta: C1-v - *via del Fosso 94 - ✆ 0583 511861 - www.ristorantemecenate.it - Chiuso 5-20 novembre*

Alberghi

Noblesse

LUSSO • STORICO Eleganti camere con tappeti persiani, preziosi arredi d'epoca, un grande impiego di tessuti e decorazioni dorate fanno di questo palazzo settecentesco un fastoso albergo.

9 cam ☕ - †179/479 € ††199/499 € - 5 suites

Pianta: B2-e - *via Sant'Anastasio 23 - ✆ 0583 440275 - www.hotelnoblesse.it*

San Luca Palace

BUSINESS • PERSONALIZZATO All'interno di un palazzo del '500 - a pochi passi dal centro - ospitalità e indiscussa professionalità in ambienti eleganti dai morbidi colori. Le camere si distinguono per l'ottimo livello e la cura del dettaglio. Attrezzata sala riunioni, bar/tea room, parcheggio e garage con servizio cortesia, biciclette gratuite.

23 cam ☕ - †80/190 € ††150/290 € - 3 suites

Pianta: A2-d - *via San Paolino 103 - ✆ 0583 317446 - www.sanlucapalace.com*

Ilaria e Residenza dell'Alba

TRADIZIONALE • PERSONALIZZATO Alle porte del centro storico, ma ancora accessibile in macchina, troverete arredi semplici e funzionali nelle camere, una gradevole terrazza per le colazioni estive, nonché spaziose suite in una vicina dépendence.

39 cam ☕ - †70/300 € ††80/450 € - 5 suites

Pianta: C2-z - *via del Fosso 26 - ✆ 0583 47615 - www.hotelilaria.com*

Celide

BUSINESS • PERSONALIZZATO Di fronte alle antiche mura, l'hotel propone camere dagli arredi moderni e funzionali, particolarmente confortevoli quelle al secondo piano, ricche di colore e design; raccolta ed accogliente anche l'area relax con due ampie vasche idromassaggio. Cucina di mare nell'omonimo ristorante.

49 cam ☕ - †75/160 € ††95/250 €

Pianta: C2-a - *viale Giuseppe Giusti 25 - ✆ 0583 954106 - www.albergocelide.it*

San Marco

BUSINESS • PERSONALIZZATO Moderno e originale edificio in mattoni che esternamente ricorda una chiesa, mentre al suo interno propone ariosi ambienti in stile contemporaneo. Piacevoli serate sorseggiando vino e birra (di produzione propria) sulla bella terrazza, dove viene anche servita la prima colazione.

42 cam ☕ - †80/170 € ††99/200 €

via San Marco 368, per Castelnuovo - B1 - ✆ 0583 495010 - www.hotelsanmarcolucca.com

Alla Corte degli Angeli

LOCANDA • ACCOGLIENTE Incastonato in una struttura storica, ma dotato dei migliori confort moderni, l'hotel propone ambienti dai colori vivaci, travi a vista e camere arredate con estrema ricercatezza, seguendo come leit motiv le peculiarità cromatiche di un fiore.

21 cam - †75/150 € ††130/250 € - 10 €

Pianta: B1-b - *via degli Angeli 23 - 0583 469204 - www.allacortedegliangeli.com - Chiuso 15 gennaio-15 febbraio*

San Martino

FAMILIARE • FUNZIONALE In posizione tranquilla nelle vicinanze del Duomo, un gioiellino d'atmosfera - caldo ed accogliente - sin dal suo piccolo ingresso. La struttura propone camere di modeste dimensioni, ma particolarmente curate nei dettagli. La prima colazione può essere consumata anche nel piccolo dehors.

12 cam - †60/100 € ††70/160 €

Pianta: B2-m - *via Della Dogana 9 - 0583 469181 - www.albergosanmartino.it*

La Luna

TRADIZIONALE • CENTRALE A pochi passi dalla celebre piazza dell'Anfiteatro, dispone di ambienti accoglienti e ben tenuti, seppur non molto ampi, e camere funzionali. Nelle adiacenze, una dépendance.

29 cam - †60/130 € ††90/220 € - 1 suite

via Fillungo, corte Compagni 12 - 0583 493634 - www.hotellaluna.it - Chiuso 15 gennaio-15 febbraio

Palazzo Tucci

DIMORA STORICA • PERSONALIZZATO Sono principesche le camere di questo palazzo nobiliare del '700 in pieno centro. Ma anche i saloni ricchi di fascino e storia, stucchi e affreschi, contribuiscono a rendere fiabesco il soggiorno.

6 cam - †130/150 € ††150/170 €

Pianta: B1-z - *via Cesare Battisti 13 - 0583 464279 - www.palazzotucci.com*

Palazzo Rocchi

LOCANDA • PERSONALIZZATO Alle spalle della chiesa di San Michele, al terzo piano di un palazzo trecentesco con affreschi e arredi d'epoca, quattro camere si affacciano sull'omonima piazza. Per chi volesse regalarsi un sogno, suggeriamo la suite dell'ammiraglio.

5 cam - †90/110 € ††120/135 €

Pianta: B2-r - *piazza San Michele 30 - 0583 467479 - www.palazzorocchi.it - Chiuso 9 gennaio-19 marzo*

A Palazzo Busdraghi

DIMORA STORICA • PERSONALIZZATO Al primo piano dell'omonimo palazzo duecentesco affacciato sul corso principale, antiquariato e accessori d'avanguardia si fondono mirabilmente per offrire un piacevole soggiorno, "coccolati" dalla squisita ospitalità di tutto lo staff.

8 cam - †75/150 € ††95/190 €

Pianta: B1-d - *via Fillungo 170 - 0583 950856 - www.apalazzobusdraghi.it - Chiuso 9-23 gennaio*

Lucca in Azzurro

LOCANDA • PERSONALIZZATO Grazioso villino liberty d'inizio Novecento, il centro dista meno di un chilometro: l'atmosfera è semplice, ma curata, con pavimenti originali al primo e al secondo piano. Vasca idromassaggio e noleggio biciclette.

9 cam - †60/90 € ††80/170 €

viale Giacomo Puccini 450, per via Catalani - A2 - 0583 190 0329 - www.luccainazzurro.it - Chiuso 7 gennaio-28 febbraio

Villa Romantica

LOCANDA • ACCOGLIENTE Se il nome è già un'eloquente presentazione, all'interno troverete colori ed un'attenta cura per i dettagli. Romanticamente nel sottotetto, un piccolo centro benessere con bagno turco.

6 cam – 59/89 € 79/129 €

via Inigo Campioni 19, per Pescia - C1 - 0583 496872 - www.villaromantica.it - Chiuso 12-27 dicembre e 8 gennaio-10 febbraio

sulla strada statale 12 r per viale Europa A2

La Cecca

CUCINA TOSCANA • CASA DI CAMPAGNA Alle pendici della collina di Coselli, il locale ricorda nell'insegna il nome della fondatrice che negli anni '40 aprì qui un negozio di alimentari. A distanza di qualche generazione, la trattoria si infittisce ancora di buongustai alla ricerca di un ambiente accogliente e familiare, ma soprattutto dei piatti più famosi della regione.

Carta 24/45 €

località Coselli, Sud: 5 km 55060 Capannori - 0583 94284 - www.lacecca.it - Chiuso 1°-10 gennaio, 1 settimana in agosto, mercoledì sera e lunedì

Villa Marta

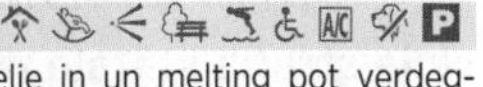

LOCANDA • ACCOGLIENTE Magnolie, pini e camelie in un melting pot verdeggiante che abbraccia questa ottocentesca dimora di caccia, mutuante il proprio nome dall'ultima proprietaria che qui vi abitò: la signora Marta. Camere dal sapore antico, con pavimenti originali, alcune affrescate, per un soggiorno all'insegna del relax e del romanticismo.

16 cam – 70/430 € 90/430 €

via del Ponte Guasperini 873, località San Lorenzo a Vaccoli, Sud: 5,5 km 55100 - 0583 370101 - www.albergovillamarta.it - Chiuso gennaio-febbraio

Marta Guest House

LOCANDA • ACCOGLIENTE Tra Lucca e Pisa, la nostalgica bellezza di una villa in stile tardo Liberty con splendidi pavimenti, bei soffitti ed arredi d'epoca. Due camere con ampio terrazzo e, per tutti, generosa colazione sia dolce che salata.

6 cam – 55/75 € 85/115 €

via del Querceto 47, località Santa Maria del Giudice, Sud: 10 km 55100 - 320 636 4530 - www.martaguesthouse.it - Chiuso 10 gennaio-20 marzo

a Marlia Nord: 6 km per Camaiore B1 55014

Butterfly (Fabrizio Girasoli)

CUCINA MODERNA • CASA DI CAMPAGNA Immerso in un curato giardino, ottocentesco casolare dove cotto e travi si uniscono ad un'elegante atmosfera. Gestione familiare, cucina elaborata dalle presentazioni ricercate.

→ Ravioli alle erbette con lumache di vigna. Pollo ruspante del Valdarno in tre cotture. Il pozzo dei desideri.

Menu 80 € - Carta 57/96 €

strada statale 12 dell'Abetone - 0583 307573 (consigliata la prenotazione) - www.ristorantebutterfly.it - solo a cena escluso giorni festivi - Chiuso 2 settimane in febbraio e mercoledì

a Capannori Est: 6 km per Pontedera C2 55012

Forino

PESCE E FRUTTI DI MARE • FAMILIARE Rinomato nella zona per la sua cucina di mare sapientemente elaborata, realizzata con selezionate materie prime, Forino è ormai giunto alla terza generazione con le due simpatiche e competenti figlie al timone. Per i vegetariani, la casa mette a disposizione un menu a loro dedicato.

Menu 20 € (in settimana)/42 € - Carta 30/67 €

via Carlo Piaggia 21 - 0583 935302 - www.ristoranteforino.it - Chiuso 26 dicembre-1° gennaio, 16-31 agosto, domenica sera e lunedì

a Ponte a Moriano Nord: 9 km per Camaiore B1 ✉ 55029

Antica Locanda di Sesto

CUCINA TOSCANA • LOCANDA Simpatica e calorosa gestione familiare per questa storica locanda di origini medievali che ha saputo conservare autenticità e genuinità, oggi riproposte in gustose ricette regionali. Un esempio? Pappa al pomodoro - trippa in casseruola - frutta caramellata al forno.

Carta 25/55 €

via Ludovica 1660, a Sesto di Moriano, Nord-Ovest: 2,5 km - ✆ 0583 578181 - www.anticalocandadisesto.it - Chiuso 24 dicembre-1° gennaio e sabato

a Segromigno in Monte Nord : 10 km per Camaiore B1 ✉ 55018

Fattoria Mansi Bernardini

CASA DI CAMPAGNA • PERSONALIZZATO In un'affascinante cornice, tra colline e vigneti, la grande azienda agricola produttrice di olio si compone di diversi casolari e riserva agli ospiti arredi d'epoca e camere spaziose. L'atmosfera è piacevolmente retrò!

15 cam – †110/150 € ††140/180 €

via di Valgiano 34, Nord: 3 km - ✆ 0583 921721 - www.fattoriamansibernardini.it - Aperto 1° aprile-29 novembre

sulla strada statale 435 per Pescia C1

I Diavoletti

CUCINA TOSCANA • FAMILIARE In questa ex casa del popolo (dove si riunivano i "diavoletti" rossi), tre sorelle al lavoro in difesa dei prodotti della lucchesia: in sale allegre e variopinte, qui sarete introdotti alle specialità del territorio, dallo stracotto all'olio di oliva al tordello di grano saraceno al porro.

Carta 26/39 €

via stradone di Camigliano 302, Est: 9 km ✉ 55012 Capannori - ✆ 0583 920323 - www.ristorantepizzeriaidiavoletti.it - solo a cena escluso domenica - Chiuso 1°-10 settembre e mercoledì

Serendepico

FUSION • MINIMALISTA Lo chef giapponese si diverte a reinterpretare i sapori dello Stivale, in maggior modo quelli delle regioni dove lui stesso si è fatto le ossa (Marche, Piemonte, Toscana), ma lo fa con una delicatezza tutta nipponica, in punta di piedi o meglio di forchetta! Cucina della tradizione, quindi, che porge il destro ad abbinamenti insoliti ed intriganti.

Menu 24/70 € - Carta 34/54 €

Hotel Relais del Lago, via della Chiesa di Gragnano 36, Est: 12 km ✉ 55012 Capannori - ✆ 0583 975026 (consigliata la prenotazione) - www.serendepico.com - Chiuso 3 gennaio-3 febbraio e martedì escluso agosto

Relais del Lago

CASA DI CAMPAGNA • PERSONALIZZATO Raffinata modernità all'interno di un casolare seicentesco circondato da un curato giardino e isolato sulle colline della lucchesia. Graziosissime le camere caratterizzate da qualche richiamo rustico.

7 cam – †60/110 € ††80/170 € - 2 suites

via della Chiesa di Gragnano 36, Est: 12 km ✉ 55012 Capannori - ✆ 0583 975026 - www.relaisdellago.com - Chiuso 3 gennaio-3 febbraio

Serendepico - Vedere selezione ristoranti

a Cappella per Nord: 10 km per Camaiore B1 ✉ 55100

Relais La Cappella

DIMORA STORICA • PERSONALIZZATO Si procede in salita per qualche chilometro, prima di arrivare alle porte di questo ex convento del '600 adagiato tra le colline: vista panoramica e mobili d'epoca nelle accoglienti camere. E per chi volesse fare acquisti, vendita di vini locali e di olio dell'azienda.

12 cam – †110/130 € ††125/175 €

via dei Tognetti 469, località Ceccuccio - ✆ 0583 394347 - www.relaislacappella.com - Aperto 1° marzo-6 novembre

sulla strada per Valgiano Nord-Est: 8 km direzione Abetone B1

Tenuta San Pietro

CASA DI CAMPAGNA • PERSONALIZZATO In posizione bucolica e panoramica - piccola nelle dimensione, ma non nel confort - la risorsa offre camere personalizzate e moderne che ben si armonizzano al contesto. Cucina del territorio reinterpretata con gusto contemporaneo.

8 cam - 140/220 € 160/220 € - 2 suites - 15 €

via per San Pietro 22/26, località San Pietro a Marcigliano - 0583 926676 - www.tenuta-san-pietro.com - Aperto 1° aprile-5 novembre

LUCERA

Foggia - 71036 - 33 724 ab. - Alt. 219 m - Carta regionale n° **15**-A2
Roma 301 km - Foggia 21 km - Barletta 97 km - Campobasso 71 km
Carta stradale Michelin 564-C28

Il Cortiletto

CUCINA REGIONALE • CONTESTO STORICO XX Il nome è mutuato dal patio di un palazzo nobiliare del XVII secolo, ambiente caldo e signorile dai soffitti a mattoni a vista e in menu il territorio con i suoi prodotti e piatti ricercati.

Carta 29/63 €

via De Nicastri 26, (adiacenze Museo Fiorelli) - 0881 542554 (prenotare) - www.ristoranteilcortiletto.it - Chiuso domenica sera

LUCRINO Napoli → Vedere Pozzuoli

LUGANA Brescia → Vedere Sirmione

LUGHETTO Venezia → Vedere Campagna Lupia

LUINO

Varese - 21016 - 14 786 ab. - Alt. 202 m - Carta regionale n° **9**-A2
Roma 661 km - Stresa 80 km - Milano 86 km - Varese 29 km
Carta stradale Michelin 561-E8

a Colmegna Nord : 2,5 km 21016 - Luino

Camin Hotel Colmegna

RESORT • BORDO LAGO Circondata da un ameno parco in riva al lago, in splendida posizione panoramica, questa villa d'epoca dispone di camere confortevoli per un soggiorno piacevole e rilassante: le nuove stanze mansardate offrono un respiro ampio e romantico.

30 cam - 125/175 € 200/240 € - 1 suite

via Palazzi 1 - 0332 510855 - www.caminhotel.com - Chiuso 18 dicembre-16 marzo

LUSIA

Rovigo - 45020 - 3 533 ab. - Alt. 10 m - Carta regionale n° **23**-B3
Roma 461 km - Padova 47 km - Ferrara 45 km - Rovigo 12 km
Carta stradale Michelin 562-G16

in prossimità strada statale 499 Sud: 3 km

Trattoria al Ponte

CUCINA REGIONALE • ACCOGLIENTE X Fragranze di terra e di fiume si intersecano ai sapori di una volta e alla fantasia dello chef per realizzare instancabili piatti della tradizione, come il mitico risotto alle verdure, le anguille fritte o le trippe alla parmigiana. Un'oasi nel verde, al limitare di un ponte, con laghetto illuminato.

Menu 25 € (in settimana)/45 € - Carta 25/52 €

via Bertolda 27, località Bornio 45020 - 0425 669890 - www.trattorialponte.it - Chiuso 1 settimana in agosto e lunedì

LUTAGO LUTTACH Bolzano ➜ Vedere Valle Aurina

MACERATA

(MC) – ✉ 62100 – 42 473 ab. – Alt. 315 m – Carta regionale n° **11**-C2

▶ Roma 288 km – Ancona 71 km – Ascoli Piceno 107 km – Fermo 44 km

Carta stradale Michelin 563-M22

L'Enoteca

CUCINA CREATIVA • **RUSTICO** XX Qui è quasi tutto home made: insaccati, paste e dolci sono tutti di produzione propria, ma anche le carni e le verdure provengono direttamente dall'azienda agricola di famiglia. E se proprio vi è necessità di acquistare qualcosa, lo si fa presso piccoli produttori locali attentamente selezionati. Per la cena, la proposta si arricchisce anche di pizze gourmet.

Carta 32/74 €

Hotel Le Case, contrada Mozzavinci 16/17, Nord-Ovest: 6 km – ✆ 0733 231897 – www.ristorantelecase.it – solo a cena – Chiuso 21 giorni in gennaio, 15 giorni in agosto, domenica, lunedì e martedì

Le Case

CASA PADRONALE • TRADIZIONALE L'ombra dei cipressi conduce ad un complesso rurale del X sec., che comprende anche un piccolo, ma ben strutturato, museo contadino. Eleganza e buon gusto fanno da cornice a soggiorni di classe, immersi nella pace della campagna.

19 cam ☕ – †75/90 € ††100/120 € – 5 suites

contrada Mozzavinci 16/17, Nord-Ovest: 6 km – ✆ 0733 231897 – www.ristorantelecase.it – Chiuso 10 giorni in gennaio e 10 giorni in agosto

L'Enoteca – Vedere selezione ristoranti

MADDALENA (Arcipelago della) Sardegna

Olbia-Tempio – Carta regionale n° **16**-B1

Carta stradale Michelin 366-R36

La Maddalena – ✉ 07024 – 11 332 ab. – Carta regionale n° 16-B1

Carta stradale Michelin 366-R36

Ma&Ma

LUSSO • MODERNO A 300 metri dal mare, questa recente struttura vi accoglierà con moderne soluzioni ed un appeal accattivante. Le camere propongono stili diversi: a voi scegliere quello che più vi aggrada... compatibilmente con la disponibilità!

85 cam ☕ – †159/379 € ††199/429 € – 7 suites

località Nido d'Aquila, Ovest : 3 km – ✆ 0789 722406 – www.grandhotelmaema.com – Aperto maggio-settembre

Excelsior

FAMILIARE • MODERNO In centro e fronte porto, questa struttura piccola nelle dimensioni, ma non nel confort, si contraddistingue per la moderna eleganza e il design. Piacevole terrazza-solarium con vista mare ed ottime camere, ampie e funzionali.

27 cam ☕ – †34/499 € ††39/499 € – 1 suite

via Amendola 7 – ✆ 0789 721047 – www.excelsiormaddalena.com – Aperto 1° marzo-31 ottobre

MADESIMO

Sondrio – ✉ 23024 – 587 ab. – Alt. 1 536 m – Carta regionale n° **9**-B1

▶ Roma 711 km – Sondrio 82 km – Bergamo 127 km – Passo dello Spluga 15 km

Carta stradale Michelin 561-C10

✿ **Il Cantinone e Sport Hotel Alpina** (Stefano Masanti)

CUCINA MODERNA · RUSTICO XX Locale elegante con belle camere e una sala da pranzo d'impostazione classica, "riscaldata" dall'ampio impiego del legno. La cucina sorprende grazie alla fantasia dello chef autodidatta e dei suoi menu degustazione a sorpresa.

→ Cuba libre di fegatini di pollo, rape rosse e agrumi. Lombo di capriolo alle nespole fermentate e caffè. Pera invernale cotta nelle spezie, gelato di pere affumicato e bitto.

Menu 65/95 € 8 cam - 130/260 € 260/500 €

via A. De Giacomi 39 - 0343 56120 - www.ristorantecantinone.com - solo a cena escluso vacanze di Natale - Aperto 1° dicembre-9 aprile; chiuso lunedì, martedì e mercoledì escluso 20 dicembre-20 marzo

a Pianazzo Ovest : 2 km ✉ 23024

Bel Sit

CUCINA REGIONALE · FAMILIARE X Ristorante ubicato lungo una strada di passaggio, presenta ambienti di estrema semplicità. Noto in zona per la cucina tradizionale, con ampio utilizzo di selvaggina.

Menu 20 € - Carta 23/44 € 8 cam - 40/60 € 80/100 €

via Nazionale 19 - 0343 53365 - www.albergobelsit.com - Chiuso 1°-10 settembre e giovedì

CI PIACE...

Il Convivio e la sua accogliente e tipica stube. La panoramica zona benessere & beauty del ***Majestic Mountain Charme***. Lo stile alpino coniugato al moderno design dell'hotel ***Spinale***, adiacente alle piste da sci. La calda accoglienza del patron al ristorante ***Stube Hermitage***.

MADONNA DI CAMPIGLIO

(TN) – ✉ 38086 – 700 ab. – Alt. 1 522 m – Carta regionale n° **19**-B2
▶ Roma 645 km – Trento 79 km – Bolzano 106 km – Pinzolo 13 km
Carta stradale Michelin 562-D14

Ristoranti

✿ Il Gallo Cedrone 

CUCINA CREATIVA • **CHIC** XXX Al Gallo Cedrone si è sempre celebrata la montagna, dalle cotture al fumo di fieno ai salumi e formaggi trentini. Il lago e i pesci d'acqua dolce non sono lontani, come la selvaggina. Ma ora un giovane e talentuoso nuovo chef apre la porta della cucina anche a prodotti esteri.

➜ Gnocchi di patate al burro d'alpeggio, bagòss (formaggio), spugnole e profumo di foresta. Filetto di black angus, salsa al fieno, kumquat (mandarino cinese) caramellato e tartufo. Infinity Chocolate.

Menu 65/110 € - Carta 61/113 €

Hotel Bertelli, via Cima Tosa 80 – ✆ 0465 441013 – www.ilgallocedrone.it – solo a cena – Aperto 1° dicembre-10 aprile e 30 giugno-10 settembre; chiuso lunedì

✿ Dolomieu 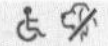

CUCINA MODERNA • **STUBE** XX Pochi tavoli d'alta cucina sulle vette di Madonna di Campiglio e dei piatti che vi faranno volare ancora più in alto! È al Dolomieu che troverete uno dei più giovani e migliori cuochi delle Dolomiti con proposte di sorprendente creatività e fantasia.

➜ Riso al latte di capra, caprino erborinato ai frutti rossi e fiori. Nocette di capriolo al lardo, tortelli di zucca e mirtilli. Un campo di carote: stratificazione di nocciole, cioccolato e carote in 3D.

Menu 90/120 € - Carta 66/119 €

Hotel DV Chalet, via Castelletto Inferiore 10 – ✆ 0465 443191 (prenotare) – www.dvchalet.it – solo a cena – Aperto 6 dicembre-6 aprile e 24 giugno-31 agosto

Un pasto accurato a prezzo contenuto? Cercate i Bib Gourmand.

Stube Hermitage

CUCINA CREATIVA • STUBE XX Il nome è eloquente: si cena all'interno di una romantica ed antica stube, un inno ai piaceri alpini, meta di chi vuole portare la montagna in tavola.

Menu 95 € - Carta 69/111 €

Bio-Hotel Hermitage, via Castelletto Inferiore 69, Sud: 1,5 km - ✆ 0465 441558 - www.stubehermitage.it - solo a cena - Aperto 3 dicembre-31 marzo e 10 luglio-4 settembre

Osteria del Circo

CUCINA REGIONALE • COLORATO XX Tra colori ed oggetti dalla calda stravaganza, ecco a voi il nuovo angolo gourmet del bell'hotel Cristal Palace! Solida è la radice italiana dei piatti in carta, completati da soprese annunciate a voce, ma anche dalla possibilità di degustare taglieri con i migliori salumi nostrani e non solo.

Carta 43/75 €

Hotel Cristal Palace, via Cima Tosa 104/a - ✆ 0465 446020 - www.osteriadelcirco.it - solo a cena - Aperto 4 dicembre-10 aprile e 15 giugno-20 settembre

Da Alfiero

CUCINA REGIONALE • CONTESTO TRADIZIONALE XX Colori, decorazioni e travi a vista: Alfiero è un locale d'impostazione classica sia nel servizio sia nella cucina, che cita nel piatto tanto il territorio quanto i sapori d'Italia.

Carta 42/76 €

via Vallesinella 5 - ✆ 0465 440117 - www.hotellorenzetti.it - Aperto 1° dicembre-31 marzo e 1° luglio-31 agosto

Il Convivio

CUCINA MODERNA • STUBE XX Calda atmosfera nella stube, dove la sera gustare piatti ricchi di originalità; a pranzo, invece, nel lounge, vi attende una cucina dalla matrice spiccatamente italiana.

Menu 55/85 € - Carta 42/80 €

Alpen Suite Hotel, viale Dolomiti di Brenta 84 - ✆ 0465 440100 (prenotare) - www.alpensuitehotel.it - Aperto 1° dicembre-Pasqua e 25 giugno-15 settembre

Due Pini N

CUCINA REGIONALE • RUSTICO XX Cucina legata al territorio, ma allo tempo stesso reinterpretata in chiave estrosa e moderna, per questo ristorante forte della sua tipicità alpina, sebbene sia stato rinnovato in anni recenti.

Menu 60 € - Carta 35/75 € - carta semplice a pranzo dal lunedì al sabato

Hotel Chalet del Sogno, via Spinale 37/bis - ✆ 0465 441033 - www.ristoranteduepini.com - Aperto 25 novembre-23 aprile e 9 giugno-17 settembre

Alberghi

Bio-Hotel Hermitage

LUSSO • BUCOLICO Immerso in un parco con le cime del Brenta come sfondo, la natura si trasferisce all'interno: costruito secondo i criteri della bioarchitettura, la tranquillità e l'eleganza sono di casa.

25 cam - solo ½ P 130/250 € - 5 suites

via Castelletto Inferiore 69 - ✆ 0465 441558 - www.biohotelhermitage.it - Aperto 4 dicembre-31 marzo e 1° luglio-14 settembre

Stube Hermitage - Vedere selezione ristoranti

Cristal Palace

LUSSO • ELEGANTE Nella parte alta della località, l'alternanza di legno e marmo conferisce un côté modernamente raffinato a questo hotel di recente apertura, che dispone di camere molto confortevoli, nonché di un attrezzato centro benessere per momenti di piacevole relax.

61 cam – 60/999 € 70/1200 € – 2 suites

via Cima Tosa 104/a – 0465 446020 – www.cristalpalacecampiglio.it – Aperto 4 dicembre-10 aprile e 15 giugno-20 settembre

Osteria del Circo – Vedere selezione ristoranti

Alpen Suite Hotel

LUSSO • ELEGANTE Per chi ama gli spazi, una sobria essenzialità e qualche richiamo montano: le camere sono ampie con pochi, eleganti arredi. Per gli appassionati anche una cigar room. Charme e relax alpino al centro benessere.

28 suites – 260 € 480 €

viale Dolomiti di Brenta 84 – 0465 440100 – www.alpensuitehotel.it – Aperto 1° dicembre-Pasqua e 25 giugno-15 settembre

Il Convivio – Vedere selezione ristoranti

DV Chalet

LUSSO • DESIGN Affascinanti ambienti moderni, profili geometrici e colori sobri: se cercate raffinatezza e design sulle Alpi, DV Chalet - con sottotitolo "Boutique Hotel & Spa" - è sicuramente l'indirizzo che fa per voi!

20 cam – 150/500 € 150/500 €

via Castelletto Inferiore 10 – 0465 443191 – www.dvchalet.it – Aperto 6 dicembre-6 aprile e 24 giugno-31 agosto

Dolomieu – Vedere selezione ristoranti

Chalet Laura

LUSSO • DESIGN A due passi dalla piazza principale, un albergo che si ispira alla natura: l'unicità del luogo si riflette nell'esclusività e semplicità del progetto di design, caratterizzato da interni delicati, prestigiose suite ed una rilassante area wellness. E' come alloggiare in una casa privata di lusso.

20 cam – 100/250 € 180/360 € – 4 suites

via Pradalago 21 – 0465 441246 – www.chaletlaura.it – Aperto 1° dicembre-19 aprile e 16 giugno-14 settembre

Spinale

SPA E WELLNESS • ELEGANTE Praticamente attaccata all'omonimo impianto di risalita, gran bella casa dall'inconfondibile stile alpino che si fa decisamente signorile al suo interno. I servizi? Non c'è spazio per elencarli tutti! Meglio scoprirli di persona. Angolo per pizza gourmet al ristorante.

55 cam – 69/900 € 89/1100 € – 6 suites

via Monte Spinale 39 – 0465 441116 – www.spinalehotelcampiglio.it – Aperto inizio dicembre-10 aprile e 15 giugno-30 settembre

Chalet del Sogno

LUSSO • ACCOGLIENTE Il sogno diventa realtà: a pochi passi dagli impianti di risalita, albergo in stile montano con ambienti signorili ed ampie camere. Al termine di una giornata attiva e dinamica, quanto di meglio che una sosta nel moderno ed attrezzato centro benessere?

12 suites – 150 € 850 € – 6 cam

via Spinale 37/bis – 0465 441033 – www.hotelchaletdelsogno.com – Aperto 25 novembre-23 aprile e 9 giugno-17 settembre

Due Pini – Vedere selezione ristoranti

Campiglio Bellavista

TRADIZIONALE • STILE MONTANO A ridosso della piste da sci, rimodernato secondo i più severi dettami di bioarchitettura, un hotel tutto in legno completo nella gamma dei servizi offerti ed aggiornato nei confort: compreso il buon ristorante che porta il nome dei titolari.

38 cam - 75/256 € 120/420 €

via Pradalago 38 - 0465 441034 - www.hotelcampigliobellavista.it - Aperto 1° dicembre-15 aprile e 1° luglio-15 settembre

Lorenzetti

TRADIZIONALE • CLASSICO Faro dell'ospitalità a Campiglio, il personale prevede e realizza ogni esigenza dei clienti. Relax sulla terrazza-solarium e dolci a volontà per i più golosi. Cucina ladina nell'elegante sala ristorante: i clienti privi di camera panoramica si rifaranno con le finestre sulle cime di Brenta.

48 cam - 120/280 € 160/400 € - 12 suites

viale Dolomiti di Brenta 119, Sud: 1,5 km - 0465 441404 - www.hotellorenzetti.com - Aperto 1° dicembre-10 aprile e 1° luglio-10 settembre

Gianna

TRADIZIONALE • ACCOGLIENTE In posizione tranquilla, ma non lontano dal centro, la tradizione trentina si sposa con il gusto moderno, grazie ad una gestione familiare che si adopera al continuo rinnovo. Appetitosa cucina regionale nelle due graziose sale ristorante e nella stube.

25 cam - 110/230 € 150/460 € - 3 suites

via Vallesinella 16 - 0465 441106 - www.hotelgianna.it - Aperto 1° dicembre-30 aprile e 1° luglio- 30 settembre

Bertelli

TRADIZIONALE • STILE MONTANO Apprezzabile la serietà della gestione e l'ampiezza degli spazi (mansarde comprese), in questo edificio montano da diversi lustri nelle mani della stessa famiglia. All'interno: ambienti in stile, con qualche arredo anni '70.

49 cam - 48/232 € 80/388 € - 5 suites

via Cima Tosa 80 - 0465 441013 - www.hotelbertelli.it - Aperto 1° dicembre-10 aprile e 30 giugno-10 settembre

Il Gallo Cedrone - Vedere selezione ristoranti

Majestic Mountain Charme

LUSSO • STILE MONTANO In pieno centro, a lato degli impianti di risalita, hotel elegante con lounge bar - fashion e ricercato - aperto agli esterni con menu light per il pranzo. In stile alpino con inserti moderni, le signorili camere si abbandoneranno con meno rimpianto se la destinazione è il grazioso centro benessere all'ultimo piano. Il ristorante serale Majestic Gourmet ha nel nome la propria vocazione.

40 cam - 65/300 € 130/540 € - 3 suites

piazza Righi 33 - 0465 441080 - www.majesticmchotel.com - Aperto 5 dicembre-Pasqua e 1° luglio-15 settembre

Crozzon

TRADIZIONALE • CLASSICO Non lontano dal centro, Crozzon è un hotel a conduzione familiare che si è ampliato in anni recenti e che ora dispone di un moderno centro benessere e nuove camere, quelle che noi consigliamo! Presso il ristorante, cucina legata al territorio.

34 cam - 59/149 € 99/199 €

viale Dolomiti di Brenta 96 - 0465 442222 - www.hotelcrozzon.com - Aperto 4 dicembre-2 aprile e 25 giugno-10 settembre

Dello Sportivo

FAMILIARE • STILE MONTANO Ambiente simpatico in un hotel dal confort essenziale e gestito con passione. Ben posizionato tra impianti di risalita e centro, vi consentirà piacevoli soggiorni.

11 cam - †40/80 € ††80/150 €

via Pradalago 29 - ✆ 0465 441101 - www.dellosportivo.com - Aperto 1° dicembre-15 aprile e 15 giugno-1° ottobre

MADONNA DI SENALES UNSERFRAU Bolzano → Vedere Senales

MAGGIORE (Lago) → Vedere Lago Maggiore

MAGIONE

Perugia - ✉ 06063 - 14 865 ab. - Alt. 299 m - Carta regionale n° **20**-B2

Roma 193 km - Perugia 20 km - Arezzo 58 km - Orvieto 87 km

Carta stradale Michelin 563-M18

L'Umbricello del Coccio

CUCINA UMBRA • CONTESTO TRADIZIONALE X Marco, lo chef-patron, meglio conosciuto come il "re degli umbricelli", si è trasferito in questa nuova sede: un piacevole rustico nei pressi del Santuario di Montemelini. Oltre alla tipico spaghettone, carni alla brace e specialità locali. In estate si può godere della bella terrazza panoramica.

Carta 24/48 €

via Dei Montemelini 22, Sud-Est: 8 km (Santuario Madonna di Lourdes) ✉ 06063 - ✆ 075 847 6534 - www.lumbricellodelcoccio.it - Chiuso 10 giorni in gennaio e lunedì

MAGLIANO ALFIERI

Cuneo - ✉ 12050 - 2 153 ab. - Alt. 328 m - Carta regionale n° **14**-C2

Roma 613 km - Torino 60 km - Cuneo 72 km - Asti 24 km

Carta stradale Michelin 561-H6

Stefano Paganini alla Corte degli Alfieri

CUCINA MODERNA • CONTESTO STORICO XX All'interno di un sontuoso castello seicentesco, tra le due sale di servizio i più romantici sceglieranno quella delle rose con splendidi soffitti affrescati. Niente scelta alla carta, ma solo menu degustazione (dal quale - tuttavia - si possono "estrarre" a piacere dei piatti), di ottimo livello e con un eccellente rapporto qualità/prezzo.

Menu 30/50 € - Carta 41/65 €

via Alfieri 4 - ✆ 0173 66244 - www.stefanopaganini.it - Chiuso 10 giorni in gennaio, mercoledì a mezzogiorno e martedì

MAGLIANO IN TOSCANA

Grosseto - ✉ 58051 - 3 619 ab. - Alt. 128 m - Carta regionale n° **18**-C3

Roma 158 km - Grosseto 29 km - Siena 103 km - Viterbo 104 km

Carta stradale Michelin 563-O15

Antica Trattoria Aurora

CUCINA TOSCANA • ACCOGLIENTE XX All'ingresso del borgo antico cinto da mura, nelle sale il tono è piacevolmente rustico, incantevole (zanzare permettendo) il servizio all'aperto in giardino, ma su tutto s'impone la cucina, che elabora creativamente le risorse locali: un ottimo ristorante.

Carta 32/55 €

via Lavagnini 12/14 - ✆ 0564 592774 - Chiuso gennaio, febbraio e mercoledì

MAGLIANO SABINA

Rieti - ✉ 02046 - 3 774 ab. - Alt. 222 m - Carta regionale n° **7**-B1

Roma 69 km - Terni 42 km - Perugia 113 km - Rieti 54 km

Carta stradale Michelin 563-O19

Degli Angeli

CUCINA REGIONALE • ELEGANTE XX Affacciata sulla valle del Tevere, cucina tipicamente locale in un locale dove ora trova posto anche una cantina che ospita oltre 400 etichette di vini, distillati e champagne. Ospitalità, discrezione e semplicità avvolgono l'hotel, in posizione ideale per un week-end lontano dai ritmi frenetici della città. E, per non farsi mancare nulla, gli ospiti possono acquistare prodotti di produzione propria nell'adiacente Bottega delle Delizie; fiore all'occhiello l'oleoteca con 80 produttori Italiani in lista.

Menu 35 € - Carta 30/64 € 8 cam - 67/80 € 83/100 €

località Madonna degli Angeli, Nord: 3 km - 0744 91377 - www.ristorantedegliangeli.it - Chiuso 2 settimane in luglio, domenica sera e lunedì

sulla strada statale 3 - via Flaminia Nord-Ovest : 3 km

La Pergola

CUCINA ROMANA • RUSTICO XX Cucina laziale nelle due sale ricavate in un'antica stazione di posta: una rustica, dove si trovano due griglie per la cottura delle carni, ed una elegante, illuminata da grandi vetrate.

Carta 29/73 € 23 cam - 50/75 € 70/95 €

via Flaminia km 63,900 02046 - 0744 919841 - www.lapergola.it

MAGLIE

Lecce (LE) - 73024 - 14 418 ab. - Alt. 81 m - Carta regionale n° **15**-D3
Roma 617 km - Brindisi 73 km - Lecce 33 km - Otranto 17 km
Carta stradale Michelin 564-G36

Corte dei Francesi

STORICO • ELEGANTE All'interno di un museo d'arte conciaria (visibili ancora le vasche di lavorazione e molti attrezzi utilizzati all'epoca), la risorsa dispone di belle camere dai caratteristici muri in pietra, dove predomina il bianco e lo stile mediterraneo; ariosa corte e terrazza soleggiata per il relax degli ospiti.

10 cam - 60/125 € 80/180 € - 1 suite

via Roma 138 - 0836 424282 - www.cortedeifrancesi.it

MAIORI

Salerno - 84010 - 5 573 ab. - Carta regionale n° **4**-B2
Roma 267 km - Napoli 65 km - Amalfi 5 km - Salerno 20 km
Carta stradale Michelin 564-E25

Torre Normanna

PESCE E FRUTTI DI MARE • CONTESTO STORICO XX Lungo questa costa che tutto il mondo ci invidia, specialità a base di pesce e vista "ravvicinata" sul mare, in un delizioso locale all'interno dell'antica torre. Per chi desidera piatti più semplici o pizza vi è l'alternativa sulle terrazze in basso alla costruzione.

Menu 60/80 € - Carta 44/110 €

via Diego Taiani 4 - 089 877100 - www.ristorantetorrenormanna.it - Chiuso 2 settimane in gennaio, 2 settimane in novembre e lunedì in ottobre-aprile

Botanico San Lazzaro

LUSSO • PERSONALIZZATO Vi sembrerà di toccare il cielo con un dito, quando l'ascensore panoramico vi condurrà in questa romantica struttura; la vista si fa regina nelle camere di grande charme, in piscina e nei vari terrazzamenti dove poter godere della massima tranquillità. Una breve passeggiata nel giardino botanico donerà nuovo vigore al vostro spirito, ma risparmiate le energie se intendete raggiungere il centro a piedi...

14 cam - 265/390 € 380/550 € - 5 suites

via Lazzaro 25 - 089 877750 - www.hbsl.com - Aperto 1° aprile -31 ottobre

sulla costiera amalfitana Sud-Est : 4,5 km

Il Faro di Capo d'Orso (Pierfranco Ferrara)

CUCINA MODERNA • LUSSO XXX Arrampicato su un promontorio, la sala offre uno strepitoso panorama della costiera amalfitana. Lo stupore continua nel piatto con una cucina mediterranea e dai sapori campani, non priva di fantasia.

→ Linguine saltate con vongole, zucchine cotte e crude, seppioline. Cernia confit in olio d'oliva e finocchietto selvatico fresco, salsa di capperi. Il limone sfusato amalfitano in diverse consistenze.

Menu 65/85 € - Carta 59/100 €

via Diego Taiani 48 - ✆ 089 877022 - www.ilfarodicapodorso.it - Aperto 2 marzo-2 novembre; chiuso martedì, anche mercoledì in marzo

Relais Tenuta Solomita

LOCANDA • ELEGANTE I sensi vi saranno grati: soprattutto la vista che si beerà degli splendidi scorci sul golfo dalle terrazze con piscine e dai vari angoli relax che questo raffinato relais propone. Una dimensione paradisiaca avvolta dal profumo di erbe officinali.

4 cam - 100/200 € 100/200 €

via Diego Taiani 51 - ✆ 089 877022 - www.ilfarodicapodorso.it

MALALBERGO

Bologna - ✉ 40051 - 8 943 ab. - Alt. 12 m - Carta regionale n° **5**-C2

Roma 403 km - Bologna 33 km - Ferrara 12 km - Ravenna 84 km

Carta stradale Michelin 562-I16

Rimondi

PESCE E FRUTTI DI MARE • AMBIENTE CLASSICO XX In centro paese, si entra in quella che pare una casa privata, per arredi e atmosfera, con due sale riscaldate da altrettanti camini. Il ristorante si è fatto un nome per la cucina di pesce che, nei classici piatti nazionali, esaurisce il menu, ma lo chef-cacciatore prepara anche selvaggina di valle (su prenotazione).

Carta 42/77 €

via Nazionale 376 - ✆ 051 872012 - solo a cena - Chiuso 15-30 giugno, domenica sera e lunedì

ad Altedo Sud : 5 km ✉ 40051

Il Cucco

CUCINA REGIONALE • FAMILIARE X Nella città dell'asparago, questo è solo uno dei prodotti che troverete al Cucco, da sempre impegnato a garantire non solo la bontà, ma anche la derivazione biologica di parte degli ingredienti utilizzati in cucina. E per finire, i biscotti del re, creati in occasione della visita di Vittorio Emanuele III ed insaporiti con mandorle, anice e cedro.

Carta 20/45 €

Agriturismo Il Cucco, via Nazionale 83, al Km 115,600 - ✆ 051 660 1124 (consigliata la prenotazione) - Chiuso 27 dicembre-5 gennaio, agosto e domenica

Agriturismo Il Cucco

CASA DI CAMPAGNA • TRADIZIONALE Un centinaio di metri di strada sterrata e giungerete in un casolare, con orto e pollame, che offre stanze arredate con bei mobili di arte povera e antiquariato, ma non prive di tecnologie moderne.

11 cam - 60/120 € 80/140 €

via Nazionale 83, al km 115,600 - ✆ 051 660 1124 - www.ilcucco.it - Chiuso 27 dicembre-5 gennaio e agosto

Il Cucco - Vedere selezione ristoranti

MALCESINE

Verona - ✉ 37018 - 3 736 ab. - Alt. 89 m - Carta regionale n° **23**-A2

Roma 556 km - Trento 56 km - Verona 67 km - Mantova 93 km

Carta stradale Michelin 562-E14

Vecchia Malcesine (Leandro Luppi)

CUCINA MODERNA • DESIGN XX Due passi a piedi, poi, superato il giardino, si entra nel locale colorato e panoramico, dove lo chef-patron reinterpreta con fantasiosa leggerezza le tradizioni del territorio proponendo sia carne sia pesce con predilezione per quello di lago.

→ Carbonara di lago. Salmone, cremoso di fegatini, zuppa di mela e zenzero. Frutta candita a freddo, cioccolato bianco, sorbetto al curry.

Menu 55 € (in settimana)/110 € - Carta 88/118 €

via Pisort 6 - ✆ 045 740 0469 - www.vecchiamalcesine.com - Aperto 11 marzo-4 novembre; chiuso mercoledì

Re Lear

CUCINA MODERNA • RUSTICO X Nel centro storico, locale dai toni rustici, ma dal trend giovanile, i cui piatti creativi riescono a coniugare tradizione ed innovazione.

Menu 55/65 € - Carta 45/111 €

piazza Cavour 23 - ✆ 045 740 0616 - www.relear.com - Aperto Pasqua-ottobre; chiuso martedì

Bellevue San Lorenzo

STORICO • CONTEMPORANEO E' il giardino la punta di diamante di questa villa d'epoca: dotato di piscina e con un'incantevole vista panoramica del lago, congiunge i diversi edifici della struttura. Tutte le camere sono confortevoli, alcune più classiche, altre più moderne, da molte si scorge il Garda.

51 cam – †145/205 € ††194/218 € - 2 suites

via Gardesana 164, Sud: 1,5 km - ✆ 045 740 1598 - www.bellevue-sanlorenzo.it - Aperto 10 aprile-20 ottobre

Maximilian

SPA E WELLNESS • CLASSICO Un giardino-uliveto in riva al lago ed un piccolo centro benessere con vista panoramica caratterizzano questo hotel dalla dinamica gestione diretta, sempre attenta alla cura dei servizi.

36 cam – †115/160 € ††170/320 € - 14 suites

località Val di Sogno 8, Sud: 2 km - ✆ 045 740 0317 - www.hotelmaximilian.com - Aperto Pasqua-7 ottobre

Val di Sogno

TRADIZIONALE • MODERNO Sogno o son desto? E' la domanda che ci si potrebbe porre svegliandosi la mattina in una delle sue belle camere realizzate usando materiali legati all'ambiente esterno - legno, sasso, marmo - e con un'attenzione encomiabile all'eco-sostenibilità. Anche gli spazi esterni brillano per piacevolezza: dal giardino con piscina riscaldata, la vista che vi si offre è quella di una delle più suggestive insenature del lago di Garda.

35 cam – †55/250 € ††74/350 € - 1 suite

via Val di Sogno 16, Sud: 2 km - ✆ 045 740 0108 - www.hotelvaldisogno.com - Aperto 8 Aprile-14 ottobre

Baia Verde

TRADIZIONALE • CLASSICO Struttura moderna, ma arredata senza eccessi, badando più alla funzionalità e confort degli ospiti, che possono godere di svariati servizi tra cui la buona cucina del ristorante.

40 cam – †100/170 € ††100/250 € - 3 suites

via Gardesana 142, località Val di Sogno - ✆ 045 740 0396 - www.hotelbaiaverde-malcesine.it - Aperto 1° marzo-30 ottobre

Park Hotel Querceto

TRADIZIONALE • STILE MONTANO In posizione elevata, assai fuori dal paese e quindi tranquillissimo, l'albergo si contraddistingue per i suoi originali interni in pietra e legno, nonché per lo splendido giardino naturale con piscina incastonata nel verde. I sapori della tradizione altoatesina avvolti dal calore di una romantica stube.

22 cam – †110/140 € ††160/200 €

via Panoramica 113, Est: 5 km, alt. 378 - ✆ 045 740 0344 - www.parkhotelquerceto.com - Aperto 1° maggio-1° ottobre

Primaluna

FAMILIARE • PERSONALIZZATO Gestito da una giovane coppia, l'albergo offre ai suoi ospiti accattivanti interni dal design modaiolo ed il calore di chi da sempre lavora nel settore. Durante la bella stagione, il beach bar BB diventa uno dei locali più gettonati dalla movida locale.

36 cam – †70/170 € ††120/280 €

via Gardesana 165 – 045 740 0301 – www.ambienthotel.it – Aperto 25 marzo-30 ottobre

Casa Barca

TRADIZIONALE • MODERNO In "seconda linea" rispetto al lago, ma circondata dal verde del proprio giardino con uliveto e piscine, una risorsa a conduzione familiare dotata di camere dal design moderno, piccola zona benessere e solarium panoramico all'ultimo piano.

24 cam – †140/220 € ††140/220 € – 2 suites

via Panoramica 15 – 045 740 0842 – www.casabarca.com – Aperto 10 aprile-29 ottobre

Meridiana

TRADIZIONALE • PERSONALIZZATO Vicino alla funivia del monte Baldo, struttura dalla squisita gestione femminile con interni moderni dal design personalizzato e buon confort. Gradito bonus: la saletta relax con sauna e la grande vasca idromassaggio in giardino.

23 cam – †115/130 € ††125/140 €

via Navene Vecchia 39 – 045 740 0342 – www.hotelmeridiana.it – Aperto 1° aprile-31 ottobre

MALÉ

Trento – ✉ 38027 – 2 179 ab. – Alt. 738 m – Carta regionale n° **19G**-B2
Roma 641 km – Bolzano 82 km – Trento 56 km – Sondrio 110 km
Carta stradale Michelin 562-C14

Vecchia Canonica

CUCINA MODERNA • MINIMALISTA Nel centro di Malè, ristorante-pizzeria rinnovatosi con un taglio più moderno ed una linea di ristorazione che rispolvera la tradizione in chiave decisamente contemporanea; bello anche il dehors.

Menu 12/40 € – Carta 26/59 €

Via Bresadola 14 – 0463 902064 – www.allavecchiacanonica.it – Chiuso 10 giorni in aprile, 15 giorni in giugno, 15 giorni in novembre e lunedì

MALEO

Lodi – ✉ 26847 – 3 155 ab. – Alt. 58 m – Carta regionale n° **9**-B3
Roma 527 km – Piacenza 17 km – Lodi 31 km – Milano 63 km
Carta stradale Michelin 561-G11

Albergo Del Sole

CUCINA REGIONALE • ROMANTICO Cucina tradizionale nell'osteria di posta dalle antiche origini: scegliete la rusticità della calda sala con camino o, nella bella stagione, il pittoresco giardino.

Menu 25 € (in settimana)/85 € – Carta 34/71 € 3 cam – †70 € ††120 €

via Monsignor Trabattoni 22 – 0377 58142 – www.ilsoledimaleo.com – Chiuso gennaio, agosto, domenica sera e lunedì

Leon d'Oro

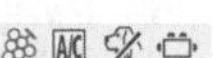

CUCINA CLASSICA • FAMILIARE Prodotti scelti con cura garantiscono una cucina del territorio interpretata con abilità dallo chef; un piccolo ingresso immette in tre salette eleganti in un piacevole stile rustico.

Menu 25 € (in settimana)/45 € – Carta 32/58 €

via Dante 69 – 0377 58149 – www.leondoromaleo.com – Chiuso 1°-5 gennaio, 10-24 agosto, sabato a mezzogiorno e mercoledì

MALGRATE

Lecco (LC) – ✉ 23864 – 4 228 ab. – Alt. 231 m – Carta regionale n° **10**-B1
Roma 623 km – Como 27 km – Bellagio 20 km – Lecco 2 km
Carta stradale Michelin 561-E10

Il Griso

TRADIZIONALE • BORDO LAGO Affacciata sul celebre lago quest'affascinante architettura segue il profilo della costa: le camere di conseguenza beneficiano tutte di un'impareggiabile vista sulla natura circostante, oltre ad essere ampie ed accoglienti.

43 cam – †90/150 € ††100/210 €

via Provinciale 51 – ☎ 0341 23981 – www.griso.info

MALLES VENOSTA MALS

Bolzano – ✉ 39024 – 5 162 ab. – Alt. 1 051 m – Carta regionale n° **19**-A2
Roma 721 km – Merano 58 km – Bolzano 85 km – Bormio 56 km
Carta stradale Michelin 562-B13

a Burgusio Nord : 3 km ✉ 39024 – Malles Venosta – Alt. 1 215 m

Weisses Kreuz

FAMILIARE • STILE MONTANO Totale ristrutturazione per questo hotel, il più signorile e completo in termini di servizi della località: camere molto confortevoli, un'ampia zona relax ed, ultimo ma non ultimo, una bella terrazza baciata dal sole.

28 cam – †85/170 € ††85/170 € – 17 suites

Burgusio 82 – ☎ 0473 831307 – www.weisseskreuz.it – Chiuso 10 aprile-12 maggio e 1° novembre-21 dicembre

Plavina

TRADIZIONALE • CLASSICO Ideale punto di appoggio per chi ama le montagne, l'hotel dispone di ampie camere in stile altoatesino e una zona benessere con saune ed idromassaggio. Per i pasti, è possibile rivolgersi al vicino ristorante Al Moro.

49 cam – †70/120 € ††70/120 €

piazza Centrale 81 – ☎ 0473 831223 – www.mohren-plavina.com – Chiuso 5 novembre-25 dicembre

MALNATE

Varese – ✉ 21046 – 16 847 ab. – Alt. 355 m – Carta regionale n° **10**-A1
Roma 641 km – Como 24 km – Varese 7 km – Milano 63 km
Carta stradale Michelin 561-E8

Crotto Valtellina

CUCINA REGIONALE • RUSTICO XX All'ingresso la zona bar-cantina, a seguire la sala rustica ed elegante nel contempo. Cucina di rigida osservanza valtellinese e servizio estivo a ridosso della roccia.

Menu 46 € – Carta 35/69 €

via Fiume 11, località Valle – ☎ 0332 427258 – www.crottovaltellina.it – solo a cena escluso sabato e domenica – Chiuso martedì

MALO

Vicenza – ✉ 36034 – 14 951 ab. – Alt. 116 m – Carta regionale n° **22**-A1
Roma 556 km – Verona 66 km – Padova 65 km – Vicenza 19 km
Carta stradale Michelin 562-F16

La Favellina

CUCINA MODERNA • ELEGANTE XXX La signora Gianello, innamoratasi di questo delizioso borgo di fine '800, acquistò un locale e lo ristrutturò con gusto femminile e raffinato. Lei ai fornelli ed il figlio ad occuparsi della sala, La Favellina ha saputo crearsi una propria fama in zona, grazie alla sua cucina di stampo moderno e all'accurata selezione di materie prime.

Carta 44/79 €

via Cosari 4/6, località San Tomio, Sud: 2,5 km – ☎ 0445 605151 – www.lafavellina.it – solo a cena escluso domenica – Chiuso 1°-15 gennaio, 1°-15 novembre, lunedì e martedì

MALOSCO

Trento - ✉ 38013 - 464 ab. - Alt. 1 041 m - Carta regionale n° **19**-B2
Roma 638 km - Bolzano 64 km - Merano 41 km - Trento 52 km
Carta stradale Michelin 562-C15

Bel Soggiorno

TRADIZIONALE • STILE MONTANO In posizione rilassante, circondato da un giardino soleggiato, l'albergo offre camere in stile rustico, sale da lettura e una piccola area benessere. Al ristorante, la classica cucina trentina.

38 cam - 46/57 € 62/100 €

via Miravalle 7 - 0463 831205 - www.h-belsoggiorno.com - Chiuso febbraio-marzo e novembre

MALPENSA (Aeroporto di) → Vedere Gallarate

MALS MALLES VENOSTA

MANAROLA

La Spezia - ✉ 19017 - Carta regionale n° **8**-D2
Roma 434 km - La Spezia 14 km - Genova 108 km - Massa 53 km
Carta stradale Michelin 561-J11

Marina Piccola

PESCE E FRUTTI DI MARE • STILE MEDITERRANEO Se non volete perdervi nulla dello spirito delle Cinque Terre, concedetevi una sosta a base di prodotti ittici in questo ristorante con gradevole servizio all'aperto.

Carta 34/55 €

via lo Scalo 16 - 0187 920923 - www.ristorantemarinapiccola.it - Chiuso dicembre-gennaio e martedì

Ca' d'Andrean

FAMILIARE • FUNZIONALE Nel centro pedonale del grazioso borgo, alberghetto a gestione familiare dotato anche di un piccolo giardino, dove nella bella stagione viene servita la prima colazione. Risorsa semplice, ma assolutamente valida.

10 cam - 70/100 € 90/160 € - 7 €

via Discovolo 101 - 0187 920040 - www.cadandrean.com - Aperto 1° marzo-30 novembre

Marina Piccola

TOWNHOUSE • DESIGN Rinnovato totalmente, questo piccolo gioiello con camere ampie e arredate in modo originale, vi darà il "buongiorno" con una simpatica colazione servita in modo conviviale sul grande tavolo della hall.

12 cam - 100/115 € 110/125 € - 10 €

via Birolli 120 - 0187 920770 - www.hotelmarinapiccola.com - Chiuso 10 gennaio-10 febbraio

La Torretta Lodge

TOWNHOUSE • ELEGANTE Romantica e intima casa d'epoca in centro storico, arredata con gusto e perfino lusso: per una risorsa così piccola il servizio è incredibilmente attento ad ogni momento della giornata, a partire dalla colazione servita in camera sino all'aperitivo delle 18. Il tutto coronato da una splendida vista sul mare.

11 cam - 70/200 € 120/270 €

piazza della Chiesa (vico Volto 20) - 0187 920327 - www.torrettas.com - Aperto 1° aprile-21 dicembre

MANCIANO

Grosseto - ✉ 58014 - 7 354 ab. - Alt. 444 m - Carta regionale n° **18**-C3
Roma 141 km - Grosseto 61 km - Orvieto 65 km - Viterbo 69 km
Carta stradale Michelin 563-O16

La Filanda

CUCINA TOSCANA • ALLA MODA XX Nel centro storico, il ristorante realizza un elegante mix di modernità - in una sala che pare sospesa al secondo piano - e il contesto d'epoca. E' anche l'anima della cucina, tradizionale, ma rivisitata.

Menu 35/60 € - Carta 37/60 €

via Marsala 8 - 0564 625156 (consigliata la prenotazione) - www.lafilanda.biz - Chiuso 1 settimana in gennaio, 1 settimana in novembre e martedì

Agriturismo Quercia Rossa

LOCANDA • PERSONALIZZATO In posizione tranquilla e panoramica, ampi spazi esterni, accoglienza signorile e nelle camere un raffinato mix di antico e moderno, nonché produzione propria di miele e marmellate: insomma, un angolo di paradiso nel verde delle colline maremmane!

6 cam - †60/100 € ††80/120 €

strada statale 74 km 23,800, Ovest: 13 Km - 0564 629529 - www.querciarossa.net - Aperto 15 marzo-15 novembre

MANDURIA

Taranto (TA) - 74024 - 31 420 ab. - Alt. 79 m - Carta regionale n° **15**-C2

Roma 555 km - Taranto 38 km - Brindisi 42 km - Lecce 52 km

Carta stradale Michelin 564-F34

Corte Borromeo

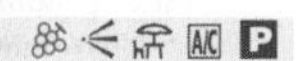

DIMORA STORICA • ELEGANTE Celebre per il vino, Manduria vanta anche un grazioso centro storico, di cui questo palazzo del 1572 costituisce un'eclatante testimonianza. All'interno, un elegante mix di tufo e arredi contemporanei e una bella terrazza sui tetti della città.

5 cam - †79/129 € ††89/149 € - 2 suites

vico I Marco Gatti 11 - 099 974 2510 - www.corteborromeohotel.it

MANERBA DEL GARDA

Brescia - 25080 - 3 378 ab. - Alt. 132 m - Carta regionale n° **9**-D1

Roma 541 km - Brescia 38 km - Mantova 80 km - Verona 60 km

Carta stradale Michelin 561-F13

Capriccio (Giuliana Germiniasi)

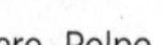

CUCINA MODERNA • ELEGANTE XXX Raffinato e spazioso ristorante, la cucina propone versioni moderne dei classici italiani con particolare cura nelle presentazioni. Apoteosi nei dolci, irrinunciabili.

→ Mezzemaniche alla maionese di mare, calamari grigliati ed olio al nero. Polpo grigliato, crema di patate e uova di trota. Zuppetta di frutti rossi marinati nel mosto cotto, mantecato al latte e meringa fiammata.

Menu 55/70 € - Carta 49/130 €

piazza San Bernardo 6, località Montinelle - 0365 551124 - www.ristorantecapriccio.it - Chiuso gennaio, i mezzogiorno di lunedì e martedì in luglio-agosto, martedì negli altri mesi

La Corte Antica

CUCINA DEL TERRITORIO • ACCOGLIENTE XX In pieno centro a Manerba del Garda, all'interno di una bella corte del 1600, è uno chef siculo il principe dei fornelli; viste quindi le sue origini la cucina non poteva che essere mediterranea, "sbilanciata" su proposte ittiche lacustri e marine.

Menu 45/50 € - Carta 37/72 €

via Marchesini 18 F - 0365 552996 - www.lacorteantica.com - Chiuso mercoledì in inverno

Il Gusto

CUCINA MEDITERRANEA • WINE-BAR X Su una piazzetta con tanto di belvedere sul lago, una sala semplice e disimpegnata per piatti classici e sfiziosi: particolare attenzione è riservata ai vini.

Carta 24/46 €

piazza San Bernardo, località Montinelle - ☎ 0365 550297 (prenotazione obbligatoria a mezzogiorno) - Chiuso gennaio, febbraio, marzo, lunedì e martedì in luglio-agosto, solo il martedì negli altri mesi

MANFREDONIA

Foggia - ✉ 71043 - 57 279 ab. - Carta regionale n° **15**-B1

Roma 413 km - Foggia 39 km - Bari 113 km - Barletta 56 km

Carta stradale Michelin 564-C29

Coppola Rossa

PESCE E FRUTTI DI MARE • FAMILIARE XX Nel centro storico e non lontano dal mare, che ritorna nei piatti in un caratteristico ristorante a conduzione familiare. Buffet di antipasti e tanto pesce, c'è anche una griglia a vista di utilizzo invernale per qualche proposta di carne.

Menu 25 € (in settimana)/50 € - Carta 30/40 €

via Maddalena 28 - ☎ 0884 582522 - www.coppolarossa.com - Chiuso domenica sera e lunedì escluso in luglio-agosto

Osteria Boccolicchio (N)

CUCINA PUGLIESE • FAMILIARE XX Dopo essersi "fatto le ossa" in diversi ristoranti del vecchio Continente, Tespi torna a casa ed apre in pieno centro storico, a due passi dal mare, questo delizioso locale piccolo nelle dimensioni, ma grande in termini di passione per i prodotti ittici, protagonisti indiscussi di ricette regionali. Ottima la selezione enologica che comprende anche una buona scelta di bollicine.

Menu 21/40 € - Carta 31/41 €

via Arco Boccolicchio 15 - ☎ 0884 090317 - Chiuso 7 giorni in gennaio, 15 giorni in novembre e mercoledì, i mezzogiono di lunedi ,martedì e mercoledì in luglio-agosto

Regio Hotel Manfredi

BUSINESS • MODERNO Poco lontano dal centro, ma già immersa tra grandi spazi verdi, struttura di taglio decisamente moderno dotata di un centro congressuale attrezzato e di uno spazio benessere.

100 cam - †39/199 € ††39/199 €

strada statale per San Giovanni Rotondo al km 12, Ovest: 2 km - ☎ 0884 530122 - www.regiohotel.it

MANGO

Cuneo - ✉ 12056 - 1 308 ab. - Alt. 521 m - Carta regionale n° **14**-C2

Roma 612 km - Cuneo 79 km - Torino 91 km - Genova 112 km

Carta stradale Michelin 561-H6

Villa Althea

CASA PADRONALE • PERSONALIZZATO Atmosfera allo stesso tempo familiare e raffinata, in una graziosa struttura riscaldata da sorprendenti accostamenti di colore, nonchè arredi in vari stili, tutti però rigorosamente autentici! Per i vostri momenti ludici: una sala biliardo e un'enorme scacchiera all'aperto, avvolta dalla tranquillità delle colline.

6 cam - †80/120 € ††110/140 € - 1 suite

località Luigi 18, Nord-Ovest: 1 km - ☎ 335 529 5508 - www.villaalthea.it - Chiuso 1° gennaio-15 marzo

MANIAGO

Pordenone - ✉ 33085 - 11 698 ab. - Alt. 283 m - Carta regionale n° **6**-A2

Roma 626 km - Udine 49 km - Pordenone 27 km - Venezia 115 km

Carta stradale Michelin 562-D20

Parco Vittoria

PESCE E FRUTTI DI MARE • ACCOGLIENTE XX Eleganza e soluzioni moderne nell'ampia sala con piacevole vista sul parco: nella bella stagione, il servizio si sposta anche all'esterno. In cucina protagonista è il pesce, in preparazioni classiche che puntano sulla qualità del pescato.

Carta 32/61 €

Eurohotel Palace Maniago, viale della Vittoria 3 - 0427 71432 - www.eurohotelfriuli.it - Chiuso 10-20 agosto, domenica sera e i mezzogiorno di lunedì e sabato

Eurohotel Palace Maniago

BUSINESS • CLASSICO Con un parco secolare alle spalle, hotel dagli spaziosi e confortevoli ambienti, arredati in elegante stile minimalista.

37 cam - 68 € 137 € - 1 suite

viale della Vittoria 3 - 0427 71432 - www.eurohotelfriuli.it - Chiuso 10-20 agosto

Parco Vittoria - Vedere selezione ristoranti

MANOPPELLO

Pescara (PE) - 65024 - 6 996 ab. - Alt. 257 m - Carta regionale n° **1**-B2

Roma 192 km - Pescara 32 km - L'Aquila 80 km - Chieti 21 km

Carta stradale Michelin 563-P24

a Manoppello Scalo Nord : 8 km

Trita Pepe

CUCINA REGIONALE • CONTESTO CONTEMPORANEO X In un ambiente di stile contemporaneo, la cucina è schietta e genuinamente locale con qualche espressione di modernità. Si propone anche un menu degustazione piuttosto interessante, ma anche scegliendo à la carte i prezzi rimangono contenuti. Specialità: pasta alla chitarra con guanciale, cipollotto, pomodorini e legumi di stagione - costatine di pecora abruzzese con pane speziato, cotte alla griglia.

Menu 18/30 € - Carta 17/39 €

via Gabriele D'Annunzio 4 - 085 856 1510 (consigliata la prenotazione) - www.trattoriatritapepe.it - Chiuso 1 settimana in gennaio

MANTELLO

Sondrio (SO) - 23016 - 756 ab. - Alt. 211 m - Carta regionale n° **9**-B1

Roma 675 km - Milano 110 km - Sondrio 34 km - Monza 90 km

Carta stradale Michelin 353-R7

La Présef

CUCINA CREATIVA • RUSTICO XX La Preséf è una romantica ed intima "stüa" valtellinese in legno di pino cembro, dal profumo arboreo, che si affaccia sul giardino interno. I piatti creativi del cuoco rendono l'atmosfera ancor più magica: gli ingredienti a chilometro zero e la sperimentazione visivo-sensoriale sono i tratti distintivi della sua carta.

→ Consistenze e temperature del Valtellina Casera. Gnocco di patate di montagna con cuore di bitto. Puntina dei nostri maiali marinata alla birra e crema di patate.

Carta 59/75 €

Agriturismo La Fiorida, via Lungo Adda 12 - 0342 680846 - www.lapresef.it - Chiuso domenica e lunedì

La Fiorida

SPA E WELLNESS • AGRESTE Camere in larice e pietra, spaziosissime e sobriamente eleganti, per una moderna struttura dedicata agli amanti del benessere e della buona cucina. Aperto per tutti coloro che desiderano incontrare la Valtellina nel piatto, il ristorante Quattro Stagioni offre splendide sale caratterizzate con oggetti che richiamano la stagione nel nome di ognuna.

29 cam - 70/159 € 99/173 €

via Lungo Adda 12 - 0342 680846 - www.lafiorida.com

La Présef - Vedere selezione ristoranti

CI PIACE...

Il giardino del ristorante ***Il Cigno Trattoria dei Martini***, in cui si ammira un antico pozzo del 1400. L'ottima location dell'***Aquila Nigra***, a pochi passi dalla cattedrale e da ***Palazzo Ducale***. Il gran fritto di mare ed altri piatti che profumano di salsedine all'***Ochina Bianca***.

MANTOVA

(MN) – ✉ 46100 – 48 671 ab. – Alt. 19 m – Carta regionale n° **9**-C3
▶ Roma 469 km – Verona 42 km – Brescia 66 km – Ferrara 89 km
Carta stradale Michelin 561-G14

Ristoranti

Il Cigno Trattoria dei Martini

CUCINA MANTOVANA • CONTESTO TRADIZIONALE XX Lunga tradizione familiare, in una casa del Cinquecento, ovviamente classica, ma magicamente accogliente nel ricordare il passato. Le proposte partono dal territorio per arrivare in tavola.

Menu 40 € - Carta 44/78 €

Pianta: A1-u - *piazza Carlo d'Arco 1* - *☎ 0376 327101*
- *www.ristoranteilcignomantova.com*
- *Chiuso 31 dicembre-5 gennaio, 3 settimane in agosto, lunedì e martedì*

Acqua Pazza

PESCE E FRUTTI DI MARE • ACCOGLIENTE XX L'insegna dà un incipit sulla cucina: squisitamente di mare e di ottima qualità, convince gli amanti del pesce a spingersi fino alle porte della città, dove si è "nascosto". Un ristorante che farà parlare di sé.

Menu 40 € - Carta 38/50 €

viale Monsignore Martini 1, 1 km direz. Cremona - *A2* - *☎ 0376 220891*
- *www.ristorante-acquapazza.it* - *Chiuso 1 settimana in agosto e lunedì*

Aquila Nigra

CUCINA MANTOVANA • CONTESTO STORICO XX Vecchia casa in un vicolo nei pressi del Palazzo Ducale, che conserva ancora alcune caratteristiche originali: soffitti a cassettoni, affreschi alle pareti e tipica cucina mantovana. La porta accanto si schiude su un bistrot di design contemporaneo con scelta gastronomica più ridotta, a prezzi più contenuti.

Menu 52/75 € - Carta 58/78 €

Pianta: B1-b - *vicolo Bonacolsi 4* - *☎ 0376 327180* - *www.aquilanigra.it*
- *Chiuso 14-21 agosto, domenica sera e lunedì in aprile-maggio e settembre-dicembre, anche domenica a mezzogiorno negli altri mesi*

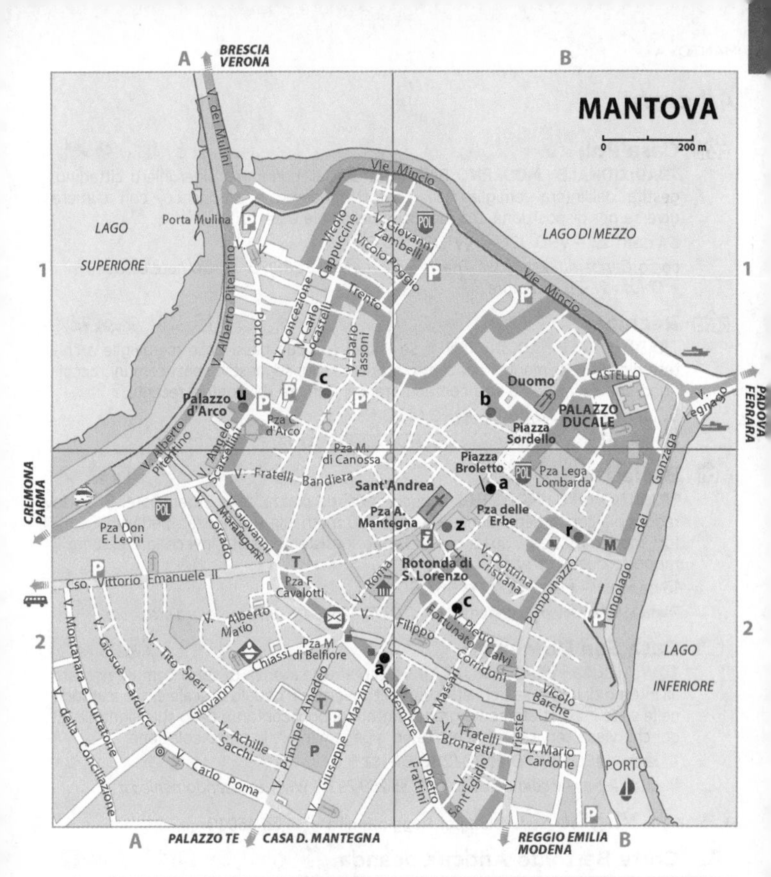

Osteria della Fragoletta

CUCINA MANTOVANA • COLORATO In un angolo del centro, due sale vivaci e colorate nelle quali vengono proposte le specialità della cucina locale, talvolta rielaborate con gusto; notevole assortimento di formaggi accompagnati dall'immancabile mostarda.

Carta 27/47 €

Pianta: B2-r – *piazza Arche 5/a – 0376 323300 – www.fragoletta.it – Chiuso lunedì*

Cento Rampini

CUCINA MANTOVANA • FAMILIARE Uno dei locali storici della città, in splendida posizione centrale: fortunatamente non ha ceduto alle lusinghe della moda rustico-chic. Cucina tradizionalmente "ortodossa".

Carta 32/53 €

Pianta: B2-z – *piazza delle Erbe 11 – 0376 366349 – www.ristorantecentorampini.com – Chiuso domenica sera e lunedì*

L'Ochina Bianca

PESCE E FRUTTI DI MARE • BISTRÒ Un piccolo ristorante dal côté bistrot: due salette ed un piccolo privé - decorati con foto, quadri e ricordi di viaggio - accolgono una cucina di chiara ispirazione mantovana con qualche piatto di pesce. Il fritto di mare e verdure, tra le specialità della casa.

Carta 28/53 €

Pianta: A1-c – *via Finzi 2 – 0376 323700 (consigliata la prenotazione) – www.ochinabianca.it – Chiuso 1°-21 agosto, domenica sera e lunedì*

Alberghi

Casa Poli

TRADIZIONALE • MODERNO Bella struttura nel panorama alberghiero cittadino, gestita dall'intera famiglia Poli: confort moderno e omogeneo, con camere diverse per disposizione, ma identiche nello stile e servizi.

34 cam - 90/120 € 100/160 €

corso Garibaldi 32, per via Trieste - B2 - 0376 288170 - www.hotelcasapoli.it - Chiuso 23-26 dicembre

Rechigi

TRADIZIONALE • ACCOGLIENTE Se l'hotel è a due passi dalle meraviglie architettoniche rinascimentali del centro storico, i suoi suggestivi spazi comuni raccolgono una collezione d'arte contemporanea. Camere dal confort recente.

50 cam - 90/180 € 90/400 €

Pianta: B2-c - *via Calvi 30 - 0376 320781 - www.rechigi.com*

Broletto

TRADIZIONALE • MODERNO A pochi passi da piazza delle Erbe, l'hotel Broletto raddoppia con la dépendance - a circa 100 metri - la Residenza (medesimi i confort moderni!). Se gli spazi comuni sono inesistenti, risulta invece interessante il rapporto qualità/prezzo.

13 cam - 50/100 € 65/160 €

Pianta: B2-a - *via Accademia 1 - 0376 326784 - www.hotelbroletto.com*

Casa San Domenico

TOWNHOUSE • PERSONALIZZATO Piccola risorsa priva di spazi comuni ricavata all'interno di una casa del Settecento; attraverso un dedalo di scale ci si accomoda nelle suite inaspettatamente grandi, dotate di ogni confort e dallo stile signorile. E' qui che viene servita - su richiesta ed a pagamento - la prima colazione.

4 cam - 80/280 € 80/280 € - 8 €

Pianta: A2-a - *vicolo Scala 8 - 335 259 292 - www.casasandomenico.it*

a Borgo Virgilio Sud: 4 km per Reggio Emilia - B2 46030

Corte Bertoldo Antica Locanda

CUCINA REGIONALE • AMBIENTE CLASSICO XX Appassionata gestione per un locale di classica atmosfera: bella sala dall'alto soffitto con l'unico vezzo dei lampadari moderni. Cucina prevalentemente di carne, si cita il territorio senza però dimenticare che siamo nel terzo millennio...

Carta 29/49 €

strada statale Cisa 116 - 0376 448003 - www.cortebertoldo.it - Chiuso 2 settimane in gennaio, 1 settimana in agosto, domenica sera e lunedì, anche domenica a mezzogiorno in luglio-agosto

MANZANO

Udine (UD) - 33044 - 6 455 ab. - Alt. 71 m - Carta regionale n° **06D**-C2

Roma 635 km - Trieste 65 km - Udine 21 km - Gorizia 24 km

Carta stradale Michelin 562-E22

Elliot

TRADIZIONALE • CONTEMPORANEO Circondato dal verde dei vigneti, Elliot è un piacevole hotel che coniuga nei suoi ambienti tradizione e modernità; le sue camere sono ampie e la zona benessere è sicuramente moderna. Piatti ricercati al ristorante, più semplici e tradizionali all'enoteca.

13 cam - 90/160 € 120/160 €

via Orsaria 50 - 0432 751383 - www.elliothotel.it - Chiuso 3 settimane in gennaio

MARANELLO

Modena - ✉ 41053 - 17 359 ab. - Alt. 137 m - Carta regionale n° **5**-B2

Roma 411 km - Bologna 53 km - Modena 22 km - Reggio nell'Emilia 49 km

Carta stradale Michelin 562-I14

MikEle

PESCE E FRUTTI DI MARE • ELEGANTE XXX In zona periferica e residenziale, un'inaspettata "parentesi" ittica tra tanti bolliti modenesi: dalla cucina, infatti, i classici piatti marinari all'italiana.

Carta 38/95 €

via Flavio Gioia 1 - ☎ 0536 941027 - www.ristorantemikele.com - Chiuso 1 settimana in gennaio, 3 settimane in agosto, sabato a mezzogiorno, domenica sera e lunedì

sulla strada statale 12 - Nuova Estense Sud-Est : 4 km

Locanda del Mulino

CUCINA CLASSICA • RUSTICO XX Simpatico locale dai sapori emiliani rivisitati, dalle cui vetrate è ancora possibile vedere parti del vecchio mulino che lo ospita. Piacevole il dehors estivo immerso nel verde.

Carta 23/48 €

via Nuova Estense 3430 ✉ 41053 Maranello - ☎ 0536 948895 - www.locandadelmulino.com - Chiuso sabato a mezzogiorno

Locanda del Mulino

FAMILIARE • TRADIZIONALE Per chi vuole sfuggire le zone industriali, qui si dorme in posizione isolata, ma di facile raggiungibilità con la vettura. All'interno, una piacevole atmosfera rustica che sa già di montagna.

17 cam ☕ - †56/87 € ††81/118 €

via Nuova Estense 3430 ✉ 41053 Maranello - ☎ 0536 944175 - www.locandadelmulino.com

MARANO LAGUNARE

Udine - ✉ 33050 - 1 844 ab. - Carta regionale n° **6**-C3

Roma 626 km - Udine 43 km - Gorizia 51 km - Latisana 21 km

Carta stradale Michelin 562-E21

Alla Laguna-Vedova Raddi

PESCE E FRUTTI DI MARE • AMBIENTE CLASSICO XX Situato sul porto - di fronte al mercato ittico - il locale valorizza in preparazioni semplici, ma gustose, i prodotti del mare. Ristoratori da sempre, la lunga tradizione familiare è una garanzia!

Carta 30/62 €

piazza Garibaldi 1 - ☎ 0431 67019 - www.vedovaraddi.it - Chiuso 15 giorni in novembre, domenica sera da ottobre a maggio e lunedì

MARATEA

Potenza - ✉ 85046 - 5 139 ab. - Alt. 300 m - Carta regionale n° **2**-B3

Roma 417 km - Potenza 122 km - Castrovillari 105 km

Carta stradale Michelin 564-H29

Il Sacello

CUCINA MEDITERRANEA • CONTESTO TRADIZIONALE XX I sapori del Mediterraneo pervadono la tavola di questo grazioso ristorante: stracci di pasta fresca con baccalà e pepi cruschi - cernia di scoglio in umido con patate, capperi, pomodorini e olive - sformatino di ricotta di bufala con sorbetto al limone.

Carta 30/60 €

Hotel La Locanda delle Donne Monache, via Carlo Mazzei 4 - ☎ 0973 876139 - www.locandamonache.com - Aperto 23 aprile-23 ottobre

Taverna Rovita

CUCINA LUCANA • CONTESTO STORICO A pochi metri dalla piazza centrale della vecchia Maratea, la taverna è uno storico e caratteristico locale con un angolo cucina del '700, ceramiche di Vietri, ma soprattutto un grande entusiasmo nel farvi conoscere le produzioni gastronomiche di nicchia lucane.

Carta 33/74 €

via Rovita 13 - 0973 876588 (consigliata la prenotazione) - www.tavernarovitamaratea.it - solo a cena - Aperto 1° aprile-30 settembre; chiuso martedì

La Locanda delle Donne Monache

STORICO • TRADIZIONALE In un ex convento del XVIII sec, le spaziose camere - alcune con letto a baldacchino e vista panoramica sui tetti della vecchia Maratea - propongono una dimensione epicurea della vacanza: lo splendore della Lucania e il ritrovare il ritmo lento del tempo.

27 cam - 115/275 € 115/275 € - 5 suites

via Carlo Mazzei 4 - 0973 876139 - www.locandamonache.com - Aperto 14 aprile-18 ottobre

Il Sacello - Vedere selezione ristoranti

a Fiumicello Santa Venere Ovest : 5 km 85046

Zà Mariuccia

PESCE E FRUTTI DI MARE • AMBIENTE CLASSICO Caratteristico ristorante che coniuga felicemente specialità di mare e bell'ambiente. In estate, accomodatevi nella terrazza affacciata sul porto (pochi tavoli: è preferibile prenotare). Uno dei migliori locali della costa!

Carta 39/83 €

via Grotte 2, al porto - 0973 876163 - www.zamariuccia.it - solo a cena - Aperto 1° marzo-31 novembre; chiuso lunedì escluso agosto

Il Santavenere

GRAN LUSSO • MEDITERRANEO Nel cuore di uno straordinario parco di pini, ulivi e vegetazione mediterranea che giunge sino al mare, l'albergo occupa un intero, pittoresco tratto di costa a strapiombo sul mare. Lussuosi interni decorati con ceramiche di Vietri e un originale centro benessere, che nella penombra offre una suggestiva carrellata di trattamenti asiatici e non solo.

34 cam - 180/800 € 180/800 € - 5 suites

via Conte Stefano Rivetti 1 - 0973 876910 - www.santavenere.it

Villa delle Meraviglie

TRADIZIONALE • MEDITERRANEO Al termine di una serie di tornanti in discesa verso il mare, l'albergo è circondato da una pineta e da una lussureggiante vegetazione mediterranea. Camere semplici ma accoglienti, alcune con vista, molte hanno un patio o un terrazzo. Snack freddi in piscina per pranzo, un sentiero e sarete in spiaggia.

16 cam - 60/210 € 70/210 €

località Ogliastro, Nord: 1,5 km - 0973 871319 - www.hotelvilladellemeraviglie.com - Aperto 12 maggio-30 settembre

ad Acquafredda Nord-Ovest : 10 km 85046

Villa Cheta Elite

STORICO • VINTAGE Pregevole villa liberty d'inizio secolo, dove vivere una dolce atmosfera vagamente retrò. O dove assaporare la fragranza delicata delle meravigliose terrazze fiorite. Sala sobria ma elegante e servizio ristorante estivo nell'incantevole giardino.

22 cam - 80/150 € 150/300 €

via Timpone 46, Sud: 1 km - 0973 878134 - www.villacheta.it - Aperto 30 aprile-31 ottobre

Gabbiano

TRADIZIONALE • CLASSICO Se cercate una vacanza all'insegna del mare e della tranquillità, questo è il vostro albergo. Abbandonata la strada principale, qualche tornante e vi troverete in una piccola baia dalla spiaggia ghiaiosa. Proprio di fronte, l'albergo, dalle camere semplici, a gestione familiare.

39 cam - †40/150 € ††45/200 €

via Luppa 24 - ✆ 0973 878011 - www.hotelgabbianomaratea.it - Aperto Pasqua-31 ottobre

MARCIAGA Verona ➜ Vedere Costermano

MARCIANA Livorno ➜ Vedere Elba (Isola d')

MARCIANA MARINA Livorno ➜ Vedere Elba (Isola d')

MARCON

Venezia - ✉ 30020 - 17 380 ab. - Carta regionale n° **23**-A2

Roma 522 km - Venezia 22 km - Padova 46 km - Treviso 16 km

Carta stradale Michelin 562-F18

Relais Agriturismo Ormesani

CASA DI CAMPAGNA • FUNZIONALE Sofisticato agriturismo all'interno di una tenuta di oltre 20 ettari con rare piante autoctone, animali in libertà, vigne, frutteti e tanto altro ancora. Tutto da assaggiare al ristorante aperto però solo per gruppi e qualche volta il sabato. Le camere sono semplici ed essenziali.

11 cam - †80/120 € ††95/140 €

via Zuccarello 42/g, località San Liberale - ✆ 041 596 9510 - www.ormesanivenice.com - Chiuso luglio e agosto

MARCONIA Matera ➜ Vedere Pisticci

MARGHERITA DI SAVOIA

Barletta-Andria-Trani (BT) - ✉ 76016 - 11 974 ab. - Carta regionale n° **15**-B2

Roma 374 km - Foggia 66 km - Bari 73 km - Barletta 14 km

Carta stradale Michelin 564-C30

Canneto Beach 2

PESCE E FRUTTI DI MARE • CONTESTO CONTEMPORANEO XX Tra distese di sabbia e sale che hanno reso celebre la località, specialità di mare e ricette tipiche della Valle dell'Ofanto, nonché pizze per gli irriducibili dell'impasto lievitato. La struttura ospita anche alcune camere al piano superiore; altre si trovano invece in un bed and breakfast distante solo pochi passi.

Carta 28/83 € 10 cam - †40/60 € ††50/95 €

via Amoroso 11 - ✆ 0883 651091 - www.ristorantecannetobeach2.com - Chiuso martedì in ottobre-marzo

MARIANO COMENSE

Como - ✉ 22066 - 24 484 ab. - Alt. 252 m - Carta regionale n° **10**-B1

Roma 619 km - Como 17 km - Bergamo 54 km - Lecco 32 km

Carta stradale Michelin 561-E9

La Rimessa

CUCINA ITALIANA • ELEGANTE XXX In una villa di fine '800, all'interno della ex rimessa per le carrozze, un caratteristico ristorante con un'ulteriore, intima saletta, ricavata nel fienile soppalcato. Dalla cucina, tante proposte moderne e creative pronte a soddisfare ogni palato!

Menu 21 € (pranzo in settimana)/45 € - Carta 33/59 €

via Cardinal Ferrari 13/bis - ✆ 031 749668 - www.larimessa.it - Chiuso 2-6 gennaio, 1 settimana in agosto, domenica sera e lunedì

MARIANO DEL FRIULI

Gorizia - ✉ 34070 - 1 530 ab. - Alt. 32 m - Carta regionale n° **6**-C2
Roma 645 km - Udine 27 km - Gorizia 19 km - Trieste 40 km
Carta stradale Michelin 562-E22

a Corona Est : 1,7 km ✉ 34070

Al Piave

CUCINA REGIONALE • FAMILIARE X Curata e accogliente trattoria a gestione familiare, che si articola in due gradevoli sale con camino e bel giardino estivo; in menu i piatti del territorio che si avvicendano a seconda delle stagioni. Tra i più gettonati: strudel di bruscandoli con burro, pane tostato e ricotta carnica.

Carta 29/50 €

via Cormons 6 - ✆ 0481 69003 - www.trattoriaalpiave.it - Chiuso 1 settimana a Carnevale, 10 giorni in giugno-luglio e martedì

MARINA DEL CANTONE Napoli → Vedere Massa Lubrense

MARINA DELLA LOBRA Napoli → Vedere Massa Lubrense

MARINA DI ASCEA

Salerno - ✉ 84046 - Carta regionale n° **4**-C3
Roma 354 km - Salerno 92 km - Avellino 124 km - Sapri 59 km
Carta stradale Michelin 564-G27

Iscairia

CASA DI CAMPAGNA • ACCOGLIENTE Nel giardino un laghetto balneabile, all'interno camere personalizzate con qualche pezzo di antiquariato e la possibilità di acquistare alcuni prodotti tipici campani (ceramiche di Vietri, marmellate, etc.). Dalla cucina, la tradizione del Cilento, pane e dolci fatti in casa.

11 cam - †48/54 € ††80/100 €

via Isacia 7, località Velia - ✆ 347 018 0475 - www.iscairia.it - Chiuso 12-28 dicembre

MARINA DI BIBBONA

Livorno (LI) - ✉ 57020 - Carta regionale n° **18**-B2
Roma 277 km - Pisa 69 km - Grosseto 92 km - Livorno 47 km
Carta stradale Michelin 563-M13

La Pineta (Luciano Zazzeri)

PESCE E FRUTTI DI MARE • AMBIENTE CLASSICO XX Con la vettura, attraversata una pineta, si arriva quasi in spiaggia e quello che sembra un ordinario stabilimento balneare svela all'interno un raffinato ristorante di pesce. Piatti di mare toscani, italiani e qualche proposta più creativa, in genere all'insegna della semplicità, protagonista qui è la qualità del pescato.

→ Misto crudo. Straccetti di pasta con le triglie. Bollito misto.

Menu 50/85 € - Carta 50/75 €

via dei Cavalleggeri Nord 27 - ✆ 0586 600016 (consigliata la prenotazione) - www.lapinetadizazzeri.it - Chiuso 8-31 gennaio, 16-31 ottobre, martedì a mezzogiorno e lunedì, anche martedì sera da novembre a febbraio

Marinetta

FAMILIARE • LUNGOMARE Immerso in una pineta con sentiero che conduce alla spiaggia, è un albergo ideale per vacanze in famiglia. Camere di due tipi, le standard sono più semplici, quelle nella torre più eleganti.

133 cam - †59/399 € ††59/499 € - 6 suites

via dei Cavalleggeri Nord 3 - ✆ 0586 600598 - www.hotelmarinetta.it

MARINA DI CAMEROTA

Salerno - ✉ 84059 - Carta regionale n° **4**-D3
Roma 390 km - Battipaglia 103 km - Sapri 38 km - Salerno 128 km
Carta stradale Michelin 564-G28

Da Pepè

PESCE E FRUTTI DI MARE • SEMPLICE Lungo la strada che conduce a Palinuro, tra i riflessi argentei degli ulivi, ottima cucina di pesce approvvigionata da un peschereccio di proprietà del ristorante stesso.

Carta 41/118 €

via delle Sirene 41 - 0974 932461 - www.villaggiodapepe.net - Aperto 1° maggio-30 settembre

MARINA DI CAMPO Livorno

→ Vedere Elba (Isola d')

MARINA DI CAPOLIVERI Livorno

→ Vedere Elba (Isola d') : Capoliveri

MARINA DI CARRARA

Massa-Carrara (MS) - 54036 - Carta regionale n° **18**-A1

Roma 396 km - La Spezia 26 km - Carrara 7 km - Massa 11 km

Carta stradale Michelin 563-J12

Ciccio Marina

PESCE E FRUTTI DI MARE • AMBIENTE CLASSICO Sul lungomare nei pressi del porto, moderno ristorante dalle luminose sale e con bar pubblico per ottimi aperitivi. Il pesce è tra le specialità della casa.

Carta 31/72 €

viale da Verrazzano 1 - 0585 780286 - www.ristorantecicciomarina.it - Chiuso lunedì sera escluso in estate

MARINA DI CASTAGNETO CARDUCCI Livorno

→ Vedere Castagneto Carducci

MARINA DI CECINA

Livorno - 57023 - Carta regionale n° **18**-B2

Roma 278 km - Pisa 65 km - Cecina 3 km - Livorno 42 km

Carta stradale Michelin 563-M13

Da Andrea

PESCE E FRUTTI DI MARE • ELEGANTE Moderno, bianco e lineare, su tutto prevale la vista del Tirreno attraverso la parete vetrata, ma ancor di più dalla terrazza estiva. E sempre il mare ritorna nel piatto, con proposte elencate a voce a seconda del pescato giornaliero.

Carta 40/76 €

viale della Vittoria 68 - 0586 620143 - www.ristorantedaandrea.net - Chiuso gennaio e martedì

El Faro

PESCE E FRUTTI DI MARE • AMBIENTE CLASSICO Oltre a gustosi piatti di mare, nel menu troverete le proposte del pescaturismo, che consiste nel prenotare un'uscita in mare con la barca del locale (naturalmente accompagnati da uno dei proprietari) e, una volta tornati, si pranza sulla terrazza del ristorante - in riva al mare - quanto pescato. Più fresco di così!

Menu 40/50 € - Carta 35/66 €

viale della Vittoria 70 - 0586 620164 - www.ristorantelfaro.it - Chiuso 15 giorni in gennaio e mercoledì

MARINA DI GIOIOSA IONICA

Reggio di Calabria - 89046 - 6 625 ab. - Carta regionale n° **3**-B3

Roma 684 km - Reggio di Calabria 103 km - Catanzaro 91 km - Vibo Valentia 75 km

Carta stradale Michelin 564-M30

Gambero Rosso (Riccardo Sculli)

PESCE E FRUTTI DI MARE • CHIC XX Gli amanti del pesce troveranno qui uno dei migliori ristoranti della regione: le proposte di crudo attirano clienti da ogni angolo della Calabria, le paste fresche sono imperdibili, i secondi accostano il mare ai prodotti della campagna. Dolci freschi a base di frutta, mandorle e liquirizia per citarne solo alcuni.

→ Spaghettone, la spigola e le sue uova. Tataky di ricciola in frisella di pomodoro e alici. Pistacchio, yogurt e liquirizia.

Menu 50/75 € - Carta 33/92 €

via Montezemolo 65 - ✆ 0964 415806 - www.gamberorosso.net - Chiuso 10-30 gennaio e lunedì

MARINA DI GROSSETO

Grosseto - ✉ 58100 - Carta regionale n° **18**-C3

Roma 189 km - Grosseto 14 km - Orbetello 53 km - Siena 95 km

Carta stradale Michelin 563-N14

Terme Marine-Leopoldo II

LUSSO • MODERNO Poco distante dal mare e dal cuore della località, una gran bella struttura che ha come centro l'imponente piscina con idromassaggio e solarium; camere accoglienti e spaziose con arredi signorili e accessori moderni. L'attrezzata spa e le sale conferenze fanno della risorsa il luogo ideale per un soggiorno business & pleasure.

150 cam - †85/125 € ††110/190 €

via 4 Novembre 133 - ✆ 0564 010100 - www.termemarine.com - Chiuso 8 gennaio-12 marzo

MARINA DI LEUCA

Lecce - ✉ 73040 - Carta regionale n° **15**-D3

Roma 676 km - Brindisi 112 km - Lecce 71 km - Gallipoli 48 km

Carta stradale Michelin 564-H37

L'Approdo

TRADIZIONALE • PERSONALIZZATO Poco distante dal lungomare, l'hotel dalla caratteristica facciata nivea offre un comodo parcheggio, un'invitante piscina, luminose sale curate negli arredi e una boutique. Proposte di pesce presso l'ampia sala ristorante o sulla veranda panoramica con vista sul mare.

52 cam - †60/180 € ††80/330 € - 1 suite

via Panoramica 1 - ✆ 0833 758548 - www.hotelapprodo.com - Aperto 1° aprile-31 ottobre

Terminal

TRADIZIONALE • CLASSICO Sul lungomare, un albergo dagli spazi luminosi caratterizzati da sobri arredi e camere in legno chiaro ciascuna dedicata ad un monumento della penisola salentina. Particolarmente organizzata per ospitare cicloturisti, la struttura mette a disposizione biciclette per i meno attrezzati. Nella suggestiva sala ristorante è il pesce a dominare la tavola, accanto ad ortaggi, frutta, vini ed olii tipici della zona.

55 cam - †60/130 € ††75/190 €

lungomare Colombo 59 - ✆ 0833 758242 - www.carolihotels.it - Aperto 1° aprile-31 ottobre

Villa La Meridiana

DIMORA STORICA • PERSONALIZZATO Visto l'esiguo numero di camere non vi sembrerà nemmeno di essere clienti, ma ospiti: in un'originale villa ottocentesca affacciata sul mare, lo stile della dimora è stato mantenuto integro e l'atmosfera è quella delle case dell'epoca.

5 cam - †130/300 € ††130/300 €

lungomare Colombo 61 - ✆ 0833 758242 - www.carolihotels.it

MARINA DI MASSA

Massa-Carrara - ✉ 54100 - Carta regionale n° **18**-A1

Roma 392 km - Pisa 50 km - La Spezia 38 km - Massa 7 km

Carta stradale Michelin 563-J12

La Péniche

PESCE E FRUTTI DI MARE • **ROMANTICO** XX Un angolo di Francia lungo il canale, si mangia in una palafitta dagli originali e romantici ambienti. Crudità - ostriche comprese - fra le specialità, d'estate sono ambitissimi i tavoli sulla zattera.

Menu 32 € (in settimana)/44 € - Carta 40/68 €

via Lungo Brugiano 3 - ✆ 0585 240117 - www.lapeniche.com

Villa Maremonti

DIMORA STORICA • **ROMANTICO** Di fronte al mare, villa d'inizio '900 con parco e piscina: signorile negli arredi, sia nelle parti comuni sia nelle confortevoli camere affacciate sul mare, laterali o sul lussureggiante giardino retrostante. Al ristorante la cura dei dettagli è una piacevole compagna di pranzi e cene.

21 cam - †90/150 € ††140/270 €

viale lungomare di Levante 19, località Ronchi - ✆ 0585 241008 - www.hotelmaremonti.com - Aperto 1° aprile-15 ottobre

Nedy

FAMILIARE • **CLASSICO** In zona decentrata e molto traquilla, questo grazioso hotel totalmente rinnovato in anni recenti dispone di gradevoli sale e confortevoli camere: ideale per un soggiorno all'insegna del relax!

25 cam - †70/180 € ††70/250 €

via del Fescione, località Ronchi ✉ 54039 Ronchi - ✆ 0585 807011 - www.hotelnedy.it - Aperto 1° febbraio-20 ottobre

MARINA DI PIETRASANTA

Lucca - ✉ 55044 - Carta regionale n° **18**-B1

Roma 381 km - Pisa 39 km - La Spezia 51 km - Lucca 38 km

Carta stradale Michelin 563-K12

Blanco

PESCE E FRUTTI DI MARE • **DESIGN** XX Bianco come il colore che ispira gli interni: il ristorante propone una carta elaborata e fantasiosa, apprezzata da chi vuole per una volta sottrarsi alla classicità della tradizione. In estate si cena anche a bordo piscina, location ideale per aperitivi.

Carta 32/50 €

Mondial Resort & Spa, via Duca della Vittoria 129/131 - ✆ 0584 745911 - www.mondialresort.it - Aperto 1° febbraio-30 ottobre

Franco Mare

PESCE E FRUTTI DI MARE • **STILE MEDITERRANEO** XX Sia che si volga lo sguardo all'ambiente, sia che il palato indugi sui sapori della sua cucina, Franco Mare non lascia indifferenti i suoi ospiti: fragrante cucina di mare con qualche intrigante concessione alla terra.

Menu 50 € - Carta 49/127 €

viale Roma 41 - ✆ 0584 20187 (consigliata la prenotazione) - www.ristorantefrancomare.com - Chiuso mercoledì sera, lunedì e martedì escluso giugno-settembre

Alex

CUCINA MEDITERRANEA • **BISTRÒ** XX In un palazzo d'inizio '900, un piacevole ristorante-enoteca arredato con echi etnici che propone specialità di mare e di terra. Interessante selezione di vini della solatia Spagna!

Menu 40/75 € - Carta 43/89 €

via Versilia 157/159 - ✆ 0584 746070 - www.ristorantealex.it - solo a cena escluso i giorni festivi in giugno-agosto - Chiuso novembre, martedì e mercoledì escluso giugno-settembre

Mondial Resort & Spa

BOUTIQUE HOTEL • PERSONALIZZATO A 200 metri dal mare, è consigliato per la tranquillità, ma soprattutto per il design moderno d'ispirazione americana. Vista sul Tirreno dagli ultimi piani e motoscafo per gite al largo, ma per chi preferisce la stanzialità c'è anche un piacevole e piccolo centro benessere fornito di tutto. Autentici sapori toscani nell'immacolato ristorante Blanco.

43 cam – 100/300 € 120/400 € – 1 suite

via Duca della Vittoria 129/131 – 0584 745911 – www.mondialresort.it – Aperto 1° febbraio-30 ottobre

Blanco – Vedere selezione ristoranti

MARINA DI PISA

Pisa – 56128 – Carta regionale n° **18**-B2

Roma 346 km – Pisa 13 km – Firenze 103 km – Livorno 16 km

Carta stradale Michelin 563-K12

Foresta

PESCE E FRUTTI DI MARE • ELEGANTE XXX Ristorante dall'ambiente elegante, affacciato sul Tirreno. Servizio attento e ottima accoglienza. La cucina è di qualità e propone molti piatti di pesce.

Menu 30 € (pranzo)/60 € – Carta 44/102 €

via Litoranea 2 – 050 35082 (consigliata la prenotazione) – www.ristoranteforesta.it – Chiuso 15 gennaio-15 febbraio e giovedì

Da Gino

PESCE E FRUTTI DI MARE • ACCOGLIENTE XX Di fronte al nuovo porto turistico, una gestione familiare dalla collaudata esperienza vi dà il benvenuto in un ambiente accogliente e luminoso; la ricca esposizione di pesce fresco all'ingresso non lascia dubbi sullo stile del rinomato locale.

Carta 35/81 €

via delle Curzolari 2 – 050 35408 – www.daginoamarina.it – Chiuso 1 settimana in gennaio, 1 settimana in settembre, lunedì e martedì

MARINA DI PULSANO Taranto → Vedere Pulsano

MARINA DI RAGUSA Sicilia

Ragusa – 97010 – Carta regionale n° **17**-C3

Palermo 254 km – Siracusa 106 km – Catania 126 km – Ragusa 24 km

Carta stradale Michelin 365-AW63

Da Serafino

PESCE E FRUTTI DI MARE • STILE MEDITERRANEO XX Classica trattoria di mare con un'esperienza alle spalle di oltre 60 anni: semplice, ma corretta nella preparazione di piatti di pesce, oltre al servizio ristorante ci sono anche la pizzeria, il bar e la spiaggia attrezzata.

Carta 29/65 €

lungomare Doria – 0932 239522 – www.locandadonserafino.it – Aperto 1° aprile-31 ottobre; chiuso martedì a mezzogiorno in aprile-maggio

La Moresca

STORICO • PERSONALIZZATO Leggermente arretrata rispetto alla piazza principale, ma questo è solo un vantaggio in termini di tranquillità, amena risorsa dalla facciata barocca offre confort e un grazioso cortile interno dove d'estate vengono servite le colazioni.

15 cam – 180/300 € 300/650 €

via Dandolo 63 – 0932 239495 – www.lamorescahotel.it

MARINA DI SAN VITO

Chieti – 66035 – Carta regionale n° **1**-C2

Roma 237 km – Pescara 34 km – Chieti 38 km – Teramo 101 km

Carta stradale Michelin 563-P25

L'Angolino da Filippo

PESCE E FRUTTI DI MARE • ACCOGLIENTE XX A pochi metri dal mare, affacciato sul molo, ristorante dall'ambiente rustico-elegante e cucina di pesce: alcuni piatti preparati secondo ricette tradizionali, altri leggermente più attuali.

Menu 35/50 € - Carta 32/74 €

via Sangritana 1 - ✆ 0872 61632 - Chiuso lunedì

MARINA DI VASTO

Chieti - ✉ 66054 - Carta regionale n° **1**-C2

Roma 275 km - Pescara 72 km - Chieti 74 km - Vasto 3 km

Carta stradale Michelin 563-P26

sulla strada statale 16

Villa Vignola

PESCE E FRUTTI DI MARE • ELEGANTE XX In un giardino con accesso diretto al mare e con una splendida vista della costa, ristorante di tono elegante, dove trovare soprattutto proposte di mare. La sera, servizio all'aperto. Camere curate e accoglienti, arredate con mobili d'antiquariato, per un soggiorno votato alla tranquillità.

Carta 27/65 € 7 cam - †70/140 € ††90/200 €

località Vignola, Nord: 6 km ✉ 66054 - ✆ 0873 310050 - www.villavignola.it - Chiuso 23 dicembre-10 febbraio, domenica sera escluso periodo estivo

MARINA EQUA Napoli → Vedere Vico Equense

MARINA GRANDE Napoli → Vedere Capri (Isola di)

MARINELLA Sicilia Trapani → Vedere Selinunte

MARLENGO MARLING

Bolzano - ✉ 39020 - 2 634 ab. - Alt. 363 m - Carta regionale n° **19**-B2

Roma 666 km - Bolzano 30 km - Merano 3 km - Trento 82 km

Carta stradale Michelin 562-C15

Pianta : vedere Merano

Oberwirt

CUCINA REGIONALE • ELEGANTE XXX Romantici ambienti tirolesi nelle diverse stube in cui potrete sedervi, la cucina dell'albergo Oberwirt vi sorprenderà per qualità ed elaborazione, nonché varietà, dai classici regionali al mare.

Menu 60 € - Carta 44/79 €

Pianta: A2-n - *Hotel Oberwirt, vicolo San Felice 2 - ✆ 0473 222020 - www.oberwirt.com - Aperto 24 marzo-7 novembre*

Oberwirt

FAMILIARE • ELEGANTE In pieno centro paese, una gran bella struttura ubicata da più di due secoli e mezzo nella mani della stessa famiglia - gestione sicuramente da record! - tradizione elegante, ma anche confort moderni.

59 cam - †123/146 € ††200/314 € - 17 suites

Pianta: A2-n - *vicolo San Felice 2 - ✆ 0473 222020 - www.oberwirt.com - Aperto 24 marzo-7 novembre*

Oberwirt - Vedere selezione ristoranti

Marlena

SPA E WELLNESS • CONTEMPORANEO Nel relax di un paesaggio verdeggiante e panoramico, struttura dall'architettura innovativa, in linea con il moderno design degli interni. Contributi di artisti locali e piacevole giardino con piante di varia provenienza.

50 cam - †103/170 € ††180/300 €

Pianta: A2-k - *via Tramontana 6 - ✆ 0473 222266 - www.marlena.it - Aperto 31 marzo-10 novembre*

MARLIA Lucca → Vedere Lucca

MARLING MARLENGO

MARONTI Napoli → Vedere Ischia (Isola d') : Barano

MAROSTICA

Vicenza – ✉ 36063 – 13 989 ab. – Alt. 103 m – Carta regionale n° **23**-B2
Roma 555 km – Padova 63 km – Vicenza 30 km – Treviso 53 km
Carta stradale Michelin 562-E16

Al Castello Superiore

CUCINA REGIONALE • ACCOGLIENTE XX All'interno del bel castello duecentesco che domina la località, cucina sia di carne sia di pesce con qualche attenzione al territorio. L'ambiente signorile è arricchito da un bellissimo dehors per la stagione estiva.

Menu 15 € (pranzo in settimana) – Carta 32/55 €

via Consignorio della Scala 4/A – ☎ 0424 73315 – www.castellosuperiore.it – Chiuso giovedì a mezzogiorno e mercoledì

a Valle San Floriano Nord : 3 km ✉ 36063 – Alt. 127 m

La Rosina

CUCINA REGIONALE • AMBIENTE CLASSICO XX L'insegna ricorda la capostipite della famiglia, che negli anni della I guerra mondiale iniziò ad offrire vino e un piatto di minestra ai soldati. Oggi è un elegante ristorante completamente ristrutturato in tempi recenti, dove gustare piatti della tradizione (in primis, i bigoli al sugo d'anitra). Affacciatevi ai balconi delle stanze: sarà il riposante verde dei colli a cullare il vostro riposo.

Menu 35 € – Carta 25/61 € 9 cam – †60/80 € ††90/120 €

via Marchetti 4, Nord: 2 km – ☎ 0424 470360 – www.larosina.it – Chiuso 1 settimana in gennaio e martedì

MAROTTA

Pesaro e Urbino – ✉ 61032 – Carta regionale n° **11**-B1
Roma 301 km – Ancona 49 km – Urbino 58 km – Pesaro 30 km
Carta stradale Michelin 563-K21

Imperial

TRADIZIONALE • FUNZIONALE Hotel completo di buoni confort, spazi generosi nelle parti comuni e camere dal lineare arredo. Bel giardino attorno alla piscina.

42 cam – †45/110 € ††65/200 €

lungomare Faà di Bruno 119 – ☎ 0721 969445 – www.hotel-imperial.it – Aperto 29 aprile-24 settembre

verso Mondolfo Sud-Ovest : 3,5 km

Locanda Per Bacco

CUCINA REGIONALE • RUSTICO X Cucina del territorio dove tutto è fatto in casa, ottime le specialità alla brace, in un ristorante con dépendance immerso nel verde di un ampio giardino. Se c'è posto, vi consigliamo di prenotare nella vecchia struttura in mattoni, a nostro giudizio più suggestiva.

Menu 25/28 € – Carta 29/50 € 4 cam – †45/50 € ††60/70 €

via dell'Artigianato 26 – ☎ 0721 959698 – www.countryhouseperbacco.it – Chiuso martedì

MARRADI

Firenze – ✉ 50034 – 3 139 ab. – Alt. 328 m – Carta regionale n° **18**-C1
Roma 332 km – Firenze 58 km – Bologna 85 km – Faenza 36 km
Carta stradale Michelin 563-J16

Il Camino

CUCINA REGIONALE • FAMILIARE Tipica trattoria familiare di paese, la cucina si ispira alle specialità del Mugello: crostini tra gli antipasti e carni tra i secondi. I primi - dai passatelli ai tortellini in brodo - propongono un'eco della vicina Romagna.

Menu 18/40 € - Carta 19/48 €

viale Baccarini 38 - 055 804 5069 - www.ristoranteilcamino.net - Chiuso 10 giorni in settembre

MARTINA FRANCA

Taranto - 74015 - 49 118 ab. - Alt. 431 m - Carta regionale n° **15**-C2

Roma 498 km - Brindisi 57 km - Taranto 31 km - Bari 77 km

Carta stradale Michelin 564-E34

La Tana

CUCINA REGIONALE • CONVIVIALE Nella facciata destra del barocco Palazzo Ducale, in quelli che una volta erano gli uffici del dazio, un locale informale in stile trattoria. Specialità locali rivisitate.

Carta 26/55 €

via Mascagni 2 - 080 480 5320 - www.ristorantelatana.it - Chiuso mercoledì nel periodo invernale

MARTINSICURO

Teramo - 64014 - 16 033 ab. - Carta regionale n° **1**-B1

Roma 216 km - Ascoli Piceno 34 km - Ancona 98 km - Teramo 43 km

Carta stradale Michelin 563-N23

Sympathy

TRADIZIONALE • LUNGOMARE Fronte mare, nella zona più animata del centro, la prima colazione è servita su un'indimenticabile terrazza panoramica. Le camere migliori sono al terzo e quarto piano.

40 cam - 50/70 € 60/120 €

lungomare Europa 26 - 0861 760222 - www.sympathyhotel.it - Aperto 1° aprile-31 ottobre

a Villa Rosa Sud : 5 km 64014

Paradiso

TRADIZIONALE • FUNZIONALE Un hotel dedicato ai bambini: sin dall'arrivo, ogni momento della giornata sarà organizzato per loro con attività ad hoc, garantendo agli adulti un soggiorno di sport e relax.

67 cam - 50/80 € 60/120 €

via Ugo La Malfa 14 - 0861 713888 - www.hotelparadiso.it - Aperto 20 maggio-18 settembre

Haway

TRADIZIONALE • LUNGOMARE In riva al mare, una struttura semplice con spazi confortevoli e ricca di cordialità, simpatia ed animazione sia per i grandi che per i piccini. Ideale per le famiglie.

52 cam - 40/80 € 70/120 €

- 0861 712649 - www.hotelhaway.it - Aperto 20 maggio-25 settembre

MARZAMEMI Sicilia Siracusa → Vedere Pachino

MARZOCCA Ancona → Vedere Senigallia

MASARÈ Belluno → Vedere Alleghe

MASERA

Verbano-Cusio-Ossola (VB) - 28855 - 1 529 ab. - Alt. 297 m - Carta regionale n° **12**-C1

Roma 710 km - Torino 182 km - Verbania 48 km - Bellinzona 67 km

Carta stradale Michelin 561-D6

Divin Porcello

CUCINA REGIONALE • **RUSTICO** Calde e rustiche sale personalizzate vi accoglieranno per farvi assaggiare la proverbiale cucina ossolana. Tra le specialità, le carni ed i salumi provenienti dalla loro norcineria.

Menu 35/40 € - Carta 27/46 € 3 cam - 70/75 € 75/80 € - senza

frazione Cresta 11 - 0324 35035 (prenotare nei week-end) - www.divinporcello.it - Chiuso 9-15 gennaio e lunedì

MASERÀ DI PADOVA

Padova (PD) - 35020 - 9 081 ab. - Alt. 9 m - Carta regionale n° **23**-C3

Roma 496 km - Venezia 50 km - Padova 16 km - Rovigo 37 km

Carta stradale Michelin 562-G17

Ca' Murà Natura & Resort

CASA DI CAMPAGNA • **ACCOGLIENTE** Nella tranquillità di un frutteto che confina con l'antica chiesetta di Ca' Murà, l'hotel ricrea al suo interno l'atmosfera agreste del luogo, ma lo fa sotto la cifra dell'eleganza: camere ampie in stile moderno ed un piccolo centro relax. Piatti freddi al wine-bar serale.

24 cam - 89/130 € 129/160 €

via Ca' Murà 21/b, località Bertipaglia, Sud-Est: 2 km - 049 886 8229 - www.ca-mura.com

MASIO

Alessandria - 15024 - 1 420 ab. - Alt. 142 m - Carta regionale n° **14**-D1

Roma 597 km - Alessandria 23 km - Asti 26 km - Torino 80 km

Carta stradale Michelin 561-H7

Trattoria Losanna

CUCINA REGIONALE • **SEMPLICE** Iniziando con un antipasto misto della casa, potrete poi proseguire con abbondanti piatti della tradizione monferrina (ottimo il brasato alla Barbera!), tutto proposto a voce in un ambiente familiare e dall'atmosfera simpaticamente chiassosa.

Carta 22/40 €

via San Rocco 40, Est: 1 km - 0131 799525 - Chiuso 27 dicembre-15 gennaio, agosto, domenica sera e lunedì

MASON VICENTINO

Vicenza (VI) - 36064 - 3 503 ab. - Alt. 103 m - Carta regionale n° **23**-B2

Roma 537 km - Vicenza 26 km - Padova 59 km - Venezia 94 km

Carta stradale Michelin 562-E16

Al Pozzo

CUCINA MODERNA • **ELEGANTE** Ristorante del centro storico, attiguo ad uno dei due pozzi artesiani che un tempo rifornivano d'acqua la località: ambienti volutamente rustici, ma signorili, e piatti interessanti che prediligono il mare.

Carta 35/81 €

via Chiesa 10 - 0424 411816 - www.alpozzoilristorante.it - solo a cena - Chiuso 2 settimane in agosto e martedì

MASSA

(MS) - 54100 - 69 479 ab. - Alt. 65 m - Carta regionale n° **18**-A1

Roma 394 km - La Spezia 41 km - Carrara 8 km - Lucca 51 km

Carta stradale Michelin 563-J12

Il Trillo

CUCINA MODERNA • **CONTESTO CONTEMPORANEO** Sulle colline che dominano la città, in un'antica residenza che oggi ospita anche la cantina dell'azienda vinicola di proprietà, la bella stagione permette di cenare sulla terrazza panoramica sotto i limoni. Cucina fantasiosa, eleganti presentazioni, atmosfera raffinata.

Carta 33/62 €

- 0585 46755 (consigliata la prenotazione) - www.iltrillo.net - solo a cena escluso domenica e giorni festivi - Chiuso 9 gennaio-6 febbraio e lunedì escluso luglio-agosto

Osteria del Borgo

CUCINA TRADIZIONALE • TRATTORIA X Sotto le volte in pietra di questo ristorante, tra foto in bianco e nero alle pareti e un'esposizione di bottiglie d'epoca, rivivono i sapori decisi e le genuine tradizioni gastronomiche locali. Se poi amate gli arrosticini di angus, l'indirizzo farà per voi!

Menu 20/35 € - Carta 28/39 €

via Beatrice 17 - ✆ 0585 810680 (prenotare) - solo a cena escluso domenica - Chiuso 1 settimana in settembre e martedì

MASSACIUCCOLI (Lago di) Lucca → Vedere Torre del Lago Puccini

MASSA LUBRENSE

Napoli - ✉ 80061 - 14 243 ab. - Alt. 121 m - Carta regionale n° **4**-B2

Roma 263 km - Napoli 55 km - Positano 21 km - Salerno 56 km

Carta stradale Michelin 564-F25

Antico Francischiello-da Peppino

CUCINA CAMPANA • VINTAGE XX Gli oggetti di varia natura che ricoprono le pareti testimoniano i cento anni di attività di questo locale, sempre nelle mani della stessa gestione che vede la nuova generazione al timone della cucina. Invariato lo stile: si segue la tradizione con predilezione per i piatti di mare.

Menu 55 € - Carta 44/84 €

via Partenope 40, Nord: 1,5 km - ✆ 081 533 9780 - www.francischiello.com - Chiuso mercoledì escluso aprile-ottobre

Delfino

TRADIZIONALE • CLASSICO In una pittoresca insenatura con terrazze e discesa a mare, un albergo da cui godere di un panorama eccezionale sull'isola di Capri. Struttura d'impostazione classica ed ariosa sala ristorante.

65 cam - †100/500 € ††200/600 € - 1 suite

via Nastro d'Oro 2, Sud-Ovest: 2,5 km - ✆ 081 878 9261 - www.hoteldelfino.com - Aperto 1° aprile-30 ottobre

a Santa Maria Annunziata Sud : 2,5 km ✉ 80061 - Massa Lubrense

La Torre

CUCINA REGIONALE • FAMILIARE X I ravioli alla caprese e la millefoglie scomposta con crema chantilly sono solo due delle tante specialità partenopee di questa verace trattoria, a pochi metri da un belvedere con vista su Capri.

Menu 25/36 € - Carta 26/56 €

piazza Annunziata 7 - ✆ 081 808 9566 - www.latorreonefire.it - solo a cena 1° luglio-15 settembre - Chiuso novembre, gennaio e martedì a mezzogiorno escluso 10 luglio-10 settembre

a Nerano-Marina del Cantone Sud-Est : 11 km ✉ 80061 - Termini

Quattro Passi (Antonio Mellino)

CUCINA MODERNA • CONTESTO CONTEMPORANEO XXXX In posizione panoramica su una delle più romantiche baie della costiera ed avvolti da una lussureggiante vegetazione, il ristorante offre ambienti in cui lo stile mediterraneo si declina tra lusso e modernità. In pratica, un distillato di Campania: dalla cucina che sposa tradizione e creatività - sempre verace e passionale - al proprietario, di travolgente empatia.

→ Linguine di Nerano. Triglia croccante, arancia e rosmarino. Pesce in variazione "Nerano 64".

Menu 85/160 € - Carta 86/126 € 6 cam - †150/180 € ††200/220 € - 3 suites

via Vespucci 13/n, Nord: 1 km - ✆ 081 808 2800 - www.ristorantequattropassi.com - Aperto 15 marzo-31 ottobre; chiuso martedì sera e mercoledì escluso 15 giugno-15 settembre

Taverna del Capitano (Alfonso Caputo)

CUCINA CREATIVA • STILE MEDITERRANEO XXX Il viaggio per arrivarci non è breve, ma si è alla fine premiati con due sale affacciate su una delle più belle spiagge della costa. Da questo mare i piccoli pescherecci portano al ristorante il pesce che troverete in tavola, talvolta di specie locali e poco conosciute, spesso proposto in originali elaborazioni.

→ Vermicelli trafilati in casa con vongole veraci e gamberetti, finocchietto selvatico. Scorfano di scoglio all'acqua pazza, salsa di sedano, pomodoro e cipolla. Il giardino mediterraneo.

Menu 90/110 € - Carta 57/123 €

Hotel Taverna del Capitano, piazza delle Sirene 10/11 - ✆ 081 808 1028 (consigliata la prenotazione) - www.tavernadelcapitano.it - Aperto 11 marzo-5 novembre; chiuso lunedì, anche martedì in ottobre-aprile

Taverna del Capitano

FAMILIARE • LUNGOMARE Proprio di fronte alla baia di Nerano, una della più belle e nascoste della penisola sorrentina, con i propri ombrelloni, un piccolo albergo dotato di camere molto confortevoli con inserti tipici. Alcune con ampi terrazzi panoramici.

10 cam - 120/150 € 180/200 € - 2 suites

piazza delle Sirene 10/11 - ✆ 081 808 1028 - www.tavernadelcapitano.it - Aperto 11 marzo-5 novembre

Taverna del Capitano - Vedere selezione ristoranti

a Termini Sud : 5 km ✉ 80061

Relais Blu

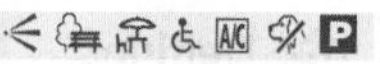

CUCINA MODERNA • DESIGN XXX Un posto incantevole, che raggiunge l'apice nella bella terrazza con vista su Capri mentre da ogni angolo della casa il blu del cielo e del mare vanno a braccetto col bianco degli arredi e dei muri. In tanta rilassante bellezza troverete una cucina fantasiosa e moderna, con pesce e carne, tradizione e innovazione, nonché le erbe del proprio orto.

→ Tagliolini al basilico su battuto di gamberetti di Crapolla con calamaretti e pomodori. Dentice in crosta di mandorle di Noto, su caviale di melanzane e gazpacho ai pomodori verdi. Soufflé ai limoni di Massa Lubrense con gelato alla crema.

Menu 75/130 € - Carta 53/106 €

Hotel Relais Blu, via Roncato 60 - ✆ 081 878 9552 - www.relaisblu.com - Aperto 30 marzo-31 ottobre; chiuso lunedì escluso agosto

Relais Blu

LUSSO • DESIGN Piccolo, appartato, esclusivo relais in grado di coccolare i suoi ospiti con ambienti minimal-mediterranei realizzati con linee sobrie, tanto bianco e soprattutto con uno splendido panorama che vi si offre da ogni suo angolo.

13 cam - 195/345 € 345/550 € - 1 suite

via Roncato 60 - ✆ 081 878 9552 - www.relaisblu.com - Aperto 30 marzo-31 ottobre

Relais Blu - Vedere selezione ristoranti

MASSA MARITTIMA

Grosseto - ✉ 58024 - 8 375 ab. - Alt. 380 m - Carta regionale n° **18**-B2

Roma 226 km - Siena 64 km - Grosseto 48 km - Follonica 21 km

Carta stradale Michelin 563-M14

Osteria da Tronca

CUCINA REGIONALE • RUSTICO X In un vicolo ai margini del corso centrale - nel bel centro storico cittadino - l'atmosfera è rustica e familiare, la cucina maremmana, tra crostini, tortelli, carni e baccalà.

Carta 22/43 €

vicolo Porte 5 - ✆ 0566 901991 - Chiuso 15 dicembre-1° marzo e mercoledì escluso agosto

Taverna del Vecchio Borgo

CUCINA TOSCANA • CONTESTO TRADIZIONALE Caratteristico locale, o meglio, tipica taverna ricavata nelle antiche cantine di un palazzo sorto nel Seicento. Insieme gestito con cura, specialità della cucina toscana.

Menu 30 € - Carta 25/58 €

via Parenti 12 - 0566 902167 - solo a cena - Chiuso 15 gennaio-15 febbraio e lunedì

La Fenice

FAMILIARE • ACCOGLIENTE Risorsa nata come residence, ora funziona come hotel: piacevoli interni e camere molto confortevoli, nonché una piscina per momenti di distensivo relax. Su richiesta, si organizzano appuntamenti per degustazioni vini, greenfee per golfisti ed escursioni.

12 suites - 116/193 € - 5 cam

corso Diaz 63 - 0566 903941 - www.lafeniceparkhotel.it - Aperto 1° aprile-30 ottobre

a Ghirlanda Nord-Est : 2 km 58024

Bracali

CUCINA CREATIVA • ELEGANTE La piccola e sobria frazione nasconde un locale d'inaspettata eleganza, la cucina propone accostamenti originali, a volte lontano dalla tradizione. Due fratelli, uno in sala, l'altro ai fornelli, sono gli artefici di questa piccola gemma maremmana.

➜ Gnocchi di ortica con budino di fegato e caviale di uva fragola. Piccione con carote e cioccolato. Fragole e panna.

Menu 140/190 € - Carta 125/170 €

via di Perolla 2 - 0566 902318 (consigliata la prenotazione) - www.mondobracali.it - Chiuso 10 dicembre-10 febbraio, domenica e lunedì

al lago di Accesa Sud : 10 km

Agriturismo Tenuta del Fontino

CASA DI CAMPAGNA • PERSONALIZZATO Imponente villa ottocentesca in posizione isolata e collinare, le camere - a seconda delle preferenze - dispongono di arredi d'epoca o più moderni. Splendida piscina panoramica, vino e salumi di cinta prodotti dall'azienda.

23 cam - solo ½ P 50/87 €

località Accesa, Est: 1,5 km 58024 Massa Marittima - 0566 919232 - www.tenutafontino.it - Aperto 1° aprile-1° novembre

a Tatti Est : 23 km 58040

La Fattoria dei Tatti

LOCANDA • CONTEMPORANEO Nella parte più alta del paese, vicino al castello e agli ultimi piani di un palazzo ottocentesco, è l'indirizzo per chi desidera una vacanza nella tranquillità di una piccola frazione, ma con vista che abbraccia sino al mare.

8 cam - 60/80 € 95/120 €

via Matteotti 10 - 0566 912001 - www.tattifattoria.it - Aperto 15 marzo-31 ottobre

MASSA MARTANA

Perugia (PG) - 06056 - 3 770 ab. - Carta regionale n° **20**-B2

Roma 134 km - Perugia 63 km - Terni 34 km - Rieti 71 km

Carta stradale Michelin 563-N19

San Pietro Sopra Le Acque

STORICO • PERSONALIZZATO Affreschi originali restaurati, in un ex convento del '600, convertito in elegante residenza di campagna completa nella mappa dei servizi offerti: interni curati, arredi d'epoca, la chiesetta, nonché un piccolo centro benessere. Il tutto nella magica quiete di un parco secolare con piscina e campo da tennis.

13 cam - 80/140 € 89/220 € - 3 suites

vocabolo Capertame 533, Sud-Ovest: 2 Km - 075 889132 - www.sanpietroresort.com

MASSAROSA

Lucca - ✉ 55054 - 22 471 ab. - Alt. 10 m - Carta regionale n° **18**-B1
▶ Roma 363 km - Pisa 29 km - Livorno 52 km - Lucca 19 km
Carta stradale Michelin 563-K12

La Chandelle

CUCINA CLASSICA • FAMILIARE XX In posizione dominante sulle colline, circondato da un fiorito e fresco giardino in cui d'estate si trasferisce il servizio, è soprattutto per i suoi piatti di pesce - oltre alla cacciagione - che questo bel locale è apprezzato. Eleganti camere, spaziose e decorate a mano, alcune panoramiche.
Menu 30/50 € - Carta 28/74 € 8 cam - 60/90 € 70/150 €
via Casa Rossa 303 - ✆ 0584 938290 - www.lachandelle.it - Chiuso martedì

a Corsanico Nord-Ovest : 10 km ✉ 55040

Agriturismo Le Querce

CASA DI CAMPAGNA • AGRESTE Edificio rustico in collina tra gli ulivi. Posizione panoramica sulla costa e sul mare aperto. Interni ristrutturati con risultati positivi; piscina nel verde del giardino.
10 cam - 60/65 € 115/125 €
via delle Querce 200 - ✆ 0584 954680 - www.quercedicorsanico.com - Aperto Pasqua-30 novembre

MATERA

(MT) - ✉ 75100 - 60 436 ab. - Alt. 401 m - Carta regionale n° **2**-D1
▶ Roma 463 km - Bari 66 km - Potenza 102 km - Taranto 75 km
Carta stradale Michelin 564-E31

Don Matteo

CUCINA REGIONALE • ELEGANTE XX In un raffinato ristorante tra le mura di Palazzo Gattini, dimora storica nel cuore dei Sassi, piatti elaborati di prodotti comunque lucani (per tutte le materie prime utilizzate se ne individua la tracciabilità).
Carta 60/100 €
Pianta: B1-g - *Hotel Palazzo Gattini, via San Potito - ✆ 0835 334358 - www.donmatteoristorante.com - solo a cena*

Baccanti

CUCINA MODERNA • CONTESTO STORICO XX In una delle zone più suggestive dei sassi, di fronte al scenografico dirupo del parco delle chiese rupesti, il ristorante occupa gli spazi di antiche grotte, ma la cucina, pur ispirata dalle tradizioni locali, si fa più moderna, a volte creativa, sempre di ottimo livello.
Carta 39/60 €
Pianta: B2-h - *via Sant'Angelo 58/61 - ✆ 0835 333704 (consigliata la prenotazione) - www.baccantiristorante.com - Chiuso 2 settimane in febbraio, 2 settimane in luglio, domenica sera e lunedì*

L'Abbondanza Lucana N

CUCINA LUCANA • CONTESTO STORICO XX All'interno di una serie di grotte o, all'aperto, nel paesaggio dei sassi, la cucina vi sorprenderà per l'abbondanza delle porzioni: soprattutto nella degustazione di antipasti, ma ancor di più per l'approfondita ricerca di prodotti e piatti lucani. Un viaggio gastronomico attraverso la Basilicata.
Carta 31/57 €
Pianta: B2-n - *via Bruno Buozzi 11 - ✆ 348 898 4528 (coperti limitati, prenotare) - Chiuso domenica sera e lunedì*

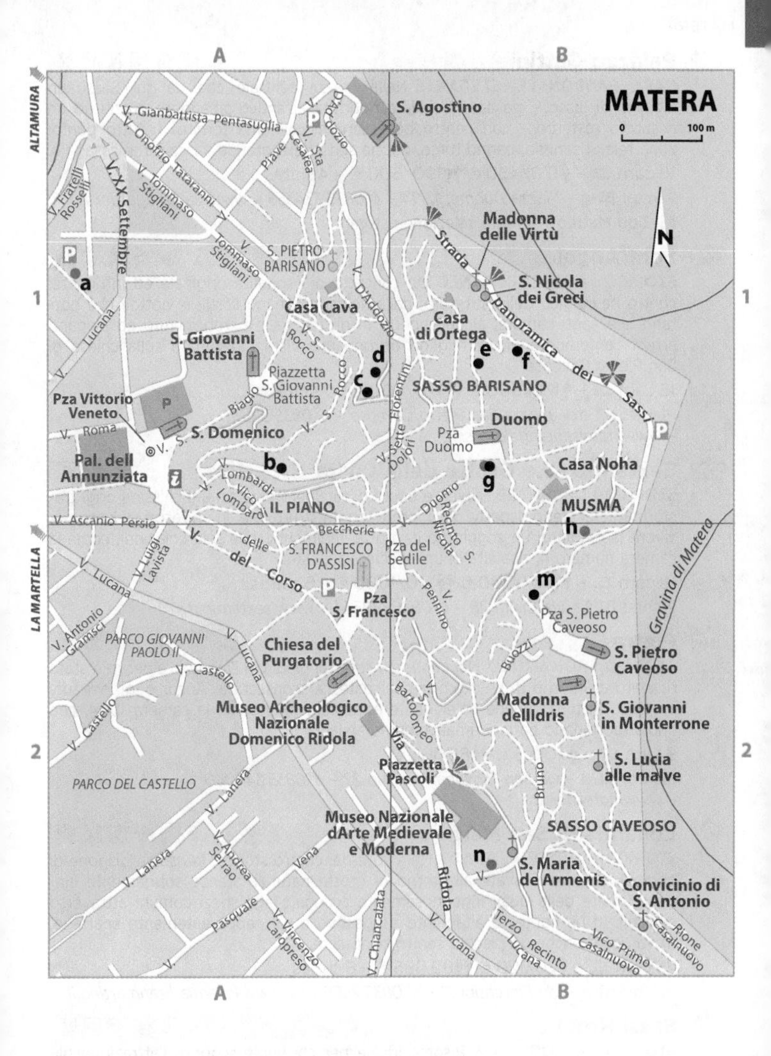

Alle Fornaci

PESCE E FRUTTI DI MARE • ACCOGLIENTE Locale in posizione centrale a pochi passi dai Sassi, ambiente curato dove gustare fragranti piatti di mare: il pescato viene comprato giornalmente nei mercati dello Ionio e del Tirreno.

Menu 22 € (in settimana)/50 € – Carta 28/74 €

Pianta: A1-a – *piazza Cesare Firrao 7 – 0835 335037 – www.ristorantealleformaci.it – Chiuso 1 settimana in gennaio, 1 settimana in agosto, domenica sera e lunedì*

Un pasto accurato a prezzo contenuto? Cercate i Bib Gourmand.

Palazzo Gattini

CASA PADRONALE • ELEGANTE Nella piazza centrale che dà sui Sassi, un albergo di lusso - già casa nobiliare riportata all'antico splendore grazie ad un accurato restauro - con centro benessere piccolo, ma fornito di tutto punto: zona relax tisaneria, bagno turco, doccia sensoriale, grande vasca idromassaggio.

16 cam - 170/450 € 190/600 € - 4 suites

Pianta: B1-g - *Piazza Duomo, 13/14 - 0835 334358 - www.palazzogattini.it*

Don Matteo - Vedere selezione ristoranti

Sant'Angelo

STORICO • CONTEMPORANEO Un concetto di ospitalità originale ed intrigante: centro nevralgico della struttura, dalla hall si diramano cortili e viottoli che portano alle varie camere, alcune aperte in grotte, dalle pareti in tufo ed eleganti arredi contemporanei. Le migliori offrono una vista mozzafiato sulla chiesa di San Pietro Caveoso.

15 cam - 170/300 € 170/300 € - 7 suites

Pianta: B2-m - *piazza San Pietro Caveoso - 0835 314010 - www.hotelsantangelosassi.it*

Sextantio - Le Grotte della Civita

STORICO • ORIGINALE Sapiente opera di recupero di spazi antichissimi oggi trasformati, nel pieno rispetto della loro integrità strutturale, in un resort di lusso per vivere la magia di un soggiorno in grotta. Indimenticabile sala colazioni, come la camera numero 4, ricavata in un'ex chiesa rupeste.

18 cam - 170/1000 € 170/1000 € - 6 suites

Pianta: B1-f - *via Civita 28 - 0835 332744 - www.sextantio.it*

Pietra (N)

STORICO • ROMANTICO Nel cuore dei sassi, ai piedi del Duomo, l'albergo è stato ricavato all'interno di un'ex chiesa seicentesca sconsacrata. Ancor oggi, nei suoi ambienti in tufo, rimane un'elegante atmosfera monastica; la camera 1004, con uno straordinario bagno, rimarrà memorabile.

9 cam - 70/95 € 85/160 €

Pianta: A1-d - *via San Giovanni Vecchio 22 - 0835 344040 - www.hotelinpietra.it*

Locanda di San Martino

STORICO • PERSONALIZZATO Nel cuore del centro storico, la risorsa dispone di originali camere ricavate all'interno di grotte naturali: stanze sobriamente eleganti, molte delle quali ingegnosamente collegate agli spazi comuni attraverso cunicoli. In un contesto altamente suggestivo e solo apparentemente spartano, trova posto anche un piccolo centro benessere.

25 cam - 70/120 € 89/185 € - 8 suites

Pianta: A1-b - *via Fiorentini 71 - 0835 256600 - www.locandadisanmartino.it*

Sassi Hotel

STORICO • ACCOGLIENTE Risorsa ideale per chi vuole scoprire l'attrazione più famosa della città, i Sassi. L'hotel s'inserisce a meraviglia in questo straordinario tessuto urbanistico: i suoi ambienti, infatti, sono stati ricavati da una serie di abitazioni del '700 restaurate rispettandone l'anima sobria.

33 cam - 80 € 94 € - 2 suites

Pianta: A1-c - *via San Giovanni Vecchio 89 - 0835 331009 - www.hotelsassi.it*

Le Monacelle

TRADIZIONALE • ACCOGLIENTE A ridosso del Duomo e nei pressi dei Sassi, splendida terrazza affacciata sul parco delle chiese rupestri, biblioteca multilingue con circa 2000 volumi e cappella consacrata in un antico convento cinquecentesco. La gemma è un piccolo, mistico giardino, là dove nel '900 c'era la prima cattedrale di Matera.

12 cam - 75/130 € 100/140 €

Pianta: B1-e - *via Riscatto 9 - 0835 344097 - www.lemonacelle.com*

MATTINATA

Foggia - ✉ 71030 - 6 310 ab. - Alt. 75 m - Carta regionale n° **15**-B1
Roma 430 km - Foggia 58 km - Bari 138 km - Monte Sant'Angelo 19 km
Carta stradale Michelin 564-B30

Il Porto

TRADIZIONALE • ELEGANTE In un complesso turistico-residenziale a circa 500 m dal mare, belle camere arredate in stile mediterraneo e mini appartamenti per soggiorni lunghi o brevi (anche una sola notte); spiaggia privata con servizio navetta.

31 suites - 90/300 € - 17 cam

via del Mare, strada provinciale 53 al km 1,5 - ✆ 0884 552511 - www.hotelresidenceilporto.it - Aperto 1° marzo-31 ottobre

sulla strada litoranea Nord-Est : 17 km

Baia dei Faraglioni

LUSSO • PERSONALIZZATO A pochi passi dalla spiaggia della baia di Mergoli con vista incantevole sui faraglioni, questo bianco e lussuoso resort può vantare non pochi atout: un ascensore privato per la spiaggia privata e splendide camere, giusto per citarne due...

96 cam - 160/220 € 180/390 € - 17 suites

località Baia dei Mergoli ✉ 71030 - ✆ 0884 559584 - www.allegroitalia.it - Aperto 10 maggio-30 settembre

MAULS MULES

MAZARA DEL VALLO Sicilia

Trapani - ✉ 91026 - 51 718 ab. - Carta regionale n° **17**-A2
Agrigento 117 km - Palermo 133 km - Marsala 24 km - Trapani 54 km
Carta stradale Michelin 365-AK58

Mahara

LUSSO • LUNGOMARE Dell'antica vineria appartenuta agli Hobbs, famosa dinastia inglese che insieme ad altri connazionali contribuì alla diffusione del Marsala, vi è rimasto solo qualche sbiadito ricordo: ora è un hotel moderno ed accogliente, piacevolmente frontemare.

81 cam - 70/130 € 90/170 €

lungomare San Vito 3 - ✆ 0923 673800 - www.maharahotel.it

MAZZARÒ Sicilia Messina → Vedere Taormina

MEDUNO

Pordenone - ✉ 33092 - 1 574 ab. - Alt. 313 m - Carta regionale n° **6**-B2
Roma 637 km - Udine 46 km - Belluno 81 km - Pordenone 37 km
Carta stradale Michelin 562-D20

La Stella

CUCINA REGIONALE • FAMILIARE Rimane fedele alla tradizione, ai prodotti tipici della zona ed alla loro stagionalità, la cucina di questa graziosa trattoria di paese dalla brillante gestione familiare. Tutto - dal cibo al vino - viene proposto a voce!

Carta 32/64 €

via Principale 38 - ✆ 0427 86124 - Chiuso 1°-10 gennaio, 1°-7 settembre, sabato a pranzo, domenica sera e mercoledì

MEINA

Novara - ✉ 28046 - 2 479 ab. - Alt. 214 m - Carta regionale n° **13**-B2
Roma 645 km - Stresa 12 km - Milano 68 km - Novara 44 km
Carta stradale Michelin 561-E7

Villa Paradiso

TRADIZIONALE • VINTAGE Grande costruzione d'inizio '900, in posizione panoramica, avvolta da un parco, in cui è inserita la piscina, dotata anche di spiaggetta privata. Gestione intraprendente. Al ristorante le ricercatezze negli arredi donano all'atmosfera una certa eleganza.

56 cam – 90/120 € 138/155 €

via Sempione 125 – 0322 660488 – www.hotelvillaparadiso.com – Aperto 1° aprile-31 ottobre

Bel Sit

FAMILIARE • BORDO LAGO Piccola struttura dagli interni confortevoli e lineari, soprattutto nelle camere moderne. Il retro dell'hotel è tutto proiettato sul lago con attracco per barche e spiaggetta.

18 cam – 90/120 € 140/160 €

via Sempione 76 – 0322 660880 – www.bel-sit.it – Aperto 4 aprile-31 ottobre

MELDOLA

Forlì-Cesena – 47014 – 9 970 ab. – Alt. 58 m – Carta regionale n° **5**-D2

Roma 418 km – Ravenna 41 km – Rimini 64 km – Forlì 13 km

Carta stradale Michelin 562-J18

Il Rustichello

CUCINA REGIONALE • CONTESTO TRADIZIONALE X Trattoria appena fuori dal centro in cui rivivono i sapori della tradizione gastronomica romagnola. Paste e dolci fatti in casa e specialità di carne, ma non mancano alcune proposte di mare. Specialità: mezzelune di zucca e patate al formaggio di fossa.

Menu 15 € (pranzo in settimana)/35 € – Carta 22/34 €

via Vittorio Veneto 7 – 0543 495211 – www.rustichellofc.altervista.org – Chiuso 1°-26 agosto, lunedì e martedì

MELETO Arezzo → Vedere Cavriglia

MELFI

Potenza – 85025 – 17 767 ab. – Alt. 530 m – Carta regionale n° **2**-A1

Roma 333 km – Matera 108 km – Foggia 60 km – Potenza 53 km

Carta stradale Michelin 564-E28

La Villa

CUCINA LUCANA • ACCOGLIENTE X Ricette locali rispettose dei prodotti del territorio, in un ristorante con orto e produzione propria di uova e farina: ambiente intimo e curato, grazie alle tante attenzioni della famiglia che lo gestisce. Vivamente consigliati il baccalà alla trainiera e la torretta al pistacchio di Stigliano.

Menu 18/60 € – Carta 20/42 €

strada statale 303, verso Rocchetta Sant'Antonio, Nord: 1,5 Km – 0972 236008 – Chiuso 23 luglio-7 agosto, domenica sera e lunedì

Novecento

CUCINA DEL TERRITORIO • FAMILIARE X Ai margini della località, in posizione tranquilla, la gestione familiare vi preparerà piatti locali a prezzo contenuto, in un soggiorno che può prolungarsi in camere semplici ma accoglienti.

Carta 21/40 €   7 cam – 65/75 € 85/95 € – 3 suites

contrada Incoronata, Ovest: 1,5 km – 0972 237470 – www.novecentomelfi.it – Chiuso domenica sera e lunedì

MELITO IRPINO

Avellino – 83030 – 1 920 ab. – Alt. 242 m – Carta regionale n° **4**-C1

Roma 255 km – Foggia 70 km – Avellino 55 km – Benevento 45 km

Carta stradale Michelin 564-D27

Antica Trattoria Di Pietro

CUCINA REGIONALE • FAMILIARE Trattoria con alle spalle una lunga tradizione familiare, giunta ormai alla terza generazione. Pizze e cucina campana, preparata e servita con grande passione.

Menu 20 € (in settimana)/35 € - Carta 18/36 €

corso Italia 8 - 0825 472010 - www.anticatrattoria-dipietro.com - Chiuso 10-20 settembre e mercoledì

MELIZZANO

Benevento - 82030 - 1 858 ab. - Alt. 190 m - Carta regionale n° **4**-B1

Roma 203 km - Napoli 50 km - Avellino 70 km - Benevento 35 km

Carta stradale Michelin 564-D25

Tenuta Giravento

CASA DI CAMPAGNA • PERSONALIZZATO Piacevolissimo agriturismo a pochi chilometri dal centro paese. A gestirlo sono due signori che dopo essersi occupati per tanto tempo di olivicoltura, e conseguente produzione di olio extra vergine, hanno deciso di aprire la loro bella casa ad ospiti esterni. Poche camere, ma molto accoglienti, ed una piscina panoramica: l'indirizzo giusto per chi vuole "staccare la spina".

4 cam - 60 € 90/100 €

contrada Nido Laura, via Vicinale Castagneto 7 - 347 270 8153 - www.giravento.it - Aperto 1° giugno-30 settembre

MENAGGIO

Como - 22017 - 3 143 ab. - Alt. 203 m - Carta regionale n° **9**-A2

Roma 661 km - Como 35 km - Lugano 28 km - Milano 83 km

Carta stradale Michelin 561-D9

Grand Hotel Menaggio

DIMORA STORICA • BORDO LAGO Prestigioso hotel affacciato direttamente sul lago, presenta ambienti di grande signorilità ed eleganza e una terrazza con piscina dalla meravigliosa vista panoramica. Le emozioni di un pasto consumato in compagnia della bellezza del lago.

94 cam - 140/170 € 200/320 € - 1 suite

via 4 Novembre 77 - 0344 30640 - www.grandhotelmenaggio.com - Aperto 1° marzo-31 ottobre

Grand Hotel Victoria

DIMORA STORICA • PERSONALIZZATO Grand hotel in stile liberty, capace di regalare sogni e suggestioni di un passato desiderabile. Nelle zone comuni abbondanza di stucchi, specchi e decorazioni. Il ristorante si apre sul giardino antico e curato dell'hotel.

53 cam - 90/235 € 140/305 € - 1 suite

lungolago Castelli 9/13 - 0344 32003 - www.grandhotelvictoria.it

a Loveno Nord-Ovest : 2 km 22017 - Menaggio - Alt. 320 m

Royal

FAMILIARE • ACCOGLIENTE Nel verde di un curato giardino con piscina, in posizione tranquilla e soleggiata, un hotel in grado di offrire soggiorni rilassanti in una cornice familiare, ma signorile. Al ristorante ambiente distinto, arredi disposti per offrire calore e intimità.

18 cam - 100/130 € 145/160 €

largo Vittorio Veneto 1 - 0344 31444 - www.royalcolombo.com - Aperto 8 aprile-22 ottobre

MENFI Sicilia

Agrigento - 92013 - 12 592 ab. - Alt. 119 m - Carta regionale n° **17**-B2

Agrigento 79 km - Palermo 122 km - Trapani 100 km

Carta stradale Michelin 365-AM58

in prossimità del bivio per Porto Palo Sud-Ovest : 4 km

La Foresteria-Planeta Estate

RESORT • PERSONALIZZATO Per un soggiorno all'insegna del relax, a pochi minuti d'auto c'è anche la spiaggia privata presso il Lido dei Fiori, un "wine resort" come amano definirsi, circondati dai vigneti dell'azienda ed avvolti dai profumi delle erbe aromatiche, che con il loro nome contraddistinguono le camere. Cucina siciliana contemporanea al ristorante.

14 cam – †150/310 € ††180/340 €

Contrada Passo di Gurra – 0925 195 5460 – www.planetaestate.it – Chiuso 25 novembre-26 dicembre

CI PIACE...

L'ospitalità familiare del ***Meister's Hotel Irma***. Il relax nel giardino dell'***Ansitz Plantitscherhof***. A due passi dal centro, lo stile tirolese che caratterizza l'***Ottmanngut***. La vista mozzafiato dalla terrazza del ristorante ***Castel Fragsburg***, aggrappati su uno sperone di roccia!

MERANO MERAN

(BZ) – ✉ 39012 – 39 462 ab. – Alt. 325 m – Carta regionale n° **19**-B2
Roma 667 km – Bolzano 31 km – Brennero 71 km – Trento 83 km
Carta stradale Michelin 562-C15

Ristoranti

Sissi (Andrea Fenoglio)

CUCINA MODERNA • **VINTAGE** XX Lampadari, pavimenti, decorazioni... una sala liberty e dal sapore retrò che costituisce un gioiello in sé. La cucina invece si evolve in continuazione, sempre tesa a dare nuove forme e colori a vecchi classici.
→ Avanti con il vitello tonnato. Spalla d'agnello da latte al forno in crosta di pistacchi. Torta di mele con gelato ai pinoli e granita al Calvados.

Menu 60/90 € – Carta 56/87 €

Pianta: C1-x – *via Galilei 44 – ✆ 0473 231062 – www.sissi.andreafenoglio.com – Chiuso 3 settimane tra febbraio e marzo, martedì a mezzogiorno e lunedì*

Artemis

CUCINA REGIONALE • **ELEGANTE** XX In un luminoso giardino d'inverno o sulla terrazza avvolti dagli alberi del parco se ci venite con il bel tempo, all'Artemis si serve comunque un'ottima cucina, con diversi piatti ispirati ai prodotti mediterranei.

Menu 35 € (cena) – Carta 36/66 €

Pianta: A1-x – *Hotel Villa Tivoli, via Verdi 72 – ✆ 0473 446282 – www.villativoli.it – Aperto 18 marzo-6 novembre*

Kallmünz

CUCINA CLASSICA • **CONTESTO TRADIZIONALE** XX Riferimenti alla tradizione gastronomica del territorio e qualche specialità a base di pesce - in sintesi, quindi, cucina classica variegata - in un piacevole locale del centro.

Carta 37/71 €

Pianta: D2-e – *piazza Rena 12 – ✆ 0473 212917 – www.kallmuenz.it – Chiuso 15 gennaio-15 marzo e 1 settimane in giugno*

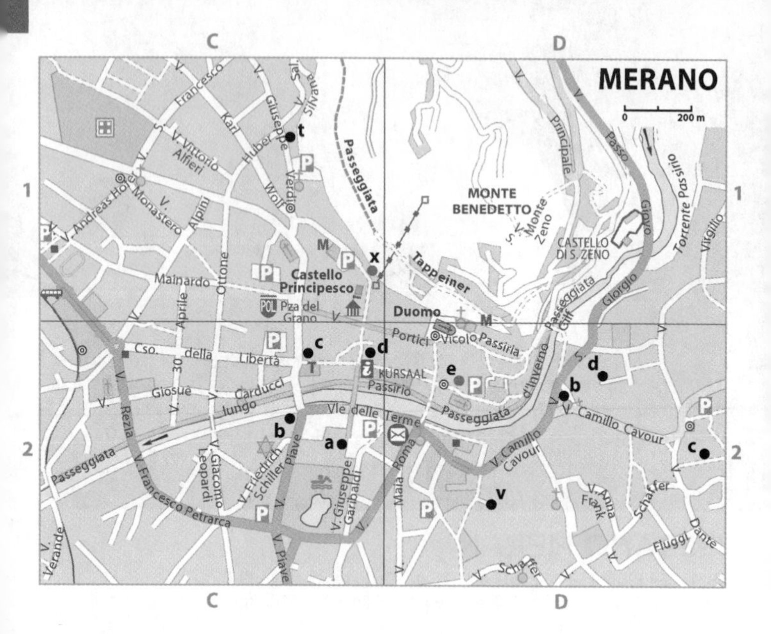

Alberghi

Meister's Hotel Irma

SPA E WELLNESS • ELEGANTE C'è la casa principale e le dépendance, ognuna con il suo stile, un giardino con roseto, il laghetto dei cigni, la terrazza panoramica all'ultimo piano per le straordinarie colazioni, una romantica stube, ma soprattutto la più affettuosa accoglienza familiare: ecco uno degli alberghi più belli della regione!

50 cam ☕ - †155/212 € ††300/424 € - 19 suites

Pianta: B2-p - *via Belvedere 17 - ✆ 0473 212000 - www.hotel-irma.com - Aperto 15 marzo-15 novembre*

Park Hotel Mignon

SPA E WELLNESS • PERSONALIZZATO A due passi dal centro, ma immerso in un parco alberato e con uno straordinario centro benessere; non deluderanno neppure le camere, moderne, spesso arredate con materiali locali e una splendida terrazza-solarium.

50 cam ☕ - †185/240 € ††280/326 € - 13 suites

Pianta: D2-v - *via Grabmayr 5 - ✆ 0473 230353 - www.hotelmignon.com - Aperto 11 aprile-7 novembre*

Villa Tivoli

FAMILIARE • PERSONALIZZATO Risorsa di livello, in posizione soleggiata e isolata, connotata da un piacevole stile d'ispirazione mediterranea e da un lussureggiante parco-giardino. Nelle camere troverete un sapiente mix di antico e moderno, alcune di design contemporaneo, mentre in una dépendance - aperta tutto l'anno - anche 10 luminosi (e ancor più defilati) appartamenti.

18 cam ☕ - †135/139 € ††200/230 € - 3 suites

Pianta: A1-x - *via Verdi 72 - ✆ 0473 446282 - www.villativoli.it - Aperto 18 marzo-6 novembre*

🍽 **Artemis** - Vedere selezione ristoranti

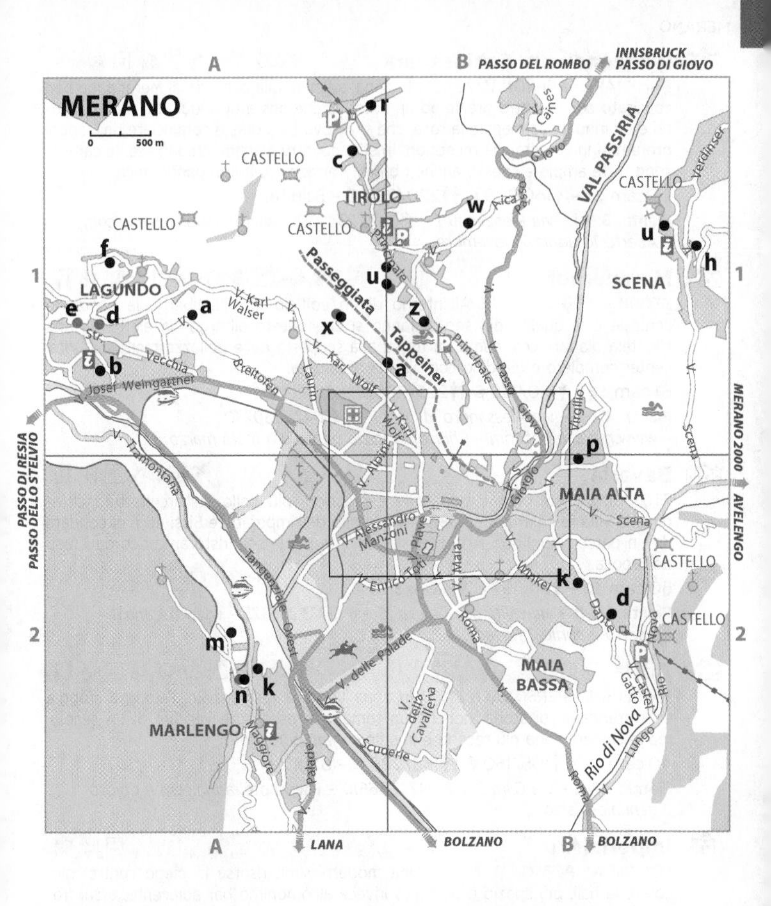

Terme Merano

SPA E WELLNESS • MODERNO In pieno centro, hotel dal design moderno, direttamente collegato alle nuove terme di Merano (il cui ingresso per i clienti dell'albergo è gratuito), ospita camere dai vivaci colori e splendide suite con preziosi dettagli.

114 cam – 151/213 € 151/213 € – 25 suites

Pianta: C2-a – *piazza delle Terme 1 – ✆ 0473 259000 – www.hoteltermemerano.it – Chiuso 8 gennaio-13 aprile*

Ansitz Plantitscherhof

SPA E WELLNESS • PERSONALIZZATO Un gradevolissimo buen retiro immerso nei vigneti: non parrà neppure di essere alla periferia di Merano! Splendido giardino con terrazze, le camere sono continuamente rinnovate.

30 cam – 111/280 € 188/420 € – 5 suites

Pianta: B2-k – *via Dante 56 – ✆ 0473 230577 – www.plantitscherhof.com – Chiuso da inizio gennaio ad inizio marzo*

Un pasto accurato a prezzo contenuto? Cercate i Bib Gourmand.

Pienzenau am Schlosspark

FAMILIARE • PERSONALIZZATO In zona collinare alla periferia di Merano ma ben collegato con il centro grazie ad un autobus che passa ogni quindici minuti, l'hotel è un inno a sua maestà la rosa, che si ritrova ovunque, a cominciare dai saponi profumati in vendita alla reception. In stile country, vagamente inglese, le camere sono tutte ampie e spesso anche i bagni. Terrazza solarium panoramica.

25 cam - 140/180 € 220/280 € - 5 suites

Pianta: B2-d - *via Pienzenau 1 - 0473 234030 - www.hotelpienzenau.com - Aperto 10 aprile-7 novembre*

Meranerhof

STORICO • FUNZIONALE All'interno di un edificio in stile liberty, la posizione centrale e la qualità dei servizi fanno sì che questo albergo sia eletto da una clientela d'affari, così come da turisti alla scoperta delle bellezze meranesi. Vital center completo e giardino con piscina riscaldata.

61 cam - 120/135 € 225/265 € - 3 suites

Pianta: C2-b - *via Alessandro Manzoni 1 - 0473 230230 - www.meranerhof.com - Chiuso da inizio gennaio a metà marzo*

Bavaria

STORICO • FUNZIONALE Una delle espressioni più belle dell'architettura cittadina, la villa fu costruita nel 1883 dal fratello dell'imperatrice Sissi ed è circondata da un parco rigoglioso. Arredi classici all'interno, la sala ristorante ricorda i fasti dell'epoca.

50 cam - 94/197 € 204/300 €

Pianta: D2-b - *via salita alla Chiesa 15 - 0473 236375 - www.bavaria.it - Aperto 7 aprile-7 novembre*

Adria

FAMILIARE • PERSONALIZZATO In zona verde e residenziale, l'albergo sfoggia centotrent'anni di storia, nonché un romantico ascensore vecchio di un secolo, ma le camere sono più recenti e in stile contemporaneo.

40 cam - 105/150 € 158/286 € - 5 suites

Pianta: D2-d - *via Gilm 2 - 0473 236610 - www.hotel-adria.com - Chiuso 7 gennaio-marzo*

ImperialArt

LOCANDA • PERSONALIZZATO Una modernissima risorsa in pieno centro: piccola è la hall, più spazio è dedicato invece all'omonimo bar adiacente, assai frequentato e dove si serve la prima colazione. Ai piani, le camere impreziosite dal lavoro di artisti contemporanei.

12 cam - 115/350 € 180/390 €

Pianta: C2-d - *corso della Libertà 110 - 0473 237172 - www.imperialart.it*

Ottmanngut

STORICO • VINTAGE A due passi dal centro ma in posizione tranquilla, è l'esempio di uno splendido recupero di una casa del 1290 con arredi d'epoca, incantevole giardino con piccolo agrumeto e orangerie, vigneto e prodotti locali serviti a colazione.

9 cam - 117/170 € 234/280 €

Pianta: C1-t - *via Verdi 18 - 0473 449656 - www.ottmanngut.it - Chiuso 5 gennaio-19 marzo*

Sonnenhof

FAMILIARE • ROMANTICO Hotel edificato secondo uno stile che richiama alla mente una fiabesca dimora con giardino. Gli interni sono accoglienti, soprattutto le camere, semplici e spaziose.

15 cam - 75/130 € 150/206 € - 4 suites

Pianta: D2-c - *via Leichter 3 - 0473 233418 - www.sonnenhof-meran.com - Aperto 26 novembre-7 gennaio e 7 aprile-13 novembre*

Agriturismo Sittnerhof

FAMILIARE • PERSONALIZZATO Un indirizzo straordinario e per più di un motivo! Non lontano dal centro - eppure già inserito in un contesto verde con le colline alle spalle - quest'edificio rustico del 1366 molto ben restaurato, pratica prezzi interessanti, accoglienza simpatica e familiare, camere nuove, ma anche tre appartamenti. La prima colazione è servita in una romantica stube dell'Ottocento.

6 cam - 75/90 € 105/130 €

Pianta: AB1-a - *via Verdi 60 - 0473 221631 - www.bauernhofurlaub.it*

a Freiberg Sud-Est : 7 km per Avelengo B2 ✉ 39012 - Merano - Alt. 800 m

Castel Fragsburg

CUCINA MODERNA • ROMANTICO Il nuovo chef reimposta la carta orientandola più sul territorio, sebbene non disdegni qualche spunto creativo; se la scelta dei piatti è ristretta, le presentazioni sono accattivanti e i sapori "nitidi". Tempo permettendo, potreste avere la fortuna di accomodarvi su una delle terrazze più romantiche della regione: a strapiombo sulla vallata!

➜ Risotto alla barbabietola con salmerino, rafano e mela. Sella di capriolo con noce, ciliegie e schupfnudel (gnocchi locali). Dessert al wasabi con cocco e arachidi.

Menu 85/140 € - Carta 59/133 € - carta semplice a pranzo

Hotel Castel Fragsburg, via Fragsburg 3 - 0473 244071 (consigliata la prenotazione) - www.fragsburg.com - Aperto 6 aprile-6 novembre; chiuso lunedì e martedì

Castel Fragsburg

DIMORA STORICA • PERSONALIZZATO Un romantico ed esclusivo rifugio, in posizione isolata e panoramica su monti e vallata, che custodisce incantevoli camere in legno, bagni in marmo e preziosi arredi d'epoca. Al ristorante Lois troverete le proposte della tradizione gastronomica locale.

16 suites - 440/840 € - 4 cam

via Fragsburg 3 - 0473 244071 - www.fragsburg.com - Aperto 6 aprile-6 novembre

Castel Fragsburg - Vedere selezione ristoranti

MERCATALE Firenze ➜ Vedere San Casciano in Val di Pesa

MERCATO SAN SEVERINO

Salerno (SA) - ✉ 84085 - 22 322 ab. - Alt. 146 m - Carta regionale n° **4**-B2

Roma 256 km - Napoli 61 km - Salerno 17 km - Avellino 27 km

Carta stradale Michelin 564-E26

Casa del Nonno 13

CUCINA MODERNA • ELEGANTE In un ambiente di grande tipicità, ma non scevro d'eleganza è la semplicità che regna sovrana in tavola: pomodoro San Marzano, mozzarella e carne - rigorosamente - italiana! Adiacente l'invitante locale più easy, 13 Salumeria & Cucina.

➜ Fagotto di pasta cotta ripieno di baccalà mantecato con salsa carbonara e favetta. Faraona in due cotture, spugnole brasate e terrina di patate arrosto. Parfait al pepe verde, zuppetta d'arance e insalatina di frutta e verdura.

Menu 30 € (pranzo in settimana)/70 € - Carta 49/77 €

via Caracciolo 13, località Sant'Eustachio - 089 894399 - www.casadelnonno13.it - Chiuso 16-24 agosto, domenica sera e lunedì a mezzogiorno

MERCENASCO

Torino - ✉ 10010 - 1 257 ab. - Alt. 249 m - Carta regionale n° **12**-B2

Roma 687 km - Torino 41 km - Aosta 81 km - Milano 119 km

Carta stradale Michelin 561-F5

Darmagi

CUCINA REGIONALE • FAMILIARE XX Villetta in posizione defilata caratterizzata da una calda atmosfera familiare, soprattutto nella bella sala con camino. La cucina è ricca di proposte della tradizione.

Menu 21/35 € - Carta 37/54 €

via Rivera 7 - ☎ 0125 710094 - www.ristorantedarmagi.it - Chiuso 1 settimana in giugno, lunedì e martedì

MERGOZZO

Verbano-Cusio-Ossola - ✉ 28802 - 2 185 ab. - Alt. 204 m - Carta regionale n° **13**-A1

Roma 679 km - Verbania 11 km - Domodossola 33 km - Milano 102 km

Carta stradale Michelin 561-E7

La Quartina

CUCINA REGIONALE • FAMILIARE XX Alle porte della località, un piacevole locale affacciato sul lago con una luminosa sala ed un'ampia terrazza dove assaporare la cucina del territorio e specialità lacustri. Camere semplici, accoglienti e sempre curate.

Menu 30/65 € - Carta 41/72 € 10 cam - †70/100 € ††120/155 € - 5 suites - ☕ 12 €

via Pallanza 20 - ☎ 0323 80118 - www.laquartina.com - Aperto 2 marzo-31 ottobre; chiuso martedì a mezzogiorno

Caffetteria la Fugascina

CUCINA MODERNA • BISTRÒ X Direttamente sulla piazzetta con piacevole dehors, simpatico locale-caffetteria dove potersi accomodare per gustare piatti della tradizione regionale oppure per un aperitivo.

Carta 36/46 €

piazza Vittorio Veneto 8 - ☎ 0323 800970 - www.fugascina.it - Chiuso 10 gennaio-10 febbraio, lunedì escluso giugno-settembre, solo su prenotazione la sera da ottobre a marzo

Due Palme

FAMILIARE • CLASSICO In un'oasi di tranquillità - sulle rive del lago di Mergozzo, ma a pochi passi dal centro - un'elegante residenza d'epoca trasformata in hotel offre camere di taglio classico. Al ristorante: tradizionale cucina del territorio servita nelle belle sale dal caratteristico stile leggermente retrò o sulla terrazza. A 30 metri circa dalla casa madre, su cui ci si appoggia per i servizi generali, una graziosa realtà anch'essa d'indiscusso confort.

48 cam ☕ - †60/85 € ††90/130 €

via Pallanza 1 - ☎ 0323 80112 - www.hotelduepalme.it - Aperto 15 marzo-20 ottobre

MERONE

Como - ✉ 22046 - 4 147 ab. - Alt. 284 m - Carta regionale n° **10**-B1

Roma 611 km - Como 18 km - Bellagio 32 km - Bergamo 47 km

Carta stradale Michelin 561-E9

Il Corazziere

CUCINA CLASSICA • AMBIENTE CLASSICO XX In riva al fiume Lambro, all'interno dell'omonimo albergo, moderno e signorile, un ristorante dotato di spazi per tutte le esigenze - dal piccolo privé al salone per banchetti - dove gustare la classica cucina italiana e qualche proposta di pesce.

Menu 30 € (pranzo in settimana)/54 € - Carta 36/61 € 72 cam ☕ - †70/150 € ††100/250 €

via Cesare Battisti 17 - ☎ 031 650141 - www.corazziere.it - solo a cena in agosto - Chiuso martedì

MESCO La Spezia → Vedere Levanto

MESE Sondrio → Vedere Chiavenna

MESIANO Vibo Valentia → Vedere Filandari

MESSADIO Asti → Vedere Montegrosso d'Asti

MESSINA Sicilia

(ME) – ✉ 98122 – 238 439 ab. – Carta regionale n° **17**-D1
Catania 100 km – Palermo 225 km
Carta stradale Michelin 365-BC54

Marina del Nettuno

CUCINA CREATIVA • ELEGANTE XXX Come il nome lascia intendere, questo ristorante e lounge bar si trova proprio sul molo dello Yachting Club Messina. Se l'ambiente è minimalista ed elegante, la sua cucina creativa predilige il pesce.

Carta 41/72 €

Batteria Masotto-viale della Libertà – ✆ 347 289 0478 – www.marinadelnettuno.it – solo a cena – chiuso lunedì escluso in estate

La Durlindana

PESCE E FRUTTI DI MARE • ACCOGLIENTE XX Alle spalle del tribunale, cucina a vista, nonché ambienti originali valorizzati da un curato cortile interno con veranda e dehors, per una cucina a carattere regionale. Tra gli imperdibili: stocco alla ghiotta e il Colapesce (pesce spada in umido con sautè di cozze e vongole).

Carta 21/50 €

Pianta: AB3-a – *via Nicola Fabrizi 143/145 ✉ 98123 – ✆ 090 641 3156 (consigliata la prenotazione) – www.ladurlindana.com – Chiuso la domenica in luglio-agosto*

Piero

CUCINA REGIONALE • AMBIENTE CLASSICO XX Dal 1962 l'omonimo titolare gestisce questo ristorante classico ed elegante, recentemente rinnovato; specialità marinare, ma non mancano insalatone, ricette di carne, pizze e proposte per celiaci.

Menu 30/50 € – Carta 28/57 €

Pianta: B3-s – *via Ghibellina 119 ✉ 98123 – ✆ 090 640 9354 – Chiuso 2 settimane in agosto e domenica sera*

a Ganzirri per viale della Libertà Nord : 9 km B1 ✉ 98165

La Sirena

PESCE E FRUTTI DI MARE • SEMPLICE X Sul lago di Ganzirri, una trattoria che propone solo pesce locale, dagli involtini di spada, di aguglia reale o di spatola alle vongole veraci: preparazioni schiette e semplici, ma di grande gusto per il palato.

Menu 35/50 € – Carta 24/42 €

via Lago Grande 96 – ✆ 090 391268 (consigliata la prenotazione) – Chiuso mercoledì

MESTRE

Venezia – ✉ Mestre – Carta regionale n° **23**-C2
Roma 525 km – Venezia 13 km – Treviso 29 km – Padova 41 km
Carta stradale Michelin 562-F18

Ostaria da Mariano

CUCINA REGIONALE • FAMILIARE X Vicino al centro storico, il patron è cresciuto tra le mura di questa osteria che ha varcato la soglia dei 50 anni di storia: allegra e conviviale come sempre, qui si possono gustare i piatti della tradizione come i bigoi in salsa, il fegato alla veneziana o il baccalà mantecato.

Menu 35/45 € – Carta 24/54 €

Pianta: B1-c – *via Spalti 49 ✉ 30137 – ✆ 041 615765 – www.ostariadamariano.it – Chiuso vacanze di Natale, 2 settimane in agosto, sabato e domenica*

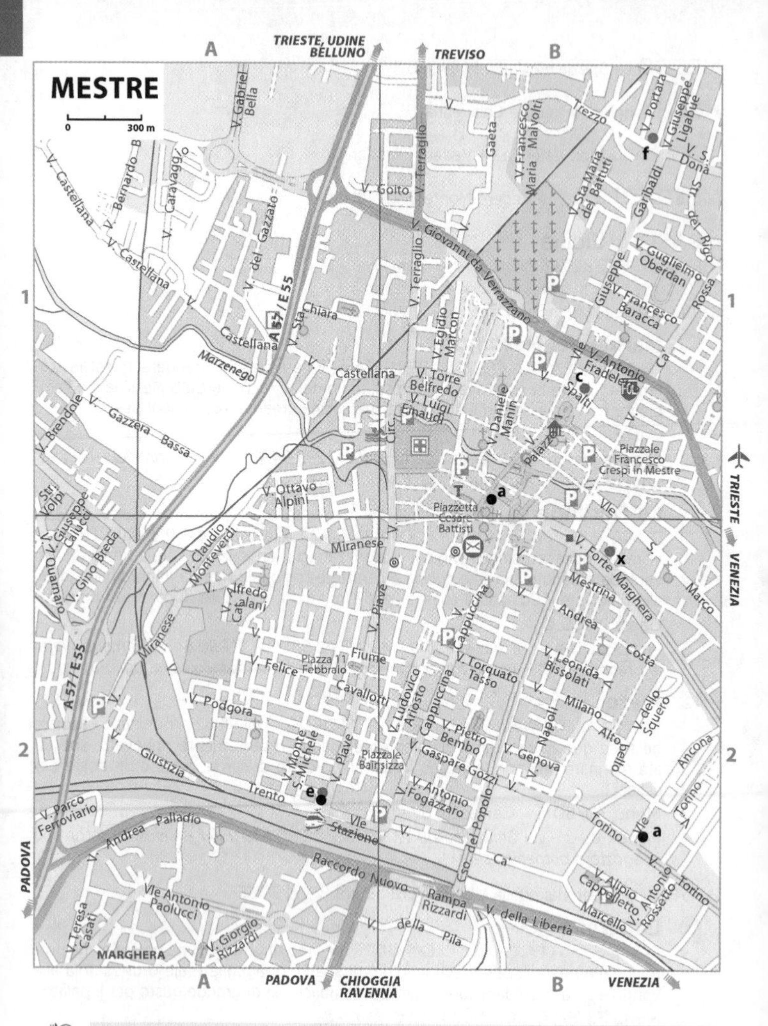

Marco Polo

CUCINA CLASSICA · CONTESTO CONTEMPORANEO XXX Un riferimento in città per l'eleganza classica della sala al primo piano di una casa al limitar del centro, così come per le più tipiche portate venete a base di pesce.

Menu 70 € – Carta 31/84 €

Pianta: B2-x – *via Forte Marghera 67 ✉ 30173 – ✆ 349 774 4921 – www.ristorantemarcopolo.it – Chiuso 1°-7 gennaio e domenica*

Da Tura

CUCINA ITALIANA · CONTESTO CONTEMPORANEO XX Ha una propria vita autonoma e non potrebbe essere diversamente visto che nacque prima il ristorante dell'hotel; la cucina si destreggia abilmente tra piatti veneti e classici nazionali. Si raddoppia con il bar-bistrot: carta light a pranzo e piatti regionali la sera.

Menu 25 € – Carta 29/57 €

Pianta: A2-e – *Hotel Bologna, via Piave 214 ✉ 30171 – ✆ 041 252 8740 – www.hotelbologna.com – Chiuso 25 dicembre-6 gennaio*

Al Leone di San Marco

PESCE E FRUTTI DI MARE • FAMILIARE Sono ormai parecchi anni che il ristorante - a gestione diretta - si fa apprezzare per le sue fragranti specialità di pesce: non mancano mai le crudità così come la griglia accesa pranzo e cena. Il tutto da gustare in un ambiente semplice, ma accogliente.

Carta 47/88 €

Pianta: B1-f - *via Trezzo 6, località Carpenedo ✉ 30174 - ☎ 041 534 1742 - Chiuso 1°-9 gennaio, 1°-20 agosto, domenica sera e lunedì*

NH Laguna Palace

PALACE • MODERNO Due edifici chiamati "building", distinti e ingegnosamente separati da un canale-darsena: in entrambi camere spaziose ed una propria sala per la prima colazione, ma l'edificio A ospita in più il ristorante ed un grande centro congressi.

376 cam - †63/335 € ††63/335 €

Pianta: B2-a - *viale Ancona 2 ✉ 30172 - ☎ 041 829 6111 - www.nh-hotels.com*

Bologna

TRADIZIONALE • MODERNO Davanti la stazione ferroviaria, oltre cent'anni di attività e nemmeno una ruga! Il merito è della famiglia che lo gestisce, sempre la stessa e sempre con la stessa passione. L'hotel offre confort e camere di taglio moderno.

109 cam - †90/389 € ††99/399 €

Pianta: A2-e - *via Piave 214 ✉ 30171 - ☎ 041 931000 - www.hotelbologna.com*

Da Tura - Vedere selezione ristoranti

Vivit

TRADIZIONALE • CLASSICO Chi è alla difficoltosa ricerca del piccolo centro storico di Mestre troverà il suo nido: affacciato sulla piazza centrale, vicino al teatro, cortesia e accoglienza sono di casa.

30 cam - †69/139 € ††89/159 € - 2 suites

Pianta: B1-a - *piazza Ferretto 73 ✉ 30174 - ☎ 041 951385 - www.hotelvivit.com*

Un pasto con i fiocchi senza spendere una fortuna? Cercate i Bib Gourmand. Vi aiuteranno a trovare le buone tavole che coniugano una cucina di qualità al prezzo giusto!

a Zelarino Nord : 2 km per Treviso B1 ✉ 30174

Al Segnavento

CUCINA REGIONALE • FAMILIARE Dall'azienda agricola al piatto: frutta, verdura, ovini, maiali e un'invitante varietà d'anatre sono il fiore all'occhiello di un ristorante a chilometro zero.

Carta 43/57 €

Agriturismo al Segnavento-Fiori e Frutti, via Gatta 76/c, località Santa Lucia di Tarù - ☎ 041 502 0075 (prenotazione obbligatoria a mezzogiorno) - www.alsegnavento.it - Chiuso gennaio, agosto, domenica sera, lunedì e martedì

Agriturismo al Segnavento-Fiori e Frutti

CASA DI CAMPAGNA • PERSONALIZZATO In una splendida tenuta di campagna, questo elegante agriturismo vi accoglierà in raffinate camere, dove ognuna di esse propone un leit motiv decorativo.

15 cam - †90/120 € ††120/180 €

via Gatta 76/c, località Santa Lucia di Tarù - ☎ 041 502 0075 - www.alsegnavento.it

Al Segnavento - Vedere selezione ristoranti

a Campalto Est: 5 km per Trieste A1 ✉ 30030

Trattoria Al Passo

PESCE E FRUTTI DI MARE • FAMILIARE X Da oltre 70 anni un avvicendarsi di generazioni appartenenti alla stessa famiglia guidano questo gradevole ristorante fuori città, nella sala interna stile marina o nella luminosissima sala-veranda vi verrà proposta una cucina a tutto pesce: crudi, cotture alla griglia, fritti e numerosi condimenti per i primi piatti. A sancire il gran finale un'ampia carta dei dessert.

Carta 54/95 €

via Passo 118 ✉ 30124 – ☎ 041 900470 – Chiuso 26 dicembre-6 gennaio, agosto, lunedì e martedì

a Chirignano Ovest : 2 km per via Miranese A2 ✉ 30030

Ai Tre Garofani

PESCE E FRUTTI DI MARE • AMBIENTE CLASSICO XX Un inaspettato angolo di eleganza nella campagna veneta unito a tocchi di calda rusticità; tanto pesce cotto in sala allo spiedo e un celebre risotto con i gò (pesce di laguna).

Carta 43/78 €

via Assegiano 308 – ☎ 041 991307 – www.ristoranteaitregarofani.it – solo a cena escluso sabato – Chiuso 1°-15 gennaio e lunedì

MEZZANA

Trento – ✉ 38020 – Mezzana – 895 ab. – Alt. 940 m – Carta regionale n° **19**-B2

Roma 651 km – Trento 66 km – Bolzano 93 km – Passo del Tonale 21 km

Carta stradale Michelin 562-D14

Val di Sole

TRADIZIONALE • FUNZIONALE In posizione rientrante, ma sempre lungo la via principale del paese, un hotel a conduzione familiare che offre piacevoli camere, un'attrezzata spa e, per i più piccoli, un mini parco acquatico dedicato.

66 cam – †36/90 € ††60/150 €

via 4 Novembre 135 – ☎ 0463 757240 – www.hotelvaldisole.it – Aperto 5 dicembre-4 aprile e 21 giugno-19 settembre

MEZZANE DI SOTTO

Verona – ✉ 37030 – 2 519 ab. – Alt. 122 m – Carta regionale n° **22**-B2

Roma 524 km – Verona 23 km – Vicenza 49 km – Padova 79 km

Carta stradale Michelin 562-F15

Agriturismo i Tamasotti

FAMILIARE • AGRESTE Per chi è in cerca di tranquillità, qui ce n'è da vendere. Tra il verde dei vigneti, è la proprietaria ad occuparsi dei fornelli, proponendo gustosi piatti del territorio in un grazioso agriturismo con poche camere, tutte ben curate.

6 cam – solo ½ P 100/150 €

via dei Ciliegi 8, Nord: 2 km – ☎ 045 888 0003 – www.itamasotti.it

MEZZOCANALE Belluno → Vedere Forno di Zoldo

MEZZOLOMBARDO

Trento – ✉ 38017 – 7 067 ab. – Alt. 227 m – Carta regionale n° **19**-B2

Roma 606 km – Bolzano 45 km – Trento 19 km

Carta stradale Michelin 562-D15

Per Bacco

CUCINA MODERNA • RUSTICO XX Il ristorante è stato ricavato nelle stalle di una casa di fine Ottocento e arredato con lampade di design; nato come wine-bar vanta una bella scelta di vini locali al calice.

Menu 35/47 € – Carta 35/59 €

via E. De Varda 28 – ☎ 0461 600353 – www.ristorante-perbacco.com – solo a cena – Chiuso 3 settimane in agosto o settembre, domenica e martedì

MIANE

Treviso - ✉ 31050 - 3 329 ab. - Alt. 259 m - Carta regionale n° **23**-C2

Roma 570 km - Belluno 37 km - Treviso 43 km - Venezia 86 km

Carta stradale Michelin 562-E18

Da Gigetto

CUCINA REGIONALE • **FAMILIARE** XX Grazie alla solida gestione familiare, il locale si segnala come uno dei miglior indirizzi della provincia: in ambiente rustico-elegante, la cucina cavalca l'onda della tradizione regionale con alcune aggiunte dal mare ed un menu degustazione più moderno. Eccellente e da visitare la cantina con tante sorprese e verticali!

Menu 40/50 € - Carta 29/57 €

via De Gasperi 5 - ✆ 0438 960020 - www.ristorantedagigetto.it - Chiuso 15 giorni in gennaio, 20 giorni in agosto, lunedì sera e martedì

MIGLIARA Napoli → Vedere Capri (Isola di) : Anacapri

MILANO

Cenare in un locale dove lo sguardo corre libero dalle due terrazze sempre aperte, anche nel rigido inverno meneghino, Milano da qui appare in tutto il suo magico splendore, con la sua *allure* da capitale metropolitana e la sua vocazione a grande città di provincia che si mescolano in un calibrato cocktail da gustare a piccoli sorsi. Pranzare in un ristorante, dove se ci si vuole lavare le mani bisogna mettersi in vetrina. O ancora luci soffuse e atmosfera newyorkese in un locale etnico, le cui proposte colpiscono per leggerezza, creatività e piacevolezza. Ma se ci si vuole concedere un piccolo cambiamento rispetto al consueto ristorante "al chiuso", la città pullula di indirizzi che – al primo raggio di sole – aprono i loro spazi all'aperto, più o meno tranquilli a seconda del quartiere. Insomma, Milano è un grande scrigno di proposte e, qui di seguito, non mancherete di trovare quella più adatta a voi...

Milano (MI) – ✉ 20123 – 1 337 155 ab. – Alt. 122 m

Carta regionale n°10-B2

Carta stradale Michelin n° 561-F9

▶ Roma 574 km – Bellinzona 104 km – Genova 146 km – Torino 142 km

J. Ransley / Moment Open / Getty Images

LA NOSTRA SELEZIONE DI RISTORANTI

LISTA ALFABETICA DEI RISTORANTI

Cultura Exclusive/Stefano Oppo/Getty Images

A TAVOLA, SECONDO I VOSTRI DESIDERI

RISTORANTI PER TIPO DI CUCINA

Cucina abruzzese

Cucina asiatica

Cucina calabrese

Cucina cinese

Cucina classica

Cucina creativa

Cucina del territorio

Cucina giapponese

Cucina indiana

Cucina internazionale

Cucina italiana

Cucina lombarda

Cucina mediterranea

Cucina moderna

Cucina peruviana

Cucina sarda

Cucina siciliana

Cucina tradizionale

Cucina tradizionale

Cucina valtellinese

Cucina vegetariana

Cucina vietnamita

Fusion

Pesce e frutti di mare

TAVOLI ALL'APERTO

AlexPro9500/iStock

EdwardShtern/iStock

LISTA ALFABETICA DEGLI ALBERGHI

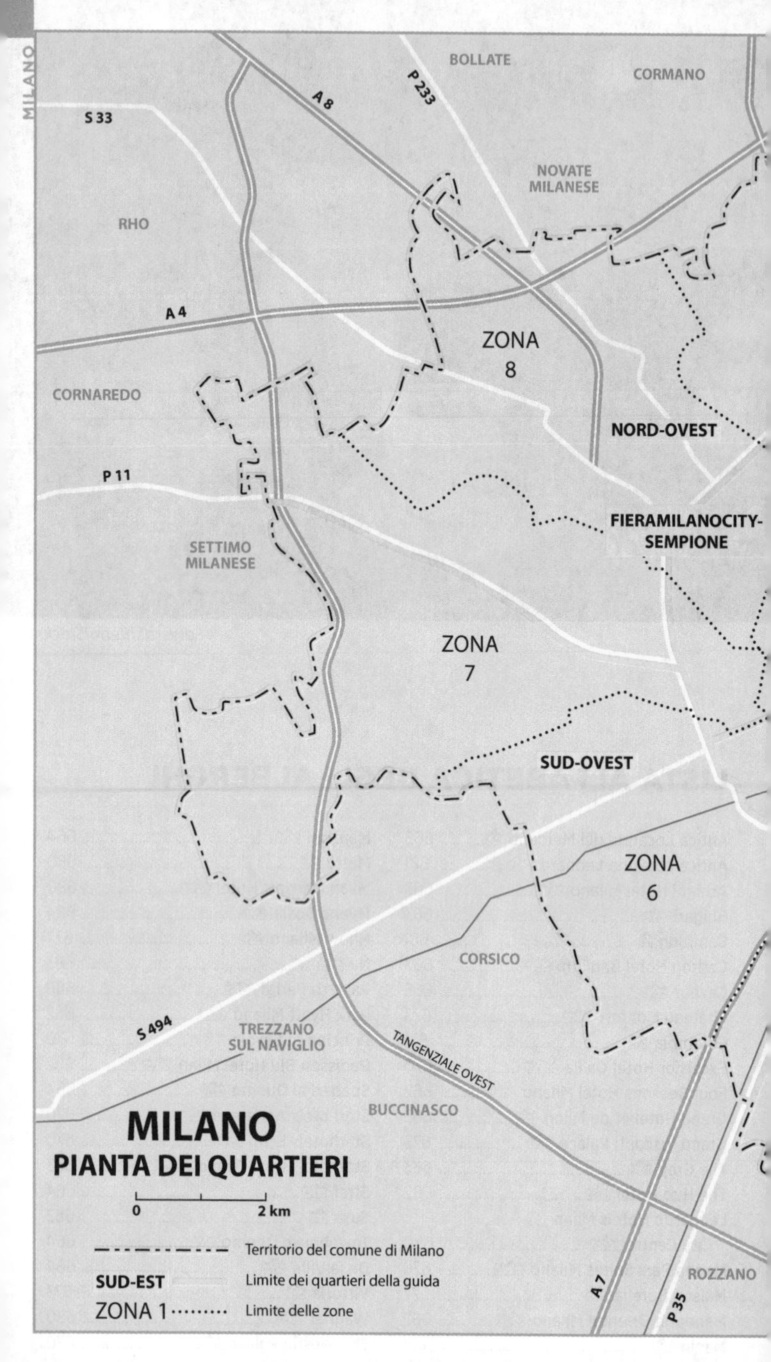
BOLLATE
CORMANO
P 233
A 8
S 33
NOVATE
MILANESE
RHO
A 4
ZONA
8
CORNAREDO
NORD-OVEST
P 11
FIERAMILANOCITY-
SEMPIONE
SETTIMO
MILANESE
ZONA
7
SUD-OVEST
ZONA
6
CORSICO
S 494
TREZZANO
SUL NAVIGLIO
TANGENZIALE OVEST
BUCCINASCO
MILANO
PIANTA DEI QUARTIERI
0
2 km
Territorio del comune di Milano
SUD-EST
Limite dei quartieri della guida
ZONA 1
Limite delle zone
ROZZANO
A 7
P 35

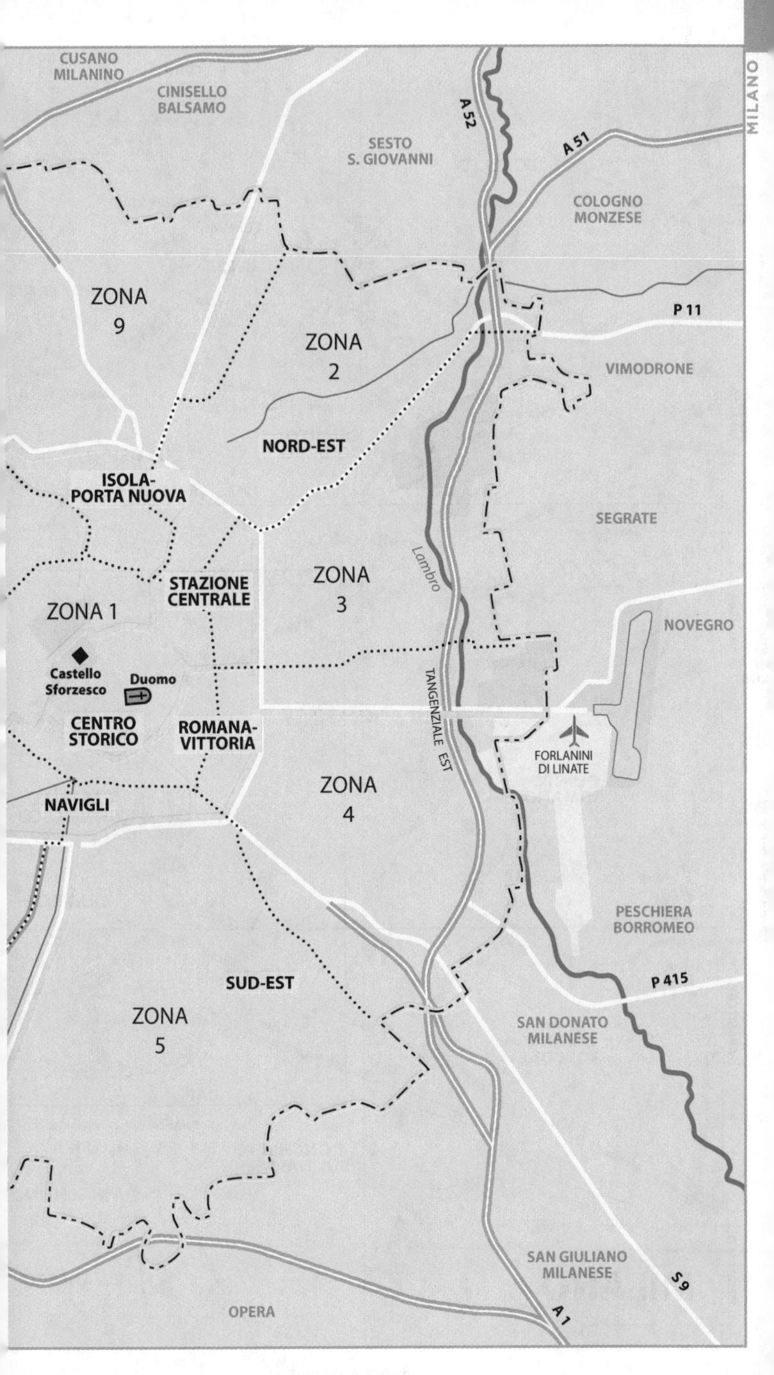
CUSANO
MILANINO
CINISELLO
BALSAMO
A 52
SESTO
S. GIOVANNI
A 51
COLOGNO
MONZESE
ZONA
9
ZONA
2
P 11
VIMODRONE
NORD-EST
ISOLA-
PORTA NUOVA
SEGRATE
ZONA
3
Lambro
STAZIONE
CENTRALE
ZONA 1
NOVEGRO
Castello
Sforzesco
Duomo
TANGENZIALE EST
CENTRO
STORICO
ROMANA-
VITTORIA
FORLANINI
DI LINATE
ZONA
4
NAVIGLI
PESCHIERA
BORROMEO
SUD-EST
P 415
ZONA
5
SAN DONATO
MILANESE
SAN GIULIANO
MILANESE
S9
OPERA
A1

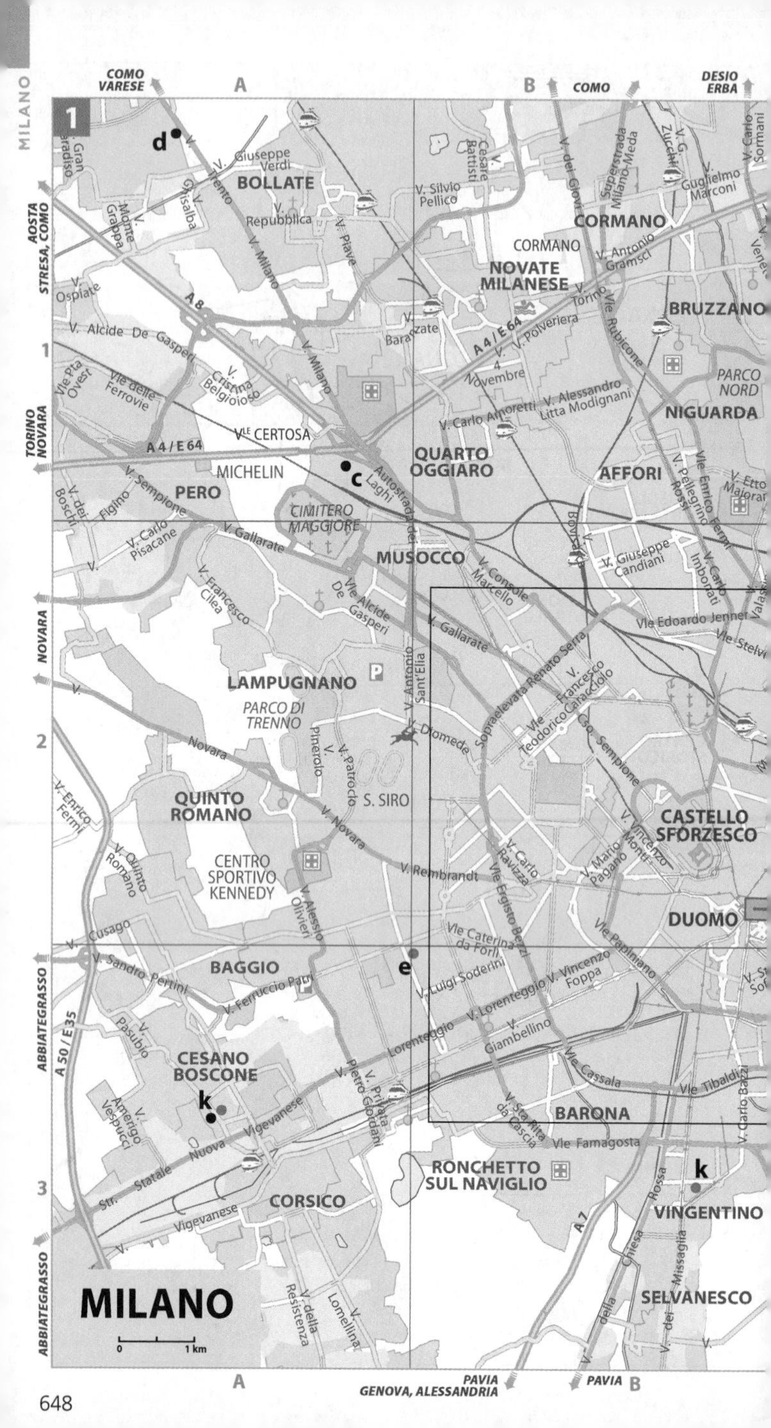
MILANO
1 km
COMO
VARESE
COMO
DESIO
ERBA
AOSTA
STRESA, COMO
TORINO
NOVARA
NOVARA
ABBIATEGRASSO
ABBIATEGRASSO
PAVIA
GENOVA, ALESSANDRIA
PAVIA
BOLLATE
CORMANO
NOVATE
MILANESE
BRUZZANO
PARCO
NORD
NIGUARDA
AFFORI
QUARTO
OGGIARO
PERO
MICHELIN
CIMITERO
MAGGIORE
MUSOCCO
LAMPUGNANO
PARCO DI
TRENNO
S. SIRO
QUINTO
ROMANO
CENTRO
SPORTIVO
KENNEDY
CASTELLO
SFORZESCO
DUOMO
BAGGIO
CESANO
BOSCONE
BARONA
RONCHETTO
SUL NAVIGLIO
CORSICO
VINGENTINO
SELVANESCO
A 8
A 4 / E 64
A 50 / E 35
A 7

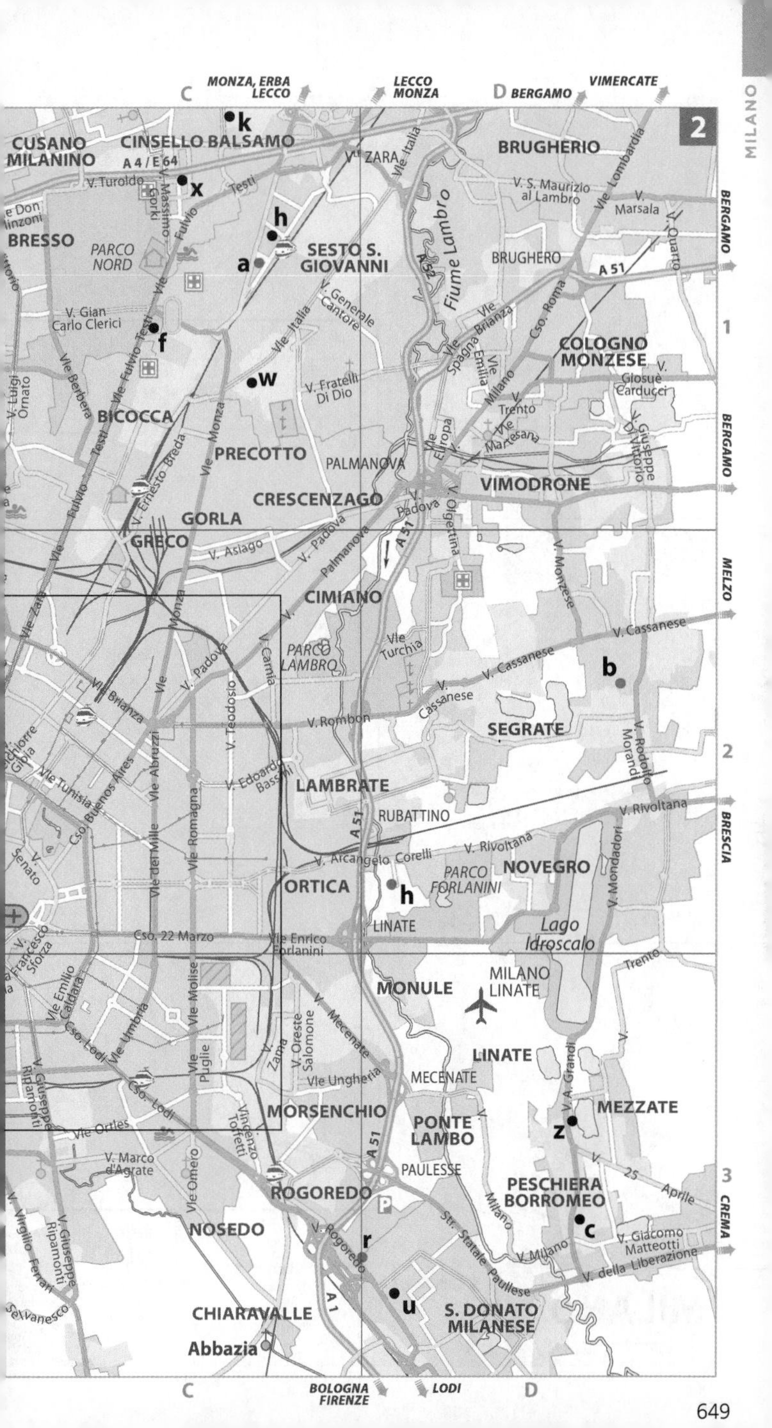
2
MONZA, ERBA LECCO
LECCO MONZA
BERGAMO
VIMERCATE
C
D
CUSANO MILANINO
CINSELLO BALSAMO
A 4 / E 64
BRUGHERIO
BRESSO
PARCO NORD
SESTO S. GIOVANNI
BRUGHERO
Fiume Lambro
A 51
COLOGNO MONZESE
BICOCCA
PRECOTTO
PALMANOVA
VIMODRONE
CRESCENZAGO
GORLA
GRECO
CIMIANO
PARCO LAMBRO
SEGRATE
LAMBRATE
RUBATTINO
NOVEGRO
PARCO FORLANINI
ORTICA
LINATE
Lago Idroscalo
MILANO LINATE
MONULE
MECENATE
MEZZATE
MORSENCHIO
PONTE LAMBO
PAULESSE
PESCHIERA BORROMEO
ROGOREDO
NOSEDO
CHIARAVALLE
Abbazia
S. DONATO MILANESE
A 1
BERGAMO
MELZO
BRESCIA
CREMA
BOLOGNA FIRENZE
LODI
1
2
3
k
x
h
a
f
w
b
h
z
c
r
u
V. Cassanese
V. Rivoltana
Cso. 22 Marzo
Vle Monza
V. Padova
Vle Brianza
Cso. Buenos Aires
Vle Abruzzi
Vle Romagna
Vle Molise
Vle Umbria
Cso. Lodi
Str. Statale Paullese
V. della Liberazione

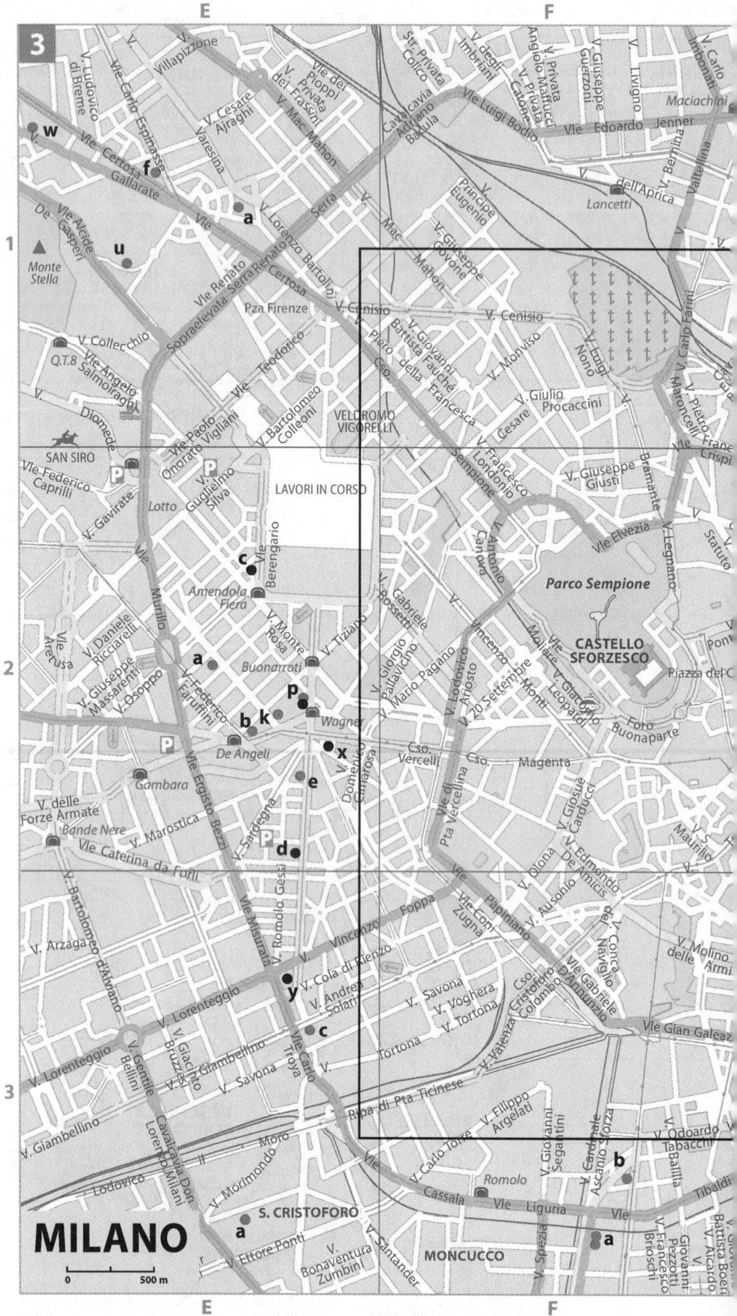
MILANO
3
E
F
1
2
3
0
500 m
Monte Stella
Q.T.8
SAN SIRO
Lotto
Amendola Fiera
Buonarroti
Wagner
De Angeli
Gambara
Bande Nere
Pza Firenze
VELODROMO VIGORELLI
LAVORI IN CORSO
Parco Sempione
CASTELLO SFORZESCO
Piazza del C
Foro Buonaparte
Maciachini
Lancetti
Romolo
S. CRISTOFORO
MONCUCCO
V. Ludovico di Breme
Vle Carlo Espinasse
V. Villapizzone
V. Cesare Ajraghi
Vle dei Pioppi
V. Privata dei Frassini
V. Mac Mahon
Vle Certosa
Gallarate
V. Varesina
V. Lorenzo Bartolini
Vle Renato Serra
Sopraelevata Serra Renato
Vle Alcide De Gasperi
V. Collecchio
Vle Angelo Salmoiraghi
V. Diomede
Vle Teodorico
V. Bartolomeo Colleoni
Vle Paolo Onorato Vigliani
V. Guglielmo Silva
Vle Federico Caprilli
V. Gavirate
Vle Berengario
Vle Murillo
V. Monte Rosa
V. Tiziano
V. Daniele Ricciarelli
Vle Aretusa
V. Giuseppe Massarenti
V. Osoppo
V. Federico Faruffini
Vle Ergisto Bezzi
V. delle Forze Armate
V. Marostica
Vle Caterina da Forlì
V. Sardegna
V. Romolo Gessi
V. Domenico Cimarosa
Cso. Vercelli
Cso. Magenta
V. Bartolomeo d'Alviano
V. Arzaga
Vle Misurata
V. Vincenzo Foppa
V. Cola di Rienzo
V. Andrea Solari
V. Lorenteggio
V. Gentile Bellini
V. Giacinto Bruzzesi
V. Giambellino
V. Savona
Vle Carlo Troya
Cavalcavia Don Lorenzo Milani
V. Lodovico
V. Morimondo
V. Moro
V. Ettore Ponti
V. Bonaventura Zumbini
V. Santander
Str. Privata Colico
V. degli Imbriani
V. Angiolo Maffucci
V. Privata Calone
V. Giuseppe Guerzoni
V. Livigno
V. Carlo Imbonati
Cavalcavia Adriano Bacula
Vle Luigi Bodio
Vle Edoardo Jenner
V. Bernina
Valtellina
V. dell'Aprica
V. Principe Eugenio
V. Giuseppe Govone
V. Cenisio
V. Giovanni Battista Fauché
Cso. Piero della Francesca
V. Monviso
V. Luigi Nono
V. Carlo Farini
V. Pietro Maroncelli
V. Giulio Procaccini
Cesare
Cso. Sempione
V. Francesco Londonio
V. Giuseppe Giusti
Bramante
Vle Francesco Crispi
Vle Elvezia
V. Legnano
V. Statuto
V. Antonio Canova
V. Gabriele Rossetti
V. Giorgio Pallavicino
V. Mario Pagano
V. Lodovico Ariosto
V. Vincenzo Monti
V. 20 Settembre
Vle Molière
V. Giacomo Leopardi
Vle di Pta Vercellina
V. Giosuè Carducci
V. Olona
V. Edmondo De Amicis
V. S. Maurilio
Vle Papiniano
Vle Coni Zugna
V. Ausonio
V. Conca del Naviglio
V. Molino delle Armi
V. Savona
V. Voghera
V. Tortona
Cso. Cristoforo Colombo
Vle Gabriele D'Annunzio
Vle Gian Galeaz
V. Valenza
Ripa di Pta Ticinese
V. Carlo Torre
V. Filippo Argelati
V. Giovanni Segantini
V. Cardinale Ascanio Sforza
V. Odoardo Tabacchi
V. Balilla
Vle Cassala
Vle Liguria
V. Spezia
V. Francesco Brioschi
V. Giovanni Pezzotti
V. Alcardo
Battista Boeri
Tibaldi

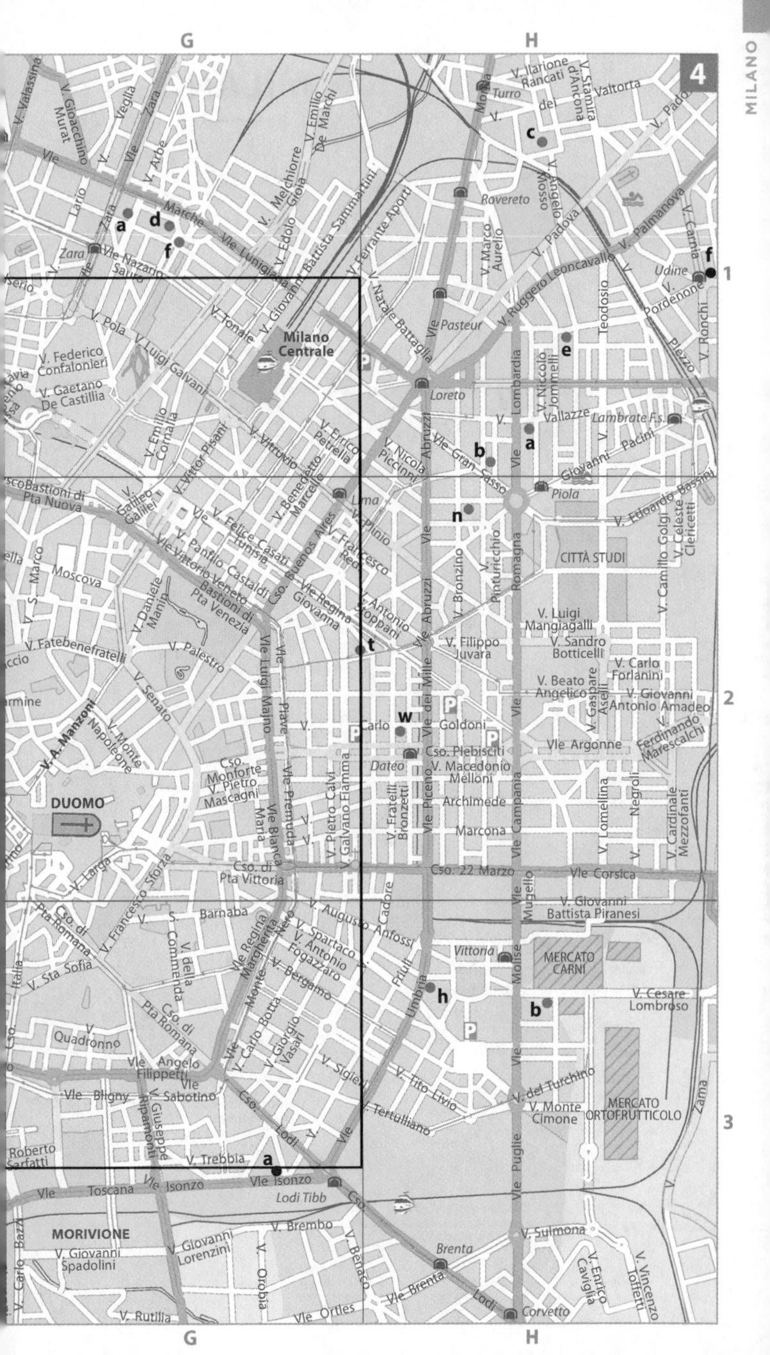
4
Milano Centrale
Loreto
Lambrate F.S.
Piola
Lima
CITTÀ STUDI
DUOMO
MERCATO CARNI
MERCATO ORTOFRUTTICOLO
MORIVIONE
Rovereto
Turro
Udine
Pasteur
Dateo
Vittoria
Lodi Tibb
Brenta
Corvetto
Zara

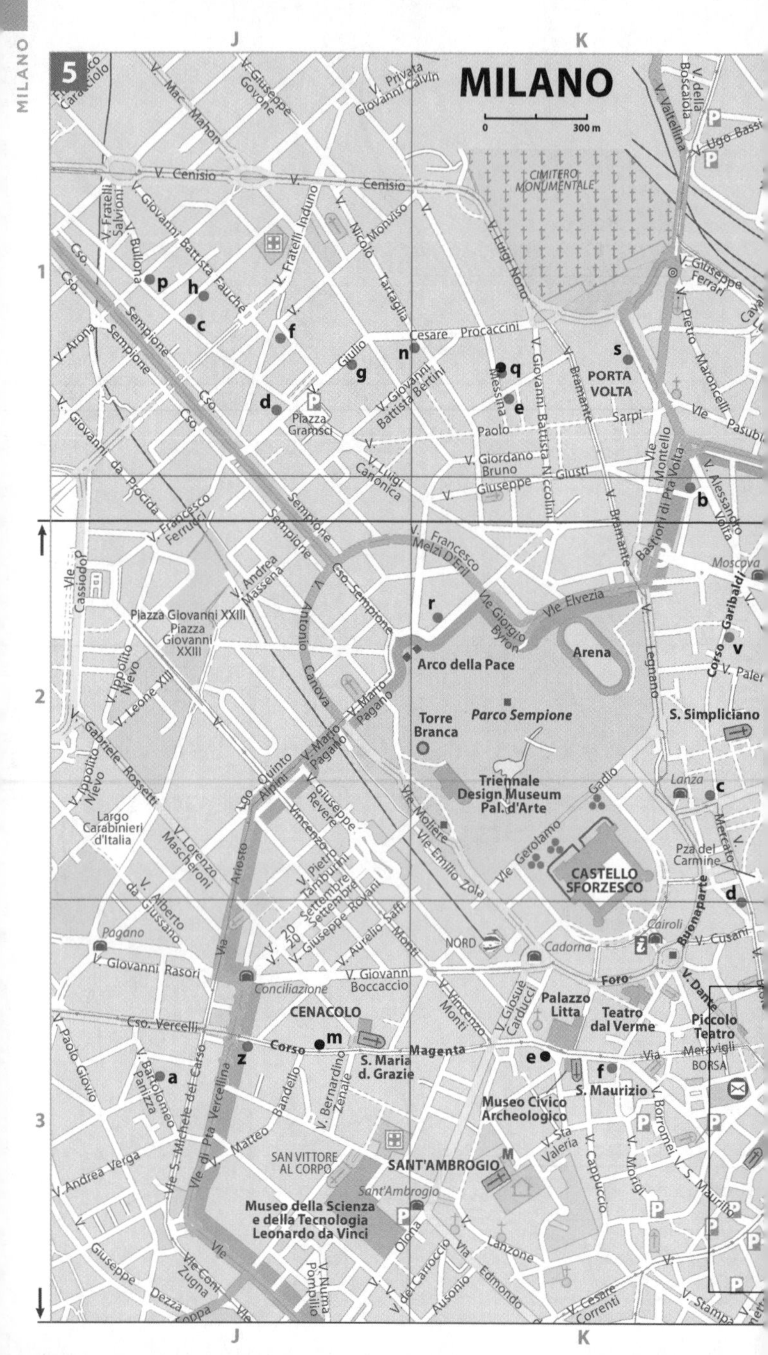
5
MILANO
0
300 m
J
K
1
2
3
CIMITERO MONUMENTALE
PORTA VOLTA
Piazza Gramsci
Piazza Giovanni XXIII
Arco della Pace
Parco Sempione
Torre Branca
Triennale Design Museum Pal. d'Arte
Arena
CASTELLO SFORZESCO
S. Simpliciano
Largo Carabinieri d'Italia
CENACOLO
S. Maria d. Grazie
Palazzo Litta
Teatro dal Verme
Piccolo Teatro
BORSA
S. Maurizio
Museo Civico Archeologico
SAN VITTORE AL CORPO
SANT'AMBROGIO
Museo della Scienza e della Tecnologia Leonardo da Vinci
Pagano
Conciliazione
Cadorna
Cairoli
Lanza
Moscova
Sant'Ambrogio
NORD
Pza del Carmine
Corso Magenta
Cso. Sempione
Corso Garibaldi
Cso. Vercelli
V. Cenisio
V. Giovanni Battista Fauché
V. Fratelli Induno
V. Nicolò Tartaglia
V. Monviso
Cesare Procaccini
V. Luigi Nono
V. Bramante
V. Paolo Sarpi
V. Giordano Bruno
V. Giuseppe Giusti
V. Luigi Canonica
V. Francesco Melzi D'Eril
Vle Giorgio Byron
Vle Elvezia
V. Legnano
V. Antonio Canova
V. Mario Pagano
Vle Molière
Vle Emilio Zola
V. Giovanni Boccaccio
V. Vincenzo Monti
V. Dante
V. Meravigli
V. Borromei
V. Morigi
V. Cappuccio
V. Sta Valeria
V. Lanzone
V. Edmondo
V. Olona
V. Bernardino Zenale
V. Bandello
V. Matteo
V. Andrea Verga
Vle di Pta Vercellina
Vle S. Michele del Carso
V. Paolo Giovio
V. Bartolomeo Panizza
V. Giovanni Rasori
V. Alberto da Giussano
V. Lorenzo Mascheroni
V. Gabriele Rossetti
V. Ippolito Nievo
V. Leone XIII
V. Andrea Massena
V. Francesco Ferrucci
V. Giovanni da Procida
V. Arona
V. Bullona
V. Fratelli Salvioni
V. Mac Mahon
V. Giuseppe Govone
V. Privata Giovanni Calvin
V. Valtellina
V. Ugo Bassi
V. Giuseppe Ferrari
V. Pietro Maroncelli
Vle Pasubio
Vle Montello
Bastioni di Pta Volta
V. Alessandro Volta
V. Giovanni Battista Niccolini
V. Messina
V. Giulio
V. Giovanni Battista Bertini
Vle Cassiodoro
Lgo Quinto Alpini
Via Ariosto
V. Giuseppe Revere
V. Vincenzo Monti
V. Pietro Tamburini
V. 20 Settembre
V. Giuseppe Rovani
V. Aurelio Saffi
V. Giosuè Carducci
Foro
Buonaparte
V. Cusani
V. Mercato
V. Cesare Correnti
V. Stampa
V. S. Maurilio
Vle Coni Zugna
V. Numa Pompilio
V. del Carroccio
V. Ausonio
Giuseppe Dezza
Vle Gadio
Vle Gerolamo
p
h
c
f
g
n
d
q
e
s
b
r
v
c
d
m
z
a
e
f
M

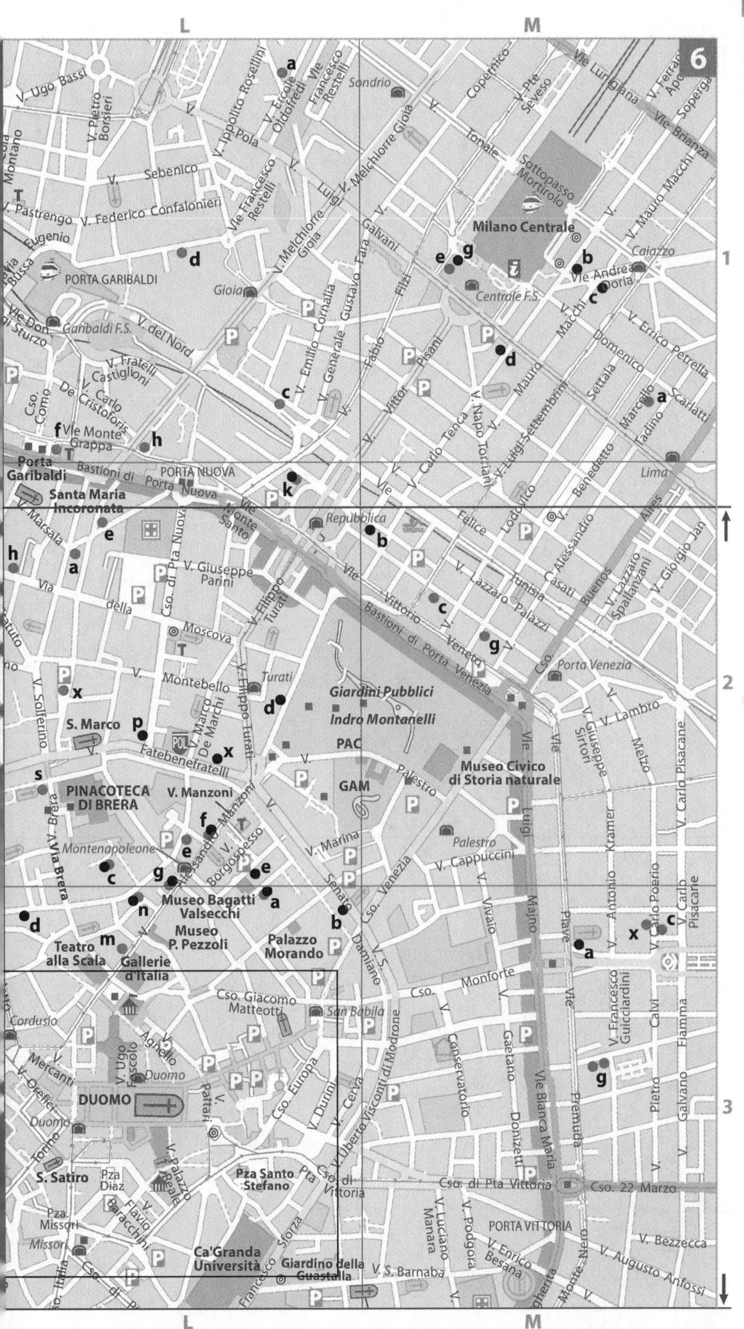

6
L
M
Milano Centrale
PORTA GARIBALDI
Garibaldi F.S.
Porta Garibaldi
Santa Maria Incoronata
PORTA NUOVA
Repubblica
Giardini Pubblici Indro Montanelli
PAC
GAM
Museo Civico di Storia naturale
S. Marco
PINACOTECA DI BRERA
V. Manzoni
Montenapoleone
Museo Bagatti Valsecchi
Museo P. Pezzoli
Teatro alla Scala
Gallerie d'Italia
Palazzo Morando
San Babila
Cordusio
Duomo
DUOMO
S. Satiro
Pza Diaz
Pza. Missori
Missori
Pza Santo Stefano
Ca'Granda Università
Giardino della Guastalla
PORTA VITTORIA
Porta Venezia
Palestro
Turati
Gioia
Sondrio
Caiazzo
Lima
Centrale F.S.
Sottopasso Mortirolo
Bastioni di Porta Venezia
Cso. di Pta Vittoria
Cso. 22 Marzo
Cso. Venezia
Cso. Monforte
Vle Luigi Majno
Vle Bianca Maria
Vle Piave
Vle Vittorio Veneto
V. Vittor Pisani
V. Fabio Filzi
V. Melchiorre Gioia
V. Federico Confalonieri
V. Ugo Bassi
V. Pastrengo
V. Sebenico
V. Pola
V. Montebello
V. Fatebenefratelli
V. Borgospesso
V. Senato
V. Palestro
V. Marina
V. Cappuccini
V. Vivaio
V. Conservatorio
V. Cerva
Cso. Europa
V. Durini
V. Mercanti
V. Orefici
V. Torino
V. Brera
V. Solferino
V. Moscova
V. Giuseppe Parini
V. Filippo Turati
Cso. Como
Vle Monte Grappa
Bastioni di Porta Nuova
Vle Monte Santo
Cso. Buenos Aires
V. Lazzaro Palazzi
V. Tunisia
V. Carlo Poerio
V. Kramer
V. Lambro
V. Melzo
V. Pietro Calvi
V. Galvano Fiamma
V. Premuda
V. Donizetti
V. Bezzecca
V. Augusto Anfossi
V. Enrico Besana
V. Podgora
V. Luciano Manara
V. S. Barnaba
Cso. di Pta Vittoria
V. Francesco Sforza
1
2
3

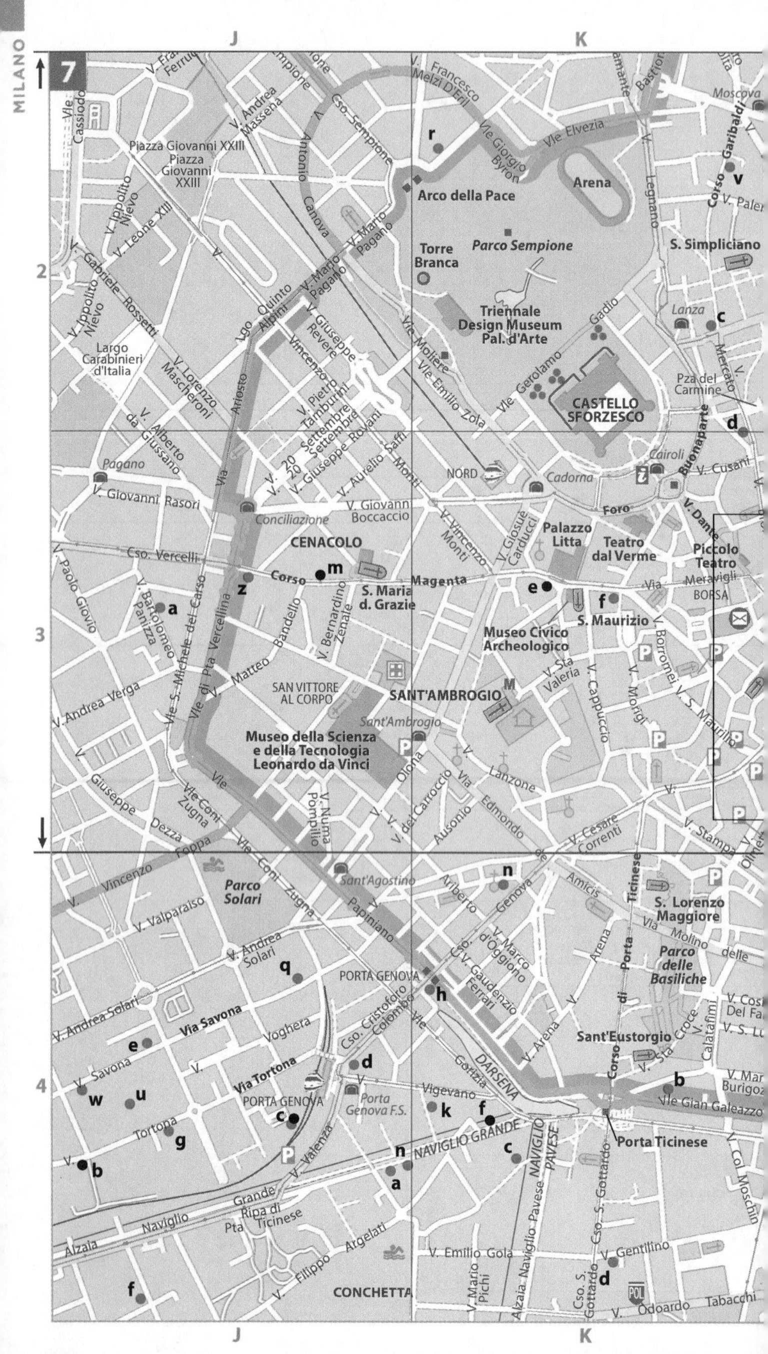
7
J
K
Arco della Pace
Arena
Parco Sempione
Torre Branca
Triennale Design Museum Pal. d'Arte
CASTELLO SFORZESCO
S. Simpliciano
Lanza
Cairoli
Cadorna
NORD
Conciliazione
Pagano
CENACOLO
S. Maria d. Grazie
Palazzo Litta
Teatro dal Verme
Piccolo Teatro
S. Maurizio
Museo Civico Archeologico
SAN VITTORE AL CORPO
SANT'AMBROGIO
Sant'Ambrogio
Museo della Scienza e della Tecnologia Leonardo da Vinci
Sant'Agostino
Parco Solari
S. Lorenzo Maggiore
Parco delle Basiliche
PORTA GENOVA
Via Savona
Via Tortona
Porta Genova F.S.
Sant'Eustorgio
DARSENA
NAVIGLIO GRANDE
NAVIGLIO PAVESE
Porta Ticinese
CONCHETTA
Corso Magenta
Cso. Vercelli
Corso Garibaldi
Corso di Porta Ticinese
V. Dante
Foro Buonaparte
V. Cusani
Via Meravigli
BORSA
Vle Elvezia
Vle Gian Galeazzo
V. Emilio Gola
2
3
4

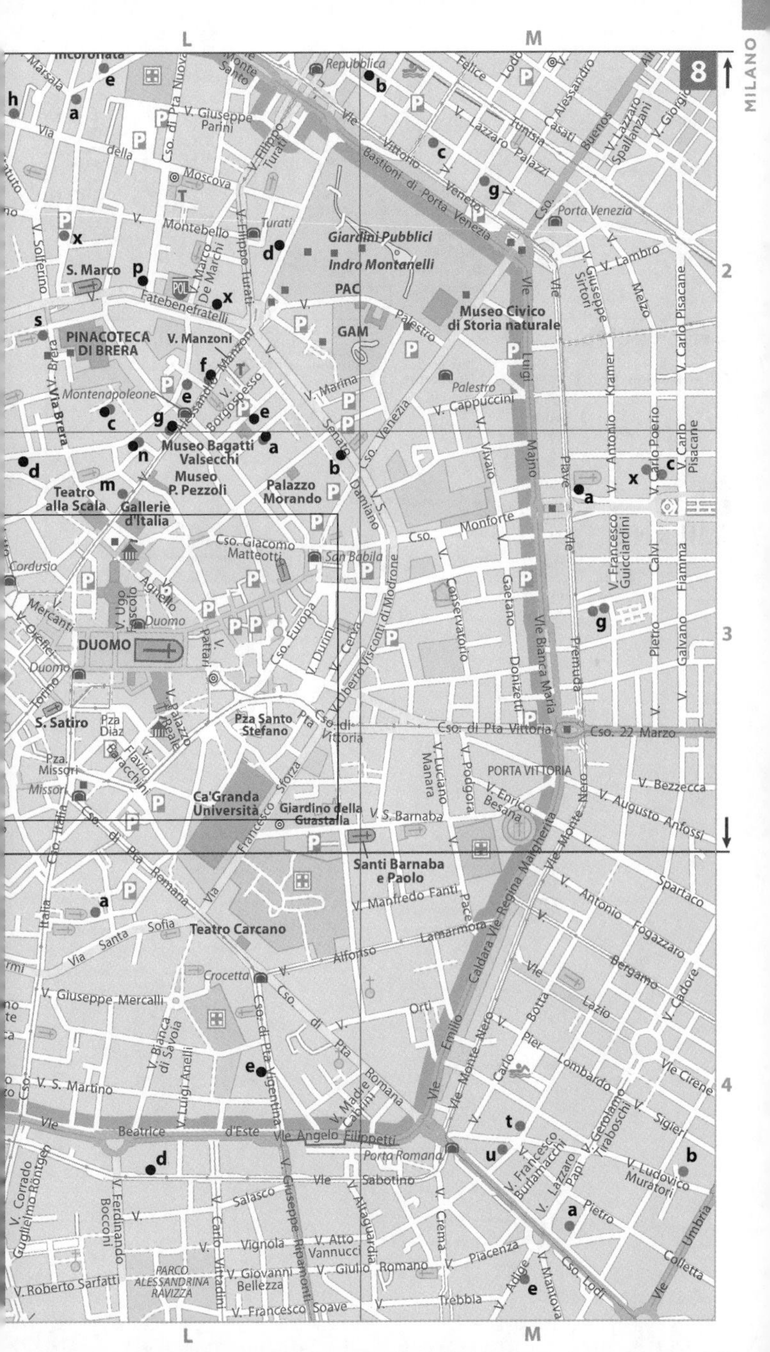
L
M
Repubblica
V. Giuseppe Parini
Cso. di Pta Nuova
Via della Moscova
Montebello
V. Solferino
S. Marco
Fatebenefratelli
V. Marco De Marchi
V. Filippo Turati
Turati
Giardini Pubblici
Indro Montanelli
PAC
GAM
Museo Civico di Storia naturale
Bastioni di Porta Venezia
Vle Vittorio Veneto
V. Lazzaro Palazzi
Tunisia
C. Alessandro Casati
Buenos Aires
V. Lazzaro Spallanzani
V. Giorgio
Porta Venezia
V. Lambro
V. Giuseppe Sirtori
Melzo
V. Carlo Pisacane
PINACOTECA DI BRERA
V. Manzoni
Via Brera
Montenapoleone
V. Alessandro Manzoni
V. Borgospesso
Museo Bagatti Valsecchi
Museo P. Pezzoli
Teatro alla Scala
Gallerie d'Italia
Palazzo Morando
V. Marina
V. Senato
Cso. Venezia
Palestro
V. Cappuccini
Vle Luigi Majno
V. Vivaio
Vle Piave
V. Antonio Kramer
V. Carlo Poerio
Cso. Monforte
Cso. Giacomo Matteotti
San Babila
Cordusio
V. Mercanti
V. Orefici
V. Ugo Foscolo
V. Agnello
Duomo
DUOMO
V. Pattari
Cso. Europa
V. Durini
V. Cerva
V. Uberto Visconti di Modrone
V. S. Damiano
V. Conservatorio
V. Gaetano Donizetti
Vle Bianca Maria
V. Premuda
V. Francesco Guicciardini
V. Pietro Calvi
V. Galvano Fiamma
V. Torino
S. Satiro
Pza Diaz
V. Palazzo Reale
Pza Santo Stefano
Cso. di Pta Vittoria
Cso. 22 Marzo
V. Flavio Baracchini
Pza. Missori
Missori
Ca'Granda Università
Via Francesco Sforza
Giardino della Guastalla
V. S. Barnaba
V. Luciano Manara
V. Podgora
PORTA VITTORIA
V. Enrico Besana
V. Bezzecca
V. Augusto Anfossi
Vle Regina Margherita
Vle Monte Nero
Cso. Italia
Cso. di Pta Romana
Santi Barnaba e Paolo
V. Manfredo Fanti
V. Pace
Via Santa Sofia
Teatro Carcano
Lamarmora
V. Alfonso
Crocetta
V. Giuseppe Mercalli
V. Bianca di Savoia
V. Luigi Anelli
Cso. di Pta Vigentina
V. Orti
Vle Emilio Caldara
V. Spartaco
V. Antonio Fogazzaro
V. Bergamo
Vle Lazio
V. Carlo Botta
V. Pier Lombardo
V. Cadore
Vle Cirene
V. S. Martino
V. Madre Cabrini
Vle Beatrice d'Este
Vle Angelo Filippetti
Porta Romana
V. Francesco Burlamacchi
V. Lazzaro Papi
V. Gerolamo Tiraboschi
V. Sigieri
V. Ludovico Muratori
V. Corrado Guglielmo Röntgen
V. Ferdinando Bocconi
V. Salasco
Vle Sabotino
V. Giuseppe Ripamonti
V. Altaguardia
V. Crema
V. Pietro Colletta
V. Umbria
V. Carlo Vittadini
V. Vignola
V. Atto Vannucci
V. Giulio Romano
V. Piacenza
V. Adige
V. Mantova
Cso. Lodi
V. Roberto Sarfatti
PARCO ALESSANDRINA RAVIZZA
V. Giovanni Bellezza
V. Francesco Soave
V. Trebbia
2
3
4

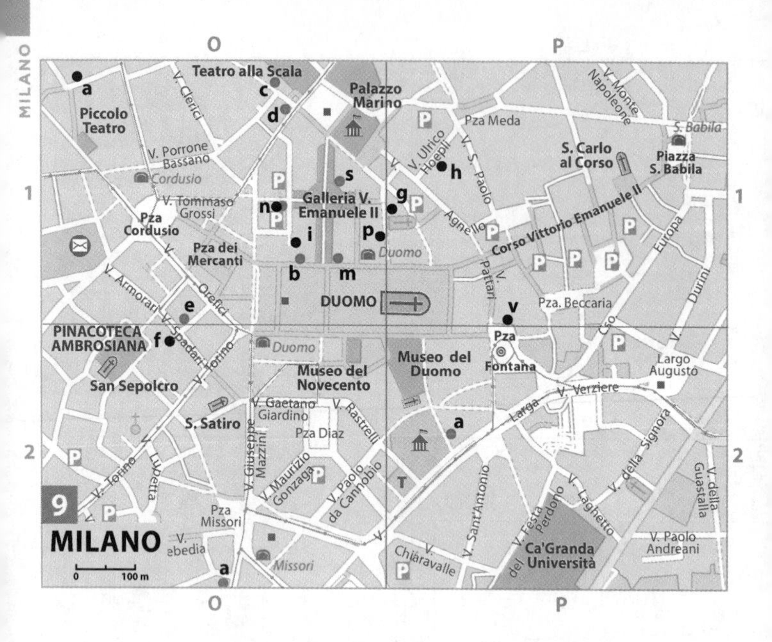
O
P
Teatro alla Scala
Piccolo Teatro
V. Clerici
Palazzo Marino
Pza Meda
V. Monte Napoleone
S. Babila
V. Porrone Bassano
Cordusio
V. Ulrico Hoepli
V. S. Paolo
S. Carlo al Corso
Piazza S. Babila
V. Tommaso Grossi
Galleria V. Emanuele II
Agnello
Corso Vittorio Emanuele II
Pza Cordusio
Pza dei Mercanti
Duomo
Europa
V. Armorari
Orefici
V. Pattari
Durini
DUOMO
Pza. Beccaria
PINACOTECA AMBROSIANA
V. Spadari
V. Torino
Duomo
Pza Fontana
Museo del Duomo
Museo del Novecento
Largo Augusto
San Sepolcro
V. Verziere
V. Gaetano Giardino
V. Rastrelli
Larga
S. Satiro
Pza Diaz
V. Giuseppe Mazzini
V. Maurizio Gonzaga
V. Paolo da Cannobio
V. Sant'Antonio
V. della Signora
V. Laghetto
V. della Guastalla
V. Torino
Lupetta
Pza Missori
V. Festa del Perdono
9
MILANO
V. Paolo Andreani
Missori
V. Chiaravalle
Ca'Granda Università
0 100 m
1
2

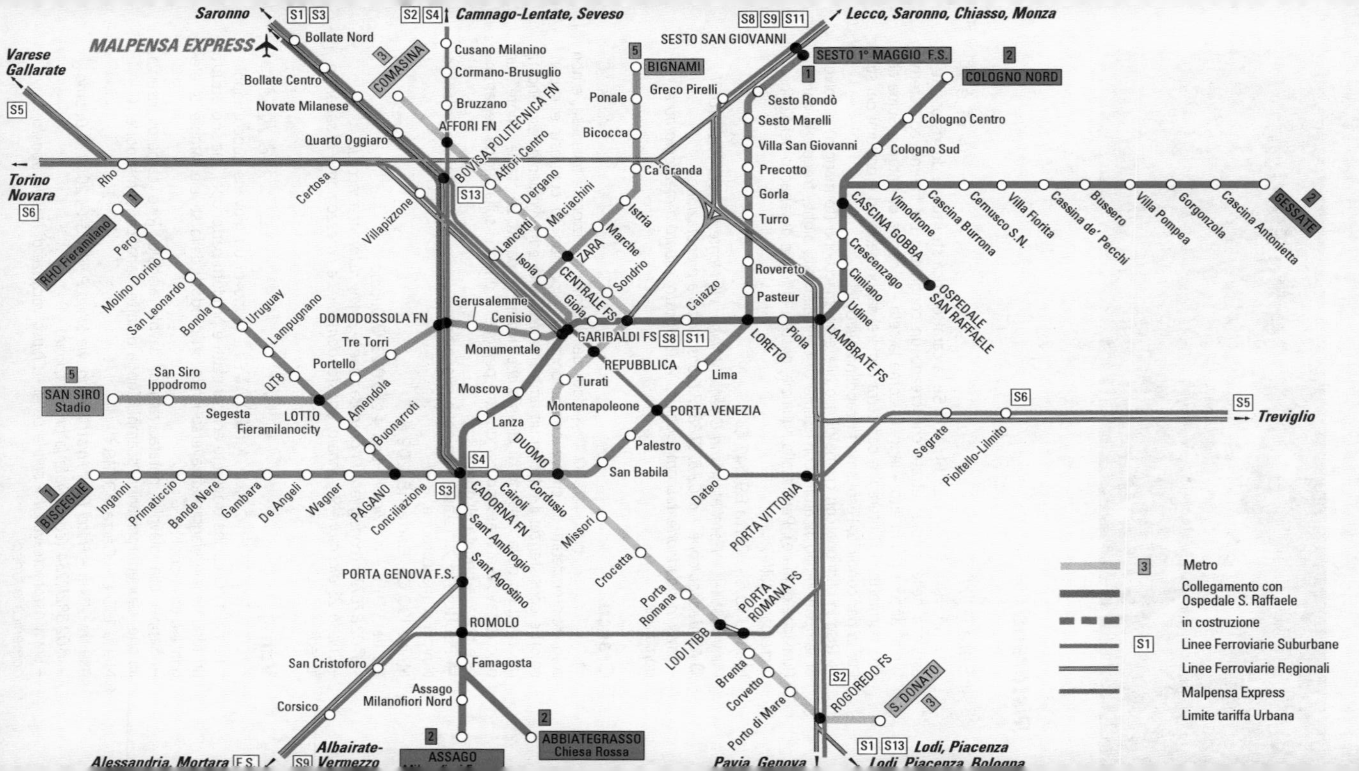
Saronno
S1 S3
S2 S4
Camnago-Lentate, Seveso
S8 S9 S11
Lecco, Saronno, Chiasso, Monza
MALPENSA EXPRESS
Varese Gallarate
S5
Torino Novara
S6
Bollate Nord
Bollate Centro
Novate Milanese
Quarto Oggiaro
COMASINA
Cusano Milanino
Cormano-Brusuglio
Bruzzano
AFFORI FN
BOVISA POLITECNICA FN
S13
Affori Centro
Dergano
Maciachini
Lancetti
Isola
ZARA
Istria
Marche
BIGNAMI
Ponale
Bicocca
Ca' Granda
Greco Pirelli
SESTO SAN GIOVANNI
SESTO 1° MAGGIO F.S.
Sesto Rondò
Sesto Marelli
Villa San Giovanni
Precotto
Gorla
Turro
Rovereto
Pasteur
COLOGNO NORD
Cologno Centro
Cologno Sud
CASCINA GOBBA
Vimodrone
Cascina Burrona
Cernusco S.N.
Villa Fiorita
Cassina de' Pecchi
Bussero
Villa Pompea
Gorgonzola
Cascina Antonietta
GESSATE
Crescenzago
Cimiano
Udine
OSPEDALE SAN RAFFAELE
LAMBRATE FS
Piola
LORETO
Caiazzo
CENTRALE FS
Sondrio
Gioia
GARIBALDI FS
S8 S11
REPUBBLICA
Lima
PORTA VENEZIA
Turati
Montenapoleone
Palestro
San Babila
Dateo
PORTA VITTORIA
Rho
Certosa
Villapizzone
RHO Fieramilano
Pero
Molino Dorino
San Leonardo
Bonola
Uruguay
Lampugnano
QT8
DOMODOSSOLA FN
Gerusalemme
Cenisio
Monumentale
Tre Torri
Portello
Amendola
Buonarroti
SAN SIRO Stadio
San Siro Ippodromo
Segesta
LOTTO Fieramilanocity
Moscova
Lanza
DUOMO
Cordusio
Cairoli
CADORNA FN
S4
S3
BISCEGLIE
Inganni
Primaticcio
Bande Nere
Gambara
De Angeli
Wagner
PAGANO
Conciliazione
Sant Ambrogio
Sant Agostino
PORTA GENOVA F.S.
ROMOLO
Famagosta
Assago Milanofiori Nord
ASSAGO
ABBIATEGRASSO Chiesa Rossa
San Cristoforo
Corsico
Missori
Crocetta
Porta Romana
LODI TIBB
PORTA ROMANA FS
Brenta
Corvetto
Porto di Mare
ROGOREDO FS
S2
S. DONATO
S6
Segrate
Pioltello-Limito
S5
Treviglio
Alessandria, Mortara F.S.
S9
Albairate-Vermezzo
Pavia, Genova
S1 S13
Lodi, Piacenza
Lodi, Piacenza, Bologna
Metro
Collegamento con Ospedale S. Raffaele
in costruzione
Linee Ferroviarie Suburbane
Linee Ferroviarie Regionali
Malpensa Express
Limite tariffa Urbana

Centro Storico

Ristoranti

✿✿ Seta

CUCINA CREATIVA • DESIGN XXXX Se la caratteristica strutturale del ristorante si esplicita nelle ampie vetrate che creano un continuum tra interno ed esterno, "vola" ancora più in alto - leggera come la seta - la cucina di Antonio Guida che può permettersi d'interagire con terra e mare, sapori del nord e profumi del sud. Per la par condicio, l'esotismo fa capolino nei dolci.

→ Riso in cagnone con crema di riso alle erbe, maccagno (formaggio) e polvere di lamponi. Pollo ficatum con crema di cannellini alle alghe, fregola e garusoli (lumache di mare). Parfait alla liquirizia, cristalli di foglie di tabacco del Kentucky e crema al caffè.

Menu 130 € - Carta 89/147 €

Pianta: 8L3-n - *Hotel Mandarin Oriental Milano, via Monte di Pietà 18 ✉ 20121 Ⓜ Montenapoleone - ✆ 02 8731 8897 (consigliata la prenotazione) - www.mandarinoriental.com - Chiuso 7-28 agosto, sabato a mezzogiorno e domenica*

✿✿ Cracco

CUCINA CREATIVA • LUSSO XXXX Piatti della cucina tradizionale milanese, e non solo, reinterpretati in chiave contemporanea, giocando su contrasti e sapori, colori e consistenze: il tutto in un ambiente elegante ed avvolgente reso ancora più ovattato dalla boiserie di ciliegio che ricopre le pareti. La "table d'hôte", un piccolo tavolo al massimo per quattro persone, si affaccia sulla cucina per ammirare tutta la brigata all'opera.

→ Risotto allo zafferano e midollo alla piastra. Vitello impanato alla milanese. Nuvola di mascarpone.

Menu 190 € - Carta 118/209 €

Pianta: 9O1-e - *via Victor Hugo 4 ✉ 20123 Ⓜ Duomo - ✆ 02 876774 (consigliata la prenotazione) - www.ristorantecracco.it - Chiuso 23 dicembre-9 gennaio, agosto, domenica e i mezzogiorno di sabato e lunedì*

✿ Vun

CUCINA MODERNA • ELEGANTE XXXX E' il regno di un giovane cuoco napoletano nella cui cucina troverete echi di piatti e prodotti partenopei, ma soprattutto un fenomenale viaggio attraverso i migliori prodotti dello stivale. Ambiente elegante e cosmopolita.

→ Seppia alla diavola, patata, rafano, cavolo acidulo. Riso carnaroli riserva, limone, capperi, rosmarino, scampi. Zuppa di latte, pane, caffè, mandorle.

Menu 150 € - Carta 90/118 €

Pianta: 9O1-n - *Hotel Park Hyatt Milano, via Silvio Pellico 3 ✉ 20121 Ⓜ Duomo - ✆ 02 8821 1234 (consigliata la prenotazione) - www.ristorante-vun.it - solo a cena - Chiuso vacanze di Natale, agosto, domenica e lunedì*

✿ Armani

CUCINA MODERNA • LUSSO XXX Sopra una "scacchiera" e con la cornice di ampie vetrate che regalano sublimi scorci di Milano, si accomodano gli ospiti di questo esclusivo ristorante dallo stile griffato che coniuga l'eccellenza del gusto italiano con incursioni nelle cucine del mondo ispirandosi alla filosofia Umami, la perfezione del quinto gusto.

→ Pisarei (gnocchi di pane), ragù di culatello, finocchio confit, pecorino toscano. Astice, burrata, pera, 'nduja, patanegra, coriandolo. Cassis: cremoso al cassis, biscotto al cioccolato e sale, sorbetto al lemongrass.

Menu 150 € (cena) - Carta 78/132 € - carta semplice a pranzo

Pianta: 8L2-f - *Armani Hotel Milano, via Manzoni 31 ✉ 20121 Ⓜ Montenapoleone - ✆ 02 8883 8888 (consigliata la prenotazione) - www.armanihotels.com - Chiuso 7-31 agosto e domenica sera*

✿ Felix Lo Basso Ⓝ

CUCINA CREATIVA • DI TENDENZA XXX Lo chef pugliese, Felice Lo Basso, non smette di dar prova del suo talento e qui lo ritroviamo nella nuova location con vista mozzafiato sulle guglie del Duomo, ma con la sua riconosciuta propensione per piatti creativi, leggeri, colorati: una cucina che pone l'accento sulle ottime materie prime nazionali e che "gioca" allegramente con le consistenze.

→ Canederlo di gamberi in consommè di porcini, limone e speck. Il mio risotto alla parmigiana. La cotoletta alla milanese con ortaggi e verdure.

Menu 95/130 € - Carta 79/120 €

Pianta: 9O1-b - *Hotel Townhouse Duomo, piazza Duomo 21 (5° piano) ✉ 20122 Ⓜ Duomo - ✆ 02 4952 8914 - Chiuso 3-16 gennaio, 13-22 agosto, domenica sera e lunedì*

Il Ristorante Trussardi alla Scala

CUCINA MODERNA • LUSSO XXXX In uno splendido palazzo affacciato sulla piazza che riassume alcuni dei simboli meneghini per eccellenza (abbiate cura di prenotare un tavolo con vista!), ci sono gli inevitabili omaggi alla città che si accompagnano tuttavia anche a piatti di altre regioni o più creativi.

Menu 100/160 € - Carta 90/120 €

Pianta: 9O1-d - *piazza della Scala 5, (palazzo Trussardi) ✉ 20121 Ⓜ Duomo - ✆ 02 8068 8201 (consigliata la prenotazione) - www.trussardiallascala.com - Chiuso 2 settimane in dicembre-gennaio, 2 settimane in agosto, sabato a mezzogiorno e domenica*

Café Trussardi - Vedere selezione ristoranti

Savini

CUCINA CLASSICA • LUSSO XXXX L'ingresso è attraverso le vetrine del Caffè Savini, che propone una carrellata dei piatti più rinomati della cucina italiana, ma è un ascensore che vi porterà alle delizie gourmet del ristorante al primo piano: dal 1867, la tradizione meneghina, ma anche piatti più estrosi.

Menu 110/160 € - Carta 86/135 €

Pianta: 9O1-s - *galleria Vittorio Emanuele II ✉ 20121 Ⓜ Duomo - ✆ 02 7200 3433 - www.savinimilano.it - Chiuso 1°-7 gennaio, 3 settimane in agosto, sabato a mezzogiorno e domenica*

Don Carlos

CUCINA MODERNA • ROMANTICO XXX Il nome e la colonna sonora sono un tributo all'opera verdiana, mentre l'atmosfera si fa raccolta con boiserie, bel parquet e foto d'epoca. La carta dà spazio ad ottime materie prime di terra e di mare, cucinate in chiave moderna.

Menu 75/90 € - Carta 79/117 €

Pianta: 6L2-3-g - *Grand Hotel et de Milan, via Manzoni 29 ✉ 20121 Ⓜ Montenapoleone - ✆ 02 7231 4640 (coperti limitati, prenotare) - www.ristorantedoncarlos.it - solo a cena - Chiuso agosto*

Bulgari-Il Ristorante

CUCINA MODERNA • DESIGN XxX La stessa esclusività dell'hotel si ripropone nel piacevole ristorante affacciato su un inaspettato, quanto bellissimo giardino. La cucina gioca in chiave moderna ed attuale con i migliori sapori italiani.

Menu 90 € (cena)/110 € - Carta 73/122 €

Pianta: 8L2-c - *Hotel Bulgari* ✉ *20121* Ⓜ *Montenapoleone* - ✆ *02 805 8051 (consigliata la prenotazione)* - *www.bulgarihotels.com*

Marchesi alla Scala

CUCINA MODERNA • AMBIENTE CLASSICO XxX Nel corpo del Teatro alla Scala, un ristorante con caffetteria e sala da tè: un calibrato mix di colonne classiche, quadri moderni ed arredi di design. Cucina raffinata e presentazioni di elegante essenzialità, in puro stile Gualtiero Marchesi.

Menu 46 € (pranzo in settimana)/150 € - Carta 66/146 €

Pianta: 9O1-c - *via Filodrammatici 2, (angolo piazza della Scala)* ✉ *20121* Ⓜ *Duomo* - ✆ *02 7209 4338 (consigliata la prenotazione)* - *www.ilmarchesino.it* - *Chiuso 2-7 gennaio, 7-26 agosto, sabato a mezzogiorno e domenica*

Larte

CUCINA MEDITERRANEA • DI TENDENZA XxX Una sorta di valorizzazione del made in Italy, questo nuovo "salotto" milanese, che oltre a proporre una moderna cucina italiana che spazia con disinvoltura - e capacità (!) - dalla terra al mare, si offre anche come punto vendita di ottimi prodotti. Larte è infatti cioccolateria, osteria, caffetteria e, last but not least, galleria d'arte!

Menu 25 € (pranzo)/80 € - Carta 55/98 €

Pianta: 8L3-m - *via Manzoni 5* ✉ *20123* Ⓜ *Montenapoleone* - ✆ *02 8909 6950 (consigliata la prenotazione)* - *www.lartemilano.com* - *Chiuso 24 dicembre-3 gennaio, agosto, sabato a mezzogiorno e domenica*

La Veranda

CUCINA CLASSICA • LUSSO XxX Anche i più giovani non avranno difficoltà a scegliere un piatto, visto che la casa mette a disposizione un menu a loro interamente dedicato; per tutti gli altri, sapori mediterranei ed un'ampia proposta di specialità vegetariane mentre la vista indugia sul chiostro attraverso le grandi vetrate della moderna sala.

Menu 39 € (pranzo in settimana)/80 € - Carta 79/135 €

Pianta: 6L3-a - *Four Seasons Hotel Milano, via Gesù 6/8* ✉ *20121* Ⓜ *Montenapoleone* - ✆ *02 7708 1478* - *www.fourseasons.com/milan*

Mio Bar

CUCINA MODERNA • ALLA MODA XxX Presso il bar del prestigioso hotel Park Hyatt Milan, un luogo accogliente e dinamico - aperto dalle sei del mattino all'una di notte - con una piccola, ma rappresentativa, carta ed un menu "Assaggi" per le ore che precedono la cena.

Menu 43 € (pranzo in settimana) - Carta 64/84 €

Pianta: 9O1-n - *Hotel Park Hyatt Milano, via Tommaso Grossi 1* - ✆ *02 8821 1234* - *www.milan.park.hyatt.com*

Sushi B Ⓝ

CUCINA GIAPPONESE • MINIMALISTA XxX Locale neo glam che si presenta estremamente elegante nel suo minimalismo orientale; molto bello il bar all'ingresso per la zona aperitivo, mentre al primo piano si sviluppa il ristorante vero e proprio con tavoli ben distanziati e la possibilità di mangiare al banco del teppanyaki, in cui - un vetro trasparente - separa la zona cottura dagli ospiti. Delizioso il giardino verticale che abbellisce il dehors estivo.

Menu 95 € - Carta 79/85 €

Pianta: 6L2-s - *via Fiori Chiari 1/A* ✉ *20121* - ✆ *02 8909 2640* - *www.sushi-b.it* - *Chiuso 1°-9 gennaio, 6-21 agosto, 23-31 dicembre, domenica e lunedì*

Nobu Milano

FUSION • MINIMALISTA XX Linee pure e minimaliste nel più tipico stile Armani, ma anche caratteristiche di un certo design nipponico, in un locale che ha "gemelli" sparsi per il mondo... La sua cucina? Fusion con influenze sudamericane.

Menu 85/140 € - Carta 57/103 €

Pianta: 6L2-e - *via Pisoni 1 ✉ 20121 Ⓜ Montenapoleone - ☎ 02 6231 2645 - www.armanirestaurants.com - Chiuso 14-21 agosto, domenica a mezzogiorno*

Wicky's - Wicuisine Seafood

CUCINA GIAPPONESE • DESIGN XX In un elegante locale di design con colori e luci che ricordano la volta celeste, Wicky's - Wicuisine Seafood è l'indirizzo giusto dove gustare la cucina Kaiseki: veri sapori giapponesi con ingredienti mediterranei e tecnica tutta nipponica appresa dallo chef-patron nella terra del Sol Levante!

Menu 85 € (pranzo in settimana)/130 € - Carta 62/118 €

Pianta: 9O2-a - *corso Italia 6 ✉ 20123 Ⓜ Missori - ☎ 02 8909 3781 (consigliata la prenotazione) - www.wicuisine.it - Chiuso agosto, domenica ed i mezzogiorno di lunedì e sabato*

Emilia e Carlo

CUCINA MODERNA • RUSTICO XX In un palazzo del primo Ottocento, ambientazione rustica con archi e soffitto con travetti a vista per una cucina giovane e creativa. Ottima, la scelta enologica.

Carta 53/80 €

Pianta: 5K2-3-d - *via Sacchi 8 ✉ 20121 Ⓜ Cairoli - ☎ 02 875948 - www.emiliaecarlo.it - Chiuso vacanze Natale, agosto, sabato a mezzogiorno e domenica*

La Brisa

CUCINA MODERNA • CONTESTO TRADIZIONALE XX Due sale, di cui la più caratteristica in una veranda nella corte interna del palazzo, la cucina incanta con fegato grasso e risotti, pescato del giorno e maialini da latte iberici.

Menu 29 € (pranzo in settimana)/55 € - Carta 47/88 €

Pianta: 7K3-f - *via Brisa 15 ✉ 20123 Ⓜ Cairoli Castello. - ☎ 02 8645 0521 (consigliata la prenotazione) - www.ristorantelabrisa.it - Chiuso 2 settimane a Natale, 3 settimane in agosto, domenica a mezzogiorno e sabato*

Jade Café

CUCINA ASIATICA • DI TENDENZA XX A pochi metri dal Duomo, un ristorante etnico che propone cucina giapponese, cinese e thailandese in un ambiente moderno e informale, vari menu a prezzo fisso per il mezzogiorno.

Menu 10 € - Carta 19/65 €

Pianta: 9P2-a - *via Palazzo Reale 5 ✉ 20121 - ☎ 02 7209 5535 (consigliata la prenotazione) - www.jadecafe.it - Chiuso agosto*

Café Trussardi

CUCINA MEDITERRANEA • DI TENDENZA X Se il vostro obiettivo è quello di consumare un pasto veloce, senza fronzoli o tecnicismi, fermatevi qui: in un ambiente effervescente e cosmopolita, i sapori più intriganti della cucina mediterranea.

Carta 40/78 €

Pianta: 9O1-d - *Il Ristorante Trussardi alla Scala, piazza della Scala 5 ✉ 20121 Ⓜ Duomo - ☎ 02 8068 8295 - www.cafetrussardi.com - Chiuso 2 settimane in dicembre-gennaio, 2 settimane in agosto e domenica*

Rovello 18

CUCINA ITALIANA • VINTAGE X Nuova sede a circa 300 metri dalla precedente, che rimane come ricordo nel nome. Il resto si riconferma senza il minimo dubbio: ambiente piacevolmente retro, informale e ricercato allo stesso tempo. La cucina è italiana: pesce ma, soprattutto, ottima carne ed una intelligente carta dei vini.

Carta 38/76 €

Pianta: 5K2-c - *via Tivoli 2 ang. Corso Garibaldi ✉ 20123 Ⓜ Lanza - ☎ 02 7209 3709 - www.rovello18.com - Chiuso 3 settimane in agosto e domenica a mezzogiorno*

Spazio Milano

CUCINA CREATIVA • DESIGN All'ultimo piano del Mercato del Duomo, qui muovono i primi passi professionali i ragazzi della scuola di cucina di Romito, tre stelle in Abruzzo, ma non aspettatevi degli apprendisti... Tre sale con vista rispettivamente sulle cucine, Galleria e Duomo (vi consigliamo quest'ultima), e una gustosa cucina, incentrata sulla valorizzazione dei prodotti.

Carta 39/61 €

Pianta: 9O1-m - *galleria Vittorio Emanuele II (3° piano del Mercato del Duomo) ✉ 20123 Ⓜ Duomo - ✆ 02 878400 (consigliata la prenotazione) - www.nikoromitoformazione.it - Chiuso 15-31 agosto*

Al Mercato

CUCINA MODERNA • BISTRÒ Formula originale e moderna di due giovani chef. Nella prima piccolissima sala - intima e ben arredata - cucina gourmet, a cena, e, a pranzo, carta light con aggiunta di alcuni piatti presenti nel menu della sera (solo su prenotazione), nonché variazioni sul tema dell'hamburger. Nell'altra area del locale, il dinamico Burger Bar (senza prenotazione e con tempi d'attesa, talvolta, un po' importanti), propone street food e l'immancabile hamburger.

Menu 50/100 € - Carta 63/79 €

Pianta: 8L4-a - *via Sant'Eufemia 16 ✉ 20121 Ⓜ Missori - ✆ 02 8723 7167 (coperti limitati, prenotare) - www.al-mercato.it - Chiuso 24 dicembre-4 gennaio, luglio-agosto e domenica sera*

Alberghi

Four Seasons Hotel Milano

GRAN LUSSO • CLASSICO Avvolto in una suggestiva atmosfera, l'hotel è riuscito a creare una perfetta simbiosi tra i dettagli architettonici della struttura originaria (un convento del '400) e l'elegante design contemporaneo. Non stupitevi quindi di trovare nelle stupende camere - ricavate dalle spartane celle monastiche - il meglio della tecnologia moderna.

68 cam - †590/950 € ††590/950 € - 50 suites - ☕ 35 €

Pianta: 6L3-a - *via Gesù 6/8 ✉ 20121 Ⓜ Montenapoleone - ✆ 02 77088 - www.fourseasons.com/milan*

La Veranda - Vedere selezione ristoranti

Mandarin Oriental Milano

GRAN LUSSO • DESIGN Ed ora anche Milano accoglie questa prestigiosa griffe del settore alberghiero. Nel quadrilatero della moda, in quattro solenni edifici del XVIII secolo, camere standard (solo nella definizione!) e differenti suite accolgono i loro ospiti in spazi dall'elegante design italiano e dai colori caldi. Anche la bella spa non si sottrae all'originalità proponendo nei suoi rivestimenti, travetti in legno volutamente disposti in maniera asimmetrica, quasi ad evocare un canneto orientale. Stile più anni '50 presso il Mandarin Bar: qui la scelta si sposta su piatti italiani, insalatone e sandwich.

72 cam - †560/1200 € ††560/1200 € - 32 suites - ☕ 35 €

Pianta: 8L3-n - *via Andegari 9 ✉ 20121 Milano Ⓜ Montenapoleone - ✆ 02 8731 8888 - www.mandarinoriental.com*

✿✿ **Seta** - Vedere selezione ristoranti

Park Hyatt Milano

LUSSO • MODERNO In un palazzo del 1870, il design contemporaneo abbraccia ed accoglie i migliori confort moderni: camere ampie e bagni altrettanto spaziosi. Il travertino è l'epidermide della casa introdotta da uno splendido quadro di Anish Kapoor, "Untitled" (2013).

90 cam - †520/1575 € ††520/1575 € - 16 suites - ☕ 38 €

Pianta: 9O1-n - *via Tommaso Grossi 1 ✉ 20121 Ⓜ Duomo - ✆ 02 8821 1234 - www.milan.park.hyatt.com*

✿ **Vun** • **Mio Bar** - Vedere selezione ristoranti

Grand Hotel et de Milan

GRAN LUSSO • STORICO Oltre un secolo e mezzo di vita per questo hotel che ha ospitato grandi nomi della musica, del teatro, del cinema e della politica nei suoi raffinati e suggestivi ambienti. Luminoso ristorante dedicato al tenore che in questo albergo registrò il suo primo disco.

77 cam - †396/813 € ††421/838 € - 18 suites - ☕ 35 €

Pianta: 6L2-3-g - *via Manzoni 29* ✉ *20121* Ⓜ *Montenapoleone* - ✆ *02 723141* - *www.grandhoteletdemilan.it*

Don Carlos - Vedere selezione ristoranti

Carlton Hotel Baglioni

LUSSO • ELEGANTE Ospiti d'élite hanno pernottato in questa splendida struttura che si propone come una sorta di "casa fuori casa", trasmettendo una sensazione di calda familiarità, senza rinunciare al lusso. Pezzi d'antiquariato e dipinti impreziosiscono gli spazi comuni, mentre nelle camere convivono stucchi e moderne tecnologie.

87 cam - †395/600 € ††682/968 € - ☕ 36 €

Pianta: 6L3-b - *via Senato 5* ✉ *20121* Ⓜ *San Babila* - ✆ *02 77077* - *www.baglionihotels.com*

Bulgari

BOUTIQUE HOTEL • DESIGN Dalla famosa *maison* di gioielli, un tributo all'*hôtellerie* di lusso. Colori caldi e materiali preziosi nelle camere, nonchè una delle più belle spa della città, dove l'hammam in vetro verde ricorda uno smeraldo.

47 cam - †550/820 € ††550/820 € - 11 suites - ☕ 40 €

Pianta: 8L2-c - *via privata Fratelli Gabba 7/b* ✉ *20121* Ⓜ *Montenapoleone* - ✆ *02 805 8051* - *www.bulgarihotels.com*

Bulgari-Il Ristorante - Vedere selezione ristoranti

Armani Hotel Milano

GRAN LUSSO • MINIMALISTA Nel rigore di un austero edificio del 1937, espressione più pura dello stile Armani, un'ospitalità innovativa curata da lifestyle manager che assistono ospiti e non clienti. Lussuosa spa di oltre 1000 metri quadrati e camere molto ampie.

95 cam - †500/1500 € ††500/1500 € - 32 suites - ☕ 40 €

Pianta: 8L2-f - *via Manzoni 31* ✉ *20123* Ⓜ *Montenapoleone* - ✆ *02 8883 8888* - *www.armanihotels.com*

Armani - Vedere selezione ristoranti

Starhotels Rosa Grand

PALACE • MODERNO Nel cuore di Milano, risorsa il cui interno ruota attorno alla corte, replicando forme semplici e squadrate, unite ad una naturale ricercatezza. Confort ed eleganza sono presenti in tutte le camere, ma solo da alcune è possibile ammirare le guglie del Duomo. A pranzo movimentata insalateria, la frequentazione replica anche per l'aperitivo.

324 cam ☕ - †300/1300 € ††300/1300 € - 6 suites

Pianta: 9P1-v - *piazza Fontana 3* ✉ *20122* Ⓜ *Duomo* - ✆ *02 88311* - *www.starhotels.com*

The Gray

BOUTIQUE HOTEL • PERSONALIZZATO Camere diverse fra loro, tutte da scoprire nei loro dettagli di pregio e dove la tecnologia regna sovrana. "Gray" solo nel nome - quasi un ironico omaggio al grigiore di certe giornate milanesi - in realtà, un esercizio di classe e stile come pochi in città. Le Noir è ristorante dall'atmosfera notturna e cucina mediterranea.

19 cam - †500/650 € ††550/900 € - 2 suites - ☕ 33 €

Pianta: 9P1-g - *via San Raffaele 6* ✉ *20121* Ⓜ *Duomo* - ✆ *02 720 8951* - *www.sinahotels.com* - *Chiuso agosto*

Townhouse Duomo

LUSSO • CENTRALE Albergo lussuoso che ha nella vista sul Duomo di Milano e sulla splendida omonima piazza il suo vero gioiello: se ne godrà dalle lussuose camere (tutte al 3° piano), disegnate da diversi architetti ma anche dal terrazzino delle colazioni (al 1° piano) che vi propone le guglie secolari a portata di mano.

8 suites - 400/1500 € - 6 cam - 25 €

Pianta: 9O1-i - *via Silvio Pellico 2 ✉ 20121 Ⓜ Duomo - ☏ 02 4539 7600 - www.townhousehotels.com*

Felix Lo Basso - Vedere selezione ristoranti

Milano Scala

BOUTIQUE HOTEL • PERSONALIZZATO Albergo di charme, a propensione eco-sostenibile, nato nel 2010. Gli ambienti comuni non sono molto spaziosi, per contro offrono un'atmosfera di stile: estatico momento la prima colazione accompagnata dalle note di eccellenti musicisti. Il ristorante propone - la sera - una grande carta; a pranzo, menu light e un po' di street food.

58 cam - 170/630 € 260/820 € - 4 suites

Pianta: 8L3-d - *via dell'Orso 7 ✉ 20121 Ⓜ Cairoli - ☏ 02 870961 - www.hotelmilanoscala.it - Chiuso 12-27 agosto*

Manzoni

TRADIZIONALE • CLASSICO Elegante, come la zona centrale in cui si trova, hotel sorto nel 1951 e rinnovato totalmente qualche anno fa all'insegna di boiserie, marmi, parquet e specchi; al suo interno vi trova posto anche un piccolo centro benessere con vasca idromassaggio e bagno turco. In linea lo stile, quasi british, del ristorante.

44 cam - 310/700 € 310/700 € - 3 suites - 23 €

Pianta: 8L2-e - *via Santo Spirito 20 ✉ 20121 Ⓜ Montenapoleone - ☏ 02 7600 5700 - www.hotelmanzoni.com - Chiuso 23 dicembre-2 gennaio e 3 settimane in agosto*

Straf

BOUTIQUE HOTEL • DESIGN Adiacente al Duomo, un albergo modernissimo dal design modaiolo declinato con materiali inusuali come ardesia, ottone brumato, cemento e dove prevalgono i toni scuri tra cui il nero. Piacerà ai viaggiatori più curiosi e alla moda. Ottimo l'aperitivo (martedì con musica dal vivo) all'omonimo bar.

62 cam - 200/729 € 200/729 € - 2 suites

Pianta: 9O1-p - *via San Raffaele 3 ✉ 20121 Ⓜ Duomo - ☏ 02 805081 - www.straf.it*

Spadari al Duomo

TRADIZIONALE • MODERNO Soggiornare allo Spadari significa pernottare in una moderna struttura del centro, che omaggia con discrezione il mondo dell'arte di cui i proprietari sono appassionati collezionisti: camino di Giò Pomodoro nella hall, mobili unici e studiato gioco di luci, affinché gli oggetti non si sostituiscano ai soggetti. A disposizione degli ospiti per pranzo e cena anche un American Bar.

39 cam - 185/450 € 200/600 € - 1 suite

Pianta: 9O2-f - *via Spadari 11 ✉ 20123 Ⓜ Duomo - ☏ 02 7200 2371 - www.spadarihotel.com - Chiuso 22-27 dicembre*

De la Ville

TRADIZIONALE • ELEGANTE Di "meneghino", qui, c'è solo la sua posizione strategica nel cuore di Milano, perché il nome è francese e lo stile old british: boiserie, camino, nonché belle stampe con soggetti ippici e caccia alla volpe. Aristocratica raffinatezza anche nelle camere, sia in stile classico sia contemporaneo, e rilassante piscina al roof con cupola trasparente da cui s'intravedono le guglie del Duomo.

107 cam - 250/480 € 300/500 € - 1 suite

Pianta: 9P1-h - *via Hoepli 6 ✉ 20121 Ⓜ Duomo - ☏ 02 879 1311 - www.sinahotels.com*

Cavour

TRADIZIONALE • ELEGANTE Preziosi i materiali usati, dai pavimenti alle boiserie, in questo albergo di sobria eleganza, poco distante dai principali siti d'interesse socio-culturale della città. Al ristorante una linea "brasserie" (h. 11-19) a prezzi contenuti.

120 cam - 115/700 € 126/900 € - 7 suites

Pianta: 6L2-x - *via Fatebenefratelli 21 20121 Turati - 02 620001 - www.hotelcavour.it - Chiuso 7-25 agosto*

Antica Locanda dei Mercanti

CASA PADRONALE • ROMANTICO All'interno di un palazzo storico (di cui occupa tre piani), piccolo, quanto accogliente albergo di sobria eleganza, dispone di camere spaziose all'insegna del parquet e dei tessuti bianchi. Alcune sono provviste di terrazzo.

12 cam - 195/245 € 225/325 € - 3 suites

Pianta: 7O1-a - *via San Tomaso 6 20121 Cordusio - 02 805 4080 - www.locanda.it*

Isola-Porta Nuova

Ristoranti

Berton

CUCINA CREATIVA • DESIGN XXX Luminoso, moderno ed essenziale, il ristorante riflette la personalità della cucina, i cui piatti sono imperniati su pochi prodotti, talvolta combinati in forma originale, sempre elegantemente presentati.

→ Risotto con gambero crudo e corallo di crostacei. Brodo di prosciutto crudo con merluzzo, pane al prezzemolo e rapanelli. Uovo di yogurt e mango.

Menu 45 € (pranzo in settimana)/135 € - Carta 77/180 €

Pianta: 6L1-c - *via Mike Bongiorno 13 20123 Gioia - 02 6707 5801 - www.ristoranteberton.com - Chiuso vacanze di Natale, 2 settimane in agosto, domenica e i mezzogiorno di sabato e lunedì*

Alice-Eataly Smeraldo (Viviana Varese)

CUCINA CREATIVA • DESIGN XXX Il celebre Teatro Smeraldo diviene nel 2014 un grande Eataly milanese di cui certamente il ristorante Alice è uno degli assi nella manica: l'ambiente dal design accattivante è luogo perfetto per gustare una cucina creativa con tanto pesce e tanta fantasia.

→ "Superspaghettino" con brodo affumicato, julienne di calamaro, vongole, polvere di tarallo e limone. Ali di razza con scaloppa di foie gras, crema e julienne di finocchi. Rivisitazione della pastiera napoletana.

Menu 43 € (pranzo in settimana)/130 € - Carta 72/132 €

Pianta: 6L1-f - *piazza XXV Aprile 10 20123 Porta Garibaldi FS - 02 4949 7340 (consigliata la prenotazione) - www.aliceristorante.it*

Pisacco

CUCINA MODERNA • ALLA MODA Moderno ed informale, ma attento al servizio così come ai prezzi, da Pisacco troverete un'ottima selezione di piatti creativi, nonché una rivisitazioni di grandi classici, dalla polenta e baccalà alla Caesar salad. Tra le specialità che meritano attenzione vi sono: gli spinaci, uovo morbido, pane tostato e bottarga di muggine - crumble, menta, liquirizia.

Menu 12 € (pranzo in settimana) - Carta 34/48 €

Pianta: 6L2-a - *via Solferino 48 ✉ 20121 Ⓜ Moscova - ✆ 02 9176 5472 - www.pisacco.it - Chiuso 12-19 agosto e lunedì*

Serendib

CUCINA INDIANA • SEMPLICE *Serendib*, l'antico nome dello Sri Lanka, significa "rendere felici": una sfida ardua, ma questo ristorante vince la scommessa! Fedele alle sue origini, la cucina conquista con ricette indiane e cingalesi. Chicken curry, il re del menu!

Menu 15/23 € - Carta 21/40 €

Pianta: 5K2-b - *via Pontida 2 ✉ 20121 Ⓜ Moscova - ✆ 02 659 2139 - www.serendib.it*

Ceresio 7

CUCINA MODERNA • DESIGN Se l'interior design gioca con ottone, marmo, legno in un riuscito mix di colori suadenti e stile vintage, lo sguardo corre libero dalle due terrazze aperte sempre, anche quando la colonnina del mercurio scende vertiginosamente. La vista è mozzafiato: uno scorcio sorprendente sulla città che spazia dall'imponente cimitero Monumentale alla nuova area dei grattacieli di porta Garibaldi, mentre la cucina rispolvera, modernizzandoli, i grandi classici della tradizione italiana.

Menu 85 € (cena) - Carta 64/115 €

Pianta: 5K1-s - *via Ceresio 7 ✉ 20123 Ⓜ Monumentale - ✆ 02 3103 9221 (consigliata la prenotazione la sera) - www.ceresio7.com - Chiuso 1°-3 gennaio e 14-17 agosto*

Daniel

CUCINA ITALIANA • CONTESTO CONTEMPORANEO Il biglietto da visita, all'ingresso, è la cucina a vista, dove troverete il cuoco che interagisce simpaticamente con i clienti. Meta di chi ama i classici italiani con qualche divagazione più estrosa, nel piatto, solo il meglio delle materie prime. A pranzo c'è anche una proposta più semplice.

Menu 50 € (cena)/70 € - Carta 46/102 €

Pianta: 6L2-e - *via Castelfidardo 7, angolo via San Marco ✉ 20121 - ✆ 02 6379 3837 - www.ristorantedanielmilano.com - Chiuso 25 dicembre-6 gennaio, 3 settimane in agosto, sabato a mezzogiorno e domenica*

Finger's Garden

FUSION • ALLA MODA Locale dall'atmosfera orientale con luci soffuse ed un deciso target mondano. Lo chef-patron si destreggia con disinvoltura fra proposte di pesce crudo e originali creazioni fusion, in cui inserisce qualche tocco brasiliano. I più gourmet si affideranno al suo menu a mano libera.

Menu 70/100 € - Carta 46/78 €

Pianta: 4G1-f - *via Keplero 2 ✉ 20121 - ✆ 02 606544 - www.fingersrestaurants.com - solo a cena - Chiuso domenica e giorni festivi*

Il Liberty

CUCINA CREATIVA • SEMPLICE All'interno di un palazzo liberty, un locale piccolo nelle dimensioni - due sale ed un soppalco - ma grande in quanto ad ospitalità e piacevolezza. La cucina s'interessa sia al mare, sia alla terra. A pranzo ci sono anche proposte più semplici ed economiche.

Menu 55/60 € - Carta 46/75 €

Pianta: 6L1-h - *viale Monte Grappa 6 ✉ 20124 - ✆ 02 2901 1439 - www.il-liberty.it - Chiuso 1°-7 gennaio, 12-18 agosto, sabato a mezzogiorno e domenica*

Pacifico

CUCINA PERUVIANA • BISTRÒ La cosmopolita Milano apre le proprie porte a questo istrionico locale, ambasciatore dei sapori peruviani non scevri da influenze asiatiche. Ottima la vasta scelta di ceviche: piatti a base di pesce e/o frutti di mare crudi e marinati nel limone, insaporiti da alcune spezie come il peperoncino e il coriandolo, tipici della gastronomia di alcuni paesi dell'America Latina che si affacciano sull'oceano Pacifico.

Menu 70 € - Carta 48/64 €

Pianta: 6L2-h - *via Moscova 29 ✉ 20123 Milano - ✆ 02 8724 4737 (consigliata la prenotazione) - www.wearepacifico.com - Chiuso 7-21 agosto*

Barbacoa

CUCINA INTERNAZIONALE • MINIMALISTA Prima apertura europea di una catena di ristoranti brasiliani, il Barbacoa celebra la carne: il manzo regna sovrano, ma ci sono anche pollo, maiale e agnello. Il tour continua con la caipirinha, bevanda tipica a base di zucchero, lime e cachaça. Insalate miste e dessert di frutta esotica chiudono l'offerta.

Menu 47 € - Carta 40/75 €

Pianta: 6L1-a - *via delle Abbadesse 30 ✉ 20123 Ⓜ Zara - ✆ 02 688 3883 - www.barbacoa.it - solo a cena escluso domenica*

Vietnamonamour

CUCINA VIETNAMITA • INTIMO L'amore per il Vietnam ha un fratello gemello nel quartiere Isola. Differente rispetto all'omonimo ristorante sito in zona Città Studi, ma uguale nel fascino esotico e nelle azzeccate personalizzazioni, i piatti sono sempre stuzzicanti e le camere, intriganti scenari dove coccolarsi.

Menu 13/25 € - Carta 29/59 € 4 cam - †65/160 € ††85/250 € - senza ☕

Pianta: 4G1-a - *via Taramelli 67 ✉ 20124 Milano Ⓜ Zara - ✆ 02 7063 4614 - www.vietnamonamour.com - Chiuso agosto e lunedì*

Ratanà

CUCINA CLASSICA • VINTAGE Ritmo e dinamismo all'interno di un edificio ristrutturato che fu cinema e poi rimessa tramviaria: oggi è un locale dove la materia prima è protagonista, il piacevole dehors sul piccolo parco pubblico un atout in più!

Menu 19 € (pranzo in settimana)/50 € - Carta 43/83 €

Pianta: 6L1-d - *via de Castilla 28 ✉ 20124 - ✆ 02 8712 8855 (consigliata la prenotazione) - www.ratana.it - Chiuso 30 dicembre-10 gennaio e 9-19 agosto*

Casa Fontana-23 Risotti

CUCINA LOMBARDA • CONTESTO TRADIZIONALE Val la pena aspettare i canonici 25 minuti per assaggiare la specialità della casa, celebrata anche dalle immagini di mondine alle pareti: il proverbiale risotto. Declinato in tante gustose varianti.

Menu 33 € - Carta 41/68 €

Pianta: 4G1-d - *piazza Carbonari 5 ✉ 20125 Ⓜ Sondrio - ✆ 02 670 4710 - www.23risotti.it - Chiuso 1°-12 gennaio, 15 giorni in agosto, lunedì, anche sabato a mezzogiorno in estate*

Timé

CUCINA MODERNA • ACCOGLIENTE La sala è ariosa, di taglio moderno, con tavoli ravvicinati in un ambiente vivace: il servizio attento, e pronto a raccontare l'affidabile cucina. Solo a pranzo, disponibilità di una seconda carta più economica.

Carta 40/62 €

Pianta: 6L2-x - *via San Marco 5 ✉ 20121 Ⓜ Moscova - ✆ 02 2906 1051 - www.ristorantetime.it - Chiuso 25 dicembre-1° gennaio, 2 settimane in agosto e domenica*

Osaka

CUCINA GIAPPONESE • **MINIMALISTA** Lungo l'antica via che portava da Milano a Como, nascosto in una breve galleria, il locale è stato recentemente ristrutturato, ma in sala regna sempre sovrana un'atmosfera sobria e minimalista, tipicamente orientale. Dalla cucina piatti nipponici, serviti anche al banco, di fronte allo chef che li prepara espressi. A pranzo prevale la formula menu: se volete una carta più articolata e complessa è preferibile venire a cena.

Menu 12 € (pranzo)/40 € - Carta 36/123 €

Pianta: 5K2-v - *corso Garibaldi 68 ✉ 20121 Ⓜ Moscova - ✆ 02 2906 0678 - www.milanoosaka.com*

Alberghi

Palazzo Parigi

GRAN LUSSO • **ELEGANTE** Uno straordinario palazzo, sorto ex novo per garantire tutti i confort della più elevata classe alberghiera, coniugata con una minuziosa ricerca di raffinati arredi, marmi preziosi, luminosità e una vista sulla città dalle camere degli ultimi piani.

65 cam - †400/990 € ††400/990 € - 33 suites - ☕ 40 €

Pianta: 8L2-p - *corso di Porta Nuova 1 ✉ 20121 - ✆ 02 625625 - www.palazzoparigi.com*

Stazione Centrale

Ristoranti

Joia (Pietro Leemann)

CUCINA VEGETARIANA • **MINIMALISTA** Piatti che lasciano sempre trasparire la loro essenza, nel colore, nel gusto, nella consistenza, nonché nella presentazione. O per meglio dire, utilizzando le parole stesse dello chef , "il riassunto di una ricerca dove gli ingredienti della cucina mediterranea si incontrano con le culture del mondo, una scelta naturale e senza carne, una filosofia alimentare dove la natura viene accolta e rispettata"... Cullati da un dolce sottofondo di suoni melodiosi, in un ambiente dalle linee pure.

→ Di non solo pane vive l'uomo (panzanella con verdure croccanti, cannellini e ciliegia profumati al wasabi). Una porta per il Paradiso (verdure estive servite tiepide con crema di crescenza e tartufo, fumante sorbetto di sedano verde). Pomo d'oro.

Menu 35 € (pranzo in settimana)/120 € - Carta 73/110 €

Pianta: 6M2-c - *via Panfilo Castaldi 18 ✉ 20124 Ⓜ Repubblica - ✆ 02 2952 2124 - www.joia.it - Chiuso 25 dicembre-7 gennaio, 6-29 agosto e domenica*

Da Giannino-L'Angolo d'Abruzzo

CUCINA ABRUZZESE • CONTESTO TRADIZIONALE X Una calorosa accoglienza, un ambiente semplice ma vivace e sempre molto frequentato e il piacere di riscoprire, in piatti dalle abbondanti porzioni, la tipica cucina abruzzese. Ottimi, gli spaghetti alla chitarra al sugo di agnello e i mitici arrosticini!

Carta 29/40 €

Pianta: 4GH2-t - *via Pilo 20 ✉ 20129 Ⓜ Porta Venezia - ✆ 02 2940 6526*

Acanto

CUCINA MODERNA • LUSSO XXXX Grandi spazi luminosi ed eleganti sono le vesti di questo moderno ristorante dove sarete coccolati da un ottimo servizio e potrete assaporare una cucina classico-contemporanea. Ma la sua modernità sta anche nel buffet del pranzo e nei menu business, così come nella possibilità di accomodarsi ai tavoli del bar per godere dei medesimi piatti.

Menu 35 € (pranzo in settimana)/90 € - Carta 72/157 €

Pianta: 6L2-k - *Hotel Principe di Savoia, piazza della Repubblica 17 ✉ 20124 Ⓜ Repubblica - ✆ 02 6230 2026 - www.dorchestercollection.com - Chiuso 8-23 agosto*

Terrazza Gallia

CUCINA CREATIVA • LUSSO XXXX Splendida terrazza, di sera riservata al rito milanese dell'aperitivo, a pranzo dedicata ad una cucina creativa e colorata gestita da due giovani fratelli partenopei con importanti esperienze. Anche la sala interna, come il favoloso hotel che la ospita, vi avvolge con linee contemporanee.

Menu 35 € (pranzo in settimana) - Carta 70/90 €

Pianta: 6M1-e - *Excelsior Hotel Gallia, piazza Duca d'Aosta 9 - ✆ 02 67851 - www.excelsiorgallia.com*

I Malavoglia

CUCINA SICILIANA • CONTESTO TRADIZIONALE XX Vicino ai bastioni di Porta Venezia, il nome di questo locale suggerisce l'estrazione della cucina: siciliana e di mare, moderna, ma non scevra di antichi afflati. Cannolo al mantecato di pesce, carpaccio di ricciola agli agrumi, Stilnovo di pasta con le sarde, tra gli imperdibili del menu.

Menu 48 € - Carta 52/72 €

Pianta: 6M2-g - *via Lecco 4 ✉ 20124 Ⓜ Porta Venezia - ✆ 02 2953 1387 - www.ristorante-imalavoglia.com - Chiuso 25 dicembre-7 gennaio, agosto, lunedì a mezzogiorno e domenica*

13 Giugno

CUCINA SICILIANA • COLORATO XX Pasta con i ricci di mare, caponata di melanzane, sarde a beccafico, cous-cous: sono solo alcune anticipazioni dei sapori siciliani che vi attendono in questo effervescente locale, dove non manca un delizioso giardino d'inverno.

Carta 55/119 €

Pianta: 4H2-w - *via Goldoni 44 ang.via Uberti 5 ✉ 20129 - ✆ 02 719654 - www.ristorante13giugno.it*

La Cantina di Manuela

CUCINA MODERNA • BISTRÒ X Si mangia circondati da bottiglie di vino in un ambiente giovane e dinamico. Ad una carta di piatti particolarmente elaborati si aggiungono la sera gli antipasti, sostituiti a pranzo da insalate assortite per una clientela business orientata a proposte veloci.

Carta 34/50 €

Pianta: 6M3-x - *via Carlo Poerio 3 ✉ 20129 - ✆ 02 7631 8892 (consigliata la prenotazione) - www.lacantinadimanuela.it*

Just India

CUCINA INDIANA • STILE ORIENTALE Buon rapporto qualità/prezzo, cordialità e pulizia: già potrebbero bastare questi tre presupposti per prenderlo in considerazione. Di fatto, ci sta anche una cucina sapida e variegata.

Carta 18/28 €

Pianta: 6M1-a - *via Benedetto Marcello 34 ✉ 20124 Ⓜ Lima - ✆ 02 2048 0385 - www.ristoranteindianojustindia.com - Chiuso 10-25 agosto e lunedì*

Alberghi

Principe di Savoia

GRAN LUSSO • ELEGANTE Affacciata su piazza della Repubblica, la bianca costruzione ottocentesca offre subito di sé un'immagine maestosa e signorile, ma è forse il respiro internazionale che la contraddistingue, il suo vero fiore all'occhiello. Splendide camere, attrezzature sportive e spazi benessere per un soggiorno di relax.

257 cam - †255/1040 € ††285/1070 € - 44 suites - ☕ 45 €

Pianta: 6L2-k - *piazza della Repubblica 17 ✉ 20124 Ⓜ Repubblica - ✆ 02 62301 - www.dorchestercollection.com*

Acanto - Vedere selezione ristoranti

Excelsior Hotel Gallia

GRAN LUSSO • MODERNO In questa nuova veste totalmente rinnovata, Excelsior Gallia ha saputo coniugare l'eleganza dello storico edificio dei primi '900 con un design contemporaneo milanese; cromature e marmi danno vita ad un effetto scenografico di grande impatto estetico, supportato comunque da servizi di ottimo livello. Raffinati momenti di piacere attendono gli ospiti nella splendida spa, dove moderne attrezzature incontrano l'expertise di una lussuosa casa di cosmetici.

182 cam - †300/900 € ††300/900 € - 53 suites - ☕ 40 €

Pianta: 6M1-g - *piazza Duca d'Aosta 9 ✉ 20124 Ⓜ Centrale FS - ✆ 02 67851 - www.excelsiorgallia.com*

Terrazza Gallia - Vedere selezione ristoranti

The Westin Palace

PALACE • GRAN LUSSO A pochi minuti a piedi dalla Stazione Centrale e ben collegato a Fieramilano, l'hotel dispone di moderne camere e suite (splendida quella Presidenziale con terrazza privata e mini pool). The Westin Palace dispone anche di 13 sale riunioni modulari, che possono ospitare fino ad un massimo di 400 persone. Cucina mediterranea reinterpretata con maestria al ristorante Casanova.

227 cam - †220/1150 € ††220/1150 € - 5 suites - ☕ 40 €

Pianta: 6M2-b - *piazza della Repubblica 20 ✉ 20124 Ⓜ Repubblica - ✆ 02 63361 - www.westinpalacemilan.it*

Starhotels Anderson

PALACE • DESIGN Hotel dalla calda atmosfera design: ambienti intimi e alla moda, camere accoglienti dotate di tutti i confort della categoria. Un piccolo ristorante serale allestito nella raffinata lounge con proposte gastronomiche di tono moderno.

106 cam ☕ - †900 € ††900 €

Pianta: 6M1-b - *piazza Luigi di Savoia 20 ✉ 20124 Ⓜ Centrale FS - ✆ 02 669 0141 - www.starhotels.com*

Starhotels Echo

BUSINESS • MINIMALISTA Eco Contemporary Hotel: è la definizione di questa moderna struttura che fonde principi di ecosostenibilità, design e confort. Insomma, un indirizzo che non mancherà di piacere agli spiriti green.

137 cam ☕ - †100/1200 € ††100/1200 € - 6 suites

Pianta: 6M1-c - *viale Andrea Doria 4 ✉ 20123 Ⓜ Caiazzo - ✆ 02 67891 - www.starhotels.com*

Manin

BUSINESS • ELEGANTE Sito nel cuore dell'attività socio-culturale della città, l'hotel propone camere in stile classico con graziose scene decorative sopra le testiere dei letti e stanze di design contemporaneo, alcune con terrazza affacciata sul parco. Piatti della tradizione nell'ambiente raccolto dell'omonimo ristorante.

124 cam - 144/520 € 178/550 € - 2 suites

Pianta: 6L2-d - *via Manin 7 20121 Palestro - 02 659 6511 - www.hotelmanin.it - Chiuso agosto*

Colombia

TRADIZIONALE • ACCOGLIENTE Grazioso hotel a gestione familiare, ristrutturato negli ultimi tempi, dispone di camere confortevoli in stile minimal design. Piacevole giardinetto interno per la prima colazione: praticamente una rarità a Milano!

48 cam - 70/320 € 90/480 € - 15 €

Pianta: 6M1-d - *via Lepetit 15 20124 Centrale FS - 02 669 2532 - www.hotelcolombiamilano.com - Chiuso 23-26 dicembre*

Romana-Vittoria

Ristoranti

Trippa

CUCINA ITALIANA • TRATTORIA Semplice, informale e con un tocco retrò, la trippa è una delle proposte di quinto quarto che troverete spesso in carta, che tuttavia si amplia a piatti di ogni regione, di immediata forza e comprensibilità, senza inutili fronzoli. La qualità dei prodotti e le capacità di un grande interprete - il giovane cuoco - ne fanno una delle migliori trattorie della città.

Menu 42 € - Carta 29/49 €

Pianta: M4-t - *Via Giorgio Vasari, 3 20135 Porta Romana - 327 668 7908 (consigliata la prenotazione) - www.trippamilano.it - solo a cena - Chiuso 2 settimane in agosto e domenica*

Dongiò

CUCINA CALABRESE • FAMILIARE Come poteva approdare la Calabria tra i meneghini? Così come tutti la conosciamo: un ambiente semplice e frequentatissimo - a conduzione familiare - come ormai se ne trovano pochi. Se la specialità della casa sono gli schiaffoni al pistacchio, in menu primeggiano comunque paste fresche, 'nduja e l'immancabile peperoncino.

Carta 30/39 €

Pianta: 8M4-u - *20135 Porta Romana - 02 551 1372 (consigliata la prenotazione) - Chiuso 20 giorni in agosto, sabato a mezzogiorno e domenica*

Il simbolo segnala una carta dei vini particolarmente interessante.

Finger's

CUCINA GIAPPONESE • **ALLA MODA** XX Esperienza nipponica a tuttotondo, mangiando sul tatami, o più occidentalizzata optando per dei normali tavolini, ma quello che vi suggerisce il menu allude ad una cucina giapponese creativa con qualche influenza brasiliana (la moglie di Okabe, lo chef, è in effetti di Rio). Un promettente ristorante nel panorama meneghino.

Menu 70/100 € - Carta 46/78 €

Pianta: 8M4-a - *via San Gerolamo Emiliani 2 ✉ 20121 Ⓜ Lodi T.I.B.B.*
- ✆ 02 5412 2675 (prenotazione obbligatoria) - www.fingersrestaurants.com
- solo a cena - Chiuso 1°-15 agosto, 24 dicembre-7 gennaio e lunedì

Da Giacomo

PESCE E FRUTTI DI MARE • **CONVIVIALE** XX Ai nostalgici del mare, tante specialità di pesce - sebbene il menu annoveri anche qualche piatto di terra e (in stagione) tartufo d'Alba, ovoli e funghi porcini - in una vecchia trattoria milanese dei primi del '900.

Menu 35 € (pranzo) - Carta 56/85 €

Pianta: 6M3-g - *via P. Sottocorno 6 ✉ 20129 - ✆ 02 7602 3313*
- www.giacomoristorante.com

Giacomo Bistrot

CUCINA CLASSICA • **BISTRÒ** XX Tavoli ravvicinati come in un bistrot parigino, ma anche atmosfere british come le belle librerie con ranghi serrati di volumi in marocchino, per un locale aperto fino a notte fonda, che propone una linea di cucina focalizzata su carne, selvaggina, ostriche e tartufi (in stagione).

Carta 57/98 €

Pianta: 6M3-g - *via P. Sottocorno 6 ✉ 20129 - ✆ 02 7602 2653*
- www.giacomobistrot.com

Gong

CUCINA CINESE • **MINIMALISTA** XX Espressione della modernità della cucina cinese, "contaminazioni" internazionali e grande attenzione nella scelta delle materie prime sono gli ingredienti della ricetta felice che fa balzare questo locale ai vertici dei ristoranti etnici più alla moda in città. Il tutto coccolati dalle amorevoli cure della patronne, Giulia.

Menu 80 € - Carta 45/62 €

Pianta: 6M3-b - *corso Concordia 8 ✉ 20123 - ✆ 02 7602 3873*
- www.gongmilano.it - Chiuso 14-19 agosto e lunedì

Un Posto a Milano-Cascina Cuccagna

CUCINA CLASSICA • **CASA DI CAMPAGNA** X Un angolo verde e naturalistico nel contesto cittadino di Milano: la ristrutturazione di una ex cascina comunale ha dato vita a questa oasi non solo gastronomica, ma anche culturale. A pranzo, si può approfittare di un buffet molto ricco ad un prezzo interessante; la sera, la carta è più articolata, senza pertanto "infierire" sul rapporto qualità/prezzo.

Menu 15 € (pranzo in settimana)/38 € - Carta 37/60 €

Pianta: 8M4-b - *via Cuccagna 2 ✉ 20121 Milano - ✆ 02 545 7785*
- www.unpostoamilano.it - Chiuso lunedì

Masuelli San Marco

CUCINA LOMBARDA • **VINTAGE** X Ambiente rustico di tono signorile in una trattoria tipica, con la stessa gestione dal 1921; linea di cucina saldamente legata alle tradizioni lombardo-piemontesi.

Menu 22 € (pranzo in settimana) - Carta 35/65 €

Pianta: 4H3-h - *viale Umbria 80 ✉ 20135 Ⓜ Lodi TIBB - ✆ 02 5518 4138*
- www.masuellitrattoria.it - Chiuso 26-30 dicembre,
1°-6 gennaio, 24 luglio-7 agosto, lunedì a mezzogiorno e domenica

Alberghi

Château Monfort

GRAN LUSSO • ROMANTICO Eleganza non ostentata in un prestigioso palazzo liberty che porta la firma dell'architetto Paolo Mezzanotte: camere glamour-chic, da sogno quelle ispirate all'opera, ed una piccola SPA per momenti di grande relax.

77 cam – 🚹250/990 € 🚹🚹250/990 € – ☕ 26 €

Pianta: 8M3-a – *corso Concordia 1 ✉ 20129 – ☎ 02 776761 – www.hotelchateaumonfort.com*

Grand Visconti Palace

PALACE • INDUSTRIALE Nei grandi spazi di un ex mulino industriale è stato ricavato questo grande albergo di tono elegante: accogliente centro benessere, sale congressi e grazioso giardino. Se l'espressione al "settimo cielo" indica uno stato di grazia, al ristorante Quinto Piano il gusto ha trovato di che appagarsi... Cucina di ricerca, di fantasia e di cuore.

166 cam ☕ – 🚹100/1000 € 🚹🚹100/1100 € – 6 suites

Pianta: 4G3-a – *viale Isonzo 14 ✉ 20135 Ⓜ Lodi TIBB – ☎ 02 540341 – www.grandviscontipalace.com*

Vittoria

FAMILIARE • ACCOGLIENTE Albergo dai tratti eleganti e quasi sontuosi, camere non grandi, ma curate nei dettagli, ambienti comuni confortevoli; per le colazioni, in estate, ci si avvale di un piccolo cortiletto interno.

47 cam ☕ – 🚹80/450 € 🚹🚹110/550 €

Pianta: 6M3-d – *via Pietro Calvi 32 ✉ 20121 – ☎ 02 545 6520 – www.hotelvittoriamilano.it – Chiuso 15 giorni in agosto*

Navigli

Ristoranti

Enrico Bartolini al Mudec Ⓝ

CUCINA CREATIVA • CONTESTO CONTEMPORANEO XXXX Sono tanti i concetti che si potrebbero utilizzare per definire la cucina di Enrico Bartolini, una delle migliori in città. A noi piace sottolinearne l'equilibrio, l'innovazione, nonché la ricerca, ma anche l'aspetto "contemporary classic", giusto per mutuare un'espressione cara allo chef. Dal 2016 in "mostra" all'interno del Museo delle Culture.

→ Gamberi mezzi fritti in due passaggi. Ravioli di arachidi con ricci di mare e ristretto di pollo. Ventresca di tonno e dintorni.

Menu 45 € (pranzo in settimana)/160 € – Carta 115/195 €

Pianta: 7J4-u – *via Tortona 56 ✉ 20123 Ⓜ Porta Genova – ☎ 02 8429 3701 – www.enricobartolini.net – Chiuso 2 settimane in agosto, lunedì a mezzogiorno e domenica*

✿✿ Sadler

CUCINA CREATIVA • ELEGANTE XXX Affacciato su un Naviglio ormai periferico, tutta l'attenzione è rapita dalla cucina con ricette "d'annata" e ottimi prodotti che si ispirano a un gusto contemporaneo, specializzandosi sul pesce, benché non manchino un menù vegetariano e uno "young": per agevolare le nuove generazioni a conoscere la cucina gourmet.

→ Risotto all'acqua di funghi porcini con polvere di funghi trombetta. San Pietro in casseruola con scarola farcita alla napoletana e acqua di provola affumicata. THEramisù: ricordo di Tokyo al tè matcha (tè verde giapponese).

Menu 75 € (in settimana)/170 € - Carta 72/156 €

Pianta: 3F3-a - *via Ascanio Sforza 77 ✉ 20141 Ⓜ Romolo - ✆ 02 5810 4451 - www.sadler.it - solo a cena - Chiuso 1 settimana in gennaio, 2 settimane in agosto e domenica*

✿ Tokuyoshi

CUCINA CREATIVA • MINIMALISTA XX Dopo esperienze in locali importanti, Tokuyoshi diventa ora regista - in proprio - di una cucina che definirla "contaminata", giusto per usare le parole stesse dello chef, parrebbe riduttivo considerata la molteplicità della sue espressioni. Con l'umiltà che contraddistingue i popoli del Sol Levante, ma con quel rigore che trova pochi pari altrove, Yoji porta in tavola piatti dai sapori decisi, talvolta insoliti, senza ombra di dubbio indimenticabili.

→ Gyotaku (sgombro). Noto (spaghetti). Cemento e terra (dolce).

Menu 90/135 € - Carta 74/144 €

Pianta: 7K4-n - *via San Calogero 3 ✉ 20123 Ⓜ Sant'Ambrogio - ✆ 02 8425 4626 - www.ristorantetokuyoshi.com - solo a cena escluso domenica - Chiuso 2 settimane in gennaio, 3 settimane in agosto e lunedì*

✿ Tano Passami l'Olio (Gaetano Simonato)

CUCINA CREATIVA • ELEGANTE XX Vent'anni di attività ai margini del Naviglio Grande, dove l'eleganza classica degli ambienti fa spazio ad una cucina decisamente più originale, che si distingue per inusitati accostamenti e raffinate presentazioni, oltre che, naturalmente, per gli ottimi oli che arrivano a guarnire i piatti nel corso della cena. Sala fumatori.

→ Tiramisù di seppia, mascarpone e patate. Piccione laccato nel suo fondo e crema di amarena, tarassaco in gel e rabarbaro. Parfait di cioccolato bianco, meringa, mezza sfera di cioccolato, spuma di lamponi e sorbetto.

Carta 90/135 €

Pianta: 7J4-f - *via Villoresi, 16 ✉ 20143 - ✆ 02 839 4139 (consigliata la prenotazione) - www.tanopassamilolio.it - solo a cena - Chiuso 24 dicembre-6 gennaio, agosto e domenica*

Da Noi In

CUCINA CLASSICA • MINIMALISTA XXX Ai fornelli uno chef di consolidata esperienza propone una solida cucina basata su classici italiani; in estate gettonatissimo il dehors. Se per voi, il tempo non è poi così tiranno, l'optimum sarebbe iniziare con un aperitivo al Liquidambar. Servizio valet parking!

Carta 56/100 €

Pianta: 7J4-c - *Hotel Magna Pars Suites Milano, via Forcella 6 ✉ 20123 Ⓜ Porta Genova FS - ✆ 02 837 8111 - www.danoi-in.it - Chiuso 3 settimane in agosto e domenica*

Al Porto

PESCE E FRUTTI DI MARE • AMBIENTE CLASSICO XX Rinnovato negli arredi della sala superiore e con nuovo banco per più veloci e informali ordinazioni al piano d'ingresso, nell'800 era il casello del Dazio di Porta Genova, oggi un ristorante classico d'intonazione marinara molto frequentato sia a cena che a pranzo, sicuramente per la qualità del pesce, fresco, proposto anche crudo.

Carta 48/100 €

Pianta: 7K4-h - *piazzale Generale Cantore ✉ 20123 Ⓜ Porta Genova FS - ✆ 02 8940 7425 - www.alportomilano.it - Chiuso 24 dicembre-3 gennaio, agosto, lunedì a mezzogiorno e domenica*

Langosteria

PESCE E FRUTTI DI MARE • DI TENDENZA XX Per gli amanti delle specialità ittiche questo locale può essere una vera e propria rivelazione: crudo, ostriche e frutti di mare sono alla base di questa cucina, senza dimenticare il pesce esclusivamente di cattura. Un'ottima cantina ed un ambiente glamour completano il quadro.

Carta 47/120 €

Pianta: 7J4-q - *via Savona 10 ✉ 20123 Ⓜ Porta Genova FS - ✆ 02 5811 1649 (consigliata la prenotazione) - www.langosteria.com - solo a cena - Chiuso 1 settimana in dicembre, 1 settimana in agosto e domenica*

Dou Asian Passion

CUCINA ASIATICA • DESIGN XX Realizzato da un famoso architetto di Milano, il locale sfoggia uno stile contemporanea-internazionale, con qualche intrigante spunto orientale. La cucina abbraccia diverse zone dell'Asia: il menu spazia infatti dai dim sum, alla carne e al pesce, senza dimenticare i proverbiali ravioli al vapore (uno dei piatti più gettonati del take-away).

Menu 8 € (pranzo) - Carta 28/55 €

Pianta: 3E3-c - *piazza Napoli 25 ✉ 20123 - ✆ 02 4963 6318 - www.douasianpassion.com - Chiuso domenica in estate, lunedì negli altri mesi*

Osteria di Porta Cicca

CUCINA MODERNA • ROMANTICO X Ambiente accogliente e intimo di sapore un po' provenzale nella vivace cornice dei navigli. La cucina vira verso la modernità e l'innovazione, dell'osteria - oltre al nome - vi è ben poco!

Menu 35/55 € - Carta 41/86 €

Pianta: 7J4-n - *ripa di Porta Ticinese 51 ✉ 20143 Ⓜ Porta Genova - ✆ 02 837 2763 (consigliata la prenotazione) - www.osteriadiportacicca.com - solo a cena escluso domenica - Chiuso 14-21 agosto e lunedì*

Al fresco

CUCINA MEDITERRANEA • COLORATO X All'interno di un'ex fabbrica d'inizio Novecento, l'atmosfera è originale e bohémien, ma il gioiello è il servizio estivo nell'incantevole cortile interno: "al fresco", come puntualizzerebbero gli anglosassoni mutuando una parola italiana. Dalla cucina prodotti di stagione e sapori mediterranei in preparazioni a basse temperature.

Carta 47/89 €

Pianta: 7J4-e - *via Savona 50 ✉ 20121 Ⓜ Porta Genova - ✆ 02 4953 3630 - www.alfrescomilano.it - Chiuso martedì a mezzogiorno e lunedì*

Al Pont de Ferr

CUCINA CREATIVA • OSTERIA X Lungo quel canale artificiale ideato e costruito nel 1179 a Milano, inizialmente utilizzato per l'irrigazione dei campi e in seguito solcato da barconi, davanti al vecchio ponte di ferro, quest'osteria rustica propone una cucina atemporale che abbraccia terra e mare incondizionatamente.

Menu 20 € (pranzo in settimana)/130 € - Carta 39/86 €

Pianta: 7J4-a - *Ripa di Porta Ticinese 55 ✉ 20143 Ⓜ Porta Genova FS - ✆ 02 8940 6277 - www.pontdeferr.it - Chiuso 24 dicembre-6 gennaio*

Esco Bistrò Mediterraneo Ⓝ

CUCINA MEDITERRANEA • ALLA MODA X Un concept moderno di ristorazione, informale ma accogliente, dove la prima sensazione - in questo caso, non l'unica a contare! - è quella di trovarsi in uno studio di architettura, ospiti del patron. Tutto questo, però, è solo il preambolo per poi lasciarsi andare alle prelibatezze dello chef che con mano decisa abbina qualità dei prodotti, innovazione e tecnica.

Menu 15 € (pranzo in settimana)/55 € - Carta 35/49 €

Pianta: J4-g - *via Tortona 26 ✉ 20123 - ✆ 02 835 8144 - www.escobistromediterraneo.it - Chiuso domenica e sabato a mezzogiorno*

Chic'n Quick

CUCINA TRADIZIONALE • ACCOGLIENTE Chic'n'Quick è l'interpretazione di trattoria moderna all'italiana dello chef Sadler. Si tratta di uno spazio informale e dinamico con una proposta di cucina tradizionale quanto basta e protesa al moderno. Un ambiente casual/elegante.

Menu 21 € (pranzo)/75 € - Carta 33/70 €

Pianta: 3F3-a - *via Ascanio Sforza 77 ✉ 20141 Ⓜ Romolo - ✆ 02 8950 3222 - www.sadler.it - Chiuso 1 settimana in gennaio, 2 settimane in agosto, domenica e lunedì*

28 Posti

CUCINA MODERNA • MINIMALISTA Il nome anticipa la capacità ricettiva del locale: 28 posti a sedere. Cucina a vista in un ambiente rustico con tavoli e sedie in legno grezzo, accostati a muri in alcuni punti volutamente non intonacati. Total window offrono alla vista un piacevole *continuum* con l'esterno; piatti ad alto tasso di modernità nei menu degustazione, più contenuta nella ristretta scelta à la carte.

Menu 45 € (in settimana)/75 € - Carta 48/82 €

Pianta: 7K4-k - *via Corsico 1 ✉ 20123 Ⓜ Porta Genova - ✆ 02 839 2377 - www.28posti.org - Chiuso 9-18 agosto e lunedì*

Trattoria Trinacria

CUCINA SICILIANA • FAMILIARE A gestione familiare, un locale accogliente nella sua semplicità confermata dal servizio informale. Tra luci soffuse e candele sui tavoli, il menu in dialetto (con sottotitoli in italiano) celebra le specialità siciliane, ma la lavagna suggerisce anche piatti del giorno d'asporto.

Carta 25/73 €

Pianta: 7J4-w - *via Savona 57 ✉ 20144 Ⓜ Sant' Agostino - ✆ 02 423 8250 - www.trattoriatrinacria.it - Chiuso 13-31 agosto, sabato a mezzogiorno e domenica*

Shiva

CUCINA INDIANA • AMBIENTE ESOTICO Ristorante indiano con grandi sale e un intimo soppalco. Ambienti confortevoli e caratteristici con luci soffuse e decori tipici. Cucina del nord con diverse specialità.

Menu 18/28 € - Carta 22/39 €

Pianta: 7K4-b - *viale Gian Galeazzo 7 ✉ 20136 - ✆ 02 8940 4746 - www.ristoranteshiva.it - Chiuso lunedì a mezzogiorno*

Trattoria Madonnina

CUCINA ITALIANA • FAMILIARE Trattoria milanese d'inizio '900 rimasta invariata nello stile: arredi d'epoca con locandine e foto, cucina semplice e gustosa. Piccolo dehors con pergola e tavoli in pietra.

Carta 20/32 €

Pianta: 7K4-d - *via Gentilino 6 ✉ 20136 - ✆ 02 8940 9089 - Chiuso agosto, domenica e le sere di lunedì, martedì e mercoledì escluso dicembre*

Alberghi

Magna Pars Suites Milano

GRAN LUSSO • DESIGN Espressione tangibile degli stupendi, ma - per definizione - eterei profumi creati dai titolari, ogni camera di questo hotel di lusso vive di una sua nota olfattiva, a cui s'ispirano anche le opere d'arte che l'arredano. E per gli irriducibili, ora c'è anche la "LabSolue": perfume laboratory in cui scoprire e acquistare le 39 fragranze che contraddistinguono ogni stanza.

39 cam - †230/990 € ††280/1500 € - 28 suites

Pianta: 7J4-c - *via Forcella 6 ✉ 20123 Ⓜ Porta Genova FS - ✆ 02 833 8371 - www.magnapars-suitesmilano.it*

Da Noi In - Vedere selezione ristoranti

Nhow Milano

LUSSO • DESIGN Ha fascino da vendere questo design hotel ospitato in un'ex area industriale: uno show room permanente in cui sono esposte eccellenze stilistiche ed artistiche, nonché confort inappuntabile nelle camere eclettiche.

245 cam - 80/800 € 100/1000 € - 1 suite

Pianta: 7J4-b - *via Tortona 35 ✉ 20144 - ✆ 02 489 8861 - www.nhow-hotels.com*

Maison Borella

CASA PADRONALE • ORIGINALE Nel cuore della vecchia Milano, in una tipica casa di ringhiera direttamente affacciata sul Naviglio, le camere precipitano l'ospite in un'atmosfera fine Ottocento con travi a vista, ma arredi in stile moderno.

30 cam - 165/400 € 165/400 €

Pianta: 7K4-f - *Alzaia Naviglio Grande 8 ✉ 20144 - ✆ 02 5810 9114 - www.hotelmaisonborella.com - Chiuso 11-17 agosto*

Fieramilanocity-Sempione

Ristoranti

Iyo

CUCINA GIAPPONESE • MINIMALISTA XX Sobria eleganza giapponese e salette tatami per i più fondamentalisti, in un locale che - partendo dai classici del Sol Levante - si estende ad interpretazioni fusion, creative e occidentalizzate, con un gran finale di dolci europei e frutti asiatici. Servizio attento e premuroso: qui troverete una grande espressione di cucina nipponica!

➜ Crudo di calamaro sfrangiato, verdure croccanti, uovo di quaglia e salsa "soba dashi". Wagyu tataki: tagliata di manzo nobile giapponese. Bittersweet simphony: dessert con miele, tè matcha (tè verde giapponese) e pompelmo.

Menu 95 € - Carta 46/126 €

Pianta: 3J1-x - *via Piero della Francesca 74 ✉ 20154 Ⓜ Gerusalemme - ✆ 02 4547 6898 (consigliata la prenotazione) - www.iyo.it - Chiuso vacanze di Natale, 2 settimane in agosto, martedì a mezzogiorno e lunedì*

La Cantina di Manuela

CUCINA MODERNA • DI QUARTIERE XX Lo chef è cambiato, ma restano i piatti forti che hanno fatto la fortuna del locale, come il risotto alla milanese - gli involtini di vitello con speck e brie su purea di piselli e cipolla di Tropea arrostita - tiramisù. Oltre ad altri piatti tradizionali rivisitati.

Carta 31/57 €

Pianta: 5J1-g - *via Procaccini 41 ✉ 20154 Ⓜ Gerusalemme - ✆ 02 345 2034 - www.lacantinadimanuela.it*

Essenza

CUCINA MODERNA • AMBIENTE CLASSICO XX Nato nel 2015 dalla passione di un bravo chef con buone esperienze al suo attivo, Essenza è l'indirizzo giusto dove andare se avete voglia di piatti moderni e fantasiosi, di pesce o di carne il risultato è, comunque, sempre proverbiale. Ambiente curato e molto raccolto, abbastanza classico negli arredi; grazioso dehors da prenotare per l'esiguo numero di tavoli.

Menu 50/90 € - Carta 61/99 €

Pianta: E2-b - *via Marghera 34 ✉ 20149 - ✆ 02 498 6865 - www.essenzaristorante.it - Chiuso 3 settimane in agosto, vacanze di Natale, lunedì a mezzogiorno e domenica*

Bon Wei

CUCINA CINESE • DESIGN XX Nessuna nota fusion, bensì una proposta gastronomica fatta d'ingredienti freschi e materie prime di assoluta qualità, filologicamente corretta, e che vi farà ricredere sul ritrito assioma per cui la cucina cinese è equivalente a cibi iperfritti o di scarsa qualità. In sale scure, moderne ed eleganti, le specialità attingono un po' da tutto il Paese.

Carta 30/85 €

Pianta: 5J1-h - *via Castelvetro 16/18 ✉ 20154 Ⓜ Gerusalemme - ✆ 02 341308 (consigliata la prenotazione) - www.bon-wei.it - Chiuso agosto e lunedì*

Olei

PESCE E FRUTTI DI MARE • ELEGANTE XX Dedicato al prodotto principe della dieta mediterranea, l'olio è il filo conduttore di molti piatti del ristorante, quasi tutti di pesce, ispirati ai classici della cucina italiana, semplici e senza eccessive elaborazioni. Una sala interna è stata inoltre adibita a bistrot, con proposte diverse, veloci, ma sempre di elevata qualità.

Menu 40/65 € - Carta 44/103 €

Pianta: 3E2-e - *via Washington 20 ✉ 20146 Ⓜ Wagner - ✆ 02 498 3997 - www.ristoranteolei.it - Chiuso agosto, vacanze di Natale, sabato a mezzogiorno e domenica*

Bianca

PESCE E FRUTTI DI MARE • DESIGN XX In una delle zone più belle di Milano, il bianco trionfa negli essenziali e moderni arredi delle sale, mentre la cucina "colora" i piatti grazie a specialità di pesce con molti crudi e marinati.

Carta 56/71 €

Pianta: 7J3-a - *via Panizza 10 ✉ 20121 Ⓜ Conciliazione - ✆ 02 4540 9037 - www.ristorantebianca.com - Chiuso sabato a mezzogiorno*

Arrow's

PESCE E FRUTTI DI MARE • FAMILIARE XX Un espositore di pesce all'ingresso è il migliore biglietto da visita per chi vuole sincerarsi della freschezza del pescato, che la cucina prepara in ricette siciliane, marchigiane e di altre regioni. Un buon indirizzo per godersi il mare anche a Milano!

Carta 37/77 €

Pianta: 5J1-f - *via A. Mantegna 17/19 ✉ 20154 Ⓜ Gerusalemme - ✆ 02 341533 - www.ristorantearrows.it - Chiuso 3 settimane in agosto, lunedì a mezzogiorno e domenica*

La Rosa dei Venti

PESCE E FRUTTI DI MARE • CONTESTO TRADIZIONALE XX Piccolo locale ideale per chi ama il pesce, preparato secondo ricette semplici, ma personalizzate, e proposto puntando su un interessante rapporto qualità/prezzo. Il ristorante fa parte del circuito AIC, Associazione Italiana Celiachia: aspettatevi, quindi anche molti piatti, nonché pane e pasta, senza glutine.

Menu 40 € - Carta 37/69 €

Pianta: 5J1-c - *via Piero della Francesca 34 ✉ 20154 Ⓜ Gerusalemme - ✆ 02 347338 - www.ristorantelarosadeiventi.it - Chiuso 31 dicembre-3 gennaio, 31 luglio-21 agosto, sabato a mezzogiorno e lunedì*

Il Giorno Bistrot

CUCINA CLASSICA • BISTRÒ XX Questo storico ristorante rinnova la sua passione per la cucina locale, dal risotto alla cotoletta alla milanese con un'attenzione particolare per celiaci ed intolleranti al glutine.

Carta 33/65 €

Pianta: 5K1-q – *Leonardo Hotels Milan City Centre, via Messina 10 ✉ 20154 Ⓜ Cenisio – ✆ 02 318170 – www.fedegroup.it – Chiuso domenica a mezzogiorno e sabato*

Ba Asian Mood Ⓝ

CUCINA CINESE • CHIC XX La famiglia che lo gestisce la sa lunga in materia di ristorazione, e i risultati poi non stentano ad arrivare... All'interno di un'elegante sala illuminata da luci soffuse, cucina tipica cinese preparata con serietà ed ottimi prodotti.

Carta 26/113 €

Pianta: E2-a – *via R. Sanzio 22 ang. Via Carlo Ravizza 10 ✉ 20123 Ⓜ De Angeli – ✆ 02 469 3206 (consigliata la prenotazione) – www.ba-restaurant.com – Chiuso vacanze di Natale, 3 settimane in agosto e lunedì*

Zero Milano

CUCINA GIAPPONESE • MINIMALISTA X Non mancano i classici giapponesi, ma l'anima del ristorante sono i piatti "zero", frutto della contaminazione con la cucina occidentale e parziali cotture alla fiamma. Consigliamo di prenotare al sushi-bar per assistere dal vivo alle preparazioni tra pannelli di onice retroilluminati.

Menu 48/48 € – Carta 33/93 €

Pianta: 7J3-z – *corso Magenta 87 ✉ 20123 Ⓜ Conciliazione – ✆ 02 4547 4733 (consigliata la prenotazione) – www.zeromagenta.com – solo a cena – Chiuso 24 dicembre-6 gennaio, 2 settimane in agosto e lunedì*

Kiyo

CUCINA GIAPPONESE • CHIC X Gestione italiana, ma cuoco giapponese: limpide e pure - questo il significato di Kyio - le sale ornate di legno accolgono le classiche proposte nipponiche, affiancate da gustosi dolci europei.

Menu 20 € (pranzo in settimana) – Carta 37/80 €

Pianta: 3E2-k – *via Carlo Ravizza 4 ✉ 20121 Ⓜ Wagner – ✆ 02 481 4295 – www.kiyo.it*

Trattoria Montina

CUCINA TRADIZIONALE • CONVIVIALE X Se della trattoria si riprende lo stile, semplice e familiare, ma non privo di d'atmosfera, dalla cucina arrivano piatti di mare, benché ci sia anche spazio per chi preferisce la carne.

Carta 28/51 €

Pianta: 5J1-d – *via Procaccini 54 ✉ 20154 Ⓜ Gerusalemme – ✆ 02 349 0498 – www.trattoriamontina.it – Chiuso 25 dicembre-3 gennaio, Pasqua, 5-27 agosto, lunedì a mezzogiorno e domenica*

Al Vecchio Porco

CUCINA DEL TERRITORIO • DI QUARTIERE X Forse il nome non è troppo elegante, ma si rifà ai tanti maialini che decorano i vari angoli di questo simpatico locale formato da due sale principali e da una taverna (utilizzata soprattutto per feste private, nonché eventi). Cucina locale, attenta ai prodotti stagionali.

Menu 35 € (in settimana)/40 € – Carta 42/68 €

Pianta: 5K1-e – *via Messina 8 ✉ 20154 Ⓜ Cenisio – ✆ 02 313862 (consigliata la prenotazione) – www.alvecchioporco.it – Chiuso agosto, lunedì a mezzogiorno e domenica*

Quadrifoglio

CUCINA TRADIZIONALE • FAMILIARE In una delle zone più brillanti di Milano, due salette rallegrate da quadri e ceramiche alle pareti. In menu: piatti della cucina classica nazionale, tante insalate e sostanziosi piatti unici.

Carta 28/53 €

Pianta: 5K1-n - *via Procaccini 21 angolo via Aleardi ✉ 20154 Ⓜ Gerusalemme - ✆ 02 341758 - www.trattoriailquadrifoglio.net - Chiuso 1°-5 gennaio, 4-25 agosto, mercoledì a mezzogiorno e martedì*

Lady Bù

CUCINA MEDITERRANEA • BISTRÒ Rivendita di eccellenze casearie, oltre al banco c'è anche un bistrot con pochi piatti ma imperniati su ottimi prodotti, come i pomodori del piennolo, il pane di Matera, legumi, cereali e naturalmente i formaggi di latte di bufala.

Menu 20 € (pranzo in settimana)/35 € - Carta 30/54 €

Pianta: 3E2-p - *via Buonarroti 11 ✉ 20121 Ⓜ Buonarroti - ✆ 02 3940 1487 (consigliata la prenotazione) - www.ladybu.com - Chiuso 1°-6 gennaio, domenica in estate, domenica sera e lunedì in inverno*

Alberghi

Leonardo Hotels Milan City Centre

LUSSO • ELEGANTE In un quartiere brulicante di attività e negozi, un indirizzo sempre valido nel panorama dell'hôtellerie milanese in virtù anche di una nuova gestione che prosegue nel proporre un raffinato confort e moderne installazioni.

122 cam - 109/509 € 129/509 € - 8 suites

Pianta: 5K1-q - *via Messina 10 ✉ 20154 Ⓜ Cenisio - ✆ 02 318170 - www.leonardo-hotels.com*

Il Giorno Bistrot - Vedere selezione ristoranti

Milan Marriott Hotel

HOTEL DI CATENA • CONTEMPORANEO Non lontano dal brulicante corso Vercelli, la struttura si caratterizza per la sua doppia anima: architettura esterna moderna ed ampi interni classicheggianti. Camere funzionali in stile. Specialità regionali e sapori mediterranei a La Brasserie de Milan.

321 cam - 120/590 € 120/590 € - 20 €

Pianta: 3E2-d - *via Washington 66 ✉ 20146 Ⓜ Wagner - ✆ 02 48521 - www.milanmarriotthotel.com*

Wagner

BUSINESS • TRADIZIONALE Accanto all'omonima stazione della metropolitana, l'hotel è stato completamente ristrutturato e offre ambienti ben curati nei dettagli, arredati con marmi e moderni accessori.

49 cam - 80/399 € 80/399 €

Pianta: 3E2-p - *via Buonarroti 13 ✉ 20149 Ⓜ Wagner - ✆ 02 463151 - www.hotelwagnermilano.it*

Metrò

BUSINESS • ACCOGLIENTE Conduzione familiare per una risorsa in una delle vie più rinomate per lo shopping; camere piuttosto eleganti, gradevolissima sala colazioni panoramica al roof-garden.

40 cam - 60/230 € 85/380 € - 2 suites

Pianta: 3E2-x - *corso Vercelli 61 ✉ 20144 Ⓜ Wagner - ✆ 02 498 7897 - www.hotelmetro.it*

Antica Locanda Leonardo

FAMILIARE • ACCOGLIENTE L'atmosfera signorile si sposa con l'accoglienza familiare in un albergo affacciato su un piccolo cortile interno, in ottima posizione vicino al Cenacolo leonardesco. Camere con arredi d'epoca o contemporanei.

16 cam - 95/170 € 158/395 €

Pianta: 7J3-m - *corso Magenta 78 ✉ 20123 Ⓜ Conciliazione - ✆ 02 4801 4197 - www.anticalocandaleonardo.com - Chiuso 2-7 gennaio e 6-25 agosto*

Campion

FAMILIARE • FUNZIONALE Hotel situato di fronte all'ingresso di Fieramilano City, a pochi passi dal metrò. Conduzione familiare efficiente, camere classiche e confortevoli.

27 cam - 59/359 € 79/469 €

Pianta: 3E2-c - *viale Berengario 3 ✉ 20149 Ⓜ Amendola - ✆ 02 462363 - www.hotelcampion.com - Chiuso agosto*

Zona urbana Nord-Ovest

Ristoranti

Innocenti Evasioni (Arrigoni e Picco)

CUCINA CREATIVA • DI TENDENZA XX Un piacevole locale dalle grandi vetrate che si aprono sul giardino dove incontrare una cucina classica rivisitata con tecnica creativa. Splendido servizio estivo all'aperto.

➜ Ravioli di baccalà mantecato in salsa di piselli, soft di grana padano e patate alla paprica. Filetto di rombo, senape speziata, asparagi e birra di riso nero. Dulce de leche, banana alla liquirizia, rhum e sbrisolona demi-sel.

Menu 49/68 € - Carta 47/84 €

Pianta: 3E1-a - *via privata della Bindellina ✉ 20155 Ⓜ Portello - ✆ 02 3300 1882 (consigliata la prenotazione) - www.innocentievasioni.com - solo a cena - Chiuso 1°-10 gennaio, 6-31 agosto e domenica*

Unico Milano

CUCINA CREATIVA • ELEGANTE XXX Milano, dal ventesimo piano della WJC Tower dove si trova l'unico ristorante cittadino con vista che abbraccia tutto lo skyline, sembra una sorta di plastico; mentre dalla cucina curata dal nuovo chef escono piatti d'impronta creativa.

Menu 25 € (pranzo in settimana)/140 € - Carta 67/113 €

Pianta: 3E1-u - *via Achille Papa 30, palazzo World Join Center ✉ 20149 Ⓜ Portello - ✆ 02 3921 4847 - www.unicorestaurant.it - solo a cena*

La Pobbia 1850

CUCINA LOMBARDA • ELEGANTE XXX La Pobbia, un omaggio ai pioppi che scuotevano le loro fronde lungo questa via che a fine '800 era ancora aperta campagna, una vecchia ma elegante cascina in cui si celebra la cucina meneghina: pochi piatti, quasi esclusivamente di carne, in buona parte dedicati alla cucina lombarda. Ora, c'è anche un nuovo e piacevolissimo dehors in giardino.

Menu 22 € - Carta 44/76 €

Pianta: 3E1-w - *via Gallarate 92 ✉ 20151 - ✆ 02 3800 6641 - www.lapobbia.com - Chiuso 26 dicembre-6 gennaio, 3 settimane in agosto e domenica*

Fiorenza

PESCE E FRUTTI DI MARE • ACCOGLIENTE XX Ebbene sì, è sempre lui, un indirizzo noto ed apprezzato dai milanesi, ma non solo. Ora, però, in una nuova sede, che lo rende ancora più caldo ed accogliente. La cucina, invece, è rimasta immutata: essenzialmente basata sul pesce, non manca di proporre anche qualche ricetta di terra.

Carta 46/59 €

Pianta: 3E1-f – *Via Marcantonio del Re 38 ✉ 20123 Ⓜ Portello – ✆ 02 3320 0659 – www.ristorantefiorenza.com – Chiuso 1 settimana in gennaio, 3 settimane in agosto, lunedì a mezzogiorno e domenica*

Alberghi

Radisson Blu Hotel Milan

BUSINESS • MODERNO E' sicuramente l'indirizzo ideale per una clientela business: a pochi minuti dall'imbocco autostradale, il minimalismo qui è riconducibile solo al tipo di eleganza. Per il resto, grandi spazi - alcune camere veramente ampie – e qualche richiamo ad atmosfere indonesiane che dà un ulteriore tocco di personalità.

250 cam – †80/650 € ††80/650 € – 34 suites – ☕ 25 €

Pianta: 1B2-a – *via Villapizzone 24 ✉ 20156 – ✆ 02 363 1888 – www.radissonblu.com/hotel-milan*

The Hub Hotel

BUSINESS • FUNZIONALE In una zona un po' defilata, ma di fronte all'Expo, un moderno urban hotel con camere abbastanza ampie, buoni spazi congressuali ed un'attrezzata spa all'ultimo piano. I classici italiani rivisitati e minimalismo metropolitano al ristorante.

162 cam ☕ – †79/890 € ††89/890 €

Pianta: 1A1-c – *via Privata Polonia 10 ✉ 20157 – ✆ 02 7862 7000 – www.thehubhotel.com*

Zona urbana Nord-Est

Ristoranti

Manna

CUCINA MODERNA • SEMPLICE XX Lontano dai riflettori, in un angolo inaspettatamente grazioso della periferia milanese, una cucina creativa e riuscita, attenta alle presentazioni, con proposte sia di carne che di pesce.

Menu 18 € (pranzo in settimana) – Carta 38/59 €

Pianta: 4H1-c – *piazzale Governo Provvisorio 6 ✉ 20127 – ✆ 02 2680 9153 – www.mannamilano.it – Chiuso 1°-7 gennaio, 15 agosto-7 settembre e domenica*

Nassa Osteria di Mare

PESCE E FRUTTI DI MARE • MINIMALISTA XX Un indirizzo senza ombra di dubbio da consigliare, in virtù dei suoi molteplici atout: ambiente moderno e molto raccolto, titolare con ampia conoscenza del mercato ittico, chef dal curriculum interessante. Quanto basta per un'esperienza gastronomica positiva!

Menu 35/49 € - Carta 40/92 €

Pianta: 4H2-n - *via Donatello 22 ✉ 20123 - ☎ 02 2668 4810 - www.nassaosteria.it - Chiuso 1°-8 gennaio, 4-23 agosto, sabato a mezzogiorno e domenica*

Vietnamonamour

CUCINA VIETNAMITA • AMBIENTE ESOTICO X Lungo una graziosa strada punteggiata di edifici d'inizio Novecento, specialità del Vietnam settentrionale nella raccolta sala con soppalco e nell'intimo giardino d'inverno. L'atmosfera continua nelle romantiche camere, un angolo d'Asia a Milano.

Carta 29/60 € 4 cam - †80/250 € ††120/320 €

Pianta: 4H1-b - *via A. Pestalozza 7 ✉ 20131 Ⓜ Piola - ☎ 02 7063 4614 (consigliata la prenotazione) - www.vietnamonamour.com - Chiuso lunedì a mezzogiorno e domenica*

Mirta

CUCINA LOMBARDA • FAMILIARE X Una simpatica trattoria dalla doppia anima: affollata ed economica a pranzo, più tranquilla la sera. L'ambiente è semplice ed informale, mentre la cucina propone piatti della tradizione lombarda, ma non solo. Lo chef è, infatti, uruguaiano.

Carta 39/52 €

Pianta: 4H1-e - *piazza San Materno 12 ✉ 20131 - ☎ 02 9118 0496 - www.trattoriamirta.it - Chiuso 2 settimane in dicembre, agosto, sabato e i giorni festivi*

Baia Chia

CUCINA SARDA • FAMILIARE X Un semplice, ma genuino locale come la cucina che una famiglia sarda ha portato con sé dall'isola. In prevalenza pesce, non manca - tuttavia - il celebre maialino, da ordinare con qualche giorno d'anticipo.

Carta 31/53 €

Pianta: 4H1-a - *via Bazzini 37 ✉ 20131 Ⓜ Piola - ☎ 02 236 1131 - www.ristorantesardobaiachia.it - Chiuso vacanze di Natale e 7-24 agosto*

Alberghi

Nu

TRADIZIONALE • PERSONALIZZATO Art hotel di recente apertura, dove elementi naturali flirtano con tecnologia e modernità dando vita ad un'atmosfera ad alto tasso di originalità. Un esempio? Circa 2000 lampadine avvolgono la struttura di una luce calda e personalizzata. All'ultimo piano, presso il ristorante panoramico, sfiziosi piatti di terra e di mare.

38 cam - †80/426 € ††117/576 €

Pianta: 4H1-f - *via Feltre 19b ✉ 20132 Ⓜ Udine - ☎ 02 971 5451 - www.nu-hotel.com*

Susa

BUSINESS • ACCOGLIENTE Situato in una zona strategica di Milano, Città Studi, l'hotel si propone come un valido riferimento sia per una clientela business sia per turisti in visita al capoluogo lombardo. Camere moderne e funzionali; spazi comuni arredati in stile sobrio e minimalista.

19 cam - †90/250 € ††130/450 €

Pianta: 4H2-d - *viale Argonne 14 ✉ 20133 - ☎ 02 7010 2897 - www.hotelsusamilano.it*

Zona urbana Sud-Est

Ristoranti

Contraste

CUCINA MODERNA • ELEGANTE XXX A sovrastare i commensali, sfavillanti lampadari rossi in silicone, mentre nella sala echeggiano qua e là inserti liberty; la tavola accoglie piatti dove i sapori della tradizione vengono reinterpretati nelle forme e nell'aspetto, a volte anche in contrasto, ma sempre pronti a stupire l'ospite.

Menu 80/130 € - Carta 74/124 €

Pianta: F3-b - *via Meda 2 ✉ 20123 - ✆ 02 4953 6597 - www.contrastemilano.it - solo a cena escluso domenica - Chiuso 2 settimane in agosto, 2 settimane in dicembre-gennaio, martedì e domenica sera*

Trattoria del Nuovo Macello

CUCINA MODERNA • TRATTORIA X Battezzata con questo nome nel 1927 - quando di fronte ad essa sorse il nuovo macello - trent'anni dopo il nonno di uno degli attuali soci la prese in gestione, fiutando il "buon affare" in base all'usura della soglia. Non si sbagliò affatto! Piatti fedeli ai sapori di un tempo, rielaborati in chiave contemporanea.

Menu 18 € (pranzo in settimana)/33 € - Carta 28/70 €

Pianta: 4H3-b - *via Cesare Lombroso 20 ✉ 20137 - ✆ 02 5990 2122 - www.trattoriadelnuovomacello.it - Chiuso 31 dicembre-6 gennaio, 10-31 agosto, sabato a mezzogiorno e domenica*

Kitchen

CUCINA TRADIZIONALE • ALLA MODA X Piccolo, ma grazioso, ristorante che fa delle verdure provenienti dai propri orti il suo punto di forza, insieme a ricette tradizionali regionali e ad una particolare attenzione alle intolleranze al glutine. A pranzo, proposta più semplice ed economica, nonché un estratto dalla carta serale.

Menu 8 € (pranzo) - Carta 28/47 €

Pianta: 2B3-k - *via Neera 40 ✉ 20143 Ⓜ Abbiategrasso - ✆ 02 8489 5749 (consigliata la prenotazione la sera) - www.kitchenristorante.com - Chiuso sabato a mezzogiorno e domenica*

Non confondete i coperti X e le stelle ✿! I coperti definiscono una categoria di confort e di servizio. Le stelle premiano unicamente la qualità della cucina, indipendentemente dalla categoria dell'esercizio.

Zona urbana Sud-Ovest

Ristoranti

✿✿ Il Luogo di Aimo e Nadia (Alessandro Negrini e Fabio Pisani)

CUCINA CREATIVA • DESIGN XXX Se Aimo e Nadia hanno ormai lasciato i fornelli del ristorante, il loro stile di cucina ha trovato due eccellenti interpreti, che ripropongono il credo storico della casa, quello di una cucina regionale italiana rivisitata, da sempre fondata sull'eccellenza e il rispetto dei prodotti, anche quando le mode erano altre. Valori oggi universalmente condivisi, ma che videro in via Montecuccoli una delle loro culle e che ritroviamo nelle mani dei due discepoli con interpretazioni emozionanti, a volte memorabili.

→ Tagliolini di semola e crescione con tartufi di mare, crema di ceci, erba lippia, melaleuca. Piccione: petto ai porcini e nocciole, coscia confit con fegatino, agnoli nel suo ristretto. Dedicato ad Aimo e Nadia: dolce zuppa etrusca!

Menu 45 € (pranzo in settimana)/145 € - Carta 87/181 €

Pianta: 1A2-e - *via Montecuccoli 6 ✉ 20147 Ⓜ Primaticcio*
- *✆ 02 416886 - www.aimoenadia.com*
- *Chiuso 1°-8 gennaio, 3 settimane in agosto, sabato a mezzogiorno e domenica*

✿ Lume Ⓝ

CUCINA MODERNA • DESIGN XXX Inserito in un contesto di archeologia industriale, Lume evoca già nel nome il ruolo primario che riveste la luce nel locale grazie alle ampie vetrate. La cucina, invece, ruota attorno alla grande personalità dello chef, Luigi Taglienti, che propone piatti di ricerca tra il moderno ed il creativo, citando a volte la Lombardia, altre la Liguria sua terra d'origine.

→ Musetto di vitello allo spumante, insalata di mostarda dolce e cetriolo. Animella di vitello in dolceforte. Ibisco, barbabietola e insalata di pompelmo rosa.

Menu 40 € (pranzo in settimana), 120/150 € - Carta 90/155 €

Pianta: E3-a - *via Watt 37 ✉ 20123*
- *✆ 02 8088 8624 - www.lumemilano.com*
- *Chiuso 10 giorni in gennaio, 14-23 agosto, domenica sera e lunedì*

Ogni ristorante stellato ✿ è introdotto da tre piatti che rappresentano in maniera significativa la propria cucina. Qualora questi non fossero disponibili, altre gustose ricette ispirate alla stagione delizieranno il vostro palato.

Dintorni di Milano

al Parco Forlanini (lato Ovest) Est : 10 km (Milano : pianta 2)

Osteria I Valtellina

CUCINA VALTELLINESE • ELEGANTE XX Un ambiente caratteristico, quasi un museo della vita quotidiana lombarda, l'osteria propone una cucina classica con piatti dai sapori tipicamente valtellinesi.

Menu 55 € - Carta 44/104 €

Pianta: 2D2-h - *via Taverna 34 ✉ 20134 - ✆ 02 756 1139 (consigliata la prenotazione) - www.ivaltellina.it - Chiuso 1°-4 gennaio, 14-18 aprile, 7-27 agosto, sabato a mezzogiorno e venerdì*

a Linate Aeroporto Est : 10 km (Milano : pianta 2 D3)

Michelangelo Restaurant

CUCINA MODERNA • ACCOGLIENTE XX All'interno dell'aeroporto di Linate, le ampie vetrate regalano l'insolito spettacolo di decolli ed atterraggi; la sala è moderna, come del resto la sua cucina... quella a vista e quella proposta al palato.

Menu 26/59 € - Carta 36/65 €

via Forlanini ✉ 20090 Segrate - ✆ 02 7611 9975 (consigliata la prenotazione) - www.michelangelorestaurantlinate.it - Chiuso 23 dicembre-7 gennaio, 3 settimane in agosto e domenica

Vedere anche risorse alberghiere a **Malpensa Aeroporto**

MILANO 2 Milano → Vedere Segrate

MILANO MARITTIMA Ravenna → Vedere Cervia

MILAZZO Sicilia

Messina - ✉ 98057 - 31 646 ab. - Carta regionale n° **17**-D1
Catania 133 km - Taormina 86 km - Messina 39 km - Palermo 200 km
Carta stradale Michelin 365-BA54

Doppio Gusto

PESCE E FRUTTI DI MARE • AMBIENTE CLASSICO XX Sono le specialità di pesce a connotare la cucina di questo locale dal design contemporaneo con tratti di eleganza, ma informale nel servizio. Buona scelta enologica con proposte anche al calice.

Carta 41/89 €

via Luigi Rizzo 1/2 - ☎ 090 924 0045 - Chiuso lunedì

Il Bagatto

CUCINA REGIONALE • FAMILIARE X Cucina strettamente di terra con prodotti di nicchia provenienti anche da altre regioni, in un ristorante dai toni rustici; le camere sfoggiano invece uno stile di moderno design.

Carta 36/52 €

Locanda del Bagatto, via M. Regis 11 - ☎ 090 922 4212 (consigliata la prenotazione) - www.locandadelbagatto.com - solo a cena - Chiuso 1 settimana febbraio e domenica

Eolian Milazzo Hotel (N)

BUSINESS • LUNGOMARE Dopo una sapiente ristrutturazione, l'albergo ha ancora più appeal, forte della sua panoramica ubicazione sul promontorio di capo Milazzo con vista su un mare blu cobalto e curati spazi verdi.

38 cam ☕ - †85/160 € ††99/190 € - 8 suites

via Salita Cappuccini 21/23 ✉ 98057 Milazzo - ☎ 090 922 1992 - www.eolianmilazzohotel.it

La Chicca Palace Hotel

FAMILIARE • ACCOGLIENTE In pieno centro ad un passo sia dal porto che dal lungomare, una nuova struttura raccolta e accogliente. Modernità ed essenzialità caratterizzano ogni settore con omogeneità.

21 cam ☕ - †60/100 € ††80/160 €

via Tenente La Rosa 1 - ☎ 090 924 0151 - www.lachiccahotel.com

La Bussola

FAMILIARE • DESIGN Agile punto di riferimento per quanti, dopo una buona e abbondante colazione, desiderano riprendere il viaggio alla volta delle Eolie: il recente rinnovo con soluzioni di design lo caratterizza per eleganza e originalità. Al ristorante, cucina semplice e sapori di mare come ostriche, astici e crudi vari.

26 cam ☕ - †60/120 € ††80/180 € - 3 suites

via Nino Bixio 11/12 - ☎ 090 922 1244 - www.hotelabussola.it

Cassisi

FAMILIARE • DESIGN Nell'area del porto, un albergo design dagli arredi sobri ed essenziali: linee geometriche e moderne. Prima colazione a buffet, ricca per varietà e qualità.

14 cam ☕ - †50/90 € ††70/130 €

via Cassisi 5 - ☎ 090 922 9099 - www.cassisihotel.com

Locanda il Bagatto

BOUTIQUE HOTEL • MINIMALISTA Mai come in questo caso, il vecchio adagio "poco, ma buono" risulta azzeccato. Solo sei camere, moderne e di design, dove l'architetto non ha tenuto a freno la fantasia. Il risultato è un insieme intrigante e originale!

6 cam - 60/80 € 80/120 €

via M. Regis 11 - 090 922 4212 - www.locandadelbagatto.com

Il Bagatto - Vedere selezione ristoranti

MILETO

Vibo Valentia - 89852 - 6 763 ab. - Alt. 365 m - Carta regionale n° **3**-A3

Roma 629 km - Reggio di Calabria 86 km - Catanzaro 83 km - Vibo Valentia 12 km

Carta stradale Michelin 564-L30

Il Normanno

CUCINA CALABRESE • CONTESTO REGIONALE X Marito in sala e moglie ai fornelli a preparare piatti della tradizione locale, come la fileda (pasta filata a mano) con sugo alla "normanna" (peperoni, porcini e pomodoro), in una rustica trattoria nel cuore della località.

Menu 15 € (pranzo in settimana) - Carta 18/40 €

via Duomo 12 - 0963 336398 - www.ilnormanno.com - Chiuso 20 giorni in settembre e lunedì escluso agosto

MILLESIMO

Savona - 17017 - 3 383 ab. - Carta regionale n° **8**-B2

Roma 580 km - Genova 81 km - Cuneo 62 km - Savona 29 km

Carta stradale Michelin 561-I6

Locanda dell'Angelo (Massimiliano Torterolo)

CUCINA MODERNA • AMBIENTE CLASSICO XX In un incantevole borgo di origini medioevali, gli interni rivelano un sapiente mix di antico e moderno, mentre la cucina del giovane cuoco sposa con originalità sapori di mare e di terra.

→ Lasagnetta iodata: con ricci di mare, alghe, arselle, granchio, gamberi, friggitelli (peperoni). "Vacca extra froll", ovvero con 40 giorni di frollatura, cipolla di Tropea al Porto e sedano rapa. Pera, bacco e tabacco.

Menu 60/80 € - Carta 64/119 €

via Roma 30 - 019 565657 (prenotare) - www.lalocandadellangelo.eu - Chiuso 20 giugno-5 luglio e martedì

MINERVINO MURGE

Barletta-Andria-Trani - 76013 - 9 032 ab. - Alt. 429 m - Carta regionale n° **15**-B2

Roma 364 km - Foggia 68 km - Bari 75 km - Barletta 39 km

Carta stradale Michelin 564-D30

La Tradizione-Cucina Casalinga

CUCINA REGIONALE • RUSTICO X Celebre trattoria del centro storico, accanto alla chiesa dell'Immacolata. Ambiente piacevole, in stile rustico, foto d'epoca alle pareti e piatti tipici del territorio come i troccoli alla murgese e il cutturiello di agnello da latte con cime di rape.

Menu 15/25 € - Carta 20/37 €

via Imbriani 11/13 - 0883 691690 - www.osterialatradizione.net - Chiuso 21-28 febbraio, 1°-15 settembre, domenica sera e giovedì

MINORI

Salerno - 84010 - 2 752 ab. - Carta regionale n° **4**-B2

Roma 269 km - Napoli 67 km - Amalfi 3 km - Salerno 22 km

Carta stradale Michelin 564-E25

Giardiniello

PESCE E FRUTTI DI MARE • STILE MEDITERRANEO XX Ristorante e pizzeria situato nel centro della località, dove gustare piatti del luogo, soprattutto di mare; gradevole servizio estivo sotto un pergolato.

Carta 37/78 €

corso Vittorio Emanuele 17 - ☎ 089 877050 - www.ristorantegiardiniello.com - Chiuso mercoledì escluso 1° aprile-15 ottobre

Santa Lucia

FAMILIARE • ACCOGLIENTE Nella ridente cittadina dell'incantevole costiera Amalfitana, un albergo a gestione familiare, con camere nuove e davvero graziose. Sapori campani nella capiente sala da pranzo dai colori caldi.

35 cam ☕ - †71/105 € ††94/250 €

via Strada Nuova 44 - ☎ 089 877142 - www.hotelsantalucia.it - Chiuso 7 gennaio-17 marzo

MIRA

Venezia - ✉ 30034 - 38 575 ab. - Carta regionale n° **23**-C3

Roma 514 km - Padova 22 km - Venezia 20 km - Chioggia 39 km

Carta stradale Michelin 562-F18

Margherita

CUCINA CLASSICA • AMBIENTE CLASSICO XXX Le grandi vetrate della sala offrono deliziosi scorci del giardino, mentre l'interno è all'insegna di una calda eleganza. Il menu allude ad una cucina classica basata su un'attenta selezione dei migliori ingredienti, in primis il pesce.

Menu 40/95 € - Carta 64/116 €

Hotel Villa Franceschi, via Don Minzoni 28 - ☎ 041 426 6531 - www.villafranceschi.com

Nalin

PESCE E FRUTTI DI MARE • AMBIENTE CLASSICO XX Una lunga tradizione - iniziata nel 1914 - da parte della stessa famiglia, per questo locale che propone piatti d'ispirazione ittica e dove la cottura su una vera brace è la specialità del ristorante. Cent'anni portati con grazia!

Menu 35 € (in settimana)/85 € - Carta 25/79 €

via Argine sinistro Novissimo 29 - ☎ 041 420083 - www.trattorianalin.it - Chiuso 27 dicembre-7 gennaio, 15 agosto-1° settembre, domenica sera e lunedì

Dall'Antonia

PESCE E FRUTTI DI MARE • AMBIENTE CLASSICO XX Romanticamente affacciato sulla riva del Brenta, un tripudio di piante e fiori vi accoglierà all'interno, insieme alle classiche proposte venete di pesce.

Carta 34/73 €

via Argine Destro del Novissimo 75, Sud : 2 km - ☎ 041 567 5618 - www.trattoriadallantonia.it - Chiuso gennaio, agosto, domenica sera e martedì

Villa Franceschi

DIMORA STORICA • PERSONALIZZATO In una villa risalente al XVI secolo in stile palladiano con arredi d'epoca o in una barchessa in stile country: a ciascuno la sua scelta, ma per tutti c'è un romantico soggiorno affacciato sul fiume Brenta.

15 cam ☕ - †135/195 € ††215/450 € - 10 suites

via Don Minzoni 28 - ☎ 041 426 6531 - www.villafranceschi.com

Margherita - Vedere selezione ristoranti

Villa Margherita

DIMORA STORICA • ELEGANTE All'ombra di un ampio parco, una splendida villa secentesca anticipata da un romantico viale costellato di tigli, per un soggiorno di classe: ambienti raffinati, riccamente ornati e abbelliti da affreschi e quadri d'autore.

15 cam ☕ - †100/127 € ††148/215 € - 4 suites

via Nazionale 416 - ☎ 041 426 5800 - www.villa-margherita.com

Do Ciacole In Relais

CASA DI CAMPAGNA • MODERNO Piacevole relais di campagna sorto all'interno di muri antichi, oggi rappresenta una risorsa, ospitale, arredata con cura e stile moderno cinta oltre che dalla tranquillità della campagna, dal proprio piccolo giardino con piscina. Ottima fama per l'omonimo ristorante dove il patron prepara carne e pesce con uguale bravura.

11 cam - 70/120 € 96/120 €

via Malpaga 116, località Olmo, Nord-Est: 3 km - 041 426 5210 - www.dociacoleinrelais.it

a Oriago Est : 4 km 30034

Nadain

PESCE E FRUTTI DI MARE • RUSTICO Ha ormai più di 50 anni di vita questo ristorante a conduzione familiare in zona periferica: ricette della tradizione regionale a tutto pesce e rigorosamente presentate a voce, mentre nel pomeriggio si apre la "cicchetteria".

Menu 18 € (pranzo in settimana)/75 € - Carta 30/77 €

via Ghebba 26 - 041 429387 - www.nadain.it - Chiuso 2 settimane in luglio, giovedì a mezzogiorno e mercoledì

Il simbolo segnala una carta dei vini particolarmente interessante.

MIRABELLA ECLANO

Avellino (AV) - 83036 - 7 684 ab. - Alt. 372 m - Carta regionale n° **4**-C1
Roma 244 km - Foggia 79 km - Avellino 34 km - Benevento 24 km
Carta stradale Michelin 564-D26

sulla strada statale 90 al km 4,100 Sud : 10 km

Morabianca

CUCINA MODERNA • MINIMALISTA Una volta accomodati nella bella sala dai colori pastello, godetevi lo spettacolo di chi ha deciso di proporvi la semplicità del territorio, ma con tendenze alla modernità.

Menu 27/55 € - Carta 26/57 €

Hotel Radici Resort, contrada Corpo di Cristo, località Piano Pantano - 0825 431537 - www.morabianca.com - solo a cena escluso sabato e domenica - Chiuso domenica sera, lunedì, martedì e mercoledì

Radici Resort

TRADIZIONALE • MODERNO Il piccolo e grazioso centro benessere fornirà una ragione in più per farvi optare per questa bella struttura: a voi, scegliere tra le camere nel relais immerso nel verde e campo da golf o quelle sopra il ristorante Morabianca.

8 cam - 120/300 € 150/300 € - 1 suite

contrada Corpo di Cristo, località Piano Pantano - 0825 431537 - www.morabianca.com

Morabianca - Vedere selezione ristoranti

MIRAMARE Rimini → Vedere Rimini

MIRANO

Venezia - 30035 - 27 045 ab. - Alt. 9 m - Carta regionale n° **23**-C2
Roma 516 km - Padova 32 km - Venezia 26 km - Treviso 35 km
Carta stradale Michelin 562-F18

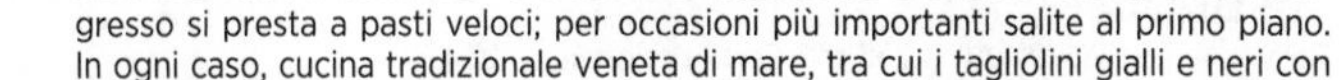

Da Flavio e Fabrizio "Al Teatro"

PESCE E FRUTTI DI MARE • FAMILIARE Adiacente al cinema-teatro, la sala d'ingresso si presta a pasti veloci; per occasioni più importanti salite al primo piano. In ogni caso, cucina tradizionale veneta di mare, tra cui i tagliolini gialli e neri con scampi zucchine e calamaretti, code di gambero avvolte nella pancetta cruda affumicata con salsa al gorgonzola, sfogliatina con crema Chantilly e fragole.

Carta 23/45 €

via della Vittoria 75 - 041 440645 (consigliata la prenotazione) - www.ristorantedaflavioefabrizio.it - Chiuso 9-21 agosto e lunedì

Park Hotel Villa Giustinian

DIMORA STORICA • CLASSICO In un ampio parco con piscina, una villa del Settecento dagli ambienti rilassanti e ornati in stile - sia nelle camere sia nella hall - affiancata da due dépendance con stanze più sobrie.

40 cam - 47/57 € 69/120 € - 2 suites

via Miranese 85 - 041 570 0200 - www.villagiustinian.com - Chiuso 22-28 dicembre

Relais Leon d'Oro

FAMILIARE • CLASSICO Costruito nel 1860 dal Vescovado di Padova per il ritiro dei Padri Francescani, il relais si presenta oggi come una raffinata residenza di campagna non priva di moderni confort: interni curati, ambienti signorili e camere personalizzate.

30 cam - 69/88 € 69/99 €

via Canonici 3, Sud: 3 km - 041 432777 - www.leondoro.it - Chiuso 22-28 dicembre

a Vetrego Sud : 4 km 30035

Il Sogno

VENEZIANA • FAMILIARE In un locale di campagna, ex circolo culturale, buona cucina personalizzata da un pizzico di fantasia, ma con evidenti radici regionali. Sempre presente il carrello dei bolliti con salse e mostarda; da poco si propone anche un po' di pesce. Suggestioni dal menu: gnocchi ripieni d'anatra e noci con salsa alla cannella e ricotta affumicata - crema bruciata al caffe.

Menu 11 € (pranzo in settimana) - Carta 26/39 €

via Vetrego 8 - 041 577 0471 - www.trattoriailsogno.com - Chiuso domenica sera e lunedì

MISANO ADRIATICO

Rimini - 47843 - 13 014 ab. - Carta regionale n° **5**-D2

Roma 318 km - Rimini 13 km - Bologna 126 km - Forlì 65 km

Carta stradale Michelin 562-K20

Le Vele

PESCE E FRUTTI DI MARE • ALLA MODA Con i piedi quasi nella sabbia ed il mare a portata di mano, un locale moderno, lineare, dove tutto è finalizzato ad offrire agli ospiti specialità ittiche presentate, senza esagerazioni, in chiave moderna.

Carta 31/73 €

via Litoranea Sud 71, Bagni 70 - 349 241 8018 (consigliata la prenotazione) - www.ristorantelevele.net - solo a cena da giugno a settembre escluso sabato e domenica - Chiuso lunedì, martedì e mercoledì escluso giugno-settembre

Atlantic Riviera

FAMILIARE • ACCOGLIENTE Particolare la terrazza solarium sulla quale si trova anche una bella piscina panoramica affacciata sulla Riviera; funzionali le camere, non prive di qualche tocco di eleganza. Dalla cucina romagnola ai classici nazionali, al ristorante.

49 cam - 75/125 € 100/200 € - 2 suites

via Sardegna 28 - 0541 614161 - www.atlanticriviera.com - Aperto Pasqua-30 settembre

MISSIANO MISSIAN Bolzano ➜ Vedere Appiano sulla Strada del Vino

MISURINA

Belluno – ✉ 32040 – Alt. 1 756 m – Carta regionale n° **23**-C1

▶ Roma 686 km – Cortina d'Ampezzo 14 km – Auronzo di Cadore 24 km – Belluno 86 km

Carta stradale Michelin 562-C18

 **Lavaredo** P

TRADIZIONALE • STILE MONTANO Si riflette sullo specchio lacustre antistante questa risorsa a gestione familiare che offre un'incantevole vista sulle cime e camere semplici, ma accoglienti. Cucina classica italiana nel ristorante anch'esso affacciato sul lago.

27 cam – †50/160 € ††75/210 € – 1 suite – ☕ 9 €

via Monte Piana 11 – ✆ 0435 39227 – www.lavaredohotel.it – Aperto 21 dicembre-Pasqua e 30 maggio-30 settembre

MOCRONE Massa-Carrara ➜ Vedere Villafranca in Lunigiana

CI PIACE...

L'***Hosteria Giusti***, nata nel 1989 dalla ristrutturazione del vecchio macello della salumeria, nel quale venivano lavorate le carni del maiale e dell'oca. Un tuffo nel passato da ***Oreste*** per assaporare la vera cucina della tradizione modenese. Soggiornare all'hotel ***Canalgrande*** fra sale affrescate, tappezzerie e un suggestivo cortile interno.

MODENA

(MO) - ✉ 41121 - 184 973 ab. - Alt. 34 m - Carta regionale n° **5**-B2
▶ Roma 408 km - Bologna 49 km - Reggio nell'Emilia 37 km - Mantova 74 km
Carta stradale Michelin 562-I14

Ristoranti

✿✿✿ Osteria Francescana (Massimo Bottura)

CUCINA CREATIVA • CONTESTO CONTEMPORANEO XXXX Una cucina certamente con una marcia in più: grande equilibrio, capacità di innovare piatti della tradizione grazie ad un approccio critico e non nostalgico, molta attenzione anche alla leggerezza. Insomma, l'Osteria Francescana si riconferma ai vertici della ristorazione internazionale e Bottura, un talento ai fornelli osannato da tutto il mondo.

→ La parte croccante di una lasagna. Bollito non bollito. Ooops mi è caduta la crostata al limone.

Menu 220/250 € - Carta 175/255 €

Pianta: A2-b - *via Stella 22 ✉ 41121 - ✆ 059 223912 (consigliata la prenotazione) - www.osteriafrancescana.it - Chiuso 3 settimane in gennaio, 2 settimane in agosto, domenica e lunedì*

✿ L'Erba del Re (Luca Marchini)

CUCINA CREATIVA • ELEGANTE XXX Essenziale, luminoso, con quadri contemporanei alle pareti: è il contesto in cui opera l'abile chef che affianca ai piatti della tradizione emiliana proposte più personali ed estrose.

→ Passatelli asciutti con ragù di pollo e uvetta. Piccione grigliato al ginepro con salsa al mais e friggitello (peperone). Il "CioccoRe".

Menu 50/95 € - Carta 68/108 €

Pianta: A2-c - *via Castelmaraldo 45 ✉ 41121 - ✆ 059 218188 (consigliata la prenotazione) - www.lerbadelre.it - Chiuso 1°-6 gennaio, 5-28 agosto, lunedì a mezzogiorno e domenica*

Un importante pranzo d'affari o una cena tra amici?
Il símbolo ⊕ indica la presenza di una sala privata.

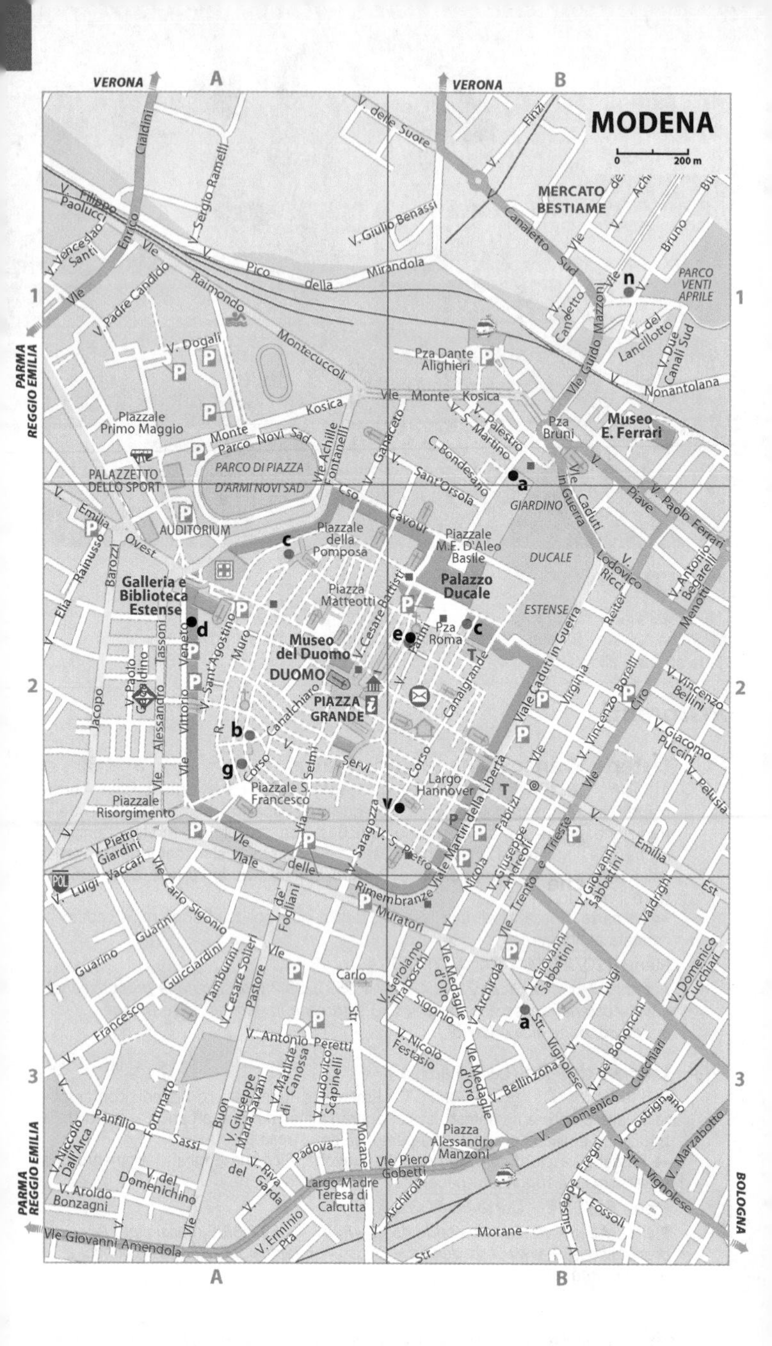
MODENA
VERONA
A
B
PARMA REGGIO EMILIA
BOLOGNA
MERCATO BESTIAME
PARCO VENTI APRILE
Museo E. Ferrari
PARCO DI PIAZZA D'ARMI NOVI SAD
PALAZZETTO DELLO SPORT
AUDITORIUM
Galleria e Biblioteca Estense
Palazzo Ducale
GIARDINO DUCALE ESTENSE
Museo del Duomo
DUOMO
PIAZZA GRANDE
Piazza Matteotti
Piazzale della Pomposa
Piazzale M.E. D'Aleo Basile
Pza Roma
Largo Hannover
Piazzale S. Francesco
Piazzale Risorgimento
Piazzale Primo Maggio
Pza Dante Alighieri
Pza Bruni
Piazza Alessandro Manzoni
Largo Madre Teresa di Calcutta

Zelmira

CUCINA REGIONALE • ACCOGLIENTE XX Cucina emiliana e qualche piatto innovativo sono le proposte di questo locale dalla gestione esperta, situato in pieno centro storico. Servizio estivo sulla suggestiva piazzetta.

Carta 38/71 €

Pianta: A2-g - *piazzetta San Giacomo 17 ✉ 41121 - ✆ 059 222351 (consigliata la prenotazione) - solo a cena escluso sabato e domenica - Chiuso giovedì*

Bianca

CUCINA EMILIANA • CONTESTO REGIONALE XX Trattoria dal 1948, è il bastione della tradizione modenese che si esplicita in alcuni piatti irrinunciabili: dagli gnocchi fritti al carrello dei bolliti, passando per i tortellini in brodo.

Carta 37/83 €

Pianta: B1-n - *via Spaccini 24 ✉ 41122 - ✆ 059 311524 - Chiuso 23 dicembre-2 gennaio, vacanze di Pasqua, 1°-15 agosto, sabato a mezzogiorno e domenica*

Oreste

CUCINA EMILIANA • VINTAGE XX Immutato dal '59, soffermatevi sull'atmosfera retrò delle sedie di Gio Ponti, i lampadari di Murano e l'argenteria. Anche la cucina si adegua a questo amarcord modenese, fra tortellini, un ottimo zampone e il carrello dei dolci.

Carta 39/61 €

Pianta: B2-c - *piazza Roma 31 ✉ 41121 - ✆ 059 243324 - Chiuso 26 dicembre-6 gennaio, 10-31 luglio, domenica sera e mercoledì*

Hosteria Giusti

CUCINA EMILIANA • VINTAGE X Nel retrobottega di un'elegante ed antica salumeria, troverete solo quattro tavoli in una sala gustosamente retrò. In carta poche proposte, ma di gran qualità e imperniate sulle tradizioni emiliane.

Carta 56/71 €

Pianta: B2-e - *vicolo Squallore 46 ✉ 41121 - ✆ 059 222533 (prenotazione obbligatoria) - www.hosteriagiusti.it - solo a pranzo - Chiuso dicembre, agosto, lunedì e i giorni festivi*

Franceschetta 58 Ⓝ

CUCINA CLASSICA • SEMPLICE X È la versione light e decisamente friendly di Massimo Bottura, questa trattoria contemporanea che si divide in due: a pranzo (ad un prezzo fisso e vantaggioso!) si sceglie da un piccolo menu, la sera la carta si amplia e le proposte diventano più tradizionali. I sapori sono sempre quelli del territorio con ovvie "aperture" a tutto lo Stivale.

Menu 19 € (pranzo in settimana)/48 € - Carta 40/49 €

Pianta: B3-a - *strada Vignolese 58 ✉ 41124 - ✆ 059 309 1008 - www.franceschetta58.it - Chiuso 2 settimane in gennaio, 2 settimane in agosto e domenica*

Alberghi

Milano Palace Hotel Ⓝ

BUSINESS • DESIGN Si è optato per il total white, in questo albergo ubicato ai margini del centro storico, raggiungibile però tranquillamente a piedi, nella cui recente ristrutturazione si è optato per materiali di qualità ed un'ottima insonorizzazione. Le camere sono curatissime, anche qui regna il bianco sovrano per una signorilità indiscutibilmente contemporanea.

55 cam - †149/385 € ††169/410 € - ☕ 8 €

Pianta: B1-a - *Corso Vittorio Emanuele II 68 ✉ 41121 - ✆ 059 223011 - www.milanopalacehotel.it*

Canalgrande

STORICO • PERSONALIZZATO In un antico palazzo che fu anche convento, sale affrescate e stuccate di grande impatto estetico: camere di tono signorile e di confort adeguati alla categoria, tutte con tappezzerie differenti. Il cortile interno, racchiuso tra le dimore storiche del centro, è un vero gioiello.

68 cam - 84/115 € 99/149 € - 2 suites

Pianta: B2-v - *corso Canalgrande 6 41121 - 059 217160 - www.canalgrandehotel.it*

Central Park

BUSINESS • FUNZIONALE Albergo moderno a frequentazione prevalentemente commerciale: i colori e la qualità degli arredi si faranno tuttavia apprezzare anche da chi è alla ricerca della Modena più turistica.

44 cam - 90/150 € 130/180 € - 3 suites

Pianta: A2-d - *via Vittorio Veneto 10 41124 - 059 225858 - www.centralparkmodena.com*

Libertà

TRADIZIONALE • ACCOGLIENTE Centrale, poco distante dal Palazzo Ducale e provvisto di un comodo garage, offre graziose e sobrie camere e moderni spazi comuni. Clientela soprattutto commerciale.

51 cam - 60/160 € 90/240 € - 1 suite

Pianta: B2-e - *via Blasia 10 41121 - 059 222365 - www.hotelliberta.it*

sulla strada statale 9 - via Emilia Est località Fossalta per : 4 km B2-3

Antica Moka

CUCINA MODERNA • ELEGANTE XXX I sapori regionali profumano le eleganti sale di questa ex scuola di inizio '900: i celebri tortellini in brodo, i succulenti arrosti ed una considerevole proposta di pesce.

Menu 55/75 € - Carta 53/93 €

via Emilia Est 1496 41126 Modena - 059 284008 - www.anticamoka.it - Chiuso 2 settimane in agosto, 1 settimana a Natale e sabato a mezzogiorno

Vinicio

CUCINA REGIONALE • CONTESTO TRADIZIONALE XXX Caldo ed elegante il look di questo ristorante: ricavato negli ambienti in cui un tempo c'erano le stalle, propone piatti locali. D'estate si pranza anche all'aperto.

Menu 35/70 € - Carta 38/55 €

via Emilia Est 1526 41126 Modena - 059 280313 - www.ristorantevinicio.it - Chiuso 24 dicembre-5 gennaio, agosto e lunedì

Rechigi Park Hotel

TRADIZIONALE • CLASSICO Ospitato in un'antica residenza di grande fascino, l'hotel è circondato da un piccolo giardino e propone camere classiche e caldi spazi comuni. Encomiabile la cortesia.

72 cam - 75/180 € 85/280 €

via Emilia Est 1581 41122 Modena - 059 283600 - www.rechigiparkhotel.it - Chiuso vacanze di Natale e agosto

in prossimità casello autostrada A1 Modena Sud Sud-Est : 8 km per strada Vignolese B3

Real Fini-Baia del Re

BUSINESS • MODERNO A pochi metri dall'ingresso dell'autostrada, l'albergo si compone di una struttura principale e due dépendance: in queste ultime le camere, ovunque moderne e sobrie, sono tuttavia leggermente più grandi, alcune con piccolo giardino.

78 cam - 69/165 € 79/210 € - 6 suites

via Vignolese 1684 41126 Modena - 059 479 2111 - www.hotelbaiadelre.com

sulla strada statale 9 - via Emilia Ovest A2

✿ **Strada Facendo** (Emilio Barbieri)

CUCINA CREATIVA • **ACCOGLIENTE** XX Il marito-cuoco in cucina e la moglie-sommelier in sala sono gli artefici di un piccolo e grazioso locale: vi troverete i classici modenesi, ma lo chef si lascia prendere volentieri la mano da proposte più estrose, sia di carne che di pesce.

→ Passatelli all'astice in salsa d'uovo e zafferano con pancetta croccante e pepe indiano. Lombata di agnello in crosta alle erbe con topinambur e animelle. Semifreddo alla nocciola con foglioline d'oro e crema di pistacchio.

Menu 32 € (pranzo in settimana)/90 € - Carta 49/102 €

via Emilia Ovest 622 ✉ 41123 Modena - ✆ 059 334478 - www.ristorantestradafacendo.it - Chiuso 1 settimana in gennaio, 3 settimane in agosto, sabato a mezzogiorno e domenica

La Masseria

CUCINA PUGLIESE • **CONTESTO REGIONALE** XX Un angolo di Puglia dove trovare piccoli capolavori di una cucina solare e saporita, nonché un titolare di grande simpatia e competenza. Paste fresche, imperdibili e fantasiose torte di verdure, nonché grigliate di carne.

Menu 30/35 € - Carta 33/60 €

via Chiesa 61, località Marzaglia, Ovest: 9 km ✉ 41123 Modena - ✆ 059 389262 - www.ristorantemasseria.com - Chiuso 16 agosto-2 settembre e lunedì

MODICA **Sicilia**

Ragusa - ✉ 97015 - 54 633 ab. - Alt. 296 m - Carta regionale n° **17**-D3

Palermo 257 km - Ragusa 16 km - Catania 119 km - Siracusa 70 km

Carta stradale Michelin 565-Q26

✿ **Accursio** (Accursio Craparo)

CUCINA CREATIVA • **MINIMALISTA** XX Cucina originale, creativa e policroma in un ristorante che suggerisce l'intimità della casa privata nelle sue salette interne, mentre l'ampio dehors affacciato su corso Umberto si apre alla vivacità della città.

→ Arancino 2016: riso allo zafferano e limone con gamberi e mozzarella. San Pietro con ortaggi e mentuccia. Cioccolata, melanzana e gelsomino.

Menu 65/90 € - Carta 62/95 €

via Grimaldi 41 - ✆ 0932 941689 (consigliata la prenotazione) - www.accursioristorante.it - solo a cena in agosto - Aperto 15 marzo-31 ottobre; chiuso lunedì

Fattoria delle Torri

CUCINA MODERNA • **CONTESTO STORICO** XX Percorso un vicolo, il ristorante si mostra d'improvviso nel suo splendore al primo piano di un palazzo del centro: forti radici siciliane e divagazioni nazionali caratterizzano la cucina che non fa preferenze tra terra e mare. In stagione, sarà bello cenare all'aperto in un originale limoneto.

Menu 27/60 € - Carta 42/74 €

vico Napolitano 14 - ✆ 0932 751286 - www.fattoriadelletorri.it - Chiuso 3 settimane in novembre, 3 settimane in gennaio e lunedì escluso in estate

Palazzo Failla

STORICO • **PERSONALIZZATO** In una città tanto bella e superba da regalarsi due centri storici, Palazzo Failla fu costruito nel '700 scegliendo la parte alta di Modica. Le camere sono di due tipologie: quelle al primo piano risalgono all'originaria dimora con preziosi mobili antichi, mentre al secondo gli arredi si fanno più moderni e funzionali.

10 cam ☕ - †55/69 € ††69/109 €

via Blandini 5 - ✆ 0932 941059 - www.palazzofailla.it

Relais Modica

TOWNHOUSE • FUNZIONALE A pochi metri dal centrale corso Umberto, ma già in posizione rialzata per ammirare la città illuminata di sera, un antico palazzo nobiliare (in zona pedonale) apre i battenti per accogliervi nel fascino discreto di un'elegante casa. Prenotare le spaziose camere con vista.

9 cam – 85/110 € 85/110 €

via Campailla 99 – 0932 754451 – www.hotelrelaismodica.it

Casa Talia

BOUTIQUE HOTEL • DESIGN Camere ispirate ai paesi mediterranei in un contesto di straordinario fascino storico, giardino pensile e vista indimenticabile...

10 cam – 120/150 € 200/240 €

via Exaudinos 1 – 0932 752075 – www.casatalia.it
– Chiuso 16 gennaio-15 febbraio

MOENA

Trento – 38035 – 2 680 ab. – Alt. 1 184 m – Carta regionale n° **19**-C2
Roma 671 km – Trento 87 km – Bolzano 44 km – Cortina d'Ampezzo 77 km
Carta stradale Michelin 562-C16

Malga Panna (Paolo Donei)

CUCINA CREATIVA • CONTESTO TRADIZIONALE Della malga c'è giusto il nome e la panoramica posizione sopra Moena e la valle. Il resto, invece, è alta ristorazione, grazie alla bravura e alla creatività dello chef-patron che vi emozionerà con piatti ispirati al territorio. Sempre presenti, alcune ricette più semplici.

→ Tagliolini nobili con funghi porcini. Sella di cervo in crosta di fiori di achillea, quinoa soffiata e ristretto al pinot nero. Il ricordo dell'alpeggio in Val di Fassa.

Menu 60/75 € – Carta 47/99 €

strada de Sort 64, località Sorte, Ovest: 1,5 km – 0462 573489
– www.malgapanna.it – Aperto 1° dicembre-30 aprile e 21 giugno-2 ottobre; chiuso lunedì escluso luglio-agosto e vacanze di Natale

Agritur El Mas

CUCINA REGIONALE • RUSTICO Sopra il paese, un vero e proprio agritur-ristorante con allevamento di mucche, cavalli, maiali e produzione di carne, salumi e formaggi: il tutto da gustare insieme ad altre prelibatezze della valle (ottimi i canederli al formaggio puzzone), in un bell'ambiente tra legni antichi. Nello stesso edificio costruito secondo i criteri della bioedilizia ci sono anche delle gradevoli camere.

Menu 27/45 € – Carta 24/44 € 7 cam – 45/65 € 90/130 €

strada de Saslonch, località Col de Soldai – 0462 574221 (prenotare)
– www.agriturelmas.it – Chiuso lunedì

Tyrol

CUCINA REGIONALE • FAMILIARE La sala classica - in legno - l'avrete già vista in tanti ristoranti, ma non la cucina: legata al territorio, esalta i sapori ladini senza inutili artifici. Per un'esperienza indimenticabile.

Menu 20 € (pranzo)/25 € – Carta 30/59 € 12 cam – 90/146 € 90/146 €

piaz de Ramon 9 – 0462 573760 – www.posthotelmoena.it – Aperto 1° dicembre-Pasqua e 25 giugno-20 settembre; chiuso martedì in inverno

Alle Alpi

TRADIZIONALE • STILE MONTANO Situato nella parte superiore della località, albergo con interni caldi ed eleganti, cura dei dettagli e centro benessere dotato di piccola beauty. Cucina d'ispirazione contemporanea nella capiente e luminosa sala ristorante; la carta dei vini è impostata dalla titolare (sommelier!).

28 cam – 90/190 € 160/300 € – 5 suites

strada de Moene 67 – 0462 573194 – www.hotelallealpi.it
– Aperto 6 dicembre-26 marzo e 17 giugno-17 settembre

Garden

TRADIZIONALE • STILE MONTANO Albergo a ridosso del centro che punta ad offrire una vacanza "benessere" ai propri ospiti, sciatori e non. Vasta gamma di programmi di animazione o cure estetiche.

43 cam - 110/300 € 140/500 € - 1 suite

strada de le Chiesure 3
- 0462 573314 - www.hotelgarden-moena.it
- Aperto 1° dicembre-25 aprile e 15 giugno-15 settembre

Park Hotel Leonardo

TRADIZIONALE • STILE MONTANO Tranquillo, panoramico, immerso nel verde: gli accoglienti interni s'ispirano alle tradizioni locali e quattro camere beneficiano di una terrazza-giardino. Il centro della località? Ancora raggiungibile a piedi.

27 cam - 50/70 € 100/140 € - 3 suites

strada dei Ciroch 15 - 0462 573355 - www.parkhotelleonardo.it
- Aperto 16 giugno-23 settembre e 1° dicembre-31 marzo

Stella Alpina N

FAMILIARE • STILE MONTANO In posizione tranquilla e panoramica, Stella Alpina rimane sempre un indirizzo da consigliare, soprattutto, in virtù del recente rinnovo. Sulla gestione cordiale si potrebbe addirittura scrivere un intero capitolo. In difetto di spazio, ci limiteremo a dire che la spumeggiante Carla vi accoglierà con mille riguardi.

26 cam - 40/110 € 40/110 € - 1 suite

strada de Ciampian 21 - 0462 573351 - www.hotelstellaalpina.it - Aperto 1° dicembre-15 aprile e 15 giugno-30 settembre

Rancolin

FAMILIARE • STILE MONTANO Profusione di legno in questo piccolo hotel a gestione familiare, tranquillo sebbene centrale. Non trascurabile il buon rapporto qualità/prezzo.

23 cam - 50/90 € 100/160 € - 1 suite

strada de Moene 31 - 0462 573115 - www.hotelrancolin.it - Aperto Natale-Pasqua e 1° giugno-30 settembre

sulla strada statale 48 Sud : 3 km

Foresta

CUCINA REGIONALE • STILE MONTANO XX Alle spalle di una fitta abetaia, un classico della valle all'interno dell'omonimo hotel dove poter assaggiare i sapori del territorio da accompagnarsi con uno dei tanti vini che forniscono la bella cantina. I nostri preferiti: orzotto mantecato con trota fumé e rucola oppure guanciale al teroldego con polenta di Storo.

Menu 36 € - Carta 25/61 €

Hotel Foresta, strada de la Comunità de Fiem 42 - 0462 573260
- www.hotelforesta.it - Chiuso 9-25 dicembre e 15 giugno-7 luglio, domenica sera e venerdì in bassa stagione

Foresta

TRADIZIONALE • STILE MONTANO Un'accoglienza calorosa in una bella casa sita lungo la strada che porta a Moena: camere generose nelle dimensioni e una gradevole zona relax completano l'offerta.

17 cam - 75/122 € 142/202 € - 6 suites

strada de la Comunità de Fiem 42 - 0462 573260 - www.hotelforesta.it
- Chiuso 9-25 dicembre e 15 giugno-7 luglio

Foresta - Vedere selezione ristoranti

MOGGIONA Arezzo → Vedere Poppi

MOIA DI ALBOSAGGIA Sondrio → Vedere Sondrio

MOLINI MÜHLEN Bolzano → Vedere Falzes

MOLTRASIO

Como – ✉ 22010 – 1 607 ab. – Alt. 247 m – Carta regionale n° **10**-B1
Roma 634 km – Como 9 km – Menaggio 26 km – Milano 57 km
Carta stradale Michelin 561-E9

Imperialino

CREATIVA • **ELEGANTE** XXX Specialità mediterranee permeate da una vena creativa, da assaporare voluttuosamente nella suggestiva atmosfera di questo ristorante che dopo un completo restyling rimane direttamente affacciato sul lago.

Menu 50/98 € – Carta 52/102 €

Grand Hotel Imperiale, via Regina 26 – ✆ 031 346600 (consigliata la prenotazione) – www.imperialemoltrasio.it – Chiuso 10 gennaio-28 febbraio

Posta

CUCINA REGIONALE • **AMBIENTE CLASSICO** XX In centro, ristorante a gestione diretta, con camere in parte ristrutturate: sala da pranzo di tono elegante dove gustare pesce lacustre; "fresco" servizio estivo all'aperto.

Carta 34/58 € 17 cam – †69/149 € ††109/229 €

piazza San Rocco 5 – ✆ 031 290444 – www.hotel-posta.it – Chiuso gennaio-febbraio e mercoledì a mezzogiorno

Grand Hotel Imperiale

DIMORA STORICA • **ELEGANTE** Splendido resort costruito in tardo liberty con lussureggiante vegetazione che si estende fino al lago, composto da una struttura principale dotata del centro benessere I-SPA e dall'esclusiva Villa Imperiale, una sorta di hotel nell'hotel con lussuose camere e terrazze vista lago che si affacciano sulla piscina panoramica. Specialità del territorio nel ristorante "La Cascata con giardino".

119 cam – †140/420 € ††180/480 € – 2 suites – 25 €

via Regina Vecchia 24/26 – ✆ 031 346111 – www.imperialemoltrasio.it – Chiuso 10 gennaio-28 febbraio

Imperialino – Vedere selezione ristoranti

MOLVENO

Trento – ✉ 38018 – 1 134 ab. – Alt. 865 m – Carta regionale n° **19**-B3
Roma 627 km – Trento 44 km – Bolzano 69 km – Riva del Garda 49 km
Carta stradale Michelin 562-D14

El Filò

CUCINA REGIONALE • **RUSTICO** XX Incantevole caratteristica stube, completamente rifinita in legno: luci soffuse, divanetti a muro rossi e proposte di cucina tipica, ma anche piatti legati alla stagione.

Menu 25/45 € – Carta 24/52 €

piazza Scuole 5 – ✆ 0461 586151 – Aperto vacanze di Natale e Pasqua-15 ottobre; negli altri mesi aperto solo il week-end escluso 16 ottobre-30 novembre

Alexander

TRADIZIONALE • **STILE MONTANO** Affacciata sul lago, con il gruppo del Brenta a farle da sfondo, un'elegante dimora le cui camere si faranno ricordare per ampiezza e vivacità. La struttura pensa anche al divertimento dei più piccoli, riservando loro un'apposita sala. Piatti e vini soprattutto regionali al ristorante L'Aquila Nera e Cima Tosa.

35 cam – †70/100 € ††90/180 € – 6 suites

via Nazionale 6/A – ✆ 0461 586928 – www.alexandermolveno.com – Chiuso 20 marzo-5 aprile e 2 novembre-17 dicembre

Alle Dolomiti

TRADIZIONALE • ACCOGLIENTE Dinnanzi al parco del lungolago, una storica casa di famiglia è stata convertita in albergo: la accoglienti camere sono anticipate dallo splendido pavimento in onice della hall. Ampio giardino con piscina sul retro e nella raffinata sala da pranzo, cucina classica trentina preparata dal titolare.

38 cam - 60/70 € 96/192 € - 5 suites

via Lungolago 18 - 0461 586057 - www.alledolomiti.com - Chiuso marzo-16 aprile e 5 novembre 20 dicembre

Alpenresort Belvedere

TRADIZIONALE • MODERNO L'albergo è stato completamente rinnovato in uno stile moderno-montano, senza esagerazioni o stravaganti eccessi, ma ampliando quasi ovunque gli spazi a disposizione degli ospiti. Camere ancora più ampie e confortevoli, nonché la certezza di una spa attrezzata.

46 cam - 90/140 € 150/210 € - 10 suites

via Nazionale 9 - 0461 586933 - www.belvedereonline.com - Chiuso 26 marzo-13 aprile e 5 novembre-7 dicembre

Du Lac

FAMILIARE • STILE MONTANO Alle porte del paese, una struttura tipica montana abbracciata dal verde e sita vicino al lago dispone di camere classiche ed accoglienti rinnovate in anni recenti. Nel curato giardino, la piscina.

40 cam - 60/120 € 80/160 €

via Nazionale 4 - 0461 586965 - www.hoteldulac.it - Chiuso aprile e novembre

MOMBARUZZO

Asti (AT) - 14046 - 1 117 ab. - Carta regionale n° **12**-C3

Roma 610 km - Torino 98 km - Asti 37 km - Alessandria 28 km

Carta stradale Michelin 561-H7

a Casalotto Ovest : 4 km 14046

La Villa

FAMILIARE • STORICO Nel cuore delle colline del Monferrato, una signorile villa dei primi del '700 gestita da una coppia inglese, dispone di camere diverse negli arredi e una terrazza panoramica.

14 cam - 100/110 € 200/270 € - 3 suites

via Torino 7 - 0141 793890 - www.lavillahotel.net - Aperto 1° aprile-30 novembre

MOMBELLO MONFERRATO

Alessandria - 15020 - 1 038 ab. - Alt. 273 m - Carta regionale n° **12**-C2

Roma 626 km - Alessandria 48 km - Asti 38 km - Milano 95 km

Carta stradale Michelin 561-G6

Dubini

CUCINA PIEMONTESE • FAMILIARE Gestione familiare di grande ospitalità e simpatia in un locale ubicato tra le splendide colline del Monferrato. Specialità del territorio ricche di gusto proposte a voce e, dall'altra parte della stradina, la cascina con le camere in stile country.

Menu 25 € (pranzo in settimana)/40 € 4 cam - 80 € 80 €

via Roma 34 - 0142 944116 - www.cadubini.it - Chiuso 1°-20 gennaio, 1°-20 agosto e mercoledì

MOMO

Novara - 28015 - 2 549 ab. - Alt. 213 m - Carta regionale n° **12**-C2

Roma 640 km - Stresa 46 km - Milano 66 km - Novara 15 km

Carta stradale Michelin 561-F7

Macallè

CUCINA PIEMONTESE • ELEGANTE XXX Elegante locale storico della zona, con alcune accoglienti stanze e un'ampia sala luminosa di taglio moderno, dove si propongono ricercati piatti della tradizione.

Carta 24/82 € 8 cam ☕ - †60/90 € ††80/110 €

via Boniperti 2 - ✆ 0321 926064 - www.macalle.it - Chiuso 10 giorni in gennaio, 10 giorni in luglio e mercoledì

MONASTEROLO DEL CASTELLO

Bergamo - ✉ 24060 - 1 150 ab. - Alt. 365 m - Carta regionale n° **10**-D1

Roma 585 km - Bergamo 28 km - Brescia 61 km - Milano 72 km

Carta stradale Michelin 561-E11

Locanda del Boscaiolo

CUCINA REGIONALE • CONVIVIALE XX Con la bella stagione potrete accomodarvi sotto un pergolato, in riva al lago; nelle serate più fredde vi attenderà invece l'accogliente e romantica saletta. Genuine proposte culinarie tipiche del luogo. Semplici e sempre tenute con cura le camere, ideali per un soggiorno di tranquillità.

Carta 27/51 € 11 cam - †50 € ††60 € - ☕ 8 €

via Monte Grappa 41 - ✆ 035 814513 - www.locandadelboscaiolo.it - Chiuso novembre e martedì escluso maggio-settembre

MONASTIER DI TREVISO

Treviso - ✉ 31050 - 3 496 ab. - Carta regionale n° **23**-A1

Roma 555 km - Venezia 44 km - Treviso 19 km - Padova 71 km

Carta stradale Michelin 562-F19

Menegaldo

PESCE E FRUTTI DI MARE • FAMILIARE X L'insegna subito anticipa il carattere familiare del ristorante; all'interno, un ambiente piacevolmente retrò che si distingue per la calorosa accoglienza e le ottime specialità ittiche dell'Adriatico.

Menu 30 € (pranzo in settimana)/70 € - Carta 32/77 €

via Pralongo 216, Est: 4 km - ✆ 0422 898802 - www.trattoriamenegaldo.it - Chiuso agosto, martedì sera e mercoledì

MONCALIERI

Torino - ✉ 10024 - 57 294 ab. - Alt. 219 m - Carta regionale n° **12**-A1

Roma 662 km - Torino 10 km - Asti 47 km - Cuneo 86 km

Carta stradale Michelin 561-G5

Pianta d'insieme di Torino

La Maison Delfino

PESCE E FRUTTI DI MARE • ELEGANTE XX Sono due fratelli a gestire con passione e capacità questo elegante locale fuori dal centro, ora dotato anche di raffinato portico per il dehors. Due menu: uno semplice, l'altro più creativo, dai quali è possibile scegliere anche solo alcuni piatti, ma tutti rigorosamente di pesce!

Menu 48 € - Carta 44/68 €

via Lagrange 4, borgo Mercato - ✆ 011 642552 - www.lamaisondelfino.it - solo a cena - Chiuso 1°-10 gennaio, 9-22 agosto, domenica e lunedì

Ca' Mia

CUCINA PIEMONTESE • AMBIENTE CLASSICO XX Nella cornice delle colline di Moncalieri - un locale classico e affermato - ideale per ogni occasione, dai pranzi di lavoro alle cerimonie: cucina tradizionale e del territorio, ma anche forno a legna per pizze d'autore!

Menu 25/30 € - Carta 25/36 €

Pianta: 2D3-c - *strada Revigliasco 138 - ✆ 011 647 2808 - www.camia.it - Chiuso mercoledì*

Al Borgo Antico

CUCINA REGIONALE • FAMILIARE Nel suggestivo centro storico di Moncalieri, tutto sali scendi ed eleganti piazze, qui si officia la cucina tradizionale piemontese: sempre presenti - in stagione - funghi e tartufi, ma anche qualche proposta di pesce.

Menu 20/32 € - Carta 29/53 €

via Santa Croce 34 - 011 644455 - www.al-borgoantico.it - Chiuso 30 luglio-30 agosto, domenica sera e lunedì

a Revigliasco NE : 8 km ✉ 10024

La Taverna di Fra' Fiusch

CUCINA PIEMONTESE • ACCOGLIENTE Incastonato in un delizioso borgo collinare, gli amanti della tradizione troveranno tutti i cavalli di battaglia della zona aggiornati con un gusto ed un'estetica più moderni, come nel guanciale di vitella brasata o nel dessert "Piemonte in bocca" (zabaione, bunet, panna cotta, bicerin e baci di dama). Splendido omaggio ad un'intramontabile regione!

Menu 35/40 € - Carta 29/54 €

Pianta: D3-d - *via Beria 32 - 011 860 8224 (consigliata la prenotazione) - www.frafiusch.it - solo a cena escluso sabato, domenica e giorni festivi - Chiuso lunedì*

MONCALVO

Asti - ✉ 14036 - 3 033 ab. - Alt. 305 m - Carta regionale n° **12**-C2

Roma 633 km - Alessandria 48 km - Asti 21 km - Milano 98 km

Carta stradale Michelin 561-G6

La Locanda del Melograno

LOCANDA • ACCOGLIENTE Camere molto spaziose in un edificio di fine '800 sottoposto a restauro con esiti mirabili: rispetto per le origini e affascinanti incursioni nel moderno. Rivendita di vini e prodotti del territorio.

9 cam - †70 € ††90/100 €

corso Regina Margherita 38 - 0141 917599 - www.lalocandadelmelograno.it

MONCENISIO

Torino - ✉ 10050 - 36 ab. - Alt. 1 461 m - Carta regionale n° **12**-B2

Roma 722 km - Torino 88 km - Moncalieri 84 km

Carta stradale Michelin 561-G2

Chalet sul Lago

CUCINA PIEMONTESE • CONTESTO TRADIZIONALE Cucina genuina e casereccia con piatti di cacciagione e qualche pesce d'acqua dolce, in uno chalet situato in posizione panoramica sulla riva di un laghetto naturale; c'è anche un piacevole dehors. Magnifica la vista dalle finestre ed accoglienti le stanze, sobriamente arredate.

Menu 19 € (in settimana)/22 € - Carta 23/39 € 6 cam - †65/85 € ††65/85 €

regione lago 8 - 0122 653315 - www.chaletsullago.it - Chiuso 3 novembre-3 dicembre

MONCHIERO

Cuneo (CN) - ✉ 12060 - 571 ab. - Alt. 235 m - Carta regionale n° **14**-C3

Roma 635 km - Cuneo 53 km - Torino 71 km - Asti 50 km

Antico Borgo Monchiero

DIMORA STORICA • BUCOLICO Nel borgo, in cima alla collina che domina la valle del Tanaro, elegante hotel ricavato da un antico monastero settecentesco. Ma la modernità ha poi il sopravvento nella piccola zona benessere e nel giardino con piscina.

17 cam - †80/150 € ††110/250 € - 4 suites

località Monchiero Alto 3 - 0173 792190 - www.anticoborgomonchiero.it

MONCIONI Arezzo (AR) → Vedere Montevarchi

MONDELLO Sicilia Palermo → Vedere Palermo

MONDOVÌ

Cuneo – ✉ 12084 – 22 023 ab. – Alt. 559 m – Carta regionale n° **12**-B3
Roma 617 km – Cuneo 27 km – Torino 84 km – Savona 66 km
Carta stradale Michelin 561-I5

La Borsarella

CUCINA PIEMONTESE • ACCOGLIENTE XX Ricavato negli ambienti di un cascinale di origine settecentesca, propone una cucina piemontese ancorata ai sapori della tradizione. Nel cortile anche il vecchio forno per il pane e un laghetto artificiale.

Menu 25/39 € – Carta 35/53 €

via del Crist 2, Nord-Est: 2,5 km – ✆ 0174 42999 – www.laborsarella.it – Chiuso 1°-7 gennaio, 1 settimana in agosto e domenica sera

MONEGLIA

Genova – ✉ 16030 – 2 809 ab. – Carta regionale n° **8**-C2
Roma 457 km – Genova 61 km – La Spezia 59 km – Massa 74 km
Carta stradale Michelin 561-J10

Villa Edera

FAMILIARE • MEDITERRANEO In posizione predominante e poco distante dal centro, un hotel a conduzione diretta d'ispirazione contemporanea: ampie e ariose sale, camere accoglienti. A disposizone degli ospiti degustazioni di prodotti locali di alta qualità.

27 cam – 115/160 € 120/200 €

via Venino 12/13 – ✆ 0185 49291 – www.villaedera.com – Aperto 1° aprile-20 ottobre

Piccolo Hotel

FAMILIARE • ACCOGLIENTE A pochi passi dalla spiaggia, valido albergo del centro che si sviluppa su due edifici collegati tra loro: accoglienti spazi comuni e piacevoli camere di buon confort. Grande e luminosa sala da pranzo.

38 cam – 80/120 € 100/160 €

corso Longhi 19 – ✆ 0185 49374 – www.piccolohotel.it – Aperto 1° aprile-20 ottobre

Villa Argentina

FAMILIARE • ACCOGLIENTE Salda e professionale la gestione familiare di questa moderna struttura, non lontana dal centro e circondata da un bel giardino ombreggiato. Le sue camere sono spaziose e ben insonorizzate.

18 cam – 50/90 € 70/140 €

via Torrente San Lorenzo 2 – ✆ 0185 49228 – www.villa-argentina.it

Abbadia San Giorgio

DIMORA STORICA • ELEGANTE Mura quattrocentesche e confort moderno per eleganti camere ricavate in un ex convento francescano. Il bel chiostro, in cui gli ospiti possono fruire per la colazione, l'aperitivo o semplicemente per rilassarsi, conferisce ulteriore fascino alla struttura.

6 cam – 155/170 € 175/190 €

piazzale San Giorgio – ✆ 0185 491119 – www.abbadiasangiorgio.com – Aperto 15 marzo-1° novembre

a Lemeglio Sud-Est : 2 km

La Ruota

PESCE E FRUTTI DI MARE • ACCOGLIENTE XX Giovane e dinamica conduzione in un locale dall'ambiente familiare, che propone solo menu degustazione a base di pesce fresco. Bella vista del mare e di Moneglia.

Menu 36 € (pranzo)/53 €

via per Lemeglio 6, alt. 200 - ☎ 0185 49565 (consigliata la prenotazione) - www.laruotamoneglia.it - solo a cena escluso sabato e domenica da metà settembre a metà giugno - Chiuso novembre e mercoledì

MONFALCONE

Gorizia - ✉ 34074 - 28 258 ab. - Carta regionale n° **6**-C3

Roma 641 km - Udine 42 km - Gorizia 24 km - Grado 24 km

Carta stradale Michelin 562-E22

Ai Campi di Marcello

PESCE E FRUTTI DI MARE • FAMILIARE X Non lontano dai cantieri navali, piacevole atmosfera in un locale a conduzione familiare dalle valide proposte ittiche. Tra le tante specialità, noi consigliamo: fregola sarda con canestrelli. (Nota curiosa: la passione del titolare per il rum, si traduce in un'intrigante ed inaspettata selezione di tale liquore).

Carta 31/78 € 14 cam - †54/70 € ††82/110 €

via Napoli 11 - ☎ 0481 481937 (consigliata la prenotazione) - www.hotel-ami.it - Chiuso 1 settimana in agosto e lunedì a mezzogiorno

Europalace

BUSINESS • MODERNO Dalla ristrutturazione di un palazzo degli anni '20, che fu albergo degli impiegati dei cantieri, nasce questa bella struttura con raffinati spazi comuni e camere elegantemente moderne. Per gli amanti dell'arte, esposizioni mensili di talenti locali.

40 cam - †60/100 € ††85/150 €

via Callisto Cosulich 20 - ☎ 0481 710709 - www.europalacehotel.com - Chiuso 28 dicembre-5 gennaio

MONFORTE D'ALBA

Cuneo - ✉ 12065 - 2 056 ab. - Alt. 480 m - Carta regionale n° **14**-C3

Roma 640 km - Cuneo 58 km - Asti 47 km - Torino 76 km

Carta stradale Michelin 561-I5

Giardino-da Felicin

CUCINA PIEMONTESE • AMBIENTE CLASSICO XXX Di generazione in generazione, da oltre cento anni, è un appuntamento imperdibile con la cucina langarola. Pochi fronzoli o provocazioni, ma tanti sapori e concretezza, la cucina di Felicin è un classico di cui non ci si disinnamora mai, coccolati da un'ospitalità con pochi eguali.

Menu 65 € - Carta 46/62 € 30 cam - †110/115 € ††135/175 €

via Vallada 18 - ☎ 0173 78225 - www.felicin.it - solo a cena escluso domenica - Chiuso 15 dicembre-22 febbraio, 3 settimane in agosto, domenica sera e lunedì

Trattoria della Posta

CUCINA PIEMONTESE • ELEGANTE XXX In aperta campagna, un caldo sorriso e tanto savoir faire vi accoglieranno sin dall'ingresso in questa casa di campagna, non priva di tocchi romantici e spunti eleganti: lume di candela ed argenteria. La cucina perpetua la tradizione locale ed anche il proverbiale carrello dei formaggi propone il meglio della regione.

Menu 45 € - Carta 32/79 €

località Sant'Anna 87, Est: 2 km - ☎ 0173 78120 (consigliata la prenotazione) - www.trattoriadellaposta.it - Chiuso febbraio, venerdì a mezzogiorno e giovedì

Le Case della Saracca

CUCINA REGIONALE • ALLA MODA Si sviluppa su molti livelli nel suggestivo scenario delle Case della Saracca: cristallo e acciaio sono elementi distintivi assieme a intimi tavolini, cucina regionale e wine-bar.

Menu 30 € - Carta 28/56 €

Le Case della Saracca, via Cavour 5 - 0173 789222 (consigliata la prenotazione) - www.saracca.com - solo a cena - Chiuso mercoledì in agosto-settembre

Villa Beccaris

CASA PADRONALE • STORICO Racchiusa nel silenzio della parte più alta e antica di Monforte, la villa fu residenza settecentesca dell'omonimo generale, oggi è un rifugio elitario, un mondo a sé stante, tra arredi d'epoca, romantica corte interna, giardino d'inverno per le colazioni ed incantevole giardino con piscina e gazebo.

22 cam - †140/255 € ††140/330 € - 1 suite

via Bava Beccaris 1 - 0173 78158 - www.villabeccaris.it - Chiuso 24-27 dicembre e 7-30 gennaio

Le Case della Saracca

STORICO • INSOLITO Nella parte alta di Monforte, una struttura unica, scavata nella roccia, che si snoda fra cunicoli labirintici e passaggi in vetro che conducono a camere sobrie, quasi spartane, ma originali e tematiche.

6 cam - †110/130 € ††135/155 € - 10 €

via Cavour 5 - 0173 789222 - www.saracca.com

Le Case della Saracca - Vedere selezione ristoranti

MONFUMO

Treviso - 31010 - 1 398 ab. - Alt. 227 m - Carta regionale n° **23**-C2

Roma 561 km - Belluno 57 km - Treviso 38 km - Venezia 78 km

Carta stradale Michelin 562-E17

Da Gerry

CUCINA CLASSICA • FAMILIARE Carne e pesce si contendono la carta di questa moderna trattoria nel centro del paese, dotata anche di camere spaziose e confortevoli.

Carta 38/69 € 5 cam - †70 € ††90 €

via Chiesa 6 - 0423 545082 - www.ristorantedagerry.com - Chiuso 1 settimana in gennaio, 16-26 agosto, martedì a mezzogiorno e lunedì

MONGARDINO Bologna

→ Vedere Sasso Marconi

MONGHIDORO

Bologna - 40063 - 3 749 ab. - Alt. 841 m - Carta regionale n° **5**-C2

Roma 333 km - Bologna 43 km - Firenze 65 km - Imola 54 km

Carta stradale Michelin 562-J15

in Valle Idice Nord : 10 km

Agriturismo La Cartiera dei Benandanti

FAMILIARE • PERSONALIZZATO Come indica il nome, si tratta di una vecchia cartiera risalente al XVII secolo, oggi, convertita in un semplice agriturismo isolato nel verde: tutto in pietra con legni a vista, anche le camere sono all'insegna dell'essenzialità, ma pur sempre confortevoli. Disponibili anche due appartamenti con uso cucina, uno nella struttura stessa, l'altro nella vicina azienda agricola.

7 cam - †34/43 € ††68/78 €

via Idice 13, strada provinciale 7 km 28 40063 Monghidoro - 051 655 1498 - www.lacartiera.it

MONGUELFO WELSBERG

Bolzano - 39035 - 2 895 ab. - Alt. 1 087 m - Carta regionale n° **19**-D1

Roma 732 km - Cortina d'Ampezzo 42 km - Bolzano 94 km - Brunico 17 km

Carta stradale Michelin 562-B18

a Tesido Nord : 2 km ✉ 39035 - Monguelfo - Alt. 1 219 m

Alpen Tesitin

FAMILIARE • STILE MONTANO Nella parte più alta della frazione, l'albergo offre tranquillità, vista e straordinari ambienti in legno, dagli eleganti salotti della hall alle ultime nuove camere. Splendido centro benessere, tra i migliori della valle. Il menu del ristorante si declina in tante formule: gourmet, à la carte, dietetico o vital per vegetariani.

42 cam - solo ½ P 105/154 € - 14 suites

Riva di Sotto 22, Ovest : 1 km - ☎ 0474 950020 - www.alpentesitin.it - Chiuso 20 aprile-20 maggio e novembre

MONIGA DEL GARDA

Brescia - ✉ 25080 - 2 533 ab. - Alt. 125 m - Carta regionale n° **9**-D1

Roma 537 km - Brescia 28 km - Mantova 76 km - Milano 127 km

Carta stradale Michelin 561-F13

L'Osteria H20

CUCINA CREATIVA • MINIMALISTA XX Posizione stradale, ma sala rivolta verso il lago, per un ambiente solare e minimalista dove gustare una cucina personalizzata e fantasiosa sia di acqua che di terra.

Carta 52/96 €

via Pergola 10 - ☎ 0365 503225 - www.losteriah2o.it - Chiuso gennaio e lunedì

MONOPOLI

Bari - ✉ 70043 - 49 133 ab. - Carta regionale n° **15**-C2

Roma 494 km - Bari 45 km - Brindisi 70 km - Matera 80 km

Carta stradale Michelin 564-E33

Angelo Sabatelli

CUCINA CREATIVA • RUSTICO XX In una masseria di origini cinquecentesche, gli interni sono semplici, ma accattivanti, e rivisitano con qualche tocco moderno l'atmosfera tradizionale pugliese. La cucina propone una delle riletture più entusiasmanti dei piatti regionali, sia di terra che di mare.

→ Riso, caciocavallo podolico, albicocche e caffè. Piccione arrosto alle nocciole. Meringata ai frutti rossi, zabajone ghiacciato.

Menu 60/120 € - Carta 60/87 €

via Aldo Moro 27 - ☎ 080 802396 (prenotare) - www.angelosabatelliristorante.com - Chiuso 1°-15 novembre, lunedì e anche domenica sera da settembre a giugno

La Peschiera

LUSSO • MEDITERRANEO Lussuoso hotel ricavato da un'antica peschiera borbonica: posizione invidiabile con il mare di fronte e tre grandi piscine alle spalle. Per un soggiorno in assoluta tranquillità, non sono ammessi bambini di età inferiore ai 12 anni. Ristorante dallo stile fresco e marino, ma elegante. Cucina di mare e del territorio.

12 cam ☕ - †408/2100 € ††408/2100 € - 3 suites

contrada Losciale 63, Sud-Est: 9 km ✉ 70043 Monopoli - ☎ 080 801066 - www.peschierahotel.com - Aperto 1° maggio-31 ottobre

Don Ferrante

STORICO • PERSONALIZZATO Nel cuore del centro storico, inaccessibile alle auto che possono essere parcheggiate comunque non lontano, un'antica fortezza restaurata nel rispetto delle forme originarie. Spazi contenuti, ma di grande fascino.

9 cam ☕ - †145/260 € ††210/360 € - 1 suite

via San Vito 27 - ☎ 080 742521 - www.donferrante.it - Chiuso 10 gennaio-10 febbraio

MONREALE Sicilia

Palermo – ✉ 90046 – 39 389 ab. – Alt. 310 m – Carta regionale n° **17**-B2
▶ Agrigento 135 km – Palermo 10 km – Marsala 108 km – Trapani 92 km
Carta stradale Michelin 365-AO55

Taverna del Pavone

CUCINA SICILIANA • FAMILIARE X Nel caotico centro storico, ma nei pressi del meraviglioso duomo, tavoli piuttosto ravvicinati per chi desidera gustare semplici "capolavori" della Trinacria gastronomica in un ambiente familiare e simpatico.

Menu 16 € (pranzo in settimana)/35 € – Carta 22/45 €

vicolo Pensato 18 – ✆ 091 640 6209 – www.tavernadelpavone.eu – Chiuso 2 settimane in giugno e lunedì

Palazzo Ducale Suites

LOCANDA • ROMANTICO Nella centro storico della splendida Monreale, una recente ristrutturazione ha dato vita a belle camere e suite anche con terrazzo, arredi moderni e raffinati accessori.

9 cam – †40/90 € ††50/100 €

via Duca degli Abruzzi 8
– ✆ 091 640 4298 – www.palazzoducalesuites.it

MONRUPINO

Trieste – ✉ 34016 – 893 ab. – Alt. 418 m – Carta regionale n° **6**-D3
▶ Roma 669 km – Udine 71 km – Gorizia 43 km – Trieste 11 km
Carta stradale Michelin 562-E23

Krizman

CUCINA REGIONALE • RUSTICO X Strucolo bollito con spinaci e ricotta, filetto di manzo cotto nel fieno, braciole d'agnello con erbe del Carso e tante altre specialità del territorio, in un piacevole locale dall'ambiente rustico e dalla consolidata gestione familiare. Servizio estivo in giardino e, in posizione privilegiata per una rilassante vacanza nel verde, Krizman offre anche camere semplici, ideali per un soggiorno lontano dai rumori della città.

Menu 20/40 € – Carta 19/44 € 17 cam – †45/55 € ††64/80 €

località Repen 76, Ovest: 1,5 km – ✆ 040 327115 – www.hotelkrizman.eu – Chiuso gennaio e lunedì a mezzogiorno

MONSELICE

Padova – ✉ 35043 – 17 599 ab. – Carta regionale n° **23**-B3
▶ Roma 471 km – Padova 23 km – Ferrara 54 km – Mantova 85 km
Carta stradale Michelin 562-G17

La Torre

CUCINA CLASSICA • CONTESTO STORICO XX In pieno centro storico, nella piazza principale della città, piatti di cucina della tradizione e ricette a base di prodotti pregiati: tra le specialità la cottura alla griglia. Ambiente classico.

Carta 32/61 €

piazza Mazzini 14
– ✆ 0429 73752 – www.ristorantelatorremonselice.it
– Chiuso 26 dicembre-6 gennaio, 25 luglio-21 agosto, domenica sera e lunedì

MONSUMMANO TERME

Pistoia – ✉ 51015 – 21 338 ab. – Alt. 20 m – Carta regionale n° **18**-B1
▶ Roma 322 km – Firenze 52 km – Pistoia 18 km – Lucca 34 km
Carta stradale Michelin 563-K14

La Foresteria

CUCINA REGIONALE • ROMANTICO XX Sovrasta la vallata di Nievole questo locale elegante e sobrio, all'interno di un piccolo borgo medievale. Un paesaggio suggestivo nel quale gustare specialità del territorio - leggermente rivisitate ed alleggerite - con buona cura delle presentazioni.

Menu 29/37 € - Carta 23/46 € 5 cam - 80/90 € 110/120 €

località Monsummano Alto, piazza Castello 10 - 0572 520097 - www.ristorantelaforesteria.it - solo a cena escluso sabato e domenica in inverno - Chiuso novembre e lunedì

Osteria Il Maialetto

CUCINA TOSCANA • FAMILIARE X Accanto alla macelleria di famiglia, vivace osteria dallo spirito giovanile dove gustare una schietta cucina toscana, nonché carni e prosciutti di allevamenti propri.

Carta 23/50 €

via Della Repubblica 372 - 0572 953849 - www.ilmaialetto.com - solo a cena - Chiuso lunedì

Grotta Giusti

LUSSO • PERSONALIZZATO Nella quiete di un grande parco con piscina - all'interno del celebre complesso termale con grotte naturali (di cui una vanta il primato europeo per dimensioni) - una bella struttura completa nella gamma dei servizi e camere di diverse ampiezze, eleganti, in stile: alcune sono davvero grandi!

64 cam - 180/250 € 260/400 €

via Grotta Giusti 1411, Est : 2 km - 0572 90771 - www.grottagiustispa.com

MONTÀ

Cuneo (CN) - 12046 - 4 733 ab. - Alt. 316 m - Carta regionale n° **14**-C2

Roma 544 km - Torino 48 km - Asti 29 km - Cuneo 76 km

Carta stradale Michelin 561-H5

Marcelin

CUCINA MODERNA • ELEGANTE XX In una regione gastronomicamente tradizionalista, chi è alla ricerca di una cucina più originale troverà al Marcelin proposte creative, sempre esteticamente curate, con qualche piatto anche di pesce. Il tutto al primo piano di un'ex segheria che ha ceduto il passo ad un ristorante di sobria raffinatezza.

Menu 45 € (cena)/60 € - Carta 47/68 €

Hotel Casa Americani, piazzetta della Vecchia Segheria 1 (ex piazza Vittorio Veneto) - 0173 975569 - www.marcelin.it - Chiuso 15 giorni in gennaio, domenica sera e lunedì

Casa Americani

FAMILIARE • PERSONALIZZATO Il nome dell'albergo ricorda che i vecchi proprietari della casa emigrarono negli Stati Uniti, guadagnandosi quindi il soprannome di "americani"; le sue camere situate in un edificio a ringhiera di fine '800 assicurano però confort moderni. Particolarmente originale la mansardata rocca del pettirosso.

7 cam - 65 € 88/95 €

piazzetta della Vecchia Segheria 1 (ex piazza Vittorio Veneto) - 0173 976744 - www.casaamericani.it - Chiuso 15 giorni in gennaio

Marcelin - Vedere selezione ristoranti

Belvedere

TRADIZIONALE • CLASSICO Centrale, costruito sulle pendici di un colle, il suo nome è eloquente: tutte le camere offrono un bella vista sulla campagna Roero. Alcune con arredi d'epoca, sempre cullati dall'ospitalità familiare, anche la cucina merita una sosta.

10 cam - 65 € 90 €

vicolo San Giovanni 3 - 0173 976156 - www.albergobelvedere.com - Chiuso 10 giorni in gennaio e 20 giorni in agosto

MONTAGNA MONTAN

Bolzano (BZ) – ✉ 39040 – 1 641 ab. – Alt. 497 m – Carta regionale n° **19**-D3
Roma 627 km – Bolzano 27 km – Merano 50 km – Trento 43 km
Carta stradale Michelin 562-D15

Dorfnerhof

CUCINA REGIONALE • **CONTESTO TRADIZIONALE** X Se vi trovate a salire tra boschi e romantici villaggi, non vi siete persi, ma è la lunga strada che vi conduce al Dorfner, un'eccellente tappa gastronomica per chi vuol scoprire antichi sapori di montagna. Manzo, verdura e frutta fra gli ottimi prodotti del maso. Specialità: rosato di bue con insalatina selvatica - steak di cervo con rotolati di polenta e cappucci rossi - semifreddo al sambuco con frutta di stagione.

Carta 24/61 € 6 cam – †59/64 € ††86/98 €

località Casignano 5, Sud: 8 Km – 0471 819924 – www.dorfner.it – Chiuso gennaio o febbraio, 1 settimana in giugno e lunedì

MONTAGNAGA Trento (TN) → Vedere Baselga di Pinè

MONTAGNA IN VALTELLINA Sondrio → Vedere Sondrio

MONTAGNANA

Padova – ✉ 35044 – 9 214 ab. – Alt. 16 m – Carta regionale n° **23**-B3
Roma 475 km – Padova 49 km – Ferrara 57 km – Mantova 60 km
Carta stradale Michelin 562-G16

Hostaria San Benedetto

CUCINA REGIONALE • **ELEGANTE** XX Locale ubicato nel cuore della "città murata": una sala di tono signorile in cui provare proposte di cucina del luogo rivisitata; servizio estivo all'aperto.

Menu 29/35 € – Carta 32/58 €

via Andronalecca 13 – 0429 800999 – www.hostariasanbenedetto.it – Chiuso mercoledì

MONTAGNANA Modena → Vedere Serramazzoni

MONTAIONE

Firenze – ✉ 50050 – 3 700 ab. – Alt. 242 m – Carta regionale n° **18**-B2
Roma 289 km – Firenze 59 km – Siena 61 km – Livorno 75 km
Carta stradale Michelin 563-L14

UNA Palazzo Mannaioni

TRADIZIONALE • **ELEGANTE** In un'antica dimora cinquecentesca addossata alle mura castellane, un hotel abbellito da un giardino con piscina: eleganti interni in stile rustico e confortevoli camere. La vera cucina toscana vi attende nella raffinata sala ristorante, un tempo frantoio, dal suggestivo soffitto a vela.

47 cam – †77/410 € ††77/410 €

via Marconi 2 – 0571 69277 – www.unahotels.it – Chiuso 5 gennaio-28 febbraio

a San Benedetto Nord-Ovest : 5 km ✉ 50050 – Montaione

Casa Masi

CUCINA REGIONALE • **RUSTICO** XX Una terra ricca di ottimi prodotti, tra i quali eccelle il tartufo bianco, e l'abilità di Luciana ai fornelli danno vita ad una cucina che si rifà alla tradizione montaionese, pur rimanendo moderna. Anche l'ambiente non è lasciato al caso: uno studiato mix di rustico ed elegante, una romantica limonaia, un bel giardino.

Carta 30/50 €

B&B Villa Sestilia, via Collerucci 53 – 0571 677081 (consigliata la prenotazione) – Chiuso dal 15 febbraio al 6 marzo, martedì a mezzogiorno e lunedì

B&B Villa Sestilia

STORICO • PERSONALIZZATO In un caratteristico borgo agricolo, questa elegante casa di campagna - accuratamente restaurata - ospita poche camere, ma tutte spaziose e personalizzate.

4 cam - 70/140 € 90/199 €

via Collerucci 39 - 0571 677081 - www.villasestilia.it

Casa Masi - Vedere selezione ristoranti

MONTALBANO Rimini

➔ Vedere Santarcangelo di Romagna

MONTALCINO

Siena (SI) - 53024 - 5 093 ab. - Alt. 567 m - Carta regionale n° **18**-C2

Roma 213 km - Siena 41 km - Arezzo 86 km - Firenze 109 km

Carta stradale Michelin 563-M16

Boccon DiVino

CUCINA TOSCANA • CONTESTO TRADIZIONALE XX Una casa colonica alle porte del paese: si può scegliere fra la curata sala rustica o la terrazza estiva con vista. Nel piatto, i sapori del territorio leggermente rivisitati in chiave moderna.

Menu 38 € - Carta 39/56 €

via Traversa dei Monti 201, località Colombaio Tozzi, Est: 1 km - 0577 848233 (prenotare) - www.boccondivinomontalcino.it - Chiuso martedì

Il Giglio

TRADIZIONALE • REGIONALE A pochi passi dal Palazzo Comunale, in un albergo di antica tradizione, tipica ambientazione toscana con travi e mattoni a vista. Camere in stile locale, vi segnaliamo in particolare la numero "1" per il terrazzo panoramico sulla val d'Orcia. Fiori freschi e buon vino (anche al bicchiere) nell'ottimo ristorante. Cucina regionale.

12 cam - 90/95 € 135/150 €

via Soccorso Saloni 5 - 0577 848167 - www.gigliohotel.com - Chiuso 7-31 gennaio

Vecchia Oliviera

TRADIZIONALE • PERSONALIZZATO A 2 minuti a piedi dal centro, con vista sulla Val d'Orcia, un antico frantoio è stato trasformato in hotel con eleganti interni in stile locale e molte camere con vasca idromassaggio. All'aperto: piscina, giardino e bella terrazza panoramica per la prima colazione.

10 cam - 80/120 € 120/180 € - 1 suite

porta Cerbaia - 0577 846028 - www.vecchiaoliviera.com - Chiuso vacanze di Natale

a Castiglione del Bosco Nord-Ovest : 12 km 53024

Campo del Drago

CUCINA ITALIANA • ELEGANTE XXX Strategicamente al centro del borgo, una cucina di alta fattura assecondata da una raffinata atmosfera ed un accurato servizio, che donano allo spirito quella rilassatezza per godere al top. La cucina ha un respiro nazionale e propone piatti italiani talvolta rivisitati.

Menu 120/220 € - Carta 61/102 €

Hotel Castiglion del Bosco - 0577 191 3001
- www.rosewoodhotels.com/castigliondelbosco - solo a cena
- Aperto 1° aprile-20 novembre

Il simbolo segnala una carta dei vini particolarmente interessante.

Castiglion del Bosco

GRAN LUSSO • ELEGANTE Una decina di chilometri lungo una strada bianca vi condurranno in uno degli alberghi più esclusivi della regione: immerso in un'immensa proprietà collinare, le camere - ricavate dalla ristrutturazione di un borgo medioevale, alcune in villa - sono ampie e ispirate ad una sobria, raffinata eleganza.

20 suites - 693/8580 € - 3 cam

- ✆ 0577 191 3001 - www.rosewoodhotels.com/castigliondelbosco
- Aperto 1° aprile-20 novembre

Campo del Drago - Vedere selezione ristoranti

a Castelnuovo dell'Abate Sud-Est : 10 km ✉ 53020

Castello di Velona

DIMORA STORICA • GRAN LUSSO Soggiorno esclusivo negli eleganti ambienti di un castello dell'XI secolo completamente restaurato: moderna spa, nonché vista a 360° su colline e Val d'Orcia. Diverse possibilità ristorative, dalle migliori ricette della tradizione gastronomica toscana ai piatti gourmet del ristorante Settimo Senso.

37 cam - 390/1800 € 390/1800 € - 9 suites

località Velona - ✆ 0577 839002 - www.castellodivelona.it
- Chiuso 9 gennaio-20 febbraio

a Poggio alle Mura Sud-Ovest : 19 km ✉ 53024 - Montalcino

Sala dei Grappoli

CUCINA CREATIVA • ROMANTICO XXX Una volta all'interno, le viti che ornano le pareti illustreranno il nome del ristorante, ma meglio ancora farà la cucina: chi ama la rielaborazione della tradizione in forme creative, nonché eleganti presentazioni correrà qui, ai piedi di un magnifico castello medioevale.

Menu 95/125 € - Carta 80/109 €

Hotel Castello Banfi-Il Borgo, località Sant'Angelo Scalo - ✆ 0577 877524 (consigliata la prenotazione) - www.castellobanfiilborgo.com - solo a cena
- Aperto 30 marzo-16 novembre

Castello Banfi-Il Borgo

CASA DI CAMPAGNA • GRAN LUSSO Nel castello, di origini medioevali e circondato dal più tipico paesaggio toscano, troverete la sala lettura e il museo del vetro; intorno, il borgo settecentesco e le camere, di raffinata bucolica eleganza e straordinari bagni. Incantevole, il giardino delle rose.

9 cam - 539/1375 € 539/1375 € - 5 suites

località Sant'Angelo Scalo - ✆ 0577 877700 - www.castellobanfiilborgo.it
- Aperto 30 marzo-16 novembre

Sala dei Grappoli - Vedere selezione ristoranti

MONTALLEGRO

Agrigento (AG) - ✉ 92010 - 2 519 ab. - Alt. 100 m - Carta regionale n° **17**-B2
Roma 985 km - Palermo 128 km - Agrigento 29 km - Caltanissetta 87 km
Carta stradale Michelin 365-AP59

Capitolo Primo del Relais Briuccia

CUCINA SICILIANA • CONTESTO STORICO XX Un angolo di amena familiarità in un anonimo vicolo del centro: protagonista è una coppia che mettendo a frutto la propria esperienza internazionale propone piatti siciliani (ottimo il filetto di tonno su insalatina di cous cous aromatica), nonché ospitalità di ottima qualità. La sala e le camere evidenziano un eccellente gusto.

Menu 42/48 € - Carta 30/47 €   5 cam - 65 € 100 €

via Trieste 1 - ✆ 0922 847755 (consigliata la prenotazione) - www.relaisbriuccia.it
- Chiuso lunedì

MONTAN MONTAGNA

MONTE BERG Bolzano → Vedere Appiano sulla Strada del Vino

MONTE ... MONTI → Vedere nome proprio del o dei monti

MONTEBELLO VICENTINO

Vicenza – ✉ 36054 – 6 571 ab. – Alt. 53 m – Carta regionale n° **22**-A2
Roma 537 km – Verona 37 km – Vicenza 21 km – Venezia 86 km
Carta stradale Michelin 562-F16

a Selva Nord-Ovest : 3 km ✉ 36054 – Montebello Vicentino

La Marescialla

CUCINA REGIONALE • CONTESTO TRADIZIONALE XX Pur non mancando qualche specialità di carne, è il pesce il prediletto del menu di questo accogliente locale in aperta campagna, che propone nella stagione estiva anche un fresco dehors.

Carta 33/67 €

via Capitello 3 – ☎ 0444 649216 (consigliata la prenotazione) – www.ristorantelamarescialla.it – Chiuso 4-10 gennaio, 14-28 agosto, domenica sera e lunedì

MONTEBELLUNA

Treviso – ✉ 31044 – 31 228 ab. – Alt. 109 m – Carta regionale n° **23**-C2
Roma 542 km – Padova 52 km – Belluno 63 km – Treviso 22 km
Carta stradale Michelin 562-E18

Nidaba

CUCINA MODERNA • DI TENDENZA X L'esperienza di Andrea e Daniela, con l'entusiasmo dei giovani collaboratori, dà corpo ad un locale realmente moderno, frutto di una visione cosmopolita nonostante si trovi in provincia. Cucina moderna, ma anche fritti accanto a sandwich, nonché hamburger gourmet. E poi il nuovo angolo dei cocktail e l'importante mescita di birre: in un anno girano circa 200 tipi diversi alla spina. Insomma, un indirizzo giustamente premiato dal successo di una grande affluenza!

Carta 23/50 €

via Argine 15 – ☎ 0423 609937 (consigliata la prenotazione) – www.nidabaspirit.it – solo a cena – Chiuso domenica

MONTEBENI Firenze → Vedere Fiesole

MONTEBENICHI

Arezzo – ✉ 52021 – Pietraviva – Alt. 508 m – Carta regionale n° **18**-C2
Roma 205 km – Siena 31 km – Arezzo 40 km – Firenze 73 km
Carta stradale Michelin 563-L15

Osteria L'Orciaia

CUCINA REGIONALE • CONTESTO STORICO X Caratteristico localino rustico all'interno di un edificio cinquecentesco, con un raccolto dehors estivo. Cucina tipica toscana elaborata partendo da ottimi prodotti.

Carta 26/52 €

via Capitan Goro 10 – ☎ 055 991 0067 (prenotazione obbligatoria) – Aperto 24 aprile-31 ottobre; chiuso martedì

Castelletto di Montebenichi

DIMORA STORICA • PERSONALIZZATO L'emozione di soggiornare nei ricchi interni di un piccolo castello privato in un borgo medioevale, tra quadri e reperti archeologici; panoramico giardino con piscina.

9 cam ☕ – †250/360 € ††250/360 € – 3 suites

piazza Gorizia 19 – ☎ 055 991 0110 – www.castelletto.it – Aperto 15 aprile-15 ottobre

MONTECALVO VERSIGGIA

Pavia - ✉ 27047 - 547 ab. - Alt. 410 m - Carta regionale n° **9**-B3
▶ Roma 559 km - Piacenza 48 km - Pavia 34 km - Milano 69 km
Carta stradale Michelin 561-H9

Prato Gaio

CUCINA REGIONALE • **ACCOGLIENTE** XX La ristorazione è nel Dna di famiglia: osti già nell'Ottocento, ci si ispira ancora oggi alla tradizione dell'Oltrepò, talvolta riproposta come si faceva un tempo, talvolta corretta con personalità e attualità. Una tappa obbligatoria per gli amanti dei sapori locali.

Menu 40/55 € - Carta 37/62 €

località Versa, bivio per Volpara, Est: 3 km - ✆ 0385 99726 - www.ristorantepratogaio.it - Chiuso 7 gennaio-7 febbraio, lunedì e martedì

MONTECARLO

Lucca - ✉ 55015 - 4 428 ab. - Alt. 162 m - Carta regionale n° **18**-B1
▶ Roma 333 km - Pisa 46 km - Firenze 63 km - Lucca 18 km
Carta stradale Michelin 563-K14

Antico Ristorante Forassiepi

CUCINA MEDITERRANEA • **ACCOGLIENTE** XXX Qui troverete la storia di un grazioso borgo medioevale, un bel panorama sulla valle, ma soprattutto un'eccellente cucina. Se il risotto al piccione è il piatto storico, il successo delle proposte di pesce è enorme e giustificato.

Menu 50/55 € - Carta 41/90 €

via della Contea 1 - ✆ 0583 229475 - www.ristoranteforassiepi.it - Chiuso 15-31 gennaio, 1°-7 luglio e martedì

Nina

CUCINA TOSCANA • **FAMILIARE** XX In posizione panoramica, Nina propone la cucina della tradizione e diverse specialità alla griglia, agnello, manzo e piccione. Nella bella stagione scegliete i tavoli allestiti all'esterno del casolare, nella veranda che profuma di glicine e vite americana. Camere spaziose, arredate in stile. Prezzi interessanti.

Carta 29/56 € 10 cam - †50 € ††65 € - senza ☕

via San Martino 54, Nord-Ovest: 2,5 km - ✆ 0583 22178 (prenotare) - www.lanina.it - Chiuso 15 febbraio a 15 marzo, lunedì sera e martedì

Enoteca la Torre

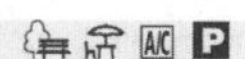

CUCINA REGIONALE • **RUSTICO** X Un ristorantino che si esprime al meglio in estate, quando tutto si trasferisce all'aperto. La cucina, invece, non subisce influenze particolari se non un'attenzione encomiabile nel promuovere i prodotti di stagione. Specialità toscane.

Carta 34/42 €

Agriturismo Fattoria la Torre, via provinciale di Montecarlo 7 - ✆ 0583 22981 - www.fattorialatorre.it - solo a cena escluso sabato-domenica - Chiuso martedì

Antica Dimora Patrizia

STORICO • **PERSONALIZZATO** Il nome è già un ottimo biglietto da visita... in un antico palazzo del XV secolo appartenuto alla nobile famiglia Lavagna, sete, broccati e opere d'arte concorrono a rievocare l'atmosfera medievale della Toscana. Il piano nobile ospita le due stanze dei conti Sinibaldo e Gaia, oggi trasformate in spazi per cene private ed eventi. Ma anche le altre camere brillano per cura e personalizzazione.

6 cam ☕ - †69/99 € ††79/109 €

piazza Carmignani 12 - ✆ 0583 179 7017 - www.anticadimorapatrizia.it

Agriturismo Fattoria la Torre

LOCANDA • MODERNO Accanto alla produzione di olio e vino, l'ospitalità alberghiera: all'interno, un curioso contrasto tra l'atmosfera di una casa ottocentesca e camere realizzate in design. A completare la struttura anche nove appartamenti con cucina arredati in stile toscano.

6 cam - 60/80 € 100/140 €

via provinciale di Montecarlo 7 - 0583 22981 - www.fattorialatorre.it

Enoteca la Torre - Vedere selezione ristoranti

MONTECASSIANO Macerata (MC) → Vedere Macerata

MONTE CASTELLO DI VIBIO

Perugia - 06057 - 1 567 ab. - Alt. 423 m - Carta regionale n° **20**-B2
Roma 143 km - Perugia 43 km - Assisi 54 km
Carta stradale Michelin 563-N19

a Doglio Sud-Ovest : 9,5 km 06057 - Monte Castello Di Vibio

Agriturismo Fattoria di Vibio

CASA DI CAMPAGNA • TRADIZIONALE Calda, informale ospitalità in un antico casale trasformato in una raffinata residenza di campagna immersa nel verde: eleganza e cura del dettaglio nei suoi confortevoli interni, molto bello il centro benessere. Della cucina si occupano direttamente i titolari.

14 cam - 90/150 € 100/160 €

località Buchella 9 - 075 874 9607 - www.fattoriadivibio.com - Aperto da inizio marzo ad inizio novembre

MONTECATINI TERME

Pistoia - 51016 - 20 409 ab. - Alt. 29 m - Carta regionale n° **18**-B1
Roma 322 km - Firenze 52 km - Pisa 56 km - Pistoia 17 km
Carta stradale Michelin 563-K14

Gourmet

PESCE E FRUTTI DI MARE • AMBIENTE CLASSICO XXX Moderno e sobrio, elegante e raffinato: se il nome è una promessa, il ristorante vi sedurrà con una serie di proposte territoriali e non, nonché una giustificata celebrità legata ai piatti di pesce.

Carta 47/120 €

Pianta: A1-r - *viale Amendola 6 - 0572 771012 - www.gourmetristorante.com - Chiuso 7-17 gennaio, 20 giorni in agosto, mercoledì a mezzogiorno e martedì*

Enoteca Giovanni

CUCINA REGIONALE • CONTESTO CONTEMPORANEO XX Chi non ama i guizzi di cucina sperimentale o gli ambienti design, qui troverà una piacevole classicità nella sala, un servizio attento e dei piatti in prevalenza di pesce su cui nel tempo il ristorante ha costruito la sua fama. Sala fumatori.

Menu 40 € - Carta 53/98 €

Pianta: A2-b - *via Garibaldi 25/27 - 0572 73080 - www.enotecagiovanni.it - Chiuso 14-28 febbraio, 16-30 agosto e lunedì*

La Pecora Nera

CUCINA MEDITERRANEA • ELEGANTE XX Ci sono i lampadari di Murano e gli eleganti pavimenti d'epoca, ma in ambienti freschi e rivisitati con un gusto attuale e soprattutto un'ottima cucina fantasiosa, in buona parte di pesce.

Carta 35/103 €

Pianta: B2-t - *Hotel Ercolini e Savi, via San Martino 18 - 0572 70331 - www.ercoliniesavi.it - solo a cena escluso sabato e i giorni festivi - Chiuso lunedì dal 15 novembre al 10 gennaio*

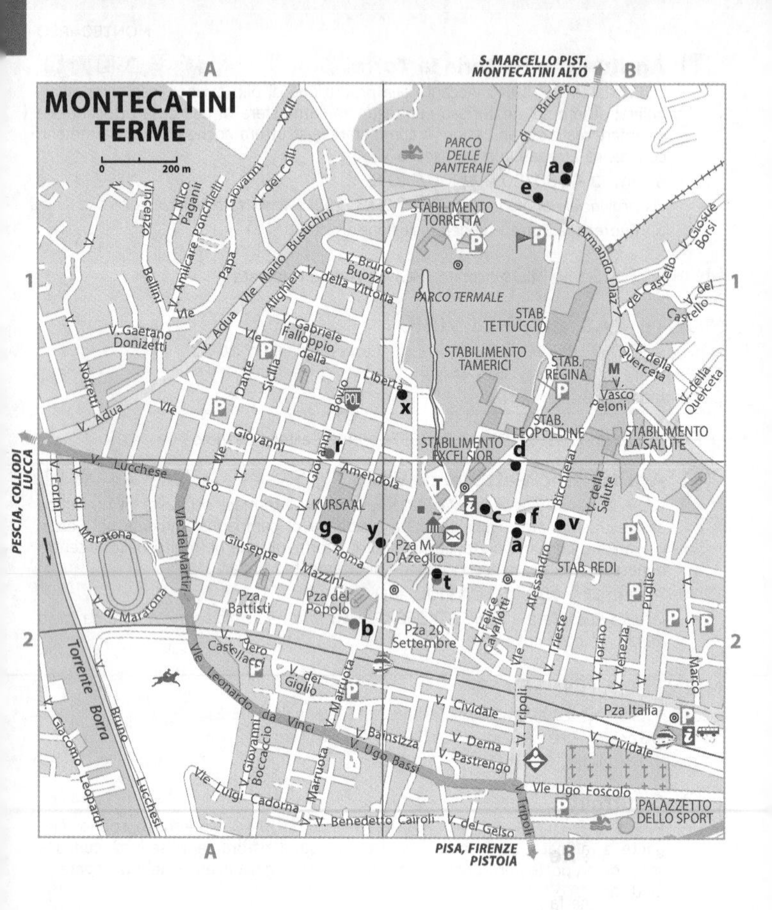

Grand Hotel e La Pace

DIMORA STORICA · ELEGANTE Gli amanti di un gusto retrò e d'antan, spesso grandioso, ma a volte anche un po' sorpassato, troveranno qui il grande albergo per eccellenza: enormi saloni e tanta nostalgia per la belle époque.

120 cam – 140/300 € 180/500 € – 30 suites

Pianta: A2-y – *via della Torretta 1 – 0572 9240 – www.grandhotellapace.it – Aperto 12 dicembre-13 gennaio e 1° aprile-3 novembre*

Grand Hotel Croce di Malta

SPA E WELLNESS · PERSONALIZZATO La proverbiale tradizione alberghiera di Montecatini s'intreccia con quella di questo storico albergo, che tuttavia si rinnova in continuazione. Oggi offre ambienti moderni, chiari e luminosi, camere più o meno recenti con eleganti bagni.

109 cam – 100/180 € 140/260 € – 27 suites

Pianta: B1-x – *viale 4 Novembre 18 – 0572 9201 – www.grandhotelcrocedimalta.com*

Columbia

BOUTIQUE HOTEL • PERSONALIZZATO L'elegante edificio preannuncia gli originali interni di un giocoso albergo che reinterpreta in forma moderna vari stili, dal liberty all'impero; mai sottotono, ad un passo dall'eccesso, ma sempre con stile. Ristorante panoramico al quinto piano.

64 cam - 49/198 € 59/298 € - 2 suites

Pianta: A2-g - *corso Roma 19 - 0572 70661 - www.hotelcolumbia.it - Chiuso 20 novembre-28 dicembre e 8 gennaio-15 marzo*

Ercolini e Savi

TRADIZIONALE • PERSONALIZZATO Conduzione diretta - dinamica ed efficiente - ormai alla quarta generazione, in un hotel classico e di tradizione che offre belle camere ariose. Piacevole terrazza per i momenti di relax.

81 cam - 50/110 € 59/200 €

Pianta: B2-t - *via San Martino 18 - 0572 70331 - www.ercoliniesavi.it*

La Pecora Nera - Vedere selezione ristoranti

Manzoni

TRADIZIONALE • CENTRALE Centrale, ma anche al termine di una via chiusa che lo protegge dai rumori, il Manzoni offre originali soluzioni di arredi contemporanei. Due piscine, di cui una d'acqua salata, coperte d'inverno.

94 cam - 50/70 € 60/130 € - 2 suites

Pianta: B2-c - *viale Manzoni 28 - 0572 70175 - www.hotelmanzoni.info - Aperto 1° marzo-15 novembre*

Michelangelo

TRADIZIONALE • CENTRALE Non lontano dalle terme, questa struttura rinnovatasi in tempi recenti si distingue per confort e arredi attuali. Citazioni orientali nella graziosa zona benessere. Ampio menu proposto nella moderna sala ristorante.

66 cam - 45/130 € 60/200 € - 2 suites

Pianta: B1-a - *viale Fedeli 9 - 0572 911700 - www.hotelmichelangelo.org - Aperto 2 aprile-2 novembre*

Adua & Regina di Saba

SPA E WELLNESS • CENTRALE Variopinti ed eleganti salotti vi accolgono in un albergo che fa dei colori e di un bel centro benessere i propri punti di forza; la piscina all'aperto viene coperta nei mesi freddi.

69 cam - 50/80 € 90/120 € - 3 suites

Pianta: B2-a - *viale Manzoni 46 - 0572 78134 - www.hoteladua.it - Aperto 1° marzo-8 dicembre*

Settentrionale Esplanade

FAMILIARE • CENTRALE A pochi passi dalle terme - raggiungibili lungo un bel viale alberato - l'albergo offre spaziosi ambienti, servizio cortese e camere classiche: da preferire quelle con vista sui colli.

99 cam - 45/90 € 70/170 €

Pianta: B2-d - *via Grocco 2 - 0572 70021 - www.settentrionaleesplanade.it - Chiuso 8 gennaio-8 marzo*

Torretta

FAMILIARE • ACCOGLIENTE Camere semplici, tuttavia ben tenute, ma ciò che fa la differenza al Torretta è la generosità dell'accoglienza familiare, che da più di cinquant'anni e quattro generazioni accoglie i clienti come fossero amici!

59 cam - 60/95 € 90/140 €

Pianta: B1-e - *viale Bustichini 63 - 0572 70305 - www.hoteltorretta.it - Aperto 3 aprile-2 novembre*

Brennero e Varsavia

FAMILIARE • FUNZIONALE In comoda posizione per il centro e per le terme, una risorsa a gestione familiare con spazi comuni gradevoli e camere di confort attuale. Il ristorante dispone di una sala di taglio classico e di tono moderno.

54 cam – 35/45 € 50/75 €

Pianta: B2-v – *viale Bicchierai 70/72 – 0572 70086 – www.hotelbrenneroevarsavia.it – Aperto 11 marzo-19 dicembre*

Smart Hotel Bartolini

FAMILIARE • CENTRALE All'interno della ZTL, un piccolo, ma omogeneo albergo a conduzione familiare che ha assunto uno stile attuale e minimalista; la sala colazioni ospita spesso mostre pittoriche o fotografiche.

12 cam – 49/89 € 59/129 €

Pianta: B2-f – *via Felice Cavallotti 106 – 0572 770900 – www.smarthotelbartolini.com – Chiuso febbraio*

Villa le Magnolie

LOCANDA • PERSONALIZZATO Tra le mura di un incantevole villino d'inizio Novecento, questo b&b offre ricercatezza e dettagli d'epoca non frequenti neppure nei più blasonati alberghi. In più, tutti i servizi dell'adiacente hotel Michelangelo.

6 cam – 50/130 € 65/200 €

Pianta: B1-a – *viale Fedeli 15 – 0572 911700 – www.villalemagnolie.it*

a Nievole Est : 7 km B1 51010

Da Pellegrino

CUCINA TOSCANA • CONVIVIALE Trattoria a gestione familiare dall'ambiente semplice e conviviale. La carne è la specialità della casa - in particolare la chianina e il maiale di cinta senese - tra le cotture, un'ottima griglia. Ultimo, ma non ultimo, un bel forno a legna per gli amanti dei lievitati.

Menu 23/30 € – Carta 22/75 €

località Renaggio 6 – 0572 67158 – solo a cena escluso sabato e i giorni festivi – Chiuso 1 settimana in gennaio, 1 settimana in settembre e mercoledì

MONTECCHIO Brescia → Vedere Darfo Boario Terme

MONTECCHIO PRECALCINO

Vicenza – 36030 – 5 038 ab. – Alt. 84 m – Carta regionale n° **22**-A1
Roma 544 km – Padova 57 km – Trento 84 km – Vicenza 17 km
Carta stradale Michelin 562-F16

La Locanda di Piero

CUCINA MODERNA • ELEGANTE Piatti d'impronta moderna che ripercorrono un po' tutto il Bel Paese in una villetta di campagna che evoca l'atmosfera di una raffinata residenza privata.

Menu 33 € (pranzo in settimana)/80 € – Carta 48/86 €

via Roma 32, strada per Dueville, Sud: 1 km – 0445 864827 – www.lalocandadipiero.it – Chiuso 1°-14 gennaio, 13-31 agosto, domenica e i mezzogiorno di lunedì e sabato

MONTECHIARO D'ASTI

Asti – 14025 – 1 276 ab. – Alt. 292 m – Carta regionale n° **12**-C2
Roma 627 km – Torino 78 km – Alessandria 58 km – Asti 20 km
Carta stradale Michelin 561-G6

Tre Colli

CUCINA PIEMONTESE • ACCOGLIENTE La dinamica gestione al femminile ha ringiovanito il locale con toni piu luminosi e colorati; sempre apprezzata la terrazza panoramica e le loro specialita piemontesi.

Menu 20 € (pranzo in settimana)/30 € - Carta 35/45 €

piazza del Mercato 3/5 - 0141 901027 (consigliata la prenotazione) - www.trecolli.com - Chiuso 23 luglio-7 agosto, lunedì, martedì e mercoledì

MONTECHIARUGOLO

Parma (PR) - 43022 - 10 813 ab. - Alt. 128 m - Carta regionale n° **5**-A3

Roma 464 km - Milano 141 km - Parma 17 km - Bologna 98 km

Carta stradale Michelin 562-H13

Mulino di Casa Sforza

CUCINA REGIONALE • RUSTICO Ambienti d'atmosfera e ricchi di fascino in un antico mulino quattrocentesco con spazi all'aperto per le sere d'estate; nella sala sono ancora visibili le antiche macine in pietra, mentre nel canale continua a scorrere l'acqua che alimentava la ruota. Cucina del territorio.

Menu 25 € - Carta 30/64 €

via Maestà 63, località Basilicanova - 0521 683158 - www.ristorantemulinodicasasforza.com - Chiuso lunedì

MONTECILFONE

Campobasso (CB) - 86032 - 1 348 ab. - Alt. 405 m - Carta regionale n° **1**-D2

Roma 267 km - Campobasso 63 km - Isernia 88 km - Chieti 110 km

Carta stradale Michelin 564-B26

Masseria Grande

LOCANDA • BUCOLICO Camere spaziose e confortevoli, in una struttura di signorile familiarità: la posizione è incantevole, la vista abbraccia - infatti - la lussureggiante campagna circostante.

11 cam - 55/85 € 79/115 €

contrada Macchie - 331 802 8269 - www.masseria-grande.it - Aperto 1° maggio-30 settembre

MONTECOSARO

Macerata - 62010 - 7 113 ab. - Alt. 252 m - Carta regionale n° **11**-D2

Roma 266 km - Ancona 60 km - Macerata 25 km - Perugia 147 km

Carta stradale Michelin 563-M22

La Luma

FAMILIARE • STORICO In una struttura medievale, un delizioso alberghetto d'atmosfera, con terrazza panoramica e suggestive grotte tufacee nei sotterranei; camere in stile, alcune con vista.

10 cam - 37/65 € 50/95 € - 1 suite

via Cavour 1 - 0733 229466 - www.laluma.it

MONTECRESTESE

Verbano-Cusio-Ossola - 28864 - 1 266 ab. - Alt. 486 m - Carta regionale n° **12**-C1

Roma 713 km - Stresa 52 km - Domodossola 10 km - Verbania 51 km

Carta stradale Michelin 561-D6

Osteria Gallo Nero

CUCINA REGIONALE • FAMILIARE Due fratelli hanno saputo valorizzare questo locale che deve il suo successo all'ambiente informale - soprattutto a mezzogiorno - alla cucina del territorio e ad una ricca cantina con oltre 400 etichette (alcuni vini sono serviti anche al calice e conservati sotto azoto in un'apposita apparecchiatura).

Menu 28 € (pranzo in settimana)/40 € - Carta 24/55 €

località Pontetto 102 - 0324 232870 - www.osteriagallonero.it - Chiuso lunedì escluso agosto

MONTEDORO Bari → Vedere Noci

MONTEFALCO

Perugia – ✉ 06036 – 5 679 ab. – Alt. 472 m – Carta regionale n° **20**-C2
Roma 145 km – Perugia 46 km – Assisi 30 km – Foligno 12 km
Carta stradale Michelin 563-N19

Palazzo Bontadosi

DIMORA STORICA • PERSONALIZZATO Antichi muri rinascimentali ospitano moderne forme di design, e se gli ambienti comuni accolgono una piccola galleria d'arte, la struttura coccola anche gli amanti della forma fisica con un piccolo centro benessere. Offerta culinaria seria e professionale al ristorante Locanda del Teatro.

9 cam – †90/130 € ††130/240 € – 1 suite

piazza del Comune 19 – ✆ 0742 379357 – www.hotelbontadosi.it

Agriturismo Camiano Piccolo

CASA DI CAMPAGNA • AGRESTE Un borgo ristrutturato, immerso tra ulivi secolari, a poche centinaia di metri dalle mura della località. Bella piscina scoperta in giardino per chi è in cerca di relax.

23 cam – †60/100 € ††80/140 €

località Camiano Piccolo 5 – ✆ 0742 379492 – www.camianopiccolo.com

a San Luca Sud-Est : 9 km ✉ 06036 – Montefalco

Villa Zuccari

DIMORA STORICA • ELEGANTE Imponente villa d'epoca immersa nella campagna, estesi spazi verdi e ampie camere con lampadari di Murano faranno sognare un passato ricco e signorile. Al ristorante Le Zuppiere cucina e vini soprattutto regionali.

31 cam – †95/175 € ††110/250 € – 3 suites

– ✆ 0742 399402 – www.villazuccari.com

MONTEFIASCONE

Viterbo – ✉ 01027 – 13 432 ab. – Alt. 590 m – Carta regionale n° **7**-A1
Roma 96 km – Viterbo 17 km – Orvieto 28 km – Perugia 95 km
Carta stradale Michelin 563-O18

Urbano V

STORICO • ACCOGLIENTE Palazzo storico seicentesco, completamente ristrutturato, raccolto attorno ad un cortiletto interno e impreziosito da una terrazza con vista quasi a 360° su tetti e colline.

22 cam – †54/70 € ††70/110 €

corso Cavour 107 – ✆ 0761 831094 – www.hotelurbano-v.it

MONTEFIORINO

Modena – ✉ 41045 – 2 203 ab. – Alt. 797 m – Carta regionale n° **5**-B2
Roma 463 km – Bologna 106 km – Modena 55 km – Reggio nell'Emilia 64 km
Carta stradale Michelin 562-I13

Lucenti

CUCINA EMILIANA • ACCOGLIENTE XX In questa piccola casa a gestione familiare trova posto un locale di taglio classico, arredato in caldi colori pastello, dove potrete gustare una cucina fedele al territorio. Accoglienti e ben tenute le camere, tutte con vista sulla valle del Dolo.

Menu 24/33 € – Carta 35/47 €   7 cam – †50/65 € ††50/65 € – 8 €

via Mazzini 38 – ✆ 0536 965122 (prenotare) – www.lucenti.net – Chiuso martedì a mezzogiorno e lunedì escluso luglio-agosto

MONTEFIRIDOLFI

Firenze – ✉ 50020 – Alt. 310 m – Carta regionale n° **18**-D3

▶ Roma 289 km – Firenze 27 km – Siena 57 km – Livorno 90 km

Carta stradale Michelin 563-L15

Agriturismo Fonte de' Medici

CASA DI CAMPAGNA • ELEGANTE Risorsa armoniosamente distribuita all'interno di tre antichi poderi dell'azienda vinicola Antinori. Per una vacanza difficile da dimenticare, tra viti e campagne.

28 cam – 80/120 € 120/240 €

località Santa Maria a Macerata 41, Sud-Est: 3 km – ✆ 055 824 4700 – www.fontedemedici.com – Chiuso 6 gennaio-28 febbraio

MONTEFOLLONICO

Siena – ✉ 53040 – Alt. 567 m – Carta regionale n° **18**-D2

▶ Roma 188 km – Siena 61 km – Arezzo 53 km – Perugia 74 km

Carta stradale Michelin 563-M17

La Costa

CUCINA CLASSICA • RUSTICO XX Sulla terrazza estiva o sotto gli archi in pietra degli ex granai, la cucina perpetua la storia: ricette antiche legate al territorio, pici, risotti e grigliate.

Menu 25/45 € – Carta 20/69 €

Relais La Costa, via Coppoli 15/19/25 – ✆ 0577 668026 – www.lacosta.it – Chiuso 10 gennaio-10 febbraio e giovedì escluso aprile-ottobre

La Botte Piena

CUCINA REGIONALE • SEMPLICE X Piccole graziose realtà: il borgo in cui si trova, famoso per la festa del vin santo, nonché questa moderna osteria dove, circondati dalle molte bottiglie, sarete sorpresi dal bel gusto estetico con cui si presentano piatti di sapida cucina toscana.

Menu 38 € – Carta 27/54 €

piazza Cinughi 12 – ✆ 0577 669481 – www.labottepiena.com – Chiuso 1 settimana in giugno, 1 settimana in novembre, giovedì a mezzogiorno e mercoledì

Relais La Costa

DIMORA STORICA • PERSONALIZZATO Fattoria del 1300 in centro paese con camere rustiche, ma eleganti, alcune con vista sull'incantevole Val di Chiana.

4 cam – 70/90 € 90/250 € – 1 suite

via Coppoli 15/19/25 – ✆ 0577 669488 – www.lacosta.it – Chiuso 10 gennaio-10 febbraio

La Costa – Vedere selezione ristoranti

MONTEFORTINO

Fermo – ✉ 63858 – 1 178 ab. – Alt. 612 m – Carta regionale n° **11**-C3

▶ Roma 193 km – Ascoli Piceno 38 km – Ancona 112 km – Fermo 53 km

Carta stradale Michelin 563-N22

Agriturismo Antico Mulino

FAMILIARE • TRADIZIONALE Un mulino ad acqua fortificato, con origini trecentesche, ristrutturato per accogliere una struttura caratteristica, di tono sobrio e con arredi in arte povera. Alla dimensione agreste contribuiscono anche gli animali dell'azienda agricola (cavalli, caprette, etc.) che si aggirano liberamente nei pressi.

15 cam – 60/80 € 60/80 €

località Tenna 2, Nord: 2 km – ✆ 0736 859530 – www.anticomulino.it – Aperto Pasqua-5 novembre

MONTEGABBIONE

Terni – ✉ 05010 – 1 216 ab. – Alt. 594 m – Carta regionale n° **20**-A2

▶ Roma 149 km – Perugia 40 km – Orvieto 39 km – Terni 106 km

Carta stradale Michelin 563-N18

sulla strada per Parrano Sud-Ovest : 9 km

Agriturismo Il Colombaio

CASA DI CAMPAGNA · TRADIZIONALE Immerso nel verde di grandi prati, un agriturismo a conduzione familiare caratterizzato da arredi rustici, ma confortevoli. Pietra a vista nella sala da pranzo, che in estate si trasferisce in terrazza.

22 cam - 45/50 € 80/90 €

località Colombaio - 0763 838495 - www.agriturismoilcolombaio.it - Chiuso 15 gennaio-15 febbraio

MONTEGIORGIO

Fermo - 63833 - 6 851 ab. - Alt. 411 m - Carta regionale n° **11**-D2

Roma 270 km - Fermo 21 km - Ancona 78 km - Macerata 32 km

Carta stradale Michelin 563-M22

a Piane di Montegiorgio Sud : 5 km 63025

Oscar e Amorina

CUCINA MARCHIGIANA · CONVIVIALE XX Sala rossa o sala rosa? Qualsiasi sia la scelta, la cucina "sforna" tipiche specialità marchigiane in porzioni abbondanti. Tra le tante proposte, la nostra preferita rimane il capretto all'Amorina.

Menu 30 € - Carta 30/79 € 19 cam - 45/55 € 70/75 €

via Faleriense Ovest 69 - 0734 967351 - www.oscareamorina.it - Chiuso martedì

MONTEGRIDOLFO

Rimini - 47837 - 1 012 ab. - Alt. 290 m - Carta regionale n° **5**-D3

Roma 297 km - Rimini 35 km - Ancona 89 km - Pesaro 24 km

Carta stradale Michelin 562-K20

Relais Palazzo Viviani

DIMORA STORICA · ELEGANTE Un tempo residenza di una nobile famiglia (le cui origini risalgono al XIII sec), la struttura è stata restaurata nel rispetto dell'originale architettura. Oggi, l'hotel si diffonde su tutta l'area del borgo medievale e propone diverse sistemazioni, per soddisfare le più disparate esigenze.

53 cam - 89/330 € 89/330 €

via Roma 38 - 0541 855350 - www.palazzoviviani.com - Aperto 1° aprile-31 ottobre

MONTEGROSSO Barletta-Andria-Trani → Vedere Andria

MONTEGROSSO D'ASTI

Asti - 14048 - 2 344 ab. - Alt. 244 m - Carta regionale n° **14**-D1

Roma 616 km - Alessandria 45 km - Asti 9 km - Torino 70 km

Carta stradale Michelin 561-H6

a Messadio Sud-Ovest : 3 km 14048 - Montegrosso D'Asti

Locanda del Boscogrande

CUCINA PIEMONTESE · ACCOGLIENTE XX Per godersi il rilassante panorama delle colline del Monferrato, cascina ristrutturata con un ottimo equilibrio tra qualità gastronomica e confort delle camere.

Carta 28/50 € 7 cam - 70/90 € 110/130 €

via Boscogrande 47 - 0141 956390 - www.locandaboscogrande.com - Chiuso gennaio e martedì

MONTEGROTTO TERME

Padova - 35036 - 11 331 ab. - Alt. 11 m - Carta regionale n° **23**-B3

Roma 483 km - Padova 16 km - Venezia 56 km - Rovigo 36 km

Carta stradale Michelin 562-F17

Da Cencio

CUCINA REGIONALE • FAMILIARE XX Affezionata clientela di habitué per questo ristorante d'impostazione classica con luminosa veranda stile giardino d'inverno. La cucina propone specialità del territorio e qualche piatto di pesce.

Carta 25/52 €

via Fermi 11, Ovest: 1,5 km - 049 793470 (consigliata la prenotazione) - www.ristorantecencio.it - Chiuso 1 settimana in febbraio-marzo e lunedì

Da Mario

CUCINA CLASSICA • AMBIENTE CLASSICO XX All'entrata della località, una sala con ampie vetrate e un dehors per una linea gastronomica tradizionale, di terra e di mare. Ideale per una gratificante sosta culinaria, dopo una giornata alle terme!

Carta 34/44 €

corso delle Terme 4 - 049 794090 (consigliata la prenotazione) - Chiuso mercoledì a mezzogiorno e martedì

Al Bosco

CUCINA REGIONALE • ELEGANTE XX Poco lontano dal centro, ma già in posizione collinare in un contesto verde ed ombreggiato, un ristorante rustico-elegante con caminetti e pareti decorate: dal soffitto pendono originali paioli di rame.

Carta 31/55 €

via Cogolo 8 - 049 794317 (consigliata la prenotazione) - www.alboscomontegrotto.it - Chiuso 7-31 gennaio, martedì a mezzogiorno e mercoledì

Grand Hotel Terme

SPA E WELLNESS • CLASSICO Grandi lavori di restyling hanno recentemente interessato questa imponente struttura - in pieno centro - con eleganti spazi comuni, giardino e piscine termali (scoperte e coperte). Ristorante panoramico al 7° piano.

107 cam - 101/111 € 176/196 € - 29 suites

viale Stazione 21 - 049 891 1444 - www.grandhotelterme.it - Chiuso 13 novembre-23 dicembre

Continental Terme

SPA E WELLNESS • ACCOGLIENTE Il parco ricco di servizi sportivi è il punto di forza di questo hotel un po' defilato dal centro, ma che - in compenso - fa del relax e delle cure termali il suo fiore all'occhiello. Suite di stampo sia moderno sia classico per gli amanti di entrambi i generi.

172 cam - 66 € 116 €

via Neroniana 8 - 049 793522 - www.continentaltermehotel.it - Chiuso 9-18 dicembre e 7 gennaio-8 febbraio

Garden Terme

SPA E WELLNESS • CLASSICO In un parco-giardino con piscina termale, un bel complesso, che offre un'ampia gamma di cure rigenerative psico-fisiche; eleganti interni, con un'esotica "sala indiana".

110 cam - 76/101 € 132/182 € - 7 suites

corso delle Terme 7 - 049 891 1549 - www.gardenterme.it - Chiuso 1° dicembre-1° marzo

Terme Bellavista

SPA E WELLNESS • CLASSICO Cordiale conduzione diretta che vi accoglierà in curati salotti ed un'attrezzata zona benessere: camere totalmente rinnovate e di piacevole stile. Nella spaziosa sala ristorante sobriamente arredata, le tradizionali proposte culinarie.

69 cam - 50/90 € 80/200 €

via dei Colli 5 - 049 793333 - www.bellavistaterme.com - Chiuso 10 gennaio-10 marzo

Terme Preistoriche

TERMALE • CLASSICO Piacevole villa dei primi '900 con ampio parco-giardino e piscine termali: gli interni riflettono l'eleganza esterna grazie a raffinate sale ed accoglienti camere. Ottimo servizio.

47 cam - 75/190 € 110/400 €

via Castello 5 - 049 793477 - www.termepreistoriche.it - Chiuso 11-22 dicembre

Terme Sollievo

SPA E WELLNESS • FUNZIONALE Non lontano dalla stazione, un hotel di signorile ospitalità circondato da un tranquillo e rilassante parco. Attrezzato centro benessere.

108 cam - 71/93 € 122/154 €

viale Stazione 113 - 049 793600 - www.hotelsollievoterme.it - Chiuso 20 novembre-22 dicembre

Terme Olimpia

SPA E WELLNESS • FUNZIONALE Il tocco femminile della gestione si fa sentire nella calorosa accoglienza e nei gradevoli spazi comuni. Camere confortevoli - in parte rinnovate - ed attrezzato centro benessere. Originale, il giardino zen. Cucina mediterranea al ristorante.

102 cam - 60 € 130 € - 6 suites

viale Stazione 25 - 049 793499 - www.hoteltermeolimpia.com - Chiuso 30 novembre-31dicembre

MONTELEONE Pavia → Vedere Inverno-Monteleone

MONTELUCCI Arezzo → Vedere Pergine Valdarno

MONTEMAGGIORE AL METAURO

Pesaro e Urbino – 61030 – 2 893 ab. – Alt. 197 m – Carta regionale n° **11**-B1

Roma 288 km – Ancona 86 km – Pesaro 30 km – Perugia 122 km

Carta stradale Michelin 563-K20

Agriturismo Villa Tombolina

CASA DI CAMPAGNA • TRADIZIONALE Nell'antica residenza estiva degli arcivescovi di Urbino, un agriturismo con vista sulle colline, che accosta ambienti spaziosi e signorili (nella residenza principale) a zone più informali (nel casale). A Villa Tombolina è possibile anche acquistare prelibatezze di produzione propria: olio extravergine di oliva e salumi nostrani.

4 cam - 50/200 € 70/200 €

via Tombolina, Sud: 4,5 km - 0721 891918 - www.villatombolina.it

MONTEMAGNO

Asti – 14030 – 1 153 ab. – Alt. 260 m – Carta regionale n° **12**-C2

Roma 614 km – Alessandria 30 km – Asti 21 km – Torino 75 km

Carta stradale Michelin 561-G6

La Braja

CUCINA PIEMONTESE • ELEGANTE I bei dipinti che decorano le pareti sono realizzati dal titolare e da suo figlio, ma l'arte non si limita ai quadri e trova una propria espressione anche in cucina: proposte locali condite da un pizzico di fantasia.

Carta 44/73 €

via San Giovanni Bosco 11 - 0141 653925 - www.labraja.it - Chiuso 27 dicembre-20 gennaio, 2 settimane in agosto, lunedì e martedì

MONTEMAGNO Lucca ➜ Vedere Camaiore

MONTEMARCELLO La Spezia ➜ Vedere Ameglia

MONTEMARCIANO Arezzo ➜ Vedere Terranuova Bracciolini

MONTEMERANO

Grosseto – ✉ 58014 – Alt. 303 m – Carta regionale n° **18**-C3

Roma 189 km – Grosseto 50 km – Orvieto 79 km – Viterbo 85 km

Carta stradale Michelin 563-O16

✿✿ Caino (Valeria Piccini)

CUCINA MODERNA • ELEGANTE XXX Nel cuore di un grazioso borgo medioevale, l'elegante ma sobrio ristorante ha fatto conoscere al mondo la cucina maremmana, fatta d'intensi sapori, legati alla terra e reinterpretati dalla personalità di una grande cuoca.

➜ Ravioli all'olio extravergine di oliva con colatura di alici e capperi su pomodoro fresco. Piccione alla brace d'olivo e toni di rosso. Maialino di cinta senese con salsa di rape, albicocche e funghi porcini.

Menu 140 € – Carta 100/155 € 3 cam – †180 € ††250 €

via della Chiesa 4 – ✆ 0564 602817 – www.dacaino.it – Chiuso 8 gennaio-8 febbraio, 2 settimane in luglio, giovedì a mezzogiorno e mercoledì

La Limonaia

CUCINA REGIONALE • ROMANTICO XX E' la titolare stessa ad occuparsi della cucina: piatti maremmani con ampio uso di materie prime (e vini) di produzione propria. Dalle ampie vetrate, si scorge in lontananza l'antico borgo medievale di Montemerano.

Menu 50/100 € – Carta 33/66 €

Hotel Relais Villa Acquaviva, località Acquaviva 10, Nord: 2 km – ✆ 0564 602890 – www.villacquaviva.com – solo a cena – Chiuso 8 gennaio-10 febbraio

Villa Acquaviva

DIMORA STORICA • ELEGANTE Gode di splendida vista sui colli e sui vigneti di proprietà, questa villa di fine Ottocento con vicina dépendance immersa in un grande parco: raffinata rusticità negli interni e bella piscina.

23 cam – †75/90 € ††95/190 € – 2 suites

località Acquaviva 10, Nord: 2 km – ✆ 0564 602890 – www.villacquaviva.com – Chiuso 8 gennaio-10 febbraio

La Limonaia – Vedere selezione ristoranti

MONTEMONACO

Ascoli Piceno (AP) – ✉ 63088 – 604 ab. – Carta regionale n° **11**-C3

Roma 185 km – Ancona 127 km – Ascoli Piceno 37 km – L'Aquila 99 km

Carta stradale Michelin 563-N21

Il Tiglio

CUCINA REGIONALE • ELEGANTE XX Varcata la soglia sarete avvolti da un'atmosfera elegante - ancor di più dopo la recente ristrutturazione - e coccolati da un servizio in "guanti bianchi". In menu: piatti della tradizione e di cacciagione rivisitati in chiave moderna.

Menu 50 € – Carta 38/82 €

località Isola San Biagio, Nord-Ovest: 4,5 km – ✆ 0736 856441 (consigliata la prenotazione) – www.enricodeltiglio.it – Aperto 1° giugno-30 settembre, da venerdì a domenica negli altri mesi

MONTE PETRIOLO Perugia (PG) ➜ Vedere Perugia

MONTE PORZIO CATONE

Roma – ✉ 00040 – 8 693 ab. – Alt. 451 m – Carta regionale n° **7**-B2

Roma 24 km – Frascati 4 km – Frosinone 64 km – Latina 55 km

Carta stradale Michelin 563-Q20

Il Monticello

CUCINA LAZIALE • RUSTICO Poco fuori dal centro, cucina romano-laziale con sapiente uso dei sapori e, come chicca, le verdure del proprio orto, in un ristorante dal piacevole e caldo ambiente rustico.

Carta 28/44 €

via Romoli 27 – 06 944 9353 – www.ristoranteilmonticello.it – Chiuso 24 agosto-3 settembre e lunedì, anche domenica sera in inverno

MONTEPULCIANO

Siena – 53045 – 14 097 ab. – Alt. 605 m – Carta regionale n° **18**-D2
Roma 184 km – Siena 66 km – Arezzo 57 km – Perugia 68 km
Carta stradale Michelin 563-M17

La Grotta

CUCINA TOSCANA • AMBIENTE CLASSICO Di fronte alla chiesa di San Biagio, all'interno di un edificio del '500, locale rustico-elegante, con bel servizio estivo in giardino. Ottima la cucina: toscana, sapientemente rivisitata.

Menu 55 € – Carta 43/78 €

località San Biagio 16, Ovest: 1 km – 0578 757479 – www.lagrottamontepulciano.it – Chiuso 10 gennaio-10 marzo e mercoledì

Le Logge del Vignola

CUCINA TOSCANA • CONTESTO TRADIZIONALE Buona risorsa questo piccolo locale nel centro storico, con tavoli un po' ravvicinati, ma coperto e materia prima regionale assai curati. Interessante anche la carta dei vini.

Menu 23 € (pranzo)/49 € – Carta 31/60 €

via delle Erbe 6 – 0578 717290 (consigliata la prenotazione) – www.leloggedelvignola.com – Chiuso 2 settimane in novembre-dicembre e martedì

Villa Cicolina

DIMORA STORICA • ROMANTICO Splendida villa seicentesca circondata da un curato giardino e piscina panoramica, gli interni non sono meno incantevoli: camere in genere ampie con arredi d'epoca, un sogno toscano d'altri tempi.

12 cam – †170 € ††190 € – 7 suites

via Provinciale 11, Nord-Est: 2 Km – 0578 758620 – www.villacicolina.it – Aperto 30 dicembre-5 gennaio e 1° aprile-3 novembre

Villa Poggiano

DIMORA STORICA • GRAN LUSSO Un vasto parco con scenografica piscina in stile art-déco accoglie gli ospiti tra silenzio e profumi. Nel mezzo una villa del '700 che ha mantenuto intatta l'atmosfera della dimora storica.

10 suites – ††220/330 € – 4 cam

via di Poggiano 7, Ovest: 2 km – 0578 758292 – www.villapoggiano.com – Aperto 1° aprile-7 novembre

Relais San Bruno

CASA DI CAMPAGNA • BUCOLICO Ai piedi della Basilica di San Biagio, villa principale e varie dépendance ospitano camere accoglienti dall'atmosfera country, inserite in un bel parco per un soggiorno riposante a due passi dalla splendida Montepulciano.

9 cam – †150/200 € ††180/280 €

via di Pescaia 5/7 – 0578 716222 – www.sanbrunorelais.com – Aperto 1° aprile-10 novembre

MONTERIGGIONI

Siena – 53035 – 9 810 ab. – Alt. 274 m – Carta regionale n° **18**-D1
Roma 245 km – Siena 15 km – Firenze 55 km – Livorno 103 km
Carta stradale Michelin 563-L15

Il Pozzo

CUCINA REGIONALE • CONTESTO TRADIZIONALE XX Nel cuore del piccolo borgo chiuso da mura, con la chiesa e il piccolo pozzo al centro, un locale rustico dove soffermarsi a gustare i sapori della Toscana, dai cibi al vino. Suggestivo giardino per il servizio all'aperto.

Menu 30/55 € - Carta 41/71 €

piazza Roma 20 - ✆ 0577 304127 - www.ilpozzo.net - Chiuso 1° gennaio-30 marzo, domenica sera (escluso giugno-agosto) e lunedì

Il Piccolo Castello

TRADIZIONALE • ELEGANTE Non un castello in realtà, ma un elegante albergo con camere dai raffinati arredi in stile neoclassico, tutte a piano terra, che si aprono sul giardino della struttura. Essenzialmente carne al ristorante, la specialità è la griglia di carbone.

50 cam ☕ - †50/160 € ††79/251 € - 1 suite

Strada Provinciale Colligiana 8, Ovest: 1,5 km - ✆ 0577 307300 - www.ilpiccolocastello.com

Monteriggioni

STORICO • TRADIZIONALE All'interno del borgo medievale, un hotel in pietra di piccole dimensioni con camere in stile rustico dai letti in ferro battuto, un piacevole giardino sul retro e piscina.

11 cam ☕ - †120/150 € ††180/250 € - 1 suite

via 1° Maggio 4 - ✆ 0577 305009 - www.hotelmonteriggioni.net - Aperto 15 marzo-5 novembre

Borgo Gallinaio

CASA DI CAMPAGNA • REGIONALE Dopo un tratto di strada sterrata, eccovi giunti a questo splendido casale del '400, abbracciato da ulivi e tanto verde, con camere signorili nella loro semplicità ed impeccabili nella tenuta. Ma non finisce qui: al limitare del bosco - in posizione isolata e suggestiva - sua maestà, la piscina!

12 cam ☕ - †107/124 € ††130/164 €

strada del Gallinaio 5, Ovest: 2 km - ✆ 0577 304751 - www.gallinaio.it - Aperto 16 aprile-16 ottobre

a Strove Sud-Ovest : 4 km ✉ 53035

Castel Pietraio

STORICO • CLASSICO Meta ideale per trascorrere romantici soggiorni a contatto con la natura, la struttura di origine altomedievale - un avamposto difensivo senese - ospita ora camere ben arredate ed una piscina. Nel castello, anche 5 appartamenti con cucina.

13 cam ☕ - †90/120 € ††130/145 €

località Castelpietraio strada di Strove 33, Sud-Ovest: 4 km - ✆ 0577 300020 - www.castelpietraio.it

Relais Castel Bigozzi

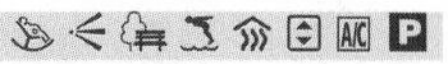

DIMORA STORICA • CLASSICO Per soggiorni all'insegna del relax, nella quiete della campagna senese, questo castello-fortezza di origini medioevali dispone di ampie camere ed appartamenti in un contesto di bucolica bellezza.

18 cam ☕ - †70/100 € ††90/140 €

località Bigozzi - ✆ 0577 300000 - www.castellobigozzi.it

MONTERONI D'ARBIA

Siena - ✉ 53014 - 9 088 ab. - Alt. 161 m - Carta regionale n° **18**-C2

Roma 226 km - Siena 16 km - Arezzo 74 km - Firenze 90 km

Carta stradale Michelin 563-M16

verso Buonconvento Sud-Est : 6 km

Casa Bolsinina

CASA DI CAMPAGNA • TRADIZIONALE Tipico esempio di architettura toscana, questa casa di campagna si caratterizza per i suoi interni caldi e familiari. Dopo una giornata all'aria aperta, sarà piacevole ritirarsi nelle sue belle camere arredate con qualche mobile d'epoca.

6 cam – 100/125 € 125/140 €

località Casale Caggiolo – 0577 718477 – www.bolsinina.com – Aperto 15 marzo-5 novembre

MONTEROSSO AL MARE

La Spezia – 19016 – 1 464 ab. – Carta regionale n° **8**-D2
Roma 460 km – La Spezia 32 km – Genova 95 km – Massa 75 km
Carta stradale Michelin 561-J10

La Terrazza del Porto Roca

CUCINA MEDITERRANEA • STILE MEDITERRANEO Impareggiabile la vista che si gode da questo esclusivo ristorante e soprattutto dalla sua terrazza che per scenografica bellezza è forse al primo posto fra tutte quelle delle Cinque Terre! La cucina punta sui prodotti regionali, dal pesce fresco pescato nel golfo ai primi piatti che profumano di basilico.

Carta 41/72 €

Hotel Porto Roca, via Corone 1 – 0187 817502 (consigliata la prenotazione) – www.portoroca.it – Aperto 7 aprile-4 novembre

Da Miky

PESCE E FRUTTI DI MARE • ACCOGLIENTE Sempre tra i più quotati in zona, piacevole ristorante frontemare dove gustare fragranti specialità di pesce e non solo. Una saletta ospita anche un'interessante esposizione di prodotti locali.

Carta 49/81 €

via Fegina 104 – 0187 817608 – www.ristorantemiky.it – Aperto 15 marzo-2 novembre; chiuso martedì

La Cantina di Miky

CUCINA REGIONALE • BISTRÒ Sulla passeggiata del lungomare di Fegina, locale moderno, alla moda ed informale dove gustare piatti regionali, ma anche bruschette e focacce fantasiose; in carta selezione sia di vini sia di birre. Due i dehors: meglio quello vista mare.

Carta 31/62 €

via Fegina 90 – 0187 802525 – www.cantinadimiky.it – Aperto Pasqua-31 ottobre; chiuso mercoledì

L'Ancora della Tortuga

PESCE E FRUTTI DI MARE • STILE MEDITERRANEO Locale in stile marina letteralmente aggrappato alla scogliera (una parete è di roccia viva): dal dehors superiore la vista è mozzafiato, mentre la cucina onora il mare, ma non dimentica la terra.

Menu 35 € – Carta 41/82 €

via salita Cappuccini 4 – 0187 800065 (consigliata la prenotazione) – Aperto 9 marzo-14 novembre; chiuso lunedì

Porto Roca

TRADIZIONALE • MEDITERRANEO E' paradisiaca la posizione di questa struttura abbarbicata alla scogliera a strapiombo sul mare e dall'atmosfera un po' démodé negli interni in stile; camere di differenti tipologie, accomunate da un alto standard di confort, nonché un'originale piscina a sfioro con vista sull'orizzonte.

40 cam – 150/310 € 240/340 € – 4 suites

via Corone 1 – 0187 817502 – www.portoroca.it – Aperto 7 aprile-4 novembre

La Terrazza del Porto Roca – Vedere selezione ristoranti

La Colonnina

TRADIZIONALE • CLASSICO Nei tranquilli carruggi pedonali, si presenta con un piccolo giardino ombreggiato questo hotel dall'attenta conduzione familiare. All'interno camere confortevoli: noi vi consigliamo di prenotate quelle con terrazza.

21 cam - 100/130 € 120/180 €

via Zuecca 6 - 0187 817439 - www.lacolonninacinqueterre.it - Aperto 15 aprile-31 ottobre

Pasquale

FAMILIARE • CLASSICO Piccola gestione familiare con più di 60 anni sulle spalle, ma che - come si dice in questi casi - non li avverte per nulla, essendosi l'albergo rinnovato completamente anno dopo anno.

15 cam - 90/160 € 140/220 €

via Fegina 4 - 0187 817477 - www.pasini.com - Aperto 3 marzo-5 novembre

Ca' du Gigante

TOWNHOUSE • PERSONALIZZATO A pochi metri dal mare, signorili ambienti comuni e confort contemporaneo di buon livello nelle accoglienti camere: per una vacanza romantica e rilassante.

6 cam - 80/180 € 80/180 €

via IV Novembre 11 - 0187 817401 - www.ilgigantecinqueterre.it

Locanda il Maestrale

TOWNHOUSE • CLASSICO In un palazzo del 1700, un rifugio raffinato e romantico: soffitti affrescati nella sala comune e nelle due junior-suite, belle camere in stile, terrazza per colazioni all'aperto.

6 cam - 80/120 € 90/155 €

via Roma 37 - 0187 817013 - www.locandamaestrale.net - Chiuso gennaio e febbraio

MONTE ROTA RADSBERG Bolzano (BZ) → Vedere Dobbiaco

Budget modesto? Optate per il menu del giorno generalmentea prezzo più contenuto.

MONTEROTONDO

Roma - 00015 - 40 830 ab. - Alt. 165 m - Carta regionale n° **7**-B2

Roma 27 km - Rieti 55 km - Terni 84 km - Tivoli 32 km

Carta stradale Michelin 563-P19

Antica Trattoria dei Leoni

CUCINA REGIONALE • CONTESTO CONTEMPORANEO Il ristorante sfoggia una veste contemporanea, ma non mancano la griglia e lo spiedo. Le camere sono state ricavate dalla ristrutturazione di un antico convento, quelle che si affacciano sulla piazza sono le più spaziose.

Menu 15 € - Carta 23/40 € 34 cam - 35/140 € 55/140 € - 3 suites

piazza del Popolo 11/15 - 06 9062 3591 - www.albergodeileoni.it

MONTE SAN PIETRO PETERSBERG Bolzano → Vedere Nova Ponente

MONTE SAN SAVINO

Arezzo - 52048 - 8 743 ab. - Alt. 330 m - Carta regionale n° **18**-C2

Roma 191 km - Siena 41 km - Arezzo 21 km - Firenze 83 km

Carta stradale Michelin 563-M17

La Terrasse

CUCINA CLASSICA • ELEGANTE XX A ridosso delle mura del centro storico, il ristorante dispone anche di una bella veranda estiva: un angolo verde e raccolto affacciato sulle colline. Cucina toscana - proverbiali le pappardelle tirate a mano al ragù di chianina - e nazionale con qualche specialità di pesce; la carta dei vini non manca di farsi onore.

Carta 20/47 €

via G. di Vittorio 2/4 - ✆ 0575 844111 - www.ristorantelaterrasse.it - Chiuso 15-30 novembre e mercoledì

Logge dei Mercanti

TRADIZIONALE • ACCOGLIENTE Nel centro storico, di fronte alle cinquecentesche logge dei mercanti, la vecchia farmacia di paese è stata trasformata in un incantevole albergo, specchio di un altrettanto piccolo gioiello: Monte S. Savino. Le tante decorazioni introdotte in fase di rinnovo hanno aggiunto un ulteriore tocco di amenità alla struttura.

12 cam - †50/60 € ††75/90 € - 1 suite

corso San Gallo 40/42 - ✆ 0575 810710 - www.loggedeimercanti.it

a Gargonza Ovest : 7 km ✉ 52048 - Monte San Savino - Alt. 543 m

Castello di Gargonza

DIMORA STORICA • PERSONALIZZATO Isolamento, silenzio e la suggestione di un glorioso passato: gli ospiti che hanno alloggiato al castello non sono solo vip, ma anche illustri personaggi nazionali (Dante, ad esempio, si fermò qui in fuga da Firenze). Una strada a mulinello si arrampica fino ad una piazzetta: intorno, camere di sobria eleganza.

40 cam - †90/120 € ††155/165 €

- ✆ 0575 847021 - www.gargonza.it - Chiuso 10 gennaio-1° marzo

MONTE SANT' ANGELO

Foggia - ✉ 71037 - 12 657 ab. - Alt. 796 m - Carta regionale n° **15**-B1

Roma 408 km - Foggia 56 km - Barletta 76 km - Manfredonia 18 km

Carta stradale Michelin 564-B29

Medioevo

CUCINA REGIONALE • SEMPLICE X Pancotto con verza, patate e fave ed altre specialità regionali elaborate partendo da prodotti stagionali, in questo semplice ristorante del centro, raggiungibile solo a piedi.

Carta 20/50 €

via Castello 21 - ✆ 0884 565356 - www.ristorantemedioevo.it - Chiuso 15-30 novembre e lunedì escluso agosto-settembre

Li Jalantuùmene

CUCINA CREATIVA • ROMANTICO XX Affacciato su un'incantevole piazzetta, la travolgente passione del cuoco vi guiderà alla scoperta dei giacimenti gastronomici pugliesi, in un piccolo, ma romantico, ristorante diretto dalla moglie.

Menu 40 € (pranzo in settimana)/60 € - Carta 38/60 € 4 cam - †90/130 € ††100/150 €

piazza de Galganis 9 - ✆ 0884 565484 (consigliata la prenotazione) - www.li-jalantuumene.it - Chiuso 8-28 gennaio e martedì escluso aprile-ottobre

Palace Hotel San Michele

TRADIZIONALE • ELEGANTE Sulla sommità del paese, dalla quale si domina il Gargano, l'hotel si è ampliato col centro benessere e la dépendance dotata di camere con vista: foresta, castello o golfo, a voi la scelta. Ristorazione disponibile in vari ambienti, ugualmente curati.

61 cam - †39/120 € ††49/180 € - 5 suites

via Madonna degli Angeli - ✆ 0884 565653 - www.palacehotelsanmichele.it

MONTE SAN VITO

Ancona - ✉ 60037 - 6 848 ab. - Alt. 135 m - Carta regionale n° **11**-C1
Roma 270 km - Ancona 26 km - Rimini 100 km - Pesaro 65 km
Carta stradale Michelin 563-L21

Poggio Antico

CASA DI CAMPAGNA • BUCOLICO La risorsa, in posizione panoramica tra le colline, dispone di appartamenti, zona notte separata, in stile rustico-contadino, arredati con un tocco di romanticismo.

13 suites - 110/203 € - 14 €

via Malviano b, località Santa Lucia - 071 740072 - www.poggio-antico.com - Aperto 15 aprile-31 ottobre

MONTESCUDAIO

Pisa - ✉ 56040 - 2 144 ab. - Alt. 242 m - Carta regionale n° **18**-B2
Roma 281 km - Pisa 59 km - Cecina 10 km - Grosseto 108 km
Carta stradale Michelin 563-M13

Il Frantoio

CUCINA TOSCANA • FAMILIARE X Sotto i caratteristici archi in mattone di un vecchio frantoio nell'entroterra toscano, una simpatica gestione familiare propone cucina del territorio, in sintonia con le stagioni.

Carta 26/53 €

via della Madonna 9 - 0586 650381 - www.ristorantefrantoio.com - solo a cena escluso i giorni festivi da ottobre a giugno - Chiuso 10 gennaio-13 febbraio e martedì

MONTESILVANO MARINA

Pescara - ✉ 65015 - 53 738 ab. - Carta regionale n° **1**-B1
Roma 215 km - Pescara 13 km - L'Aquila 112 km - Chieti 26 km
Carta stradale Michelin 563-O24

La Polena

PESCE E FRUTTI DI MARE • CONTESTO CONTEMPORANEO XXX Protagonista è il mare, non solo per la strategica posizione del locale a pochi passi dalla spiaggia, o per la scelta del nome, ma soprattutto per le fragranti specialità ittiche presenti in menu: il cui posto d'onore è riservato ai crostacei. Una zona lounge per rilassarsi nel dopocena è la novità dell'ultim'ora.

Menu 45 € - Carta 38/100 €

viale Aldo Moro 3 - 085 66007 - www.lapolena.it

Ninì

CUCINA REGIONALE • RUSTICO XX Se un tempo la cucina omaggiava soprattutto la carne con interessanti rivisitazioni, ora il menu si apre anche al pesce, mentre il locale si farà ricordare per la sua pietra a vista, le volte a vela e - ultimo, ma non ultimo - il panorama del mare. Servizio estivo all'aperto.

Menu 35/55 € - Carta 30/50 €

piazza Giardino 1, località Montesilvano Colle, Ovest: 4 km - 085 468 9174 (prenotare) - solo a cena - Chiuso 1 settimana in novembre, 1 settimana in gennaio e lunedì

Promenade

BUSINESS • LUNGOMARE Proprio di fronte al mare e alla spiaggia, una bella struttura caratterizzata da camere confortevoli, nonché spazi comuni piacevoli e signorili. Al ristorante: piatti di mare e specialità di terra si dividono equamente il menu.

74 cam - 49/90 € 49/150 € - 6 suites

viale Aldo Moro 63 - 085 445 2221 - www.hotelpromenadeabruzzo.it

MONTESPERTOLI

Firenze - ✉ 50025 - 13 537 ab. - Alt. 257 m - Carta regionale n° **18**-C2
Roma 287 km - Firenze 34 km - Siena 60 km - Livorno 79 km
Carta stradale Michelin 563-L15

L'Artevino

CUCINA REGIONALE • FAMILIARE Nel centro storico, tanta passione per servire pochi tavoli in un'unica saletta; troverete i piatti toscani di sempre, ma anche qualche proposta più creativa e alcune a base di pesce.

Carta 32/50 €

via Sonnino 28 - ✆ 0571 608488 - Chiuso 15 gennaio-5 febbraio

MONTESPLUGA

Sondrio - ✉ 23024 - Alt. 1 908 m - Carta regionale n° **9**-B1

Roma 718 km - Sondrio 90 km - Passo dello Spluga 3 km

Carta stradale Michelin 561-C9

Posta

CUCINA TRADIZIONALE • RUSTICO In un paesino di alta montagna, quasi al confine svizzero, un'accogliente sala in stile montano con molto legno, cucina ispirata alla tradizione e camere personalizzate. E per chi vuole continuare a godere delle prelibatezze di questo indirizzo, c'è anche un piccolo negozio di alimentari ed enoteca da asporto.

Carta 26/51 € 8 cam - †60/80 € ††100/120 € - ☕ 10 €

via Dogana 8 - ✆ 0343 54234 - www.albergopostaspluga.it - Chiuso gennaio-febbraio

MONTEU ROERO

Cuneo - ✉ 12040 - 1 634 ab. - Alt. 395 m - Carta regionale n° **14**-C2

Roma 625 km - Torino 53 km - Asti 33 km - Cuneo 65 km

Carta stradale Michelin 561-H5

Cantina dei Cacciatori

PIEMONTESE • CONTESTO REGIONALE L'insegna originale dipinta sulla facciata ammicca alla storia ultracentenaria del locale. Nato dal recupero di una vecchia trattoria fuori paese, fra castagni e rocce di tufo, il ristorante propone piatti tipici piemontesi, come i tajarin della casa al ragù di salsiccia di Bra. Incantevole dehors per la bella stagione.

Menu 20/28 € - Carta 28/45 €

località Villa Superiore 59, Nord-Ovest: 2 km - ✆ 0173 90815 - www.cantinadeicacciatori.it - Chiuso 15-30 gennaio, 1°-15 luglio, martedì a mezzogiorno e lunedì

MONTEVARCHI

Arezzo - ✉ 52025 - 24 378 ab. - Alt. 144 m - Carta regionale n° **18**-C2

Roma 233 km - Firenze 49 km - Siena 50 km - Arezzo 39 km

Carta stradale Michelin 563-L16

a Moncioni Sud-Ovest : 8,5 km ✉ 52025

Villa Sassolini

LUSSO • STORICO Albergo "diffuso" - sebbene con un corpo centrale - dispone di camere eleganti dove le tonalità del grigio sono declinate nelle varie sfumature e riscaldate da elementi d'arredo di grande suggestione. Recentemente è stata realizzata anche una moderna spa. *Villa Sassolini*: la vacanza in una residenza d'epoca, quando il lusso diventa accessibile.

12 cam ☕ - †160/425 € ††198/610 € - 4 suites

piazza Rotondi 17 - ✆ 055 970 2246 - www.villasassolini.it - Aperto 15 marzo-2 novembre

MONTEVECCHIA

Lecco - ✉ 23874 - 2 623 ab. - Alt. 479 m - Carta regionale n° **10**-B1

Roma 602 km - Como 34 km - Bergamo 44 km - Lecco 24 km

Carta stradale Michelin 561-E10

La Piazzetta

CUCINA LOMBARDA • CONTESTO TRADIZIONALE XX Nella parte alta del paese, un locale ubicato all'interno di un edificio ristrutturato. Un ristorante di taglio classico con due sale luminose e una cucina interessante con proposte classiche e contemporanee.

Menu 40 € - Carta 32/45 €

largo Agnesi 3
- ✆ 039 993 0106 - www.ristolapiazzetta.it
- Chiuso 15 giorni in gennaio, 15 giorni in agosto o settembre, martedì a mezzogiorno e lunedì

MONTIANO

Forlì-Cesena (FC) - ✉ 47020 - 1 716 ab. - Alt. 159 m - Carta regionale n° **5**-D2
Roma 347 km - Bologna 98 km - Forlì 38 km
Carta stradale Michelin 562-J18

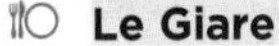

Le Giare

CUCINA MODERNA • ROMANTICO XXX In posizione panoramica, la terrazza offre un bello scorcio sulla costa, mentre gli ambienti interni di moderna eleganza accolgono un'ottima cucina, tra terra e mare: dal 2013 nelle mani di un nuovo, giovane, chef, ma già con esperienza.

Menu 75/100 € - Carta 70/95 €

via al Castello 368 A/B, località Montenovo, Est: 2 km - ✆ 0547 51430 (consigliata la prenotazione) - www.legiare.com - solo a cena escluso la domenica
- Chiuso gennaio, lunedì e martedì

MONTICCHIELLO Siena → Vedere Pienza

MONTICELLI BRUSATI

Brescia - ✉ 25040 - 4 516 ab. - Alt. 283 m - Carta regionale n° **10**-D1
Roma 573 km - Brescia 28 km - Milano 96 km - Bergamo 50 km
Carta stradale Michelin 561-F12

Hostaria Uva Rara

CUCINA REGIONALE • ACCOGLIENTE XX Gestione professionale in un antico cascinale del '400 con arredi di gusto e caratteristici soffitti sorretti da volte in pietra. La cucina si divide equamente tra terra, lago e mare; a pranzo, disponibilità di menu più economici.

Menu 35 € (pranzo in settimana)/55 € - Carta 37/84 €

via Foina 42 - ✆ 030 685 2643 - www.hostariauvarara.it - Chiuso mercoledì

MONTICELLI D'ONGINA

Piacenza - ✉ 29010 - 5 302 ab. - Alt. 40 m - Carta regionale n° **5**-A1
Roma 530 km - Parma 57 km - Piacenza 23 km - Brescia 63 km
Carta stradale Michelin 562-G11

Antica Trattoria Cattivelli

CUCINA DEL TERRITORIO • FAMILIARE X Gli appassionati della cucina della bassa padana troveranno qui uno dei migliori ristoranti della zona, e non da ieri: dal dopoguerra Cattivelli è un baluardo dei piatti del territorio, dai pisarei al cotechino passando per la faraona ripiena. Specialità tra le specialità: cappelletti al cacio del Po e storione stufato alle verdure.

Menu 19 € (pranzo in settimana) - Carta 30/56 €

via Chiesa 2, località Isola Serafini
- ✆ 0523 829418 - www.trattoriacattivelli.it - Chiuso 15 giorni in luglio, martedì sera e mercoledì

a San Pietro in Corte Sud : 3 km ✉ 29010 – Monticelli D'Ongina

Le Giare

CUCINA CLASSICA • CASA DI CAMPAGNA Sotto il campanile di una piccola frazione, una casa colonica sorta sulle ceneri di una vecchia osteria e tre salette arredate con mobili in bambù. La cucina sposa tradizione e pesce.

Carta 40/68 €

via San Pietro in corte Secca 6 – ✆ 0523 820200 (consigliata la prenotazione) – www.legiareristorante.com – Chiuso 1°-10 gennaio, agosto, domenica sera e lunedì; anche domenica a mezzogiorno in luglio

MONTICELLI TERME

Parma – ✉ 43022 – Alt. 99 m – Carta regionale n° **5**-A3

Roma 455 km – Parma 12 km – Bologna 99 km – Reggio nell'Emilia 23 km

Carta stradale Michelin 562-H13

Delle Rose

SPA E WELLNESS • CLASSICO In un parco-pineta, una struttura con piacevoli spazi comuni e una piscina termale coperta. Per chi è in cura alle terme, ma anche per clientela d'affari e di passaggio.

58 cam – †85/95 € ††130/160 € – 10 suites

via Montepelato Nord 4/a – ✆ 0521 657425 – www.termedimonticelli.it – Chiuso 7 gennaio-7 febbraio

MONTICHIARI

Brescia – ✉ 25018 – 25 198 ab. – Alt. 104 m – Carta regionale n° **9**-D1

Roma 490 km – Brescia 20 km – Cremona 56 km – Mantova 40 km

Carta stradale Michelin 561-F13

Osteria dei Matti

CUCINA REGIONALE • RUSTICO Simpatica e moderna osteria dove gustare un'ottima cucina di terra preparata scegliendo accuratamente le materie prime; camino acceso e atmosfera più "calda" nella confortevole cantina.

Menu 17 € (pranzo in settimana) – Carta 28/57 €

via G.A. Poli 26 – ✆ 030 965 7175 – www.osteriadeimatti.it – Chiuso 10 giorni in agosto e lunedì

Dal Dosso Salamensa

CUCINA REGIONALE • CONVIVIALE Un open space aperto 7 giorni su 7, 365 giorni all'anno, dal bar per le prime colazioni al ristorante classico con pizze a lievitazione naturale. Se l'ambientazione è molto semplice, l'attenzione riservata alla scelta delle materie prime e alle preparazioni è di ottimo livello.

Menu 40/45 € – Carta 29/56 €

via Monsignor Oscar Romero 69 – ✆ 030 961025 – www.daldossosalamensa.it

Palazzo Novello

LUSSO • STORICO In un palazzo settecentesco nel centro storico della località, un bellissimo scalone centrale conduce ai piani: ovunque aleggia un'atmosfera antica, ma la gestione è giovane e dinamica, le camere arredate con cura. Un piccolo gioiello vicino a fiera ed aeroporto.

18 cam – †70/140 € ††95/160 €

via Tito Speri 17 – ✆ 030 965 0907 – www.palazzonovello.it

MONTICIANO

Siena – ✉ 53015 – 1 571 ab. – Alt. 375 m – Carta regionale n° **18**-C2

Roma 261 km – Siena 39 km – Grosseto 63 km – Firenze 95 km

Carta stradale Michelin 563-M15

Da Vestro

CUCINA TOSCANA • RUSTICO Alle porte della località e circondato da un ampio giardino, un antico podere ospita una trattoria dalle cui cucine si affacciano i piatti e i sapori della tradizione toscana. Dispone anche di alcune camere semplici dagli arredi in legno e ben curate.

Menu 20/29 € - Carta 21/47 € 14 cam - †40/60 € ††65/85 €

via 2 Giugno 1 - 0577 756618 (prenotare) - www.davestro.it - solo a pranzo dal 2 novembre al 31 marzo - Chiuso 13-26 dicembre, 10 gennaio-19 marzo e lunedì

MONTICOLO MONTIGGLER SEE Bolzano → Vedere Appiano sulla Strada del Vino

MONTIERI

Grosseto - 58026 - 1 204 ab. - Alt. 704 m - Carta regionale n° **18**-C2

Roma 233 km - Siena 45 km - Grosseto 55 km - Firenze 100 km

Carta stradale Michelin 563-M15

Agriturismo La Meridiana-Locanda in Maremma

LOCANDA • PERSONALIZZATO Arredi di grande gusto in questa elegante country house ricavata da un'antica stalla: letti in ferro battuto e ampio scrittoio in travertino nelle amene camere. Percorso vita di circa 1 km e grazioso giardino che sconfina nel bosco. Piatti regionali nel rustico ristorante.

13 cam - †80/120 € ††120/150 €

strada provinciale 5 le Galleraie, Sud-Est: 2,5 km - 389 271 4998 - www.lameridiana.net - Aperto 1° maggio-30 settembre

MONTIGNOSO

Massa-Carrara - 54038 - 9 798 ab. - Alt. 132 m - Carta regionale n° **18**-A1

Roma 386 km - Pisa 46 km - La Spezia 43 km - Massa 5 km

Carta stradale Michelin 563-J12

Il Bottaccio

CUCINA CLASSICA • ELEGANTE Costruito su un antico mulino, il Bottaccio è divenuto il ritrovo di spiriti amanti dell'arte e dell'originale, che si ritrovano nella sala ristorante dispiegata intorno ad una piccola piscina - pesce, anche crudo, e carne in proposte classiche - e alloggiano in camere di stupefacente bellezza.

Carta 61/113 € 5 suites - ††280/850 € - 3 cam - 28 €

via Bottaccio 1 - 0585 340031 - www.bottaccio.com

a Cinquale Sud-Ovest : 5 km 54030

Villa Undulna-Terme della Versilia

SPA E WELLNESS • CONTEMPORANEO Un curato e piacevole giardino incornicia le varie strutture di questo hotel a pochi passi dal mare: centro benessere ed ampie camere per una vacanza a tutto relax. Il ristorante propone una cucina nazionale e regionale in sale sobrie e signorili.

54 cam - †100/245 € ††119/305 € - 24 suites

viale Marina 191 - 0585 807788 - www.termedellaversilia.com - Aperto 1° aprile-30 settembre

Giulio Cesare

FAMILIARE • CLASSICO Un piccolo giardino garantisce un soggiorno all'insegna della tranquillità presso questa risorsa familiare; all'interno gli ambienti sono arredati con gusto moderno e sobrio.

12 cam - †40/140 € ††50/180 €

via Giulio Cesare 29 - 0585 309318 - www.hotelgiuliocesarecinquale.com

MONTOGGIO

Genova - 16026 - 2 067 ab. - Alt. 438 m - Carta regionale n° **8**-C1

Roma 535 km - Genova 41 km - Alessandria 83 km - Pavia 109 km

Carta stradale Michelin 561-I9

Roma

CUCINA LIGURE • FAMILIARE XX La sua cucina altro non è che un inno alla tradizione locale sia di carne sia di pesce. Tra le tante proposte del menu quella che ci ha maggiormente convinto è la tagliata di fassone con tartufo nero e, a seguire, la crema al mascarpone con canestrelli.

Menu 18 € (pranzo in settimana)/45 € - Carta 28/62 €

via Roma 15 - ✆ 010 938925 - www.romamontoggio.it - Chiuso 1°-7 luglio e giovedì

MONTONE

Perugia - ✉ 06014 - 1 680 ab. - Alt. 482 m - Carta regionale n° **20**-B1

Roma 209 km - Perugia 42 km - Arezzo 60 km

Carta stradale Michelin 563-L18

La Locanda del Capitano

CUCINA MODERNA • ELEGANTE XX La cucina si avventura in piatti estrosi e personali in cui si incontrano Umbria e Puglia, riferimenti alla Francia nonché al Mediterraneo con risultati a dir poco eccellenti: insomma, è il ristorante per chi desidera uscire dalle proposte più turistiche e prevedibili.

Carta 45/85 € 10 cam - 90/100 € 100/140 €

via Roma 7
- ✆ 075 930 6521 - www.ilcapitano.com
- solo a cena escluso domenica e i giorni festivi
- Chiuso 8-26 dicembre, 26 gennaio-10 marzo e lunedì

Torre di Moravola

CASA DI CAMPAGNA • TRADIZIONALE Splendido lavoro di design e restauro di un'antica casa con torre del XII secolo persa nel verde del giardino d'Italia. Non c'è che dire: i coniugi che la gestiscono, un architetto ed una designer dalla vision internazionale, sono riusciti nel difficile intento di sposare muri storici con uno stile moderno e rilassante, nonché dettagli di alto livello.

7 cam - 380/450 € 380/780 €

località Moravola Alta 70, (Pietralunga) - ✆ 075 946 0965 - www.moravola.com
- Aperto 15 marzo-1° novembre

MONTOPOLI IN VAL D'ARNO

Pisa - ✉ 56020 - 11 148 ab. - Alt. 98 m - Carta regionale n° **18**-B2

Roma 307 km - Firenze 45 km - Pisa 39 km - Livorno 44 km

Carta stradale Michelin 563-K14

Quattro Gigli

CUCINA REGIONALE • FAMILIARE XX Nel centro del caratteristico borgo, in un'atmosfera calda ed accogliente, Fulvia incanta i suoi ospiti con piatti regionali di terra e di mare serviti in ceramiche disegnate ad hoc, mentre passione e attenzioni particolari sono riservate alle ricette storiche, nonché alla cucina rinascimentale.

Menu 25/30 € - Carta 27/53 € 21 cam - 50/70 € 70/85 €

piazza Michele da Montopoli 2
- ✆ 0571 466878 - www.quattrogigli.it
- Chiuso 1 settimana in gennaio, 1 settimana in febbraio e lunedì a mezzogiorno

MONTRIGIASCO Novara

→ Vedere Arona

MONTÙ BECCARIA

Pavia - ✉ 27040 - 1 690 ab. - Alt. 277 m - Carta regionale n° **9**-B3

Roma 550 km - Piacenza 40 km - Pavia 26 km - Milano 61 km

Carta stradale Michelin 561-G9

Colombi

CUCINA REGIONALE • CONVIVIALE XX Da quasi 70 anni la famiglia Colombi offre la propria esperienza nel settore della ristorazione, gestendo con grande professionalità e calorosa ospitalità questo bel locale. La cucina, così come la carta dei vini, celebra la solida tradizione dell'Oltrepò.

Menu 15 € (pranzo in settimana)/35 € - Carta 30/50 €

località Loglio di Sotto 1, Sud-Ovest: 5 km - ✆ 0385 60049 - www.ristorantecolombi.it - Chiuso lunedì

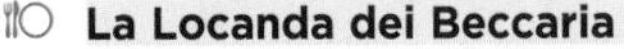

La Locanda dei Beccaria

CUCINA MODERNA • ACCOGLIENTE XX All'interno della Cantina Storica della località, un ristorante rustico e curato con caratteristici soffitti in legno, dove assaporare due linee di cucina: una con proposte curiose e innovative, una più tradizionale.

Menu 40 € - Carta 39/61 €

via Marconi 10 - ✆ 0385 262310 - www.lalocandadeibeccaria.it - Chiuso 2 settimane in gennaio, lunedì e martedì

MONZA

(MB) - ✉ 20900 - 122 671 ab. - Alt. 162 m - Carta regionale n° **10**-B2

Roma 592 km - Milano 21 km - Bergamo 38 km

Carta stradale Michelin 561-F9

Derby Grill

CUCINA MODERNA • ELEGANTE XXX Cucina del territorio con spunti partenopei del giovane chef napoletano, preziose boiserie e un servizio esclusivo contraddistinguono questo raffinatissimo ristorante, perfetto per un pranzo d'affari o una cena romantica, nel periodo estivo anche sulla terrazza con vista sulla Villa Reale. A pranzo un'offerta molto vantaggiosa di piatti unici.

Menu 39 € (pranzo in settimana)/55 € - Carta 59/89 €

Hotel De la Ville, viale Regina Margherita di Savoia 15 - ✆ 039 39421 (consigliata la prenotazione) - www.derbygrill.it - Chiuso 24 dicembre-7 gennaio, 1°-29 agosto e i mezzogiorno di sabato e domenica

Arco del Re Champagnerie N

CUCINA CREATIVA • DI TENDENZA X In un bel palazzo del centro, l'atmosfera è vivace e frizzante come gli Champagne che servono, insieme ad altri vini, nazionali e non. La cucina propone pochi piatti, più semplici a pranzo; in genere non mancano pesci di lago e crudità di mare. E' un locale stile bistrot dove non ci si fa problemi a consumare anche un solo piatto.

Menu 12 € (pranzo in settimana)/45 € - Carta 34/80 €

via Vittorio Emanuele II 36 - ✆ 039 601 3644 (consigliata la prenotazione la sera) - Chiuso 1°-6 gennaio, 8-28 agosto, domenica e lunedì

De la Ville

DIMORA STORICA • PERSONALIZZATO Un lusso discreto tutto inglese avvolge gli ospiti (tra cui VIP della Formula Uno) in un grande albergo di fronte alla Villa Reale; collezione di oggetti d'antiquariato.

70 cam - †130/320 € ††180/550 € - 3 suites - ☕ 29 €

viale Regina Margherita di Savoia 15 - ✆ 039 39421 - www.hoteldelaville.com - Chiuso 24 dicembre-7 gennaio e 1°-29 agosto

Derby Grill - Vedere selezione ristoranti

MONZUNO

Bologna - ✉ 40036 - 6 328 ab. - Carta regionale n° **5**-C2

Roma 366 km - Bologna 45 km - Prato 75 km - Firenze 82 km

Carta stradale Michelin 562-J15

Gustavino & Passalacqua

CUCINA EMILIANA • FAMILIARE Se a pranzo, in settimana, potete aproffittare di un conveniente menu, la domenica va in scena quello del "dì di festa", mentre il venerdì e il sabato è disponibile una carta con piatti e vini selezionati. In un ambiente semplice ed informale, la simpatia di Sergio e Angela è contagiosa!

Menu 14 € (pranzo in settimana)/45 € - Carta 26/52 €

località Le Selve 261/a - 051 677 0549 (consigliata la prenotazione) - www.gustavinopassalacqua.com - solo a pranzo escluso venerdì e sabato - Chiuso domenica sera

Lodole Country House

DIMORA STORICA • ACCOGLIENTE Questa rustica dimora del Seicento, adiacente il Golf Club Molino del Pero, ripropone l'atmosfera informale di una vera country house, non priva di spunti di eleganza made in Italy.

7 cam - 45/70 € 55/119 €

località Lodole 325, Ovest: 2,4 km - 051 677 1189 - www.lodole.com

MORANO CALABRO

Cosenza - 87016 - 4 576 ab. - Alt. 694 m - Carta regionale n° **3**-A1

Roma 448 km - Cosenza 84 km - Lamezia Terme 145 km - Potenza 153 km

Carta stradale Michelin 564-H30

L'Antico Borgo

PESCE E FRUTTI DI MARE • FAMILIARE Cucina di mare che mutua qualche elemento dal territorio in un ristorante del centro storico: ambiente piacevole e colori vivaci.

Menu 20/30 € - Carta 23/53 €

via Domenico Cappelli 53 - 0981 30002 - www.ristoranteanticoborgo.com - Chiuso lunedì

Villa San Domenico

FAMILIARE • STORICO All'ombra di olmi secolari e nelle vicinanze del monastero di San Bernardino, signorile dimora del '700 con alcune vestigia ancora più antiche, come uno scorcio del sistema idraulico d'epoca romana. Al suo interno, raffinatezza e mobili d'epoca; mentre i balconi delle camere offrono lo spettacolo naturale del Pollino.

11 cam - 80 € 110 € - 3 suites

via Sotto gli Olmi snc - 0981 399881 - www.albergovillasandomenico.it

Agriturismo la Locanda del Parco

CASA DI CAMPAGNA • PERSONALIZZATO Circondato dalla campagna e incorniciato dai monti del Parco del Pollino, signorile agriturismo dove si tengono anche corsi di cucina. Sulla tavola, squisite ricette calabresi e per gli amanti del benessere, un simpatico percorso salute nel verde, nonché piscina a forma di lago.

10 cam - 40/80 € 60/100 €

contrada Mazzicanino 12, Nord-Est: 4 km - 0981 31304 - www.lalocandadelparco.it

MORBEGNO

Sondrio - 23017 - 12 221 ab. - Alt. 262 m - Carta regionale n° **9**-B1

Roma 680 km - Sondrio 25 km - Lecco 54 km - Lugano 70 km

Carta stradale Michelin 561-D10

Osteria del Crotto

CUCINA REGIONALE • RUSTICO X Risale all'inizio dell'800 questo caratteristico crotto addossato alla parete boscosa delle montagne composto da due salette interne più una fresca terrazza estiva. Dalla cucina, piatti della tradizione locale come i tortelli di ricotta di capra e ortiche, l'agnello nostrano al forno e la golosa crème brûlée ai fiori d'acacia.

Menu 22 € (pranzo in settimana)/35 € - Carta 30/44 €

via Pedemontana 22-24, seguire per via Santuario - ☎ 0342 614800 - www.osteriadelcrotto.it - Chiuso 22 agosto-7 settembre, domenica sera e lunedì a mezzogiorno

MORCIANO DI ROMAGNA

Rimini - ✉ 47833 - 7 045 ab. - Alt. 83 m - Carta regionale n° **5**-D2

Roma 323 km - Rimini 27 km - Ancona 95 km - Ravenna 92 km

Controcorrente

PESCE E FRUTTI DI MARE • CONTESTO CONTEMPORANEO XX In pieno centro, ambienti accoglienti leggermente rustici, andamento giovanile e vivace, piatti che prediligono il pesce in preparazioni per nulla scontate: difficile non rimanerne conquistati!

Menu 40 € - Carta 34/58 €

via XXV luglio 23 - ☎ 0541 988036 - Chiuso 1 settimana in settembre e lunedì

MORGEX

Aosta - ✉ 11017 - 2 104 ab. - Alt. 923 m - Carta regionale n° **21**-A2

Roma 771 km - Aosta 27 km - Courmayeur 9 km

Carta stradale Michelin 561-E3

Café Quinson (Agostino Buillas)

CUCINA MODERNA • LUSSO XXX La passione per i vini e per i formaggi qui si unisce ad una saggia carta di prodotti locali, anche interpretati con fantasia; caldo legno scuro e pietra a vista in sala con un servizio attento tutto al femminile.

→ Riso carnaroli bio, asparagi selvatici, caviale di trota, toma di capra, timo. Anatra, mela renetta, ciliegie, santolina. Cremino al blanc de Morgex, coulis di lamponi, crumble di pane di segale, gelato allo yogurt.

Menu 65/110 € - Carta 77/120 €

piazza Principe Tomaso 10 - ☎ 0165 809499 (consigliata la prenotazione) - www.cafequinson.it - solo a cena - Chiuso mercoledì escluso agosto

MORIMONDO

Milano - ✉ 20081 - 1 140 ab. - Alt. 109 m - Carta regionale n° **10**-A3

Roma 587 km - Alessandria 81 km - Milano 30 km - Novara 37 km

Carta stradale Michelin 561-F8

Trattoria di Coronate

CUCINA MODERNA • CASA DI CAMPAGNA XX Sull'antica strada del sale, una cascina lombarda di origini cinquecentesche ospita un ristorante di raffinata semplicità, dove gustare una cucina di taglio contemporaneo. Nella bella stagione, il servizio si sposta all'aperto: allora, vi si proporrà uno scorcio da cartolina di altri tempi.

Carta 37/75 €

località Cascina Coronate di Morimondo, Sud: 2 km - ☎ 02 945298 (consigliata la prenotazione) - www.trattoriadicoronate.it - Chiuso 26 dicembre-5 gennaio, agosto, domenica sera e lunedì

MORNAGO

Varese - ✉ 21020 - 5 029 ab. - Alt. 281 m - Carta regionale n° **10**-A1

Roma 631 km - Milano 55 km - Como 48 km - Varese 15 km

Carta stradale Michelin 561-E8

Alla Corte Lombarda

CUCINA REGIONALE • **FAMILIARE** XX In un bel rustico ai margini del paese, un vecchio fienile ristrutturato racchiude un locale suggestivo: cucina tradizionale rivisitata, ricca carta dei vini ed ottima selezione di birre.

Menu 30/70 € - Carta 40/85 €

via De Amicis 13 ang. via Cadore - ✆ 0331 904376 (prenotazione obbligatoria a mezzogiorno) - www.allacortelombarda.it - Chiuso 7 -14 gennaio, 2 settimane in agosto, 1 settimana in settembre, domenica sera e lunedì

MORRANO NUOVO Terni ➜ Vedere Orvieto

MORTARA

Pavia - ✉ 27036 - 15 386 ab. - Alt. 108 m - Carta regionale n° **9**-A3

Roma 612 km - Pavia 42 km - Milano 64 km - Novara 26 km

Carta stradale Michelin 561-G8

Guallina

CUCINA REGIONALE • **ACCOGLIENTE** XX Nella generosa campagna lomellina, circondata da acacie e sambuchi, sorge questa bella trattoria, intima e raccolta. La cucina è prevalentemente legata al territorio e alla tradizione, riveduta e corretta in base alla stagionalità dei prodotti, nonché all'offerta del mercato.

Menu 45 € - Carta 30/68 €

via Molino Faenza 19, località Guallina, Est: 4 km - ✆ 0384 91962 - www.trattoriaguallina.it - Chiuso 20 giorni in giugno-luglio e martedì

Il Cuuc

CUCINA LOMBARDA • **ACCOGLIENTE** X Colorate sale ospitano un piacevole ristorante condotto da una giovane coppia, dove gustare una cucina legata alla tradizione in leggera chiave moderna. La specialità della casa? L'oca! Comode camere per chi vuole prolungare la sosta.

Carta 36/48 € 18 cam - †55/68 € ††88/92 € - 1 suite

corso Garibaldi 20 - ✆ 0384 99106 - www.ilcuuc.it - Chiuso 5-31 agosto, domenica sera e lunedì

MORTEGLIANO

Udine - ✉ 33050 - 5 010 ab. - Alt. 41 m - Carta regionale n° **6**-C2

Roma 617 km - Udine 16 km - Trieste 65 km - Venezia 111 km

Da Nando

CUCINA REGIONALE • **AMBIENTE CLASSICO** XX E' un'intera famiglia a gestire questa tipica trattoria diventata ormai un portabandiera della regione. In ambienti di tono classico-signorile, i piatti denunciano influenze territoriali: ottimi prosciutti, buon pesce e, in stagione, anche sua maestà il tartufo! Con le sue 120.000 bottiglie, la vasta cantina riuscirà a soddisfare qualunque desiderio.

Menu 38/98 € - Carta 31/61 € 12 cam - †84 € ††122 €

via Divisione Julia 4 - ✆ 0432 760187 - www.danando.it - Chiuso 4-10 gennaio, 15 giorni in agosto, domenica sera e lunedì

MOSCIANO Firenze ➜ Vedere Scandicci

MOSCIANO SANT'ANGELO

Teramo - ✉ 64023 - 9 308 ab. - Alt. 227 m - Carta regionale n° **1**-B1

Roma 193 km - Ascoli Piceno 42 km - Pescara 52 km - Teramo 25 km

Carta stradale Michelin 563-N23

Borgo Spoltino

CUCINA CLASSICA • AGRESTE XX Tra colline e campi di ulivi - all'orizzonte, mare e monti - un locale luminoso con mattoni e cucina a vista, dove assaporare piatti regionali accanto a fantasiose creazioni, nonché i tanti prodotti dell'orto di casa.

Menu 35/45 € - Carta 25/46 €

strada Selva Alta, Sud: 3 km
- ✆ 085 807 1021 - www.borgospoltino.it
- solo a cena escluso domenica - Chiuso 20 giorni in gennaio-febbraio, lunedì e martedì

MOSO MOOS Bolzano → Vedere Sesto

MOZZO

Bergamo - ✉ 24030 - 7 481 ab. - Alt. 252 m - Carta regionale n° **10**-C1
Roma 607 km - Bergamo 8 km - Lecco 28 km - Milano 49 km
Carta stradale Michelin 561-E10

La Caprese

PESCE E FRUTTI DI MARE • ELEGANTE XXX Padre, madre e figlia vi accolgono nel raffinato salotto di una villetta: una bomboniera dove deliziarsi con i sapori e i profumi della bella Capri, proposti - sempre - secondo la disponibilità del mercato giornaliero.

Menu 35 € (pranzo in settimana)/90 € - Carta 45/147 €

via Garibaldi 7, località Borghetto
- ✆ 035 437 6661 - www.ristorantelacaprese.com
- Chiuso 22 dicembre-4 gennaio, domenica sera e lunedì

MULES MAULS

Bolzano - ✉ 39040 - Alt. 905 m - Carta regionale n° **19**-C1
Roma 699 km - Bolzano 56 km - Brennero 23 km - Brunico 44 km
Carta stradale Michelin 562-B16

Gourmetstube Einhorn

CUCINA CREATIVA • ROMANTICO XXX Pochi tavoli, la romantica atmosfera di una stube in legno intarsiato di origini medioevali e una scelta ristretta di menu degustazione con piatti ordinabili anche alla carta: Peter Girtler, chef qui all'Unicorno (Einhorn auf Deutsch!), saprà stupirvi con una delle cucine creative più interessanti della regione.

→ Canederlo di speck interpretato modernamente. Vitello da latte della fattoria, filetto, pralina e giardino di verdura. Una tentazione dolce: variazione di cioccolato, banana, avocado e patata dolce.

Menu 88/136 €

Hotel Stafler, Campo di Trens
- ✆ 0472 771136 (coperti limitati, prenotare) - www.stafler.com - solo a cena escluso i giorni festivi - Chiuso novembre, gennaio, 10-27 marzo, 15 giugno-1° luglio, martedì e mercoledì

Gasthofstube Stafler

CUCINA REGIONALE • STUBE XX Nella cornice dello splendido Stafler hotel, sulla rotta verso l'Austria, la cordiale accoglienza dello staff vi darà il benvenuto per un pranzo di passaggio, per una cena romantica nella comoda stube o, nelle belle giornate, nel giardino interno. La cucina è tradizionale tirolese, ma non mancano intriganti personalizzazioni dello chef. Buon appetito!

Menu 38/59 € - Carta 42/70 €

Hotel Stafler, Campo di Trens
- ✆ 0472 771136 - www.stafler.com
- Chiuso novembre, gennaio e mercoledì

Stafler

TRADIZIONALE • CLASSICO Quella che sul finire del XIII secolo era una stazione di posta, si è trasformata oggi in un hotel ricco di fascino, eleganza e tradizione tirolese: romantik, per parlare nella loro lingua!

30 cam – 128/184 € 204/226 € – 6 suites

Campo di Trens – 0472 771136 – www.stafler.com – Chiuso novembre e gennaio

Gourmetstube Einhorn • **Gasthofstube Stafler** – Vedere selezione ristoranti

MURANO Venezia → Vedere Venezia

MURAVERA

Cagliari (CA) – 09043 – 5 248 ab. – Alt. 11 m – Carta regionale n° **16**-B3

Cagliari 69 km – Carbonia 130 km – Nuoro 140 km

Carta stradale Michelin 566-I10

a Costa Rei Sud : 28 km

Escargot

CUCINA CREATIVA • STILE MEDITERRANEO Affacciato su una delle spiagge più belle dell'isola, il ristorante si propone con una cucina creativa in cui si citano le migliori materie prime sarde come il pesce, il pecorino naturalmente, le paste tipiche, il bue rosso. La carta dei vini non è amplissima, ma è personale, concedendo la possibilità di assaggiare la quasi totalità di vini anche al bicchiere.

Menu 30 € (pranzo in settimana)/70 € – Carta 50/70 € – carta semplice a pranzo

via Marco Polo 4 – 070 994 7206 – www.escargotsrestaurant.com – Aperto 15 aprile-10 ottobre

MURISENGO

Alessandria – 15020 – 1 436 ab. – Alt. 338 m – Carta regionale n° **12**-C2

Roma 641 km – Torino 51 km – Alessandria 57 km – Asti 28 km

Carta stradale Michelin 561-G6

a Corteranzo Nord : 3 km 15020 – Murisengo – Alt. 377 m

Canonica di Corteranzo

AGRITURISMO • STORICO Nel cuore del piccolo paese - all'interno di una casa di fine '600, che fu anche canonica - ambienti raffinati e camere personalizzate, alcune con affreschi. Sul retro, la cantina dove si producono vini: barbera, in primis!

10 cam – 100 € 135 €

via Recinto 15 Murisengo – 0141 693110 – www.canonicadicorteranzo.it – Chiuso 1° gennaio-28 febbraio

MUTIGNANO Teramo → Vedere Pineto

NÀLLES / NALS

Bolzano (BZ) – 39010 – 1 942 ab. – Alt. 321 m – Carta regionale n° **19**-B2

Roma 651 km – Bolzano 18 km – Trento 70 km – Innsbruck 137 km

Carta stradale Michelin 562-C15

Zum Rosen Baum

TRADIZIONALE • MODERNO Elegante sin dalla facciata, l'albergo, ricavato da un edificio seicentesco, esce dalle consuete atmosfere montane proponendo ambienti piacevolmente moderni, talvolta di design, altrove in connubio con caratteri piacevolmente rustici e tirolesi.

23 cam – 94/131 € 144/228 € – 6 suites

vicolo d'Oro 3 – 0471 678636 – www.rosenbaum.it – Aperto 24 marzo-5 novembre

a Sirmiano di Sopra Sud-Ovest : 3 km ✉ 39010 – Alt. 1 000 m

Apollonia

CUCINA TRADIZIONALE • CONTESTO CONTEMPORANEO Al termine di una salita dove ad ogni svolta il paesaggio si arricchisce di affascinanti scorci, da tre generazioni la famiglia Geiser allieta i clienti con una cucina che oggi si è fatta più creativa, ma sempre fedele al territorio, dagli asparagi alle castagne. Giardino con sdrai per chi vuole prolungare la giornata rilassandosi nel verde.

Carta 26/63 €

via Sant'Apollonia 3, località Sirmiano Sopra, Sud-Ovest: 2 km – 0471 678656 – www.restaurant-apollonia.it – Aperto 15 marzo-20 dicembre; chiuso lunedì (anche martedì e mercoledì dal 15 novembre al 20 dicembre)

CI PIACE...

La vista mozzafiato offerta dal ristorante ***George's*** del Grand Hotel Parker's. La cucina gourmet e gli spruzzi di mare in viso a ***Palazzo Petrucci***. Le raffinate colazioni servite nello splendido chiostro di ***Palazzo Caracciolo***. La ricerca dei prodotti e lo studio della cottura che hanno reso famose in tutto il mondo le pizze de ***La Notizia***.

NAPOLI

(NA) - ✉ 80133 - 974 074 ab. - Carta regionale n° **4**-B2
▶ Roma 229 km - Caserta 36 km - Avellino 61 km - Salerno 56 km
Carta stradale Michelin 564-E24

Piante pagine seguenti

Ristoranti

✿ Il Comandante

CUCINA CREATIVA • DESIGN XXX All'ultimo piano dell'avveniristico albergo Romeo, dal porto la vista si estende sul golfo di Napoli, ma gli interni, moderni e originali, non sono meno scenografici. La cucina sorprende per la sofisticata semplicità e le raffinate presentazioni dei piatti.

➜ Animella scottata con crema di erbe e mela. Risotto con curcuma, pomodorino giallo e cozze. Piccione marinato all'anice con salsa di ibisco e pera.

Menu 115 € - Carta 79/111 €

Pianta: 5K3-a - *Hotel Romeo, via Cristoforo Colombo 45 ✉ 80133*
- *✆ 081 017 5001 (consigliata la prenotazione)*
- *www.romeohotel.it*
- *solo a cena - Chiuso martedì*

✿ Palazzo Petrucci Ⓝ

CUCINA CREATIVA • CONTESTO CONTEMPORANEO XXX Il 2016 sancisce il trasferimento di questo locale dal centro storico al mare di Posillipo. Se la cucina rimane fedele alla sua - seppur breve - storia e continua a proporre sapori locali rivisitati con creatività, monumenti e vicoli del centro sono ora sostituiti da una splendida vista che spazia dal mare al Vesuvio, dalla penisola Sorrentina sino alle celebri isole davanti alla città.

➜ Crudo di pesce con abbinamento di terra. Baccalà arrostito, salsa di frutti rossi, misticanza e cioccolato bianco. Tre cioccolati, cocco e nocciola.

Menu 80/110 € - Carta 52/117 €

Pianta: 1B3-y - *via Posillipo 16 b/c ✉ 80133*
- *✆ 081 575 7538 - www.palazzopetrucci.it*
- *Chiuso 6-28 agosto, domenica sera e lunedì a mezzogiorno, anche domenica a mezzogiorno in estate*

Veritas

CUCINA MODERNA • ACCOGLIENTE XX Ecco un locale accogliente di cui si parla tanto in città, stiloso seppur leggero e minimal, con un ottimo servizio in sala. Ma soprattutto con uno chef che conosce i sapori della napoletanità che rielabora riuscendo ad essere semplice e insieme convincente, consegnandoci la tradizione su un piatto di fantasia.

➜ Spaghetti con crudo di gamberi, zucchine, pecorino e menta. Pescato del giorno con tapioca e nocciole. Zuppetta napoletana con bagna al Calvados, mela e cannella.

Menu 48/68 € - Carta 42/79 €

Pianta: 3E3-a - *corso Vittorio Emanuele 141 ✉ 80121 Ⓜ Amedeo - ✆ 081 660585 - www.veritasrestaurant.it - solo a cena escluso domenica - Chiuso 3 settimane in agosto, lunedì in ottobre-maggio, domenica negli altri mesi*

Locanda N'Tretella

CUCINA DEL TERRITORIO • INTIMO X Porta il nome della fidanzata di Pulcinella, maschera per antonomasia di Napoli, questa minuscola, ma accogliente trattoria gestita con passione e signorilità, dove gustare una cucina verace a prezzi imbattibili. Specialità: linguine alla pescatora, pastiera o zuccotto.

Carta 25/59 €

Pianta: 5J3-c - *salita S. Anna di Palazzo 25 ✉ 80132 - ✆ 081 427783 (prenotare) - www.locandantretella.com - Chiuso mercoledì*

Caruso Roof Garden

CUCINA CLASSICA • ELEGANTE XXXX In una città già ricca di roof garden, Caruso si segnala come uno dei ristoranti più prestigiosi per frequentazione e vista panoramica. In menu, qualche piatto di cucina internazionale, ma sono le proposte basate sui sapori napoletani, sia di carne sia di pesce, che vi consigliamo di provare.

Carta 62/114 €

Pianta: F3-n - *Grand Hotel Vesuvio, via Partenope 45 ✉ 80121 - ✆ 081 764 0044 - www.vesuvio.it - Chiuso lunedì*

La Cantinella

CUCINA REGIONALE • AMBIENTE CLASSICO XXX Uno scrigno di bambù con finestre sul Golfo e sul Vesuvio, ma soprattutto un caposaldo della cucina partenopea: nel 2016, La Cantinella ha festeggiato, infatti, i suoi primi 40 anni di attività. La cucina come sempre sposa la tradizione locale a piatti più personali, più classica sul pesce, più moderna con la carne.

Menu 50/65 € - Carta 33/101 €

Pianta: 3G3-v - *via Cuma 42 ✉ 80132 - ✆ 081 764 8684 (consigliata la prenotazione la sera) - www.lacantinella.it - Chiuso domenica sera*

Mimì alla Ferrovia

PESCE E FRUTTI DI MARE • CONVIVIALE XX Ne sono passati di personaggi da questo storico locale e, le foto ricordo appese alle pareti, ne testimoniano la sosta. Anche la cucina è un inno alla città: ricette di mare e di terra elaborate secondo la più classica tradizione partenopea. Una tappa obbligatoria per chi passa da Napoli!

Carta 23/43 €

Pianta: 6M1-b - *via Alfonso d'Aragona 21 ✉ 80139 Ⓜ Garibaldi - ✆ 081 553 8525 (consigliata la prenotazione) - www.mimiallaferrovia.com - Chiuso domenica sera in dicembre, anche domenica a mezzogiorno negli altri mesi*

L'Altro Coco Loco

PESCE E FRUTTI DI MARE • DI TENDENZA XX Piatti creativi prevalentemente di mare, ma non solo, in un ambiente moderno e accogliente: il titolare - ai fornelli - seleziona le migliori materie prime.

Carta 58/114 €

Pianta: 5F3-f - *vicoletto Cappella Vecchia 4 ✉ 80133 - ✆ 081 764 1722 (prenotare) - www.ristorantelaltroloco.com - solo a cena escluso domenica in ottobre-aprile - Chiuso agosto e domenica in maggio-settembre*

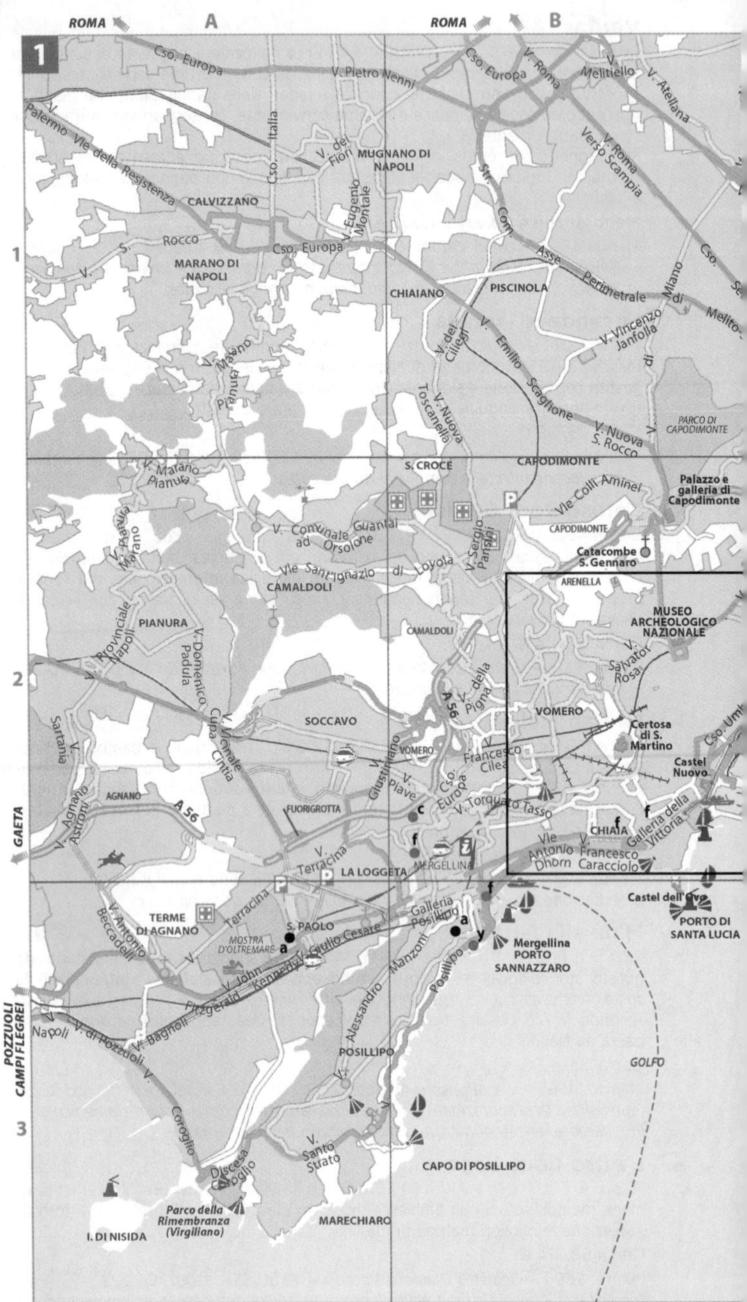

ROMA
A
ROMA
B
1
Cso. Europa
V. Pietro Nenni
V. Melitiello
V. Atellana
V. Roma
Verso Scampia
V. Palermo
Vle della Resistenza
Cso. Italia
V. dei Fiori
MUGNANO DI NAPOLI
CALVIZZANO
V. Eugenio Montale
V. S. Rocco
MARANO DI NAPOLI
CHIAIANO
PISCINOLA
Str. Com.
Asse Perimetrale
Miano
Melito
V. Vincenzo Janfolla
V. Emilio Scaglione
V. dei Ciliegi
V. Nuova Toscanella
V. Marano Pianura
PARCO DI CAPODIMONTE
V. Nuova S. Rocco
S. CROCE
CAPODIMONTE
Vle Colli Aminei
Palazzo e galleria di Capodimonte
V. Comunale Guantai ad Orsolone
V. Sergio Pansini
CAPODIMONTE
Catacombe S. Gennaro
Vle Sant'Ignazio di Loyola
CAMALDOLI
ARENELLA
V. Pianura Marano
PIANURA
V. Provinciale Napoli
V. Domenico Padula
CAMALDOLI
MUSEO ARCHEOLOGICO NAZIONALE
V. Salvator Rosa
2
V. Sartania
SOCCAVO
A 56
V. della Pigna
VOMERO
Certosa di S. Martino
V. Vicinale Cupa Cintia
VOMERO
V. Francesco Cilea
Castel Nuovo
Cso. Umb
V. Giustiniano
V. Piave
Cso. Europa
V. Torquato Tasso
AGNANO
A 56
FUORIGROTTA
GAETA
V. Agnano Astroni
V. Terracina
MERGELLINA
CHIAIA
Galleria della Vittoria
Vle Antonio Dhorn
V. Francesco Caracciolo
LA LOGGETTA
Castel dell'Ovo
TERME DI AGNANO
V. Antonio Beccadelli
Terracina
S. PAOLO
MOSTRA D'OLTREMARE
V. Giulio Cesare
Galleria Posillipo
Mergellina PORTO SANNAZZARO
PORTO DI SANTA LUCIA
V. John Fitzgerald Kennedy
V. Alessandro Manzoni
Posillipo
POZZUOLI CAMPI FLEGREI
V. Napoli
V. di Pozzuoli
V. Bagnoli
V. Coroglio
POSILLIPO
GOLFO
3
V. Santo Strato
Discesa Coroglio
CAPO DI POSILLIPO
Parco della Rimembranza (Virgiliano)
MARECHIARO
I. DI NISIDA
A
B
CAPRI
ISCHIA, PROCIDA

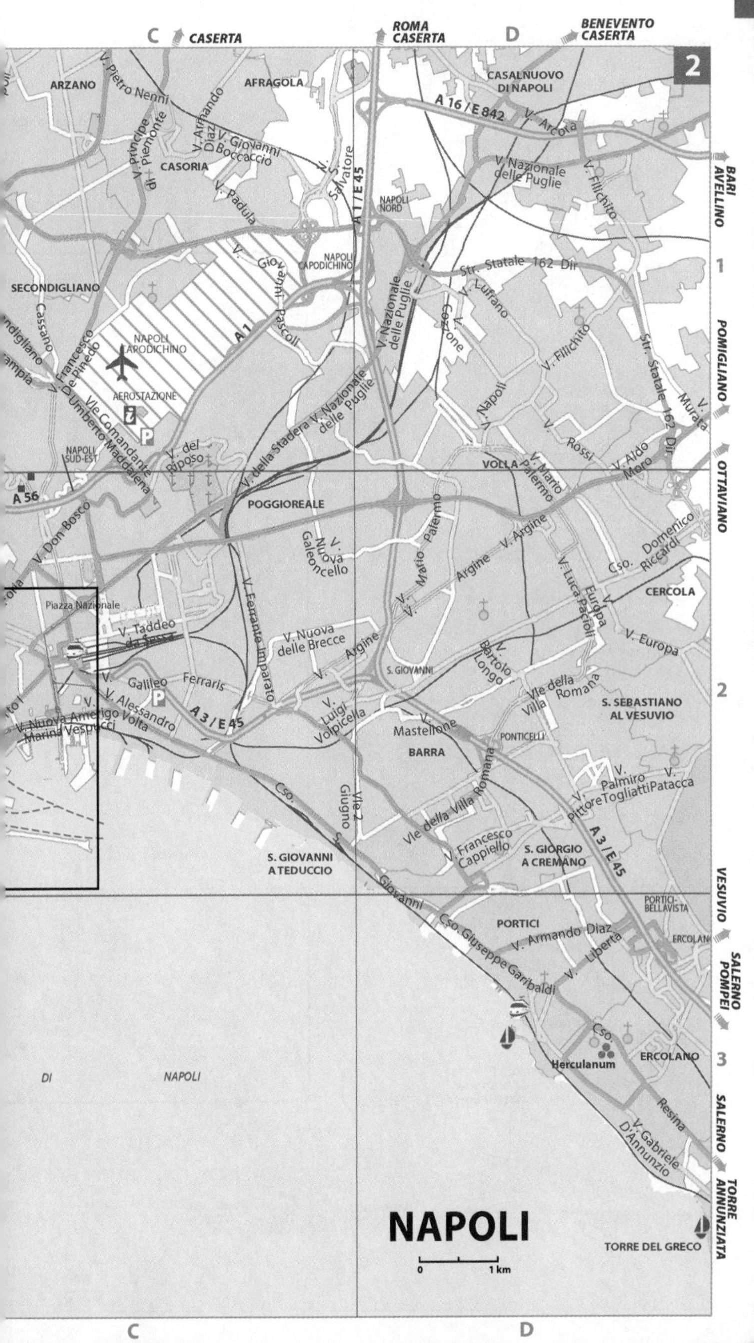
C
CASERTA
ROMA
CASERTA
D
BENEVENTO
CASERTA
2
ARZANO
AFRAGOLA
CASALNUOVO DI NAPOLI
A 16 / E 842
V. Arcora
V. Pietro Nenni
V. Principe di Piemonte
V. Armando Diaz
V. Giovanni Boccaccio
CASORIA
V. Padula
V. Salvatore
A 1 / E 45
NAPOLI NORD
V. Nazionale delle Puglie
V. Filichito
BARI
AVELLINO
NAPOLI CAPODICHINO
Str. Statale 162 Dir
V. Lufrano
V. Cozzone
1
SECONDIGLIANO
V. Cassano
V. Francesco De Pinedo
NAPOLI CAPODICHINO
AEROSTAZIONE
A 1
V. Pascoli
V. Nazionale delle Puglie
V. Filichito
Str. Statale 162 Dir
POMIGLIANO
V. Murata
V. Napoli
V. Rossi
Vle Comandante Umberto Maddalena
V. della Stadera
V. Nazionale delle Puglie
NAPOLI SUD-EST
V. del Riposo
VOLLA
V. Mario Palermo
V. Aldo Moro
OTTAVIANO
A 56
V. Don Bosco
POGGIOREALE
V. Nuova Galeoncello
V. Mario Palermo
V. Argine
Cso. Domenico Riccardi
V. Ferrante Imparato
V. Luca Pacioli
Europa
CERCOLA
Piazza Nazionale
V. Taddeo da Sessa
V. Nuova delle Brecce
V. Argine
V. Bartolo Longo
V. Europa
S. GIOVANNI
V. Galileo Ferraris
V. Alessandro Volta
V. Nuova Marina
Amerigo Vespucci
A 3 / E 45
V. Luigi Volpicella
V. Mastellone
Vle della Villa Romana
2
S. SEBASTIANO AL VESUVIO
PONTICELLI
BARRA
V. Palmiro Togliatti
V. Pittore
V. Patacca
Cso.
Vle 2 Giugno
Vle della Villa Romana
V. Francesco Cappiello
S. GIORGIO A CREMANO
A 3 / E 45
S. GIOVANNI A TEDUCCIO
Cso. S. Giovanni
VESUVIO
PORTICI-BELLAVISTA
PORTICI
V. Armando Diaz
V. Libertà
ERCOLANO
Cso. Giuseppe Garibaldi
SALERNO
POMPEI
Cso.
Herculanum
ERCOLANO
3
DI
NAPOLI
Resina
V. Gabriele D'Annunzio
SALERNO
TORRE ANNUNZIATA
NAPOLI
TORRE DEL GRECO
0
1 km
C
D

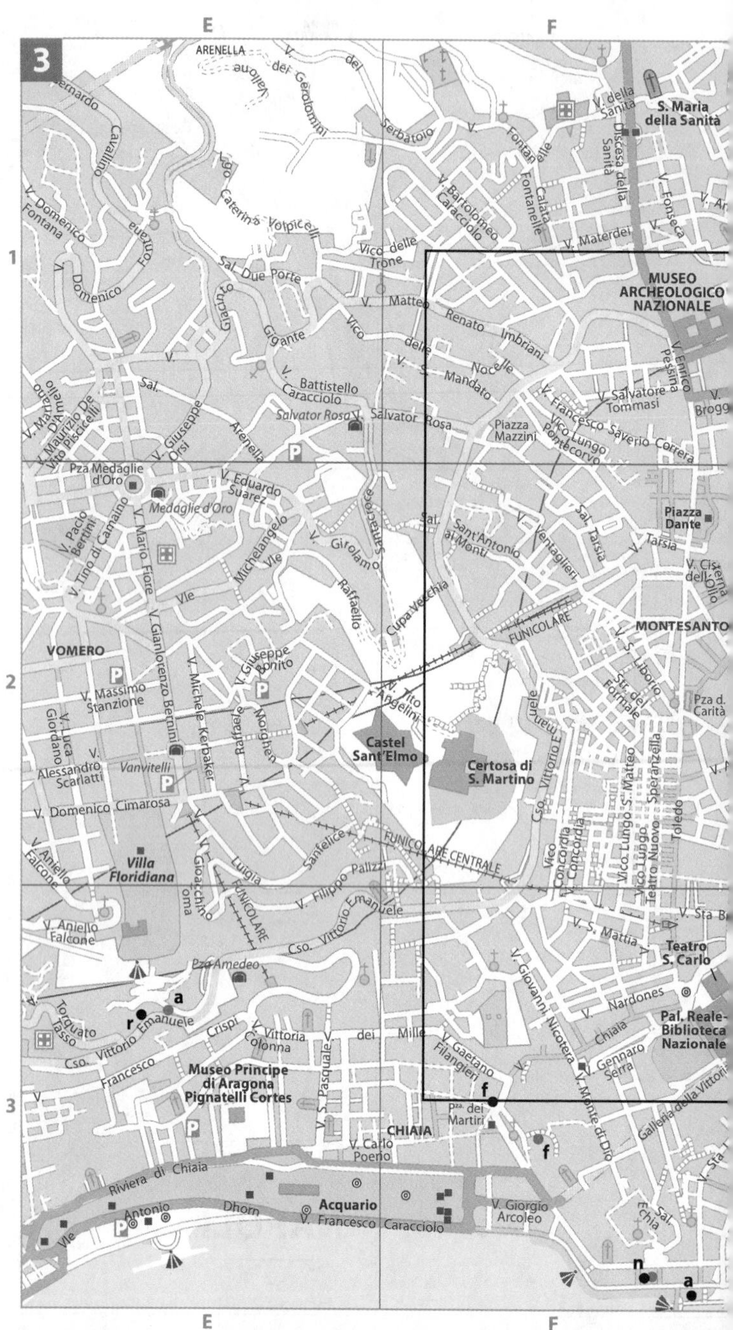

3
E
F
1
2
3
VOMERO
CHIAIA
MONTESANTO
ARENELLA
S. Maria della Sanità
MUSEO ARCHEOLOGICO NAZIONALE
Piazza Dante
Castel Sant'Elmo
Certosa di S. Martino
Villa Floridiana
Teatro S. Carlo
Pal. Reale-Biblioteca Nazionale
Museo Principe di Aragona Pignatelli Cortes
Acquario
Piazza Mazzini
Pza Medaglie d'Oro
Medaglie d'Oro
Salvator Rosa
Vanvitelli
Pza Amedeo
Pza d. Carità
Pza. dei Martiri
FUNICOLARE
FUNICOLARE CENTRALE
Riviera di Chiaia
V. Francesco Caracciolo
Cso. Vittorio Emanuele
V. Toledo
V. Giovanni Nicotera
V. Monte di Dio
V. Chiaia
V. Gennaro Serra
V. Nardones
V. S. Mattia
V. Giorgio Arcoleo
V. Carlo Poerio
V. dei Mille
V. Gaetano Filangieri
V. Vittoria Colonna
V. Crispi
Cso. Vittorio Emanuele
Francesco
Torquato Tasso
V. Aniello Falcone
V. Domenico Cimarosa
V. Alessandro Scarlatti
V. Luca Giordano
V. Massimo Stanzione
V. Gianlorenzo Bernini
V. Michele Kerbaker
V. Raffaele Morghen
V. Giuseppe Bonito
V. Tito Angelini
V. Filippo Palizzi
Luigia Sanfelice
V. Gioacchino Toma
V. Mario Fiore
V. Tino di Camaino
V. Pacio Bertini
Vle Michelangelo
V. Girolamo Raffaello
V. Eduardo Suarez
V. Giuseppe Orsi
Sal. Arenella
V. Battistello Caracciolo
V. Salvator Rosa
V. Matteo Renato Imbriani
Vico delle Nocelle
V. S. Mandato
Sal. Due Porte
V. Giacinto Gigante
Vico delle Trone
Caterina Volpicelli
V. del Gerolomini
Vallone
V. Serbatoio
V. Bartolomeo Caracciolo
V. Fontanelle
Calata Fontanelle
V. della Sanità
Discesa della Sanità
V. Fonseca
V. Materdei
V. Enrico Pessina
V. Salvatore Tommasi
V. Francesco Saverio Correra
Vico Lungo Pontecorvo
Sal. Sant'Antonio ai Monti
V. Ventaglieri
Sal. Tarsia
V. Tarsia
V. Cisterna dell'Olio
Cupa Vecchia
V. S. Liborio
Str. del Formale
Cso. Vittorio Emanuele
Vico Concordia
V. Concordia
Vico Lungo S. Matteo
Vico Lungo Teatro Nuovo
V. Speranzella
V. Sta Brigida
Galleria della Vittoria
Sal. Echia
V. Domenico Fontana
V. Maurizio De Vito Piscicelli
V. Mariano D'Amelio
Cavallino
Vle Antonio Dhorn
V. S. Pasquale
a
r
f
n

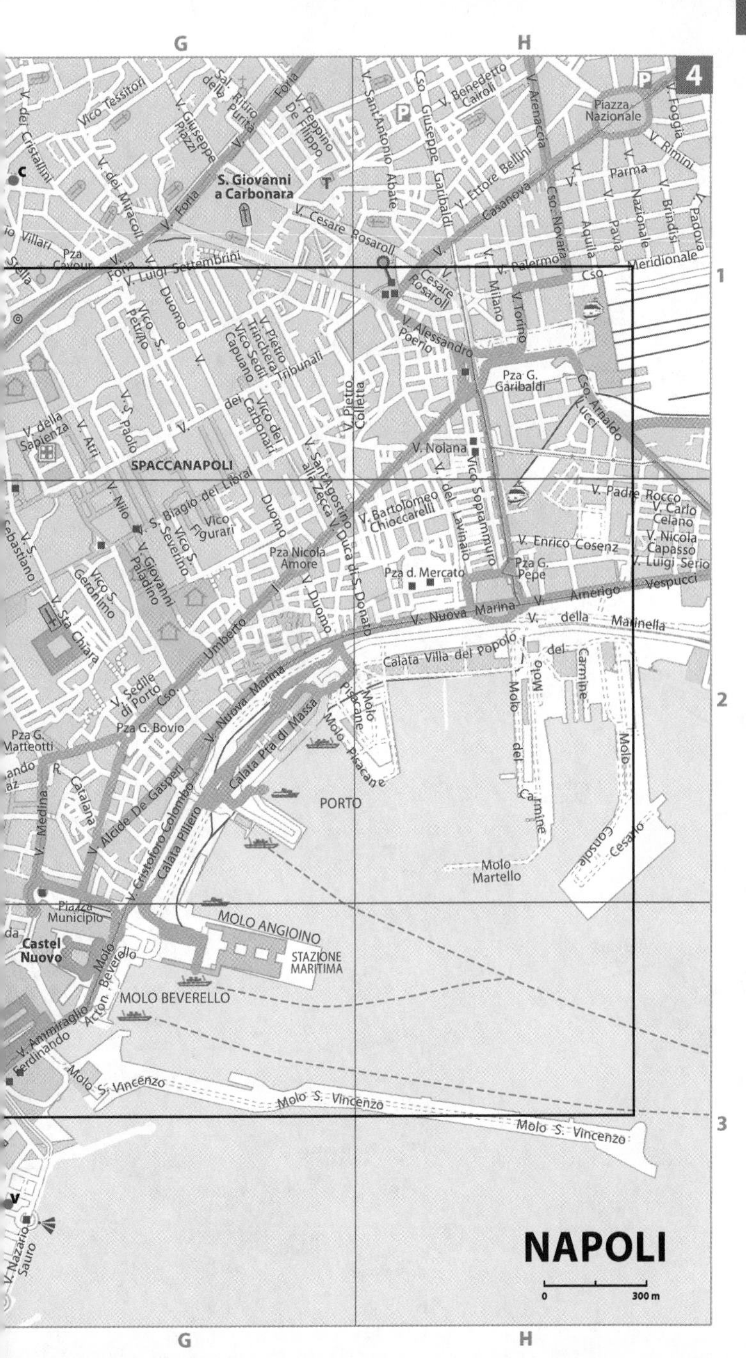

NAPOLI
S. Giovanni a Carbonara
SPACCANAPOLI
PORTO
Castel Nuovo
MOLO ANGIOINO
STAZIONE MARITIMA
MOLO BEVERELLO
Piazza Nazionale
Pza G. Garibaldi
Piazza Municipio
Pza G. Bovio
Pza Nicola Amore
Pza d. Mercato
Pza G. Pepe
Molo Martello
Molo S. Vincenzo
Calata Villa del Popolo
V. Nuova Marina
V. Foria
Cso. Umberto I
V. Duomo
V. Medina
V. Alcide De Gasperi
V. Cristoforo Colombo
Cso. Garibaldi
V. Amerigo Vespucci
0
300 m

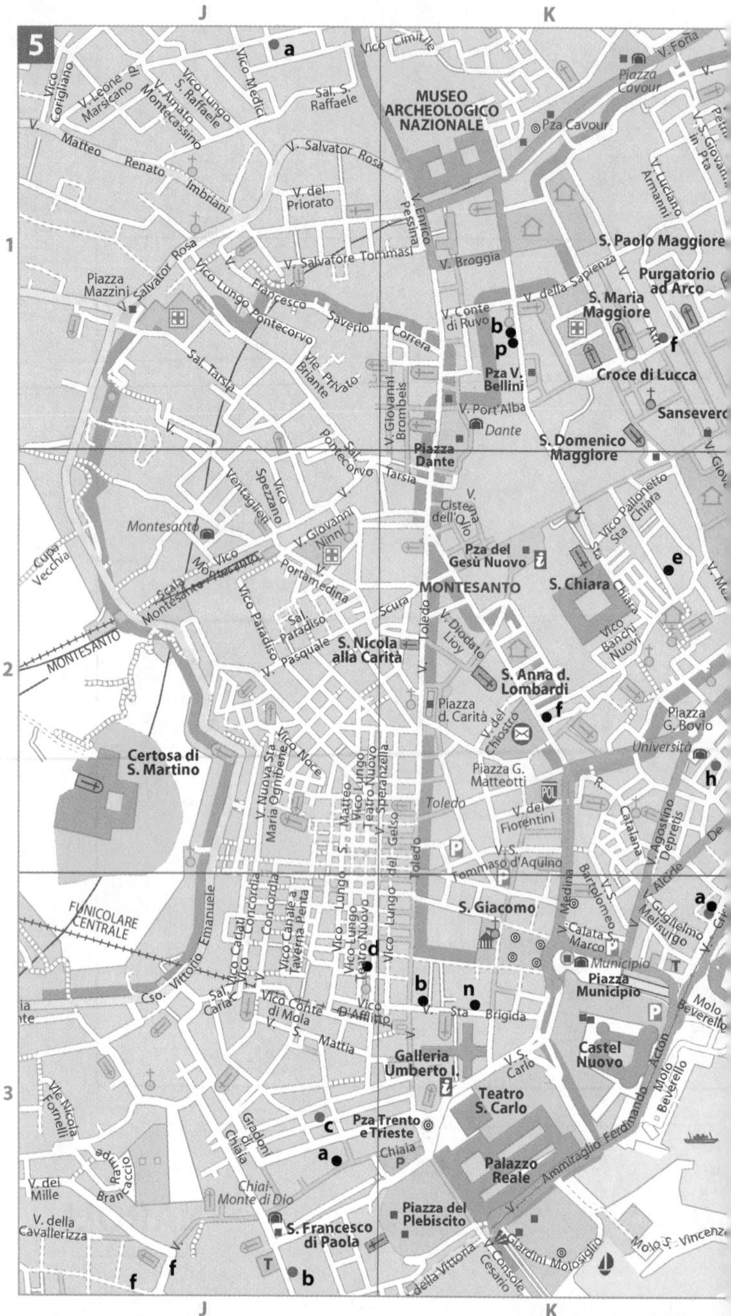
5
J
K
1
2
3
MUSEO ARCHEOLOGICO NAZIONALE
Piazza Cavour
Pza Cavour
S. Paolo Maggiore
Purgatorio ad Arco
S. Maria Maggiore
Croce di Lucca
Sansevero
Pza V. Bellini
Dante
Piazza Dante
S. Domenico Maggiore
Piazza Mazzini
Montesanto
Pza del Gesù Nuovo
MONTESANTO
S. Chiara
S. Nicola alla Carità
S. Anna d. Lombardi
Piazza d. Carità
Piazza G. Bovio
Università
Certosa di S. Martino
Piazza G. Matteotti
Toledo
S. Giacomo
FUNICOLARE CENTRALE
Municipio
Piazza Municipio
Castel Nuovo
Galleria Umberto I.
Teatro S. Carlo
Pza Trento e Trieste
Chiaia
Palazzo Reale
Piazza del Plebiscito
S. Francesco di Paola
Monte di Dio
Molo Beverello
Molo S. Vincenzo
Giardini Molosiglio
V. Salvator Rosa
V. Broggia
V. Port'Alba
V. Toledo
V. Diodato Lioy
Cso. Vittorio Emanuele
V. Sta Brigida
V. Medina
V. Acton
V. Ammiraglio Ferdinando Acton
V. dei Mille
V. della Cavallerizza
Rampe Brancaccio
Vle Nicola Fornelli
Gradoni di Chiaia
V. Console Cesario
V. della Vittoria
Vico Cimitile
Vico Medici
V. Conte di Ruvo
V. della Sapienza
V. Enrico Pessina
V. Salvatore Tommasi
V. Francesco Saverio Correra
Sal. Tarsia
Vico Lungo Pontecorvo
V. Giovanni Ninni
V. Portamedina
V. Pasquale Scura
Vico Paradiso
Sal. Paradiso
Scala Montesanto
Vico Montesanto
Cupa Vecchia
V. Nuova Sta Maria Ognibene
Vico Noce
V. Speranzella
V. Lungo del Gelso
Vico Lungo Teatro Nuovo
V. S. Matteo
V. del Chiostro
V. dei Fiorentini
V. S. Tommaso d'Aquino
V. S. Bartolomeo
Calata S. Marco
V. Agostino Depretis
V. Guglielmo Melisurgo
V. Alcide De Gasperi
R. Catalana
V. Conte di Mola
V. S. Mattia
Vico D'Afflitto
V. S. Carlo
Sal. Carlac
Vico Cariati
Vico Concordia
Vico Canale a Taverna Penta
V. Leone di Marsicano
Vico Corigliano
V. Amato di Montecassino
Vico Lungo S. Raffaele
Sal. S. Raffaele
V. Matteo Renato Imbriani
V. del Priorato
V. Giovanni Brombeis
Vle Privato Briante
Sal. Pontecorvo
Vico Ventaglieri
Vico Spezzano
V. Cisterna dell'Olio
Vico Pallonetto Sta Chiara
V. Sta Chiara
Vico Banchi Nuovi
V. Luciano Armanni
V. S. Giovanni in Porta
V. Foria
V. Tarsia
Atri
a
b
p
f
e
h
d
n
c
P
T
i
POL

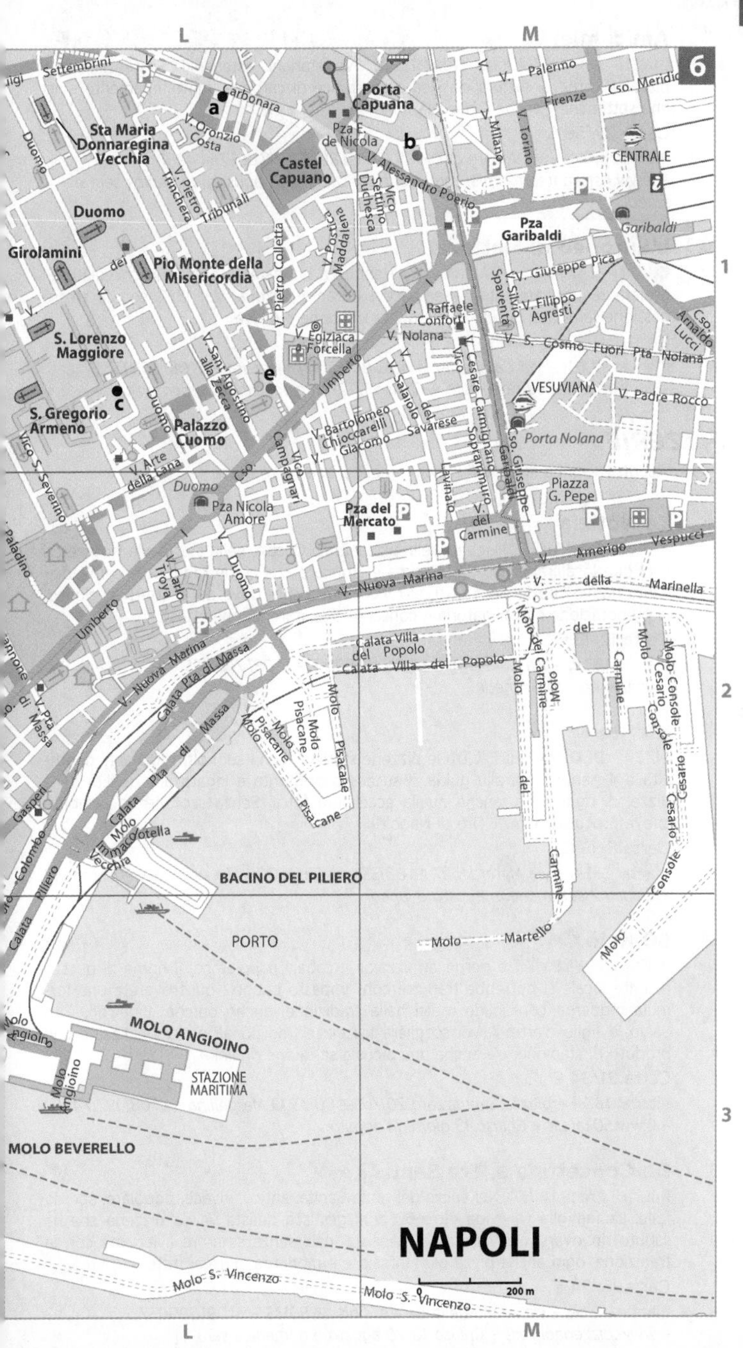

L
M
6
1
2
3
NAPOLI
200 m
Porta Capuana
Pza E. de Nicola
Castel Capuano
Sta Maria Donnaregina Vecchia
Duomo
Girolamini
Pio Monte della Misericordia
S. Lorenzo Maggiore
S. Gregorio Armeno
Palazzo Cuomo
Pza Nicola Amore
Pza del Mercato
Pza Garibaldi
CENTRALE
Garibaldi
VESUVIANA
Porta Nolana
Piazza G. Pepe
BACINO DEL PILIERO
PORTO
MOLO ANGIOINO
STAZIONE MARITTIMA
MOLO BEVERELLO
V. Settembrini
Carbonara
V. Oronzio Costa
V. Pietro Trinchera
Tribunali
V. Alessandro Poerio
Vico Settimo Duchesca
V. Postica Maddalena
V. Pietro Colletta
V. Palermo
Firenze
Cso. Meridionale
V. Milano
V. Torino
V. Giuseppe Pica
V. Silvio Spaventa
V. Filippo Agresti
V. Raffaele Conforti
V. Nolana
V. Egiziaca a Forcella
V. S. Cosmo Fuori Pta Nolana
Cso. Arnaldo Lucci
V. Padre Rocco
V. Sant'Agostino alla Zecca
Umberto
V. Bartolomeo Chioccarelli
V. Giacomo Savarese
V. Salaiolo
Vico Soprammuro
V. Cesare Carmignano
Cso. Giuseppe Garibaldi
Lavinaio
V. del Carmine
V. Amerigo Vespucci
V. della Marinella
V. Nuova Marina
Vico Campagnari
V. Duomo
V. Carlo Troya
V. Arte della Lana
Vico S. Severino
Paladino
V. Pta di Massa
Calata Pta di Massa
Calata Villa del Popolo
Molo Pisacane
Molo del Carmine
Molo Carmine
Molo Console
Molo Cesario Console
Molo Martello
Calata Molo Immacolatella Vecchia
Calata Piliero
Colombo
Gasperi
Molo Angioino
Molo S. Vincenzo

Amici miei

CUCINA ITALIANA • DI QUARTIERE Vegetariani astenersi! Sostanzialmente piatti di carne di fattura classica e alla brace di carbone, ma ultimamente - nel fine settimana - anche il baccalà.

Carta 22/56 €

Pianta: 5J3-b - *via Monte di Dio 77/78 ✉ 80133 - ✆ 081 764 4981 - www.ristoranteamicimiei.com - Chiuso 10 luglio-31 agosto, domenica sera e lunedì*

L'Europeo di Mattozzi

CUCINA CAMPANA • FAMILIARE Habitué o no, sarete comunque coccolati dal titolare di un frequentato, semplice ristorante-pizzeria, dal 1852 con la stessa gestione familiare; cucina locale divisa tra carne e pesce.

Carta 30/64 €

Pianta: 5K2-h - *via Campodisola 4 ✉ 80133 Ⓜ Università - ✆ 081 552 1323 - www.mattozzieuropeo.com - Chiuso 12-27 agosto, sabato e domenica*

PIZZERIE:

in ambienti vivaci ed informali il meglio delle pizze partenopee

La Notizia

PIZZA • SEMPLICE Maestro della pizza, Enzo Coccia, nella stessa via troverete i suoi due locali: al civico 53 la prima e storica pizzeria che raddoppia con l'adiacente nuovo spazio per i fritti, al civico 94/a l'altra dove dal martedì al giovedì la prenotazione è obbligatoria e consente di evitare lunghe attese.

Carta 12/19 €

Pianta: 1B2-c - *via Caravaggio 53/55 ✉ 80133 - ✆ 081 714 2155 - solo a cena - Chiuso agosto e lunedì*

Starita Ⓝ

PIZZA • DI QUARTIERE Tra le pizzerie storiche, con i suoi oltre 100 anni di attività e 4 generazioni alla guida, il successo di Starita è legato alla qualità delle pizze, di ogni sorta, anche quella eccellente fritta. Senza scordare la celebrità che le procurò il film "L'Oro di Napoli"!

Carta 8/18 €

Pianta: 5J1-a - *via Materdei 27 ✉ 80133 - ✆ 081 557 3682 - www.pizzeriastarita.it - Chiuso 2 settimane in agosto e lunedì*

50 Kalò Ⓝ

PIZZA • TRENDY Tra gergo di pizzaioli e cabala napoletana, il nome di questo recente locale si potrebbe tradurre con "impasto buono": qui troverete una formula moderna con solide radici nella tradizione, anche perchè il patron, Ciro Salvo, è figlio d'arte. A voi scegliere tra pizze tradizionali o personalizzate con prodotti di stagione; c'è anche una piccola selezione di vini.

Carta 21/34 €

Pianta: 1B3-f - *piazza Sannazzaro 201/b ✉ 80133 Ⓜ Mergellina - ✆ 081 1920 4667 - www.50kalo.it - Chiuso 15 giorni in agosto*

Da Concettina ai Tre Santi Ⓝ

PIZZA • FAMILIARE Nel cuore del rione Sanità: antico, vivace, popolare, spesso folle. La famiglia Oliva da oltre 60 anni gestisce questa valida pizzeria che ha saputo rinnovarsi coi vari cambi generazionali, senza smarrire il legame con la tradizione; oggi anche pizze più fantasiose e moderne, oltre ai fritti.

Carta 15/24 €

Pianta: 4G1-c - *via Arena della Sanità 7 bis ✉ 80133 - ✆ 081 290037 - www.pizzeriaoliva.it - Chiuso 10-20 agosto e domenica sera*

Sorbillo

PIZZA • CONVIVIALE Uno dei nomi maggiormente celebrati fra le pizzerie cittadine, tanto da moltiplicarsi in filiali. Confort più attento rispetto ad altri indirizzi più spartani, qui vi troverete nell'imbarazzo di dover scegliere tra pizze tradizionali ed altre dai sapori un po' moderni.

Carta 8/19 €

Pianta: 5K1-f - *80138 - 081 033 1009 - www.sorbillo.eu - Chiuso domenica*

Da Michele

PIZZA • SEMPLICE La pizzeria dei record: qui dal 1870 - con i numeri distribuiti all'esterno per regolare l'affluenza - è anche una delle migliori di Napoli. Solo "marinara" e "margherita". Orario continuato dalle 10 alle 23.

Carta 6/8 €

Pianta: 6L1-e - *via Cesare Sersale 1/7 80139 - 081 553 9204 - www.damichele.net - Chiuso 5-19 agosto e domenica escluso dicembre*

Alberghi

Grand Hotel Vesuvio

GRAN LUSSO • STORICO Con il suo blasone e la sua bella facciata in stile post-fascista, l'albergo domina l'offerta alberghiera cittadina quanto l'omonimo vulcano svetta sul golfo di Napoli. Il suo charme si dipana nei lussuosi saloni distribuiti sotto lampadari di Murano, nonché nelle splendide camere tradizionali. C'è anche un wellness center.

139 cam - 260/470 € 290/490 € - 21 suites

Pianta: 3F3-n - *via Partenope 45 80121 - 081 764 0044 - www.vesuvio.it*

Caruso Roof Garden - Vedere selezione ristoranti

Romeo

LUSSO • DESIGN E' probabilmente l'edificio più moderno di fronte alla zona portuale, gli interni sono una splendida sintesi di acqua e trasparenze, d'arte moderna e antica raccontate con una vasta collezione di oggetti, quadri e foto; avveniristica spa a luci soffuse. Cucina giapponese al Romeo Bar.

82 cam - 275/380 € 330/420 € - 15 suites

Pianta: 5K3-a - *via Cristoforo Colombo 45 80133 - 081 017 5002 - www.romeohotel.it*

Il Comandante - Vedere selezione ristoranti

Grand Hotel Parker's

LUSSO • PERSONALIZZATO Eleganti saloni in marmo e camere dagli arredi classici, ideali per chi non desidera brividi modernisti high-tech, in un albergo nato dall'infatuazione di un turista inglese per la città partenopea. Facile suggerire di prenotare una camera nei piani alti: da qui le finestre si aprono sul golfo e sul Vesuvio. All'ultimo piano, il George's propone una cucina classica con ovvi richiami alla tradizione.

82 cam - 206/397 € 254/482 € - 6 suites

Pianta: 3E3-r - *corso Vittorio Emanuele 135 80121 Amedeo - 081 761 2474 - www.grandhotelparkers.com*

Palazzo Caracciolo

DIMORA STORICA • CONTEMPORANEO Il cuore di questo palazzo storico - le cui origini si perdono nel Trecento - è certamente il chiostro cinquecentesco coperto; da lì si parte con la prima colazione, mentre il resto è all'insegna dei confort e dello stile attuali (completati recentemente con la graziosa zona benessere). Grande attenzione è dedicata alla ristorazione: nel piatto i sapori del Mediterraneo.

138 cam - 96/260 € 108/260 € - 3 suites

Pianta: 6L1-a - *via Carbonara 111/112 80139 Cavour - 081 016 0111 - www.palazzocaracciolo.com*

Grand Hotel Santa Lucia

PALACE • MEDITERRANEO Ospitalità curata in una struttura di fine '800 con splendida vista sul golfo e su Castel dell'Ovo: interni di grande fascino e raffinatezza classica, camere all'altezza. Al piano terra, pasti e drink al "ristobar" Pavone.

89 cam - 130/350 € 150/1200 € - 6 suites

Pianta: 4F3-a - *via Partenope 46 ✉ 80121 - ✆ 081 764 0666 - www.santalucia.it*

Palazzo Alabardieri

LUSSO • PERSONALIZZATO Piacevole atmosfera, al contempo elegante e signorile, completata dal servizio accurato, in un palazzo di fine '800 tra i negozi più chic della città. American bar con boiserie e sala colazioni sotto antichi soffitti a volte.

46 cam - 128/220 € 156/250 €

Pianta: 3F3-f - *via Alabardieri 38 ✉ 80121 - ✆ 081 415278 - www.palazzoalabardieri.it*

Costantinopoli 104

TRADIZIONALE • ELEGANTE Poco rimane dell'originaria villa Spinelli, ma la splendida vetrata, il giardino con piccola piscina, le eleganti camere e gli ottimi spazi comuni, assicurano, insieme alla calda e simpatica accoglienza della titolare, un soggiorno unico.

13 cam - 140/195 € 180/225 € - 6 suites

Pianta: 5K1-b - *via Santa Maria di Costantinopoli 104 ✉ 80138 Ⓜ Cavour-Museo - ✆ 081 557 1035 - www.costantinopoli104.it*

Palazzo Decumani

BUSINESS • CENTRALE A pochi passi da via San Gregorio Armeno - la celebre strada degli artigiani del presepe - un'inserzione inaspettatamente moderna nella Napoli barocca: minimalismo, essenzialità, ed eleganti tocchi di design.

24 cam - 110/210 € 120/230 € - 4 suites

Pianta: 6L1-c - *piazzetta Giustino Fortunato 8 ✉ 80138 - ✆ 081 420 1379 - www.palazzodecumani.com*

Palazzo Esedra

BUSINESS • PERSONALIZZATO Originale recupero di un edificio nato agli albori della seconda guerra mondiale, all'interno del complesso della Mostra d'Oltremare (proprio di fianco allo stadio cittadino), con camere moderne ed un comodissimo parcheggio per gli ospiti.

106 cam - 60/115 € 75/135 €

Pianta: 1A3-a - *piazzale Vincenzo Tecchio 50 ✉ 80133 Ⓜ Campi Flegrei - ✆ 081 242 1111 - www.palazzoesedra.it*

Paradiso

TRADIZIONALE • MODERNO E' davvero paradisiaca la vista su golfo, città e Vesuvio da questo hotel in posizione impagabile sulla collina di Posillipo. Negli ultimi anni si sono rinnovate tutte le camere e gli ambienti sono ora all'insegna di un gusto moderno-mediterraneo con generoso utilizzo di colori chiari. Dotato di panoramica terrazza, il ristorante Paradisoblanco inneggia ai sapori locali.

72 cam - 85/170 € 100/250 €

Pianta: 1B3-a - *via Catullo 11 ✉ 80122 - ✆ 081 247 5111 - www.hotelparadisonapoli.it*

La Ciliegina Lifestyle Hotel

BUSINESS • MODERNO In comoda posizione per gli imbarchi, sebbene dietro la centrale via Toledo, la struttura offre poche camere - tutte al 3° piano - di una moderna eleganza ed immerse nel bianco del pavimento in marmo; l'accoglienza è calda e personalizzata. Con il bel tempo, la Terrazza dei Gabbiani è il luogo eletto per la prima colazione, oltre ad ospitare il bar vi è anche una vasca idromassaggio: è qui che la vista spazia dal Vesuvio alla cupola della galleria Umberto I.

14 cam - 110/200 € 150/300 €

Pianta: 5K3-n - *via P. E. Imbriani 30 ✉ 80132 Ⓜ Municipio - ✆ 081 1971 8800 - www.ciliegina hotel.com*

Decumani Hotel de Charme

TRADIZIONALE • VINTAGE Ampliatosi di recente, ora occupa due piani di un palazzo del '600, splendido salone con stucchi barocchi rivestiti d'oro, arredi d'epoca ed eleganti bagni per un soggiorno aristocratico nel cuore di Napoli.

39 cam - 139 € 189 €

Pianta: 5K2-e - *via S.Giovanni Maggiore Pignatelli 15 ✉ 80134 Ⓜ Università - ✆ 081 551 8188 - www.decumani.com*

Chiaja Hotel de Charme

FAMILIARE • STORICO In un cortile, gioiello dell'architettura partenopea, una risorsa di grande fascino e atmosfera, tra spirito aristocratico e popolare. Pasticceria napoletana per colazione.

33 cam - 79/109 € 99/169 €

Pianta: 5J3-a - *via Chiaia 216 ✉ 80121 - ✆ 081 415555 - www.hotelchiaia.it*

Piazza Bellini

FAMILIARE • ORIGINALE Presso l'omonima piazza, ritrovo intellettuale di caffè letterari, siamo in un affascinante palazzo cinquecentesco con graziosa corte interna. Più semplici, moderne e funzionali le camere, mentre la vista offerta dai loro terrazzi privati rendono eccellenti le camere 607 e 608!

48 cam - 80/150 € 95/230 €

Pianta: 5K1-p - *via S. M. di Costantinopoli 101 ✉ 80138 Ⓜ Dante - ✆ 081 451732 - www.hotelpiazzabellini.com*

Santa Brigida Ⓝ

TRADIZIONALE • MINIMALISTA Al 3° piano di un palazzo che dà su via Toledo, un piccolo albergo dal design moderno ed accattivante: lo stile tende al minimal, ma non mancano inserti e decori personalizzati. A pagamento, si effettua anche servizio di car vallet verso un posteggio convenzionato.

12 cam - 115/169 € 139/229 €

Pianta: 5K3-b - *via Santa Brigida 6 ✉ 80133 Napoli Ⓜ Toledo - ✆ 081 1933 8206 - www.hotelsantabrigida.it*

Il Convento

FAMILIARE • CENTRALE Nei caratteristici, popolari quartieri spagnoli, a pochi passi dalla frequentatissima via Toledo, un piccolo albergo mantenuto sempre in ordine da un'attenta proprietà. La prima colazione può indifferentemente esser consumata in saletta o in camera. Consigliamo una delle due camere con terrazzino.

14 cam - 50/95 € 53/150 €

Pianta: 5J3-d - *via Speranzella 137/a ✉ 80132 Ⓜ Toledo - ✆ 081 403977 - www.hotelilconvento.it*

L'Alloggio dei Vassalli

FAMILIARE • TRADIZIONALE Al primo piano del settecentesco Palazzo Donnalbina, sito proprio all'ingresso di Spaccanapoli, le sue camere brillano per fascino e storia: una simpatica alternativa per chi rifugge dal formalismo alberghiero.

7 cam - 39/59 € 79/99 €

Pianta: 5K2-f - *via Donnalbina 56 ✉ 80134 Ⓜ Università - ✆ 081 551 5118 - www.alloggiodeivassalli.it*

NAPOLI (Golfo di) Napoli

NARNI

Terni - ✉ 05035 - 19 785 ab. - Alt. 240 m - Carta regionale n° **20**-C3

Roma 89 km - Terni 13 km - Perugia 84 km - Viterbo 45 km

Carta stradale Michelin 563-O19

a Narni Scalo Nord : 2 km ✉ 05035 - Narni Stazione

Terra Umbra Hotel

BUSINESS • CLASSICO Serve comodamente la zona industriale di Narni Scalo, ma è anche riparato dai rumori in un contesto verde e poco rumoroso. La capiente sala con travi a vista del ristorante Al Canto del Gallo ospita una cucina di matrice regionale dai sapori decisi: carne, tartufo, pizza (la sera).

27 cam - 49/89 € 59/99 € - 2 suites

via Maratta Bassa 61, Nord-Est: 3 km - 0744 750304 - www.terraumbra.it

NATURNO NATURNS

Bolzano - ✉ 39025 - 5 739 ab. - Alt. 528 m - Carta regionale n° **19**-B2

Roma 682 km - Bolzano 46 km - Merano 19 km - Trento 98 km

Carta stradale Michelin 562-C15

Dolce Vita Stube

CUCINA MODERNA • ACCOGLIENTE XXX Lo chef dà spazio alla propria creatività avvalendosi dei prodotti del territorio, compresi quelli dell'orto di casa, in un scelta limitata di proposte per garantirne la freschezza.

Menu 88 € - Carta 59/86 €

Hotel Preidlhof, via San Zeno 13 - 0473 666251 (prenotazione obbligatoria) - www.preidlhof.it - solo a cena - Aperto 1° aprile-30 novembre; chiuso domenica e lunedì

Lindenhof

SPA E WELLNESS • CONTEMPORANEO Uno splendido giardino con piscina riscaldata, centro benessere e ambienti eleganti, felice connubio di moderno e tradizionale, per regalarvi un soggiorno esclusivo. Sala da pranzo molto luminosa che d'estate si sposta in terrazza; per chi vuole è prenotabile un tavolo direttamente in cucina.

48 suites - solo ½ P 140/240 € - 12 cam

via della Chiesa 2 - 0473 666242 - www.lindenhof.it - Aperto 12 marzo-26 novembre

Preidlhof

SPA E WELLNESS • STILE MONTANO In posizione leggermente rialzata sul paese, le camere, soprattutto quelle dell'edificio sul retro, sono di un'eleganza mozzafiato. Straordinario centro benessere con diverse terrazze panoramiche per rilassarsi dopo i trattamenti.

70 cam - solo ½ P 155/195 € - 13 suites

via San Zeno 13 - 0473 666251 - www.preidlhof.it - Aperto 1° aprile-30 novembre

Dolce Vita Stube - Vedere selezione ristoranti

DolceVita Hotel Feldhof

SPA E WELLNESS • STILE MONTANO Albergo centrale, circondato da un ameno giardino con piscine (di cui una di acqua salata); interni in stile tirolese, graziose camere e completo centro benessere in cui ritagliarsi momenti di relax.

38 cam - solo ½ P 145/187 € - 22 suites

via Municipio 4 - 0473 666366 - www.feldhof.com - Aperto 20 marzo-22 novembre

Funggashof

SPA E WELLNESS • STILE MONTANO In posizione panoramica, hotel immerso in un giardino-frutteto con piscina, ideale per gli amanti della quiete; eleganti ambienti "riscaldati" dal sapiente uso del legno. Nella stube tirolese, una cucina leggera e gustosa con prodotti del territorio.

24 cam - solo ½ P 95/115 € - 10 suites

via al Fossato 1 - 0473 667161 - www.funggashof.it - Aperto 1° aprile-5 novembre